中国版权年鉴

CHINA COPYRIGHT YEARBOOK

2016

中国版权年鉴编委会 编

中国人民大学出版社
· 北京 ·

2015年3月18日，最高人民法院知识产权司法保护研究中心在北京成立，最高人民法院院长周强为研究中心揭牌并讲话。（摄影/杜微科）

2015年4月16日上午，国务院新闻办公室举行新闻发布会，国家知识产权局局长申长雨（左二）、国家工商行政管理总局副局长刘俊臣（右二）、国家版权局副局长阎晓宏（右一）介绍2014年中国知识产权发展状况，并答记者问。（摄影/郁致原）

2015 年 4 月 17 日下午，由国家版权局主办，《中国版权》杂志社承办的第七届全国大学生版权征文颁奖仪式在京举行。（摄影 / 郁致原）

2015 年 4 月 21 日上午，国家版权局与世界知识产权组织在京联合举办“音乐作品版权保护研讨会”，与会嘉宾就互联网时代音乐作品版权保护的相关议题展开了热烈讨论。（摄影 / 赖名芳）

2015年4月22日，国家版权局在京召开规范网络转载版权秩序座谈会与新闻通气会，发布了《关于规范网络转载版权秩序的通知》，介绍了2014年度网站版权重点监管的工作情况，通报了2014年度查处侵权盗版案件的有功单位、有功个人的评选工作情况，发布了2014年度打击侵权盗版十大案件。（摄影/郁致原）

2015年4月27日，由中国版权协会编撰的我国首部高端版权演讲录——《版权的力量》座谈会在京举行。（摄影/郁致原）

2015 年 4 月 30 日上午，第二届“中国青岛·东北亚版权创意精品展示交易会暨正版优秀图书展”在青岛国际会展中心开幕。国家新闻出版广电总局副局长、国家版权局副局长阎晓宏，山东省副省长季缃绮出席开幕仪式并参观交易会展区。（摄影 / 郁致原）

2015 年 5 月 26 日，全国人大常委会委员、全国人大教科文卫委员会主任委员柳斌杰（右四）在人民大会堂会见美国专利商标局局长、美国商务部负责知识产权事务副部长米歇尔·李（左五）一行。双方就知识产权保护、著作权法修订等话题进行了深入交流。（全国人大教科文卫委员会供图）

2015年5月27日，由中国国家版权局和韩国文化体育观光部主办的第11届中韩著作权研讨会在山东济南开幕。来自中韩两国著作权管理部门及相关企业、运营商、媒体等100多位嘉宾代表出席会议。（摄影/郁致原）

2015年6月10日，全国版权执法监管工作座谈会在福建厦门召开，国家版权局、国家互联网信息办公室、工业和信息化部、公安部在会上联合下发《关于开展打击网络侵权盗版“剑网2015”专项行动的通知》，全面启动“剑网2015”专项行动。（摄影/郁致原）

2015年6月11日，第四届“世界知识产权版权组织金奖（中国）”在福建厦门颁发，14个作品或机构分别获得作品奖、推广运用奖和保护奖三个奖项。世界知识产权组织副总干事王彬颖（中）、中国国家版权局副局长阎晓宏（右三）、福建省副省长李红（左二）为获奖者颁奖。（摄影/郁致原）

2015年6月15日，在第18届上海国际电影节上，国家版权局与世界知识产权组织共同主办“电影和版权在文化与经济上的重要性”高端圆桌会议。（摄影/赖名芳）

2015年7月30日，推进使用正版软件工作部际联席会议第四督查组赴浙江省督查软件正版化工作。（浙江省版权局供图）

2015年8月17日下午，国家版权局在京召开“剑网2015”座谈会。会议总结了“剑网2015”阶段性成果及存在的问题，明确了第二阶段的重点任务。（摄影/郁致原）

2015年8月18日，国务院国资委和国家版权局在京联合举办2015年推进国有企业软件正版化工作培训班。111家中央企业和36个省(自治区、直辖市及计划单列市)国资委、版权局相关部门负责人参加了培训。（国家版权局版权管理司供图）

2015年8月27日上午，由国家版权局指导支持、中国图书进出口（集团）总公司组织执行的2015BIBF国际版权贸易高级研修班在京举办，主题为“全媒体时代下版权产业链延伸”。（摄影/郁致原）

2015年8月31日，中英版权政府间会谈在京举行。会谈就著作权集体管理、追续权、孤儿作品、广播权等双方共同关心的版权问题在本国的法律规定及实施情况进行了交流。（摄影/魏芳）

2015年9月8日，国家新闻出版广电总局副局长、国家版权局副局长阎晓宏（右一）在京会见世界知识产权组织总干事弗朗西斯·高锐（左一）一行。（摄影/郁致原）

2015年10月10日，国家版权局在京举办国家版权监管平台应用专题培训，来自全国各省、自治区、直辖市版权局及北京、天津、上海、重庆市文化市场行政执法总队和中国版权保护中心的版权相关工作人员参加培训。（摄影/郁致原）

2015年10月28日，12家经国家版权局批准的国家版权交易中心（国家版权贸易基地、国际版权交易中心）宣布成立“国家版权交易中心联盟”。（摄影/郁致原）

2015 年 11 月 27 日上午，由中国版权协会主办的第八届中国版权年会主题论坛在北京举行，主题为“互联网 + 时代的音乐——价值挖掘与实现途径”。来自音乐权利人组织、音乐传播机构、音乐教育机构等的 500 余名代表参加了论坛。（摄影 / 郁致原）

2015 年 12 月 1 日，国家版权局和世界知识产权组织在上海签署了《关于进一步加强中国国家版权局与世界知识产权组织双边合作的谅解备忘录》，并举行了新闻发布会。国家新闻出版广电总局副局长、国家版权局副局长阎晓宏（中）与世界知识产权组织总干事弗朗西斯 · 高锐（右三）分别代表双方在备忘录上签字。（摄影 / 魏芳）

2015年12月2日，北京市使用正版软件工作联席会议办公室检查组对北京市市属国企进行软件正版化检查。（北京市版权局供图）

2015年12月2日，中欧版权保护和产业发展研讨会在上海举行，国家新闻出版广电总局副局长、国家版权局副局长阎晓宏在会上发表了讲话。（摄影/魏芳）

图书在版编目（CIP）数据

中国版权年鉴．2016/中国版权年鉴编委会编．—北京：中国人民大学出版社，2016.12
ISBN 978-7-300-23659-9

Ⅰ.①中… Ⅱ.①中… Ⅲ.①版权-中国-2016-年鉴 Ⅳ.①D923.41-54

中国版本图书馆 CIP 数据核字（2016）第 279513 号

中国版权年鉴 2016（总第八卷）
中国版权年鉴编委会　编
Zhongguo Banquan Nianjian 2016

出版发行	中国人民大学出版社		
社　　址	北京中关村大街 31 号	**邮政编码**	100080
电　　话	010－62511242（总编室）		010－62511770（质管部）
	010－82501766（邮购部）		010－62514148（门市部）
	010－62515195（发行公司）		010－62515275（盗版举报）
网　　址	http://www.crup.com.cn		
	http://www.ttrnet.com（人大教研网）		
经　　销	新华书店		
印　　刷	涿州市星河印刷有限公司		
规　　格	210 mm×297 mm　16 开本	**版　　次**	2016 年 12 月第 1 版
印　　张	41.75 插页 49	**印　　次**	2016 年 12 月第 1 次印刷
字　　数	1 309 000	**定　　价**	300.00 元
广告经营许可证	京海工商广字第 0086 号		

中国版权年鉴

2016

（总第八卷）

中国版权年鉴编委会　编

中国人民大学出版社
·北京·

《中国版权年鉴2016》编纂委员会

主　　任：阎晓宏　国家新闻出版广电总局副局长、国家版权局副局长
　　　　　靳　诺　中国人民大学党委书记

副 主 任：于慈珂　国家新闻出版广电总局（国家版权局）版权管理司司长
　　　　　贺耀敏　中国人民大学副校长

委　　员（以姓氏笔画为序）：
　　　　　于国民　江苏省版权局副局长
　　　　　马宇桢　宁夏回族自治区版权局局长
　　　　　王　炬　中国音像与数字出版协会常务副会长兼秘书长
　　　　　王野霏　北京市版权局副局长
　　　　　石现升　中国互联网协会秘书长
　　　　　任仲伦　中国电影著作权协会理事长
　　　　　李永强　中国人民大学出版社社长
　　　　　邹　忭　中国软件联盟理事长
　　　　　邹建华　中国音像著作权集体管理协会总干事
　　　　　张洪波　中国文字著作权协会总干事
　　　　　陈春怀　广东省版权局副局长
　　　　　林　涛　中国摄影著作权协会总干事
　　　　　金武卫　国务院法制办教科文卫司副巡视员
　　　　　单　烈　浙江省版权局副局长
　　　　　屈景明　中国音乐著作权协会总干事
　　　　　钟　华　山东省版权局副局长
　　　　　段玉萍　国家新闻出版广电总局（国家版权局）版权管理司副司长
　　　　　段桂鉴　中国版权保护中心主任
　　　　　彭　翊　中国人民大学国家版权贸易基地执行主任
　　　　　董　荣　安徽省版权局副局长
　　　　　雷　平　重庆市版权局副局长
　　　　　蔡纪万　上海市版权局副局长

《中国版权年鉴》特约编辑

（以姓氏笔画为序）

万进萍　江苏省版权局版权管理处主任科员
马云虹　云南省版权局版权管理处处长
马永志　广西壮族自治区版权局版权管理处处长
王少朋　工业和信息化部软件服务业司软件应用处处长
王丹若　中国文字著作权协会办公室主任
王志坚　四川省版权局版权管理处副处长
王培舒　吉林省版权局版权管理处处长
王新民　陕西省版权局版权管理处调研员
左图强　重庆市版权局版权管理处处长
卢文俊　湖北省版权局版权管理处处长
史文霞　中国电影著作权协会秘书长
付成久　青海省文化和新闻出版厅政策法规（版权）处主任科员
朱严政　中国音乐著作权协会总干事助理兼信息宣传部主任
朱宝祺　中国摄影著作权协会副总干事
闫　石　黑龙江省版权局版权管理处主任科员
闫　平　文化部政策法规司法制处处长
孙　悦　中国版权协会秘书长
孙　雷　全国人大教科文卫委员会文化室副主任
严庆荣　浙江省版权局版权处处长
李冬群　河北省版权局版权管理处主任科员
李安庆　辽宁省版权局版权法规处处长
杨　剑　安徽省版权局版权管理处处长
邱建宏　福建省版权局版权管理处处长
邹建华　中国音像著作权集体管理协会总干事
沙　力　内蒙古自治区版权局版权管理处处长
沈　欣　广东省版权局版权管理处副调研员
宋　亮　湖南省版权局版权管理处副调研员
宋晓明　最高人民法院知识产权审判庭审判长
张有立　国家版权局版权管理司综合处处长
张百忍　西藏自治区版权局版权管理处处长
张秀年　宁夏回族自治区版权局版权管理处副处长
张露娜　天津市版权局版权管理处处长
赵　杰　国家版权局版权管理司执法监管处处长
郝子谋　山西省版权局版权管理处副主任科员

施晓娟　新疆维吾尔自治区版权局版权管理处处长
夏　玲　甘肃省版权局版权管理处处长
徐　梅　贵州省版权局版权管理处副处长
高　睿　山东省版权局版权管理处主任科员
韩　露　中国版权保护中心办公室科员
焦艳娜　河南省版权局版权管理处科员
曾伯林　海南省版权局版权处副处长
阙米秋　江西省版权局版权管理处处长
薛　彬　上海市版权局版权管理执法处处长

《中国版权年鉴》编辑部

主　　　编：于慈珂
副　主　编：段玉萍　彭　翊　孟　超
编辑部主任：李方丽
策 划 编 辑：王宏霞
责 任 编 辑：彭理文　王　喆
执 行 编 辑：俞彦超　刘　刘　迟皓月
装 帧 设 计：池海玉
广 告 经 营：肖　力　李玉彬

编纂说明

一、《中国版权年鉴》由国家版权局组织编纂，中国人民大学出版社、中国人民大学国家版权贸易基地和中国人民大学创意产业技术研究院编辑出版，是我国唯一全面系统反映全国版权创造、运用、保护和管理基本概貌的大型专业性工具书。本年鉴于2009年创刊，逐年编纂，连续出版，每年一卷，2016年卷为第八卷。

二、本卷年鉴主要汇辑2015年全国版权保护与版权相关产业发展的综合概况、动态信息、文献资料和统计数据，港澳台版权信息及国际版权动态。

三、本卷年鉴采用分类编辑法。根据2015年我国版权创造、运用、保护和管理的基本情况与主要特点，采用类目、分目和条目三个层次的结构，以文章、条目、条文和图表的形式表述。全书共设14个类目，分列38个分目或次分目。

四、本卷年鉴在延续前七卷编纂总体框架下，为实现年鉴的整体性和在有限篇幅里反映高度密集有效信息，对年鉴内容进行了必要的补充及调整，使之方便读者查阅。

1. 特辑：刊登《国务院关于新形势下加快知识产权强国建设的若干意见》和《2015年中国网络版权保护年度报告》。

2. 专文：刊载国家新闻出版广电总局（国家版权局）原局长蔡赴朝重要文章《完善长效机制　创新工作方法　不断巩固深化推进软件正版化工作》，国家新闻出版广电总局副局长、国家版权局副局长阎晓宏讲话稿《新常态下深入推进版权执法监管工作》，最高人民法院知识产权庭庭长宋晓明《新形势下我国的知识产权司法政策》，中南财经政法大学知识产权研究中心主任吴汉东《知识产权的魅力》，中国人民大学知识产权学院院长刘春田《知识产权作为第一财产权利是民法学上的一个发现》。

3. 版权工作概览：全面记录2015年我国各级版权行政管理部门、版权司法审判机构及版权管理与社会服务组织开展的版权工作概况。

4. 版权扫描：翔实记载2015年全国版权相关立法、司法、行政管理、宣传教育、交流研讨、社会管理与服务、国际交流与合作、产业发展等方面的动态信息及港澳台版权信息。

5. 版权相关产业与版权贸易：反映2015年我国新闻出版、数字出版、广播电视、电影、软件、动漫、网络游戏等版权相关产业的基本状况与发展趋势，并收录《2013年中国版权产业的经济贡献》《2014年中国版权产业的经济贡献》及《版权保护促进中国德化陶瓷产业发展的研究》。

6. 典型案件选编：刊登2015年著作权司法保护典型案件、2015年度打击侵权盗版十大案件、2015年部分省（自治区、直辖市）著作权典型案件和行政执法案件。

7. 法律法规及规章文件：汇辑《中华人民共和国刑法修正案（九）》《国务院办公厅关于加强互联网领域侵权假冒行为治理的意见》及国家版权局印发的版权相关工作文件。

8. 年度发布：主要介绍第四届“世界知识产权组织版权金奖（中国）”获奖名单，2015年全国版权示范城市、示范单位和示范园区（基地），2015年度查处侵权盗版案件有功单位及个人，2015 CPCC十大中国著作权人，2015年（第八届）全国大学生版权征文获奖名单，以及 2015 年中国版权十件大事。

9. 理论研究：集中反映 2015 年全国版权领域的理论研究成果。对 2015 年中国著作权法理论现状进行了梳理和回顾，并特别转载了反映版权界热点问题的 10 篇学术论文。同时对 2015 年出版的版权相关图书进行了简要介绍。

10. 统计资料：收集 2015 年与版权登记、版权保护、版权管理和版权贸易有关的统计数据，以及新闻出版产业、广播影视产业和软件产业的统计资料。

11. 名录：刊登版权行政管理部门、版权公共服务机构、版权协会、著作权集体管理组织、版权相关行业协会、版权代理公司、国家级版权交易机构及知识产权教学与研究机构最新的通信联络信息。

12. 国际版权动态：作为附录介绍 2015 年国外版权法律制度发展的最新动向，包括立法与行政、司法判例及业界动态。

13. 索引：采用内容分析和主题词检索的方式，按汉语拼音字母顺序编制本卷内容的主题索引。

14 宣传广告：以彩色图文展现 2015 年版权管理相关的重要活动，并宣传展示版权示范城市及版权相关企事业单位。

五、本卷年鉴中所载内容无特别说明外，均按时间先后顺序排列；涉及各省（自治区、直辖市）的内容，均以全国行政区划为序。因组稿条件有限，本卷年鉴未包含香港、澳门特别行政区和台湾省的版权工作概况及相关统计数据。

六、本卷年鉴配备双重检索系统：书前刊有详细目录，书后备有内容索引。

七、本卷年鉴中全国版权统计数据由国家版权局版权管理司、国家新闻出版广电总局规划发展司、工业和信息化部软件服务业司、国家新闻出版广电总局发展研究中心提供；各省（自治区、直辖市）版权局的统计数据由相关版权局领导确认。

八、本卷年鉴同时出版纸质版和电子版（光盘），其中电子版采用多媒体和全文检索技术，并随纸质版附赠；同时发行纸质版和电子版，其中电子版通过国家版权交易网（www.copyrightmall.com）等数字化平台发行。

九、本卷年鉴在组稿和编辑过程中，得到了国家版权局版权管理司、国家新闻出版广电总局规划发展司、中国人民大学知识产权学院、工业和信息化部软件服务业司、国家新闻出版广电总局发展研究中心、地方版权局版权管理处及其他版权相关单位的大力支持和帮助，在此一并谨致谢意。

十、因为编辑部人员的水平和能力所限，本卷年鉴中定存有疏漏与错误之处，诚请版权界同仁和广大读者给予批评、指正。

目　　录

特　　辑

专　　文

版权工作概览

版权相关产业与版权贸易

典型案件选编

法律法规及规章文件

年度发布

理论研究

统计资料

名　录

附录：国际版权动态

索　引

宣传广告

Contents

Specials

Special Articles

Copyright Work Overview

Copyright Scanning

Selected Typical Cases

Regulatory Documents

Honors and Awards

Theoretical Studies

Statistics

Name List

Appendix: Trends of International Copyright

Index

Publicity and Advertisement

版权

特辑

TE JI

国务院关于新形势下
加快知识产权强国建设的若干意见

（国发［2015］71号）

各省、自治区、直辖市人民政府，国务院各部委、各直属机构：

国家知识产权战略实施以来，我国知识产权创造运用水平大幅提高，保护状况明显改善，全社会知识产权意识普遍增强，知识产权工作取得长足进步，对经济社会发展发挥了重要作用。同时，仍面临知识产权大而不强、多而不优、保护不够严格、侵权易发多发、影响创新创业热情等问题，亟待研究解决。当前，全球新一轮科技革命和产业变革蓄势待发，我国经济发展方式加快转变，创新引领发展的趋势更加明显，知识产权制度激励创新的基本保障作用更加突出。为深入实施创新驱动发展战略，深化知识产权领域改革，加快知识产权强国建设，现提出如下意见。

一、总体要求

（一）指导思想。全面贯彻党的十八大和十八届二中、三中、四中、五中全会精神，按照“四个全面”战略布局和党中央、国务院决策部署，深入实施国家知识产权战略，深化知识产权重点领域改革，有效促进知识产权创造运用，实行更加严格的知识产权保护，优化知识产权公共服务，促进新技术、新产业、新业态蓬勃发展，提升产业国际化发展水平，保障和激励大众创业、万众创新，为实施创新驱动发展战略提供有力支撑，为推动经济保持中高速增长、迈向中高端水平，实现“两个一百年”奋斗目标和中华民族伟大复兴的中国梦奠定更加坚实的基础。

（二）基本原则。坚持战略引领。按照创新驱动发展战略和“一带一路”等战略部署，推动提升知识产权创造、运用、保护、管理和服务能力，深化知识产权战略实施，提升知识产权质量，实现从大向强、从多向优的转变，实施新一轮高水平对外开放，促进经济持续健康发展。

坚持改革创新。加快完善中国特色知识产权制度，改革创新体制机制，破除制约知识产权事业发展的障碍，着力推进创新改革试验，强化分配制度的知识价值导向，充分发挥知识产权制度在激励创新、促进创新成果合理分享方面的关键作用，推动企业提质增效、产业转型升级。

坚持市场主导。发挥市场配置创新资源的决定性作用，强化企业创新主体地位和主导作用，促进创新要素合理流动和高效配置。加快简政放权、放管结合、优化服务，加强知识产权政策支持、公共服务和市场监管，着力构建公平公正、开放透明的知识产权法治环境和市场环境，促进大众创业、万众创新。

坚持统筹兼顾。统筹国际国内创新资源，形成若干知识产权领先发展区域，培育我国知识产权优势。加强全球开放创新协作，积极参与、推动知识产权国际规则制定和完善，构建公平合理国际经济秩序，为市场主体参与国际竞争创造有利条件，实现优进优出和互利共赢。

（三）主要目标。到2020年，在知识产权重要领域和关键环节改革上取得决定性成果，知识产权授权确权和执法保护体系进一步完善，基本形成权界清晰、分工合理、责权一致、运转高效、法治保障的知识产权体制机制，知识产权创造、运用、保护、管理和服务能力大幅提升，创新创业环境进一步优化，逐步形成产业参与国际竞争的知识产权新优势，基本实现知识产权治理体系和治理能力现代化，建成一批知识产权强省、强市，知识产权大国地位得到全方位巩固，为建成中国特色、世界水平的知识产权强国奠定坚实基础。

二、推进知识产权管理体制机制改革

（四）研究完善知识产权管理体制。完善国家知识产权战略实施工作部际联席会议制度，由国务院领导同志担任召集人。积极研究探索知识产权管理体制机制改革。授权地方开展知识产权改革试验。鼓励有条件的地方开展知识产权综合管理改革试点。

（五）改善知识产权服务业及社会组织管理。放宽知识产权服务业准入，促进服务业优质高效发展，加快建设知识产权服务业集聚区。扩大专利代理领域开放，放宽对专利代理机构股东或合伙人的条件限制。探索开展知识产权服务行业协会组织“一业多会”试点。完善执业信息披露制度，及时公开知识产权代理机构和从业人员信用评价等相关信息。规范著作权集体管理机构收费标准，完善收益分配制度，让著作权人获得更多许可收益。

（六）建立重大经济活动知识产权评议制度。研究制定知识产权评议政策。完善知识产权评议工作指南，规范评议范围和程序。围绕国家重大产业规划、高技术领域重大投资项目等开展知识产权评议，建立国家科技计划知识产权目标评估制度，积极探索重大科技活动知识产权评议试点，建立重点领域知识产权评议报告发布制度，提高创新效率，降低产业发展风险。

（七）建立以知识产权为重要内容的创新驱动发展评价制度。完善发展评价体系，将知识产权产品逐步纳入国民经济核算，将知识产权指标纳入国民经济和社会发展规划。发布年度知识产权发展状况报告。在对党政领导班子和领导干部进行综合考核评价时，注重鼓励发明创造、保护知识产权、加强转化运用、营造良好环境等方面的情况和成效。探索建立经营业绩、知识产权和创新并重的国有企业考评模式。按照国家有关规定设置知识产权奖励项目，加大各类国家奖励制度的知识产权评价权重。

三、实行严格的知识产权保护

（八）加大知识产权侵权行为惩治力度。推动知识产权保护法治化，发挥司法保护的主导作用，完善行政执法和司法保护两条途径优势互补、有机衔接的知识产权保护模式。提高知识产权侵权法定赔偿上限，针对情节严重的恶意侵权行为实施惩罚性赔偿并由侵权人承担实际发生的合理开支。进一步推进侵犯知识产权行政处罚案件信息公开。完善知识产权快速维权机制。加强海关知识产权执法保护。加大国际展会、电子商务等领域知识产权执法力度。开展与相关国际组织和境外执法部门的联合执法，加强知识产权司法保护对外合作，推动我国成为知识产权国际纠纷的重要解决地，构建更有国际竞争力的开放创新环境。

（九）加大知识产权犯罪打击力度。依法严厉打击侵犯知识产权犯罪行为，重点打击链条式、产业化知识产权犯罪网络。进一步加强知识产权行政执法与刑事司法衔接，加大涉嫌犯罪案件移交工作力度。完善涉外知识产权执法机制，加强刑事执法国际合作，加大涉外知识产权犯罪案件侦办力度。加强与有关国际组织和国家间打击知识产权犯罪行为的司法协助，加大案情通报和情报信息交换力度。

（十）建立健全知识产权保护预警防范机制。将故意侵犯知识产权行为情况纳入企业和个人信用记录。推动完善商业秘密保护法律法规，加强人才交流和技术合作中的商业秘密保护。开展知识产权保护社会满意度调查。建立收集假冒产品来源地相关信息的工作机制，发布年度中国海关知识产权保护状况报告。加强大型专业化市场知识产权管理和保护工作。发挥行业组织在知识产权保护中的积极作用。运用大数据、云计算、物联网等信息技术，加强在线创意、研发成果的知识产权保护，提升预警防范能力。加大对小微企业知识产权保护援助力度，构建公平竞争、公平监管的创新创业和营商环境。

（十一）加强新业态新领域创新成果的知识产权保护。完善植物新品种、生物遗传资源及其相关传统知识、数据库保护和国防知识产权等相关法律制度。适时做好地理标志立法工作。

研究完善商业模式知识产权保护制度和实用艺术品外观设计专利保护制度。加强互联网、电子商务、大数据等领域的知识产权保护规则研究，推动完善相关法律法规。制定众创、众包、众扶、众筹的知识产权保护政策。

（十二）规制知识产权滥用行为。完善规制知识产权滥用行为的法律制度，制定相关反垄断执法指南。完善知识产权反垄断监管机制，依法查处滥用知识产权排除和限制竞争等垄断行为。完善标准必要专利的公平、合理、无歧视许可政策和停止侵权适用规则。

四、促进知识产权创造运用

（十三）完善知识产权审查和注册机制。建立计算机软件著作权快速登记通道。优化专利和商标的审查流程与方式，实现知识产权在线登记、电子申请和无纸化审批。完善知识产权审查协作机制，建立重点优势产业专利申请的集中审查制度，建立健全涉及产业安全的专利审查工作机制。合理扩大专利确权程序依职权审查范围，完善授权后专利文件修改制度。拓展“专利审查高速路”国际合作网络，加快建设世界一流专利审查机构。

（十四）完善职务发明制度。鼓励和引导企事业单位依法建立健全发明报告、权属划分、奖励报酬、纠纷解决等职务发明管理制度。探索完善创新成果收益分配制度，提高骨干团队、主要发明人收益比重，保障职务发明人的合法权益。按照相关政策规定，鼓励国有企业赋予下属科研院所知识产权处置和收益分配权。

（十五）推动专利许可制度改革。强化专利以许可方式对外扩散。研究建立专利当然许可制度，鼓励更多专利权人对社会公开许可专利。完善专利强制许可启动、审批和实施程序。鼓励高等院校、科研院所等事业单位通过无偿许可专利的方式，支持单位员工和大学生创新创业。

（十六）加强知识产权交易平台建设。构建知识产权运营服务体系，加快建设全国知识产权运营公共服务平台。创新知识产权投融资产品，探索知识产权证券化，完善知识产权信用担保机制，推动发展投贷联动、投保联动、投债联动等新模式。在全面创新改革试验区域引导天使投资、风险投资、私募基金加强对高技术领域的投资。细化会计准则规定，推动企业科学核算和管理知识产权资产。推动高等院校、科研院所建立健全知识产权转移转化机构。支持探索知识产权创造与运营的众筹、众包模式，促进“互联网＋知识产权”融合发展。

（十七）培育知识产权密集型产业。探索制定知识产权密集型产业目录和发展规划。运用股权投资基金等市场化方式，引导社会资金投入知识产权密集型产业。加大政府采购对知识产权密集型产品的支持力度。试点建设知识产权密集型产业集聚区和知识产权密集型产业产品示范基地，推行知识产权集群管理，推动先进制造业加快发展，产业迈向中高端水平。

（十八）提升知识产权附加值和国际影响力。实施专利质量提升工程，培育一批核心专利。加大轻工、纺织、服装等产业的外观设计专利保护力度。深化商标富农工作。加强对非物质文化遗产、民间文艺、传统知识的开发利用，推进文化创意、设计服务与相关产业融合发展。支持企业运用知识产权进行海外股权投资。积极参与国际标准制定，推动有知识产权的创新技术转化为标准。支持研究机构和社会组织制定品牌评价国际标准，建立品牌价值评价体系。支持企业建立品牌管理体系，鼓励企业收购海外知名品牌。保护和传承中华老字号，大力推动中医药、中华传统餐饮、工艺美术等企业“走出去”。

（十九）加强知识产权信息开放利用。推进专利数据信息资源开放共享，增强大数据运用能力。建立财政资助项目形成的知识产权信息披露制度。加快落实上市企业知识产权信息披露制度。规范知识产权信息采集程序和内容。完善知识产权许可的信息备案和公告制度。加快建设互联互通的知识产权信息公共服务平台，实现专利、商标、版权、集成电路布图设计、植物新品种、地理标志等基础信息免费或低成本开放。依法及时公开专利审查过程信息。增加知识产权信息服务网点，完善知识产权信息公共服务网络。

五、加强重点产业知识产权海外布局和风险防控

（二十）加强重点产业知识产权海外布局规划。加大创新成果标准化和专利化工作力度，推动形成标准研制与专利布局有效衔接机制。研究制定标准必要专利布局指南。编制发布相关国家和地区专利申请实务指引。围绕战略性新兴产业等重点领域，建立专利导航产业发展工作机制，实施产业规划类和企业运营类专利导航项目，绘制服务我国产业发展的相关国家和地区专利导航图，推动我国产业深度融入全球产业链、价值链和创新链。

（二十一）拓展海外知识产权布局渠道。推动企业、科研机构、高等院校等联合开展海外专利布局工作。鼓励企业建立专利收储基金。加强企业知识产权布局指导，在产业园区和重点企业探索设立知识产权布局设计中心。分类制定知识产权跨国许可与转让指南，编制发布知识产权许可合同范本。

（二十二）完善海外知识产权风险预警体系。建立健全知识产权管理与服务等标准体系。支持行业协会、专业机构跟踪发布重点产业知识产权信息和竞争动态。制定完善与知识产权相关的贸易调查应对与风险防控国别指南。完善海外知识产权信息服务平台，发布相关国家和地区知识产权制度环境等信息。建立完善企业海外知识产权问题及案件信息提交机制，加强对重大知识产权案件的跟踪研究，及时发布风险提示。

（二十三）提升海外知识产权风险防控能力。研究完善技术进出口管理相关制度，优化简化技术进出口审批流程。完善财政资助科技计划项目形成的知识产权对外转让和独占许可管理制度。制定并推行知识产权尽职调查规范。支持法律服务机构为企业提供全方位、高品质知识产权法律服务。探索以公证方式保管知识产权证据、证明材料。推动企业建立知识产权分析评议机制，重点针对人才引进、国际参展、产品和技术进出口等活动开展知识产权风险评估，提高企业应对知识产权国际纠纷能力。

（二十四）加强海外知识产权维权援助。制定实施应对海外产业重大知识产权纠纷的政策。研究我驻国际组织、主要国家和地区外交机构中涉知识产权事务的人力配备。发布海外和涉外知识产权服务和维权援助机构名录，推动形成海外知识产权服务网络。

六、提升知识产权对外合作水平

（二十五）推动构建更加公平合理的国际知识产权规则。积极参与联合国框架下的发展议程，推动《TRIPS 协定与公共健康多哈宣言》落实和《视听表演北京条约》生效，参与《专利合作条约》《保护广播组织条约》《生物多样性公约》等规则修订的国际谈判，推进加入《工业品外观设计国际注册海牙协定》和《马拉喀什条约》进程，推动知识产权国际规则向普惠包容、平衡有效的方向发展。

（二十六）加强知识产权对外合作机制建设。加强与世界知识产权组织、世界贸易组织及相关国际组织的合作交流。深化同主要国家知识产权、经贸、海关等部门的合作，巩固与传统合作伙伴的友好关系。推动相关国际组织在我国设立知识产权仲裁和调解分中心。加强国内外知名地理标志产品的保护合作，促进地理标志产品国际化发展。积极推动区域全面经济伙伴关系和亚太经济合作组织框架下的知识产权合作，探索建立“一带一路”沿线国家和地区知识产权合作机制。

（二十七）加大对发展中国家知识产权援助力度。支持和援助发展中国家知识产权能力建设，鼓励向部分最不发达国家优惠许可其发展急需的专利技术。加强面向发展中国家的知识产权学历教育和短期培训。

（二十八）拓宽知识产权公共外交渠道。拓宽企业参与国际和区域性知识产权规则制修订途径。推动国内服务机构、产业联盟等加强与国外相关组织的合作交流。建立具有国际水平的知识产权智库，建立博鳌亚洲论坛知识产权研讨交流机制，积极开展具有国际影响力的知识产权研讨交流活动。

七、加强组织实施和政策保障

（二十九）加强组织领导。各地区、各有关部门要高度重视，加强组织领导，结合实际制定实施方案和配套政策，推动各项措施有效落实。国家知识产权战略实施工作部际联席会议办公室要在国务院领导下，加强统筹协调，研究提出知识产权"十三五"规划等具体政策措施，协调解决重大问题，加强对有关政策措施落实工作的指导、督促、检查。

（三十）加大财税和金融支持力度。运用财政资金引导和促进科技成果产权化、知识产权产业化。落实研究开发费用税前加计扣除政策，对符合条件的知识产权费用按规定实行加计扣除。制定专利收费减缴办法，合理降低专利申请和维持费用。积极推进知识产权海外侵权责任保险工作。深入开展知识产权质押融资风险补偿基金和重点产业知识产权运营基金试点。

（三十一）加强知识产权专业人才队伍建设。加强知识产权相关学科建设，完善产学研联合培养模式，在管理学和经济学中增设知识产权专业，加强知识产权专业学位教育。加大对各类创新人才的知识产权培训力度。鼓励我国知识产权人才获得海外相应资格证书。鼓励各地引进高端知识产权人才，并参照有关人才引进计划给予相关待遇。探索建立知识产权国际化人才储备库和利用知识产权发现人才的信息平台。进一步完善知识产权职业水平评价制度，稳定和壮大知识产权专业人才队伍。选拔培训一批知识产权创业导师，加强青年创业指导。

（三十二）加强宣传引导。各地区、各有关部门要加强知识产权文化建设，加大宣传力度，广泛开展知识产权普及型教育，加强知识产权公益宣传和咨询服务，提高全社会知识产权意识，使尊重知识、崇尚创新、诚信守法理念深入人心，为加快建设知识产权强国营造良好氛围。

国务院

2015 年 12 月 18 日

2015 年中国网络版权保护年度报告

国家版权局委托中国信息通信研究院撰写

一、2015 年中国网络版权①保护总述

(一) 2015 年中国网络版权保护的主要进展

1. 2015 年中国网络版权保护迎来新机遇

2015 年，中国网络版权保护迎来了前所未有的新机遇。国家进一步加大对文化产业和知识产权工作的重视，先后做出一系列重大部署，顶层设计助推版权相关产业的转型升级、融合发展，产业政策环境不断优化。2015 年初，国务院办公厅下发《关于转发知识产权局等单位深入实施国家知识产权战略行动计划（2014—2020 年）的通知》，《通知》明确指出要规范网络作品使用，严厉打击网络侵权盗版，优化网络监管技术手段；6 月，国务院印发《关于大力推进大众创业万众创新若干政策措施的意见》，将大众创业、万众创新作为新常态下经济增长的“双引擎”之一，促进互联网共享共治，奠定了在经济发展新常态的基调下，文化产业成为创新创业大潮的新驱动引擎的基础；7 月，国务院《关于积极推进“互联网＋”行动的指导意见》指出，要加强网络知识产权和专利执法维权工作，严厉打击各种网络侵权假冒行为，增强全社会对网络知识产权的保护意识，加大对新业态、新模式等创新成果的保护力度；11 月，国务院办公厅印发《关于加强互联网领域侵权假冒行为治理的意见》，《意见》明确，强化对网络（手机）文学、音乐、影视、游戏、动漫、软件及含有著作权的标准类作品等重点领域的监测监管，及时发现和查处网络非法转载等各类侵权盗版行为；2015 年底，国务院印发《关于新形势下加快知识产权强国建设的若干意见》，《意见》指出要深入实施国家知识产权战略，深化知识产权重点领域改革，实行更加严格的知识产权保护，促进新技术、新产业、新业态蓬勃发展，提升产业国际化发展水平，保障和激励大众创业、万众创新，该《意见》的出台，为“十三五”期间版权工作指明了方向，版权强国建设提上日程。

总体来看，政策导向将“文化＋”“互联网＋”“创业＋”“创意＋”“知识产权”等因素更好地融合在一起，以深入助推国民经济的转型升级。在此大背景下，互联网、文化、创意、创业等核心产业要素的不断融合，成为 2015 年文化产业及经济融合发展的一大亮点，网络版权产业也迎来新的发展契机，网络版权保护的任务更加繁重。

2. 2015 年中国互联网产业发展呈现新态势

截止到 2015 年 12 月，我国网民规模达 6.88 亿，互联网普及率为 50.3%，其中手机网民规模达 6.20 亿，较 2014 年 12 月增加 6 303 万人。网民中使用手机上网的人群占比由 2014 年 12 月的 85.8%提升至 90.1%。② 在“互联网＋”行动计划、建设“数字中国”、发展分享经济的推进下，“跨界”“融合”成为产业发展的新态势。

“互联网＋”带来了新一轮互联网产业变革和创新，成为经济增长、结构优化新动力。随着“互联网＋”理念的深入，互联网应用形态不断扩展，移动互联网、物联网、云计算等信息技术手段使互联网应用范围空前提升，社会化网络和大规模交互式协同不断扩大创新空间。

① 本报告所指的网络版权是著作权人对受著作权法保护的作品在互联网（包括移动互联网）环境下所享有的著作权权利。

② 数据来源：CNNIC 发布的第 37 次《中国互联网络发展状况统计报告》。

互联网已经从一个技术性工具逐步演变为重要的生产要素，并逐渐与传统行业日常生活相融合，越来越多的互联网企业开始利用互联网向社会大众提供日常生活的便民服务。互联网与诸多行业的融合，有效提升了实体经济的创新能力，逐步成为我国经济增长、结构优化的新动力。

“IP”成为“互联网＋文化”的发展主线与核心价值，“泛娱乐”生态构建行业全产业链内容布局。在“互联网＋”时代，文化产品的连接融合现象明显。2015年，从《花千骨》到《夏洛特烦恼》，以IP为核心的游戏、动漫、文学、音乐、影视跨界融合的泛娱乐浪潮愈加澎湃。互联网巨头已全方位深入内容产业上下游，以阿里巴巴、腾讯、百度三巨头为代表的大型互联网企业频频将触角伸到文化产业领域，加强内容与平台融合，打造以IP为核心的泛娱乐生态系统，同时IP也成为华谊等传统影视文化公司转型的重要支点。目前，国内泛娱乐产业生态链已初步构建，中国泛娱乐产业正式进入“内容为王”的时代。

随着中国互联网综合实力的进一步发展，电子商务和信息消费成为拉动国民经济增长的重要动力和引擎。2015年，中国电子商务交易总额达18万亿元，取代美国成为世界第一大网络零售市场。中国互联网企业飞速发展，进入世界前列，阿里巴巴、腾讯、百度、京东入围全球互联网公司10强。电子商务平台大力推动了版权贸易的发展，2015年多个网络版权交易和服务平台设立，这些平台借助最新的互联网云计算和大数据技术，在整合内容和渠道资源的基础上，将分散的版权内容集中到网络平台上交易，促进了版权产业相关产品和生产要素的聚集与流通。与此同时，我国信息消费增速也远超过社会消费品零售总额的平均增速，成为消费增长的主要引擎，信息消费高增长的亮点则体现在手机游戏、手机文学等信息内容消费的高增长方面。

3. 2015年中国网络版权法律制度建设实现新进展

针对“互联网＋”背景下新业态引发的一些版权问题，相关立法、行政、司法部门积极应对，网络版权法律体系的构建和完善取得进展。中国在网络领域的版权法律制度已经基本成型，我国网络版权法治保护环境有了很大的改善和提高。

在刑事保护方面，2015年11月1日实施的《中华人民共和国刑法修正案（九）》（下称《刑法修正案（九）》），增加了知识产权保护，尤其是对著作权保护的重要条款，增加了对“提供互联网接入、服务器托管、网络存储、通讯传输等技术支持，或者提供广告推广、支付结算等帮助”的主体的处罚，强化了对网络行为和网络犯罪的监管，明确了网络帮助侵权行为的刑事责任。

在行政处罚方面，《著作权行政处罚实施办法（修订征求意见稿）》向社会公开征求意见，该意见稿就行政处罚程序、网络服务提供者的行政责任以及网络环境下的版权执法等内容进行了修改，以解决版权行政执法工作中特别是办理侵犯著作权行政案件中遇到的实际问题，进一步完善版权行政保护制度，加大对侵权盗版行为的行政打击力度。

4. 2015年中国网络版权行政保护取得新成绩

针对“互联网＋”背景下新业态引发的一些版权问题，在国家版权局的积极推动下，2015年网络版权行政保护取得了重大进展。经过多年的摸索与实践，相关部门已经将打击互联网侵权盗版的版权之剑打磨到位，依法刺向各类侵权盗版的致命要害，体现出众多亮点：

一是针对互联网的传播方式和版权侵权特点，实施重点监管和分类管理，连续出台了规范重点领域版权秩序的相关政策，社会影响空前。为规范媒体融合背景下的网络转载秩序，4月22日，国家版权局发布《关于规范网络转载版权秩序的通知》，7月8日，国家版权局发布《关于责令网络音乐服务商停止未经授权传播音乐作品的通知》，责令各网络音乐服务商于2015年7月31日前将未经授权传播的音乐作品全部下线；10月14日国家版权局发布《关于规范网盘服务版权秩序的通知》，旨在规范网盘服务版权秩序、促进网盘服务健康有序发展。这些政策在著作权法基本原则基础上探索符合网络使用需求和规律特点的商业模式，实现权利人、使用者和社会公众之间利益的平衡，有利于推进网络版权创业创新和产业发展。

二是音乐网站的版权重点监管工作取得突破，极大地促进了我国数字音乐市场版权规范化。2015 年 8 月，国家版权局启动了对 20 家主要网络音乐服务商的版权重点监管工作，推动主要网络音乐服务商就音乐作品转授权积极洽谈版权合作，促进音乐作品的广泛传播。2015 年 9 月初，国家版权局下发《关于开展网络音乐版权重点监管工作的通知》，要求列入监管名单的 20 家网络音乐服务商按要求向国家版权局报送获得独家授权和非独家授权的音乐作品及重点音乐作品版权预警名单，并向社会公告，相关音乐服务商主动下线未经授权音乐作品 220 余万首，网络音乐版权秩序明显好转。在国家版权局的协调和敦促下，国内主要网络音乐服务商、唱片公司和版权公司共同签署了《网络音乐版权保护自律宣言》，促进了音乐作品广泛授权和有序传播。

三是版权执法在打击网络侵权盗版方面措施更加得力、成效更加显著。2015 年 12 月，我国第十一次打击网络侵权盗版专项行动圆满收官，“剑网 2015”专项行动共查处行政案件 383 件，行政罚款 450 万元，移送司法机关刑事处理 59 件，进一步净化了我国的网络空间及网络版权环境。在前 10 年的工作基础上，“剑网 2015”专项行动措施更加有力，成效更加显著，对推动版权相关产业发展起到了积极的规范作用。

（二）2015 年中国网络版权保护的基本特点

在“剑网行动”的高压态势和网络版权重点监管工作的积极引导下，我国互联网版权环境明显好转。经过多年的努力，我国尊重知识、尊重创作、尊重版权的良好社会氛围正在逐步形成；随着行业自律的加强与相关法规的完善，正版率正在逐年提升，我国的网络版权格局已基本走出“野蛮生长”的无序状态。面对技术发展所带来的新问题、新矛盾，经过十年来各方持续、不懈的努力，我国网络版权市场正在走向理性和规范，越来越多的互联网企业通过合法运营版权资源获得收益，一个健康、有序的网络版权环境正在形成。

与网络版权纠纷相关的互联网行业竞争规则在实践和司法审判中日渐明晰。随着互联网领域新型版权和不正当竞争纠纷的不断涌现，司法机关对此类案件的处理经验愈加丰富，纠纷处理规则逐渐细化，对“技术中立”、技术创新和违法行为界限的判断逐渐明晰，消费者和用户权益成为处理案件的重要考量因素。司法行政双管齐下，惩罚力度加强。

权利人采用多种方式积极维权，互联网企业互诉与合作并存。近年来，面对复杂的网络版权纷争，除了监管机关不断加大力度打击互联网侵权盗版，一些互联网平台企业也在采取各种技术和措施维护权利人的利益，探索如何进一步为权利人创造收益。目前，不少中国互联网公司已从最初的粗放式发展进入规范化、法制化发展轨道。尽管过热的 IP 资源利益分配不均仍引发诸多版权纠纷，但更多的产业主体在市场资源昂贵而稀缺的情势下，在版权司法和执法日趋从严的基础上，深刻反思和主动转型，开始分享版权资源或授权合作，其中以数字音乐产业表现得最为突出。

（三）2015 年中国网络版权保护存在的诸多挑战

内容产业涉及的利益链条较多，在市场过于追逐强 IP 的冲击下，导致出现 IP 拆分授权过多和授权凌乱的情况。随着市场的逐渐成熟，IP 已经从过去的单线授权、零星开发，走向贯通全娱乐产业的链状甚至网状新业态。但是杂乱无序的 IP 售卖、转卖、囤积，很难有效实现 IP 资源的合理配置，作品同质化非常严重。2015 年，由版权授权引发的纠纷层出不穷：《芈月传》《鬼吹灯》《花千骨》等热门 IP 先后出现编剧署名权、影视剧改编权等纠纷。这反映出中国 IP 市场的版权归属、交叉授权等方式混乱，造成企业之间的版权纠纷愈来愈多，呈现至用户端的同名文化作品数量偏多，各种乱象亟待行业规范。

随着大数据时代的到来，网络作品的使用方式和传播路径发生重大变革，作品创作向全民化、大众化方向发展，传统“先授权后使用”的许可付酬模式面临挑战。创作主体的全民化及作品的海量化，导致著作权人与作品使用人之间产生了信息不对称，很难达到点对点授权常态。一方面容易造成市场交易效率低下，不利于作品的传播及作品最终价值的实现；另一方面也给成本低廉、隐蔽性强的未经授权使用他人作品的行为提供了可乘之机。亟待构建一个兼顾作品保护强度与作品传播速度，平衡著作权人、作品使用人及社会公众之间利益关系的科学授权体系，鼓励和探索开放式、多元化的作品许可使用模式。

如何平衡版权所有人、网络服务商和广大用户的利益，划出网络服务商承担或者不承担侵权责任的界限，成为困扰立法和司法机关的难题。近年来，随着监管机关打击盗版执法力度的加大和公众版权意识的提升，直接以盗版形式侵犯权利人权利的行为越来越少，取而代之的是出现了许多为侵权内容的传播提供便利的平台，如网络信息存储平台、提供深度链接的聚合平台等。由于用户上传的信息是海量的，如果要求网络服务商全部审查事实上是强人所难，权利人也难以一一追究其侵权责任。依据传统的共同侵权或者帮助侵权理论，追究网络服务商的责任，就成了有效制止版权侵权的途径。但是，如果让网络服务商像传统的出版商一样承担共同侵权或者帮助侵权的责任，又会造成一系列网络服务难以生存和发展的问题。最终不仅损害网络服务商和社会公众的利益，而且损害版权所有人的利益。

“互联网＋”环境下新兴业态发展出的新需求、新变化对政府监管部门提出挑战，在平衡、协调传统行业利益与鼓励互联网企业创新上，面临监管难题。现行监管对便捷有效的技术化手段运用不够、体制在力量配置上不足，很大程度上影响了监管范围、监管效率和监管效果。此外，在“互联网＋”时代，如何将互联网思维真正应用到版权环境的治理和保护中，比如针对互联网跨区域的特点，在需要跨区域协调监管或执法的案件中实现地区的联动办案等，需要监管部门进一步提升和改善观念。

二、2015 年中国网络版权保护分述

（一）2015 年中国网络版权的立法保护

2015 年，我国深入推进国家知识产权战略，加强立法及司法解释工作，推进网络版权保护工作取得新的成绩，著作权法律制度在建设创新型国家中的作用越来越突出。

1.《刑法修正案（九）》对于网络著作权保护的修改加大了著作权的刑事保护力度

2015 年 11 月 1 日实施的《刑法修正案（九）》，增加了知识产权保护，尤其是对著作权保护的重要条款。这表现为在《刑法修正案（九）》第二百八十七条新增的关于非法利用信息网络罪和帮助信息网络犯罪活动罪。比如，明知他人利用信息网络实施犯罪，为其犯罪提供互联网接入、服务器托管、网络存储、通讯传输等技术支持，或者提供广告推广、支付结算等帮助，情节严重的，处三年以下有期徒刑或者拘役，并处或者单处罚金。此次《刑法修正案（九）》的出台，强化了对网络行为和网络犯罪的监管，明确了在适用网络版权的刑事案件中，追究网络服务商的责任需要满足的两个条件：第一，网络服务商“明知”他人利用信息网络实施侵犯著作权等犯罪；第二，情节严重。

2.《著作权行政处罚实施办法（修订征求意见稿）》加大网络环境下对侵权盗版行为的行政打击力度

2015 年 9 月 8 日，《著作权行政处罚实施办法（修订征求意见稿）》向社会各界公开征求意见。此次修改主要完善了行政处罚程序、进一步明确了网络服务提供者的行政责任、加大了特别是在网络环境下对侵权盗版行为的行政打击力度。2010 年以来，随着《著作权法》等法律法规的相继修改，《著作权行政处罚实施办法》有关规定与上位法不一致以及与版权行政执法工作实践不相适应的问题也日益凸显。根据《中华人民共和国著作权法》及相关行政法规，国家版权局草拟了《著作权行政处罚实施办法（修订征求意见稿）》，就行政处罚程序、网络服务提供者的行政责任以及网络环境下的版权执法等内容进行了修改：增加了两款关于违法行为的内容。一是《信息网络传播权保护条例》第十八条列举的侵权行为，同时损害公共利益的；第十九条、第二十五条列举的侵权行为。二是《著作权集体管理条例》第四十一条、第四十四条规定的应予行政处罚的行为。增加了两款关于处罚种类的相关条款：警告和没收安装存储侵权制品的设备。增加了网络服务提供者的行政责任及处罚条款。《著作权行政处罚实施办法（修订征求意见稿）》有两大变化：首先是加大了对著作权侵权的处罚力度，对于著作权侵权情节严

重的单位或个人，可以向公安机关举报，并依照《刑法》对其进行处罚；其次，与时俱进，考虑到当下中国已经进入了“互联网＋”时代，将著作权侵权的计量单位变成“次、首、部”等，为法院在判定侵权者侵权性质时提供了依据，让著作权行政处罚更具有可操作性。此次《著作权行政处罚实施办法》的修订从形式到内容对版权行政执法做了进一步完善，对保障著作权行政执法秩序、规范版权行政管理部门行政执法行为、推进版权行政执法工作具有重要意义。

3. 国家版权局积极推动网络版权保护政策规章的完善

针对当前网络领域最突出、相关产业反映最强烈、现实性较强的几大问题，国家版权局相继出台规范新兴业态重点领域网络版权秩序的相关政策文件。2014 年 12 月 18 日，国家新闻出版广电总局（国家版权局）印发《关于推动网络文学健康发展的指导意见》（以下简称《意见》）。《意见》强调加强行业自律，依法规范市场秩序；健全法律法规，加强日常监管，持续打击网络文学作品侵权盗版行为，切实加强版权保护。

2015 年 4 月 22 日，国家版权局发布《关于规范网络转载版权秩序的通知》，明确了著作权法律法规中涉及网络版权转载的几个重要问题，该《通知》为构建良性媒体生态环境起到保驾护航的作用。

随着数字技术、网络技术和播放设备的发展，音乐的创作、生产、传播和消费已经发生了很大变化，面临着新的挑战。2015 年 7 月 8 日，国家版权局下发《关于责令网络音乐服务商停止未经授权传播音乐作品的通知》，要求各网络音乐服务商于 7 月 31 日前将未经授权传播的音乐作品全部下线，否则将依法从严查处。12 月 1 日，国家新闻出版广电总局（国家版权局）发布《关于大力推进我国音乐产业发展的若干意见》。这些规范性文件的连续推出，有利于加强对音乐作品特别是数字音乐作品的版权保护，严厉打击未经许可传播音乐作品的侵权盗版行为，推动建立良好的网络音乐版权秩序和运营生态，逐步实现数字音乐的正版化运营。

针对日益严重的网盘侵权盗版问题，2015 年 10 月 14 日国家版权局发布了《关于规范网盘服务版权秩序的通知》。《通知》要求，网盘服务商应当建立必要管理机制，运用有效技术措施，主动屏蔽、移除侵权作品，防止用户违法上传、存储并分享他人作品。该《通知》进一步明确了网盘服务商在提供网盘服务中应当履行的义务和承担的责任，将法律法规中的有关要求具体化，增加了可操作性和可执行性，对切实规范网盘服务版权秩序具有重要意义。

（二）2015 年中国网络版权的社会保护

1. 互联网企业自律情况

互联网企业以声明为基础，加强自律，保护原创作品，完善版权保护和维权机制、加大版权合作力度。互联网企业是版权保护的一个重要主体，网络版权保护事业的健康发展，离不开互联网企业对版权保护的重视，并实施切实可行的措施防止盗版、侵权行为的发生。为有效遏制互联网原创平台的抄袭盗版之风，2015 年 3 月，今日头条联合百度百家、凤凰新闻客户端、搜狐新闻客户端、网易新闻客户端、微博、一点资讯等八家知名互联网平台共同发布《保护原创版权声明》，抵制抄袭盗版，保护内容消费者权益。此前，微信平台也推出“原创声明”等“零容忍”举措打击抄袭。该举扭转了抄袭者“收益高风险低”的局面，有力地维护了内容消费者权益，推动了社会诚信的进步。

为规范网络媒体转载秩序，推动移动互联网环境下新媒体与传统媒体的和谐发展，2015 年，在国家版权局的推动下，《北京日报》和奇虎 360 分别代表传统媒体和互联网媒体发布了维权声明和自律声明。搜狐新闻与《湖北日报》、网易新闻与《法制晚报》、腾讯新闻与《光明日报》、今日头条与《中国证券报》分别签订了版权合作协议，共同致力于营造健康有序、合作共赢的网络版权转载环境。

为便于社会公众和知识产权权利人了解微信的知识产权保护对象、措施、概况及成效，2016 年初腾讯公司发布《2015 微信知识产权保护白皮书》，这也是国内互联网企业第一次以白皮书的形式，对平台的知识产权保护情况进行全维度的披露。《白皮书》统计了 2014 年第四季度至 2015

年第三季度微信平台处理的知识产权侵权案件，就涉嫌侵害著作权的行为分布的作品类别、公众账号与个人账号之间著作权侵权数据的差异进行了梳理与分析。该报告为保护知识产权和打击侵权行为提供了有效指引，一定程度上促进了健康的网络知识产权生态环境的构建。

随着国家对版权保护的愈加重视，版权逐渐成为稀缺资源，在国家版权局下达“史上最严版权音乐禁令”后，国内音乐平台间开始从竞争走向版权合作，2015 年 10 月 13 日，QQ 音乐和网易云音乐宣布合作，所涉及的音乐版权达到 150 万首以上。以此为契机，数字音乐行业的版权合作开始慢慢迎来曙光，行业各方开始积极接洽，为行业长远的繁荣发展寻求合作，促进音乐作品的广泛授权。

2. 权利人主体的自我保护情况

标志性维权事件提升公众的版权意识，权利人采用多种方式，利用技术手段维护合法权益。“剑网 2015”专项行动全面开展，版权宣传普及活动以及市场主体版权意识的觉醒推动了全民版权意识的提高，权利人的维权意识普遍增强。作为网络作品的权利主体，越来越多的原创作者在版权受到侵害时选择用法律工具维权，而知名作品权利人的维权行为也在社会中产生了极大反响，提升了公众的版权意识。

2014 年上半年，台湾著名女作家琼瑶起诉大陆编剧于正未经许可，擅自采用《梅花烙》的核心独创情节，改编创作电视剧本，联合其他四方被告共同摄制了电视连续剧《宫锁连城》并播出，侵犯了其改编权、摄制权。北京市第三中级人民法院判决琼瑶胜诉，于正被判公开道歉，并停止传播《宫锁连城》，五被告共计赔偿 500 万元。此后，被告提出上诉。2015 年 12 月 16 日，北京市高级人民法院做出终审判决，驳回上诉，维持原判。该案作为著作权侵权案件的代表性案件，在案件判决论述中解答了此类案件的一系列疑难及重点问题，为未来同类型著作权案件的审理提供了指导性案例样本，具有标志性的示范作用。该案不仅是对原告合法权益的保护，更是对原创精神的保护，其判决结果也对影视行业知识产权意识的普及产生了深远影响，并成为海峡两岸文创领域知识产权维护的里程碑。

2015 年，文学创作、影视剧制作、体育赛事转播等版权运用活动多样、事件多发，版权价值大为提升，屡屡成为社会热点，由热门 IP 引发的版权纠纷也持续不断。备受关注的电视剧《芈月传》在开播之前，编剧与出品方就小说原作者蒋胜男与编剧王小平谁该署名“总编剧”、蒋是否违约、电视剧是否根据蒋小说改编等对簿公堂。开播后，《芈月传》全部剧集资源遭到外泄，有关版权方联合发表反盗声明，谴责百度云盘等平台的盗播行为。2015 年 9 月，知名喜剧电影《港囧》上映连续三日单日票房破 2 亿元，与此同时，网络上也迅速出现了高清盗版资源。《港囧》导演徐峥委托第三方版权监测维权机构，由其提供该片的版权监测、盗版链接下线处理及后续的维权服务。在经过维权处理后，实现大部分侵权链接的下线、屏蔽，下线率为 97%。2015 年 12 月，著名网络文学 IP《鬼吹灯》系列小说的作者天下霸唱以侵犯作者的署名权及保护作品完整权为由，将陆川及中国电影股份有限公司诉至北京市西城区人民法院，要求被告停止侵权、公开道歉并赔偿人民币 100 万元。

总体来说，“十二五”期间经过全国各级版权部门的共同努力，我国国民的版权认知度和网络版权保护意识已逐年上升，但在当下 IP 产业井喷的情况下，对于版权的保护显得尤为重要，网络作品的原作者需进一步维护好自身权益。

3. 行业组织的版权保护情况

(1) 著作权集体管理组织在维护会员权益和推动创新的进程中扮演至关重要的角色。

随着我国著作权立法逐渐完善，2015 年中国音乐著作权协会（MCSC，音著协）收取音乐作品著作权许可使用费共计 1.7 亿元人民币，较 2014 年增长 24%，再创新高。至此，音著协成立 23 年来，为音乐著作权人收取使用费总额突破 10 亿元大关，达到 10.6 亿元人民币，年均增长率超过 30%。在所收取的著作权使用费中，信息网络传播权占比最高，达 27%。[①]

① 数据来源：2016 年 3 月中国音乐著作权协会发布的音乐作品许可收入信息报告。

此外，面对网络技术快速发展的挑战，2015 年其他著作权集体管理组织也积极配合政府部门的重点监管工作，维护会员利益，在切实加强网络版权相关工作的同时不断完善协会自身管理。

（2）行业协会进一步发挥行业组织作用，积极提升行业服务质量。

2015 年 11 月，由中国版权协会主办的第八届中国版权年会在京举行。此届年会以“互联网＋时代的音乐——价值挖掘与实现途径”为主题，探讨如何运用互联网的音乐资源整合与价值发掘功能，实现各方共赢。该论坛针对网络音乐版权保护和产业的健康发展展开探讨，有力配合了国家版权局 2015 年对网络音乐的重点监管工作，对互联网环境下数字音乐价值的实现具有重要意义。

2015 年 12 月，中国作家协会作家法律服务团在中国现代文学馆揭牌成立，该法律服务团由知名法律专家、学者和律师组成。成立作家法律服务团，是中国作协推动文学事业繁荣发展的重要举措，也是我国文学界和法律界的一次重要合作，对进一步激发广大作家的创作活力，推动摄影、音乐、书法、美术等多个领域整体版权保护水平提高有着重要示范意义。

（3）版权联盟开展自我维权和自我救济，维权手段多样化。

2015 年 7 月，互联网视频正版化联盟成立，该联盟由搜狐视频、腾讯、优酷、土豆、凤凰视频、爱奇艺、56 网、PPS、PPTV 等国家版权局重点监管的互联网公司发起组建，旨在通过联盟成员的自律、互助，维护互联网视频版权市场的良好秩序。该联盟的成立推动了我国网络版权产业的健康发展，有利于企业与政府、主管机构和版权方加强合作，增强技术手段，打击盗版行为，共同推进网络正版化进程。

针对当前云盘领域版权侵权问题突出的情况，2015 年 11 月，北京市版权局和首都版权产业联盟共同发起云盘版权保护共同声明发布会，百度、搜狐、乐视、爱奇艺、腾讯、中国电影著作权协会等企业或权利人组织共同签署了《关于云盘版权保护的共同声明》，共同努力维护版权方利益，促进版权市场在法律框架下蓬勃发展。2015 年中国 APP 移动应用正版联盟于第 15 个世界知识产权日版权周期间发起成立。该联盟的成立对规范版权秩序，配合主管部门整治和打击 APP 侵权盗版，服务权利人的版权保护和主管部门的有效监管起到了积极作用。

（三）2015 年中国网络版权的司法保护

对中国知识产权裁判文书网、中国裁判文书网以及北大法宝数据库中关于侵犯信息网络传播权的民事裁判文书进行检索查询[①]的结果显示，2015 年全国共有 2 118 件网络版权相关的民事判决和裁定书，同比增长 28.3%。通过对这些案件状况进行分析和统计，总结出我国网络版权司法保护在 2015 年所呈现的一些新特点。

1. 网络音乐领域的版权纠纷数量较大，是法院审理网络版权案件的重点

如图 1 所示，2015 年网络音乐民事案件数量为 687 件，取代往年的网络视频案件，成为 2015 年网络侵权案件最多的类型，占整个侵犯信息网络传播权案件数量的 44%左右。网络音乐服务商之间的民事诉讼不断升级导致网络音乐秩序失衡，体现出国家版权局对网络音乐重点监管、整改网络音乐版权秩序的必要性。而网络视频侵权案件数量的急剧下降（291 件，占所有网络版权侵权案件的 18%，较上年减少 26 个百分点）直接反映出 2015 年网络视频正版化的加速。尤其是在国家版权局主动监管的 16 家视频网站中，有 10 家涉及侵权纠纷，涉案累计仅为 30 件，比上年下降 65%，显示出 2015 年网络视频行业版权秩序的良好态势，各互联网企业开始向正版化版权竞争的道路迈进。

此外，在其他类型的侵权案件中，网络文学的案件数量为 217 件，占比 14%，是上年同类案件数量的 2/3；图片作品的案件数量为 380 件，占比 24%左右，与上年同类案件数量大致持平；网络游戏的案件数量再次递减，仅为 4 件，占比可忽略不计。

① 数据截止到 2016 年 2 月 28 日。

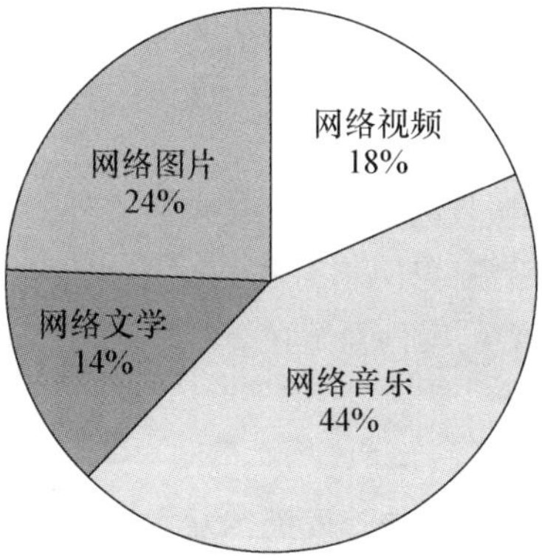

图 1 2015 年网络版权侵权案件类型分布情况

数据来源：中国信息通信研究院。

2. 网络版权案件发案数量的地域特征向阶梯式方向发展

从审理法院来看，法院地域分布排名前三的省份分别是湖北省、北京市、广东省（见图2）。统计发现，地方法院审理的案件中，湖北省、北京市和广东省法院审理的案件数量比例总和占到地方法院审判案件数量的半数。其中，在湖北省的 476 件侵权纠纷案中，有 450 件来自中国音像著作权集体管理协会的网络音乐维权。除湖北省以外，北京市法院依然是审理网络版权侵权案件数量和类型最多的地区，与上年同期相比，北京市法院审理的案件中网络视频领域案件占比持续下降，由六成降至四成以下。作为知识产权保护最先进和文化产业最发达的地区，北京市的网络版权纠纷诉讼主体的类型多样（包括互联网公司、文化传播公司、传统媒体、个人等）、案件类型多样（涵盖网络视频、网络音乐、网络文学、网络图片、网络游戏等），集中体现了北京市网络版权产业发展的活跃程度和先进水平。广东省的案件数量紧随北京市之后，而上海市的案件数量比上年增加了近一半。总体来说，排除掉 2015 年有诉讼特殊性的湖北省，2015 年各地区的案件数量呈阶梯式：北京市和广东省为第一梯队，浙江省与上海市为第二梯队，江苏省为第三梯队，山东省、安徽省、福建省等地区为第四梯队，各梯队内部之间的案件数量没有太大差别。

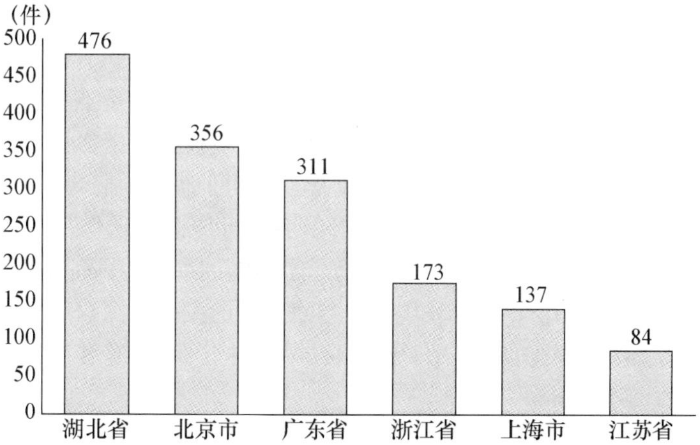

图 2 2015 年网络版权侵权案件地域分布情况

数据来源：中国信息通信研究院。

3. 各地知识产权法院在审理网络版权案件中作用突出，知识产权法院设立成效初显

2015 年由各地知识产权法院审理的网络版权侵权案件共计 287 件，其中北京知识产权法院 59 件，上海知识产权法院 46 件，广东省知识产权法院 123 件，分别占当地网络版权侵权案件的 16.5%、33.5%和 39.5%。各地知识产权法院自 2014 年成立以来，依法履行审判职责，切实提高知识产权司法保护水平，审结了一批疑难、复杂、具有影响力的案件。作为知识产权审

判的引领者和司法改革的探路者，各地知识产权法院一年来的工作初步实现了司法体制改革的意图，充分体现了其在网络版权司法保护事业中不可替代的作用。

4. 刑事司法是网络版权保护的重要手段

2015 年司法机关加大对网络版权的刑事保护力度，案件类型多样化和处罚力度加大是其突出特点。据统计，在已公布的有关侵犯网络著作权刑事犯罪的案件中，案件类型包括网络游戏、网络视频和网络文学，近半数的案件罚金在 20 万元以上，最高罚金达 170 万元，有力打击和震慑了网络著作权侵权犯罪分子。

（四）2015 年中国网络版权的行政保护

随着信息网络技术和移动互联网的快速发展，互联网产业模式日新月异，新技术和新应用层出不穷，版权保护工作也不断面临新问题。2015 年，我国相关政府部门陆续出台相关规定，增强法律的可操作性，规范网络版权秩序；坚持将网络版权的日常监管与专项行动相结合；加强重点领域知识产权行政执法力度，协调平衡权利人、使用者和社会公众间利益，有效打击网络侵权盗版行为，网络版权环境明显好转。整体来说，2015 年中国网络版权行政保护主要呈现以下四个特点：

1. 监管思路更清晰

国家版权局根据互联网产业模式发展引起的新技术和应用，确定每年相应的监管措施、监管范围和监管重点。为适应网络版权相关产业的发展现状和未来趋势，进一步发挥版权重点监管工作的作用和效能，增强版权重点监管工作的科学性和有效性，2015 年国家版权局提出了“分类监管、分步监管”的工作思路。

在分类监管方面，国家版权局根据网络音乐、网络云存储、应用程序 APP、网络广告联盟、网络转载等领域版权保护的不同特点，实施针对性强、各有特色的分类管理，效果明显。如在规范网络音乐市场方面，针对网络音乐利益链复杂、权利人分散、授权渠道缺失等特点，国家版权局除下发“史上最严版权音乐禁令”以外，还推动音乐服务商版权合作，支持网络音乐服务商探索实行适用的收费商业模式，促进音乐作品的广泛授权，使得网络音乐版权秩序明显好转。而在网络转载方面，针对移动互联网技术下传统出版和新兴媒体的融合，以促成传统媒体与互联网媒体版权合作为重点。

在分步监管方面，国家版权局在巩固往年工作成果的基础上，每年确定新的监管领域，效果显著。2010 年到 2014 年，视频网站之间恶性竞争不断、诉讼纷争不止，整个视频行业秩序混乱，为规范视频网站的合法运营，国家版权局启动视频网站版权重点监管工作。经过多年的努力，互联网视频领域的版权环境明显好转，视频网站未经授权传播影视作品的情形有很大改观，权利人的版权保护和商业运营水平有很大提高。“剑网 2015”把音乐作为重点治理领域，加强对音乐网站的版权执法监管力度，严厉打击未经许可传播音乐作品的侵权盗版行为。同时，国家版权局开展重点网站版权主动监管工作，也将以传播音乐作品为主要内容的网站纳入进来。而随着《关于推动网络文学健康发展的指导意见》的发布，国家版权局还将打击网络文学作品侵权盗版作为 2015 年的一项重要工作。通过加强执法，保障著作权人合法权益，构建网络文学版权保护的长效机制。

2. 监管重点更突出

针对当前网络领域最突出、相关产业反映最强烈、现实性较强的几大问题，国家版权局出台了一系列版权保护措施，尤其是确立了以下几项重点任务，对推动相关产业发展起到了积极的规范作用：

一是开展规范网络音乐版权专项整治行动。我国网络音乐产业规模、产品数量和用户规模都比较大，但在音乐产业数字化、移动化、大众化的发展趋势下，网络音乐版权保护状况不容乐观，网络传播音乐侵权盗版现象比较严重，主要网络音乐服务商竞相购买独家版权，网络音乐服务商之间的转授权进展较慢、恶性讼争不断升级，导致网络音乐产业版权秩序混乱，严重损害了网络音乐产业的健康发展。国家版权局在 2015 年初开展广泛调研之后，将网络音乐确定为 2015 年版权行政保护的重点领域。主要从五个方面加强网络音乐版权保护：(1) 严厉打击各类网络音乐侵权盗版行为。国家版权局发出《关于责令网络音乐服务商停止未经授权传播音乐作品的通知》之后，依法严厉打击各类未经许可传播音乐作品的侵权盗版行为，加大对侵犯音乐著作权的网站、APP 的行政处罚力度。(2) 加强对网络音乐服务商的版权重点监管。国家版权局自 2015 年 7 月起，将传播音乐作品的主要网络音乐服务商（包括网站和 APP）纳入版权重点监管范围，在视频网站版权重点监管工作经验的基础上，进一步创新监管方式，丰富监管措施，特别是强化重点作品预警、调解、约谈、警示、公开通报等手段，切实加强网络音乐版权重点监管工作。(3) 支持网络音乐服务商加强版权自律。在国家版权局的支持下，20 余家主要网络音乐服务商、唱片公司和版权公司在“网络音乐版权保护工作座谈会”上签署并发布了《网络音乐版权保护自律宣言》，并提请版权行政管理部门、广大权利人和网民以及社会各界、媒体对其进行监督。(4) 促进音乐作品的广泛授权和有序传播。各家网络音乐服务商根据国家版权局的要求进行自查自纠，在限令期内，16 家直接提供内容的网络音乐服务商主动下线未经授权的音乐作品 220 余万首。(5) 推动网络音乐相关利益方开展版权合作和转授权，建立网络音乐依法有序传播和运营的良好版权生态，支持网络音乐服务商探索实行适用的收费商业模式。

二是开展规范网络云存储空间版权专项整治行动。近年来，利用网盘传播侵权作品、实施侵权盗版行为的现象愈演愈烈，因此 2015 年网盘存储成为国家版权局重点监管的传播方式。为规范网盘服务版权秩序，国家版权局于 2015 年 10 月 14 日发布《关于规范网盘服务版权秩序的通知》，要求各网盘服务商严格贯彻落实《通知》要求。《通知》下发后，百度网盘、360 网盘、金山网盘、腾讯微云、新浪微盘、迅雷快盘、华为网盘、乐视云盘等主要网盘服务商积极进行版权自查整改，建立和完善版权相关制度。百度网盘对权利人投诉的 17 万条涉嫌侵权链接予以快速处理，新浪微盘审核删除了 2.1 万条侵权内容，并关闭了移动端和网页端的视频在线播放功能，停止网页端大于 100M 文件的保存与下载。

三是开展打击智能移动终端第三方应用程序（APP）侵权盗版专项整治行动，规范应用程序企业及应用程序商店的版权秩序。国家版权局开发国家版权监管平台，运用技术手段开展对 APP 等侵权盗版行为的治理。各地方版权执法部门也加强了对 APP 等新媒体侵权盗版行为的行政执法力度。重庆市文化执法总队积极利用版权手段加强管理，对“WTV 电视直播”APP 软件传播影视案依照著作权法进行立案调查，对涉嫌通过聚合手段在互联网传播影视节目的重庆某通信技术有限公司进行调查取证，并对当事人做出罚款人民币 10 万元、没收 3 万余元违法所得的行政处罚。吉林省版权局通过主动巡查发现“智慧白山”APP 软件聚合播放国内众多电视台节目及热播影视剧，该案已进一步调查。

四是继续加强网络视频版权重点监管。国家版权局对 20 家大中型视频网站继续进行版权重点监管，进一步完善公示、约谈、警示制度，推动权利人方与网络服务商建立版权保护合作机制，共公布 7 批次总计 149 部重点影视预警作品。

五是进一步规范网络转载版权秩序。为巩固“剑网 2014”专项行动有关工作成果，有效规范网络转载版权秩序，2015 年 4 月 22 日，国家版权局发布《关于规范网络转载版权秩序的通知》，加强数字出版内容的版权保护，强化对互联网媒体的版权监管力度，严厉查处未经许可非法转载、传播他人作品的侵权盗版行为。为推动《通知》的贯彻落实，国家版权局召开“规范网络转载版权秩序座谈会”，举办了“传统媒体与互联网媒体版权合作签约仪式”。在媒体融合的背景下，规范网络转载，构建合理的版权授权与合作机制，保障和推动传统出版媒体和新兴媒体融合发展。

3. 监管措施更有力

为完成“剑网 2015”及版权行政监管中的重点任务，达到净化网络版权环境、优化网络版权生态的目的，各地版权执法部门在总结过去监管经验的基础上，充分利用云计算、物联网、大数据、移动互联网等新一代信息技术，创新“互联网＋”的新型版权监管手段，提高了网络执法打击的精准度。采取了以下几点有力措施：

一是发动群众投诉举报，及时发现线索。国家版权局等四部门召开专题工作会，广泛发动群众举报投诉，向社会公布举报方式，安排专人负责清理积案，受理投诉举报电话、邮件、信函等。针对网络侵权盗版隐蔽性强、不易发现的特点，各地有关部门积极动员广大权利人和社会公众举报网络侵权盗版案件线索。充分利用各类传统媒体与新媒体，大力宣传“剑网 2015”专项行动的工作进展和成效。

二是开展全面清理检查。各地监管部门把辖区内传播音乐、影视、新闻、游戏、文学、软件等作品的重点网站和智能移动终端第三方应用程序（APP）以及网络云存储空间、网络广告联盟、智能移动终端应用软件商店、网络销售平台等纳入版权监测范围，组织引导重点互联网企业开展自查自纠活动，查找侵权盗版问题。对发现的问题责令企业进行限期整改，对未按期完成整改的依法严厉查处。

三是健全快速处理机制。对于从事侵权盗版活动的非法网站，版权行政执法部门依法制止其违法行为，及时提请通信主管部门予以暂停网络接入。在互联网信息内容主管部门和通信主管部门的指导下，各地版权行政执法部门进一步建立健全与基础电信企业、互联网信息服务企业构建快速有效的“通知—移除侵权”工作机制，对侵权盗版内容迅速核查、移除。

四是全力抓好案件查办。查办案件作为推进专项行动的重中之重，在规范网络版权秩序方面发挥着主导作用。在查办案件过程中，各地方版权执法部门主要通过扩大案源、加大打击力度、提高解决瓶颈问题的能力等方面强化版权执法力度。尤其是重点曝光一批网络侵权盗版典型案件，提升了专项行动的社会效果。同时执法部门高度重视做好行政处罚工作与刑事处罚工作的衔接，对侵权事实严重、社会影响大的侵权盗版网站，依法从严查处，对涉嫌构成犯罪的，及时移交公安部门立案查办。通过查办案件震慑了网络侵权盗版违法犯罪分子，有效规范了网络版权秩序。

五是完善长效工作机制。国家版权局等四部门联合挂牌督办一批涉案标的重大、违法犯罪情节严重、社会影响恶劣的大案要案，对列入督办的案件采取专题研商、督导检查等方式，构建多部门共同参与的联动工作机制。各地健全常态化的联合挂牌督办机制，定期联合督办一批重点案件，不断总结对重点音乐网站、网络云存储空间、网络广告联盟的监管措施和成功经验，及时转化为工作机制和制度。积极推动了权利人及组织与互联网企业建立版权合作机制，建立完善网站版权信息库、权利人维权绿色通道。

除此之外，“剑网”专项行动中，各地版权执法部门创新执法监管方式和手段，加强部门间、地区间信息共享和协同行动，也取得了显著成效：

北京市版权局根据“剑网 2015”重点任务部署，开展云存储空间侵权治理专项行动和云盘版权保护检查工作，加强重点内容关键时期的跟进保护；从根源上杜绝云空间侵权现象的发生。北京市版权局赴百度、360 公司、优酷等企业开展云盘版权保护检查工作。北京市文化市场行政执法队创新工作方法，采取版权保护预警机制，重点监测辖区内各网站侵权盗版情况，同时快速处理版权人的举报投诉，创新工作方法，侦破了“思路网侵权案”等诸多重大案件，有效打击了网络侵权盗版。山东省版权局探索建立了“三位一体”的网络视听节目网站版权监管模式：与山东省通信管理部门建立快速联动查处机制，建立 24 小时值班制度和定期简报制度，健全对被查处网站的跟踪复查机制。广西版权局进一步扩大版权监管范围，通过互联网出版监管系统，重点监管的文学网站数量从 200 个增加至 500 个。安徽省版权局加大对互联网侵权盗版行为监管力度，联合有关部门利用大数据等技术手段重拳打击侵权盗版行为。并依托安徽数字版权保护平台，对辖区内的网络云存储空间、智能移动终端第三方应用程序、网络广告联盟进行梳理，遴选重点对象分配至有关地区进行检查。严厉查处故意为侵权盗版网站提供广告支持的企业，指导相关协会与网络广告企业建立版权保护机制，指导网络广告企业对侵权网站进行广告屏蔽，切断利益来源。

4. 监管效果更显著

“剑网 2015”完美收官，有力打击了互联网侵权盗版现象。2015 年 6 月 10 日，由国家版权局、国家互联网信息办公室、工业和信息化部、公安部四部门联合开展的“剑网 2015”专项治理行动正式启动。此次专项行动重点整治领域是网络音乐、网络云存储空间、智能移动终端第三方应用程序以及网络广告和网络转载等移动互联网发展新态势下产生的侵权盗版行为。专项行动中，全国各地共查处行政案件 383 件，行政罚款 450 万元，移送司法机关刑事处理案件 59 件，涉案金额 3 845 万元，关闭网站 113 家，进一步净化了我国的网络空间及网络版权环境。

专项行动期间，各级版权执法监管部门加强联动，进一步完善多部门协调办案工作机制，通过联席会议、督办督查、专案会商、信息共享、相互协作等工作机制，与互联网信息管理、通信管理、扫黄打非以及公检法等部门积极开展合作，效果显著，受到广大网民的好评。国家版权局会同有关部门分 5 批次对广东“DJ020”网涉嫌侵犯音乐作品案等 40 起重大案件进行了挂牌督办。北京市文化执法总队通过主动加强与公、检、法等部门的工作衔接及督促指导，相关法院对架设“私服”侵犯完美公司著作权案、网店“阳光教育”销售盗版少儿出版物案做出判决，王某等 7 名犯罪嫌疑人分别被判处有期徒刑 2 至 3 年，两案共处罚金 57 万元，有力地震慑了侵权盗版行为。安徽省版权局与省公安厅签订了《长效合作协议书》，建立了信息沟通、联合培训、联席会议等具体工作制度，同时与省“双打办”建立了信息共享机制。山西省版权局对忻州市文化综合执法大队等基层版权执法部门加强指导，查处了“儿童资源网”等网络案件。辽宁、河北和湖北省版权局积极联合省通信管理局，部署省内各电信运营公司开展自查自纠，联合召集省内各电信运营公司和重点网站负责人培训会议，责令网站接入商停止对违法网站的接入，注销违法网站的备案信息，纳入黑名单进行管理。湖南省建立了“通信寻址、公安寻人、版权寻证”的版权执法联合办案模式，实现了多部门密切协作、精确打击。

《茫茫群峰叠翠远》（180 cm×48 cm）

《高山流水》（34 cm×60 cm）

《青山重重》（68 cm×68 cm）

《暮霭朦胧》（45 cm×65 cm）

何建国，中国当代著名山水画家，中国美术家协会会员，国家一级美术师，生于1932年，湖南邵阳人。曾师从吴作人、李可染等艺术大家，现为中国电影家协会会员，中国老教授协会会员，中国山水画研究会副秘书长兼常务理事，中央广播电影电视部美术家协会顾问，并担任书画艺术版权网签约画家、特邀顾问。

曾在北京、长沙、苏州、南宁等十几个城市举办过个人画展，其作品被中南海、北京民族文化宫、银川美术馆、苏州博物馆等收藏，并在法国、日本、美国、韩国、加拿大等国参加展出。

其传略被《中国美术家人名大辞典》《中国当代美术家人名录》《中国美术家年鉴》《中国当代国画家辞典》等书收录，出版有《何建国山水画集》。

《山乡云空》（68 cm×68 cm）

《万木尽染》（68 cm×68 cm）

《山深夏生凉》（68 cm×68 cm）

《山雨欲来》（136 cm×68 cm）

田原，现为中国美术家协会会员，中国国画家协会理事，中国国画学会理事，中国国画院高级美术师，中国书画艺术家创作中心理事，《中国美术市场报》艺术顾问，台湾“国宝画院”荣誉院长，菏泽市中山书画院名誉院长。

《翠谷清音》（190 cm×124 cm）

《家园》（210 cm×130 cm）

《太行初雪》（200 cm×124 cm）

《徽乡情怀》（65 cm×132 cm）

宋兆钦，号赭山樵人。1942年生于山东章丘，1963年毕业于山东艺专（现山东艺术学院）国画专业，多年来一直从事美术教学工作。现为中国美术家协会会员、中国工笔画学会会员、德州学院美术系教授、山东画院高级画师。

《山羊满坡》（97 cm×97 cm）

《野趣》（136 cm×68 cm）

《塞北雪》（97 cm×97 cm）

《白桦林之秋》（240 cm×120 cm）

李桃修，1944年出生，毕业于北京教育学院美术系，曾任北京市职工美术家协会秘书长。现为中国美术家协会中国画艺术委员会办公室主任、文化部艺术发展中心中国画创作研究院研究员、中国美术家协会会员、北京市海淀区美术家协会副主席。

陈葆棣，1947年生，国家一级美术师、中国美术家协会会员、北京文史研究馆馆员、王雪涛艺术研究会理事、景德镇陶瓷艺术研究院艺术顾问。

陈葆棣自幼酷爱绘画，19岁入室师从花鸟画艺术大师王雪涛先生。他继承了先师灵动、洒脱、清新感人的绘画风格，从事绘画几十年来，他坚守中国画传统、强调笔墨功力、注重文学修养。

在国内外多次举办画展，作品在中国美术家协会主办的全国性美术大展中多次入选并获奖。作品《百花争艳》《迎春》现收藏陈列于全国政协礼堂宴会厅；作品《畅游》被中南海收藏并入编《中南海珍藏画集第二卷》；多幅作品陈列在国家政要部门和我国驻外领使馆；作品《国色》曾作为国礼由国家领导人赠送韩国总统。他的十余部个人画集和绘画专著在全国广为发行。

《天寒有鹤守梅花》（136 cm×68 cm）

《畅游》（137 cm×68 cm）

《畅游》（138 cm×68 cm）

《雅室品茗图》（34 cm×138 cm）

《山乡归牧》（66 cm×67 cm）

《江南冬雪》（66 cm×67 cm）

《水乡烟雨》（66 cm×67 cm）

《冬雪》（66cm×67cm）

马山，满族，1948年生于北京，多年服务于人民日报社从事美术工作。师从董寿平、白雪石。现为中国美术家协会会员、北京海淀区文联理事、美协副主席，京北画院副院长，台湾“中华艺文交流协会”名誉委员、台湾“中国艺术协会”名誉理事。

《富贵大吉》（136 cm×68 cm）

《春江水暖》（180 cm×97 cm）

《富贵之花无须艳》（180 cm×97 cm）

《百花迎春》（180 cm×97 cm）

孙文启，又名悦奇，号四友堂主人。1949年生于北京，中国美术家协会会员，北京市书法家协会会员，中国书画艺术研究会理事，中国硬笔书法家协会会员，中国三峡画院、华夏东方杰书画院、东方白马画院一级画师。书法师承王遐举、许行，擅隶书、帛书。国画专攻花鸟，擅画牡丹、荷花、梅竹、紫藤等。

《意写云峰》（136 cm×68 cm）

《一帆风顺图》（68 cm×68 cm）

《幽壑山屯秋露白》
（136 cm×68 cm）

《野坡顶上住人家》（180 cm×97 cm）

王山岭，1950年出生，毕业于天津美术学院，后留校任教。中国美术家协会会员，历任天津美术学院教师、研究所主任、展览馆馆长、科研部门主要负责人、美术馆馆长等。

《嘉峪关》（68 cm×68 cm）

《江南水乡》（68 cm×68 cm）

《布达拉宫》（68 cm×68 cm）

《大昭寺》（68 cm×68 cm）

张宝澍，1955年出生，现为李可染画院研究员、中国少数民族艺委会画院画家、沈阳书画院画家、中国美术家协会会员、沈阳市美术家协会常务理事、沈阳开明书画研究会副会长，1986年结业于鲁迅美术学院，2004年结业于中央美术学院国画系贾又福教授研究生山水画工作室。

翟晖，中国传媒大学美术传播研究所研究员，中国美术家协会会员，陕西宝鸡市美协副主席，专职画家。自2003年起，多次在澳门、西安、大连、南京、顺德等地举办个展或联展。并曾担任120米巨幅长卷《中华和谐盛世图》创作稿总设计、绘制总主管，任纪念建党九十周年90米长卷《辉煌历程》创作总设计。出版《翟晖写意山水画精品》《翟晖山水画集》《翟晖水墨》《翟晖山水——岭南篇》《美术市场——当代中国画名家翟晖专辑》。作品散见于《美术之友》《艺术在中国》《水墨艺术》《神州诗书画报》《中国艺术》《美术市场》《羊城晚报》等。

《春岭风暖》（136 cm×68 cm）

《气清山川近》（136 cm×68 cm）

《关陇新绿》（136 cm×68 cm）

《春浓山腹》（136 cm×68 cm）

《龙腾图》（136 cm×68 cm）

《腾云踏雪》（137 cm×69 cm）

《龙腾莽原》（137 cm×69 cm）

《昆仑风雪》（137 cm×69 cm）

苗桂欣，河北涞水县人，曾就读于中央美术学院，现为中国美术家协会会员、河北大学艺术学院客座教授。美术作品多次参加国家、省市各级美术展览；多件作品被收入国家、省大型艺术画册发表，并被广东美术馆、深圳美术馆、四川神州美术馆、安徽美术馆、江苏美术馆、河北画院等多家国内外美术展馆和个人收藏。

《神山圣湖》（208 cm×200 cm）

《水墨阳光》（124 cm×124 cm）

《春雪》（68 cm×68 cm）

《坦途》（124 cm×124 cm）

董吉祥，1958年生于安徽怀远，师承周德昆先生，毕业于天津美术学院，大学本科学历，中国画、版画艺术家。现为中国美术家协会会员，中国版画家协会理事，中直大路美术家协会副主席、中国画学会主席，大路美术研究院执行院长。

《您好》（260 cm×242 cm）

《冬捕关东腊月》（198 cm×210 cm）

《秋天的歌》（198 cm×234 cm）

《神通兄弟》（223 cm×189 cm）

李明，1963年出生，辽宁营口人。1989年毕业于东北师范大学美术系国画专业，获学士学位。1998年毕业于天津美术学院研究生课程班。现任沈阳书画院创研部主任、中国美术家协会会员、沈阳市美术家协会常务理事。

东莞版权·这一年

近几年来，东莞紧紧围绕党的十八大提出的创新驱动发展战略，将大力发展版权产业，提升版权产业自主创新能力和核心竞争力，作为推动产业转型升级，促进高水平崛起的重要工作，版权工作取得明显进展，并于2015年全年开展创建全国版权示范城市工作。

产业篇

中国新闻出版研究院《2014年东莞市版权产业的经济贡献》显示，2014年东莞版权产业行业增加值为468.00亿元人民币，占全市GDP的7.96%，占全省版权产业行业增加值的8.22%；产业增加值超过了房地产业、金融业、住宿和餐饮业、建筑业等传统产业部门。

2014年，全市版权产业行业就业人数为60.19万人，约占全市就业人数的9.11%；商品出口额148.48亿元，约占全市商品出口额的15.30%，约占全省版权产业商品出口总额的17%。均高于全省和全国平均水平。版权产业已经成为东莞经济的“新名片”。

2015年，重点培育了铭辉科技动漫有限公司和天成动漫有限公司等2家广东省版权兴业示范基地，以及广东艾力达动漫文化娱乐有限公司“激战奇轮”系列形象等最具价值版权产品。

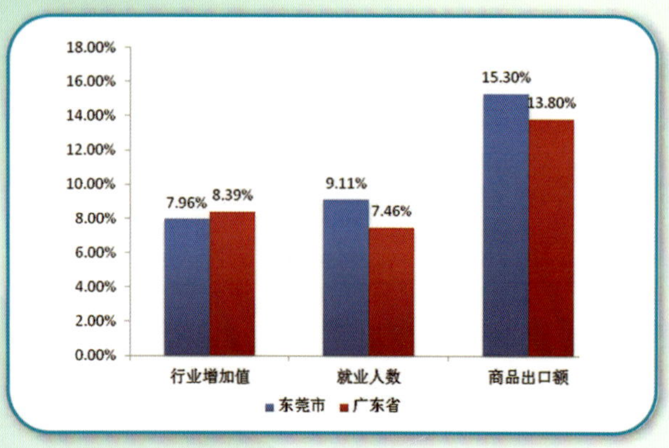

2014年东莞市版权产业行业增加值
就业人数、商品出口额

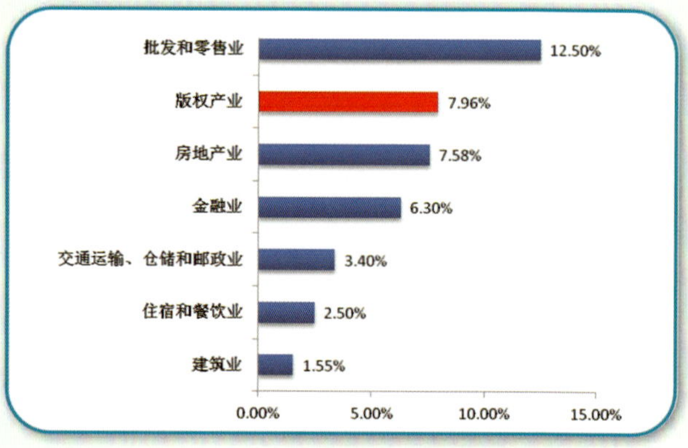

2014年东莞市版权产业与部分行业对地区
生产总值的经济贡献

创城篇

2015年7月27日，国家版权局正式下发了《关于同意东莞市创建全国版权示范城市的批复》，同意我市创建全国版权示范城市的申请，我市创建全国版权示范城市工作全面展开。

政策：成立了以喻丽君副市长为组长，创建全国版权示范城市工作领导小组；起草印发《关于进一步推进我市版权工作的意见》等版权工作“1+3”政策文件，由市财政每年安排“版权专项经费”，在全市认定扶持一批版权示范单位、示范园区（基地）和优秀版权作品，并对我市企业和个人著作权登记进行资助。

在第七届漫博会上，国家版权局版权管理司汤兆志副司长现场宣读国家版权局《关于同意东莞市创建国家版权示范城市的批复》

我市创建全国版权示范城市相关文件

支点：2015年起，指导成立了东莞市版权协会和东莞市版权纠纷人民调解委员会，向省版权局申请在东莞市版权协会设立了全市第二家广东省版权服务工作站，增设了市文化市场综合执法大队负责版权执法相关工作的执法三科。我市版权工作有了新支点。

2015年4月23日，东莞市版权协会召开筹备成立大会

2015年11月23日，东莞市版权纠纷人民调解委员会正式成立

创新：联合中国新闻出版研究院开展东莞市版权产业的经济贡献调研，为推动版权产业化、市场化提供决策依据；联合省版权局在连续七届漫博会上设立“版权服务工作站”，负责漫博会版权服务工作，第七届漫博会共完成参展作品著作权免费登记384宗，确认作品著作权来源并核发《作品著作权来源信息卡》1 022份，实现了版权纠纷有效投诉“零投诉”。

第七届漫博会版权服务工作站吸引大量群众咨询

在第七届漫博会上，国家版权局版权管理司汤兆志副司长为企业颁发著作权登记证书

宣传：利用《中国版权年鉴》和《中国新闻出版广电报》等平台，向全国展示东莞版权工作成果；在《东莞日报》刊发版权专版并开辟每周一期的“版权知识专栏”，就群众关心的版权知识进行重点介绍；制作具有东莞元素的版权公益广告，在全市各广电和网络媒体滚动播放；印制和派发各类版权保护宣传品，在全社会营造了尊重版权、保护版权的良好氛围。

东莞日报 DONGGUAN DAILY 专题 A03

保护版权 东莞在行动

版权工作亮点多

版权产业有新突破

组织开展“版权进校园”活动，将版权宣传推进全市大中学校

04 专版 中国新闻出版广电报

广东东莞扎实创建全国版权示范城市

版权产业成东莞闪亮名片

2015年4月26日，在《东莞日报》刊登专版

2015年12月，在《中国新闻出版广电报》刊登专版

品牌篇

近几年来，东莞市以版权创新为重点，积极推动版权工作进展，成功打造了一批版权工作品牌。

中国国际影视动漫版权保护和贸易博览会（漫博会）品牌：漫博会自2009年12月首次举办及落户东莞以来，始终坚持“以版权保护和交易为核心，以产业对接为特色，以国际合作为优势的国际性动漫产业交易平台”的目标定位，致力于打造成为“国际动漫产业最佳对接平台和中国最具影响力的玩具礼品交易平台”。第七届漫博会共有海内外参展企业458家，同比增长3.4%；参赛作品1 126件，同比增长15%；参与活动人数超过60万人次，与上届基本持平，其中专业观众6 786人，增长126%；现场消费和合同、意向成交额36.2亿元人民币。漫博会已成为我市版权展示和贸易的重要窗口。

第七届漫博会盛况

第七届漫博会2015动漫IP开发高端论坛

“版权进展会”品牌：参考漫博会版权服务工作的成功经验，东莞市版权局于2015年组织开展“版权进展会”活动，每年在厚街国际名家具（东莞）展览会、中国（大朗）国际毛织产品交易会和中国（虎门）国际服装交易会等与版权紧密相关的大型展会上设立版权服务工作站开展版权保护宣传和版权登记服务，共提供现场咨询1 000多人次，为参展企业提供著作权免费登记480多件，派发宣传品近3万份，有效提升了我市展会版权服务水平。

著作权登记品牌：2015年底，经省版权局同意，在东莞市版权协会设立了全市第二家广东省版权服务工作站，为我市推动著作权登记工作提供新支点。同时，东莞市版权局积极组织全市各镇街大力宣传《东莞市作品著作权登记资助管理暂行办法》的资助政策，推动著作权人主动寻求著作权登记，取得了良好效果，2015年全市企业类作品和计算机软件著作权登记达2 800多件。

版权专业授权品牌：东莞市政府与东莞市博泰文化创意有限公司合作，2015年7月起正式启动品牌授权资助项目，构建涉及品牌引进与授权、研发设计、产品销售、培训咨询等业务的一站式品牌授权全产业链服务平台“创意服务中心”；通过这一项目，对符合条件的东莞企业，给予品牌授权保底费用30%~50%的资助，连续5年累计资助总额高达9 000万元。目前“创意服务中心”已与迪士尼、奥飞、梦之城、腾讯及大嘴猴等国内外知名品牌建立了战略合作关系，已签约12家品牌公司、超过50个形象；广东金添动漫投资有限公司等8家东莞本土企业已成功获得授权，有数十家本土企业正在洽谈阶段项目。“创意服务中心”将成为东莞版权贸易的新动力。

开展“版权服务进展会”工程，将版权服务工作站引入我市虎门服装节

“创意服务中心”项目（效果图）

扎实创建举措，凸显全面成效
张家港获评“全国版权示范城市”

2015年，张家港市被国家版权局授予“全国版权示范城市”（全国第8个、江苏第3个），并首批加入全国版权示范城市联盟。近年来，张家港市创新版权工作理念，版权事业发展实现“四个新突破”。

国家新闻出版广电总局（国家版权局）副局长阎晓宏代表国家版权局为张家港“全国版权示范城市”授牌

一是坚持政府主导，在健全版权保障体系上实现新突破。

出台《关于增强自主创新能力建设创新型城市的若干政策意见》《张家港市版权登记资助和优秀作品奖励试行办法》等政策性文件，每年版权工作经费均超100万元。全市建成17个版权工作站，覆盖所有区镇和重点行业，实现管理、服务职能向基层延伸。连续举办四届张家港优秀版权评选，每年评选出15件优秀版权作品，奖励资金近10万元。2015年全市共受理版权登记作品1.6万余件，居全省县市之首。

2015年度张家港市版权工作暨表彰会议

张家港市召开创建版权工作示范单位、
示范园区工作座谈会

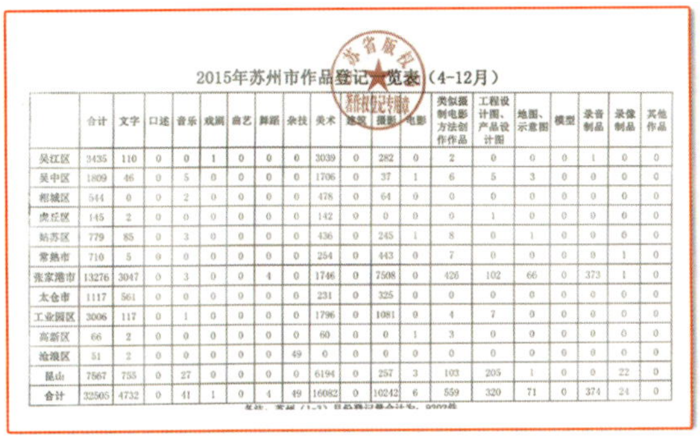

2015年苏州市作品登记一览表（4-12月）

	合计	文字	口述	音乐	戏剧	曲艺	舞蹈	杂技	美术	建筑	摄影	电影	类似摄制电影方法创作作品	工程设计图、产品设计图	地图、示意图	模型	录音制品	录像制品	其他作品
吴江区	3435	110	0	0	1	0	0	0	3039	0	282	0	2	0	0	0	1	0	0
吴中区	1809	46	0	5	0	0	0	0	1706	0	37	1	6	5	3	0	0	0	0
相城区	544	0	0	2	0	0	0	0	478	0	64	0	0	0	0	0	0	0	0
虎丘区	145	2	0	0	0	0	0	0	142	0	0	0	0	1	0	0	0	0	0
姑苏区	779	85	0	3	0	0	0	0	436	0	245	1	8	0	1	0	0	0	0
常熟市	710	5	0	0	0	0	0	0	254	0	443	0	7	0	0	0	0	1	0
张家港市	13276	3047	0	3	0	0	4	0	1746	0	7508	0	426	102	66	0	373	1	0
太仓市	1117	561	0	0	0	0	0	0	231	0	325	0	0	0	0	0	0	0	0
工业园区	3006	117	0	1	0	0	0	0	1796	0	1081	0	4	7	0	0	0	0	0
高新区	66	2	0	0	0	0	0	0	60	0	0	1	3	0	0	0	0	0	0
沧浪区	51	2	0	0	0	0	0	49	0	0	0	0	0	0	0	0	0	0	0
昆山	7567	755	0	27	0	0	0	0	6194	0	257	3	103	205	1	0	0	22	0
合计	32505	4732	0	41	1	0	4	49	16082	0	10242	6	559	320	71	0	374	24	0

2015年苏州市作品登记一览表（4-12月）

张家港市版权局工作人员进入基层第一线，
为企业做版权服务

二是坚持探索创新，在推进政企软件正版化上实现新突破。

2003年起推进政府部门软件正版化，2011年在全省县市率先完成市、镇两级政府机关软件正版化。成立软件正版化推进工作领导小组，探索建立“政府资助+服务商优惠+企业自筹”新模式，推进企业尤其是中小企业软件正版化工作，帮助企业建立知识产权管理制度，指导80家版权重点企业实施了正版化方案。多家企业被认定为江苏省“正版正货”承诺试点单位、江苏省首批软件正版化工作示范单位。目前，全市千余家规模以上企业软件正版化率超70%，每年用于软件正版化投入近3亿元。

企业软件正版化会议

张家港市“4•26”版权保护校园行暨“我的版权我做主”版权保护主题活动启动仪式

三是坚持宣管并举，在营造版权保护发展氛围上实现新突破。

充分发挥政府主导作用，将版权宣传教育与法治城市、文明城市建设等有机结合，深入实施版权宣传“六进”活动。在全市中小学开展版权宣传和登记工作，倡导“中小学生人人拥有一张版权登记证书”。强化监管，查处的侵犯国泰新点软件著作权跨省大案被列入公安部重点督办案件并入选2013年“剑网行动”十大案件；“朱某某未经著作权人许可，通过信息网络向公众传播他人作品案”被评为“2014年度全国文化市场重大案件”；张家港“1•26特大网络传播淫秽物品牟利案”成为2015年江苏省首起“扫黄打非”督办案件。张家港市文广新局连续3年被国家版权局授予“查处侵权盗版案件有功单位”。

荣获全国“2014年度查处侵权盗版案件有功单位一等奖”

2016年张家港市青少年版权创意作品大赛颁奖活动

版权保护进校园
保护版权从我做起

“4•26”世界知识产权日公益骑行
宣传活动

2015年张家港市侵权盗版制
品及非法出版物集中销毁活动

四是坚持高点定位，在推动版权产业转型升级上实现新突破。

张家港软件（动漫）产业园成功获批国家影视网络动漫实验园（全国第5家、江苏省第2家），目前已入驻“数字新媒体、互联网+、软件开发、服务外包”等行业企业（项目）50多家（个），实现营业收入5.75亿元，税收7 718万元。1家公司获评“2014年中国版权产业最具影响力企业”、3家单位获评全国版权示范单位，数量居全国县市首位。如意通公共技术服务平台和《香菇特勤队之逆袭香菇镇》双双入选《2014中国文化产业重点项目手册》。江苏银河电子股份有限公司、江苏红叶视听器材股份有限公司入选首届“江苏民营文化企业30强”。

张家港软件（动漫）产业园版权工作站揭牌

2014年中国版权最具影响力企业奖杯

张家港市版权局领导慰问参加第四届苏州创博会的企业

张家港市动漫企业参展第十一届中国杭州国际动漫节

版权引领升级　创新推动转型

近年来，即墨市紧紧围绕“争当全省科学发展排头兵，跻身全国县域百强前列”的目标，大力实施现代产业体系建设战略，经济克服下行压力实现了持续健康发展。2015 年，全市完成地区生产总值 1 100.89 亿元，增长 10.7%，总量居山东省县级第一；在中国社科院发布的《中国县域经济发展报告（2015）》中，即墨市县域经济竞争力列山东省第 1、全国第 13 位。

当前，我国已进入经济社会发展新常态，加强版权保护，发展版权产业和版权经济，有助于稳增长、调结构，促改革、惠民生，全面增强城市综合竞争力和影响力。基于这一认识，即墨市大力实施文化兴市战略，把强化版权管理、促进版权产业发展作为推动全市经济、科技、文化和社会建设的重要环节来抓，建立了完善的版权管理工作体系，为促进经济增长和文化发展提供了有力保障。2012—2014 年，即墨市先后被评为全国查处侵权盗版案件有功单位二等奖 1 次、三等奖 1 次；“8·06 软件侵权盗版案”被国家版权局评为 2013 年版权十大案件；中央媒体采访团先后两次组织 40 多名记者，对即墨市版权保护工作进行采访报道；2015 年 9 月，山东省版权工作培训班暨版权保护与发展现场会议在即墨市召开，即墨市在会上做典型发言。综观即墨市版权管理和版权产业发展工作，主要抓了以下六个方面：

一、高度重视版权，强化组织保障

2015 年，成立了由市长任组长的即墨市版权工作领导小组，为即墨市文化市场行政执法局加挂即墨市版权局牌子，增设版权保护执法科，每年安排不少于 200 万元的版权工作专项经费，并配齐必要的办公和执法装备，有效提升了版权执法队伍的整体素质。

二、突出管理服务，培育壮大产业

坚持主动服务、人性管理，有效促进了版权产业的发展壮大。目前，已基本形成以纺织服装产业为龙头，工艺

时任即墨市市委副书记、代市长张军在全国版权社会服务工作会议上发言

国家版权局副局长阎晓宏（左）在全国版权社会服务工作会议前会见张军市长

国家版权局于慈珂司长到即墨考察调研版权工作

国家版权局于慈珂司长听取即墨市版权工作情况汇报

美术、影视文化、商贸物流等产业为支柱的具有即墨特色的版权产业体系。

（一）研究出台《文化产业发展规划》。2012 年，完成《即墨市文化产业发展规划（2011—2020）》编制，使文化产业布局更加具体，规划体系更加成熟。在其引导下，中科院青岛科学艺术研究院、中国国家画院青岛国际交流中心等一批版权产业项目在即墨落地开花。

（二）重点打造纺织服装产业龙头。充分发挥即墨市纺织服装产业传统优势，出台《关于实施“个十百千工程”加快实体经济发展的意见》，着力将纺织服装产业打造成产值过千亿元的产业。目前，已培育规模以上纺织服装企业 250 家，纺织服装企业总数达到 1 800 多家，近 3 000 人参与产品研发，涌现出即发、红领等一批知名骨干企业，纺织服装产业实现产值 800 亿元。

（三）全面提升工艺美术品产业水平。青岛金王集团生产的工艺蜡烛享誉海内外，占全国出口蜡烛制造产品的 15%，企业被评为“山东省版权示范单位”；即墨花边，具有百年历史，已发展到十几个品种、2 800 多种不同花色和规格，产品远销欧美、东南亚的 40 多个国家和地区；大欧鸟笼，其制作技艺通过传习，实现了“一技富一村”，目前全村共有 380 户共计 1 000 余人从事鸟笼生产，年产值 1 200 余万元，产业化发展已初具规模。

（四）大力推进影视产业发展。2012 年出台了《即墨市鼓励和扶持影视产业发展的意见》，影视产业发展迅速。近年来共在城区繁华地段引入 6 所五星级影城，年票房收入近千万元；《跑马场》《太阳脸》等影片已正式上映，并广受好评。

（五）聚力发展商贸物流业。即墨素有“千年商都”美誉，现已形成以中国即墨服装市场为龙头的 29 处专业市场群，各类市场年交易额达到 820 亿元。目前，正在全力打造总规划面积 35 平方公里的中国即墨国际商贸城，未来 3 ~5 年，总投资将超过 300 亿元、总建筑面积超过 600 万平方米，建成后将成为北方规模最大、档次最高、带

2015 年山东省版权工作培训班暨版权保护与发展现场会在即墨召开

2015 年山东省版权工作培训班暨版权保护与发展现场会在即墨召开（观摩即发集团）

中央媒体采访团对即墨市版权工作进行采访报道

2016 年即墨市创建全国版权示范城市工作动员大会

动作用最强的商贸物流聚集区。

三、坚持主动服务，鼓励版权创造

2014年在山东省县级首家将版权登记工作列入全市目标责任考核，在7个镇、街道和18个单位设立版权登记服务站，积极引导帮助企业和个人自主创新并主动申报版权登记。2015年，共为300余单位和个人免费办理各类版权登记3 000余项。

四、打击侵权盗版，规范市场秩序

建立横向联系、纵向沟通和“两法”衔接机制，始终保持对侵权盗版违法行为的高压态势。2012年以来，共取缔违规出版物摊点75个次，收缴各类侵权盗版出版物28 990盘（册），查处各类侵权盗版案件95件，查处侵权软件货值450余万元；查办版权领域刑事案件17起，全部由法院做出有罪判决，有效震慑了版权领域违法犯罪行为。

五、发挥示范作用，大力推进正版

把推进软件正版化作为版权保护的重要措施，按照政府带头、示范引领、先易后难、稳步推进的原则，建立了软件正版化长效机制。

（一）政府部门带头完成软件正版化。自2010年起，即墨市分三年共出资513万元，购置1 023套Windows操作系统和Office办公软件，在市、镇两级党委和政府完成软件正版化。

（二）大力推进企业软件正版化。2012年，在环保产业园开展企业软件正版化试点，68家园区企业全部完成软件正版化；2013年，正式启动全市企业软件正版化工作，目前家装设计、星级酒店行业已完成软件正版化；2015年，启动全市国有企业软件正版化工作，目前国有企业操作系统、办公软件正版化率达到100%。

（三）加强软件正版化服务。在服务对象方面，针对全市重点企业，主动上门做正版宣传，引导企业摒弃盗版

2016年即墨市版权登记工作推进会

即墨市文化市场行政执法局在玫瑰小镇设立版权登记服务点

即墨市文化市场行政执法局版权宣传走进即墨市城东小学

即墨市文化市场行政执法局开展“4•26”世界知识产权日中小学生百米画卷创作活动

软件，主动购买使用正版软件，避免因侵权出现法律纠纷；同时，不定期邀请计算机和软件领域专家对全市机关单位、重点企业进行软件讲座，提高版权意识。在服务质量方面，对已经发生的侵权违法行为，按照“一次提醒、两次警告、三次处罚”的原则，以教育管理为主、行政处罚为辅，劝导涉嫌违法企业自行纠正违法行为；对继续实施违法行为的予以警告并责令限期整改，拒不整改的再给予行政处罚，努力将行政处罚后置、风险提醒前移，得到了企业的普遍认可。在服务手段方面，积极推广国产正版软件，并争取金山软件公司向全市教育系统免费赠送了价值100万元的正版WPS办公软件。

六、强化宣传引导，增强版权意识

针对社会整体版权意识不强、保护水平不够、执法环境不容乐观的现状，即墨市从舆论宣传入手，组织了一系列丰富多彩的活动，制作了版权宣传海报、课程表、书签、连环画等宣传品，使广大市民、企业潜移默化中认识到版权的重要性，增强了守法的自觉性。近年来，每逢重大法治宣传节点，都注重加强版权方面的法律法规宣传，尤其是注重利用好“4·26”世界知识产权日、“3·15”消费者权益保护日、“12·4”国家宪法日，集中组织开展版权宣传进社区、进学校、进企业、进单位、进机关活动，进一步提升了全社会版权意识，营造了认同、支持、参与版权保护工作的良好舆论氛围。

为深入实施《国家知识产权战略纲要》，进一步提升即墨的软实力和城市竞争力，在各级版权管理部门的大力支持下，即墨市已将创建全国版权示范城市列入政府工作报告，并将以此为契机，按照“激励创造、有效运用、依法保护、科学管理”的方针，全面实施版权创造、运用、保护、管理四大工程，充分发挥本地产业优势，走上抢占高端产业和产业高端的新型道路，以强大的产业实力和强劲的发展势头引领转型升级发展方向。

即墨市文化市场行政执法局对镇办工作人员进行版权知识培训

即墨市文化市场行政执法局走进环保产业园进行版权登记培训

即墨市文化市场行政执法局执法人员查处侵权盗版出版物

即墨市文化市场行政执法局版权执法现场

中国人民大学创意产业技术研究院

专注于文化创意产业的行业高端智库

版权

国家版权贸易基地

中关村版权争议调解中心

版权评估中心

数据

中国省市文化产业发展指数

中国文化消费指数

中国文化企业品牌价值TOP50排行榜

中国（义乌）文化产品交易指数

■ 平台

文化部国家文化产业项目服务平台（www.ccipp.org）

国家文化消费服务平台（www.whtianxia.com）

联系我们

地 址：北京市海淀区中关村大街甲59号文化大厦403（1）

电 话：010-62519147

网 址：http://icit.ruc.edu.cn

研究院公众号　　文汇天下

完善长效机制　创新工作方法
不断巩固深化推进软件正版化工作

国家新闻出版广电总局（国家版权局）局长　蔡赴朝

党中央、国务院高度重视推进软件正版化工作，将软件正版化工作作为树立国家良好形象、实施创新驱动发展战略、强化知识产权保护的重要举措。在党中央、国务院的高度重视和正确领导下，推进使用正版软件工作部际联席会议（以下简称部际联席会议）认真贯彻落实党的十八大和十八届三中、四中、五中全会精神，加强组织领导、统筹协调和服务指导，推进软件正版化工作取得重要进展。

一、充分认识推进软件正版化工作重要意义

软件产业是基础性、先导性和战略性产业，在践行新发展理念、实施创新驱动发展战略、推进工业化与信息化深度融合中发挥着极其重要的作用。开展软件正版化工作既是履行国际承诺的需要，更是自身发展的需要。

一是践行新发展理念的必然要求。面对全面建成小康社会决胜阶段复杂的国内外形势，面对当前经济社会发展新趋势新机遇和新矛盾新挑战，党的十八届五中全会鲜明提出了创新、协调、绿色、开放、共享的发展理念，而创新是引领发展的第一动力。习近平总书记指出，抓住了创新，就抓住了牵动经济社会发展全局的"牛鼻子"。树立创新发展理念，就必须把创新摆在国家发展全局的核心位置，让创新贯穿党和国家的一切工作。总书记指出，实施创新驱动发展战略，是加快转变经济发展方式、提高我国综合国力和国际竞争力的必然要求和战略举措。总书记多次强调，要完善知识产权保护和运用机制，加大知识产权保护力度，让各类人才的创新智慧竞相迸发。这些重大部署、重要讲话，深刻揭示了创新发展在党和国家工作大局中的重要地位和作用，也充分体现了以习近平同志为总书记的党中央统领全局、运筹帷幄的领导艺术，高瞻远瞩、深谋远虑的政治智慧。对此我们一定要深入学习、深刻领会，把思想认识统一到总书记的重要讲话精神上来，增强创新自信、做好本职工作，这也是增强看齐意识的具体表现。

随着创新驱动发展战略的深入实施，知识产权的重要性更加凸显，已经成为国家发展的战略型资源和国际竞争力的核心要素，成为建设创新型国家的重要内容和掌握发展主动权的关键。实施创新驱动发展战略，打造创新驱动新引擎，必须加强知识产权保护，让创新者得到应有的回报，才能激发创新活力，大众创业、万众创新之火才能形成燎原之势。软件是典型的知识产权密集型产品，研发创新投入大，广泛应用于经济和社会生活的各个方面。大力推进软件正版化工作，具有典型示范和带动作用，成为营造创新环境，推动中国知识产权保护整体水平提升，建设知识产权强国，实施创新驱动战略的重要组成部分。

二是推动经济转型升级的重要支撑。当前，中国经济正面临由中低端向中高端升级的新阶段。软件产业是国民经济和社会发展的重要基础。发展软件产业对于优化我国产业结构、改变经济增长方式、提升国民经济运行质量具有重要作用。当前，软件使用无处不在，现代生产过程，软件成了核心问题，软件定义一切已逐渐成为产业界的共识。一个国家没有软件方面的领先地位，想在其他领域立足很难。放任使用盗版软件行为，不仅会严重阻碍软件产业的发展，更会给整个国民经济和社会发展带来很大的负面影响。总体来看，我国软件版权保护环境还未得到根本性改善。软件盗版问题一直是制约我国软件产业发展的主要因素之一。大力推进软件正版化工作，涉及成千上万中国软件企业的切身利益，关系到软件产业发展必需的市场环境，关系到经济转型升级和持续健康发展。

三是保障信息系统安全高效运行的重要基础。信息化是当今世界发展的大趋势，是推动经济社会变革的重要力量。大力推进国民经济和社会信息化建设，是覆盖现代化建设全局的战略举措。软件作

为改变信息内容和格式的信息处理基本工具，是信息系统的基石和保障信息系统安全高效运行的核心和基础，已成为信息化建设的关键环节。不规范软件安装使用，甚至使用盗版软件，不仅会影响信息系统的有效运行，也会给信息系统带来严重的安全隐患。大力推进软件正版化工作，对提高信息化建设水平和保障信息安全至关重要。

二、充分肯定推进软件正版化工作成效

部际联席会议各单位既相互分工，又密切协作，开展了大量卓有成效的工作，共同推进软件正版化工作取得显著成效。

一是推进软件正版化长效机制初步建立。为加强对推进软件正版化工作的组织领导和统筹协调，国务院批复成立了由国家新闻出版广电总局（国家版权局）牵头的推进使用正版软件工作部际联席会议，建立了推进软件正版化常态化工作机制。国务院办公厅印发了《政府机关使用正版软件管理办法》，明确了各级政府和相关部门的职责。部际联席会议印发了《关于贯彻落实〈政府机关使用正版软件管理办法〉的实施意见》，从工作责任、经费保障、软件采购、软件使用、资产管理、审计、与信息化工作结合、年度报告、监督检查、考核和责任追究、适用范围等11个方面，进一步细化了《政府机关使用正版软件管理办法》相关要求，推动软件正版化工作常态化、规范化。另外，部际联席会议各成员单位根据职责分工，出台了多部推进软件正版化工作规章、文件，为建立软件正版化长效机制提供了制度保障。

二是政府机关软件正版化按期实现。部际联席会议在较短时间内推进中央和省市县四级政府机关实现软件正版化，初步建立政府机关软件正版化工作责任制度。部际联席会议建立了中央和省级机关软件正版化工作责任人数据库，指导各省（区、市）建立了市县级机关责任人数据库。推动各省（区、市）建立健全软件正版化工作考核评议制度，指导北京、天津、河北、内蒙古、福建、海南、重庆、青海、新疆等省（区、市）制定了软件正版化工作考核评议细则。各级政府机关切实落实责任，加强软件使用管理，及时购置更新正版软件。92.63％的中央部门所属事业单位实现软件正版化。2015年，各级政府机关共采购操作系统、办公和杀毒软件95.19万套，采购金额4.92亿元；采购的办公软件中，国产软件套数占73.01％。2011—2015年，各级政府机关共采购操作系统、办公和杀毒软件769.95万套，采购金额43.91亿元；采购的办公软件中，国产软件套数占79.91％。

三是企业软件正版化取得重要突破。中央企业软件正版化工作取得重大进展，98.62％的五级及以上企业实现软件正版化。大中型金融机构、新闻出版行业企业集团总部实现软件正版化。各省（区、市）制定了推进国有企业软件正版化工作实施方案，全面部署地方国有企业软件正版化工作。河北、山西、福建、河南、湖北、西藏、甘肃、青海、宁夏等省（区）积极稳妥推进民营企业软件正版化工作。2015年，全国共有2 882家企业列入年度完成软件正版化工作目标，其中2 438家企业通过检查验收实现软件正版化。截至2015年底，全国累计27 001家企业通过检查验收实现软件正版化，75.35％的金融机构、93.8％的新闻出版行业企业集团下属企业实现软件正版化。2014—2015年，中央企业和金融机构采购、升级和维护操作系统、办公和杀毒软件金额共计42.92亿元；采购的办公软件中，国产软件套数占48.5％。

四是推进软件正版化示范效应明显。推进软件正版化工作，特别是政府机关和大中型企业带头使用正版软件，起到了很好的示范和带动作用，软件知识产权保护环境持续改善，为软件产业发展提供了良好的市场环境和创新动力，推进软件产业呈现繁荣发展的良好态势，也树立了中国政府保护知识产权的良好形象。2015年，我国软件著作权登记量达到29.24万件，近五年年平均增长率为29.1％。软件正版化工作有力推动了我国软件产业的快速发展。2015年，我国软件和信息技术服务业收入达到4.3万亿元，近五年年平均增长率为24.2％。世界贸易组织、世界知识产权组织等国际组织在多个场合对中国政府推进软件正版化工作给予积极评价。

三、推进软件正版化工作基本思路

推进软件正版化工作取得了来之不易的成绩。这项工作也出现了新问题，面临新挑战，主要是一些单位对推进软件正版化工作的长期性认识不到位，出现了松懈情绪，存在反弹的风险。要充分认识推进软件正版化工作的复杂性、艰巨性和长期性。

一是密切配合，充分发挥联席会议制度优势。软件正版化工作内容复杂，涉及面广、政策性强、协调难度大，是一项综合性的工作，单靠一个部门很难推进软件正版化工作。国务院批复建立的联席会议制度，是一种非常好的协调机制，为顺利推进软件正版化工作提供了很好的工作机制保障。要加

强联席会议协调指导工作，落实各成员单位职责，集中各成员单位的智慧和资源，科学谋划推进软件正版化工作。推进软件正版化取得的成绩，是各成员单位齐心协力、共同努力推动的结果。部际联席会议各成员单位要继续按照各自的职责分工抓好落实，密切协调配合、齐抓共管，形成推进合力，推动政府机关和企业软件正版化工作齐头并进，取得新成效。

二是加强研究，及时研判新情况新问题。当前软件版权保护环境尚未得到根本改善，一些老问题还未得到完全解决，新情况、新问题又不断涌现。特别是移动互联网、云计算和大数据等新技术的快速发展以及商业模式创新，对推进软件正版化工作将产生深远影响。要防止产生松懈情绪，常抓不懈，既要认真总结推广典型经验做法，研究解决目前存在问题的具体措施；更要注重研究推进软件正版化工作遇到的新情况和新动向。针对信息技术、互联网技术发展状况和软件的特点，加强研究分析，及时研判形势，综合运用法律、行政和技术等手段，研究制定新形势下推进软件正版化新策略。

三是统筹规划，协同推进软件正版化与信息化。推进软件正版化工作关系国家信息安全。要将推进软件正版化与信息化建设和信息安全保护有机结合，相互支撑、相互促进。通过推进软件正版化工作，引导政府机关和企事业单位使用正版软件，提升信息化建设水平和信息安全保障能力。通过推进信息化建设，在部署信息化建设和信息安全检查工作时明确提出软件正版化要求，扩大推进软件正版化工作的深度和广度。协调推进软件正版化工作与软件产业发展指导工作，充分发挥市场的作用，推动软件企业加大研发力度，重视用户体验和售后服务，提升产品质量和服务能力，提高用户使用正版软件的积极性。

四、2016 年推进软件正版化工作重点

2016 年推进软件正版化工作重心将从推动落实采购经费、采购安装软件，转移到推动落实主体责任、规范使用管理、保障信息安全的新阶段。要巩固扩大政府机关、中央企业和大中型金融机构软件正版化工作成果，全面推进地方国有企业、中小金融机构和民营企业软件正版化工作。

一是突出重点，完善长效机制。建立健全软件正版化工作责任制度，推进各级政府机关和企事业单位落实软件正版化工作主体责任，形成年初有计划、年中有检查、年底有总结的软件正版化工作格局。加强软硬件采购源头管理，规范计算机软硬件采购流程，严把源头关，从源头上防止盗版软件流入政府机关。严格落实新采购计算机办公设备时，预装正版操作系统软件以及制定配套的办公软件和杀毒软件购置计划规定。研究制定软件使用管理指南，建立可行性、操作性较强的软件使用管理制度范本和台账范本。坚持制度与技术手段并重，推进软件使用管理规范化标准化。加强软件研发指导与推广，出台鼓励使用正版软件相关政策，推进在典型行业和重大工程中全面使用正版软件。

二是创新工作方法，巩固工作成果。研究建立软件正版化工作信息化管理系统，提升软件正版化工作管理水平。研究利用云计算等新技术创新推进措施，加快推进服务器端软件正版化工作。政府机关软件正版化方面，要重点抓好国务院办公厅印发的《政府机关使用正版软件管理办法》贯彻落实情况，推动软件正版化相关政策措施落地生效。抓好已采购正版软件的安装使用工作，提高软件资产的使用效能、避免软件资产流失，防止软件管理和维护跟不上造成的软件正版化工作反弹。企业软件正版化方面，要充分发挥中央企业和大中型金融机构带头率先实现软件正版化的示范带动作用，加快推进企业软件正版化工作。研究制定推进企业软件正版化工作指导性政策措施，提出可衡量的工作目标。指导企业建立软件采购经费预算、软件资产管理、日常监督检查和内部审计等软件正版化工作长效机制。

三是加强督促检查，规范市场秩序。建立常态化随机督查制度和政府主导、社会专业机构参与的专业督查队伍。重视利用技术手段加强监管，研究建立软件使用情况监测平台，加强动态监管，增强督查工作的针对性和有效性。推进各地各部门严格落实软件正版化工作奖惩措施，强化责任部门和责任人的责任意识，充分发挥责任人的作用。指导各地各部门规范经费保障、使用管理、日常监管、年度报告等软件正版化工作关键环节。严厉打击软件侵权盗版行为，曝光侵犯软件著作权企业，探索将企业使用盗版软件行为纳入诚信体系建设内容。依法查处软件行业垄断和不正当竞争行为，维护软件市场公平竞争的市场秩序和消费者合法权益。

四是做好宣传培训，营造良好舆论氛围。加强软件正版化宣传培训工作，做好对软件正版化工作责任人的政策指导和业务培训，及时总结推广典型经验做法，扩大宣传培训覆盖面。改进宣传培训方式，增强宣传培训的针对性和有效性。加强对外宣

传和沟通，及时回应外方关切。充分利用多双边合作交流机制，做好软件正版化对外宣传和沟通工作，充分宣传我国软件正版化工作成果，树立国家保护知识产权良好形象。

2016 年是贯彻落实十八届五中全会精神、全面实现“十三五”规划的开局之年，也是巩固政府机关软件正版化工作和加快推进企业正版化工作的关键年，责任重大，使命光荣。部际联席会议成员单位要齐心协力，紧密配合，坚定不移地按照党中央、国务院的部署，持续深入推进软件正版化工作，为建设法治社会、创新型国家做出应有的贡献。

新常态下深入推进版权执法监管工作

国家新闻出版广电总局副局长 国家版权局副局长 阎晓宏

回顾我国版权制度的发展历程，可以归纳为三个发展阶段：第一个阶段是版权法律制度建立阶段。1979年4月，我国启动了版权法的起草工作。1990年，我国的第一部《著作权法》颁布。我国用不到20年的时间，建立了较为完备的版权法律体系，为版权事业奠定了坚实的法律基础。第二个阶段是版权法律实施阶段。从上世纪90年代中期起，我国版权工作的重点逐渐从法律制定转移到法律执行上来，版权司法与行政并行的双轨制发挥了积极作用，打击版权违法和犯罪行为的力度不断加大。第三个阶段是版权制度全面推进阶段。进入新世纪以来，随着互联网和数字技术的迅猛发展，版权在建设创新型国家、实施国家知识产权战略、提升国家核心竞争力等方面的作用越来越突出、地位越来越重要，版权工作整体上进入了“鼓励创造、有效运用、依法保护、科学管理”的新阶段。而开展互联网领域的版权执法监管是这一阶段的一个标志性节点。

一、“剑网行动”十年来版权执法监管工作取得的成果

2005年被称为“互联网版权保护元年”。2005年4月，国家版权局与信息产业部共同制定颁布了《互联网著作权行政保护办法》，这是互联网领域版权保护的第一个法律性文件；9月，国家版权局会同公安部、信息产业部等部门，联合下发《关于开展打击网络侵权盗版行为专项行动的通知》，第一次启动互联网领域版权保护的专项行动，这是中央部委层面最早在网络领域探索开展的执法监管行动；10月，国家版权局在开门立法的基础上，完成了《信息网络传播权保护条例（草案）》的起草工作并上报国务院，国务院2006年5月审议批准，引起国际社会高度关注。以2005年启动网络版权保护为标志，我国的版权执法监管工作进入一个新阶段。十年来，各级版权部门紧紧围绕党和国家工作大局，全面加强版权执法监管工作，执法机制不断完善，执法力度不断强化，执法领域不断拓展，执法效能不断提高，执法队伍不断壮大，有效维护了权利人的合法权益和社会公共利益，树立了版权执法监管的权威，得到了广大权利人和社会公众的高度评价。

（一）坚持查办案件，不断加大打击侵权盗版工作力度

十年来，各级版权行政执法部门坚持日常监管与专项治理相结合，相继开展了盗版音像制品专项整治、软件预装专项整治、图书馆盗版专项治理、违规光盘复制企业专项整治、高校盗版盗印教材治理等领域的专项治理行动，版权执法监管成效显著。据不完全统计，2005年至2013年，全国版权行政执法部门共办理行政处罚案件6.47万件，移送司法机关案件2 656件，收缴各类侵权盗版制品4.39亿件。特别是连续十年开展的“剑网行动”，针对网络文学、音乐、视频、游戏、动漫、软件等重点领域，集中强化对网络侵权盗版行为的打击力度，共查办案件4 681起，依法关闭侵权盗版网站2 676个，没收服务器及相关设备1 178台，移送司法机关追究刑事责任案件388件，相继查处了天线视频网侵权案、一听音乐网侵权案、番茄花园网侵权案、思路网侵权案、快播播放器侵权案、射手网字幕组侵权案等一批侵权盗版大案要案，得到国内外权利人的充分肯定和社会公众的高度评价。

（二）坚持服务大局，不断提升版权执法监管工作地位

各级版权行政执法部门紧紧围绕国家发展和改革大局，特别是中央关于大力实施知识产权战略和建设创新型国家的重大战略部署，不断加大版权保护力度，为建设创新型国家、树立国际形象提供了良好的法治化营商环境。一是抓好奥运会、世博会等重大节点的专项保护工作。2008年北京奥运会期间，建立了奥运反盗版工作组，实施全国范围的快速反应，工作成效显著，得到国际奥委会的高度赞誉；2010年世博会期间，积极应对世博会会歌、中国馆场馆设计等热点问题，开展世博会打击盗版音像制品专项行动，依法处理了“碟中碟”盗版案等

有国际影响的大案。二是积极应对国际版权纠纷。在我国加入世贸组织以后，知识产权保护受到国内外前所未有的高度关注，一些发达国家利用知识产权问题不断对我施压，同我国的知识产权纠纷和冲突不断升级。2009 年 4 月，美国贸易谈判办公室将中国知识产权问题、出版物市场准入问题诉诸 WTO 争端解决机制。在所诉问题中有三个与版权保护有关。我国经过艰苦努力，妥善解决了有关争议。三是积极贯彻落实全国保护知识产权专项行动。2010 年，国务院部署开展打击侵权假冒专项行动，国家版权局在专项行动中承担着打击侵权盗版和推进软件正版化两项重要任务，取得了很好的工作成绩：专项行动期间，各地共立案查处 3 381 起案件，移送司法机关追究刑事责任案件 179 起，打击网络侵权盗版、清理出版物市场、加强印刷复制发行监管等专项工作成效明显，对侵权盗版保持严打态势；软件正版化工作按期完成国务院工作目标，中央和省市县四级政府机关全部实现正版化，央企、金融机构和新闻出版行业的企业正版化工作也有序推进。版权战线“双打”工作取得的成绩，得到了“双打”领导小组的充分肯定。

（三）坚持制度保障，不断完善版权执法监管工作机制

一是积极推动版权执法监管法律体系建立完善。2001 年修订的《著作权法》明确了信息网络传播权，2005 年颁布的《互联网著作权行政保护办法》重点规范了网络服务运营商的版权行政责任，2006 年国务院颁布了文化领域第一个互联网的行政法规——《信息网络传播权保护条例》，2006 年我国加入了世界知识产权组织两个互联网条约——《世界知识产权组织版权条约》（WCT）及《世界知识产权组织表演和录音制品条约》（WPPT），2015 年 5 月国家版权局发布《关于规范网络转载版权秩序的通知》。从规范网络秩序来看，网络版权法律法规建设是走在前面的，这为网络版权执法监管工作提供了有力的法律保障。二是进一步健全版权执法监管工作体系。在文化市场综合执法改革的大背景下，各级版权管理部门加强对文化市场综合执法的业务指导，提升各级文化市场综合执法队伍的版权业务水平和执法能力，构建以版权管理部门为基础、文化市场综合执法部门为骨干的版权执法监管工作新机制。三是多部门分工合作、互相配合、联合行动的执法机制日趋成熟。积极加强与新闻出版、广播影视、“扫黄打非”、通信管理、互联网信息管理、公安、工商、海关等部门的协作，推动版权行政执法与刑事司法有效衔接，逐步形成了以版权部门为平台，多部门共同参与、密切配合的打击侵权盗版工作格局。四是推动全社会共同治理新机制。2007 年，经国务院批准，设立了全国举报和查处侵权盗版行为奖励基金，成立了反盗版举报中心，设立了全国统一的 12390 举报电话，奖励举报、查处侵权盗版工作全面展开；积极推动权利人与网络交易平台建立版权保护合作机制；加强与国外权利人组织的合作，构建打击跨国侵权盗版行为的信息沟通机制。五是推动建立区域联防协作机制。与香港海关签署《保护版权及打击盗版光碟合作互助安排》《打击网络盗版合作互助安排》，与台湾地区智慧财产部门就《海峡两岸知识产权保护合作协议》后续工作启动版权协助机制，推动苏、浙、沪等地区建立长三角版权执法协作机制，推动建立粤港澳知识产权案件协作处理机制，增强了区域版权执法的针对性和实效性。

（四）坚持创新管理，不断推动网络版权保护取得新成效

2009 年，针对视频网站侵权盗版高发的态势，国家版权局创新工作理念，启动了网站版权重点监管工作。目前，各地版权部门实施重点监管的网站达到 3 029 家，其中国家版权局直接监管了包括百度、优酷、土豆、爱奇艺、腾讯、搜狐、新浪、迅雷等在内的具有全国影响的 20 家重点视频网站。各级版权部门一方面对重点网站的影视作品传播情况进行主动检查，并启动了对重点作品的版权预警保护，另一方面，切实帮助网站建立完善版权管理制度、推动网络行业企业诚信自律。目前，版权部门重点监管的网站传播的影视作品占到全国网站传播影视作品总量的 95%左右，彻底改变了视频网站版权混乱的局面，大幅提高了视频网站的正版率，版权资源使用有序的局面已经形成。

（五）坚持夯实基础，不断提升版权执法业务水平

一是高度重视对执法人员的专业培训。国家版权局连续九年开展基层执法人员轮训工作，提升了各级执法人员的专业素质和业务水平。二是加强案件信息公开和数据报送工作。根据国务院工作部署，制定了《新闻出版（版权）行政执法部门依法公开制售假冒伪劣商品和侵犯知识产权行政处罚案件信息的实施细则（试行）》，对全国版权行政处罚案件的信息公开和数据报送工作提出明确要求，引导办案人员准确适用法律，规范制作文书，提升办案质量和水平。三是注重版权执法宣传。各级版权部门

通过新闻发布会、公益宣传片、演唱会、微信微博等多种传播形式，宣传版权知识，剖析典型案例，提升社会公众的版权意识。

可以说，过去的十年，是版权事业蓬勃发展、取得重大进步的十年。在人手少、任务重的情况下，取得这些成绩，实属不易。在看到成绩的同时，也要清醒地认识到，版权执法监管工作还存在不少薄弱环节：新技术的快速发展给执法带来新的难题，执法体制、机制还需要进一步完善，全国版权保护水平仍不平衡，有的地方工作任务重与执法资源短缺的矛盾还比较突出，执法队伍的专业化水平和整体素质仍需进一步提升，这需要我们继续努力。

二、关于加强版权执法监管工作的几点思考

（一）强化大局意识，自觉调整版权工作在实施创新驱动发展战略中的重要位置，努力发挥其重要作用

党的十八大以来，党中央、国务院高度重视知识产权工作，将知识产权作为创新驱动发展的关键支撑，作为全面深化改革和全面推进依法治国的重要内容。从十八届三中全会、四中全会，到中央经济工作会议、全国“两会”，都强调要加强知识产权运用和保护。习近平总书记强调，要完善知识产权运用和保护机制，让各类人才的创新智慧竞相迸发。李克强总理指出，保护知识产权就是保护创新，用好知识产权就能激励创新。特别是今年的政府工作报告强调要“深入实施知识产权战略行动计划，依法打击侵权行为，切实保护发明创造，让创新之树枝繁叶茂”。今年3月，中央印发了《关于深化体制机制改革加快实施创新驱动发展战略的若干意见》，对创新驱动发展战略做出了重要顶层设计和重大改革部署，明确提出要让知识产权制度成为激励创新的基本保障，强调要实行严格的知识产权保护制度。这为今后一个时期版权工作指明了方向，做出了部署，提出了要求。我们要进一步统一思想，深刻认识到做好版权工作是经济发展新常态、实施创新驱动发展战略的内在需要。实施创新驱动发展战略和加强知识产权保护是一个相辅相成、共同促进的统一体。要实施创新驱动发展战略，必须大力提高自主创新能力；实现自主创新，必须拥有更多的自主知识产权。从某种意义上说，不掌握、不拥有自主知识产权，就根本谈不上真正的自主创新；知识产权不能有效地加以保护，自主创新就会是无源之水、无本之木。可以说，知识产权已经成为经济发展新常态的重要支撑，成为实施创新驱动发展战略的重要保障。

（二）强化保护意识，不断加大版权执法监管工作力度

加强保护是当前版权工作的主基调和总定位，这是由现阶段我国的国情所决定的。我们应清醒地认识到，现阶段和未来一个时期里，我国版权领域所出现的各种矛盾、纠纷依然处在高发期，保护知识产权、打击侵权盗版是我国一项长期、复杂、艰巨的任务。就实际情况看，国内权利人的诉求远大于国际诉求，加强版权保护仍然是我国发展自身的需要。一是打击侵权假冒工作对加强版权保护提出新要求。2013年以来，全国打击侵权假冒工作领导小组先后召开七次会议，要求始终保持高压态势，坚持集中打击与制度建设并重，突出重点，坚持不懈地抓好打击侵权假冒各项工作。二是随着版权运用领域的不断拓展，版权已经成为文化产业发展最重要的内核。离开了版权这一智力成果，发展文化产业就无从谈起。当前，我国市场经济秩序还不健全，侵权盗版成本还比较低，给文化产业发展带来巨大损失，这些问题都应通过进一步加强保护来解决。三是具体到网络保护而言，总体上我国的网络版权保护水平还处在一个初级阶段，不断出现的网络新技术和新应用，造成网络侵权盗版现象还比较严重，在今后相当长一段时期，版权的矛盾纠纷突出表现在信息网络中，网络版权执法依然面临着严峻挑战。因此，版权行政管理工作要突出版权执法监管，这是各级版权行政管理部门最基本也是最重要的职责。

（三）强化法治意识，不断增强履行行政监管职责的责任感

十八届四中全会从促进国家治理体系和治理能力现代化的目标出发，对全面推进依法治国和依法行政做出了重要部署。四中全会明确提出，要创新执法体制，完善执法程序，严格执法责任，建立权责统一、权威高效的依法行政体制；要健全行政执法和刑事司法衔接机制，完善案件移送标准和程序，实现行政处罚和刑事处罚无缝对接。加强版权执法，包括行政与司法两个层面。司法是我国版权保护最基本也是最强有力的法律救济手段，在版权保护中发挥着主导性作用。而版权行政执法是我国版权保护制度的一个显著特点。版权行政执法的优势在于便捷及时、程序相对简化、成本较低而且见效快。实践证明，司法保护与行政保护并行的双轨执法体制，符合我国“尚处转型期、又是发展中国家、市场经济不很完善”的发展现状，发挥着重要而积极

的作用。总体而言，政府的行政保护应是一个由强到弱的过程，但在现阶段，针对侵权盗版十分严峻的现状，行政执法应当加强，也必须加强。贯彻四中全会精神，转变政府职能、简政放权、放管结合，必须加强事中事后监管。放的重点是事前行政审批事项，管的重点是事中事后监管。打击侵权盗版、维护市场秩序是事中事后监管的重要内容，是政府不可推卸的责任。各级版权部门要按照四中全会的要求，进一步推进以法治思维思考版权问题、以法治方式处理版权问题、以法律手段解决版权问题，切实担负起打击侵权盗版的重任，当好市场的“守夜人”。

（四）强化创新意识，不断加强对新情况、新问题、新做法的调查研究

知识产权保护形势发展快、新的疑难问题层出不穷。做好版权执法监管必须保持积极的探索精神和创新勇气，高度关注国内外知识产权保护的动态和趋势，加强调查研究，及时解决新技术条件下版权执法出现的新问题。特别是在移动互联网、大数据、云服务时代的背景下，现行法律所确立的保护机制在实践中的运行情况和效果如何，如何保持各方的利益平衡，如何开展新技术条件下的版权执法，都值得我们认真思考，敢于探索，敢于管理，敢于创新。

三、深入推进版权执法监管工作

（一）敢于亮剑，在查处大案要案上下功夫求实效

一是要突出重点任务。“剑网 2015”的重点任务包括治理网络音乐、网络云存储空间、应用程序APP、广告联盟四个方面专项整治和在去年基础上进一步规范网络转载。各地要认真研究这些重点任务，针对各类案件的不同特点，采取有效措施，确保案件查处的数量和质量，务求实现办理案件新突破。

二是要加大案件查办力度。各地要尽快制定工作计划，部署工作任务，抽调精干人员，迅速开展案件查处工作，敢于“打老虎”，动真碰硬，依法严处一批侵权大要案件，确保重点案件件件有落实，树立版权执法监管部门的权威。

三是要大胆探索对新型案件的查办。对新技术带来的新型案件，要大胆尝试，探索规律。上级版权部门要加大业务指导力度，解决法律难题。要加强对典型案件的公布，以案例指导全国版权执法工作。

（二）密切协作，在构建版权执法监管工作新格局上下功夫求实效

一是各级版权执法监管部门要抓好专项行动的组织协调，积极向宣传部、网信办汇报，主动联系电信、公安等部门，积极争取支持，加强与“扫黄打非”办公室、“双打”办、法院、检察院等部门在办案中的沟通配合，分工不分家，共同做好工作。

二是要高度重视行政处罚与刑事司法的衔接。各级版权执法监管部门要严格执行国务院 2001 年颁布的《行政执法机关移送涉嫌犯罪案件的规定》及“双打”办两法衔接意见，按要求将涉嫌著作权犯罪案件移送公安机关，同时注意规范移交材料的手续，形成打击著作权犯罪的工作合力。

三是要充分发挥中心城市在打击侵权盗版工作中的重要作用。中心城市的版权保护工作做好了，不但能扭转侵权盗版猖獗的势头，从长远看更能推动版权相关产业的快速健康发展。希望中心城市根据各自不同特点，有针对性地开展版权执法监管工作，不断总结经验，在全国起好示范作用。

四是要探索建立跨区域执法协作机制和快速反应机制。要进一步加大地区间执法协作力度，完善跨地区执法案件线索移转、案件会商、信息共享、案情通报、执法联动、集群作战等程序机制。建立执法监管快速反应工作机制，集中优势执法资源，进行精确打击。

五是充分发挥各级版权协会、版权联盟等社团组织的重要作用。协会、联盟的成员单位是企业，更接地气、更熟实际，在案件的举报投诉、技术手段、公共宣传以及调查研究等方面具有独特优势。希望各级版权执法监管部门进一步加大对协会、联盟工作的支持力度，提升执法监管工作的社会参与度。

（三）规范执法，在进一步提升版权执法监管工作效能上下功夫求实效

一是要严格依法行政。国务院要求打击侵权假冒行政处罚案件信息一律公开，这对版权执法工作提出了更高要求，执法的程序、依据、处罚额度、法律文书都不能有瑕疵。要严格公正规范文明执法，将每一个案件的调查取证工作做实做足，做到认定事实清楚、适用法律正确、处罚结果公正、程序合法适当，力争将每一个案件都办成“铁”案，向社会公众展示版权行政执法的良好形象。

二是要提高行政执法效能。要关口前移、重心下移，壮大地市级执法力量。要建立案件责任制和执法考评制度，通过科学评价机制综合考核执法成

效。要加快推进执法监管平台建设，发挥好技术手段的监管优势。要进一步加强培训，提高基层执法工作的能力和水平。希望各地把执法和培训结合起来，针对执法取证、办案、法律适用等关键问题，积极开展培训工作，提高执法能力建设。

三是要加强信息公开。这是国务院的统一要求，不容商量、不打折扣。要依照“谁执法、谁公开”的原则，坚持案件信息公开是原则、不公开是例外，依法主动公开案件相关信息。既服务社会，震慑侵权盗版违法者，促进严格规范公正文明执法，客观上也起到了宣传的作用。要加强信息报送工作，各地的工作进展、工作难点、大案要案和突出成绩要及时报告。

四是要边打边说，进一步加大版权宣传力度。一方面要善于整合宣传资源，推动宣传常态化、形式多样化，进一步丰富拓展宣传手段，善于利用新媒体创新宣传；另一方面要抓住一些社会的热点问题，及时敏锐地进行宣传。

（本文为作者在2015年全国版权执法监管座谈会上的讲话，发表时有删节）

新形势下我国的知识产权司法政策

最高人民法院知识产权庭庭长　宋晓明

党的十八大尤其是十八届三中、四中全会以来，我国知识产权保护面临的国际国内形势均有了一些新变化，呈现出一些新的阶段性特征和发展态势。知识产权法律制度具有较浓厚的公共政策色彩，在很大程度上是各国为促进本国经济社会发展而采取的政策性手段。同时，由于知识产权既缺乏物权所具有的天然的物理边界，又缺乏债权所具有的清晰的法律边界，因而在保护范围和保护强度方面，存在政策上的考虑和利益上的衡平，存在弹性的法律空间。我们的知识产权司法需要在立法决定的空间和弹性幅度内，适应新特征和新态势，根据知识产权法律及其他相关法律的基本精神、基本原则和基本政策，结合知识产权自身的特点和属性，有针对性地予以回应和调整，以更好地服务于我国的创新和发展。

一、我国知识产权司法保护面临的新形势

（一）全面推进依法治国要求知识产权司法进一步提高公信力

党的十八届四中全会对全面推进依法治国做出了部署，强调坚持依法治国、依法执政、依法行政共同推进，坚持法治国家、法治政府、法治社会一体建设，实现科学立法、严格执法、公正司法、全民守法，第一次提出促进国家治理体系和治理能力现代化，并对保障公正司法、提高司法公信力做出重要部署。这些重要部署标志着我国法治建设进入新阶段和新高度，司法工作在国家和社会生活中的地位、作用和影响更加凸显。公正是法治的生命线。改革开放以来，我国知识产权司法保护事业取得了长足发展。尤其是加入世界贸易组织以来，在知识产权案件数量增多、新类型案件增多、重大疑难案件增多、案件处理难度加大的情况下，我国司法机关始终坚持严格、公正司法，依法保护知识产权，公正高效地处理了各类知识产权案件。知识产权司法保护越来越得到社会各界和国内外的信赖和肯定。人民法院受理的知识产权案件数量增长迅猛，大大高于同期其他民事案件的增长率。这既体现了我国经济发展和创新的活力，也体现了权利人对人民法院的信赖。知识产权司法需要在已有成绩的基础上，根据全面推进依法治国对知识产权审判提出的新课题，加强审判体系尤其是知识产权法院建设，推进以审判为中心的诉讼制度改革，探索建立更加合理高效的知识产权审判流程，进一步强化程序公正和实体公正，不断提升社会大众对知识产权司法的信任度，努力让人民群众在每一个司法案件中都感受到公平正义。

（二）实施创新驱动发展战略要求知识产权司法进一步在营造激励创新的市场环境中发挥主导作用

我国经济发展进入新常态，低成本比较优势发生变化，环境资源约束更加明显，结构调整阵痛显现；经济发展方式由要素驱动、投资规模驱动为主向以创新驱动发展为主转变，经济发展动力从传统增长点转向新的增长点。新一轮科技革命和产业革命正在兴起，全球科技创新呈现出新的发展态势和特征，新技术替代旧技术、智能型技术替代劳动密集型技术的趋势明显。创新对激活需求的重要性显著上升，对经济发展的引擎作用更加突出，新产品、新业态、新商业模式的重要性日益凸显。因此，必须更加注重产权和知识产权保护，更加注重推动科技进步和全面创新，加快转变经济发展方式。今年3月，中共中央和国务院联合发布《关于深化体制机制改革加快实施创新驱动发展战略的若干意见》，明确提出“营造激励创新的公平竞争环境”，“发挥市场竞争激励创新的根本性作用，营造公平、开放、透明的市场环境”，并将“实行严格的知识产权保护制度”作为“营造激励创新的公平竞争环境”的首要措施。知识产权是创新的结晶与体现，将严格保护知识产权作为营造激励创新的市场环境的首要措施，可谓抓住了核心和关键。“实行严格的知识产权保护制度”不仅是重大政策考量，也是价值选择，应给予高度关注。李克强总理深刻指出：“中国致力于建设对创业创新者最具吸引力的国度，吸引力不

仅来自巨大的市场需求，更来自完善的法制、规范的市场环境、包容的文化氛围……保护知识产权就是保护创新的火种，保护公平竞争的市场秩序。”①在市场环境下，司法是保护创新和知识产权的最有效、最根本、最权威的手段，是维护公平竞争市场秩序的枢纽环节。与此相适应，知识产权司法必须责无旁贷地发挥保护创新和维护公平竞争的主导作用，更加注重保护知识产权，更加注重推动大众创业和万众创新，更加注重维护统一透明、有序规范、公平竞争、充满活力的市场环境。

（三）建设知识产权强国要求知识产权司法进一步提高国际影响力

我国已经是知识产权大国，中国知识产权主管部门受理的专利、商标申请量和授权量连续多年居世界第一②；世界知识产权组织3月19日发表的最新报告显示，2014年，中国企业在《专利合作条约》（PCT）框架下共提交了25 539件专利申请，较2013年增长18.7%，中国企业已成为世界知识产权组织专利申请大户。其中中国华为公司成为2014年PCT专利最大数量的专利申请者，中兴公司则位列第三。③我国法院受理的知识产权纠纷数量多年来也持续位居世界首位。上述事实表明，我国已经成为名副其实的知识产权大国。与此同时，我国知识产权大而不强、多而不优的矛盾比较突出，核心专利、知名品牌和版权精品相对缺少，企业在“走出去”的过程中受制于海外知识产权壁垒的现象屡见不鲜。为此，国务院《深入实施国家知识产权战略行动计划（2014—2020年）》提出，认真谋划我国建设知识产权强国的发展路径，努力建设知识产权强国。优质高效的知识产权司法是知识产权强国的关键指标和核心要素之一。几乎每一个知识产权强国的司法体系都不仅能够高效地解决纠纷，还能够通过明晰法律和制定规则确保该国知识产权制度促进国家的创新发展，进而能够参与和引领国际知识产权规则的形成。近年来，我国法院审理了一批处于国际纠纷解决前沿、在国内外均有较高关注度的案件，通过妥善解决纠纷或者明确规则，获得了国内外的高度肯定，在国际上产生了重大影响。例如奇虎公司与腾讯公司不正当竞争与垄断案、华为公司与IDC公司标准必要专利纠纷案、iPad商标权属纠纷案等。但是，与美欧等知识产权强国相比，我国法院在知识产权案件审理质效方面还存在较大的提升空间，在知识产权国际治理规则形成方面发挥的作用还非常有限。对此，我们既要正确认识自己的方位，了解自己的长处和短处，增强自信和战略定力，又要以建设知识产权强国作为目标追求，扬长补短，迎头赶上。我们要在正确认定事实、妥当适用法律上进一步提高质量和水平，通过大案要案的审理，进一步提高我国知识产权的国际影响力，努力实现从追随者、跟随者到参与者、推动者乃至引领者的转变，力争使中国法院成为当事人信赖的国际知识产权争端解决“首选地”。当然，这需要一个漫长的过程，并面临来自发达国家司法系统的竞争。“每一个司法系统都是与全世界竞争的，必须确保我们的知识产权司法系统有效地实现鼓励创新的目的，并力争成为世界知识产权争端的解决中心。”④ 我国的知识产权司法任重道远。

二、新形势下知识产权司法保护的政策导向

与新形势和新要求相适应，当前我国知识产权司法保护应以建设创新型国家和知识产权强国为目标，通过优质的知识产权司法服务，促进创新活力竞相迸发，创新成果得到充分保护，创新价值得到更大实现，切实使知识产权制度成为激励创新的基本保障。为此，在司法政策导向上有必要强调如下几点：

（一）更加坚定不移地加强知识产权保护

创新是引领发展的第一动力，是人类发展进步的不息引擎。越是进入经济发展新常态，越是实施创新驱动发展战略，越要加强知识产权司法保护，真正使创新成为经济发展新引擎。创新经济学认为，“知识越接近前沿，其复杂性和不确定性越高，就要求企业付出更大的努力，投入更多的资源增加研发支出，获得更多的信息以及超过国家专长的知识基础”⑤。要保证企业和个人在复杂和不确定的创新和

① 李克强：《以创新实现共同发展包容发展——在第三届“开放式创新”莫斯科国际创新发展论坛上的演讲》，载《人民日报》，2014-10-15。

② 世界知识产权组织发布的《2012年世界知识产权指标》报告指出，2011年，中国国家知识产权局受理来自国内外的发明专利申请52.6万余件，超过美国的50.3万余件，成为专利申请第一大国。

③ 参见刘栋：《中国企业已成为国际专利申请大户》，载《人民日报》，2015-03-20。

④ 美国联邦巡回上诉法院前首席法官Randall R. Rader语。

⑤ ［英］拉杰什·纳如拉：《全球化与技术：相互依赖、创新系统与产业政策》，中文版前言，vii-viii页，北京，知识产权出版社，2011。

知识生产过程中勇于探索、大胆投入，必须保证其创新成果能够得到充分保护，其能够从创造性劳动中获得应有的收益。知识产权是创新过程的终端产品之一，是创新成果的法律认可形式。在经济发展进入新常态，创新和经济向中高端跃升的背景下，作为国家竞争力的战略资源和经济转型的重要依托，知识产权已经从全球经济体系的外围迈向中心。要实现创新者强，领先者胜，必须更加坚定不移地加强知识产权保护，“实行严格的知识产权保护制度”。还要认识到，近年来我国的创新能力和研发投入逐年提高，国内创新者对于知识产权保护的内在需求更加强烈。在世界知识产权组织联合美国康奈尔大学和欧洲管理学院共同发布的“全球创新指数”2014 年排行榜上，中国位居第 29 名，排到了意大利和葡萄牙等欧洲发达国家的前面。① 德国《经济新闻报》则指出，中国 2014 年研究和开发的投入将首次超越欧盟 28 个成员国的总和。5 年后，中国还有望超越目前处于领导地位的科技大国美国。“中国复制欧洲和美国技术的时代终于结束了”②。无论这种说法的客观性和可靠性如何，它至少表明，中国将成为当前和今后加强知识产权保护的更大受益者。与此同时，加强知识产权保护已经成为我国主导性的社会共识。从中央经济工作会议提出的“更加注重产权和知识产权保护”，到中共中央和国务院《关于深化体制机制改革加快实施创新驱动发展战略的若干意见》提出的“实行严格的知识产权保护制度”，表明我国从中央到地方、从官方到民间，对于加强知识产权保护已经形成广泛的、主导性的共识。知识产权司法必须关注和回应上述新需求、期待和共识，切实采取有效措施加强知识产权保护。对此，我们必须更加旗帜鲜明和坚定不移。

当然，加强知识产权保护，有其恰当的实现方式和手段，不是无原则地盲目提高保护。加强保护，首先要切实保障知识产权法律体系的有效实施，严格司法、公正司法。对于法律明文规定构成侵权或者违反竞争法的行为，要准确定性，依法制止，决不允许法外施恩；对于依法不构成侵权或者不违反竞争法的行为，则应允许当事人自由利用和自由竞争，保障竞争活力，不得法外打击。其次，要在法律允许的范围内积极采取有效措施，用足用好知识产权法律空间，加大司法惩处力度和降低维权成本，大幅提高侵权代价，切实实现加强保护的效果。最后，在行使司法裁量权时，应以有利于加强保护、有利于激励创新、有利于维护公平竞争为出发点，做出恰当选择。

（二）更加注重发挥知识产权司法保护主导作用

全面推进依法治国要求司法成为知识产权保护的“压舱石”，要求司法发挥其长效机制的特点和优势，更加积极能动地推进我国知识产权保护制度的完善和保护质效的提升。去年，根据全国人大常委会的决定，我国在北京、上海、广州设立了三个知识产权法院，这是我国知识产权审判体系建设的重要里程碑。专门化的知识产权法院将在发挥司法保护主导作用方面承担更大责任。进一步发挥司法保护知识产权的主导作用，可以从如下方面着手：一是发挥司法保护稳定长效的机制优势。司法具有中立性、稳定性、可预期性和长效性的特点，其由当事人自主发动，有着严谨规范平等的诉讼程序机制，很好地契合了知识产权的市场属性和竞争属性，对于依法保护知识产权，实现权利人和社会公众利益的平衡有着不可替代的作用和价值。司法的这种稳定长效的机制优势，可以很好地避免行政保护因其单方性、主动性可能形成的执法弊端。只有充分发挥司法保护稳定长效的优势，才能真正营造公平、开放、透明的市场环境，切实发挥市场竞争激励创新的根本性作用。二是发挥司法保护规则引导的机制优势。司法保护不仅能够解决纠纷，还能够基于裁判文书的公开性和说理性，明确法律标准和阐明法律界限。这些规则既能够规范当事人和社会公众的行为，又能够对有关行政执法的执法行为提供指引。充分发挥司法保护的规则引导优势，才能切实提高知识产权保护的可预期性。三是发挥司法保护终局权威的机制优势。作为维护社会公平正义的最后一道防线，司法的核心价值之一是终局性和权威性。要充分利用司法保护终局权威的制度优势，既注重纠纷的彻底解决，又注重对行政机关执法行为的司法监督，促进提高行政执法效能和执法水平。四是发挥司法保护国际通行的机制优势。司法保护是国际通行的保护知识产权的主导性机制，更易得到国际社会接受和认可，更易提升我国知识产权保护的国际影响力和权威性。要充分利用司法保护国际通行的优势，更加注重全球视野和国际眼光，既高度重视国际主流和通行做法，又敢于、善于根据我国国情和实际创造中国经验和中国模式，参与甚

① 参见朱天：《中国创新不足吗?》，见英国《金融时报》中文网，2014-12-22。

② 米谢艾尔·梅尔：《中国研发超越欧洲》，转引自环球网，2014-11-17。

至主导国际知识产权治理规则的形成。

（三）更加深入贯彻知识产权保护的比例原则

比例原则出现于19世纪的德国。[①] 后来被日本、法国、葡萄牙、西班牙、荷兰等大陆法系国家所借鉴，几乎成为大陆法系法律制度的基本原则之一。随着世界贸易组织争端实践的发展，比例原则也被认为是“关税与贸易总协定的一项基本原则”。[②] 在《与贸易有关的知识产权协定》（TRIPS）中，比例原则也有直接体现。[③] 比例原则有三个子原则：一是适当性（相适性）原则，指所采取的手段必须能够实现目标，或至少有助于目标的实现。二是必要性原则，又称最小侵害原则，是指如果有多种选择手段都可以有助于实现目标，则应尽可能择取具有较小侵害性的手段。必要性原则以“相同有效性（或更有效性）”和“最少侵害性”为要素。三是狭义比例原则，又称均衡原则，是指实现目标所采用的手段所造成的损害与社会获得的利益之间应当均衡，手段不得与所追求目的不成比例，即要考察此手段所造成的损害是否过分高于所要实现的目标价值。如果实现目标的手段造成的损害超过了社会所得的目标价值，该手段就是不合法的。知识产权保护的比例原则主要是指，根据适当性原则和均衡性原则的要求，基于知识产权保护激励创新的目的，知识产权的保护范围和强度应与特定知识产权的创新和贡献程度相适应。[④] 只有使保护范围强度与创新贡献相适应、相匹配，才能真正激励创新、鼓励创造。如果二者不相匹配，要么会因保护过度形成对后续创新的妨碍，要么会因保护不足形成对创新活力的抑制。两种情况均会造成社会创新无法达到最佳水平。贯彻比例原则，有助于正确处理好保护权利人利益与促进产业发展和社会公共利益之间的关系。

贯彻知识产权保护的比例原则，在专利权领域，要求根据专利权等科技成果类知识产权的创新程度，合理确定保护范围和保护强度，实现科技成果类知识产权保护范围和强度与其创新高度和贡献程度相适应。要使真正具有创新性的科技成果获得恰如其分的保护，既要避免创新和贡献程度高的知识产权所受保护不足，影响市场创新动力，又要避免创新和贡献程度较低的知识产权获得过高保护，形成不必要的市场障碍。发明和实用新型专利权保护范围的确定，要与其相对于现有技术的创造性程度和撰写质量相协调；外观设计专利权的保护，既要立足于整体视觉形象的相同或者近似，又要以创新性的区别设计特征为基础。例如，在“柏万青防电磁污染服”实用新型专利侵权案中[⑤]，根据该专利的创新程度和撰写质量，最高人民法院确定了“不保护不应保护或者无法保护的专利权”的原则。该案中，权利要求的技术特征是：一种防电磁污染服，包括上装和下装；服装的面料里设有起屏蔽作用的金属网或膜；起屏蔽作用的金属网或膜由导磁率高而无剩磁的金属细丝或者金属粉末构成。对于何为“导磁率高”，该案专利说明书、本领域的公知常识以及相关现有技术等均无定义，该专利保护范围明显不清楚，创造性和撰写质量均较低。最高人民法院指出，对于保护范围明显不清楚的专利权，不应提供保护。在著作权领域，要根据不同作品类型的特点和我国产业发展需求，合理确定独创性尺度，努力实现作品保护范围和强度与其独创性范围和尺度相适应。在商业标识领域，要妥善运用商标近似、商品类似、混淆、不正当手段等弹性因素，使商标权保护的强度与商标的显著性、知名度等相适应。例如，“长城”与“嘉峪长城”商标侵权案[⑥]和“红河”与“红河红”商标侵权案[⑦]典型地体现了商标保护的比例原则。在前一案件中，最高人民法院认定“长城”与“嘉峪长城”商标构成近似并判决侵权成立；在后一案件中，则认定“红河”与“红河红”商标不构成近似。两个案件的裁判结果之所以不同，主要原因在于案件中商标知名度和显著性的差异。“长城”商标案中，权利人的“长城”牌商标经过长期使用产生了很高的知名度，对于消费者而言，其显著性和知名度远高于被诉侵权人使用的“嘉峪长城”商标。由于“长城”商标的极高知名度和较高的显著性，相关公众看到被诉侵权人在相同商品上使用的含有长城文字的商标时，很容易将两

---

① 参见陈新民：《德国公法学基础理论》下册，376页，山东，山东人民出版社，2001。

② 参见［德］彼德斯曼：《国际经济法的宪法功能与宪法问题》，309、525页，北京，高等教育出版社，2004。

③ 参见TRIPS第46条的规定。

④ 有论者将知识产权领域的比例原则定义为知识产权的尺度和范围应与其所覆盖的劳动成果的价值和重要性成比例。Robert P. Mergers，*Justifying Intellectual Property*，Harvard University Press，2011，p. 150。

⑤ 参见最高人民法院（2012）民申字第1544号民事裁定。

⑥ 参见最高人民法院（2005）民三终字第5号民事判决。

⑦ 参见最高人民法院（2008）民提字第52号民事判决。

者联系起来，对商品的来源产生误认或者认为两者之间存在特定的联系。在“红河”商标案件中，情况则恰好相反，权利人的“红河”商标从未在啤酒类商品上进行过实际使用，且“红河”本身是云南省内知名河流的名称，其显著性和知名度均较低，而被诉侵权人使用的“红河红”商标经过较长时间的使用，在当地已经具有相当的知名度，形成了自己独立的消费群体，相关公众对于两个商标不易发生混淆或者误认。正是由于商标知名度和显著性方面的巨大差异，造成了两个案件截然不同的结果。这种结果很好地体现了商标权保护强度与知名度、显著性相适应的比例原则，有力地激励了经营者的诚信经营和善意市场投入，也有力地维护了公平竞争的市场秩序。

在知识产权司法保护领域贯彻比例原则，还应注意根据侵权人的性质、作用和主观恶性程度，区分不同情况，恰如其分地给予保护和确定赔偿。对于生产商、制造商等侵权源头领域的侵权行为，要加大打击力度，根据被侵害的知识产权的市场价值以及对于侵权行为人营利的贡献度，提高赔偿数额，对恶意侵权探索实施惩罚性赔偿；对于销售商、网吧经营者、终端使用者，则要依据其具体情节合理确定其是否应承担侵权责任及所应承担的赔偿数额；对于一些因客观原因导致的权利冲突案件，则需要充分考虑权利冲突的历史成因、被告的主观过错程度、使用现状等因素，根据“历史、公平和现实”的处理原则，公平合理地解决纠纷，不简单地认定构成商标侵权或者不正当竞争。

（四）更加注意精准发力和定向施策

经过三十多年的实践探索和国内外各种考验的洗礼，我国在知识产权司法保护方面既形成了自己的独特制度和有益经验，又日益显露出缺陷与不足。知识产权司法要进一步提高公信力、国际影响力，发挥保护知识产权的主导作用，需要抓住影响和制约知识产权司法发展的关键领域和薄弱环节，精准发力和定向施策，尽快予以加强和改善。一是要加强我国经济发展阶段性所形成的特殊知识产权问题的研究和解决。例如商标定牌加工问题，该问题具有阶段性，其是在我国企业整体创新能力较弱、处于全球经济贸易价值链的中低端、对外加工贸易比重较大的情况下所形成的特殊法律问题。随着我国从全球经济贸易价值链的低端向高端跃迁，这一现象和问题将最终得到缓解。在这个过程中，司法要考虑我国经济发展的阶段性、定牌加工的法律特征（例如，加工商品上贴附的商标在国内市场上通常没有发挥识别功能）等因素，稳妥地加以解决，不能超越现实和急躁冒进。二是要加强具有中国特色的知识产权领域的保护，维护我国国家利益。例如，非物质文化遗产、计算机中文字库、中华老字号等的保护问题，这是我国具有浓厚历史传统的智力成果与现代知识产权制度交织而形成的特殊法律问题。要根据我国的历史、国情和产业发展需求，独立思考和判断，弄清成果价值和我国的产业利益所在，依法合理地运用现代知识产权制度予以保护。凡是能够纳入现有知识产权框架、具有保护需求且符合我国产业发展需要的，均可按照其所属或者最相类似的权利类型给予保护。三是要加强对职务发明、技术合同、计算机软件侵权、商业秘密保护等对创新有重大影响的关键环节和领域的重视和研究，从有利于保障创新资源的市场优化配置、有利于维护创新机制的健康运行的角度分析和考虑问题，有针对性地采取相关司法措施。

三、新形势下知识产权司法保护的着力点

新形势下加强知识产权保护，既要整体推进，更要重点突破，以点带面，以达事半功倍之效。当前，需要抓好以下几个重要着力点：

（一）发挥知识产权法院的功能作用

知识产权法院成立后，其担负着多项重要职责。知识产权法院不仅是保护知识产权和激励创新创业的实践者，是知识产权司法保护主导作用的引领者，是深化司法体制改革的先行者和探索者，还是知识产权司法公信力的标杆和排头兵。由于三地知识产权法院将合计审理超出全国技术类知识产权案件总数一半左右的案件，其运转效能及其司法保护效果如何，直接决定着我国知识产权保护的总体效果。正因为其特殊的重要地位和作用，知识产权法院在成立之初便引发了国内外的高度关注，党和人民对其寄予厚望，充满期待。当前，知识产权法院要重点做好以下工作：一是要从社会反映最强烈、人民群众最期待的地方入手，大力提升知识产权司法保护质量与效率，发挥示范作用，积极为司法审判探索新规则和新方法。加强司法实践中前沿性问题的调查研究，探索解决方案，促进形成共识；在民事行政交叉的案件审理中探索适度审查知识产权的效力问题，尝试对明显具有无效理由的特定知识产权不予保护，逐步积累经验；探索用足用好法律手段，切实加大赔偿力度。二要在发挥司法保护主导作用方面积极作为，充分利用其审判资源优势和制度优势。知识产权法院集中了一批优秀的法官，专门审

理知识产权案件，集中审理技术类案件，配备辅助查明技术事实的专门人员——技术调查官。这是知识产权法院特有的人员优势和制度优势。知识产权法院要充分利用这些优势，下大力气探索和研究技术类案件的审判规律和更合理化的诉讼规则，统一技术类案件司法裁判标准和裁量尺度，缩短审理周期，提高审理效率；在加大对知识产权授权确权行政行为司法审查深度和力度上先行先试，促进行政争议的实质性解决；在探索有效率的技术事实查明机制方面加大力度，努力构建具有中国特色、符合技术类案件审理规律的技术调查官制度。三要在深化司法体制改革方面勇于担当，全面落实各项司法改革措施，努力做司法改革的先行者，发挥改革试验田作用。按照精简原则从严控制内设机构，实行法官、司法辅助人员和司法行政人员分类管理制度；探索实行法官员额制度，合理科学核定法官员额和工作量，合理配置辅助人员，提升法官工作积极性和尊荣感；积极推动建立以审判为中心的诉讼制度，以法官为主体的裁判机制，实现由审理者裁判，由裁判者负责；探索完善符合知识产权案件审理规律的证据规则，提高证据审查认定和查明客观事实的能力，提升事实认定质量和初次裁判正确率。

（二）加大损害赔偿力度

全国人大常委会去年对专利法执法情况进行了检查，其检查报告在充分肯定各级法院加强专利审判成就的同时，也指出了一些比较严重的不足和问题，包括专利维权存在“时间长、举证难、成本高、赔偿低”“赢了官司、丢了市场”等问题。专利行政主管机关在有关宣传中也把上述问题作为第四次专利法修改所着重解决的问题之一。从实践中看，确有相当比例的知识产权权利人对法院判决的赔偿数额有着较强烈的负面评价。对此，我们必须予以高度重视和认真总结。必须加大损害赔偿力度，确保损害赔偿数额与知识产权的市场价值相契合。市场是知识产权价值的最佳判断者，知识产权的价值只有在市场中才能得到充分实现。当知识产权价值的市场实现过程因侵权行为发生阻碍，侵权损害赔偿必须充分反映和实现该知识产权的真实市场价值。任何低于知识产权市场价值的损害赔偿，不仅会使侵权人获得不正当的利益，更会严重影响知识产权司法的权威。为此，一要促进形成符合市场规律和满足权利保护要求的损害赔偿计算机制，积极运用市场假定法、可比价格法、行业平均法等经济分析方法，提高损害赔偿计算的科学性和合理性。二要强化裁量性赔偿方法的适用，提倡在一定事实和证据的基础上，根据案情运用裁量权酌定公平合理的赔偿数额。这是一种根据损失或者获利确定损害赔偿数额的方法，不是法定赔偿，不受法定赔偿限额的限制。特别是，当有证据证明权利人的实际损失或者侵权人的违法所得超过法定赔偿的最高限额时，要积极采用裁定性赔偿方法提高损害赔偿数额。三要强化举证妨碍制度的运用，权利人能够证明被诉侵权人的行为构成侵权并应承担赔偿责任，而被诉侵权人持有关于侵权行为的账簿、资料等材料无正当理由拒不提供或者提供虚假材料的，可以参考权利人的主张和提供的证据判定赔偿数额。四要根据《商标法》关于惩罚性赔偿的规定，探索和规范惩罚性赔偿的标准和尺度，坚决遏制恶意侵权行为。在《商标法》引入惩罚性赔偿后，我国正在修订中的《著作权法》《专利法》也在研究引入该制度。可以预期的是，惩罚性赔偿制度将作为一项基本制度引入我国知识产权保护领域。对此，我们需要提早研究部署，及时出台相关适用标准。

（三）强化临时措施保护

行为保全制度具有迅速制止涉嫌侵权行为的制度功能，能够对涉嫌侵权行为人形成有力震慑，促使其主动谋求纠纷的解决，有利于正常权利状态的恢复、司法资源的节省和诉讼效率的提高。要积极合理发挥行为保全的制度效能，妥当有效采取知识产权行为保全措施，依法满足权利人迅速保护权利的正当需求，提高知识产权司法救济的及时性、便利性和有效性。对于符合行为保全条件的，要及时采取行为保全措施。要积极探索建立商业秘密临时保护措施制度，要根据商业秘密临时保护中的特殊性，调整和完善临时措施的条件要求和运作程序。员工离职后持有其在原单位工作时获得的商业秘密载体，有证据证明其有不当披露或者使用该商业秘密的可能性，使原单位的商业秘密处于被侵害的现实危险之中，可以根据案件具体情况采取临时保护措施。我院正在制定关于知识产权行为保全制度的司法解释，并力争在年内出台。

（四）规范网络竞争秩序

互联网经济是我国经济重要的新的增长点。随着“互联网＋”战略的实施，互联网经济对我国经济的拉动作用将更加明显。当前，网络领域竞争极为激烈，竞争秩序亟待规制，对整个知识产权司法保护领域均带来了特殊挑战。在技术和商业模式发展日新月异的情况下，法律往往难以及时因应这种变化，司法不可避免地被推到政策制定和规则确立的前沿领域。去年，最高人民法院审理了“3Q”大战中最为引人注目的两个案件，明确了互联网领域特定不正当竞争行为的判断标准和垄断行为的分析思路与方法。加强网络领域竞争秩序的规制，一是要明确和细化网络不正当竞争行为的判断标准。对于互联网领域出现的法无明文规定的新型竞争行为的正当性判断，要综合运用道德评价、效能竞争、比例原则、竞争影响评估等方法，从多个角度进行评价，提高评价标准的客观性，防止陷入简单主观的道德评价。二是要充分考虑互联网领域竞争的特点，适当调整传统领域垄断行为分析的思路和方法，避免机械套用。互联网领域的竞争具有注意力竞争、平台竞争、零价竞争、创新竞争、跨界竞争、动态竞争等特点，与传统领域的竞争具有较多差异。在传统领域中广为适用的垄断行为分析思路和方法并不能直接套用到互联网领域，需要根据网络竞争的特点进行有针对性的调整和创新。三是要坚持效果导向，灵活运用法律判断和经济分析，提高垄断行为认定的准确性。垄断行为的分析判断往往需要借助于经济分析，但是行为的定性最终属于法律判断。既要合理运用经济分析的结果，更要抓住垄断行为对竞争具有实际或者潜在的消极影响这一行为本质，才能对垄断行为的认定获得更符合现实、更合理、更准确的结论。

（本文原发表于《知识产权》2015 年第 5 期）

知识产权的魅力

中南财经政法大学知识产权研究中心主任 吴汉东

一、知识产权的含义

何谓知识产权？其本质是一种制度。在西方学者看来，知识产权被誉为西方国家三百多年来不断成长的一种制度文明。它是一个神奇的法律制度，但并不是一个神秘的法律制度。相对于物权、债权、继承权这些传统的财产权制度，知识产权是一个年轻的私权制度，从它的产生、发展到今天，不过是四百年的时间，但它对西方国家的科技进步、文化创新、经济与社会的发展都起到十分重要的作用。笔者将从以下两个视角阐述知识产权的含义。

（一）大众视角中的知识产权

从普通大众的视角来说，知识产权就在我们的生活、工作和学习之中，它无时不在、无处不有。

《阿凡达》是美国好莱坞公司的巨作，投资 5 亿美元，在 2010 年当年的中国票房排行榜上，它以 13 亿元人民币高居榜首；2011 年 6 月，它在全球的票房收入已高达 29 亿美元。《阿凡达》为美国的好莱坞公司赚得盆满钵盈，这种高额的利润就是来自它的版权。所以，电影业、软件业、音像业又称为版权业，就是版权所带来的收益。再如 iPad，乔布斯创造这样一种苹果产品，实际上改变了我们生活、工作的基本方式。当今中国，很多人以拥有一个 iPad 产品为自豪。中国是 iPad 产品在全球最大的生产基地，同时也是全球最大的消费市场。有这样一组数据：2012 年，摩根大通预测 iPad 产品在当年所创造的产值可以达到 126 亿美元，即苹果公司将为当年美国 GDP 的增值带来 1/6 的贡献；一个 iPad 在国际市场的售价是 400～500 美元，中国生产零部件进行装配所赚取的利润只有 19%，而苹果公司所赚取的利润高达 64%。苹果公司之所以能赚取如此多的利润，就在于它拥有外观设计的专利，特别是核心技术的专利。据统计，苹果公司拥有关于 iPad 产品的专利高达 1 万多个。所以说，专利为苹果公司开拓了世界市场，同时也为公司的利润、美国的经济增长带来了可靠保证。第三个是青岛海尔集团。海尔是全球家电的第一大品牌，准确来说应该是电冰箱的第一大品牌，同时也是白色家电的第二大品牌，在中国是最值钱的品牌之一。自从 2004 年世界品牌实验室评审全球品牌 500 强以来，海尔一直在内。海尔公司能够从山东走向全国，进而引领全球的白色家电发展潮流，它的品牌效应功不可没。因此说，在普通大众的生活和工作中，有很多地方都涉及知识产权。

（二）政治视角中的知识产权

知识产权在政治家眼中有着更为不同的地位和分量，笔者将从国际视角和国家视角两个层面分析知识产权的重要作用。

1. 国际视角

知识产权是东西方国家在经贸领域竞争的焦点。据统计，在 WTO 的框架之下，知识产权大约控制了价值 1 万亿美元的有形的货物贸易和服务贸易，无论是发达国家还是新型的工业化国家，它们所进行的国际经贸无一不与知识产权有关。大国领袖所谈的国际话题，一旦涉及气候、能源、环境、金融以及货币、贸易，就势必涉及知识产权。因此，知识产权在国际社会中所产生的影响、所发挥的作用是不可替代的。

第一，知识产权优势就是一个国家的综合国力优势。从一定意义上说，一个国家的科技、文化、经济所具有的实力在法律层面上就聚焦为知识产权的数量和规模、质量和水平，因此说，知识产权优势就是国力优势。它通过版权、专利和商标，反映出一个国家的文化软实力、科技竞争力和品牌影响力。

从版权方面来看，在当今国际文化市场，欧美文化是强势文化，具体表现为它们的版权业在全球范围的影响力和竞技力。据中国文化软实力研究处所提供的数据，全球的文化市场，美国占 43%，欧盟国家占 34%，日本占 10%，韩国占 4.5%，中国和其他的亚洲国家，包括南太平洋国家总共占 10% 左右。因此，所谓文化的大发展、大繁荣和文化

“走出去”战略、要提高文化软实力，说到底是指版权作品的创造力、版权与产业竞技力。

从专利方面来看，现在我国的专利申请量已超越美国，位居世界第一，但是，我国是一个专利申请大国，却不是专利强国，这主要表现为我国在核心技术、关键技术方面所取得的专利数量还较为有限。据 2012 年汤森路透发布的全球创新报告显示，美国、日本占全球有效专利的 47.6%，其中美国有效专利是中国的 2.4 倍。这份报告还列举了全球最重要的 12 个高新技术产业，日本有 11 个进入前十，有 5 个位居全球第一，而中国只有 4 个产业进入前十，没有一个进入前五。所以中国在科技竞技力方面与发达国家依然是有差距的。

从商标方面来看，美国在 2004 年设立世界品牌实验室对全球商标的影响力进行评估。据评估数据，中国从最开始的一两个，到后来的 12 个、16 个，再到去年的 24 个，进步较为明显。但也要注意到，在去年的排行榜上，世界 500 强，美国拥有 237 个，排名第二的法国有 47 个，日本 41 个，中国排名第六，拥有 24 个。然而中国这 24 个没有一个进入前五十，只有 4 个进入前一百。因此，基于以上数据可以得出一个结论：谁拥有最多、最好的知识产权，谁就拥有科技、文化、经济的发展优势。

第二，世界未来的竞争就是知识产权竞争。这句话是 2004 年温家宝总理视察山东时提出来的。从 19 世纪下半叶以来，知识产权由国内化走向国际化。在国际经贸领域，知识产权成了发展在先的国家遏制发展在后国家的一种政策工具。据笔者观察，这 150 多年来，先是 19 世纪下半叶，一个正在崛起的美国与一个强大的欧洲国家发生的知识产权纠纷；到了 20 世纪六七十年代，是成为世界超级大国的美国与正在崛起的日本发生知识产权冲突；从 70 年代到 80 年代，是一个作为新型工业化国家的韩国先后与美国、欧洲在知识产权问题上发生较量；到了 20 世纪末、21 世纪初，是一个已经进入到创新型国家行列的美国、欧洲、日本、韩国联手就知识产权问题向中国发难。依笔者之见，这并非坏事，这说明中国正在发展、正在崛起，日益成为这类国家最强劲的竞争对手。因此，中国应当妥善、积极地处理好知识产权问题。

2. 国家视角

知识产权是国家发展的战略。从 2008 年起，中国制定并实施《国家知识产权战略纲要》，这个《纲要》的颁布表明了知识产权成为中国实现、建设创新国家的一种制度支撑，一种政策保证。也就是说，知识产权制度建设的状况、知识产权战略实施的好坏将直接决定 21 世纪中国的发展道路。中国自从 2001 年加入世界贸易组织以来，已经成为全球第二大经济实体、第一出口贸易大国、第一工业制造大国，成为全球经济最活跃最有生机的国家，但是，我国传统的经济发展方式已经难以为继，因此要转变经济发展方式。正如十八大文件所提出的，要创新驱动发展。而我国要实现创新驱动发展，就要实施知识产权战略，保护知识产权。

总的说来，在政治家的视野当中，知识产权是一个非常重要的政策工具，它关系到一个国家的转型发展，关系到一个国家在国际社会的竞技实力。

二、知识产权的基本属性

以学术视野去看待知识产权的基本属性，可以分为以下三个层面：私人层面、国家层面和国际层面。

（一）私人层面：知识财产私有的权利形态

从私人层面看，知识产权是知识财产私有的权利形态。世贸组织的相关知识产权协定明确规定知识产权为私权，这意味着知识产权跟所有权、债权一样，也是一种私人的权利；另外，知识产权作为一种私有权利，不可能为不特定的多数人所共同享有，即知识产权是对知识财产所享有的独占权利。国家之所以要对知识、技术、信息这些知识财产采取一种私人产权的制度设计，就在于知识财产自身的功能和作用。它与有形资产一样，也是创造性劳动的产物，是一种稀缺的社会资源，它必须由法律来给予特定的保护。

关于知识财产的价值，可以用两句经典名言加以形容：“知识就是力量”和“知识就是财富”。或者，应更确切地说，是“先进知识才是力量”和“有产权的知识才是财富”。

先进知识才是力量。只有先进的知识才能够产生改造社会、推动时代前进的力量，所以，先进的知识、先进的技术也是先进的生产力。从英国工业革命起到今天，人们大概经历了四次动荡的科技革命。第一次科技革命被称为蒸汽机与钢铁的时代，这两样是当时最伟大的技术；第二次科技革命最有代表性的技术就是汽车、化学与电气；第三次科技革命又称为新技术革命，这个时期最伟大的技术就是微电子技术、新材料技术和生物工程技术；从上个世纪 80 年代以来一直到今天，我们正经历第四次科技革命，这是全球范围内深入进行的知识革命，最重要的技术就是网络技术和基因技术。由此看来，先进知识能够推动社会前进，引领时代发展。

有产权的知识才是财富。这里的产权指的是知识产权，换言之，并不是所有的知识形态都采取了生产权而给予保护。比如，有些技术不同时具备新颖性、先进性和实用性，它们不能取得专利；还有一些知识尽管拥有知识产权，但由于法律规定的保护期届满，它们就由个人独占使用的知识财产变为人类社会共享的知识财富。所以，此处强调拥有知识产权的知识才能够成为法律所保护的私人财产。如微软能够成为国际软件业的龙头，正是因为它拥有两种最值钱的知识产权：一个是微软公司开发的系统软件，包括视窗系统软件、网上浏览系统软件、办公系统软件，这都拥有版权；另一个就是 Microsoft 这个商标，价值连城，也是世界上最值钱的商标之一。所以，微软公司走到今天，它是凭借自己的知识产权在国际市场拥有霸主地位。

（二）国家层面：政府公共政策的制度选择

从国家层面看，知识产权是政府公共政策的制度选择。知识产权既是一种私人产权，也是一项公共政策，两者之间并不矛盾。英国知识产权委员会在《知识产权与发展政策》这本专题报告中精辟地指出了知识产权的两大属性：无论我们如何将知识产权称为私权，我们都应当把它看作是一项政策工具，这是因为我们授予任何企业和个人以特权。这个特权指的是知识产权，这不是目的，而是手段，都是为了实现更大的公共利益。对于一个国家而言，是不是保护知识产权，对哪些知识授予知识产权，以一个什么样的水平保护知识产权，这是一个国家根据本国的科技、文化、经济的发展水平并且考虑未来的社会发展需要而做出的一种制度选择和制度安排。知识产权问题往往发生在发达国家与发达国家之间、发达国家与新型的工业化国家之间，那些最不发达的国家很少有知识产权问题。由此可以得出一个基本结论：知识产权在当代社会的作用，是一种国际竞争工具、转型发展工具。在这个问题上，西方发达国家是知识产权制度最早的推行者，也是最大的受益者。

1. 西方国家知识产权政策概述

首先是实用主义态度。西方发达国家是以一种实用主义态度来确定本国的知识产权政策的。具体说来，其总是根据本国的不同发展阶段，实时地进行知识产权政策调整。换句话说，今天西方国家所奉行的高水平的知识产权政策不是从来就有的，它们也是从低水平保护到高水平保护、从选择保护到全面保护，都经历着非常漫长的准备期和过渡期。比如，美国 1790 年根据宪法授权，效仿英国，制定了《版权法》和《专利法》。但那时美国立国不久，科技、文化、经济发展的水平落后于强大的欧洲国家，因此奉行的是低水平保护。那时的美国《版权法》规定，外国的作品只有在美国印刷出版才享有美国版权。而今天的版权保护是制度保护，凡是国际公约的成员国，在任何一个成员国出版发行，在所有的缔约国内都享有保护，这叫作制度保护，创作完成就给予保护。所以美国的《版权法》在当时遭到很多国家的抨击。西方发达国家后来奉行的高水平保护，实际上经历了短则几十年，长则两百年这样一个漫长的准备期和过渡期。

其次是国家利益立场。知识产权说到底是一个国家的核心利益，既然知识产权优势是一个国家的综合国力优势，那么知识产权就是一个国家的重要资源、核心利益。发达国家总是从国内和国际两个层面来推进知识产权策略。在国内，通过知识产权来激励科技和文化的创新，推动经济与社会的发展。比如美国，它把《版权法》《专利法》与本国的产业政策、科技政策、文化政策、教育政策联动，这是一种以知识产权为导向的公共政策体系。从 20 世纪 80 年代以来，美国经济发展方式的转变，战略型新兴产业的布局，都是依托知识产权和相关的政策来实现的。今天，美国的朝阳产业有三个领域：第一，以微软、苹果、戴尔、惠普、脸谱为代表的信息产业；第二，以洛克希德·马丁、联合技术、波音为代表的飞机制造技术；第三，以好莱坞、迪士尼为代表的影视业。这些产业都是知识产权产业，这是美国的国内政策。在国际上，以美国为代表的发达国家，主张高水平的知识产权保护。美国正是运用它的政治强权、经济强势、科技强力，把保护知识产权的“美国主张”演绎成国际公约所表现的国际标准。比如，美国主张对软件实行版权保护，主张对集成电路图设计实行专有权保护，主张将商业秘密纳入知识产权体系，这些“美国主张”都变成了国际公约所规定的国际标准。所以，美国对当代知识产权国际保护制度的影响是非常大的，它通过国际公约的缔结来实现美国的国家利益。

最后是战略发展攻略。笔者认为，知识产权是一个强国富国战略，是一个社会发展的转型战略。无论是近代英国，还是现代美国、当代韩国这些国家所走过的发展道路都用事实证明了这一点。14 世纪中叶中国的科学发现、技术发明、资本与教育积累的水平并不亚于 18 世纪 70 年代的英国。但是工业革命发生在英国，而没有发生在中国，原因何在?

制度经济学派发现，中世纪的中国在向现代中国发展的过程中，缺乏一个必要的连接，即企业家阶层。美籍奥裔的经济学家熊彼特认为，企业家是创新精神的人格化，没有企业家阶层就不会有科技创新，没有科技创新就不会有工业革命。后来，美国芝加哥学派代表、诺贝尔经济学奖的获得者诺思有了更重要的发现：中世纪中国在向现代中国发展的过程中之所以没有产生具有创新精神的企业家阶层，关键在于制度的缺失，它没有一个以私有权为基础的所有权制度，特别是知识产权制度。笔者也认为，知识产权制度在没有外在压力的情况下，可以对本国的科技、经济、文化发展起到助推、保证和支撑作用。

2. 知识产权对国家发展的重要性

知识产权在现代各国的发展中起到了非常重要的作用。下面，笔者将分为四种不同的国家类型进行实质分析。

第一，技术领先型国家——美国。美国是当今世界唯一的超级大国，政治、经济、文化、科技、军事、贸易都在世界上遥遥领先。美国政府在 2002 年的一份报道中称：知识产权是美国创国以来创新政策的基石，维护一个强有力的知识产权保护政策是美国坚定不移的国际立场。所以，美国高水平地保护知识产权是为了保护它的核心利益。美国现在出口排在第一位的就是版权业。美国的软件在国际市场的份额占到 2/3 以上；美国的电影总量虽然只有世界总量的 7.6%，但是美国大片在全球的票房收入占到 80%以上；美国的音像制作所产生的利润占全球总量的 1/4。所以，美国输出的是反映美国价值观念的文化产品，收回的是以版权使用费为形式的美元。更有学者认为，美国在国际社会所产生的震撼和影响是靠小小的“三大片”：一个是代表美国饮食文化的土豆片，另一个是代表美国影视文化的好莱坞电影片，第三个是代表美国信息文化的半导体芯片。这三大片分别涉及商标、版权和专利，片片都有知识产权。

第二，技术赶超型国家——日本。日本在战后的几十年间，它的基本发展方略也在不断地调整与变化。从 70 年代到 90 年代，日本先后提出过贸易立国、技术立国，进入新世纪以后，日本明确提出知识产权立国。美国通过知识产权助推战略型新兴产业的发展，而日本没有抓住这个宝贵的发展机遇。所以，小泉执政以后明确提出知识产权立国，把知识产权作为转型发展的战略工具，成立了以他本人为部长的知识产权战略总部，并颁布了《知识产权基本法》和知识产权战略方针，就是为了要维系日本在亚洲以至全球的核心竞争力。

第三，引进创新型国家——韩国。引进、吸收、再创新是韩国的典型做法，它用了不到 50 年的时间，进入了创新国家的行列。韩国的发展说明了从发展中国家向发达国家转型，知识产权是必不可少的。韩国在 90 年代末期之后，致力于通过知识产权来助推经济发展、科技文化创新。1997 年韩国就提出创意韩国的发展理念；1998 年又提出文化立国；2004 年，韩国效仿日本，在内阁成立了知识产权评议会，专门协调各部委的知识产权事务；2009 年，又紧随中国颁布了本国的知识产权强国战略，它的发展目标是在 2015 年把韩国建成亚洲科技与经济的中心。韩国的文化产业或者版权产业，在十几年的时间，不仅占领了本国的文化市场，而且影响了中国的文化市场，继而进军整个亚洲，形成一种所谓的“韩流”。电影、电视、音乐都是有版权的。如《江南 Style》就是一种文化现象，它的商业演出收入据估计已经达到 4 000 万美元，它不仅产生了经济价值，更重要的是文化影响。还有，三星在中国手机市场上独占鳌头，也是因为专利。另外，在其他的知识产权事务上，韩国都表现出一种积极进取的民主精神。总的说来，韩国在知识产权的争夺、推广、保护方面有很多东西是值得我们借鉴的。

第四，发展调整型国家——金砖四国。“金砖四国”是美国著名的经济学家奥尼尔在 2000 年提出来的。根据奥尼尔的说法，这四个发展中大国的经济发展潜质在 21 世纪不可限量。他预测这四个国家在未来 20 年的 GDP 将会超越欧盟，30 年内将赶上日本，50 年内会比肩美国。我国前年的经济总量已经超越了日本，但是，我国的经济发展是以过度的能源消耗为代价的。我国每创造一美元的 GDP 所带来的能耗、资源损耗是世界人均消耗的 3～4 倍，是日本的 8 倍；另外，我国的人均 GDP 也比较低。这两个方面都反映出我们传统的发展方式难以为继，我们现有的经济发展水平还有待提升。所以，中国的发展绝不能走资源耗费型道路，不能走技术依赖型的发展道路，只能走创新发展型道路，在这个方面，知识产权的作用就显得特别重要。

（三）国际层面：世贸体制的基本规则

从国际层面来看，知识产权是世界国际贸易体制的基本规则。世界贸易组织是一个经济联合国，它是由很多的国际公约作为支撑的，这些公约主要包括了《货物贸易协定》《服务贸易协定》和《与贸易有关的知识产权协定》。那么知识产权保护为什么能够成为国际贸易体制的一项基本规则？其原因就是当代东西方国家在国际贸易中不同的地位和不同的利益诉求。自上个世纪80年代以来，经济全球化、一体化的潮流深刻影响了发达国家和发展中国家的根本利益。笔者认为，当代国际贸易的格局是：发达国家出资本、出技术、出品牌，发展中国家出市场、出资源、出劳力。因此，它们在国际贸易中的利益和诉求是不同的。发达国家把它们的技术品牌优势变成知识产权优势，最终形成国际市场经济优势，而发展中国家只是一个相对的成本优势。这样就造成了两类不同国家在国际贸易的利益冲突，而这个冲突的最终结果就是通过乌拉圭长达七年的谈判达成了协议，即《货物贸易协定》《服务贸易协定》和《与贸易有关的知识产权协定》。

三、中国知识产权的成就和问题

中国在知识产权方面取得的成就以及存在的问题，可以从中国加入世界贸易组织这个结点切入。

（一）中国知识产权取得的成就

入世是中国做出的一个非常重要的抉择，使中国的市场经济融入国际大市场，为中国的企业走向世界赢得了宝贵的机遇和空间。同时，入世所产生的问题就是我国必须按照国际公约所规定的标准来保护知识产权，对此，我国从上到下还是存有疑虑的。笔者对此有两点看法：第一，不能离开对外贸易来谈中国的经济发展，这是因为中国的国内市场与国际市场紧密联系在一起，不可能关起门来自己搞市场经济，我们只能参加国际经济分工与合作，按国际贸易准则行事；第二，不能离开知识产权保护来谈中国的对外贸易，这是因为知识产权保护不是一个国家内部的事务，而是国际规则，必须遵从，不能违反。正是因为我们加入世界贸易组织，按照国际标准来保护知识产权，特别是2008年实施知识产权战略，这大大提升了我国的科技竞争力、文化软实力和品牌影响力。首先，我们成为了专利第一申请大国，我国的科技实力大幅度提升；其次，我国版权产业的发展水平已经超过了世界平均水平；最后，我国的品牌在国际市场的影响力正在提升，现在，我国的商标注册申请量、注册商标量、有效商标注册量，这三项指标位居世界第一。这就是知识产权战略实施、知识产权制度实施所带来的好处。

（二）入世以来中国知识产权存在的问题

入世给我国带来了机遇，同时也带来了挑战。入世以来中国知识产权所存在的问题，主要有下三个方面。

第一，技术问题。发达国家和跨国公司利用技术资金优势，以合法的形式把自己的技术和技术标准构建成一个专利保护，限制和阻碍发展中国家的企业进入相关的国际市场，这种态势非常严峻。在国际制造业的生产链上，中国从总量来说位居全球第一，但有很多产业依然处于中低端。我国的劳动生产率不高，日本的劳动生产率是中国的6.8倍，美国的劳动生产率是中国的10.2倍，没有技术支持，我们就必须使用更多的劳动力才能创造相同的价值。

第二，创新水平不高。我国生产了全球45%的洗衣机，80%的空调，70%的维生素药品……但是我国的关键技术要依赖进口，我们现在对外技术的依存度超过50%，而创新国家对外技术的依存度不超过30%，像大型的客机，集成电路制造设备，我国都不得不依赖进口。所以，提高自身的科技创新能力，冲破这种以核心技术、关键技术所构成的技术庇护、专利庇护，对中国企业的后续发展显得特别重要。再就是绿色壁垒。中国作为一个发展中国家，发展水平不高，对绿色生产、环保标准关注不够，所生产的农产品、海产品、电子产品无法出口。例如茶叶，欧洲国家检测，我国的绿茶有40多种有毒成分，所以中国的绿茶在国际茶叶市场没有竞争力；再如电子产品，据说含铬含铅，根本无法进入北美西欧的市场。这都是我国在知识产权方面存在的弊端。

第三，反假冒庇护。中国的产品过去性价比高，被称为廉价品，而最近几年来又被称为仿冒品，仿冒知名品牌，包括商标、商号、地理名称，引起了国际舆论的指责。如，根据美国、日本和欧盟的海关所提供的报道，它们查禁的仿冒品从40%到60%不等来自中国。所以，中国的产品要在国际市场拥有影响力、竞争力，必须成为一个货真价实的国际品牌。产品的商标形象像是一个国家在国际社会的整体形象：美国品牌先进，英国品牌高贵，日本品牌经济，那么中国品牌呢？中国是第一出口大国、第一制造大国，没有国际知名的品牌，是无法立足于国际市场的。

综上，知识产权是一项充满魅力的法律制度，它影响着经济、政治等各个领域，既能带来经济效益，又能提高国家影响力。因此，我国应当切实有效地实施知识产权战略，通过战略的实施以提升我国的科技竞争力、文化软实力和品牌影响力，只有这样才能真正提高我国的综合国力，实现中国梦。

（本文根据作者在烟台大学郭明瑞法学名家系列讲座的演讲稿整理而成，原发表于《人文天下》2015年8月刊）

知识产权作为第一财产权利是民法学上的一个发现

中国人民大学知识产权学院院长　刘春田

工业革命之火点燃了创新驱动发展的发动机。技术（或曰“知识”）之“形”，从其赖以栖身的物质实体中飘然而出，以“形式”或“符号”的样态，自立于物质实体之外，成为一种独立的被人类行为支配的对象，进而成为商业的要素。于是，以技术为标的的知识财产作为有别于传统财产的新型财产形态，横空面世，令人注目地跻身财产队伍之列。知识经济时代，以互联网为里程碑的主导技术，使时空观念、价值标准、经济秩序，乃至财产概念，都发生了颠覆性的变化。知识主宰人类的生活，技术定义时代。正视知识产权，并赋予它与其性质、功能、作用相匹配的法律地位，已成为一个重要的法律问题。财产权利各有个性，又具共性。民法制度据其根本，择其共性，容其个性，构建组成民法体系中的财产制度。其中，民法总则中如何处理好知识产权问题，事关重大。民法总则是个纲，是人身制度与包括知识产权制度在内的财产制度的总章程。它的指导思想和原则将极大地影响和决定知识产权制度的性质与面貌。1986 年《民法通则》有关财产权体系的规定颁布实施，以及后续 2001 年加入世界贸易组织以来，我国知识产权制度的发展走向基本上是健康的，总的趋势是朝向与民法制度体系相整合的大方向进步。但是，由于知识产权实践的蓬勃发展态势和国家对知识产权问题的重视，致使学界将本为民法学分支的知识产权法学从民法学中分离出来，列为与民法学同一位阶的法学学科。进而使同为民法学的知识产权法学，发展分化为与民法学既有联系，又相互区别的另一支学术队伍。其后果喜忧各半，喜的是有助于知识产权法学研究的专、精与深入，忧的是至少在表象上形成与民法学“两肋岔道，渐行渐远”的局面。知识产权法学界专注于自身的问题，“只拉车，不看路”，很少投入力量研究与民法有关的知识产权的根本问题，鲜有人对民事立法有发言权。民法学界投入的力量，则倾心于对民法总则、人格权制度、民事主体制度、法律行为、侵权行为和物权、债权等传统财产制度问题的思考，对由于技术进步所带来的财产领域的革命性变革的新现象、新问题的关注、探索与研究，如雾里看花，语焉不详。本为学术分野的问题影响到制度建设，导致由民法学界主导的民法制度的设计，忽视了被经济生活日益彰显的以“知识产权”以及“服务”等由“知识、技术”主导的崭新的，并日益增值上升为占主导地位的财产形态的关注。在现有由学者提供的民法总则设计方案中，因陌生与偏见，天然地将它们排斥在民法典的主流财产制度之外，呈现为一种“残缺”的财产权体系，殊为不妥。这既是一个失误，也是一种落后。

民法典如何处理知识产权问题，包括对知识产权的性质、知识产权法的性质的表述以及在立法上的制度安排，如何结构，如何取舍，将影响知识产权法律的命运和实践，反过来也影响民法典，影响民法制度的严整性、系统性、科学性，影响整个民法的面貌和命运。作为“社会重器”的民法制度，在合理与失误，“巧”与“拙”的设计之间，可谓“失之毫厘，谬以千里”。些许失算，用于实践，足以大大增加制度的运行成本，严重削弱制度的力量，削弱创新驱动发展战略的法律保障，降低国家的竞争力。最终将影响一个国家的社会稳定、安全和经济运行与发展。这让人常常回想起上世纪 80 年代制定的合同制度，囿于认识水平，也囿于传统观念的束缚，我们曾经将统一的合同行为分别按主体、地域、标的，设计了《经济合同法》《涉外经济合同法》和《技术合同法》这三个不同的合同制度。尽管 1999 年将其合于一统，但若认真反思，仔细算一笔账，在近 20 年的时间里，因我们的无知、怯懦与自私，国人为分别学会和运用这些“器物”，究竟平白多花费了多少人力、物力、财力，降低了多少发展速度，延缓了多少建设项目，无疑这是一个令人瞠目结舌的天文数字。今天的中国，人口如此之多，经济体量如此之大，发展速度如此之快，任何偏差，都非同小可。制度设计的任何失误，影响都难以估量，必须慎之又慎。本文认为，民法制度如何安排，既取决于立法者的主观认识和意志，也取决于法律学者的学术观点和制度价值取向。但是，法学毕竟是科学，立法毕竟是融科学与技术为一体的设计，制度客观上要求必须与相应的技术时代相匹配。如何规范知识产权，归根结底取决于技术进步的要求，取决于知识产权自身的性质，取决于它所规范的社会关系的客观属性，取决于民法制度的系统化要求。但是，常识和历史告诉我们，科学、理性的认识不会自发产生，它需要我们的探索与研究，需要学界的表达与辩难，需要克服传统知识和观念形成的偏见。而克服与纠正偏见正是创新的重要品性之一。当然，我们还应当有思想准备，即便科学、理性的认识无可置疑地摆在那里，能否被接受和采信，也会成为问题。本文认为，民法总则中要厘清的以下几个问题是最终影响民法典与知识产权制度设计的关键。

一、知识产权的私权本质

性质是事物分类的根据。权利的属性决定于它所反映和调整的社会关系的性质，这种关系是客观的，不因人的主观意志而改变。与传统民事权利相比，知识产权中的专利权、商标权等可称作“要式法律行为”，它们的产生需经过法定的程序方能确立。中国这种有计划经济历史传统的社会，很容易产生对专利权、商标权性质的误解，甚至影响制度设计。拂去表象，究其本质，知识产权所反映和调整的社会关系是平等主体的自然人、法人之间的财产关系，因而具备了民事权利最本质的特征，故为民事权利。民事权利被称作“私权”，民法被称作“私法”，私法调整具有平等地位的私人之间的人身与财产关系，例如民法、商法。这种平等主体之间所发生的“私”的事务，均适用“私法”来调整，它和主体的“公”“私”性质，以及其地位高下没有关系。所以，当国家、政府从事“私”的事务时，比如，政府与自然人、法人发生交易、为市场行为时，也被作为“私法”的主体，适用民法的规则，平等、等价、有偿地进行交易。唯其如此，世界贸易组织 TRIPS 协定前言中，才把“承认知识产权为私权”（recognizing that intellectual property rights are private rights）作为各成员开宗明义的最重要的共识之一。表面上看，这只是对知识产权属性的客观表述，但对不同经济体却意味不同、功能重大。对于具有发达的市场经济和成熟的法治传统的社会而言，此话天经地义，充其量不过是对一个不争事实的重述。但是，对于缺乏“私权”和“私法”传统的中国社会而言，无疑具有特殊的、重大的现实作用和长远的历史意义。这一表述所确立的原则和理念，对目前我国现实知识产权制度而言，是一个历史性的超越。该原则若能在《民法典》的制定和知识产权法制建设中得以充分、有效贯彻，在民法制度中做出恰当的安排，将决定我国知识产权制度的根本面貌和立法走向，将有助于我国知识产权法律制度与整个民法制度整合于一统，有助于我国调整基本经济生活的市场关系的法律合于体系化，有助于市场主体在全球化的竞争中节约制度成本，提高竞争力。

要厘清知识产权的私权本质，需要拂去公权力作用表象所产生的误解。所谓公权力，就是公法上的权力，主要表现为国家对于个人、法人的权力，比如由政府征收税金的权力。私权，即个体的权利。个体是国家肌体的细胞，是国家的基础。个体私权利是国家公权力的基础。小河无水大河干。法治国家，保障细胞的健康与活力，满足个体对国家的认同和信赖是国家的职责，也是其正当性与强大的来源。个体基本权利的神圣是国家利益神圣的根本理由。保障和服务私权是公权力的基本职能。在私权的运行机制中，离不开公权力的辅助，如审查、确认、登记乃至于公示。如同物权中的房地产所有权、车船所有权一样，有些知识产权在权利形成、权利赋予、权利行使、权利请求和权利救济中，也需要公权力的参与。最突出的是专利权、商标权的运行机制，公权力参与其中。若没有一个具有公信力的机构对当事人请求事项中的技术问题以及可能发生的违反法律或利益冲突等问题进行必要的审核，专利权、商标权这种独占的、排他的权利就难以确认。这种现象很容易给人造成错觉，使人对专利权、商标权，以至于整个知识产权的私权属性产生疑问与动摇，出现了“私权公授”“知识产权是行政许可”和“知识产权私权公权化的趋势”的错误观点。有必要指出，社会生活中公权力与私权往往交织在一起，但二者却有本质的区别。知识产权作为民事权利，植根于私权土壤，生长于私权之树。其间即或有外力干预其生存空间或外在形态，或剪枝，或移植，都不改其存在、价值和生命之本质。在私法体系中，私权和公权力之间，私权始终居于目的、实体、主体、第一性的地位，公权力则居于手段、程序、辅助、第二性的地位。在私法体系中，为保障私权秩序的合理、公平，经常需要借助于公权力的介入，须有公法规范。但是公权力在其中也只是辅助的手段，体现公权力的是程序规范。在知识产权的保护中，公权力具有关键的作用，但是，公权力的作用再突出，也不可能超出或改变法律对私权确认的实体性规定，更不可能主辅颠倒。在知识产权法的机制中，公权力机构，比如商标局或专利局的职能，就是依法确权、私权登记和公示。它们对公民或法人提出的确认私权的请求所做出的决定，所遵照、适用的是实体私权法律。依程序规范，有义务给出依据，这些依据是商标法或专利法等私权法的规定，而非行政权力。构思该理由的方法也是私法的，而非公法的。按照私法的逻辑，该理由不仅是可以理解的、正当的，而且是可以证明的。这既不会造成私权利与公权力的混合，也不会导致私权属性的变异，更不会出现私权公权化。

知识产权作为民事财产权利的一个类型，与传统民事财产权利，没有本质的区别。知识产权是与物权属于同一逻辑层次、同一序列、同等重要的民事财产权。

二、知识产权与物权是同一位阶的民事财产权利

现代财产法主要由知识产权法、物权法、债权法这三个相互区别、相互关联、相互依存的部分构成。财产权也是由相应的物权、知识产权和债权组成的。知识产权作为财产权，其内容和特征，既不同于物权，也不同于债权。物权、债权和知识产权虽然同为民事财产权，但又互相区别，原因就在于它们各自的对象不同，因而其占有、使用和支配的行为方式不同。按照传统物权理论，物权产生的前提通常是占有一定空间，能够为人力所支配并能够满足人们一定物质或精神需要，表现为动产和不动产的，有体有形的"物"。但是，随着科学技术的进步，物的范围在不断扩大。一些无体无形却实实在在存在的东西，比如电，也成为物权的对象。债权产生的前提是以作为或不作为方式存在的"行为"。知识产权的产生前提，是以创造成果和工商业标记方式出现的"知识"。物权和知识产权分别表现为对"物"和"知识"的控制、利用和支配，其义务主体是不特定的多数人，因而是法定权利，其权利具有绝对权的性质。可见，债权与知识产权的区别显而易见，毋庸赘言。需要弄清的是同为绝对权利的知识产权与物权的相同与区别。

知识产权发生的前提，或曰对象或标的不同于物权。物权的前提是动产和不动产以及其他客观存在的经济学和法律学意义上的"物"。知识产权的前提是经济学和法律学上的"知识"，是不含物质实体的思想或情感的表现形式，是非物质的客观存在，是"虚"中之"拟"。

由于传统物质财产的历史悠久，财产制度日臻成熟，几乎千年不易。由此形成的财产观念也深入人心，几近天经地义。知识产权作为一个崭新的财产，因其据以发生的对象——知识，其来源、本体、运动方式等诸多的维度，作为人造的客观的事实存在，已经是不以人们的主观意志而改变。但是，由于知识与受教育程度的差别，人们对技术、知识这类事物的认知能力不同于我们对那些与生俱来、耳熟能详的传统物质财产的认可。因此，法学家有责任认真研究知识产权，以简洁、明快、通俗的语言向社会公众揭示知识财产权制度。立法者也要调整思路，因应知识产权的出现，综合现有财产制度，为社会设计一个融入知识产权制度的新的财产体系。同时，也要弄清知识产权与传统财产的异同。

首先，知识产权的独占、排他性程度弱于物权。物权人对物的占有、使用、收益和处分行为，只要不侵害他人的利益，不危及社会公众和国家的利益，不违反公认的社会公序良俗，不滥用法律赋予的权利，其行使权利的行为是绝对的和排他的，其他人无权为与物权人相同的行为。法律对物权人权利的限制规定，是个别现象。相比之下，知识产权的权利人，除了要遵循与物权人行使物权时的相同约束条件之外，法律还明确、具体、广泛对知识产权人的权利做了合理的"剪裁"，规定了对知识产权的限制制度，主要是"合理使用""法定许可使用"和"强制许可使用"等制度。也就是说，法律把原本赋予知识产权权利人的某些权利领域，通过设立权利限制制度，同时赋予了公众，使其得以与权利人共享。这种情况在物权法中是鲜见的。

其次，知识产权比其他绝对权利更容易受到侵害。物权人的利益既可以借助法律实现对利益的控制，也可以通过事实上对物权对象"物"的占有来实现其利益。知识产权权利人则无法通过对其"知识"实行"占有"来实现其利益，必须仰仗法律的保障。

其三，当知识产权与物权发生冲突时，知识产权通常要让位给物权。在一件实体物之上可以并存着物权与知识产权。但是，对附着于特定物质载体之上的"知识"的权利，同它所附着的载体之物权，是可以分离的。在物权和知识产权分别属于不同权利人的情况下，当两个权利人分别处分物权与知识产权，且不能就此达成一致时，尽管两种权利并无高下、优劣、尊卑之分，但基于物权人依法享有的

对实物的独占、排他的支配权，往往导致知识产权因遭到物权的对抗而难以实现。

其四，知识产权的期限不同于物权的期限。作为财产，知识产权具有法定的期限，期限届满，权利便归于消灭，创造成果进入公有领域，成为人人可以无偿利用的公共资源；商业标记的注册，如商标、商号等，也有法定的时间效力，期限届满可以续展注册，期限届满不续展的，也进入公共领域。物权则无此法律品性，物权的期限与物的自然寿命竞合。

此外，知识产权作为一种财产权，其价值无论是质的规定性还是量的规定性，也都不同于物权。

尽管知识产权与物权等传统财产权在权利发生的前提、权利内容、独占性程度等方面存在明显的差异，但是在财产性、私权性、权利位阶等本质特征上，又是相同的。知识产权与物权，属于同一父母血缘的私的财产权基因下的同“姓”兄弟，相互之间的差别，不足以改变物权、知识产权等本质上的共同的财产属性和在逻辑上处于同一位阶。

三、知识产权法是民法不可分割的一部分

知识产权为私权。知识产权法为财产法。目前，各国知识产权法多为单行法律形式存在，如著作权法、专利法、商标法、反不正当竞争法、商业秘密法等。尽管知识产权理论中存在知识产权包含人身权内容的观点，实践中也有这样的立法例，但知识产权本质上是财产权，知识产权法属于财产法却是不争的事实。

应当明确，知识产权法是民事普通法，不是民事特别法（顺便指出，我国新设立的三家知识产权法院也是普通法院系统的组成部分，不是所谓“专门法院”或“特别法院”，准确的说法应为“专业法院”）。知识产权法就是民法本身，知识产权法与民法是部分与整体的关系，而非特别与一般的关系，它与民法的其他内容共同构成民法。所谓特别法，是以某一类别法律的普通体系的存在为前提，由此派生出来的适用于特殊主体、特别地域或特定时段的特别规则体系。比如，《香港特别行政区基本法》和《澳门特别行政区基本法》，为均以《宪法》为前提，适用于香港、澳门居民，为期50年的法律，故为宪法特别法。知识产权法是基础性的民事财产法，它不是从传统财产法中派生出来的特别财产法规则，它所调整的，不是个别的、特殊的、局部的民事关系，而是社会生活中普遍适用的基本规则。知识产权和知识产权法与物权、物权法处于相同的逻辑层次，分别属于民事基本财产权和民事财产基本法。

知识产权、物权、债权，虽然表面驳杂，物象各异，在权利对象等外在形式上，也有明显的差别，本质上却是属于同一“血缘”的财产权。我国知识产权法律是在无制度可延续、无理论可遵循、无实践可参酌、无人才可延揽的情况下，在一个与知识产权制度水土不服的计划经济的土壤上，白手起家，凭空建造起来的。初识发达国家知识产权制度的中国法学的先行者们，更多看到的是知识产权制度与传统财产制度的表面差异，难以形成对其共性和本质认识的逻辑抽象，没有完成知识产权法的学科建设。立法工作则是分散在不同政府部门起草的基础上完成的，相互间缺乏关照与衔接，更没有系统整合。因而影响了各项单行知识产权法律与同步建设的民法制度的共融性，致使知识产权法游离于民法制度体系之外，给法律实践造成先天的困难。比如，商标法、专利法、著作权法都曾经长期自设民事主体制度，2001年《商标法》和《著作权法》才做修正。尽管1986年颁布的《民法通则》将知识产权规定于民事权利之中，为从宏观上廓清知识产权的私权性质，提供了思维框架和制度分野，但是迄今仍有知识产权“去民事权利化”和“去民法化”的倾向，既阻碍了知识产权法与民法的整合，也影响了知识产权法自身的系统化，给法治建设造成困难。目前，我国再次兴起民法典建设。其中，有关知识产权法是否在民法典中安排、如何安排的问题仍存比较大的争议。其中，不赞成知识产权法编入民法典观点的理由之一，笼统地认为，受技术发展的影响，知识产权法是一个变动不居的、开放式的规范体系，若将其置于相对稳定、系统化的民法典中，会损害民法典的稳定性。本文认为，这种观点是将技术、艺术等日新月异、快速进步和变化的现象，与利益关系的相对稳定，以及规范利益关系的规则的相对稳定，这本属于三个层次的问题，混为一谈。实际上，日新月异的物质产品，随着技术发明创造的推广，不断出现在人们的生活中，只是因为人类已习惯于对物质产品的逻辑抽象，可以不假思索地将包罗万象的任何产品抽象为“物”，进而归为物权的对象所致。同理，在技术进步的推动下，技术产品、艺术作品推陈出新、气象万千，也都可以被抽象为“知识、技术”，都不超出知识的范畴，在市场条件下，所产生的利益关系并不随技术、艺术的多变而产生质的变化，都可以置于相对稳定的法律关系的调整之中。

技术是进步的，社会是发展的，民事法律必须

反映和服务于时代的变迁。民法自罗马法始，历经漫长的形成历程，其间也发生多次变革，才由被恩格斯所称道的“罗马法是纯粹私有制占统治的社会的生活条件和冲突的十分经典性的法律表现，以致一切后来的法律都不能对它做任何实质性的修改”①的制度演变为民法。罗马法的精髓是与时俱进的。当年，欧洲的先贤，若顾地窥天，作茧自缚，固守罗马法，便没有后世的《法国民法典》；若固守《法国民法典》，便没有《德国民法典》。民法典是一个规则系统，是一个具有严密逻辑的知识体系，同时，也是一个开放的体系。民事法律的法典化既不是从来就有的，也非一成不变。“体系性工作是一种永续的任务……没有一种体系可以演绎式地支配全部问题；体系必须维持其开放性。它只是暂时的概括总结”②。知识产权是否属于民事权利，应否编纂入民法典，是事物内部自身的本质属性和客观规律所决定的。不错，知识产权作为财产权利，相对于传统物权、债权等财产权而言，的确相对年轻，人类对它的认识、思考、归纳和提炼也还不够成熟，但这些情况都不足以改变知识产权作为类型化了的基本财产权的属性，也不足以否定它和物权居于法律秩序中处于同一位阶的客观事实。从这个意义上讲，民法制度中理所当然地应当有知识产权法一席之地。民法典的制定乃是基于法典化的理念，将涉及民众生活的私法关系，在一定原则之下做通盘完整的规范。③ 民事立法的形式理性，不仅是逻辑的要求，也是实践的需要。“虽然法律从表面上看起来是非理性的、混乱的和特殊主义的，但是，如果我们挖掘得够深，并且知道自己正在寻找什么，那么我们很快就会发现：法律其实是一个内部逻辑一致的、统一的规则体。”我们的“目标是将法律展示为一个以一般性法律原则为基础的系统而又融贯的结构”④。立法既是一种从实践出发的科学研究过程，也是一种技术发明和艺术创造活动，既需要历史知识和科学方法，也需要着眼现实的态度和面向未来的智慧。法律学作为科学，尊重理性。立法作为技术，着眼于效率、性价比。不同制度的投入产出会有不同的性价比。因此，衡量立法的优劣不可以任由主观臆断，而是有客观尺度的。法治应当是理性的，立法应当排除不确定性，法治终将克服一时的认识局限。至于在立法技术上如何处理，建立何种民法典的系统模式，是将知识产权诸项单行法律经编纂独立成篇，全部纳入民法典，还是在民法总则中对知识产权的一般性规则做出规定，留出接口，用以指导知识产权的诸项单行法律，以便给各单行法律的修订留出机动、灵活的空间，抑或编纂为独立的知识产权法典，都可以作为选项。上述各种模式有俄罗斯、德国、越南等立法先例供参酌。不难看出，不同模式所花费的心力有很大差别，其中，俄罗斯民法典将知识产权法彻底民法典化，既需要立法者的勇气，也需要法学家的理论功底、智慧和一以贯之、坚韧不拔的科学态度，还需要决策者的战略眼光和历史担当。作为现代国家的“基础设施”，民法典是奠定基本的经济秩序，保障社会稳定和长治久安的百年大计，俄罗斯民法典开创了民法典的新模式。老子曰：“道可道，非常道。”处于急剧转型中的中国社会，已经确立了“创新驱动发展”的战略，民法制度作为基本法律保障，“工欲善其事，必先利其器。”是披坚执锐，迎潮而上，还是知难而退，我们也面临选择。

四、知识产权作为第一财产权利是民法学上的一个发现

知识是一切财产的源泉与根据，是财产权利之母。知识财产是人类对财产的真正发现。民法制度将知识产权位列财产权利之首，是财产制度漫长运动历史发展的必然结果，既是逻辑的，也是实践的。

知识创造和改变世界。现代社会，知识产权是实现上述改变的法律保障。众所周知，知识产权是近代工业文明的产物，它是由长期的贸易习惯而转变成的新型财产制度。创造成果是产业经济的发动机。作为一种精神力量，知识产权法律开创了“创新驱动发展”的财富生产的新模式。通过知识产权的制度机制，把个人才智的结晶转化为巨大的社会财富，极大地推动了人类物质文明和精神文明的进步。诚然，作为一项财产，知识产权的历史远不如物权历史那样漫长，知识产权制度也不如物权制度更为成熟，但是，知识孕育、创造、催生、发展、完善“物”，贯穿“物”的历史，推进物权的进步，却是客观的。没有知识，便没有经济学、法律上的“物”却是一个不争的事实。对这一历史规律，大多

① 《马克思恩格斯全集》，中文1版，第21卷，454页，北京，人民出版社，1965。
② ［德］卡尔·拉伦茨：《法学方法论》，45页，北京，商务印书馆，2003。
③ 参见王泽鉴：《民法总则》，22页，北京，中国政法大学出版社，2001。
④ ［英］马丁·洛克林：《公法与政治理论》，67页，北京，商务印书馆，2003。

民法学者的关注是不够的。平心而论，囿于欠缺法治传统，我国大多民法学者对博大精深的传统民法学，对于深入认识急剧转型中的中国社会现实，对于改革开放以来的经济与财产关系变革的法律诠释重任，已是应接不暇。他们倾其心力关注对物权等财产制度的思考与设计，很难有多余的精力旁顾随技术进步和经济变革所展示的新的财产形态——知识产权。但是，同样一个不争的客观事实是，主宰我们这个世界的不是物质，而是精神，是人。财产是人的重大发现。客观世界的物转变为财产的决定因素是知识。人对这个世界的唯一贡献是创造知识。如果说物是黄金，知识就是化腐朽为神奇的“点金术”，知识是一切“物”产生的真正原因，“物”是知识的结果。没有知识便没有“物”。知识产权制度产生以来，知识又成为“物权”发生的根据。在琳琅满目的新产品逐渐进入我们的生活，甚至成为我们生活新宠的同时，一些生产、生活资料悄然退出了我们的生活。我们的生活方式每日每时都在发生变化，主导这一变化的，就是知识、技术。从宏观上看，在全球三大贸易中，技术与商业标记已成为贸易的主要诱因，其中，知识产权的价值含量在全球贸易的总市值中，已占到绝对的主导地位。今天，知识产权已不再是“养在深闺人未识”，无关大局的小角色，而是越来越成为当代财富的“巨无霸”，成为当代人类经济生活的主角。知识产权制度已成为现代财产制度的关键与核心，成为财产的主宰。从微观层面看，无论市场上，职场中，还是在家里，每一位身处其中的现代人，衣食住行，作息娱乐，从头到脚，汽车，飞机，电脑，手机，衣着鞋袜，背包钱袋，沐浴护肤，美容化妆，医疗卫生，健康保健，香烟名酒，干鲜水果，蛋奶饮水，微信微博，网络购物，电影电视，报纸传媒，音乐美术，文学戏剧……这一切构成了我们的生活方式。我们每个人每日每时都自觉不自觉，主动或被动地被上述生活元素中充斥其间的无数的发明、商业秘密、外观设计、文学艺术和各类商业标记等知识、技术支配、决定、改变、统治和主宰着。易言之，没了这些，我们的生活就会被颠覆，会失了方寸，会与现代社会隔绝。比如，哪怕有几个小时离开无所不能的智能手机，就足以让你六神无主，惶惶不安。其间，真正让人在意的是手机所承担的行为功能，而不是作为功能载体的那件“物”。赋予物料以不同形态，组合成为“物”，并使之具有各种功能的是知识、技术，而不是那些物料。可见，知识、技术才是“物”的灵魂，是物质财产的生命、真正价值和存在的原因所在。人之所以为人，关键在于知识。一言以蔽之，没有知识、技术就没有财产，就没有我们今天的正常生活。当代世界，没有知识产权就无法建立稳定的经济秩序，社会生活的运作机制就会难以为继。现代经济生活的实践告诉我们，知识产权日益彰显其财产制度中的核心地位。对此，我们不可以“徒见金，不见人”，只认黄金，不识“点金术”。

从财产角度看，知识、技术是财富的前提和基础，精神财产是物质财产的主宰。没有精神创造，便没有物质财富的生产。物质财产是原始的物借助知识、技术的安排、整合、配置、切割、琢磨、点化、转化，如凤凰涅槃蜕变而来。自然界原始的纯粹的物，如果没有人类物质与精神的需求，没有人类的心智介入，没有知识作为“点金术”赋予死物以生命，赋予物各种用途，注入价值，它们始终是物理学意义上的物，不是经济、法律意义上的财产。无论从逻辑上，还是实践上，创造都先于、优于劳动，创造成果的地位都先于、优于劳动成果。是精神创造决定了物质财产的有无，规定了物质财富的样态，决定了物质财产所蕴含的价值的有无与多寡。按照著名的“微笑曲线理论”，创新对财富的生产具有决定性的作用。在物质财产的产业链中，知识、技术的创造始终居于上游，是财富的起点，占有最高份额的附加值，物质产品的制造则处于财富生产的下游，附加价值最低。在任何情况下，精神财富都先于、优于物质财富。按照制度发生的历史顺序，知识产权虽远逊于物权，但知识产权自产生之日，就天然地青出于蓝而胜于蓝，逻辑地、实践地先于物权，优于物权。如果没有偏见，知识产权贵为财产权利体系中“上游权利”作为一个不争的事实，随着技术、制度创新对经济发展的决定性作用的彰显，作为民法科学上的一个发现，昭然若揭。

技术与制度是人类生活方式的总和。按照传统理论，技术与制度一个属于生产力，一个是上层建筑，二者泾渭分明、形同云泥。实践中它们却如影随形，浑然一体。技术决定一切。制度缔造者的任务，就是将制度与技术弥合在一起，让它们形神合一，指引、规范与佑护我们的生活。技术与制度的本质是发展的，进步的。在我们重启民法典的立法工作之际，应当继续弘扬百多年前《德国民法典》面向实践、面向未来的精神，做出新的开拓。当年，借助第二次工业革命的成果，德国法学家面对百年前堪称典范的《法国民法典》，他们没有因循守旧，而是与时俱进，制定出在当代同样堪称典范的《德国民法典》。

民法典是一个开放的法律体系。技术定义时代。中国民法典应当遵循理性、科学、开放的逻辑，面向现代化，借助于具有划时代意义的技术革命的新成果，创设属于互联网时代的法治重器。立法有关财产制度的体系设计，没有理由回避现实，无视 21 世纪技术、经济与社会发展，没有理由抱残守缺，固守由上一个工业革命时代所确立的财产制度体系，更没有理由从《民法通则》在 30 年前确立的我国财产制度格局上后退。回首 1986 年，在计划经济时代，当时的最高决策者以威武之姿，当艰难之运，杀出旧有制度的重围，开创翻天覆地的战略大变局，彪炳历史。立法工作力排众议，在具有划时代意义的《民法通则》中采用知识产权这个纯属市场经济的私权法律概念，并将其列为与物权等财产权并列的独立的财产形态，既反映了我国老一代民法学家的远见卓识，也反映了当时立法者的高瞻远瞩，表达了立法机构的担当精神。《民法通则》作为我国民事立法的典范是法学界的共识。《民法通则》对知识产权的安排，是我国民事立法的创新，是法治的重大进步。本文特别强调，《民法通则》不是法治建设的负资产，赋予知识产权独立财产权地位，与物权等财产权利并列，不是《民法通则》的败笔，知识产权不应是被“高抬贵手”，勉强被纳而屈居人下的“侧室”，更不是不登大雅的蛰居“外宅”，它理应与物权等同居财产权利的“正室”。知识产权制度对中国民法典不应成为一个急于要甩掉的包袱。今天，民法典的制定工作应当继承《民法通则》的创新精神，与时俱进，客观、理性、实事求是地面对当前的财产关系现实，对知识产权做出一个与它的地位与作用相匹配的恰当安置。

本文认为，我国民事立法应当转变财产观念，尊重事实，在民法总则中将知识产权列为首要的财产权利。这既符合我国重视精神创造的传统，也是对当代各国民法典的一个超越。

此外，本文顺便提及，在技术的推动下，金融、保险、医疗保健、电信、电子商务、海运、空运、快递、会计、工程、咨询、法律等“服务”也作为既有别于物权，也有别于知识产权的新型财产，被列为贸易对象。随着信息技术和知识经济的发展，服务业已经取代制造业成为许多西方发达国家的支柱产业。1980—2012 年间，全球服务贸易总额从 7 707 亿美元上升至 85 022 亿美元，增长 10 多倍。根据世界银行（World Bank 2010）的统计，发达国家服务业创造的增加值在 GDP 中所占的比重已经超过了 70%。[①] 世界贸易组织早在 20 多年前就将“服务”作为独立的贸易对象，与货物贸易、知识产权贸易并列为全球三大贸易进行规范与调整。应当看到，社会进步和市场需求将使“服务”的技术附加值日益提高，各种服务及服务产业日渐渗透进入我们的生活，并最终促成“服务”成为一种独立的财产形态和类型化的私权加入财产权利的队伍。这些正在悄然突破传统的财产构成格局，改变着传统的财产观念。对此，民法学必须做好思想准备，适应技术进步，顺应历史潮流。当前，“服务”业在我国蓬勃兴起。我国民法学界应当看到这一趋势，民事立法在重视知识产权的同时，也应当注意研究、重视对“服务”的规范与调整。

（本文原发表于《知识产权》2015 年第 10 期，收入年鉴时作者有适当修改）

① 参见仲鑫、丁秀飞：《服务贸易技术结构优化的驱动因素研究》，载《中国高校社会科学》，2015（5）。

版权工作概览

BAN QUAN GONG ZUO GAI LAN

2015年全国版权行政管理工作

国家版权局版权管理司

2015年，全国各级版权行政管理部门认真落实党中央、国务院关于新形势下加强版权工作有关要求，牢固树立法治思维，坚持体制机制创新，围绕中心，服务大局，开拓进取，奋发有为，各项工作取得了显著成果。

一、版权执法监管工作成效显著

（一）深入开展打击侵权盗版专项行动

一是认真开展"双打"工作。按照国务院关于打击侵犯知识产权和制售假冒伪劣商品专项行动的工作部署，国家版权局印发《2015年全国新闻出版（版权）打击侵权假冒工作要点》，部署打击侵权假冒重点工作。2015年"双打"工作期间，各级版权执法监管部门共立案查办案件1 177件，移送司法机关追究刑事责任92件，捣毁盗版窝点380个，案件信息公开368件。国家版权局独立督办36起、联合督办4起侵犯著作权案件。

二是联合开展"剑网2015"专项行动。国家版权局联合国家互联网信息办公室、工业和信息化部、公安部开展第11次打击网络侵权盗版"剑网2015"专项行动，对网络音乐、网络云存储空间、智能移动终端第三方应用程序（APP）、网络广告联盟、网络转载等进行专项整治，营造健康网络版权生态。专项行动中，全国各地共查处网络侵权盗版案件383件，行政罚款450万元，移送司法机关刑事处理59件，涉案金额3 845万元，关闭网站113家，有效震慑了网络侵权盗版行为。

（二）科学强化版权重点监管

一是继续推进国家版权监管平台建设。二期工程第一阶段通过终验，第二阶段完成初验，召开国家版权监管平台应用专题培训，版权执法监管技术支持力度进一步提升。

二是规范网络转载版权秩序。印发《关于规范网络转载版权秩序的通知》，引导报刊单位和传统媒体进一步改进内部版权管理工作，鼓励报刊单位和互联网媒体开展版权合作。

三是启动网络音乐服务商版权重点监管。印发《关于责令网络音乐服务商停止未经授权传播音乐作品的通知》，对20家主要网络音乐服务商进行重点监管，促进音乐作品的合法、有序、广泛传播。2015年，16家直接提供内容的网络音乐服务商主动下线未经授权音乐作品220余万首，网络音乐版权秩序明显好转。

四是启动网盘服务商版权重点监管。印发《关于规范网盘服务版权秩序的通知》，启动对8家主要网盘服务商的版权重点监管工作，指导监督其进行版权自查整改，完善版权管理制度、强化技术措施、加强用户管理。

五是继续加强网络视频版权重点监管。对20家大中型视频网站继续进行版权重点监管，进一步完善公示、约谈、警示制度，推动权利人方与网络服务商建立版权保护合作机制，适时公布版权重点预警影视作品。全年共公布七批计149件影视作品。

（三）大力健全版权执法体系

一是储备版权执法培训师资力量。开展全国版权执法培训师资选聘工作，探索从全国各级版权行政管理部门、文化市场综合执法机构中选聘师资，初步建立全国版权执法培训师资库。

二是举办4期版权执法培训班，对全国各地800余名版权执法人员进行了培训，进一步提升了基层执法人员的工作能力和业务水平。

二、软件正版化工作稳步推进

（一）推进软件正版化长效机制建设

国家版权局完善中央和省级机关单位软件正版

化责任人数据库，印发《关于进一步落实政府机关软件正版化工作责任的函》，指导各省（区、市）建立市、县级机关单位责任人数据库，完善软件使用管理制度，推进责任落实到人。北京、天津、内蒙古、海南、新疆等省（区、市）出台了软件正版化工作考核评议细则。

（二）开展软件正版化专项督促检查

国家版权局联合有关单位组织12个检查组，对12个省（区、市）的71家省级机关和24家中央单位的软件正版化工作进行抽查，共抽查计算机1 587台。对检查情况进行通报，督促各地区、各部门增强工作积极性、主动性。此外，国家版权局会同国资委联合检查10家中央企业软件正版化工作。还组织了5个检查组，对各省（区、市）新闻出版企业集团软件正版化工作进行了全面检查。2015年，各省（区、市）共督查了3.35万家（次）政府机关软件正版化工作，各级政府机关共采购操作系统、办公和杀毒软件95.19万套，采购金额4.92亿元。企业软件正版化工作取得重要突破。中央企业和大中型金融机构基本实现软件正版化，全国累计27 001家企业通过检查验收实现软件正版化。2015年，中央企业和金融机构采购、升级和维护操作系统、办公和杀毒软件金额共计18.14亿元。

（三）部署软件正版化专项自查和调研

国家版权局会同国资委、银监会、证监会、保监会等部门组织了5个调研组，深入了解中央企业和金融机构软件正版化工作情况。指导各地区、各部门开展软件正版化工作专项自查，推进各地区、各部门软件正版化工作常态化、规范化。

（四）做好软件正版化宣传培训

国家版权局会同商务部、国管局、国资委等部门，举办6期大型软件正版化工作专题培训班，培训960余人次，有效提升了各地区、各部门软件正版化工作思想认识和业务水平。组织编写了《软件正版化专刊》，策划制作了软件正版化宣传海报，并利用微博、微信等新媒体宣传软件正版化成果，增强软件正版化宣传的针对性和有效性。

三、版权社会服务水平明显提升

（一）完成我国首例作品著作权捐赠事宜

国家版权局为做好原文化部部长黄镇遗属捐赠其生前创作的长征画作著作权一事，按照《著作权法》《继承法》等相关法律的规定，经多方沟通协商，协助完成该捐赠的法律手续，为今后处理此类事项积累了经验。

（二）规范版权行政管理职能

一是按照国务院行政审批制度改革及总局要求，对涉及版权的行政许可审批、简政放权、优化服务等事项进行梳理，国家版权局制定了《版权管理司全面实施行政审批事项“一个窗口”受理工作方案》，合并对《著作权集体管理组织及分支机构设立》行政审批事项的受理和审查环节，实现受理大厅一站式完成。

二是对著作权集体管理组织换届、年检及其业务活动进行监管和指导。积极做好音著协、音集协换届工作的业务审核工作；支持和鼓励其依法开展业务活动，规范其与权利人或使用者之间的利益关系。

（三）有序推进著作权登记工作

2015年，我国著作权登记继续保持大幅增长态势，总量达1 641 166件，比2014年增加429 853件，同比增长35.49%。其中，作品登记1 348 200件，同比增长35.90%；计算机软件著作权登记292 360件，同比增长33.63%；著作权质权登记606件，涉及主债务金额287 285万元，同比增长9.42%。

（四）扩大版权工作社会影响

国家版权局充分利用网络传播优势，积极拓展版权宣传渠道，扩大版权工作社会影响。

一是以“4·26”知识产权宣传周为重要平台，配合“剑网行动”等版权重点工作开展常态宣传。在《中国新闻出版广电报》开辟8个专版，专题展示版权行政执法、社会服务、产业发展、软件正版化等工作成果。

二是充分利用新媒体平台。继续完善国家版权局官方网站，充分发挥其信息主渠道作用，全年发布信息1 667条，首发信息51条，制作“剑网2015”、“4·26”版权宣传周、“第四届世界知识产权组织版权金奖”3个专题。2015年，国家版权局官网获“最具影响力政府网站”称号。“国家版权局”官方微博2015年累计发布信息260余条，粉丝达121万人，被评为政务微博十大新秀。“国家版权”官方微信累计推送150余条信息，成为版权对外宣传、政策阐释的重要阵地。“国家版权”入驻今日头条，累计发布85篇文章，阅读人次达56.5万，推荐人次超过220万。

三是以开展全国大学生版权征文活动、举办版权相关热点问题媒体研修班、“第四届世界知识产权组织版权金奖（中国）”等多种方式，引导版权宣传进校园、进传媒、进社会，把握版权正确宣传导向，提高版权社会影响力。

四、版权产业持续发展壮大

（一）加强版权示范创建工作

国家版权局于 2015 年 10 月 28 日召开全国版权社会服务工作暨版权交易经验交流会，交流经验，沟通信息，有力促进版权社会服务工作开展。根据《全国版权示范城市、示范单位和示范园区（基地）管理办法》，考察、批准 2 市（东莞市、即墨市）创建全国版权示范城市，评选出 34 家全国版权示范单位、5 家示范园区（基地）。不断促进版权在推动转变发展方式、提升综合竞争力等方面的引导作用。

（二）建立版权贸易基地、交易中心工作协调机制

国家版权局推动 12 家经国家版权局批准的国家版权交易中心（国家版权贸易基地）联合成立“国家版权交易中心联盟”，共同加强版权保护和运营，发挥各自特色，整合优势资源，互惠互利、资源共享、合作共赢，推动版权产业进一步发展。

（三）开展版权产业相关调研

一是开展 2013 年度版权产业对国民经济贡献的调研，并发布调研数据。调查显示，2013 年中国版权产业的行业增加值为 42 725.93 亿元人民币，占全国 GDP 的 7.27%，比 2012 年增加 7 051.78 亿元人民币，增长率为 20%。其中，核心版权产业的行业增加值为 25 325.83 亿元人民币，占全国 GDP 的 4.31%，比 2012 年增加 4 727.64 亿元人民币，增长率为 23%。

二是开展国有出版企业版权资产管理的调研工作，形成国有出版企业版权资产管理调研报告，提出相关政策建议。

五、国际交流合作不断深入

（一）积极参与国际多边版权事务

国家版权局积极参与世界知识产权组织（WIPO）、世界贸易组织（WTO）、亚太经合组织（APEC）等对华版权事务。参与《保护广播组织条约》《有关图书馆、档案馆和教育机构限制和例外国际文书》和《保护民间文艺条约》等国际条约的磋商。完成 WIPO 在福建德化设立版权保护优秀案例示范点调研结项工作。与 WIPO 合作举办“4·26”世界知识产权日音乐版权保护研讨会及电影和版权在文化和经济中的重要性高端圆桌会，并签署国家版权局与 WIPO 版权双边战略合作备忘录。参加 WTO 对华贸易政策审议和 WTO 对其他经济体贸易政策审议以及 APEC 知识产权专家组会议，积极应对有关版权事务。

（二）努力拓展版权双边交流合作

国家版权局积极做好中美商贸联委会（JCCT）和中美战略经济对话（SED）工作项下版权应对工作，落实中美、中英、中日、中韩版权战略合作框架下的各项活动。推进和深化中英版权合作，促进中英高层领导互访，共同开展版权专题研究。参与中欧知识产权工作组对话和相关工作，完成中欧知识产权合作项目，在华联合举行中欧版权集体管理研讨会。积极参与中日韩、区域全面经济合作框架协议（东盟 10+6）、中美投资协定和中欧投资协定等自贸区谈判，完成中韩、中澳自贸协定谈判。根据中韩、中日版权合作备忘录，举办 2015 年中韩著作权研讨会、中韩著作权工作组会谈及中日著作权工作组会谈。推动“海峡两岸知识产权保护合作协议”的具体落实，通过两岸著作权窗口和案件协处机制，协助台方处理多起版权侵权案件，完成 2015 年海峡两岸著作权交流活动及著作权工作组会谈。

（三）跟踪研究国际版权发展态势

依托中南财经政法大学知识产权研究中心成立的国家版权局国际版权研究基地，了解国际版权发展情况，研究有关版权问题，为提高我国版权工作整体水平、有效应对国际知识产权谈判提供智力支持。继续组织编写《国际版权动态》，就网络广播组织的法律地位、体育赛事著作权问题以及中澳、中韩自由贸易协定版权条款、TPP 版权条款等进行分析。对英国、美国、韩国、巴西、捷克、泰国等国家的版权保护状况开展了有针对性的专题研究。

2015 年全国著作权司法保护工作

最高人民法院知识产权庭

一、2015 年著作权案件总体概况

2015 年，最高人民法院新收（含旧存）著作权民事案件共 85 件，审结 82 件，未结 3 件，审结率 96.47%。其中提审改判 2 件，裁定提审 3 件，撤诉 4 件，裁定中止 1 件，再审驳回 72 件。

最高人民法院 2015 年著作权案件仅占各类知识产权案件总数 859 件的 10%，与 2015 年全国著作权案件占全国各类知识产权案件总量的 60%相比，最高人民法院著作权案件数量占比较轻。

二、最高人民法院审理的著作权民事案件呈现出的主要特点

1. 案件的广度和维度不断扩张。案件延伸呈现出立体全方位的态势。著作权主体多样化，既有单一的权利主体，又有两个或多个权利主体；著作权保护客体广泛化，既有传统意义上的作品，又有衍生出来的作品；侵权主体扩大化，既有个人侵权，又有单位侵权；案件空间不断扩展，既有现实社会的作品保护纠纷，又有虚拟空间的作品保护纠纷；案件类型全覆盖，既有传统的权属纠纷、侵权纠纷等案件类型，又有网络环境和数字化环境衍生的传统媒体新闻作品保护、直拍直播版权保护、影视作品保护等案件类型。

2. 网络著作权侵权案件仍然突出并出现新情况。此类案件除表现出传统网络著作权侵权案件的一般性特征外，又出现一些新态势，如新商业模式下网络著作权侵权案件的法律适用问题。如苹果公司与麦家、艾通思有限责任公司侵害信息网络传播权纠纷案以及北京中青文文化传媒有限公司与北京百度网讯科技有限公司侵害作品信息网络传播权纠纷案等。

3. 影视作品保护新问题层出不穷。此类案件除涉及传统的修改改编与原创作者的权利冲突之外，还出现了抄袭剽窃、合理使用、共有权利人侵权纠纷以及作品角色的衍生保护等问题，特别突出的是，出现对影视作品著作权进行质押和转让问题。如北京金色里程文化艺术有限公司与上海晋鑫影视发展有限公司、李晓军、李文秀侵害著作权纠纷案。

4. 摄影作品侵权案件分布广泛。此类案件原告诉讼请求金额较低，数量较多；由代理人或专门机构负责的商业和批量维权痕迹明显，维权范围辐射全国，被告分布范围广；赔偿依据不规范，赔偿标准不统一，赔偿数额少则百元，多则数千元。

5. 网络环境下证据举证和证据采信困难。互联网环境下，网络产业发展迅速，新的网络功能和新的商业经营模式不断推出，当事人举证和人民法院采信证据异常困难。

三、著作权审判亟待解决的问题

在网络和数字化环境下，著作权司法保护出现了许多新情况、新问题、新挑战。有些问题亟待解决，需要高度重视，加强调研和指导，出台司法政策和司法解释，厘清审判思路，统一裁判标准和尺度。

1. 关于影视作品的保护问题。目前我国影视作品剧本涉嫌侵权的情况大量存在，如《芈月传》《何以笙箫默》《北京爱情故事》等；伴随着电视剧综艺节目的发展及相关收视率提升所带来的显著经济效益和品牌效应，有关综艺节目的法律关系日趋复杂，法律纠纷逐渐增多，如《中国好声音》；又如影视作品中音乐作品以及后期制作、广告宣传、发行过程中可能出现的法律问题。

2. 数字环境下传统媒体新闻作品的著作权保护问题。互联网时代，由于传统媒体版权意识薄弱，缺乏有效的维权机制，网络媒体侵害传统媒体新闻作品著作权的问题越来越突出。如存在大量未经许可，使用、转发微博微信上新闻及其他作品的情况。传统媒体要提高版权意识，明确权利归属，组织维权力量，借助法律手段，打击和制裁互联网作品侵权行为。

3. 角色形象的著作权保护问题。随着人们对优

秀国产动画片价值认识的不断加深，一些儿时经典的国产动画片被陆续翻拍成大电影，片中的人物形象经重新包装推向市场，开发衍生周边产品，但随之而来的是对动画人物形象权利归属的激烈争议，一些案件涉及的法律问题需要予以明确。如杭州大头儿子文化发展有限公司诉央视动画有限公司大头儿子动画形象著作权侵权纠纷案、上海美术电影制片厂与湖南广播电视台卫视频道的“葫芦娃”“蛇精”动画形象著作权侵权纠纷案。

4. 网络环境下证据的采信问题。互联网环境下，网络产业发展迅速，新的网络功能和新的商业经营模式不断推出，新情况新问题不断涌现。著作权人在权利受到侵害时需要向法院提交证据，被诉侵权人抗辩需要为其免责所依据的事实承担举证责任。人民法院则需要对当事人所提交的网络环境下产生的证据进行认证与采信，司法审判面临挑战。最高人民法院需要对其中模糊不清的证据采信问题予以明确。

2015年地方版权工作

北　京　市

2015年，北京市版权局认真贯彻落实市委市政府关于2015年版权工作的指示要求，紧紧围绕服务首都经济建设大局，有效宣传普及《著作权法》，扎实推进软件正版化工作，切实加强版权保护力度，大力促进版权相关产业发展，积极推动版权输出“走出去”，圆满完成了各项工作任务。2015年，北京地区作品自愿登记数量为601 014项，比上年增长了17.7%。版权引进8 945项，其中软件28项，电子出版物111项，图书8 806项（含期刊557项）。北京地区软件著作权登记量为63 898项，比上年增长31.34%，占全国总登记量的21.91%（全国总登记量为291 637项）。

一、版权宣传工作

提高社会公众的版权保护意识是版权工作的重点之一，多年来，北京市版权局始终以此作为重要的职责和使命，将日常宣传和集中宣传有效结合，多渠道宣传版权保护知识和法律法规。

2015年4月24日，北京市版权局组织了“共识·共商·共赢”第五届音乐版权保护与产业发展论坛，邀请来自行业协会、唱片公司、音乐网站、法律服务机构、学术研究机构的专家学者以及音乐人代表齐聚一堂，在如何加强数字音乐版权保护、如何建立音乐产业发展的新模式和新机制等方面发表真知灼见。

为响应李克强总理“大众创业、万众创新”号召，强化广大青年版权意识，北京市版权局与中国下一代教育基金会青年创业基金于第十五个世界知识产权日联合举办了“加强版权保护　勇立双创潮头”版权进校园主题宣传活动。4月25日，在北京大学举行了活动启动仪式。来自不同领域的专家学者围绕“版权保护与创新创业”展开精彩探讨，北京市各高校学生代表共同签署了《“保护知识产权”联名倡议书》。此次版权进校园主题宣传活动于十所高校设立会场，活动通过在各会场内布置版权知识展板、散发版权问答传单、设立版权企业展台、回答版权问题咨询等多样形式，对青年大学生进行广泛深入的宣传，为北京市培育知识产权文化做出了积极努力。

利用《视听表演北京条约》签订三周年的契机，北京市版权局组织召开了多期贯彻落实《视听表演北京条约》研讨会，邀请有关专家以及版权管理相关同志探讨《视听表演北京条约》批准后的版权保护问题；积极与主流媒体机构合作，在几大纸质媒体开辟外交大会宣传专版专栏，刊发专题文章；联合新浪网利用版权局官方微博，开展与外交大会、《视听表演北京条约》和版权保护有关的知识问答；开展地面推介活动，制作展板，印制主题宣传单页，发放给市民和活动参与者，宣传《视听表演北京条约》和版权相关知识等。这些活动形式新颖，内容全面，策划周密，参与广泛，成效显著。

二、软件正版化工作

根据国务院关于推进使用正版软件工作部署，北京市积极贯彻落实《政府机关使用正版软件管理办法》的各项要求，充分发挥联席会议办公室牵头单位组织协调作用，各成员单位密切配合，创新工作举措、积极有效部署、切实采取措施，在全面完成全市各级国家机关软件正版化工作的基础上，巩固成果，乘势而上，积极推进政府机关软件正版化工作长效机制建设；同时，按照既定的工作计划，继续深入开展市属国有三级以上企业和新闻出版行业企业使用正版软件工作，确保各项工作稳步推进、圆满完成，正版化工作取得显著成效。

（一）国家机关软件正版化工作

1. 全面总结软件正版化工作成果并通报检查情况。2014年全市范围各级国家机关软件正版化常态化检查考核工作取得了很好的效果，对此，2015年充分做好工作经验及措施的总结工作，并重点针对工作中存在的问题和不足，以市政府的名义，在全市范围进行了工作情况的通报。

2. 加快制定北京市使用正版软件管理办法。为确保本市软件正版化工作有制可依，市使用正版软件工作联席会议办公室加快《北京市政府机关使用正版软件管理办法》的制定工作进度，经市政府审议通过，该管理办法已于2015年9月23日，经市政府办公厅正式印发施行。

3. 印发全年工作方案，全面动员部署，确保工作稳步推进。为确保2015年度软件正版化各项工作的顺利进行，市使用正版软件工作联席会议办公室制定了《北京市2015年全市国家机关软件正版化工作方案》，该方案经市长王安顺亲自批示同意后，已印发至全市各级国家机关，为其开展全年软件正版化工作提供了全面细致的依据与指导；6月23日，北京市2015年全市国家机关软件正版化工作动员部署会在市政府召开，对全年软件正版化各阶段工作任务及实施步骤做了规范和细化，针对全市国家机关软件正版化工作任务面临"时间紧、任务重、要求高、标准严"的紧迫形势，市政府秘书长李伟还针对提高版权意识、强化组织领导、加强沟通联系、规范制度管理等方面提出了明确的要求。

4. 根据年度工作重点及难点多次召开会议进行研讨协调。结合全市历年软件正版化工作实际，重点针对如何确保全市各区县软件正版化工作的积极推进和有效落实，以及明确全市实行垂直管理的各级机关软件正版化工作机制等问题，先后召开多次会议，进行研讨与协调，并全面开展经验交流及先进措施分享。

5. 多形式多角度做好宣传与培训工作。为进一步加快全市国家机关软件正版化工作的整体推进进度，北京市于8月份举办了三期软件正版化工作推进培训班。通过工作历程回顾、主要存在问题、重要政策文件、检查考核标准等内容的细致培训和讲解，有效地帮助各级国家机关理顺了工作脉络，明确了工作流程和标准，并做出了严格的整改要求；为进一步提高各级机关工作人员对软件正版化工作的认识，专门印发了《软件正版化宣传手册》共计2 000余册，以漫画的形式，传达相关政策信息、工作步骤、标准规范等软件正版化相关内容；同时，根据各机关具体培训需求，还派遣相关专业人员，赴有关机关针对工作背景意义、检查实施流程、日常使用规范、软件应用技巧等内容开展多次专项培训工作。

6. 责成专人，采取电话督促、现场指导等多种形式全面跟进并督导资产清查、软件采购等工作的落实。责成专人采取电话督导跟进的形式，通过近200次的电话沟通，对全市110余家市级国家机关及16个区县人民政府的软件正版化相关资产清查、采购落实、迎检准备等各项工作进行全面了解与督促，并做好翔实记录（形成工作记录200余条）。根据记录结果，对工作进展缓慢的单位采取现场督导的形式加以全面推进，为10月份正式启动的软件正版化检查验收工作打好了坚实的基础。

（二）企业软件正版化工作

1. 做好2014年企业软件正版化工作总结，印发2015年工作实施方案，并全面开展部署。2014年市属国有企业软件正版化检查整改工作于2015年3月全面结束，市使用正版软件工作联席会议办公室对检查中所收取的各单位软件正版化相关文件资料以企业集团为单位进行整理存档，认真汇总各检查组在检查中记录反馈的问题，分析并提炼形成了《2014年市属国有企业软件正版化工作检查情况的通报》。

根据2014年的工作实施完成情况，对以往的工作实施方案进行了修改和完善，并充分结合市属国有企业的实际，本着将工作机制、宣传培训、工作进度、软件采购、督促检查等环节进一步细化和改进的原则，制定完成了《2015年市属国有企业软件正版化工作实施方案》。

2015年4月，召开市使用正版软件工作联席会议成员单位会议，会议审议通过了《2014年市属国有企业软件正版化工作检查情况的通报》和《2015年市属国有企业软件正版化工作实施方案》等相关工作文件，并确定了2014年市属国有企业软件正版化工作优秀组织奖名单及先进单位和先进个人的推荐方式，为全面启动2015年市属国有企业软件正版化工作做好了充分的前期准备。6月26日，召开北京市2015年市属国有企业使用正版软件工作动员部署会，全面启动了年度各项工作任务。

2. 确认2015年市属国有企业软件采购价格优惠报价目录。为进一步节约软件采购成本，规范软件采购行为，委托北京市正版软件采购平台，与2014年入围正版软件采购谈判的近10余家软件厂商通过邮件沟通、座谈交流等多种方式进行了磋商，并对软件厂商提交的报价文件、服务内容条款等进行了收集整理，本着"服务内容优于去年、软件产品价格不高于去年"的原则，形成了初步的软件产品采购价格目录。2015年5月，市使用正版软件工作联席会议办公室组织召开了"2015年市属国有企业软件采购价格研讨会"，研究商讨2015年市属国有企业软件采购价格相关事宜。联席会议有关成员单位——市版权局、市国资委、市经信委以及市正版软件采购平台和部分企业代表参加了会议。会上，与会人员就市正版软件采购平台汇报的50多种软件产品价格、升级方式、服务内容、服务期限等内容进行了反复的讨论，确认了2015年市属国有企业软件采购优惠报价目录。随后，第一时间向企业转发了《关于2015年市属国有企业软件采购优惠报价目录》，为企业正版软件采购提供了最直接、最有效的参考。

3. 全面覆盖、广泛宣传，开展软件正版化工作培训。结合各企业实际培训需求，市使用正版软件工作联席会议办公室确定各项培训内容及议程后，统筹协调相关专业人员，重点就软件正版化工作自查清查、检查验收等工作标准及程序，软件采购流程及规范，软件资产管理知识，有关软件产品简介等内容进行了针对性、专业性的培训，已完成培训30余场，涉及参训人员近600人次，其间共向各企业发送相关宣传海报2 000余份、工作手册500余本。通过全市范围市属国有企业的软件正版化宣传培训工作，充分发挥并调动了企业集团总部的统筹力度及工作积极性，为其所属各企业顺利开展各项工作打好了坚实的基础。

4. 责成专人，采取电话督促、现场指导等多种形式，全面跟进并督导资产清查、软件采购等工作的落实。责成专人采取电话督导跟进的形式，通过近100次的电话沟通，督促全市近50家市属国有企业总部对其纳入年度工作范围内的200余家所属企业的软件正版化相关资产清查、采购落实、迎检准备等各项工作进行全面了解与督促，并做好翔实记录（形成工作记录100余条）。根据记录结果，对工作进展缓慢的单位采取现场督导的形式加以全面推进，为10月份正式启动的软件正版化检查验收工作打好了坚实的基础。

（三）新闻出版行业软件正版化工作

为了能够顺利解决企业资金落实、软件采购问题，市使用正版软件工作联席会议办公室先后通过召开新闻出版行业企业推进会、企业集团领导人员座谈会及现场督导等形式，共同研究探讨资金落实、软件采购问题，经过多次的研究讨论，最终确定了把采购办公软件的重点转向国产软件，并采取场地授权的方式解决。在积极探索适合软件正版化工作新途径中成功地走出一条既站在支持国产民族软件产业发展的高度，又节省了企业采购资金，保证软件正版化实效的新途径。

同时，根据“2015年新闻出版行业企业软件正版化工作培训班”的相关会议要求，国家新闻出版广电总局计划于10月份对全国各省（自治区、直辖市）开展新闻出版行业企业软件正版化督促检查工作。为深入推进我市新闻出版行业企业软件正版化工作，建立健全长效工作机制，9月下旬，市使用正版软件工作联席会议组成检查组对有关企业集团总部及其所属企业的软件正版化工作情况进行了检查督导。检查组采取听取汇报、查阅资料、现场抽查的形式重点针对企业明确软件正版化工作责任制度、将软件纳入资产管理体系、制作软件安装管理台账、制定软件资产管理制度、规范软件日常安装使用等长效机制建立情况进行了检查。针对检查中发现的问题，提供有效意见建议并严格要求有关企业限期予以整改解决，为企业巩固软件正版化工作成果、完善长效机制建设起到了良好的督导效果。

三、版权保护工作

北京市版权局通过各种手段有效加强监督监测，切实抓好大案要案，不断增强版权保护的力度和实效。

1. 积极实施网络版权主动监管，继续推动《信息网络传播权保护指导意见》的贯彻、实施。2015年，重点针对年度热播电视剧、综艺节目、热门电影、音乐共四类各十部作品，通过技术监测、人工监测、行业监督等多种方式进行常规主动监管，全面检测重点作品的版权授权及使用情况。围绕国家版权局关于规范转载他人作品和责令网络音乐服务商停止未经授权传播音乐作品的通知精神，多次约谈百度、阿里、网易、腾讯等业内有影响力的网络企业，支持权利人积极维护自身权益，指导网站积极开展了自查自纠工作，加强自身侵权风险的防范措施，及时下线未取得授权的音乐作品，音乐网站正版化经营意识和行业自律意识有了明显提高，音乐侵权链接下线处理成功率从上年的16%上升到75%以上，侵权现象得到明显遏制。

2. 结合主动监管工作，继续推行《版权声明试行办法》。利用版权资源信息中心网站建立定向链接，对声明公示的登记作品加强保护，版权声明公示制度在明晰版权归属、预防版权纠纷方面发挥了越来越明显的作用。接受权利人申请，对《超能陆战队》《港囧》《九层妖塔》等12部热门电影院线上映期间的互联网点播及下载等侵权情况进行全网监测，针对一些小网站的侵权现象进行重点打击。在监测过程中，针对侵权严重的网站在北京版权资源信息中心官网上发布版权监测通报，配合执法部门采取一切有效措施，采取包括但不限于监测通报、行政约谈、行政处罚、关闭侵权网站等行政手段严厉打击侵权盗版行为。

3. 深入开展国家版权局等四部委联合开展的

"剑网2015"专项行动。主动联系通信、网管、公安和行政执法部门，制定工作方案；落实市"双打"办的工作部署，坚持快速反应机制，积极移送侵权案件线索，提供侵权网站信息和侵权证据，积极支持、配合司法机关办理侵犯著作权刑事案件，协助公安司法机关对侵犯著作权刑事案件提供有力证据支持。对有侵权行为同时未经许可从事视听服务或未经登记的非法网站实施快速清理，进一步净化网络版权环境。对被举报投诉的网站进行定向监测、整体评估。组织网络企业和执法部门重点对云空间和APP客户端侵权盗版情况进行交流分析，加强重点监管，督促企业落实整改方案。

4. 积极推进版权工作站建设。在重点领域和企业新建了11个版权工作站，重点加强了版权登记的培训和工作指导，结合各站特点，开展版权进校园系列活动，在10所大学开展积极创新创业和版权保护的专题活动，支持软交所、中文在线等5家版权工作站组织了大型主题宣传、咨询活动，积极扶持出版创意产业园区和视觉中国等权利人著作权声明和维权保护工作。

5. 逐步建立著作权专业调解、服务平台，维护著作权人权益，积极开展版权调解工作。北京版权调解中心2015年回复网络咨询200多次，受理著作权纠纷调解案件35起。经过沟通、走访以及设立调解庭进行当面调解，其中25个案件已结案，结案金额超过500万元。

（赵晓鹏）

天　津　市

2015年，天津市版权局在市委、市政府的领导下，全面贯彻落实《天津市知识产权战略纲要》，积极推进天津市软件正版化工作向纵深发展，主要完成了以下几个方面的版权工作：

一、软件正版化工作

（一）政府机关软件正版化工作

1. 健全制度，建立机制

天津市推进使用正版软件工作联席会议积极探索建立软件正版化长效管理机制，努力构建完善规范的制度体系。市联席会议办公室和成员单位分别制定、修订印发了《天津市政府机关使用正版软件管理办法》、政府机关软件正版化动态信息报送制度、《天津市2015年推进使用正版软件工作实施方案》、关于加强政府机关使用正版软件审计监督工作的通知等材料，为进一步加强天津市政府机关软件正版化工作长效化、制度化建设提供了保证。

2. 加强管理，完善信息

为实现政府机关软件正版化工作成果与具体责任人挂钩，将政府机关软件正版化工作任务落实到部门，责任到人，经收集整理，建立了市级党委、人大、政协机关和市、区县两级政府部门共70个单位软件正版化工作牵头部门及责任人信息数据库。为及时掌握市、区县两级政府机关使用正版软件工作情况，确保计算机使用正版软件核查情况的真实性和准确性，加强政府机关软件正版化工作动态管理，市版权局制定印发了天津市市级政府机关计算机安装软件登记表，汇总天津市70个政府机关正版软件安装使用情况，建立了正版软件使用情况信息库。

3. 查摆问题，完成工作

按照推进使用正版软件工作部际联席会议第二检查组对天津市政府机关软件正版化工作检查情况的反馈意见，市联席会议办公室和6家被检查单位，积极制定整改措施，认真开展自查整改，进一步加强组织机构建设，开展计算机软件安装使用情况普查，制定、修订并完善软件正版化工作管理办法、考核与责任追究制度、巡检制度等。2015年11月初，向国家版权局报送了天津市政府机关软件正版化工作整改情况报告。

4. 采取措施，完成检查

按照《天津市政府机关使用正版软件工作考核实施方案》部署，市联席会议成员单位组织召开了专门会议，通报相关工作进展情况，部署具体考核任务，确定了考核时间、考核小组及被考核单位名单。市联席会议成员单位组成4个考核小组，完成了对10家市级政府机关、4个区县政府机关推进使用正版软件工作情况的检查考核。

5. 加强培训，提高意识

市联席会议成员单位按照职责分工，分别采取召开会议、走访调查、检查推动、考核评议等多种方式，宣讲使用正版软件的重大意义和建立长效管理机制的必要性。市版权局与市环保局联合组织开展了市环保系统所属事业单位软件正版化工作培训，积极引导市级政府机关组织开展所属单位的培训工作，不断将市政府机关软件正版化工作引向深入。

6. 严格审计，完成任务

按照《天津市审计局关于加强政府机关使用正版软件审计监督工作的通知》（津审办［2014］17号）要求，2015年，市审计局完成了对市农委、市卫生计生委等15个机关事业单位软件正版化工作情况的审计，主要审查了政府机关软件采购资金预算编制、预算执行和采购实施情况，以及对更新、购置软件资产的管理使用情况等，并将审计结果纳入年度审计报告中。

2015 年，市、区县两级政府机关采购正版操作系统软件 3 482 套、办公软件 4 918 套、杀毒软件 7 281 套，采购金额 915.77 万元。

（二）企业软件正版化工作

1. 全面推进国有企业、银行业软件正版化工作

天津市国资委、天津银监局按照职责分工，及时印发推进使用正版软件工作材料，召开软件正版化工作培训会，按时完成了正版软件采购任务，共采购正版操作系统软件 2 116 套、办公软件 9 189 套、杀毒软件 10 359 套，采购金额 2 612.80 万元，有力推动了天津市国有企业、银行业软件正版化工作。

2. 推动建立新闻出版行业二级企业软件正版化长效管理机制

按照国家版权局工作要求，2015 年，天津市完成了新闻出版行业二级企业软件正版化工作，推动建立了软件正版化长效管理机制，完成了对天津出版传媒集团、天津日报传媒集团所属 14 家企业推进使用正版软件工作的检查，于 2015 年底接受了国家版权局对市新闻出版集团二级企业的软件正版化长效机制建设工作检查。

3. 继续推进勘察设计企业软件正版化工作

按照《天津市第二批勘察设计企业推进使用正版软件工作实施方案》部署，在完成 14 家勘察设计企业软件正版化检查整改工作基础上，继续推进 12 家勘察设计企业软件正版化工作。2015 年，12 家勘察设计企业完成了正版软件使用情况自查，拟定了正版软件采购计划。

二、开展“剑网 2015”专项行动

（一）扩大监管范围

2015 年，天津市版权局在已有的 43 家市重点监管网站的基础上，为增强监管效果，在市通信局配合下，又选取了该市有一定的影响和规模的 10 家网站，作为市重点监管网站，列入市版权局日常重点监管范围。

（二）加大监管力度

天津市版权局核实更新了市重点监管网站联系方式、地址、负责人信息，并分别对负责人提出了具体要求，并将《天津市加强互联网传播作品版权监管工作办法》下发到新增加的 10 家重点监管网站。

市版权局指定专人负责网站日常监管工作，对 53 家市重点网站进行日常监管，对存在提供热播影视、歌曲在线观看和下载内容的网站，要求其提供作品授权证明。

在国家版权局公布重点预警作品名单后，天津市版权局立即将名单在局政务网公布，并将重点预警作品名单通知市重点监管网站，再次提出要求。各网站在收到预警作品名单后，按要求立即进行了自查自纠和整改。

（三）召开中期推动会

2015 年 9 月 8 日，天津市“剑网 2015”专项行动协调小组召开了中期推动会，对专项行动进行了阶段总结，分析了市网络作品版权形势，各成员单位针对下一步专项工作提出了打算，并进行了沟通协调。

（四）开展联合执法检查

2015 年 10 月 29 日和 11 月 5 日，天津市“剑网 2015”专项行动协调小组成员单位组成联合检查组，对心情网、梦幻之声网、户外资料网及盛世阳光网 4 家网站进行了执法检查。经检查，4 家网站都能做到认真执行《天津市加强互联网传播作品版权监管工作办法》。

三、版权示范单位、示范园区（基地）的评选工作

2015 年，天津市版权局评选出天津生态城产业园运营管理有限公司等 8 家单位为市版权示范单位、示范园区，成为该市首批版权示范单位。其中，天津生态城产业园运营管理有限公司、天津神界漫画有限公司、当当网信息技术（天津）有限公司、天津海顺印业包装有限公司 4 家企业荣获国家级示范单位称号，天津神界漫画有限公司“四大名著”系列漫画作品荣获世界知识产权（中国）版权金奖作品奖。

四、版权“走出去”相关工作

按照国家新闻出版广电总局要求，天津市版权局起草并转发《关于申报 2015 年度“经典中国国际出版工程”资助项目的通知》，组织该市出版单位 2015 年度“经典中国国际出版工程”资助项目的申报工作，经对申报材料进行收集、整理、审核、汇总后，2015 年市申报单位为 3 家出版单位，项目共计 9 种，版权输出 6 个国家。

按照国家新闻出版广电总局要求，天津市版权局起草并转发《关于申报 2015 年度“丝路书香工程”重点翻译资助项目的通知》，组织市出版单位“丝路书香工程”重点翻译资助项目申报工作，市申

报单位为 3 家出版单位，申报项目共计 9 种，版权输出 4 个国家；积极参加第 22 届北京国际图书博览会，指导市出版单位做好版权引进与输出的报备、审核工作。

五、开展多种形式宣传活动，营造版权保护氛围

（一）加强宣传引导，提高维权守法意识

1. 开展“剑网 2015”专项行动宣传

在开展“剑网 2015”专项行动期间，天津市版权局充分利用电视、报刊等媒体进行宣传。《中国新闻出版广电报》《天津日报》等媒体对该市“剑网 2015”专项行动多次进行报道。

2. 开展“4·26”全国知识产权宣传周活动

天津市版权局起草了《关于做好 2015 年全国知识产权宣传周版权宣传活动的通知》，并下发 16 个区县。围绕“因乐而动，为乐维权”世界知识产权日的活动主题，在市版权局的网站、市版权协会网站、16 个区县网站上同时发布宣传片，营造开展“4·26”全国知识产权宣传周活动氛围。

3. 开展版权宣传咨询服务活动

2015 年 4 月 30 日—5 月 3 日，在“2015 书香天津·春季书展”现场，开展了为期四天的版权咨询与服务活动，进一步在社会公众中树立了尊重知识、尊重版权的意识。

（二）开展培训工作，提高尊重版权的自觉性、主动性

一是组织开展推进软件正版化工作的宣传培训。11 月 12 日，天津市版权局与市环保局联合组织培训，开展推进市环保局下属事业单位的软件正版化工作，并以此为试点，引导其他市级政府机关组织开展本机关下属单位的软件正版化推进工作；9 月 28 日，与市国资委联合开展了“推进国有企业软件正版化工作培训”；11 月 20 日，与天津银监局共同开展了“推进银行业软件正版化工作培训”。

二是组织举办市重点监管网站版权保护工作培训会。9 月 21 日，天津市“剑网 2015”专项行动协调小组组织市重点监管网站负责人举办了版权保护工作培训会。

三是组织版权示范单位授牌暨版权开发、利用、保护培训会。6 月 30 日，天津市版权局组织召开了全市版权示范单位、示范园区授牌活动。会上，获得示范称号的 8 家单位分别做了经验介绍，天津师范大学法学教授针对版权创新与保护在经济发展中的重要作用进行了讲解。

六、做好版权管理工作，促进版权产业发展

2015 年，天津市版权局完成电子出版物和计算机软件著作权认证 18 件、著作权作品登记 137 件，审核涉外图书出版合同 278 件、电子出版物合同 4 件。审核、批复、发证，各环节都认真进行，保证了软件认证批复、涉外图书出版合同备案、作品登记证书的质量。每月按时完成作品登记统计上报工作，在详细解答版权业务咨询的同时做好版权宣传工作，接待版权咨询百余次。

（张　倩）

河　北　省

2015 年，在省委、省政府的领导下，河北省各级版权行政部门按照国家有关部门的安排和部署，进一步巩固政府机关和企业软件正版化工作成果，严厉打击侵权盗版行为，探索创建版权示范单位和园区（基地），不断提高版权服务能力，取得了显著成效。

一、政府机关和企业软件正版化工作

2015 年，河北省各级政府继续巩固软件正版化工作成果。

一是加强组织领导。省长张庆伟高度重视全省软件正版化工作，8 月 27 日、11 月 12 日分别做出“软件正版化既是承诺，也是责任，党政机关要带头抓好”和“继续抓好”的重要批示。分管副省长姜德果多次听取软件正版化工作汇报，并做出批示。省政府根据情况变化，制发了《关于调整河北省使用正版软件工作领导小组的通知》，及时调整了使用正版软件工作领导小组（以下简称“领导小组”）组成人员，并新增一个成员单位。

二是强化机制建设。省版权局起草了《河北省政府机关使用正版软件工作考核办法（试行）》，经三次征求领导小组各成员单位意见后，报经省政府批准，并于 8 月 5 日印发至各地政府、省直各单位，将软件正版化考核工作纳入制度化、常态化管理轨道。10 月中旬，省版权局经征求意见并报经省政府批准后，印发了《河北省使用正版软件工作领导小组各成员单位职责》，进一步明确了各成员单位的主体责任。

三是开展检查考核。1 月中旬，全国“双打”办考核组对河北省“双打”工作进行了年度考核，除查看相关资料外，还对省人社厅的软件正版化工作进行了突击检查。8 月中旬，推进使用正版软件工作部际联席会议软件正版化第十一检查组对河北省进行了检查。检查组抽查了省交通厅、省发改委等 6 家单位，在听取汇报、查阅资料后，又随机抽

查了90台计算机，查看了软件安装使用情况。省版权局9月份组织人员对部分县级政府的软件正版化工作进行检查后，又于12月上、中旬组织13个组，对99家省直单位和24个市、县级政府进行了全面督导检查和考核评议。督查和考核组采取听取汇报、查阅资料、上机检查的方式开展检查，并依据考核办法对被考核的地区和单位进行了逐项打分。廊坊、邢台、沧州等市政府将软件正版化工作纳入政府督查项目，开展了政府督查；唐山、石家庄、邯郸、秦皇岛、定州等市组成若干督查组，对市直单位、所辖县级政府进行了督导检查。2015年，全省先后完成了800余次督导，检查了7 100余家单位。

四是深入推进企业软件正版化工作。2015年，省版权局多次深入省内3家新闻出版行业企业及其二级企业进行检查。11月底，国家版权局对上述企业软件正版化工作进行了检查。在推进国有、外商投资企业开展软件正版化工作的基础上，9月28日，省工商联和省版权局联合印发《关于做好推进我省民营企业使用正版软件工作有关事项的通知》，对各地工商联和版权局开展民营企业软件正版化工作给予了指导。

二、打击侵权盗版专项行动

全省各级版权部门认真开展打击侵权盗版专项行动，积极协调有关部门采取有力措施，加大打击和整治力度。

一是组织开展专项行动。省版权局会同省互联网信息办公室、省通信管理局、省公安厅等部门转发了国家版权局等四部门的有关通知，在全省开展了打击网络侵权盗版“剑网2015”专项行动。对非法传播音乐、影视、新闻等作品的网站和智能移动终端第三方应用程序进行了重点整治；对通过网络云存储空间、网络广告联盟、智能移动终端应用软件商店、网络字幕组、网络销售平台以及微博、微信等信息平台进行侵权盗版的行为进行了跟踪打击。

二是加大对印刷复制企业的监管力度。协调新闻出版行业监管部门，对各类印刷复制企业进行专项检查，特别是全国“两会”期间印刷复制发行的专项检查，严厉查处非法印刷复制行为，从源头上遏制侵权盗版行为。

三是加大出版物市场监管力度。通过现场检查图书、软件、音像制品等出版物销售场所，及时发现并处理了一批违法违规出版物销售企业。对城乡重点部位进行了重点清查，对盗版重大题材、畅销、常销及教材教辅、影视、软件等出版物进行了重点查缴，从发行传播渠道打击侵权盗版行为。

四是加大版权执法力度。先后查处了张某某等人侵犯著作权案、叶某销售侵权复制品案、开元印刷厂盗印图书案、华宁印刷厂盗印图书案等侵权盗版案件，有力打击了侵权盗版的不法行为，保护了著作权人的合法权益。据统计，2015年全省共出动检查人员7.8万余人次，检查出版物市场、店档摊点、印刷复制企业3.3万家次，查办侵权盗版案件26起，收缴各类非法出版物16.46多万件，主动监管互联网站9 000多家次，关闭网站62家，列入黑名单9家。

三、版权活动宣传报道工作

2015年，河北省各级版权部门借助新闻媒体加强宣传报道，及时发布信息，介绍工作成果，扩大社会宣传的影响力。

一是突出宣传软件正版化工作成果。5月6日，《中国新闻出版报》刊登了“2014年推进软件正版工作成果”专题，对河北省2014年软件正版化工作情况进行了宣传。10月30日，国家版权局印发的《关于政府机关软件正版化工作检查情况的通报》，对河北省的软件正版化工作典型经验做法进行了宣传介绍，并给予了充分肯定。

二是强化知识产权保护周宣传。4月23—26日，省版权局转发了国家版权局的相关通知，积极组织各地、各有关单位开展了2015年知识产权宣传周活动。宣传周期间，河北电台的多个频率安排播出版权宣传片23次，时长18分钟；河北电视台的多个频道每天安排播出“版权宣传周45秒”公益广告1次，共播出24次，时长18分钟；河北电台重点新闻节目《穿越吧》制作播出了专题《世界知识产权日漫谈——互联网时代用正版　更便捷　更实用》，就互联网侵权问题展开探讨；河北电视台《河北新闻联播》节目播放了《河北公布两年来十件知识产权典型案例》；《河北日报》《燕赵都市报》等报纸登载了“因乐而动，为乐维权”系列版权宣传海报；长城网每天登载、转播国家版权局制作的宣传海报，同时做好原创报道工作，先后发布原创稿件8篇，转发公益宣传素材36篇。全省各地版权部门按照省版权局要求，认真组织开展知识产权宣传周活动，在积极宣传国家制作的宣传材料的同时，结合本地实际，采取发放宣传单、上街宣讲、悬挂宣传条幅、版权知识培训等丰富多彩的形式进行宣传。

三是推荐宣传查办案件的有功单位和个人。5月20日，国家版权局印发《关于奖励2014年度查处侵权盗版案件有功单位及有功个人的决定》，省版权局版权管理处、省通信管理局通信保障处、石家庄市文化市场行政执法大队、石家庄市鹿泉区文化市场行政执法队、石家庄市鹿泉区公安局上庄派出所、石家庄市鹿泉区人民检察院、石家庄市井陉县文化市场行政执法队、石家庄市赵县文化市场行政执法队、沧州市文化市场行政执法大队等9家单位，以及李振忠、康立广、彭士涛、姚盛昌、张燚、沈阳、衡国柱、王彦迈等8名个人分别获奖。

四、版权知识和执法能力培训工作

2015年，全省各地不断加大培训力度，先后组织软件正版化、版权执法等方面培训180余次，参训人员达1.6万余人次。各地通过培训教育，在提高各级版权部门业务水平的同时，也提高了社会公众的版权保护意识。

一是积极参加国家版权局组织的各类培训学习。4月下旬，省版权局组织部分市级版权局代表参加了国家版权局在青岛市举办的版权执法培训班。6月初，省版权局组织全省11个设区市版权局以及省政府办公厅、省财政厅、省商务厅、省审计厅、省机关事务管理局有关人员，参加了国家版权局在天津市举办的政府机关软件正版化工作培训班。10月上旬，省版权局组织人员赴京参加了国家版权监管平台应用专题培训。

二是组织开展省级软件正版化和版权执法专业培训。7月10日、14日，省版权局在石家庄市召开政府机关软件正版化工作会议暨版权执法监管工作会议。会议传达了国家版权局政府机关软件正版化工作培训会议精神，讲解了相关的法律法规和政策措施，部署了下半年软件正版化重点工作，介绍了考核办法的制定过程和征求意见情况，宣读了“剑网2015”专项行动方案，廊坊、秦皇岛、石家庄、沧州等7个市级版权部门分别就本地软件正版化、版权执法工作做了典型发言。省财政厅、省工信厅、省审计厅、省机关事务管理局的相关部门负责人应邀与会，并分别介绍了软件正版化工作资金保障、信息安全、审计监督、资产管理等方面的有关情况。99家省直单位、13家领导小组成员单位有关部门负责人以及11个设区市、10个省直管县（市）版权局负责软件正版化和版权执法工作的代表参加了培训会议。11月中、下旬，为做好12月份全省范围的软件正版化督查与考核工作，省版权局专门对13个督查与考核组的主要成员进行了两次集中培训，现场讲解了软件正版化相关政策法规和软件知识，并就上机操作等方面的具体方法进行了介绍。

三是开展市县级软件正版化工作培训。从7月下旬开始，唐山、定州、衡水、邢台、沧州等市版权局陆续组织开展了市、县两级政府机关软件正版化工作培训，就软件正版化的长效机制建设、制度管理、自查整改工作提出了具体要求，并在改进软件采购预算与采购模式、完善软件台账登记与软件管理、提高软件安装与使用技能等方面进行了业务培训。

五、版权示范单位、园区（基地）建设及版权登记和服务工作

为贯彻落实《河北省人民政府关于贯彻国家知识产权战略纲要的实施意见》，进一步提升全省版权创造、运用、保护和管理水平，规范版权示范单位和园区（基地）评定工作，推动版权工作更好地服务于河北经济、文化建设，2月下旬，省版权局印发了《河北省版权示范单位和示范园区（基地）认定办法》，指导各地、各单位开展工作。2015年，版权示范单位、园区（基地）创建工作已扎实开展，石家庄、廊坊等版权示范城市正在筹建，近20家版权产业单位、基地陆续申报。省版权保护中心为强化版权服务功能，建设深入基层、贴近群众的版权公共服务体系，采取了一系列措施。

一是建立省会作品登记代办站。2015年4月，在石家庄信息工程职业技术学院举行了省会作品登记代办站授牌启动仪式，共设立代办机构24家，同时制定了与代办机构的协议和管理制度，多次对工作人员进行免费培训。

二是为著作人和版权产业单位提供相关法律服务。如出函协调赵玉芝原创美术作品《东方美神》被抄袭拍卖事宜，就格物电子科技有限公司软件著作权侵权诉讼事宜、曲阳石雕袁会朋作品侵权事宜进行调解，就曹燕玲《流转岁月》诉讼案、河北演艺音像出版有限公司诉讼案进行证据提取工作。全年共调处版权纠纷10余起。

三是拍摄制作了河北省首部版权公益宣传片，以“鼓励原创　尊重版权”为主题，开展了有奖征集版权公益海报及“河北省版权保护小卫士”卡通形象活动。

四是组织省高级人民法院法官、《俏夕阳》舞蹈编剧范锦才等版权工作相关人员做客河北新闻网，就全省版权保护的现状、版权产业的发展进行访谈。2015年，省版权部门共为省内各出版社登记外国及港澳台图书出版合同130件，为社会公众登记美术、文字和音乐等作品259件。

（李冬群）

山西省

2015年，山西省版权工作坚持创新思维、依法行政、加强管理、注重实效的原则，积极发挥版权在文化强省建设中的基础性、资源性和战略性作用，全面落实依法行政原则，着力加强版权监管力度，逐步拓展版权宣传范围，扎实开展打击侵权盗版和软件正版化等重点工作，荣获全国打击侵权盗版有功集体三等奖，并以满分的成绩通过全国打击侵犯知识产权和制售假冒伪劣商品专项行动（以下简称“双打”行动）考核组的检查验收。

一、版权行政执法和市场监管工作

版权管理与执法工作是全省打击侵犯知识产权和制售假冒伪劣商品工作的重要内容。山西省版权局将打击侵权盗版作为全年工作的重要任务，全面提高工作标准，不断加大打击力度，密集开展集中行动，坚决保持对侵权盗版不法分子和违法行为的高压态势。全年版权行政执法工作主要呈现以下特点：

（一）加强领导，有效整合各种执法资源

多次对全省版权领域“双打”工作进行部署，要求版权、“扫黄打非”、印刷、发行等部门分头行动，加强版权监管源头治理，开展印刷复制发行企业大检查、大整顿、大治理工作，突出重点领域、重点环节、重点位置、重点对象的整顿工作，保持对生产、销售侵权盗版制品违法行为的高压打击态势。明确了打击侵权盗版工作的基本要求，要求狠打快打、聚焦重点、追根溯源、强力查办，确保各项行动落到实处，全面净化山西省出版物市场。

（二）突出重点，大力打击网络侵权盗版

为适应版权行政执法工作新形势，加强网络环境下的版权行政执法和监管工作，严厉打击各类网络侵权盗版违法行为，从 2015 年 7 月起，开展为期半年的打击网络侵权盗版专项治理“剑网行动”。以查办大案要案为重点，突出整治传播侵权盗版音乐、影视、新闻、游戏、文学、软件等作品的网站和智能移动终端第三方应用程序（APP）等，严厉查处通过网络云存储空间、网络广告联盟、智能移动终端应用软件商店、网络字幕组、网络销售平台以及微博、微信等信息平台实施的侵权盗版行为。开展网站主动监管工作，共监管重点网站 6 个。重点查办了“儿童资源网”案，对该网站依法做出了警告并处罚款人民币 5 万元的行政处罚。

（三）集中力量，全面整顿传统出版物市场

坚持日常巡查与抽查暗访相结合，突出重点时段和重点部位集中清理整治工作，开展了全省“两会”“两节”期间出版物市场整治行动、全省出版物市场春季集中清查行动和暑期出版物市场专项治理行动；关注未成年人成长环境，在不同时段开展了“少儿出版物市场整治行动”“打击非法及盗版教材教辅专项行动”“校园周边出版物市场专项整治”三大集中行动；加强图书报刊音像市场、交通枢纽、集市景区、数码电脑城等重点部位的监管。组织“双打”督导检查 4 次，下发出版物市场督导检查情况通报 1 次，协调省“扫黄打非”稽查队对 11 个市的 90 余个县区进行了多轮暗访检查，下发《出版物市场巡查暗访友情告知书》25 份。共计出动检查人员 2.1 万余人次，收缴各类侵权盗版出版物 32 万余件，全年共立案查办各类案件 47 起，同比增长 38%。

（四）注重宣传，改善版权管理社会环境

4 月 20—26 日，集中开展“知识产权宣传周”版权系列宣传活动。

一是组织版权宣传进媒体活动。全省各级电视台播放版权公益广告 1 050 余次，利用公交移动媒体和楼宇 LED 播出版权宣传片 660 余次，山西新闻网、太原新闻网、《晋中日报》、《太行日报》、《阳泉日报》、太原经济广播和晋城市电视台等媒体以各种形式宣传版权法律法规和相关知识。

二是组织版权宣传进机关活动。设计制作了以“使用正版软件、维护信息安全”为主题的版权宣传海报（3 种共计 15 000 张）发给省、市级政府机关，要求张贴并组织学习《政府机关使用正版软件管理办法》。

三是组织版权宣传进企业活动。太原市要求赛格、青龙、阳光、颐高四大电脑城悬挂“打击侵权盗版，保护知识产权”的宣传标语，朔州市在城区主要书店张贴宣传海报，阳泉市举办了知识产权案例分析讲座。

四是组织版权宣传进校园活动。太原市编辑出版了《小学生漫画版权读本》10 万册发放给全市十县（区）各小学，其他市也开展了丰富多彩的版权知识进校园活动。

五是开展全省知识产权街头集中宣传活动。在太原市高新区政务广场参与了“2015 年山西省知识产权宣传周宣传推介活动”和知识产权集中宣传活动，共发放版权宣传资料和宣传品 1 000 余份。

二、软件正版化工作

（一）加强政府机关使用正版软件工作长效机制建设

按照国家版权局的统一部署，下发了《山西省 2015 年推进使用正版软件工作实施方案》，要求进一步巩固政府机关使用正版软件工作成果。

1. 推动制度建设

下发了《关于加强政府机关正版软件使用管理工作的通知》，要求全面落实工作责任，严格遵守软件购置、使用、管理相关规定，对软件正版化工作进行全面自查，严格执行软件正版化工作年度报告制度，完善工作协调、经费保障、软件采购、日常监督、资产管理、审计考核和年度报告等工作制度，全面加强使用正版软件工作长效机制建设。

2. 加大督查力度

组织各级政府机关在2015年8月17日—9月11日期间对使用正版软件工作情况进行全面自查，督促、指导各市软件正版化工作机构对本市政府机关软件正版化工作进行全面检查。重点检查主要领导和分管领导的责任落实情况，具体责任部门落实工作责任、推进使用正版软件工作的情况，软件安装、使用情况，软件资产管理和软件使用管理长效机制的建立情况，有效保证了软件正版化工作质量。

3. 落实工作责任

要求完善并及时更新省级政府机关软件正版化责任人数据库，督促各市建立县级各单位责任人数据库。推进各单位进一步明确软件正版化工作责任部门和责任人，将软件正版化工作成果巩固情况与具体责任人挂钩。

4. 组织业务培训

2015年11月18日，组织召开了全省政府机关使用正版软件工作培训会议，从软件正版化工作的意义、形势、方法、步骤等方面对全省108个省级政府机关和11个市版权局的分管领导和工作人员进行培训。省公安厅和省司法厅相关工作人员做了典型经验介绍，全面提升了全省政府机关使用正版软件工作的规范化程度和水平。

5. 开展审计工作

组织各级审计部门围绕政府机关软件资金预算编制、软件采购实施和软件资产管理情况进行审查，重点关注经费保障是否到位、资金使用是否合规、采购程序是否规范、采购需求是否符合资产配置标准或实际工作需要、是否及时建立和完善软件资产管理制度。通过审计监督，促使政府机关带头使用正版软件，进而维护软件市场正常秩序，促进软件产业健康发展。

（二）推进企业和全省银行系统使用正版软件工作

按照国务院推进使用正版软件部际联席会议的要求，与省国资委制定下发了《关于做好推进省属国有企业使用正版软件工作的通知》，积极推进省属国有企业的软件正版化工作。以软件资产管理为重点，组织抓好调查摸底、资金落实、软件采购、督促检查、资产管理、信息报送等关键环节，确保按时完成企业软件正版化工作任务，督促企业建立软件资产台账，规范软件使用管理。与省国资委邀请国务院国资委、国家版权局有关领导共同组织召开省属国有企业使用正版软件工作培训会议，对全省目标推进企业工作责任人和具体负责人进行了培训。与省银监局共同组织召开银行系统企业软件正版化工作协调会，下发了《关于推进银行业金融机构使用正版软件工作的通知》，全面推动全省银行系统软件正版化工作。与省工商联积极联系，研究加快推进民营企业软件正版化工作。

三、版权公共服务工作

下发了《关于加快推进山西省版权示范单位和示范园区（基地）创建工作的通知》，要求各市对照《山西省版权示范单位和示范园区（基地）管理办法》的有关要求，坚持自愿申报的原则，在认真摸底的基础上，通知全市范围内的相关企业与单位开展创建工作，并积极给予帮助支持。

在版权公共服务体系建设中，特别注意加强作品版权登记工作，努力为广大著作权人提供可靠便捷的版权保护服务，为版权贸易的不断拓展保驾护航。全年完成作品版权登记122件，完成版权贸易合同备案43件。授权省影视集团开展版权登记代理业务。全年总计答复著作权方面的社会咨询近200人次，调解多起著作权纠纷。版权工作的社会影响逐步显现，参与省民政厅、省发改委、省知识产权局多项政策措施的制定修改和资料提供，积极为国家版权局相关具体工作建言献策，力推全省版权产业发展。帮助省版权协会完成换届选举工作，完善了协会会员单位的组成，吸纳除出版、报刊等传统出版单位外的影视、广电、演艺、工美、软件、动漫、游戏、法律、科研院所等行业代表参加，充分发挥行业协会的协助补充作用，扩大版权工作的覆盖面和影响力。

（郝子谋）

内蒙古自治区

2015年，内蒙古自治区版权局在国家版权局和自治区党委、政府的领导下，紧紧围绕大局，以营造良好版权环境、推动版权相关产业繁荣发展为目标，大力推进软件正版化，加强版权行政执法工作，坚持不懈地开展版权法律知识宣传教育，提升版权公共服务能力，各项工作取得了显著成绩。

一、软件正版化工作

（一）政府机关软件正版化工作

2015 年，内蒙古自治区各级政府机关带头使用正版软件，打击盗版工作的认识明显提高，工作积极性、主动性明显增强。为建立健全内蒙古自治区政府机关软件正版化工作的长效机制，内蒙古自治区人民政府办公厅印发了《关于贯彻落实〈政府机关使用正版软件管理办法〉的实施意见》。此《意见》的实施，是内蒙古自治区软件正版化工作长效机制建设中的重要一步，标志着内蒙古自治区政府机关软件正版化工作真正走向了制度化、常态化。

2015 年，内蒙古自治区党委考核办将软件正版化工作纳入对盟市厅局党政领导班子年度考核，出台《内蒙古自治区推进政府机关使用正版软件工作考核评价实施细则》。作为全国首个将政府机关软件正版化工作纳入年度考核的省区，该工作得到了国家版权局的充分肯定。

（二）国有企业软件正版化工作

2015 年 9 月 6 日，内蒙古自治区版权局、国资委全面部署自治区、盟市两级 27 家国有企业使用正版软件工作任务，明确要求各有关企业于“十三五”末期基本完成软件正版化工作任务。

此次工作部署，是在基本完成各级政府机关软件正版化整改工作任务的基础上，按照国家版权局、国务院国资委统一工作要求进行安排部署，要求各地区、各单位加强组织领导，切实采取措施，明确工作目标、工作路线图和实施步骤，加强督促检查、责任追究和教育培训，建立长效工作机制，确保各项工作任务有序推进。

二、版权执法工作

1. 按照全国和自治区打击侵权假冒工作会议精神，内蒙古自治区拟订了《关于加强 2015 年版权行政执法工作力度及做好案件信息公开与信息报送工作的通知》，结合工作实际，梳理各地版权执法机构信息、细化版权案件统计台账，规范报送时间，强化新形势下版权执法和监管工作，促进文化产业的健康发展，营造版权保护社会参与的良好氛围。

2. 积极开展打击网络侵权盗版“剑网 2015”专项工作。按照国家版权局“剑网 2015”专项行动部署，召开全区“剑网 2015”专项行动电视电话会议，并制作打击网络侵权盗版专项行动公益公告，运用多部门网络专项治理协作机制，针对网络音乐、网络云存储空间、智能终端 APP、网络广告联盟以及网络文学等重点领域实施立体布控，全面清查，打击网络侵权盗版行为。

2015 年，全区自行查办网络侵权案件三件，向国家版权局上报“乎兰电影网”等案件三件，实现了内蒙古自治区查办网络侵权案件零的突破。这些案件的查处，在社会上引起很大的反响，对规范内蒙古自治区网络版权秩序，净化版权环境起到了积极作用。

3. 有效开展打击侵犯知识产权和制售假冒伪劣商品专项行动。按照国家版权局和内蒙古自治区“双打”专项行动领导小组要求，严格落实版权执法信息月报制度，全面掌握全区版权执法案件进展情况和重要成果。

4. 协调国际版权纠纷。根据国家版权局的案件转移函，内蒙古自治区协调处理了一起发生在内蒙古自治区文艺工作者中的涉外版权纠纷。通过实地走访调查并约谈有关责任人，完成了此案件的调解工作，并将结果上报国家版权局，为后续开展类似工作积累了经验。

三、版权宣传培训工作

2015 年，内蒙古自治区始终将版权宣传教育工作贯穿于版权执法监管和管理服务之中，建立起版权宣传、教育和培训的常态机制。

1. 依托国家版权局在呼和浩特举办全国版权执法培训班之机，同期举办了自治区 2015 年版权行政管理执法培训班，各盟市及部分旗县区基层版权行政执法人员 50 余人参加培训。通过培训，全区版权行政执法人员的法律法规及专业知识进一步完善。举办了 2015 年全区政府机关软件正版化工作培训班。对包括自治区各委办厅局软件、各盟市推进政府机关软件正版化工作成员单位相关人员在内的共计 180 余人进行培训。本次培训提高了全区软件正版化工作人员业务水平，督促各级各部门完善软件正版化工作制度，切实巩固软件正版化成果。与此同时，会上还详解本年度软件正版化盟市厅局考核指标体系，全面部署软件正版化考核工作。

2. 按照国家版权局、自治区知识产权协调指导办公会议要求，自治区、盟市、旗县三级版权部门上下联动，统一步骤，围绕第 15 个“4·26”世界知识产权日，开展了形式多样、内容丰富的版权宣传活动。宣传活动期间，内蒙古自治区组织召开了自治区主要媒体参加的宣传工作协调会议，向媒体记者通报了内蒙古自治区版权工作情况，牧仁副局长亲自带有关处室人员赴呼和浩特市开展版权执法检查和版权产业调研；自治区、各盟市组织了侵权盗版和非法出版物集中销毁活动，全区共销毁侵权盗版和非法出版物64.3万件，其中盗版图书12.9万件、盗版音像电子出版物36.2万张（盘）；各盟市、旗县文化版权执法部门开展了为期一周的版权市场集中整治行动，印制、发放《版权保护手册》《计算机软件保护条例》及版权主题宣传海报等20 000余份；自治区、呼和浩特市广播电视台播出5期版权工作报道，各级各类报刊、网站刊发版权宣传报道26篇，版权公益广告4期4版；整合有关版权图片、视频资料，制作了2分22秒的版权宣传视频（包括了自治区有关领导研究部署工作的图片资料、版权宣传标语、国家版权宣传素材等），在自治区新闻出版广电局楼宇、新华广场广播电视台户外墙面LED屏及局网站进行播放。达到了进一步宣传打击侵权盗版，营造良好版权环境，提升全社会版权意识的目的。

3. 组织内蒙古自治区有关单位参加国家版权局2014年度查处侵权盗版有功单位与有功个人评选表彰活动，其中，自治区版权局、通辽市文化市场综合执法局获先进单位三等奖，沙力同志获先进个人二等奖。

四、版权公共服务工作

1. 组织内蒙古自治区出版单位参加第22届北京国际图书博览会，并与举办方积极联系，做好各项准备工作，就内蒙古自治区出版单位参展工作做出周密安排，推动了内蒙古自治区出版工作"走出去"战略。

2. 试运行国家版权登记平台。作为首批五个试运行的省区之一，内蒙古自治区积极运用国家版权登记平台，开展各项业务工作。

3. 进一步理顺版权作品登记流程，完善作品登记办理审核备案，积极支持符合条件的社会版权服务机构参与作品登记。2015年，全区办理作品登记201件，同比增长近80%。

（沙　力）

辽　宁　省

2015年，辽宁版权工作紧紧围绕局党组确定的"工作提高年"部署，坚持改革创新，坚持真抓实干，突出工作重点，全面提升版权保护与管理水平。

一、落实国发［2014］28号文件精神

全面落实国发［2014］28号文件（《国务院关于近期支持东北振兴若干重大政策举措的意见》），争取国家版权局支持是2015年辽宁省版权局的中心工作，通过对华中和西部两家国家版权交易中心进行调研考察，初步完成了"北方国家版权交易中心"项目可行性报告的前期准备工作。

二、政府和企业软件正版化工作

1. 调整充实省政府使用正版软件工作领导小组成员单位。增补省审计厅、省政府法制办、省政府采购中心为领导小组成员单位，截至2015年底，省政府使用正版软件工作领导小组增至19个部门。

2. 全面完成全省市县级政府机关软件正版化业务培训。2014年11月—2015年2月，采取分期培训方式，完成了14个市的100个县区级政府机关软件正版化业务培训任务，参训单位1 326家，受训人员1 500余人，召开了两期共101家省直机关软件正版化业务培训。

3. 召开省领导小组成员单位联络员会议，部署年度正版化工作任务。组织开展了省政府使用正版软件工作领导小组成员单位联络员会议，总结了2014年软件正版化工作情况，讨论通过了《辽宁省2015年推进使用正版软件工作实施方案》，对全年推进使用正版软件工作做出部署。

4. 部署开展政府机关软件正版化工作"回头看"及二轮督导检查。为进一步贯彻落实国务院办公厅印发的《政府机关使用正版软件管理办法》，在省级政府机关部署开展巩固软件正版化工作成果"回头看"工作，全面巩固正版化工作成果。组织成员单位组成6个检查组，于8月和12月分两轮对14个市30个县区及101家省直机关开展深化政府机关软件正版化工作成果工作情况进行实地督查。

5. 扎实推进企业软件正版化工作。2015年，共组织召开了三期企业软件正版化培训。来自省内勘察设计、金融、证券、商业服务等领域的96家企业参加了培训；深入推进全省新闻出版行业企业软件正版化工作，高标准通过了国家版权局的检查验收；联合省国资委制定印发了《关于推进全省国有企业软件正版化工作实施方案》，全面启动全省国有企业使用正版软件工作。

三、版权执法与监管工作

1. 部署开展全省新闻出版广电和版权领域2015年打击侵权假冒工作。围绕执法制度建设、提高执法效能、加强"两法"衔接、提升全民守法意识四项工作任务，重点组织开展"剑网2015"专项行动、印刷复制发行监管专项行动、"秋风2015"专项行动。2015年2月中旬，国家打击侵权假冒工作考核组对辽宁省"双打"工作进行检查验收，国家检查组对辽宁局负责的打击侵权盗版和推进软件正版化工作给予了充分肯定。

2. 组织开展打击网络侵权盗版“剑网 2015”专项行动。联合省互联网宣传管理局、省通信管理局、省公安厅等四部门共同启动了辽宁省打击网络侵权盗版“剑网 2015”专项行动，起草制定了实施方案，组织召开了省内主要运营商会议，明确提出了以查办侵权盗版大案要案为突破口，开展规范网络音乐版权专项整治行动和规范网络转载版权秩序重点工作。专项行动期间，共查办网络侵权盗版案件 9 件，没收服务器 3 台，罚款 23 万元。

四、版权宣传培训工作

1. 开展“4・26”版权集中宣传活动。为配合宣传活动的开展，印制了《版权保护宣传手册》。2015 年 4 月 20 日，在浑南新区亿丰时代广场举行的辽宁省集中销毁盗版及非法出版物活动现场，联合省知识产权局，以及沈阳市版权、文化执法、工商、法院等部门设立版权宣传咨询台，集中开展版权咨询宣传活动，摆放宣传板 16 块，张贴宣传海报、散发宣传手册和宣传单 5 000 余份。在宣传周期间，协调辽宁广播电视台在中午时段《辽宁卫视说天下》栏目以滚动字幕形式，连续播放了“保护版权，尊重创造，从你我做起!”宣传语。

2. 组织召开加强版权保护工作座谈会。4 月 23 日，组织召开了“加强版权保护实施技术防伪工作座谈会”。邀请技术专家讲解出版物版权追溯保护体系防伪技术原理及其在出版、发行领域的应用，并对辽宁省深入开展技术防伪强化版权保护工作提出了明确要求。省内出版、发行单位相关负责人共计 50 余人参加了会议。

3. 组织参加国家版权局举办的系列培训。组织省内各市版权管理人员、版权执法人员，以及省直有关部门参加了国家版权局举办的 8 次强化版权执法、推进正版化、版权监管平台、版权社会服务等业务培训或工作会议，根据安排，辽宁省分别就开展软件正版化审计监督、推进政府机关软件正版化、查办网络侵权盗版案件、推进正版化助力创新创造共 4 次在培训或会议上做了交流发言。8 月底，参加了由省打击侵犯知识产权和制售假冒伪劣商品工作领导小组办公室组织召开的全省打击侵权假冒业务培训会。应邀就进一步巩固政府机关软件正版化工作成果，全面落实政府机关软件正版化常态化管理在会议上做交流发言。

五、组织省内出版单位参加北京国际图书博览会

组织辽宁出版集团有限公司、北方联合出版传媒有限公司及所属出版社、东北财经大学出版社、大连出版社共 11 家出版单位，携 1 600 种最新出版的“走出去”系列精品图书参会，积极协助各出版单位认真做好展位选定、宣传策划、展台装修、展品摆放、会务服务等工作。为期五天的展会，共签订版贸协议及达成版权合作意向近百项。

六、举办全省基层版权执法人员业务培训班

为进一步提升互联网条件下全省版权执法人员的政策水平和业务能力，举办了全省版权执法人员业务培训班。来自省内各市县的版权执法人员 80 余人参加了培训，邀请了省服务业委、省“双打”办、省通信管理局和省内版权法律方面的专家为学员授课，同时安排大连市文化市场综合执法总队就查办网络侵权盗版案件进行了业务交流。

七、版权公共服务工作

2015 年，共办理作品自愿登记 10 337 件，审核涉外著作权合同登记 180 件，办理著作权合同备案登记 8 件，办理涉外电子出版物和计算机软件著作权认证 4 件。

（李安庆）

吉　林　省

2015 年，吉林省各级版权管理部门在省委、省政府和国家版权局的领导下，不断创新工作方法，认真履行职责，规范版权监管，加强版权保护、运用及转化机制，推进版权产业健康发展，为全省经济社会发展做出了应有贡献。

一、版权监管和行政查处工作

对侵权盗版行为进行行政查处是版权监管工作的重要环节和主要责任，省版权局积极发挥主导性作用，采取有效措施，组织和指导全省各级版权执法机关开展版权侵权案件查处工作，成效显著：

一是加强了统一领导和工作指导，及时调度全省各级版权执法机关的工作情况，落实版权行政执法案件月报制度，对重点案件进行指导、重大案件进行督办，形成全省上下联动、协调配合的行政监管及执法机制。按照省版权局的统一要求，各地版权机关根据本地情况组织开展各类集中执法行动，针对印刷复制企业开展了阶段性集中检查；针对高校周边复制、销售盗版教材行为开展了集中治理。为有效地指导各级版权行政管理部门的行政执法工作，提高各地版权执法机关的办案质量，提升执法人员的业务素质，省版权局还举办了版权执法专题培训班，全省各市县级执法人员总计 140 人参加了培训。

二是积极主动查办典型侵权案件。2015年，全省各级版权执法机关，围绕图书、音像、计算机软件、互联网等重点领域，积极主动开展版权侵权案件的行政查处工作，案件查办质量比上一年度明显提高。省版权局直接立案查处典型侵权案件4起，对黑龙江省某图书公司印制发行盗版教辅图书行为进行了立案查处，积累了对属地外侵权人跨省侵权规避监管行为进行查处的工作经验；对群众举报长春市长江路步行街商铺批发盗版音像制品行为进行调查，对现场发现的有关侵权制品进行取证，根据属地管理原则交由该辖区文化执法机关办理，并通过个案督办的方式督促该执法机关对辖区内其他音像制品侵权行为进行集中检查，以点带面，全面治理，收到较好效果；对长春百脑汇某电脑公司非法预装未经授权操作系统的行为进行调查，依法做出处罚，有力打击了计算机软件预装环节的盗版行为。2015年，全省共立案查处行政执法案件60件，国家版权局督办案件1件，省版权局督办案件2件，移送司法机关1件，全部结案，行政处罚金额总计超过50万元。

三是集中开展“剑网2015”行动。7月末，省版权局与省互联网信息办公室、省公安厅、省通信管理局联合印发了《吉林省2015年打击网络侵权盗版专项治理“剑网行动”工作方案》，启动开展全省第十一次打击网络侵权盗版专项治理“剑网行动”。根据吉林省的实际情况，在此次专项治理行动中，省版权局将延边朝文音乐网站作为网络音乐侵权的治理重点，指导延吉市文化综合执法机关开展调查工作，梳理存在侵权风险的网站并进行重点监控，利用梳理出的有关线索协调相关部门进行调查，在主动监管过程中积累办案经验。此外，还将规范治理新闻信息类网站转载使用他人作品的行为作为省级版权执法机关专项治理中的重点工作内容，确定了30家重点监控的网站，对可能存在未经授权转载使用他人作品的行为及使用作品付费等情况进行核查和监控，发出通知要求相关网站提供转载内容的相关授权文件及版权合作证明材料。对存在转载使用他人作品不规范行为的网站，约谈相关负责人，督促其整改，进一步强化对网络空间的监管，规范全省互联网使用作品的经营秩序。

“剑网行动”开展期间，吉林省各级版权管理部门与公安、网信等部门密切合作，对重点网站、连锁网吧等重点领域和场所及网络运营接入服务商等重点环节进行日常监管和执法检查，对发现的线索进行调查，规范网络传播行为，对严重的侵权行为依法予以查处。辉南县文化广电新闻出版局对辉南县自由港网吧未经许可通过互联网提供电影播放行为进行了行政处罚。公主岭市、榆树市、敦化市、德惠市、江源区、靖宇县、长岭县文化新闻出版广电局分别对多家网吧未经许可提供的游戏下载及私服外挂行为进行了行政处罚。据统计，吉林省各级版权管理部门主动监管网站100余个，对有关服务器进行检查70余次，进行立案调查的案件20件，结案14件，约谈有关网站负责人30多人次，罚款金额总计11.4万元。

四是进一步完善了版权执法案件信息公开制度。按照吉林省打击侵权假冒工作领导小组的统一部署，吉林省版权局积极开展依法行政和法治政府建设工作，建立完善制度，依法及时、主动、全面公开版权行政处罚案件信息。针对各级版权执法机关信息公开的渠道资源不平衡、部分地区案件信息公开存在滞后和不规范等情况，结合版权行政执法工作实际，制定了《版权行政处罚信息公开工作实施细则》，进一步完善了信息公开制度；利用省新闻出版广电局的政府门户网站设立版权行政执法案件信息公开栏（版权工作动态），为全省各级版权执法机关提供统一的信息公开平台，对全省版权行政处罚案件信息进行统一公开。

二、软件正版化工作

一是加强组织协调，明确责任分工，全面部署软件正版化工作。年初，吉林省推进使用正版软件工作领导小组办公室组织各成员单位召开专题会议，研究具体落实措施，制定本年度软件正版化整改工作方案，明确主要工作任务，落实各相关单位责任。研究制定了《吉林省2015年推进使用正版软件工作实施方案》，印发至各级政府及相关部门，对本年度的软件正版化工作做出统一部署，要求各地、各有关部门根据职责分工，结合本地、本部门实际遵照执行，落实相关工作。

二是强化责任落实，开展监督检查，形成长效工作机制。为进一步推进工作，全面解决各省级机关单位软件正版化工作中存在的问题，吉林省版权局于7—9月期间集中开展了省级机关单位软件正版化工作检查。共现场检查省级机关单位60家，抽查办公电脑360台，检查各单位软件正版化工作制度建设情况及软件管理台账，对存在问题进行记录，并现场进行反馈，提出明确具体的整改意见。同时，将检查结果形成工作报告上报省政府。此外，持续对各单位的整改工作进行跟踪、调度，及时了解各单位的整改工作进展情况，确保各单位存在的问题整改到位，进一步推进省级机关单位软件正版化工作。

按照《吉林省 2015 年推进使用正版软件工作实施方案》要求，各市县级政府明确了软件正版化工作的责任部门，结合实际组织开展机关单位软件正版化工作检查或抽查，通过督促检查和工作指导，进一步推进了各市县机关单位软件正版化自查及制度建设，建立了长效工作机制。长春市版权局根据实际，及时制定长春市机关正版软件管理工作制度，明确管理主体和责任，通过《正版软件管理系统》软件等技术手段，加强正版软件安装使用、升级维护管理，将市政府采购的 8 000 套操作系统、办公软件及其他正版软件全部录入《正版软件管理系统》软件中；松原市政府推进使用正版软件工作领导小组办公室组织检查组利用一周时间，对市直各机关软件正版化工作情况进行了认真检查，对少数未达标单位进行了约谈教育，要求限期整改到位。公主岭市文广新局协调财政局加强对政府机关单位信息化设备采购环节的监督和管理，保证软件采购经费一并纳入设备采购预算中，确保新增电脑预装正版操作系统。

三是加强协调配合，确定工作重点，扎实推进国有企业软件正版化。根据吉林省的实际情况，按照国家推进使用正版软件工作部际联席会议统一部署和工作要求，将推进省属国有企业软件正版化整改确定为本年度企业软件正版化工作的重点。依照《吉林省 2015 年推进使用正版软件工作实施方案》，吉林省版权局与吉林省国资委密切合作、相互配合，共同研究制定并正式下发了《吉林省 2015 年推进国有企业使用正版软件工作实施方案》。该实施方案下发后，吉林省版权局组织指导各相关国有企业开展自查，对本单位（包括集团总部及下属子公司、分公司）的计算机数量及软件安装、授权情况进行认真自查，测算所需操作系统、通用办公软件、杀毒软件的数量，并制定了软件采购计划。为进一步推进工作，2015 年 11 月，吉林省版权局与吉林省国资委共同举办了企业软件正版化工作培训，指导、推进整改工作，督促各相关企业开展自查整改，确保按期完成整改任务。

三、版权宣传工作

以“4·26”世界知识产权日宣传为重点，结合吉林省实际，制定《关于集中开展 2015 年版权宣传周的通知》，下发至全省各级版权行政管理部门，对重要节点的版权宣传做出明确、统一的部署，组织、指导各地结合实际开展系列宣传活动：

一是组织中心城市开展街头主题宣传，版权宣传进校园、进社区。“4·26”宣传周期间，全省共张贴宣传海报超过 3 000 张，发放宣传材料 40 000 多册（张），制作展板及宣传条幅 200 余幅，接待市民咨询超过 1 000 余人次。

二是到相关企业开展版权登记上门服务。在“4·26”世界知识产权日来临前夕，吉林省版权局派出工作人员到吉林动漫游戏原创产业园开展上门主动服务，活动当日，共为相关动漫企业受理作品登记 200 余件。

三是利用各类媒体全方位宣传著作权法。协调省内主要报纸媒体，对宣传周期间的主要活动进行报道，刊发相关版权知识，就当前吉林省的版权工作向省版权局负责人进行了专访。宣传周期间，吉林电视台、长春电视台、四平电视台及省内 32 个数字影院等媒体连续播放版权宣传公益广告。

四、版权社会化工作

2015 年，吉林省版权局继续完善版权作品自愿登记工作机制，优化登记工作程序，为省内著作权人提供便利。10 月份，举办了全省版权作品自愿登记代办员培训班，全省共 21 名代办员通过培训考核，获得作品自愿登记代办员资格证书；在各市州级版权管理机关建立版权作品自愿登记咨询代办服务站，陆续开展登记服务工作，增加作品登记数量，提高登记效率，版权登记服务的质量不断提升。同时，继续在吉林省版权重点企业和全省文化产业园区开展版权集中登记，不断扩大版权登记的社会影响。

此外，积极改进工作方法和措施，为社会公众提供更加便捷有效的咨询服务渠道；通过在版权产业园区（基地）建立版权咨询服务站、与重点版权企业建立直接沟通机制等方式，积极探索主动服务的工作模式。

（田庆权）

黑龙江省

2015 年，黑龙江省版权局进一步加大力度，在推进使用正版软件、打击侵权盗版、建设版权示范单位和园区、加强版权宣传与教育以及调解版权纠纷等方面开展了系列工作，达到了良好的效果。

一、软件正版化工作

（一）政府机关软件正版化工作

1. 制定方案

以省政府办公厅名义上报了《关于我省推进使

用正版软件工作情况和2015年工作要点的函》（黑政办函［2015］14号），并下发各市（地）人民政府，对2014年软件正版化工作进行了总结，对2015年软件正版化工作进行了总体部署。按照国务院办公厅《关于印发政府机关使用正版软件管理办法的通知》和部门联席会议下发的《关于贯彻落实〈政府机关使用正版软件管理办法〉的实施意见》的要求，进一步健全“三个制度一本账”等长效机制。

2. 完善信息

统计省直各部门、单位责任人信息变更情况，组织市县两级政府机关建立单位责任人信息，进一步明确软件正版化工作责任部门和责任人。

3. 加强培训

2015年6月，由省政府办公厅软件正版化工作负责同志带队，组织省财政厅、省商务厅、省审计厅、省直机关事务管理局、省版权局及市地相关部门负责同志，参加了国务院举办的2015年第一期全国政府机关软件正版化工作培训班，提高了软件正版化工作人员业务工作水平。

4. 强化督导

印发《关于各市（地）软件正版化工作检查情况的通报》，本着“整改问题，分类指导”的原则，向市地分别通报软件正版化工作检查情况，并提出整改要求。8月，迎接国家检查组来黑龙江省检查省直机关单位软件正版化工作开展情况，顺利通过检查。9月，印发《关于国家检查组对我省政府机关软件正版化工作检查情况和我省贯彻落实意见的通报》（黑正版联发［2015］15号），同时对省直机关及市（地）工作中存在的问题提出整改方向。

（二）企业软件正版化工作

黑龙江省版权局、省国资委印发《关于做好推进省国资委出资企业使用正版软件工作有关事项的通知》（黑版权联［2015］1号）文件。按照“整体规划、先易后难、分步推进”的原则，启动调查摸底工作，分阶段落实软件正版化工作目标。

部门联席会议组织黑龙江出版集团、黑龙江日报报业集团、哈尔滨日报报业集团相关部门负责同志召开新闻出版行业企业软件正版化工作会议，部署下一步工作安排；参加国家版权局组织的培训学习；督促企业建立“三个制度一本账”等长效机制；加强二级企业的自查自纠，完成国家检查工作。

二、版权执法工作

（一）打击网络侵权盗版“剑网2015”专项行动

1. 组织部署

调整打击网络侵权盗版专项治理工作领导小组，健全“剑网行动”的组织领导机构。印发《关于开展打击网络侵权盗版“剑网2015”专项行动的通知》（黑版权联［2015］2号），明确行动任务，细化责任，确定工作重点。

2. 网络版权执法与监管

加大网络版权执法力度：规范网络音乐版权、网络云存储、网络转载版权，打击智能移动终端第三方应用程序（APP）、网络广告联盟侵权盗版。以抓源头、清市场、打网络、查破大要案为主线。

加大网站的主动监管力度：不定期对全省纳入主动监管的互联网企业和网站进行检查，主动浏览网站内容，查找问题线索。在黑龙江省版权局网站上刊登举报电话，广泛发动群众，征集办案线索，建立了周报、月报制度，确保了专项行动取得实效。佳木斯市在开展主动监管中，发现个别广告网站有刊登网络小说、散文情况，立即责令其自行删除；大庆市重点围绕文学、影视、音乐、游戏、软件等作品的数字版权保护，加大了对互联网网站、网络销售平台、移动智能终端应用软件商店等平台的监管。

加大行政执法联动力度：强化与各地工信、网信、公安部门及电信公司的协调与合作，组织指导市地版权局对侵权行为进行严查。

加大网络版权法律宣传教育力度：利用电视台、报纸、网站及政务微博等媒体开展宣传。大庆市在主要出版物经营管理单位悬挂“打击侵权盗版、严查制售假冒商品”“坚决打击侵权盗版行为、依法保护知识产权”等宣传条幅进行宣传；黑河市通过报纸、电视、展览、印发宣传资料等手段，开展普法教育、警示教育；双鸭山市公布了24小时举报电话12318，收集案件线索，发现问题及时处理等。

省版权局组织市（地）、省管县局的负责同志和综合执法部门的负责同志，进行了集中培训，以案说法，系统学习互联网＋状态下的版权保护与版权执法。

（二）打击侵犯知识产权和制售假冒伪劣商品专项行动

开展打击侵犯知识产权和制售假冒伪劣商品专项行动。迎接国家“双打”办工作检查，完成各项考核任务，获得检查组肯定。设立由局主要领导担任组长、班子成员为副组长、有关处室负责人为成员的打击侵犯知识产权和制售假冒伪劣商品专项行动领导小组，由专项行动领导小组办公室（版权管理处）具体负责组织协调、部署专项行动，督促检查工作进展，督办重大案件。加强市场监管，“双打”行动期间和节假日，组织有关部门对黑龙江省大部分城市的出版物及计算机软件市场开展检查，加强日常监管，共查缴侵权盗版出版物 16 975 件。

（三）整顿规范歌舞娱乐场所合法使用音乐和音乐电视作品工作

根据歌舞娱乐场所未经授权使用音乐和音乐电视作品问题，印发《关于整顿规范歌舞娱乐场所依法使用音乐和音乐电视作品的通知》，联合省文化厅制定了方案，对全省歌舞娱乐场所侵权经营行为进行清理整顿，推进音乐和音乐电视作品授权行为规范化。

三、版权示范单位和示范园区建设工作

1. 制定办法，组织推进

根据国家版权局《全国版权示范城市、示范单位和示范园区（基地）管理办法》的相关要求，制定《黑龙江省版权示范单位和示范园区（基地）认定管理办法（试行）》，印发给市（地）新闻出版（版权）行政管理部门、出版单位、传媒机构、版权产业园区（基地）等。

2. 宣传发动，着力推进

对黑龙江动漫产业（平房）发展基地、哈尔滨广告产业园创业孵化基地等 11 家单位进行调研。各申报园区（基地）、单位响应省级版权示范单位和示范园区（基地）认定工作，完善充实申报材料。

3. 规范标准，严格把关

经各市（地）新闻出版（版权）行政管理部门初审，符合报送条件的单位和园区（基地）共 16 家。其中黑龙江动漫产业（平房）发展基地、哈尔滨市广告产业园会创业孵化基地等 5 个园区（基地）申请认定黑龙江省版权示范园区（基地），哈报集团、黑龙江新洋科技有限公司等 11 家单位申请认定黑龙江省版权示范单位。经过多次复审，对不符合条件的单位，说明原因，取消认定申报资格；对申报材料不完备的单位，协助补充材料；对不适合申报示范园区（基地）的，协调改报示范单位。

四、版权宣传工作

开展形式多样的“4·26”知识产权宣传周活动；召开黑龙江省暨哈尔滨市侵权盗版及非法出版物集中销毁大会；参加“打击侵权盗版、保护知识产权”大会签名活动，现场开展版权法律法规咨询宣传，发放宣传材料、海报等；参加黑龙江省知识产权保护状况新闻发布会；在黑龙江省直属机关暨哈尔滨市知识产权系统“知识产权与我同行”徒步大赛活动中，发放版权宣传材料；在黑龙江省版权局官方网站上滚动播出版权宣传片及宣传海报。

五、版权纠纷调解工作

调解各类著作权侵权纠纷，先后对黄政诉黑龙江科技出版社有限公司、哈尔滨工程大学出版社有限公司诉哈尔滨工业大学出版社有限公司等纠纷进行调解；相关人员鉴定出版物 2 500 余册，其中侵权非法出版物 2 400 余册。

（闫　石）

上海市

2015 年，上海市版权工作紧密围绕和服务全局中心工作，突出重点，强化实效，进一步加大版权保护力度，强化版权公共服务，营造良好的版权产业发展环境，各项工作任务取得新进展。

一、推进政府机关与企业使用正版软件工作

（一）围绕长效机制建设，组织开展政府机关软件正版化督查工作

积极协调市软件正版化工作领导小组成员相关单位，组织开展政府机关软件正版化工作自查和督查，认真落实软件正版化工作责任人制度。按照《2014 年上海市软件正版化工作要求》（沪版权[2014] 5 号），统计汇总了各级政府机关填写的《上海市、区机关负责信息化工作部门及其负责人信息表》。根据上海市《关于贯彻落实〈政府机关使用正版软件管理办法〉的实施意见》，组织落实对本市市级机关及相关区县政府进行检查工作，针对检查情况，提出整改意见。如协同市政府督查室和市审计局，检查上海市绿化和市容管理局、上海市监狱局和上海市黄埔军校同学会的软件正版化工作，并督促其整改；组建检查组对上海市奉贤区人民政府和崇明县人民政府使用正版软件工作进行专项检查，根据检查情况，要求相关部门及时做出整改。

（二）规范采购流程，健全服务体系，积极推进国产软件应用

首先，通过调研和检查，积极探索有效的正版软件统一采购、统一安装、统一技术支持的模式，提供更加安全、专业、高效的服务；明确要求政府运维外包公司对日常网络和计算机终端巡检记录进行汇总，形成计算机终端、服务器正版软件基础数据，加强指导与服务，提高数据准确性。其次，继续通过政府软件服务中心平台，为市级机关用户搭建出一套自助式产品试用和解决方案演示的综合性环境，部分软件试用环境已经在平台中开放。截至 2015 年 11 月，通过此服务平台共向 427 家市级预算

单位提供在线订购和技术支持服务。最后，积极推进国产基础软件应用。市级财政预算单位国产基础软件应用信心大幅提升，应用范围不断扩大，国产基础软件的使用数量同比增长45%。

（三）稳步推进企业软件正版化工作

认真贯彻落实国家版权局办公厅《关于推进新闻出版行业企业使用正版软件工作的通知》精神，准确掌握工作进程和存在的问题，及时进行信息收集、整理，针对突出的问题，提出相应的整改建议，确保本市新闻出版行业企业软件正版化工作按时保质完成。在国家版权局对各地新闻出版行业软件正版化工作检查中，上海市新闻出版行业企业软件正版化工作得到高度肯定。

此外，为推进该市国有企业软件正版化工作进程，会同市国有资产管理委员会对该市大型国有企业相关单位进行软件正版化工作抽查，切实帮助引导国有企业建立使用正版软件长效工作机制。

二、版权专项整治工作及行动

（一）继续推进“双打”专项整治工作

在市“双打”办统一部署下，根据工作职责与分工，完成了本年度本市政府机关软件正版化以及网络侵权盗版专项治理工作，同时，积极配合市“双打”办，做好中央对地方“双打”工作的检查考评。

（二）开展2015年度“剑网行动”

根据“剑网行动”部署，为有效加大对网络侵权盗版的刑事打击力度，协调市公安部门治安、经侦、网安条线认真落实具体任务，积极搜索网络侵权盗版犯罪线索，对重大案件线索，及时成立专案组进行联合查处。成功侦破网络侵权盗版案件10起，抓获犯罪嫌疑人10人（刑事拘留9人、取保候审1人），其中夏龙明侵犯著作权案，由于该案侵权情节较重，影响较大，市版权局主动协调公安经侦部门，成功将该案申请国家版权局予以重点挂牌督办，最终被告人夏龙明依法被判处有期徒刑八个月，缓刑一年，并处罚金人民币一万元。

三、版权主动监管与互联网版权自律工作

（一）网络版权主动监管工作

2015年，上海互联网版权监测平台累计完成监测影视剧作品8 000部，音乐作品70万首，新闻、文学作品10 000部（篇），发现侵权链接超过200万条，监管成效显著，其中音乐作品侵权链接下线处理成功率较“剑网行动”之前有了巨大提升。

（二）互联网行业版权秩序的整治

首先，为从源头防范侵权盗版行为的发生，市版权局组织相关互联网企业开展自查自纠。根据“剑网行动”的重点任务，明确要求重点企业开展自查自纠。并通过召开中期工作会议，针对自查自纠中出现的问题，进一步明确整改要求。其次，为有效规范网络转载行为，主动联合市网信办，根据“剑网行动”的部署，重点规范本市新闻类网站转载信源，对重点网站实行督导制，从后台审核开始介入管理，确保转载信源合法合规，内容安全可控。同时，为加强对“剑网行动”的宣传，积极鼓励新闻网站通过各种方式对“剑网行动”进行正面宣传，帮助网民提高网络版权意识。此外，为有效加强对网盘主动监管，根据国家版权局部署，主动约谈相关问题企业如城通网盘，严格要求其立即停止侵权，并限期整改。

（三）引导帮助权利人版权维权

“剑网行动”期间，通过行动部署、对外宣传、工作联系等途径，积极引导并帮助权利人进行维权。据不完全统计，2015年，上海版权行政管理及执法部门共接到各类网络版权侵权投诉或举报近千起，内容主要涉及网络购物、网络音视频、网络文学、APP等领域侵权盗版。其中传统出版业的网络版权维权需求有显著增强。为帮助世纪出版集团、文汇出版社等多家出版社，解决有关淘宝网销售盗版图书等突出问题，市版权局通过长三角版权保护协作机制，主动联络兄弟版权行政管理部门，帮助出版社与淘宝网之间建立维权快速通道，依法及时对相关侵权人采取下线以及停止侵权处理。

（四）互联网企业版权自律工作

一是加强服务。通过市版权协会、版权服务中心等机构为自律联盟成员企业会员优先提供作品登记、合同备案、版权纠纷调解、侵权盗版线索监测等服务，切实帮助会员增强了抵御盗版的自觉性，强化了正版经营的意识与理念。

二是加强调研。通过走访阅文集团等，了解成员单位在版权管理中面临的突出问题，积极为其提供帮助。

三是发挥先进模范作用。“剑网行动”期间，自律联盟成员坚决贯彻“剑网行动”有关要求，主动开展自查自纠，自觉防范网络侵权盗版行为，在行业中起到先进带头作用。在自律联盟成员的带动下，越来越多的上海互联网企业主动要求加入联盟，上海互联网版权自律联盟社会影响力进一步扩大。

四、版权宣传培训工作

1. 开展2014年度上海版权保护十大典型案件评选及宣传活动。进一步加大版权保护宣传力度，

通过以案说法，向市民普及版权基本知识，取得良好反响。

2. 继续开展软件正版化专题培训。举办“上海市各区（县）政府机关及相关企业软件正版化工作专题培训”，重点围绕如何进行软件资产管理和台账等长效机制建设主题，宣讲软件正版化工作有关精神及要求。

3. 举办互联网版权执法专题培训。通过聘请版权理论与实务界专家，举办互联网版权执法专题培训，切实提高版权执法人员的业务能力，进一步提升执法人员依法查办网络侵权盗版案件的主动性与积极性。

4. 开展版权保护评优评先推荐工作，树立正面典型，积极扩大版权保护社会影响力。完成 2014 年度全国查处侵权盗版案件有功单位及有功个人组织推荐及颁奖工作，上海共有 20 家单位和 22 名个人获表彰。

5. 为帮助传统出版业解决互联网环境下的版权维权问题，聘请国内外版权领域专家，举办版权保护专题国际培训班。

五、版权行政审批职能及其他工作

2015 年共完成各类行政审批工作 1 277 件，其中，境外图书出版合同登记 1 083 件，复制境外音像制品著作权授权合同登记 92 件，出版和复制境外电子出版物授权合同登记 35 件，互联网游戏出版合同登记 67 件。同时，根据市政府相关规定，继续做好版权行政审批权下放工作，积极帮助浦东知识产权局完善版权行政审批职责，优化版权行政审批流程。

六、版权对外交流与合作

根据国家版权局的部署与安排，成功承办了国家版权局与世界知识产权组织（WIPO）联合主办的“电影和版权在文化与经济上的重要性”高端圆桌会议、国家版权局与世界知识产权组织版权合作谅解备忘录签署仪式以及中欧版权保护和产业研讨会等一系列重要版权国际会议，受到世界知识产权组织与国家版权局相关领导的高度肯定。

七、版权公共服务工作

（一）登记数量稳步增长，登记类别有所突破

2015 年以来，重点从深挖资源、丰富登记类别、提高登记作品质量等方面入手，在保证作品登记数量稳步上升的前提下，严把登记作品质量关。2015 年，共完成作品登记 199 148 件，新登记了 3 个戏剧作品，使戏剧作品登记数量实现了零的突破，进一步丰富了登记类别。在积极推进登记日常工作的同时，与张江园区管委会建立完善工作合作机制，共同推进园区版权工作，协调落实保障作品版权登记保护应用平台的部分运营费用，保障平台有序运行。

（二）软件登记资助有序推进，本市软件产业享受实惠

软件著作权登记资助工作有序开展，2015 年，共收到来自本市企业及个人资助申请 12 158 件，其中有效申请 12 025 件，受理并审核通过 10 474 件，800 万元扶持资金全部支付完成。登记资助使本市软件产业享受到实实在在的好处，对支持上海科创中心的大局也起到了积极作用。

（三）版权工作站有序扩容，不断提高服务水平

2015 年 3 月，批复成立解放日报版权服务工作站，成为继 SMG 外，第二家设在大型企业的工作站。9 月，批复成立黄浦区版权服务工作站，实现中心城区工作站全覆盖。同时，继续加强与各工作站的联系，指导各工作站因地制宜开展各项工作，积极提高版权公共服务能力。全市共有版权服务工作站 14 家，其中区县工作站 12 家，大型企业 2 家。

（四）理顺体制机制，协会工作成效逐步显现

开展“企业版权管理指南”课题调研，研究企业版权管理流程控制并制定相关的管理指引，以协助那些没有专门版权服务团队的中小企业建立一套行之有效的版权管理体系。出版《捍卫与分享——上海版权经典案例评析》，将研究成果价值最大化，让更多的版权企业从中受益。以版权服务工作站为依托，每季度举办一场讲座，通过开展学术交流和主题研讨活动推进会员版权管理工作，促进全市版权产业健康有序发展。

（五）结合司法体制改革，探索诉仲调合作新模式

2014 年 12 月 28 日，上海知识产权法院正式挂牌成立，这是上海市司法体制改革的重要突破。为适应新的司法体制，上海纠纷调解中心积极与知识产权法院对接，在原来的工作基础上，探索诉仲调合作新模式。

八、版权产业工作

（一）继续组织开展示范评比工作

截至 2014 年，已评出市级版权示范 60 家，2015 年开展了第四批“上海版权示范单位园区（基地）”评选工作。指导上海版权示范单位、示范园区（基地）申报全国版权保护示范单位和示范园区（基地）的推荐工作，上海世纪出版集团、上海冠勇信

息科技有限公司被认定为2015年全国版权示范单位，上海紫竹高新技术产业开发区被认定为2015年全国版权示范园区（基地）。组织召开工作交流会，引导示范单位和示范园区（基地）进一步将版权融入具体经营管理之中，对授牌企业进行追踪管理和维护。

（二）以资金申报为契机，积极引导产业发展

依托版权服务工作站的辐射作用，积极发动版权企业申报市文创资金和新闻出版专项资金，以资金为导向，扶持优秀版权项目。新闻出版专项资金已完成评选，共有4家单位的8个项目入选，得到300万元的专项资金支持，主要用于版权公共服务项目。

继续开展版权“走出去”扶持资金申报工作。组织全市40余家出版单位和民营文化工作室积极申报本年度版权“走出去”扶持项目，共有18家单位申报。

（三）以优秀项目评选为抓手，推动工作站服务能力升级

面向工作站开展2014年度版权服务优秀项目评审，共收到7家版权服务工作站和上海版权服务中心申报的18个项目材料，经专家评审，共评出金奖2个，银奖4个，铜奖2个，并给予一定奖励。以评选为抓手，树典型、立标杆，指导各工作站互相学习，形成良性竞争。

（四）积极推进国家版权贸易基地的建设

继续支持基地举办授权交易会，为授权产业中的产品制造商、授权商、授权经营商、授权代理机构搭建交流与商洽的平台。2015年11月举办的第二届交易会吸引了100多家中外参展商，逾万件授权作品及项目参展，达成合作意向近百项，合作意向金额数亿元人民币。展会期间，围绕“一带一路”国家战略，以“博物馆衍生授权”为主题，举办了多场高端论坛。

（五）完成2014年版权贸易统计工作

统计数据显示：2014年上海共引进版权2 047种，同比下降16.1%，其中引进图书版权1 459种，同比下降15.7%；共输出版权1 658种，同比下降15.3%，其中输出图书版权174种，同比下降20.9%。

九、版权调查研究工作

（一）多方协调，版权产业报告与国际化接轨

在与上海市统计局、上海海关、中国外汇管理局上海市分局等单位的积极沟通下，完成《上海版权产业报告（2013）》《上海版权产业报告（2014）》的撰写，于2015年12月底发布。2014年度《版权产业报告》的完成，将本市《版权产业报告》的撰写发布工作与国际接轨。

（二）结合上海市重点规划，开展电影版权产业研究

按照市版权局重点课题部署，结合上海市《关于促进上海电影产业发展的若干政策》，开展“上海电影版权产业发展状况调研”课题研究。与市文广局、闸北区文化局、环上大影视园区、仓城影视文化产业园区等单位合作，对上海市电影版权产业发展状况进行调研，并从版权的角度提出促进电影产业的相关意见，从而更好服务于上海市电影版权产业发展大局。

（三）结合国家战略，加强自贸区版权工作分析研究

结合自贸区建设，开展“自贸区版权产业发展及当前版权国际条约最新趋势研究”，对自贸区内逐渐形成的版权产业样态进行分析，研究相关企业的发展情况及其对版权制度的需求。同时，结合版权国际条约，分析未来版权制度和政策的演进会给自贸区版权产业带来的影响，提出具有前瞻性的应对策略。

（四）调研软件登记资助，加强经验总结

计算机软件登记资助工作自2013年4月正式启动以来，已先后投入资助资金近2 500万元，有力推动了上海市软件行业的发展。2015年，为了总结软件登记资助工作的相关经验，与上海软件行业协会合作，开展上海软件著作权登记情况调研工作，撰写《2014年度上海市计算机软件著作权登记资助工作分析报告》调研课题，从而更好地指导本项工作的开展。

（五）统筹布局，完成版权“十三五”规划

在总结版权“十二五”工作的基础上，结合国家版权局和上海市知识产权发展纲要的工作要求，针对“十三五”期间上海版权工作将面临的机遇和挑战，提出“十三五”期间上海版权工作的发展目标和重点项目。

（王　骞）

江　苏　省

2015年，江苏省版权局在国家版权局和省委、省政府的领导下，深入贯彻落实党的十八大和十八届三中、四中、五中全会精神，按照省政府对版权工作的总体要求，围绕中心，服务大局，认真落实

年度工作安排，各项重要工作有序推进，取得了较好的工作实效。

一、软件正版化工作

（一）《政府机关使用正版软件管理办法》的贯彻落实和宣传工作

大力推进省、市、县三级政府机关单位软件正版化工作，明确了软件正版化工作责任部门和责任人，建立了省级机关软件正版化工作责任人数据库，将软件正版化工作成果巩固情况与具体责任人挂钩，并进一步明确要求各县（区、市）建立软件资产管理制度。6 月，省版权局在南京举办了一期政府机关软件正版化工作培训班，来自全省各省级机关软件正版化工作责任部门的负责人和各市版权处处长参加了培训，并编印下发了《政府机关软件正版化工作选编》，督促指导各级机关完善软件正版化工作制度。

（二）顺利通过国务院政府机关软件正版化工作情况检查

以省版权工作领导小组办公室名义向各省级机关和各市下发了《关于做好迎接推进使用正版软件工作部际联席会议软件正版化检查工作的通知》，并组织培训和迎检协调会，指导各级机关查漏补缺，完善制度，做好迎检准备。8 月上旬，国务院政府机关软件正版化工作检查组对江苏省政府机关软件正版化工作情况进行现场考核。10 月，推进使用正版软件工作部际联席会议办公室通报检查情况，对江苏推进省级机关完善软件正版化工作考核和责任追究制度，将使用正版软件与处室考核评议及机关工作人员年度考核绑定的做法给予了充分肯定。

（三）继续推动全省新闻出版行业企业软件正版化工作

在 2014 年基本完成全省新闻出版行业企业软件正版化工作后，2015 年继续推动大型新闻出版集团的软件资产管理制度建设，并将正版化工作从通用软件向专业软件、字库、图片等领域延伸。11 月，国家版权局工作组对江苏的新闻出版行业企业软件正版化工作进行了督查，实地检查了新华报业集团和凤凰出版传媒集团两家集团总部及所属二级企业的软件正版化工作，对江苏省推进新闻出版行业企业使用正版软件工作取得的成绩表示满意，尤其肯定了新华报业集团的中央信息厨房建设和凤凰出版传媒集团的字体字库授权工作。

二、打击网络侵权盗版工作

（一）加强对全省版权执法工作的指导和督办

按国家版权局等四部门部署，大力组织开展打击网络侵权盗版“剑网 2015”专项行动。省版权局与省公安厅、省网信办、省通管局等制定了打击网络侵权盗版“剑网 2015”专项行动的工作方案，赴徐州、常州、南通、扬州、淮安等地进行督查，对部分案件进行了跨部门、跨省协调，对 2 起重点案件进行挂牌督办，对案件查处不力的部分地区进行了催办，全省各地积极对重点网站进行主动监管，大力搜集线索，查办大案要案，有效震慑了侵权盗版违法犯罪分子，深刻警示互联网版权产业从业人员，切实规范了互联网版权秩序。江苏省查处的“千炮捕鱼手游被侵权案”和“老调网侵犯电影作品著作权案”两起案件被国家版权局等列为“剑网 2015”专项行动督办案件。2015 年全省共立案侵权盗版案件 39 起，办结 15 起，并调解了 11 起侵权案件。省版权局共挂牌督办了 2 起案件。

（二）发挥典型案例的示范引导作用

为提高社会对版权保护的认知度，充分发挥典型案例的示范引导作用，评选并向社会公布了江苏省 2014 年度打击侵权盗版十大案件。在国家版权局评选的 2014 年度有功集体、有功个人中，江苏获奖的有功集体和有功个人数、奖金额均居全国第一，省版权局版权处被评选为有功集体一等奖，宋晓春同志被评选为有功个人一等奖。在国家版权局公布的 2014 年度全国打击侵权盗版十大案件中，江苏查处的“爱漫画网”侵犯著作权案和“放放电影网”侵犯著作权案两起案件入选。

（三）组织版权执法培训

进一步加强基层版权行政执法队伍建设，提升基层执法人员业务水平，省版权局 10 月在淮安举办了一期面向基层版权执法和行政管理人员的执法培训，邀请了国家版权局版权管理司执法处负责人分析全国版权执法的形势和任务；东南大学网络技术专家、江苏省高院知识产权庭负责人分别结合网络版权执法技术问题、著作权司法保护等问题进行专题授课；美国电影协会和国际唱片业协会中国区代表分别就影视作品和音乐作品的侵权盗版案例进行集中讲解；来自徐州、扬州等地基层一线的版权执法人员结合典型案例分享办案经验。另外还积极与国家版权局沟通，组织来自全省各地的一线版权执法人员参加了国家版权局举办的三期版权行政监管和执法培训。

三、版权宣传工作

为深入宣传江苏省版权管理工作成果，展示全省在版权创造、运用、保护和管理中的先进典型，提高公民版权保护意识和能力，提高社会对版权保护的认知度，创造有利于版权保护的社会环境和有利于版权相关产业发展的市场环境，江苏省版权局创新开展了系列版权保护宣传活动。

一是发布了《江苏省版权产业的经济贡献(2013)》报告，分析了江苏省版权产业在行业增加值、就业人数和对外贸易三个方面对国民经济的贡献。二是在江苏书展期间开设文创版权馆，共有来自影视、软件、工艺品、设计等行业的50余家版权相关企业参展，成交额达到了49.7万元。三是举办了江苏省保护音乐版权·促进音乐产业发展论坛，来自国家版权局、国际国内著作权集体管理组织、国内知名音乐人和音乐公司等的领导和代表就如何加强音乐作品版权展开热烈讨论，《中国新闻出版报》《中国知识产权报》《新华日报》等多家媒体做了集中报道，取得了良好的社会效果。四是举办了创客阅读沙龙，邀请创客结合自身创业、创新经历，讲述与书结缘的故事，畅谈阅读对创业的影响。五是"4·26"世界知识产权日期间在全省各地举行了形式多样、丰富多彩的版权宣传活动，省版权局在南京举办了"创意南京、版权护航"活动，提高了公众的版权认知度。

四、版权示范创建工作

江苏省版权局以版权示范创建工作为抓手，积极推进各地在作品登记、软件正版化、版权执法、产业促进等领域的工作，指导、鼓励各地版权部门培育版权相关企业、版权产业集聚园区，并积极申报省版权示范。2015年4月，省版权局命名了一批省版权示范单位和示范园区，并从中遴选示范引领作用较突出的企业和园区申报全国版权示范。张家港市于4月被国家版权局正式批准为全国版权示范城市，成为全国第八个、江苏第三个获此殊荣的城市。10月，江苏东渡纺织集团有限公司、江苏新天工广告有限公司等两家企业与南京新城科技园、淮安软件园等两个园区被国家版权局命名为全国版权示范单位、示范园区。

五、版权公共服务工作

江苏省自2013年10月开始对全省一般作品实行免费登记后，全省一般作品登记量节节攀升，为更好地提高作品登记效率，省版权局开发建设了新的全省一般作品登记平台，平台于2015年3月23日正式上线。4月，省版权局举办了一期全省作品登记培训班，以确保作品登记平台平稳运转并进一步提高效率。承担全省一般作品登记工作的江苏版权保护中心注重加强与各市县版权管理部门和作品登记分支机构的协调，进一步规范和简化作品登记程序，更好地为权利人服务。2015年，共完成作品登记109 377件，同比增长了106.3%，大幅超额完成省政府下达的全年6万件任务指标，并跃居全国第三位。江苏版权保护中心还继续为省紫金奖文化创意设计大赛参赛作品做好著作权登记工作。

（万进萍）

浙　江　省

2015年，浙江省版权局认真履行版权保护工作职责，进一步推进政府机关党群系统和国有企业软件正版化工作，以"剑网行动"为重点积极组织开展打击侵犯知识产权和制售假冒伪劣商品等专项行动，着力打击损害公共利益的侵权盗版行为，开展以"建设知识产权强国，支撑创新驱动发展"为主题的系列版权宣传培训活动，努力提升版权服务水平，促进版权产业和版权事业的繁荣发展。

一、版权宣传工作

1. 组织开展"4·26"知识产权宣传周活动。印发了《关于开展2015年浙江省知识产权宣传周活动的通知》，在全省组织了以"建设知识产权强国，支撑创新驱动发展"为主题的宣传活动。

2. 举办了浙江省第三届"知识产权杯"创意设计大赛活动。第三届"知识产权杯"创意设计大赛由浙江省版权局和中国美术学院联合主办，活动期间，共收到来自各高等院校的作品1 097件，经过专家多轮精心评选，最终产生一等奖1件、二等奖3件、三等奖6件、优秀奖40件。2015年4月24日，在中国美术学院举行了颁奖典礼暨获奖作品展，来自各新闻单位的记者、学生、教师等100多人参加了现场活动，浙江省版权局副局长单烈、中国美术学院纪委书记孙旭东出席典礼并讲话。

3. 参与了长三角地区知识产权发展与保护状况新闻发布会。

4. 加强版权公益广告宣传，在杭州K290公交车上刊登"保护正版、打击盗版"字样及图片，以进一步提升公众的版权保护意识。

二、版权保护工作

（一）打击侵犯知识产权和制售假冒伪劣商品工作

1. 做好2014年度打击侵犯知识产权和制售假冒伪劣商品绩效考核的有关工作。起草并上报了《关于2014年浙江省打击侵权盗版专项治理"剑网行动"工作情况的自评报告》《关于2014年浙江省政府机关软件正版化工作情况的自评报告》。

2. 制定并印发了《2015 年版权行政执法工作方案》。工作方案明确要求各地要落实执法责任，严格执法程序，加大执法力度，同时重申了案件查处信息报送、信息公开的有关规定。

3. 做好浙江省 2014 年度全国查处侵权盗版案件有功单位及个人推荐工作。全省共有 20 家单位及个人分获有功单位及有功个人一、二、三等奖。

4. 部署开展打击网络侵权盗版“剑网 2015”专项行动。印发了《浙江省打击网络侵权盗版“剑网 2015”专项行动实施方案》，2015 年 7 月 30—31 日，在绍兴召开了打击网络侵权盗版“剑网 2015”专项行动专题会议，会上通报了近几年浙江省“剑网行动”开展情况，对“剑网 2015”专项行动进行了专题部署，明确了目标任务，同时也对与会人员进行了版权执法业务培训。

5. 做好上级督办案件的协调跟踪工作。2015 年 4 月 29 日，宁波市文化市场行政执法总队查处了施婷芝非法复制销售侵权盗版出版物案，经查，施婷芝自 2013 年 11 月以来，自行购买了专业印制设备，将购买的《公文数学教室》等系列教材自行通过扫描后复制、装订，并通过网店在淘宝网上销售，此案被国家版权局列为督办案件，已进入刑事起诉阶段。

（二）软件正版化工作

1. 印发《2015 年浙江省推进使用正版软件工作方案》。提出了全年软件正版化工作方案，要求各地、各部门深入持续地抓好软件正版化工作，巩固政府机关党群系统软件正版化工作成果，加快推进国有企业软件正版化工作。

2. 召开省级机关软件正版化工作会议。2015 年 5 月 28 日，召开了浙江省省级机关软件正版化工作会议，省级 84 家单位 95 人参加了会议，浙江省财政厅、省经信委、省审计厅有关同志就软件采购、配置、使用、管理、审计等工作进行了详细的讲解说明，浙江省版权局副局长单烈出席会议并讲话。

3. 举办全省市县级政府机关软件正版化工作培训会。2015 年 6 月 30 日—7 月 1 日，在绍兴召开全省市县级政府机关软件正版化工作培训会。会上，部署了下一步全省市县级政府机关软件正版化自查工作；浙江省财政厅、审计厅、经信委有关同志分别就软件资产管理、采购、审计和软件正版化如何与信息化建设相结合等问题进行了详细的讲授和解读，并提出了具体要求；宁波市、金华市交流了各自软件正版化工作的经验和做法；国家版权局版权管理司副司长段玉萍就软件正版化工作的意义和成效、软件正版化工作长效机制建设、2015 年推进软件正版化重点工作等方面进行了详细的讲解。

4. 做好中央检查组赴浙江省检查政府机关软件正版化相关工作。2015 年 7 月 28—31 日，以国家工商总局竞争执法局副局长桑林为组长的中央检查组一行 5 人，对浙江省科技厅、国土资源厅、商务厅、财政厅、审计厅、环保厅等单位的软件正版化工作责任落实、软件资产管理、软件日常管理制度制定落实情况进行现场检查，并随机抽查了 85 台计算机通用软件的安装使用情况。

2015 年 7 月 30 日下午，中央检查组在杭州听取了浙江省政府机关及党群系统软件正版化工作情况汇报，汇报会由浙江省政府副秘书长李云林主持，浙江省版权局副局长单烈做了专题汇报。在听取专题汇报后，组长桑林代表中央检查组对本次检查情况进行了现场反馈。他指出，浙江省在组织推进政府机关软件正版化工作中认识到位、领导重视、资金落实、管理严格、成效明显，并且从巩固成果、合力推进、严格考评、加强督查、宣传培训、软件采购等六个方面提出下一步的工作建议。

5. 做好对部分市县政府机关软件正版化情况督促检查工作。2015 年 11 月 12—17 日，浙江省使用正版软件工作领导小组办公室组成联合检查组对湖州市、德清县、嘉兴市、桐乡市政府机关软件正版化工作进行检查，检查组听取了湖州、嘉兴两市政府推进政府机关软件正版化工作情况，反馈了检查中发现的问题，提出了下一步工作意见建议。

6. 浙江省版权局和浙江省国资委联合印发了《浙江省推进国有企业使用正版软件工作实施方案（2015—2020 年）》。

三、版权服务工作

1. 组团赴斯里兰卡、马来西亚举办“浙江版权贸易图书展”。2015 年 9 月 17—24 日，由浙江省版权局、浙江省新闻办和有关出版、发行、图书外贸单位组成的代表团赴斯里兰卡、马来西亚举办“浙江版权贸易图书展”，对浙江省 14 家图书出版社最新出版的 1 900 种图书进行了集中展示。书展期间，代表团成员参加了第 17 届科伦坡国际书展，与斯里兰卡、马来西亚出版界同仁进行了业务交流和版权贸易洽谈，设立“百柜工程—悦读浙江”图书专柜。

活动期间，浙江出版联合集团与斯里兰卡法斯特出版公司签署了合作出版“中国文化系列丛书”框架协议，浙江教育出版社将《图说中国古代四大发明》版权输出给斯里兰卡法斯特出版公司，浙江少年儿童出版社与马来西亚红蜻蜓出版社合作出版马来语《中华好故事》(1册)和《中国原创绘画精品系列》(23册),浙江教育出版社与马来西亚有关机构就合作出版高中《科学》教材达成意向,浙江新华书店集团与马来西亚当地书店就经销中国的图书、杂志等签订了合作协议。

2. 召开全省新闻出版“走出去”工作培训会。2015年8月13—14日,全省新闻出版“走出去”工作培训会在绍兴召开,来自图书出版、电子音像出版单位和部分复制、发行单位的代表共计70余人参加了会议,会上总结了过去的工作,提出了下一步工作要求,交流了各自的成功经验。

3. 组团参加第22届北京国际图书博览会。浙江省14家图书出版社、浙江华硕国际贸易公司和有关数字出版单位在第22届北京国际图书博览会上集体亮相,参展出版物达1 000多种。中央政治局委员、中宣部部长刘奇葆,全国政协副主席罗富和等领导同志先后视察了浙江展台,对浙江出版业发展和“走出去”工作给予了充分肯定。

4. 举办了浙江—英国“新媒体时代的版权与创意产业”交流活动。2015年9月2日,由浙江省版权局和英国驻华使馆共同举办的“新媒体时代的版权与创意产业”交流活动在杭州举行,来自浙江、英国政府、出版影视界的代表共计40多人参加了活动,大家围绕行业变局中的传媒内容开发、知识产权创造与保护等展开了讨论,分享了各自成功的经验,为之后合作奠定了良好的基础。英国知识产权局版权与知识产权执法司司长和浙江省版权局副局长单烈出席并致辞。

5. 做好香港联合出版集团到浙江交流有关工作。2015年10月12—14日,香港联合出版集团一行18人到浙江访问,浙江省新闻出版等方面与他们进行了广泛的交流。通过交流,双方认为在书展、人才培训、图书版权合作、实物图书采购、电子书、高端印刷等方面有合作的基础和愿望,并进入点对点具体商谈阶段。

6. 组织召开浙江省新闻出版业向周边国家和“一带一路”沿线国家“走出去”工作会议。2015年12月4日,在杭州召开浙江省新闻出版业向周边国家和“一带一路”沿线国家“走出去”工作会议,来自全省新闻出版及有关企业、高校的70多人参加会议,会上对浙江省新闻出版业向周边国家和“一带一路”沿线国家“走出去”工作做出部署,浙江省版权局副局长单烈出席会议并讲话。

7. 继续做好作品版权登记和著作权合同登记、备案等日常工作。2015年,浙江省共登记各类作品15 354件,核准登记出版境外图书合同352件,办理涉外图书、音像制品、电子出版物制作合同登记818件,计算机软件著作权合同备案138件。

(严庆荣)

安 徽 省

2015年,安徽省版权管理工作深入贯彻落实党的十八大和十八届三中、四中、五中全会和习近平总书记系列重要讲话精神,坚持创新发展理念,紧紧围绕全局中心工作,推动科学依法管理,提供优质高效服务,为法治安徽、创新安徽建设提供了良好版权支撑。

一、版权执法监管工作

(一)“剑网2015”专项行动

省版权局会同省公安厅、省网宣办、省通信管理局等部门制定安徽省“剑网2015”专项行动方案,确定重点监管范围和领域,明确工作任务,细化工作分工,强化工作指导和监督。专项行动期间,安徽省各级版权行政管理部门会同公安部门、通信管理部门共立案查处重大典型案件7起,涉及金额百余万元。其中刑事案件2起,行政案件5起。7起案件中,申请国家版权局挂牌督办3起,获案件专项补贴18万元。此外,全省各级版权行政管理部门通过主动监管、劝诫、说服教育等纠正网络侵权行为20余起,关闭网站10余家。

(二)出版物市场侵权盗版行为专项治理行动

省版权局积极联合有关部门,开展对重点区域、重点部位、重点环节的出版物市场检查。联合省“双打”办、省“扫黄打非”办于5月15日—7月31日开展了出版物市场侵权盗版专项治理行动;参加省“扫黄打非”检查组赴蚌埠、宿州、淮北检查“两节”“两会”期间“扫黄打非”工作;配合省“扫黄打非”办公室赴亳州、六安、黄山等地检查暗访出版物市场;先后三次会同合肥市有关部门检查合肥市书刊、音像制品和电脑软件市场;赴部分重点地区督促检查,推动出版物市场“扫黄打非”深入开展;赴部分重点部位、重点环节暗访检查,发现问题及时反馈给当地行政执法部门,由其整改查处。

参加了安徽省暨合肥市侵权盗版及非法出版物集中销毁活动,共销毁侵权盗版及非法出版物72.4万余件。来自文化、新闻出版、公安、工商、城管、武警、文化经营单位和学生代表等10个方阵的460

余人参加了集中销毁活动仪式。在主会场有 10.9 万余件查缴的非法书刊、盗版音像制品、淫秽音像制品、赌博游戏机以及“黑网吧”集成设备等被集中销毁。仪式现场还举办了“扫黄打非”成果展、万人签名反盗版活动、“打击侵权盗版、保护知识产权”宣誓活动等。

（三）版权执法培训和指导工作

组织全省版权执法人员培训班，全省各市、县版权局分管领导、版权管理工作人员、执法队员近 200 人参加。培训班邀请了公安部门、检察院、版权行政执法部门专家，分别就版权案件的查办、证据的提取和使用以及版权执法的重难点等方面进行授课。同时，组织全省各级版权执法人员参加国家版权局举办的 4 期版权执法人员培训班。在案件的具体查办过程中，特别是重大典型案件，省版权局组织公安、检察院、法院、“扫黄打非”等部门专家召开联席会议，开展案情商研，指导案件查办。

（四）案件信息公开和信息报送工作

下发《关于进一步加强版权行政处罚案件信息公开与信息报送工作的通知》，明确版权行政处罚信息公开和信息报送工作的内容、范围、方式和时间等。进一步推进政府政务信息公开，增强版权行政处罚的公开性、透明性，自觉接受社会监督，提升行政执法效能。省打击侵权假冒工作领导小组办公室的检查结果显示，安徽省版权执法信息公开率和报送率均为 100%。

2015 年，安徽省共有 5 家单位（部门）和 26 名个人获得国家版权局颁发的 2014 年度查处侵权盗版案件有功单位及有功个人荣誉称号。其中，省版权局版权管理处已连续三年获得有功单位一等奖，“安徽蒋某等销售盗版图书案”入列 2014 年度全国打击侵权盗版十大案件。

二、软件正版化工作

（一）政府机关软件正版化工作

贯彻落实国务院办公厅下发的《政府机关使用正版软件管理办法》，确保安徽省政府机关软件正版化工作制度化、规范化、常态化。出台《安徽省政府机关使用正版软件工作管理办法》，涵盖了政府机关使用正版软件的工作责任、经费保障、软件采购、软件使用、资产管理、审计、与信息化工作结合、年度报告、督促检查、考核和责任追究、使用范围等内容，对安徽省政府机关使用正版软件工作的规范化、制度化、常态化做出了具体、详细规定。

针对个别政府机关单位软件正版化工作出现反弹情况，积极开展“回头看”工作，省版权局会同省商务厅，以省“双打”办的名义开展督促检查工作，敦促有关部门和单位提高思想认识，开展查遗补漏。合肥市及部分省直机关单位新增购各类通用软件 2 万余套，采购资金 2 000 多万元，有效防止反弹，巩固工作成果。

（二）企业软件正版化工作

将省属企业及所属二级企业纳入 2015 年企业软件正版化工作推进重点，进行专题部署。着力推进新闻出版广播影视行业企业软件正版化工作，将省、市党报社和广播电视台列为 2015 年重点推进工作计划，对新闻出版、广播影视行业企业开展软件正版化工作提出了详细的要求，并对具体整改工作步骤和实施流程进行了说明。全力做好省诚信示范企业软件正版化工作，在全省诚信示范企业评选活动中，将企业使用正版软件情况作为硬性指标纳入评选条件。

为确保取得工作实效，省版权局共计开展了 25 次督查行动，对分布在全省 16 个市的 28 家省属企业，50 家诚信示范企业，36 家新闻出版、广播影视行业企业（发行、出版集团、省、市党报社及广播电视台）等单位进行了现场指导和督促检查。

三、版权公共服务工作

（一）推动版权示范单位创建

积极引导符合条件的企业单位申报省级版权示范单位，充分发挥版权示范单位的引领带动作用，营造氛围，扩大影响，推动全社会版权意识。对申报单位进行严格审核，加强把关，马鞍山洪滨丝画手工艺术有限公司、马鞍山中尧网络科技有限公司、阜阳席殊书屋有限责任公司等三家单位被确立为省级版权保护示范单位。在此基础上，积极推动、指导该 3 家省级版权示范单位申报全国版权示范单位，并全部获批。

（二）积极开展作品版权登记服务工作

进一步加强版权保护，促进版权传播，指导并委托安徽省版权交易中心积极开展作品版权登记工作，全年共有 1 405 份作品申请登记，比 2014 年增长近 10%。

四、版权产业工作

（一）积极推动版权贸易

充分利用北京国际图书博览会平台，组织优秀皖版精品“走出去”。展会期间，共签订版权输出合同 621 项，实现“八连冠”，输出地区实现从华语国家和地区向非华语国家和地区突破，积极扩大皖版精品的国际影响力和核心竞争力。

（二）搭建版权交易平台

充分发挥省版权局联合合肥市产权交易所建成

的安徽省版权交易中心的作用，为版权产业企业和有关权利人搭建版权交易平台，便利版权交易，扩大版权消费。

五、版权宣传工作

（一）发布十大版权典型案件

在《安徽日报》、中安在线、安徽广播电台等媒体上发布2014年安徽省十大版权典型案例，通过典型案例的教育意义，普及版权知识，培养版权意识，震慑版权违法犯罪行为。

（二）开展版权宣传周活动

围绕“4·26”世界知识产权日，启动2015版权宣传周活动，制定并印发《2015年安徽省版权系统知识产权宣传周活动方案》。组织开展各类形式的版权宣传教育活动：联络安徽广播电视台、安徽移动网络电视等媒体播放国家版权局制作的版权宣传公益视频；印制国家版权局制作的宣传海报，选择适当的场所进行张贴宣传；组织收看中央电视台《保护知识产权》特别节目等。

（三）举办知识产权博士论坛

联合中国科学技术大学、省知识产权局、省律师协会举办“经济新常态下的知识产权发展”博士论坛，邀请中国科学技术大学、省知识产权局、省发展改革委员会等单位专家在论坛做专题报告和演讲。就“新常态下如何创新版权管理工作”和国家版权示范单位的申请与创建在论坛上演讲。有关省直机关、高校、律师事务所、企业、大学生、省内有关媒体以及国外知识产权代理机构代表共200余人参加论坛。

（琚迎迎）

福　建　省

2015年，福建省版权工作按照年初总体工作安排，围绕目标，突出重点，创新亮点，积极稳妥，有序推进，各项工作取得了新进展、新成效。

一、软件正版化工作

召开省推进使用正版软件厅际联席会议全体成员会议，制定《2015年福建省推进使用正版软件工作实施方案》与《福建省省直机关使用正版软件工作考核评定办法》，报经省政府同意下发实施，组织各市县级政府、各省直机关加强机关软件正版化长效机制建设，重点落实工作责任，巩固工作成果。从5月开始，福建省版权局组织省、市、县三级4 913家政府机关开展使用正版软件情况专项自查，各机关单位对计算机数量和软件正版许可数量进行新一轮核查、统计，报福建省版权局汇总后上报国家版权局，并初步建立了三级政府机关软件正版化责任人数据库。福建省版权局对省直各机关单位2015年度使用正版软件工作进行了考核，同时对部分机关单位进行了抽查。同时，以国有企业为重点，积极推进企业软件正版化工作，与省国资委联合制定下发《福建省省属国有企业软件正版化工作方案》，确定“十三五”期间省属国有企业软件正版化工作目标任务、方法步骤及相关要求，召开全省国有企业软件正版化工作培训会，会同省国资委、福建证监局对部分省属国有企业和上市公司使用正版软件情况进行督查。超过84家省国资委所出资企业及其二级权属企业列入软件正版化工作范围，并基本完成任务。配合国家版权局检查组对福建省新闻出版系统集团公司及所属二级公司共90家企业软件正版化工作进行检查，检查组充分肯定上述企业基本实现软件正版化，并针对存在的问题，提出指导意见，促进相关工作更好地开展。

二、版权监管工作

持续开展打击侵权盗版工作。重点是牵头会同省网信办、通管局、公安厅联合开展为期半年的打击网络侵权盗版“剑网2015”专项行动，组织、指导、协调各地查办（调解）各类侵权盗版案件58起（其中，网络侵权盗版案件29起），晋江“8·22”谭某销售盗版音像制品案被国家版权局和公安部列为联合督办案件，福州“6·20”大众小说网侵权案、福州“1·27”批销盗版和淫秽光盘案被国家版权局列为单独督办案件，涉案人以侵犯著作权罪被追究刑责。全省124家相关网站被列入主动监管范围，组织59家重点互联网企业开展自查自纠，下架未经授权的作品2万多部。全省查缴各类侵权盗版制品22万多件，关闭侵权网站11家，删除6家涉案网站侵权链接157条，处理涉案服务器26台。经福建省版权局推荐，8个单位和2名个人被国家版权局评为全国查处侵权盗版案件有功单位和个人，其中福州市检察院侦查监督处被评为有功单位一等奖，福建省版权局版权处被评为有功单位三等奖。

三、版权公共服务工作

1. 进一步做好作品登记工作。在2014年试点工作基础上，2015年全面推行网上作品登记，目前所有作品登记的申报、审核均在网上进行。全年共审核登记各类作品38 450件，同比增长53%，实现新的重大突破。同时，审核登记省内图书出版社出版境外图书合同73项，同比增长46%。

2. 积极开展版权示范工作。认真实施《福建省版权示范单位和示范园区（基地）申报评定办法》，组织各地版权行政部门动员版权相关单位开展创建工作，对 24 家申报版权示范单位、园区的单位进行实地考核，形成考核意见，建议对其中符合条件要求、具有版权示范效应的 20 家企业评定为首批“福建省版权示范单位”，1 家单位评定为“福建省版权示范园区”，经局长办公会议研究通过。

3. 协助世界知识产权组织和国家版权局在厦门成功举行“第四届世界知识产权组织版权金奖（中国）”颁奖仪式、德化陶瓷产业版权保护优秀案例示范点调研项目结项暨新闻发布会等系列活动。版权金奖是世界知识产权组织在全球开展的版权领域最高表彰机制，本届版权金奖分设作品奖、推广运用奖和保护奖三个奖项，包括莫言的《红高粱》在内的 6 部作品、8 个单位和个人获奖，其中由福建省版权局推荐上报的厦门市美亚柏科信息股份有限公司获得保护奖。这是版权金奖颁奖仪式第一次在北京以外的城市举行。

4. 加强广播影视领域版权保护。深入福建广电集团公司、福州广播电视台以及部分影视动漫企业，通过召开座谈会、上门服务等方式，加强沟通，了解福建省广电影视制作、传播机构制作、使用版权作品情况。引导其加强优秀作品创作，注重版权保护，规范版权授权使用，共同维护广播影视领域版权秩序。2015 年福建省广播影视作品和影视剧本作品登记量呈现较大幅度增长。

四、版权产业发展工作

1. 积极推进国家海峡版权交易中心实体公司组建工作。应福建省版权局请求，经请示福建省委、省政府领导，省政府办公厅同意由厦门文广传媒集团发起设立运营交易中心实体公司。6 月 10 日，国家海峡版权交易中心实体运营机构即海峡国家版权交易中心有限公司通过了工商注册登记。6 月 11 日，海峡国家版权交易中心有限公司成立揭牌仪式在厦门举行，福建省版权局局长陈必滔主持揭牌仪式，世界知识产权组织副总干事王彬颖、国家版权局副局长阎晓宏、福建省副省长李红出席揭牌仪式，阎晓宏和李红共同为海峡国家版权交易中心有限公司成立揭牌。公司成立后，积极向厦门市金融办申请筹建交易场所，获得市政府批准；调整股东及股比，筹集缴纳股东注册资本，其中厦门美亚柏科信息股份有限公司（民营）由前期投资 1 000 万元，减少为 500 万元；规划建设线下线上运营架构，积极开展版权交易服务运营平台建设；招聘专业人才，组建经营管理团队；与影视动漫界、艺术界进行合作，开展业务运营。2015 年 10 月，经国家版权局批准，国家海峡版权交易中心与中国人民大学国家版权贸易基地等全国 11 家版权交易中心（贸易基地）成立“国家版权交易中心联盟”。

2. 全面完成德化陶瓷版权保护调研项目。该调研项目属于世界知识产权组织和国家版权局合作项目，由福建省版权局和福建省德化县政府具体实施，并于 2012 年完成《版权保护促进中国德化陶瓷产业发展的研究》（调研报告）初稿，之后几易其稿，反复论证，不断完善，于 2015 年 6 月分别通过国家版权局和世界知识产权组织审定，由福建人民出版社正式出版。6 月 11 日，世界知识产权组织和国家版权局在厦门举行该项目结项暨新闻发布会，世界知识产权组织副总干事王彬颖、国家版权局副局长阎晓宏、福建省副省长李红出席并讲话，对德化通过版权保护促进陶瓷产业发展的经验给予充分肯定。德化经验将由世界知识产权组织向世界各国推广。

五、版权宣传教育工作

1. 以“4·26”为重要时间节点，制定宣传方案，组织各地开展系列宣传活动。参与召开全省知识产权宣传周活动新闻发布会，通报福建省版权发展与保护成效，福建省版权局副局长蒋达德回答记者相关提问；副局长蒋达德带队到仙游县调研红木木雕家具版权保护工作，深入红木木雕家具市场和企业宣传版权法律；在局电影处大力支持协调下，首次在省内各市县主要影院播映版权知识公益广告宣传片 5 000 多场次，受众达到 24 万人次；在福建电视台少儿频道播放由福建省版权局制作的普及版权知识系列动画片；向印刷、发行企业发送版权宣传短信 1 000 多条；派人到省内有关图书出版单位讲解版权法律知识；继续配合省委党校组织春季处级领导干部主体班赴德化开展版权现场教学活动。

2. 以“6·11”在厦门举行的国际性版权金奖颁奖仪式和德化版权保护调研项目新闻发布会等系列活动为契机，组织、协助几十家中央及省级主要新闻媒体对德化版权保护经验、厦门全国版权示范工作等福建省版权工作及其成效进行广泛、深入宣传报道，产生积极影响。

（郑开辟）

江　西　省

2015 年，江西省各级版权部门紧密围绕省委、省政府中心工作和战略部署，积极服务全省经济社会发展，全面加强版权行政执法，持续推进软件正版化工作，广泛开展版权宣传，不断提升版权公共服务水平，大力推动版权示范和版权“走出去”工作，取得了较好的成绩。

一、版权执法监管工作

“剑网2015”等专项行动初见成效，案件数量同比递增30%。根据国家版权局、国家互联网信息办公室、工业和信息化部、公安部等四部委和省政府2015年打击侵犯知识产权和制售假冒伪劣商品工作部署，江西省版权局与省互联网信息办公室、省公安厅、省通信管理局在全省联合下发了《关于开展打击网络侵权盗版“剑网2015”专项行动的通知》，全面开展第十一次打击网络侵权盗版“剑网2015”专项行动，规范互联网传播作品的版权秩序，发布了专项行动新闻稿及举报公告，向社会公开了侵权盗版典型案例。2015年，全省各级版权部门共立案查处各类案件38起，办结案件35起，其中已做出行政处罚的案件34起，刑事立案4起，法院已判决结案的1起，关闭违规网站30余家。

二、软件正版化工作

一是软件正版化工作实现了常态化管理。2015年，全省深入贯彻落实《省委办公厅关于贯彻〈政府机关使用正版软件管理办法〉的实施意见》，不断巩固软件正版化工作成果，建立完善了软件正版化工作常态化管理机制，从组织领导、责任落实、软件使用、采购管理、考核评议上严格落实层级负责制，高位推动。在全省下发了《2015年江西省推进使用正版软件工作实施方案》《关于做好推进地方国有企业使用正版软件工作有关事项的通知》等文件，省、市、县三级纷纷出台相关制度、措施，明确工作责任。及时更新完善了软件工作信息，逐级建立了软件正版化责任人数据库。

二是多措并举全面铺开江西省软件正版化工作。采取全面自查与督查整改相结合，先后下发了《关于组织开展对机关软件正版化工作进行检查的通知》（赣版权字［2015］16号）和《关于进一步落实政府机关软件正版化工作责任的通知》（赣新广发电［2015］7号），在全省范围开展政府机关软件使用情况专项自查。2015年7月和11月，分别组织开展了全省机关和新闻出版企业软件正版化工作督查，随机抽查了5个省直单位、11个设区市及其22个市直单位、11个县（区）及其22个县直单位，检查计算机共计294台，下发了《关于对全省机关软件正版化督查情况的通报》，通报了基本情况和存在问题，并责令相关单位进行了整改。全省各地也纷纷开展了各项督查和整改。在推进软件正版化工作中，还采取将软件正版化与信息化结合、与年度绩效考核相结合的做法，效果较好。如大力推广省司法厅机关“软件”与“硬件”同步建设、同步管理，受到了国家检查组的肯定。2015年11月，国家新闻出版行业企业软件正版化督查组赴赣，对江西出版集团、中文传媒股份公司和江报集团软件正版化工作取得的成绩表示肯定。

三是组织开展软件正版化工作培训。组织了“2015年第三期政府机关软件正版化工作培训班”，召开了2015年全省国有企业软件正版化工作推进会，推进部署江西省软件正版化工作，有力保障了各项工作任务落到实处。

三、版权社会服务工作

一是有两个项目入选首届国家2015年度“丝路书香工程”重点翻译资助项目。2015年，省版权局版权管理处积极组织省内出版单位共12个项目申报2015年度“丝路书香工程”资助项目，江西人民出版社《世界历史第25册：殖民扩张与南北关系》和二十一世纪出版社集团《腰门》入选首届“丝路书香工程”。

二是有两家单位获批“全国版权示范单位”。2015年，积极下发了《江西省版权局关于申报省级“版权示范单位”的通知》，在全省广泛开展版权示范单位、园区（基地）申报审核工作。2015年，新增江西日报社、江西新华发行集团有限公司两家“全国版权示范单位”和两家省级“版权示范单位”，有效发挥了版权示范单位的示范、引领和带动作用。

三是江西出版单位参加第22届北京国际图书博览会。2015年8月26—30日，联合江西出版集团，组织中文传媒旗下9家图书出版单位和新媒体出版公司700种具有“走出去”推广价值的优秀图书和最新研发的数字出版产品参展第22届北京国际图书博览会。本届博览会上，江西省举办了版权输出签约仪式、名家签约、新书发布暨版权推介会、出版人与读者交流会等活动，达成版权贸易合同与意向220种，其中版权输出合同29种、输出意向121种，引进合同1种、引进意向69种。

四是省版权公共服务平台项目顺利收官。2015年4月18日，作品登记系统以及门户网站率先上线试运行。6月，交易系统、合同备案系统、统计系统、移动客户端等全面完成开发并投入使用，11月中旬正式通过验收。江西省版权公共服务平台是省版权公共服务领域的“互联网＋”工程，是全国为数不多，技术一流，集版权登记、合同备案、版权交易、版权监管、证据保全等功能于一体的大型综合性版权公共服务平台。平台上线后，省版权登记工作已彻底摆脱以往现场申请的烦琐程序，平台运行平稳，在业内影响日广，会员注册数、微信公众号关注人数不断增加。

五是作品登记数量和质量再攀新高。2015 年，全省社会公众版权意识显著增强，作品登记数量呈现爆发式增长，全年登记总量达 3 374 件，同比增长 100.8%，连续两年翻番。作品登记的质量也不断提高，一大批地方特色版权作品如陶瓷、砚台以及富有创意的作品进行了版权登记。特别是江西广播电视台，对其开办的《江西新闻联播》《社会传真》《晚间 800》等近 80 个节目进行了版权登记；江西省著名作家孙海浪新作《鄱湖人家》、连续剧《八大山人》剧本以及《井冈山下种南瓜》等作品也进行了登记。

六是全省首家知识产权仲裁中心获批成立。2015 年，在版权部门的推动下，全省首家知识产权仲裁中心获批成立，这是全国第五家、中部地区首家知识产权仲裁机构，在全国也是首家在版权部门推动下成立的。

四、版权宣传工作

2015 年，以迎接第 20 个“世界图书与版权日”、第 15 个“世界知识产权日”和版权公共服务平台上线为契机，成功策划实施了一系列宣传活动，收到了较好的效果。

一是在全国首开“世界读书日”注入版权宣传因素的先河，取得了非常显著的成效。

二是运用电影院线宣传平台进行版权保护公益宣传。据统计，4 月 26 日—5 月 3 日期间，仅江西省星河院线 65 家影院、210 块银幕，就放映版权保护公益广告 1.9 万余次。

三是将《著作权法》纳入《江西省 2015 年普法教育工作要点》，在全省铺开学习和宣传。

四是在江西法制网开设“江西知识产权宣传月”版权宣传专栏。为加强知识产权宣传普及，江西省版权局与省普法办和新法制报社在江西法制网联合开展了以“因乐而动，为乐维权”为主题的“江西知识产权宣传月”版权宣传活动，江西省“百万网民学法律”4—5 月《著作权法》网上专场即时上线，同时还开设了“百万网民学法律”《著作权法》网上知识竞赛活动，并设置奖项、颁发奖品，激发了广大网民的学习热情。

五是推动新闻媒体广泛参与版权保护宣传。据不完全统计，《人民日报》、《光明日报》、《江西日报》、新华网、人民网、中国日报网、网易、新浪、中国文明网等几十家平面媒体、广电和网络媒体对江西省版权宣传活动进行了报道或转载。特别是《江西日报》继 4 月 26 日专文刊载《版权保护在行动》报道后，7 月 15 日又以《版权登记快速增长中的喜和忧》为题，再次聚焦省版权保护平台建设和作品登记工作。

（钟　娜）

山　东　省

2015 年，根据国家版权局的工作部署，山东省版权局结合工作实际，按照版权保护、产业发展和社会服务“三位一体、整体推进”的工作思路，高点定位，强化措施，突出重点，紧紧围绕“突破版权”开展工作，取得了六大突破。

一、打击侵权盗版专项行动

（一）严格执法监管，积极查处侵权盗版大案要案

山东省版权局始终把案件查办作为版权执法重中之重。2015 年，全省共打掉地下非法印刷、发行、藏匿窝点 65 个，查办各类案件 466 起，其中依据著作权法律法规查处的案件 103 起，行政处罚案件 94 起，刑事移交判决的 9 起，收缴各类非法出版物 120 多万件。2015 年，山东省版权局先后向国家版权局申请督办案件 11 起，其中菏泽“4·13”侵犯著作权案、济南李某涉嫌制售侵权盗版图书案、济南贺某制售侵权盗版出版物和非法出版物案、青岛“9·23”肖某侵犯著作权案、青岛“8·17”网络侵犯著作权案、潍坊王某某侵犯著作权案等 6 起重大案件定为国家版权局督办案件；青岛“1·28”侵犯著作权案、青岛“3·27”侵犯著作权案、临沂“5·20”侵犯著作权案、威海新航船务服务中心等制售侵权盗版图书案、德州市德城区“9·17”销售侵权盗版出版物案等 5 起案件由国家版权局给予办案经费补贴。2015 年，国家版权局给山东省 11 起重大侵权盗版案件拨付办案经费补贴共计 56 万元。

2015 年 4 月，国家版权局在青岛举办首期版权执法培训班，山东省版权局做《山东省版权执法情况介绍》典型发言。6 月，国家版权局在厦门举办全国版权执法监管工作座谈会，山东省版权局做《多措并举，促进版权执法工作》经验介绍。12 月，在南宁的全国版权执法高级研修班上，山东省介绍版权执法经验。

（二）开展专项整治，加强重点领域监管

在开展版权执法专项行动过程中，始终将开展打击网络侵权盗版专项治理“剑网行动”和开展印刷业专项整治行动以及开展图书、软件、音像制品市场集中检查整治行动作为重点任务，抓实抓好。同时根据不同阶段的任务和工作要求，结合市场变化的情况，对出现问题比较集中的环节和部位加强执法。组织开展了“清源”、“固边”、“净网”、“秋风”、“护苗”、高速公路服务区出版物经营点集中清查行动，打击盗版教材教辅专项行动，“两节”“两会”期间出版物市场集中清查行动，打击盗版工具书专项行动，整治非法少儿出版物专项行动，打击非法预装计算机软件专项行动等有针对性的专项整治行动。通过重点与日常监管相结合的执法手段，使各专项行动能够抓铁有痕，深入开展，取得了较大成果。

一是加大对印刷复制企业的源头治理。山东省和各市版权执法部门会同“扫黄打非”、公安、工商等部门，开展打击违规非法印刷集中行动，进一步加强对印刷复制企业的监管。对印刷工具书和教材教辅等各类出版物、包装装潢印刷品及商标标识标签的企业和复制光盘及计算机软件的企业进行专项检查，严厉查处非法印刷复制和出售标识标签等印刷品的行为。2015年专项行动期间，共检查印刷复制企业1.5万多家次，收缴非法印刷品3万余册，行政处罚案件130起，罚款10万余元。

二是开展图书、软件、音像制品市场集中检查整治行动。与“扫黄打非”工作密切配合，以查缴违禁非法出版物为重点，持续对图书、软件、音像制品集中经营场所和批发零售单位，城市繁华街区，旅游景点，集贸市场等重点场所及印刷企业进行全方位监控、高密度清查。全省共出动执法检查人员12万余人次，查处案件333起，查缴各类侵权盗版出版物120万余册（盘），清理取缔非法游商摊点326个。

三是着力抓好“剑网行动”。省版权局、省互联网信息办公室、省通信管理局、省公安厅四部门成立山东省“剑网行动”领导小组。统一部署涉及全局的主要任务，负责协调解决专项治理行动中的重大问题，督办重大案件，指导各市开展工作。2015年“剑网行动”期间，全省共查处网络侵权盗版案件30起，已刑事移交的3起，关闭侵权网站18家，有效维护了全省网络版权环境。

（三）加强督导检查，消除问题隐患

山东省将督导检查版权执法工作作为掌控市场动态，解决苗头性、倾向性问题的有效措施来抓，组织力量，不间断地对出版物市场进行暗访检查，对有关工作落实和专项行动开展情况进行督导。2015年，组织10多个暗访督查组，由有关负责同志带队，采取不打招呼、一竿子插到底的办法，直接深入出版物市场和印刷发行单位，特别是存在较多问题和隐患的重点地区、重点场所、重点部位。对暗访督查中发现的问题，通过现场办公、下发通报、约请谈话、跟踪督办等方式，督促有关市迅速进行核查整改处理。省版权局先后4次下发通报，及时将暗访检查发现的问题和工作开展情况通报全省，3次约谈有关市负责同志督导其采取有效措施认真核查整改本地存在的问题。有关市按照省里的通报和约谈要求，对存在的问题迅速进行了解决。各地也都层层组织力量，进一步加强了暗访督查，比较好地控制了出版物市场动态变化，使出版物市场存在的一些问题得到及时解决，一些隐患得到及时消除。

（四）加大宣传力度，营造舆论氛围

为推动专项行动的顺利开展，省和各市采取多种形式，扩大宣传，广造舆论，努力营造有利于专项行动的良好氛围。

一是按照全国打击侵权假冒工作领导小组办公室《关于进一步做好打击侵权假冒信息报送和数据统计工作的通知》（打假办发［2014］1号）和国家新闻出版广电总局《关于下发〈新闻出版（版权）行政执法部门依法公开制售假冒伪劣商品和侵犯知识产权行政处罚案件信息的实施细则（试行）〉的通知》（新广出发［2014］56号）要求，制定了《山东省新闻出版广电（版权）行政执法部门依法公开制售假冒伪劣商品和侵犯知识产权行政处罚案件信息的实施细则》。按照《细则》要求，2015年全省共公开侵权盗版案件信息103件。

二是组织多种形式的宣传活动。省版权局每年都利用“4·26”世界知识产权日等重要时期，通过省内主要媒体广泛宣传开展打击侵权盗版专项行动的意义和重点任务，发布打击侵权盗版案件信息，宣传《中华人民共和国著作权法》等法律法规；开展侵权盗版及非法出版物集中销毁活动，发放反盗版宣传单，开展版权法律咨询等系列宣传活动；向社会公布省版权局和17市版权执法部门举报投诉电话、举报邮箱，充分发挥社会公众的监督作用，对侵权盗版违法行为形成震慑力，进一步提高全民自觉使用正版、抵制盗版的意识。2015年3月17日，省政府新闻办公室召开了“版权保护与发展”新闻发布会，有50多家媒体参加，公开发布了山东省2015年版权重点任务，引起良好反响。4月，组织全省 17 个市举行侵权盗版及非法出版物集中销毁活动，共销毁侵权盗版及非法出版物 110 万件，张贴宣传海报，向群众、学生发放绿书签、反盗版宣传单 2 万余张。公开曝光了山东省 10 起侵权盗版典型案件。省版权局负责同志 4 次参加山东广播电台《阳光政务》热线节目，宣传打击侵权盗版、推进软件正版化工作成果及有关法律法规，受理举报、解答咨询。2015 年 4 月和 11 月，国家版权局组织中央媒体“版权相关热点研修班”两次走进山东，宣传报道山东在版权保护和版权创意产业发展的做法。

二、软件正版化工作

2015 年，山东省确立了“以制度建设为中心，完善经费保障和政府采购两项机制，强化监督检查、责任考核和宣传培训三项举措”的工作思路，全力抓好软件正版化长效机制建设。

（一）政府机关软件正版化工作

为使党政机关使用正版软件成为新常态，在全社会营造版权保护的良好氛围，山东省在推进软件正版化检查整改工作中，坚持检查整改与建章立制相结合，先后下发了《山东省政府机关使用正版软件管理办法》《山东省省级机关软件资产管理办法》《山东省软件正版化工作联席会议议事制度》《软件正版化工作督导检查制度》等一系列规章制度，形成了较为完备的制度体系，有效保障了正版化工作的顺利开展。2015 年，省版权局、省财政厅、省机关事务管理局联合制定下发了《关于建立健全政府机关采购使用正版软件长效机制的通知》，要求各级财政部门、各有关单位要建立健全采购正版软件的资金保障、采购、配置、使用、处置等规章制度。威海市由市委办、市府办制定《党政机关使用正版软件管理办法》，成为全国首家市级制定软件正版化管理办法的地市；淄博市建立了全市使用正版软件监管平台，通过技术手段加强对全市党政机关使用正版软件的管控力度；全省其他各市、省政府各部门、单位也根据《山东省政府机关使用正版软件管理办法》制定了实施意见，逐步实现软件正版化工作规范化、常态化。

（二）企业软件正版化工作

按照国家《关于做好推进地方国有企业使用正版软件工作有关事项的通知》要求，山东省认真做好推进国有企业使用正版软件工作。2015 年 4 月，省版权局联合省国资委制定了《关于推进全省国有企业软件正版化工作实施方案》，对推进全省国有企业使用正版软件工作提出了具体的任务目标和要求部署。遵循“先大后小、依次推进”的原则，将规模较大、效益水平较好、管理能力较强、知识产权保护意识较高的省管企业作为 2015 年度推进国有企业软件正版化工作的重点。市级国有企业由各市文化广电新闻出版局、版权执法部门与本市国资监管机构积极协调，制定本市推进国有企业使用正版软件工作实施方案，规定了落实措施和时间节点。9 月 2 日，省版权局、省国资委联合在济南召开推进国有企业软件正版化工作座谈会，山东黄金集团等 19 家企业代表及北京金山软件等 3 家软件厂家参加了会议。11 月 5 日，省版权局联合省国资委在济南召开了全省国有企业使用正版软件培训会议，各市文化广电新闻出版局、文化市场执法局、国资监管机构使用正版软件工作分管领导及相关工作负责同志，各省管企业使用正版软件工作分管领导及相关机构主要负责同志，相关软件企业代表共 150 余人参加了会议。会上对国有企业使用正版软件工作做了进一步部署，要求各市、各国有企业一定要高度重视软件正版化工作，要按照国家要求，保质保量按时完成检查整改任务，坚决依法查处使用盗版软件情节严重且拒不整改的违法企业，增强企业依法经营、使用正版软件的自觉性和主动性。全省各市版权部门和国资部门联合下发本市国有企业使用正版软件工作实施方案。青岛、济南、威海、临沂、烟台等版权部门和国资部门联合召开了全市国有企业使用正版软件工作会议。

（三）严格督查培训

成立督查组，定期对省、市、县三级党政机关软件正版化工作进行督查。2015 年，共组织软件正版化检查 6 次，实地检查党政机关部门 20 个，检查电脑 100 多台。组织党政机关软件正版化培训 6 次，培训人员 700 多人。2015 年 8 月，国务院检查组抽查了山东省 5 家省级机关的 84 台计算机，对山东省“加强源头管理、规范软件采购”“确立一个标准、建立一份台账、把住四个关口”的经验做法给予了充分肯定。9 月，国家版权局在南昌举办软件正版化培训会议，特邀山东省版权局做《创新机制，多措并举，全力推进软件正版化长效机制建设》典型发言。11 月，国家版权局在北京召开部分省市推进软件正版化、促进软件产业发展座谈会，邀请山东省版权局做《推进软件正版化，促进我省软件产业发展》发言。

三、版权产业工作

（一）积极培育版权示范城市，示范单位、园区（基地）

2015 年，即墨市继昆山市、张家港市等县级市之后，被批准列入创建全国版权示范城市行列。临沂市也积极申请创建全国版权示范城市。山东省7家单位企业获得全国版权示范单位称号，公布省级版权示范单位、园区（基地）44家，为版权产业发展打下良好基础。

（二）版权交易活动

2015年，通过积极推动，三家国家级版权交易中心（贸易基地）——青岛国际版权交易中心东、西区和台儿庄国家版权贸易基地，两家省级版权交易中心形成了“3+2”模式，在版权交易、质押、评估、投融资等方面发挥了独特作用，初步形成东西两翼带动中间突起的版权交易服务架构。青岛国际版权交易中心西区积极开拓版权产业服务实体经济能力，在全国首个提供版权质押、评估、融资一条龙服务。2015年，版权评估总额近2亿元，解决融资2 000万元，仅为新近入驻青岛的“北斗导航”一项评估就1.4亿元，为创新经济和实体科技企业发展带来新模式，为服务青岛创新科技发展做出巨大贡献。

潍坊云计算与天下雍和国际版权交易中心有限公司合作主要从事已进行版权登记的艺术品的股权式交易，以此在艺术品市场实现去伪存真、保值增值的目的。俄罗斯画家举办油画展，展出的103幅作品全部进行版权登记并实现交易，交易额为100万元。

山东文交所借鉴股权托管质押的模式，以版权登记和艺术品版权登记备案为依托，结合版权价值评估、版权登记、版权质押、合同备案等手段，探索了版权托管登记和质押模式。山东文交所与民生银行、青岛银行等金融机构开展了艺术品、影视作品版权质押试点业务。

（三）积极举办版权交易博览会

4月29日—5月1日，山东省版权局与中国版权协会、青岛市政府主办了第二届中国青岛·东北亚版权创意精品展示交易会，这是唯一由地方举办的国际性版权类综合展会。展会期间共接待专业观众和社会观众9万余人次，实现版权项目交易20余项，交易额超过20亿元人民币，实现版权项目融资15亿元。

按照“版权贸易、跨界融合、文化创新、行业转型”的理念，推动“第50届全国工艺品交易会”在青岛举办。该交易会是工艺美术行业内规模最大、档次最高、奖项最权威的国家级盛会，被誉为工美行业的“广交会”。来自全国28个省、自治区、直辖市的近千家企业参展。经初步统计，5天展期内参观交易会人数超过10万人次，现场交易额1.2亿元，总计订货销售额达4.2亿。

（四）开展版权产业调研

由于山东省版权创意产业增加值提高快，版权产业已成为名副其实的支柱产业，版权在促进经济增长、创造就业机会、扩大对外贸易中的作用日益明显。省版权局拟委托中国新闻出版研究院对山东全省版权产业的国民经济贡献率进行调研，并发布正式调研报告。

四、版权社会服务体系建设

（一）版权登记平台建设

山东省开发使用的数字版权保护平台拥有20年山东省版权作品登记资料库，权利人可以24小时网上注册登记，登记、审核、发证等所有手续一律免费。在此基础上，又在全省开通了12个登记端口，建立起了省市联动的版权登记工作机制。

（二）作品登记的数量与质量

从全部实现网上免费登记之后，著作权人作品登记的积极性大大提高。2015年，山东省版权作品登记数量已超过5万件，作品登记量较上年明显提高。同时，作品登记质量也大幅提升，登记领域涵盖文学艺术、广播影视、新闻出版、动漫游戏、工艺美术、工程设计、广告设计、包装设计等。

五、版权宣传培训工作

为了提升公众的版权保护意识，通过积极努力，山东省逐步建立起由政府主导、新闻媒体支持、社会公众广泛参与的版权宣传普及教育常态化机制。山东省提出的“凡有创意的地方，版权社会服务都要跟上去”的服务理念得到国家版权局和兄弟省市好评。

（一）宣传工作新突破

2015年3月，省政府新闻办公室举办了版权保护与发展新闻发布会，宣传推介山东省版权工作，有70多家媒体参加，在社会上引起良好反响。

2015年连续两次邀请中央媒体版权研修班来山东省，集中宣传报道省版权工作及版权产业发展成就。第一次是4月28—30日，“中央媒体版权研修采访团”走进青岛，30余名来自《人民日报》、新华社、中央电视台、中新社、人民网、中国网、澎湃新闻等媒体的记者参观采访了第二届中国青岛·东北亚版权创意精品展示交易会。采访团共刊发关于山东省版权工作及“青岛东北亚版交会与书展”相关活动稿件500余件次；百度相关搜索2 500万余条；新华社关于此届“版交会与书展”发通稿两篇，同时兼发对外线路进行多方位展示，被70余家媒体采用；中央电视台《新闻联播》对“版交会与书展”开幕盛况进行了报道。第二次是11月13—15日，中央媒体记者采访团走进济南，对“十二五”期间山东省版权工作进行实地调研和采访。为实现出版、广电重点行业部门版权管理工作新突破，山东省版权局特别安排到山东出版集团、山东影视传媒集团实地采访。共刊发稿件20余篇。《中国新闻出版广电报》以“专版”形式充分报道山东“十二五”期间版权工作新突破。

结合版权工作特点，进一步抓好宣传工作。据初步统计，上半年山东省版权管理处在国家版权局网站、《中国新闻出版报》、《中国知识产权报》、山东省版权局网站、山东新闻出版广电信息、《大众日报》、《齐鲁晚报》等媒介，刊发文章50多篇。配合“世界知识产权日”活动，4月24日，联合济南市文化广电新闻出版局、山东友谊出版社在济南市胜利大街小学共同举办了“版权进校园”系列活动启动及版权示范单位授牌仪式，向青少年提供版权公共服务宣传，有效提升全社会版权保护意识。以此为契机，推动各市开展一系列宣传活动，如潍坊市开展了版权宣传月活动，青岛市邀请国家版权局副局长阎晓宏在全市党政机关干部会议上做版权辅导报告，威海市邀请国家版权局版权管理司司长于慈珂为全市宣传部机关干部、版权行业员工等授课，效果很好。各市还结合各自的特点，举办咨询、论坛、讲座、开放日、报告会、展览等，开展版权进课堂、社区、企业、家庭、园区“五进”活动，提高了整个社会版权保护意识。

（二）培训工作新突破

加强全省版权管理与版权行政执法人员系统培训。4月，承办国家版权局举办的全国执法培训班，17市版权管理人员、版权执法人员共50人参加培训。8月，国家版权局在内蒙古举办软件正版化培训班，山东省组织18人参加培训。9月，举办全省版权工作培训暨版权保护与发展现场会，各市文广新局、文化执法局，部分国家、省级版权示范单位有关负责同志共148人参加会议。11月，举办全省企业软件正版化培训班，150人参加培训。

六、版权对外合作

2015年，山东省版权局成功承办了第二届中国青岛·东北亚版交会暨正版优秀图书展和第十一届中韩著作权研讨会，青岛市文广新局承办了第50届全国工艺品交易会。山东出版集团与韩国文化体育观光部、韩国中小出版企业协会共同主办的“2015年中韩图书贸易洽谈会”取得丰硕成果，共签订版权输出合同65项，达成输出意向58项，为版权贸易开展带了好头。

积极协调有关省市，牵头成立全国版权示范城市联盟。4月29日，青岛市文化市场行政执法局代表全国版权示范城市发出了《全国版权示范城市联盟倡议书》。

进一步规范涉外著作权合同登记、著作权专有权合同备案及著作权转让合同备案工作。2015年上半年，涉外出版合同备案227份。

2015年6月12日，第四届“世界知识产权组织版权金奖（中国）”评选结果揭晓，山东省推荐的青岛出版集团有限公司获得“推广运用奖”，明天出版社的《笑猫日记》获得“作品奖”。

（高　睿）

河　南　省

2015年，河南省版权局深入贯彻落实党的十八大、十八届四中全会和五中全会精神，紧紧围绕继续深入推进使用正版软件工作、提高版权监管执法水平、查处侵权盗版案件、开展打击侵犯知识产权和制售假冒伪劣商品专项行动、加强普法宣传教育等中心任务认真扎实地开展工作，各项任务顺利完成。

一、软件正版化工作

一是继续推进全省政府机关软件正版化工作。根据国家版权局要求，河南省2015年继续做好软件正版化工作。向全省党委、人大、政府、政协、法院、检察院部门转发了推进使用正版软件工作部际联席会议办公室《关于进一步落实政府机关软件正版化工作责任的函》，布置了河南省2015年的软件正版化工作任务。要求全省各级机关高度重视软件正版化工作，加强组织领导，进一步做好自查整改。同时加强软件资产管理，建立健全软件资产管理办法，建立软件资产台账。制定软件正版化工作考核办法，把软件正版化工作纳入年度目标任务考核体系。

二是部署推进全省国有企业使用正版软件工作。根据国务院统一部署及国家版权局、国务院国资委《关于做好推进地方国有企业使用正版软件工作有关事项的通知》（国版发［2015］1号）要求，河南省版权局联合河南省政府国资委下发了《关于推进河南省国有企业使用正版软件工作的通知》（豫版联［2015］1号），对全省国有企业软件正版化工作做出部署。截至2015年底，河南省国有企业软件正版化工作已完成自查工作。

三是推进民营企业使用正版软件工作。根据国家版权局办公厅、全国工商联办公厅《关于做好推进民营企业使用正版软件工作有关事项的通知》安排，河南省版权局与河南省工商业联合会联合发出《关于做好推进民营企业使用正版软件工作有关事项的通知》（豫联（办）［2015］24号），对河南省民营企业使用正版软件工作做出部署，要求按照“先易后难、分步推进”的原则，逐步推进民营企业使用正版软件，制定措施，建立使用正版软件的长效机制。

四是继续做好新闻出版行业企业软件正版化工作。要求所有新闻出版行业集团及二级企业明确软件正版化工作目标，继续做好软件正版化整改工作，对使用的未经合法授权的软件，采取有效措施及时予以更换，并建立软件资产管理制度，以顺利完成国家版权局的督查验收。同时，按照国家版权局《关于举办2015年新闻出版行业企业软件正版化工作培训班的通知》（权司［2015］155号）要求，河南省新闻出版行业集团总部及未完成软件正版化整改任务的新闻出版行业二级企业参加了软件正版化工作培训班会议。

五是做好金融企业软件正版化工作。按照国家版权局要求，河南省开展金融、保险、证券行业企业软件正版化工作。要求相关企业做好软件正版化自查工作，并做好检查整改，建立软件资产管理制度，完成软件正版化工作整改任务。

二、版权监管执法工作

一是加大日常监管执法工作力度，严厉打击侵权盗版。2015年，坚持日常监管与专项行动相结合，加强版权行政监管执法。一方面结合“双打”专项行动，加大对全省版权监管执法情况的检查督导力度，加强与各地版权行政部门和相关职能部门信息沟通和工作配合，强化对印刷复制源头企业、出版物仓储物流运输企业、出版物批发零售经营商家的监督和管理。另一方面按照国家版权局部署，继续联合有关部门开展打击网络侵权盗版的“剑网行动”，针对网络文学、音乐、视频、游戏侵权盗版开展专项治理。开展打击假冒书画作品专项治理行动。

二是做好国家版权局督办案件组织查办工作。河南省向国家版权局提请督办案件六起，最终巩义市竹林新华印刷厂涉嫌侵犯他人著作权案，巩义市赵现忠盗版图书仓库案，滑县安阳云海印务侵权案，滑县李夺彩印厂盗版图书案，驻马店市平舆县新华书店有限公司涉嫌发行侵权盗版出版物案，周口贩卖淫秽、盗版光盘案等六起案件列入国家版权局挂牌督办案件，并获得办案经费补贴36万元。

2015年，河南省版权局联合河南省省公安厅、河南省检察院赴安阳市、驻马店市、巩义市、滑县等地对查处侵权盗版案件进行协调、指导、督办。督办现场查看侵权盗版书籍，就查处侵犯著作权行政执法依据和执法程序、行政执法与刑事司法衔接这些问题提供帮助或咨询，督促案件进度，现场解决基层执法工作中遇到的一些问题、难题，受到了各地文化市场综合执法队和公安部门的好评，达到了联合督办侵权案件的预期效果。

截至2015年底，巩义市竹林新华印刷厂涉嫌侵犯他人著作权案、巩义市赵现忠盗版图书仓库案已移交郑州市检察院进行起诉，滑县安阳云海印务侵权案、滑县李夺彩印厂盗版图书案、驻马店市平舆县新华书店有限公司涉嫌发行侵权盗版出版物案已经审判，周口贩卖淫秽、盗版光盘案已在移送。

三是举办全省版权执法培训班。2015年7月1—3日，2015年全省版权行政执法培训班在郑州举办。全省18个省辖市文广新局、文化市场综合执法支队，10个省直管县文广新局和文化执法大队共130余名执法干部参加了培训。

培训班邀请了国家版权局、公安部、中国版权保护中心、江苏省扬州市文化市场综合执法支队专家授课，课程就著作权行政执法依据和执法程序、互联网环境下的版权行政执法、著作权行政执法与刑事司法衔接等方面展开。专家们的授课浅显易懂，以案说法，贴合现实工作，对河南省基层版权行政执法工作有较强的指导作用，解决了基层执法工作中遇到的一些难题，受到学员们的好评，培训收到了预期的效果。

四是河南省共有20个单位和个人在2014年度查处侵权盗版案件有功单位、有功个人评选中获奖。2015年，河南省版权、新闻出版广电、文化综合执法、公安、电信、工商、海关、网信办（网宣办、网管办）、法院、检察院等部门系统涌现一批查处侵权盗版案件表现突出的办案单位、办案个人或专案组。在2014年度查处侵权盗版案件有功单位和有功个人评选中，共有11个单位获评有功单位，9个个人获评有功个人。其中，有功单位一等奖4个。

三、版权普法宣传工作

2015年4月26日，河南省版权局在郑州市文博广场举办2015年“世界知识产权日”活动。活动以宣传省、市、县三级政府软件正版化工作全部完成为重点，同时宣传打击侵权盗版案件取得的显著成就。

河南省版权局通过展板、现场讲解、发放宣传资料等形式，开展了丰富多样的保护知识产权宣传活动，充分展示了版权保护和版权行政执法工作取得的成效，并现场接受群众关于版权登记、侵权盗版投诉等方面的咨询，共发放《版权登记指南》《著作权行政投诉指南》《著作权法律法规选编》等书籍200余册，受到群众欢迎。

四、培育版权保护示范园区工作

根据国家版权局《全国版权示范城市、示范单位和示范园区（基地）管理办法》，河南省版权局在全省范围内对企业版权保护环境，自主创新能力，智力成果的创造、运用、保护和管理情况进行调研，先后调研了郑州市高新技术开发区、郑州市国家知识产权示范园区等部门，对园区企业宣讲了版权保护知识，摸清了园区企业版权保护现状，也为全省示范园区建设工作做好了摸底、培育工作。

五、著作权行政管理部门机构设置摸底工作

按照国家新闻出版广电总局《关于报送著作权行政管理部门机构设置有关情况的通知》要求，河南省统计了全省市县两级版权行政管理部门和版权行政执法机构情况，摸清了河南省著作权行政管理部门机构设置情况，进一步理顺了版权行政执法监管工作机制。

六、作品著作权登记和版权贸易合同审核登记工作

继续开展作品著作权自愿登记工作，认真做好版权贸易合同审核登记，为公众提供良好的公共服务。2015年共受理各类作品著作权登记643件，审核登记出版单位从国、境外引进版权贸易合同529件。

（焦艳娜）

湖　北　省

2015年，湖北省版权行政执法管理部门认真贯彻落实全省新闻出版广电工作会议精神，坚持以建设版权强省为目标，以“双打”“剑网”等专项行动为抓手，注重加大版权行政执法力度，严厉打击各类侵权盗版行为，不断巩固软件正版化工作成果，加速推进版权产业发展，努力提升公共服务管理水平，严格落实“三严三实”要求，切实加强自身能力建设，保证了年度各项任务圆满完成。

一、版权行政执法管理工作

按照国家版权局和湖北省打击侵犯知识产权和制售假冒伪劣商品（简称“双打”）领导小组的统一部署和要求，依托“双打”“剑网”专项行动，查处了一批侵权盗版案件，有效打击了各类侵权盗版行为。在2014年度国家版权局查处侵权盗版有功单位和有功个人评奖活动中，湖北省有26家单位、17名个人获奖，其中单位一等奖4个、二等奖7个、三等奖6个，个人二等奖2个、三等奖6个，奖金总额58万元，综合排名全国第五位。荆门“10·12”侵犯网络游戏著作权案被评为国家版权局2014年度打击侵权盗版十大案件，《知音漫客》杂志被侵权系列案被评为“剑网2014”专项行动十大案件。省版权局版权管理处先后三次在青岛、厦门和呼和浩特举办的全国版权行政执法监管座谈会和版权执法人员培训班上介绍了湖北省加强版权执法管理，打击侵权盗版工作的成功经验。

（一）加大侵权盗版案件查处力度

全省各级版权行政执法部门积极收集线索、加大巡查检查力度、突出重点区域，注重协调配合，查处了一批大案要案。武汉“章太原侵权盗版出版物批销案”（“2·13”案）、“孙静芳侵权盗版出版物批销案”（“2·20”案）已审结宣判；黄石“亿通书店”侵犯著作权案等已按规定移送公安机关立案侦办，犯罪嫌疑人已经锁定；荆门“073漫画网”涉嫌侵权著作权案已被国家版权局挂牌督办。全年全省各级版权行政执法部门累计查处各类侵权盗版案件34起，移送公安机关3起。在“剑网2015”专项行动期间，4部门累计办理（含核查）案件线索540多起（含国家版权局移送、权利人投诉、通管部门提供线索），查处侵权盗版或非法互联网视听网站51家，对相关工作开展不力的5家互联网接入企业下达了整改通知书。其中，“51ape网”侵犯线索已回复国家局，“风音音乐”“海水之声”侵权线索已转荆门和十堰市版权行政执法部门查办。

（二）强化“两法”衔接联动机制建设

7月初，省版权局组织召开了“两法”（版权行政执法与刑事司法）衔接工作座谈会，邀请省公安厅经侦总队、网安总队，省互联网信息办公室，省通信管理局和武汉市文化市场综合执法支队等相关单位对口业务部门领导及相关人员参会。对版权行政执法和刑事司法工作中遇到的证据标准不统一、联合办案机制不健全、运行渠道不顺畅等具体问题进行了认真研究和深入交流。尝试建立“两法”衔接联席会议制度，形成常态运行机制，定期组织召开联席会议，指定信息联络员，创建微信工作群，强化部门协作，实现优势互补，共享信息资源，为版权执法管理提供坚强有力的组织领导保障。

（三）加强行政监管队伍培训工作

4月中旬，省版权局联合华中科技大学主办了首期华中知识产权专业技术人员高级研修班，来自省内外相关领域、相关部门、相关单位及驻鄂高校、企业从事知识产权创造与保护、开发与应用的各类从业人员，6个行业、121个单位共计212人参训。省辖县市以上版权行政管理部门及版权行政执法队都派人参加了培训，省人民检察院、武汉市法院等知识产权部门司法人员也参加了培训。通过联合办班，创新了版权执法队伍教育培训模式，充分发挥高校教学资源和政府行政资源优势，取得较好的效果。积极组织人员参加国家级执法培训，先后3批选送20余人参加4期国家版权局版权执法培训。

（四）开展执法维权宣教系列活动

以版权宣传活动为主要载体，突出重点时段，抓住重点时机，创新宣教形式，取得了较好的宣传教育效果。

一是配合拍摄普法专题片。湖北省版权局与央视社会与法频道《一线》栏目合作拍摄了有关“规范网络转载”的央视知识产权日特别节目《依法而转》，并于“4·26”世界知识产权日当天在央视黄金时间播出，取得了良好的宣传教育效果。

二是组织开展知识产权法律法规巡回宣传活动（进高校、进社区、进单位）。先后在湖北大学、武汉理工大学组织开展了“全国知识产权宣传周”版权宣传进高校主题活动。还分别到华中图书交易中心和湖北出版文化城图书批发市场开展了版权宣传活动，增强经营单位自律意识和依法经营意识。先后走进博润通、亿童文教、湖北科技出版社等多家版权产业单位，向企业宣传版权保护的重要意义和作用，对员工进行版权法律法规知识培训。

三是组织开展侵权盗版物集中销毁活动。武汉、黄石、襄阳等市州同步在当地举行集中销毁活动，共销毁各类侵权盗版及非法出版物113万件。

四是指导驻汉高校开展第五届知识产权“法理争鸣”辩论赛。积极指导湖北高校法学辩论联盟、武汉市文化局（版权局）共同举办了第五届“法理争鸣”法学专业辩论赛暨2015年版权专题辩论赛，取得良好的示范教学效果。

五是利用微博等新兴载体开展在线宣传活动。开展了“关注局官方微博，编辑#知识产权保护#宣传标语@官方微博送小礼物”的在线互动活动，受到民众的普遍欢迎。局官方微博关注率上升了近20个百分点，版权行政管理部门逐渐进入普通公众的视线，受到广泛关注。

（五）开展维权服务工作

根据权利人的举报、投诉，处理了Altium Limited（Altium公司）投诉举报襄阳万州电气股份有限公司武汉研发中心涉嫌侵犯著作权、广东咏声动漫股份有限公司投诉“猪猪侠”三维动画形象被侵权案等两起投诉。为黄梅县文化局关于《黄梅采茶戏》涉嫌侵犯著作权提供了法律咨询服务。2015年以来，为公安、文化行政执法等司法行政机关出具出版物鉴定27份、出版物鉴定复函20份、侵权复制品认定25份、侵权比对书2份，共涉及出版物1 273种，图片近10万张，为公安机关、文化行政执法部门有效打击侵犯著作权行为提供了法律依据。

二、软件正版化工作

2015年软件正版化工作的重点是贯彻落实《政府机关使用正版软件管理办法》（国办发［2013］88号），积极巩固政府机关软件正版化工作成果，分步推进国有大中型企业软件正版化工作。

（一）加强软件正版化工作组织领导

4月10日，以省推进使用正版软件工作领导小组名义，组织召开省推进使用正版软件工作领导小组成员单位联席会议，省政府分管领导、省推进使用正版软件工作领导小组成员单位负责人和联络员出席会议，讨论通过了《湖北省2015年推进使用正版软件工作计划》和《湖北省2015年推进使用软件正版化督查工作实施方案》，明确了全年的工作任务和要求，确保软件正版化工作任务明确。

（二）开展政府软件正版化督查检查

为切实贯彻落实《政府机关使用正版软件管理办法》的相关规定，持续推动政府机关正版软件管理精细化和正轨化。从6月底开始，先后组织17个督查检查组由成员单位厅级领导带队对省直单位、17个市州、80多家企业进行了覆盖式督查检查，发现问题，查漏补缺，防止出现反弹。11月初，省部分新闻出版行业企业二级单位再次接受国家局督查，长江日报报业集团等3家企业及其二级单位顺利通过检查，并以扎实的工作得到检查组的好评。

（三）企业软件正版化工作

为进一步推进国有大中型企业软件正版化工作，省版权局联合省国资委下发了专门通知，为推进国有企业软件正版化工作明确了时间界限、工作目标和具体要求。根据软件正版化工作部署和权利人投诉，全年组织人员对省内80家企业使用正版软件情况进行了督导检查并提出整改意见。9月下旬，配合国家版权局承办全国新闻出版行业企业软件正版化工作培训班。11 月下旬，举办了全省大中型企业软件正版化培训班，两次累计 300 多人次、80 余家单位参训，培训环节中穿插省内国产软件推介，取得较好效果。

三、版权公共服务工作

（一）推进版权示范创建工作

根据国家版权局关于全国版权示范城市、版权示范单位、版权示范园区（基地）创建活动的有关要求，拟制了《湖北省版权示范城市、示范单位、示范园区（基地）创建和管理办法》初稿并申报进入省政府立法程序。3 月，经考核验收批准授予华中国家版权交易中心、知音传媒集团有限公司等 8 家单位首批“湖北省版权示范单位”称号。10 月，知音传媒集团有限公司、华中科技大学出版社有限公司、江通动画股份有限公司等 3 家单位荣获“全国版权示范单位”称号，这不仅实现湖北省版权示范创建零突破，而且是“一中三元”，在全国是少有的。

（二）创新版权登记备案工作机制

通过创新服务模式，缩短办理期限，免去登记费用，提升服务质量，强化版权公共服务体系建设。一是将投诉率与年终考核相结合，2015 年上半年实现了零投诉，提升了服务质量。二是借助华中国家版权交易中心平台优势，推动版权登记数字化。三是积极推行版权登记免费登记机制。截至 2015 年 12 月，共办理版权自愿登记 8 032 件，其中作品登记 7 600 件，与上年同时期相比增幅达 300%，合同登记 358 件，合同备案 69 件，软件登记 5 件。

（三）完成省版权保护协会换届工作

2015 年 6 月，组织召开了省版权保护协会第二次会员大会，大会审议通过了协会第一届理事会工作报告、财务报告，选举了协会新一届理事会理事、会长、副会长、秘书长及监事。会前根据省民政厅要求，按照“与时俱进，规范合理”的原则，对《章程》部分提法和规定做了修改补充。对会员组成认真审核，共清理注销退会单位会员 23 个，个人会员 3 名，经发函征求意见，调整补充后的协会会员共 150 个，瘫痪多年的协会恢复了正常工作运转。

（四）做好“十三五”版权规划工作

为确保“十三五”期间湖北省版权产业有新发展新突破，结合区域经济实际，科学分析产业发展形势，广泛听取相关部门意见，认真拟制了“十三五”期间版权工作规划，提出建设全国版权强省的战略目标，明确新阶段重点任务，提出具体的保障措施。规划着眼于在横向比较上，要走在全国前列，在履行政府职能、担当主体责任方面要保持领先优势；在纵向比较上，要实现版权大省向版权强省的跨越；在把握大局上，要求全局、全省规划步调一致，把版权的“潜能”变成“显能”，把小局变成强局，为“建设支点、走在前列”、率先全面建成小康社会做出新贡献。

四、版权产业发展情况

（一）推进华中国家版权交易中心工作

2015 年初，召开了有省委宣传部、省金融办、湖北证监局及省版权局相关业务处室负责人参加的专家论证会，对交易中心交易规则、业务范围、风险防范等进行了综合评估，并于 3 月向省政府上报了关于华中国家版权交易中心从事版权及文化产品交易的请示。5 月底，省政府正式批复明确交易中心从事版权交易有关事项，为中心合法合规开展交易业务奠定了坚实基础。华中国家版权交易中心有限公司股权分割调整基本完成，12 月 7 日省版权局领导亲自主持召开股东大会，签订了公司章程及相关合作协议，首批资金 2 375 万元已到位。为拓展业务范围，华中国家版权交易中心有限公司联合苏州相关文化产业单位成立了苏州华中版权艺术品交易有限公司。此外，中心还与中国版权保护中心就版权登记代理事项达成初步合作意向。

（二）落实版权产业“走出去”战略

根据年度工作安排，省版权局组织华中国家版权交易中心、湖北广播电视台等省内 20 多家版权单位参加了 2015 年 5 月在青岛举行的第二届中国青岛·东北亚版权创意精品展示会暨正版优秀图书展，携手推出精品图书、电子书、动漫、影视作品近 350 多种。展会期间，国家新闻出版广电总局（国家版权局）副局长阎晓宏、山东省副省长季缃绮等领导亲临湖北省展台检查指导。展会期间，中心还与北京国际版权交易中心、西部国家版权交易中心和青岛国际版权交易中心签订了战略合作协议，发起成立了国家级版权交易平台联席会议。11 月，应邀参加了第八届海峡两岸（厦门）文化产业博览交易会，为湖北省未来举办国际性高端博览会调研取经。

（三）探索版权产业发展新思路

9 月中旬，由省版权局和中南财经政法大学共同承办的第二届华中国际版权高峰论坛在武汉举行。依托华中国际版权高峰论坛这一高端平台，行业主管部门领导、国内外知名专家学者、业界企业领头人齐聚一堂，深入探索“互联网+”新形态下版权交易运营模式，共同聚焦创意经济时代的版权保护与交易，围绕网络环境下的版权风险与法律应对、我国版权贸易研究、文化创意产业及版权衍生品的保护与开发、版权交易市场规范体系建设等议题展开讨论，有效促进了版权成果的转化和版权产业的发展，为湖北及中部地区版权产业发展注入了新的活力和动力。

（张　威）

湖　南　省

2015年，湖南省各级版权部门贯彻落实党的十八大和十八届三中、四中全会精神，加强社会服务职能，积极巩固软件正版化工作成果，加大版权行政执法和监管力度，认真贯彻落实2015年初工作计划的各项任务，取得了积极的工作成果。

一、版权指导与版权创新体系工作

一是创建全国版权示范企业，带动企业版权管理水平的提升。通过申报考评，选取了省内6家企业作为第一批全国版权示范创建单位，指导和帮助企业按照《全国版权示范城市、示范单位和示范园区（基地）管理办法》的要求，提高自主创新能力，完善版权管理体系，提升版权运营水平，并将工作突出的中广天择和鼎瀚文化作为省级示范向国家版权局推荐。在9月中旬国家版权局组织的现场考核中，上述两企业在版权创新方面的突出成效得到国家版权局的充分肯定，顺利通过了创建验收，实现了湖南在创建国家级版权示范企业方面的重大突破。

二是继续推动优势企业培育工作。指导长沙市贯彻落实《版权优势企业培育工程管理暂行办法》，确定了中南传媒、红网等15家版权企业为培育对象，加强经费支持；开通企业版权登记绿色通道，优势企业的版权登记数量明显上升，占到全省登记总数的50%以上，有力促进了企业版权成果的有效运用。中广天择的“节目购”电视节目版权交易系统，实现了每天300小时的节目交易量，成为全国最大的电视节目版权交易平台。

三是开展基层版权工作站试点。版权基层工作站是设立在园区，直接对接版权部门和园区企业的工作平台。在调研和借鉴外省成功经验的基础上，省版权局起草了《湖南省基层版权工作站管理办法（试行）》，对版权工作站的性质、地位、申办条件与主要职能进行了明确规定。根据该《办法》，经过当地政府的申请和实地调研，选取了天心区文化产业园、铜官镇陶瓷产业基地作为首批版权工作站试点，进行了办公场所、设备以及人员、经费配备方面的创建辅导。

二、版权社会服务工作

一是进一步创新和优化版权登记工作的方式方法。启用了作品网上登记平台，开通了湖南版权登记网，实行线上登记与线下登记相结合，省版权局与代办点相联动，为各类权利人提供了更加便捷高效的作品登记服务。推动长沙市完善作品登记资助制度，根据登记资助办法，已累计发放资助资金15万余元，补贴各类文字、美术、软件、影视作品1 000余件，有力推动了社会各界作品登记积极性的提升和登记量的增长。2015年全省作品登记总量达到2 103件，比上年增长35%以上。

二是指导开展合同登记推动版权贸易。指导天闻印务、益阳天格印务等印刷企业办理海外承印著作权授权登记38项，办理版权引进合同审核登记182项，为企业开展海外业务提供了有力支持。

三是完善版权纠纷调处机制。进一步规范调解工作流程，制定了版权纠纷调解规则，增强了纠纷调处的权威性。积极调解达索软件、微软公司等多起软件使用纠纷，有效化解相关企业的侵权风险，促进了作品的顺利流通。

三、版权执法监管工作

湖南省各级版权部门以网络为重点领域，加强网上巡查和部门协作，优化执法体制机制，形成打击网络盗版合力。

一是开展专项行动集中整治。2015年7月14日，联合省网信办、省通信管理局和省公安厅召开了“剑网2015”专项整治工作会议，对全省集中整治的任务、目标和实施步骤进行了全面部署。行动期间，各地共查处网络侵权盗版案件24件，其中国家版权局交办的案件7件，没收服务器3台，提请有关部门关闭盗版网站8个，有力震慑了网络侵权盗版违法行为。

二是狠抓重大案件查处。将案件查处作为衡量各级版权部门工作成效的一个重要标准，通过直接办案、指导督办、与公安及“扫黄打非”等部门联合办案等多种方式加大案件查处力度。2015年上半年，省版权局直接立案查处了“人人影视网”侵犯电影字幕著作权案。该案是国家版权局交办的新类型侵权案件，涉及境内外众多服务器和当事人，在国内外影响重大，该案的顺利查处锻炼了执法队伍，提升了执法能力。省版权局还派人赴岳阳、长沙等地开展案件督办，实地指导调查取证，参与法律论证，顺利办结DJ0730网侵犯音乐作品著作权等网络案件。协助公安部门查处“四五中文网”“QQ九仙”私服案等一批侵犯著作权刑事案件，6名涉案人员被依法追究刑事责任。

三是加强主动监管和网上巡查。首次将云存储、手机 APP 应用纳入监管范围，在国家版权局的支持下，对违法网站利用百度云上传侵权盗版作品进行监控。组织对全省 70 家主要网站实施主动监管，对音频、视频网站开展日常巡查，督促各网站对使用的作品开展自查自纠，形成“先授权、后传播”的良好秩序。

四是加大技术支持力度。与湖南天网电子证据技术司法鉴定中心开展合作，依托中心的技术力量，为各级版权部门在网络案件查办上提供技术咨询，为准确固定和分析网络证据提供协作。2015 年 7 月，专门邀请中心技术专家为各市州一线执法人员讲授网络执法实务，有效提升了基层版权执法的水平。

四、软件正版化工作

一是建立健全工作机制。2015 年初，湖南省人民政府办公厅批复同意成立由版权部门牵头，财政、信息、商务等相关职能部门参加的正版化联席会议机制，通过联席会议的平台议定重大事项、沟通信息，协调统筹全省的软件正版化工作。

二是加强业务培训。印制《政府机关软件正版化工作文件汇编》5 000 份，邮寄至各级政府和省直单位 230 余家，宣传软件正版化工作相关政策文件。两次组织市州和相关单位软件正版化工作负责同志 30 余人参加国家版权局组织的软件正版化业务培训。10 月 23 日，在长沙举办全省软件正版化工作培训班，邀请了国家版权局的领导和中国版权保护中心的专家讲授软件正版化长效机制建设工作实务，省直各单位、各市州推进使用正版软件工作领导小组成员单位、新闻出版行业企业等共计 95 名工作人员参训，切实提高了各单位软件管理的业务水平。

三是加强督促检查。按照国家版权局的要求部署，组织专人对省地税局、粮食局等 20 家省直单位，以及中南传媒等 10 家企业进行实地督导检查，重点检查单位软件台账、工作责任落实、软件管理制度等正版化长效机制建设情况，针对发现的问题及时要求予以整改。11 月，国家版权局检查组来到湖南检查新闻出版企业软件正版化工作，岳麓书社完备的软件台账管理、华文俪制公司抵制盗版的自觉意识得到了检查组的充分肯定。

五、版权宣传普法工作

指导长沙举办了首届“天心杯网络版权作品大奖赛”，这是湖南省首个以版权为核心要素的赛事，旨在通过组织开展网络作品创作评比活动，向社会公众广泛宣传版权的经济价值和保护途径。5—10 月活动期间，共征集网络音乐、摄影、公益广告、工业设计、网络文学等五大类原创作品 2 092 件，作品点击率总计数十万次，最终通过网络投票和专家评审，推出获奖作品 83 件，总奖金达 30 万元。对参赛作品免费予以版权登记，将获奖作品向全国重点新闻网站和主要商业网站推介，以更好地促进作品的利用和开发。

除此之外，“4·26”世界知识产权日期间，省政府新闻办举办了专题新闻发布会，宣传湖南省打击侵权盗版、推进软件正版化工作的情况；在全省各地统一进行了集中销毁行动，部分地区组织“绿书签”签名和“版权进校园”、版权征文等系列社会活动，发放“绿书签”1 万份，张贴活动海报 1 000 余张，促进社会公众提升了对版权和版权制度的认识与认同，强化了“尊重版权、抵制盗版”的意识。

（宋　亮）

广　东　省

2015 年，广东省版权局在局党组的领导和分管局领导的具体指导下，以“保护版权，发展经济”为重心，按照国家版权局和省委、省政府以及局党组的部署和要求，深入实施国家、省知识产权战略，强化版权行政管理，认真履行监督指导检查职责，协调全省各级版权行政管理部门和有关机构有计划、有组织地开展各类保护版权的宣传活动和专项行动，取得了较好的效果。

一、版权管理工作

（一）开展版权经济贡献率专题调研

为充分体现版权的经济特性，专门委托中国新闻出版研究院开展“广东省版权经济贡献率专题调研”，以权威数据为基础，利用定量的方式，通过行业增加值、就业人数、出口额等指标，利用统计方法来定量描述版权在国民经济中的贡献率，展现版权经济属性，强化版权意识，推进版权产业发展。

研究结果表明：2014 年广东省版权产业行业增加值为 5 691.14 亿元人民币，占全省地区生产总值的 8.39%；就业人数为 461.18 万人，占全省就业人数的 7.46%；商品出口额为 891.51 亿美元，占全省商品出口额的 13.80%（2015 年 12 月 29 日中国新闻出版研究院在东莞发布）。

（二）促进版权价值转化

围绕“信息化、大数据、云版权”，谋划版权产业的跨越式发展，建设“广东省新闻出版广电局

(版权局)综合监管与决策服务大数据云平台”。在数字环境下，构建起汇聚版权内容资源、版权分发渠道、专业版权服务及各类版权开发应用的开放式服务平台，使版权核心价值在流通和应用中向经济价值和社会价值转化。

二、版权社会服务工作

(一)部署版权社会服务工作

为进一步加强广东省版权社会服务工作，提高版权创造、运用、保护和管理水平，总结2014年工作，部署2015年任务，2015年4月28日，广东省版权局在肇庆市召开广东省版权社会服务工作会议。省版权局专职副局长陈春怀全面总结了广东省2014年版权社会服务工作，对2015年的工作任务进行了部署。省版权局局长黄小玲强调了版权社会服务工作必须要重点做好的五个方面：一是着力提高版权保护意识，抓好版权宣传培训工作；二是着力拓展版权服务范围，抓好版权组织机构建设；三是着力提高版权执法监管水平，抓好版权保护体系建设；四是着力提高版权创造运用质量，抓好版权社会服务体系建设；五是着力促进版权产业繁荣发展，抓好版权产业规划设计。为强化版权保护理念，加强版权保护执法，省版权局版权管理处处长张同英以《版权保护与维权》为题给与会代表做了著作权法专题辅导。全省21个地级市版权局、版权社会组织、重点产业单位领导100多人参加了会议。

(二)作品著作权自愿登记工作

伴随著作权登记工作的规范化、标准化、信息化水平的增长，著作权自愿登记数量持续增长。2015年全省作品著作权登记数量为20 347件，比2014年增长28.93%。

(三)激励创新，助力版权兴业战略

一方面，支持、指导东莞市全国版权示范城市创建工作；另一方面，协调省财政下拨600万元专项资金资助粤东西北和珠江三角洲欠发达地区的“版权兴业示范基地”建设。2015年，为打造广东具备国内影响力的区域品牌、做大做强产业集群，省版权局授予斯达高瓷艺发展(深圳)有限公司等10家企业“广东省版权兴业示范基地”称号。至此，全省共有86家“版权兴业示范基地”。

以评促优，促进版权产业优质发展。通过评选年度“广东省最具价值版权产品”，培育版权产品品牌，提升版权产业市场竞争力，促进全省版权产业的持续发展。2015年，省版权局从全省各地版权行政部门申报的几十件作品中，评选认定了计算机软件、雕塑、美术、动画片、微电影、漫画、设计图等7大类共12件作品为2014年度广东省最具价值版权产品，入选的《广州解放纪念碑》等12件版权产品创意独特，特点明显，创造出了良好的社会价值和经济价值。至此，全省共有46个“最具价值版权产品”。

(四)强化服务意识，护航“漫博会”

2015年8月，第七届“漫博会”在东莞市举行。“漫博会”期间，“版权服务工作站”加强版权保护，版权服务得到进一步提升，版权贸易成绩显著。“漫博会”组委会授予广东省版权局、省版权基层工作站东莞站等单位“突出贡献奖”以示嘉奖。展会期间，共核发《著作权来源信息登记卡》1 022个；受理参展作品著作权登记申请312项，比上届增长106%；工作站现场完成著作权登记并出证256宗，比上届增长30%。

8月20—23日展会期间，共出动执法人员89人次，开展之前处理版权投诉2宗，有效维持了展会的版权秩序，连续七届“漫博会”开展期间实现侵权盗版零投诉。

三、版权监管保护工作

(一)创新版权宣传倡导方式

依托“4·26”版权保护宣传周，印发《2015年广东省保护著作权宣传周活动计划》(粤权[2015]14号)，明确宣传主题、宣传重点，通过播放版权宣传短片、赠送版权笔记本、派发《图解中华人民共和国著作权法》等宣传资料进行版权相关知识的宣传。以“4·26”活动为契机，全省文化执法部门加大巡查力度，严密布控，对全省音像经营场所、电子出版物市场、印刷厂、游商、地摊，进行全面清查。共出动执法人员8 988人次，检查经营商户5 273家，行动中清理取缔非法出版物地摊96个，查处违法违规经营单位3家，收缴涉嫌侵权盗版出版物101 922张(册)。

宣传周期间，在广东省版权局政务信息网上设立了“版权保护在广东”专栏，精心选择实践专稿16篇介绍版权保护，多维度介绍保护版权、激励创新等方面的情况，以及打击著作权侵权盗版行为的成功案例、典型人物事迹和行政执法的经验。

(二)开展“剑网2015”专项行动

2015年，全省各地市共出动执法人员78 976人次，巡查网络经营单位3 204家，主动监管本地网站800余家，查办案件35宗，行政罚款145.2万元，为全省版权产业的发展提供了良好的版权保护秩序和有利的发展环境。

7月20日上午，省新闻出版广电局(版权局)、

省互联网信息办公室、省通信管理局、省公安厅在广州联合召开广东省打击网络侵权盗版“剑网2015”专项行动视频会议，传达了全国版权执法监管工作座谈会精神，对全省开展“剑网 2015”专项行动进行动员部署。10 月 14—16 日，为贯彻落实国家版权局“剑网 2015”专项行动座谈会精神，进一步提高全省版权行政管理人员及执法人员对业务法律法规及政策文件的理解把握能力，省新闻出版广电局（版权局）在清远市举行了“全省新闻出版广电版权行政执法培训班暨‘剑网 2015’专项行动座谈研讨会”。省新闻出版广电局（版权局）局长黄小玲出席并做开班动员讲话，中纪委驻国家新闻出版广电总局监察局副局长董伊薇、国家版权局版权管理司领导康昕做专题培训。其间，省版权局召集、主持座谈会，传达国家版权局“剑网 2015”专项行动座谈会精神，专题研讨网络环境下的版权保护问题。通过专题培训和深入座谈，提高了版权管理和执法人员的法律水平和执法能力，对广东省版权行政执法工作有较强的指导作用，解决了执法工作中遇到的难题，培训收到了预期效果。

（三）积淀经验，版权保护工作再接再厉

组织力量查处侵权盗版案件，荣获国家版权局 2014 年度有功集体二等奖。指导各地办理了一批侵权盗版案件，版权执法监管工作得到了国家版权局的肯定，2015 年 6 月，省版权局在全国版权执法监管工作座谈会上介绍了有关经验。

四、软件正版化工作

（一）提升软件正版化水平

为指导政府机关建立健全软件正版化长效机制，巩固软件正版化工作成果，进一步推进广东省企业软件正版化工作，全面提升版权行政管理部门主管领导和相关工作人员的业务能力及工作水平，8 月 5—6 日广东省版权局在广州和东莞分别召开全省政府机关和企业软件正版化培训。培训班上，国家版权局版权管理司副司长段玉萍讲解《著作权法》《计算机软件保护条例》等法律法规和推进企业使用正版软件工作的政策措施；金山软件公司、中望软件公司、一铭软件公司、微软公司分别介绍了软件行业动态、软件性能和盗版软件识别鉴定的知识；中国版权保护中心政府合作办公室副主任姜川介绍了计算机软件资产管理的相关制度和做法。

（二）建立健全软件正版化长效机制

为建立健全软件正版化长效机制，省版权局专门印发《建立政府机关软件正版化工作长效机制实施意见》《2015 年度全省推进企业使用正版软件工作督办企业名录》，深入推进政府机关和企业软件正版化工作，指导政府机关单位和企业建立健全软件正版化长效机制，巩固软件正版化工作成果。8 月 10—12 日，根据国务院的部署要求，推进使用正版软件工作部际联席会议第七检查组一行 5 人，先后对广东省省政府办公厅、省政府信息中心、省商务厅、省质监局、省国资委、省地质局等 6 个省直单位进行了实地检查，现场抽查了 60 台电脑，听取了广东省推进使用正版软件工作的专题情况汇报。经检查，检查组充分肯定了广东省推进政府机关软件正版化工作，认为具有“省政府高度重视、职能部门积极推进、各机关单位认真落实”等特点。经检查验收，广东省政府机关软件正版化工作符合国务院的要求，软件正版化工作成效显著。

五、粤港合作情况

（一）开展活动，深入交流

2015 年 2 月 12—13 日，广东省版权局与香港海关、香港知识产权署在香港联合举办了 2015 年粤港中学生版权知识和版权保护交流活动，省版权局、广州市版权局、广州市教育局、广州市越秀区版权局、广州市越秀区教育局、广州市执信中学、广州市第十七中学、广州市恒福中学的师生代表等 25 人组成的交流团赴港进行了交流活动。在港期间，交流团实地了解香港海关的缉私工作和版权执法工作的程序和方法。交流活动提高了大家对“保护知识产权，尊重劳动、尊重知识、尊重创造、尊重人才”的思想认识，推动了“拒绝盗版、从我做起”的实践理念。

5 月 6—8 日，广东省版权局与香港特别行政区知识产权署在香港联合举办了 2015 年粤港版权产业企业交流活动。在港期间，交流团在香港知识产权署的精心组织下，先后赴香港知识产权署、香港动漫基地、香港海关总部、数码港等地进行深入考察交流，实地了解香港版权管理、版权促进和版权执法工作的程序和方法，以及政府机关和版权业界的合作。本次活动是根据《广东省人民政府关于印发实施粤港合作框架协议 2015 年重点工作的通知》（粤府函［2015］37 号），按照粤港保护知识产权合作专责小组第十三次会议确定的合作项目安排进行的对外交流活动。代表们表示，交流活动使大家深入了解到香港在发展版权、促进版权及保护版权方面好的经验和做法，值得大家学习和借鉴。

（二）协作互助，加强合作

随着粤港经贸关系日益紧密，涉及双方的知识产权侵权案件日益增多。通过加强粤港交流，完善粤港版权案件协作处理机制，持续更新“粤港版权资料库”与“粤港版权合作专栏”，加强执法联动，提高粤港两地版权保护水平，为创新驱动保驾护航。

（沈　欣）

广西壮族自治区

2015年，广西壮族自治区版权局在局党组的领导下，努力做好全区版权工作，重点抓好软件正版化长效机制建设和“剑网2015”专项行动，大力打击互联网侵权盗版。

一、软件正版化工作

（一）加强对软件正版化工作的领导与督查

2015年6月，根据国家版权局2015年软件正版化工作部署，制定并印发了《广西壮族自治区2015年推进使用正版软件工作方案》，明确分工，落实责任。7月，调整自治区推进使用正版软件工作厅际联席会议成员单位人员名单，并召集联席会议13个成员单位召开2015年第一次全体会议，进一步健全完善了各级政府推进使用正版软件的工作机制。在此基础上，督促各市完善软件正版化工作领导机构。

2015年，迎接国家版权局组织的各类检查3次，技术调研1次。其中，国家推进使用正版软件工作部际联席会议组织的政府机关软件正版化工作检查组对包括广西壮族自治区版权局在内的6家区直单位进行了检查。迎接国家版权局版权管理司对广西壮族自治区新闻出版行业企业的软件正版化工作检查2次。在以上检查中，检查组对广西壮族自治区的软件正版化工作表示肯定。

（二）巩固软件正版化工作成果

落实软件正版化工作责任制，做好信息统计工作，加强常态化管理。2015年上半年，在全区开展调查统计，于6月向国家版权局报送全区4 323家区、市、县机关软件使用情况，并将调查统计结果录入全区正版软件管理系统。

积极开发和使用信息化管理系统，提高软件正版化工作的科学化和规范化水平。2015年，完成全区正版软件管理系统研发和安装工作，在全区各市县版权管理部门安装正版软件管理系统，实现区局与全区各级版权管理部门联网，及时掌握全区各级党政机关采购和使用正版软件有关信息，以动态管理的方式提高软件正版化工作的科学化和规范化水平。在2015年10月国家版权局印发的《关于政府机关软件正版化工作检查情况的通报》中，广西壮族自治区版权局将软件正版化工作与信息化工作相结合的做法，被作为地方典型经验在通报中予以介绍。

（三）加强软件正版化工作培训

进一步贯彻落实国务院《政府机关使用正版软件管理办法》和自治区《贯彻实施政府机关使用正版软件管理办法》，加强对全区各级版权管理部门、企事业单位的软件正版化工作培训。2015年7月和11月，先后举办两期培训班，对全区各市县版权管理部门、国有大中型企业、新闻出版广电系统各企事业单位、局直属各单位相关工作人员进行了软件正版化工作培训。

（四）做好宣传教育工作

2015年4月，在“4·26”世界知识产权日活动期间，邀请高校教授举办版权知识讲座，在全区进行版权知识宣传，在社会上培养使用正版的意识，营造保护版权的氛围。

2015年12月，国家版权局主办的全国软件正版化工作座谈会在南宁举行。自治区版权局局长彭钢、副局长覃益功到会并做了典型发言，介绍了自治区软件正版化工作经验。

二、打击侵权盗版工作

（一）部署“剑网2015”专项行动

根据国务院关于开展打击侵犯知识产权和制售假冒伪劣商品工作的有关部署和国家版权局、国家互联网信息办公室、工业和信息化部、公安部联合开展“剑网2015”专项行动的要求，在全区开展打击侵权盗版工作。2015年7月，召开全区“剑网2015”专项行动动员部署会，印发《关于开展全区打击网络侵权盗版“剑网2015”专项行动的通知》，制定广西“剑网2015”专项行动方案，并对全区各市版权执法人员进行了执法培训。

（二）做好侵权盗版案件查办工作

2015年，加强对全区网站的监管工作。对全区100余家主要音乐、视频网站开展日常巡查，搜集网络侵权盗版案件线索。通过主动监管，发现涉嫌侵权盗版的网站5家，其中1家报国家版权局处理；2家同国家版权局移转线索重合，转桂林市版权局查处，2家转来宾市版权局查处。

2015年，全区共查办侵权盗版案件30余起，其中包括国家版权局移转案件2起。

（三）抓好案件查办协调和督办

为推进具体案件的查办，组织由自治区检察院、自治区高级法院、自治区公安厅等相关单位参加的案件讨论会4次，对重点案件进行会诊。还组织开展了对相关各市查办的重点案件的协调和督办。

2015 年，会同自治区检察院和自治区版权局法制处等相关单位、部门，深入来宾、柳州、桂林等市检查“剑网 2015”行动案件行政执法工作以及“两法”衔接工作情况，对移交来宾市版权局、桂林市版权局的案件进行协调指导，对柳州市 3 起已进入司法程序的案件进行会商论证和督办，有力地推动了案件查办工作。

（四）做好行政处罚案件信息公开和案件上报工作

督促各市版权执法部门在自治区“双打”办的“两法”衔接平台，依法公开办结的行政处罚案件信息。同时，要求各市版权执法部门每月报送案件查办数量和进度信息。

（马永志）

海 南 省

2015 年，海南省版权工作深入贯彻落实党的十八大和十八届四中、五中全会精神，认真实施《著作权法》及著作权相关法律法规，以严厉打击侵权盗版保护创新，以积极开展版权宣传营造版权保护氛围，以大力鼓励版权创作推动创新发展，为海南省创新发展助力。

一、软件正版化工作

（一）巩固政府机关软件正版化成果

2015 年，为做好海南省政府机关软件正版化推进工作，省版权局联合省旅游委、省工信厅等 10 家单位对全省各级政府机关软件正版化工作进行了认真安排，并组织开展了培训、督查和考核等工作，较好地推进了全省各级政府机关开展软件正版化工作。

1. 续签金山 WPS 办公软件场地授权。为确保市县政府机关软件正版化工作不反弹，省版权局向省财政局申请到专项资金，与金山办公软件有限公司续签市县政府机关 WPS 办公软件场地授权。

2. 举办市县政府机关软件正版化培训班。7 月 10 日，省版权局在海口举办软件正版化培训班，各市县政府办、文体局、工信局、财政局、机关事务管理局等部门分管领导及工作人员参加了培训。

3. 开展市县政府机关软件正版化督查。7—8 月，省版权局牵头组织督查组，对正版化工作推进较慢的市县进行了督导检查，并与市县分管领导进行了交流，指出了存在的问题并提出了建议意见。

4. 召开省直机关软件正版化工作会议。8 月 7 日，省版权局召开了省直机关软件正版化工作会议，省直各机关的办公室、信息中心负责人和技术员参加。会议对 2015 年软件正版化考核工作进行了部署，并以会代训的形式对开展这项工作进行了相关知识培训。

5. 举办 WPS 办公软件技术培训班。9 月 10 日，省版权局邀请金山办公软件有限公司技术顾问对各市县开展软件正版化工作的技术员做了 WPS 办公软件使用的技术讲解。

6. 开展政府机关软件正版化考核。9 月 1 日，经省政府同意，省版权局印发开展政府机关软件正版化考核通知。10 月，省版权局联合各相关单位组成 6 个考核组，分别对省直机关和各市县政府的所有机关软件正版化工作情况进行了考核。考核组严格按照省政府办公厅印发的考核细则进行，并当场宣布考核结果。经考核，各市县和省直各部门均顺利通过。

7. 建立“海南省使用正版软件工作厅际联席会议制度”。为更好地推进省软件正版化工作，省版权局向省政府请示，在原海南省使用正版软件工作领导小组的基础上，建立“海南省使用正版软件工作厅际联席会议制度”。12 月 28 日，省政府常务会议批准设立联席会议制度，由省政府办公厅印发通知。

（二）推进企业软件正版化

1. 新闻出版行业企业软件正版化情况。按照国家版权局的要求，海南省版权局将海南日报报业集团、海南新华凤凰发行出版有限公司两家企业的 29 家二级企业列为 2015 年企业软件正版化工作目标，并于 2015 年底完成了软件正版化工作任务。2015 年 12 月 8 日，国家版权局组织检查组对两家单位的部分二级企业完成软件正版化情况进行了抽查。经查，各企业均按照国家版权局的要求，完成了软件正版化的检查整改任务。

2. 其他行业软件正版化工作情况。省国资委制定了国有企业软件正版化工作计划，省属二级企业于 2015 年底完成摸底工作，拟于 2017 年前完成所属国有企业的软件正版化。省工商联在所属行业企业中挑选了部分民营企业作为软件正版化试点企业，同时以点带面在全行业中宣传发动开展软件正版化工作。2015 年，海南省 32 家证券企业采购软件 9 313 套，总金额 489.78 万元，升级维护总费用 285.87 万元；5 家银行企业采购软件 11 203 套，金额 138.1 万元，升级维护费用 18.9 万元。

（三）建设软件正版化长效管理机制

1. 制定并印发《海南省政府机关使用正版软件工作考核细则》。按照国务院办公厅印发的《政府机关使用正版软件管理办法》（国办发［2013］88 号）第十一条要求，各省要制定政府机关使用正版软件考核办法，每年开展软件正版化考核。省版权局拟订《海南省政府机关使用正版软件工作考核细则》，确定了考核范围和考核事项，定于每年 10 月进行考核。经省政府批准，4 月 3 日，省政府办公厅印发了《海南省政府机关使用正版软件工作考核细则》。

2. 加强计算机及软件市场监管。省版权局向各市县文化广电出版体育局（版权局）下发了《关于开展打击销售预装盗版软件计算机专项治理行动的通知》，要求各市县文化广电出版体育局（版权局）联合市县工商局、公安局等相关部门加大协同执法力度，把销售和非法预装盗版软件作为打击侵犯知识产权的执法重点，对涉及计算机软件的各种侵权行为要及时依法查处。

3. 建立软件资产管理制度。省财政厅制定并印发了《海南省政府机关软件资产管理暂行办法》，要求各级政府机关将软件作为资产纳入本部门资产管理范围，加大软件日常管理和维护力度，规范软件资产处置程序，建立软件使用管理制度和档案，软件的授权文本以及种类、型号、数量等资料，软件的购买、安装、更换、使用、报废、管理等情况，都要存档备案，做到专人负责、台账齐全、管理严格、使用有序。

二、版权保护工作

（一）开展“剑网 2015”专项行动

1. 召开专项行动工作会议。6 月 30 日，海南省文化广电出版体育厅（版权局）联合省互联网信息办公室、省公安厅、省通信管理局等单位，召开全省“剑网 2015”打击网络侵权盗版专项工作会议，研究互联网传播侵权盗版出版物情况，制定《海南省“剑网 2015”专项行动实施方案》，部署打击侵权盗版行为。

2. 成立“剑网 2015”行动领导小组。为开展好“剑网 2015”专项行动，成立了行动领导小组，省文体厅（版权局）分管领导任组长，省文体厅（版权局）版权处、省网信办网络新闻管理处、省通信管理局互联网管理处、省公安厅治安总队、省文化市场行政执法总队等负责人为领导小组成员，按照各自职责分工，负责开展行动。

3. 明确工作目标和任务。以整治非法传播音乐、影视、新闻、游戏、文学、软件等作品的侵权盗版网站和智能移动终端第三方应用程序（APP）等为重点，严厉查处通过网络云存储空间、网络广告联盟、智能移动终端应用软件商店、网络字幕组、网络销售平台以及微博、微信等信息平台进行的侵权盗版行为，加大对网络侵权盗版的行政处罚和刑事打击力度，依法治理网络空间，净化网络版权环境。

4. 制定行动措施。一是通过媒体发动群众投诉举报。在《海南日报》、《南国都市报》、《海南特区报》、《三亚日报》、南海网、凯迪网络、天涯社区以及移动、联通、电信等发布专项行动消息，公布电话、信函、电子信箱、微信等投诉举报方式，鼓励权利人以及社会各界积极提供案件线索。同时，曝光侵权网站，开展警示教育，为开展专项行动营造良好舆论环境。

二是组织开展清理检查。将省内传播音乐、影视、新闻、游戏、文学、软件等作品的重点网站和智能移动终端第三方应用程序（APP），以及网络云存储空间、网络广告联盟、智能移动终端应用软件商店、网络销售平台等纳入版权监测范围，定期清理检查。开展省内互联网企业自查自纠，查找侵权盗版问题；对发现的问题责令企业进行限期整改，对未按期完成整改的依法严厉查处。

三是进一步健全快速处理机制。加强与省互联网信息办公室、省通信管理局的沟通，进一步建立健全“通知—移除侵权”工作机制，对侵权盗版内容迅速核查、移除。

5. 按照职责分工开展行动。从 7 月开始，省版权局版权处协调省通信管理局互联网管理处，省版权局版权处、省文化市场行政执法总队工作人员联合对省通信管理局提供的海南省网站传播作品行为进行监管，仔细搜索各网站传播音乐、影视、新闻、游戏、文学、软件等作品的情况，查找相关案件线索。

6. 开展网站侵权盗版自查自纠。8 月 6 日，省版权局向南海网、天涯网、凯迪网等省内各大互联网企业印发《关于开展 2015 年打击网络侵权盗版自查自纠活动的通知》，要求各网站在 8 月份开展一次全面的自查自纠，认真清查网站上是否存在未经授权传播音乐、影视、新闻、游戏等作品的行为。

（二）开展出版物销售市场清理

5 月，为减少侵权盗版出版物在省内销售，省版权局组织省文化市场行政执法总队和各市县文化市场行政执法大队，开展出版物市场清理，集中检查了各市县的出版物销售店铺，并对地摊游商进行了清查，取得了明显成绩。专项行动期间，全省出动执法人员 1 000 多人次，查缴涉嫌侵权盗版音像制品 1 万多张，涉嫌侵权盗版图书 500 多册。全年累计出动执法人员 3 000 多人次，累计缴获涉嫌侵权盗版音像制品达 3 万多张，图书 3 000 多册。

（三）盗版制品集中销毁和“绿书签活动”

按照全国“扫黄打非”工作领导小组的统一部署，4 月 24 日上午 10 点，省文化广电出版体育厅（省版权局）在海南省歌舞剧院广场，举行与全国统一时间的“2015 年全国侵权盗版及非法出版物集中销毁海南分会场活动”，此次活动销毁侵权出版及非法出版物 31 万多件。海南省委常委、宣传部部长、“扫黄打非”领导小组组长许俊出席了此次活动。大会上，省文化广电出版体育厅（省版权局）厅长、“扫黄打非”领导小组副组长朱寒松发表讲话，省“扫黄打非”领导小组成员单位有关负责同志、各市县“扫黄打非”办负责同志、海口市文化场所经营业主及学生代表近千人参加了此次销毁活动。活动现场还开展了现场签名和发放绿书签活动，营造“打击侵权盗版、支持正版，保护知识产权”的良好氛围。

（四）查处侵权盗版案件有功单位及个人表彰

组织开展 2014 年度查处侵权盗版案件有功单位和个人表彰的初评和推荐工作，组织公安、检察、法院、文化稽查、海关、工商等系统推荐参评单位和个人。经国家版权局评选，获有功单位一、二、三等奖各一个，获有功个人二、三等奖各一个。

三、版权宣传培训工作

（一）开展 2015 年知识产权宣传周活动

以“4·26”知识产权宣传周为契机，组织全省文体系统开展广泛宣传活动，通过网络、电视、电子屏幕和广场发放传单等方式向广大群众宣传著作权知识。在海口市名门广场发放著作权法知识小册子，并开展现场咨询。部署各市县文体局开展“4·26”版权宣传，通过丰富多彩、形式多样的方式，宣传《著作权法》及著作权保护相关知识，不断提高社会民众的著作权保护意识。

（二）举办政府机关软件正版化培训班

省直机关和各市县分别派办公室或信息化部门负责人及信息员近 200 人参加了培训；三亚市、海口市、文昌市、屯昌县等分别组织开展了全市政府机关软件正版化培训。

四、版权服务工作

根据国家关于社团改革的要求，6 月 14 日，海南省版权协会举行第二届会员大会，选举出新一届协会负责人，海南省版权协会正式与省版权局脱钩。

2015 年，继续做好作品自愿登记工作，全年受理作品自愿登记申请 122 件，发放作品自愿登记证 113 份；受理全省出版单位涉外图书出版合同登记申请 113 件，备案登记合同 110 件。

（曾伯林）

重 庆 市

2015 年，重庆市版权局紧密围绕国家版权局和重庆市委市政府的部署，扎实推进工作，圆满完成工作任务。

一、软件正版化工作

2015 年是全市政府机关软件正版化工作成果全面巩固深化的一年。在以往工作基础上，市版权局严格按照国家部署和要求，与相关市级部门相互配合、密切协作，进一步强化组织领导，加大督促检查、考核评议和宣传督导力度，不断创新工作方法，持续推进软件正版化工作各项政策措施落到实处。

1. 精心组织迎接国家“双打”工作检查。组织和指导部分市区县两级政府机关圆满通过国家“双打”办的检查，软件正版化工作一项获得满分。

2. 制定全年软件正版化督查工作实施方案。协调市政府印发《重庆市 2015 年软件正版化督查工作实施方案的通知》（渝府办发［2015］16 号），明确了 2015 年软件正版化工作的对象、目标和时间节点。

3. 开展政府序列外机关软件正版化工作检查。按照《重庆市政府序列外其他国家机关软件正版化检查整改工作方案的通知》（渝版权［2014］6 号）要求，印发了《关于开展政府序列外机关软件正版化工作检查的函》，联合重庆市财政局、市审计局、市经济信息委、市机关事务管理局组成两个检查组，于 2015 年 5 月，对大足、巫溪、秀山等 10 个区县（自治县）政府序列外机关软件正版化工作情况进行了督导，以检查促整改。前往沙坪坝区开展培训和现场答疑，确保 2015 年 6 月底以前全市政府序列外机关检查整改任务按时完成。

4. 实施政府机关软件正版化工作考核。协调市政府办公厅出台《重庆市人民政府办公厅关于印发政府机关使用正版软件工作考核细则的通知》（渝府办发［2015］142 号），印发《重庆市文化委员会关于开展政府机关使用正版软件工作考核的通知》（渝文委发［2015］320 号），组织市经济信息委、市国资委、市工商局、市文化执法总队、市工商联、市知识产权局、重庆银监局等 14 个部门和单位，以及从相关单位抽调人员和技术专家组成五个检查组，采取实地检查和书面考核两种方式，对市委办公厅、市人大办公厅、市政协办公厅、市台办、市交委、市高法院、市检察院、民盟市委、市总工会等33个市级部门，以及万州、涪陵、黔江、渝中、大足等15个区县的123家机关单位进行了实地检查，进一步推动全市政府机关软件正版化工作向纵深发展。对存在问题的单位，责成其2015年12月底以前全面完成检查整改任务。同时，将检查情况上报市政府并获得肯定。

5. 启动国有企业软件正版化工作。与重庆市国资委多次会商，共同推进国有企业软件正版化工作。联合印发《关于切实做好全市国有企业使用正版软件工作的通知》（渝版权〔2015〕10号），提出按照“先大后小、依次推进”的原则，制定计划、明确目标、多措并举、分段实施，全力推进企业使用正版软件工作，并纳入“十三五”期间全市国有企业软件正版化工作实施方案。组织召开2015年全市国有企业软件正版化工作部署暨培训会，对全市国有企业软件正版化工作进行总体部署，同时邀请相关政府工作人员及软件技术专家对国有企业相关负责人进行软件正版化工作业务培训，为全市国有企业软件正版化检查整改工作提供切实有效的工作指导。印发《关于开展国有企业使用正版软件工作检查的通知》（渝文委发〔2015〕358号），于2015年11—12月，组织有关市级部门组成若干督查组，实地抽查30家市属国有企业使用正版软件的管理和实际安装情况，促进国有企业建立健全使用正版软件工作机制，推动国有企业软件正版化整改工作按期完成。通过听取汇报、查阅资料、现场检查的方式对相关企业软件正版化工作情况进行督查。同时要求各区县（自治县）政府办、国资监管部门、版权行政执法机构组成检查组，对辖区内国有企业软件正版化工作情况进行督查并做好记录，于2015年12月底前上报检查结果。此外，按照《国家新闻出版广电总局关于对新闻出版行业企业软件正版化工作进行督促检查的通知》（权司〔2015〕154号）要求，转发了《重庆市版权局关于做好新闻出版行业企业软件正版化迎检工作的通知》（渝版权〔2015〕17号），深入组织重庆日报报业集团、重庆出版集团和重庆新华书店三家单位做好软件正版化工作迎检准备，并于2015年10月顺利通过国家版权局督察组的检查验收。将市属国有重点金融企业作为2015年下半年推进企业软件正版化检查整改工作的重点对象，联合市国资委、重庆银监局、重庆证监局组成督察工作组，于2015年11月下旬对重庆银行、重庆农村商业银行、重庆三峡银行、西南证券四家单位的软件正版化工作情况进行了实地检查，以督查促整改，有效推进了相关企业软件正版化长效工作机制的建立。

6. 推进软件正版化工作规范化和科学化管理。根据国家版权局“研究建立符合中国国情的软件正版化工作管理平台”工作计划，结合全市实际，启动了“正版软件资产管理和日常监督平台”建设前期工作。同时，协调市经信委制定2015年正版软件及供应商推荐目录，规范软件采购行为和售后服务内容，确保软件质量和后续升级。

7. 开展首届软件正版化与信息安全工作专题培训。按照国务院办公厅《关于印发政府机关使用正版软件管理办法的通知》（国办发〔2013〕88号）中要求确保政府信息安全的原则，积极推动软件正版化与信息安全、信息系统建设相结合的规定，针对全市各级政府机关信息化管理和建设人员相关法律法规及专业知识匮乏等突出问题，与市人力资源和社会保障局密切合作，在全国范围内率先开展面向全市各区县（自治县）政府机关使用正版软件与信息安全工作专题培训。采取理论教学、案例探讨、互动讨论、经验介绍等形式开展培训，收到良好效果，参训学员软件正版化与信息安全意识明显提升，为全市深入开展软件正版化工作、巩固工作成果、做好“回头看”工作奠定坚实基础。本届培训截至2015年12月底，已举办六期，覆盖荣昌、铜梁、垫江、云阳、巫山、石柱、綦江等20多个区县（自治县），共计1 000余人参加。从全国来看，由省级主管部门开展此类专题培训尚属首例，影响深远。不仅有利于进一步巩固全市政府机关软件正版化工作成果，推动全市各级政府机关推广使用正版软件，更有利于全面提升全市各级部门和单位相关负责人及工作人员的政策把握运用能力，有效促进政府机关软件正版化工作长效机制的建设。

二、版权维权工作

协调重庆邮电大学知识产权中心，对广电集团（总台）《拍案说法》栏目被爱奇艺、乐视等网络媒体侵权案件进行了维权指导，并对广电集团版权管理开发中心开展版权保护和市场开发工作进行了实地指导。推荐上报荣昌县文化委、渝中区文化委等5家单位为2014年度查处侵权盗版案件有功单位候选单位，推荐李春、杨洪平等4位同志为2014年度查处侵权盗版案件有功个人候选人，最终荣昌县文化委、奉节县文化市场行政执法大队、市文化委员会版权管理处、九龙坡区文化委员会、九龙坡区公安分局科监支队等5家单位荣获2014年度查处侵权盗版案件有功单位二、三等奖，田源、余刚等 3 位同志荣获 2014 年度查处侵权盗版案件有功个人二、三等奖。设立九龙坡区黄桷坪艺术园区重庆版权保护分中心和九龙坡区黄桷坪艺术园区重庆艺术品版权司法鉴定分中心，进一步加强了针对企业和个人创意作品的登记保护、展示交流、研讨培训、拍卖交易、价值评估、推广策划、维权咨询、司法鉴定等版权服务。

三、著作权保护和管理工作

指导和帮助市版权保护中心进一步优化作品登记服务机制，开展“四个上门”服务 55 次，派出人员 153 人次，完成作品登记 40 667 件，计算机软件登记 419 件，图书版权贸易合同备案登记 360 件，版权保护产值达 45.6 亿元。

四、版权产业发展工作

实地指导荣昌县鸦屿陶瓷有限公司、九龙坡黄桷坪艺术园区、隆讯科技、龙渲渲染等企业版权保护和产业发展，促进了版权产业的发展。其中，帮助重庆荣昌陶瓷市场、重庆荣昌夏布市场、重庆版权交易市场入选国家知识产权保护示范基地培育名单。隆讯科技自主研发的手游《圣殿之门 3D》海外独立版权卖出 2 000 万元，创新了全市原创手游单笔海外版权最高独家代理成交额。

指导和协助版权保护中心与重庆市协同创新知识产权研究中心开展战略合作。指导和协助九龙坡区黄桷坪艺术园区启动集艺术品展示、交易、拍卖为一体的版权交易平台及衍生品研发中心的建设，深度推进文化创意和设计服务与相关产业融合发展。指导和协助市版权保护中心与猪八戒网联合成立中国首个威客创意网络版权保护中心，为网络创意作品提供极具公信力的保障，解决其在版权保护中的专业性和技术性问题，实现对 9 035 件网络普通作品、2 000 余件计算机软件的登记保护工作，版权交易价值近 5 000 万元。指导和协助市版权保护中心充分发挥黄桷坪艺术园区版权服务工作站的作用，积极为艺术园区企业和个人提供登记保护、展示交流、研讨培训、拍卖交易、价值评估、包装策划的服务，为文化创意企业、全市知名画家进行美术作品版权登记 5 600 余件，实现版权交易价值 1.12 亿元。通过政策引导和帮助，对 14 309 件广告文化创意作品进行版权登记，实现版权交易价值 7 154.5 万元。指导和协助市版权保护中心与华龙网下属华龙图库合作，为其签约和授权摄影师提供版权登记服务，对其万余件摄影作品提供版权保护，实现版权交易价值 2 000 万元。

五、版权宣传工作

1. 召开版权保护新闻发布会。4 月 21 日，会同市知识产权局、市工商局、市文化执法大队在重庆市政府新闻发布厅召开新闻发布会，向新闻媒体通报了全市 2014 年度版权工作相关情况及 2015 年度版权工作计划，并现场回答媒体记者提问，积极主动赢得全社会对版权工作的参与和支持。

2. 举行版权保护公开承诺活动。4 月 23 日，市版权局联合九龙坡区委区政府组织全市版权、数字出版、网络视听传播行业在九龙坡杨家坪步行街开展“保护版权、绿色网络融合发展”公开承诺活动，副市长谭家玲及相关领导为全市首批 30 家版权保护示范单位和网络视听传播示范单位代表授牌。向社会公开发出“遵守法律法规、加强行业自律、增强保护意识、健全创新机制、营造良好氛围”等五大倡议，全市版权、数字出版、网络视听传播行业代表公开向社会做出“坚守社会公德、坚持诚实守信、维护市场秩序、促进创新发展”等四个承诺，着力营造“保护版权，拒绝盗版”的社会氛围。

3. 开展“保护知识产权、销售正版正货”承诺活动。为贯彻落实《深入实施国家知识产权战略行动计划（2014—2020 年）》，认真实施重庆市知识产权战略纲要，提高全市商贸流通行业知识产权诚信建设水平，会同市商业委员会、市知识产权局在全市范围内开展重庆市商贸行业“保护知识产权、销售正版正货”承诺活动。来自各区县（自治县）知识产权、商贸、文化行业管理部门，有关协会、商贸企业的 100 余人参加了承诺活动。有效激发了全市商品交易市场和商场积极开展“保护知识产权、销售正版正货”的积极性，树立了销售“正版正货”的责任感和自豪感，提高了参与承诺单位的知识产权保护意识和职业道德操守，增强了诚信经营观念，营造了尊重和保护知识产权、诚实守信经营的良好社会风尚。

4. 开展重庆市商贸行业“保护知识产权、销售正版正货”承诺活动。4 月 17 日，会同市商委、知识产权局召开了重庆市“保护知识产权，销售正版正货”承诺活动 Logo 发布及培训会。来自市级相关部门、有关商品交易市场、零售商场、超市的 100 人参加了本次培训会，切实提高了全市商企业知识产权诚信意识和综合能力。

5. 开展版权保护现场咨询活动。4 月 23—26 日，市版权局联合全市版权、数字出版、网络视听传播行业在九龙坡区步行街开展了版权保护、数字出版转型升级及网络视听传播相关知识的宣传和咨询活动，发放版权保护知识宣传手册近1 000份，进一步提升了全市公众保护版权的意识、行业发展产业的决心、社会净化网络的信心，为加快创新城市建设及推动版权产业转型升级营造了良好氛围。

6. 举办版权产业知识专题讲座。联合重庆理工大学、重庆市知识产权研究会在重庆理工大学举办“知识产权与产业发展”讲座，邀请上海大学知识产权学院院长陶鑫良解读“从《梅花烙》至《宫锁连城》的著作权航道探测——琼瑶起诉于正案引发的论争与思考”，进一步深化了行业人员的版权意识和主管部门的工作水平。

7. 积极开展打击网络侵权盗版的“剑网2015”专项行动。根据国家版权局、国家互联网信息办公室、公安部、工业和信息化部的统一部署，会同市网信办、市公安局、市通信管理局、市文化市场行政执法总队，从7月下旬至10月下旬，在全市范围内开展了为期3个月的打击网络侵权盗版的“剑网2015”专项行动。与公安、通信管理、文化执法等部门协作，建立信息共享、执法联动、协作办案的机制，执法程序严格，取证措施得当，认定事实准确，处罚执行有力，对网络侵权盗版大案要案实施精确打击。

在查处“269小说网侵犯著作权案”中，协同市公安局打假总队、渝北区公安分局，从269小说网刊载的2万余部各类文学作品中随机抽取1 214部作品进行鉴定，对以犯罪嫌疑人步某为首的盗版小说网站相关人员等进行调查，并于2015年9月，由渝北区公安分局立案侦办“269小说网侵犯著作权案”。案件涉及国内和境外租赁多个服务器，注册会员达3万余人，日均网站IP访问量1.7万余次，日均网页点击量3.5万余次（累计点击量700余万次），网站访问IP来源涉及全国19个省区市104个市（县），该案已上报国家版权局，争取纳入部督大案。

充分利用门户网站和电视台、报纸等媒体进行多角度动态宣传报道，为打击网络侵权盗版专项行动营造良好氛围。积极动员社会力量参与、配合专项治理，还通过发倡议书、公布举报电话和电子邮箱、聘请义务监督员等形式，广泛搜集案件线索，扩大专项行动的社会影响。

举办全市版权执法培训会。全市40个区县文化委版权工作分管领导、业务骨干、文化市场行政执法大（支）队执法骨干共计172人参加了培训，重庆市两江知识产权庭法官介绍了侵权盗版案件行政执法与司法衔接，市公安局打假总队干警讲解了互联网侵权案件侦办实务，市版权局相关负责人讲授了网络版权执法相关法律法规知识，有效促进了各区县版权行政管理和版权执法人员准确理解和掌握版权相关法律知识，提高了各区县基层版权执法人员的版权监管和执法水平，增强了各区县版权行政管理部门和版权执法部门在网络环境下的版权执法监管能力，推动了全市版权行政执法和监管工作整体水平迈上新台阶。

8. 协同市高院、市知识产权局举办全国法院知识产权宣传周媒体见面会暨“中央媒体知识产权司法保护重庆行”活动，全面展示全市版权保护工作水平。

9. 做客《阳光重庆》，宣传普及版权保护知识。在调频968上，介绍版权保护对促进经济和社会发展的积极意义、作用，以及全市作品登记、版权产业发展、软件正版化、打盗维权重点工作情况，并与广大听众进行了现场互动交流，有效提升了全社会版权保护意识。

（左图强　许家伟　汤裕洁）

四　川　省

2015年，四川省版权局深入贯彻落实党的十八大、十八届四中全会和五中全会精神，按照国家版权局版权工作部署，紧紧围绕提高版权创造、运用、保护和管理能力，全面推进版权战略，认真组织著作权法律法规教育宣传，深入开展打击侵权假冒工作和“剑网2015”专项行动，持续推进和全面巩固软件正版化工作，积极推动版权公共服务体系建设，大力提升版权工作整体水平，版权工作取得新成效。

一、著作权法宣传普及工作

着力打造版权宣传阵地，通过组织新闻媒体宣传报道、举办著作权法律知识竞赛、提供维权咨询服务、发放宣传资料、处理群众举报投诉等多种形式，大力开展著作权法律法规宣传普及。在《四川日报》等主流新闻媒体、城市中心电影院公布版权保护举报投诉电话，呼吁全社会积极参与打击侵权假冒工作和网络侵权盗版专项治理行动。开展著作权行政处罚责任清单清理工作，组织相关单位参与《著作权法》等法律法规征求意见活动。牵头组织开展联合执法检查活动，重点检查省、市图书批发市场，加强计算机软件市场检查，打击非法预装计算机软件行为。召开新闻发布会，向省内主要媒体公开发布《四川省2014年版权保护典型案例》，宣传全省版权行政执法部门打击侵权盗版工作成果。参加省政府新闻发布会，会同相关部门公开发布《2014 年四川省知识产权保护状况》。在省新闻出版广电局、省版权局门户网站和官方微博上宣传四川省版权工作成果和产业发展状况。

版权宣传普及工作以“尊重创新、保护版权”为主题，以宣传普及著作权法律法规为重点，以促进版权创造、管理、运用和保护为目的，大力提升全社会版权认知度。向各市（州）印发《2015 年四川省版权工作要点》，部署版权宣传工作。将著作权法律法规宣传列为年度重点工作，日常宣传与重点宣传相结合，大力开展版权宣传。

一是开展普法宣传教育。设计制作宣传海报、知识手册等宣传资料，组织举办版权“进机关、进校园、进社区、进企业”活动，以宣教展览、定点咨询、发放资料等形式加强版权主题宣传。

二是组织新闻媒体宣传。发挥党报党刊阵地作用，刊登报道版权相关工作；策划拍摄版权工作宣传视频，并在电视台、公交移动电视、楼宇外墙 LED 等视频媒体播放。

三是开展公益广告宣传。设计制作版权平面宣传公益广告，并在城市广场、公园、大型商场、公交站台、城市主干道（公益广告站位）以及公共阅报栏、农家书屋等地适时投放张贴。

四是开展重点宣传活动。在“4·26”知识产权宣传周期间，开展一系列版权宣传活动。会同“扫黄打非”部门开展侵权盗版和非法出版物集中销毁活动以及“绿书签”签名活动；组织版权执法相关部门，深入重点地区开展联合执法检查。

五是开展版权工作专题培训。举办版权知识讲座；召开座谈会，邀请版权执法相关单位以及版权专家、学者、企业和权利人参加，大力宣传打击侵权盗版工作成果和版权保护典型案例。

二、版权执法监管工作

召开全省版权执法监管工作会议，全面部署全省各级版权部门执法监管工作。积极组织实施全省新闻出版广播影视版权系统开展打击侵犯知识产权和制售假冒伪劣商品工作，行政执法共立案 48 个；联合省公安厅、省通管局、省网信办制定工作方案，组织开展了为期 6 个月的全省打击网络侵权盗版“剑网 2015”专项行动。召开全省网络执法专题工作培训会，进一步提升全省各级版权执法部门网络版权行政执法能力和水平。查办一批侵权盗版案件，“成都风云丝路网站侵犯著作权案”被国家版权局列入“2015 年度打击侵权盗版十大案件”。

认真分析全省版权执法监管工作面临的新问题，采取新举措，进一步加大版权行政执法监管工作力度。

一是继续加强对重点领域、重点市场的整治和大要案的查处。重点打击侵权假冒行为，对侵权假冒问题多发地区和重点市场加强督查。对重大案件采取挂牌督办查处，深挖生产源头，端掉“黑窝点”，震慑犯罪分子。

二是继续加大宣传报道力度。加强与宣传部门及有关媒体的沟通联系，协调主要媒体在重点节目、重要版面、重点时段开设专栏，及时向媒体提供宣传线索和素材，曝光一批违法违规企业和大案要案，报道工作成果和经验做法，营造舆论宣传的强大声势。

三是继续充分发挥工作整体合力。切实健全完善版权行政执法工作制度，进一步完善沟通协调机制。对重大案件及时组织会商，密切部门执法协作，加强对侵权假冒多发地区的督查，及时发现问题，组织联合整治，形成打击侵权假冒行为的合力。

四是继续探索建立工作的联动机制和长效机制。深入分析典型案件，查找工作漏洞和薄弱环节，针对日常监管和专项行动中暴露出的问题深入开展调研，加强版权行政执法，密切行政执法与刑事司法有效衔接，推动建立完善版权保护的联动机制和长效工作机制，有效防止侵权盗版行为反弹现象发生。

三、版权公共服务工作

积极推动版权贸易工作，完成年度图书版权贸易合同登记备案 316 项，其中，引进 219 项，图书输出 87 项。鼓励创新，推动作品登记范围和登记数量、质量实现较大突破，2015 年全省各类作品登记 3 002 件，计算机软件版权登记突破 3 000 余件。积极举办版权贸易工作培训，进一步提升全省出版单位版权贸易工作水平。积极支持成都市建立国际版权交易中心，向国家版权局提出申请并获得批准，正式建立了成都国际版权交易中心，进一步增强版权产业发展的聚集效应。大力开展版权示范创建工作，2015 年 10 月，眉山青神竹编产业园区荣获“全国版权示范园区（基地）”称号。

以版权示范创建工作为抓手，全面推动版权公共服务体系建设。

一是抓宣传普及，不断增强全社会版权意识。把加强版权普法宣传，提高全社会版权意识纳入版权的战略性、基础性工作。分年度、分阶段制定版权宣传工作方案，充分利用各种宣传载体，创新宣传方式，用群众易于接受的方式普及版权知识，为示范创建营造了良好社会环境。

二是抓案件查办，依法打击侵权盗版行为。以打击侵犯知识产权和制售假冒伪劣商品工作为抓手，以打击网络侵权盗版的“剑网行动”为载体，积极会同相关部门，依法打击各类侵权盗版行为，既在案件查办中震慑了违法犯罪分子，又在案件查办中普及了版权知识，扩大了版权执法监管的工作领域和社会影响。

三是抓软件正版化工作，树立政府保护知识产权的良好形象。进一步完善了政府机关软件正版化的经费保障、资产管理、考核与责任追究、审计监督、督导检查等长效机制，确保全面覆盖、长期正版。

四是抓“走出去”战略，推动中华文化走向国际市场。大力开展版权贸易，先后与英国、美国等 10 余个国家和中国香港、台湾地区形成长期的版权贸易伙伴关系，版权进出口贸易合同备案稳步增长。省版权局对版权输出实施 100 万元的补贴奖励，推动了版权贸易数量和质量的快速发展。

五是抓作品登记，大力积累版权产品资源。加大作品自愿登记工作力度，重点资助省内优秀的非物质文化遗产中新创作作品的登记工作，扩大了作品登记数量和覆盖面，较好地积累了版权资源，并对提升全社会版权意识产生了积极作用。

四、推进使用正版软件工作

全面巩固省、市、县三级政府机关软件正版化工作成果，建立健全软件正版化工作长效机制。2015 年，全省 58 个省级部门、21 个市（州）1 356 个市级部门、183 个县（市）区 9 632 个县级部门，共采购正版软件 15 921 套，实施采购资金 1 353.74 万元。8 月，国务院推进使用正版软件工作部际联席会议办公室第九检查组对四川省省级 6 个政府部门机关软件正版化工作情况进行了检查，检查组对四川省软件正版化工作取得的成绩给予了充分的肯定，并对进一步做好软件正版化长效机制建设和责任追究制度等方面提出了工作要求和建议。11 月，国家版权局软件正版化工作检查组对四川省新闻出版行业企业四川党建期刊集团和新华文轩出版传媒股份有限公司软件正版化工作进行了检查。

四川省在推进政府机关使用正版软件工作中采取了强有力的措施。

一是加强组织领导。各级政府及时调整推进使用正版软件工作领导机构，进一步健全工作机制，强化工作职责，为推进工作提供了重要组织保障。各地区、各部门认真落实“一把手”责任制，将软件正版化工作列入重要议事日程，纳入政府目标管理和考核，形成了上下并进、左右联动、齐抓共管的软件正版化工作运行机制。

二是落实监管责任。各地区、各部门领导小组成员单位坚持率先垂范，明确职责分工，落实相关责任，强化部门协作，切实做好推进使用正版软件各项具体工作。各级财政部门认真落实资金保障，将正版软件采购经费纳入预算。各级政府机关事务管理部门及时制定本地区本部门使用正版软件管理办法。各级政府领导小组办公室（版权局）强化工作职责，认真做好统筹协调、业务指导和督促检查。

三是强化督导检查。省政府领导小组积极强化工作督导检查，多次派出督查组，深入一线基层，开展业务指导、动态跟踪、重点督查。督促各级政府机关开展工作“回头看”，结合政府机关信息化建设积极主动组织补充采购。组成联合检查组，分别对市（州）政府机关和县（市）区政府机关软件正版化工作开展检查验收，各市（州）相继开展了对所辖县（市）区检查验收工作。省政府领导小组办公室对各地区各部门存在问题及时纠正，下发督查通报，限期落实整改。

四是完善管理机制。坚持一手抓软件正版化，一手抓打击侵权盗版，加强对软件市场的日常监管与专项整治，严厉打击计算机非法预装行为。加强日常督促检查，突出抓好计算机软件的日常使用维护管理，加强计算机网络信息安全知识的教育普及，杜绝非法下载安装未授权软件行为，确保工作不反弹。进一步强化软件采购、安装、使用、升级、更新以及软件资产管理，在日常使用管理中完善软件使用管理工作制度。

五是建立长效机制。各级版权行政管理部门认真履行领导小组办公室职责，开展软件正版化工作宣传教育和培训指导，督促各地区各部门建立完善软件正版化工作台账制度，积极推进软件正版化工作的科学化、规范化、制度化，为实现软件使用长期正版化提供制度保障。全省各级政府机关贯彻执行《四川省贯彻落实〈政府机关使用正版软件管理办法〉的实施意见》，建立健全软件正版化长效机制，整体提高全省政府机关信息化建设水平。

（王志坚）

贵 州 省

2015 年，贵州省版权局根据国家版权局的工作部署和本局年度工作安排，紧紧围绕实施知识产权战略的方针，以服务贵州省经济、文化建设发展为版权工作出发点，积极开展版权管理与服务工作。

一、软件正版化工作

按照推进使用正版软件工作部际联席会议办公室印发的《2015年推进使用正版软件工作计划》要求，制定了《贵州省2015年推进使用正版软件工作实施方案》，《实施方案》印发到全省9个市、州和93个省直部门，对推进政府部门使用正版软件工作进行了部署。按照《实施方案》的要求，各市、州及省直部门上报了2015年推进使用正版软件工作计划及工作情况。

按照《关于进一步落实政府机关软件正版化工作责任的函》（国版办函［2015］20号）要求，开展软件使用情况专项自查，并按时将《软件使用情况表》报送推进使用正版软件工作部际联席会议办公室。建立健全软件正版化责任人数据库，及时更新和补充省级机关软件正版化责任人相关信息，进一步明确各级政府机关软件正版化工作责任部门和责任人。制定了《贵州省政府机关软件正版化工作考核细则》（黔版权［2015］4号），并将其印发至93家省直部门及各市（州）人民政府。8月3—5日，推进使用正版软件工作部际联席会议对贵州省政府机关软件正版化工作进行检查。检查采取随机抽查的方式，抽检了省政法委等4个省直部门。此次检查，对推进各级政府机关落实软件正版化政策措施、健全考核和责任追究制度、层层落实责任起到积极作用。11月下旬，国家版权局办公厅《关于政府机关软件正版化工作检查情况的通报》（国版办发［2015］4号）通报了对24家中央部门和12个省（区、市）的71家省级机关的检查情况，《通报》指出："贵州省积极探索适合省情的软件正版化工作新思路，将推进政府机关软件正版化工作与促进国产软件引用相结合，在四个县（区）开展国产操作系统软件应用试点，有效解决软件采购经费紧张问题。"对威宁县、织金县、黔西县以及百里杜鹃管委会在贵州省率先试点应用国产操作系统软件，推进政府机关软件正版化工作进行了充分肯定。

持续推进企业软件正版化。贵州省版权局和省国资委联合下发《关于做好推进地方国有企业使用正版软件工作有关事项的通知》（黔版发［2015］1号），要求市（州）版权局、国资监管机构、省属国有大中型企业明确目标，做好整体规划，进一步推进企业软件正版化工作。10月下旬，总局督查组于10月27—28日到贵州日报报业集团、贵州出版集团，对新闻出版行业企业软件正版化工作完成情况进行督查。督查组听取汇报，查阅相关资料，实地抽检了贵州日报报业集团、贵州出版集团下属二级企业计算机软件安装使用情况。检查组向贵州省版权局及被检查单位反馈了检查情况，指出了企业计算机及软件安装使用中存在的问题和改进的办法，要求两个集团要尽快健全和完善推进使用正版软件工作领导机构，建立工作体系，层层落实责任，确立最后时限，以实现集团企业总部全部使用正版软件为首要任务，再到二级企业，分步推进，逐级落实，按要求完成新闻出版企业使用正版软件工作。

二、版权行政执法工作

积极开展打击网络侵权盗版"剑网2015"专项行动。根据国家版权局、国家互联网信息办公室、工业和信息化部、公安部等四部门《关于开展打击网络侵权盗版"剑网2015"专项行动的通知》（国版发［2015］2号）精神，省版权局牵头省互联网信息办公室等四家单位，联合下发了《关于开展贵州省打击网络侵权盗版"剑网2015"专项行动的通知》，同时，成立了贵州省打击网络侵权盗版"剑网2015"专项行动领导小组，启动贵州省第十一次打击网络侵权盗版专项治理行动。全省各地及各有关部门按照通知要求，随即开展行动贯彻落实。省版权局、省互联网信息办公室、省通信管理局、省公安厅建立了快速联动机制，将"剑网2015"专项行动的具体工作落实到处（室）、落实到人，确保开展查处行动时能实现迅速对接。在"剑网2015"专项行动的清理整治阶段，全省各地对辖区涉及著作权的网站和论坛进行排查，组织开展自查自纠。专项整治行动期间，接国家版权局移转案件两次（权司［2015］97号、权司［2015］151号），涉及网络侵权盗版案件线索11起。接报后迅速启动快速联动机制，和省通信管理局等有关部门取得联系。经过认真调查，所涉案件都得到了查明落实。

三、版权公共服务管理和宣传工作

2015年，贵州省版权局办理作品自愿登记220件，有效保护了著作权人的合法权益。完成作品登记数据库录入上报工作。

加大著作权法律法规宣传教育活动的力度，不断提高社会公众的版权意识。对"4·26"世界知识产权日宣传周活动进行安排，并结合实际，指导地（州）版权局组织开展具有地方特色的版权宣传教育活动。

参与制定《贵州省知识产权保护状况白皮书》，巡视员胡德怀参加《贵州省知识产权保护状况白皮书》新闻发布会。

（徐　梅）

云 南 省

2015年，云南省版权工作紧紧围绕制定的工作目标，大力提升版权的创造、运用、保护和管理水平，全省版权工作有序推进。

一、版权宣传工作

1. 参加由云南省知识产权局和云南省新闻办公室共同举办的2015年云南省知识产权保护状况新闻发布会暨宣传周活动启动仪式，并发布云南省版权保护、软件正版化工作所取得的成果。

2. 省版权局联合昆明市版权局开展了系列版权宣传活动。一是举办了2015年云南省版权知识演讲大赛，共有19支参赛队伍的38个参赛作品进入了决赛，最终评出版权知识演讲比赛特等奖一名、一等奖三名、二等奖十名、三等奖十六名以及优秀组织奖和组织奖各十名。

二是开展新闻媒体宣传活动。分别在《云南日报》、昆明信息港、云南电视台七彩公交频道等主流媒体开辟专栏，连续宣传软件正版化暨版权相关知识。

三是4月24日在昆明市南屏步行街广场开展“4·26”广场宣传活动和“拒绝盗版　从我做起”万人签名活动，现场对2015年云南省版权知识演讲大赛的获奖选手进行颁奖，并选择部分获奖选手的作品进行了表演，活动现场共发放各类版权宣传品2万余份，活动吸引了大批市民参加，取得较好的宣传效果。

二、软件正版化工作

1. 按照省政府办公厅要求，省版权局版权处认真草拟《2015年云南省软件正版化工作实施方案》，在征求云南省推进使用正版软件工作联席会议14个成员单位意见后，报国家推进使用正版软件工作部际联席会议办公室（国家版权局）。并逐步建立全省州市县政府机关软件正版化工作责任部门责任人数据库。

2. 为切实巩固政府机关软件正版化工作成果，进一步建立健全正版化长效机制，编印了《云南软件正版化工作文件汇编》并发送到全省各级政府机关，为做好软件正版化工作提供指导和参考。

3. 与省国资委联发《关于做好推进云南国有企业使用正版软件工作有关事项的通知》到各省属企业，各州市新闻出版广电（版权）局、国资委具体布置具体工作。并在连云宾馆联合举办云南省国有企业软件正版化工作培训班，全省40多家国有企业共计70余人参加培训，培训为完成全省目标企业软件正版化工作打下良好基础。

4. 为发挥云南省推进使用正版软件工作联席会议制度的作用，切实做好全省下一步软件正版化工作，组织召开了省推进使用正版软件联席会议联络员会议，云南省推进使用正版软件工作联席会议办公室主任、省新闻出版广电局（版权局）党组成员、副局长洪耀星出席会议并讲话，省推进使用正版软件工作联席会议15个成员单位联络员参加了会议。会议传达了国家版权局举办的2015年第三期政府机关软件正版化工作培训班有关精神，研究云南省软件正版化所面临有关问题，部署下一阶段云南省软件正版化相关工作。

5. 根据云南省版权局关于组织开展“稳增长抓落实”重点项目督查工作的通知要求，积极做好软件正版化重点项目的督查工作，对16个州市落实《云南省人民政府办公厅关于政府机关使用正版软件的实施意见》等文件精神的情况进行督查，查阅相关台账，对督查中发现的问题要求州市积极整改。

6. 为推进各部门完善软件正版化工作制度，进一步规范软件使用管理，切实巩固软件正版化工作成果，举办了2015年云南省省级政府机关软件正版化工作培训班，来自全省45家省级政府机关的70多人参加了培训。同时，举办了云南省州市县软件正版化培训班，来自全省16个州市相关部门负责人及129个县（市、区）文体广电旅游（新闻出版）局相关负责人共230多人参加了培训。

7. 积极配合国家检查组对云南出版集团、云南日报报业集团两家大型行业出版集团的软件正版化情况进行了检查，检查组对云南大型新闻出版企业推进软件正版化工作给予了充分肯定。

三、版权执法监管工作

1. 作为全省“双打”领导小组的成员单位，认真总结2014年云南省版权局打击侵权假冒工作，形成《云南省新闻出版广电局关于2014年打击侵权假冒绩效考核工作分项报告》《云南省新闻出版广电局关于2014年打击侵权假冒工作总结》，并报送省商务厅。认真做好国家督查组对云南相关工作检查的台账整理准备工作，获得督查组的好评。

2. 根据国家版权局《关于推荐查处侵权盗版案件有功单位及有功个人的通知》要求，认真开展筛选推荐工作。经过国家版权局评定，云南省共获有功单位一等奖一个，有功单位三等奖一个，有功个人二等奖一个，有功个人三等奖一个。其中，“3·28”销售盗版《新华字典》案被评为2014年度打击侵权盗版十大案件。

3. 加强版权执法培训。积极组织全省基层版权执法人员分别参加国家版权局的三期版权执法培训。同时，为不断完善边境地区版权执法机制，加速提升边境地区版权执法水平，举办了2015年云南省边境版权执法管理培训班，全省16个州市新闻出版局以及25个边境县市版权执法人员共计160余人参加了本次培训。省新闻出版广电局（版权局）副局长洪耀星、德宏州人民政府副州长杨世庄等领导出席培训班并讲话。培训班邀请了上海市文化市场执法支队网络执法处处长杨勇和华东政法大学陈绍玲博士分别就版权行政执法实务和著作权法律制度解析等进行了深入浅出的专题授课。通过培训，云南省版权执法人员的版权执法能力得到进一步提高，为全省下一步加大版权行政执法力度、净化版权市场打下了坚实基础。

4. 开展为期半年的“剑网2015”专项行动。召开了“剑网行动”相关职能部门协调会，会上就《云南省“剑网2015”专项行动通知（征求意见稿）》征求相关部门意见，会后省版权局、省互联网信息办公室、省通信管理局、省公安厅、省文化厅联合下发《云南省“剑网2015”专项行动通知》，指导全省的“剑网2015”专项行动。

5. 2015年10月12—13日，举办了“剑网2015”专项行动培训班。来自云南网、云南省信息港、云南广电网络集团有限公司等省内相关大型网站的40余名代表参加了培训，增强了云南省大型网站经营者的守法意识和自律意识。

6. 加大版权执法力度，据不完全统计，2015年全省共查处侵权盗版案件26起，收缴侵权盗版物品53 906件。

四、版权公共服务工作

1. 与省司法厅公证处、法制宣传处等相关处室就版权保护与公证工作的协作机制以及将版权法律法规宣传纳入云南省普法工作等相关事宜进行了座谈和调研工作，并形成调研报告。

2. 2015年，全省共登记作品302件，完成图书引进合同的备案登记109件，避免了图书版权贸易中的纠纷。开展企业软件正版化信息统计工作，共备案19份。受云南省出版物鉴定委员会的委托，积极做好侵权盗版出版物鉴定工作，全年共对35件抽样鉴定物做出鉴定。

（马云虹）

西藏自治区

2015年，西藏自治区版权局版权工作紧紧围绕自治区党委政府中心，以贯彻区党委八届六次全委会精神为主线，以推进版权公共服务、机关和企业软件正版化、打击侵权盗版专项行动为主要工作，积极发挥版权在服务社会主义先进文化建设中的基础性、资源性和战略性重要作用。

一、版权公共服务工作

1. 参加青岛版权交易博览会。应山东版权局的邀请，按照区版权局领导在《关于参加“青岛·东北亚版权创意精品展示交易会暨正版优秀图书展”的邀请函》上的批示要求，精心组织自治区出版、传媒机构参加“青岛·东北亚版权创意精品展示交易会暨正版优秀图书展”。为组织好这次活动，制定详细的参展工作方案，自治区版权局副局长游胜苗主持召开3次协调会，与此同时加强与各方面的协调沟通联系，反复修改审定展台设计与布置，审核遴选参展单位选送的参展作品，确保作品的内容、装帧等方面都达到精上求精。共遴选了《漫画中国西藏》《布达拉宫》等正版优秀图书、音像电子类出版物近400册（盘）。4月30日的开幕式上，以独具民族特色的展台布置和优秀的作品展示，即刻受到了主办方的高度关注和各方面参展人员一致好评。其中，优秀图书《八大藏戏》荣获银奖，音像制品《文成公主》荣获铜奖。

2. 组织局系统加强版权保护、规范版权管理工作座谈会。在部署打击网络侵权盗版工作基础上，召集局系统的西藏人民广播电台、西藏电视台、西藏人民出版社、西藏音像出版社、中国西藏之声网站等单位，就日常工作中加强版权保护、规范版权管理的做法进行座谈交流。副局长游胜苗主持座谈会时要求，各单位一定要高度认识版权保护、版权管理的重要意义，结合各单位工作实际建章立制，加强版权保护与管理，打击侵权盗版行为，用版权管理促进版权保护，用版权保护促进自治区新闻出版广电事业的繁荣和发展，为新闻出版广电事业的改革发展提供动力和源泉。

3. 提出西藏自治区开展作品登记可行性方案。在总结前些年开展自治区作品登记经验的基础上，结合当前自治区经济社会发展和版权工作实际，从机构人员编制、登记平台建设、登记办公用房、收费问题和开展唐卡作品研讨等方面，形成了一个主体报告和四个分报告的自治区开展作品登记可行性方案。

4. 思考研究“十三五”版权重点项目。结合自治区版权工作现状，着眼于“互联网＋”形势下的版权管理，建议把版权服务平台与版权监管（二期）

平台建设，作为“十三五”时期版权工作的重点项目。

二、软件正版化工作

1. 安排部署全年软件正版化工作。根据自治区政府领导要求，制定《西藏自治区2015年推进使用正版软件工作实施方案》，从摸底数、打基础、调机构、重督查到建机制、抓培训等方面提出10项主要工作，经自治区政府批准，报国家联席会议并下发至各地市各单位。

2. 调整联席会议成员单位。根据自治区机构整合和人员变动的实际，2015年初，在原有自治区推进使用正版软件工作厅际联席会议成员单位的基础上，对联席会议成员单位进行了重新确认。经书面请示自治区政府分管领导同意，下发《关于充实调整自治区推进使用正版软件工作厅际联席会议成员的通知》，进一步确定了自治区联席会议召集人、成员单位负责人及联络员，进一步明确了工作职责。

3. 召开自治区联席会议。经请示自治区政府分管领导同意，自治区政府副秘书长、联席会议召集人李秀珍授权副局长游胜苗主持召开自治区联席会议，通报了2014年全区软件正版化推进工作情况，认真分析自治区推进政府机关软件正版化的工作态势，着眼于进一步推进自治区政府机关落实软件正版化工作责任，确实巩固政府机关软件正版化成果，研究通过了需要开展的九项工作。

4. 部署落实推进软件正版化工作责任制。根据自治区政府分管领导在国家联席会议《关于进一步落实政府机关软件正版化工作责任的函》上的批示要求，及时制定下发《关于进一步推进政府机关落实软件正版化工作责任的通知》（藏版发［2015］3号），安排部署开展专项自查、建立正版软件数据库、完善软件资产管理、制定软件正版化工作考核办法等四项工作。

5. 全面开展专项自查和建立正版软件数据库工作。根据国家联席会议要求，着眼于打基础、摸底数，对7地市、自治区60多个机关的计算机现有软件使用情况以及各机关计算机的软件管理部门、负责人等信息进行统计。据统计，全区2015年使用的计算机为49 000多台，比前两年正版化工作中统计的数字增加了8 000多台，操作系统以微软Windows7和XP为主，办公软件以金山WPS为主，汇总数据上报给国家联席会议办公室。

6. 开展地市软件正版化督查工作。利用“双打”督查、版权执法等工作之便，分期分批赴昌都市、林芝市、日喀则市、山南地区、阿里地区等地市开展政府机关软件正版化工作督查，从建章立制、长效机制上督促正版化工作。

7. 建立政府机关软件正版化长效机制。按照自治区联席会议精神，自治区财政厅制定了《关于进一步规范和加强政府机关软件资产管理的意见》，自治区审计厅制定了《关于加强政府机关使用正版软件审计监督工作的通知》，自治区版权局制定了《西藏自治区政府机关使用正版软件工作考核细则》，不断加强正版化的制度建设。

8. 启动全区国有企业软件正版化工作。根据国家版权局和国务院国资委《关于做好推进地方国有企业使用正版软件工作有关事项的通知》（国版发［2015］1号）精神，制定下发《关于推进自治区国有企业办公软件正版化工作的实施方案》。为确保推进国有企业办公软件正版化工作取得实效，联合自治区政府国资委等成员单位，深入首批自治区国资委监管的国有企业开展调研，对企业使用的计算机操作系统、办公软件、杀毒软件进行抽查，指导自治区国有企业深入开展推进办公软件正版化各项工作。

9. 启动全区非公有制企业软件正版化工作。根据国家版权局办公厅和全国工商联办公厅《关于做好推进民营企业使用正版软件工作有关事项的通知》（全联厅发［2015］23号）精神，制定下发《关于推进民营企业办公软件正版化工作的实施方案》。为确保推进民营企业办公软件正版化工作取得实效，联合自治区政府国资委等成员单位，深入会员企业开展调研，对民营企业使用的计算机操作系统、办公软件、杀毒软件进行抽查，指导民营企业开展推进办公软件正版化工作。

10. 开展软件正版化培训工作。根据2015年初工作安排，在林芝市举办软件正版化培训班，林芝市的市直及各县80多个单位参加培训班。在拉萨市举办全区企业软件正版化工作研讨会，自治区38家国有企业和46家会员制民营企业参加会议。

三、版权执法工作

1. 积极开展“双打”工作。积极配合自治区“双打”办工作，制定工作方案，围绕市场侵权盗版现象，协调自治区文化市场综合执法总队、区“扫黄打非”办等单位，就加强版权执法、查处案件进行沟通协调。

2. 配合开展“双打”督查工作。赴昌都市和拉萨市的6县10镇开展专项督查，重点对软件正版化工作和网络侵权盗版、出版物市场进行了督查。

3. 安排部署“剑网2015”专项行动。为深入贯彻国家版权局、国家互联网信息办公室、工业和信息化部、公安部《关于开展打击网络侵权盗版“剑网 2015”专项行动的通知》（国版发［2015］2号）精神，制定《关于开展打击网络侵权盗版“剑网 2015”专项行动的工作方案》。多次召开版权、网管、公安、通信四部门协调会议，成立工作小组，协调网管、通信、公安、互联网营运商、文化综合执法等部门，部署工作任务，组织开展“剑网 2015”专项行动。

4. 有效开展“剑网 2015”专项行动。结合目前西藏网站发展现状，重点围绕文字、影视、音乐、游戏、软件等作品的网站进行监管。确定西藏新闻网、中国西藏之声网等 5 家重点门户网站作为自治区主动监管网站，召集各网站负责人召开座谈会，组织区内主要网站开展“先授权，后传播”自查自纠工作。同时抽调人员组成网络监管小组对各网站进行实时监管和动态监控，严厉打击网络未经许可转载、非法传播他人作品的侵权盗版活动。

5. 举行打击侵权盗版有功单位授牌仪式。为加强版权执法，扩大社会影响，对受到国家版权局表彰的乃东县人民法院、人民检察院等单位组成的“3·6”侵犯著作权案件专案组进行鼓励，赴山南地区举行自治区 2014 年度查处侵权盗版案件有功单位授牌仪式。此举得到山南地区的高度重视，宣传文化、新闻出版广电、版权执法相关部门等方面反响良好。

四、知识产权宣传周活动

紧紧围绕 2015 年世界知识产权日“因乐而动，为乐维权”这一主题，认真谋划“知识产权宣传周”相关工作，及时召开保护知识产权宣传周活动协调会，对“4·26”知识产权宣传周活动做了具体的安排和部署。

从国家版权局官方网站下载了以“因乐而动，为乐维权”为主题的图片、音乐、视频等素材开展宣传，翻译成了藏文，以藏汉两种文字形式印制各类宣传海报 2 000 张，分别发放给新闻出版广电系统、拉萨市等地，粘贴在各大中小学校、新华书店、电影院等公共场所，派发知识产权宣传资料，让广大公众了解知识产权就在身边，引导他们学习知识产权知识，树立创新理念，形成保护知识产权的意识。通过新闻媒体，加强舆论宣传，形成强大声势，提高知识产权意识，发挥新闻媒介的作用，向西藏电视台、《西藏日报》、中国西藏之声网等本地区平面媒体、网络媒体等提供宣传报道的素材，在 4 月 23—26 日期间，用藏汉两种语言在西藏卫视和藏语频道滚动播放宣传周公益宣传短片，做到与国家版权局上下联动、形成合力，扩大版权宣传的社会影响力。

（张百忍）

陕 西 省

2015 年，陕西省版权工作认真贯彻国家版权局的决策部署，在省委、省政府的领导下，按照全年目标任务的要求，细化责任，创新举措，突出重点，打造亮点，各项工作均取得了良好成效。

一、软件正版化工作

经省政府授权，印发了全省软件正版化年度工作方案，省版权局联合省财政厅、审计厅、国资委等职能部门，重点对省级机关 31 家单位进行了专项检查，及时发现问题，并提出了整改要求。同时，创新工作思路，省版权局采取在省、市、县三级机关分别树立“六四二”个本级机关软件正版化工作创优示范单位，以点带面，推动软件正版化工作不断取得新进展、新成效。此外，贯彻国家推进企业软件正版化工作要求，省版权局同省国资委研讨工作方案，督促其向各市区、各监管企业进行了国有企业软件正版化工作部署，明确了目标，制定了措施，并深入陕西煤炭化工集团现场授课辅导，为推进企业软件正版化工作提供了有力的指导。

二、版权行政执法工作

根据中央和省里有关部门部署，印发“双打”行动方案，联合省网信办、省通信管理局和公安厅共同组织开展了打击网络侵权盗版“剑网 2015”专项行动。注重对基层版权行政执法指导、督办。全省共查处侵权盗版案件 20 起，其中“西安 4·28 印刷盗版图书案”由西安市中级人民法院审结。被告人胡志红犯侵犯著作权罪，被判处有期徒刑 3 年，并处罚金 4 万元；被告人路喜功犯侵犯著作权罪，被判处有期徒刑 2 年，并处罚金 3 万元。

经省版权局推荐，全省荣获 2014 年度全国查处侵权盗版有功单位二等奖两个，三等奖一个，有功个人三等奖三名，进一步调动了版权执法人员的工作积极性。

三、版权产业发展工作

拓展思路，着力推动版权产业发展。一是支持、指导省内图书出版单位举办了首届中韩图书交流展，进行版权洽谈、出版业务交流。据不完全统计，全年输出版权 40 种，引进版权 259 种。

二是做好第 22 届北京国际图书博览会参展工

作，无论是图书品种（2014年339种，2015年464种）还是参展规模均超过了以往，尤其是版权输出签约14种，取得历史性突破。

三是辅导西安电视剧版权交易中心、西安荣信教育文化发展股份有限公司开展版权贸易。该中心共参与影视版权运营项目10个（已完成电视剧《傻柱》《从爱情到幸福》《淘婚记》《少林》《长街行》《嫁个老公过日子》《待嫁老爸》的版权运营），提供投融资服务5 145万元；荣信公司版权输出7种（其中输出台湾5种，港澳2种），达成金额173万元人民币，版权引进114种（其中新书引进95种，续约19种）。该公司已在股市新三板上市，创出文化企业与金融结合的新路。

四是推动西部国家版权交易中心的平台建设。10月28日，支持该中心加入了国家版权局倡导并支持成立的“国家版权交易中心联盟”，与其他11家国家级版权交易机构实现抱团发展。在全国版权社会服务工作暨版权交易经验交流会上，西部国家版权交易中心作为大会三家介绍经验单位之一介绍了该中心在影视版权、图文版权和互动娱乐版权交易领域所做的实践和探索。其版权交易运营经验，引起了与会者和媒体的关注。11月11日，由国家版权局组织的来自《人民日报》、《光明日报》、《科技日报》、《中国文化报》、《中国知识产权报》、《中国妇女报》、《中国新闻出版广电报》、中国国际广播电台、新华网、中国网等10家中央媒体的记者专程来陕，对西部国家版权交易中心进行了专题采访和宣传报道。

四、版权宣传教育培训工作

借助省知识产权保护状况新闻发布会，省版权局官网，省广播电视台、报纸和微博微信等公众信息平台，发布版权公益广告、海报、视频，宣传版权工作动态。同时，创新工作方法，采取“走出去”战略，与省作协联合举办版权咨询座谈会；深入影视制作企业，举办版权侵权风险防范专题讲座；指导举办“音乐版权：互联、规范、繁荣”高峰论坛等多种活动，不断提升版权工作的影响力。9月和10月，先后举办了全省省级机关软件正版化工作培训班和全省版权执法工作培训会，培训人员达到200余人。

五、版权公共服务工作

探索作品登记新途径，调研起草了《陕西省作品登记指定代理机构管理办法》，采取指定作品登记代理机构试点，调动文化企业能动性，扩大作品登记量，取得了明显成效。全年作品登记达1 808件，版权合同备案620件，均比上年有较大增长。组织开展评选“省级版权示范单位”，通过示范单位的评选，推动版权公共服务工作的进一步开展。同时，经推荐，荣信教育文化发展股份有限公司成为又一家入选“全国版权示范单位”的企业。

（王新民）

甘 肃 省

2015年，甘肃省版权管理工作以党群机关软件正版化为重点突破，同时兼顾版权行政执法及法律服务，以此带动全省版权行政管理工作的全面进步。

一、党群机关软件正版化工作

甘肃省在巩固政府机关软件正版化、逐步推进企业软件正版化的基础上，大力推进党群系统软件正版化工作。

（一）党群机关软件正版化工作进展

1. 省级推进情况

甘肃省省级党群机关38家，共有计算机4 540台，购置正版软件8 739套，投入自筹资金1 018.4万元。

2. 市县推进情况

甘肃省14个市州86个县区，共有3 542个机关，计算机68 458台，需购置正版软件103 601套，投入资金10 378万元。

按照要求，省、市、县三级党群机关软件正版化工作任务全面完成。

（二）陕西省党群机关软件正版化工作的特点

1. 领导重视

2015年初，省“两办”先后下发了调整领导小组的通知和工作方案。其间，省使用正版软件工作领导小组组长、副省长夏红民先后三次就党群机关软件正版化工作做出批示，对相关地区、单位负责人提出工作要求，并专门给工作进展缓慢的市州主要领导写信督促；省版权局党组对此项工作也给予高度重视，将党群机关软件正版化工作列为重点工作，多次听取工作汇报，提出工作要求，下发督办通知。在全省市州文广局局长会上，再次督导软件正版化工作。在执行属地管理、分级采购原则的同时，省领导小组13个成员单位组成5个督查组，各由一名地级领导带队，对省级38家党群机关、14个市州、86个县区进行了全面督查。

2. 措施得力

一是强化组织保障。确立了副省长夏红民任组长，省委、省人大、省政协等单位负责人为副组长，纳入法检两院为成员单位的省党群机关软件正版化工作领导小组。

二是落实单位职责。要求省级党群机关均须成立正版工作小组。

三是强化沟通。建立了涵盖省、市、县三级的党政机关正版工作联络员 QQ 群。

四是区别督导。对已完成任务的单位、地区进行实地检查验收，对未完成的省级单位由其主管领导，市、县由市州召集县区主管领导，就推进情况、存在问题、拟采取措施三个问题，直接向督查组予以汇报，曝光督办。

五是衔接落实。与省财政厅、省公共资源交易局，协商落实党政机关电脑与软件配套采购及集采价格等问题。

六是运用资金杠杆。党群机关正版软件采购资金采取各单位自筹为主，财政以奖代补为辅的方式。这既避免了软件需求数量夸大、种类不合要求、浪费财政资金、拖延工作进度等问题的发生，又鼓励了省、市、县正版软件工作的积极性。甘肃省版权局协调财政落实的 1 000 万元正版资金已全部奖励到位。

七是加强通报督导。在常规督导无法推进的情况下，及时进行书面通报，并将通报报送省领导小组、政府和省委主管领导，同时还直接送达任务完成迟缓单位的主要负责人。

3. 推进扎实

“两办”方案印发的同时，省版权局即向省编办落实省级党群机关名单，同时指导市州落实情况，保证党群机关正版工作全覆盖，同时以工作培训会为抓手，通过密集培训方式，有效部署工作全面推进。根据目标任务、时间节点，分阶段提前部署，以工作指导、情况汇总、信函督导、电话沟通、QQ 联系等方式提醒督办，步步紧盯。

4. 决心大

甘肃省正版化工作不仅有认识问题，还有资金问题，需要克服的困难相对更大。但为保证软件正版工作任务如期完成，据不完全统计，党政机关正版投入资金 2 个多亿，仅省一级财政集中拨付和单位自筹软件采购资金就接近 4 000 万元。

5. 覆盖面广

省、市、县党群机关软件正版化工作同时推进，省一级、14 个市州、86 个县区共计 3 580 个党群机关、72 998 台计算机，共投入资金 11 396.4 万元，实现标准是全部计算机操作系统、办公软件、杀毒软件必须 100%全面正版覆盖，不打折扣。

6. 效率高

按照全国时间安排，党政机关一体完成期限为 20 个月。甘肃省前期因领导小组办公室调整问题，省级政府机关仅用 79 个工作日就完成了任务，省级党群机关完成时限也仅为 8 个月，市县为 9 个月。该任务已全面完成。

二、政府机关软件正版化工作

在推进党群机关软件正版化的同时，省使用正版软件工作领导小组组成 5 个督查组对省直 40 家政府机关软件正版化工作进行了复查。复查结果为 70%的单位正版率保持在 100%。通过不懈地宣传、指导、督查等工作，政府机关软件正版化工作成果得到了有效巩固。

三、企业软件正版化工作

企业软件正版化工作采取“依次推进”的原则，优先选择国企、金融业等具备条件、经营规范的重点企业、行业开展工作。企业软件正版化的工作推进，主要由各成员单位指导、监督本行业企业开展进行。

（一）省属企业

截至 2015 年底，建投集团等五户企业集团本部以及建投集团所属九个二级单位已基本完成软件正版化实施工作；窑街煤电等两户企业已完成 2014 年度正版软件采购量；白银公司正版软件采购招标、安装实施工作也基本完成。为了切实做好省属企业使用正版软件工作，2015 年 8 月，甘肃省版权局与国资委联合下发了《关于加快推进省属监管企业软件正版化实施工作的通知》，对省属监管企业的软件正版化工作进行了部署。

（二）金融保险业

甘肃银监局监管的三家法人机构软件正版化率达 100%。甘肃省 24 家保险省级分公司所有信息化设备均由集团统一采购，并由总公司统一提供正版电脑操作系统和应用软件，行业软件知识产权保护意识较强，使用正版软件氛围良好，正版化率较高。

（三）新闻出版行业

甘肃省新闻出版行业企业包括读者集团、甘肃日报报业集团、飞天出版传媒集团。三大集团本部和所属二级企业均按照国家版权局对新闻出版行业企业使用正版软件的要求，初步建立了软件资产管理长效工作机制，基本完成了软件正版化工作目标。

四、版权执法监管工作

（一）“两法衔接”及行政处罚案件信息公开情况

按照省“双打”办的部署安排，甘肃省版权局派专人参加了“两法衔接”信息共享平台建设培训班，并按照平台运行维护要求，实行专人负责、专机操作，已通过政务专网接入平台。修改完善并印发了《甘肃省新闻出版广电局行政处罚案件信息公开制度（试行）》，对行政处罚案件信息公开的内容、方式、程序、监督等进行了规定。

甘肃省版权局按照省“双打”办的要求，按月报送了行政处罚案件信息公开情况统计。

（二）全面落实“剑网2015”专项行动

采取日常监管与专项治理相结合、行政部门与司法部门密切合作的工作模式，长年保持打击侵权盗版的高压态势，始终把软件、网络等作为监管和执法的重点领域。针对网络环境下的侵权盗版现象日益突出的情况，2015年，继续开展了为期半年的网络侵权盗版专项治理行动（“剑网行动”）。专项行动中，全省各级版权行政部门以网络文学、音乐、影视、游戏、动漫、软件等为重点领域，以图书、音像制品、电子出版物、网络出版物等为重点产品，以查破办结一批大案要案为重点目标，积极协调公安、通信、网信部门，主动出击。充分发挥社会各界和有关权利人组织的积极性，发布举报奖励公告，鼓励社会各界积极提供案件线索，尤其是大案要案的重要线索。各地版权行政执法部门、“扫黄打非”办、文化市场执法队、公安机关等采取多种手段深挖案件线索，确定一批网络侵权盗版重点案件，集中力量，快速查办。

本次行动中，甘肃省版权局受理并调解解决了一起权利人投诉每日甘肃网侵权盗版案件，经过实施调查和双方调解，最终达成侵权方对权利人进行赔偿的协议；对甘肃省一作者就他人非法盗印其著作进行咨询协调，现此案侵权人已被公安部门抓捕。

（三）案件查处取得新突破

2015年，甘肃省版权局将著作权案件查处与“扫黄打非”工作相结合，相继开展了“剑网”“净网”“护苗”等专项整治行动，联合公安机关暗访、摸排，查办大案、要案。把治理游商、清门店、查市场与印刷复制企业的整顿工作有机结合在一起，最大限度地净化出版物市场，确保全省出版物市场平稳有序，营造良好的文化氛围。全年共查获各类案件100余起。

（四）组织开展年度侵权盗版出版物集中销毁活动

为迎接“4·26”世界知识产权日，结合在全国范围内启动以“拒绝盗版，共筑未来”为主题的“绿书签行动”系列宣传活动，按照全国“扫黄打非”工作小组决定，4月20日，组织开展了“2015年侵权盗版及非法出版物集中销毁活动甘肃分会场活动”，销毁非法出版物77万件。

（五）进一步加强市场监管

2015年以来，甘肃省版权局坚持在不断加强日常监管的同时，以案件为抓手，以打击出版、印刷、发行行业侵权盗版行为重点，不断推动打假工作向纵深发展。

一是开展了“两会”期间印刷复制发行以及政治性非法出版物印制销售专项行动，甘肃省版权管理处以联合执法方式，检查企业440多家、报刊亭255家、游商地摊8家，依法查扣非法出版物300多册，查处违规印刷企业9家，收缴政治类非法出版物27本。

二是开展了中小学教辅材料治理工作，全省各级行政执法部门共检查印刷发行企业1 092家，中小学校356所，检查中小学教辅材料1 795种、1 499万册。

五、版权法律服务工作

为鼓励甘肃省作品的创作和使用，省版权局加大了作品登记工作宣传力度，提高了登记工作效率，为权利人提供优质、快捷的服务，鼓励权利人积极进行作品登记，保护自己的版权。截至2015年底，受理作品著作权登记120多件。与此同时，注意强化诸如版权纠纷调解、作品登记、版权贸易合同的指导、版权咨询等工作。

为增强全社会保护知识产权意识，打好版权保护的群众基础，甘肃省版权局注意抓好版权法律宣传，以“双打”、“4·26”保护知识产权宣传周为平台，创新形式，深入宣传知识产权、版权保护的措施和成效。在推进政府机关使用正版软件工作中，充分利用会议、培训等形式开展宣传活动，使全省各级政府机关工作人员认识到盗版软件的危害和推进正版软件工作的重要意义，增强了使用正版软件的自觉性和主动性。积极联系版权局有关处室，组织局机关、局系统播放和收看版权法律宣传片；编写版权宣传标语，并联系局机关、局系统相关单位利用现有条件在公众场合滚动播放或进行悬挂；在2015年的销毁侵权盗版制品活动上，组织了万人签名活动。通过深入宣传，为社会上营造了良好的法律氛围。

六、日常工作

（一）文件材料

起草了《2015年甘肃省推进使用正版软件工作计划》《2015年全省新闻出版广播影视（版权）打

击侵权假冒工作要点》《甘肃省软件正版化专项资金管理办法》《我省党群机关软件正版化工作进展情况汇报》《2014 年度“双打”绩效考核软件正版化工作的报告》《2014 年度“双打”绩效考核打击侵犯著作权行为工作的报告》《2015 年知识产权宣传周活动的情况总结》；完成了《2015 年甘肃省知识产权白皮书》中涉及著作权内容的起草工作；对国家版权局《著作权行政处罚实施办法（修订征求意见稿)》提出修改意见；为甘肃省版权局“十三五”发展规划提交了版权相关素材资料、关于加快推进公共文化服务数字化建设中“支持数字版权公共服务平台建设”的建议、“六五”普法活动情况总结等文字材料。

（二）调研工作

陪同省版权局分管领导赴甘南临夏就党群机关软件正版化工作进行调研，并提交了《关于全省党群机关软件正版化工作的调研报告》。

（三）组织会议

先后组织召开了多次会议：一次省级党群机关软件正版化工作培训会；一次省级政府机关软件正版化工作联络员座谈会；在天水市、张掖市召集东南八市州片区会和河西五市片区会；在兰州市、白银市、武威市召集党群机关软件正版化工作推进会；召集全省国有、金融企业工作培训会议；举办了甘肃省非公企业软件正版化工作推进动员会；举办了全省“扫黄打非”及版权执法骨干培训会；对天水全市“扫黄打非”行政执法骨干人员进行网络著作权保护的法律培训。

（夏　玲）

青　海　省

2015 年，青海省版权局在省委、省政府的领导下，按照国家版权局的工作部署和要求，围绕法制建设、版权管理和推进全省政府机关及企业软件正版化等工作，把握重点，认真谋划，精心实施，圆满完成了各项工作任务。

一、版权宣传工作

青海省版权局始终把法制宣传普及作为工作的重中之重常抓不懈。充分利用“4·26”知识产权宣传周活动平台，着力加强了著作权法主题宣传普及活动。4 月 20 日上午，在西宁市新宁广场开展了宣传咨询活动，悬挂横幅标语 1 条、展出展板 10 块、散发宣传资料 500 余份，集中展示了近年来青海省实施知识产权战略以来取得的显著成效，宣传了开展打击侵犯知识产权和制售假冒伪劣商品专项行动，特别是集中宣传了自 2011 年以来全省各级政府推进软件正版化、版权保护工作取得的成果，积极营造了以“尊重知识、崇尚创新、诚信守法”为核心的知识产权文化建设氛围，增强了公众的版权保护意识。

二、版权市场监管工作

（一）打击网络侵权盗版“剑网 2015”专项行动

根据国家版权局、国家互联网信息办公室、工业和信息化部、公安部联合印发的《关于开展打击网络侵权盗版“剑网 2015”专项行动的通知》（国版发［2015］2 号）要求，结合实际，制定下发了《青海省开展打击网络侵权盗版“剑网 2015”专项行动工作计划》（青权［2015］13 号），就专项行动的主要任务、行动措施、行动步骤、工作要求做了安排部署。同时，向相关单位转发了《关于规范网络转载版权秩序的通知》。截至 2015 年底，全省未发生一起网络版权侵权案件，专项行动取得了明显的成效。

（二）销毁侵权盗版及非法出版物活动

4 月 20 日上午，省“扫黄打非”领导小组、省版权局、西宁市“扫黄打非”领导小组在西宁举行了侵权盗版及非法出版物集中销毁活动。此次活动，省、市“扫黄打非”部门集中销毁侵权盗版及非法出版物 5.13 万件。其间，全省各市州、县也开展了集中销毁活动。据不完全统计，全省集中销毁侵权盗版及其他各类非法出版物共计 12.1 万件。省“扫黄打非”领导小组各成员单位负责同志，省版权局机关处室和下属单位工作人员，西宁市“扫黄打非”领导小组及四区三县文化市场管理执法人员、出版物经营单位代表等 160 余人参加了销毁活动。

（三）打击侵犯知识产权和制售假冒伪劣商品专项行动

青海省版权局始终坚持日常监管和专项行动相结合，严厉打击各类侵权盗版经营活动。持续组织开展了以抓源头、清市场、打网络、查办大案要案为重点的“双打”行动，有效提升了版权执法监管效能。2015 年，省版权局版权管理处荣获国家版权局 2014 年度全国查处侵权盗版案件有功集体三等奖。根据西宁市城东区“扫黄打非”领导小组办公室《关于申请鉴定张斌涉嫌非法销售盗版音像制品的报告》（东扫办［2015］1 号），大通县关于申请鉴定马国栋涉嫌非法销售盗版音像制品的报告，分别对送鉴的 571 类 1 200 张、149 类 308 张音像制品样品进行了鉴定，并出具了认定意见书。根据微软公司的投诉，对互助青稞酒股份有限公司使用盗版软件问题进行了调解，最终双方达成了一致。

2015年，全省文化市场共出动检查执法人员5.2万人次，检查出版物市场、文化娱乐经营单位4万余家（次）、印刷复制经营单位700余家（次）；查缴各类非法出版物及宣传品5.1万件，其中涉藏、涉疆非法宣传品和政治性非法出版物及宣传品等6 630件，侵权盗版出版物3.1万件，淫秽色情出版物2 452件，非法报纸期刊1 820份；删除网络有害信息2.6万余条，取缔游商摊点320处。通过文化市场专项治理，切实净化了全省文化市场环境。

三、软件正版化工作

一是以完善考核，建立健全软件正版化长效机制建设为目标，着力加强了政府机关软件正版化工作的制度化、规范化和常态化建设，部署完成2015年全省政府机关软件正版化考核评议工作。

二是加大了企业软件正版化工作推进力度，部署开展省属国有企业、市（州）国有企业软件正版化检查整改和西宁地区网吧软件正版化试点工作。

三是加强软件正版化工作督查，完成了对玉树藏族自治州软件正版化检查整改督查工作和省属国有企业软件正版化检查验收工作。配合国家软件正版化督查组圆满完成了对青海省新华发行集团有限公司软件正版化工作的督查。

四、版权行政执法培训工作

为切实提高行政执法人员法律素质和水平，省版权局于3月份举办了全省版权行政执法人员培训班一期，来自全省市（州）县版权执法岗位的95名执法人员参加了培训；5月份和7月份分别举办了企业和政府机关软件正版化工作培训班，280人参加了培训；12月份举办了全省文化市场综合执法业务骨干培训班，并取得良好效果。先后组织32人次参加了由国家版权局举办的版权执法和软件正版化工作培训班。2015年，共计500余人次参加了执法培训，有效提升了行政执法人员的执法能力和水平。

五、版权行政处罚案卷评查工作

2015年5—12月，省版权局开展了全省新闻出版版权行政处罚案卷评查工作，西宁市城东区科技文化旅游局查处的“马菊花销售盗版音像制品案”和“索南措销售非法出版物案”获得2014年度全国新闻出版广电（版权）行政处罚优秀入围案卷，青海省文化和新闻出版厅获得全国新闻出版广电（版权）行政处罚案卷评查优秀组织单位奖。

六、版权服务工作

2015年，省版权局完成了自1997年以来全省著作权作品登记档案整理工作。全年接待来人（来电）版权咨询500余人（次），进行著作权作品登记54件。

（付成久）

宁夏回族自治区

2015年，宁夏回族自治区版权局在局党组的领导下，按照国家版权局及全国“扫黄打非”办的统一部署，加强版权、“扫黄打非”执法和日常监管工作，打击各类侵权盗版行为，确保版权工作顺利开展。

一、软件正版化工作

1. 完善政府机关软件正版化工作长效机制建设。2015年初，根据国家推进使用正版软件工作部际联席会议要求，自治区版权局起草制定了《关于进一步加强软件正版化工作长效机制建设的通知》和《进一步落实机关软件正版化工作责任的函》，对政府机关推进使用正版软件工作长效机制建设和工作责任落实情况提出了明确要求。随后，为了进一步巩固提升使用正版软件工作成果，促进自治区使用正版软件工作长效机制建设，自治区版权局又以自治区推进使用正版软件工作联席会议办公室名义印发《关于对全区政府机关使用正版软件工作进行检查的通知》，从联席会议成员单位抽调相关人员组成两个检查组，由宁夏版权局派员带队，于11月2日起用三天时间，对6个市、县（区）和17个自治区级机关单位进行实地检查。6个市、县（区）检查了218台电脑，17个自治区厅局检查了195台电脑。从检查情况看，市县操作系统正版率为31%，办公软件正版率为21%；厅局机关操作系统正版率为45%，办公软件正版率为34%。

为了强化自治区各级党政机关使用正版软件工作，做好长效机制建设，自治区版权局协调自治区审计厅与财政厅制发由自治区版权局代拟的《关于加强政府机关使用正版软件审计监督工作的通知》《关于切实做好推进政府机关软件正版化资金保障工作的通知》《关于规范和加强政府机关软件资产管理的通知》等文件，以促进自治区软件正版化工作扎实推进，达到国务院推进使用正版软件部际联席会议检查组的要求。

2. 大力推进自治区国有企业软件正版化工作。根据国家版权局、国务院国有资产监督管理委员会要求，与自治区国有资产监督管理委员会联合下发了《关于做好推进宁夏国有企业使用正版软件工作有关事项的通知》，对自治区国有企业软件正版化情况进行了摸底调查。对2015年要求软件正版化的18家区级国资委监管企业、22家市级国资委监管企业提出具体要求。8月24—25日，自治区版权局举办了2015年全区国有企业软件正版化工作培训班，要求各国有企业严格按照国家的法律法规和《关于推进企业使用正版软件实施方案》的要求，落实好使用正版软件工作。11月初，宁夏版权局又督促协调自治区国有资产监督管理委员会印发文件，定于12月份对自治区国有企业软件正版化工作进行实地检查。

3. 有序开展自治区民营企业软件正版化工作。根据国家和自治区对推进企业使用正版软件的工作要求，联系自治区工商联印发《自治区工商联 自治区版权局关于做好全区民营企业使用正版软件工作有关事项的通知》，按照“先易后难、分步推进”的原则，逐步有序开展民营企业使用正版软件工作。

4. 继续做好新闻出版行业企业软件正版化工作。按照国家新闻出版广电总局（国家版权局）的要求，督促黄河出版传媒集团、宁夏日报报业集团、宁夏广电传媒集团等单位做好办公软件正版化工作，做好国家推进使用正版软件工作部际联席会议办公室对自治区新闻出版行业企业软件正版化工作进行督促检查的准备工作。

二、版权保护及宣传工作

1. 组织开展了侵权盗版及非法出版物集中销毁活动。4月20日，按照全国“扫黄打非”工作小组办公室的统一部署，宁夏回族自治区在银川市光明广场举行侵权盗版及非法出版物集中销毁活动。这次自治区集中销毁的侵权盗版制品及非法出版物共计4.3万余件，其中政治类、宗教类非法出版物1 961册（本），侵权盗版出版物26 478册（本）、非法报纸期刊15 040本（张）。

2. 组织开展了“绿书签”系列宣传活动。5月20日至6月20日，为深入开展“扫黄打非·护苗2015”专项行动，根据全国“扫黄打非”工作小组的统一安排，在全区开展以“扫黄打非护助少年儿童健康成长，远离和抵制有害出版物”为主题的“绿书签”系列宣传活动。各市“扫黄打非”办公室在55所中小学校（银川市15所，吴忠市、固原市、石嘴山市、中卫市各10所）张贴“绿书签”宣传海报，向中小学生派发绿书签，组织“加入绿书签行动”签名活动；六一国际儿童节前后，各市“扫黄打非”办公室在大型广场和人员密集社区，张贴“绿书签”宣传海报，向群众派发绿书签，组织“加入绿书签行动”签名活动，并现场受理群众举报。此外，在六一国际儿童节期间，各市“扫黄打非”办公室还开展了“绿书签·优秀少儿出版物”推介活动。

3. 利用《新闻热线》等新闻媒体加大版权工作宣传力度。4月28日，自治区新闻出版广电局（版权局）副局长、自治区“扫黄打非”工作领导小组办公室主任李宝宁，自治区新闻出版广电局版权管理处处长张世明，自治区新闻出版广电局版权管理处调研员张秀年，走进宁夏人民广播电台《新闻热线》，就自治区版权保护、“扫黄打非”工作与主持人进行访谈，并与自治区听众朋友进行了互动。

三、打击侵权盗版专项行动

1. “剑网2015”专项行动。按照国家版权局、国家互联网信息办公室、工业和信息化部、公安部《关于开展打击网络侵权盗版“剑网2015”专项行动的通知》要求，自治区立即制定下发了《关于在全区开展打击网络侵权盗版“剑网2015”专项行动的通知》（宁版权发［2015］6号），就开展第十一次打击网络侵权盗版专项治理“剑网行动”进行了部署。7月9日，自治区版权局组织互联网信息办公室、通信管理局、公安厅在银川召开打击网络侵权盗版“剑网2015”专项行动会议，对自治区“剑网2015”专项行动重点工作任务进行总体部署与详细分工。

在“剑网行动”中，自治区版权局认真做好案件查处工作，及时上报案件情况。2015年9月17日，接国家版权局《“剑网2015”专项行动移转函》，自治区版权局协调组织区通信管理局等相关部门对好碟曲库网涉嫌侵犯国际唱片业协会著作权案进行了查处。经查，该网站服务器所在地为香港，域名解析地在美国。按相关规定，已注销该网站的备案编号。

2. 协调石嘴山市文化市场综合执法队查处大武口区靓声音像部销售盗版音像制品案。石嘴山市大武口区靓声音像部销售盗版音像制品，石嘴山市文化市场综合执法队现场扣押盗版音像制品985张，对涉嫌侵权的4 000余张盗版音像制品进行了封存，此案被国家版权局列为侵权盗版挂牌督办案件。石嘴山市新闻出版广电局（版权局）按照《著作权法》第五十三条，《音像制品管理条例》第四十五条第一项对大武口区靓声音像部进行了行政处罚。

3. 查处青橙音像制品经销店发行侵权盗版音像制品案。2015年6月24日，自治区版权局执法人员在市场检查中发现京藏高速鸣沙服务区青橙音像制品经销店销售疑似侵权盗版音像制品《小捷音乐》光盘。8 月 3 日，自治区版权局根据群众举报，组织银川市文广局、吴忠市文广局、固原市文广局、中卫市文广局统一行动，对自治区京藏高速公路永宁服务区、鸣沙服务区、小洪沟服务区及福银高速公路固原服务区的出版物市场分别进行了突击检查，检查中发现在以上四个服务区内的八家青橙音像制品经销店销售的《小捷音乐》系列涉嫌侵权盗版，执法人员现场查缴盗版音像制品 5 000 余张。根据此案呈现以高速公路为依托，具有点多、线长、面广、涉及外省（市）情况复杂等特点，成立了“8·3”侵犯著作权案专案组，并将案件上报国家版权局挂牌督办，专案组委派银川市文化新闻出版广电局具体办理此案。2015 年 9 月 8 日，“8·3”专案组在银川召开专门会议，决定抽调相关人员，组成调查组赴河南等地进行详细调查取证，经查，发现郑州小捷音乐礼仪服务有限公司复制、发行的音像制品涉嫌侵犯《著作权法》，此案已经向国家版权局进行了汇报，并提出了处理意见。

四、版权基础工作

一是进一步做好作品版权登记和著作权合同登记、备案等版权服务工作。共登记作品 160 件。

二是做好出版物鉴定工作，共鉴定 10 批、160 余种出版物。

三是做好版权及“扫黄打非”信息报送工作。全年共上报信息 45 篇，其中 15 篇被全国“扫黄打非”网站采用转发，2 篇被政府门户网站采用，12 篇被《信息快报》采用。

四是做好数据报送工作。做好与自治区“双打”办、自治区综治办、自治区禁毒委等单位的相互沟通、信息数据共享工作。按照国家版权局、全国“扫黄打非”办公室、自治区“双打”办、自治区综治办的要求，及时报送月报表、季报表、年报表、台账等信息数据。

（张世明）

新疆维吾尔自治区

2015 年，新疆维吾尔自治区版权局在区委、区政府的领导和国家版权局的指导下，积极开展软件正版化、版权宣传培训、版权执法监管、版权服务和相关研究工作，各项工作进展顺利。

一、软件正版化工作

在政府机关软件正版化方面：进一步规范全区政府机关使用正版软件行为，制定《新疆维吾尔自治区软件正版化工作考核和责任追究制度》，对软件购买、使用管理、考核评议、责任追究等进行细化；完成了 2014 年度对 14 个地州、94 家自治区级党政机关软件正版化考核评价工作的总结分析报告，并向全区政府机关一对一下发了《关于对自治区政府机关使用正版软件工作考核评议情况的通报》；向全区政府机关印发《关于进一步落实政府机关软件正版化工作责任的函》，建立健全全区政府机关软件正版化责任人数据库，建立了软件资产台账；对乌鲁木齐市、塔城地区、昌吉州政府机关软件正版化工作进行检查，共检查 18 家单位的 156 台电脑；组织由自治区版权局、国资委、经信委、审计厅等厅局组成的 5 个检查组对自治区 50 个厅局机关开展软件正版化工作检查，共检查计算机 500 多台；在国务院软件正版化工作督查组来自治区督查时，获得了检查组的充分肯定。

在企业软件正版化工作方面：与国资委联合转发了国家版权局与国务院国有资产监督管理委员会印发的《关于做好推进地方国有企业使用正版软件工作有关事项的通知》，并对自治区开展此项工作提出具体要求；督促指导新疆股权交易中心、新疆中广传播有限公司等 65 家企业完成软件正版化工作，兑现 25 家企业软件正版化奖补资金 57.5 万元；向被投诉的 13 家建筑设计和工业设计企业发出了《关于妥善应对侵权风险，开展软件正版化工作的函》，要求各企业按照自治区人民政府会议安排，积极开展软件正版化工作。

二、版权培训宣传工作

组织地州版权执法人员共 28 人，参加国家版权局在山东青岛、江西南昌、内蒙古呼和浩特举办的版权执法培训班。举办 2015 年自治区政府机关软件正版化培训班，共有 155 人参加培训。积极支持和指导和田地区举办软件正版化培训班，派专人前往和田授课。

三、版权监管执法工作

加大网络监管力度，对全疆维文网站进行了摸底排查，重点对十家较大的电影、视频网站进行跟踪搜索，并对存在的问题进行了分析记录；加强对地州市新闻出版部门出版物市场监管和执法的指导监督，不断提高出版物市场行政执法质量；加强版权侵权案件的信息收集、报送工作，按时向自治区“双打”办报送案件信息，共查办侵权案件 24 件，捣毁窝点 2 个，移送司法机关 3 件，办结 12 件，罚款 3.1 万元，案件信息公开 5 件。

与乌鲁木齐新闻出版局联合办理涉嫌侵权复制

品的案件，罚款 1 万元，没收侵权复制品 287 件；受理 CAD 软件侵权案件 13 起；受理模拟考试软件侵权案件 1 起。

四、版权服务和研究工作

全年完成作品登记 856 件，出版外国图书合同登记 23 件。

着眼于修改《著作权法》中有关新疆少数民族免费使用汉文创作作品的法定许可条款，与新疆大学合作开展“民族地区免费使用内地影视剧进行译制传播情况调研”课题研究，已完成课题的初稿。与自治区发改委联合下发《关于转发国家版权局与国家发展和改革委员会〈使用文字作品支付报酬办法〉的通知》，该《办法》较 1999 年的标准有较大幅度提升，为出版、翻译单位提供了具有权威性的参考标准。

（施晓娟）

2015年版权公共服务机构与社会服务组织工作

中国版权保护中心

2015年，中国版权保护中心（以下简称中心）在国家新闻出版广电总局党组和国家版权局的领导下，贯彻落实总局党组战略部署和工作要求，紧紧围绕打造数字化网络化环境下我国规模最大、功能最强、最值得信赖的国家版权公共服务机构的战略目标，在正确的战略发展方向上不断加深积累，在实现新常态发展的过程中不断深化对版权工作规律的认识，把握机遇，稳中求进，聚焦重点，融合创新，全面扎实推动中心“十二五”时期发展目标各项工作任务的落实，重大项目的整合建设和重要业务的整合推进取得显著成效，业务体系和管理体系更加成熟完善，版权公共服务和市场服务覆盖面持续扩大，核心服务能力和综合服务水平加快提升，干部职工的管理能力、专业素养和服务意识普遍增强，进一步形成和巩固了既规范有序又富有活力的良好工作局面。

一、版权登记工作

中心始终将版权登记作为公共服务职能的核心业务，为了有效应对版权登记数量连续多年的迅猛增长，在加强版权登记基础工作建设，不断优化著作权登记信息系统支撑和服务功能的基础上，持续改进管理，细化工作流程和操作规范，不断提升登记工作效率和水平。

（一）版权登记数量再创新高

2015年全年，中心共完成软件著作权登记292 360件，同比增长33.63%，登记量再创历史新高。另外，完成软件著作权转让合同登记65件，软件著作权专有许可合同登记44件，软件登记事项变更或补充登记18 732件，同比增长45.45%。共完成作品著作权登记253 169件，同比增长175.85%。其中作品登记199 343件/系列，涉及作品236 080件，作品登记量同比增长329.52%，涉及作品量同比增长178.26%；著作权合同备案1 010件/系列，涉及作品17 089件，合同备案量同比增长28.67%，涉及作品量同比增长150.24%。共完成数字作品版权登记181 317件。共完成出版境外音像制品合同登记1 590件，同比增长85.3%，其中录音制品303件，影视作品1 162件，公版影视作品125件。共完成著作权质权登记227件（其中软件著作权质权登记197件、作品著作权质权登记30件），涉及作品1 269件（其中软件860件、其他作品409件），涉及主债务金额28.73亿元（其中软件17.37亿元、作品11.36亿元）。

按照国家版权局要求，继续扎实规范做好全国作品登记信息统计工作。2015年通过全国作品登记信息库管理平台共汇总审核统计信息1 379 624条，审核通过并公告全国作品登记1 316 843件，同比增长32.47%。

（二）版权登记大厅窗口服务优质高效

高度重视北京东城、西城两个版权登记大厅服务窗口的运营，确保为各类登记申请者提供高效优质的“一站式”服务。全年大厅共接待各类登记申请者近17万人次，受理软件登记申请141 232件，作品登记申请32 551件，其中西城版权登记大厅的日均人流量一直保持在600～800人次，居高不下，11月更是有两天达到了1 000人次以上。面对越来越常态化的大厅人流量增多的情况，中心采取了根据人流监控及时调配人力、加强分区管理、前置咨询服务等多项措施积极应对，尽最大可能提高工作效率，合理疏导和缓解人群情绪，确保了大厅现场的安全和秩序。同时为了给申请人提供更多方便，着手开发了网上预约排队系统，计划于2016年初投入运行。

二、软件登记数据分析服务

持续完善和深化软件著作权登记数据挖掘和分析服务，为软件产业和版权产业发展服务。2015年，中心完成《2014年度中国软件著作权登记情况分析报告》，在客观分析登记统计数据和软件产业发展环境的基础上，根据登记数据反映的软件产业发展和创新状况，针对性地提出相关发展建议，给相关产业发展决策部门提供重要参考。同时，持续深入开展定制性软件著作权登记数据分析服务，根据深圳市知识产权服务中心、苏州市版权局、北京市版权局和武汉市版权局的需求，为其提供区域定制的软件著作权登记信息分析，均得到了高度认可。

三、以DCI体系为核心的数字版权公共服务体系基础建设与应用示范

全面推动DCI体系建设，在模式创新、科研攻关、平台搭建和标准制定等方面取得重要阶段性成果。完成科技部国家科技支撑计划项目《基于版权的数字内容服务平台及应用示范》，在DCI体系的业务模式创新、技术平台集成、关键标准研制和服务应用示范等方面都取得了重要成果，积累了宝贵经验，为DCI体系的全面建设及应用推广奠定了坚实基础。完成“中国ISRC业务和数字版权登记业务管理信息平台”建设，DCI体系的核心业务基础平台正式上线运行，为数字作品版权登记在各类业务场景应用提供了基础平台支撑。DCI体系核心标准——《数字版权唯一标识符》标准作为推荐性行标正式颁布，同时完成了与之配套的一系列行业标准，为DCI技术支撑体系建设和相关业务规范化推广起到了重要的标准化支撑作用。完成国家版权局“移动互联网环境下的版权保护机制研究”课题，通过对国际国内移动互联网版权保护基本模式的比较研究，结合DCI体系建设实践经验，对建立与我国国情相适应的移动互联网版权保护机制进行了积极探索。

围绕“确权、授权、维权”不断拓展服务领域，完善服务方式，积极开展DCI体系的产业应用并取得新进展。一是与百度公司签署版权合作协议，在百度糯米网先行开展摄影作品的数字作品版权登记及版权维权合作，为之后进一步扩大合作领域奠定了基础。与新华社金融信息交易所的研究报告版权服务合作稳步推进，有效维护了金融信息研究报告市场的版权秩序。以移动APP的安全管理和版权登记作为DCI体系向移动互联网推广应用的重要战略切入点，与北京数字认证股份有限公司等合作创新了以DCI体系为支撑的移动APP第三方电子签名和版权登记一站式服务模式。通过DCI体系的推广，2015年中心受理的数字作品版权登记申请量达到374 115件，数字作品版权登记最高日申请量达3万件。共完成数字作品版权登记181 317件，其中摄影作品版权登记完成168 920件；完成金融信息研究报告版权登记12 397件。二是稳步推进第三方版权结算体系有关工作，中华版权代理中心音乐版权费用结算平台完成了与数字作品版权登记管理信息系统的对接并测试上线，完成CACC数字阅读版权分发与费用结算服务平台立项工作，在数字阅读领域探索建立公开透明的第三方版权费用结算机制。三是网络音视频版权监测平台影响力和服务范围不断扩大，以监测平台为依托的网络快速维权机制运行效率进一步提升，2015年为腾讯、百度、爱奇艺等提供了多档热门视频节目和音乐作品监测，累计监测侵权链接1 130 940条，删除侵权链接1 032 039条，删除率91.25%。以监测平台为依托的网络快速维权机制运行效率进一步提升，累计处理侵权数据763 474条，已删除699 581条，删除率91.63%。

四、作品保管服务

为满足不同领域作品创作者和使用者的需求，在最短时间内为著作权人提供作品创作完成证明，中心开创了新型高效的全线上版权服务模式——作品保管业务。2015年，服务平台运营顺利，业务开展规范有序，全年共接收作品保管业务117件，入库113件，到期提取3件。为广大著作权人提供了更加及时、方便、快捷、安全的证据保存和证明服务。

五、版权鉴定工作

接受各地公检法司法机关、版权行政机关的委托，全年完成版权鉴定64件，涉及计算机软件、美术、文字等类型的作品共5 300余部。其中网络侵权案件鉴定仍然保持逐年增加势态，针对此类鉴定涉及作品数量多、网站内容易更改和需要从技术层面入手等特点，认真研究新情况、新问题，积极运用新工具、新方法，不断积累工作经验，改进工作方式，提高工作效率，确保了网络侵权案件鉴定工作的时效性和有效性。

六、中国ISRC中心各项工作

不断适应录音制品制作、复制和传播等的新特点，通过行业机构向符合条件的唱片制作公司等机构开放ISRC登记申领资格，全面拓展ISRC登记申领范围，进一步提升了ISRC编码在产业的覆盖面和影响力。2015年共完成ISRC申请受理45 956件，完成编码发放44 333件，其中录音制品38 188件，音乐录像制品6 420件，单日最高受理量约500件，平均日发码量180件。同时正式启动加入国际ISRC中心相关程序，加快与国际接轨步伐。

七、版权市场服务

不断完善中心与著作权人和业界交流和互动的综合平台，成功举办“尊重原创”2015CPCC中国版权服务年会和CPCC十大中国著作权人年度评选活动。依托《中国版权》和《创意中国》杂志，注重策划宣传的导向性和权威性，充分发挥版权前沿理论研究和产业实践指导的作用。成功举办第七届大学生版权征文活动，共80所高校的1 995名大学生参加了征文活动，创历年新高。成功举办了全国版权经纪人专业实务培训班、数字出版与版权管理培训班、ISRC标准系列培训班和版权登记及代理培训班等8期培训班，近千人参加培训。通过多种媒体形式大力宣传版权公共服务理念，同时新开设运营“中国版权服务”微信公众平台，坚持以高品质的原创版权专业文章，塑造品牌形象，扩大行业影响力。

与中国电视艺术家协会等共建的“影视版权产业联盟”平台服务效应进一步显现，联盟主导启动了“在线影视公共服务平台”的开发建设，进一步促进影视版权登记、版权保护、版权资产管理、影视投融资、影视教育培训等业务的资源整合，并针对韩国影视市场推出了一站式影视版权服务平台。成立了微电影事业部，与中央新影集团合作建设了微电影（微视频）版权交易云平台，形成了一套富有实效的微电影版权保护和交易运营模式，助推中国微电影产业发展。衍生品版权服务模式不断完善，在运营华代衍生品授权服务标准和品牌的基础上，开发了华代正版认证标识系统平台并正式上线。积极拓展民族特色文化版权保护与服务，与顺义区人民政府合作建设民族特色文化版权保护与展示交易中心，促进民族作品版权保护和价值实现。

八、区域版权战略合作

持续深化与北京市西城区人民政府的合作，积极推进国家数字版权产业基地建设，成立天桥演艺区专项工作小组，为园区发展提供专业的版权服务支持，积极参与推动北京天桥演艺联盟的成立和日常运营。进一步探索在外省市设立版权登记大厅，支持地方文化创意产业发展，大厂版权登记大厅已正式投入运营。与东城区共同建设的国际版权交易中心已发展成较为成熟的版权交易公开市场和版权金融服务创新基地。与新华社瞭望智库等机构联合发起和实施“创意中国县域平台计划”，发挥中心的综合性专业版权服务优势，推动创意知本、金融资本与地缘文化质本的全方位对接，为全国县域经济转型升级提供实际操作模式和范本。

九、以版权资产管理工作为核心的版权咨询服务

完成版权资产管理通用规范系列标准的预研；以流程管理为目标继续企业版权资产管理软件的开发；完成“文化企业版权资产管理平台及应用示范项目”的2016年新闻出版改革发展项目库入库项目申报工作；面向国有企业开展软件资产管理等咨询辅导服务；深入影视、设计、动漫等行业机构进行细致沟通和调研，从实际需求出发，持续改进和创新版权资产管理咨询服务模式；推动企业核心版权资产与金融资本对接，初步形成了版权与金融服务产品对接设计，促进版权资源资产化、版权资产资本化这一价值链条的形成；起草完成《〈区域版权产业经济贡献调研分析系统应用研究〉项目实施办法》，逐步建立区域版权产业经济贡献调研分析咨询服务的常态化工作机制；修改完成《版权价值评估咨询工作管理办法（试行）》，进一步完善了版权价值评估咨询服务的工作流程和工作方法；完成《版权价值导论》书稿，进一步夯实了版权咨询业务的理论研究基础；在版权咨询服务专业化水平全面提升的基础上，以建设中小型版权企业文化金融服务平台为着力点，整合推进各项咨询服务的营销和推广，促进版权咨询服务与行业实际需求的深度融合。

十、版权贸易服务

不断深化版权国际交流与合作的内涵，派员访问了美国版权局、美国电影协会和加拿大音乐协会，就版权登记、版权转让备案、电影和音乐版权保护等方面内容进行广泛交流，全面了解美国和加拿大版权产业的现状和版权公共服务的概况，为促进中心业务发展、建立海外交流与合作打下了基础。同时继续依托英国、德国、日本等国家窗口单位不断加强国际版权交流渠道建设，依托英国窗口单位继续组织举办的第七届欧洲万像国际华语电影节，对进一步增强中国文化海外影响力发挥了积极作用。发挥中心版权服务综合优势，积极服务文化“走出去”战略，在各大国际书展上围绕独家代理客户组织的China Day活动取得经济效益和社会效益双丰收，对外版权贸易和交流成绩显著，以图书版权贸易为例，全年共引进与输出图书230本，并成功将《习近平用典》输出到韩国。

（张文娟）

中国版权协会

2015年，中国版权协会（以下简称协会）在国家新闻出版广电总局（国家版权局）的指导下，积极贯彻落实国家版权工作方针和政策，通过搭建版权相关服务平台，聚集了一大批有影响、有实力的会员，各项工作取得良好成效。

一、加强建设，建章立制，提高协会服务国家版权大局的能力

（一）加强内部建设，提高服务会员能力

2015年，协会严格按照民政部、国家新闻出版广电总局（国家版权局）人事司、机关党委、纪检等部门对社会团体管理的各项要求，加大内部制度建设和管理、建章立制，强化内部人员培训，严格执行协会《财务管理制度》《人事制度》《行政管理制度》及《文件管理制度》等，严格执行中央八项规定。2015 年，协会加强自身建设，建立党支部、工会组织等，进一步完善了协会机构，并开展相关活动，践行“三严三实”；协会工作人员认真学习贯彻《新闻出版广播影视从业人员职业道德自律公约》，并纳入到工作责任书中，努力践行《公约》准则，自觉履行职业道德，树立新闻出版广播影视从业人员的良好形象。

协会秘书处工作人员积极与会员单位沟通，开拓服务会员方式，切实做好会员服务工作。自 2013 年协会换届以来，成功举办了第六、第七届中国版权年会及数期研修班，嘉宾演讲和专家授课得到了与会人员的高度好评。为使广大会员受惠于这些智力成果，2015 年 4 月，由国家版权局指导，中国版权协会编辑的《版权的力量》一书由北京大学出版社正式出版发行。该书汇集了柳斌杰、蒋建国、铁凝、莫言、李彦宏、雷军、谭跃、于慈珂、王涛、陆益民、齐向东、万捷、徐沛东、宋柯等国内近 30 位领导和专业人士在中国版权协会主办的年会和研讨会上的演讲，是一部高端版权演讲录，中央电视台《新闻联播》节目播出了该书出版发行的消息。该书能帮助更多会员多角度、多层次了解版权法律、版权工作和版权产业，也进一步宣传了协会、扩大了协会影响力。

协会还继续为会员免费提供《中国版权》杂志。《中国版权》是国家版权局主管的我国版权专业的权威期刊，多年来刊发了大量的版权立法、司法、产业发展的深度文章，可以为会员提供专业的版权资讯，对会员了解版权产业发展中的热点难点问题有较大帮助。

（二）拓宽服务领域，成立艺术品版权工作委员会

近年来，随着我国社会经济、科学技术水平和信息传播手段的迅猛发展，社会形成了对各种艺术作品与文化产品的巨大需求。但是艺术品侵权现象严重，客观上抑制了艺术品市场的健康发展，为此，2015 年，在协会下成立了二级分支机构“艺术品版权工作委员会”，协会副理事长万捷为主任，祝君波、林阳、杜军、张子康、潘文海、王山为副主任，委员会在会员与政府之间充分发挥桥梁和沟通渠道作用，以拓展协会的服务领域，切实服务版权产业发展。

协会在 2015 年还成立了“中国版权协会艺术品信息认证服务中心”，开展书画等艺术作品的鉴证备案工作。并邀请业内龙头企业雅昌文化集团和北京东方雍和国际版权交易中心有限公司等，开展具体艺术品鉴证备案服务以及其他与艺术品“去伪存真”相关的业务。

二、举办培训班、座谈会和研讨会，落实国家版权局软件正版化工作部署

（一）举办了软件正版化培训班和研讨会，推进软件正版化工作和长效机制建设

软件正版化工作培训是协会 2015 年工作的重点内容之一，也是协会工作职能的拓展和丰富。2015 年，协会成功承办了三期地方政府机关软件正版化工作培训班及一期中央和国家机关软件正版化工作培训班。这四期培训班对 100 多个中央和国家机关及全国 31 个省（市）的政府办公厅、工信厅、财政厅、发改委、版权局等 900 多名代表进行了培训，对推进中央和国家机关及地方政府机关软件正版化工作及建立长效机制起到了重要的作用。

为巩固政府机关软件正版化工作成果，建立健全使用正版软件工作长效机制，协会还举办了两期“使用正版软件工作长效机制研讨会”，围绕各地各部门使用正版软件工作开展情况，就如何更好地“推进使用正版软件工作长效机制”建设，进行经验交流、问题讨论和意见建议征集等工作。国家版权局版权管理司、国家机关事务管理局资产司、工信部标准化院等部门出席了会议，陕西、甘肃、宁夏、青海、新疆、西藏、黑龙江、四川等省（自治区）使用正版软件工作领导小组或软件正版化工作联席会议成员部门代表和专家等，就相关议题进行了富有建设性的探讨。

（二）举办座谈会和两个研讨会，积极参与“剑网 2015”专项行动

为贯彻落实“剑网 2015”专项行动精神，推进“剑网行动”的深入开展，协会积极落实国家版权局要求，承办了“剑网 2015”专项行动座谈会。

围绕“剑网 2015”专项行动工作重点和部署，协会还主办了“影视创作版权保护研讨会”和“网络云存储版权保护研讨会”。前者邀请法学界、司法界、影视界相关专家探讨影视作品相关领域的侵权认定，重点讨论了影视作品、剧本和原著之间侵权认定问题；后者在举办研讨会的同时，发布了互联网视频正版化联盟自律宣言，对推进我国网络视频和云盘版权规范起到了一定的推进作用，新华社、中央电视台等媒体都报道了这次会议。

（三）加强与地方版权机构的合作，主办版权主题相关活动

协会 2015 年加强了与地方版权机构的联系与合

作，在山东、宁夏等地举办版权主题相关活动，取得良好的效果。2015年4月30日—5月3日，协会与青岛市人民政府共同举办第二届青岛·东北亚版权创意精品展示交易会暨正版优秀图书展。9月1日，协会主办、黄河出版传媒集团承办的“一带一路背景下民族地区的版权保护”论坛在宁夏银川举办，就民族地区的版权保护和版权发展相关问题展开深入研讨。

三、积极参与政府公共服务项目，协会职能不断丰富

（一）成立软件正版化工作办公室，承接软件正版化督查技术服务

为支持和配合国家版权局等部门积极推进软件正版化工作，协会于2015年7月7日成立“正版化工作办公室”，作为协会内部常设部门，办公室制定了相关工作机制和工作部署，建立了正版化督查储备人员库，从储备人员库挑选技术专家组成专家组，分组参加2015年政府机关软件正版化检查工作。各技术专家组在实地检查结束后提交了政府部门使用软件正版化检查工作报告和检查数据资料等。正版化检查工作充分发挥了协会的行业组织协调作用，是协会职能的丰富，也是协会进一步开展工作的有力抓手。

（二）实地调研，完成正版软件管理系统调研项目

受国家版权局版权管理司的委托，协会在2015年开展了正版软件管理系统开发使用的调研工作。在认真论证、确定调研方案的基础上，项目组分别调研了国外著作权管理机构、软件生产企业、地方版权局，于2015年9月完成《政府机关正版软件管理实施指南》终稿。该《指南》包括正版软件管理相关概念，政府机关正版软件管理工作规程，县级、市级、省级版权部门和国家版权局正版软件管理工作规程。《指南》中设计的大量管理表格，能规范正版软件管理、数据报送，便于相关数据统计分析。

四、成功举办第八届中国版权年会，主题论坛高端专业，会员代表大会形式创新

2015年11月27日，协会主办的“第八届中国版权年会”成功举行。其中，上午年会论坛以“互联网+时代的音乐——价值挖掘与实现途径”为主题，全国政协副主席齐续春，世界知识产权组织副总干事王彬颖，国家新闻出版广电总局（国家版权局）副局长、中国版权协会理事长阎晓宏，中国音乐家协会主席、著名作曲家叶小钢，小米科技董事长雷军，中国联通集团公司总经理陆益民，网易公司董事局主席兼首席执行官丁磊，阿里音乐集团董事长、著名音乐人高晓松，国际唱片业协会亚洲区总裁洪伟典，海洋音乐公司总裁谢国民等嘉宾在论坛上发表演讲，论坛由中央电视台著名主持人张斌主持。相关部委领导，知名专家学者，互联网领袖，著名音乐词曲作者与表演者，重要音乐权利人与传播、教育机构，媒体等代表500余人参加。主题论坛紧密围绕互联网+的时代特征，深入探讨了如何运用互联网的音乐资源整合与价值发掘功能，实现共赢。年会论坛得到了社会各界的好评，也引起了各大媒体的关注，央视《新闻联播》在当晚播出此条新闻，新华网做了全程直播，新华社、《光明日报》等30余家媒体做了报道。

同日下午，2015年协会会员代表大会召开，本次会员大会在形式上做了创新，以会员论坛的形式举办，协会理事长阎晓宏做主题报告；万捷、黄书元、王野霏、吴冠勇分别从艺术品版权保护、出版社版权资产管理、版权行政执法与产业发展、版权监测等方面做了专题报告。协会常务副理事长王国庆做2015年工作总结和2016年工作计划报告。陈铎主持会员代表大会。这次会员代表大会形式的创新也进一步体现了协会学习型、服务型、专业型组织的建设理念。

与年会主论坛呼应，协会与新华社联合主办的“保护新闻作品版权论坛”和与北京掌中浩阅科技有限公司联合主办的“书山论道2015”两个平行论坛分别于12月3日、12月7日成功举办。

五、积极推进海外交流，成功举办海峡两岸著作权保护研讨会

协会和海峡两岸商务协调会第八次海峡两岸著作权保护研讨会于2015年7月在台湾成功举行。此次大陆代表团一行共24人，分别来自版权管理部门、版权协会、版权公共服务机构、版权相关企事业单位等，特别是腾讯、金山、奇虎360等互联网企业代表参加了此次访问交流，使得双方的交流和探讨更为务实。

为期6天的访问交流中，“数字时代下文创产业之发展与著作权保护座谈会”与“两岸影音产业发展与保护座谈会”先后在台北和花莲举办，这两个座谈会就两岸大数据时代版权业面临的新问题、新特点进行了广泛深入的交流。双方代表充分表达了全方位开展两岸版权合作意向，促进我国版权事业和版权产业发展、实现中华民族伟大复兴的心愿。

（杨桂蓉）

中国音乐著作权协会

2015 年，中国音乐著作权协会（以下简称音著协）在国家新闻出版广电总局（国家版权局）的指导下，积极发展会员，在音乐作品资料管理和许可使用、音乐作品许可费分配、音乐版权信息宣传以及加强国际交流与合作等方面扎实开展工作。

一、会员发展

2015 年，音著协新发展会员数为 401 人（家），其中词作者 137 人、曲作者 228 人、继承人 32 人、出版公司 4 家。截至 2015 年底，会员总数达8 101 人（家）。2015 年新发展的会员中，较有影响力的个人会员有：熊汝霖、赵明仁、文颖秋、潇彬、覃桢、陆路、高地；公司会员有：华纳盛世音乐版权代理（北京）有限公司、恒大音乐有限公司、北京天娱传媒有限公司、巨小奇大音乐文化（北京）有限公司等。

二、音乐作品资料管理

截至 2015 年底，DIVA 数据库作品数目达到 656 万余首，其中音著协会员登记作品为 36.8 万余首（原创作品 300 554 首，影视作品 55 446 首，改编作品 7 062 首，填词作品 5 004 首），申请国际标准音乐作品代码（ISWC）作品为 12.7 万余首。主要完成工作如下：

（一）全面打造数字化信息管理网络

升级音乐作品版权信息数据库 DIVA，在新媒体的授权许可、多种语言的录入、出版协议的添加、查询功能的增速等方面具有新的功能。

2015 年 9 月，音著协对数据库 DIVA3 进行了功能性升级，并与到访的香港作曲家及作词家协会（CASH）技术工作人员就新增在线登记影视剧作品资料 AVR 功能进行研讨。AVR 功能通过实现在线登记影视作品，给音著协与海外同类协会之间交换影视资料带来了诸多便利，通过 DIVA 系统的改进、开发和使用，有利于进一步提高音乐作品登记的规范化、标准化和信息化水平。

2015 年，印度尼西亚音乐著作权协会 WAMI 加入 DIVA 系统。截至 2015 年底，DIVA 大数据已拥有了五个国家及地区的音乐作品著作权协会的数据资源，包括中国大陆、香港、台湾和马来西亚、印度尼西亚。

此外，自 2013 年启动电子登记模式以来，音著协会员登记新作品的积极性明显上升。2015 年，共有 228 位会员通过网络进行电子作品登记，登记音乐作品总数达 3 416 首，影视剧 182 部共计 1 820 集。

（二）版权信息登记及核查

音著协对许可过程中涉及的大量音乐作品进行了音乐版权信息登记及核查工作，确保准确地实现使用费的分配。

1. 完成热播影视剧中的音乐作品版权信息登记工作

2015 年，音著协完成了 2013—2014 年中央电视台及各主要地方电视台热播影视剧中所涉及使用的音乐作品版权信息的登记和完善。

2. 关于复制权、表演权、广播权许可业务的音乐版权信息核查

2015 年，音著协完成复制权许可业务的 1 000 余份版权信息清单核查，其中涉及网络音乐作品数万首，影视剧及广告 300 余部；完成 400 余份现场演出歌曲核查；完成针对 18 家广播电视台 124 个节目的广播权诉讼所涉音乐作品的权利信息查询工作，共涉及歌曲 1 000 余首；完成其他诉讼中音乐作品的版权信息审核工作，涉及歌曲 1 000 余首。

3. 关于海外协会

在完成大量海外音乐作品版权信息核查的同时，补充完善了 17 个相关同类协会的音乐作品资料，使外国音乐著作权人在中国的著作权收益可得到更准确细致的分配。

4. 完成 2014 年卡拉 OK 和 2014 年百度音乐作品版权信息复核工作

利用 DIVA 数据库的强大资料比对功能，对相关音乐作品使用清单中的版权信息进行核查，顺利完成了 2014 年卡拉 OK 公示保留分配复核歌单共 20 000 余首以及 2014 年百度音乐作品保留分配复核歌单 30 000 余首音乐作品版权信息的复核工作。

5. 署名核查

2015 年，音著协完成了包括对中央电视台《2015 年春节联欢晚会》在内的众多晚会、综艺节目中使用音乐作品的署名确认及权利核查工作，防止音乐著作权人的署名权受到侵害。

三、音乐作品许可使用工作

2015 年，音著协许可总收益约为 1.7 亿元人民币（含海外收益约 635 万元人民币），创历年收入新高，较 2014 年增长 24%。

（一）表演权许可工作

2015 年，音著协表演权许可收益约人民币6 987 万元。

1. 现场表演

2015 年，越来越多的演出主办方承办异地演出

项目，这是现场演出许可中面临的新情况，这类主办单位存在管理松散、无固定办公场所、拒绝申请版权许可等问题。针对这种情况，音著协发挥地方资源共享的优势，利用网络平台进行信息互通，通过各地协同处理的手段处理这类演出的许可事宜，提高了许可工作效率，节省了工作成本。此外，在实际演出中，个别场次表演的作品使用数量远超出正常申请许可的范围。对于这种情况，音著协积极核实音乐实际的使用情况，对超出部分的作品进行额外的费用计算，以保证权利人获得相应收益。

2. 机械表演

由于部分音乐服务公司（提供音乐编排、选曲服务的公司）向音乐使用者不负责任地宣传错误的版权概念，并以压低价格、承诺包揽一切版权责任等手段，扰乱正常的音乐版权许可的市场秩序，2015年，音著协背景音乐许可工作的开展遇到许多困难，整体许可市场有不断恶化之势。同时，受网络电商的影响，实体企业的经营不断受到挑战，利润下滑，导致其削减开支、控制经营成本。一些企业铤而走险违规使用音乐或者不再使用音乐。面对这种情况，音著协许可工作人员通过加强宣传沟通与诉讼相结合的手段，一方面着力于版权知识的宣传，另一方面坚持通过向相关版权管理部门投诉、向法院诉讼等手段严厉打击侵权使用者，争取早日排除影响，恢复正常的许可市场秩序，维护会员的合法权益。

（二）广播权许可工作

2015年，音著协共实现广播权许可收益约人民币3 918万元。主要完成以下重点工作：

1. 对已签约电视台的续签

截至2015年，与音著协完成许可付酬协议签署工作的电视台共计36家，其中大多数电视台都已完成了新一期许可合同的续签工作。

2. 新增签约的广播电台

2015年，音著协共完成新增签约广播电台4家，包括上海人民广播电台、新疆建设兵团电台、山东人民广播电台、山西人民广播电台等。

3. 启动对侵权广播组织的诉讼

2015年，音著协已向厦门广播电视集团（二次）、济南人民广播电台、南京广播电视集团（南京广播电视台）、宁波广播电视集团、江西广播电视台、广州广播电视台、苏州广播电视台、武汉广播电视总台和郑州电视台等侵权的广播组织发起了十起广播权维权诉讼，其中已判决的八起均获胜诉。但被判决败诉的侵权广播组织在判决生效后，不仅拒绝整体解决广播权问题，且持续恶意侵权。音著协继续坚持对恶意侵权的广播组织诉讼到底，并积极通过以诉带谈的方式敦促更多未依法付酬的广播组织早日加入到合法使用音乐的行列中来。

（三）复制权及新媒体许可工作

2015年，音著协复制权许可收益约人民币904万元，新媒体业务许可收益人民币4 556万余元，继续保持快速增长。

1. 复制权业务

保持传统音像、图书等复制权许可业务市场规模。根据市场变化，在新兴产业（儿童玩具、早教机、电子游艺）领域，开拓了新的许可合作业务，取得了不错的成绩。

2. 新媒体许可业务

世界知识产权组织把2015年世界知识产权日的主题定为“因乐而动，为乐维权”，音乐版权问题越来越受到世界范围内的关注。随着《关于责令网络音乐服务商停止未经授权传播音乐的通知》的颁布，2015年中国音乐产业形成了海洋音乐、腾讯音乐、阿里音乐、太合音乐四大音乐平台。在数字音乐方面，音著协许可业务实现了从量变到质变的一个过程，拓展多年的“主渠道合作模式”在产业合作方面已见成效，逐步获得了产业的尊重和认可，同百度、腾讯、网易、阿里、酷狗、酷我、中国移动、中国联通、Apple Music都达成了战略合作。截至2015年底，中国大陆地区最具代表性的大型音乐平台几乎全部与音著协达成合作。

四、音乐作品许可使用费分配

2015年，音著协面向海内外音乐著作权人分配音乐许可使用费金额约1.396亿元人民币（主要为2014年到账的使用费）。其中，来自图书、音像制品、点歌机等的复制权使用费分配金额约为548万元人民币，来自互联网的使用费分配金额约为2 844.8万元人民币，来自卡拉OK的使用费分配金额约为2 248.3万元人民币，来自演唱会表演歌曲的使用费分配金额约为442.4万元人民币，来自经营性场所播放背景音乐的使用费分配金额约为2 745.2万元人民币，来自广播电台、电视台的使用费分配金额约为4 661.58万元人民币，来自海外许可的使用费分配金额约为470.15万元人民币。

五、音乐作品诉讼维权工作

2015年，音著协共办理民事诉讼案件106件。通过诉讼方式获得判赔、调解及和解金计38万余元人民币，待执行款436万余元人民币，诉讼花费总支出为11万余元人民币。

重点案例包括：音著协诉王力宏2012火力全开

长沙演唱会侵犯表演权案，音著协诉陈奕迅2014LIFE演唱会武汉站侵犯表演权案，音著协诉无锡国美电器有限公司背景音乐侵权案，音著协诉上海水渡石公司天天动听手机音乐播放器软件侵权案，音著协诉优酷网侵权使用音乐作品案，音著协诉厦门广播电视集团、济南人民广播电台等10家广播组织广播权侵权案。

六、信息宣传工作

2015年，音著协共制作完成《会讯》两期——第28期、第29期。

《会讯副刊》改为不定期制作电子版，仍有部分会员参与到与音著协的互动中来。2015年，音著协收到会员投稿近百次，制作完成一期电子版《会讯副刊》，刊登会员词曲作品共38首。

2015年初起，音著协积极联系网络媒体，于搜狐、新浪、《中国知识产权报》等知名媒体上刊登关于广播权诉讼的报道，其间也有数家媒体转发，引起了社会上一定深度的关注。

2015年9月11日，由音著协与日本一般财团法人远藤实歌谣音乐振兴财团共同主办的“中日著作权研讨会”在北京诺富特和平宾馆召开。本次研讨会的内容主要围绕中日两国的著作权保护问题展开，分析中日版权实务的具体情况，探讨互联网高速发展下著作权保护的应对方案，介绍日本网络音乐传播的实际情况，分享日本音乐著作权协会（JASRAC）的卡拉OK收费经验等。著作权国际组织、司法机关、高校、音乐产业以及中日著作权集体管理组织的专家学者、音乐作者等80余人参加了会议。

七、国际事务

（一）海外签约

2015年，音著协分别与巴西音乐著作权协会（SOCINPRO）、菲律宾音乐著作权协会（FILSCAP）、黑山共和国音乐著作权协会（PAMCG）、美国音乐著作权协会（AMRA）签订相互代表协议。截至2015年底，音著协签约的海外著作权集体管理组织已将近70家。

（二）处理海外签约协会咨询、投诉及联系海外授权许可业务

音著协每年均会接到相当部分使用者就涉外音乐作品（例如广告、影视剧使用音乐）影音合成权授权或涉及改编、翻译等权利的委托代理，对此，音著协积极帮助联系海外相关权利公司/个人解决好相关权利的授权问题，为涉外音乐作品在国内市场的使用和传播搭建桥梁。2015年，音著协受委托代理30余件涉以上权利的版权授权业务。

2015年，音著协共接到海外签约协会就表演权、复制权相互代表协议方面的投诉共80余件，其中绝大多数为现场演出投诉和互联网音乐方面的投诉。根据投诉方要求，音著协积极联系因多种复杂原因而导致未能授权许可的演出组织方/互联网音乐服务提供商协商解决版权问题。截至2015年底，部分投诉的版权许可问题已得到解决并进入著作权使用费分配程序，部分仍在处理当中。

（张　群）

中国音像著作权集体管理协会

在国家新闻出版广电总局（国家版权局）的指导下，中国音像著作权集体管理协会（以下简称音集协）坚持正确导向，努力为会员服务，坚持依法办事，积极推动音像产业健康发展。2015年，音集协重点在会员发展、许可业务、维权诉讼、抑制非法集体管理、推动修法、海外交流、财务审计、使用费分配、理事会换届等方面开展了大量工作。

一、会员发展工作

会员是立会之本，会员的授权是音集协开展各项工作的基石。为推进发展会员工作，最广泛地获取权利人的授权，音集协通过网站、简报、人员交流等形式，积极宣传音集协的职能，不断完善入会合同。截至2015年底，音集协共发展会员137家，涉及权利人265家，共有授权曲目98 232首。

2015年，音集协将内部权利曲库进行硬件升级改造，按照权利数据管理需求进行了优化更新，扩充了曲库容量，实现了曲库分类管理，增加了信息和视频的批量导入、导出等功能，改造后的曲库在了解市场使用情况等方面发挥了重要作用。

二、许可业务进展

卡拉OK版权许可业务是音集协的主要业务支撑。2015年，音集协与3 000余家卡拉OK歌厅签订著作权许可使用合同，著作权使用费到账金额总计约1.6亿元。此外，音集协向四家卡拉OK点播系统生产商（VOD）发放授权许可，2015年收取使用费820万元。

根据《教科书法定许可使用作品支付报酬办法》及相关法律、法规，音集协负责教科书法定许可使用录音录像制品报酬收转工作，2015年与人民教育出版社等单位确定收转模式，2016年拟大力推进教科书法定许可相关业务的开展。

网络数字音乐是许可业务发展的重要方向，

2015 年音集协对网络数字音乐领域做了初步的信息收集和调研，并筹办了以“互联网环境下音像著作权集体管理现状与对策”为主题的三次研讨会，分别与权利人、门户音乐网站和在线卡拉 OK 等单位做了充分交流，为网络数字音乐许可业务做了前期准备工作。

三、维权诉讼工作

2015 年，音集协在全国 27 个省、自治区、直辖市开展了卡拉 OK 市场维权诉讼工作，共对 2 000 多家侵权卡拉 OK 歌厅进行维权诉讼，直接促进 676 家卡拉 OK 歌厅与音集协签订著作权许可使用合同并支付著作权使用费，有 473 家拒不签约交费的歌厅被判承担侵权赔偿责任。2015 年，音集协对上海“好乐迪”31 家连锁店提起的维权诉讼产生较大影响，部分案件已终审判决，音集协全部胜诉，判决上海“好乐迪”向音集协支付版权许可使用费及违约金共计 300 多万元，对侵权卡拉 OK 歌厅起到了震慑作用，推动了当地卡拉 OK 许可业务的开展。

此外，音集协在 8 个省市针对卡拉 OK 歌厅提起 636 例行政投诉。在行政机关的组织协调下，共有 24 家歌厅与音集协签订著作权许可使用合同，实现合法经营。

四、抑制非法集体管理工作

2015 年，深圳市声影网络科技有限公司、深圳菜之鸟唱片有限公司违反《著作权集体管理条例》，未经批准从事著作权集体管理业务，在全国以自己名义管理权利、向卡拉 OK 歌厅收费，并开展规模性、营利性诉讼，200 多家已向音集协交费的卡拉 OK 歌厅也在被诉之列。音集协多次与行政管理部门、法院、行业协会等进行沟通，协助各地法院调研，阐明合法集体管理、一般个体权利人维权与非法集体管理的区别。江苏省高级人民法院在多方调研论证后，依据《著作权集体管理条例》在全国首例判决认定深圳市声影网络科技有限公司从事非法集体管理业务。之后，江苏苏州、广东中山、广东江门、广东珠海、广东惠州、广东佛山、上海等地法院相继做出认定深圳市声影网络科技有限公司、深圳菜之鸟唱片有限公司从事非法集体管理的判决或裁定。司法实践的认定和处理，是对如何认定非法集体管理的重大突破，对国家版权局依法认定和查处非法集体管理活动具有重要参考价值，对净化著作权集体管理环境、促进我国著作权集体管理的发展具有重要意义。

五、推动修法工作

现行著作权法体系下，录音、录像制品权利人的广播权、表演权存在立法缺失。音集协一直通过各种途径替音像权利人反映诉求，在立法上争取广播权和表演权，包括借《著作权法》修改公开征求意见的机会向国家版权局、国务院法制办提交书面意见，接待国务院法制办、国家版权局针对著作权法修法进行的调研，发动会员权利人联名递交争取广播权、表演权的相关建议。

六、海外交流与合作

2015 年 5 月，音集协与国际唱片业协会、日本文化流通产品促进机构联合主办了“著作权集体管理研讨会”。国家版权局领导、法院法官、业界律师、地方版权局负责人和著作权集体管理工作者等专家学者应邀参加了研讨会，就法律问题、著作权集体管理及国际社会经验与演讲嘉宾进行了交流与研讨，使参会者对著作权集体管理工作有了新的认识和提高，对我国的集体管理工作起到了借鉴和帮助作用。

七、财务审计与著作权使用费分配工作

2015 年，音集协顺利通过民政部年度报表审计、换届财务审计和国家新闻出版广电总局纪检财务审计。根据《中国音像著作权集体管理协会章程》的规定，修订了《2014 年卡拉 OK 著作权使用费分配细则》，并据此《细则》，向会员分配 2014 年收取的著作权使用费。

八、理事会换届工作

2015 年 12 月，音集协成功召开第五次会员大会，完成理事会换届工作。王涛当选为新一届理事长，邹建华当选为常务副理事长兼总干事。国家版权局副局长阎晓宏在换届大会上发表了讲话，对第一届理事会的工作给予了高度的评价和肯定；同时，要求和希望音集协新一届领导班子要树立工作目标，在维护会员权利、完善管理制度、建立更加合理的分配机制等方面多下功夫，努力将音集协打造成为国际上知名的著作权集体管理组织。

（国　坤）

中国文字著作权协会

2015 年，中国文字著作权协会（以下简称文著协）在国家新闻出版广电总局（国家版权局）的领导下，按照总局的整体工作部署，积极维护会员权利，推广会员作品；深入贯彻实施《教科书法定许可使用作品支付报酬办法》和《使用文字作品支付报酬办法》，认真履行报刊转载和教科书“法定许可”稿酬收转的法定职能；探索数字版权授权业务，努力向数字版权要效益；按照党中央“一带一路”的伟大构想，积极开展“中俄文学作品互译出版项目”和“中白文学作品互译出版项目”，推动中国作家作品“走出去”，加强国际交流和国际版权贸易；同时积极顺应市场需求，探索版权服务的新领域。

一、发展会员情况

会员是文著协立足业界之根本。文著协成立七年以来，通过坚持不懈地为广大权利人办实事、办好事，维护他们的合法权益，在社会上产生了良好反响。截至 2015 年 12 月 1 日，文著协会员总数已达到 8 000 多人（其中不包含 2000 年登记入会合同到期续签合同的 575 位老会员）。通过稿费的定期发放，许多非会员主动填写入会申请表要求入会，许多老会员寄来新的作品，续签合同。文著协始终以“让权利人利益最大化”为宗旨，耐心解答会员提出的每一个问题。针对老会员樊发稼、金波、葛翠琳等遇到的出版社拖欠稿酬、未经许可擅自使用作品等侵权问题，文著协积极出面应对，成功为他们追回稿酬和挽回损失 10 多万元，同时还义务审查会员与出版社、文化公司等版权合同近百份。文著协通过这些实实在在的工作，赢得了很多作者主动入会。

2015 年，江苏省作协专业作家、中国作协会员枫亚和孙友田，中国作协会员、中国散文学会理事天村，北京市作协会员、中国电影文学学会会员、中国电视剧编剧工作委员会会员王小枪，当代诗词家李谊，青年翻译家庄焰，以及刘风光、尹维平、周迅、雷月波、陈显荣、张超群等一大批作家、译者先后与文著协签订文字作品著作权集体管理合同，正式加入文著协。

二、稿酬收取和转付情况

文著协是向著作权人转付报刊转载和教科书“法定许可”使用费的法定机构，因此，“法定许可”稿酬收取和分配工作是文著协工作的重中之重。文著协工作人员采取主动查找作者、主动核实作者信息和转载信息、主动发放转载稿酬的“三主动”方法，向作者和有关权利人转付报刊转载和教科书选文稿酬，确保把每一笔稿酬发放到真正的权利人手中。

2015 年，经过文著协全体员工的努力，文著协收取文字作品使用费共计 393 万元，比上年增长 60%。其中，教科书“法定许可”使用费增幅较大。文著协建立了完善的稿酬转付制度，每月都向权利人转付稿酬。为了提高稿酬转付工作效率，保证转付准确性，文著协逐渐通过银行汇款方式向权利人转付稿酬，减少邮局汇款给部分权利人带来的不便。

据文著协统计，文著协自 2008 年 10 月成立以来，八年期间，共为文字作品著作权人收取文字作品著作权使用费 2 000 余万元，其中报刊转载和教科书“法定许可”使用费为 1 000 余万元，占全部使用费的一半以上，向著作权人转付的比率超过 70%。

在 2015 年“4·26”全国知识产权宣传周期间，文著协工作人员为作家叶圣陶、刘绍棠、冯至，翻译家汝龙，诗人李广田、何其芳，戏剧家李健吾的权利继承人，以及翻译家张荣昌等 8 位著作权人上门送去教科书选用文字作品稿费总计 6.7 万元。文著协上门送稿酬，向会员宣讲文著协工作和版权知识，解答他们的版权疑难问题，得到作家和作家后人的好评。

三、“法定许可”工作

与教科书出版机构和报刊社签订“法定许可”稿酬收转协议是国家赋予文著协的法定职能，但是这个工作并不像想象中的那么容易。法律意识的淡漠使各教科书出版机构和报刊社不愿意主动交费，有的甚至直言守法成本比违法成本还高……经过不懈努力，继人教社之后，文著协 2015 年与江苏教育出版社成功签订教科书“法定许可”稿酬转付协议，并陆续向文著协会员和其他作者转付出版社交付的教科书使用作品稿酬。

2015 年，文著协还积极向报刊社宣传贯彻实施《使用文字作品支付报酬办法》，与《中华活页文选》《广东教育》《疯狂英语》《人事天地》《海南人大》等几家杂志社和新加坡名创教育出版社签订了“法定许可”稿酬转付协议，开始执行国家规定的每千字 100 元的报刊转载稿酬标准。

四、版权代理工作

（一）汇编作品授权代理

2015 年，文著协利用长期积累的会员和作者信息，与高等教育出版社、人民日报出版社、人民文学出版社、人民卫生出版社、中国少儿出版社、长江少儿出版社、辽宁少儿出版社、中国人民大学出版社、南京师范大学出版社、商务印书馆、外语教学与研究出版社、教育科学出版社、中国经济出版社、海豚出版社、明天出版社、群众出版社、华语教学出版社等 40 余家出版社和民营出版策划机构签订了《汇编作品委托代理协议》，代理解决了 100 余种汇编作品的作者译者授权问题，涉及作者逾千人次，文章数千篇次，为作者译者争取并向其转付稿酬100余万元。文著协这项工作，不但向文著协会员和其他作者展示了文著协良好的工作作风、专业的法律团队，使很多作者从中获益，很多作者因此主动加入文著协，更重要的是，有效化解了很多出版社、文化公司的版权法律风险，为广大作者与出版社建立和谐的关系发挥了重要作用。

（二）国际版权贸易代理

2015年，由文著协代理的《政治顶峰：赫鲁晓夫（1953—1964）》一书由人民日报出版社正式出版。该书作者为苏联著名政治家和国务活动家赫鲁晓夫的儿子谢尔盖，总字数为130万字，由中央编译局资深翻译家领衔翻译，历时五年。该书是谢尔盖撰写的“父亲三部曲”的最后一部，现已出版俄文版、英文版、中文版。

2015年，文著协与日本株式会社公文教育研究会签署版权代理协议，代理郭沫若、沈从文、朱光潜等名家，授权该机构在教学过程中以中文简体、繁体使用其多篇作品。

2015年，文著协与韩国爱力阳版权代理公司、俄罗斯维切出版社、乌克兰福里奥出版社、阿尔巴尼亚凡诺力出版社、人民出版社、黑龙江少年儿童出版社、上海九久读书人文化实业有限公司等相关出版机构签订了8份国际版权贸易合同，输出了铁凝的《笨花》、王蒙的《活动变人形》、姜戎的《狼图腾》、何建明的《落泪是金》等书的俄语、阿尔巴尼亚语、乌克兰语等语种版权。与俄罗斯著名儿童文学作家、俄罗斯儿童基金会主席、国际儿童基金会联合会主席、俄罗斯教育科学院和自然科学院院士阿尔贝特·利哈诺夫签订了独家版权代理协议，引进了利哈诺夫以《我的将军》为代表的7部著名儿童文学作品；代理了由人民出版社策划、中国人民抗日战争纪念馆和俄罗斯卫国战争纪念馆组织编写的抗战胜利70周年献礼书——《共抗法西斯》的俄文版权，并在莫斯科书展和北京书展组织宣传推广活动。文著协已经成为中国出版、中国文化“走出去”的一支重要力量，一个重要窗口。

（三）戏剧版权代理

由文著协代理授权的俄罗斯经典爱情喜剧《办公室的故事》，自2015年12月在京首演以来，得到广大观众的喜爱和好评，拟于2016年在全国巡演。

《办公室的故事》是俄罗斯著名剧作家、导演埃利达尔·梁赞诺夫的经典之作，令作者享誉全球。1985年，电影《办公室的故事》被译制成中文在中国播出，是许多国人心中难以磨灭的记忆。此次中文版话剧《办公室的故事》在北京保利剧院首演成功，引起了国内外的广泛关注。国内著名戏剧评论家、翻译家童道明认为“这部作品的意义在于，让如今习惯了看小品的中国观众，看看喜剧的另一种样貌，看看真正的幽默是什么样的”。俄罗斯第一大公共电视频道“第一频道”评价该剧在中国的演出使“俄罗斯和中国在这个夜晚变得更加紧密”，“虽然《办公室的故事》对于中国观众是一个来自完全不同国家的一个完全不同时代的故事，但剧场的爆满使我们相信这个简单的故事已经超越了时代和地域”。

近年来，文著协在俄罗斯文学作品版权代理方面的经验，得到了俄罗斯著名作家及版权机构的认可和信任，故将剧本《办公室的故事》在中国大陆的表演权独家授予了文著协。除《办公室的故事》外，2016年文著协还为国内知名院团继续引进四部俄罗斯经典话剧。

（四）其他领域的版权代理

继2013年和2014年文著协为中国集邮总公司设计出品的《小蝌蚪找妈妈》个性化邮票小本票、《水墨童真》水墨画邮册、《喵天使——名家笔下的猫咪》、《水果甜美》珍藏邮票书等邮品成功解决了所涉作家作品的授权后，2015年父亲节期间，文著协为中国集邮总公司成功解决了《父爱之舟》邮票书所涉及的丰子恺、老舍、汪曾祺、季羡林、刘墉、余华等名家父爱散文的版权问题。文著协还为北京博特创想文化有限公司为了纪念抗日战争胜利70周年特别设计出品的《烽火硝烟踏歌行》邮票书解决了版权授权问题。

2015年初，文著协代表儿童文学作家余丽琼，将其绘本作品《团圆》授权某影视公司改编为微电影《毛毛的团圆》。该影片由“十强青年导演”之一的韩可一执导，获得国家新闻出版广电总局电影频道2015年《中国影响力青年导演剧情短片创作季》“十大获奖作品”。

同时，文著协与作家出版社等机构合作，联系著名作家、编剧，积极筹备第二届中国电影文学版权拍卖大会。

五、数字版权集体管理业务

2015年，文著协先后与北京掌阅科技有限公司、北京世纪超星信息技术发展有限责任公司签订了数字版权合作协议，根据协议约定，文著协分别将会员授予的数字版权授权上述两家公司，授权费支付方式为“预付加分成”。这是文著协在数字版权集体管理业务方面迈出的又一大步。

与此同时，文著协继续与北京世纪卓越信息技术有限公司（亚马逊中国）合作，通过数字新媒体平台推广会员作品，为会员创造收益。截至 2015 年 11 月 1 日，亚马逊共销售文著协会员电子书 38 406 册，其中会员汪曾祺的《人间草木》销量最大，共计 22 384 册。会员因此获得了较高的版权新收益。

六、中外政府间互译项目工作

（一）“中俄现代与经典作品互译出版项目”成果显著

2013 年，总局进口管理司批准文著协为“中俄现代与经典作品互译出版项目”的中方承办单位。2015 年，在总局领导的指导下，通过文著协的协调和中俄双方各出版机构以及双方翻译家的努力工作，“中俄经典与现代作品互译出版项目”得以顺利推进。2015 年，中方出版“俄罗斯文库”中的文学作品共计 21 种；俄方出版“中国文库”中的文学作品共计 5 种。

这些已出版的中俄经典文学作品，在 2015 年 8 月第 22 届北京国际图书博览会和 9 月第 28 届莫斯科国际书展上精彩亮相，受到读者和有关人士的广泛关注和好评。在 2015 年 8 月北京国际图书博览会期间，文著协联合俄方承办机构——俄罗斯翻译学院举办了“中俄互译项目两年成果圆桌会议”，国内很多参与该项目的出版社和一些译者都应邀参加了本次会议。俄方专门邀请了参与出版的东方文学等出版社代表和作品入选互译项目的三位俄罗斯著名作家来华，举办个人作品读者见面会、研讨会，《中国新闻出版广电报》、《环球时报》、中国经济网等媒体对此做了专门报道。

在 2015 年 9 月莫斯科国际书展上，文著协与中国图书进出口总公司联合举办了“中俄互译出版项目成果发布会”，俄罗斯著名儿童文学作家、俄罗斯儿童基金会主席阿尔贝特·利哈诺夫，俄罗斯出版商协会主席康斯坦丁·切切涅夫，俄罗斯翻译学院院长叶甫根尼·列兹尼琴科和俄方几家大型出版社的有关负责人，国家新闻出版广电总局出版管理司司长周慧琳，中国出版集团副总裁刘伯根，中图公司党委书记吴伟和文著协驻俄罗斯使馆馆员、莫斯科中国文化中心等代表参加，反响良好。

在本次莫斯科书展上，文著协还与俄罗斯维切出版社共同举办了《共抗法西斯》中俄文版新书发布会。

俄罗斯文学史专家、中国社科院外文所副所长、中俄互译项目领导小组中方专家吴晓都称赞互译项目是“中俄文化交流史上的大事”。俄罗斯翻译学院院长列兹尼琴科坦言，中俄互译出版项目是俄罗斯与国外开展的规模最大、进展最顺利、成果最多的互译项目。

（二）“中白经典图书互译出版项目”拉开序幕

2015 年 10 月 10 日，总局进口管理司批准文著协为“中白经典图书互译出版项目”的中方执行机构。文著协抓紧时间组织成立了“中白经典图书互译出版项目”专家评审委员会，并向总局提交了“中白经典图书互译出版项目·中国文库”和“中白经典图书互译出版项目·白俄罗斯文库”的初选书目。中白互译项目正式拉开了序幕。这是中白两国加强文化交流的重要举措，是继“中俄现代与经典作品互译出版项目”之后的又一重要中外政府间开展的互译出版项目，是为贯彻党中央“一带一路”伟大战略构想迈出的扎实一步。

七、版权行业交流活动

2015 年，文著协多次参加与自身业务发展紧密相关的版权宣传研讨活动，如 2015 年知识产权南湖论坛、东北亚·青岛国际版权博览会、第十一届中韩著作权研讨会、“中美教育及图书馆环境下的版权保护”圆桌会议、第十二届上海书展暨第二届中国影视文学版权拍卖大会、中英版权研讨会暨中英著作权集体管理组织相关立法与实践高端论坛、中日著作权研讨会、中欧版权保护和产业发展研讨会等。通过参加这些活动，并在会上做专题发言，文著协积极宣传了自己的职能、宗旨和服务理念，扩大了在社会上的影响，同时有机会虚心学习国内外同行的先进经验，从而为建设有中国特色的著作权集体管理组织奠定基础。

八、版权国际交往

2015 年 5 月 1 日，在青岛国际版权交易会上，文著协与韩国复制传送著作权协会草签了合作协议。5 月 27 日，在济南举办的中韩著作权研讨会上，双方举行了中韩复制权集体管理协会合作协议签字仪式，双方各自邀请了政府主管部门领导和有关嘉宾出席了签约仪式。文著协与韩国复制传送著作权协会在管理和运营模式上有很多相近之处，签约后，可以就各自代理的版权作品委托对方，开展版权代理方面的合作，进一步为中韩著作权交流与合作做出各自的努力。

2015 年 7 月，文著协派员随国家版权局代表团赴法国、德国进行著作权集体管理的专项调研考察。2015 年 8 月末至 9 月初，文著协为国际影印复制权组织联合会（IFRRO）亚太区年会在北京举行做了大量的协调筹备工作，文著协总干事张洪波在会上做了两次发言，同时与前来参会的奥拉夫秘书长和亚太等国复制权集体管理组织代表进行了深入交流，进一步增进了相互了解。

（张洪波）

中国摄影著作权协会

2015年，是中国摄影著作权协会（以下简称摄著协）开拓进取的一年，也是迅速发展的一年。这一年，摄著协在国家版权局的领导下，在中国摄影家协会的支持下，认真贯彻党的十八届四中全会全面依法治国精神，深入学习贯彻习近平总书记《在文艺工作座谈会上的讲话》和《中共中央关于繁荣发展社会主义文艺的意见》文件精神，全面积极推进摄影著作权工作。

一、以摄影服务人民群众的工作

为贯彻落实习近平总书记《在文艺工作座谈会上的讲话》精神，把满足人民精神文化需求作为文艺和文艺工作的出发点和落脚点，摄著协通过举办中国摄影家聚焦潜江、中外摄影家赴青海摄影采风创作活动和摄影公益大讲堂，以摄影服务民众，与基层摄影组织建立互动互信，向基层摄影人普及版权保护知识，传授影像创作技艺。

2015年6月，摄著协在湖北潜江市举办了“中国摄影志愿者大讲堂”活动，邀请摄影家乔天富、赵大督、李绍杰、李德林、王征、郭柏林、樊德寿等为当地的摄影工作者、爱好者及民众传授摄影技艺、普及摄影知识，用摄影服务百姓，受到了当地政府和民众的欢迎。

为配合中央提出青海大力开发旅游资源、发展旅游产业的要求，受青海省人民政府新闻办委托，摄著协组织了13位中外摄影家到青海进行摄影采风创作。来自意大利、美国、韩国和中国的摄影家分成可可西里线，玉树线，黄南线，果洛线，青海湖周边和西宁、海南、海东线等五条覆盖青海省乃至国家级重点自然生态和保护区线路，沿途进行深入摄影采风创作。摄影家携带多部空中航拍器械进入青海腹地，饱览大美青海风光，拍摄五彩民族风情。他们深入多处常年被封闭的“禁区”，用镜头记录54个民族的生活，拍摄占全国五分之二的藏区以及长江、黄河、澜沧江的水域源头。

此次活动历时15天，累计行程18 000公里，摄影家们用影像记录自然生态、世间众生，沿途还把摄影技艺传授给当地民众，将文化和知识送到偏远边寨，所到之处受到了当地群众的欢迎。

二、通过教科书稿酬分配方案

6月6日，摄著协召开了第二届二次会员代表大会，国家版权局副局长阎晓宏、国家版权局版权管理司领导出席会议。会上向31个省、自治区、直辖市和19个全国性行业摄影协会颁发了摄著协首席代表处证书和牌匾。此次会员代表大会在摄影著作权保护进程中具有划时代的意义，按照法律程序，全体出席会议的代表一致通过了摄著协教科书法定许可使用费分配规则，这标志着摄影著作权保护在教科书领域所取得的成果将惠及更多的摄影家，教科书使用摄影作品的版税将首次向更多摄影家进行分配。为此，国家版权局副局长阎晓宏充分肯定了摄著协的工作。

三、启动首席代表工作

2015年初，为贯彻落实党中央提出的全面依法治国要求，摄著协提出了把摄影著作权保护工作延伸到基层，启动了在全国省及地市级城市设立摄著协首席代表的工作。具体做法为：在全国31个省、自治区、直辖市和19个全国性行业摄影协会设立摄著协首席代表处；在全国320个地市级城市设立首席代表。首席代表的工作职责是普及版权保护知识，发展会员，拓展摄影作品限量鉴证服务，举办摄影展览、讲座，开展多种摄影活动，扩大摄影著作权保护工作范围，加强为摄影家保护著作权工作的影响力。首席代表的建立显示出摄影著作权保护工作已从经济和文化发达的都市辐射到全国省、地两级，这将使得摄影著作权保护工作在基层生根并得到实质性的推进。在全面依法治国的总要求下，以更成熟、更稳健的步伐推进摄影著作权保护工作，依法激励摄影人的创作热情，催生优秀摄影人才和优秀摄影作品的诞生，做好为摄影权利人的版权保护和服务工作。

四、会员发展工作

为更好地维护摄影家和广大摄影著作权人的合法权益，摄著协积极发展会员队伍，使更多摄影人的作品得到有效的管理和保护，普及版权知识，推动国家知识产权战略在摄影界的实施，调动广大摄影人创作的积极性，推动摄影艺术事业的繁荣和发展。2015年，会员发展达到3 000人，覆盖了全国31个省、自治区和直辖市。2015年会员发展有如下特点：第一，发展会员人数创历史新高。第二，自2015年初在全国各省和地市两级启动了首席代表工程，把摄著协服务会员的手臂延伸到了地市级城市，各地首席代表表现出很高的工作热情，尤其在发展会员方面显示出空前的活力，使得摄著协2015年发展会员人数达到了以往会员人数总和的三倍。第三，摄著协官网网上在线申报会员平台受到申报者的热烈欢迎，绝大多数申报者是通过网上平台预先提交申报材料并通过初审后再正式申报入会，使得申报者的入会成功率大幅度提升。

五、传播摄影版权保护知识工作

随着摄影著作权保护工作的深入展开，摄著协加强了信息发布与传播的能力。摄影著作权保护缺少专门的媒体平台，对于普及著作权保护知识、传播集体管理制度的优越性造成瓶颈。随着各地首席代表的建立，摄著协结合工作实际，使用最普遍的社交平台，建立起与各地首席代表进行联络、沟通、服务的工作平台。同时，用此载体发布重要信息，做好著作权保护的宣传工作。截至 2015 年 12 月 31 日，摄著协设立的“首席 V”彩信和“摄影公社”微信已成为摄著协与全国 300 多个地市近千名首席代表传播信息和工作的联络方式，更成为宣传集体管理制度、普及版权保护知识、提高广大摄影著作权人法律意识的有效手段。

2015 年，摄著协通过举办专题讲座和形式多样的摄影活动，传播版权保护知识。针对艺术品市场诚信体系缺失和交易行为、秩序不规范的现象，摄著协通过举办“摄影的权利与艺术的尊严”专题讲座，传播版权保护知识，促进影像交易和流通良性秩序尽早形成。在“4·26”世界知识产权日期间，摄著协将主题为“知识无产权、社会无进步”的专题讲座送进大学校园，在北京电影学院组织了摄影版权大学校园行活动。此次专题讲座把摄影著作权知识融入到生动的具体案例中，讲座现场互动活跃，学生在轻松的讲解中得到了知识、受到了启迪，此次讲座受到师生们的热烈欢迎。

摄著协为湖北省摄协 2015 纪实摄影创作提高研修班举办《捍卫摄影的权利，促进艺术的繁荣》专题讲座，讲座内容包括著作权的由来，摄影家版税的流失与摄著协的诞生，现行《著作权法》对摄影家的著作权给予了怎样的保护，如何把摄影作品打造成艺术品并进入收藏和拍卖市场等。这堂课主题鲜明、案例生动、通俗易懂，不仅解答了学员的问题，还为之后如何保护和运作好摄影著作权指明了方向。

11 月，摄著协在江苏省张家港市召开了全国首席代表座谈会，学习贯彻习近平总书记《在文艺工作座谈会上的讲话》和《中共中央关于繁荣发展社会主义文艺的意见》，会议期间研究讨论如何积极营造有利于摄影作品有序传播的良好环境，通过举办《摄影的权利与艺术的尊严》专题讲座，对全国各省、自治区、直辖市摄协和全国性行业摄影协会首席代表进行培训。

摄著协在浙江、广东、湖北、江苏等地举办专题讲座近十场，就摄影著作权保护、推广摄影作品限量鉴证、规范摄影艺术品交易行为和规则等开展宣讲。活动为更好地传播摄影著作权保护知识，增强摄影人版权保护意识，提升摄影作品价值以及规范摄影作品传播、流通和交易行为，积极促成艺术品流通市场依法建立起诚信体系起到了积极的推动作用。

六、推动第二轮教科书法定许可收费工作

为进一步做好教科书法定许可使用摄影作品收费工作，依据相关法律和国家颁布的《教科书法定许可使用作品支付报酬办法》，摄著协与人民教育出版社启动了第二轮收费合作商谈。根据第一阶段所掌握的人教社使用摄影作品数量，结合近三年人教社对部分教科书进行了修改的实际情况，摄著协组织人力，租用办公场地对人教社修改后的 15 科 110 册教科书使用摄影作品进行逐册逐页的翻阅与核查，统计出使用摄影作品 9 087 幅次。据此，摄著协向人教社提出了新的收费范围并要求双方签署新的收费协议。此项工作得到了国家版权局、中国文联领导的支持。人教社原则同意，在双方对新一轮教科书使用图片数量进行统计后，于 2016 年初把 2012 年、2013 年、2014 年的摄影作品使用费交付摄著协。

七、探索摄影作品“原作”工作

在新版《著作权法》修订草案中，视觉艺术追续权被列入其中，国家版权局相关领导要求摄影界把摄影作品的“原作”定义界定清楚以符合法律要求。为此摄著协积极调研，广泛征求摄影家，艺术品一级、二级市场从业、管理、收藏人士的意见和建议，力争取得对摄影“原作”的认同。此外，摄著协还结合此项调研项目，帮助摄影权利人运营好他们的版权，助推摄影作品进入艺术品市场。努力学习国内外的成功经验，不断完善服务手段。9 月，摄著协专程赴上海国际影像展调研，通过观展、讲座、访问、交谈等方式，详细考察了国内外画廊对影像的鉴别、收藏、整理、制作和交易流程，进一步了解国际上在摄影艺术品交易流通方面的做法。如怎样鉴别摄影作品“原作”，国际画廊业界对不同时期摄影作品的“原作”是怎样确认的，何时开始对摄影作品进行限量制作等。通过调研，明确了国际上早期摄影“原作”的定义以及后来给摄影作品进行限量编号的时间段和演进过程等。这些都为做好摄影作品限量鉴证提供了可资借鉴的经验，为推动修改《著作权法》中增加视觉艺术追续权等提供了科学可靠的依据。

（朱宝祺）

中国电影著作权协会

2015年，是中国电影著作权协会（以下简称影著协）换届后的第一年。新一届理事会继续转变工作作风，深入实际调查研究，完成了《向影吧经营者收取电影作品使用费可行性的调研报告》，探索影吧使用电影作品的著作权管理工作迈出了可喜的步伐；依据修订后的影著协《章程》开始吸纳个人会员入会；就视听作品作者二次获酬权问题开展国际交流与调研；推动《著作权法》修法工作；完善影视版权在线注册系统，为影视作品权利人提供注册登记服务。

一、发挥自身优势，做好会员服务

1. 适应市场需求，积极发展会员

实践证明，个人会员比集体会员对集体管理组织的需求程度高得多。因此，从某种意义上讲，影著协业务的发展在很大程度上依赖于个人会员的发展。2014年，第二次会员大会新修订的影著协《章程》，使个人入会成为可能。2015年，影著协将会员发展的重点放在中小型电影企业、微电影创作人、独立制片人以及其他拥有影视作品权利的企业和个人上。截至2015年11月，影著协会员总量为97个，其中单位会员86家，个人会员11人。2015年新增单位会员4家，个人会员11人。

2. 量身定制方案，提供法律服务

按照会员单位的不同需求，影著协为其量身定制专门的法律服务方案。服务内容既包括法律咨询、受托维权、代理诉讼等日常法律事务，也包括网络监控、电视监测、市场调查等专业技术措施。

二、开展调查研究，探索集体管理

1. 承担政府项目，开展专项调研

2014年底，影著协接受国家版权局项目，就向影吧经营者收取电影作品使用费的可行性开展调研。为此，影著协先后赴北京、广东、上海、成都等地，对影吧经营情况进行实地调研，组织召开有国内知名著作权专家学者、政府有关部门负责人、法院知识产权方面的法官、电影作品著作权人代表以及部分影吧经营者参加的研讨会、座谈会，就影吧的数量及分布情况、影吧使用电影作品情况、影吧承担著作权使用费能力、影吧使用电影作品的著作权权利类型、对影吧及其使用电影作品情况的监管措施等问题了解现状、提出咨询、征求意见。在此基础上，影著协向国家版权局提交了《向影吧经营者收取电影作品使用费可行性的调研报告》。

2. 考虑多重因素，制定收费标准

在制定影吧收费标准时，影著协重点考虑了电影院线首轮放映票价及分配、从农村及城市数字放映体系中的收益、从网络和电视平台点播中的收益、KTV收费标准、影吧消费数据价格、影吧经营者的承受能力、地区差异及消费差异、影片的新旧程度等多种因素，形成了《影吧使用电影作品著作权收费（试行）标准（审议稿）》，设计起草了与之配套的收费模式、转付办法及实施方案。

3. 预设配套措施，搭建监管平台

为了保障影吧领域著作权集体管理业务顺利开展，做到授权使用、实时监测、准确计费、公平分配，影著协与知名知识产权服务企业联合成立了“影视作品著作权监测管理中心”，共同建立了“全国影吧行业著作权监管平台”，并为此做了大量工作，包括监测产品的设计、监测平台的研发和监测数据的分析等。

4. 争取会员授权，保障业务拓展

会员授权是著作权集体管理业务的前提和关键。在初步确定以影吧作为影著协著作权集体管理业务的切入点后，影著协向会员单位尤其是理事单位分送了《关于研商有关影吧使用电影作品授权事宜的函》、《电影作品著作权授权协议（代拟稿）》、《影吧使用电影作品著作权收费（试行）标准（初稿）》及其起草说明。经过积极的沟通、协调和解释，北京紫禁城影业有限公司等多家会员单位与影著协签署了《电影作品著作权授权协议》，并陆续向影著协提交了授权在影吧领域许可使用的电影作品目录。

5. 满足多样需求，提供居间服务

社会上对影视作品的需求多种多样，这些需求往往是小众的、分散的、附属于其他主营业务的。由于需求的这一特点，无法实现影视作品权利人与使用者之间一对一的授权，只有依靠影著协为其提供居间服务。随着全社会版权意识的增强，作品的著作权价值得到越来越充分的体现，许多使用者与影著协联系，咨询有关影视作品著作权授权和使用费支付等事宜。影著协在分析供需关系的基础上，视不同情况提出了切合实际的解决方案，向其提供影视作品使用授权。

三、升级门户网站，完善认证系统

1. 网站升级改造，衔接相关系统

影著协网站始建于2007年，至2015年已运行8

年之久，为影著协扩大对外宣传发挥了积极作用。但由于网站的后台管理受限、合作协议过期、部分设备老旧、不便维护管理等原因，特别是影著协组织架构和业务领域的调整，网站诸多功能模块已不能满足影著协业务工作和宣传工作的需求，亟待升级改造。2015 年，项目已完成网站需求、项目时间表、相关数据库条目的确定等前期准备工作，进入程序开发阶段。

2. 转型实质审查，打造权威注册

影著协开发的影视著作权在线注册系统（简称 FORP）于 2013 年 8 月正式上线运行，旨在为中国境内电影生产经营企业、微电影创作人、独立制片人、剧本创作者等提供影视作品在线注册确权服务。截至 2015 年 11 月，FORP 注册用户 1 425 个，注册影视作品 288 部。其中，剧本 275 部，微电影 11 部。2015 年，针对 FORP 存在的认证项目不详尽、认证程序不规范、证书设计不完美、市场推广不普及、数据应用不充分等问题，影著协对系统设计进行了改进，逐步实现从形式审查为主的登记向实质审查为主的认证转移，以适应业务发展的需要。同时，影著协制定了《影视作品著作权认证办法》，明确了电影作品的认证事项、审核流程、权属证明等具体管理办法，以确保登记认证结果的权威性。

四、开展同业交流，扩大对外影响

1. 参与业内活动，了解前沿动态

按照国家版权局的部署，影著协积极参与国家版权监管平台（二期）项目建设，并参加了国家版权局组织召开的“剑网 2015”工作座谈会、视频网站版权重点监管工作通报会及规范网盘服务版权秩序座谈会。影著协配合北京市版权局，对《信息网络传播权保护指导意见（修订稿）》中与影视作品相关的条款提出了修改意见。应韩国 CG 公司、台北市影音节目制作商业同业公会等机构邀请，影著协参加了第五届北京国际电影节及其举办的研讨会、推介会，了解电影行业前沿动态，增进同行间的业务交流。

2. 依据代理协议，转付作品版费

西班牙著作人和音乐人协会（SGAE）是一家综合性的集体管理组织，管理作品包括音乐、电影、戏剧等。2010 年 3 月，中国电影导演协会和中国电影文学学会授权影著协与 SGAE 签署了独家授权协议，委托其管理中国电影导演和编剧在全欧洲和拉丁美洲国家的作者获酬权。2015 年 11 月，影著协将 SGAE 转付的涉及中国电影作品导演、编剧的著作权使用费 136 169.46 元进行分配，涉及作品 47 部、导演 33 位、编剧 92 位。影著协于 2015 年 11 月 11 日在《中国电影报》上就本次分配事宜发布了公告，并通过上述两家协（学）会转付了部分著作权使用费。

3. 巩固以往关系，扩大合作范围

影著协继续保持与美国电影协会（MPAA）在电影版权保护宣传领域的交流和合作，共同策划主办论坛、培训等活动，并加强双方在维权事务方面的合作，共同打击电影侵权盗版行为。影著协与国际作者作曲者协会联合会（CISAC）共同探讨在中国实行电影导演、编剧等个人二次获酬权的必要性和可行性，推进《著作权法》有关影视作品条款的修法工作。影著协参加 CISAC 的全球编剧和导演委员会（W&DW）2015 代表大会，并与 W&DW 签署了合作备忘录；参加由国家版权局与世界知识产权组织（WIPO）共同主办的“电影和版权在文化与经济上的重要性”高端圆桌会议；参加由 WIPO 主办，中国、俄罗斯、蒙古、韩国四国著作权主管部门及集体管理组织参加的区域著作权和相关权合作研讨会；参加中英版权研讨会、中英著作权集体管理组织相关立法与实践高端论坛；参加中国音乐著作权协会和日本远藤实歌谣音乐振兴财团举办的中日著作权研讨会。

（史文霞）

中国互联网协会网络版权联盟

2015 年，中国互联网协会网络版权联盟（以下简称联盟）积极开展互联网版权保护相关问题的研究和宣传，并加强与司法部门的合作，大力推动互联网知识产权保护协作机制与多元化纠纷解决机制。

一、举办互联网刑事犯罪法律问题研讨会

2015 年 1 月 7 日，中关村科技园区管理委员会、北京市海淀区人民检察院、联盟、中国互联网协会调解中心联合主办的互联网刑事犯罪法律问题研讨会在北京举行。最高人民检察院、北京市人民检察院、北京市高级人民法院、北京市人民检察院第一分院、北京市人民检察院第四分院、北京市第一中级人民法院、北京市公安局网络安全保卫总队等 50 余名相关领导，中国人民大学、清华大学、北京师范大学专家学者代表，以及中搜、新浪、迅雷、PPTV、乐视、百度、阿里巴巴等互联网企业、媒体代表 20 余家，共计 90 余人参加了此次会议。

会上，中关村管委会委员刘航、北京市人民检察院副检察长苗生明、中国互联网协会秘书长卢卫先后为本次研讨会致辞。北京市海淀区人民检察院与中国互联网协会调解中心签署了《关于加强协作保护知识产权的框架协议》，为形成服务知识产权战略大局的区域合力拉开序幕。

本次研讨会围绕两个主题展开，一是利用网络实施诽谤等犯罪法律问题，二是互联网领域侵犯知识产权犯罪法律适用问题。北京市海淀区人民法院副院长、中国人民大学教授肖中华，北京市检察院公诉处检察员孙华从司法实务角度，分别就互联网犯罪审判实践中的问题和对策、利用信息网络实施诽谤等犯罪问题的认定做了主题发言；海淀区公、检、法一线办案人员，从侦查、审查起诉、审判三个环节，分享了司法实务中涉网知识产权刑事案件的办理概况、经验启示与困境。

中搜、新浪、迅雷、百度等互联网企业代表分别就"虚拟财产的认定""网络空间中的非法经营罪的适用""侵犯商业秘密行为""新型网络违法行为的入罪化问题"等话题，与各界代表进行深入讨论。

二、举办第四届互联网法律工作者年会

为推动互联网行业健康稳定发展，增进首都各界互联网法律工作者之间的交流，2015年2月10日，联盟、中国互联网协会调解中心与北京仲裁委员会联合主办的第四届互联网法律工作者年会在北京召开。本次大会上，最高人民检察院公诉处、最高人民法院知识产权庭、最高人民法院民一庭、北京市高级人民法院知识产权庭、北京市人民检察院第四分院民事行政检察处、北京市司法局基层工作处等领导分别为会议做了简要发言，最高人民法院对《关于审理利用信息网络侵害人身权益民事纠纷案件适用法律若干问题的规定》做了详细解读，参会企业代表们表示政府及司法部门领导的演讲对他们开展企业管理工作有非常强的指导意义。

最高人民检察院公诉处、最高人民法院知识产权庭、最高人民法院民一庭和北京市高级人民法院、北京市人民检察院第四分院民事行政检察处及北京各级法院近30名代表，国家新闻出版广电总局政策法规司、北京市司法局基层工作处、首都综治委等10位领导，以及腾讯、新浪、京东、网易、PPTV、迅雷、凤凰、中关村在线、乐视、调解在线等70余家企业代表，共计100余人参加了此次年会。

三、举办中国互联网大会暨2015中国互联网创新知识产权论坛

2015年7月21日，联盟、中国互联网协会调解中心和中国知识产权研究会网络知识产权委员会联合主办的中国互联网创新知识产权论坛在北京国际会议中心圆满结束。

该智慧盛宴囊括了"权威报告发布、互联网＋知识产权、业界热点话题、司法解读"四个板块，其中，中国互联网协会调解中心与北京市朝阳区人民法院知识产权庭联合发布了《体育赛事节目的法律保护研究报告》，奇虎360和网知委分别发布了《"互联网＋"新商业模式的知识产权保护研究报告》和《知识产权维权确权电子证据研究报告》。随后，由深圳市腾讯计算机系统有限公司、乐视体育文化产业发展（北京）有限公司、北京新浪互联信息服务有限公司联合发起的互联网体育知识产权保护联盟成立并举行了揭牌仪式。

各参会企业围绕"互联网体育赛事转播在中国的机遇与挑战""互联网体育知识产权保护势在必行""从中超转播权案件浅析体育知识产权保护""网络直播体育赛事主体权益保障"等体育热点问题，以及网络知识产权保护与诉调对接机制建设等问题，与各位领导、嘉宾进行探讨，共话发展。

四、举办电子证据保全技术与法律效力研讨会

2015年10月29日，由中国互联网协会网络版权联盟和中国互联网协会调解中心联合举办的"电子证据保全技术与法律效力研讨会"在北京召开。

北京市高级人民法院、北京知识产权法院、北京市东城区人民法院、北京市西城区人民法院、北京市朝阳区人民法院、北京市海淀区人民法院、中关村管委会自主创新能力建设处等领导，北京方圆公证处代表，北京国际版权中心等证据保全机构代表，百度、新浪、央视网、畅游等互联网企业代表，共计40余人参加了此次会议。

会上，北京联合信任技术服务有限公司董事长张昌利、杭州安存网络科技有限公司创始人徐敏分别就《TSA可信时间戳电子证据取证及固化实务》与《用可信数据保全真实的互联网世界》做主题发言。北京市朝阳区人民法院知识产权庭庭长林子英从司法实务角度就《诉讼中电子证据认定难点》做主题发言。

北京知识产权法院、北京市海淀区人民法院、北京市西城区人民法院等司法界代表，从审判角度对电子证据保全创新技术、证据保全模式、证据保全与公证对接、证据的真实性和效力等方面进行了细致的了解，并围绕"电子证据的特点""清洁性检查""取证过程是否涉及造假"等话题进行深入探讨。

此外，北京方圆公证处代表简要介绍了电子证据公证现状与困惑；新浪、百度等互联网企业代表介绍了企业维权中对电子证据取证的难点与对电子证据保全的需求。

五、举办第六届首都知识产权保护论坛

在 2015 年全国知识产权宣传周期间，联盟与北京市高级人民法院知识产权庭联合主办“第六届首都知识产权保护论坛”。

工业和信息化部科技司、中国互联网协会、北京人民调解协会、12321 网络不良与垃圾信息举报受理中心等 6 名相关领导，最高人民法院、北京市高级人民法院、北京知识产权法院等北京地区各级人民法院 30 余名代表，北京市人民检察院一分院、北京市人民检察院三分院、北京市人民检察院四分院、北京市海淀区人民检察院等 7 名代表，以及腾讯、百度、安存、搜狗等 40 余家互联网企业代表、10 余家媒体代表，共计 100 余人参加了本次论坛。北京高级人民法院知识产权庭副庭长焦彦、中国互联网协会副秘书长石现升分别为本次论坛做开幕致辞。随后，北京市海淀区人民法院中关村法庭与中国互联网协会调解中心联合发布了《涉浏览器不正当竞争调研报告》。

会上，各级法官代表分别就“涉网络不正当竞争案件的回顾与展望”“网络条件下大量取证的简化应当满足构成要件的证明标准”“网络著作权侵权案件热点法律问题探析”“网络游戏知识产权保护中的法律问题”“新型网络不正当竞争纠纷法律问题研究”五个互联网法律热点话题进行主题发言。同时，腾讯、百度、安存等互联网企业分别就不正当竞争案件实证分析、互联网竞争规则、电子数据取证方式等话题发表了演讲。每个演讲主题都引发了在场嘉宾的积极参与，为参会人员带来了更深的启发和思考。

六、加强网络版权保护司法合作

（一）与北京市海淀区人民检察院建立知识产权保护协作机制

2015 年 1 月 7 日，与北京市海淀区人民检察院签署了《关于加强协作保护知识产权的框架协议》，并举行了现场签约仪式，由中关村管委会委员刘航、北京市人民检察院副检察长苗生明为此次签约进行见证。双方立足于各自职能，发挥各自优势，通过有效的合作提升知识产权保护水平，促进建立公平有序的市场竞争环境。

（二）与浙江省义乌市中级人民法院建立知识产权保护协作机制

2015 年 7 月 13 日下午，与义乌法院联合中国互联网协会调解中心、义乌市市场监管局、义乌市司法局、义乌市律师协会、浙江中国小商品城集团股份有限公司等成立义乌市知识产权诉调对接工作机制联席会议，并设立义乌市知识产权诉调对接中心、义乌市知识产权纠纷人民调解委员会作为第三方独立平台，负责具体事务的运行。

（三）与北京市人民检察院第四分院建立知识产权保护协作机制

2015 年 7 月 24 日上午，继北京市人民检察院第一分院、第三分院之后，与北京市人民检察院第四分院（铁路运输分院）在京签订《加强协作保护知识产权框架协议》。此次签约，涵盖了互联网领域知识产权纠纷的调解、和解、工作协作、线索移送、信息共享、学术调研和人员培训等多项内容，有利于检察机关通过联盟的平台更好地发挥知识产权检察监督的职能。

（四）与上海知识产权法院签订诉讼与非诉讼相衔接的多元化纠纷解决机制合作协议

2015 年 12 月 11 日，与上海知识产权法院签署诉讼与非诉讼相衔接的多元化纠纷解决机制合作协议。此项签约扩大了知识产权民事纠纷以及其他适合通过委派或委托非诉调解的纠纷解决方式，引入行业协会辅助解决纠纷，进一步发挥联盟在纠纷化解、网络技术、行业号召等方面的优势，加快构建和完善多元化的纠纷解决机制，使纠纷能够便捷、经济、高效地解决，促进中国互联网行业的健康发展。

七、推动中国互联网协会人民调解委员会企业人民调解委员会的建立

中国互联网协会人民调解委员会于 2012 年 3 月成立，由中华全国调解员协会和中国互联网协会共同指导支持工作。委员会的职能是：团结、组织网络企业，逐步在互联网产业内建立起人民调解制度，指导、开展涉网的各种民事、商事纠纷调解工作，为全面建设和谐网络社会服务。

截至 2015 年 12 月，已建立百度人民调解委员会、新浪人民调解委员会、畅游人民调解委员会。

（陈　颖）

版权扫描

BAN QUAN SAO MIAO

版权界动态

◆立　法

【阎晓宏就《著作权法》第三次修订工作答网友问】 2015年6月16日上午，国家新闻出版广电总局（国家版权局）副局长阎晓宏在回答微博网友提问时表示，国务院法制办正在进行《著作权法》的第三次修订工作，增加了著作权行政管理部门的查封扣押权，并提高罚款数额。

以打击网络侵权盗版为主要目的的“剑网行动”已经连续开展了十年，十年来共查办案件4 681起，依法关闭侵权盗版网站2 676个，移送司法机关追究刑事责任案件388件。

阎晓宏介绍，除了查办案件，国家版权局还积极推动网络版权保护法律法规的完善，包括：2001年修订的《著作权法》，明确了信息网络传播权；2005年国家版权局和信息产业部颁布了《互联网著作权行政保护办法》，重点规范了网络服务运营商的版权行政责任；2006年国务院颁布了文化领域第一个互联网的行政法规——《信息网络传播权保护条例》，对网络版权保护进行了详细规定；2006年我国加入了世界知识产权组织两个互联网条约——《世界知识产权组织版权条约》（WCT）及《世界知识产权组织表演和录音制品条约》（WPPT），建立了符合国际规则的法律制度；2015年5月国家版权局发布了《关于规范网络转载版权秩序的通知》，鼓励报刊单位和互联网媒体合法、诚信经营，推动建立健全版权合作机制。

阎晓宏表示，从规范网络秩序来看，网络版权法律法规建设是走在前面的，这为网络版权执法监管工作提供了有力的法律保障。

（资料来源：人民网　作者：魏　艳）

【《著作权行政处罚实施办法》修订公开征求意见】 2015年9月8日，国家版权局公布《著作权行政处罚实施办法（修订征求意见稿）》，向社会公开征求意见。

《著作权行政处罚实施办法（修订征求意见稿）》主要就行政处罚程序、网络服务提供者的行政责任以及网络环境下的版权执法等内容进行了修改，以解决版权行政执法工作中特别是办理侵犯著作权行政案件中遇到的实际问题，进一步完善版权行政保护制度，加大对侵权盗版行为的行政打击力度。

现行《著作权行政处罚实施办法》制定于2003年，并于2009年进行过修订。2010年以来，随着《著作权法》等法律法规的相继修改，《著作权行政处罚实施办法》有关规定与上位法不一致以及与版权行政执法工作实践不相适应的问题日益凸显。据此，根据《著作权法》及相关行政法规，国家版权局草拟了《著作权行政处罚实施办法（修订征求意见稿）》，向社会公开征求意见。

（资料来源：《中国新闻出版广电报》　作者：魏　芳）

【《刑法修正案（九）》增加知识产权保护内容】 2015年11月1日，《中华人民共和国刑法修正案（九）》正式实施，增加了知识产权保护，明确了网络帮助侵权行为的刑事责任。

《刑法修正案（九）》在原来的《刑法》第二百八十七条（利用计算机实施金融诈骗、盗窃、贪污、挪用公款、窃取国家秘密或者其他犯罪）增加了这样的规定：“明知他人利用信息网络实施犯罪，为其犯罪提供互联网接入、服务器托管、网络存储、通讯传输等技术支持，或者提供广告推广、支付结算等帮助，情节严重的，处三年以下有期徒刑或者拘役，并处或者单处罚金。单位犯前款罪的，对单位判处罚金，并对其直接负责的主管人员和其他直接责任人员，依照第一款的规定处罚。有前两款行为，同时构成其他犯罪的，依照处罚较重的规定定罪处罚。”从条款内容看，“提供互联网接入、服务器托管、网络存储、通讯传输等技术支持，或者提供广告推广、支付结算等帮助”的主体，除了自然人，也包括网络服务商。因此，在《刑法修正案（九）》施行后，对于明知他人有利用网络实施侵犯著作权的犯罪行为，仍然提供相应网络服务的服务商，情节严重的，很可能将身罹牢狱之灾。这强化了对网络行为和网络犯罪的监管，表现在著作权领域，就是明确了对于侵犯著作权罪的网络帮助行为的追究。

（《中国版权年鉴》编辑部综合）

◆司　法

【广州知识产权法院首次开庭】　2015 年 1 月 21 日，广州知识产权法院首次开庭审理案件。当天也恰好是该院收案“满月”日，首月受理 539 宗案件，为北京知识产权法院首月收案量的 2.4 倍。

首次开庭审理的 3 宗案件，既有因 KTV 放映音乐产生的纠纷，也有因茶叶地理标志所引发的商标权纠纷，涉及作品放映权、特许经营合同、侵害商标权等不同类型的纠纷，分属知识产权审判的不同领域，各具代表性。

其中，中国音像著作权集体管理协会诉某 KTV 作品放映权纠纷案一审中，音集协就番禺某量贩 KTV 未经允许放映有关 MTV 音乐作品等事宜，将广州某酒店等三方列为被告，向法院提起诉讼。经审理，一审判决侵权行为成立，并要求三被告连带赔偿 2 万元。被告不服，向广州知识产权法院提起上诉。

（资料来源：《中国新闻出版报》
作者：方　晴　林　劲）

【新浪侵犯著作权被判赔偿】　2015 年 1 月 23 日，北京青年报社起诉新浪网侵犯著作权案在海淀法院开庭。作为原告的北京青年报社起诉称，自 2014 年 9 月起，新浪网在未经北京青年报社同意，也没有向北京青年报社支付任何报酬的情况下，擅自在新浪网大量转载该报享有著作权的《我为何要公布公务员“收入真相”》《发言人是“兼职”学术研究是老本行》《转基因作物不存在“滥种”》《挖掘机冠军称蓝翔不如母校强》等 9 篇文章及相应配图。在与新浪网多次协商未果的情况下，北京青年报社将新浪网诉至海淀区人民法院，索赔 9 万元。

2015 年 5 月 15 日，海淀法院做出一审判决，新浪网因侵权 9 名记者共计 32 447 字和 11 张新闻图片被判赔偿 18 100 元，并立即删除新浪网上的涉案文章和配图；案件受理费由新浪网负担。

（资料来源：《北京青年报》　作者：孙德婧）

【韩束公司惹出著作权纠纷】　2015 年 2 月，鹿晗在韩国株式会社 S. M. 娱乐公司当专属艺人时，曾为其拍摄相关宣传照片。之后，韩束公司、苏雪达公司使用上述鹿晗的照片来宣传推广韩束公司的化妆产品。韩国株式会社 S. M. 娱乐公司认为此举构成侵权，遂将鹿晗、韩束公司、苏雪达公司诉诸法庭。

S. M. 娱乐公司认为，三被告未经许可，擅自使用、复制以及通过互联网向公众提供其享有著作权的涉案照片，用于宣传韩束公司的商品，侵犯了其对涉案照片作品享有的著作权，故将三被告诉至法院，请求法院判令三被告立即停止侵权行为，赔偿原告经济损失人民币 50 万元，同时在指定媒体上刊登致歉声明。

2015 年 12 月 23 日，韩国 S. M. 公司诉鹿晗、韩束公司、苏雪达公司著作权侵权纠纷案一审宣判。上海普陀法院经审理判决，韩束公司及苏雪达公司存在侵权行为；韩束公司和苏雪达公司共同赔偿 S. M. 公司经济损失及维权合理开支人民币 15 万元。

（资料来源：《中国知识产权报》　作者：张　娣）

【皮影舞蹈《俏夕阳》著作权之争终落定】　2015 年 2 月，围绕着皮影舞蹈《俏夕阳》的著作权权属和侵权争议，经历了近 7 年的诉讼后，终于尘埃落定。河北省高级人民法院终审判决，驳回唐山市某单位和王某的上诉，维持唐山市中级人民法院的一审判决，即《俏夕阳》的著作权，归开滦集团文体中心艺术团艺术总监范锦才所有；唐山市某单位和王某停止侵权行为；合计赔偿范锦才 5 万元，并互负连带责任。

2006 年 1 月 28 日，在央视春节联欢晚会上，来自唐山市的皮影舞蹈《俏夕阳》深受观众喜爱，获得了观众最喜爱的节目歌舞类一等奖。该节目随之红遍全国，舞蹈队被各地邀请去有偿演出。作为舞蹈的原创编导和著作权人，范锦才认为，唐山市某单位和王某擅自组织演员表演《俏夕阳》并获取商业利益，未经自己许可，也未向自己支付任何报酬，是对自己著作权的侵权。2007 年，范锦才一纸诉状将唐山市某单位和王某诉至法院，要求确认皮影舞蹈《俏夕阳》的著作权归自己所有，判令两被告停止侵权并赔偿一定经济损失。

（资料来源：《中国新闻出版报》　作者：吴学安）

【歌曲《两只蝴蝶》著作权 10 年官司终落幕】　2015 年 3 月 10 日，围绕着《两只蝴蝶》等音乐作品的彩铃使用问题，3 家公司长达 10 年的诉讼官司在北京知识产权法院终审宣判，法院判定维持原判。

2003 年 4 月，北京鸟人艺术推广有限责任公司（下称鸟人公司）与龙乐公司签订音乐作品代理协议，但对于授权的作品范围约定不甚明确，并约定双方因协议的任何争议通过仲裁解决。

2004年10月，鸟人公司制作涉案的《两只蝴蝶》等三首歌曲。同年11月经龙乐公司授权万讯通公司开始销售上述歌曲彩铃。12月鸟人公司向龙乐公司发函要求终止双方代理协议。鸟人公司认为龙乐公司依据2003年的代理协议并未取得涉案歌曲的授权，因此万讯通公司、龙乐公司构成侵权。龙乐公司则认为代理协议系一揽子取得鸟人公司所有拥有版权的作品。至此双方拉开了10年司法审查的序幕。

2014年8月，朝阳法院做出本案的一审判决，在双方仲裁结论的基础上，认定龙乐公司、万讯通公司构成共同侵权，判决赔偿鸟人公司经济损失135万元。龙乐公司、万讯通公司不服上诉至北京市知识产权法院。最终法院判定维持一审原判。

（资料来源：《北京青年报》　作者：李铁柱）

【征信标志惹出的版权官司】　2015年3月，北京市海淀区人民法院审结了一起侵害著作权及不正当竞争案。原告绿盾（北京）有限公司（以下简称北京绿盾公司）诉被告青岛绿盾征信有限公司（以下简称青岛绿盾公司）、金信企业信用管理（北京）有限公司（以下简称金信公司）侵害著作权及不正当竞争，法院一审判决二被告停止使用涉案征信标志、消除影响、赔偿经济损失等10万元。

北京绿盾公司诉称，其于2009年6月1日创作完成了包括题为《11315企业征信绿盾标志》在内的4幅美术作品。后发现被告青岛绿盾公司、金信公司在其经营的网站上将其中3幅美术作品以及北京绿盾公司知名商品特有名称“11315”作为企业标志进行使用，且在该网站上发布损害北京绿盾公司声誉的文章。北京绿盾公司认为，上述两公司的法定代表人曾作为其代理商，侵权行为具有主观恶意，故请求法院判令两公司立即停止侵权行为，赔礼道歉，赔偿经济损失等共计50万元。

法院经审理查明，虽然青岛绿盾公司就近似的企业征信标志获得国家版权局作品登记的时间早于北京绿盾公司相关作品登记时间，但是北京绿盾公司通过2014年2月18日的《金融时报》、2014年3月12日的《中国工业报》发文介绍11315全国企业征信系统时就刊载有该标志，而青岛绿盾公司未提交证据证明其在获得作品登记证书之前创作或使用该标志的事实。且在本案诉讼之前没有证据显示他人就中国征信标志与企业征信标志向北京绿盾公司主张权利，而青岛绿盾公司提交的作品登记证书记载该公司创作并发表相关标志时青岛绿盾公司实际尚未成立，因此法院根据民事诉讼优势证据原则认定，北京绿盾公司为中国征信标志与企业征信标志的著作权人，对此享有著作权。故二被告未经北京绿盾公司许可，通过青岛绿盾公司经营的网站使用北京绿盾公司享有著作权的中国征信标志、企业征信标志，并使用实质性相似的标志的行为，侵害了北京绿盾公司享有的著作权。金信公司虽未直接经营网站，但该网站公告内容、企业简介等表述内容已明确表明金信公司同样使用涉案作品的事实，故应当承担连带侵权责任。

（资料来源：《中国新闻出版报》　作者：邹　韧）

【北京一网站在线擅播《离婚律师》侵犯著作权案一审宣判】　2015年3月，深圳某公司在获得了《离婚律师》的独占性信息网络传播权后，发现北京某科技公司未经其授权就擅自通过某网站向公众提供《离婚律师》的在线播放服务，故以侵犯作品信息网络传播权为由将其诉至北京市石景山区人民法院。石景山区法院对该案做出一审判决，判决北京某科技公司赔偿原告深圳某公司经济损失及合理支出共计22.502万元。

深圳某公司诉称，《离婚律师》于2014年8月4日在江苏、浙江、天津和深圳四大卫视首播，该公司运营的视频网站则于该剧每一集首播次日零时在线播放。而北京某科技公司明知《离婚律师》的信息网络传播权已由深圳某公司独家享有，仍然按照与深圳某公司相同的更新在线播放方式，在其网站上播放涉案电视剧，该行为严重侵害了原告的合法权益，故请求判令被告赔偿经济损失及诉讼合理支出人民币499万元。

对于原告的诉讼理由，被告辩称，其涉嫌侵权的情节是轻微的，并不足以给原告造成巨大经济损失。

法院经审理查明，原告在授权期限内继受取得《离婚律师》的独占信息网络传播权及相关维权的权利。被告在其经营的网站上在线播放电视剧《离婚律师》第1～19集，且在每集开始播放前显示15秒广告画面，并在播放画面的左上角显示被告网站名称水印，右上角显示原告网站名称水印。被告未举证证明上述行为系经涉案电视剧权利人的授权许可，亦未就公证视频画面同时显示原被告网站名称的水印举证证明涉案电视剧的来源。故法院推定被告通过其经营的视频网站提供涉案电视剧的在线播放服务。由于原告并未举证证明因涉案侵权行为所受经济损失及被告因涉案侵权行为的获益情况，因此法院综合考虑被告实施直接故意侵权行为的恶意程度、涉案电视剧的出品时间、侵权行为持续时间等因素，酌情加重被告应承担的赔偿数额，判决被告赔偿原告经济损失 17 万元；对于诉讼合理支出部分，因有公证费发票及《委托代理协议》、律师费发票在案佐证，法院予以全额支持。

（资料来源：《中国新闻出版报》　作者：邹　韧）

【财新传媒诉凤凰网侵权案和解】　2015 年 3 月，财新传媒有限公司（下称财新传媒）将凤凰网所属的北京天盈九州网络技术有限公司（下称凤凰网）诉至海淀法院，要求凤凰网赔偿相关损失 1.6 万余元，后经调解，双方就此事达成和解。

3 月 30 日，海淀法院开庭审理该案。财新传媒诉称，2014 年 12 月，其发现凤凰网转载了《互联网金融监管分工 P2P 将由银监会负责》《银行反击大战余额宝》等 11 篇文章，这些文章都是财新传媒享有著作权的，给凤凰网发通知停止转载，凤凰网没有理会。按照每千字 500 元计算，加上律师费、公证费等，故诉请法院判令凤凰网赔偿其相关损失 1.6 万余元，并公开赔礼道歉。

对此，凤凰网代理人辩称，凤凰网转载的这些作品，转自第三方，且大部分为时事要闻，独创性内容较少，文字新闻不应保护，这在行业内为通常做法，且采编人员有署名权，涉案作品不符合法人作品的要求，而且涉案作品已经下线，凤凰网没有侵权。

财新传媒代理人则认为，行业内通行做法不是法律。因为已和采编人员签订了劳动合同，这些作品为职务作品，单位和采编人员有共同的著作权。

庭上，财新传媒向法庭提交了被侵权作品清单、财新传媒与采编人员的劳动合同等 7 份证据。因双方均表示回去商量是否同意调解，该案暂时休庭。

3 月 30 日下午，凤凰网发声明向财新传媒致歉，称其认同财新传媒对于版权保护的努力，已和财新积极沟通，商谈致歉及赔偿方案。随后，财新传媒也在其官网刊发声明，称其已向海淀法院提交申请，撤销诉讼。

（资料来源：《京华时报》　作者：张淑玲）

【倪学礼诉《我在北京·挺好的》著作权侵权案一审宣判】　2015 年 4 月 3 日，中国传媒大学教授、编剧倪学礼诉《我在北京·挺好的》（简称《我》剧）著作权侵权一案历时近 9 个月，在北京市朝阳区人民法院做出一审判决。

法院认为，倪学礼对涉案剧本享有出版剧本和小说的有限复制权、发行权以及将剧本改编为小说的有限改编权。根据相关信息可以认定《我》剧同时构成对《小麦进城》剧本和《追赶与呼喊》小说的剽窃以及对倪学礼享有的署名权的侵害。

法院判决要求被告西安曲江丫丫影视文化股份有限公司（简称曲江影视）于判决生效之日停止复制、发行、传播《我》剧的行为；要求被告中央电视台于本判决生效之日立即停止传播《我》剧的行为；曲江影视、刘嘉军应在判决生效之日起 30 日内履行在一家由北京出版的全国发行的非专业报刊上刊登声明的义务，向原告倪学礼公开致歉，赔偿原告倪学礼精神损害赔偿金 1 万元以及为制止侵权支出的律师费 1 万元。

（资料来源：中国新闻网　作者：常　浩　叶　露）

【沈阳市中院公布知识产权十大典型案例】
2015 年 4 月 24 日，沈阳市中级人民法院召开新闻发布会，介绍了 2014 年沈阳市知识产权审判的基本情况和案件特点，并公布了知识产权十大典型案例。

2014 年沈阳市两级法院全年共受理知识产权案件 378 件，其中著作权类纠纷 150 件，专利类纠纷 66 件，商标类纠纷 97 件，不正当竞争类纠纷 17 件，技术合同类纠纷 15 件，其他知识产权纠纷 33 件。案件呈现出侵权诉讼案件量大、案件新类型不断增加和知识产权案件审理周期较长等特点。

2014 年度沈阳市知识产权十大典型案例分别是：李克忠、梅河口市汇阳防水有限公司与盘锦禹王防水建材集团有限公司侵害外观设计权纠纷案；陈斐与沈阳桃仙国际空港服务有限责任公司技术服务合同纠纷案；某国际贸易（上海）有限公司与孙巍、宁波苏博科能环保科技有限公司、徐颖键侵害商业秘密案；崔美英与刘某不正当竞争纠纷案；美盛农资（北京）有限公司与辽宁美盛国际化肥有限公司侵害商标权及不正当竞争纠纷案；宫运刚与韩某侵害实用新型专利权纠纷案；张某某与杨某某、李某某特许经营合同纠纷案；三一重型装备有限公司与国投昔阳能源有限责任公司、沈阳北方交通重工集团有限公司、沈阳北方交通重工有限公司侵害实用新型专利权纠纷案；施华洛世奇股份公司与沈阳施华洛婚纱摄影有限公司、沈阳施华洛婚纱摄影有限公司沈河分公司侵害商标权及不正当竞争纠纷案；中国体育报业总社与某某书店有限公司、广东某某出版社有限公司、广州市某某文化传播有限公司著作权侵权纠纷案。

（资料来源：辽宁省知识产权局网站）

【河南武陟县审结一起盗印案】 2015 年 5 月，河南省焦作市武陟县审结一起盗印案。

2014 年 4 月，焦作市“扫黄打非”办公室协调查处了武陟县詹店镇何营西村印刷厂未经批准擅自从事印刷业经营活动案件。现场查处该厂正在盗印、装订河南大象出版社《河南省初中毕业生学业考试说明与检测（2014）上册》和江苏科学技术出版社《张博士医考红宝书掌中宝》第一、二、三、四卷。发现装订成册的各类非法出版物 40 255 册，未装订的非法出版物 39 051 册，未装订的各类图书封皮57 506张，用于印刷的 PS 版（用过的废纸）3 000 张，印刷用双胶纸 40 卷（20 吨）。执法人员对现场涉案的非法出版物和各种设备、车辆进行了查封扣押。经河南省“扫黄打非”办公室鉴定，现场查处发现的 22 种图书及散页，属侵犯他人著作权的非法出版物。

依据相关法律法规，武陟县人民法院判决被告人徐某犯侵犯著作权罪，判处有期徒刑 3 年 6 个月，并处罚金人民币 80 万元。

（资料来源：《中国新闻出版报》 作者：韩为卿）

【侵犯微软著作权版主被判刑】 2015 年 5 月，滁州市全椒县人民法院一审以侵犯著作权罪判处被告人徐某某有期徒刑 3 年 6 个月并处罚金 15 万元，以侵犯著作权罪判处被告人刘某某有期徒刑 3 年缓刑 4 年，并处罚金 12 万元，被告人刘某某违法所得依法予以追缴。

2013 年 8 月，有群众向安徽省版权局举报，称 999 宝藏网未经许可，非法提供盗版 Windows 操作系统软件，供网民下载。经调查，2007 年至 2013 年 7 月份，被告人徐某某在互联网开办个人网站 999 宝藏网（www. rin9. com），案发前网站服务器所在地点为安徽省易速网络科技有限公司全椒县双线机房。999 宝藏网以发布广告和收取网站会员注册费获利，网站有下载权限会员 2 万余人。为增加网站人气，提高收益，被告人徐某某未经著作权人美国微软公司许可，通过 999 宝藏网鼓励、放任网站会员刘某某、周某某等人，发布、上传经封装的微软 WindowsXP、Windows7 等软件操作系统下载帖 4 000 余个，供网站会员浏览下载。

被告人刘某某系 999 宝藏网电脑版块下操作系统版块版主，网名立邦电子。被告人刘某某在封装的微软操作系统内以捆绑 360 安全卫士、360 杀毒、搜狗浏览器、搜狗输入法、PPTV、金山毒霸、金山卫士、PPS 等应用软件，并将浏览器主页绑定为 2345. com、搜狗等主页方式，与应用软件商等第三方合作，从应用软件商处收取推广费用，非法获利 100 余万元。

依照《中华人民共和国刑法》第二百一十七条第一项、第五十二条、第六十七条第三款、第七十二条第一款、第七十三条第二款及最高人民法院、最高人民检察院、公安部《关于办理侵犯知识产权刑事案件适用法律若干问题的意见》第十、十一、十三、十四条之规定，全椒县人民法院一审遂做出上述判决。

（资料来源：《滁州日报》 作者：花 峻）

【天津一中院审结齐白石后人著作权纠纷案件】 2015 年 5 月，天津市第一中级人民法院审结了一起绘画大师齐白石后人与出版社产生的著作权纠纷上诉案件。

齐白石后人齐良末、齐秉颐、齐来欢、齐展仪等 4 人，起诉湖南美术出版社编辑出版的《齐白石全集》第三卷中收录的《瀑布图》《春山风柳图》《虎踞图》等 298 件作品侵害著作权，湖南美术出版社不服一审判决，上诉至天津一中院。齐白石后人也就其中《青松白屋图》《三寿图》等 10 件作品所涉案件的一审判决提出上诉。

天津一中院组成了五人合议庭，召开庭前会议总结争议焦点，完成庭前证据交换，通过 3 个多小时的庭审，组织当事人围绕争议焦点充分进行举证、质证，并在庭审结束后认真合议，最终判决认定湖南美术出版社出版、发行《齐白石全集》中使用《瀑布图》等 298 件作品的行为，不构成侵权；但湖南美术出版社存在未经著作权人许可，再次印刷涉案作品的行为，依法应向齐白石作品著作财产权的合法继承人支付每幅作品 300 元的报酬。

（资料来源：中青在线
作者：张 国 孙 玲 薛东超）

【经济参考报社诉网易胜诉】 2015 年 5 月 28 日，广州市天河区法院做出一审判决，判令被告网易赔偿经济参考报社经济损失及合理费用共计 25 350 元。

2015 年 3 月 23 日，经济参考报社诉网易侵犯著作权案在广州市天河区人民法院开庭。网易因未经原告经济参考报社许可转载了《房地产再融资全面开闸信号频现》《国家节能环保产业定调四大领域》

《楼市调控需要新思维》等 11 篇文章，被以侵犯著作权为由索赔侵权赔偿及律师费、公证费等其他合理开支。

庭审中，原告诉称：被告未经授权转载了原告享有独家信息网络传播权的作品，经由多次律师函告要求付费使用，但被告不予理会，原告被迫提起诉讼，请求法院判令其赔偿损失。而被告网易则辩称自身不存在主观过错，且涉案的均为时事性文章，被告有权合理使用，原告主张赔偿金额欠缺依据。

法院经审理认为，原告主张权利的文章是基于经济现象所做的报道和分析，从内容表达和结构编排来看均具有独创性，属于我国《著作权法》所保护的文字作品。现有证据证明，原告对于涉案作品享有除署名权外的其他诉讼权利，被告未经许可转载使用，已经侵犯了原告享有的信息网络传播权，应当承担赔偿的民事责任。

（资料来源：《经济参考报》　作者：王夕雯）

【阿里音乐与韩国娱乐公司向酷狗维权】 2015 年 6 月 2 日，韩国 YG 公司对酷狗音乐发出侵权警告声明，这是酷狗音乐在 5 月 26 日被阿里音乐向法院控诉、申请禁止播放盗版歌曲后，遇到的又一起音乐侵权指控。

YG 公司在警告声明中称：酷狗音乐在未经 YG 公司许可的情况下，擅自在其官网及客户端发布 YG 公司即将发行的 BigBang 新专辑的相关宣传，并进行专辑预约活动，而 BigBang 新专辑内容“仅通过 QQ 音乐进行独家首发”。同时，YG 公司也对其他的音乐、视频平台发出警告，在未经授权的情况下，不得通过任何途径上线 BigBang 的相关歌曲和 MV。

浙江杭州余杭区人民法院 5 月 26 日做出的民事裁定书中显示，阿里音乐旗下公司与广州酷狗计算机科技有限公司发生著作权争议，阿里音乐从滚石音乐获得独家版权的歌曲被酷狗音乐盗播，涉案歌曲数量达 260 首，阿里音乐旗下公司要求法院下发禁令，禁止酷狗音乐播放其独家版权歌曲，并提交了滚石方面出具的权属材料、相关音乐 CD 及侵权证据。法院审查后认为，阿里音乐旗下公司提供的证据足以证明其对涉案歌曲享有信息网络传播权。法院为此签发禁令，要求酷狗音乐立即禁播涉案歌曲。

（资料来源：《中国新闻出版报》　作者：方　圆）

【动漫形象“熊大”遭侵权】 2015 年 6 月 9 日，江苏省南通市通州区的一家超市因销售印有“熊大”图案的童装被诉侵权案，经通州区人民法院调解，被告赔偿原告经济损失 1 万元。

原告深圳华强数字动漫有限公司诉称，《熊出没》动画片拥有较高的收视率和点击量，获得国内外诸多大奖。该动画片中的主要角色“熊大”“熊二”“光头强”等形象脍炙人口，并取得国家版权局颁发的著作权登记证书，原告享有“熊大”等形象的著作权。原告发现，通州某超市未经其许可，擅自销售印有“熊大”形象的童装，侵犯了其对“熊大”享有的著作权，要求被告停止侵权并赔偿损失。

在通州法院知识产权庭的调解下，被告超市自愿赔偿深圳华强数字动漫有限公司经济损失 1 万元，双方最终达成了和解。

（资料来源：《人民法院报》　作者：方　锵）

【央视网告机顶盒厂商等侵犯著作权】 2015 年 6 月，海淀法院对央视国际网络有限公司（以下简称央视网）诉深圳金亚太科技有限公司（以下简称金亚太公司）、北京美如画科技有限公司（以下简称美如画公司）及 VST 全聚合网站负责人邹某案做出一审判决，判定 3 被告侵权。

央视网诉称，其发现金亚太公司及美如画公司生产的、由美如画公司销售的美如画 V8 机顶盒通过互联网向用户提供电视“直播”“回播”服务，涉及的电视频道有 CCTV1、CCTV2 等 24 套，涉及的电视节目有《法律讲堂》《第 22 届冬奥会闭幕式》等 25 个。央视网认为自己经央视授权取得了该电视频道及节目的独家传播权，3 被告未经授权，擅自向用户提供“直播”“回播”服务，这侵犯了其著作权，构成了不正当竞争，故诉请法院判令 3 被告立即停止侵权，在相关媒体上刊登侵权声明，并连带赔偿经济损失 100 万元及合理支出 5 万元。

海淀法院审理认为，央视为涉案 24 套节目的运营方，也为涉案节目的播出组织权人。虽然这些节目有公共属性，但并不能否认央视网经授权所享有的独家网络传播权，故央视网为适格原告，他人未经许可，不得擅自转播。金亚太公司是涉案产品的生产商，美如画公司为销售商，两者对外并没特别区分，其产品包装上也均标着“美如画”，V8 产品在接入互联网后，自动实现同步电视直播及回看功能，其中直播部分是通过 VST 全聚合软件应用实现的，而邹某是涉案 VST 全聚合的负责人，其辩称自己与该案无关，因缺乏相关证据，法院不予采信。

最终，海淀法院一审判决 3 被告立即停止侵权，美如画公司和金亚太公司赔偿央视网经济损失50万余元，邹某在15万元内承担连带赔偿责任。

（资料来源：《京华时报》　作者：张淑玲）

【淘宝店主售卖盗版图书触犯刑律】 2015年6月，因淘宝店主李某销售盗版图书，北京市海淀区人民法院一审判决以侵犯著作权罪判处被告人李某有期徒刑3年6个月，并处罚金8万元。

2013年7月，李某用其母亲的身份证和文化经营许可证在淘宝网上申请了图书销售店铺。随后，李某从某图书市场以20元每套（三册）的价格购进盗版的“厚大图书系列”司法考试辅导用书，以图书标价2～3折、每套30～40元的价格进行销售。2014年4—6月间，李某未经著作权人北京厚大轩成教育科技有限公司许可，销售司法考试系列《刘凤科讲刑法》等图书共11 967册。2014年6月11日，李某被公安机关抓获，在其住所起获图书548册。经鉴定，起获图书均为非法出版物。

公诉机关指控李某犯侵犯著作权罪，从淘宝网上提取后台交易数据后，确定了销售图书的指控数额。庭审中，李某和其辩护人对指控事实没有异议，但认为李某没有印刷涉案盗版图书，只是销售图书，不属于侵犯著作权罪。

法院审理认为，被告人李某以营利为目的，未经著作权人许可，发行其文字作品，情节特别严重，构成侵犯著作权罪。鉴于部分非法出版图书尚未销售即被起获，减轻了部分社会危害，且李某到案后能如实供认自己的罪行，认罪态度较好，法院对其依法从轻处罚，遂做出上述判决。

（资料来源：《人民法院报》　作者：安　健）

【经济参考报社诉和讯网侵犯著作权案一审胜诉】 2015年6月，北京市朝阳区人民法院对经济参考报社诉和讯信息科技有限公司（以下简称和讯公司）侵害作品信息网络传播权纠纷案五案做出一审判决。庭审中，被告和讯公司对于其未经授权，在和讯网上转载经济参考报社原创作品的行为表示认可，但拒绝予以赔偿。

经审理查明，涉案文章系原告经济参考报社记者完成的职务作品，除署名权外的著作权均归经济参考报社所有。2014年，在发现被告的侵权事实后，原告曾委托律师两次向和讯公司发出律师函，要求其停止侵权并支付使用费。法院认为：“和讯公司未经许可，在其经营的和讯网上传播涉案作品，使相关公众可以在其个人选定的时间和地点获得该作品，故侵害了经济参考报社对涉案作品享有的信息网络传播权，依法应当承担停止侵害、赔偿损失的民事责任”。且和讯公司作为专业的网站经营者，理应知道使用他人作品需要征得许可，因此被告的主观过错明显。最终，法院判令被告在其网站上删除侵权文章，并赔偿原告五篇文章的经济损失及合理费用共计7 250元。

（资料来源：《经济参考报》　作者：王夕雯）

【凤凰网擅转中超联赛被判赔偿50万元】
2015年6月30日，北京市朝阳区法院对新浪与凤凰网因中超联赛转播引发的纠纷案做出一审判决，认定北京天盈九州网络技术有限公司（为凤凰网的所有者、运营者，以下简称天盈九州）的转播行为，侵犯了新浪互联信息服务有限公司（以下简称新浪）对涉案赛事画面作品享有的著作权。

天盈九州被判停止播放中超联赛2012年3月1日至2014年3月1日期间的比赛，在凤凰网首页连续七日登载声明，以消除给新浪造成的不良影响，并赔偿其经济损失50万元。

2013年8月1日，天盈九州在凤凰网“中超”频道首页的显著位置标注并提供了相关比赛的直播。点击进入“体育视频直播室”，可以看到2013年8月1日中超“山东鲁能VS广东富力”“申鑫VS舜天”的两场直播比赛视频。而在此之前，新浪已从中超公司处获得授权，于2012年3月1日至2014年3月1日期间，享有在门户网站独家传播、播放中超赛事的独占权利。

为此，新浪以凤凰网非法转播中超联赛直播视频为由，将其诉至法院，认为凤凰网侵犯了其享有的涉案体育赛事节目的作品著作权，并构成不正当竞争。天盈九州方面则对此予以否认，其理由是“足球赛事并非著作权法保护对象”，对体育赛事享有权利并不必然对体育赛事节目享有权利。

法院认定赛事录制形成的画面是受著作权法保护的作品。依照法律规定，具有独创性并能以某种有形形式复制的智力成果，才可构成我国《著作权法》所保护的作品。

朝阳区法院认定，本案中体育赛事的转播行为属于《著作权法》上规定的“应当由著作权人享有的其他权利”。就涉案的转播行为，尽管是在信息网络的条件下进行，但不能以交互式使得用户通过互联网在任意的时间、地点获得，故该行为不属于我国《著作权法》所确定的信息网络传播权的范畴，但仍应受我国《著作权法》的保护。

针对新浪诉称的天盈九州构成不正当竞争，法院认为，与著作权侵权基于同一事实，不能通过两个法律进行调整。本案中已经通过《著作权法》的保护得到了救济补偿，则无须再以《反不正当竞争法》进行规制。

（资料来源：《法制日报》　作者：张　维）

【深圳首宗微信公众号侵权案赔偿原创 1 万元】 2015 年 7 月 2 日，经深圳市南山区法院调解，北京优势零壹广告有限公司（以下简称原告）诉深圳某咨询有限公司（以下简称被告）微信公众号侵权案达成调解。这是深圳首宗微信公众号著作权侵权案。

原告名下的微信公众号“异见”在 2015 年 2 月 2 日首次发表了文字作品《谁将成为第五座直辖市?》。该公司很快发现，被告 2015 年 2 月 17 日在其微信公众号上，以自身名义发表作品《5 座“种子”城市，谁将成为下一个直辖市?》，标题与原创者发表的作品相似，而内容完全相同。而被告通过该公众号为自己及关联单位进行推广，为自己直接发布广告和软文来获利。

原告认为，被告通过其自媒体实施的行为侵犯了原告对作品享有的署名权和信息网络传播权，并通过该侵权行为获利，依法应承担停止侵权、赔礼道歉、赔偿损失等民事责任。请求法院判令被告赔偿原告总计人民币 1.5 万元，并且在其公众号上发布道歉声明。

被告表示，其公众号不存在商业行为，是公益性的传播平台，看到好的文章就发出去了。但这个观点遭到了原告方的驳斥，原告出示的证据显示，涉案公众号上列了很多公司的信息，其目的是为了公司主营业务做推广。

最后，在法庭的主持下，双方达成了调解协议。被告赔偿原告总计人民币 1 万元，并且在其公众号上发布道歉声明。

（资料来源：《羊城晚报》　作者：林　园）

【上海译文出版社出版权被侵案审结】 2015 年 7 月 13 日，上海译文出版社诉江苏凤凰文艺出版社未经授权将该社出版的 E. B. 怀特的《夏洛的网》和《吹小号的天鹅》等图书内容编入《这才是中国最好的语文书》涉嫌侵权一案由上海市知识产权法院做出终审判决，维持一审原判，判决被告停止侵权，赔偿上海译文出版社人民币 20 万元经济损失及诉讼合理支出 24 540 元。

2014 年 4 月，上海译文出版社发现江苏凤凰文艺出版社未经许可，在其出版的《这才是中国最好的语文书（小说分册）》《这才是中国最好的语文书（综合分册）》中，擅自收录译文社多部拥有专有出版权或著作权的图书之部分篇章。交涉未果，于 6 月诉至浦东新区人民法院。浦东新区法院于 2014 年 12 月做出一审判决，被告不服，提起上诉。

由叶开编著、江苏文艺出版社出版的《这才是中国最好的语文书》（小说分册和综合分册）中，有 9 篇文章涉嫌侵犯上海译文出版社的出版权。这 9 篇文章分别来自 E. B. 怀特的《夏洛的网》和《吹小号的天鹅》，格拉斯·亚当斯的《银河系搭车客指南》和《宇宙尽头的餐馆》及台湾作家朱天文的《炎夏之都》，且均未标明选自上海译文出版社出版的图书。

（资料来源：《解放日报》　作者：施晨露）

【央视拍“新大头儿子”侵权】 2015 年 7 月 21 日，杭州市滨江区人民法院对外公布，央视拍“新大头儿子”案已依法做出判决：认定央视动画公司翻拍的《新大头儿子和小头爸爸》构成侵权，赔偿杭州大头儿子公司 126 万元。

经典动画片《大头儿子和小头爸爸》是 1995 年央视和上海东方电视台联合制作的一部人气动画片，其主要人物造型是刘泽岱。刘泽岱于 2012 年将 1995 版动画片三名人物的著作权转让给杭州一位洪姓男子，而后，杭州大头儿子文化发展有限公司又通过洪姓男子转让获得了三个人物的著作权。

2013 年，央视动画公司推出了《新大头儿子和小头爸爸》动画电视剧和电影，对这个故事和大头儿子小头爸爸形象进行了改编创作。杭州大头儿子公司方面认为，央视动画公司未经许可且未支付报酬，在 2013 年将人物形象改编为新人物形象，推出《新大头儿子和小头爸爸》，并对新人物形象进行展览、宣传，侵害了该公司对美术作品享有的著作权，向央视动画索赔 156 万元。

但央视动画当庭否认侵权，其代理律师表示，当年刘泽岱设计的只是三个动画形象的正面设计草图，并不是最终的成品。随后刘泽岱和央视口头约定，这部动画片的造型著作权归央视所有。

滨江法院最终认定，1994 年刘泽岱是受 1995 版动画片导演崔世昱的委托，独立创作了《大头儿子》《小头爸爸》《围裙妈妈》三幅美术作品，因双方之间没有签订委托创作合同约定著作权归属，因此刘泽岱作为受托人对三幅美术作品享有完整的著作权。

经法院审明，刘泽岱将其享有完整著作权的作品著作转让给洪姓男子，系双方真实意思表示，亦不违反法律规定，且双方对合同内容的真实性以及落款时间均明确表示认可，刘泽岱与洪姓男子之间的转让合法有效，洪姓男子依法对三幅美术作品享有除人身权以外的著作权，之后杭州大头儿子文化发展有限公司亦对三幅美术作品享有除人身权以外的著作权。

滨江法院认为，央视动画公司未经原告杭州大头儿子文化发展有限公司许可，在2013版《新大头儿子和小头爸爸》动画片以及相关的展览、宣传中以改编的方式使用了杭州大头儿子公司的作品并据此获利的行为，侵犯了杭州大头儿子公司的著作权，应承担相应的侵权责任。

但综合到其他因素，法院认为是否停止侵权行为还应兼顾公平原则，故判定央视动画赔偿杭州大头儿子公司近126万元。

（资料来源：中国新闻网　作者：赵小燕　滨　法）

【重庆二中院审结“哆啦A梦”著作权侵权案】

2015年8月，重庆市第二中级人民法院民三庭审理了原告艾影（上海）商贸有限公司诉被告重庆万达广场物业管理有限公司、重庆万达广场物业管理有限公司万州分公司、重庆万州万达商业广场有限公司、重庆亿众传媒有限公司著作权侵权纠纷一案。

《哆啦A梦》漫画和电视剧的著作权人系日本株式会社的藤子·F·不二雄，经过一系列授权行为，原告艾影（上海）商贸有限公司取得了2014年度动画电视剧《哆啦A梦》相关角色的名称、肖像、视觉表现、商品等权利。

2014年10月28日—11月6日，重庆万州万达商业广场有限公司为吸引客流、扩大宣传，委托重庆亿众传媒有限公司提供了50个神态各异的“哆啦A梦”立体模型，布置于重庆万州万达广场大门前的广场上以及商场内部多个地方，并在商场内多处放置印有“哆啦A梦”形象的“卡通明星空降万达”平面宣传广告。艾影（上海）商贸有限公司认为，被告在未经其许可的情况下，在原告的授权区域内利用哆啦A梦形象进行商业宣传活动，被告的行为已经严重侵犯了原告的合法权益，给原告造成重大损失。万州区的万达广场系前三被告共同经营管理，应当共同承担侵权责任，四被告应当对侵权行为承担连带责任。请求法院判令被告赔偿其经济损失50万元。

重庆市第二中级人民法院经审理认为：重庆万州万达商业广场有限公司、重庆亿众传媒有限公司未获得原告的授权许可，在万州万达广场进行的“哆啦A梦”展览侵犯了原告享有的“哆啦A梦”著作权的相关权利。重庆亿众传媒有限公司复制提供了涉案模型，侵犯了原告著作权中的复制权。重庆亿众传媒有限公司提供涉案模型及有关宣传广告用于万达商业公司在商场内外进行展出，二被告共同侵犯了原告著作权中的展览权。被告重庆万州万达商业广场有限公司是动漫展活动的主办方和受益人，虽然是委托被告重庆亿众传媒有限公司具体执行，但重庆万州万达商业广场有限公司对涉及的知识产权问题未尽到必要的审查、注意义务，尽管其在与重庆亿众传媒有限公司的合同中约定所有责任由重庆亿众传媒有限公司承担，但不能对抗第三人，不能免除其对原告的侵权责任，其侵权行为造成了原告的损失，应当承担赔偿责任。重庆亿众传媒有限公司提供了侵权模型、广告，侵犯了原告的著作权，亦应当承担赔偿损失的民事责任。

本案的侵权行为是上述二被告共同实施，二被告应当承担连带赔偿责任。本案中原告没有证据证明重庆万达广场物业管理有限公司、重庆万达广场物业管理有限公司万州分公司参与了本案的侵权行为，故原告主张其承担侵权责任的诉讼请求本院不予支持。本案中原告的实际损失和被告的违法所得不能确定，人民法院根据侵权行为的情节，最终判决被告重庆万州万达商业广场有限公司与被告重庆亿众传媒有限公司连带赔偿原告艾影（上海）商贸有限公司损失（含制止侵权行为所支付的合理开支）12万元。

（资料来源：重庆法院网　作者：胡相龙）

【瑞安化解325件音乐作品著作权侵权案】

2015年8月，浙江省瑞安市人民法院向瑞安市娱乐行业协会发出司法建议，通过交费打包使用正版MTV，使得325件著作权侵权纠纷得以化解。自2015年1月以来，中国音像著作权集体管理协会（以下简称音集协）将瑞安多家KTV业主以侵犯音乐电视作品著作权纠纷诉至瑞安市人民法院，总计500余件。

音集协起诉称，温州市瑞安、平阳、苍南等地27家娱乐公司未经音集协许可，也未向音集协支付使用费，以营利为目的，在其经营的KTV点唱机中完整地收录音集协管理的部分作品供公众点播，请求法院判决上述娱乐公司立即停止播放、从曲库中删除侵权作品，并赔偿音集协相应损失。

瑞安市人民法院以审理系列案为契机，提出司法建议，由瑞安市娱乐行业协会牵头辖区内 KTV 娱乐公司与音集协沟通联系，共同研究解决音像侵权问题。经过多次协商，7 月 13 日终于达成一揽子和解协议。协议明确瑞安市所有 KTV 娱乐公司，不再区分包厢大小，统一按每个包厢支付年费 1 400 元，不对具体歌目做限制，通过交费打包使用正版 MTV。

截至 8 月 11 日，瑞安市人民法院已审结的 363 件系列案中，除 38 件判决结案外，其余 325 件均以原被告达成和解协议后原告撤诉结案。

（资料来源：《温州都市报》　作者：王　春　芮　萱）

【擅改金庸小说手游赔偿 60 万】　2015 年 8 月 20 日，海淀法院审结了一起因金庸小说改编手游而引起的著作权及不正当竞争纠纷，被告北京奇游互动网络科技有限公司（以下简称奇游公司）未经许可将金庸小说改编为手游，构成著作权侵权及不正当竞争，判决赔偿原告完美世界（北京）软件有限公司（以下简称完美公司）60 万元。

原告完美公司诉称，其经过金庸授权取得了《笑傲江湖》《神雕侠侣》《射雕英雄传》《倚天屠龙记》的独家游戏改编权。后完美公司发现奇游公司未经许可，擅自在其卡牌游戏《全民武侠》中，大量使用完美公司享有改编权的小说人物角色、关卡设计、武器道具、剧情设置等，系由前述四部作品改编而成，取得了巨大的用户数量，获利巨大。完美公司向奇游公司发函要求停止侵权，但奇游公司将游戏名称变更后继续实施侵权行为。完美公司认为奇游公司破坏了正常的市场秩序，直接导致原告丧失市场占有率和相应的交易机会，构成不正当竞争。

被告奇游公司辩称，《全民武侠》游戏仅为一款手机卡牌游戏，游戏初期仅为带入情节所需，对金庸先生的作品进行了一定的借鉴。收到法院的起诉材料后，奇游公司多次对涉案游戏进行了实质性修改，且游戏已下架，已经不存在侵权行为。涉案游戏可以免费使用，玩家充值是自愿的，且奇游公司获得的游戏分成收益仅为 14 万元。完美公司尚未开发出类似手机卡牌游戏，因此没有实际损失。

法院审理认为，奇游公司未经许可擅自改编涉案四部小说，将其改编成为游戏的形式，向公众进行传播获利，主观上具有恶意，客观上损害了完美公司的利益。

奇游公司大量使用涉案四部小说的人物、情节、道具、武术等因素，已经超过了合理使用的范围，应当承担相应的侵权责任。同时，奇游公司在游戏中从整体上将四部小说糅合，将经典的元素和桥段导入《全民武侠》中，会让公众误认为该游戏系经过金庸授权，对完美公司今后开发运营相关游戏产生不利影响。

由于原被告双方间存在竞争关系，奇游公司已经先在相关市场占有，并导致后续权利人经营困难，造成不必要的混乱，扰乱市场正常的经营秩序，故奇游公司的行为构成不正当竞争。

鉴于奇游公司已经停止涉案游戏的服务器支持和运营，法院不再判令奇游公司停止侵权。最后，海淀法院判决奇游公司赔偿经济损失及合理支出 60 万元。

（资料来源：《北京晨报》　作者：黄晓宇）

【乐视起诉小米未经许可转载独家版权电视】 2015 年 8 月，海淀法院对乐视网诉小米科技有限责任公司（以下简称乐视公司）与未来电视有限公司（以下简称未来公司）未经许可、擅自播放自家享有独家信息网络传播权的电视剧《金太狼的幸福生活》（以下简称《金》剧）著作权案做出判决。

乐视公司诉称，小米公司和未来公司利用小米盒子，通过信息网络，向公众提供《金》剧的在线播放服务，侵犯了乐视公司的独家信息网络传播权。

小米公司辩称，其只是制造、销售了小米盒子，没有侵权行为。小米对由未来公司负责的互联网电视平台中播出《金》剧，没有收费。

未来公司则辩称，该涉案作品为免费点播，其并未获利。

海淀法院认为，小米公司与未来公司联合运营，共同负责相关软件模块的升级管理，还协商决定服务的价格和收费，对部分案外影视剧，小米公司甚至提供了米币系统，为涉案平台提供收费支持。因此，小米公司与未来公司利益共享，小米公司没有采取必要措施制止该剧的播放，故也应承担连带赔偿责任。最终，海淀法院酌情判决小米公司、未来公司共同赔偿乐视公司相关经济损失 2 万元。

（资料来源：《京华时报》）

【15 人因网购盗版软件加密锁再出售获刑】 2015 年 8 月，北京市海淀区人民法院一审认定：利用淘宝网店、百度推广等途径大量销售软件的盗版加密锁的 9 起案件中的 15 名涉案人员犯侵犯著作权罪，法院判处 8 个月到 5 年不等有期徒刑，并处 2

万元～120万元罚金，并有5人被判处缓刑。15名被告人所销售的盗版加密锁针对的是广联达公司开发的用于建筑工程计价、土建算量等软件。广联达公司是国内知名建筑工程软件公司，其销售模式为将享有著作权的软件置于官网上免费供下载，但下载后软件无法直接使用，需从其公司购买软件加密锁方能正常使用。根据型号和功能分类，软件销售价格从3 000元到4万元不等。

此次审结的9起案件中，15名被告人在2012年3月—2014年7月期间，从网上低价购买盗版广联达软件加密锁，通过淘宝网店以及在百度搜索中建立推广链接等方式对外销售，盗版加密锁的加密程序能够修改并解除正版软件的加密程序从而实现对软件破解使用。盗版加密锁根据型号不同，售价在60元～300元之间不等，为正版价格的1%左右。9起案件涉及销售金额共计410万余元。

法院审理后认为，涉案被告人以营利为目的，未经著作权人许可，发行其软件作品，情节严重或特别严重，其行为均已构成侵犯著作权罪，并据此做出上述判决。

（资料来源：《法制日报》　作者：黄　洁）

【青岛网售盗版考试教材主犯获刑三年】　2015年9月，山东青岛市李沧区人民法院对“3·17”李某违法销售盗版教辅教材案进行了判决，判处被告人李某获刑3年，缓刑3年，并处罚金2万元。

2014年3月17日，青岛市“12318”接到群众举报，反映在“中国考试书店”网站销售的《全国二级建造师考试教材》疑为盗版图书，青岛市文化市场行政执法局经多部门协调，通过多种侦查手段，锁定涉案窝点。同时，由市区两级文化执法部门、公安部门组成的专案组对涉案窝点依法进行突击检查。经查，该场所负责人李某不能提供出版物经营许可证和进货单据，现场大量图书、光盘涉嫌盗版，李某于翌日被公安机关刑事拘留。2015年5月，专案组通过物流信息追查到李某的上线肖某；其后，专案组又远赴浙江等地调取了李某的支付宝账户注册信息和交易记录信息。同时，与举报人见面，完善了证人笔录等证据。

（资料来源：《中国新闻出版广电报》
作者：孙长越）

【男子翻印盗版图书3万册获刑】　2015年9月24日，焦作市中级人民法院以侵犯著作权罪，判处徐某有期徒刑3年6个月，并处罚金人民币80万元。

河南省武陟县的徐某原来在新乡一家印刷厂打工，下岗回家后在郑州搞到一些医学书籍的版式，自买机器设备在两个月的时间内，翻印盗版图书3万余册。经法院审理查明，2014年2月至4月15日期间，被告人徐某为获取非法利益，在未取得著作权人许可的情况下，在武陟县詹店镇何营西村北一厂房内，非法复制他人享有著作权的《护士执业资格考试历年考题纵览与考点评析》等盗版图书，共计31 030册，非法经营数额1 521 550元。案发后徐某到公安机关主动投案。

法院认为，徐某未经著作权人许可，复制其文字作品，情节特别严重，其行为已构成侵犯著作权罪，应依法惩处，遂做出上述判决。

（资料来源：中新网
作者：贾亲亲　朱建锋　李艳敏）

【作家尚建国诉武大出版社侵犯著作权案一审宣判】　2015年9月17日，北京市西城区人民法院对作家尚建国起诉武汉大学出版社侵犯其三项著作权案做出一审判决，判令武汉大学出版社在《北京晨报》上向原告赔礼道歉。

原告尚建国诉称，2014年9月，尚建国即已发现了武汉大学出版社的侵权行为，并通过北京市首佳公证处，办理了相关的证据保全等公证事宜，出具了公证书。根据公证书的相关内容，围绕其30部系列长篇小说《上帝变脸》一书，尚建国起诉武大出版社侵害了他三项权利：发表权；署名权；作品完整权。

2014年，在原告尚建国尚未将其完整书稿正式提交被告武大出版社之前，武大出版社已在其主办的“天线数字出版网”上，按长篇小说的形式，发布了尚建国的30部系列长篇小说《上帝变脸》前五部共计25个样章，并将作者署名为原告尚建国和第二作者罗毅。该样章是原告给被告授权之前，以邮件形式提交给被告武大出版社常务副社长胡江南的，其用意是让被告了解原告的创作风格及艺术手法，并非完整书稿。

原告尚建国称，被告在其完全不知情的状况下，在网上发布了原告的25个作品样章，侵害了其发表权。由于提前越权发表，导致原告对该作品在出版前的宣传计划泡汤，造成混乱。此外，被告武大出版社将原告尚建国独立创作的作品署名为两人，侵犯了原告的署名权；被告将明知并不完整和连贯的作品样章直接发表出来，侵害了原告的作品完整权。

被告武大出版社辩称，被告在筹建中的网站程序开发完后，须传一些文字进行测试，以查看排版呈现等效果，并非正式出版，正式发布后会删除，所以未告知作者；罗毅是该单位实习人员，可能是校阅稿件后，误将由其署名的稿件发给测试人员并进行上传。对此署名错误，被告表示歉意；筹建中的网站尚在开发测试阶段，无点击量，无读者，故《上帝变脸》样章的网络测试行为不会构成不良影响。

法院经审理认为，发表权是专属于作者的权利，作者是否认为自己的作品达到公之于众的水平，取决于作者意愿。被告将原告作品上传至网站，该作品即处于公开状态，不特定公众即可阅读该作品，故被告行为已构成对原告发表权的侵犯；使用他人作品应清楚标明作者姓名，被告将原告独立完成的作品署名为两人，割断了原告作为唯一作者和涉案作品间的血缘联系，侵犯了原告对作品的署名权；保护作品完整性的主旨在于保护作者的声誉不受损害，并不在于限制对作品做任何形式的修改。只有当对作品的修改实质性地改变了作者所要表达的思想感情，导致声誉受损时才构成侵权，而本案中被告并未修改涉案作品，原告也未举证证明读者对作者及其作品评价降低，故该项请求不予支持。

（资料来源：《人民法院报》　作者：辛九慧）

【乐视诉小米侵犯版权获胜】　2015 年 10 月 23 日，北京海淀区人民法院对乐视网起诉小米公司和未来电视公司侵犯影视网络版权的系列案件做出判决，支持乐视网的诉讼请求，判定小米公司和未来电视公共承担侵权责任，11 部影视剧的赔偿金额为 21.9 万元，涉及《暗香》《青盲》《无界之地》《妯娌的三国时代》《赤壁》《画皮》等。

案件中，小米认为，其仅为小米盒子的生产、销售商，涉案影视剧信息网络传播行为系未来电视公司实施，其与未来电视公司合作是为了满足行政要求，并非双方合意结果，其对涉案影视剧无收费行为等。

但是法院的判决认为，根据小米公司与未来公司签订的《合作协议》，小米公司与未来公司以联合运营模式开展合作，双方联合运营产品，共同负责相关软件模块升级管理，协商决定服务的价格和收费方式。对部分案外影视剧，小米公司甚至提供了米币系统为涉案平台提供收费支持。因此，小米公司与未来公司存在共享收益的关系。小米公司未采取必要措施制止“影视分类”栏目中提供涉案影视剧信息网络传播服务的行为，存在过错，应当与未来电视公司承担连带侵权赔偿责任。

而未来公司作为为数不多的获得开展互联网电视业务权利的互联网电视平台商之一，应对其平台上使用的他人作品负有更严格的审查义务，才能有效地维护著作权人的利益，并确保与平台合作的服务商业务顺利开展。因此，具有主观过错。

（资料来源：《中国知识产权报》　作者：姜　旭）

【完美世界《笑傲江湖 OL》私服外挂案宣判】　2015 年 11 月 2 日，海淀区人民法院对完美世界《笑傲江湖 OL》私服外挂案宣判。

2013 年 11 月 16 日，北京市文化市场行政执法总队接到完美世界（北京）网络技术有限公司的举报，反映该公司享有著作权的《笑傲江湖 OL》动漫游戏软件被盗，发现有人私自架设服务器，并在该私服内安装、运行该公司拥有著作权的《笑傲江湖 OL》游戏软件，并通过提供注册、充值等服务进行牟利。接报后，北京市文化市场行政执法总队联合海淀区公安分局网安大队组成专案组联合办案。

由于此案点多、面广、线长，因此侦破难度非常大。经查，不法团伙利用互联网在江苏、四川、浙江等多个省市，从事私服网络游戏违法经营活动，以谋取经济利益。涉案犯罪团伙主要有 3 人：江苏省南京市的厉某，浙江省温州市的何某某，四川省的罗某。专案组发现犯罪嫌疑人具有一定的反侦查意识，域名注册、服务器架设在美国、中国香港特区，给执法人员取证造成了困难，属于有意逃避打击的行为。经调查发现，该案团伙成员分居浙江、江苏、四川三地，利用网络组成了涉案团伙，在不到一年的时间内，经营面涉及诸多城市，规模之大、发展速度之快令人吃惊。

在当地公安部门的配合下，3 名犯罪嫌疑人分别被抓获或自首。案发后，何某某、厉某各自的家属分别代为向完美公司赔偿人民币 10 万元和 20 万元，罗某自首后，其家属代为赔偿人民币 20 万元。对此完美公司出具了书面意见对 3 人表示谅解。

海淀区人民法院依照《中华人民共和国刑法》以侵犯著作权罪判处何某某有期徒刑 3 年，缓刑 4 年，判处罚金 16 万元；判处厉某有期徒刑 3 年，缓刑 4 年，判处罚金 16 万元；判处罗某有期徒刑 2 年，缓刑 3 年，判处罚金 10 万元。

（资料来源：《中国新闻出版广电报》　作者：邹　韧）

【上海实现版权纠纷诉调无缝衔接】　2015 年

12月，上海版权纠纷调解中心与上海知识产权法院在上海市第三中级人民法院举办诉讼与非诉讼相衔接多元化纠纷解决机制合作协议签约仪式。

根据协议内容，经双方当事人同意，今后无论是在“立案前”“开庭前”还是“判决前”，上海知识产权法院都可以将版权纠纷委托给上海版权纠纷调解中心进行非诉调解，调解结果法院认可。

互联网环境下的数字作品版权问题的普遍性和复杂性导致很多案件，特别是新型网络侵权案件不能及时得到合理解决。案件审理耗费时间长、维权成本高的问题已经成为制约上海版权及文化产业发展的瓶颈。由第三方专业机构与法院进行纠纷解决衔接合作，创设高效、中立、公信的多元版权纠纷解决机制是适应现代版权保护需求的制度创新。

作为上海市新闻出版（版权）局主管下的公共服务机构，上海版权纠纷调解中心一直坚持公益性为主的版权纠纷调解专业服务，2010年5月揭牌成立以来，受法院委托成功调解139件案件，成功率为58%。

（资料来源：《中国新闻出版广电报》　作者：魏　芳）

【上海男子涉嫌侵犯著作权遭判刑】 2015年12月24日，上海市杨浦区人民法院判决被告人余某犯侵犯著作权罪。“80后”男子余某大学毕业后一直从事技术开发工作。然而，因心存侥幸，其私自剽窃超2 000部知名网络小说用于牟利，检察机关指出，自2013年初，被告人余某在未获起点中文网许可的情况下，通过网络下载剽窃《星辰变》等知名网络小说，将其储存于租用的“阿里云”服务器内，同时开发了名为《精排全本书城》的手机阅读APP软件供用户下载，该软件自动读取存储于“阿里云”中的小说。

经公安机关查证，自2013年5月起，被告人余某先后联系了上海弈动广告有限公司、腾讯广点通等多家广告商，在上述APP内植入广告、通过用户点击量赚取广告收入，并以其妻郑某某名义注册的欣世达公司账户收取广告费用。经盘石软件（上海）有限公司计算机司法鉴定所鉴定，《精排全本书城》所关联的服务器内存储的文字作品有2 955部与玄霆公司“起点中文网”的同名小说存在实质性相似。其中2 198部小说侵犯起点方面传播权。

余某在庭上供述：“我不知道这样做是犯法的，我的用户希望我提供一些知名玄幻小说的下载，我就照做了。我大学毕业后一直在企业从事计算机网络信息工作，看到网上有很多人用同样的手法做APP阅读软件，便自学开发了一个阅读和下载网络小说的手机APP软件，我为我的行为对受害公司造成的损失诚心悔过。”

检察机关认为，被告人余某以营利为目的，未经著作权人许可，复制发行其文字作品，达2 198部小说，情节严重，应当以侵犯著作权罪追究其刑事责任。鉴于余某到案后如实供述自己的罪行，且案发后积极争取立功机会，为公安机关其他类似案件提供了重要线索，同时向起点方面赔付百万元获得谅解，可酌情从轻处罚。

法院经审理后判定，被告人余某犯侵犯著作权罪，判处有期徒刑1年8个月，缓刑1年8个月，罚金人民币18万元。

（资料来源：新民网　作者：戴天骄）

◆ 行政管理

【国务院严厉打击网络侵权盗版】 2015年1月4日，国务院办公厅下发《关于转发知识产权局等单位深入实施国家知识产权战略行动计划（2014—2020年）的通知》（以下简称《通知》），《通知》明确，规范网络作品使用，严厉打击网络侵权盗版，优化网络监管技术手段。

《通知》要求，加强重点领域知识产权行政执法。积极开展执法专项行动，重点查办跨区域、大规模和社会反响强烈的侵权案件，加大对民生、重大项目和优势产业等领域侵犯知识产权行为的打击力度。

《通知》强调，加强执法协作、侵权判定咨询与纠纷快速调解工作。加强大型商业场所、展会知识产权保护。督促电子商务平台企业落实相关责任，督促邮政、快递企业完善并执行收寄验视制度，探索加强跨境贸易电子商务服务的知识产权监管。

《通知》明确，加强对视听节目、文学、游戏网站和网络交易平台的版权监管，规范网络作品使用，严厉打击网络侵权盗版，优化网络监管技术手段。开展国内自由贸易区知识产权保护状况调查，探索在货物生产、加工、转运中加强知识产权监管，创新并适时推广知识产权海关保护模式，依法加强国内自由贸易区知识产权执法。依法严厉打击进出口货物侵权行为。

（资料来源：《北方新报》　作者：钟　欣）

【“剑网2014”专项行动总结会暨新闻通气会举办】 2015年1月14日，国家版权局、国家互联网信息办公室、工业和信息化部、公安部在京联合召开“剑网 2014”专项行动总结会暨新闻通气会。专项行动开展期间，各地版权行政执法部门共查处案件 440 起，移送司法机关 66 起，行政罚款 352 万余元，关闭网站 750 家。会上还通报了“剑网 2014”专项行动十大案件。

自 2014 年 6 月“剑网 2014”专项行动启动以来，各地区版权行政执法部门、互联网信息主管部门、电信主管部门和公安部门积极配合、齐抓共管，通过开展版权法制宣传、进行全面清理检查、发动群众投诉举报、建立快速处理机制、查处侵权盗版案件和完善长效工作机制等 6 项措施，全面深入开展打击网络侵权盗版各项工作。

在强化打击网络侵权盗版的同时，国家版权局进一步加强对 20 家大中型视频网站的版权重点监管，启动了对重点影视作品的版权预警保护，公布了三批共计 95 部重点版权预警影视作品；各地版权管理部门对 1 826 家主要网站继续开展版权重点监管工作，引导网站规范使用和传播作品行为，避免发生严重侵权事件，互联网版权传播秩序得到有效规范。

国家版权局联合有关部门自 2005 年起连续开展打击网络侵权盗版专项治理工作，“剑网 2014”专项行动至 2015 年已经是第 10 年。专项行动以查办大案要案为抓手，针对网络文学、音乐、视频、游戏、动漫、软件等重点领域，集中强化对网络侵权盗版行为的打击力度。2005—2013 年，各地共查办互联网侵权盗版案件 4 241 起，依法关闭侵权盗版网站1 926个，没收服务器及相关设备 1 178 台，罚款 783 万元，移送司法机关案件 322 件。

（资料来源：《中国新闻出版报》　作者：赖名芳）

【规范 APP 列入国家版权局 2015 年工作重点】 2015 年 3 月 3 日，在由中国版权保护中心主办的 2015CPCC 中国版权服务年会上，国家版权局版权管理司副司长段玉萍介绍了国家版权局 2015 年在互联网版权方面的工作安排。她表示，2015 年将继续开展“剑网行动”，同时加大管理力度。她特别提到规范 APP 是 2015 年的工作重点。

段玉萍表示，以前互联网工作重点是 PC，从 2011 年、2012 年以后，把移动互联网也放在打击行动之中，2015 年重点要对 APP 进行规范。

随着智能终端的普及，各类应用几乎成为人们日常生活的“必需品”，APP 产业也得到迅速发展。2013 年，我国已成为全球第二大 APP 市场。然而，由于相关政策和监管制度尚不完善，各类问题频发，APP 产业也面临着不小的风险和挑战。

同时，大量软件提供方单纯地模仿其他 APP 的界面和功能，造成知识产权侵权纠纷。段玉萍提到，APP 迅猛发展，形式有音乐的、视频的、文字的等等，2015 年要做好分类管理；另外现在很多网络服务商采取的方式只是提供一些技术服务，不直接提供内容。在这种情况下它应该承担怎样的法律责任，特别是随着技术的发展这种问题越来越突出，2015 年要加大对 APP 的监管力度。

（资料来源：《楚天都市报》　作者：张　雪）

【国家版权局扩大版权监管范围】 2015 年 3 月 6 日，国家版权局进一步扩大版权监管范围，适时将传播音乐、新闻、文学和游戏作品的大型网站、网盘、云服务等新型网络服务平台以及传播影视、音乐、新闻、文学作品的主要 APP 纳入监管范围。

在“两会”召开前，国家版权局“视频网站版权重点监管工作通报会”在京召开，被纳入版权重点监管的爱奇艺、腾讯、优酷、土豆、乐视、搜狐、新浪、56、PPTV、暴风影音、迅雷、PPS、风行、VeryCD、皮皮、激动、悠视、酷 6、百度、奇虎 360 等 20 家视频网站参会。会议通报了国家版权局对上述网站 2014 年度传播影视作品情况的核查结果，并将涉嫌未经许可传播影视剧数量较大的皮皮网列入版权重点监管警示名单。

在国家版权局重点监管的 20 家视频网站中，部分网站存在未经授权传播影视剧、授权期限届满未下线、授权链不完整等问题，其中皮皮网涉嫌未经许可传播影视剧数量较大，根据《关于进一步加强互联网传播作品版权监管工作的意见》，国家版权局将其列入警示名单，并要求其全面整改。在规定时间内完成整改并通过核查，国家版权局将其从警示名单中删除；未在规定时间内进行整改、整改后仍未通过审核或者有其他特别严重情节的，国家版权局将依法对其立案调查。

2015 年国家版权局从三方面进一步加强版权重点监管工作：一是进一步扩大监管范围，适时将传播音乐、新闻、文学和游戏作品的大型网站、网盘、云服务等新型网络服务平台以及传播影视、音乐、新闻、文学作品的主要 APP 纳入监管范围；二是进一步加大监管力度，切实加强重点作品版权预警保护工作，强化约谈、警示、公开通报等监管手段，对侵权盗版网站加大打击力度；三是进一步完善长效机制，充实影视作品授权信息库，推动权利人与网站建立版权保护合作机制。

国家版权局版权管理司有关负责人介绍说，网站版权重点监管是国家版权局于2010年提出的监管思路，主要方式是对大中型网站传播版权作品情况进行监管，目的是规范互联网版权秩序、维护互联网版权产业环境。自网站版权重点监管工作开展以来，国家版权局根据实际情况，不断创新工作方法、完善工作机制，通过灵活务实的监管方式，一方面严厉打击各类侵权盗版行为，另一方面积极引导企业诚信经营、开展合作。几年来，主要视频网站逐步提高了网站视频内容的正版率，净化了网络视频行业的版权环境，促进了企业之间的合法竞争，带动了整个视频网站行业的健康、有序发展。

（资料来源：《中国新闻出版报》　作者：赖名芳）

【山东省将APP等新网络盗版行为列入“黑名单”】 2015年3月17日，山东省人民政府召开新闻发布会，山东省新闻出版广电局将联合公安、工信及网信等部门严查网络侵权盗版，尤其是APP等各类新型网络服务涉及的著作权侵权问题。

发布会新闻发言人、山东省新闻出版广电局副局长钟华介绍，随着互联网和智能手机产业的发展，网络、手机客户端APP、微信等侵权正逐年上升。2014年，山东省共查处网络侵权盗版案件32起，关闭侵权网站24家，关闭、屏蔽不良网站150多个，收缴各类非法出版物106万件，查办行政处罚案件1 500多起。2015年APP、微信等新型网络服务将成为版权维护重点领域，山东省版权部门将运用技术手段，对互联网传播作品侵权盗版进行监控、取证，服务案件查处。

（资料来源：中国新闻网　作者：李　欣　朱睿哲）

【《2015年国家知识产权战略实施推进计划》发布】 2015年4月9日，《2015年国家知识产权战略实施推进计划》（下称《推进计划》）印发实施。2015年的《推进计划》共确定5方面重点工作、80项具体措施。2015年国家知识产权战略实施的重点工作包括强化知识产权保护，鼓励创新创造；促进知识产权创造运用，支撑产业转型升级；加强知识产权管理和服务，促进创新成果转移转化；拓展知识产权交流合作，推动国际竞争力提升；加大支持力度，提高知识产权战略实施保障水平等。

在强化知识产权保护，鼓励创新创造方面，按照《推进计划》部署，主要是加快推动知识产权行政执法信息公开和相关信用标准制定，加强知识产权行政执法与刑事司法衔接力度，专项打击专利侵权假冒、网络侵权盗版和制售假冒伪劣名牌产品等犯罪行为，重点查办一批情节严重、影响恶劣的侵权假冒犯罪案件。加大电子商务领域和大型展会的知识产权执法维权力度，加强货物生产、加工、转运中的知识产权监管，规范知识产权纠纷调解工作。

在促进知识产权创造运用，支撑产业转型升级方面，《推进计划》提出的任务包括加强重点产业的专利布局和运营服务，加快知识产权运营公共服务平台建设，扩大中央企业专利运营试点范围，加大专利导航工作力度。支持知识产权服务业和知识产权金融服务发展，推动知识产权质押融资和保险业务开展。完善网络出版许可付酬机制，加强国家动漫品牌建设和保护，加强地理标志相关保护。

推进计划还涉及做好中央级事业单位的科技成果使用、处置和收益管理改革试点工作；推进知识产权管理、传统知识保护和管理、组织知识管理等领域的标准化工作；完善专利基础数据资源开放系统，便利社会公众低成本获得专利基础数据资源；推进《专利法》第四次修改；组织开展知识产权强国建设相关政策研究，提出知识产权强国建设的战略目标、任务和举措等内容。

（资料来源：《中国知识产权报》　作者：王　宇）

【张家港荣膺“全国版权示范城市”】 2015年4月13日，张家港市版权局传出信息，国家版权局《关于同意授予张家港市全国版权示范城市称号的批复》正式下达，该市成为第八个“全国版权示范城市”。至此，全国共认定8个示范城市。其中，苏州大市占3席，另外2个是2013年获批的苏州市和昆山市；另外5个分别为杭州、成都、广州、厦门、青岛。

2013年，经国家版权局批复，张家港市成为“全国版权示范城市”创建市。两年来，该市全面实施“三四五”版权兴业战略，重点打造数字、创意、设计“三大产业”，着力提升创造、运用、保护、管理“四项能力”，全面实施一体化、可持续、高专特、智力库、走出去“五大工程”，全力打造知识产权高地、全国版权强市。完成市、镇两级政府机关软件正版化工作，实施区镇和动漫、纺织、传媒等重点版权行业基层版权工作站全覆盖工程建设，建成版权工作站13个。同时，开通县市政府版权网站“张家港版权”网，搭建“三大平台”，全面构筑版权工作信息化网络。2014年，张家港市共登记上报各类版权作品 13 000 余件。

张家港市版权局局长陈世海说，张家港以规范性文件的形式设立优秀版权工作站评比和奖励专项资金，对企业软件正版化示范单位、版权示范单位、版权示范园区每年给予 5 000～100 000 元不等的奖励；对建成省级以上版权产业基地和版权产业园区的公共设施服务平台，给予 10 万～30 万元不等的补助。同时，设立 1 200 万元文化产业专项引导资金，重点支持文化产业的发展。

（资料来源：《苏州日报》　作者：王乐飞　任黎明）

【全国集中销毁 1 644 万余件侵权盗版及非法出版物】　2015 年 4 月 20 日上午，除广西因特殊原因提前举行之外，全国 30 个省（区、市）统一举行了 2015 年侵权盗版及非法出版物集中销毁活动。据统计，全国共销毁侵权盗版音像制品、盗版图书、盗版电子出版物及非法报刊等共计 1 644.69 万件。

10 时 30 分，全国“扫黄打非”工作小组副组长兼办公室主任、国家新闻出版广电总局副局长吴尚之在北京主会场宣布销毁活动开始并启动销毁机并代表活动主办方讲话。北京市委常委、宣传部部长、市“扫黄打非”工作领导小组组长李伟也做了讲话。

吴尚之在讲话中指出，打击侵权盗版是“扫黄打非”和版权部门的重要工作任务。一直以来，各级“扫黄打非”和版权部门以开展专项行动为平台，以查办大案要案为抓手，以收缴、销毁侵权盗版出版物为重要举措，坚决惩治各类侵权盗版违法犯罪活动。仅 2014 年，全国收缴各类侵权盗版及非法出版物 1 200 余万件，查办侵权盗版出版物案件 2 600 余起。特别是针对群众反映强烈的非法、盗版少儿出版物问题，全国“扫黄打非”办公室组织开展了少儿出版物市场集中整治，查办了一批大案要案，规范了少儿出版物市场秩序，得到了社会各界的高度关注和肯定。在打击网下侵权盗版的同时，打击网上侵权盗版工作也不断取得新成果，各地各有关部门深入开展“剑网 2014”专项行动，关闭侵权盗版网站 750 家，查办网络侵权盗版案件 440 余起，移送司法机关查处 66 起，查办了一系列网络侵权重大案件，有效遏制了网络侵权盗版高发势头。2015 年头 3 个月，全国共收缴非法出版物 174 万余件、盗版出版物 86 万余件，查办侵权盗版案件 376 起，始终保持了打击侵权盗版行为的高压态势。

吴尚之强调，在肯定成绩的同时也应该清醒地认识到，打击侵权盗版是一项长期而艰巨的任务。尤其是通过互联网等新型传播方式实施的侵权盗版情况逐渐增多，扰乱了出版物市场秩序，妨碍了文化产业的健康发展。各地各有关部门要按照《2015 年“扫黄打非”行动方案》的部署，不断强化日常监管措施，加大执法办案力度，深入开展“净网 2015”“护苗 2015”“秋风 2015”等专项行动以及“剑网 2015”等专项行动。坚持网上网下相结合、治标治本相结合、教育惩戒相结合，狠狠打击各种侵权盗版行为。

此次全国集中销毁活动中，湖北、广东、山东、浙江等省销毁的侵权盗版及非法出版物均超过 100 万件。北京市公安、工商、城管、交通、文化执法和北京海关等部门的同志，以及 16 个区县的文化执法队员参加了北京主会场销毁活动。全国“扫黄打非”工作小组办公室专职副主任、国家新闻出版广电总局反非法和违禁出版物司司长周慧琳主持销毁活动。全国其他省（区、市）“扫黄打非”工作领导小组负责同志分别参加了分会场销毁活动。

（资料来源：《中国新闻出版报》　作者：赖名芳）

【北京开展专项行动打击软件非法预装】　2015 年 4 月 21 日，经前期调研与部署，北京市版权局联合市文化市场行政执法总队、市区两级工商行政管理局及相关技术人员，组成两个执法检查小组分赴北京市海淀区与朝阳区，在多处大型家电卖场内开展了“计算机预装市场检查专项行动”。

此次专项行动共检查各式品牌计算机 300 余台，检查执法中发现卖场个别品牌计算机预装软件未取得合法授权，卖场涉嫌侵权预装软件。检查执法人员依法将相关问题计算机进行了查扣封存，并对卖场负责人进行了警示教育，宣传讲解了《著作权法》《计算机软件保护条例》，同时责令卖场限期整改。

（资料来源：《中国新闻出版报》　作者：王坤宁）

【国家版权局发布《关于规范网络转载版权秩序的通知》】　2015 年 4 月 22 日，国家版权局在京召开规范网络转载版权秩序座谈会暨传统媒体与新媒体版权合作签约仪式。会上，国家版权局依据我国现行《著作权法》相关规定，发布了《关于规范网络转载版权秩序的通知》，就规范网络转载行为确立了九条“新规”。

《通知》全文共九条含四方面主要内容：一是明确了著作权法律法规中涉及网络版权转载的几个重要问题，包括界定时事新闻、厘清法定许可不适用于涉及互联网媒体的转载以及不得歪曲篡改标题和作品原意等问题。二是引导报刊单位和传统媒体进一步改进内部版权管理工作，特别是针对报刊单位明确有关作品权属提出了指导意见。三是鼓励报刊单位和互联网媒体积极开展版权合作，营造健康有序的网络转载环境。四是要求各级版权行政管理部门加大版权监管力度。

《通知》规定，互联网媒体转载他人作品，必须经过著作权人许可并支付报酬，并应当指明作者姓名、作品名称及来源；报刊单位互转已刊登作品，适用法定许可原则，但应当向著作权人支付报酬，互联网媒体不适用此规定；网络转载他人作品，不得歪曲篡改标题和作品的原意。《通知》对《著作权法》第五条所称“时事新闻”进行了界定，该“时事新闻”是指通过报纸、期刊等媒体报道的单纯事实消息，但是凡包含了著作权人独创性劳动的消息、通讯、特写等作品均不属于单纯事实消息，互联网媒体转载时，必须经过著作权人许可并支付报酬。

（资料来源：《中国新闻出版报》　作者：赖名芳）

【江苏省局命名新一批版权示范园区和单位】 2015年4月，江苏省版权局又命名了一批省级版权示范园区和示范单位：常熟国家大学科技园、苏州阳澄湖数字文化产业创意园被批准为江苏省版权示范园区，江苏新天工广告有限公司、苏州欧瑞动漫有限公司、江苏风云网络服务有限公司、江苏东渡纺织集团有限公司被批准为江苏省版权示范单位。

命名的两个示范园区都属于版权产业聚集区，4家示范单位中的苏州欧瑞动漫有限公司、江苏风云网络服务有限公司属于数字内容产业，江苏新天工广告有限公司属于文化创意企业，江苏东渡纺织集团有限公司属于传统制造业。此次命名的这4家企业都注重以版权促进企业发展，以版权推动产业转型升级，对行业具有积极的示范作用。

在江苏省委、省政府2015年2月正式出台的《关于加快建设知识产权强省的意见》中，提出了推进版权兴业，培育发展版权密集型企业的目标，并明确要在2020年前建设80个版权示范园区和示范单位。江苏省已有2个全国版权示范城市，2个全国版权示范园区，3家全国版权示范单位；另有4个省级版权示范城市，7家省级版权示范园区及11家省级版权示范单位。

（资料来源：《中国新闻出版报》　作者：苏　汶）

【国家版权局发布2015年度第一批重点影视作品预警名单】 2015年4月，国家版权局公布了2015年度第一批热播、热映的重点影视作品预警名单。

国家版权局要求相关网站对名单内的作品采取相应保护措施：直接提供内容网站未经许可不得上传预警名单内的作品，用户上传内容网站应禁止用户上传预警名单内的作品，提供搜索链接网站应仅提供获得合法授权网站的搜索结果及跳转链接服务，电商网站及应用平台应加快处理预警名单作品权利人关于删除侵权内容或断开侵权链接的通知。

（资料来源：《中国新闻出版报》　作者：赖名芳）

【四部门启动“剑网2015”专项行动】 2015年6月10日，全国版权执法监管工作座谈会在福建厦门召开，国家版权局、国家互联网信息办公室、工业和信息化部、公安部在会上联合下发《关于开展打击网络侵权盗版“剑网2015”专项行动的通知》，全面启动“剑网2015”专项行动。

国家版权局副局长阎晓宏在会上总结了“剑网行动”十年来版权执法监管工作取得的成果，并对深入推进版权执法工作提出要求：要敢于亮剑、密切协作、规范执法，在查处大案要案、构建版权执法监管工作新格局、进一步提升版权执法监管工作效能方面下功夫求实效。针对2015年的“剑网2015”专项行动，阎晓宏指出，要突出重点任务，针对各类案件的不同特点采取有效措施，大胆探索对新型案件的查办。各级版权执法监管部门要抓好专项行动的组织协调，高度重视行政处罚与刑事司法的衔接，充分发挥中心城市在打击侵权盗版工作中的重要作用，探索建立跨区域执法协作机制、快速反应机制，充分发挥各级版权协会、版权联盟等社团组织的重要作用。要严格依法行政，提高行政执法效能，加强信息公开，加大宣传力度。

《通知》要求各地各有关部门要积极采取以下措施：一要发动群众投诉举报，二要开展全面清理检查，三要健全快速处理机制，四要全力抓好案件查办，五要完善长效工作机制。专项行动将分三个阶段进行：一是收集案源、部署工作。二是集中力量、专项整治。三是建章立制、加强宣传。行动将创新执法监管方式和手段，加强部门间、地区间信息共享和协同行动，完善打击网络侵权盗版的快速反应和长效机制，加大对网络侵权盗版的行政处罚和刑事打击力度，依法治理网络空间，净化网络版权环境，优化网络版权生态。

国家版权局版权管理司司长于慈珂主持会议，全国打击侵权假冒工作领导小组办公室副主任柴海涛、国家互联网信息办公室网络综合协调管理和执法监督局副局长尤雪云、工业和信息化部电信管理局副局长陆建文、公安部治安管理局副巡视员邓孟春、国家版权局版权管理司副司长段玉萍对“剑网2015”专项行动有关工作进行了部署。来自全国31个省（区、市）和部分中心城市版权、网信、电信、公安部门的代表共110余人参加会议。会上为2014年查处侵权盗版案件有功单位及有功个人颁发了奖牌。

（资料来源：《中国新闻出版报》　作者：方　圆）

【2015年北京市属国有企业使用正版软件工作动员部署会召开】　2015年6月26日，北京市2015年市属国有企业使用正版软件工作动员部署会在京召开。会议透露，2014年，北京市38家市属国有企业集团总部的167家二、三级企业完成软件正版化工作。2015年，市属国有企业使用正版软件工作6月底正式启动，计划年内完成300余家国有三级以上企业软件正版化工作。

2015年，北京市继续在市属二、三级国有企业开展软件正版化工作，巩固工作成果，确保列入计划的各企业登记在其固定资产账目中的服务器、台式机、便携机所安装的操作系统、办公软件、杀毒软件拥有合法授权，健全企业软件资产管理制度，规范企业软件日常使用管理，最终使列入计划的各企业顺利完成软件正版化检查验收，软件正版化率达到100%。

2014年北京市深入开展了市属二、三级国有企业的软件正版化工作。联席会议办公室60余次深入企业开展专项培训，编制和印发了1 000多份软件资产清查操作指南，建立了软件正版化微信订阅号。北京市正版软件采购平台采取从下单、安装到调试的全流程服务管理模式，有效提高了售后服务及工作效率。据统计，2014年北京市属国有企业共采购操作系统、办公软件、杀毒软件等总计达1.5万余套。

（资料来源：《中国新闻出版报》　作者：王坤宁）

【国家版权局明确涉外著作权合同登记工作为“行政确认”事项】　2015年6月，根据中共中央办公厅、国务院办公厅印发的《关于推行地方各级政府工作部门权力清单制度的指导意见》，国家版权局向各省（区、市）版权局、新疆生产建设兵团版权局及中国版权保护中心下发通知，进一步明确涉外著作权合同登记工作的性质。

通知提出，各省级版权行政管理部门和中国版权保护中心分别开展的出版境外音像制品、复制境外音像制品、出版境外图书、出版和复制境外电子出版物和计算机软件、委托印刷境外出版物、重印外国期刊等各项涉外著作权合同登记工作的性质，应为“行政确认”事项。各相关单位在清理行政审批事项及制定政府工作部门权力清单工作过程中，要参照《意见》执行。

（资料来源：《中国新闻出版报》　作者：赖名芳）

【规范网络音乐版权专项整治行动启动】　2015年7月8日，国家版权局下发通知，责令网络音乐服务商停止未经授权传播音乐作品的行为。通知要求2015年7月31日前，各网络音乐服务商必须将未经授权传播的音乐作品全部下线。

通知明确，我国目前网络音乐作品传播比较混乱，传播未经授权音乐作品现象比较普遍，有法不依状况比较严重，创作者的权利得不到有效保护。

通知指出，为加强对音乐作品著作权人权利的保护，规范网络传播音乐作品版权秩序，依据《中华人民共和国著作权法》《信息网络传播权保护条例》及《著作权行政处罚实施办法》等相关规定，以及“剑网2015”专项行动有关工作部署，自2015年7月起，启动规范网络音乐版权专项整治行动，加强对网络音乐服务商的版权执法监管力度，推动建立良好的网络音乐版权秩序和运营生态。

通知责令各网络音乐服务商停止未经授权传播音乐作品，并于2015年7月31日前将未经授权传播的音乐作品全部下线。

通知指出，对于在2015年7月31日以后仍继续传播未经授权音乐作品的网络音乐服务商，国家版权局将依法从严查处。

（资料来源：《法制日报》　作者：张红兵）

【网络音乐服务商签署版权保护自律宣言】　2015年7月15日，国家版权局在京召开网络音乐版权保护工作座谈会，通报了国家版权局重点开展网络音乐版权专项整治的有关情况和关于加强网络音乐版权保护的工作安排，各大网络音乐服务商签署了《网络音乐版权保护自律宣言》。

据通报，国家版权局将从五个方面加强网络音乐版权保护。一是严厉打击各类网络音乐侵权盗版行为。国家版权局于7月8日发出《关于责令网络音乐服务商停止未经授权传播音乐作品的通知》之后，将依法严厉打击各类未经许可传播音乐作品的侵权盗版行为：加大对侵犯音乐著作权的网站、APP的行政处罚力度，涉嫌构成犯罪的，移送司法机关追究刑事责任；对传播侵权盗版音乐作品的无备案网站，协调通信主管部门予以关闭；对各类侵犯网络音乐著作权案的查办情况，将适时公开通报。二是加强对网络音乐服务商的版权重点监管。国家版权局自7月起，将传播音乐作品的主要网络音乐服务商（包括网站和APP）纳入版权重点监管范围，在视频网站版权重点监管工作经验的基础上，进一步创新监管方式，丰富监管措施，特别是强化重点作品预警、调解、约谈、警示、公开通报等手段，切实加强网络音乐版权重点监管工作。三是支持网络音乐服务商加强版权自律。在国家版权局的支持下，20余家主要网络音乐服务商、唱片公司和版权公司在网络音乐版权保护工作座谈会上签署并发布了网络音乐版权保护自律宣言，并提请版权行政管理部门、广大权利人和网民以及社会各界、各类媒体对其进行监督。四是促进音乐作品的广泛授权和有序传播。目前各家网络音乐服务商正在根据国家版权局的要求进行自查自纠，及时下架无授权的音乐作品；为维护网络音乐版权秩序、促进音乐作品有序广泛传播，建立网络音乐依法有序传播和运营的良好版权生态，国家版权局积极推动获得专有权的网络音乐服务商进行转授权，支持网络音乐服务商探索实行适用的收费商业模式。五是推动网络音乐相关利益方开展版权合作。国家版权局积极引导网络音乐产业各方以“合作、共赢”的理念积极开展版权合作、诚信守法经营，并将推动词曲作者、唱片公司、权利人组织等与网络音乐服务商建立“通知—删除”快速处理机制、绿色维权通道、版权纠纷快速解决机制等版权保护合作机制。

QQ音乐、阿里音乐、酷狗音乐、酷我音乐、百度音乐、网易云音乐、一听音乐、多米音乐、豆瓣音乐、360音乐、乐视音乐、音悦台、唱吧、九酷音乐、喜马拉雅、蜻蜓FM、荔枝FM、考拉FM等网络音乐服务商，海洋科技、上海新汇文化、鸟人艺术、索尼音乐、华纳音乐、环球音乐、华纳盛世、EMI、Sony/ATV等国内外唱片公司和版权公司，以及中国音乐著作权协会、中国音像著作权集体管理协会、国际唱片业协会、国际作者和作曲者协会联合会等权利人代表共计60余人参加了会议。

（资料来源：国家版权局网）

【国家版权局召开“剑网2015”座谈会】 2015年8月17日，国家版权局在京召开“剑网2015”座谈会。会议总结了“剑网2015”阶段性成果及存在的问题，明确了第二阶段的重点任务。会议要求，查办案件是推进专项行动的重中之重。各地要依法加大行政处罚和刑事打击力度，集中查办一批大案要案；要敢于依法亮剑，善于依法用剑，树立版权执法部门的办案权威，在规范网络版权秩序方面发挥主导作用。

“剑网2015”第二阶段从8月1日至10月31日，即集中整治阶段，其间，将集中开展规范网络音乐版权专项整治、规范网络云存储空间版权专项整治、打击智能移动终端第三方应用程序（APP）侵权盗版专项整治、规范网络广告联盟专项整治和进一步规范网络转载版权秩序专项整治。

会议要求，各地要在第二阶段将查办案件作为推进专项行动的重中之重。各地版权执法部门要自上而下地查办案件，特别是省级版权执法部门要做好表率。在查办案件过程中，要扩大案源，解决入口问题；加大力度，解决效果问题；提高能力，解决瓶颈问题。在查找案源方面，一是要做好网络主动巡查，二是清理积案，三是积极发动群众举报，及时发现线索。要着重“打老虎”。通过“打老虎”，营造良好的社会舆论氛围，提升专项行动的社会效果。要高度重视做好行政处罚工作与刑事处罚工作的衔接，支持和协助司法部门对违法犯罪人员及时采取措施，该抓的抓、该关的关、该判的判，形成震慑。

会议强调，各地要加强版权执法业务培训，尽可能覆盖各地区各层级执法机构。要边学边干、边干边学，同时国家版权局将进行执法业务指导，协调先进地区派办案能手进行跨区域协调办案支持，给予案件经费补贴，支持地方多办案、办大案、办要案。通过查办案件起到震慑网络侵权盗版违法犯罪活动，规范网络版权秩序。

国家版权局版权管理司司长于慈珂充分肯定了“剑网2015”在第一阶段取得的社会效果。他表示，这些年伴随着互联网技术的高速发展，作品的传播方式、传播渠道不断创新，“剑网”专项行动规范的领域、打击的重点越来越高精尖，版权执法确实存在一定难度。但无论怎样发展，版权法律的本质万变不离其宗。只要我们用好自己手中的法律武器，理清法律关系，抓住侵权盗版的致命要害，技术再怎么发展，打击侵权盗版都能找到解决之道。

国家版权局版权管理司副司长段玉萍主持会议，副司长李承武和60余位来自各省（区、市）及中心城市版权执法部门的负责同志与会。

（资料来源：《中国新闻出版广电报》　作者：赖名芳）

【三亚开展文化市场联合执法行动】　2015 年 8 月 25 日，由海南三亚市“双打”办牵头，市文体局、市工商局、市商务局、市公安局等多部门联合执法，对三亚文化市场开展专项检查，打击市场存在的侵犯知识产权和制售假冒伪劣商品的各种行为。本次检查共没收 2 000 余张盗版淫秽光盘及部分电脑硬盘等。

8 月 25 日上午，联合执法队员首先来到吉阳市场，对市场内提供下载服务的流动摊贩进行了检查，现场发现部分摊点提供盗版电影、电视连续剧下载服务并售卖已刻录的盗版光盘，在其中一台电脑中，执法队员还发现了大量淫秽视频内容，队员对盗版光盘、电脑硬盘等侵犯知识产权的物品进行了现场查处。该店主因涉嫌下载传播淫秽视频，已由辖区派出所带走接受进一步询问。而在市场一处小巷内，一位摊贩正急忙地收拾摊位，执法队员上前了解情况后，发现该摊位内摆放售卖几百张盗版影视光盘，队员对摊主进行了教育和说明后，对盗版光盘给予了没收。

随后，执法队员在东岸村附近，发现一流动摊贩，现场查处了大量盗版光盘，在进行教育说明后没收全部非法出版物。在创新电脑城内，市文化市场行政执法支队工作人员发现多个店铺存在售卖盗版电脑系统、软件的情况，在对店主、创新电脑城管理方进行教育说明后，对盗版出版物进行了没收封存。

此次检查主要针对出版物市场进行检查，打击制售政治性及淫秽色情非法出版物，侵权盗版出版物活动，清理和查处含有国家法律法规禁止内容的文化产品和有害信息，依法严厉打击侵权盗版行为，保护著作权人的合法权益，规范文化市场经营秩序，净化社会文化环境，为平安三亚建设营造有序的文化市场环境。与此同时，今后还将进一步加强对流动摊点的清查、打击行动，让非法出版物无处藏身。

（资料来源：《三亚日报》　作者：乔亚楠）

【武汉市颁布著作权质押贴息暂行办法】　2015 年 8 月 26 日，武汉市文产办、市财政局和市文化局联合颁布了《武汉市著作权质押贴息暂行办法》，单个文化企业最高可获年财政贴息 50 万元。

《武汉市著作权质押贴息暂行办法》出台的目的是为了鼓励著作权的开发与利用，以帮助武汉区域内拥有自主著作权的企业解决融资难问题。著作权质押贴息主要面向已取得银行贷款的文化企业给予利息后补助。

《暂行办法》确定的最高贴息比例为企业实际支付的著作权质押贷款利息总额的 50%，单个企业每年度贴息额度最高可达 50 万元。凡是符合条件的武汉市文化企业 2015 年起可按《暂行办法》规定流程向市文化局办理贴息申请。

（资料来源：长江网　作者：王丹妮）

【国家版权局召开网络音乐版权保护工作座谈会】　2015 年 9 月 14 日，国家版权局在京召开网络音乐版权保护工作座谈会。会议要求，各网络音乐服务商应在“剑网 2015”专项行动中进一步加强版权自律，要看长远、顾大局，共同推动建立良好的网络音乐版权秩序和运营生态，共谋网络音乐产业繁荣发展。会上，腾讯 QQ 音乐与网易音乐已达成版权合作协议，大型网络音乐服务商间的独家版权转授权工作取得突破。

此次会议是 7 月 15 日之后，国家版权局召集网络音乐服务商召开的第二次网络音乐版权保护工作座谈会。腾讯 QQ 音乐、阿里音乐、海洋音乐、网易音乐、百度音乐等 12 家网络音乐服务商相关负责人，就各自开展版权保护工作进展、存在的问题及下一步行动计划进行了介绍。

国家版权局版权管理司司长于慈珂表示，规范网络音乐版权秩序是“剑网 2015”专项行动的重点任务。国家版权局在严厉打击各类网络音乐侵权盗版行为前提下，加强了对网络音乐服务商的版权重点监管，进一步规范了网络音乐服务商未经授权传播音乐作品的行为。在促进音乐作品广泛授权和有序传播方面，以加强版权保护为抓手，积极协调、敦促网络音乐服务商间进行转授权版权合作。他提醒各网络音乐服务商，要抓住目前网络音乐版权秩序转好的“时间窗口”机遇，站在网络音乐产业繁荣发展的大局角度，尽快完成转授权谈判，共同推动网络音乐服务商与音乐作品权利人、唱片公司建立良好的网络音乐版权秩序和运营生态。“剑网 2015”已进入集中整治阶段，国家版权局已经启动受理权利人对未经授权传播音乐作品网站的投诉，对于那些漠视版权、未经授权继续恶意传播的音乐网站将予以立案调查，依法严厉打击。

国家版权局版权管理司副司长段玉萍表示，音乐作品版权状况比较复杂，法律主要保护音乐作品词曲作者权利和录音录像制品权。从目前的情况看，各个音乐网站比较重视唱片公司的授权，而对词曲作者权利人状况不太清楚，这需要引起网站的重视。

只有词曲作者从版权保护中真正受益、获利，才能激发他们的创作热情，推动创作更多、更优秀的音乐作品。

腾讯 QQ 音乐、阿里音乐、海洋音乐、网易音乐、百度音乐等 12 家网络音乐服务商相关负责人在会上共同表示，将主动遵守《网络音乐版权保护自律宣言》内容，尽快完成版权合作谈判，探索实行适用的收费商业模式。

中国音乐著作权协会、中国音像著作权集体管理协会、国际唱片业协会等权利人代表 40 余人参加会议。

（资料来源：《中国新闻出版广电报》作者：赖名芳）

【国家版权局发布《关于规范网盘服务版权秩序的通知》】 2015 年 10 月 14 日，为切实规范网盘服务版权秩序，经过广泛认真调研和征求各方意见，国家版权局发布了《关于规范网盘服务版权秩序的通知》。《通知》根据现行著作权法律法规并参考有关司法解释，进一步明确了网盘服务商在提供网盘服务中应当履行的义务和承担的责任，将法律法规中的有关要求具体化，增加了可操作性和执行性。主要有三个方面：一是加强与权利人的合作。要求网盘服务商向权利人明示发送通知、投诉的途径，及时处理权利人的通知、投诉。二是加强对自身的管理。主要是要求网盘服务商在“明知”以及“应知”用户上传、存储并分享侵权盗版作品的情况下，应当采取有效措施予以制止；同时不为网盘用户违法分享他人作品提供便利。三是加强对用户的管理。要求网盘服务商配合版权部门保存用户相关信息，并通过列入黑名单、暂停或者终止服务等措施引导用户尊重他人版权、不通过网盘实施侵权行为。

为推动《通知》的贯彻落实，国家版权局于 10 月 20 日召开规范网盘服务版权秩序座谈会，百度网盘、360 网盘、金山网盘、腾讯微云、新浪微盘、迅雷快盘、华为网盘等主要网盘服务商以及视频网站、权利人组织代表参加了会议。各网盘服务商一致表示将严格遵守《通知》要求，切实履行法律义务，积极支持和配合国家版权局的监管工作，并加强与权利人的版权合作。

（资料来源：国家版权局网站）

【北京出台地方规章推进软件正版化工作常态化制度化】 2015 年 11 月，北京市人民政府办公厅印发《北京市政府机关使用正版软件管理办法》，要求全市各级政府机关的计算机办公设备及系统必须使用正版软件，禁止购买、安装、使用非正版软件。

北京市出台的这一《办法》进一步梳理、分类、细化了政府机关软件正版化工作所涉及的各项工作内容，并分别做出了详细规定：一是明确界定了软件正版化工作涉及的软硬件范围；二是着重强调了软件正版化工作责任人切实履责的重要性；三是重点针对正版软件采购所涉及的财政预算保障、软件采购渠道及方式、软件采购标准及原则、软件正版化与信息化建设统筹推进等方面做出了详细规定和要求；四是专门就软件测评及选型指导，软件资产管理相关的配置、处置等常态化管理机制的建立与保障进行了规范；五是严格规定了软件正版化工作情况上报及常态化工作的考核和责任追究等制度。

（资料来源：《中国新闻出版广电报》作者：王坤宁）

【国资委和国家版权局联合对软件正版化工作进行督导督查】 2015 年 11 月 6—11 日，根据国务院有关部署和要求，为了解中央企业软件正版化成果巩固情况，国资委和国家版权局联合对部分中央企业软件正版化工作进行督促检查。检查的主要内容包括管理责任落实、管理制度及长效机制建立等情况，并对部分企业计算机正版软件安装情况进行现场抽查。从检查情况看，各企业高度重视软件正版化工作，主要领导亲自部署，逐级落实责任，建立了自上而下的工作机制，制定了软件资产管理制度，软件正版化工作取得明显成效。检查组对企业巩固已有成果，继续完善软件资产管理制度，形成长效机制提出了明确要求。

11 月 16 日，国资委和国家版权局联合召开软件正版化工作督导会议，部分中央企业软件正版化工作主要负责同志参会。会议强调，各中央企业要提高认识，加强领导，落实责任，不断创新工作方法，推进软件正版化工作各项措施落到实处。

（资料来源：国资委网站 作者：国资委办公厅）

【乌兰浩特市召开软件正版化工作联席会】 2015 年 11 月 18 日，乌兰浩特市召开推进软件正版化工作联席会，传达兴安盟软件正版化工作会议精神，安排部署下一步相关工作。

会议指出，软件正版化工作已正式纳入对各镇、街道办事处及各相关部门领导班子 2015 年度考核指标。乌市各相关部门及单位要逐步完善软件正版化的系统管理与制度的制定，建立软件正版化长效机制。同时注重组织干部职工学习软件正版化相关文件精神，进一步强化使用正版软件的意识。

会议要求，乌市各相关部门要加强软件正版化的整改工作，对已安装软件进行重新核查，禁止自行安装盗版软件。同时要安排专项经费购买正版操作系统软件，严禁使用盗版软件，确保操作系统正版化。此外，要建立软件资产管理台账，明确工作责任人。

会议还宣读了《关于建立乌兰浩特市推进使用正版软件工作联席会议制度的通知》，解读了《乌兰浩特市推进政府机关使用正版软件工作考核评价实施细则》。

（资料来源：《兴安日报》
作者：武维奇　蔡雨青）

【北京市国税局解决 7 000 余人的软件正版化问题】 2015 年 11 月，由于金山办公软件与北京市国税局的主要税收应用系统存在兼容性问题，北京市国税局特意组织西城、东城、房山等 6 个区县分局，对税务综合办公系统、中国税务征收管理系统（CTAIS 系统）、增值税防伪税控系统、出口退税审核系统等 19 个主要应用系统进行全面测试，并根据测试报告结果，完成接口程序兼容性开发、测试及安装工作，随后开展全市国税系统办公软件的部署、培训等工作。

对于软件正版化工作，北京市国税局一直以来非常重视，站在树立政府形象、支持自主创新、促进民族软件产业发展的高度，积极开展工作，除了有效解决操作系统软件、杀毒软件的正版化工作外，在办公软件正版化方面重点研究论证，选定了珠海金山办公软件有限公司研制的金山办公软件产品，并确定采用场地授权方式（即向某一地域范围内的用户授权，该用户可不受计算机数量限制的使用 WPS 系列软件），为全市国税系统局机关及 19 个区（县）分局，7 000 余人一次性解决了办公软件正版化问题。

（资料来源：《中国新闻出版广电报》
作者：李婧璇）

【“剑网 2015”工作总结会暨版权执法高级研修班举办】 2015 年 12 月 15 日，国家版权局、国家网信办、工信部、公安部在广西南宁联合举办“剑网 2015”工作总结会暨版权执法高级研修班。会议认为，“剑网 2015”专项行动取得了显著成效，我国网络版权环境得到了进一步净化。国家新闻出版广电总局副局长、国家版权局副局长阎晓宏出席会议并强调，要认真学习党的十八届五中全会精神，科学谋划好“十三五”时期的版权执法监管工作。

会议认为，“剑网 2015”专项行动在前 10 年的工作基础上，措施更加有力，成效更加显著，具有 8 个显著特点：一是重点突出，对网络版权实施分类管理。根据网络音乐、网络云存储、应用程序 APP、网络广告联盟、网络转载等领域版权保护的不同特点，实施针对性强、各有特色的分类管理，效果明显。二是目标明确，坚持把查办案件作为专项行动的重中之重。专项行动共查处行政案件 383 件，行政罚款 450 万元，移送司法机关刑事处理 59 件，涉案金额 3 845 万元，关闭网站 113 家。三是创新实践，着力解决社会关注的前沿问题。专项行动查处的应用程序 APP、网盘等案件，都是网络发展的新问题，需要版权部门执法创新。四是配合紧密，各部门联合办案、联合督办等工作机制进一步完善，行政执法与刑事司法两法衔接不断强化。五是靠前指挥，越来越多的省级版权部门直接查办案件，发挥带头示范作用。六是主动监管，充分调动发挥网络企业自律作用。七是激励办案，查办案件积极性不断提高。利用查处案件奖励、经费补助等途径鼓励地方查办案件。八是广接地气，切实服务产业发展。专项行动确定的 6 项重点任务，都是当前网络领域问题最突出、相关产业反映最强烈、现实性很强的几大问题。出台的一系列版权保护措施，对推动相关产业发展起到了积极的规范作用。

阎晓宏指出，做好网络版权执法监管是贯彻党的十八届五中全会精神的具体体现，是依法治理网络空间、开展网上舆论斗争的重要举措，是落实好国务院打击侵权假冒工作部署的必然要求，也是涉外应对的现实需求。各级版权执法部门要认真总结“剑网 2015”专项行动的经验和不足，切实贯彻国务院办公厅的《关于加强互联网领域侵权假冒行为治理的意见》，准确把握新形势、新要求，紧紧围绕中央战略部署，进一步提高做好网络版权执法监管重要性的认识，推动网络版权执法监管工作再上新台阶。

就“十三五”时期版权执法工作的主要着力点，阎晓宏强调，第一，要突出网络领域监管，将网络作为履行版权监管职责的主阵地，进一步加大打击网络侵权盗版力度。要继续强化分类管理，加强对网络（手机）文学、音乐、影视、游戏、动漫、软件等重点领域的版权监测监管；要敢于探索创新，把网络云存储空间、网络销售平台、微博、微信等新型传播方式纳入监管范围；要充分利用云计算、物联网、大数据、移动互联网等新一代信息技术，创新“互联网+”的新型版权监管手段，提高网络执法打击的精准度。第二，抓好重大案件查办。版权执法工作量大面宽，在现有队伍和工作环境下，不能不分主次，齐头并进。必须突出重点，集中力量抓大案、抓关键。要敢于“打老虎”，动真碰硬，依法严处一批侵权大案要案，确保案件件件有落实，树立版权执法部门的权威。第三，加强执法协作。要高度重视行政执法与刑事司法的衔接，积极参与建设全国打击侵权假冒工作行政执法与刑事司法衔接工作信息共享平台，推进版权执法案件的信息公开。第四，完善长效机制。“十三五”期间，要重在治本上多下功夫。要完善打击网络侵权盗版的快速反应机制、版权快速维权与维权援助机制，探索建立版权行政调解机制和侵权盗版信用评价机制，不断提高执法效能；要发挥行业协会的自律作用，调动打击侵权盗版各方面的积极性；要将执法监管与普法宣传结合起来，畅通投诉举报渠道，鼓励和引导权利人积极投诉侵权盗版行为；要加大宣传力度，曝光侵权行为，震慑违法犯罪，推动全社会形成尊重版权的舆论氛围。

会上，国家版权局版权管理司司长于慈珂通报了“剑网2015”总体情况。全国“双打”办、国家网信办网络综合协调管理和执法督查局、公安部治安局、工信部信息通信管理局相关人员分别就做好网络执法监管工作介绍了有关情况。重庆、广西、上海等地方版权执法部门、网络管理部门、通信管理部门及公安机关的代表做经验交流。全国31个省（区、市）版权局及北京等4个直辖市文化执法总队的相关负责人参会。

（资料来源：《中国新闻出版广电报》
作者：赖名芳）

【国家新闻出版广电总局电影局通报5起盗录事件】 2015年12月21日，国家新闻出版广电总局电影局发布通报，要求严厉打击盗录盗播影片等侵权违法行为，保证电影的版权安全。

电影局共通报了5起已经查实的盗录事件，分别是：湖北银兴院线所属阳新县银兴影城10月30日盗录影片事件，河南奥斯卡院线所属淮阳县星幻电影城11月13日盗录影片事件，中影星美院线所属成都星美沙河影城7月17日、7月31日和9月2日3次盗录事件，广东大地院线所属齐齐哈尔今世界影城12月12日盗录影片事件，世纪环球院线所属苏州博纳丽丰影院12月12日盗录影片事件。

通报指出，影片版权受《著作权法》保护。盗录盗播造成严重经济损失的，要依《刑法》给予严厉制裁。各院线、影院要引以为戒，进一步提高版权保护意识，加强对所属影院的规范管理；影院要加强对员工的职业教育和培训，提高员工法律意识。影院在工作中发现有盗录影片行为时，必须予以制止，对情节严重的应及时报警。

（资料来源：《中国新闻出版广电报》
作者：杨　骁）

【济南市打击侵犯知识产权和制售假冒伪劣商品工作会议召开】 2015年12月22日，济南市打击侵犯知识产权和制售假冒伪劣商品工作会议召开。会议通报了2015年全市打击侵权假冒工作情况，并对下一步工作进行安排部署。副市长张海波出席会议。

会议要求，各级各有关部门要认清形势，切实提高对“双打”工作重要性的认识，各司其职、恪尽其责，狠抓落实，确保济南市打击侵权假冒工作深入推进；有关单位要严格落实部门责任制，及时准确上报“双打”案件执法依据，加强“两法衔接”（指行政执法与刑事司法衔接）基础数据的录入工作，促进“双打”工作顺利开展；加强部门协作，抓好专项整治行动，建立长效工作机制，在全市营造出一个安全、有序的市场秩序和消费氛围。会议强调，对于“双打”工作开展好的单位和工作人员，要给予通报表彰，对排名后三名的部门主要领导和县（市）区分管领导，要进行约谈。

（资料来源：《济南日报》）

【江苏镇江开展企业软件正版化检查】 2015年12月，江苏省镇江市文化广电新闻出版局开展2015年度企业软件正版化检查工作。检查组采取听取汇报、查看台账资料和上机查验相结合的方式，重点检查操作系统、办公软件和专业技术软件正版化情况及企业建立软件资产管理制度情况。

检查组对包括怀特驱动（中国）有限责任公司、镇江微端网络科技有限公司等在内的24家企业进行了实地检查，范围涉及制造、设计、数字出版、汽配等多个行业，覆盖全部辖市区。此外，因为本次检查的企业中有网络游戏、船舶设计制造、广告设计等版权产业，检查组适时抓住机会，现场开展了版权作品登记和维权培训，指导企业在不侵犯他人版权的同时，科学管理好自己的版权资产，合理维护自身版权。对个别检查不合格的企业，镇江市文化广电新闻出版局将发出整改建议书，指导企业合法使用软件资产。

（资料来源：《中国新闻出版广电报》
作者：魏　芳）

【安徽省局发布首批行政处罚指导案例】 2015年12月，安徽省新闻出版广电局向社会发布首批行政处罚指导案例。此次发布的9个案例包括示范案例4篇、不适当案例5篇，用说理式文书的形式，从正反两个方面向行政管理部门说明如何处理类似行政案件，应避免哪些不当举措，同时向大众讲清应遵循的法规条例。

此次发布的9个案例是从全省新闻出版广播影视（版权）行政管理部门2014年度办结的各类案件中精心遴选而出的，其中包括“魏某未经许可通过信息网络擅自向公众提供他人的录音录像作品案”“某某出版物印刷企业接受委托印刷出版物未按规定验证印刷委托书有关证明和准印证案”“王某擅自从事互联网视听节目服务案”“某某酒店擅自安装使用卫星地面接收设施案”等。这些案例基本涉及行业管理中的各个领域，并对目前新增案例较多的网络违规领域有所侧重。

此次发布的每个示范案例都包括案件事实、取证要点及难点、法律适用、决定结果、说明理由、告知权利等6项内容。其中，第三部分法律适用中，列举了案例处罚适用的法律条文。而第五部分说明理由中，则通过对证据采信理由的说明、对依据选择理由的说明、对决定裁量理由的说明等3项内容，向当事人讲清楚案件办理过程中采集了哪些证据、为何选择这些证据、依据某条法律规定进行处罚的原因是什么、罚款额度如何做出等具体问题。

（资料来源：《中国新闻出版广电报》
作者：洪玉华）

◆ 宣传教育

【2014年度中国版权十件大事发布】 2015年3月3日，在中国版权保护中心主办的2015CPCC中国版权服务年会闭幕式上，国家新闻出版广电总局（国家版权局）版权管理司司长于慈珂发布了由《中国新闻出版报》和《中国版权》杂志联合评选出的2014年度中国版权十件大事。具体包括：（1）全国人大常委会批准《视听表演北京条约》；（2）开展第十次打击网络侵权盗版专项行动；（3）北京、上海、广州相继设立知识产权法院；（4）第五届中国国际版权博览会成功举办；（5）我国版权产业对GDP贡献达6.87%；（6）沈仁干、王立平荣获“中国版权终生成就者奖”；（7）“网络字幕组”侵权盗版行为被查处；（8）政府机关抽查软件正版率超过91%；（9）《使用文字作品支付报酬办法》颁布；（10）琼瑶诉编剧于正抄袭案引起社会广泛关注。

（《中国版权年鉴》编辑部综合）

【国际版权贸易培训班在京举办】 2015年3月23日，由国家新闻出版广电总局主办、中国人民大学出版社承办的第二届国际版权贸易培训班在京开班。培训班为期四天，就“国际版权贸易理论”“海外出版市场分析”和“推动中华文化走出去”等课题进行了专题讲解和研讨。

此次培训班注重理论与实际结合，既让培训学员了解国际版权贸易通用规则，又重点讲解了现实可行的操作方法，了解和掌握国际版权贸易的特点和规律。江苏凤凰教育出版社社长顾华明、北京语言大学出版社有限公司董事长戚德祥等在资本“走出去”方面经验丰富的企业负责人和专家、学者授课，并现场解答了学员问题。围绕做好对周边国家和“一带一路”沿线国家主题出版物的版权输出工作、加快推进实施“本土化”战略、进一步提高主题出版物的海外推广和落地实效等方面，浙江出版联合集团、北京师范大学出版社等单位负责人，通过理论和案例剖析结合的方式，详细讲解了版权输出实际操作技能。印度驻华使馆政务参赞莫明达、土耳其新生出版社社长詹姆、阿拉伯出版商协会中国总协调人白鑫等海外出版专家和学者，讲解了国际出版市场情况和海外读者对中国出版物的需求。

（资料来源：人民网）

【2014年中国知识产权发展状况新闻发布会举办】 2015年4月16日，国务院新闻办公室举行新闻发布会，介绍2014年中国知识产权发展状况。国家知识产权局局长申长雨、国家工商行政管理总局副局长刘俊臣、国家新闻出版广电总局（国家版权局）副局长阎晓宏分别介绍2014年中国知识产权发展状况并回答了记者提问。

在版权方面，2014年，《著作权法》修订审查工作积极推进，修订颁布了《使用文字作品支付报酬办法》，《民间文学艺术作品著作权保护条例（征求意见稿）》面向社会征求意见。全年作品登记量

99.2万件，同比增长17.39%。计算机软件著作权登记量21.9万件，同比增长33.12%。全国版权系统立案查处侵权盗版案件2 600余件，收缴侵权盗版制品1 200余万件。政府机关和中央企业三级以上企业、大中型金融机构已全部实现软件正版化。多部门加强配合，开展了打击网络侵权盗版专项治理“剑网2014”专项行动等，取得明显成效。北京、上海、广州设立知识产权法院，具有一般知识产权案件管辖权的基层法院数量进一步增加。版权实现质押融资26.25亿元。国家版权局新设2家国家版权贸易基地、2家国家版权交易中心、4家全国版权示范园区（基地）、18家全国版权示范单位。国家版权局向世界知识产权组织递交中国政府《视听表演北京条约》批准书，与世界知识产权组织合作举办了“国际版权论坛”。

针对记者提出的“中国未来经济发展的重点会不会从工业产品转到电影、游戏等领域”这一问题，阎晓宏回答说，虽然目前电影产业在中国经济中构成的比重还不是很大，但增长的速度非常快，预计今后电影在满足人们文化生活需求方面将发挥重要作用。

当有记者问及2014年我国计算机软件著作权登记量大幅增长，总数超过20万件的原因时，阎晓宏表示，成果的取得得益于以下几个方面：一是中国政府大力开展软件正版化工作，政府机关带头使用正版软件起到了示范作用。二是在国务院的部署下，国家发改委、工信部、科技部等相关部委都相继出台了一些关于振兴软件产业的发展计划。此外，在财政和税收方面，我国相关政府部门也出台了一些扶持政策，比如财政部前年发文免征小微企业的计算机软件登记费用。三是目前我国研究机构和高等院校在为经济发展和社会主义建设服务方面发挥了重要作用，软件研发能力大幅度提高，形成了产学研紧密结合的良好态势。

国新办新闻局局长郭卫民主持会议。

（资料来源：《中国新闻出版报》　作者：方　圆）

【国家版权局入驻《今日头条》】 2015年4月16日，为提升政府行政管理效能，并利用新媒体扩大版权宣传范围，国家版权局正式入驻移动资讯客户端《今日头条》，并开通“头条号”。此举是国家版权局继开通官方微博（“国家版权局”）、微信（“国家版权”）后，在第十五个“4·26”世界知识产权日来临之际开辟的又一个新媒体阵地。

国家版权局通过“头条号”平台及时推送并重点发布版权执法监管、打击侵权盗版重大案件、推进软件正版化工作、版权社会化服务、版权宣传培训、版权产业发展、版权国际交流等方面的信息，充分利用新媒体平台提升版权的社会影响力，推动政府信息公开，引导正确舆论方向。

（资料来源：国家版权局网站）

【第七届全国大学生版权征文活动在京颁奖】 2015年4月17日，由国家版权局主办，中国版权杂志社承办的第七届全国大学生版权征文颁奖仪式在京举行。国家新闻出版广电总局副局长、国家版权局副局长阎晓宏向获奖学生颁发证书并讲话。

来自重庆理工大学的朱致玮等8名学生获得本科生组一等奖，来自中国政法大学的姜川等10名学生获得研究生组一等奖，扬州大学、河南科技大学、安徽师范大学等20所学校获得组织奖。现场也颁发了本科生组和研究生组的二等奖、三等奖和鼓励奖。这是在对来自全国的1 995篇征文进行初评、终评的基础上产生的。

共有80所高校1 995名大学生参加本届大学生版权征文活动，创历年新高。从内容上看，本届活动论文关注点更加多样和深入，特别是对目前集中讨论的法律修改问题以及新技术带来的新挑战、新模式进行探索。很多论文具有较高学术水准，充分体现出选题范围广、观点新颖独到、论证深刻等特点，体现了我国重视版权立法与普及，特别是高校重视版权理论研究与实践的成果。

北京印刷学院党委书记刘超美、校长王永生，中国版权协会常务副理事长王国庆，国家版权局版权管理司副司长段玉萍、李承武，中国国际贸易促进会副会长于海波，北京印刷学院副校长许文才等一同为获奖者颁奖。中国版权杂志社社长孙悦主持颁奖仪式。南开大学教师向波和北京印刷学院学生孔凡红分别作为本届大学生版权征文组织奖代表和获奖学生代表发言。

（资料来源：《中国新闻出版报》　作者：李明远）

【安徽省版权局公布2014年度十大版权典型案件】 2015年4月20日，安徽省版权局公布了2014年度全省十大版权典型案件，涉及图书网络售卖、软件安装和下载、影视节目播放、教辅材料印制、音像制品销售、新闻作品网络转载等多个领域。其中，涉及网络版权案件的占四成。从案件类别上看，该十大案件包括刑事案件5件、民事案件3件、行政案件2件。

此次发布的"网络转载新闻作品著作权纠纷案"，是安徽省网络媒体间新闻作品转载版权诉争第一案，原、被告双方均为省内知名网站运营单位，该案的解决和发布，为在网络环境下保护新闻作品的版权界定了标准，为畅通网络媒体间的合作渠道提供了思路。

（资料来源：《中国新闻出版报》 作者：王蓓蓓）

【2015 年全国知识产权宣传周活动启动】 2015 年 4 月 20 日，由国家知识产权局、中央宣传部、国家新闻出版广电总局（国家版权局）等 23 个部门联合主办的 2015 年全国知识产权宣传周活动正式启动。

2015 年，全国知识产权宣传周活动的主题是"建设知识产权强国·支撑创新驱动发展"。2014 年，我国知识产权事业取得了新的成就，我国的知识产权综合实力进一步提高，知识产权大国地位更加巩固，知识产权强国建设基础更加坚实。

宣传周期间，组委会各成员单位将单独或者多部门联合开展重点活动近 70 项，其中最高人民法院发布《中国法院知识产权司法保护状况（2014）》白皮书，海关总署发布 2014 年知识产权海关保护十佳案例，国家版权局发布《2014 年度打击侵权盗版十大案件及中国的软件正版化工作进程》白皮书等。组委会各成员单位还将围绕活动主题，结合各自工作领域特点，举办咨询、论坛、讲座、开放日、报告会、展览等活动。

2015 年世界知识产权日的主题是"因乐而动，为乐维权"。

（资料来源：《中国新闻出版报》 作者：方 圆）

【《2014 年中国网络版权保护年度报告》发布】 2015 年 4 月 22 日，受国家版权局委托，中国信息通信研究院在京发布了《2014 年中国网络版权保护年度报告》。

《报告》指出，2014 年我国版权执法监管部门准确把握互联网尤其是移动互联网产业发展的新形势，加强执法、厉行监管，推动网络版权保护取得积极成果，营造了健康、有序的网络环境。但同时仍存在诸多问题和挑战，加强网络版权执法、打击网上侵权盗版行为，仍是我国一项长期复杂艰巨的任务，同时也是依法治理网络空间、推动知识产权保护的重要举措。

《报告》认为，2014 年我国互联网产业发展呈现了诸多新态势。移动应用程序、自媒体、网盘等新的业务形态发展，使得网络版权保护的载体更加多样化；深度链接、网页转码、云存储等新技术发展，使得网络版权保护的形势更加复杂化；网络版权保护体系不断完善，使得网络版权保护的方式更趋立体化。

（资料来源：《中国新闻出版报》 作者：赖名芳）

【国家版权局公布 2014 年度打击侵权盗版十大案件】 2015 年 4 月 22 日，国家版权局在京召开新闻通气会，通报了 2014 年度查处侵权盗版案件有功单位、个人的评选工作情况，发布了 2014 年度打击侵权盗版十大案件，介绍了 2014 年开展网站版权重点监管的工作情况。

2014 年度打击侵权盗版十大案件为：上海"射手网"侵犯著作权案、江苏"爱漫画"网侵犯著作权案、合肥安海电子科技公司销售盗版软件案、湖南广大消防安全培训职业学校发行盗版教材教辅案、安徽"DY161"电影网侵犯著作权案、江苏"放放电影网"侵犯著作权案、湖北"10·12"侵犯网络游戏著作权案、黑龙江刘某等侵犯网络游戏著作权案、青岛"6·25"销售盗版报刊案和云南"3·28"销售盗版《新华字典》案。这批案件中行政处罚案件 4 起，刑事判决案件 6 起，涵盖了侵犯网络影视、网络游戏、网络动漫著作权案以及销售侵权盗版图书、报刊、软件案等多种类型。

国家版权局新闻发言人、版权管理司司长于慈珂介绍说，国家版权局 2015 年提出了"分类监管、分步监管"的工作思路，从三方面进一步加强版权重点监管工作：一是进一步扩大监管范围，适时将传播音乐、新闻、文学和游戏作品的大型网站、网盘、云服务等新型网络服务平台以及传播影视、音乐、新闻、文学作品的主要 APP 纳入监管范围；二是进一步加大监管力度，切实加强重点作品版权预警保护工作，强化约谈、警示、公开通报等监管手段，对侵权盗版网站加大打击力度；三是进一步完善长效机制，充实影视作品授权信息库，推动权利人与网站建立版权保护合作机制。国家版权局希望广大版权产业从业人员严格遵守《著作权法》"先授权，再使用"的基本原则，共同营造健康有序的产业环境，实现版权产业链上各方的共赢。

国家版权局版权管理司副司长段玉萍主持通气会，副司长李承武在会上通报了 2014 年国家版权局加强网站版权重点监管工作情况。

（资料来源：《中国新闻出版报》 作者：赖名芳）

【北京知识产权宣传活动进校园】 2015年4月25日，北京市新闻出版广电局（北京市版权局）“加强版权保护，勇立双创潮头”版权系列宣传活动的版权进校园主题日活动在北京大学启动。

启动仪式上，北京金山软件等企业向高校学生赠送了价值数万元的正版产品，鼓励大学生重视版权，勇于创新创业。随后来自不同领域的专家学者围绕“版权保护与创新创业”进行了深入探讨。北京市各高校学生代表共同签署了《“保护知识产权”联名倡议书》，呼吁北京市大学生共同“重视版权，尊重创新”。

此次版权进校园主题宣传活动还在中央民族大学、中国石油大学等10所高校设立会场，通过在各会场内布置版权知识展板、散发版权问答传单、回答版权问题咨询等形式，对大学生进行版权宣传。

（资料来源：《中国新闻出版报》　作者：王坤宁）

【天津推网络版权保护公益视频】 2015年4月26日，以“网络版权的保护与维权”为主题的公益普法专题访谈视频在天津市版权协会网站发布。该视频由天津市版权局和天津市版权协会联合制作。

在视频中，南开大学法学院知识产权专家对网络版权概念及延伸，生活中常见的微博、微信、互联网等网络领域侵权和维权问题进行了讲解；天津市版权局有关负责人对2014年“剑网行动”、打击网络侵权活动、重点案件进行了介绍。该负责人表示，制作专题视频旨在进一步在全社会树立尊重知识、保护版权的意识，营造鼓励创新和保护知识产权的网络环境。

（资料来源：《中国新闻出版报》　作者：樊国安）

【张家港在中小学推广版权登记】 2015年4月26日，张家港市教育系统成立版权工作站，面向中小学推广版权宣传和登记，中小学生可以为自己创作的文章、书法、绘画等作品申请版权。该市还提出，要让全市中小学生人人拥有1张版权登记证书。

2015年4月初，张家港被国家版权局正式授予“全国版权示范城市”称号，成为全国第八家、江苏省第三个获此荣誉的城市。张家港市版权局负责人表示，知识产权保护是一个长期的系统工程，版权保护要从学生抓起、从学校抓起，通过孩子带动社会，使版权保护成为新常态。

（资料来源：《新华日报》　作者：李仲勋）

【版权相关热点问题媒体研修班走进青岛】
2015年4月28—30日，由国家版权局主办、中国新闻出版报社承办的2015年第一期“版权相关热点问题媒体研修班”走进山东青岛。30余名媒体记者参加了国家版权局举办的版权执法培训班及全国版权示范城市联盟成立大会，参观采访了第二届中国青岛·东北亚版权创意精品展示交易会，走进山东一些版权相关企业，通过“边学习边调研，边采访边报道”的形式，了解版权对创意产业发展的促进作用。

30余名记者分别来自《人民日报》、新华社、《光明日报》、中央人民广播电台、中央电视台、中新社、人民网、中国网、澎湃新闻等媒体。他们深入了解版权行政执法对打击互联网侵权盗版的重要作用，了解全国版权示范城市在鼓励创新、加强版权保护以及推动版权创意产业发展等方面的经验。在第二届东北亚版交会上，记者们对版权如何创造财富，以及青岛市在这方面所采取的创新措施进行了深入采访。

与以往不同的是，研修班此次走访的版权企业均为工业企业。其中，青岛海信集团在软件正版化方面表现突出；从事蜡烛产品等设计生产、销售的青岛金王应用化学股份有限公司，2012—2013年间共登记著作权产品100余件；中国（即墨）服装品牌孵化中心依托服装市场丰富的版权资源，为权利人和使用者提供高效、便捷的版权综合服务；山东即墨妙府老酒有限公司，对其生产的黄酒包装和文字作品进行著作权登记30余项。

（资料来源：《中国新闻出版报》　作者：方　圆）

【《中国软件正版化实施效果评估报告》发布】
2015年4月30日，中国人民大学国家版权贸易基地和中国人民大学创意产业技术研究院发布了《中国软件正版化实施效果评估报告》。《报告》显示，我国的软件行业营业收入从2003年的1 915.1亿元增至2013年的3.06万亿元，增长近15倍；软件行业利润自2007年至2013年增长近6倍。

《报告》深入分析了2001—2013年我国软件正版化工作的经济影响、社会影响和国际影响。《报告》认为，我国高度重视软件正版化工作，建立了比较完善的政策制度，投入了大量资金和人力资源，开展了强有力的监管督查和宣传教育工作，取得了良好的实施效果。截至2013年12月底，中央至地方四级政府机关、中央企业三级以上企业、大中型金融机构、新闻出版行业企业集团总部全部实现软件正版化，累计推动 20 848 家企业完成软件正版化；计算机正版操作系统预装率从 2007 年的 87.75%上升到 2012 年的 98.22%，增长 10.47 个百分点。软件著作权登记量自 2008 年至 2013 年增长 2.35 倍，软件著作权质权登记所涉合同数量增长 3.35 倍。在软件正版化进程中，推动金山、中望、浩辰、永中等大批国产软件企业快速成长，金山 WPS、永中 Office、瑞星杀毒、金山毒霸、CAXA、中望 CAD 和浩辰 CAD 等一批国产软件品牌也迅速崛起。

《报告》指出，在软件正版化取得良好成绩和阶段性成果的同时，还存在软件用户认识不足、软件正版化水平地区发展不平衡、国产软件创新能力不足等问题。建议政府加大力度，建立软件正版化长效机制；积极引导，完善企业软件资产管理制度；加强扶持，提升国产软件厂商自主创新能力。

（资料来源：《中国新闻出版报》　作者：方　圆）

【海淀文委走进企业推版权保护服务】 2015 年“4·26”世界知识产权日期间，北京市海淀区文委以“创新万变·版权无限”为主题，走进企业展开版权保护宣传系列活动。

在“大众创业，万众创新”的大背景下，海淀区文委认真研究如何通过版权保护营造海淀创新创业的良好生态环境，通过走进知名企业，开办实战培训班，建设实训基地等形式推动企业尊重版权、运用版权。北京市版权局副局长王野霏认为，“海淀区创新版权保护服务模式，出台《2015 版权保护实训基地认定管理办法》，在全市率先开展企业版权保护实训基地建设，从机制体制上使版权保护的政府服务成为‘新常态’”。

（资料来源：《北京商报》　作者：冯秀英）

【国家版权局集中开展版权宣传活动】 2015 年 4 月起，国家版权局决定自在全国围绕“因乐而动，为乐维权”这一主题集中开展版权宣传活动，并以 4 月 20—26 日全国知识产权宣传周期间为重点宣传时段。4 月 9 日，国家版权局办公厅向全国各地版权部门下发了《关于做好 2015 年全国知识产权宣传周版权宣传活动的通知》。

为迎接第十五个“4·26”世界知识产权日的到来，世界知识产权组织（WIPO）发布了“因乐而动，为乐维权”的宣传主题。据国家版权局版权管理司有关负责人介绍，国家版权局 2015 年采用平面媒体、电视媒体及网络媒体全方位结合的多种形式，自 4 月起开展一系列主题宣传活动：制作宣传海报并免费向各地发放；与中央电视台社会与法频道《一线》栏目合作制作一期以“规范网络转载”为主题的保护知识产权特别节目，在 4 月 26 日晚播出；在全国知识产权宣传周期间发布“2014 年度打击侵权盗版十大案件”；通过官网、微博、微信等平台全面跟踪报道宣传周期间举办的各项活动，多角度、多渠道扩大宣传影响，引导正面舆论氛围。

（资料来源：《中国新闻出版报》　作者：赖名芳）

【四川版权局通报 2014 年侵权盗版典型案例】 2015 年 5 月 11 日，四川省版权局在成都举行新闻媒体通报会，对 2014 年度全省所查处的侵权盗版典型案例进行通报，案例涉及著作权、互联网、教材教辅、计算机软件、音像制品等领域。

通报会上，四川省版权局相关负责人对成都某测绘技术有限公司侵犯著作权案、凉山州会东县和文中学发行盗版教辅案、成都市大邑县销售盗版音像制品系列案等典型案例进行了介绍，并通报了案件处理结果。据介绍，从这一批典型案件可以看出，在全省范围内，图书、音像制品等传统媒介领域内的相关案件所占比重虽呈下降趋势，但依托互联网环境下的新媒体技术手段进行的网络侵权盗版案件所占比重呈上升趋势。

该负责人表示，四川省版权局除了将继续保持对传统领域内的侵权盗版案件的高压打击态势之外，还将加大与网络管理部门的合作力度，配合相关权利人举证，严厉打击依托互联网所进行的各类侵权盗版活动。

（资料来源：《中国新闻出版报》　作者：冉一村）

【上海发布 2014 年度十大版权典型案件】 2015 年 5 月初，上海市版权局对外发布了 2014 年度上海十大版权典型案件。从案件类别划分来看，网络侵权案例达到 6 件，成为版权侵权类别当中的重灾区。

2014 年度上海十大版权典型案件分别是：（1）王某侵犯 ISO、IEC 国际标准文件著作权刑事案；（2）何某等人、上海同伟图文制作有限公司侵犯著作权刑事案；（3）张某侵犯著作权刑事案；（4）水滴在线公司、李某等三人侵犯著作权案；（5）上海麦克风文化传媒有限公司未经著作权人许可擅自通过信息网络向公众提供他人的音乐录音制品及未经批准擅自从事信息网络传播视听节目服务案；（6）上海麦享娱乐有限公司未经著作权人许可表演权利人的音乐作品案；(7) 上海海关查办侵犯2014年巴西足球世界杯著作权案；(8) 原告中影寰亚音像制品有限公司诉被告四川长虹电器股份有限公司等侵害作品信息网络传播权纠纷案；(9) 原告九加公司诉被告世泰公司等侵害作品复制权纠纷案；(10) 周大福珠宝金行有限公司诉上海张良珠宝首饰有限公司、上海张良珠宝首饰有限公司黄浦分公司侵害作品发行权纠纷案。

十大版权典型案件当中，网络文学侵权1件、网络视频侵权2件、网络销售盗版图书侵权1件、网络销售盗版ISO等侵权1件、网络音乐侵权1件、美术作品侵权1件、图形（建筑）作品侵权案件1件、体育作品侵权案件1件、KTV侵权案件1件。网络侵权比例较大，共有6件。

网络侵权里面最典型的案例是，何某等人、上海同伟图文制作有限公司侵犯著作权刑事案涉及党和国家领导人作品著作权。该案被告人、被告单位未经权利人许可，非法复制发行的《摆脱贫困》《之江新语》等书籍数量较大，严重损害了著作权人的权利，且冒用知名高校名称作为网店店名销售盗版书籍，具有较大的迷惑性，严重扰乱正常的市场经济秩序。

（资料来源：《劳动报》　作者：王卫朋）

【吉林省版权局为企业开通绿色通道】 2015年5月13日，为进一步推动吉林省版权产业发展，积极发挥版权保护的支撑、引领作用，吉林省版权局派出工作人员到吉林动漫游戏原创产业园开展上门服务，为相关动漫游戏企业集中开展版权法律咨询、版权作品自愿登记服务，积极指导企业制定版权管理制度，将新作品的设计生产和版权保护同步起来，积极整理优秀作品，进行版权作品自愿登记保护。活动当日，共为相关动漫企业受理作品登记200余件，其中仅吉林动画学院就登记作品100余件，包括文字、美术、电影、音乐等各类作品。同时，还为各企业提供了相关版权法律咨询服务。

2015年4月26日是第15个“世界知识产权日”，为加强版权宣传普及，提升全社会的版权保护意识，根据国家版权局的统一部署和要求，吉林省版权局组织开展了“知识产权宣传周”的相关工作，并以2015年4月20—26日为重点宣传时段。围绕“因乐而动，为乐维权”主题，吉林省版权局组织各地版权部门开展了《著作权法》系列宣传教育活动，通过各类媒体播放版权宣传公益广告，发出版权保护公益短信，在中心城市重点商圈开展街头宣传、现场咨询，走进省内高校开展版权知识讲座等活动，倡导社会公众尊重版权，重视版权保护。同时，全省多地组织版权专项执法检查，重点检查印刷复制企业、图书音像发行企业及校园周边的文化娱乐场所，规范经营秩序，营造了良好的版权保护社会氛围。

（资料来源：《中国新闻出版报》　作者：吉　文）

【东莞“版权保护模拟法庭”在学院“开庭”】 2015年5月14日，由东莞市版权局主办的“版权保护模拟法庭”暨“版权进校园”活动走进东莞理工学院。该活动意在从大学生中树立版权保护意识，为东莞市营造尊重版权、保护版权的良好氛围。

东莞市版权局、东莞市知识产权研究会、中级人民法院、松山湖法庭的相关专业人士出席了活动，并给予学生们专业的点评和指导。而来自各镇街宣传文体局、文广中心、东莞市版权产业企业的代表及东莞理工学院的师生代表旁听了本次“庭审”。

本次“庭审”由学生担当角色完成，现场以真实案例为原型，采取以案说法、以例说理的方式，着重阐释了《著作权法》如何通过调整著作权人、相关权利人和相对人等之间的利益平衡关系，实现著作权作品的社会效益和经济效益，从而倡导人人尊重智力创作，保护文化传承和提升创新型城市竞争力。东莞市知识产权研究会会长李文伟表示，在大学生中树立版权保护的意识，有利于推动东莞市尊重版权、保护版权的良好意识。

（资料来源：东莞广播电视台
作者：梁晓云　林文钟）

【第四届世界知识产权组织版权金奖颁出】 2015年6月11日，第四届“世界知识产权版权组织金奖（中国）”在福建厦门颁发，莫言的《红高粱》（文字作品）、中央电视台《舌尖上的中国Ⅰ》（影视作品）等6部作品获得作品奖，北京爱奇艺科技有限公司、北京掌阅科技有限公司等4个单位获得推广运用奖，张抗抗、厦门市美亚柏科信息股份公司等4个个人或单位获得保护奖。

WIPO副总干事王彬颖在颁奖仪式致辞中表示，中国著作权人在各自领域不断努力创新取得了优异成绩，版权金奖的颁发是对他们的认可和尊重。正是由于他们的杰出贡献，中国的版权产业取得了举世瞩目的成绩。版权金奖（中国）颁发至今历时四届，每届均有不同亮点。与前三届相比，本届金奖得主们所代表的领域之全、个人成就之最是空前的。

王彬颖表示，她为中国著作权人的成就感到骄傲，也为他们的不懈努力和成功点赞。此次颁奖活动是继2012年中国成功举行保护音像表演外交会议之后，WIPO和中国政府的又一个重要合作成果，必将进一步推动和深化WIPO和中国政府在版权领域的合作，并为中国知识产权人与WIPO的合作提供更大的发展空间。

中国国家版权局副局长阎晓宏在致辞中说，“世界知识产权组织版权金奖”是由WIPO于2001年设立的、在全球范围内广泛开展的、版权领域的全球最高表彰制度，目前已有近70个国家和地区加入其中。版权金奖的表彰对象为最具创意或艺术技巧的版权作品的创作者、表演者和相关组织，以及对本国文化艺术、版权保护、社会和经济发展做出突出贡献的个人或组织。自2008年起，中国国家版权局与WIPO合作将版权金奖引入我国，并纳入双方长期合作项目，每两年举办一届，引起国内国际社会广泛关注和良好社会反响，推动了中国版权事业的进步和发展。此评选活动是WIPO与国家版权局长期以来密切、友好合作关系的又一突出体现。WIPO授予中国的奖项数量和获奖对象数额在世界各国中都居于前列。版权金奖将激励中国的创作者创作出更多有价值的作品，提高社会各界的版权意识，推动中国版权保护环境不断改善，促进创新和版权产业健康发展，也为中国作品和中国企业走向世界提供了有力支持。

颁奖仪式由WIPO和中国国家版权局共同主办，中国版权协会和福建省版权局承办。福建省副省长李红出席并为获奖者颁奖，中国国家版权局版权管理司司长于慈珂主持颁奖仪式。来自世界知识产权组织驻中国办事处，福建省和厦门市人民政府、中国国家版权局的相关部门负责人，本届版权金奖的获奖代表，以及全国各省级版权局的代表参加了仪式。

（资料来源：《中国新闻出版报》　作者：方　圆）

【国家文物局举办版权授权培训班】　2015年7月28日，由国家文物局主办的“2015年文化遗产创意产业暨版权授权”培训班在无锡开班。来自全国各省、自治区、直辖市文物局及相关博物馆或文博单位主管文化创意产业的单位或部门负责人100余名学员参加。

培训班邀请文化创意产业、版权授权及相关领域的6位专家学者为学员授课，开展案例分析、实务研习、项目推介、讨论交流等活动，深入解析我国文化产业的政策导向和发展形势，交流文化遗产创意产业的发展思路和方式方法，探讨博物馆行业版权交易与品牌授权相关问题。

（资料来源：《无锡日报》　作者：浮　云）

【2015年推进国有企业软件正版化工作培训班在京举办】　2015年8月18日，国务院国资委和国家版权局在京联合举办2015年推进国有企业软件正版化工作培训班。111家中央企业和31个省（区、市）及5个计划单列市国资委、版权局相关部门负责人参加了培训。国家新闻出版广电总局副局长、国家版权局副局长阎晓宏出席会议并讲话。国务院国资委党委委员、秘书长阎晓峰主持会议。

国务院、相关部委出台了一系列推进软件正版化工作政策措施，软件正版化工作取得显著成效。政府机关按期完成软件正版化检查整改任务，2010年10月—2014年12月，各级政府机关共采购操作系统、办公和杀毒软件674.76万套，采购金额39亿元。截至2014年底，中央企业三级以上企业、78.88%的中央企业四级及以下企业实现软件正版化。软件正版化工作推动中国软件产业快速发展，2014年软件产业总值达到3.7万亿元，相比2001年的750亿元，增长了48倍。

阎晓宏要求，继续推进软件正版化工作，一是提高思想认识。推进软件正版化是党中央、国务院的一项重要决策，也涉及企业的长远发展、核心竞争力的提升。要从大局出发，大力推进软件正版化工作，把软件正版化工作作为树立企业形象、弘扬创新精神的重要内容，做保护知识产权的表率。二是扎实推进。要每年制定切实可行的目标，按照先总部，再二、三级机构，然后是四级及以下机构的顺序，有层级、有梯度地扎实推进，逐步深入。三是落实责任。企业主要领导要重视并支持软件正版化工作，一把手要亲自抓，并落实具体负责软件正版化工作职能部门的责任。四是加强监督。要通过随机抽查等方式，加强督促检查，查出问题的，要追究责任，确保责任落地。五是防止反弹。要健全和严格落实软件正版化长效机制，防止因软件更新换代快，管理、维护跟不上而引发的反弹危险。

阎晓峰对下一步工作提出四点要求：一是各中央企业要继续巩固已有成果，确保2015年底完成“三年目标”。二是各地国资委要积极主动联合当地版权局推进地方国有企业的软件正版化工作。三是要研究探索信息技术广泛深入应用条件下的软件正版化工作。四是要把握好正版化与信息安全、自主可控两个关键点。

推进使用正版软件工作部际联席会议办公室主任、国家版权局版权管理司司长于慈珂参加会议。国务院国资委办公厅副主任张桂萍通报了中央企业软件正版化工作情况和下一步重点工作。有关专家分别就软件正版化政策措施、软件集中采购、云时代软件正版化新常态、软件自主化有关情况、自主可控产业发展情况等专题进行了授课。

（资料来源：《中国新闻出版广电报》作者：赖名芳）

【国际版权贸易高级研修班在京举行】 2015年8月27日，由国家版权局指导支持、中国图书进出口（集团）总公司组织的2015BIBF国际版权贸易高级研修班以“全媒体时代下版权产业链延伸”为主题，邀请嘉宾进行了研讨。

国家版权局版权管理司司长于慈珂就媒体融合发展和版权资产管理两方面内容进行了阐述。他认为，目前我国传统出版企业的版权大量“沉默”，版权产业链不完整，版权意识有待提高。下一步需要加强版权资产管理，厘清版权资产的内涵，提升出版企业版权运营能力，以内容为根本，着力打造优质品牌，做好版权保护工作。

青岛出版集团董事长孟鸣飞在介绍经验时说，要深度推进版权资源的集中、集聚和集群，拓展产业链条，打造市场化的专业竞争力；在版权合作方面，要由最初单纯的版权引进发展到股权合作，加快实现版权内容资源的集聚。作家刘震云说，版权产业链的延伸会给原创者带来多方面影响，比如一部小说可以被改编成电影、电视剧，这种“跨界”让作者和小说影响力逐渐扩大。

研修班上，来自人民卫生出版社、哈珀·柯林斯出版集团、劳伦斯金出版公司，伦敦书展、BEA书展和北京国际图书博览会组委会的相关负责人，分别就版权贸易的新趋势、文学作品的跨媒介传播等话题进行了交流。

（资料来源：《中国新闻出版广电报》作者：方　圆）

【“中版国际版权交易平台”发布会在北京举办】 2015年8月28日，“中版国际版权交易平台”发布会在北京举办。在会上，主办方表示，接下来将全面展开有关版权的汇集工作、策划一些重大项目，利用好这个平台，“把我们的好书推介出去”。

中版国际版权交易平台由欧若拉公司搭建，这个平台以出版传媒为根本，实现跨行业、跨国界、跨平台发展，同时包含版权交易、专业出版、出版教育、云出版四个模块。

（资料来源：中国新闻网　作者：上官云）

【国家版权局主办2015年版权执法第三期培训班】 2015年9月17日，由国家版权局主办、新闻出版教育培训中心承办的2015年版权执法第三期培训班在江西南昌开班。来自全国各地的120余名基层版权行政执法人员参加培训。国家新闻出版广电总局副局长、国家版权局副局长阎晓宏出席开班式并讲话。

阎晓宏指出，党的十八大以来，党中央、国务院高度重视知识产权工作，将知识产权作为创新驱动发展的关键支撑，作为全面深化改革和全面推进依法治国的重要内容。从当前全球经济发展形势看，知识产权已经成为许多国家参与全球竞争国家战略的重要组成部分。我们要认真贯彻落实中央和国务院对版权执法工作提出的新要求，自觉调整版权工作在实施创新驱动发展战略中的重要位置，努力发挥版权执法工作的职能作用。我们要清醒地认识到，在推进文化领域繁荣发展过程中，必然会出现各种版权矛盾与纠纷，过去版权执法工作主要集中在物理空间进行，而今天随着互联网技术的飞速发展，网络版权执法工作已经成为当前版权保护的聚焦点。

阎晓宏强调，版权执法是版权工作中重要的职能和任务。自2005年后，国家版权局与工信部、公安部、国家网信办等相关部门连续开展了10年的打击网络侵权盗版专项行动——“剑网行动”，每年都查办一大批重大案件，网络版权保护环境和秩序有了明显改善。但值得注意的是，网络版权环境治理出现不平衡现象。当前，文学、音乐网站存在的问题突出，版权执法工作要抓重点、抓薄弱环节。他希望各级版权执法人员要以查办案件为重要抓手，形成打击网络侵权盗版的高压态势，坚持把案件查办作为衡量版权执法工作成效的标尺。同时，他还希望来自全国版权执法一线的人员能够通过国家版权局每年主办的版权执法培训班平台，学习、了解、掌握网络新技术、新知识，多交流执法实践经验，总结运用新技术手段提高执法效能的措施，以进一步提高全国版权执法队伍素质，树立版权执法部门的执法权威。

国家新闻出版广电总局（国家版权局）版权管理司司长于慈珂在培训班上从宏观角度介绍了全国版权工作概要，并就近期版权执法工作提出了具体要求，版权管理司副司长段玉萍就版权行政执法监管中的法律问题与最新任务做了介绍。来自北京市公安局网安总队、广州市文化执法总队、江苏省扬州市文化执法支队、辽宁省版权局、安徽省版权协会等单位的相关负责人，就版权行政执法实务及执法经验进行了以案说法。

（资料来源：《中国新闻出版广电报》
作者：赖名芳）

【蜀绣工艺版权法律保护培训研讨会在成都举行】 2015年9月23日，由成都市文广新局、成都市妇联主办，成都国际版权中心承办的“蜀绣工艺版权法律保护培训研讨会”在成都市妇联举行。研讨会上，成都市中级人民法院两位资深法官王晓和王敏结合多件蜀绣侵权案例，向蜀绣生产企业代表讲述如何规避著作权侵权风险。

“在制作一幅蜀绣前，如果要以别人的作品为底稿，必须经过对方许可吗？自己的蜀绣作品出来后，一定要主动去登记版权吗？”9月23日，研讨会一开场，王敏便向在座企业抛出了一系列问题。结合《古堰开水图》《贵妃醉酒》等蜀绣版权纠纷案，王敏向蜀绣生产企业代表陈述了蜀绣版权纠纷案件的起因及处理结果。随后，就生产蜀绣产品过程中应如何规避著作权侵权风险的问题，王晓总结道：“我们着重强调底稿的原创，但限于很多企业暂时还缺乏原创能力，我建议企业可向他人申请作品授权。这种授权是以企业自身的生产和发展为目的，可选择性地获取作品复制权、修改权等。此外，企业还可以有意识地选择已超出著作权保护期限的作品。”

听了两位法官的讲解，参会的企业家都表示获益匪浅。他们还踊跃向两位法官提问，诸如版权归属、临摹版权作品是否侵权等问题，都得到了满意解答。成都市文广新局相关负责人说：“成都在版权保护上所做的努力，以及成都版权交易中心的成立，会为创意设计者，为蜀绣行业提供众多的法律保护和版权保护。”

（资料来源：《成都日报》 作者：王梓均）

【总局举办综合执法培训和依法行政座谈会】 2015年10月19—23日，全国新闻出版广电（版权）综合执法培训和依法行政座谈会在广东省清远市举办。座谈会由国家新闻出版广电总局政策法制司主办。

会议邀请了国务院法制办、最高人民法院、广东省高级人民法院的相关领导和专家分别从行政复议与依法行政、最新修订的《行政诉讼法》及司法解释、《行政诉讼法》实施对行政执法及应诉工作的影响等方面进行了深入细致分析和解读。总局公共服务司司长余爱群做了开班动员，政策法制司司长王自强做了题为《认清形势，把握要求，切实提高新闻出版广电（版权）依法行政工作水平》的工作报告。总局有关司局相关负责人分别对行政审批制度改革、违法报刊查处案件办理、著作权行政执法案件办理、私人影院和偷漏瞒报电影票房治理、广告治理、网络境外电视专项治理、新闻出版广电（版权）典型案例的情况进行了介绍和通报。广东、河南、北京、山东等省市新闻出版广电局和文化市场综合执法机构介绍了本地区、本部门开展依法行政工作、办理行政执法案件、开展行政复议和行政应诉的经验和做法。

广东省新闻出版广电局党组书记、副局长白洁和清远市委常委、宣传部部长崔建军与会并致辞。来自全国各省（区、市）新闻出版广电局及文化市场综合执法机构的120余人参加培训。

（资料来源：《中国新闻出版广电报》
作者：魏 芳）

【新疆举办“文化遗产创意产业暨文博版权保护利用”培训班】 2015年10月27日，由中国文物交流中心与新疆维吾尔自治区文物局共同主办的“文化遗产创意产业暨文博版权保护利用”培训班在乌鲁木齐举办。中国文物交流中心副主任周明、新疆维吾尔自治区文物局副局长申文涛出席开班仪式并致辞。来自全疆文博系统主管文化创意产业的单位和部门负责人60余人参加培训。

培训班邀请文化创意、版权授权、设计服务、知识产权等方面的7位专家学者授课，采取案例分析、实务研习、讨论交流、现场咨询等培训方式，深入解析我国文化产业的政策导向和战略理论，交流文化创意产业的发展思路和经验方法，探讨文博版权保护与版权授权的相关问题。

（资料来源：《中国文物报》 作者：文 展）

【全国标准版权政策宣贯会举行】 2015年10月30日，国家质检总局、国家版权局、国家标准委在深圳市联合举办了全国标准版权政策宣贯会，这也是2015年世界标准日的系列主题活动之一。

从2010年10月开始，国务院在全国部署打击侵犯知识产权和制售假冒伪劣商品专项行动，并从2012年至2015年连续4年将“打击针对含有著作权的标准类作品侵权盗版行为”列入打击侵犯知识产权工作的重要内容，取得显著成效。同时，全国“双打”办还在2015年下半年的工作安排中，将“查处网络非法转载含有著作权的标准类作品的侵权盗版行为，取缔曝光一批利用互联网非法上传标准的网站、单位”纳入重点工作。

此外，会议还介绍了我国最新的标准版权保护方面的情况，以及我国保护国际标准版权、打击侵权盗版案件的经验、国际标准化组织版权政策和查办国际标准版权案件的情况，并对加强标准版权保护促进标准传播提出了建议。

（资料来源：《中国新闻出版广电报》
作者：邹　韧）

【版权热点问题媒体研修班聚焦影视产业】 2015年11月9—13日，2015年“版权相关热点问题媒体研修班（第三期）”组织部分中央主要媒体记者，分别走进西安电视剧版权交易中心、山东省出版集团、山东省影视集团有限公司等文化企业，就版权贸易、影视产业中遇到的版权问题进行实地调研采访。

随着我国影视产业迅猛发展，版权纠纷也日益增多，影视版权价值越发受到关注，本期研修班特选择走进影视文化企业调研采访。版权交易平台如何在创作者和投资人之间搭建平台？出版社对版权资产如何进行管理？电视剧《琅琊榜》给出品方带来了多少版权收益？来自《人民日报》、新华社、新华网、《光明日报》、《中国文化报》、《中国知识产权报》、《科技日报》等中央媒体的近20位记者与被访文化企业进行了深入交流。《中国知识产权报》版权部记者姜旭说：“参加此次研修班不仅亲耳聆听到很多鲜活的版权故事，而且在与各地版权行政管理人员、企业版权事务工作人员交流中，对版权相关知识有了许多‘接地气’的了解，更进一步认识到版权在文化企业发展过程中的核心价值作用，这为我今后做好报道提供了很大帮助。”

研修班由国家版权局主办、《中国新闻出版广电报》承办。

（资料来源：《中国新闻出版广电报》
作者：魏　芳）

【国家版权局发布规范网盘服务版权秩序成果】 2015年12月3日，国家版权局发布规范网盘服务版权秩序成果。为规范网盘服务版权秩序，国家版权局于2015年10月14日发布了《关于规范网盘服务版权秩序的通知》，并于10月20日召开“规范网盘服务版权秩序座谈会”，召集国内主要网盘服务商及视频网站、权利人组织代表参会，要求各网盘服务商严格贯彻落实《通知》要求。

《通知》下发后，百度网盘、360网盘、金山网盘、腾讯微云、新浪微盘、迅雷快盘、华为网盘、乐视云盘等主要网盘服务商积极进行版权自查整改，建立完善版权相关制度。一是在网盘首页显著位置增加了版权提示信息，要求用户遵守《著作权法》规定，尊重著作权人合法权益，不违法上传、存储并分享他人作品。二是在网盘首页显著位置标明了权利人通知、投诉的方式，便于权利人维权，并积极处理权利人的通知、投诉。百度运营的版权投诉在线平台自10月16日至11月30日累计收到权利人投诉链接185 173条，百度对其中符合法律要求的177 588条链接均在一个工作日内予以删除。三是建立完善版权审核机制，对网盘用户分享的他人作品通过技术手段和关键词屏蔽等方式进行侵权防控。四是针对网盘服务商明知及应知用户违法上传、存储并分享侵权盗版作品的情况，加强版权预警和侵权处理工作，及时制止网盘用户的侵权行为。新浪微盘共审核删除了21 000余条侵权内容，并自2015年5月起关闭了移动端和网页端的视频在线播放功能，停止了网页端大于100M文件的保存与下载，侵权内容大幅减少。五是加强网盘用户管理，探索建立冻结侵权用户账号、反复侵权用户黑名单等侵权用户处置机制。通过以上措施，网盘服务版权秩序得到明显好转，受到权利人的积极肯定。

2015年下半年，国家版权局对2015年发布的六批共计131部版权重点预警影视作品在主要网盘上的传播情况进行了全面监测，未发现大规模侵权现象。对于个别网盘上还存在少量热播影视作品侵权链接的现象，国家版权局已要求相关网盘服务商进一步加强内部监测、管理和处置工作。此外，国家版权局监测发现，城通网盘传播侵权盗版作品的现象较为严重。

（资料来源：中国版权产业网）

【第十四届输出版引进版优秀图书推介活动颁奖】 2015年12月5日，第十四届输出版引进版优秀图书推介活动颁奖典礼暨“一带一路”下的版权贸易研讨会在京举行。

活动评选了100种2014年度输出版优秀图书，其中包括山东友谊出版社的“图说孔子”、外语教学与研究出版社的《现代汉语规范词典》（第3版）

等。活动还评选了科学普及出版社的“看漫画读经典系列”等50种引进版社科类优秀图书，国防工业出版社的《空天飞行导论》（第7版）等30种引进版科技类优秀图书。此外，中华书局版权专员张之光、安徽科技出版社版权经理左慧等10人获2014年度全国“优秀版权经理人”称号。五洲传播出版社副社长荆孝敏、译林出版社副社长谢山青等6人获“推动版权输出和引进典型人物”称号。

评选活动由中国出版协会国际合作出版工作委员会、中国新闻出版研究院、出版参考杂志社联合主办。与上届相比，本届参评的出版单位数量和报送图书种数均有所增加，呈现出如下特点：版权输出内容和模式更多样化，输出版图书类别和选题更丰富；对外版权贸易的地域得到进一步拓展；少儿出版异军突起。

在颁奖后的版权贸易研讨环节，国内外出版企业负责人、版权代理人等以“一带一路”背景下的版权贸易为话题，交流分享经验。

国家新闻出版广电总局出版管理司司长周慧琳、进口管理司副司长赵海云，中国版协常务副理事长兼秘书长刘建国、国际合作出版工作委员会主任常振国，中国新闻出版研究院院长魏玉山、副院长范军及获奖出版社代表等参加颁奖典礼。

（资料来源：《中国新闻出版广电报》
作者：李婧璇）

【江苏大学生发出版权保护倡议书】 2015年12月19日，由江苏省版权协会主办的“江苏省首届大学生版权论坛”在南京开幕。论坛上，来自江苏省内多家高校的学生代表向全体大学生发出了版权保护倡议书。

大学生们提出五项倡议：在使用和转载他人作品时，尊重原创作者的署名权，在转载文章的开头或末尾的显著位置注明原文作者名、原文出处及原文链接；原作者或原出版方在作品中明确标示禁止转载的，任何第三方都需尊重此权利，除非获得授权；作为一名普通大学生，同时也可能是一名原创作者，要树立版权意识，主动向侵权行为说“不”，与相关方面沟通交涉，积极维护自己的权利；重视原创，从我做起，拒绝抄袭，从我做起；积极参加“全国大学生版权征文”活动。

在论坛上，来自南京理工大学、扬州大学、南京大学、南京师范大学的学生代表，结合当前科技创新步伐，就“互联网+”、云计算、数字出版等新模式下版权管理的主客体责任、版权管理组织等问题进行了主题演讲。南京大学信息管理学院左健教授和南京理工大学知识产权学院梅术文副教授作为点评专家，在充分肯定了大学生们对于版权保护的认识高度和理解深度的同时，还特别强调，尊重版权、保护版权是当代每个大学生的使命。新时期不断涌现出新形式的版权，大学生们在学习《著作权法》理论知识的基础上，还要洞悉版权行业动态，倡导身边人加入版权保护行列，共同促进版权事业的良性发展。

（资料来源：《中国新闻出版广电报》
作者：邹　韧）

◆ 交流研讨

【长沙市召开2015年版权优势企业专家评审会】 2015年1月28日，湖南长沙市2015年版权优势企业专家评审会在市知识产权局会议室举行。评审会由长沙市知识产权局党组成员、纪检组长熊力主持，五家参评企业负责人和三名版权专家参加了会议。

会上，五家参评企业先后介绍了自身版权工作情况，并阐述了培育期内的版权工作规划。专家根据企业的参评材料及企业汇报情况进行了现场点评和提问，企业均一一作答。

听取汇报后，专家对企业进行了评选，市知识产权局局长会将于近日对评选结果进行研究讨论，最终产生三家版权优势培育企业名单予以公示。

（资料来源：国家知识产权局网站　作者：张　宇）

【国际文化版权创新服务研讨会在北京举办】 2015年2月，由北京市贸促会和中国版权保护中心共同主办的“国际文化版权创新服务研讨会”在北京国际新闻中心举办。中国版权保护中心副主任范继红、中华版权代理中心衍生品事业部副总经理吴玥、国家文化部文化产业司巡视员孙若风等出席并讲话。

版权是文化创意企业的基本战略资产，积极探索对创意作品版权的保护和价值发掘方法，对于实现文化创意企业资产增值、延伸产业价值链具有重要意义。中华版权代理中心衍生品事业部副总经理吴玥女士表示，随着产业发展，企业对版权保护和版权价值运营的要求也不断提高，对此，构建一个正版授权产品标准体系具有重大意义。

（资料来源：人民网　作者：李季桐）

【2015CPCC中国版权服务年会举行】 2015年3月2日，由中国版权保护中心主办的以“尊重原创”为主题的2015CPCC中国版权服务年会开幕式在京举行，2014CPCC十大中国著作权人年度评选同时揭晓。国家新闻出版广电总局副局长、国家版权局副局长阎晓宏出席并讲话。

阎晓宏在讲话中指出，2014年是全面深化改革元年，我国经济发展正进入结构调整阶段，经济发展方式也从过去传统资源消耗型向低消耗高效率创新驱动型转变。版权作为文化创意产业的基础性核心资源，在这个大背景下趁势崛起。2014年，我国版权工作成效显著，版权产业呈现蓬勃发展的良好态势。

阎晓宏谈道，2014年开展的第十次“剑网行动”查办案件440多起，关闭网站750家，有效遏制了互联网领域的侵权乱象。在2013年中央、省、市、县四级全面完成软件正版化的基础上，2014年软件正版化工作主要着力于全面建立长效机制。在软件正版化工作的推动下，我国软件产业的总产值从8年前的750亿元，增长到2014年的3.7万亿元，充分证明版权保护不仅保护了创新能力，也推动了产业的发展。在软件登记方面，2014年我国登记量首次突破20万件大关。我国的版权贸易也日趋成熟，针对不同类型作品形成了不同的贸易方式。著作权集体管理组织在推进版权使用方面发挥了不可替代的作用。2014年我国开展的版权相关产业对国民经济的贡献率调查显示，2012年版权产业贡献率已经占全国GDP的6.87%。在国际交流方面，《视听表演北京条约》2014年获得了全国人大常委会的批准，这是新中国成立以来第一个在中国通过并以城市命名的国际知识产权保护条约。

当前，移动互联网的时代已经到来，新媒体、新技术给版权保护带来了新的挑战。阎晓宏表示，引导人们提升对原创的重视，从而积极应对妥善解决移动互联网环境下的版权问题，十分必要和迫切。要正视互联网环境下存在的授权难问题，并相信这一问题能够得到解决，在遵循《著作权法》“先授权，后使用”基本原则的前提下，应积极探索一些新的授权方式。本次年会的主题是尊重原创，这一主题既包含了要尊重版权的基本常识，也告诉我们，文化发展需要更多高品质的原创作品。中国版权保护中心多年来围绕国家版权公共服务机构的定位，着力构建网络环境下的版权快速维权机制和利益分享机制，并推出了一系列版权创新的服务业务，这些都是有益的尝试。

中国版权保护中心主任段桂鉴为年会致开幕词。开幕式上还举行了2014CPCC十大中国著作权人年度评选颁奖仪式。黄书东、王太利、厦门美图之家科技有限公司等当选“十大中国著作权人”。郭晓光、杭州剧院等获得专家提名奖。为期两天的年会围绕业界关注的版权问题举办多场主题活动。国家版权局在年会闭幕式上发布了2014年中国版权十件大事。

（资料来源：《中国新闻出版报》 作者：方 圆）

【首届作品保管论坛在京举行】 2015年3月2日，由中国版权保护中心（CPCC）主办的“作品保管论坛——互联网环境下的版权服务新模式”在2015CPCC中国版权服务年会上举行。中国版权保护中心党委书记邹建华主持，全国人大教科文卫委员会文化室主任朱兵、新闻出版广电总局政策法制司司长王自强、中国版权保护中心副主任范继红以及互联网等行业代表进行主题发言，行业协会、院校、网站平台等领域50余人出席。

作品保管业务是中国版权保护中心于2014年10月13日正式推出的一项新型版权服务业务，是中国版权保护中心从著作权人的实际需求出发，本着为著作权人和市场服务的宗旨，针对互联网发展特点，增加的一项新型服务内容，具有全线上、全自助等特点。目的是为满足不同领域作品创作者和使用者的需求，方便著作权人及时、便捷地取得作品创作完成的证明。

作品保管业务自推出以来，陆续受到著作权人和行业的关注，并就业务的相关情况进行了咨询和建议，因其是新兴服务模式，为了让著作权人更加深入地了解此项业务，中国版权保护中心特召开作品保管论坛，多角度探讨作品保管服务模式、营销模式等，使其不断完善，更好地为著作权人和市场提供多方位多元化的服务。论坛上，与会代表就工业设计行业、动漫行业、互联网平台等领域对作品保管的新需求、营销模式等积极献言献策。

（资料来源：中国版权保护中心网站
作者：暖 暖）

【首届全国版权标准化技术委员会年会在京召开】 2015年3月3日，由全国版权标准化技术委员会（以下简称版权标委会）主办、中国版权保护中心（版权标委会秘书处）承办的版权标委会首届年会在京召开。国家新闻出版广电总局副局长、国家版权局副局长、版权标委会主任委员阎晓宏出席年会并致开幕词。

阎晓宏对版权标委会成立一年多来的工作表示肯定，同时提出要做好版权创造、运用、保护和管理等各个环节工作，特别是要实现我国在数字网络环境下版权产业的快速转型升级，要求我国版权产业与国际接轨并迎头赶上，进一步发挥版权标准化工作的基础支撑和引领主导作用。

阎晓宏强调，总局一贯高度重视标准化工作，将标准化工作与创新驱动发展战略密切联系，并注重充分发挥标准化组织在促进产业健康、规范、快速发展方面的技术支撑作用，在标准化组织建设和标准制定实施方面取得了较大进展。版权标委会自成立以来，一方面广泛深入产业调研，研制完成了数字版权唯一标识符（DCI）标准等一批行业标准，重点架构起了DCI标准相关体系；另一方面开展标准宣传，配合总局开展国际标准音像制品编码（ISRC）标准贯彻实施工作，开展国际交流，积极参与国际标准修订工作。一年多来，版权标准化工作队伍已经初步建立，各项工作开始步入正常发展轨道。

阎晓宏指出，目前标准工作的重点领域在数字版权方面，这需要标准在制定时有前瞻性、科学性。版权标准的制定与其他标准有所不同，在国内能参考的资料非常少，因此要多关注国际上的标准如何为产业服务。他特别指出，2015年要开展的DCI标准培训十分重要。要在DCI标准的实施和学习中，使版权标准工作更向前迈进一步。在标准制定和宣传贯彻方面，要提出国内和国际的异同，结合理论和实践，综合把握和权衡。

国家标准化管理委员会服务业标准部副主任段炼在会上表示，版权标委会是版权行业标准化工作的专门归口组织，委员会的成立和工作开展，是我国标准化建设事业在版权领域的标志性进展。它不仅填补了国内版权标准化工作的空白，在国际上也是极具前瞻性的创举，更是这个数字网络时代的必然要求。国家标准化管理委员会服务业标准部今后将一如既往地支持版权标委会的工作。

版权标委会是由国家新闻出版广电总局批准成立的行业标准化技术组织，于2013年12月7日在京成立，现有委员52名。主要负责版权产业相关领域的标准化工作，包括各类作品与计算机软件等著作权及相关权利在创作、运用、管理与保护过程中涉及的国家标准、行业标准、企业标准等归口管理，跟踪国际标准的最新动态，组织相关行业标准、国家标准以及国际标准的制定和修订，负责版权相关标准的宣贯和实施等。

本届年会是版权标委会自成立以来的首次年会，旨在为版权标准化工作提供开放的交流平台，为DCI体系建设的技术标准化工作提供基础支撑和组织保障。年会总结了2014年度版权标准化建设工作情况，全面审议并表决通过了2014年度工作报告。会议由中国版权保护中心主任、版权标委会副主任委员兼秘书处秘书长段桂鉴主持。

（资料来源：《中国新闻出版报》　作者：方　圆）

【中国版权年会网络维权论坛召开】　2015年3月3日，中国版权年会网络维权论坛召开，版权管理部门和不少互联网企业一致表示，将合力应对当前的网络版权维权困境。

国家版权局版权管理司副司长段玉萍在论坛上表示，将继续加大对互联网侵权盗版的打击力度，尤其是针对移动互联网的特点对音乐类、视频类和文字类的应用进行分类管理，监管范围可能涉及时下侵权行为比较隐蔽的网盘类应用。

段玉萍说，很多网盘的经营者是非常清楚网盘中存在的大量侵权盗版内容的，接下来可能会采取一些措施，对这些经营者提出要求，如有构成行政责任的，国家版权局将给予处罚。

2014年是中国网络维权的关键一年，延续十年的“剑网行动”累计查办案件4 681起，关闭侵权盗版网站2 676个，移送司法机关案件388件，“清网”效果显著。然而2014年接连出现的今日头条新闻APP版权纠纷以及人人影视和射手网的先后关闭，同样引起了不少争议，政府、企业和消费者对版权保护随之也有了进一步的认识。

中国版权保护中心法律部主任孙洁认为，当下互联网版权保护方式是在传统授权方式上演进而来，但互联网时代侵权举证时间长、成本高、效果不理想，权利人和网站之间存在着技术的不平等。

北京市知识产权法官冯刚则表示，网络新技术给版权规则带来了新问题，云计算、云存储等公司只是提供技术服务，不直接提供内容，这些问题如何定性也需要研究。当下很多案件出现了由版权纠纷引发的不正当竞争纠纷以及由版权资源抢夺而引发的垄断质疑，这些都加大了网络维权的复杂性。

（资料来源：新华网　作者：刘　彤）

【第五届DCI体系论坛在京举办】　2015年3月4日，第五届DCI体系论坛在京举办，我国自主创新的DCI（数字版权唯一标识符）体系产业化应用再次加速。DCI体系的创新推广应用，将更加注重行业需求，全力推动版权产业的利益分享和快速维权机制创新，不断解决互联网版权管理与保护的一系列难题，带动以新媒体产业为核心的数字版权产业健康繁荣发展。

本届论坛以“创新·跨界·共赢”为主题，在当前移动互联网环境下深入探讨实现版权服务支撑产业发展的有效途径。围绕以DCI体系为核心的数字作品版权公共服务新模式，全面展示DCI体系在移动互联网环境下的发展与创新，重点介绍DCI体系在电子商务平台的最新应用，充分分享近年来最引人注目的版权产业跨界运营典型案例，广泛交流产业主体实现跨界合作的成功经验，与业界同仁一道探索共赢之路，推动我国版权产业的健康繁荣发展。

通过论坛的充分交流，与会嘉宾一致认为版权的跨界运营在移动互联网环境下将得到进一步创新和发展，也势必更加需要版权服务的强力支撑和创新发展，DCI体系所提供的以版权登记为核心的、持续创新的全方位版权公共服务能够为版权创造、运用、保护和管理过程中的各业态提供基础服务支撑，营造良好的版权环境。

（资料来源：《法制日报》　作者：张红兵）

【腾讯举办沙龙探讨音乐版权保护】 2015年3月，腾讯互联网与社会研究院同Techweb联合举办互联网前沿沙龙，来自数字音乐平台、音乐唱片公司、音乐版权服务机构的代表、作词作曲者及学者代表等就当前数字音乐版权保护和产业发展等热点问题进行了探讨。

侵权盗版对数字音乐正版经营者和内容创作者造成极大的伤害，尤其是在数字音乐产业链条中，侵权盗版形式更加多样，使权利人维权异常困难。在腾讯公司维权团队负责人杨奇虎看来，当前数字音乐盗版分为直接侵权行为和提供网络技术的侵权行为。直接提供盗版内容是典型的侵权行为，主要表现为通过专辑整理，排行榜和热门榜进行推荐，盗版的小网站居多；提供技术服务侵权类型又包括P2P形式、网络存储空间形式和搜索引擎通过深层链接直接播放歌曲形式等。而后者由于技术复杂和法律不完善等原因，维权难度更大。

杨奇虎表示，针对上述状况，腾讯采取了四项措施进行维权：第一，日常监测发函。通过该措施获得侵权基础数据，构成维权基础。第二，采取民事诉讼进行打击。对于一些热门歌曲，也可以采取诉前禁令方式。第三，向手机APP市场或者安卓市场进行投诉。第四，行政投诉。这种方式权威性和震慑力较强，侵权方配合度较高，保护力度较强。

（资料来源：《中国知识产权报》　作者：姜　旭）

【音乐作品版权保护研讨会召开】 2015年4月21日，中国国家版权局与世界知识产权组织（WIPO）在京联合举办“音乐作品版权保护研讨会”。与会嘉宾就互联网时代音乐作品版权保护的深远意义等议题展开了热烈的讨论，共同呼吁要建立并维护有利于各方利益平衡的合法音乐版权秩序，营造并培育有利于音乐产业健康发展的版权生态。

中国国家版权局版权管理司司长于慈珂在会上强调，中国国家版权局一直重视音乐版权保护工作，积极推动中国音乐、音像著作权集体管理，大力规范网络视听版权市场，提升公众版权保护意识。多年来，中国国家版权局、国家互联网信息办公室、工业和信息化部、公安部联合开展打击网络侵权盗版的“剑网行动”，一直着力打击音乐盗版。今年即将开展的“剑网行动”将把音乐版权作为重点内容。同时，中国国家版权局将进一步开展重点网站版权主动监管工作，也将以传播音乐作品为主要内容的网站纳入进来，以此加强音乐版权保护力度，推动音乐作品的创作、传播和使用。

世界知识产权组织中国办事处副主任吕国良在致辞中介绍说，今年世界知识产权组织（WIPO）为第15个“世界知识产权日”确定了“因乐而动，为乐维权”的主题。在“4·26”世界知识产权日来临之际与中国国家版权局共同举办本次研讨会，希望能够通过这一平台，中外音乐界的专家学者共同讨论鼓励创新和创造的作用。我们希望，在互联网新体制下，确保创作者、作曲者、词曲作家和表演者的权利能够得到足够的保护，能够使他们从音乐中获得经济价值，过上体面无忧的生活。

中国国家版权局版权管理司副司长汤兆志在会上做了题为《加强版权管理　护航产业发展》的演讲，详细介绍了中国国家版权局在加强版权管理，推动音乐产业发展方面的思路和举措。北京知识产权法院立案庭法官助理张天浩从司法实践的角度，介绍了近五年来北京市各级法院受理的涉及音乐作品著作权侵权案件的主要类别，分析了典型案件的侵权原因及法院审判的法律依据。国际唱片业协会（IFPI）亚洲区法律事务主任甘希文，中国音像与数字出版协会常务副理事长王炬，中国音乐著作权协会副总干事刘平，中国著名词曲作家李海鹰，上海新汇文化娱乐集团副总裁臧彦彬，海洋音乐公司总裁谢国民，北京热波文化传播公司总裁李岱，索尼音乐娱乐（中国）版权及法务总监修大普等在会上围绕研讨会主题发表了自己的看法并提出了建议。来自WIPO、欧盟及美国、英国等国驻华使团官员，中国全国人大法工委、国务院法制办、国家版权局、商务部等相关部门的代表，国际和中国著作权集体管理组织相关负责人，李海鹰、张亚东等知名词曲作者等百余名嘉宾出席研讨会。

（资料来源：《中国新闻出版报》　作者：赖名芳）

【中国人民大学创意产业技术研究院举办第35期版权人沙龙】　2015年4月21日，中国人民大学创意产业技术研究院在京举办第35期版权人沙龙活动，主题为“演艺作品版权价值评估与运营管理”。来自文化部、国家版权局、中国人民大学、中国社科院、中国资产评估协会、首都版权产业联盟、连城资产评估公司的版权专家和评估专家，以及中央歌剧舞剧院、中央芭蕾舞团、中国杂技团、北京人艺、北京儿艺、北京曲剧团等演艺单位的相关负责人围绕沙龙主题进行了深入探讨。

演艺单位相关负责人阐述了版权保护与版权价值评估方面存在的问题。一是演艺作品被侵权现象严重，但取证困难，维权成本高；二是演艺作品创新性不足，作品之间存在相互借鉴现象，创作者对作品版权底气不足；三是演艺单位版权意识不足，对于自己享有哪些版权，哪些可以开发利用，认识不清；四是演艺单位对作品版权价值评估与运营管理的目的和作用认识不足。各演艺单位呼吁有关部门进行深入研究和统筹管理，以帮助演艺单位更好地进行版权保护和运营管理。

针对演艺单位的问题和困惑，版权专家和评估专家从演艺作品的法律关系、价值影响因素和评估方法等方面进行了探讨。专家们认为，从法律关系上讲，演艺作品主要是包括戏剧作品、舞蹈作品、曲艺作品、杂技作品几大类，涉及以作者为核心的法律关系和以作品传播者为核心的法律关系，即著作权法意义上的作者权和邻接权。从版权价值影响因素与评估方法上讲，评估演艺作品价值主要是对其市场价值进行评估，要重点考虑三个因素：作品的法律特征，作品本身的影响力和质量，以及作品涉及的经济数据。专家们建议，演艺单位在进行版权运营管理时，首先要清楚自己有什么权利，用什么方式证明，对于引进的版权要通过合同约定清楚，以避免可能面临的法律风险。

国家版权局版权管理司副司长段玉萍表示，国家版权局高度关注版权价值评估与管理问题。她认为，版权价值评估是版权交易、版权质押融资、版权维权的基础，版权资产管理则是提升文化企业核心竞争力的重要手段，演艺单位应加强版权价值评估与运营管理。

文化部与会同志介绍，为深入贯彻实施国家知识产权战略，文化部2015年将实施国家动漫品牌建设与保护计划，推进文化品牌实验室建设，发布2015中国文化企业竞争力排行榜和中国文化品牌排行榜，出台关于加强文化系统知识产权工作的指导意见，并计划出台系列知识产权工作指南。同时，还将研究设立文化知识产权服务机构，为文化企事业单位提供知识产权服务。

作为主办方，中国人民大学创意产业技术研究院院长彭翊表示，版权人沙龙活动将持续定期举办，积极搭建政产学研各界沟通与交流的平台。

（资料来源：人大新闻网）

【中国文创产业版权价值评估及信用体系建设论坛在京举行】　2015年4月23日，中国文创产业版权价值评估及信用体系建设论坛在京举行。论坛由北京国际版权交易中心和大公国际信用评级集团共同主办。论坛上嘉宾们除了就版权价值评估及信用体系建设进行阐述外，还启动了首个文创产业信用体系建设服务平台、成立了首个专门服务于文创企业的正版软件联盟，并宣布北京国际版权交易中心分中心在山东临沂落户。

北京国际版权交易中心和大公国际信用评级集团合作的文创产业信用体系建设服务平台，将完善相关诚信管理制度、机制和标准，逐步形成以解决小微文创企业“融资难、融资贵、融资慢”问题为核心的信用评价体系，为文创产业发展创造公平环境，为政府监管治理提供科学决策依据。

在北京国际版权交易中心及相关软件企业的倡导下，微软（中国）有限公司、北京瑞星信息技术有限公司等知名软件企业成立文创行业正版软件联盟。该联盟旨在让文创企业以最优惠的价格享受到针对不同行业企业定制的正版软件产品包、免费正版软件升级、专业信息化平台服务及政府定向资金补贴。

（资料来源：《中国新闻出版报》　作者：邹　韧）

【第五届北京音乐版权保护与产业发展论坛在京召开】　2015年4月24日，在主题为“共识·共商·共赢”的世界知识产权日宣传周主题活动暨第五届北京音乐版权保护与产业发展论坛上，与会专家达成“中国将成为全球最大的互联网音乐市场”的共识。国家版权局、北京市版权局2015年计划重点打击互联网音乐领域的侵权盗版，推动互联网音乐付费。

国家版权局版权管理司副司长李承武在致辞中表示，音乐版权保护是2015年“剑网行动”的重要内容，国家版权局将扩大监管范围，把传播音乐的大型网站网盘云服务等新型网络服务平台以及传播音乐的主要APP纳入监管范围，切实加强包括音乐作品在内的重点作品版权预警保护工作，强化约谈、预警、公开通报等监管手段；进一步完善长效机制，充实音乐作品授权信息库，推动权利人与网站建立版权保护合作机制。

“付费下载是音乐产业起死回生的唯一模式。”北京市版权局副局长王野霏在主题演讲中表示。目前，中国互联网音乐产业的整体版权保护意识普遍加强，大家对互联网音乐产业商业模式的探索初步形成了共识。音乐网站不断加大版权投入，正版音乐曲库已经形成产业规模，如今音乐网站既是渠道方，也是版权方。北京市版权局今年将积极促成建立互联网音乐付费的行业规范，支持正版音乐曲库的完善和专业曲库的建设，启动打击网络数字音乐侵权的专项行动。

海洋音乐集团总裁谢国民认为，中国互联网音乐产业具有音乐版权高度分散、渠道集中、用户量巨大等特点。他现场列举了最近两年互联网音乐产业出现的几个显著变化：一是移动互联网时代手机代替PC成为最主要的音乐终端，音乐分发更加可管可控；二是音乐版权高度集中，使得版权方维权更加有力；三是内容方与渠道方融合，海洋集团、腾讯、阿里巴巴三大互联网音乐集团，拥有超过70%的音乐曲库、70%的音乐用户，产业话语权空前强大。

在论坛对话环节，来自唱片公司、音乐版权公司、音乐网站的代表和词曲作者、音乐网民就互联网音乐付费模式、付费标准等问题展开热烈讨论。

（资料来源：《中国新闻出版报》
作者：王坤宁　李婧璇）

【首部高端版权演讲录《版权的力量》面世】

2015年4月27日，我国首部高端版权演讲录——《版权的力量》座谈会在京举行。《版权的力量》汇集了柳斌杰、铁凝、莫言、李彦宏、雷军等国内近30位知名人士有关版权话题的演讲，由中国版权协会编撰。中宣部副部长、国务院新闻办公室主任蒋建国为该书作序。国家新闻出版广电总局副局长、国家版权局副局长、中国版权协会理事长阎晓宏出席座谈会并讲话。

阎晓宏指出，版权离我们并不遥远。在《著作权法》颁布25年后的今天，中国的老百姓已经知道版权是怎么回事，越来越多的人更加关注版权的创造、运用、保护和管理，特别是它对国家经济、文化发展的助推作用。他举例说，现在没有一个行业能够脱离软件。2003年我国软件产业规模仅700多亿元，而11年之后的2014年就达到3.7万亿元，2014年我国软件著作权登记量更突破21万件。这说明，国务院部署和推进的政府机关软件正版化工作的深入开展，使我国软件市场版权保护环境得到明显改善，对推动我国软件企业释放旺盛的创造力产生了很大的力量。再看我国的视频行业，很多互联网企业都在投入巨大的资本购买作品版权。在司法、行政的双重版权保护下，我国视频行业正在从侵权盗版的无序竞争状态向有序使用转变。不仅权利人的权利得到保障，权利人与使用者之间的社会矛盾也有所缓解。

阎晓宏强调，随着我国经济发展方式的转变，在推动新一轮经济发展和改革过程中，知识产权制度所起的作用将会越来越大。“大众创业、万众创新”预示着知识产权的未来。我们要从依法治国的角度，不断推动立法，加大行政和司法的双重保护，在法律框架下规范作品使用秩序，促进优秀作品更加广泛地传播。

座谈会上，国家版权局版权管理司司长于慈珂、最高人民法院知识产权庭审判长于晓白、北京市新闻出版广电局副局长王野霏、上海市新闻出版局副局长祝君波，以及中国出版集团总裁谭跃、中国科技出版传媒集团董事长柳建尧和中央电视台、金山软件公司、阿里巴巴、雅昌集团等单位人员，北京大学、北京外国语大学教授等，畅谈了如何提高我国版权创造、运用、保护和管理水平，推动经济发展、文化繁荣和创新型国家的建设。中国版权协会常务副理事长王国庆主持座谈会。北京大学出版社社长王明舟介绍了《版权的力量》的编撰出版情况。来自各版权相关单位的近百人出席会议。

（资料来源：《中国新闻出版报》　作者：赖名芳）

【互联网机顶盒著作权侵权责任研讨会召开】

2015年4月29日，北京市昌平区法院召开了互联网机顶盒著作权侵权责任研讨会。会上，该院民四庭（知识产权庭）法官贺颖超就互联网机顶盒的司法规制做了主题发言。

本次研讨会的内容包括播放软件运营者的行为性质认定、播放软件运营者的过错认定、不同类型互联网机顶盒生产者的过错认定、是否追加该播放软件运营者作为案件被告等。与会的互联网企业代表就企业运行模式、产品生产者的审慎注意义务等做了主题发言。有关专家学者对相关问题进行了法律分析。

来自北京市高级人民法院、北京知识产权法院、北京市朝阳区法院、北京市海淀区法院，以及部分高校的法官、学者参加了此次研讨会。

（资料来源：《中国质量报》　作者：曾祥素）

【朝阳区文化委召开“拒绝盗版，从我做起”座谈会】　2015年5月7日，北京市文化执法总队、市新闻出版广电局、朝阳区文化委执法队等有关部门，与图书市场负责人、自律协会和经营单位负责人代表在北京市图书批发交易市场联合召开“拒绝盗版，从我做起”座谈会。

与会人员就遵守市场管理法律法规、加强版权保护、打击侵权盗版以及经营过程中存在的困难进行了广泛交流探讨，经营者做出承诺，表示严格自律守法经营，拒绝盗版等违规经营行为。会后，举行“拒绝盗版，从我做起”签名活动，引导图书市场负责人、自律协会和经营单位负责人主动承担起社会责任，提升出版行业形象。

（资料来源：“首都之窗”网）

【著作权集体管理研讨会在北京召开】　2015年5月，由中国音像著作权集体管理协会（CAVCA）、国际唱片业协会（IFPI）、日本文化产品海外流通促进机构（CODA）联合举办的著作权集体管理研讨会在北京召开。与会期间，国内外专家、学者就“著作权集体管理”的议题展开了深入的交流和探讨。

国家版权局版权管理司副司长汤兆志在会上指出，维护良好的市场环境、打击各类侵权盗版、注重版权的宣传特别是对集体管理制度的宣传和普及都是政府机关义不容辞的责任，同时表态国家版权局将一如既往地大力支持集体管理组织的发展。来自日本唱片业协会、国际唱片业协会的代表向与会者介绍了日本与国际在音像著作权集体管理方面的操作实务和反盗版法律经验。

国际唱片业协会亚太区总裁洪伟典指出集体管理制度在畅通授权渠道、维护权利人权利、方便使用者使用作品方面发挥着不可替代的作用。正在进行的《著作权法》第三次修订工作将进一步从法律制度层面上进行设计。他表示，目前中国卡拉OK收取的音乐版权费标准不是多少的问题，而是收不到的问题，如果全部收到是很可观的，一年总共收入应该是2 200多万美元，合1亿多元人民币，目前收到的费用不到10％。

日本唱片业协会理事、日本唱片协会事务局长畑阳一郎介绍日本唱片产业在1990年达到2 000亿日元顶峰规模，目前，已经下降到当时规模的一半。每年征收的集体管理的使用费的规模是103亿日元。在著作权方面管理的份额大概占到98％。

厦门大学林秀芹指出著作权制度碰到的两个问题：一是作品流通机制不畅，造成大量没有经过授权的作品在传播、使用，很多使用者处于侵权状态；二是集体管理组织维权很难，成本很高。林秀芹同时指出，目前侵权赔偿标准存在不统一的、案件占用了大量的司法资源的现象。建议绝大多数案件可以通过简易程序或者通过仲裁、调解、协商等多元化的纠纷解决机制进行，并且可以设置一些专门针对著作权相关纠纷的仲裁机构。

中国音像著作权集体管理协会代表指出目前音乐版权中存在的一些问题，例如法律没有赋予唱片公司广播权和表演权，使得协会无法开展这项业务，对于擅自从事集体管理活动，可以依法取缔，没收非法所得，但如何认定、怎么处罚，尚无详细规定；录像制品和音乐电视作品的区分，没有一个客观的量化标准；分案处理造成巨大的人力物力成本……这些问题都有待相关法律法规的进一步细化。

（资料来源：经济网）

【两岸知识产权经济论坛在厦门举行】　2015年6月2日，两岸知识产权经济论坛在厦门举行，两岸数百名知识产权专家、官员、业界人士就知识产权的成果利用和保护展开研讨。

2010年，海峡两岸签署《海峡两岸知识产权保护合作协议》，提出双方应加强专利、商标、著作权及植物新品种权等两岸知识产权（智慧财产权）的创新、应用、管理及保护。

国家知识产权局专利管理司副司长张宏说，《协议》的签署为两岸知识产权合作进入制度化合作新阶段奠定了基础。大陆受理台方优先权的专利申请、商标申请、植物新品种权申请、录音制品版权认证、影视作品版权认证等都大幅增加。

“知识产权是创新发展的重要资源，两岸应加强合作，共同以此推进两岸经贸的发展。”张宏说。

据国家知识产权局审查业务管理部负责人马昊介绍，近年来，国家知识产权局和台湾智慧财产局在审查员交流项目、实用新型审查领域的业务交流等方面取得了长足进展。

“知识产权对产业的保护非常重要。”台湾南台科技大学校长戴谦说，两岸应携手建立知识产权保护的常态机制，充分利用知识产权的成果，提供全方位、多维度的知识产权保护。

厦门市知识产权局局长卢琳兵提出两岸知识产权经济试点的构想。他提出，两岸可以成立两岸知识产权经济促进会；共同投资建设两岸知识产权交易运营中心；共同投资建设知识产权经济试点核心区、协作区；在厦门以自贸区先行先试政策，设立专利、商标、版权三权合一的知识产权机构，建立快速维权中心，高效实行知识产权管理服务与执法。

（资料来源：新华网　作者：沈汝发）

【版权推动艺术创新论坛召开】　2015年6月16日，江苏省首届版权推动艺术创新论坛·苏绣原创工程研讨会，在刺绣艺术之乡——苏州镇湖举行，与会艺术专家学者、书画艺术家和文化交易企业代表等120余人就深入探讨版权保护创新，寻找合作空间，促进艺术家对接镇湖刺绣工艺师，展开了研讨。

苏绣是苏州文化的名片，已成为国家级非物质文化遗产，版权保护问题，正成为苏绣发展的瓶颈，影响了苏绣自主创新能力和传统工艺品牌的市场竞争力。江苏省版权协会傅杰三会长在发言中说，协会作为版权保护者，要为绣娘办实事，促进刺绣和原创艺术家的牵手。

（资料来源：《扬子晚报》　作者：蔡　震）

【北京知识产权学院举办《著作权法》修改研讨会】　2015年6月，“著作权法修订中的相关问题”高级研讨会在北京工业大学举行。此次研讨会由北京知识产权学院与北京知识产权研究院主办，来自中国政法大学、北京外国语大学、清华大学、北京工业大学、对外经济贸易大学、北京交通大学等国内著名高校的专家学者围绕《著作权法》修改的相关问题进行了深入研讨。

研讨会上，中国知识产权法学研究会副会长、中国政法大学知识产权法研究所所长、博士生导师冯晓青教授就《著作权法（修改草案送审稿）》存在的相关问题进行发言，认为此次修法中，第一条立法宗旨修改具有重大价值。《修改草案》增加传播者的相关权，一方面明确了现行《著作权法》中出版者、表演者、录音制作者、广播电台、电视台的法律地位，肯定了传播者对作品的贡献，表明了传播者对作品的重要性；另一方面也在立法上构建了相关权体系，完善了《著作权法》的体系结构，但该条也应突出作品利用的价值，故建议将该条款的“创作和传播”改为“创作、传播与利用”。在条文表述上，他认为，由于第一条前面已经明确了“社会主义精神文明、物质文明”，后面宜将“促进社会主义文化、科学和经济的发展与繁荣”修改为“促进国家文化、科学和经济的发展与繁荣”。因此第一条可改为：“为保护文学、艺术和科学作品作者的著作权，以及传播者的相关权，鼓励有益于社会主义精神文明、物质文明建设的作品的创作、传播和利用，促进国家文化、科学和经济的发展与繁荣，根据宪法制定本法。”冯晓青同时指出，《修改草案》应该给“著作权”进行明确定义。此外，第四章“权利的限制”内容还应该进一步充实，并对“为个人学习、研究，复制他人已经发表的作品的片段”等条款提出了修改意见。

北京外国语大学法学院丛立先教授则以“转载摘编法定许可的应然选择”为主题进行发言，指出我国转载摘编法定许可制度别具中国特色，而以互联网为标志的第三次信息传播技术革命已催生出巨大的经济、文化产业和社会影响力，在此时代背景之下，转载摘编法定许可制度遭遇了相当大的困境，重新思考该制度的出路并调整具体规则非常必要。

对外经济贸易大学法学院卢海君副教授则对著作财产权体系化的尝试提出自己的思考；北京交通大学法学院陈明涛副教授对法人作品与职务作品权利归属分析提出了自己的修改建议。在自由讨论环节，各位专家、学者围绕著作权财产体系的建立、法人作品与职务作品的关系等具有争议的问题展开了热烈的讨论。另据了解，当日，冯晓青还为北京工业大学的师生做了关于我国修改后《商标法》实施一周年理论思考与展望的学术报告。

（资料来源：《中国知识产权报》　作者：窦新颖）

【“网络游戏的版权保护”研讨会在京举行】2015年7月4日，由北京理工大学法学院主办、北京知识产权法研究会协办的“网络游戏的版权保护”研讨会在京举行，来自知识产权界的学者、法官、律师、游戏企业法务等共同探讨网游版权保护难题。

研讨会结合当前司法实践中出现的典型案例，

就网络游戏的法律性质、版权保护对象、改编涉及的问题、侵权判定标准、应用软件发布平台商的侵权责任等问题展开深入讨论。北京市海淀区人民法院知识产权庭法官曹丽萍结合多年的审理经验，总结了网络游戏类案件的三大特点：网游类案件数量占比较小，但影响大；随着移动互联网时代的到来，移动端游戏案件正在不断增多；游戏的复杂程度加深，审理难度不断加大。北京理工大学法学院院长曲三强认为，在网游案件审理过程中应该抓住“作品”的基本构成要件和原则，而网络游戏的本质是程序设计，是设计者思想的表达，应依法受到保护。而至于如何在法律和技术上进行保护，提供什么样的保护，则需要摸索和探讨。

（资料来源：《中国知识产权报》　作者：衣朋华）

【移动互联网视频版权保护研讨会召开】 2015年7月20日，移动互联网视频版权保护与行业规范研讨会在京举行。来自主管部门、行业组织、业内企业的50多名代表，共同研讨了移动互联网视频侵权盗版的形态、状况和维权碰到的问题，探索建立移动互联网视频侵权盗版新形态下有效打击和正版保护的长效机制。央视网、搜狐视频等各主要网络视频权利人代表表示积极支持行业正版联盟自律和规范版权秩序，配合主管部门整治和打击APP视频侵权盗版。360手机助手、小米商店等各大移动应用程序商店的代表表示：一方面建立长效机制，在上架和下载的重要环节加强视频APP的监管和重点作品版权预警保护；另一方面通过引导用户下载正版，倒逼视频APP诚信守法，传播正版。

会议由全国手机媒体委员会、中国APP移动应用正版联盟、中移指数大数据移动互联研究院主办，央视网联办，搜狐视频、腾讯视频、优酷土豆等协办。

（资料来源：《中国新闻出版广电报》
作者：李子木）

【三维版权交易大会暨产权保护论坛在沪举行】 2015年9月22日，由上海市松江区知识产权局和漕河泾松江新兴产业园共同支持的三维版权交易大会暨产权保护论坛举行。上海市知识产权局副局长朱启高，松江区副区长陈宇剑，松江区科委主任、松江区知识产权局局长沈全云出席论坛并致辞。来自国内外3D打印行业与法律界的上百位专家、学者齐聚一堂，共同交流3D打印版权发展之路。

论坛上，与会专家就探索3D打印版权交易的模式和知识产权保护等方面进行充分探讨。美国南加州大学设计学院院长 Hernan Diaz Alonso 教授介绍了美国在数字设计和3D打印数据保护方面的现状；华东政法大学知识产权学院院长何敏教授介绍了3D打印版权交易的方式方法等。

（资料来源：上海市松江区知识产权局网站）

【首届版权合作与交易大会在杭召开】 2015年10月16日，首届版权合作与交易大会在杭州白马湖建国大饭店召开。来自全国各地的业内人士共同探讨“互联网＋”大潮下中国文化版权交流、合作的方式，促成文化版权项目的展示、交易，致力培育文化IP（知识产权）开发的理想生态，优化整合业界创新资源，实现IP衍生及价值的可持续发展，开启中国版权交易的“杭州时代”。

大会特别开设了圆桌对话环节，围绕时下最热门的“影视IP开发的国际视野”“传统IP的开发与新生”“热点网文的IP开发之路”等主题，特别邀请了《三体》《大圣归来》和《择天记》的创作单位到现场分享经验。对于当下的IP话题，各路精英进行了深入、广泛的讨论。北京启泰文化发展集团董事长杨硕就认为，文化产业所带来的衍生经济是非常巨大的，其比例可达1∶11。“比如伦敦西区戏剧每年吸引那么多来自世界各国的观众，其对当地旅游、餐饮等经济影响是不可估量的。”

大会还专门设立了IP交易的拍卖环节，有10个当下热门的IP作品参与角逐，总成交额达1.15亿元。

大会由杭报集团、杭州文博会组委办主办，杭州文化产权交易所、北京精典博维文化传媒有限公司承办。

（资料来源：《杭州日报》
作者：孙　磊　凌　怡）

【第一届互联网法治大会在京举行】 2015年10月24日，由清华大学法学院、中国互联网协会联合主办的第一届互联网法治大会在北京举行。与会专家分别就互联网立法、互联网知识产权保护、互联网金融的法律问题等多方面议题进行了深入的交流和探讨。

与会专家表示，传统的保护手段与措施遭遇网络技术和新侵权方式的挑战，互联网环境下知识产权法律保护的研究与立法也凸显出重要性与急迫性。

来自中央国家机关、政府机关和行业主管机构的互联网法律专家，各知名法学研究院所的专家学者，全国各律师事务所及来自互联网领域、金融机构和投资机构的专业人士150余人参加了此次大会。

（资料来源：《中国知识产权报》　作者：李　铎）

【国际版权创新服务峰会暨2015中国民族文化版权保护与运营研讨会举办】　2015年10月30日，国际版权创新服务峰会暨2015中国民族文化版权保护与运营研讨会在京举行。民族文化专家、非物质文化遗产知名人士、优秀民族创意产业企业代表齐聚一堂，深入探讨了民族特色文化版权保护、运营以及传承和发展的新理念、新模式。

研讨会期间，中国版权保护中心与北京市顺义区人民政府就共同建设“民族特色文化版权保护与展示交易中心”举行了签约仪式。该中心建成之后将每年征集民族特色文化原创作品1万件，培育转化输出文化项目百余项，并成为“全国民族文化创作大赛”的根据地。

本次研讨会以“新丝路·民族文化复兴中国梦”为主题，来自中国版权中心、中华版权代理中心、北京文化创意产业办公室以及云南、西藏、贵州等地民族文化学者和优秀创意产业企业代表等200余人出席会议。

本次研讨会由中国版权保护中心、中国国际贸易促进委员会北京市分会和北京市顺义区人民政府主办，新华社手机电视台、中共顺义区委宣传部协办，北京顺义绿色生态产业功能区管理委员会、北京顺义生态旅游集团、北京华彩创佳文化传播有限公司、北京艺威木业有限责任公司、尚8文化集团、中华版权代理中心衍生品事业部、首都文化企业家俱乐部承办。

（资料来源：人民网）

【全国“互联网＋”与新媒体的法律规制研讨会举办】　2015年11月7日，全国“互联网＋”与新媒体的法律规制研讨会在湖北武汉召开。来自高校和媒体的50多名专家学者就网络转载的版权保护、个人隐私权保护等问题展开深入研讨。

与会专家在研讨中提出，虽然新闻传播渠道、传统媒体纸媒地位和新闻文本发生了巨大变化，但受众对精准、权威、深度信息的依赖性愈来愈强烈。传媒业的规制是为了让人们更喜欢、更接近、更享受新媒体，也是为了让新媒体充满活力，适应新技术的发展。因此，在数据经济繁荣的背景下，互联网企业应利用市场优势，积极作为，但在此过程中应严格遵守传播秩序、版权规范。与此同时，传统媒体和新兴媒体应加强合作，共同推动信息传播，服务社会发展。

会议由中南财经政法大学与检察日报社联合举办。

（资料来源：《中国新闻出版广电报》
作者：汤广花　刘佳宇　刘　菲）

【第八届中国版权年会——保护新闻作品版权论坛在京举行】　2015年12月3日，第八届中国版权年会——保护新闻作品版权论坛在京举办。论坛围绕依法保护新闻作品版权发展展开深入研讨，提出新媒体时代的新闻作品版权保护是媒体机构强基固本的长期工程，新闻行业应联手共同推进新闻作品版权保护，促进新闻传播事业繁荣发展。

新华社社长蔡名照在论坛上发表主旨演讲指出，当前，新闻媒体正在深入推进融合发展，无论是传统媒体还是新兴媒体，原创内容都是核心资源，新闻作品版权是媒体的核心资产。目前，各种侵犯新闻作品版权行为层出不穷，从私自转载转引、不署作品来源，到对原文改头换面、拼凑嫁接、断章取义，这些问题已成顽疾。保护新闻作品版权是一项涉及多方的长期性、系统性工程。由于多方面原因，新闻作品版权的维权成本较高，跟踪打击侵权行为的技术手段不够完善，新闻作品版权授权定价机制尚未完全建立。为此，他提出五点倡议：加强新闻作品版权保护宣传力度，依法加强对新闻作品版权保护力度，进一步发挥行业组织作用，强化新闻媒体行业自律，研究解决传媒技术发展带来的新挑战新问题。

国家新闻出版广电总局副局长、国家版权局副局长阎晓宏表示，国家版权局将继续加大对网络转载的监控和执法力度，积极发挥行业组织和中介机构的作用，形成有利于维权也有利于传播的高效、低成本的授权机制。

中央电视台副总编辑张宁建议，我国《著作权法》当中关于时事新闻版权保护条文需要进一步明确，新闻部门、新闻单位应联合起来形成协同联动的维权机制，加强主动维权意识，共同打击侵权行动。

中国传媒大学网络法与知识产权法研究中心主任王四新、中国人民大学法学院教授金海军、中国人民大学新闻学院教授宋建武、《光明日报》法律顾问黄晓、人民网法务主管滕力、新浪网战略合作部总经理乔宇等，分别从用技术手段解决版权保护、移动互联时代新闻作品如何进行保护、设置必要规则保护数据库版权、新媒体时代新闻作品版权保护需要解决的问题、如何更好地维权、加强行业自律与行业合作等角度发表了看法。

此次论坛由新华社、国家版权局指导，中国版权协会、新华社新闻研究所共同主办，旨在促使新闻媒体在加强新闻版权保护方面达成更多共识，增强新闻作品权利人、传播者和使用者的版权意识。

（资料来源：新华网北京　作者：史竞男）

【“互联网＋”知识产权专题研讨班长沙开班】 2015 年 12 月 10 日，由中国知识产权研究会和湖南省知识产权局联合主办的“互联网＋”知识产权专题研讨班在长沙开班，来自理论与实务界的专家们共同探讨“互联网＋”时代知识产权发展与保护。

本次专题研讨班紧贴“互联网＋”的大潮直面挑战，围绕知识产权强国战略、知识产权管理和运营等话题展开了充分对话和交流。阿里巴巴集团高级法务陈文煊介绍了阿里巴巴对知识产权的保护实践，也提出了实际操作中的挑战和困惑。陈文煊说，电子商务平台里滥用知识产权的现象非常突出，投诉的准确率只有 50％多。比如盗用了别人的产品图取得知识产权后，反过来投诉别人；或者对通用名称抢注，再投诉全行业；或者对早已生产和投入使用的商品申请专利，如某汽车后备箱垫专利投诉涉及店铺达 7 000 余家，商品 36 万件，对商家造成很大影响。电子商务平台不仅要保护知识产权，也要防止滥用知识产权，希望能完善相关法律规定。

（资料来源：《湖南日报》
作者：胡宇芬　潘金平）

◆ 社会管理与服务

【湖北作品登记数量再创新高】 2014 年，湖北省作品登记在 2013 年首次突破千件的基础上再创新高，达到 2 015 件，比上年度增长近 80％。

湖北省版权保护中心一直把完善版权公共服务体系、提升版权公共服务质量作为工作重点，通过采取多项举措，扩大作品登记覆盖面，保证了登记数量的稳步增长。一是简化办事程序，对作品自愿登记等版权公共服务流程进行了优化再造，承诺办理期限比法定期限缩短一半以上，并为老年人、残疾人等特殊群体开辟“绿色通道”，全年实现了零投诉和群众满意度 100％的目标；二是拓展登记平台，在湖北省版权局和华中国家版权交易中心网站开设著作权登记专栏，提供在线咨询、表格下载和网上预审等服务，并在相关行业协会和知识产权代办机构设立登记代办点；三是创新服务方式，积极开展作品登记进高校、进企业、进重点人群宣传服务活动，向广大作家、艺术家和版权产业单位提供集登记、交易、维权代理等于一体的全方位版权服务。同时，湖北省版权保护中心还利用武汉市著作权登记资助政策出台的契机，加大宣传力度，强化版权服务，着力在全社会营造鼓励创作、尊重版权的良好氛围。

在数量增加的同时，该省作品登记质量比往年也有较大提高，武汉城市形象标志、大型动画片《中华鲟历险记》、中国作协重点扶持项目《倾城》等一批有影响力的作品都在版权保护中心进行了版权登记。

（资料来源：《中国新闻出版报》　作者：鄂　菊）

【中国网络正版音乐促进联盟成立】 2015 年 1 月 29 日，中国网络正版音乐促进联盟在京成立。国家版权局版权管理司版权执法处处长赵杰和北京市版权局副局长王野霏等与会支持，酷我公司总裁史力学、腾讯公司副总裁彭迦信、词曲作家李海鹰等人参加了此次联盟成立大会。

会上发布了《中国网络正版音乐促进联盟自律公约》和《中国网络正版音乐促进联盟反盗版宣言》。另外，与会代表就网络正版音乐产业发展现状与前景、中国网络音乐版权保护展开了对话。

在网络音乐全面走向正版化、国家主管部门将音乐领域列入新一年版权执法重点之际，中国网络正版音乐促进联盟，这个由网络音乐行业自发推动成立的行业自律组织应运而生。

中国网络正版音乐促进联盟由著作权集体管理组织、海内外知名唱片公司、国内领先音乐平台和音乐领域其他相关组织、音乐人等自愿组成。该联盟旨在探讨中国网络音乐版权保护方案，维护相关权益人的合法权益，推动网络音乐版权产业发展。首批参与成员包括中国音乐著作权协会、酷狗公司、腾讯公司、词曲作家李海鹰、“筷子兄弟”王太利等近 30 家国内机构和音乐从业人士。据了解，未来凡接受联盟自律公约的音乐作品权利人和音乐平台，均可以申请加入，成为联盟会员。

《自律公约》共 12 条，倡导音乐产业上下游企业形成有效的自律机制。例如第 6 条规定，建立健全企业内部自查制度，对未经授权和版权信息不清的内容，应采取下线、断开等措施。第 7 条规定，公约成员发现联盟内网站中存在未经授权内容时，及时通知对方，经查实后承诺及时删除、断开或屏蔽相关侵权内容。《反盗版宣言》中提到，联盟致力于通过法律等手段打击侵犯音乐版权的行为，并呼吁行政执法部门加大对于盗版行为的打击力度。

赵杰称，国家版权局将联合有关部门继续开展第11次“剑网行动”，利用刚刚建成的平台的技术手段进行监测；探索把音乐、文学网站、APP新型传播手段纳入版权重点监管的范围，并鼓励社会的参与，发挥权利人行业协会在打击侵权盗版中的积极作用。

（资料来源：经济观察网　作者：崔丽蒙）

【武汉打造中部地区版权产业高地】 2015年1月，华中国家版权交易中心与苏州千知艺术品有限公司、长江文化产业集团有限公司在武汉共同签订三方投资协议。三方将共同打造国家级版权交易服务平台，促进优秀作品的创作和传播。

根据协议，华中国家版权交易中心将与苏州千知公司、长江文化产业集团分别在武汉和苏州设立文化艺术品交易公司。新公司将充分发挥华中国家版权交易中心品牌效应，整合内容资源、渠道资源，开展各类文化艺术品权益拆分和类证券化运作，引领版权产业朝着专业化、国际化、可持续化方向发展，打造中部地区乃至全国版权产业高地。

（资料来源：中国新闻出版网　作者：鄂　菊）

【谷建芬等音乐人成立著作权代理机构】 2015年2月3日华乐成盟在京举办媒体见面会。三宝、小柯等发起人现场助阵。华乐成盟由谷建芬、乔羽、三宝、小柯、刘欢、崔健、高晓松等海内外华语音乐知名词曲作者于2014年9月发起设立，是我国第一家真正由音乐人自发成立的著作权代理机构。

华乐成盟为广大词曲作者服务，成立5个月来，已经代理上千首音乐词曲作品的著作权。小柯表示：“华乐成盟是做音乐人的代理人，如果你是音乐人，而你也不知道自己的版权在哪里，也不知道该从谁那里得到钱，可以委托给我们梳理你所有作品在哪里、应该拿到多少。哪怕只有几百或者几十元，这也是你应该拿的。”

小柯表示，华乐成盟的成立，与音著协不冲突，“我们是帮助音著协来解决一些它们来不及解决、不擅长解决，甚至是没有条件和人力去解决的问题。我们是一种合作关系，当然某些层面上的确可能会触碰到它们本身的一些东西，但是这种触碰是没有办法的。尽量是在相互之间的合作基础上面运作”。

为了保证华乐成盟的纯粹性，发起人每人出资10万元，“我们要保证这家公司的纯粹性，就是一个音乐人自己花钱成立的很纯粹的组织”。

（资料来源：《京华时报》　作者：侯　艳）

【京版十五社反盗版联盟工作年会召开】 2015年2月15日，京版十五社反盗版联盟2014年工作年会召开。“据不完全统计，2014年京版十五社反盗版联盟各成员单位配合各地执法部门处理各类侵权盗版案件139起。”京版十五社反盗版联盟秘书长、外语教学与研究出版社法律部主任李晶谈道。这次会议还通过了中国金融出版社加入联盟的决定。至此，联盟成员增至32个。

2014年联盟各成员单位配合执法部门共查获藏匿盗版窝点65个，查处销售盗版制品门店105家、盗印企业15家、使用盗版教材的各级各类学校24所，查抄校园周边复印店7家，收缴盗版图书、音像制品合计423万余册（盘），涉案码洋9 947.4万余元，追究刑事责任31人；行程遍及我国的20个省（区、市）的67个地、县。其中，联盟成员单位配合广州执法部门查处的“3·24”网络批销盗版图书案，是网络侵权盗版与传统侵权盗版相结合的新型案件、典型案件，入选“剑网2014”专项行动十大案件。

为了更有效地遏制网络侵权盗版行为，联盟在2014年还携手京东商城召开了“出版业如何在新消法的实施下做好反盗版工作”研讨会，呼吁借新《消费者权益保护法》颁布之际，权利人和电商平台进行合作，努力建立版权保护的预警机制，开通侵权投诉的绿色通道，以应对侵权形式多样化的态势。由于联盟很早就与淘宝网进行了打击盗版的合作，因此在网络侵权治理方面积累了一些经验。2014年联盟共促成淘宝网删除侵权链接9 672条，并永久关店993家；促成拍拍网删除侵权链接728条；促成新浪爱问删除侵权链接115条；促成百度文库、豆丁网、道客巴巴等删除侵权链接188条；处理网盘侵权投诉360条；处理苹果、安卓手机软件侵权投诉274条；通过诉讼及发函的方式处理侵权网站26家。

面对千变万化的网络侵权，联盟成员认为，2015年，联盟在打击网络侵权盗版这场战役中，必须依据互联网本身的特点，积极运用互联网思维，不断开拓跨界融合与合作。联盟应努力建立权利人、侵权人以及其他网络各方零距离和网络化的协作沟通平台，建立防止侵权行为发生的预警机制，促成在第一时间发现侵权行为的响应机制，快、准、稳地整治网络侵权行为。只有跨界合作才能真正实现多方利益在维权与治理中的平衡，兼顾各方权益和谐有序的发展，进而走上驱散中国网络盗版雾霾的新征程。除此之外，线下的维权依然不能松劲，2015 年联盟将陆续开展教材教辅、考试类书籍和高校周边复印店清查等三大专项行动，以此来规范出版物市场的有序发展。

（资料来源：《中国新闻出版报》　作者：邹　韧）

【八大互联网平台共同发布《保护原创版权声明》】 2015 年 3 月 15 日，今日头条等八家互联网平台共同发布了《保护原创版权声明》，旨在抵制抄袭盗版，保护内容消费者权益。

在 2 月 1 日新华社连发三文批微信平台抄袭后，众多原创者及原创平台积极响应，微信平台随后也推出"原创声明"等"零容忍"举措打击抄袭，然而随着盗版技术升级、抄袭手段更加隐蔽，蔓延在互联网的抄袭盗版之风并未得到有效遏制。

该联署行动由新媒体排行榜组织发起，联署者包括百度百家、凤凰新闻客户端、今日头条、搜狐新闻客户端、网易新闻客户端、微博、一点资讯等多家知名互联网平台，各方希冀通过共同约束，呼吁保护此前一直被忽视的内容消费者权益。

声明联署各方一致认为，在国际消费者协会所维护的消费者八项权益中，便有"消费者享有可持续发展及健康的环境的权利"。因此涉及市场环境维护的相关部门和平台机构都有义务和责任推动和维护平台的健康发展。各方将以声明为基础，进一步共同作为扭转抄袭者"收益高风险低"的局面，改善赖以为生的用户的权益，在推动社会诚信进步的同时，也期待着立法及执法保障的跟进落实。

（资料来源：新华网　作者：魏　骅）

【我国 2014 年软件著作权登记量首破 20 万件】 2015 年 4 月 8 日，由中国版权保护中心组织编撰的《2014 年中国软件著作权登记情况分析报告》在京发布。《报告》显示，2014 年我国软件著作权登记 218 783 件，登记量首次突破 20 万件大关，再创历史新高。其中，APP 软件登记 30 742 件，较 2013 年增加 20 120 件，同比增长 189.42%，成为增速最快的热点软件类别之一。

我国软件著作权年登记量用了 20 年时间达到 10 万件，而从 10 万件增长到 20 万件仅用了 3 年时间，这表明我国软件登记量正处于高速增长期。2014 年软件著作权登记量位列全国前五位的地区依次为：北京、广东、上海、江苏和浙江，与上一年度相同。

《报告》显示，2014 年我国登记的软件主要有基础软件、中间件、应用软件和嵌入式软件四类。其中，应用软件登记量为 157 220 件，约占全国登记总量的 71.86%，是我国软件研发的主要产品类型。而以 APP、物联网、嵌入式、地理信息等为代表的热点领域软件登记量在 2014 年均呈现出了不同程度的快速增长。《报告》还显示，企业仍然是我国软件登记的绝对主体，大专院校和科研院所的软件研发创新能力十分突出。《报告》还首次对我国软件登记量排名前 100 位的企业进行了统计分析，前 100 位企业共登记软件 6 467 件，约占企业登记软件总量的 3.75%。中国电信股份有限公司全年登记软件 526 件，高居登记量榜首。

（资料来源：《中国新闻出版报》　作者：方　圆）

【中国版权协会与北京印刷学院签约合作】 2015 年 4 月 17 日，中国版权协会与北京印刷学院战略合作协议签字仪式在北京印刷学院举行，国家新闻出版广电总局副局长、国家版权局副局长、中国版权协会理事长阎晓宏出席签字仪式并致辞。

阎晓宏在致辞中指出，中国版权协会与北京印刷学院举行战略合作协议签字仪式，不仅标志着双方的合作进入了实质性推进阶段，也标志着高等院校与行业协会在版权保护领域开展协同创新、培养版权人才、发挥版权在文化产业发展中的作用上取得了新的突破。双方深度合作将为加快版权领域产业化发展、专业人才培养、技术进步提供新思路、新方式。

阎晓宏强调，版权工作需要社会发挥各方面的力量，版权事业、产业的发展，需要解决一些重大理论和实践问题。互联网环境下产品生产、传播的方式发生变化，著作权授权方式、法律制修订等方面出现新问题、新挑战。中国版权协会、北京印刷学院达成的战略合作，将借助各自优势，发挥专业团体、研究机构的作用，通过承担国家重大课题，在国家版权局的指导下，根据广大协会会员单位的诉求，开展有意义的探索，通过产学研结合共同促成问题的解决。他希望未来中国版权协会、北京印刷学院，在版权管理、人才培养、社会宣传等方面加强合作，共同为版权事业的发展发挥积极的推动作用。

根据战略合作框架协议，中国版权协会与北京印刷学院将在版权人才培养、版权保护研究、版权宣传教育、版权国际交流等方面开展深度合作。中国版权协会成为北京印刷学院版权人才培养基地，中国版权协会版权研究中心落户北京印刷学院并挂牌成立。

北京印刷学院党委书记刘超美、校长王永生，中国版权协会常务副理事长王国庆，国家版权局版权管理司副司长段玉萍、李承武等参加签字仪式。北京印刷学院副校长许文才主持签字仪式。

（资料来源：《中国新闻出版报》 作者：李明远）

【江西省版权公共服务平台上线】 2015年4月19日，江西省版权公共服务平台上线启动。平台启动后，版权人通过电脑或移动客户端，足不出户，即可完成作品登记全部过程，登记认证后直接取得著作权登记证书。

平台旨在推动版权的创造、运用、保护和管理，是迄今全国为数不多的集版权登记、合同备案、版权交易、版权监管、证据保全等功能于一体的大型综合性版权公共服务平台。

平台由版权公共服务门户网站、版权登记系统、版权交易系统、版权综合保护系统等核心部分构成。平台的上线标志着省内版权登记工作将彻底摆脱以往现场申请的烦琐程序，使登记用户少跑甚至不跑现场，实现方便快捷的远程在线登记和审核流程。

平台还具备两大功能。一是通过线上线下交易系统全面连接创作者、传播者、使用者、消费者和版权运营商，贯通创意、投资、制作、发行以及衍生品开发等版权产业链各环节，实现版权资产的有效开发和增值；二是通过建立全省统一的版权数据库，逐步实现与中国版权保护中心及兄弟省份数据库联网，可以为查处侵权盗版案件、加强版权监管提供坚强后盾和有效保障。

（资料来源：新华网南昌 作者：袁慧晶）

【中国国际影视版权监测维权联盟成立】 2015年4月22日，中国国际影视版权监测维权联盟成立，中国国际数字知识产权监测维权平台（426so平台）正式上线。

中国国际影视版权监测维权联盟的主要任务是依托426so平台，联合有关影视版权人、影视制作机构、维权组织和法律服务机构，共同打击网络影视版权侵权盗版行为，监测和遏制网络盗版、盗链、超授权范围使用等侵权行为。在“联盟＋平台”的合作机制下，更高效地打击网络盗版侵权。

（资料来源：《北京商报》
作者：卢 扬 陈丽君）

【全国版权示范城市联盟在青岛揭牌】 2015年4月29日，全国版权示范城市联盟成立大会在青岛举行。国家新闻出版广电总局（国家版权局）副局长阎晓宏、山东省副省长季缃绮共同为全国版权示范城市联盟揭牌。

阎晓宏强调，创新是推动一个国家和民族向前发展的重要力量，也是推动整个人类社会向前发展的重要力量。全国版权示范城市在鼓励创新、加强版权保护以及推动版权创意产业发展方面走在了全国的前列，值得学习借鉴。他要求各版权示范城市，要抢抓机遇，营造版权产业发展良好氛围；整合资源，打造版权保护与发展的良好平台；加强区域和行业自律，形成联盟效应。并希望联盟要坚持“加强版权保护、实现资源共享、促进互利共赢、推动版权事业发展”的宗旨，由浅入深、循序渐进，办实事、求实效，共同受益，实现共赢。

青岛市文化市场行政执法局代表八个全国版权示范城市发出了《全国版权示范城市联盟倡议书》，倡议各版权示范城市加强版权工作的沟通交流，强化版权保护与推动版权创意产业发展工作的协作，发挥典型示范作用，带动全国版权工作不断取得新突破。杭州、成都、青岛、苏州、昆山、广州、厦门、张家港等全国版权示范城市代表共同签署了《全国版权示范城市联盟合作协议》。

国家版权局版权管理司司长于慈珂，国家版权局版权管理司副司长段玉萍，山东省政府副秘书长李娥，山东省新闻出版广电局（版权局）副局长钟华，青岛市委常委、宣传部部长胡绍军等出席成立大会。

（资料来源：《中国新闻出版报》 作者：邹 韧）

【东北亚版权创意精品展示交易会在青岛开幕】 2016年4月30日，第二届“中国青岛·东北亚版权创意精品展示交易会暨正版优秀图书展”（以下简称“版交会与书展”）在青岛国际会展中心开幕。

第二届“版交会与书展”在国家新闻出版广电总局（版权局）和山东省人民政府的指导下，由中国版权协会、山东省新闻出版广电局（版权局）和青岛市人民政府共同主办，山东省版权协会、青岛市文化市场行政执法局、青岛出版集团、青岛国际版权交易中心（东、西区）等单位具体承办，青岛市版权保护协会、青岛动漫创意产业协会、青岛科技大学传播与动漫学院、橡胶谷（集团）有限公司、青岛凤凰世纪传媒有限公司、青岛中视资讯有限公司、青岛海雅文化传媒有限公司等协办。

第二届“版交会与书展”以“版权创造财富、

创意成就梦想”为主题，设新闻出版创意展区（含正版优秀图书展销区）、影视音乐与艺术美术展区、动漫游戏创意展区、工业设计创意展区、全国版权示范城市创意展区、韩国馆。经筛选认定，本届展会主要展区共签约中高端版权创意属性的参展企业300余家，包括韩国KBS广播电视台、日本昭和、美国参数、欧特克、西门子、迪士尼、二十世纪福克斯、尼克动漫、丘比龙动画、世界动画协会、国际唱片业协会、金山、中望、小米等，展位面积约3万平方米，预计参展商人数超过4 000人。

（《中国版权年鉴》编辑部综合）

【中美电影协会联合百度发起网络视频版权保护倡议】 2015年4月30日，在第二届青岛·东北亚国际版权创意精品展示交易会上，中国电影著作权协会、中国电影发行放映协会、中国电影制片人协会，以及美国电影协会（MPA）等携手百度、阿里巴巴、优酷土豆、爱奇艺、搜狐视频、乐视网等国内互联网及网络视频行业领军企业，联合发出“净化网络空间·促进网络视频行业健康发展”倡议书，针对网络视频盗版出现的新形势和新问题，为视频产业健康发展再度集体呼吁，并提出了多项版权保护的联合倡议和行业自律行为准则。

倡议书共提出了5项呼吁和倡导，其中包括互联网企业从版权保护的角度，规范用户对网络存储空间的使用；互联网企业所属的广告联盟支持正版视频网站的经营，停止向盗版视频网站投放广告；引导互联网企业对其运营的电子商务平台上机顶盒的销售加大监督巡查力度，对于未经国家有关部门批准、备案而生产、销售的机顶盒予以下架处理；互联网企业在其运营的搜索引擎服务中，对于未经国家有关部门批准、备案而生产、销售的机顶盒，取消搜索结果和产品推广资格；发起倡议的互联网企业将根据各自业务范围，在上述相关业务领域率先垂范，并倡导全行业在版权保护领域的自律。

（资料来源：环球网科技频道）

【河北石家庄设立首批版权服务站】 2015年5月，河北省石家庄市版权局在全市设立了第一批24家版权服务站，这些服务站在获得授牌的同时也接受了业务培训，现已正式面向社会开展著作权登记业务。此举旨在构建石家庄市版权公共服务体系，打造作品登记绿色通道，大力提升公众版权意识。

这24家版权服务站在地域及行业上合理布局，市区所有的权利人都可以到任意一家服务站就近登记，最快20个工作日就可以拿到著作权登记证书。除此以外，版权服务站还将在石家庄市版权局的指导下，依照工作职责，根据自身条件和优势，有计划地开展版权相关知识的宣传和普及工作，以及版权业务培训、统计、调研等工作，协助企业、院校、科研单位建立版权管理制度，提升版权创造能力。

（资料来源：《中国新闻出版报》 作者：石 菊）

【江苏连云港登记非物质文化作品著作权】 2015年5月，江苏省连云港市组织开展全市非物质文化作品著作权专项集中登记工作。此次集中登记对象为连云港市各级非物质文化遗产保护单位及传承人，登记范围包括文字作品（民间文学）、口述作品（方言、故事传说）、音乐作品（传统音乐）、戏剧作品（戏曲剧本、特制服装道具）、曲艺作品（快板书等形式的传统曲艺）、杂技艺术作品（传统体育与杂技）、美术作品、舞蹈作品等。

此次集中登记时间是5—10月，活动旨在推广普及著作权作品在线登记，提高非物质文化传承基地及传承人作品的版权保护意识，切实维护其自身利益和权益。此次专项登记活动后，连云港市版权管理部门将继续做好非物质文化作品登记相关工作，力争实现非物质文化作品著作权登记保护工作的常态化。

（资料来源：《中国新闻出版报》 作者：苏 汶）

【海峡国家版权交易中心在厦门成立】 2015年6月11日，海峡国家版权交易中心有限公司揭牌成立仪式在厦门举行。国家版权局副局长阎晓宏、福建省副省长李红共同为海峡国家版权交易中心有限公司成立揭牌。

2013年6月，国家版权局批复福建省政府，同意在福建省设立国家海峡版权交易中心。经过一个时期的积极筹备，国家海峡版权交易中心的实体运营公司——海峡国家版权交易中心有限公司已通过工商注册登记。该公司是由厦门文广传媒集团有限公司牵头发起，与厦门市美亚柏科信息股份有限公司、厦门维信投资有限公司、厦门外图集团有限公司、建信信托有限责任公司共同投资设立。公司按照股东资源优势互补原则配置，旨在充分发挥股东各自在传统出版、云服务及数字知识产权保护等技术、文化投资、版权进出口代理及交易、金融服务等领域的优势资源，实现“科技＋文化＋金融”的融合发展。

该公司计划围绕“海峡两岸”这一战略定位，搭建集版权确权、代理登记、展示、交易、保护、投融资、产业化运营为一体的全产业链高端服务平台，实现资金融通、在线支付和信息中介等互联网金融服务，拓展供应链金融等业务，打造海峡两岸版权交易与贸易平台、海峡两岸文化创意数字出版孵化基地，推动版权资源的优化整合以实现版权资源价值最大化。

（资料来源：《中国新闻出版报》 作者：邹 韧）

【“徐州市版权工作站”在徐州软件园挂牌成立】 2015年6月19日，“徐州市版权工作站”在徐州软件园正式挂牌。该工作站重点为园区企业提供专利申请代理、专利信息检索、知识产权政策培训、专利战略制定等相关服务工作，帮助园区企业提高专利创造、运用、保护及管理水平。

徐州市版权软件园工作站的成立，标志着软件园在推进知识产权工作方面迈出了新步伐，在推动科技创新方面取得了新成效，必将对全区经济转型发展产生积极的推动作用和示范效应。

（资料来源：徐州市政府门户网站）

【阎晓宏调研上海冠勇信息科技公司】 2015年8月20日，国家新闻出版广电总局副局长、国家版权局副局长阎晓宏在上海冠勇信息科技有限公司进行调研时表示，利用新技术手段对互联网作品实行版权监测，有利于整个版权市场的持续健康发展，政府部门应该对此进一步加强引导和扶持。

上海冠勇信息科技有限公司是由上海交大博士团队、上海交大技术转移中心和上海市大学生科技创业基金会共同创立的高新技术企业。公司成立于2011年，以版权内容为核心，依托海量音视频、图文内容搜索引擎技术、云计算、版权大数据可视化分析技术，为行业搭建了科学的版权监测保护体系。

阎晓宏在详细了解该公司的互联网版权监测技术，听取了公司负责人关于影视、音乐等六大类作品监测、版权分账发行、版权资产管理等平台的介绍后指出，软件、视频、音乐、文字等诸多领域都涉及版权问题，在互联网环境下，侵权案件众多，矛盾纷繁复杂，权责认定困难，应该更加充分地利用新的科技手段为版权管理服务。通过技术平台实现全作品、全平台、全时段的版权监测，不仅可以帮助版权企业掌握作品使用的准确信息，为权利人维权提供有力依据，同时也可以为版权管理部门的决策和执法提供帮助。

总局规划发展司司长朱伟峰、出版管理司副司长王然，上海市版权局副局长蔡纪万等陪同调研。

（资料来源：《中国新闻出版广电报》
作者：方 圆）

【宁波海曙区解决KTV著作权侵权纠纷】
2015年8月20日，宁波海曙区33家涉及版权纠纷的KTV全部完成与中国音像著作权集体管理协会的和解协议，这意味着海曙区在全市率先解决了辖区内娱乐场所KTV行业著作权侵权纠纷。这是海曙区在全市率先运用“执法＋协会”的模式，寻求KTV行业健康发展路径的成功案例。

2013—2015年，海曙区法院共受理了445件KTV著作权侵权纠纷案件，海曙区在2015年1月成立了由辖区全部33家涉及KTV的娱乐场所组成的娱乐行业协会，搭建平台调解纠纷。

海曙区娱乐行业协会成立后，立刻在文化市场行政执法大队的配合下，联合区法院，针对辖区内2014年被起诉的18家KTV以及收到律师函的13家娱乐场所，分组进行大量调查摸底和走访对接，开设QQ群和微信平台线上线下加强沟通，并通过座谈、著作权宣传、培训等形式，有针对性地提升KTV经营者的著作权意识，耐心引导，杜绝其对有偿使用的抵触情绪和侥幸心理。

这18家被起诉的KTV娱乐场所，除3家选择判决外，其余15家与曲库及著作权代理机构签订了KTV音乐作品使用权相关协议，达成了“一揽子”和解。同时，协会还会同版权公司对尚未被起诉的17家娱乐场所经营单位进行逐一核查和走访，完成了25家场所版权使用协议的签订，剩余几家娱乐场所也达成了不同程度的和解，提前解决了全区娱乐场所KTV行业著作权侵权纠纷。

通过“执法＋协会”模式，一方面经营户可以“抱团取暖”不再单打独斗，另一方面“执法＋协会”所做的大量工作，既补充完善了先行版权保护制度，同时又大大缩短了纠纷解决时间。通过调解避免了涉嫌侵权企业的民事赔偿、行政处罚和名誉损失，还降低了维权成本，有利于娱乐行业的规范和健康发展。

（资料来源：《宁波日报》
作者：陈朝霞 朱尹莹）

【电源行业启动软件正版化】 2015年9月22日，北京电源行业协会版权工作站（下称版权工作站）授牌仪式在京举行，同时启动北京电源行业软件正版化。

版权工作站成立后，计划分阶段逐步推进软件正版化：2015 年底前，组织会员企业开展软件正版化宣传、培训、部署等工作；2016 年底前，完成 30 家大型会员企业的正版化试点工作；2017 年上半年前，完成整个电源行业的软件正版化工作。

为此，版权工作站计划对会员企业的负责人和技术人员进行培训，讲解有关软件著作权、软件资产管理知识；在电源协会期刊、微信等网络平台上宣传会员企业软件正版化的有关政策，解答会员企业在正版化过程中遇到的各种问题；对尊重知识产权、使用正版软件成效显著的企业，北京市使用正版软件工作联席会议办公室将给予表彰，授予“使用正版软件示范单位”的称号等。另外，还将“使用正版软件”列入“信用体系”建设内容，并对尊重知识产权、信息化管理水较高的企业进行宣传、表彰等，从多个方面推进北京市电源行业的软件正版化。

（资料来源：《中国知识产权报》　作者：侯　伟）

【首届长沙网络版权作品大奖赛落幕】　2015 年 10 月 16 日，首届长沙“天心杯”网络版权作品大奖赛颁奖典礼在联合利国文化产权交易所举行。音乐作品《向前！我们的中国》、摄影作品《风雪回家路》获得金奖。

本次大赛由湖南日报报业集团、长沙市知识产权局、长沙天心文化产业园、联合利国文化产权交易所联合主办，以“尊重知识、净化网络、保护创新、保护版权”为主题，是湖南首个以版权为核心要素的赛事。大赛共征集到网络音乐、摄影、公益广告、工业设计、网络文学 5 大类原创作品 2 092 件，最终有 83 件作品获奖。其中，雷广宇创作、王萍演唱的音乐作品《向前！我们的中国》，佟飞的摄影作品《风雪回家路》获得金奖，另有 7 件作品获得银奖，11 件作品获得铜奖。

大赛涌现出一大批优秀的本土原创作者，在第一阶段的网络征集和投票环节，他们的作品得到了数十万次的点击和传播。颁奖典礼上，组委会宣布，除了名次和奖金，所有参赛作品都免费予以版权登记，并将向全国重点新闻网站和主要商业网站推介获奖作品。

（资料来源：《湖南日报》　作者：李国斌）

【杭州网络作家协会成立】　2015 年 11 月 10 日，杭州市网络作家协会成立大会在杭召开，这是浙江省继宁波、衢州之后第三家成立的地市级网络作家协会。会议审议通过了杭州市网络作家协会第一次会员大会筹备工作报告和《杭州市网络作家协会章程》，选举产生了第一届理事会和主席团，其中不乏大家熟知的网络作家，例如张凤翔（管平潮）、李虎（天蚕土豆）、陈政华（烽火戏诸侯）等。而参加会议的大部分作家都在关注一个问题：协会能否解决网络作家作品的版权纠纷问题。

在 2014 年 1 月份成立的浙江省网络作家协会的协会章程第 15 条中，就明确写出了将保护网络文学作品的版权，保障网络文学工作者的合法权利。在 11 月 10 日的会议上，浙江省网络作家协会副主席、杭州市网络作家协会主席夏烈也提出了这点，“协会会积极为会员提供版权方面的法律咨询、权益保护，聘请专业律师作为协会法律顾问；不定期举行会员权益保护讲座和咨询会，印发相关权益保护手册；积极推动相关作家权益保护议案、提案，为净化中国版权环境，设立各项法律法规贡献力量”。

（资料来源：《青年时报》　作者：骆　阳）

【中国作协成立法律服务团为作家维权】　2015 年 12 月 3 日，中国作家协会作家法律服务团在中国现代文学馆揭牌成立。中国作协党组书记钱小芊，国家新闻出版广电总局副局长、国家版权局副局长阎晓宏出席仪式并讲话。

中国作家协会作家法律服务团是中国作协开展作家维权工作的法律服务团队，由个人成员和外聘律师事务所组成。个人成员包括北京大学知识产权学院常务副院长张平、中国社会科学院知识产权中心主任李明德等 6 位法律专家，以及张雪松、邓江华等 6 位执业律师。中伦律师事务所、金城同达律师事务所等 4 家单位为特约律师事务所。

钱小芊表示，成立作家法律服务团，是中国作协推动文学事业繁荣发展的重要举措，也是我国文学界和法律界的一次重要合作。中国作协一直以来高度重视维护作家的合法权益，多年来开展了一些有重大影响的维权行动，受到广大作家的信任与肯定。成立作家法律服务团是中国作协应形势的发展，对现有维权工作的拓展与延伸，是一种尝试与探索，也是新形势下中国作协对作家维权工作的一种鲜明态度。希望作家法律服务团成立后，能够充分发挥在作家维权工作中的重要作用，为作家提供解决维权纠纷的便利通道，为作家维权诉讼提供支持和帮助。

阎晓宏对中国作协成立作家法律服务团表示祝

贺。他说，作家法律服务团的成立将是中国作家维权历史上的重要事件，也将会推动中国作家在维权方面取得更好进展。随着互联网信息技术的发展，文学作品生产和传播方式不断变化，作家面临的版权保护等法律问题日益复杂，发现侵权难、法律诉讼难等问题日益突出。为了促进我国文化文学艺术事业健康发展，作家权益保护需要刻不容缓地提到日程上。国家版权局多年来把加强版权执法工作、维护市场秩序放在非常重要的位置。特别是互联网领域，未经授权使用作品的情况，目前已有所好转。中国作协成立作家法律服务团，对进一步激发广大作家的创作活力，推动摄影、音乐、书法、美术等多个领域整体版权保护水平提高有着重要示范意义。在党和国家各部门高度重视版权保护工作的背景下，国家版权局将加强与中国作协的沟通与联系，从为作家提供法律服务、有力推进行政管理两方面进一步做好工作，帮助作家维权。

中国法学会副会长张文显，中国作协副主席张健、陈建功、张抗抗，中国作协主席团委员张胜友，北京市高级人民法院知识产权庭、中国作协作家权益保障委员会的代表以及鲁迅文学院第28届高级研讨班学员等法律界、文学界近百人出席仪式。中国作家协会书记处书记白庚胜主持仪式。

（资料来源：《中国新闻出版广电报》
作者：李明远）

【广西钦州百家计算机经销企业签署版权自律宣言】 2015年12月3日，广西钦州市打击非法预装计算机软件专项行动暨软件正版化培训班开班。钦州市政府使用正版软件工作领导小组各成员单位、市文化市场综合执法部门、计算机经销企业等60人参加。

在钦州市文新广电局的鼓励和引导下，钦州市钦州湾电脑有限公司等百家计算机经销企业向社会发出版权自律宣言。为维护版权及相关权利人的合法权益，促进计算机技术产业的健康发展，钦州市计算机经销企业将承担起相应的社会责任，认真遵守、宣传国家版权法律及相关政策，抵制侵权盗版行为。坚持先取得授权再使用软件的原则，不以任何方式安装未经版权人授权的软件，并禁止未经授权预装软件的非法行为。加强企业从业人员培训，教育引导从业人员守法经营，遵守行业职业道德准则，增强社会责任感。积极向客户宣传软件版权法律法规知识，向客户推介预装正版软件的品牌计算机，共同抵制非法预装软件行为。加强行业自律和团结协作，除了定期开展自查自纠，全面清查所售计算机的侵权盗版软件之外，时刻禁止恶意诉讼和不正当竞争行为。积极配合版权行政管理部门的日常监管和行政执法检查，自觉接受公众监督，维护良好的计算机软件版权保护秩序。

（资料来源：《钦州日报》 作者：李艳晔）

【"全国广播音频版权联盟"成立】 2015年12月3日，中央人民广播电台、中国国际广播电台和北京人民广播电台等全国28家广播媒体在成都共同倡议发起成立"全国广播音频版权联盟"。该联盟成立的宗旨为引导、敦促成员单位遵守国家法律，不销售、不使用、不传播盗版音频产品，不为违法盗版行为提供便利，不与存在盗版行为的行业主体进行合作；联盟还将协助各方版权权利人采取实际行动维护合法权益。

（资料来源：《京华时报》 作者：赵楠楠）

【深圳罗湖推进影视版权交易中心建设】 2015年12月8日，深圳罗湖区委书记贺海涛会见中视丰德影视版权有限公司总裁王建锋一行，双方就组建影视版权交易中心等事宜展开深入探讨。区委常委、宣传部部长刘石磊，副区长王萍出席会议。

会谈中，王建锋详细介绍了中视丰德重点业务开展情况，并就推进影视版权产业化战略提出了的整体构想。

贺海涛表示，罗湖区将持续支持版权交易中心建设，围绕影视版权产业的"产供销"环节，以交易为核心，努力打通"金融"与"产业"联动通道，为版权交易双方提供全产业链服务，为完善现有影视版权交易机制做出积极探索。对于中视丰德提出的办公场地、版权交易中心建设用地等问题，贺海涛做出了逐一回应，并要求有关单位密切跟进、协调解决。

中视丰德是国内首家影视版权运营商，在成功运营多部影视版权作品进入市场的基础上，一直在探讨推进全媒体渠道建设和以"贴牌生产"样式的工业化发展路径。2013年，罗湖区与中视丰德影视版权有限公司签署《影视版权产业化发展战略合作协议》，计划联手将罗湖区梧桐山艺术小镇打造成中国影视版权产业基地。按照《合作协议》，罗湖区将积极支持中视丰德打造中国影视版权产业基地，组建中国影视版权数据库，建立中国影视版权网上交易平台，组建影视版权担保公司，影视版权产业基金和影视版权交易所，并积极推进《影视版权登记条例》的立法调研，推进以影视版权质押为突破口的金融扶持政策。

（资料来源：网易娱乐）

【中国电影发行放映协会曝光严重违规影院】 2015 年 12 月 11 日，中国电影发行放映协会曝光了近期被举报的 6 家严重违规电影院名单，其中 2 家电影院偷漏瞒报分账电影票房、1 家电影院偷拍盗录分账影片《007：幽灵党》。

在此次被举报的 6 家严重违规电影院中，安徽芜湖南陵美华影院、河南郑州欢乐世界影城、四川成都嘉美影城 3 家电影院，在放映多部影片期间，不正确使用电脑售票系统，实际售票与电脑售票系统数据不符，偷瞒电影票房收入。内蒙古呼和浩特环球数字影院违规使用“双系统”售票，长期偷漏瞒报电影票房收入，截留票款。

此外，被举报的 2 家电影院涉及偷漏瞒报分账影片票房。辽宁沈阳苏家屯太平洋影城、河南周口淮阳星幻影城在放映分账影片期间，不正确使用电脑售票系统，实际售票与电脑售票系统数据不符，偷瞒电影票房收入。另在监察中还发现，河南周口淮阳星幻影城于 2015 年 11 月 13 日下午 2：15，在该影院 2 号厅发生偷拍盗录分账影片《007：幽灵党》的情况，造成该电影视频被非法传播。

（资料来源：《中国新闻出版广电报》
作者：李　彦）

【中国音像著作权集体管理协会举行第五次会员大会】 2015 年 12 月 21 日，中国音像著作权集体管理协会在京举行第五次会员大会。国家新闻出版广电总局副局长、国家版权局副局长阎晓宏出席换届大会并致辞。

阎晓宏代表国家版权局向大会表示祝贺。他说，成立于 2008 年的音集协是《著作权集体管理条例》颁布后国家版权局批准成立的第一家著作权集体管理组织，也是音像领域唯一的著作权集体管理组织。音集协自第一届理事会选举产生以来，在国家版权局领导支持下，在第一届理事长张振华的带领下，依照国家法律法规和《会员章程》规定的宗旨和任务，团结带领全国广大会员在艰难中起步，努力开拓并一步步成长壮大，在服务政府、行业和会员方面取得了很大成绩。其中包括建立和完善组织机构，制定规章制度，为协会的发展奠定良好的基础；建立正版曲库及配套信息管理系统，为音像著作权人和作品使用者以及社会公众之间搭建顺畅便利的桥梁；开创卡拉 OK 的集体管理模式，坚决打击侵权盗版行为，切实维护音像权利人的合法权益。这些工作为规范音像市场秩序，激发优秀音像作品创作，促进音像业的繁荣发展做出了重要贡献。

阎晓宏对换届后的音集协提出三点希望：一是坚持正确导向，努力服务中心工作；二是坚持依法办事，推动事业做大做强；三是规范内部管理，不断提高工作水平。他还强调，“十三五”规划为新一届理事会开展音像著作权管理工作提出新要求，希望新一届音集协领导班子牢记协会宗旨，团结带领全体会员，勇于担当，开拓进取，自觉肩负起繁荣和发展音像业的使命，为繁荣发展社会主义文化事业做出新的贡献。

大会以无记名投票方式选举产生了第二届理事会，王涛当选为理事长，邹建华当选为常务副理事长兼总干事，周建潮、宋柯、沈永革当选为副理事长。中国唱片总公司等 23 家单位及个人当选为第二届理事会理事。

会上，音集协第一届常务副理事长兼总干事王化鹏做工作报告，第一届副理事长周建潮做财务报告。大会审议通过了《第一届理事会工作报告》《第一届理事会财务审计报告》及《章程》修改等事项。大会闭幕后，新当选的第二届理事会召开第一次会议。邹建华对音集协的下一步工作做了规划与展望。

国家新闻出版广电总局人事司巡视员李潞、副巡视员贾铁鹏，版权管理司副司长段玉萍、政策法制司副司长高思，北京市新闻出版广电局副局长王野霏及来自全国的 100 余名会员参加会议。国际唱片业协会（IFPI）亚太区总裁洪伟典、中国音乐著作权协会副总干事刘平及中国音像与数字出版协会、中国文字著作权协会、中国摄影著作权协会、中国电影著作权协会、日本唱片协会北京代表处等代表到会祝贺。

（资料来源：《中国新闻出版广电报》
作者：赖名芳）

【中国电影文学学会第六届会员代表大会聚焦“编剧维权、编剧自律”】 2015 年 12 月 21 日，中国电影文学学会第六届会员代表大会在京召开，会议进行换届选举，推举诺贝尔文学奖得主莫言为名誉会长，王兴东连任中国电影文学学会会长。引人关注的是，台湾作家琼瑶申请加入中国电影文学学会获通过。

“编剧维权、编剧自律”是本次大会的主题。近年来，随着影视产业的深入发展，编剧被侵权的情况层出不穷。台湾作家琼瑶起诉大陆编剧于正等著作权侵权案目前已做出二审判决。此前，中国电影文学学会派出汪海林、余飞两位编剧帮助琼瑶维权，学会提供的剧本比对和专家辅助为案件的最终胜诉起到非常大的作用。

在此过程中，琼瑶感受到中国电影文学学会为编剧维权的热情和决心，此次特向学会发来入会申请书。琼瑶在申请书中写道："希望会议中，能够就我这次的案子为例，继续为原创编剧们努力。学会要捍卫编剧权益，保护原创，鼓励原创!"在现场，琼瑶加入中国电影文学学会的申请获得一致通过。

（资料来源：《中国新闻出版广电报》
作者：李　彦）

【首家残疾人成果版权中心成立】 2015年12月，北京市首个专门为残疾人提供版权服务的残疾人就业康复成果版权服务中心在东城区挂牌成立。截至12月中旬，已有4名残疾人领到了北京版权保护中心颁发的版权证书。

陶艺、串珠、贴画，看似普普通通的东西，却凝聚了残疾人的心血。在东直门街道温馨家园，教室里有不少残疾人制作的手工品，电脑里还有上千张残疾人拍摄的照片。东城区残疾人就业康复成果版权服务中心将用"版权"的方式让这些作品被更多人欣赏。

版权服务中心是由首都版权产业联盟、北京版权资源信息中心和东城区残联共同成立的，致力于为残疾人提供版权登记、版权认证、版权证书发放等版权服务。截至12月中旬，东直门街道已经有4名残疾人领到了版权证书，另外还有7名残疾人提交了版权登记申请，申请的作品涉及音乐、美术、摄影、模型、文字等多个类别。下一步，版权服务中心还计划搭建公共平台，对取得版权证书的残疾人作品进行公开展示和拍卖，在获得收益的同时，残疾人也能够感受到劳动的价值和尊严。

（资料来源：《北京日报》
作者：张　慧　巧　斐）

◆ 国际交流与合作

【阎晓宏应邀出访捷克加强出版版权合作】 当地时间2015年2月8—9日，中国国家新闻出版广电总局副局长、国家版权局副局长阎晓宏一行应邀出访捷克。其间，代表团访问了捷克文化部，与3家捷克著作权集体管理组织进行了工作会谈，并考察了捷克出版物零售市场情况。

在与捷克文化部第一副部长卡特莉娜·卡利斯托娃女士及捷克文化部国际司、版权司、艺术文学图书馆司等相关部门负责人会谈时，阎晓宏首先介绍了中国新闻出版业发展的基本情况及在版权立法、执法和著作权集体管理方面所取得的成绩。他表示，近年来，中国传统出版、印刷和发行服务业持续发展，数字出版和新媒体产业发展迅猛，取得了很多可喜的成绩。中国政府高度重视并正在积极推动实施中外经典图书互译工程，目前已与20多个国家签订了互译协定，与190多个国家建立了图书、版权交往。

在谈到版权问题时，阎晓宏强调，中国在版权领域起步较晚，但发展迅速，近年来中国的版权保护水平和版权产业发展都有了很大提升，中外企业的知识产权和智力成果在中国受到较好保护的同时，在商业上获得了很大成功，得到了国际社会的广泛认可。近年来，中捷双方在包括出版在内的文化交流越加频繁，希望通过本次来访，双方能够进一步增加了解、增进互信，推动中捷两国在新闻出版和版权领域双边合作联系机制的建立，促进中捷两国出版业和版权业的深入交流与合作。

捷方高度重视此次中国代表团的来访，在会谈中，捷方首先介绍了其出版、版权领域的基本情况，回顾了近年来中捷双方在文化领域的一些合作成果，并对中国在推动《视听表演北京条约》签署等国际版权事务方面所发挥的积极作用表示赞赏。

此外，中捷双方还就全民阅读、版权立法、著作权集体管理等方面的问题进行了广泛和深入的交流，并就签署"中捷经典图书互译出版项目"及捷方组织其出版机构参加北京国际图书博览会等事宜进行了磋商。

中国驻捷克大使马克卿会见了代表团一行。中国国家新闻出版广电总局（国家版权局）政策法制司司长王自强、印刷发行司司长王岩镔、版权管理司副司长汤兆志等陪同出访。

（资料来源：《中国新闻出版报》　作者：宗　合）

【第22届明斯克国际书展中国达成版权输出意向107项】 当地时间2015年2月15日，第22届白俄罗斯明斯克国际图书展销会落下帷幕。中国作为这届图书展销会主宾国在展会期间举办了丰富多彩的文化交流活动，成为这届展销会最大的亮点。由43家出版社组成的中国主宾国展团与来自世界各地的出版机构互通有无，共促合作。据初步统计，在整个展会期间，中国主宾国展团达成版权输出意向 107 项，达成协议 5 项。

这届图书展销会上，中国代表团在版权贸易上表现突出。中国出版集团公司、中国教育出版传媒集团有限公司、北京出版集团、清华大学出版社成绩最为突出。北京出版集团达成 13 项意向，为各参展出版单位之冠。

明斯克国际图书展销会每年举办一届，在东欧及独联体国家具有广泛影响。此次是中国第一次以主宾国身份参加该展销会，呈现出几大亮点：一是为中白出版文化合作开创新起点。随着《中白经典图书互译出版项目备忘录》的签署与落实，中白出版文化交流将得到进一步加强与巩固。二是捐书活动体现中白友好。展销会期间，中国代表团向白俄罗斯国家图书馆赠送 516 种 609 册中国精品图书。此外，中国主宾国还向白俄罗斯国立大学孔子学院等捐送部分书刊。三是精品图书展示中国文化和时代特色。本次中国主宾国展区集中展示了 5 017 种优秀图书，这些图书深受白俄罗斯读者及出版人喜爱。四是全面释读中国对人类出版印刷的贡献。中国古代出版印刷展和古代雕版印刷现场操作表演，让白俄罗斯读者直观、真切地感受到中国悠久灿烂的古代文明。五是深度交流促进了解合作。展览期间，中白双方共举办 35 场出版交流活动，这对促进中白出版人进一步加深了解、加强合作起到了重要作用。

（资料来源：《中国新闻出版报》
作者：李子木　左志红）

【博洛尼亚童书展中国达成 300 余项版权输出协议】　2015 年 3 月 30 日—4 月 2 日，全球最大的少儿出版物博览会——第 52 届博洛尼亚国际童书展在意大利博洛尼亚会展中心举行，中国展团以 320 平方米超大展位亮相博洛尼亚会展中心 26 号馆。这是继 2014 年之后，中国少儿出版又一次与欧美出版强国同场亮相，让“走出去成为中国少儿出版新常态”。

在书展首日，二十一世纪出版社集团荣获“2015 世界年度最佳童书出版社”大奖。随着中国少儿出版走出去成为新常态，中国的优秀插画家也将更广泛地参与到国际少儿出版中，不仅能够助力中国特色绘本插画实现自给自足，而且也能够在国际舞台上发出强有力的声音。本次中国展团将达成 300 余项版权输出协议，展品包括有可能实现版权输出的原创图书以及能够展示中国少儿出版实力的引进版经典品种，共计 3 418 册，其中原创图书占比 70%以上，以绘本为主，包括《爷爷的打火匣》《外婆住在香水村》等，也有中国文化和历史类的《古诗词绘本》《名家弟子规》、儿童文学类的《丁丁当当》、益智类的《红袋鼠开心游戏》等。

（资料来源：《光明日报》　作者：刘　彬）

【2015 年伦敦书展开幕】　2015 年 4 月 14—16 日，伦敦书展在伦敦西区奥林匹亚中心举行，共有来自 64 个国家和地区的 1 000 多家参展商参展。中国国际出版集团推出的《习近平谈治国理政》多文种版图书受到各国参展商和观展者的普遍关注。

书展主宾国是墨西哥。组织者估计，来自全球 124 个国家和地区的专业观展者超过 25 000 人次。展览期间还举行了 250 多场讲座和相关研讨会。

中国出版集团公司、外文出版社、凤凰出版传媒集团等多家中国出版机构均设立了大型展位。书展首日，中国出版集团公司与英国剑桥大学出版社和英国出版科技集团分别举行了合作签约仪式。

（资料来源：《光明日报》　作者：戴　军）

【十多档上海原创电视节目亮相法国戛纳国际电视节】　2015 年 4 月 14 日，在全球电视界最为瞩目的法国戛纳国际电视节上，上海广播电视台、SMG 的 10 多档原创电视节目整体亮相，还与全球电视界顶级的三家公司签订战略合作协议：内容包括共同成立节目模式研发公司、创意研发、影视制作、拍摄技术、节目销售等方面的全面合作。

在人头涌动的戛纳国际电视节现场，大屏幕滚动播出的 10 多档上海原创电视节目，如《味道中国》《笑傲江湖》《狗狗冲冲冲》《双语麦克风》《梦想改造家》等，引来了国际同行的众多目光。

《狗狗冲冲冲》已通过美国 A+E 电视网购买版权成功落地北美，走出了一条中国自主研发模式对海外输出的新路；纪录片《味道中国》已覆盖至新加坡院线、北美、法国、土耳其和东南亚各国，其采购价甚至高过了某些地区采购中国电视剧的价格。SMG2014 年版权出口总时长近 17 万小时，远远超过了进口总时长的 4.5 万小时。

英国 FM 公司、美国 A+E 电视网、英国 BBC 国际这三家签约机构的高层人士聚集一堂，他们来自英、美、德、法、荷、韩、日、俄等 10 多个国家，对中国故事及原创节目充满浓厚兴趣。与 SMG 合作过《生活大爆笑》《不朽之名曲》等节目的韩国 KBS 国际发行部朴部长说，很希望与上海进行深度合作。

上海广播电视台台长、SMG总裁王建军说，《中国达人秀》《中国梦之声》《舞林争霸》《顶级厨师》等都是引进了国际一流节目模式，并成功实现了本土化改造。如今，SMG又通过与三家英美公司的签约进行深度合作，旨在通过与国际一流公司和团队的合作，共同探寻一条用国际语言讲述中国故事的新路，并打造出中国原创节目的孵化平台。

（资料来源：《新民晚报》　作者：俞亮鑫）

【柳斌杰会见美国专利商标局局长一行】 2015年5月26日上午，应美方的请求，全国人大常委会委员、教科文卫委员会主任委员柳斌杰在京会见美国专利商标局局长、美国商务部负责知识产权事务的副部长米歇尔·李一行。双方就知识产权保护、《著作权法》修订等话题进行了深入交流。

柳斌杰首先向米歇尔·李介绍了中国知识产权方面的工作进展。他说，中国政府高度重视知识产权保护，将知识产权作为经济转型升级发展的战略支撑。以知识产权为核心，中国政府连续出台了知识产权战略、创新驱动发展战略，并提出大众创业、万众创新的号召，使知识产权贯彻到经济、文化、社会发展的整个过程。在保护知识产权方面，中国所采取的措施是不断完善法律体系，强化执法力度，加大政策调节，严厉打击侵犯知识产权的违法活动，以提高知识产权的创造、应用、保护、管理科学化水平，使之更加符合国际标准和中国实际。中国政府对于知识产权政策的不断调整，对于假冒伪劣、侵权盗版执法力度的不断加大，增强了全社会知识产权保护的意识，解放了人民群众的创造力。

柳斌杰还向客人通报了近3年中国全国人大在知识产权方面的立法进展。他说，按照现行国际标准修订的《商标法》已于2013年8月审议通过；涉及植物新品种保护的《种子法》正在审议，预计2015年底通过；《著作权法》修订已经进行3年，对互联网环境下的著作权保护给予特别关注，在进一步修订完善后，将于近期提请审议；《专利法》修订工作启动于2012年，根据2014年《专利法》执法检查的意见，目前正在对修订草案进行第4次修改，即将进行审议。此外，2014年4月全国人大常委会批准了《视听表演北京条约》，使中国成为最早正式批准《条约》的国家之一。为进一步强化知识产权的运用和保护，2014年8月，全国人大常委会通过了在北京、上海、广州设立知识产权法院的决定。通过这些立法、执法的重大举措，提升了知识产权的法治水平。

米歇尔·李感谢柳斌杰对于中国知识产权立法情况的介绍，并对中国依法加强知识产权保护和修法等方面表示了赞赏。她对中国《著作权法》修订表示了关切，就有关广播、电视、互联网转播版权保护问题提出了一些建议。柳斌杰就此说明了《著作权法》修改的几个着重点。双方还就互联网环境下的知识产权保护、加大执法惩处力度等问题进行了交流，希望在这个领域更好合作。

全国人大常委会委员、教科文卫委员会副主任委员吴恒，全国人大教科文卫委员会科技室主任陈广君、文化室副主任孙雷等陪同会见。

（资料来源：《中国新闻出版报》
作者：章红雨　李明远）

【第十一届中韩著作权研讨会在济南召开】 2015年5月27日，由中国国家版权局和韩国文化体育观光部主办的第十一届中韩著作权研讨会在山东济南召开。中韩两国的著作权管理部门、企业、运营商、媒体等共100多位嘉宾代表出席会议。研讨会期间，中韩两国围绕各自著作权法修订、软件资产管理和正版化措施、打击网络侵权经验、实施版权保护、多边条约磋商以及国际合作等议题展开了政府间会谈。中韩著作权相关机构、企业签署了三项合作协议。

这三项合作协议分别为：韩国著作权委员会与阿里巴巴集团（淘宝）签署的以著作权保护、维权、交流为主要内容的战略合作协议；韩国影视权利人（电视台）和中国网络影视流通平台（OSP）签署的交流合作协议；韩国复制传送著作权协会与中国文字著作权协会签署的在文字著作权领域交流、合作的战略合作协议。中国国家版权局版权管理司司长于慈珂、韩国文化体育观光部著作权政策官金现模、韩国著作权委员会委员长吴承锺见证了协议的签署。

本届研讨会以“新形势下的作品保护以及应用”为主题，针对中韩文化交流中的版权贸易、版权业务进行更广阔的交流。通过专题研讨、案例分析、经验交流、综合讨论等形式展示两国在影视作品版权保护方面所采取的政策和版权管理经验，以及在推动影视作品版权贸易及版权服务合作领域所取得的成果。

（资料来源：《中国新闻出版报》　作者：方　圆）

【中韩著作权机构、企业签署3项合作协议】 2015年5月27日，由中国国家版权局和韩国文化体育观光部主办的第十一届中韩著作权研讨会在山东济南举行。中韩两国代表围绕各自著作权法修订、软件资产管理和正版化措施、打击网络侵权经验、实施版权保护、多边条约磋商以及国际合作等议题展开政府间会谈。中韩著作权相关机构、企业签署了 3 项合作协议。

这 3 项合作协议分别为：韩国著作权委员会与阿里巴巴集团（淘宝）签署以著作权保护、维权、交流为主要内容的战略合作协议；韩国影视权利人（电视台）和中国网络影视流通平台（OSP）间签署交流合作协议，协议主要内容包括著作权保护、定期性交流、合法流通推进等，中方代表为百度、优酷土豆、爱奇艺等 7 家企业，韩方代表为 CJ E&M、JTBC、KBS 等 9 家企业；韩国复制传送著作权协会与中国文字著作权协会签署战略合作协议。中国国家版权局版权管理司司长于慈珂、韩国文化体育观光部著作权政策官金现模、韩国著作权委员会委员长吴承锺见证了协议的签署。

（资料来源：《中国新闻出版报》　作者：方　圆）

【中英版权部门召开 2015 年视频会议】 2015 年 5 月，中国国家版权局与英国知识产权局召开 2015 年视频工作会议。双方就著作权立法及修法进展、著作权集体管理、著作权执法，以及追续权在英国的发展情况等进行了探讨与沟通。

中国国家版权局版权管理司副司长汤兆志在介绍《著作权法》修法的情况时说，第十二届全国人大常委会已经正式将《著作权法》修改列为未来 5 年立法第一类项目，国务院法制办目前正在对送审稿进行全面审议，国家版权局正积极配合送审稿的审议工作。此外，《使用文字作品支付报酬办法》2014 年 11 月 1 日起正式实施，《民间文学艺术作品著作权保护条例（征求意见稿）》2014 年 9 月通过国家版权局官网向社会广泛征求意见。2015 年 4 月，国家版权局发布了《关于规范网络转载版权秩序的通知》，明确了著作权法律法规中涉及网络版权转载的几个重要问题。英方介绍说，2014 年 10 月，英国已经对其《著作权法》修改完毕，其中针对孤儿作品的著作权授权问题、《著作权法》中的限制和例外，以及著作权集体管理等内容进行了修改。

针对各自在版权行政执法中所遇到的问题，双方进行了进一步沟通。英方表示，针对网络盗版他们采取了一系列措施，包括民事诉讼、刑事诉讼，以及借助一些版权中介机构来减少网络的侵权行为。中方向英方介绍了“剑网 2014”专项行动、版权监管和推进软件正版化等工作，并表示目前在版权执法中遇到的最大挑战是网络环境下的侵权盗版，这需要多方共同治理。

当谈到追续权的问题时，英方表示，他们之所以引进追续权，主要是因为英国长期以来艺术品市场发展良好，如果英国没有追续权制度，买家、卖家在英国进行交易相对便宜，这对其他有追续权的欧盟国家很不公平。实践证明，自从英国引进了追续权制度后，并没有让艺术品市场份额转到其他欧盟国家。目前全球艺术品市场份额，美国第一，中国第二，很多人会认为主要原因是美国和中国尚未引入追续权制度，这也成为未来需要研究和探讨的话题。

双方还就英国代表团拟于近期访问中国事宜进行了协商，并就宁波诺丁汉大学的数字版权研究中心工作进展进行了沟通。

英国知识产权局国际政策司副司长亚当·威廉姆斯、英国驻华大使馆知识产权专员汤姆·杜克出席了视频会议。

（资料来源：《中国新闻出版报》　作者：邹　韧）

【“电影和版权在文化与经济上的重要性”高端圆桌会议举行】 2015 年 6 月 15 日，国家版权局与世界知识产权组织（WIPO）在第 18 届上海国际电影节上，共同主办“电影和版权在文化与经济上的重要性”高端圆桌会议。与会者就版权保护促进电影产业发展，尤其是电影和版权在文化与经济上的重要性展开讨论，探索电影版权保护的新途径和版权合作的新模式。

WIPO 副总干事王彬颖在开幕式上致辞。她说，电影是令人惊异的艺术产品，既可以触动心灵，也能够反映出一个国家的文化品位，而且会给人类留下永久的遗产。电影产业对于一个国家经济和文化的发展非常重要，而版权保护对于电影行业的发展更是至关重要。2014 年世界电影票房达到了 364 亿美元，其中中国超过 48 亿美元，已成为世界上第二大电影市场。王彬颖认为，本次高端圆桌会议所研讨的一系列话题，对中国电影产业，乃至世界电影产业的繁荣发展都具有特别的意义，相信与会代表可以从中获得很多的信息和益处。

国家版权局版权管理司司长于慈珂代表国家版权局对会议的召开表示祝贺。他提出，电影作品是版权的重要客体，作家、编剧、作曲家、导演、演员、制片人等都成为著作权意义上的电影作品主体。著作权问题会贯穿从电影创作到播出以及衍生等全部环节。优秀的版权作品、良好的版权环境、有效的版权保护，对促进电影产业的健康发展具有重要意义。加强电影版权的保护，始终是电影界和版权界共同努力的目标。中国国家版权局一直重视电影版权保护和产业发展工作，一方面修改法律完善制度规则，同时加大执法监督力度，打击影视侵权盗版，为电影产业发展提供良好环境和秩序。另一方面，进一步完善电影版权保护的工作体系，维护电影作品著作权人的合法权益，推动电影版权交易市场的建立和完善，促进电影产业繁荣发展。

上海市版权局局长徐炯希望专家们能够在加强电影版权保护、探讨电影版权合作等问题上充分交流、分享经验，也期待这次高规格的圆桌会议是一次号角和集结，把关于电影和版权对文化、经济重要性的认识持续推向深入，共同为世界电影产业的蓬勃发展贡献力量。

来自 WIPO 及其成员国——巴林、中国、哥伦比亚、美国、韩国等 10 余个国家的代表，以及英国驻华使馆知识产权专员杜涛、美国电影协会主席 Christopher Dodd、国际作者和作曲者协会（CISAC）亚太区总裁吴铭枢、华东政法大学知识产权学院教授王迁、上海电影集团总裁任仲伦等近 20 位中外嘉宾，分别从政府、产业界、权利人等多个层面，就电影作品版权保护的意义及现状、电影和版权在文化和经济上的重要性，以及电影作品版权保护的挑战与机遇等议题阐述了各自的观点。

（资料来源：《中国新闻出版报》　作者：赖名芳）

【WIPO 和国家版权局共推版权保护“德化经验”】 2015 年 6 月 11 日，根据世界知识产权组织（WIPO）与国家版权局合作计划，WIPO 和国家版权局在厦门联合举行德化陶瓷产业版权保护优秀案例示范点调研项目结项暨新闻发布会，共同发布调研项目成果——《版权保护促进中国德化陶瓷产业发展的研究》，让全世界共享“德化经验”。WIPO 副总干事王彬颖、国家版权局副局长阎晓宏、福建省副省长李红出席新闻发布会并讲话。

王彬颖对德化通过版权保护促进陶瓷发展的经验做法给予了充分肯定，并就 WIPO 向全球推广“德化经验”谈了看法。她认为，德化调研成果将进一步推动版权产业发展，对中国经济腾飞做出重要贡献。不仅如此，“德化经验”对于发展中国家探索版权保护和经济发展方面有重要指导和借鉴意义。她表示，德化调研成果的英文版也即将在全球出版发行，期待这一成果在全球范围内得到应用。

阎晓宏指出，德化通过版权保护促进当地陶瓷产业发展，不仅对中国广大地区和发展中国家有重要意义，对全球版权保护推动经济发展方面也具有非常重要和深远的意义。“德化经验”给我们的启示有三点：一是要把尊重知识、鼓励创新放在重要位置，鼓励创新是版权制度的首要宗旨；二是要重视版权保护，为创新提供良好环境，这一点已经为南通和德化的版权保护经验所证明；三是要通过版权登记、确权、价值评估、交易等一系列方式促进版权贸易，推动版权作品的有效运用，保障权利人的获酬权，以此推进文化创新和文化产业发展。他认为，中国经济的发展为版权产业发展提供了巨大市场空间，版权产业已经成为社会生产力的重要组成部分。“德化经验”的发布必将对中国各地版权创新产生巨大的激励作用，在万众创新的洪流中，一定有更多的“德化经验”出现在中国大地。

李红表示，要以 WIPO 和国家版权局对“德化经验”进行总结推广为契机，在全省掀起“学习德化经验、加强版权保护、促进经济发展”的高潮。

发布会由国家版权局版权管理司司长于慈珂主持。福建省版权局党组书记李闽榕介绍了《版权保护促进中国德化陶瓷产业发展的研究》形成和出版等相关情况。德化县县长欧阳秋虹介绍了版权保护促进陶瓷产业发展的经验做法。王彬颖向德化县赠送《版权保护促进中国德化陶瓷产业发展的研究》一书。

（资料来源：《中国新闻出版报》　作者：方　圆）

【中美关注数字环境下的图书馆版权保护】
2015 年 6 月 19 日，中国国家版权局与美国专利商标局在上海共同举办“图书馆/教育环境下的版权保护”圆桌会议。会议对学术、教育和图书馆环境下版权保护的重要性和共同关注的版权热点问题进行了探讨，分享中美两国在该领域中的成功经验，促进中美在图书馆版权保护方面的进一步合作和交流。此次会议是《中国国家版权局与美国专利商标局、美国版权局战略合作备忘录》2015 年工作计划的一部分。

自 2008 年中国国家版权局与美国专利商标局、美国版权局签订版权战略合作备忘录后，中美两国在这一备忘录框架下，定期就版权相关立法、执法的成果、经验展开交流，并就共同关注的版权问题进行探讨、合作，开展版权培训和相关活动，取得了积极成效。

中国国家版权局版权管理司副司长汤兆志分析说，中美两国都非常重视版权法律制度的建设，各自有不少好的经验和做法。此次会议中美专家学者通过专题研讨、案例分析、经验交流和综合讨论的形式，就数字环境下的图书馆版权保护和大学中的著作权热点问题发表了各自观点，同时就存在问题提出解决方案，这对进一步完善中美两国版权保护机制，深化两国版权交流与合作具有积极意义。美国驻上海总领事史墨客分析认为，进入数字时代，互联网对于传播科学知识起到了巨大的助推作用，但与此同时，跨国界的侵权盗版行为变得更加容易，因此，如何维护科学知识传播的生态环境，需要中美两国知识产权及教育、图书馆领域共同探讨。他呼吁进一步加强中美在教育和图书馆环境下的版权保护合作，制定和采取相应的措施打击侵权盗版行为。作为此次会议的承办方，华东政法大学校长何勤华说，数字技术一方面为教育、科研、创新带来了高效率与便捷性，另一方面也为侵权盗版活动提供了便利手段。此次会议将为中美两国在数字化时代应对版权保护面临的各种挑战提供有效的解决方案。

中国国家版权局政策法制司副司长高思，美国版权局/国会图书馆政策和国际事务副主任玛利亚斯特朗等来自中美两国版权局、知识产权法院、公共及大学图书馆、高等院校、出版机构的近 80 名代表参加会议并进行研讨。会议由华东政法大学承办。

（资料来源：《中国新闻出版报》 作者：赖名芳）

【中美专家聚深探讨机顶盒版权保护】 2015 年 6 月 30 日，机顶盒版权保护研讨会在深圳举行。来自中国和美国的著名学者、产业界专家纷纷发言，共同探讨通过机顶盒传播的文创产业版权保护问题。该活动由美国专利商标局广州办公室、深圳市版权协会主办。

研讨会上，深圳市版权协会秘书长陈彦谈道，随着互联网技术的发展，特别是三网融合，设备制造商与内容平台、新媒体和传统媒体之间的博弈成为社会关注的热点。

腾讯研究院法学研究中心高级研究员司晓博士做了题为《机顶盒行业面临的版权问题及对策》的主题演讲，他表示，从数据上看，网络视频用户规模达 4.33 亿，占 6.49 亿网民的 66.7%，其中 70.0%用户使用网络机顶盒，广电机顶盒和互联网机顶盒市场占有率均在 25%左右，IPTV 的市场占有率接近 10%。司晓博士说，在中国的视频行业中也有版权大战，如《爸爸去哪儿》《中国好声音》的版权费越来越贵，当然，互联网企业也会愿意用巨额去购买版权。

机顶盒越来越多地走进市民家中，美国电影协会（MPA）代表 Michael Kwan 向大家介绍了几种机顶盒侵权的情况及机顶盒侵权发展的趋势；而美国专利商标局知识产权官员 Timothy Browning 则向大家介绍了机顶盒问题在美国的情况。

专家们除了探讨机顶盒所遭遇的侵权问题，还提出了机顶盒涉及的版权保护建议。司晓博士表示，打击机顶盒侵权问题，首先建议行业自发地打击盗版，快速建立采购正版内容的商业模式；其次，关注云存储、云播放；再次，在法律方面，建议增加惩罚性赔偿和赋予行政机关以快速执法的权限，以应对快速演进的技术变革。

陈彦也提出几点看法。他说，一方面，为了不限制新技术的发展应用，现行《著作权法》已做了合理的安排，规定了一定的免责条款；另一方面，“无论技术如何发展，规模化、商业化传播他人作品，都必须获得许可并支付报酬”。

（资料来源：《深圳商报》 作者：杜翔翔）

【中国文著协与韩国复制传播权协会签订战略合作协议】 2015 年 6 月，中国文字著作权协会与韩国复制传播权协会签署战略合作框架协议和复制权授权协议，中文书报刊在韩国教育系统和图书馆领域影印复制和数字化复制将获得版权费。双方还商定，将就各自拥有的版权资源，围绕“一带一路”战略，通过版权贸易，开展版权代理合作，推动中韩文化交流与合作。

中国文著协与韩国复制传播权协会均为本国法律规定的著作权集体管理机构，同为国际复制权组织联合会（IFRRO）的正式会员。根据双方达成的协议，双方将严格遵守中韩两国法律法规和中韩两国共同参加的国际公约，遵循国民待遇原则和合作共赢、平等互利原则，以推广本会会员作品，维护本会会员权利，让本会会员利益最大化为宗旨，积极开展业务交流和务实合作。

鉴于韩国教育、图书馆等领域对中文作品需求逐渐增加的趋势，根据刚刚签署的中韩复制权授权协议，中国文著协授权韩国复制传播权协会开展中文书报刊的影印复制和数字化复制收费。这是中国文著协继 2014 年与英国复制权集体管理组织 CLA 合作后的第二份海外复制权收费协议。专家认为，这是中韩版权领域合作的一件大事，标志着中国书报刊文章和图书片段的影印复制权和数字化复制权将在韩国受到版权保护，并获得版权使用费。此举将有利于提高中国文字作品在韩国的传播，对中国出版产业产生积极影响。

（资料来源：《中国新闻出版报》　作者：方　圆）

【2015 两岸著作权交流座谈会在台北举办】
2015 年 7 月 21 日，2015 两岸著作权（版权）交流座谈会在台北福容饭店举办。两岸著作权交流活动自 2008 年首度开展以来，2015 年已进入第 8 次的交流，本年度由海峡两岸商务协调会及台湾著作权保护协会主办，中国版权协会理事长阎晓宏率团参加。

本次座谈会主题为"数字时代下文创产业之发展与著作权保护"，由两岸官方及产业代表分别发表专题演讲共计 6 篇，演讲主题涵盖音乐、文学等著作权保护之法制面及实务面之现状与发展。

针对业者对于数字时代音乐著作权保护的看法，"智慧财产局局长"王美花表示，数字时代下所面临的新挑战是不可避免的，为了使法制更契合现代科技的发展以及民间产业之需求，"智慧财产局"积极研拟著作权修法草案。阎晓宏理事长则表示已经启动"剑网 2015"专项行动，重点将放在音乐版权保护及 APP、云端硬盘等新科技媒体的整治，相信可有效打击网络上的非法侵权活动。借由本次座谈会之召开，两岸与会者充分交流、分享彼此的经验，为未来两岸著作权之交流合作奠定更稳固的基础。

另配合本次民间交流活动期间，"智慧财产局"与国家版权局于 7 月 20 日召开了工作组会晤。

（资料来源：https://www.tipo.gov.tw/ct.asp?xItem=555966&ctNode=7127&mp=1　信息搜集：高川婷）

【北京图博会版贸输出量创新高】　2015 年 8 月 30 日，第二十二届北京国际图书博览会闭幕。共有 82 个国家和地区参展，集中展示了近 30 万种精品图书，举办了 1 000 多场文化交流活动，参展参观人数逾 26 万人次。

数据显示，本届图博会共达成中外版权贸易协议 4 721 项，比 2014 年增长 8.6%。其中，达成各类版权输出与合作出版协议 2 887 项（输出 2 791 项、合作出版 96 项），比 2014 年同期增长 11.3%，达成引进协议 1 834 项，比 2014 年同期增长 4.7%，引进与输出之比为 1∶1.57。

除国内各大出版企业积极参与之外，2015 年还有来自英、法、美、韩、日、印度等国的 1 305 家海外出版机构报名参展，比 2014 年增长 6.2%。为进一步加大版权贸易服务力度，图博会策划推出了一批针对性强、有内容、有质量的系列专业出版活动，帮助中外出版单位建立供求关系，寻求合作机遇。在"走出去"的图书中，主题图书、社科、儿童图书表现抢眼。社会主义核心价值观系列、《伟大也要有人懂——少年读马克思》、《日本侵华细菌战》、《汉字之美》（50 种）等一批优秀图书由此走出国门。海外图书馆配区专门准备的 2 000 种外文版"一带一路"图书，在开展首日即被读者和图书馆代表抢购，中文图书馆配区的相关图书也受到关注。

（资料来源：《经济日报》　作者：李　哲）

【中阿版权贸易签订 50 项图书出版合作意向书】
2015 年 9 月 2 日，在 2015 中国—阿拉伯国家出版合作论坛上，国内出版机构代表与国外出版商共签订图书出版合作意向书 50 项，涉及 100 多个图书品种。其中，黄河出版传媒集团与国外出版机构签订意向书，引进图书品种 12 项，输出图书品种 38 项，中阿版权贸易结出了实实在在的果实。

在 9 月 1—2 日的论坛期间，来自埃及、巴勒斯坦、苏丹、摩洛哥、阿联酋、黎巴嫩、叙利亚、约旦、突尼斯、马来西亚等 23 个国家的出版机构和我国的人民出版社、五洲传播出版社、人民教育出版社、三联书店、外文出版社、商务印书馆、华文出版社及全国各省区市的 70 余家出版机构齐集一堂，参展图书 738 种，共同参加"2015 中阿版权贸易洽谈会"。与会各方将自己的精品图书和出版物一一陈列展示，吸引了众多来宾驻足观看，细心品味。

会场设立了 80 个展台供国内外出版机构展示、推介自己的外向型书目、图书及出版物，其中黄河出版传媒集团有 4 个展台供旗下的宁夏人民出版社、宁夏人民教育出版社、阳光出版社以及黄河电子音像出版社分别展示、推介自己的图书及出版物。阿拉伯出版商和国内出版代表互相了解对方图书并对各自感兴趣的图书进行版权贸易洽谈对接。

展会期间，黄河出版传媒集团分别与阿拉伯国家出版商协会、马来西亚国家语言出版局和马来西亚大学出版社签署《战略伙伴关系合作协议书》和《图书翻译出版合作备忘录》。

（资料来源：《银川日报》　作者：詹思佳）

【国际复制权组织联合会亚太区年会召开】
2015 年 9 月，国际复制权组织联合会（IFRRO）亚太区委员会在京召开。

国家版权局版权管理司司长于慈珂在致辞中说，作为世界上最大的发展中国家，中国版权制度建立的时间还不长，版权保护方面还有很多工作要做。但是，我们保护版权的立场是坚定的，态度是坚决的。近年来，IFRRO 非常关注中国著作权集体管理组织的发展和中国《著作权法》的修订情况。此次IFRRO 亚太区 2015 年会在北京召开，体现了国际社会对中国近年来版权保护工作的肯定和认可，中国真诚希望与国际版权组织和各国继续保持、发展良好的版权交流与合作关系。

作为会员代表，中国文字著作权协会总干事张洪波介绍了文著协近年来在报刊转载和教科书法定许可、数字版权授权、版权代理、版权输出及国际电子书合作方面的工作进展。

来自 IFRRO 总部和 10 余个国家的 IFRRO 亚太区会员代表，以及参加中英版权交流活动的英国知识产权局代表团参加会议。

（资料来源：《中国新闻出版广电报》
作者：魏　芳）

【国家版权局与世界知识产权组织签署版权合作谅解备忘录】 2015 年 12 月 1 日，国家版权局和世界知识产权组织在上海签署了《关于进一步加强中国国家版权局与世界知识产权组织双边合作的谅解备忘录》，并举行了新闻发布会。国家新闻出版广电总局副局长、国家版权局副局长阎晓宏与世界知识产权组织总干事弗朗西斯·高锐分别代表双方在《备忘录》上签字。

根据《备忘录》，双方将在版权领域全面开展合作。在巩固和加强版权领域现有交流合作的基础上，进一步加强版权宣传、人才培养、推动双方高层及工作层交流与沟通，以规划未来合作方向，从而更好地鼓励创新，保护创新成果。

阎晓宏表示，中国国家版权局与世界知识产权组织一直有着良好、稳定的联系，开展了许多卓有成效的合作，如国际版权论坛、世界知识产权组织版权创意金奖、设立版权优秀案例示范点等对我国版权事业产生了广泛而深刻的影响。此次双方版权合作《备忘录》的签署，巩固了现有合作成果，进一步拓宽了合作领域，使版权交流机制更加常态化，对促进版权人才培养，规划未来合作方向都具有重要意义。作为发展中国家和世界知识产权组织的一员，中国愿意在版权领域在世界知识产权组织的指导下承担更大的责任。

弗朗西斯·高锐在发言中表示，中国近年来在版权立法、执法、国际交流与合作等方面取得了较大的进步，国家版权局发挥了重要作用。随着互联网的兴起，全球创意产业发生了巨大变化，创意产业的分享方式也发生很大变化，因此多边的合作变得特别重要，今天双方备忘录的签署将给予我们更多机会目睹中国在全球创意行业取得的重要发展，及发挥更大的作用。

签约仪式之后，双方代表在新闻发布会上，就中国与世界知识产权组织今后合作的方向和意义等问题回答了记者的提问。

签约仪式由国家版权局版权管理司司长于慈珂主持。世界知识产权组织副总干事王彬颖、上海市副市长赵雯，以及来自世界知识产权组织相关部门、世界知识产权组织中国办事处、中国版权协会、中国版权保护中心、上海市版权局、各著作权集体管理组织和版权产业界与学界的代表出席了活动。

（资料来源：国家版权局网站
作者：魏　芳　金　鑫）

【中欧版权保护和产业发展研讨会举行】 2015 年 12 月 2 日，中欧版权保护和产业发展研讨会在上海举行。中国国家新闻出版广电总局副局长、国家版权局副局长阎晓宏，欧盟驻中国和蒙古国代表团贸易处知识产权事务公使衔参赞罗本诺出席开幕式并讲话。

阎晓宏在致辞中表示，欧盟与中国国家版权局多年来一直保持着良好的合作关系，特别是中欧知识产权合作项目的成功开展，对中国建立健全版权保护制度和著作权集体管理制度，推动版权产业发展发挥了重要作用，提供了宝贵经验。阎晓宏说，中国的版权管理制度起步较晚，在版权的创造、运用、保护和管理方面还面临许多艰巨的任务，他希望能通过双方的交流，分享数字技术下的版权立法、执法和产业发展的新进展和新经验，加深中欧双方间的相互理解，进一步促进双方在版权领域的沟通交流与合作共赢。

罗本诺说，中国与欧盟在版权保护方面已进行了超过 10 年富有建设性的合作。近期，欧盟参与了中国《著作权法》第三次修订的咨询顾问工作，看到了中国在推动创意和版权产业发展方面的决心。欧盟愿意全力支持中国在版权事业上建立更为良好规范的法律框架，促进信息在互联网时代更高效地传播和有效保护。

此次研讨会由中国国家版权局与中欧知识产权合作项目 IP-KEY 共同主办。参会嘉宾围绕中欧版权保护与产业发展的挑战和机遇，就版权和相关权保护、管理的基本概况，版权立法发展及最新举措，数字环境下的版权和相关权管理、许可、执法等问题展开讨论。

在研讨会上，国家新闻出版广电总局政策法制司副司长高思就中国《著作权法》第三次修订的最新情况向与会代表做了说明。匈牙利版权协会会长、世界知识产权组织原助理总干事迈哈利·费彻尔与大家分享了追续权及网络服务提供商的责任等议题在欧盟国家的最新进展，国际复制权组织联合会首席执行官奥拉夫·斯多科莫对私人复制补偿金制度、孤儿作品制度、著作权授权机制等大家关心的话题发表了观点，上海市版权局副局长蔡纪万向与会者介绍了版权保护和发展的上海经验。

国家版权局版权管理司司长于慈珂参加研讨会并进行闭幕总结，他希望中欧之间能够以版权为平台和纽带增进友谊，开展更多、更广泛的沟通和交流。

国家版权局版权管理司副司长汤兆志、中欧知识产权合作技术专家组组长米默勒等来自中欧政府部门、版权相关组织的代表参加了研讨会。

（资料来源：《中国新闻出版广电报》
作者：魏　芳）

【中国原创童书输出柬埔寨老挝】 在2015年在12月11—16日，中国少年儿童新闻出版总社于柬埔寨金边和老挝万象举行的“2015年中国原创童书及期刊巡回展”上，共达成版权输出意向近50项。

本次巡回展总面积为200平方米，中少总社共展示了儿童文学、科普、历史、游戏益智、桥梁书、绘本、漫画、家教类等近千种优秀原创精品图书，举办了多场版权贸易洽谈会，并达成多项版权输出合作协议。

中国原创优秀插画展成为本次巡回展的亮点。中少总社从参加2015年布拉提斯拉法双年插画展的500余幅中国参赛作品及各少读工委成员单位选送的插画作品中精选出百余幅插画进行展示。许多来自东盟及法国、西班牙、美国、韩国、澳大利亚等国的同行对参展的中国原创插画赞不绝口，认为中国儿童图书插画水平提升到了一个新高度。

（资料来源：《中国新闻出版广电报》
作者：刘蓓蓓）

◆ 产业发展

【中文在线成国内数字出版第一股】 2015年1月21日，北京中文在线数字出版股份有限公司登陆深交所创业板，正式挂牌上市，成为国内数字出版第一股，上市开盘后即大涨封停。中文在线发布的上市公告书显示，中文在线首次公开发行3 000万股，发行价格为6.81元/股，发行市盈率22.87倍。

中文在线自2000年成立以来一直主营中文数字出版业务。招股书显示，2011年、2012年、2013年，公司分别实现主营业务收入1.54亿元、1.84亿元和2.2亿元，净利分别为4 912万元、5 460万元、4 512万元，年均复合增长率达19.78％。

中文在线已与国内近300家出版机构进行合作，签约知名作家、畅销书作者2 000余位，拥有驻站网络作者超过30万名。截至2014年6月30日，公司共拥有数字内容22万种，其中独家版权图书3.4万种，占比15.52％。

根据中文在线网上路演时披露的数据，2014年其未经审计机构审计的营业收入为2.8亿～3亿元，比2013年度增长27.08％～36.16％。在回答投资者提问时，中文在线董事长兼总经理童之磊表示，数字阅读业务是其营业收入的最主要来源。据他透露，中文在线数字出版运营服务占营业收入比重基本保持稳定，除2011年外基本保持在34％左右；2013年以来，受影视和游戏改编版权市场对原创网络文学作品需求增长影响，公司数字内容增值服务收入增长较快，其收入占比不断上升。

此外，在手机阅读领域，中文在线为三大电信运营商提供数字阅读产品。截至2013年12月31日，公司累计为中国移动手机阅读基地提供4.3万种图书的数字版权，占其图书数字版权的11％左右。最近3年，来自中国移动手机阅读基地的收入占中文在线当期营业收入的比例分别为66.82％、45.98％和43.97％。

成功上市后，中文在线表示将继续加大优质数字内容的采集力度，巩固内容优势。童之磊介绍，目前已经制定了相应的内容资源发展计划，一方面，丰富数字内容资源的品种，计划在未来3年内，从目前的以图书为主，有声读物、漫画和期刊为补充，逐步扩大多品类数字内容资源，优化数字内容资源构成比例；另一方面，大幅增加数字内容资源的数量，计划在未来3年内，新增10万种数字内容资源。

（资料来源：《中国新闻出版报》　作者：任晓宁）

【宁波建成首个地铁数字图书馆】 2015年1月27日，宁波地铁数字图书馆正式投运。宁波轨道交通数字图书馆内置 3 000 册精品图书、500 集有声读物、20G 中国传统文化经典资源库、100 集经典影片，内置无线 Wi-Fi 环境，配备屏幕阅读、U 盘下载和手机扫码 3 种享用资源的方式。

（资料来源：《中国新闻出版报》　作者：刘　波）

【21 部优秀电视剧获总局专项资金扶持】 2015 年 1 月，《历史转折中的邓小平》《十送红军》《青年医生》等 21 部电视剧获得国家新闻出版广电总局 2014 年度优秀电视剧暨剧本专项资金扶持。

在这 21 部电视剧的出品方中，国有影视制作公司与民营影视制作公司几乎各占 50%。红色及战争题材电视剧占大多数，如红色题材剧《历史转折中的邓小平》《开国元勋朱德》《十送红军》《红流》《领袖》，战争题材剧《生死三八线》《抗倭英雄戚继光》《东方战场》《东北抗联》。此外，也不乏青春题材剧，如《青年医生》《青春之花，爱的守则》等。

总局相关部门负责人表示，各省级新闻出版广电行政部门和各制作机构、播出机构要着力提高电视剧作品的质量，更好发挥电视剧传播先进文化、引领社会风尚、弘扬新风正气、培育和践行社会主义核心价值观的重要作用，为实现中国梦凝聚强大正能量。

（资料来源：《中国新闻出版报》　作者：李　彦）

【优酷土豆公布全新组织架构】 2015 年 3 月 5 日，优酷土豆集团公布新的组织架构，正式成立合一文化和创新营销两个业务单元以及电影、电视剧等九大中心。至此，优酷土豆集团旗下共有优酷、土豆、合一影业、云娱乐、合一文化、创新营销六大业务单元。

合一文化聚焦电视剧产业的制作和投资，以及创新型网生内容制作；创新营销业务单元重在建立基于互联网的营销创新业务模式。九大中心包括电影、游戏、动漫、音乐、教育五个产业中心以及电视剧、综艺、娱乐、资讯四个内容中心。

（资料来源：《中国新闻出版报》　作者：尹　琨）

【盛大文学腾讯文学合并为阅文集团】 2015 年 3 月 16 日，联合了中国网络原创文学最大的两家品牌——腾讯文学和盛大文学而组建的阅文集团在上海张江宣告正式挂牌。

集团 CEO 吴文辉给全体员工发出内部邮件，定义集团为“中国最大的互联网阅读企业”，提出“全民阅读”的发展目标，并亮出了集团未来发展的八大动作：扩充内容、内容精排、强化搜索、产品全移动化、研发电纸书籍、提升网络原创、维护版权开发、全渠道全平台。

（资料来源：中国版权产业网）

【乐视音乐公司成立】 2015 年 3 月 26 日，乐视在香港对外公布，乐视音乐公司成立，乐视音乐业务核心主创尹亮担任首席执行官。

乐视音乐公司定位为“音乐＋科技＋互联网”，是一家音乐产业价值链垂直整合的互联网音乐科技公司，围绕用户需求打造“IP＋互联网＋硬件＋增值服务”音乐产业生态体系。

乐视音乐近期正在整合上游 IP 领域，或有资本动作，还会推出演出直播，试水演唱会 O2O 商业模式及自有 IP 内容项目，年内有望推出音乐硬件。

（资料来源：《中国新闻出版报》　作者：李　媛）

【贝塔斯曼与阿里巴巴签数字音乐分发协议】 2015 年 3 月 30 日，德国音乐版权管理公司贝塔斯曼音乐集团（BMG）宣布，已与阿里巴巴集团签署音乐数字版权分发协议。

阿里巴巴致力于打造其在线传媒王国，内容包括音乐、电影和电视等。阿里巴巴发言人称，这笔交易将为阿里巴巴带来超过 250 万个音乐版权。在此之前，阿里巴巴音乐平台上已经拥有许多知名艺术家的音乐版权。

对于 BMG 而言，此次合作既有助于刺激公司利润增长，也能在中国发展合法音乐业务。BMG 在一份声明中称：“阿里巴巴的数字娱乐部门将通过虾米音乐和天天动听等渠道推广 BMG 的作者和艺术家，监测可能侵犯 BMG 版权的数字和移动服务，并采取相应措施。”

（资料来源：《中国新闻出版报》　作者：李　明）

【新华报业传媒成立视觉传媒中心】 2015 年 3 月，新华报业传媒集团正式成立视觉传媒中心。这标志着江苏图像采集、传播有了全新的平台，也标志着新华报业传媒集团媒体融合战略的重点布局——“融媒发展实验区”迈出实质性步伐。

视觉传媒中心全面整合了集团内《新华日报》《扬子晚报》《南京晨报》《江南时报》等各媒体的摄影资源及图像采编力量，负责图像产品的统一采集、加工、存储，向集团内部以及省内外媒体提供图片新闻、音视频新闻产品。目前，视觉传媒中心正在抓紧创建视觉江苏网（www. vijs. net），旨在打造江苏规模最大、资料最丰富、存量最宏大、检索最方便的现代化一流视觉产品数据库，向省内外各类用户提供线上线下、桌面移动等多渠道多终端的视觉产品和延伸服务。

新华报业传媒集团从2015年起全力打造“融媒发展实验区”。据介绍，“融媒发展实验区”先期启动建设视觉传媒中心之后，还将陆续推出数媒采编中心、体育产业中心、艺术品经营中心等深度融合平台群。其中，即将启动的数媒采编中心是“融媒发展实验区”的重中之重。而视觉传媒中心成立后将负责打造集团新闻客户端这一集团转型发展战略级产品、移动新媒体龙头产品，中心还将通过中央信息厨房打通集团各传统媒体和新媒体之间的新闻资源，并根据全媒体的特点和要求进行编辑加工、精准发布。

新华报业传媒集团董事长、新华日报社社长周跃敏表示，建设“融媒发展实验区”是为了推动媒体融合从非常态融合向常态融合转变、从单维度融合向全方位融合转变、从浅层次融合向深度融合转变、从内部融合向开放融合转变。视觉传媒中心的成立正是集团深入推进媒体融合创新的重大改革举措之一，将为采编流程再造、组织架构重建、考核考评办法调整完善等做出有益探索。

（资料来源：《中国新闻出版报》　作者：晋雅芬）

【8 563家广播电视节目机构通过年检】 2015年4月8日，国家新闻出版广电总局发出通告，8 563家广播电视节目制作经营机构取得2015年度广播电视制作经营许可证，133家机构取得2015年度电视剧制作许可证，不合格机构共有998家。

在通过年检的8 563家广播电视节目制作经营机构中，北京市有2 498家，占比接近总数的1/3，继续彰显北京是文化影视制作和创作的集中地。上海、浙江、广东等地，通过年检的机构数量均在500～1 000家之间。

此外，在主动申请注销的38家机构名单中，浙江省占了14家，其中以海宁市居多，有6家；内蒙古自治区有4家，其中鄂尔多斯市占了2家。

（资料来源：《中国新闻出版报》　作者：李　彦）

【安徽成立文化产业电子商务联盟】 2015年4月12日，安徽文化产业电子商务联盟成立大会暨合作签约仪式在合肥举行。联盟旨在通过实现企业联合、平台聚合、资源整合、供需结合、商机契合、营销融合，携手开拓市场，提升企业竞争力。

安徽文化产业电子商务联盟由安徽新媒体集团牵头，安徽日报报业集团、安徽广播电视台、安徽出版集团、安徽新华发行集团、安徽演艺集团、安徽广电传媒产业集团等10家单位共同发起组建。截至目前，联盟成员单位共有205家（含11家发起单位），其中已开展电商业务的企业79家，计划开展电商业务的企业近100家，文化电商发展关联单位近30家。联盟服务和产品涉及图书、影视、电子出版物、新闻信息、演艺票务、动漫游戏、在线教育等。

联盟官方网站“安徽文惠网”同时上线。会上，联盟秘书处与苏宁云商签订框架合作协议，双方拟筹建苏宁易购安徽文化馆，共同致力于文化产业电子商务的发展。

（资料来源：《中国新闻出版报》　作者：宗边诗）

【国际唱片业协会发布《2015年数字音乐报告》】 2015年4月14日，国际唱片业协会发布了《2015年数字音乐报告》，该《报告》显示，2014年，全球音乐产业收入与上一年相比基本未变，达149.7亿美元。其中，数字音乐收入上涨6.9%，为69亿美元，占全球音乐总销量的46%，与实体音乐销量首次持平。

这一变化凸显了近年来全球音乐产业的深度转型。《报告》显示，消费者更钟情于音乐流媒体和订阅。其中，订阅服务的付费用户数量增长46.4%，订阅收入的大幅增加（+39.0%）抵消了下载销售的下降（−8.0%），使整体数字收入有所增长。订阅服务目前成为音乐产业业务构成中的核心，占到了数字市场的23%，创造了16亿美元的贸易额。据预测，订阅领域还有进一步增长的潜力，2015年，苹果、YouTube等都推进了新订阅服务。

《报告》还对数字音乐的发展趋势进行了分析，如消费者更多地使用合法服务。调查研究显示，消费者对合法服务的使用率很高，在过去的6个月，有69%的互联网用户访问过授权的合法数字音乐服务。公众对合法授权服务意识也很高，约38%的受访者表示更愿意访问在线音乐。《报告》还指出，流媒体正在崛起，但付费服务还有待开发。

另外，全球唱片产业依旧呈现多业务并存的特点，有多种消费渠道和业务模式。实体销售占46%的市场份额，在一些关键市场如法国、德国、日本等仍占主导地位。在实体业务中，黑胶唱片销量继续复苏，收入增加54.7%，占全球收入的2%。这凸显了行业致力于为广大乐迷提供尽量多的音乐使用选择和尽量多的音乐格式。行业的其他领域，表演权收入占行业总收入的 6%，达 9.48 亿美元。音乐同步收入增加了 8.4%，占 2%的市场份额，大幅上涨的市场包括：法国（+46.6%）、德国（+30.4%）和日本（+33.5%）。

（资料来源：《中国知识产权报》　作者：窦新颖）

【淮北报业文化传媒集团公司成立】 2015 年 4 月 18 日，淮北报业文化传媒集团公司揭牌成立。

淮北报业文化传媒集团公司系淮北日报旗下的全资公司，下辖淮北报业出版发行公司、淮北报业网络传媒公司、淮北报业尚德文化传媒广告公司、淮北报业尚善商贸公司、淮北报业尚诚电子商务公司、淮北报业星光国际旅行社 6 家全资子公司。集团公司秉承“务实、创新，勇争一流”的经营理念，依托《淮北日报》《淮北晨刊》和淮北手机报、淮北网等强势媒体，有效整合资源，在出版、发行、广告代理、电子商务、旅游、培训、新媒体运行、会展、品牌推广、大型体育赛事承办等多领域全面拓展，以多种传播方式助推精致淮北建设。

（资料来源：《中国新闻出版报》　作者：怀　文）

【中国影视后期产业联盟在京成立】 2015 年 4 月 20 日，作为“第五届北京国际电影节电影市场”的重点项目，中国影视后期产业联盟在北京中华世纪坛剧场正式成立，Base FX、视点特艺（北京）数字技术有限公司、北京天工异彩影视科技有限公司、大厂影视创意产业园四家联盟发起单位和 20 余家联盟成员单位代表参加了启动仪式。

中国影视后期产业联盟秉持“聚合创新、开拓共赢”的宗旨，以“专业行业联盟＋产业园”为特色，以大厂影视创意产业园为基地，以 Base FX、视点特艺和天工异彩等 20 余家影视后期企业为核心，来推动影视后期人才的培养。并通过加深国际交流，构架国际级的影视后期资源服务平台，以人才孵化和技术发展为引擎，来推动中国影视产业的升级。

（资料来源：搜狐财经）

【北京国际电影节签约 138.45 亿元创新高】 2015 年 4 月 20 日，第五届北京国际电影节电影市场再传捷报，交易额再创新高，实现签约项目 36 个，签约总额 138.45 亿元，比上届增长 32%，签约项目涵盖电影产业链各个环节。

从第三届北京国际电影节开始，电影节组委会将举办两届的“北京电影洽商”更名为“北京电影市场”，围绕“展示·推介·交流·交易”的主题，搭建持续性综合服务平台，电影市场数量、质量建设得到全面提升，逐步形成有自身特色的电影市场体系。前四届共促成 80 个项目洽商签约，交易总额达 273.19 亿元。其中，第一届签约总额 27.94 亿元，第二届签约总额 52.73 亿元，第三届签约总额 87.31 亿元，第四届签约总额 105.21 亿元。

2015 年共有 275 家中外展商注册参加招商展会，相比 2014 年增长了 11%，其业务分布不仅涵盖电影业传统的创作、制作、发行、经纪、营销、宣传等产业链条，还进一步辐射到了金融、出版、广告、法律咨询等多个相关领域。其中，国际展商数再次过半。本届项目创投吸引了 455 个项目报名，在 2014 年 226 个的基础上实现了超过 100%的增长。

（资料来源：《中国新闻出版报》
作者：王坤宁　李婧璇）

【中版集团启动“好书百店千柜工程”】 2015 年 4 月 22 日下午，中国出版集团公司、深圳出版发行集团公司在深圳中心书城启动中版“好书百店千柜工程”。中国出版协会常务副理事长、中国图书评论学会会长邬书林出席仪式。

中版“好书百店千柜工程”，即在 100 家书店设立 1 000 个中版图书专柜。中国出版集团股份有限公司副总经理樊希安表示，实施这一工程，旨在打造一个将中版好书尽快送到读者手中的快速通道。倡导多读书、读好书，帮助读者解决选书难的问题。

在深圳书城设立的“中版好书专柜”，由 50 组书架集中展示销售，总计 1 300 种，长期设柜销售。中版图书与深圳中心书城万余种图书，将进行为期一个月的 9 折让利销售。深圳出版发行集团公司副总经理何春华表示，出好书是中国出版集团公司的执着追求，卖好书是深圳出版发行集团的持续目标，读好书是深圳市民的长期坚守，我们有理由预期中版“好书百店千柜工程”于深圳始发意义重大，必将有力推动全民阅读。

中国出版集团公司还将与全国其他战略合作伙伴深度合作，全面推进中版“好书百店千柜工程”在全国落地。

（资料来源：《中国新闻出版报》　作者：章红雨）

【我国国产动画电影全年票房已逾 11 亿元】 2015 年 4 月 27 日，第十一届中国国际动漫节“中国动画电影高峰论坛”举行。我国国内动画电影制作企业和机构2014年共制作完成并取得公映许可证的影片达到43部，其中有32部成功进入城市影院市场，累计票房超过11亿元。

在论坛上，国家新闻出版广电总局电影局副局长毛羽援引了在这个论坛上首次发布的《中国动画电影发展报告（2014）》中的上述数据，他同时表示，大型专业影视公司、动漫公司和互联网公司是国内动画电影产业的主体，它们非常活跃，推动着国产动画电影的产量和质量不断攀升。制作方的目标也正从高票房向包括国际合作、版权开发授权、衍生产品、主题公园等后产品延伸。

《报告》同时显示，2014年，国产动画电影放映总场次为487万场，比上年增长45.4%，观影人次达8 687、9万人次，同比增长43.8%，而全年票房同比增幅则为67%，这些指标均高于全国电影的同期值。

《报告》同时指出，企业规模偏小，关键人才缺失，观影人群定位过于狭窄，制作不够精良，艺术感染力不够，知识产权（IP）开发单一，故事制作偏弱等，仍是国产动画电影的痛点。报告编委会常务副主编、《综艺报》电影中心总经理朱玉卿说，2014年，就场次而言，国产动画电影和进口动画电影之比是62%∶38%，而票房之比正好倒了过儿，国产动画电影仍然有很大的提升空间。

（资料来源：新华网浙江频道　作者：冯　源）

【京津冀66家文创园区谋求协同发展】 2015年4月29日，由北京市文资办主办的2015北京文化创意产业项目推介会在京举办。来自京津冀三地的66家文化创意产业园区代表共同发起和签署了《京津冀文创园区协同发展备忘录》，并就三地文化产业特别是产业园区的协同发展展开对话。

《备忘录》提出，三地园区将加强对文化资源的协同开发、管理和利用，推进区域文化产业融合和文创资源共享。具体包括5个方面的举措：搭建合作平台，优化跨区域合作环境；促进资源共享，加强三地互补性对接；培育中小企业，筑牢文创园区产业基础；创新合作模式，加速跨界文创产业共赢；实现园区结对，打造三地文化品牌形象。

（资料来源：《中国新闻出版报》　作者：曲晓燕）

【京津冀出版集团签署战略合作意向书】 2015年4月30日，北京、天津、河北三地出版集团签署战略合作意向书，力图打造资源共享、互利共赢新机制。

根据合作意向书，北京出版集团、天津出版传媒集团、河北出版传媒集团将在图书出版、数字出版、市场营销、印刷、物流、纸张采购、“走出去”等方面展开合作，探讨和争取实施合作出版项目，每年合作打造畅销书、常销书，并在大型文化出版工程方面加强合作，提升三方的图书市场占有率和品牌影响力。三方将利用各自国营发行主渠道的网络优势和成熟的运营模式，互相提供优惠政策，共享渠道资源，协助在当地市场提高销售份额，以此为契机建立起长期稳固的合作联盟。三方制定出版用纸计划，进行集中采购，共同降低图书生产成本。在印刷方面，三方将综合考虑设备、印制成本、交通便利等条件，利用各自优势，分别对三方的精品图书、高档画册等出版物进行印制加工，同时，以优质的服务、优惠的价格，互为提供北方乃至全国的市场，提供第三方物流服务。

天津出版传媒集团还将利用天津自贸试验区优势，北京出版集团、河北出版传媒集团利用与海外出版机构的良好关系，三方互为提供海外渠道，为出版“走出去”服务。

（资料来源：《中国新闻出版报》　作者：樊国安）

【腾讯视频推逾50场在线演唱会】 2015年5月8日，腾讯视频在召开的发布会上宣布，启动国内最大的在线演唱会计划，全年直播超过50场在线演唱会。腾讯视频Live Music平台自上线以来，已经举办了29场在线演唱会，观看人数达1 880万，播放量突破3.08亿次。

腾讯视频用户不仅可以在线购买鲜花道具，还可以与其他网友聊天，参与互动游戏，投票决定歌手的现场演唱曲目。腾讯视频将通过杜比技术、360全景拍摄技术等直播技术的提升，不断丰富用户体验。

（资料来源：《中国新闻出版报》　作者：尹　琨）

【《中国传媒产业发展报告（2015）》发布】 2015年5月9日，由清华大学新闻与传播学院主办，中国传媒经济与管理学会和社会科学文献出版社合办的“第六届传媒发展论坛暨《中国传媒产业发展报告（2015）》发布会”在京举行。《报告》显示，2014年，中国全年传媒产业总值首次超过万亿元，同比增长15.8%。

《报告》指出，2014年的中国传媒产业在调整中稳步前进，在融合中寻求突破。从宏观层面看，十八大以来，我国在政治、经济、社会各个领域呈现出崭新面貌，经济增长速度稳步提高，2014 年国内生产总值（GDP）达 63.64 万亿元，同比增长 7.4%。特别值得一提的是，互联网信息技术带动传统产业升级的影响已直接映射在产业规模的增长上，新兴产业的不断涌现，催生新的经济增长点，文化传媒业亦成为其中不可忽视的一支力量。同时，传媒产业的结构性调整走向深化，互联网不但对传统媒体具有替代效应，也通过媒体融合形成促进力，使传媒产业保持整体稳定增长的态势。

根据清华大学传媒经济与管理研究中心的统计测算，2014 年全年传媒产业总值达 11 361.8 亿元，首次超过万亿元大关，同比增长 15.8%。“2019 年，中国传媒产业总值有望突破 2 万亿元。”《中国传媒产业发展报告（2015）》主编、清华大学新闻与传播学院副院长崔保国说。他表示，2014 年既是中国传媒产业走向媒介融合之路的关键时点，也是传统媒体与网络媒体霸主地位变化的重要节点。互联网企业已成为中国经济发展的重要驱动力，媒体全面迎来数字化。

他认为，在新老媒体交融之际，数字、移动已成为中国传媒图景中重要的特征。投资者也正在中国快速扩张的新媒体领域寻找盈利的机会。在大数据、云计算、物联网、可穿戴设备等数字技术以及高新设备的推动下，媒体已经成为集内容、关系、服务于一身的综合服务体。技术更新、经营创新、融合发展将是传媒产业每一个活跃主体前进的方向。

此外，《报告》指出，2014 年网络广告收入规模达 1 500 多亿元，首次超过电视广告，报纸已处于市场生命周期的衰退期；2014 年平均每月出现 3 部票房过亿元的国产片，中国已成为全球电影产业中最活跃的区域；审查分级、高端人才、高新技术、版权保护、市场规则，是中国电影未来发展必须迈过的五道坎；政策、资金门槛倒逼出视频网站自制元年。《报告》在对传媒产业总体以及各细分行业发展状况与趋势进行深入分析的基础上，对年度发展热点进行跟踪，剖析新技术引领下的商业模式。

（资料来源：《中国新闻出版报》　作者：范燕莹）

【盛大联合腾讯推“传奇”手游】 2015 年 5 月 13 日，盛大游戏与腾讯互娱在京宣布将就《热血传奇手机版》的运营进行全面合作，游戏首测计划于 6 月中旬在腾讯平台启动。这也是中国网游第一 IP（知识产权）和国内最大移动游戏平台的首次深度合作。

据介绍，《热血传奇手机版》将依托端游《热血传奇》，延续后者的经典画面、三大职业及打怪掉宝装备可交易等内容，同时，在操作与交互技术上进行创新，实现千人同屏、自定义操作技能，在移动端为玩家带来正版“传奇”手游。

（资料来源：《中国新闻出版报》　作者：李　森）

【龙源打造“全民数字阅读平台”】 2015 年 5 月 14 日，在第十一届深圳文博会数字出版展示交易会上，龙源数字传媒集团展示的“书香中国，全民数字阅读平台”，包括“党政阅览室”“职工书屋”“社区书屋”“农家书屋”“连队书屋”“校园书屋”“家庭书屋”，几乎覆盖了各群体的阅读需求。

该平台由“三终端四平台”组成。3 个终端是：PC 电脑终端、手机终端、二维码屏终端。4 个平台是：个性化分众内容平台、多层级的综合管理平台、多维度的数据统计平台和智能化的活动互动平台。

此外，龙源数字传媒集团与《紫光阁》杂志合作开发了紫光阁手机阅读产品，2014 年 11 月，《紫光阁》登陆移动“和阅读”手机阅读基地，仅仅 5 个月，点击量已达 5.7 万次。

（资料来源：《中国新闻出版报》　作者：李子木）

【中国出版集团两大国际化项目签约】 纽约当地时间 2015 年 5 月 28 日，2015 美国书展中国主宾国展区，中国出版集团“中国近现代文化经典文库”西语版及《海外中文古籍总目》项目签约仪式举行。中国出版集团与西班牙出版机构 LID 签约“文库”西班牙语版，集团所属中华书局启动多个图书馆的中文古籍海外回归项目。国家新闻出版广电总局副局长吴尚之出席并讲话。

“文库”是中国出版集团最重要、规模最大的国际合作出版工程，包含所属商务印书馆、中华书局、三联书店、人民文学出版社等品牌出版社一个多世纪以来出版的经典学术作品和文学作品，计划甄选数百种中国学术和文学经典，精心翻译，成批出版，让国外读者客观了解中国学术探索及文学创作成果。目前已有若干家全球大学出版机构签约加盟到项目中来。这次与西班牙知名出版机构 LID 合作，就是希望让更多的西语读者读到中国学术文化和文学经典。

“中国古籍海外回归”项目是中华书局启动多年的项目，包括海外中国古籍总目、海外善本图录、海外善本影印全本等。经过研讨和落实，目前已经与多家海外图书馆、博物馆达成合作意向，并出版了第一批合作成果《美国伯克莱加州大学东亚图书馆藏宋元珍本图录》、《美国伯克莱加州大学东亚图书馆藏宋元珍本丛刊》(2014)。这次签约代表着多个海外图书馆的中文古籍海外回归项目启动，鼓励更多图书馆按照此模式尽快进入出版流程。

吴尚之表示，推动中国优秀出版物走向世界，促进中外出版交流与合作，是在重要国际书展举办中国主宾国活动的意义所在。中国出版界一直非常重视古籍整理出版工作，2013年，出版完成了《中国古籍总目》，拟定了编纂出版《海外所藏中国古籍总目》的计划。这次《海外中文古籍总目》项目的启动和签约，预示着中国古籍回归的进程将加快。他希望中国出版集团、中华书局与哈佛大学哈佛燕京图书馆等海外图书馆密切合作，相互支持，加快中国古籍整理出版的进度，也希望能看到更多合作项目签约。

(资料来源：《中国新闻出版报》　作者：王坤宁)

【江西省获批建立国家数字出版基地】　2015年5月，国家新闻出版广电总局正式批准江西省建立国家数字出版基地。这是总局重启国家数字出版基地审批工作后获批的第一家基地，也是《国家新闻出版产业基地（园区）管理办法》出台后，严格按照该《办法》批准建设的第一家基地。

江西国家数字出版基地将在南昌高新区挂牌，按照“一基地、多园区”的模式，在江西全省范围内建设、发展。江西省新闻出版广电局有关人士表示，省局将严格对照《国家新闻出版产业基地（园区）管理办法》，为深入创建国家数字出版基地做好基础性工作，进一步推动产业融合发展，进一步发挥产业集群优势，进一步加强内容导向管理。

(资料来源：《中国新闻出版报》　作者：赣　文)

【手机网络视频用户比率首超PC】　2015年6月10日，由企鹅智酷与腾讯视频联合制作的《2015年中国网络视频大数据报告》显示，2014年网络视频行业市场规模获得大幅增长，增长率达76.4%，总市场规模约239.7亿元。中国网络视频用户规模持续增长，截至2014年底，已超过4.33亿。

网络视频用户占我国总网民的66.7%，新增网民对网络视频的使用率约占50%。

手机网络视频用户规模已达3.13亿，在手机网民中占56.2%，使用率首次超过了一半；网络视频用户中用手机看视频的比例也首次超过PC，约71.9%。

值得注意的是，与我们原本以为移动端更适宜看短视频不同，数据显示超七成用户在移动端观看的视频内容为电视剧、电影和综艺等长视频。而新闻资讯类视频受PC端新闻文章的引流影响，主要用户仍停留在PC端。

广告仍然是视频收入的主要来源，网络视频也是如此，广告收入在网络视频收入构成中占比63.4%，但是广告收入的占比有了缩减的趋势，其他类收入如互联网电视和机顶盒等终端销售收入、游戏联运等收入增幅明显。会员收费等增值服务收费仅占5.1%，增长空间巨大。

(资料来源：地歌网　作者：陈　超)

【掌阅发力海外数字阅读市场】　2015年6月11日，掌阅科技宣布，将进军海外数字阅读市场，并首先从亚洲市场开始拓展。

掌阅此次发力海外市场是基于其在版权方面的优势。作为唯一获得第四届“世界知识产权组织版权金奖”的数字出版企业，掌阅在版权方面的努力获得了海外市场的认可。成立7年来，掌阅已拥有5亿用户，覆盖150多个国家和地区，用户群中有大量的海外华人华侨。在用户需求继续增长的情况下，掌阅也开始进行繁体版和英文版的开发准备工作。

掌阅称将首先拓展亚洲市场，并与国内一样，以图书付费下载作为其主要的营收方式，因此更需要得到当地版权提供商的信任，以便顺利打开市场。

(资料来源：《中国新闻出版报》　作者：任晓宁)

【中国艺交所进军影视文化艺术衍生品开发领域】　2015年6月12日，中国艺交所与中南红影视文化产品开发公司在京签署合作协议，旨在实现“互联网＋艺术＋金融”的模式创新，积极打造出完整、成熟的相关产业链。

中国艺交所是目前国内唯一一家获证监会批准入市的“中国”字头的艺术品现货交易所，拥有深厚的工艺美术行业背景和丰富资源。本次签约合作的中南红影视文化产品开发公司隶属中南重工上市公司的文化板块下设的全资子公司，享有得天独厚的影视文化资源和影视文化产品及衍生产品的开发资源及优势。在这次合作中，双方将依托工艺美术行业资源和影视明星资源，共同设计、研发、定制影视文化艺术衍生品，并以中国艺交所为交易平台，双方共同组织影视明星艺术衍生品的定制品、收藏品等交易和宣传活动，并开展弘扬中国传统文化的公益活动。

此举标志着中国艺交所正式进军影视文化衍生品开发领域，在影视文化衍生品领域的创新性实践中迈出了坚实的一步。

本次活动还举行了“中国艺交所邮币卡交易平台”的上线倒计时仪式。

（资料来源：光明网　作者：温　源）

【第七届海峡影视季两岸共签 11 个合作项目】 2015 年 6 月 12 日，第七届海峡影视季在福建厦门拉开帷幕，其中新设的两岸影视项目签约仪式同期举行，现场签约 11 个两岸影视合作项目。

在新片发布会上，《衔香》《遇见爱情》《奔跑吧依兰》《守信少年》4 部两岸影视新片首次亮相。《衔香》由福建金银海文化传媒有限责任公司和青年电影制片厂出品，具有浓郁客家味道，是一部以爱情和亲情为叙事主线，两种情感交叉、冲突、融合的电影。《遇见爱情》是由海峡世纪（福建）影视文化有限公司、台湾万星传播股份有限公司共同摄制的浪漫爱情电视剧。《奔跑吧依兰》是由福建朱子影视文化发展有限公司和北京星邦文化传媒有限公司制作出品的励志、爱情电视剧。《守信少年》是由海口市海晏无限影视文化中心出品的首部防“狼”安全教育电影。

在两岸影视项目签约仪式上，海峡两岸棚内剧集成化生产（漳州）基地项目、两岸最大规模电影合拍项目《传奇帝国首部曲之莲花王子哪吒》、海峡电视台与台湾东森电视公司等机构联合制播节目等共 11 个两岸影视合作项目现场签约，投资总额约 5.3 亿元。

（资料来源：《中国新闻出版报》
作者：张福财　洪　乐）

【国内首家科技影城开业】 2015 年 6 月 14 日，由上海市科协与上海电影集团共同打造的上海科技影城开业。在这家国内首打“科技牌”的影院中，市民不仅可以欣赏热映的科幻、科技、科普影片，还有机会聆听科学家对影片的科普解读。第 18 届上海国际电影节参展影片——加拿大纪录片《飓风》也于开业当晚在此放映。

上海市科协党组书记、副主席杨建荣介绍说，科幻、科技、科普电影是提高公民科学素养的常用手段。针对国内科普影片放映量不大的现状，上海市科协与上影集团策划，将上海科学会堂思南楼三楼学术报告厅改建成科技影城。

上海科技影城有两个标准化的电影放映厅，全部采用三光路 3D 数字化放映。影城开业后，于每周二下午举办两个电影公益专场，票价为 10 元；周一到周五晚上及周末两天，影院则放映最新大片。所有在沪院士可凭证免费观看影片，其他上海科技工作者可以办理会员卡，享受票价对折优惠。

（资料来源：《中国新闻出版报》　作者：俞陶然）

【央广传媒与咪咕文化、韩国 SBS 签署战略协议】 2015 年 6 月 16 日，中央人民广播电台央广传媒发展总公司与中国移动咪咕文化科技有限公司、韩国 SBS 有限公司在北京签署战略合作协议，三方将共同在中国的手机视频上推出韩国优秀节目。

中央人民广播电台副台长王晓辉在签约仪式上表示，这次三方战略合作协议的签署将会进一步促进三方合作的深度和广度，从而增进中韩两国的文化交流，开创移动端视频内容拓展的新模式，以及视频平台转型的新范本，同时也是中央人民广播电台实施融媒体的一个重要成果。

中国移动副总裁沙跃家表示，这次合作将有效整合三方资源，实现强强联合、优势互补。韩国的 SBS 将提供电视剧、综艺节目等优质的版权内容资源，咪咕文化将充分发挥在用户规模、网络覆盖以及渠道方面的优势，为韩国 SBS 内容在中国进行更加广泛的传播奠定基础。而央广传媒则将运用其在内容运营和整合传播方面的特长，不断提升韩国 SBS 内容的本土化运营水平。

（资料来源：《中国新闻出版报》　作者：燕　帅）

【阿里与在华国际出版商版权保护联盟签订谅解备忘录】 2015 年 6 月 24 日，阿里巴巴集团及在华国际出版商版权保护联盟宣布，双方已签订谅解备忘录，扩大合作范围。双方早于 2011 年 8 月首次签订合作协议，而签订新的谅解备忘录后，双方会合作打击阿里旗下全球速卖通及淘宝网上的知识产权侵权行为。

在华国际出版商版权保护联盟的成员包括 17 家国际出版商。该联盟会协助阿里巴巴辨认第三方于淘宝网或全球速卖通平台上出售的潜在侵权商品，以助淘宝网和全球速卖通采取适当的行动，删除相关产品信息。

（资料来源：阿思达克财经网）

【第一视频抢占时尚集团、新京报等 PGC 优质版权资源】 2015 年 6 月 24 日，第一视频新媒体集团宣布启动中国最大 PGC（专业生产内容）平台计划，构建全球最大的“中文 YouTube”，并在京举办了平台上线启动仪式。第一视频客户端 V1 圈也将全面改版上线，旨在成为中国网民观看 PGC 原创视频的最大入口。

第一视频此次引入了时尚集团、摩登天空、飞碟说、新京报新媒体等垂直领域 500 多个 PGC 团队，抢占了 PGC 领域最优质的版权资源。“认证零门槛，收入高分成”是第一视频“先富起来”计划的最大亮点。而“打赏众筹”计划能使 PGC 优质内容创作者获得社群粉丝的“打赏”收入。

第一视频集团董事局主席张力军表示，第一视频将着力打造 PGC 视频产业生态、O2O 平台，为 PGC 用户提供设备租赁、资金投入、渠道营销、广告客户、办公场地等全方位的管家式增值服务，建立起众人投资创作者、创作者贡献内容、内容贡献流量、投资者创作者分享收益的“视频众筹”模式。第一视频新媒体 CEO 刘丹晖则称，第一视频将始终坚持“创作者核心”战略，在短视频领域积极探索中国视频产业生态的发展之道。

（资料来源：人民网　作者：宋心蕊）

【4 家中国出版企业入选全球出版 50 强】 2015 年 6 月，全球出版企业 50 强排名发布，中国 4 家出版企业榜上有名，分别是凤凰出版传媒集团、中南出版传媒集团、中国出版集团、中国教育出版传媒集团。

2015 年的《全球出版企业排名报告》更关注全球书业的数字化和全球化转型。《报告》显示，入榜的 4 家中国出版集团中有两家跻身 10 强，凤凰出版传媒集团位列第六，中南出版传媒集团位列第七，中国出版集团、中国教育出版传媒集团分列第十五位和第二十一位。

《报告》特别指出，新入排名的凤凰出版传媒集团与中南出版传媒集团并非处于京沪一线城市，却能够进入全球 10 强，原因在于地方出版集团化，得益于规模效应，更因教材教辅出版为其重心所在。

《全球出版企业排名报告》诞生于 2007 年，由法国《图书周刊》发起，由中国百道网、英国《书商》杂志、德国《图书商报》、美国《出版商周刊》、巴西《出版新闻》联合发布。

（资料来源：《中国新闻出版报》　作者：王坤宁）

【爱奇艺与派拉蒙影业达成网络播放版权合作】 2015 年 7 月 2 日，爱奇艺宣布与美国派拉蒙影业达成合作，爱奇艺获得派拉蒙影业片库的 800 部影片及未来新片的网络播放版权。

据了解，这是美国莱坞“六大”电影公司首次与中国视频网站签订片库合作，范围基本涵盖所有派拉蒙可引进中国的内容。

派拉蒙与爱奇艺合作的 800 部影片，包括《教父》系列、《阿甘正传》、《碟中谍》系列、《变形金刚》系列等等。目前片库中部分电影已在爱奇艺上线，会员与非会员均可观看。

（资料来源：新浪科技　作者：文　刀）

【中影股份上市获批】 2015 年 7 月 8 日，中国证监会官网发布公告，中国电影股份有限公司（以下简称中影股份）（首发）获得通过，拟于上交所挂牌，发行不超过 4.67 亿股。

从其招股说明书看，此次中影股份拟募资 46.18 亿元用于补充影视剧业务运营资金、数字影院投资、数字放映推广、购买影院片前广告运营权及偿还 2007 年中国电影集团企业债券本金和最后一期利息等项目。其中，用于数字影院投资、数字放映推广等项目的募资占比超过一半。

从实力上看，中影股份的市场份额不能小觑，其中在电影发行领域，近 3 年内该公司主导及参与发行了 682 部国产电影和 236 部进口影片，市场份额达 71.31%。截至 2014 年底，中影股份在全国 47 条院线中拥有 3 条控股院线和 4 条参股院线，下属 3 条控股院线 2014 年实现 55.28 亿元票房，占全国票房总额的 18.65%。

从股权结构上看，中影集团是中影股份的控股股东，持有 93%的股份。中视总公司、央广传媒、长影集团、江苏广电、歌华有线、电广传媒及中国联通等 7 家单位均为中影股份的股东，各持有 1%的股份。

（资料来源：《中国新闻出版广电报》
作者：李　彦）

【河南广电携手腾讯开启“摇”时代】 2015 年 7 月 28 日，河南省新闻出版广电局与腾讯“互联网＋广电”战略合作新闻发布会在郑州举行。双方的合作意味着微信“摇电视”“摇周边”等业务在河南正式落地。

根据河南广电与腾讯公司正式签署的“互联网＋广电”战略合作协议，双方在微信摇电视、微信摇周边、微信支付、微信公益等领域展开战略合作，实现河南地区技术相互对接、广告资源共享、市场相互开放、增值业务拓展以及资本层面合作。河南广电依托腾讯的技术平台，设计搭建全国第一个“摇电视互动云平台”和摇周边“云点智能发布平台”，预计40天左右即可建成投入使用。

“摇电视互动云平台”集合了国内最顶尖的摇电视技术，可同时接纳全省百家电视台的直接接入，将使河南省内的电视节目完全实现“大屏”与“小屏”的互连互通。观众可通过微信摇一摇中“摇电视”入口直接参与电视节目，如爆料、竞猜、答题、抢红包、游戏，即时与朋友分享等。此外，可口可乐、肯德基、洛阳电视台将率先进驻“云点智能发布平台”，为消费者提供充满惊喜的微信摇周边服务。

发布会上，河南广电还分别与18家省辖市电视台代表和企业签署了微信“摇电视”“摇周边”合作协议。郑州、洛阳、南阳等6家地方电视台将率先接入“摇电视互动云平台”，为观众提供微信摇电视双屏互动体验。

（资料来源：《中国新闻出版广电报》
作者：云　点）

【中文在线发布半年度报告】　2015年7月30日，北京中文在线数字出版股份有限公司（以下简称中文在线）发布半年度报告。报告显示，2015年上半年，公司实现营业收入1.3亿元，比上年同期增长22.99%；归属于上市公司普通股东的净利润696.27万元，同比下降10.03%。

报告期内，公司整体规模进一步壮大，发展能力不断增强，通过持续的业务模式创新、研发投入、市场拓展，以用户为中心，依托全媒体出版商业模式及先发优势，聚焦大众“IP泛娱乐”和“在线教育”两个战略重点。值得注意的是，中文在线2015年一季度净利润也在亏损，还较上年同期减少20.62%。作为“数字出版第一股”，中文在线上市后受到众多股民的追捧，股价也曾在上市初期出现20多个涨停。

（资料来源：《北京商报》
作者：卢　扬　陈丽君）

【方正启动正版字体支持计划】　2015年7月30日，北京北大方正电子有限公司（简称方正电子）在京正式启动“互联网创业正版字体支持计划”，面向国内互联网微型创新企业及个人开发者，免费提供正版字体授权。

第一批获得授权的“幸运小微”为北京趣发芽科技有限公司、星猫科技（北京）有限公司等共计6家企业。

本次支持计划由方正电子、3W咖啡、UI中国联合发起。方正电子字库业务部总经理张建国说，从2015年8月初开始，所有互联网微型企业及个人开发者都可以免费获得方正字库正版字体的使用授权。方正电子欢迎所有符合条件的企业随时致电联络，旗下255款中文字体“小微”们可以任意调用。

（资料来源：《中国新闻出版广电报》
作者：涂桂林）

【重报集团建新闻内容生产运营监管平台】2015年8月3日，重庆日报报业集团与北京拓尔思信息技术股份有限公司举行项目签约仪式，重报集团拟投资1 000万元，采用北京拓尔思先进的大数据技术、云计算，共同打造建设“重报集团新闻内容生产及运营监管服务平台”项目。

2014年以来，重报集团认真贯彻落实中央和重庆市委加快媒体融合发展部署，在投资2 000多万元建设集团主要媒体全媒体一体化技术支撑平台基础上，与北京拓尔思公司进行洽谈，合作建设重报集团层面的“新闻内容生产及运营监管服务平台”项目。

该项目根据重报集团新闻内容建设和管理的需要，重点开发和建设集团全媒体新闻生产监控、传播效果分析、全媒体大数据资源、用户资产管理、智能决策分析、版权维权等六大板块内容，运用大数据技术和先进的技术手段，进一步加强集团全媒体新闻宣传和管理。

北京拓尔思信息技术股份有限公司是国内媒体融合及大数据领域的领头企业，国内搜索技术和内容管理技术最主要的产品提供方，先后为新华社、《人民日报》、中央电视台、浙报集团等提供技术支持与服务。

该项目建设具有创新性、前沿性，还被国家新闻出版广电总局列为2015年改革发展入库重点项目，并作为中央文化产业资金支持数字化转型升级的重点项目。

（资料来源：《中国新闻出版广电报》
作者：崔　健）

【A站、优酷土豆化解版权纠纷】　2015年8月6日，国内弹幕视频网站AcFun（A站）宣布完成A轮融资，融资规模为5 000万美金。本轮融资由合一集团（原优酷土豆集团）领投，A站方面称资金已经全部到位。

A站CEO孙旻表示：此次融资将用于版权内容的采购和合作，以及投资和自制优质动画内容、网络剧、电影、电视剧等。

合一集团董事长兼CEO古永锵表示，将为A站提供流量和带宽支持，以及补充更多版权内容。并且，未来与A站在自制动漫影视剧、IP全产业链开发等各个领域开展合作。

A站与优酷土豆曾有过版权纠纷。像A站在内的弹幕网站的视频资源很多来自外链，通过非正规方式盗链其他视频分享网站的视频，这都是构成侵权的证据。

此前曾多次曝出领投方优酷与A站之间的版权纠纷以及高价的侵权赔偿费用，而本次在资本上的联姻或意味着双方在版权纠纷的正式和解。

A站是中国最早的弹幕视频网站，成立于2007年6月。在国内弹幕视频网站领域，A站、B站作为最知名的两家往往被同时提起。

（资料来源：新浪科技）

【天津打通影视文学出版产业链】 2015年8月5日，天津北方电影集团、天津出版传媒集团和天津市作家协会在天津电影艺术中心举行合作签约仪式，三方将充分发挥文化资源整合的优势，打造并完善从文学创作到文学出版、影视剧本改编、影视剧作品拍摄、优秀影视剧本出版这一完整闭合的产业链条。

根据协议，北方电影集团邀请天津市作协、天津出版传媒集团共同进行年度立项规划，并优先考虑天津市作协、天津出版传媒集团推荐的优秀作品。天津市作协定期向天津出版传媒集团、北方电影集团推荐介绍天津市作家的最新作品，同时，鼓励支持优秀作家作为北方电影集团的签约作者。天津出版传媒集团整合百花文艺出版社《小说月报》《小说月报·原创版》两刊资源，推出“小说月报影视改编版权资料库”，优先向北方电影集团重点推荐，同时与天津市作协共同扶持出版天津市作家的重点作品。

业内人士认为，该合作协议的签订，不仅对进一步加强天津市影视、文学、出版合作，充分发挥整体优势，推出更多优秀作品发挥积极作用，就全国而言，整合文学、影视、出版资源，搭建推出优秀作品的平台，促进文艺繁荣发展，这种合作机制也具有借鉴意义。

（资料来源：《中国新闻出版广电报》
作者：樊国安）

【上海译文出版社打造移动数字出版业务平台】 2015年8月12日，由上海译文出版社打造的移动数字出版业务平台《译文的书》APP正式上线。

登录《译文的书》APP，可以看到“译文的书”“书的事”两大板块。其中，“译文的书”目前提供包括热门畅销书在内的200余种电子书，读者可以选取任意一本进行试读、评论以及购买。每本上架销售的电子书均做了精心的再设计，封面、过渡页及内文均给人一种舒适、简约的阅读体验，在细节上还加入了可弹出的文中注释。书的品种还在不断丰富中，计划可达400余种。而“书的事”这一板块，则是介绍译文社最新书讯、作译者动态、线下活动预告和重磅活动回顾。

上海译文出版社社长韩卫东说，此次《译文的书》APP上线，该社内部运营也将与之相对应逐步进行“改造”，形成完整的移动互联网营销、纸电同步出版和发行的电子商务工作机制，建造读者数据库，培育译文社数字出版品牌，从而实现出版形态的转型。

（资料来源：《中国新闻出版广电报》
作者：金　鑫）

【格瓦拉成首个获电影发行资质的电商平台】 2015年8月18日，上海格瓦商务信息咨询有限公司（简称格瓦拉）获得国家新闻出版广电总局颁发的电影发行经营许可证，成为首个获得电影发行资质的电商平台，有效期为两年。业内专家表示，这标志着电影市场多元化发行时代已经到来。

上海格瓦商务信息咨询有限公司副总裁顾莹表示：“此次获得电影发行资质是行业对我们的认可，让我们的‘新·放映’品牌有了一个很好的基础。今后，格瓦拉将会结合‘新·放映’品牌，为更多优秀的国产电影探索更加多元化的发行方式。”

（资料来源：《中国新闻出版广电报》
作者：李　彦）

【第七届漫博会东莞落幕】 2015年8月24日，第七届中国国际影视动漫版权保护和贸易博览会（下称漫博会）在东莞落下帷幕。本届漫博会主会场共吸引了368家企业参加，比上届同比增长6.4%，2015年更有100余家东莞本土企业亮相。

本届漫博会首次分设专业展与大众展，两个展既相互分开，又相互联系。2015年主会场转移到设施、功能更为齐全的厚街镇广东现代会展中心主办，设“影视动漫版权交易会”，属专业展，参展企业

177 家，展位 524 个；设“动漫游戏嘉年华”属大众展，参展企业 191 家，展位 497 个，全程对所有观众开放。有企业自发牵头组织大型授权对接洽谈活动，邀请超过 150 家企业及 50 个以上世界级品牌形象。

（资料来源：中青在线　作者：郑斯苗　林　洁）

【中版集团与阿语国家开展大规模合作】 2015 年 8 月 26 日，中国出版集团总裁谭跃与阿拉伯出版商协会主席阿西姆·沙勒比分别代表中国出版集团和阿拉伯出版商协会签署战略合作协议。

这次战略合作协议签署是在业内第一次开展与阿拉伯语国家的大规模合作。阿拉伯出版商协会会员涵盖 22 个阿拉伯国家的近 900 家出版机构。协议充分体现了中国出版集团践行“一带一路”战略的规划目标，双方将建立合作机制，共促中阿出版业发展。合作具体内容包括：成立包括中阿双方以及阿拉伯汉学家在内的联合工作组，负责沟通、协调、推进合作事务，制定中阿双方共同认同的三年合作规划和当年合作计划。建立定期互访机制。阿方每年在北京 BIBF 期间组团来访，中方则每年从阿方成员国举办的 16 个书展中遴选一至两个书展组团参展；最终以阿拉伯出版商协会三年一届的年会为平台，广泛听取阿拉伯世界出版商的想法和建议，同时检验前三年合作成果并规划后三年的合作重点。此外，在互访、合作基础之上，中阿双方将择机建立合资公司。

（资料来源：《中国新闻出版广电报》
作者：王坤宁）

【浙江少儿出版社收购澳洲出版社】 2015 年 8 月 27 日，浙江少年儿童出版社收购澳大利亚新前沿出版社（New Frontier Publishing）签约仪式在京举行。这是中国专业少儿社进行海外并购的第一次探索，中国出版协会常务副理事长、中国图书评论学会会长邬书林出席签约仪式并讲话。

邬书林在致辞中说，儿童是人类的未来，在儿童心中播撒阅读的种子，就是让他们从小懂得知识的重要，知识会带来光明的未来。中国有句古语：国之交在于民相亲，民相亲在于心相通。中外文化要更好地交流，最重要的是要让孩子们心相通、心相知，这样就为世界的和平发展和繁荣播下知识的种子。少儿出版是一项崇高的事业，值得出版人为之奋斗。中国少儿出版在过去的十几年来一直保持高速增长，目前每年出版童书已达 4 万多种。浙少社是领跑全国的专业少儿出版社，澳大利亚新前沿出版社出版了很多优秀童书，双方的合作很有意义。他祝愿双方在合作基础上共同做好少儿出版大文章，让更多的中国少儿图书走向世界，把世界优秀少儿图书介绍到中国，用人类的优秀文明成果哺育我们的下一代。

浙江少年儿童出版社社长汪忠在签约仪式上说，此次收购完成后，澳大利亚新前沿出版社作为浙少社的一个海外全资子公司，助推浙少社的国际化建设。双方可共享优质资源，共享销售发行渠道，实现国内外出版业务的联动和优质童书的国际同步出版。该社希望通过这样的资本并购，快速打造面向国际童书市场的出版和销售平台，努力打造国内领先并具有较大国际影响的专业少儿出版机构。

（资料来源：《中国新闻出版广电报》
作者：孙海悦）

【浙少社与三家出版单位签“彩虹计划”】 2015 年 8 月 28 日，浙江少年儿童出版社牵手巴西 TDL 出版公司、新加坡雅高书社、香港宝丽集团，在京举行“彩虹计划”签约仪式。

“彩虹计划”囊括了图书出版、产品研发和文化交流等分阶段、多层次的合作项目。在合作协议中，除了与现有产品相关的图书互换内容，签约各方将在新品选题的同步出版、图书衍生品的延伸开发，以及海内外少年儿童文化交流等方面深挖优质资源，展开全面合作。

（资料来源：《中国新闻出版广电报》
作者：孙海悦）

【腾讯阅文 IP（知识产权）运营总部落户光谷】 2015 年 8 月 30 日，腾讯旗下的阅文集团与东湖开发区签订合作协议，将该集团的 IP（知识产权）运营总部落户在光谷创意产业基地。

据介绍，腾讯阅文在光谷将以该公司的原创知识产权资源为依托，与国内外各大知名出版机构、影视公司、动漫制作公司等机构，进行网络文学产业周边的版权授权及版权衍生合作。到 2019 年，该企业将可累计纳税近 2 亿元，创造可观的经济效益，并拉动产业链发展。

（资料来源：武汉东湖新技术开发区网站）

【新文化牵手爱奇艺开拓影视 IP 领域】 2015 年 9 月 1 日，新文化公告称，公司与北京爱奇艺科技有限公司签署了五年期战略合作协议，双方将在影视剧领域展开合作。

新文化公司表示，合作期内双方拟定每年合作的电视剧、网络剧、电影、游戏及其衍生产品等项目产品的总市场规模合计目标人民币10亿元。拟定每年通过各种方式就电视剧合作不少于2部，电影不少于1部；通过定制网络剧、定制网络栏目的合作项目不少于2部；此外，就公司现有的成熟知名IP开发的影视剧每年通过各种方式优先合作不少于1部。

双方合作方式包括但不限于共同开发、投资、制作、招商、发行等，围绕影视IP，逐步拓展双方合作的内容和层面。

（资料来源：全景网　作者：林秋彤）

【腾讯与湖南省签署“互联网＋”战略合作】
2015年9月1日，腾讯公司与湖南省政府举行战略合作框架协议签约仪式，双方就“互联网＋”战略进行合作。

此次合作重点是在政务、社会保障、食品安全、教育、旅游、医疗、电子商务、现代金融、云计算和大数据应用等领域。

根据协议，双方将依托腾讯丰富的用户资源、成熟的云计算能力及微信、QQ、腾讯·大湘网、腾讯云等互联网平台和产品，充分整合双方的优势资源，以实施“互联网＋”行动计划为结合点，以促进湖南省经济转型升级和社会事业发展为目标，开展全方位、深层次的战略合作，共同推进互联网与湖南省经济、社会各领域融合发展。

截至8月底，微信城市服务已经上线全国66个城市，覆盖1.5亿居民，接入150多项政务便民服务。

（资料来源：《中国新闻出版广电报》　作者：任晓宁）

【今日头条推“千人万元计划”支持原创】
2015年9月8日，今日头条在京宣布，推出“千人万元计划”、自媒体孵化器等一系列扶持举措，大力扶持优质内容创作。

按照该计划，在2016年一年内，今日头条的媒体、自媒体平台“头条号”将确保至少1 000个头条号创作者单月至少获得1万元的保底收入。今日头条创始人兼首席执行官张一鸣表示，对于入选标准，“不单单以阅读量为考评，特别强调内容的质量”。

“头条号”也将鼓励垂直领域的内容创作者组织起来，成立小型编辑部，共同稳定、成规模地生产某个品类的内容，例如乒乓球、马术等。对于这类“群媒体”，今日头条的扶持力度会更大。今日头条计划在未来一年内重点扶持至少100个“群媒体”，单月将至少获得2万元的保底收入。

（资料来源：《中国新闻出版广电报》
作者：任晓宁）

【中南传媒携手培生集团共推数字化教育】
2015年9月8日，培生集团与中南出版传媒集团在京签署战略合作框架协议，双方达成共识，在基础教育教材教辅、数字教育产品及国际教育等方面进行战略合作。

根据协议，双方将充分利用各自的资本、信息、市场及品牌、产品、解决方案等各方面的优势，在共同打造数字教育产品的同时，积极推进先进教育标准的本地化，探索产业资本发展新模式，不断拓展市场，提升服务，为更多的学习者带来更高质量的学习产品，不断提升学习成效。

双方缔结战略合作协议后，中南传媒将致力于提供适合中国的数字化解决方案，以及用户体验良好的数字化产品，服务于中国教育，服务于中国未来的发展。培生集团新兴市场总裁Tamara表示，中南传媒是培生集团在中国的首个出版传媒领域的战略合作伙伴，双方在业务上将不断拓展合作领域。

（资料来源：《中国新闻出版广电报》
作者：李雪昆）

【腾讯成立企鹅影视】　2015年9月11日，腾讯在京宣布成立企鹅影业，公司在网络剧、电影投资、艺人经纪三大板块发力。电影方面，企鹅影业宣布每年参与10～15部影片的投资，包括《鬼吹灯》在内的8部自制网络剧也提上了拍摄日程。

企鹅影业电视剧业务部总监方芳公布了8部顶级网络剧计划，率先亮相的是顶级IP《鬼吹灯》。小说《鬼吹灯》的图书销量已达1 300万册，连续多年占据各大平台十大畅销书排行榜。在影视剧改编方面，各种打着续集、番外篇、同人文、新创作旗号的作品也频繁在市场上出现，让人难辨真伪。事实上，粉丝和观众真正认可的，唯有天下霸唱的两部8本原小说。值得一提的是，《鬼吹灯》两部8本小说的网络改编版权，分属于万达影视传媒有限公司和梦想者影业，两家公司最终将手中的版权交予企鹅影业，使《鬼吹灯》成功合体，完整呈现给观众。

（资料来源：《渤海早报》　作者：崔　娜）

【搜狐视频首创视频基因比对】 2015年9月17日，搜狐视频方面表示，视频基因比对技术已正式上线，可以通过海量大数据分析帮助视频出品人迅速发现盗版侵权行为，未来还将可以实现将盗版视频收入转移给原创者。

视频基因比对技术是搜狐视频自主研发的视频检索技术。以现有的近百万级别版权视频作为基因母库，通过提取视频色彩特征和高级语义特征，为视频形成代表唯一身份的指纹文件。新上传的每一个视频，都会与基因母库里的所有视频进行对比，若新视频与版权视频相似度极高，即可判断为疑似盗版视频。

（资料来源：搜狐　作者：杨舒芳）

【中国华策影视与美国公司敲定合拍计划】 2015年9月29日，中国华策影视集团在美国洛杉矶与多家美国影视公司和影视人才洽谈合作，宣布投入3亿美元与美国极光影业合作拍摄12部面向全球发行的影片。

华策影视集团总裁赵依芳与极光影业总经理汉密尔顿签署合约成立合资影视公司，计划在未来几年投资3亿美元共同开发和制作12部影片，并面向全球发行。

华策与极光影业联合开发的12部国际影片有望充分利用双方资源，制作既符合华人口味，又具世界市场的电影。这12部电影将在未来几年陆续上映。

汉密尔顿说："我们希望和华策建立起长期的合作伙伴关系。基于华策对中国文化和市场的了解，他们可以给予我们创作上的意见，和我们沟通交流，共同完成获得中美观众喜爱的电影。"在未来的合作中，汉密尔顿期待双方可以开发出包括喜剧、动作和科幻片等多种类型的优质剧本，充分利用双方的优势资源来制作全球观众喜闻乐见的电影作品。

此外，华策影视集团还与《蝙蝠侠》系列和乐高电影的制片人迈克尔·乌斯兰敲定了未来4部中美影片的全方位合作协议，并涉及电影衍生品开发。

（资料来源：新华网　作者：张超群）

【长城影视投资参设西部电影集团】 2015年10月8日，长城影视发布公告称，公司与甘肃广电正式签署了《关于设立甘肃长城西部电影集团有限责任公司的股东出资协议》。甘肃广电拟以实物、货币、土地使用权出资共计4 306.24万元（最终以甘肃省财政厅批复的兰州电影制片厂有限责任公司评估净资产数额为准），公司拟以货币出资4 306.24万元（最终出资数额与甘肃广电经审批确定的出资数额相等），双方共同出资设立甘肃长城西部电影集团有限责任公司。

长城影视表示本次与甘肃广电合作共同出资设立西部电影集团，依托西部电影集团平台开展影视剧创作、生产、投资、发行、放映等核心业务，集中推出一批以"中国西部类型影视剧"为主、兼具社会效益和经济效益的影视内容产品，使之成为西部影视作品创作生产的主要平台，推动形成"中国西部影视流派"。

（资料来源：《中国证券报》　作者：杨　宁）

【阿里影业与大地影院开展线下合作】 2015年10月23日，阿里影业与广东大地影院建设有限公司宣布达成合作协议，双方将在票务运营、会员管理、院线运营、影片发行、衍生品等方面合作。

大地影院是一家连锁影院投资管理公司。截至2015年9月底，大地影院已开业292家，银幕数1 491块。2015年上半年，大地影院票房达10亿元，同比增长48%，在全国十大连锁影院投资管理公司中位居第二。

这是阿里影业首次涉足线下院线。此前，阿里影业4月份以8.3亿元人民币收购影院票务系统供应商粤科软件。

阿里影业与大地影院的合作主要围绕院线的运营，除了向大地影院提供电子票务解决方案之外，阿里影业也将协助大地影院与淘宝电影票等阿里资源对接，两家公司在影片的联合发行、宣传、排片开展合作。此外，双方还约定在时机合适时，探讨在投融资领域合作。

（资料来源：新浪科技　作者：文　刀）

【四川日报集团与阿里联合成立"封面传媒"】 2015年10月28日，四川日报集团与阿里巴巴集团正式宣布成立"封面传媒"，携手打造一个强调"个性化定制"的新型主流媒体。

作为一个移动媒体平台，"封面"将以新闻客户端为主打，以thecover.cn网站为基础，涵盖微博、微信、视频、数据、论坛、智库等，逐步推出多个垂直细分领域的产品矩阵。目前，四川日报集团与阿里巴巴集团已联手组建全新的封面传媒有限责任公司，就"封面传媒"进行运营。

"封面"是四川日报集团与阿里巴巴集团"优势+"的新体现，是四川日报集团发展、改革、创新、创业“四位一体”融合发展的新成果，是中国第一张都市报——《华西都市报》融合转型的新载体。

（资料来源：《华西都市报》）

【乐视体育获2017—2020年亚足联赛事全媒体版权】 2015年10月28日，乐视在京宣布，乐视体育获得2017—2020年亚足联旗下所有赛事在中国大陆地区的全媒体版权，这是亚足联历史上首次将旗下所有赛事的全媒体版权授予新媒体平台。

乐视体育获得的亚足联中国大陆地区的媒体权益包括亚足联旗下2017—2020年12类赛事、共计1 000多场比赛的全媒体版权和信号制作权。其中包括2018年国际足联世界杯亚洲区预选赛决赛（12强赛），2018年亚足联女子亚洲杯，2019年亚足联亚洲杯，男子U23、U19、U16锦标赛，女子U19、U16锦标赛，亚足联五人制足球锦标赛，亚足联职业俱乐部冠军联赛，亚足联杯和亚足联五人制足球俱乐部锦标赛。

（资料来源：中国经济网　作者：李　方）

【文轩网上线仪式于奥克兰举行】 2015年10月30日，由中国外文局、新华文轩出版传媒股份有限公司、新西兰玛克威出版社、新西兰华文书店等单位主办的第七届新西兰读书文化节暨新西兰文轩网上线仪式在新西兰最大的城市奥克兰举行。活动上，新华文轩旗下的文轩国际文化传播有限公司及文轩网与新西兰华文书店联合推出了“新西兰文轩网”。

新西兰文轩网在新西兰的落地实现了域名本地化、服务器本地化、支付本地化、送货本地化，通过国际快递直接送货到读者手中，完全实现了本地化服务。新西兰文轩网的落地解决了新西兰读者在购买中文图书时的选择少、运输慢、时间久的问题，可以让海外华人和正在学习中文的外国朋友快速直接地了解和购买中国的最新图书。

（资料来源：《中国新闻出版广电报》
作者：李婧璇）

【第十届中国北京国际文化创意产业博览会闭幕】 2015年11月1日，为期4天的第十届中国北京国际文化创意产业博览会圆满落幕。据不完全统计，本届文博会期间，共签署文化创意内容产业的产品交易、艺术品交易、银企合作等协议总金额达1 003.8亿元。

本届文博会签约、成交呈现四大特点：广播影视节目、网络游戏研发制作、动漫研发制作、出版发行等内容文化产品成交额大幅增加；文化、科技、创意、旅游、体育等产业融合的新业态项目增加；文化产品现场交易额明显增加；金融业投资文化创意产业项目增加。

本届文博会4天接待各界观众约22万人次。文博会主题报告会和3场论坛上，有42位包括国际组织高层负责人、国家产业主管部门的权威人士和国内外业界知名专家、学者和企业家到会演讲，1 400多位业界专业人士到会交流。以文化创意产业投融资、文化产品交易、产业合作、艺术品拍卖为主要内容的50余场项目推介交易签约活动，吸引了海内外1.2万名客商到会洽谈交易。

（资料来源：《中国新闻出版广电报》
作者：王坤宁　李婧璇）

【多米音乐与QQ音乐达成音乐版权合作】 2015年11月24日，QQ音乐宣布与多米音乐签署版权授权协议。

此次授权的音乐版权重点包括了BigBang和鸟叔等所在的韩国YG娱乐、张靓颖等所在的北京少城时代文化传播有限公司、周笔畅等所在的北京乐华圆娱文化传播有限公司等公司的音乐版权。

此次版权授权数量少于网易云之前得到的150万首。多米音乐CEO卓玛表示，多米音乐不做“大而全”的曲库平台，而是根据多米音乐本身的用户人群做精准的垂直定位，采购粉丝量大、粉丝活跃度高的艺人的作品版权。

腾讯高级执行副总裁汤道生（Dowson Tong）表示，腾讯将继续致力于尊重艺人歌手的知识产权，提升听众的音乐收听体验，推动粉丝经济的发展。

（资料来源：新浪科技　作者：安　妮）

【百度音乐与太合音乐合并】 2015年12月3日，百度宣布旗下百度音乐业务与太合音乐集团合并，打通音乐产业链上下游，致力于打造一家“全新的互联网音乐机构”。百度相关人士表示，百度与太合音乐联手，将百度音乐的互联网平台优势，与太合音乐的版权和音乐人优势深度结合，促成了互联网巨头与传统音乐公司深度合作的范例，实现了音乐领域合作模式上的突破。

百度音乐是全球知名的中文音乐搜索平台，经过多年发展，已经成为亿万网民找寻音乐内容的第一站，月活跃用户超过1.5亿。太合音乐集团是知名的华语音乐服务机构之一，拥有70万首音乐作品的版权，并与国内外百余家音乐机构达成长期合作。

合并后，百度音乐的品牌和服务将保持不变。在新公司的运营上，太合音乐将主要发挥传统音乐公司在版权、音乐人等方面的资源优势。百度音乐将充分发挥互联网平台优势，在海量用户的基础上，全力发展以粉丝经济为代表的多种线上业务，并注入百度的大数据智能技术支持。

（资料来源：新华网北京）

【《中国手机音乐 APP 市场研究报告》发布】 2015 年 12 月 7 日，比达数据发布《中国手机音乐 APP 市场研究报告》，截至 2015 年第三季度，中国手机音乐 APP 用户规模达 3.94 亿，同比增长 8.8%，但增长速度已经有所放慢，版权竞争正日益加剧。

数据显示，手机音乐 APP 用户覆盖率方面，QQ 音乐居首，占 42.6%；酷狗音乐占 30.1%，位列第二；而酷我音乐则以 20.3%的用户覆盖率位列第三。此外，多米音乐、天天动听、全民 K 歌、百度音乐、网易云音乐和虾米音乐的用户覆盖率分别为 16.7%、16.2%、9.5%、7.3%、3.6%和 3.1%。

在品牌表现力上，调查涵盖了知名度、正版曲库丰富、线上体验、社交互动能力和商业创新力五个维度，QQ 音乐在五个维度均占有不同幅度的优势，网易云音乐第 3 季度活跃用户数相较于此前几个季度增长趋势更为明显；QQ 音乐月活跃用户数环比增长最快，第 3 季度各月环比增长率都超过 7.8%。

其中，K 歌和听歌识曲是用户最常使用的个性化功能，占比分别是 46.3%和 30.8%；电脑传歌占 12.9%；音效均衡器调节、更换壁纸和睡眠定时功能占比均为 10.6%；不使用相关个性化功能的用户占 11.7%。

（资料来源：《北京日报》 作者：潘福达）

【2015 年进口分账影片票房增速放缓】 2015 年 12 月 9 日，2015 年国内上映的 34 部进口分账影片累计票房已超过 143 亿元，比 2014 年同期增长 28%，但从票房增长幅度看，增速放缓。

2015 年 12 月 1 日，《海绵宝宝》上映，该片是 2015 年最后一部进口分账片。截至 12 月 12 日，该片累计票房为 4 000 多万元，要想过亿元恐怕较难。至此，2015 年分账影片票房已成定局。据国家新闻出版广电总局电影专资办统计，2015 年，动作片《速度与激情 7》以 24.26 亿元高居分账片榜首，科幻片《复仇者联盟 2：奥创纪元》和《侏罗纪世界》票房都超过 14 亿元。动画片票房最高者为《超能陆战队》，达 5.26 亿元。分账片票房在 5 亿～8 亿元的有 8 部，在 1 亿～5 亿元的有 15 部，不足千万元的有 3 部。票房最低的是喜剧片《安妮：纽约奇缘》，仅为 260 万元。

在 34 部分账片中，就类型来看，科幻片 10 部、动作片 9 部、动画片 6 部，这 3 种类型占绝大部分。其中又以科幻片、动作片为主，而这一规律自有分账片以来一直没有改变。就票房而言，科幻片和动作片是绝对吸金主力，这两种类型片的票房总和超过 105 亿元。其中科幻片略高于动作片，占比超过 50%。从票房来看，2015 年好莱坞 6 家公司共有 29 部影片以分账片的形式被引进，累计票房达到 138 亿元。在这 6 家公司中，2014 年环球公司的票房排名倒数第一，但 2015 年凭借《速度与激情 7》《侏罗纪世界》《小黄人大眼睛》等 6 部影片吸金接近 46 亿元，一举夺冠。

（资料来源：《中国新闻出版广电报》
作者：李　彦）

【读者传媒于上交所挂牌】 2015 年 12 月 10 日，读者出版传媒股份有限公司 A 股股票，正式在上海证券交易所挂牌上市。这是西部地区第一家在国内主板上市的出版传媒类企业，也是 A 股中唯一有着著名期刊品牌的概念股。

读者传媒 A 股股票简称“读者传媒”，股票代码为“603999”。本次发行规模为 6 000 万股，发行股份均为新股，发行后总股本 2.4 亿股，募集资金 5.86 亿元，发行价格为 9.77 元。

读者传媒招股说明书显示，募集资金 5.04 亿元将投入在刊群建设出版、数字出版、特色精品图书出版、营销与发行服务体系建设、出版资源信息化管理平台建设等 5 个项目上，其中刊群建设出版项目欲投入总的募集资金逾半（2.55 亿元）。这显示，以期刊内容建设为主的多元开发仍将是读者传媒的重点发力方向。此外，数字出版是读者传媒发力的第二着力点，包含“读者”数字资源多终端服务平台、中小学语文阅读与作文教育平台、专题资讯手机报和数据加工外包服务等 4 项。

（资料来源：《中国新闻出版广电报》
作者：王坤宁　李婧璇）

【阿里巴巴宣布收购《南华早报》】 2015 年 12 月 11 日，阿里巴巴集团宣布收购《南华早报》，称将把阿里的互联网优势和《南华早报》的采编优势结合到一起，打造一个让英语世界了解中国的优质窗口。

阿里方面表示，此次收购的是南华早报集团旗下的媒体资产，包括《南华早报》的纸质和网络版、杂志和户外媒体等业务。《南华早报》将继续保持采编独立。

（资料来源：《中国新闻出版广电报》 作者：张 遥）

【第三届中国音乐产业大会开幕】 2015 年 12 月 18 日，第三届中国音乐产业大会在北京开幕，著名音乐人胡海泉、董冬冬、老锣、谭伊哲等与相关领导、产业精英等上百位嘉宾共聚一堂。北京市版权局将于 2016 年启动金曲版权工程，从而更好地维护音乐人的权益。

12 月 18 日正式设立的中国音乐产业发展基金是由无限星空音乐集团 CEO 唐月明、合一影业 CEO 朱辉龙、著名音乐人胡海泉共同发起的，基金整体规模 100 亿元，首期募集资金 10 亿元。这笔资金，将用于扶持中国优秀原创音乐、影视作品的插曲及主题曲的创作等。

北京市版权局副局长王野霏会上宣布，为了解决目前存在的音乐版权信息不够透明、缺乏在线音乐授权平台、版权收益分配不够合理等问题，2016 年北京市版权局将在国家版权局的指导下推出金曲版权工程，包括以下 3 个方面的内容：一是全面推行音乐版权声明公示制度，并建立金曲工程重点音乐作品曲库，把曲库中的作品锁定为音乐版权保护的重点对象；二是创新产业合作机制，积极推动互联网音乐、KTV、公播音乐的跨界合作；三是进一步完善“版权监管、行业监督、典型案件”三位一体的音乐版权保护体系。

金曲版权工程将由首都版权产业联盟负责组织实施，官方网站是 www.musicinfo.cn，音乐词曲作者、表演者、音乐权利人都可以登录该网站申请加入金曲工程。

（资料来源：《北京青年报》 作者：崔 巍）

港澳台版权信息

◆香　港

【香港与韩国签订关于知识产权的合作谅解备忘录】 2015年1月29日，香港知识产权署署长梁家丽代表香港特别行政区政府，与韩国特许厅厅长金荣敏在香港签订关于知识产权合作的谅解备忘录。商务及经济发展局局长暨知识产权贸易工作小组（以下简称工作小组）主席苏锦梁、工作小组副主席廖长城及韩国驻香港总领事赵镛天出席了签署仪式。

备忘录为促进香港及韩国关于知识产权合作提供框架，包括资讯及经验交流、人员培训、推动知识产权贸易及商业化，以及合办研讨会和会议等方面。

工作小组在2013年3月成立，就研究推广香港作为知识产权贸易中心的整体策略提供意见，并探讨可行的政策和支援措施。

（资料来源：http://sc.isd.gov.hk/gb/www.info.gov.hk/gia/general/201501/29/P201501290361.htm　信息搜集：高川婷）

【香港与墨西哥签订关于知识产权的合作谅解备忘录】 2015年2月5日，香港知识产权署署长梁家丽代表香港特别行政区政府，与墨西哥工业产权局局长 Miguel Ángel Margáin 在香港签订关于知识产权合作的谅解备忘录。商务及经济发展局常任秘书长（工商及旅游）容伟雄及墨西哥驻香港总领事 Alicia Buenrostro Massieu 出席了签署仪式。

备忘录为促进香港及墨西哥关于知识产权合作提供框架，包括资讯、良好作业模式及经验交流、人员培训、推动知识产权贸易及商业化，以及合办研讨会和会议等方面。

（资料来源：http://sc.isd.gov.hk/gb/www.info.gov.hk/gia/general/201502/05/P201502050304.htm　信息搜集：高川婷）

【"香港市民保护知识产权意识调查2014"结果公布】 2015年3月4日，香港知识产权署公布"香港市民保护知识产权意识调查2014"结果。该调查从1999年起由知识产权署委托市场研究公司进行，旨在评估香港公众保护知识产权的意识。

与之前的调查结果相比，在1 005名受访者当中，绝大部分的受访者（94.9%）认为知识产权在香港需要受到保护。约九成受访者知道香港有保障版权、商标及专利的法例；另有约六成受访者知道香港有保障外观设计的法例。大多数受访者认为保护知识产权对促进香港创意产业发展（70.9%）及香港整体经济发展（63.1%）有帮助。

在消费者行为方面，只有7.4%的受访者表示经常或偶尔购买盗版或冒牌货品，较2013年调查的8.5%少。

就网络环境而言，超过三分之一（38.8%）有上网习惯的受访者表示，他们绝对会或可能会付款在合法网站线上收听歌曲、观看影片或下载歌曲/影片/电脑软件/游戏/电子书，与2013年的调查结果（36%）相比有所增加。愿意付款的首三个原因与2013年调查相比，包括"为了得到更高画质"（51.2%）、"尊重知识产权"（32%）及"支持创意工业"（23.8%）。另一方面，60.6%的有关受访者表示未必会或绝对不会付款，首三个原因为"价钱太贵"（23.4%）、"网上购物太麻烦/复杂"（19%）及"有其他途径免费下载"（17.8%）。

受访者提及最多的三个在网络上收听盗版音乐、观看盗版电影/盗版电视节目或在未经授权的网页下载音乐/电影/电视节目可能会遇到的风险为："电脑可能会中毒"（36.2%）、"电脑可能被黑客入侵"（17.8%）及"害怕触犯法律"（12.1%）。

调查结果也发现，与其他年龄组别（30岁至49岁及50岁或以上）比较，年龄组别最小（30岁以下）的受访者有较大百分比参与网上侵权活动，以及不认为这类侵权活动是不道德的。

关于知识产权署与不同零售及行业协会共同推行的"正版正货承诺"计划，接近一半（48.7%）的受访者表示有听过该计划，比例较2013年调查的42.5%高。其中87%的受访者认为该计划对增加消费者及游客在港购物的信心或巩固香港购物天堂的美誉有帮助，比例较2013年调查的81.5%高。

（资料来源：http://www.ipd.gov.hk/chi/promotion_edu/20150304/Press%20Release_SChi.pdf　信息搜集：高川婷）

【香港知识产权贸易工作小组提交工作建议】 2015 年 3 月 23 日，香港知识产权贸易工作小组发表报告，就推动香港成为知识产权贸易中心提交建议。工作小组主席、商务及经济发展局局长苏锦梁在记者会上做了简单介绍。

该建议涵盖四个策略范畴，分别为优化知识产权制度的保护机制、支援知识产权的创造和使用、促进知识产权中介服务和提升人力资源，以及推广教育和对外合作的工作。苏锦梁表示，知识产权贸易带来庞大商机，与香港经济息息相关，政府已接纳小组建议，并在 2018 年内预留 2 300 万元，落实相关措施。

知识产权署计划与香港律师会知识产权委员会合作，为中小企业提供免费初步咨询服务，加深其对保护、管理和使用知识产权的认识，同时会编制知识产权尽职调查项目一览表，协助中小企业了解相关审查程序。政府也支持香港商业估值议会制定知识产权估值汇报准则，以促进相关中介服务的发展。

在推广教育方面，知识产权署计划推出香港知识产权贸易中心专题网页，并继续与相关机构合办亚洲知识产权营商论坛。

（资料来源：http://archive.news.gov.hk/tc/categories/finance/html/2015/03/20150323_161943.shtml　信息搜集：高川婷）

【香港“知识产权管理人员计划”正式展开】 2015 年 5 月 21 日，香港知识产权署联同商界团体推出“知识产权管理人员计划”。计划的目的是协助香港的企业（特别是中小企业）建立知识产权方面的人力资源，以把握知识产权贸易所带来的机遇，为香港的经济发展带来新动力。

商务及经济发展局局长苏锦梁在计划开展礼上发言，“推动知识产权贸易全方位发展，除了有优良的硬件，提升软件的实力同样重要，而完善人才配套是不可或缺的一环。知识产权署推出的‘知识产权管理人员计划’，正是完善人才配套的首项重点措施。长远而言，该计划能够培育和吸引知识产权管理的人才，有利建立理想的专业社群，创造汇聚效应，壮大知识产权贸易的发展”。

“知识产权管理人员计划”鼓励企业委任一名管理阶层的员工担任内部“知识产权管理人员”，由其负责监督知识产权资产的规范、管理、使用及商品化。知识产权署则为“知识产权管理人员”提供知识产权管理方面的培训和相关资源，协助其执行有关职务。第一期为期两天的“知识产权管理人员培训课程”，于 6 月 29 日及 7 月 6 日在香港会议展览中心举行。计划邀请了艺员杨卓娜及张达伦担任形象大使，并得到有关政府部门及多个商界团体鼎力支持。

知识产权署署长梁家丽在开展礼上介绍了知识产权署为中小企业提供的其他支援，包括知识产权署与香港律师会知识产权委员会合作推出的“免费知识产权咨询服务”和“香港—知识产权贸易中心”专题网站（www.ip.gov.hk）。专题网站提供一站式有关知识产权贸易的资讯，例如“知识产权类别”“知识产权贸易”“管理知识产权”“保护知识产权”和其他有用资源。

（资料来源：http://sc.isd.gov.hk/gb/www.info.gov.hk/gia/general/201505/21/P201505210344.htm　信息搜集：高川婷）

【中小企研讨会加强粤港企业保护知识产权意识】 2015 年 6 月 4 日，由香港特别行政区政府知识产权署、香港贸易发展局、广东省知识产权局及广州市人民政府合办的“2015 粤港知识产权与中小企业发展（广州）研讨会”在广州举行。研讨会的主题是“知识产权运用及发展策略”，以广东省内的香港中小企业和内地企业为对象，旨在加强企业保护知识产权的意识，也借此向企业介绍如何运用知识产权，以提升企业竞争优势。

知识产权署副署长李秀江在研讨会开幕礼上表示，举办研讨会是“粤港保护知识产权合作专责小组”框架下其中一个重要项目。李秀江说：“随着环球经济发展，市场竞争日趋激烈，企业需要不断创新和自我增值，提升商品和服务的价值和吸引力，才能维持竞争优势。在知识型经济中，知识产权已成为富有价值的交易资产。”

“中小型企业占香港企业总数的 98%以上。中小企能有效保护和运用知识产权发展业务，对香港的经济尤为重要。”

“在粤港知识产权合作下，两地知识产权相关部门紧密合作，透过举办不同形式的交流活动，向粤港两地企业推广知识产权管理和贸易，并探讨如何更有效地运用知识产权贸易协助企业建立品牌，提升竞争优势，从而促进区内的经济发展，为推动知识产权贸易带来积极作用。”

研讨会吸引百多名粤港中小企业代表和政府官员参与，是本年度粤港知识产权合作的重要项目之一。自 2004 年起，粤港两地合办研讨会，向中小企业推广保护知识产权的重要性，已分别于东莞、韶关、顺德、惠州、江门、湛江、珠海、汕头、中山、广州、肇庆、佛山、清远及汕尾等城市举行同类型研讨会。

（资料来源：http://sc.isd.gov.hk/gb/www.info.gov.hk/gia/general/201506/04/P201506030846.htm 信息搜集：高川婷）

【香港《知识产权贸易统计调查》结果公布】 2015年6月30日，香港知识产权署公布《知识产权贸易统计调查》结果。统计调查涵盖知识产权相关业务较普遍的行业机构。这些机构分为两大类，即（甲）知识产权中介服务机构，以及（乙）知识产权创造者/拥有人/使用者。

统计调查向受访机构就有关其知识产权贸易活动的四个主要范畴收集意见及定量资料，包括：（1）所提供和进行的知识产权相关服务/活动范围；（2）从事知识产权相关活动的就业人数；（3）知识产权相关业务的收益与开支；（4）受访者对香港发展知识产权贸易的意见。

知识产权署署长梁家丽表示："《知识产权贸易统计调查》是第一个研究相关议题的统计调查，目的是让我们了解目前香港知识产权贸易活动的情况。我们注意到大部分受访机构均认为知识产权贸易可促进香港的经济增长，而我们将会利用搜集所得的相关统计数据及资料，制定政策并拟订出适当的措施以支援香港知识产权贸易的发展。"

统计调查涵盖的知识产权中介服务机构分为两类，即法律服务行业机构及其他行业机构。统计调查结果显示，37.6%的法律服务行业机构提供知识产权中介服务；这些提供知识产权中介服务的机构当中，提供知识产权注册服务及知识产权诉讼服务的占大多数（分别为74.6%及68.6%）；而在受访的197家属其他行业的知识产权中介服务机构中，有67%提供知识产权注册服务。

知识产权创造者/拥有人/使用者方面，统计调查涵盖九个知识产权相关业务相对活跃的行业机构。调查结果显示，当中六个行业内有超过七成的机构从事知识产权活动，而这些活动大都与知识产权创造有关。

至于从事知识产权相关活动的就业人数方面，结果显示在法律服务行业有约2 700名就业人士参与提供知识产权中介服务，而属其他行业的受访知识产权中介服务机构中，则有约1 600名就业人士参与提供知识产权中介服务。知识产权创造者/拥有人/使用者方面，在九个受访行业中，参与知识产权创造及管理的就业人数分别约为19 100人及15 400人。

知识产权相关业务收益方面，据统计调查结果估计，在2013年，此等收益占法律服务行业机构总业务收益的12%，及受访的其他行业的知识产权中介服务机构总业务收益的37.6%。对于受访的知识产权创造者/拥有人/使用者而言，从事知识产权贸易所得的收益，大都与知识产权授权/再授权及直接出售知识产权有关。

至于发展知识产权贸易的挑战，曾参与知识产权贸易的受访机构普遍指出"员工的经验知识"为主要的挑战。

（资料来源：http://sc.isd.gov.hk/gb/www.info.gov.hk/gia/general/201506/30/P201506260410.htm 信息搜集：高川婷）

【粤港保护知识产权合作专责小组召开第十四次会议】 2015年8月18日，粤港保护知识产权合作专责小组在香港举行第十四次会议。专责小组同意粤港双方继续深化及积极推动粤港知识产权合作，并以推进知识产权贸易为下一阶段的发展重点。

在会议上，双方代表分别总结过去一年两地完成的合作项目，包括举办"粤港知识产权与中小企业发展研讨会"，推动粤港知识产权执法部门、企业、知识产权相关民间机构和中学生等各项交流活动，以及汇报来年的合作计划，当中包括鼓励两地电子商贸及商标业界交流合作，以及携手制作版权保护公益广告宣传片等。

此外，粤港两地执法部门过去一年继续紧密合作，根据粤港知识产权案件协作处理机制，加强打击跨境侵权活动。

广东省知识产权局局长马宪民在会议后的记者会上说："我们上年度完成十九个合作项目，内容涉及研讨交流、知识产权贸易、跨境保护、宣传教育和引导服务等多个方面。合作项目的成功实施，大力推动了粤港两地知识产权事业的发展，为两地经济贸易的蓬勃发展营造了良好的知识产权环境，提供了有力支撑。"

知识产权署署长梁家丽说："粤港双方推进知识产权贸易是下一阶段的发展重点。我们相信知识产权的有效运作能进一步推广知识产权贸易，能有助推动两地的经济发展。"

专责小组于2003年8月第六次粤港合作联席会议后成立，旨在加强粤港两地在保护知识产权不同范畴的交流和合作，包括推广和教育、培训、执法、调查研究及资讯发布。

（资料来源：http://sc.isd.gov.hk/gb/www.info.gov.hk/gia/general/201508/18/P201508180304.htm 信息搜集：高川婷）

【粤港合作联席会议第十八次会议在香港举行】

2015年9月9日，香港特别行政区行政长官梁振英率领的港方代表团与广东省省长朱小丹率领的粤方代表团，在香港举行粤港合作联席会议第十八次会议。

梁振英表示："我和朱小丹省长在粤港合作联席会议第十八次会议上，回顾了过去一年粤港合作的工作成果，并定下来年的合作方向。双方均认为《2015年重点工作》内各个合作项目的整体落实进度理想。我和朱省长在会上亦特别就国家'一带一路'及广东自贸区建设这两个重要课题做出深入讨论和交流。双方均认为粤港未来应加强联系和合作，把握'一带一路'和自贸区带来的庞大机遇，并为国家做出贡献。"

有关个别合作范畴的主要进展如下：

（1）服务贸易自由化。内地与香港于2014年12月签署《关于内地在广东与香港基本实现服务贸易自由化的协议》（《广东协议》）。《广东协议》于2015年3月1日实施。

（2）金融合作。2014—2015年，两地在金融方面的合作取得重大进展。在跨境人民币业务方面，2015年7月试点范围扩大至南沙和横琴，亦已有香港金融机构经办有关业务。

（3）专业服务。在法律服务方面，截至2015年7月，共有六家两地合伙联营律师事务所获批准在试点地区设立。

（4）创新及科技。2015年的粤港科技合作资助计划于2015年8月开始接受申请。在加强粤港双方智慧城市交流方面，于2015年7月在香港举办"2015粤港智慧城市及跨境电子商务交流会"。

（5）环境保护。特区政府延展"清洁生产伙伴计划"至2020年，粤港澳三地于2014年9月签署《粤港澳区域大气污染联防联治合作协议书》。

（6）青年合作。粤港两地于2015年6月首次推出"粤港暑期实习计划"，透过位于广东省的企业及单位为香港青年提供实习岗位。在志愿服务方面，粤港两地大学生以相互配对的形式，在2015年7月到广东省进行志愿服务。特区政府在2015年7月同意"青年发展基金"所资助的青年创业业务范围不设地域限制（即包括广东省）。

（7）文化交流。粤港澳三地于2015年6月在香港举行粤港澳文化合作第十六次会议，于2015年7月举办第七届粤港澳青年文化之旅。

（8）教育合作。截至2014—2015学年，已累计约155名广东省教师及约80名香港英文科教师分别参与"内地与香港教师交流及协作计划"及"香港教师赴内地交流协作计划"。在2014—2015学年，亦有超过4万名香港师生透过学生内地交流计划参观及访问广东。姊妹学校合作方面，累计至2014—2015学年，粤港共有291对姊妹学校，约占香港与内地姊妹学校总数的三分之二。

粤港双方于会后签署了五份合作协议，包括《粤港食品安全工作交流与合作协议》《粤港姊妹学校合作协议》《粤港保护知识产权合作协议（2015—2016）》《粤港澳三地搜救机构"客船与搜救中心合作计划"互认合作安排》《加强跨境贸易电子商务合作协议》。

第十八次粤港联席会议由行政长官梁振英和广东省省长朱小丹共同主持。国务院港澳事务办公室副主任周波和中央人民政府驻香港特别行政区联络办公室副主任杨建平，以特邀嘉宾身份出席会议。

（资料来源：http://sc.isd.gov.hk/gb/www.info.gov.hk/gia/general/201509/09/P201509090672.htm 信息搜集：高川婷）

【王桂埙续任版权审裁处主席】 2015年10月30日，行政长官梁振英再度委任王桂埙和汤达熙为版权审裁处主席及副主席，植观贤、朱庆华、林曼雅和黄永恩则再获委任为版权审裁处成员。行政长官也委任邵健伟为版权审裁处新成员。

上述各项委任任期为两年，2015年12月1日生效。

版权审裁处是根据《版权条例》成立的半司法机构，负责裁决与版权特许计划条款有关的争议。

（资料来源：http://archive.news.gov.hk/tc/categories/finance/html/2015/10/20151030_114035.shtml 信息搜集：高川婷）

【香港跟随国际标准修订版权条例】 2015年12月3日，商务及经济发展局局长苏锦梁在出席亚洲知识产权营商论坛专题午宴演讲时表示，政府是跟随国际标准推行版权条例的修订工作，《2014年版权（修订）条例草案》并没有收窄言论自由。

苏锦梁在论坛后会见传媒时说，当局一直与议员们充分合作，尽量解答他们提出的相关问题。他指出，知识产权贸易对经济有很大帮助，又能为各项创新创作制造良好环境，呼吁各界以宏观和正面的态度来看待这一议题。

（资料来源：http://archive.news.gov.hk/tc/categories/finance/html/2015/12/20151203_160430.shtml 信息搜集：高川婷）

【第五届亚洲知识产权营商论坛在香港举行】 2015 年 12 月 3—4 日，由香港特别行政区政府、香港贸易发展局（香港贸发局）及香港设计中心合办，主题为“知识产权：带领全球转型”的第五届亚洲知识产权营商论坛在香港会议展览中心举行。

香港贸发局副总裁叶泽恩在论坛上表示：“全球知识产权的使用量激增，愈来愈多企业希望透过知识产权贸易，作为转型升级、加强竞争力的快捷方式，相信在‘一带一路’建设下，将进一步带动内地以及沿线地区对知识产权及相关高端专业服务的需求，为港商缔造庞大商机。”

国家知识产权局局长申长雨出席论坛时指出：“国家正积极加强知识保护及应用，致力营造创新创意环境，香港作为国际大都会，在贸易、金融及航运方面拥有得天独厚的优势，有能力打造成亚洲知识产权贸易平台，相信未来香港在国家知识产权发展过程中，扮演更重要的角色。”

为更了解业界对知识产权发展趋势的看法，大会委托独立调查机构尼尔森（Nielsen）于亚洲知识产权营商论坛期间，访问 515 名与会人士。调查发现，受访者普遍认为，香港于知识产权贸易表现较其他亚洲主要国家及城市优胜，在大部分范畴的评分，香港均较其他亚洲主要国家及城市高。

为了迎合市场需求，部分论坛特别针对“一带一路”议题而设。例如论坛于 4 日早上举办了主题演讲三，题目为《新时代合作——“一带一路”下的知识产权机遇》，讨论了“一带一路”对亚洲以至全球知识产权交易的影响，吸引超过 500 位行业精英出席，反应十分热烈。

（资料来源：http://mediaroom.hktdc.com/tc/pressrelease/detail/17202/ 信息搜集：高川婷）

【香港立法会就《2014 年版权（修订）条例草案》进行二读】 2015 年 12 月 17 日，香港立法会就《2014 年版权（修订）条例草案》进行二读。商务及经济发展局局长苏锦梁指多名议员在会上的发言反映他们对《草案》有误解，必须澄清。

苏锦梁表示，不同意有议员指《草案》通过后市民容易触犯侵权罪行，因为修订使条例更清晰，诉讼机会自会减少。他指出，《草案》能平衡版权拥有人、使用者和中介平台的不同权益，能促进知识流通和创意。现时修订草案已包含不同持份者的权益，所以能取得良好平衡，其他修订会在下一轮咨询再处理。

苏锦梁澄清，修订条例不会将民事罪行变刑事罪行，海关不会主动执法，需由版权拥有人提供数据，海关才可进行起诉。

（资料来源：http://archive.news.gov.hk/tc/categories/finance/html/2015/12/20151217_171821.shtml 信息搜集：高川婷）

◆ 台　湾

【台湾举办 2015 世界知识产权日庆祝活动】 2015 年 4 月 22 日，为庆祝 4 月 26 日世界知识产权日，由台湾“经济部智慧财产局”、台湾国际影视基金会、美国在台协会、社团法人中华音乐著作权协会（MUST）联合主办的“因乐而动，为乐维权”座谈会在台北市乡土教育中心会议室举行。

座谈会邀请知名音乐制作人陈建宁以及金马电影歌曲填词人严云农共襄盛举，畅谈音乐创作路上的酸甜苦辣；并邀请“民歌四十”的陈宏铭、涂佩岑、郜肇玫，展露天籁嗓音，共度美好的民歌时光。透过多元的音乐创作交流，探讨音乐创作时常见的著作权议题。

创作人严云农、制作人薛忠铭、FIR 团长陈建宁，以“经典电影主题曲”为题，分别从创作、制作及企划宣传的角度分享音乐的产出过程，同时也提及创作过程中衍生出的知识产权疑虑。其中严云农谈到电影主题曲的创作时，勾起了现场民众对电影的经典画面引起回响，严云农有感而发地说道，好的音乐会带大家进入电影画面，每一首配乐都经过电影创作者跟音乐创作者的磨合与碰撞，如此美好的结晶，需要大家一起守护，期望经过今天，大家更能为乐维权，给音乐人无虑的创作空间。现场参与人次 50～70 人。

（资料来源：https://www.tipo.gov.tw/ct.asp?xItem=588105&ctNode=6775&mp=1 信息搜集：高川婷）

【台湾公布“著作权法”修正草案第二稿征求各界意见】 2015 年 5 月 11 日，台湾“智慧财产局”

公布“著作权法”修正草案第二稿，公开征求各界意见，并订5月25日召开公听会。

相关公告如下：

第一，因应网络时代及数字汇流发展，“智慧财产局”于2014年提出“著作权法”修正草案第一稿，并于2014年4月23日、5月30日、6月9日、6月23日及7月9日举行5场次公听会。由于各界之积极参与，已搜集许多修法意见，经积极研析各界关切议题之处理方向，并调整修法草案内容后，再次提出“著作权法”修正草案第二稿条文对照表，及同步提出针对上述公听会意见之响应表如附件档案，请参考及踊跃表示意见。

第二，本次修法草案第二稿响应公听会各界意见之重点包括调整录音著作及公务员之著作人格权，调整教育目的、远距教学、公法人著作及非营利活动著作权合理使用规定，调整著作权刑事责任，删除第一稿之诙谐仿作及附带利用合理使用规定，以及删除著作权登记制度等，详细内容可参考修法草案第二稿及第一稿差异之说明（略），以及修正条文对照表之说明栏（略），有助于了解第二稿内容调整之原因及理由。

第三，“智慧财产局”为广纳各界意见、集思广益，已定于2015年5月25日（星期一）下午2时30分于台湾大学法律学院国际会议厅（辛亥路与复兴南路口）举行公听会，邀请产、官、学界相关机关、团体及专家参与讨论，欢迎各界关心著作权议题的朋友踊跃出席，如有相关修法意见，除可当场提出外，亦可以书面径送“台北市大安区辛亥路2段185号3楼‘经济部智慧财产局’”，或以电子邮件寄送ipocr@tipo.gov.tw信箱，欢迎大家多加利用及提供修法意见，非常感谢您的参与。

（资料来源：https://www.tipo.gov.tw/ct.asp?xItem=549150&ctNode=7127&mp=1　信息搜集：高川婷）

【2015亚太知识产权论坛在台湾举行】　2015年6月8—9日，台湾“智慧财产局”与台湾大学法律学院共同举办“2015亚太知识产权论坛”，此次研讨会分6场次分别就专利、商标、著作权、竞争法及营业秘密等五大领域进行讨论。专题演讲部分，邀请美国加州大学伯克利法学院Robert P. Merges教授，探讨知识产权在经济发展中之适度而重要的角色并以此提供台湾未来发展的启发。此外并邀请德国慕尼黑马普创新及竞争研究所Reto M. Hilty所长，提供知识产权规范困境之新解。

研讨会首先探讨知识产权执行及专责法院运作与检讨，再就各个知识产权领域议题进行讨论。著作权探讨议题包括云端科技发展下“著作权法”所面临之挑战、日语书籍扫描案的晚近议题、社交网络服务提供商的法律责任、历史的启示——从数字典藏看“著作权法”还需要之修正，以及Web 2.0时代关于使用者产生内容之著作权的相关争议。

研讨会邀请贵宾计46位，两天活动与会者共计322人次。透过此一国际研讨会，使各国智慧财产领域学者及实务专家，能借此进行制度比较及讨论交流外，亦提高台湾在国际上的能见度，以及智慧财产领域的学术地位。因此，不仅在学术上甚具意义，且有助于实务问题之解决，同时更能掌握智慧财产之发展趋势，对于台湾在未来修法或立法方面亦有所帮助。

（资料来源：https://www.tipo.gov.tw/ct.asp?xItem=552700&ctNode=7127&mp=1　信息搜集：高川婷）

【台湾社区取得公益卡拉OK单一窗口授权】
2015年8月1日起，台湾里民活动中心或村里集会所设有计算机伴唱机提供里民利用演唱，可直接向单一窗口即社团法人中华音乐著作权协会（MUST）洽商授权，一次取得三家音乐著作集管团体的授权，而如果没有涉及营利行为，每年每台只要3 150元，价格比个别授权更优惠。

通常台湾县市政府为了凝聚地方意识、提供各项学习活动，普遍于里民活动中心提供计算机伴唱机供民众演唱。此举涉及利用音乐著作的公开演出权利，需取得著作财产权人的授权。由于计算机伴唱机内的音乐数量众多，实务上需要分别向三家音乐著作集体管理团体（中华音乐著作权协会（MUST）、台湾音乐著作权人联合总会（MCAT）以及台湾音乐著作权协会（TMCS））取得授权后，才算合法利用。以往许多活动中心陈情授权程序繁杂不便，也有民怨产生。为解决上述问题就必须简化授权管道，且为鼓励各地里民活动中心取得完整卡拉OK公开演出的授权，台湾“智慧财产局”已于2015年7月2日决定“公益性目标计算机伴唱机共同使用报酬率”，并指定由MUST担任单一窗口。

里民活动中心利用计算机伴唱机，实务上多依“为公益性等目的利用而无涉及营利者”项目付费，则每年每台伴唱机只要支付使用报酬3 150元，即可取得三家集体管理团体之完整授权；其他社会福利团体等公益性目的利用计算机伴唱机，但涉及营利行为者，则适用“为文化、教育或其他公益性之目的而利用者”每年每台 6 300 元的共同使用报酬率，欢迎各地里民活动中心或县市政府多加利用。

（资料来源：https://www.tipo.gov.tw/ct.asp?xItem=556210&ctNode=7123&mp=1 信息搜集：高川婷）

【2015 年台欧网络著作权保护研讨会在台湾举行】 2015 年 9 月 18 日，由台湾“经济部智慧财产局”、欧洲经贸办事处（EETO）及欧盟在台商业与法规合作计划（EBRC）共同主办的 2015 年台欧网络著作权保护研讨会于台湾大学霖泽馆国际会议厅举行。

2015 年研讨会是继 2011 年之后，再次以“网络著作权保护”为探讨主题，本主题为台湾唱片业、视听影片业、ISP 业者等相关产业，乃至世界各国政府机关高度重视与关切的议题。会中邀请台欧双方各领域经验丰富之专业人士就网络著作权保护从全面性的角度进行探讨及经验分享，内容充实且丰富。此外，参与研讨会之人员包括学术单位、政府官员及产业界之人士，使本次会议成功达到国际交流与了解网络著作权保护未来发展趋势之目标。

“智慧财产局局长”王美花出席研讨会致辞表示，台湾对于网络著作权保护一直非常重视，“智慧财产局”过去参酌国际公约及各国立法例，多次修正“著作权法”，其中的重点之一即为加强处理网络盗版问题。而有关网络著作权保护制度的建立，最大的挑战是除了维护权利人的权益之外，还必须兼顾网络用户及 ISP 业者等之立场，未来“智慧财产局”仍会继续努力去倾听、整合多方的意见和立场，并持续沟通，以找出一个大家都能够接受的解决方案。

（资料来源：https://www.tipo.gov.tw/ct.asp?xItem=564803&ctNode=7127&mp=1 信息搜集：高川婷）

【台湾公布“著作权法”修正草案第三稿征求各界意见】 2015 年 10 月 30 日，台湾“智慧财产局”公布“著作权法”修正草案第三稿，征求各界意见，相关公告如下：

第一，因应网络时代及数字汇流发展，2014 年 4 月间提出“著作权法”修正草案第一稿，并举办 5 场次公听会，汇整公听会各界所提修法意见上百则，逐项检讨，拟具说明资料响应外界疑虑，并再次召开 8 场次学者专家咨询会议，与产业界及权利人团体沟通，于 2015 年 5 月提出“著作权法”修正草案第二稿，2015 年 5 月 25 日举办“著作权法”修正草案第二稿公听会，针对第二稿各界所提修法意见，经积极研析处理方向，并调整修法草案内容后，再次提出“著作权法”修正草案第三稿条文对照表，请参考及踊跃表示意见。

第二，本次修法草案第二稿响应公听会各界意见之重点，包括酌予调整表演人权利、增订依法令编制教科书得公开传输之法定授权规定、回复第一稿著作财产权设质登记规定及修正“著作权法”边境管制措施规定等，详细内容可参考修法草案第三稿之说明（略），以及修正条文对照表之说明栏（略），有助于了解第二稿内容调整之原因及理由。

第三，为广纳各界意见、集思广益，欢迎各界关心著作权议题的朋友踊跃提供意见，如有相关修法意见，请于 2015 年 11 月 30 日前书面径送“台北市大安区辛亥路 2 段 185 号 3 楼‘经济部智慧财产局’”，或以电子邮件寄送 ipocr@tipo.gov.tw 信箱，欢迎大家多加利用及提供修法意见，非常感谢您的参与。

（资料来源：https://www.tipo.gov.tw/ct.asp?xItem=568958&ctNode=7127&mp=1 信息搜集：高川婷）

【台湾举办“2015‘著作权法’合理使用研讨会”】 2015 年 11 月 6 日，台湾“经济部智慧财产局”举办“2015‘著作权法’合理使用研讨会”，邀请东海大学许晓芬副教授与胡心兰副教授、北辰著作权事务所幸秋妙律师、政治大学沈宗伦教授、益思科技法律事务所赖文智律师、台北大学王怡苹副教授、“智慧财产法院”蔡惠如法官及大叶大学章忠信主任等 8 名台湾知名“著作权法”学者、实务界律师及“智慧财产法院”法官，分别针对教学、研究目的或图书馆利用之合理使用、私人目的或非营利活动之合理使用、数字化时代对权利耗尽之冲击及合理使用概括规定等议题，共同探讨台湾内外著作权法制新趋势。

（资料来源：https://www.tipo.gov.tw/ct.asp?xItem=570612&ctNode=7127&mp=1 信息搜集：高川婷）

◆澳　门

【澳门经济局举办“音乐及视听作品著作权保

护”讲解会】 2015年3月13日，为增进澳门企业和居民对著作权的认识，尤其是对音乐及视听作品著作权的了解，澳门经济局在澳门罗保博士街1～3号国际银行大厦七楼经济局会议室，举行“音乐及视听作品著作权保护”讲解会。

讲解会的内容包括：何谓著作权、著作权的保护“合理使用”、视听作品的著作权保护、录音或录像作品的保护、受保护作品的无线电广播、集体管理机构的权利义务、侵犯著作权的后果及著作权遭侵权的救济途径等专题。同时，讲解会也邀请澳门海关、电讯管理局及作曲家、作家及出版社协会的代表出席，并与参会者作现场互动交流。

经济局表示，2015年2月底至3月中旬已收到四五宗关于著作权的查询，反映公众关注著作权，意识到尊重知识产权的保护。由于澳门设立了“集体管理机构”制度，已有三个机构在经济局登记，包括澳门知识产权协会（代表权利人，主要是画家），澳门音乐著作权协会（目前没有代表权利人），作曲家、作家及出版社协会，均属民间组织，它们有权代表著作权权利人，向有意使用有关作品的个人、企业或机构发出许可，收取许可费。但建议这些集体管理机构要加大宣传。

作曲家、作家及出版社协会表示，协会于2014年与新濠博亚及澳门金沙两家博彩娱乐企业各自达成协议。作曲家、作家及出版社协会主席吴国恩并极力呼吁澳门的其他商户使用音乐作品前，应申请音乐公开播放牌照以表示对版权及音乐创作者的尊重。协会目前正采用作品数据库DIVA，利用音乐用户向协会提交之音乐使用报告来计算版权费分配比例，把其收取的费用交给相关音乐作品之作曲人及作词人，以鼓励创作更多音乐作品。

此次讲解会，将理论与生活实际相结合，采用以例说理的方式，介绍著作权的基本知识，并重点讲解音乐及视听作品的著作权保护，以增进社会公众对著作权的认识和重视，加强著作权权利人和作品用户对著作权保护的了解和尊重，从而营造了更有利于创新的文化环境。

（《中国版权年鉴》编辑部综合）

版权相关产业与版权贸易

BAN QUAN XIANG GUAN CHAN YE YU BAN QUAN MAO YI

2013 年中国版权产业的经济贡献

中国新闻出版研究院

2013 年，中国版权产业健康发展，行业增加值和城镇单位就业人数实现较快增长，在我国经济发展中发挥着日益重要的作用。

一、2013 年中国版权产业的经济贡献

2013 年，中国版权产业的经济贡献仍采用世界知识产权组织的方法，通过行业增加值、就业人数、出口额三个经济指标来衡量。2013 年中国版权产业的行业增加值为 42 725.93 亿元人民币，占全国 GDP 的 7.27%；城镇单位就业人数为 1 643.81 万人，占全国城镇单位就业总人数的 9.08%；商品出口额为 2 912.34 亿美元，占全国海关统计商品出口总额的 13.18%（如表 1 所示）。

表 1　　2013 年中国版权产业的经济贡献

指标	行业增加值		就业人数		商品出口额	
	数值（亿元人民币）	比重	数值（万人）	比重	数值（亿美元）	比重
核心	25 325.83	4.31%	827.36	4.57%	48.91	0.22%
相互依存	8 001.58	1.36%	423.79	2.34%	2 648.23	11.99%
部分	3 399.00	0.58%	243.19	1.34%	215.20	0.97%
非专用支持	5 999.52	1.02%	149.46	0.83%	—	—
合计	42 725.93	7.27%	1 643.81	9.08%	2 912.34	13.18%

说明：由于四舍五入的原因，本表中各分项数据相加可能与合计不完全相等，下同。

（一）行业增加值

2013 年中国版权产业的行业增加值为42 725.93 亿元人民币，占全国 GDP 的 7.27%，比 2012 年增加 7 051.78 亿元人民币，增长率为 20%。其中，核心版权产业的行业增加值为 25 325.83 亿元人民币，占全国 GDP 的 4.31%，比 2012 年增加 4 727.64 亿元人民币，增长率为 23%。

其他产业组的行业增加值分别是：相互依存的版权产业 8 001.58 亿元人民币，占全国 GDP 的 1.36%；部分版权产业 3 399.00 亿元人民币，占全国 GDP 的 0.58%；非专用支持产业 5 999.52 亿元人民币，占全国 GDP 的 1.02%。四类版权相关产业行业增加值占比如图 1 所示。

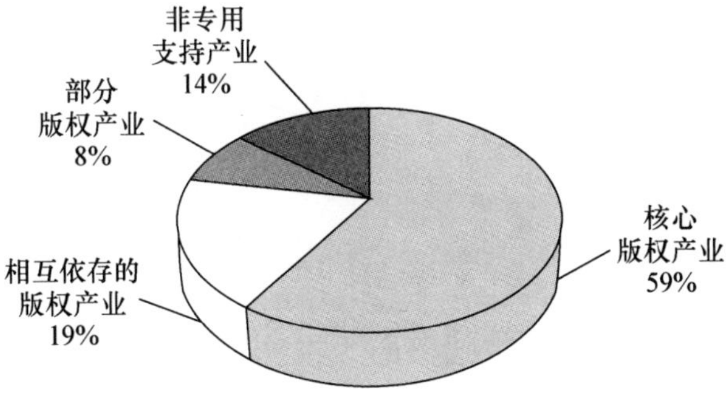

图 1　2013 年中国版权产业行业增加值构成图

（二）就业人数

2013 年，中国版权产业的城镇单位就业人数为 1 643.81 万人，占全国城镇单位就业总人数的 9.08%，比 2012 年增长了 397.33 万人，增长率为 32%。其中，核心版权产业 827.36 万人，占全国城镇单位就业总人数的 4.57%，比 2012 年增长了 211.30 万人，增长率为 34%。

其他产业组的就业人数分别是：相互依存的版权产业 423.79 万人，占全国城镇单位就业总人数的 2.34%；部分版权产业 243.19 万人，占全国城镇单位就业总人数的 1.34%；非专用支持产业 149.46 万人，占全国城镇单位就业总人数的 0.83%。四类版权相关产业就业人数占比如图 2 所示。

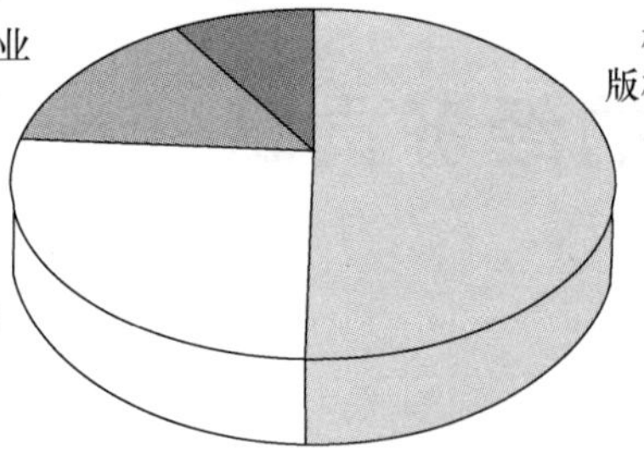

图 2　2013 年中国版权产业就业人数构成图

（三）出口额

2013 年，中国版权产业的海关统计商品出口额为 2 912.34 亿美元，占全国海关统计商品出口总额的 13.18%。

其中，核心版权产业 48.91 亿美元，占全国商品出口总额的 0.22%；相互依存的版权产业 2 648.23亿美元，占全国商品出口总额的 11.99%；部分版权产业 215.20 亿美元，占全国商品出口总额的 0.97%。三类版权相关产业商品出口额占比如图 3 所示。

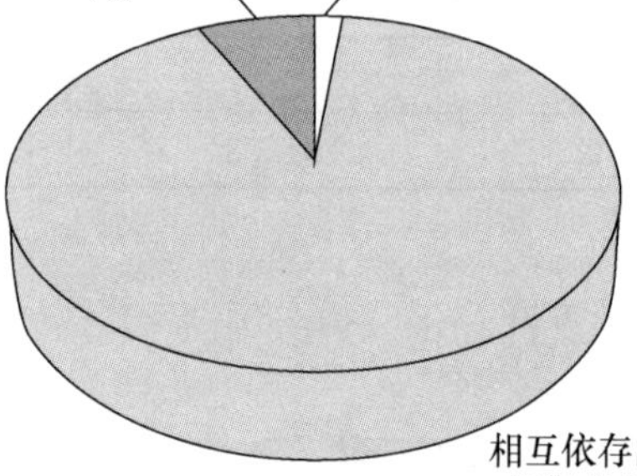

图 3　2013 年中国版权产业海关统计商品出口额构成图

二、2013 年中国核心版权产业的经济贡献

核心版权产业是完全从事创作、制作和制造、表演、广播、传播和展览或销售和发行作品及其他受保护客体的产业，具体包括文字作品，音乐、戏剧制作、曲艺、舞蹈和杂技，电影和影带，广播电视，摄影，软件和数据库，美术与建筑设计、图形和模型作品，广告服务，版权集体管理与服务九组产业。这些产业是版权产业最重要、最核心的组成部分，因而被称为核心版权产业。

（一）行业增加值

2013 年，中国核心版权产业的行业增加值为 25 325.83 亿元人民币，占全国 GDP 的 4.31%，占全部版权产业的 59%，是中国版权产业最重要的组成部分。在核心版权产业中，软件和数据库、新闻出版①、广播影视、文化艺术②等产业保持了较快增长的态势，对版权产业行业增加值的贡献较高。具体情况如表 2 所示。

表 2　　2013 年中国核心版权产业行业增加值

行业	数值（亿元人民币）	占全国比重
文字作品	5 319.90	0.90%
音乐、戏剧制作、曲艺、舞蹈和杂技	373.44	0.06%
电影和影带	159.77	0.03%
广播电视	1 210.59	0.21%
摄影	47.30	0.01%
软件和数据库	11 268.71	1.92%
美术与建筑设计、图形和模型作品	4 906.82	0.83%
广告服务	1 752.77	0.30%
版权集体管理与服务	286.53	0.05%

说明：文字作品包含数字出版。

（二）就业人数

2013 年，中国核心版权产业的城镇单位就业人数为 827.36 万人，占全国城镇单位就业总人数的 4.57%，占全部版权产业的 50%。在核心版权产业中，软件和数据库、新闻出版、广播影视、文化艺术等产业保持了较快增长的态势，对版权产业就业人数的贡献较高。具体情况如表 3 所示。

表 3　　2013 年中国核心版权产业就业人数

行业	数值（万人）	占全国比重
文字作品	123.56	0.68%
音乐、戏剧制作、曲艺、舞蹈和杂技	22.48	0.12%
电影和影带	10.51	0.06%
广播电视	46.12	0.25%
摄影	1.44	0.01%
软件和数据库	487.65	2.69%
美术与建筑设计、图形和模型作品	94.90	0.52%
广告服务	33.95	0.19%
版权集体管理与服务	6.76	0.04%

说明：文字作品包含数字出版。

① “新闻出版”与版权产业分类中的“文字作品”的范围基本一致，下同。

② “文化艺术”与版权产业分类中的“音乐、戏剧制作、曲艺、舞蹈和杂技”的范围基本一致，下同。

（三）出口额

鉴于国家统计局的数据中缺乏基于行业小类的货物贸易和服务贸易出口数据，因此计量核心版权产业的货物贸易出口额只能依据海关统计，计量核心版权产业的服务贸易出口额只能依据国家外汇管理局的国际收支统计。本项研究从《中国国际收支平衡表》中的服务贸易项下筛选出计算机和信息服务，专有权利使用费和特许费，广告、宣传，电影、音像四个类别，用以估算核心版权产业的服务贸易出口额。

1. 海关统计商品出口额

2013 年中国核心版权产业的海关统计商品出口额为 48.91 亿美元，占全国出口总额的 0.22%，占全部版权产业的 2%。具体情况如表 4 所示。

表 4　2013 年中国核心版权产业商品出口额

行业	数值（万美元）	占全国比重
文字作品	345 308.79	0.16%
音乐、戏剧制作、曲艺、舞蹈和杂技	28.01	0.00%
电影和影带	40 595.97	0.02%
广播电视	—	—
摄影	199.66	0.00%
软件和数据库	144.57	0.00%
美术与建筑设计、图形和模型作品	102 803.24	0.05%
广告服务	—	—
版权集体管理与服务	—	—

说明：文字作品包含数字出版。

2. 服务贸易出口额

2013 年中国核心版权产业的服务贸易出口额为 103.45 亿美元，占全国服务贸易出口总额的 5.02%。限于数据来源，仅包括软件和数据库、版权使用费、广告与宣传、电影与音像四项，其出口额分别为 51.44 亿美元（推算）、1.48 亿美元（推算）、49.06 亿美元、1.47 亿美元。具体情况如表 5 所示。

表 5　2013 年中国核心版权产业服务贸易出口额

分类	服务贸易出口额（亿美元）
软件和数据库	51.44
版权使用费	1.48
广告与宣传	49.06
电影与音像	1.47
合计	103.45
占全国服务贸易出口总额比重	5.02%

数据来源：国家外汇管理局《中国国际收支平衡表》。

通过以上数据可以看出，2013 年中国核心版权产业的海关商品出口额、服务贸易出口额及其占当年海关商品出口总额、服务贸易出口总额的比重都较低。2013 年中国核心版权产业对外出口总额（货物贸易和服务贸易）为 152.36 亿美元，占全国对外贸易出口总额的 0.63%。其中货物出口额占核心版权产业对外出口总额的 32%，服务贸易出口额占 68%。具体情况如图 4 所示。

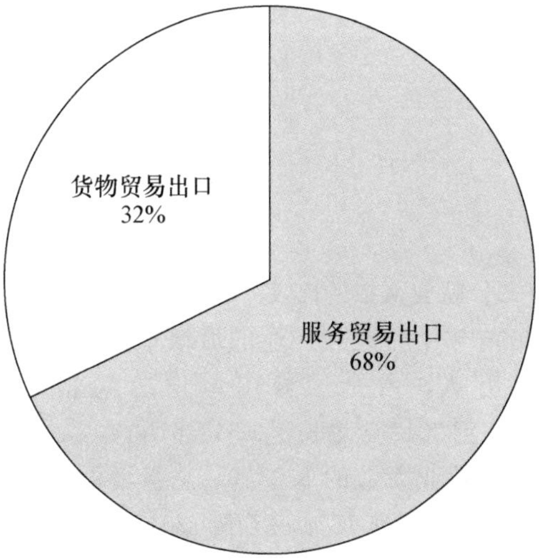

图 4　2013 年中国核心版权产业出口总额构成

三、近五年中国版权产业的纵向比较

研究结果表明，2009—2013 年五年间，中国版权产业对国民经济的贡献一直保持平稳增长态势，行业增加值、城镇单位就业人数连年递增，其中 2012—2013 年增速明显加快。

（一）行业增加值的比较

2009 年中国版权产业的行业增加值为 22 297.98 亿元人民币，占 GDP 的 6.55%，到 2013 年增长到 42 725.93 亿元人民币，占 GDP 的 7.27%，总量增加了 20 427.95 亿元人民币，平均年增速 18%。其中，2013 年中国版权产业的行业增加值比 2012 年增加 7 051.78 亿元人民币，增长率为 20%。

核心版权产业发展较快，明显高于其他产业组。2009—2013 年五年间，中国核心版权产业的行业增加值从 11 928.04 亿元人民币、占 GDP 的 3.50%，增长至 25 325.83 亿元人民币、占 GDP 的 4.31%，总量增加了 13 397.79 亿元人民币，翻了一番多，平均年增速 21%，超过了全部版权产业的发展速度。其中，2013 年中国核心版权产业的行业增加值比 2012 年增加了 4 727.64 亿元人民币，增长率为 23%。可以看出，中国核心版权产业对全部版权产业的经济贡献最大，发展速度最快。具体情况如图 5 所示。

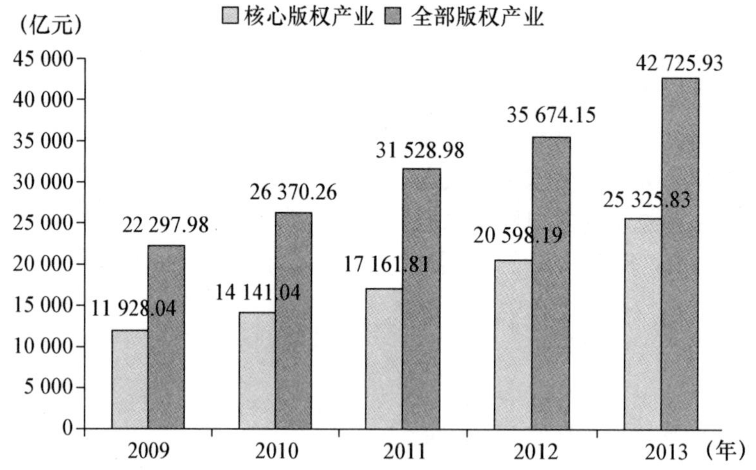

图 5　2009—2013 年中国版权产业的行业增加值

(二) 就业人数的比较

2009 年中国版权产业的城镇单位就业人数为 991.40 万人，占全国城镇单位总就业人数的 7.89%，到 2013 年增长至 1 643.81 万人，占全国城镇单位总就业人数的 9.08%，总量增加了 652.41 万人，平均年增速 13%。其中，2013 年中国版权产业的城镇单位就业人数比 2012 年增长了 397.33 万人，增长率为 32%。

核心版权产业的城镇单位就业人数从 2009 年的 506.23 万人、占全国城镇单位总就业人数的 4.03%，增长至 2013 年的 827.36 万人、占全国城镇单位总就业人数的 4.57%，增加了 321.13 万人，平均年增速 13%。其中，2013 年核心版权产业的城镇单位就业人数比 2012 年增长了 211.30 万人，增长率为 34%，从就业人数上看，也是核心版权产业对全部版权产业的贡献最大。具体情况如图 6 所示。

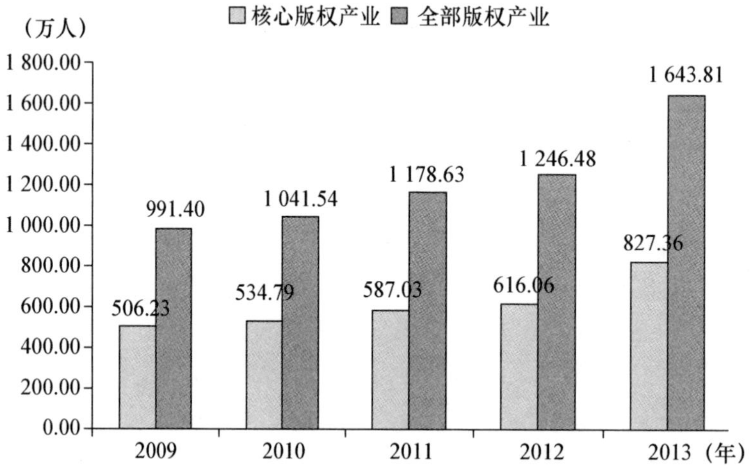

图 6　2009—2013 年中国版权产业的就业人数

(三) 商品出口额的比较

2009 年中国版权产业的海关统计商品出口额为 2 103.17 亿美元，到 2013 年增长至 2 912.34 亿美元，五年间增加了 809.17 亿美元，平均年增长率 8%。其中，2013 年中国版权产业的商品出口额比 2012 年下降了 47.69 亿美元。

相互依存的版权产业商品出口额贡献最大，占全部版权产业商品出口额的 90%以上，从 2009 年的 1 917.90 亿美元增长至 2013 年的 2 648.23 亿美元，五年间增加了 730.33 亿美元，平均年增长率 8%。其中，2013 年相互依存的版权产业的商品出口额比 2012 年下降了 28.43 亿美元。中国版权产业的商品出口额以制造业为主的格局未有改变，但制造业的出口额近五年增长缓慢，2013 年甚至出现下降。具体情况如图 7 所示。

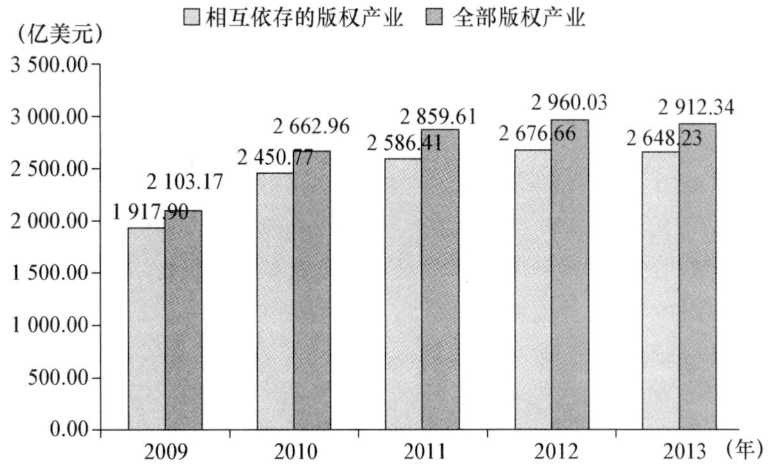

图 7 2009—2013 年中国版权产业的海关商品出口额

四、中国与美、澳版权产业的横向比较

自 2003 年世界知识产权组织（WIPO）出版《版权产业的经济贡献调研指南》以来，世界上已有 40 多个国家采用 WIPO 提供的方法对本国版权产业的经济贡献进行测算。但由于各国版权法保护范围、程度不同，以及各国研究中所确定的版权产业范围、分类、数据采集与测算方法的差异，进行国际比较仍有很大难度。本报告根据美国与澳大利亚相关机构公布的数据，对两国 2013 年版权产业的经济贡献进行简要介绍，并与中国版权产业进行初步对比分析。

（一）2013 年美国与澳大利亚版权产业的经济贡献

1. 2013 年美国版权产业的经济贡献

美国于 2014 年 12 月公布了其版权产业调研的第 15 份报告《美国经济中的版权产业（2014）》，发布了 2013 年美国版权产业的经济贡献数据。

该调研报告的数据显示，2013 年美国版权产业的行业增加值为 19 217 亿美元，占美国 GDP 的 11.44%，其中核心版权产业的行业增加值为 11 266 亿美元，占美国 GDP 的 6.71%。2013 年，美国版权产业的行业增加值超过建筑行业（6 114 亿美元）、健康和社会援助行业（12 009 亿美元）、金融和保险行业（11 146 亿美元）等许多其他部门行业。具体情况如表 6 所示。

表 6 2013 年美国版权产业的经济贡献

指标	行业增加值		就业人数		对外销售和出口额	
	数值（亿美元）	比重	数值（万人）	比重	数值（亿美元）	比重
核心版权产业	11 266	6.71%	547.07	4.03%	1 563	—
全部版权产业	19 217	11.44%	1 120.68	8.26%	—	—

实际上，美国版权产业一直在美国经济中发挥着重要作用，其行业增加值的实际增长率一直远高于全美 GDP 的实际增长率。2009—2013 年美国 GDP 的实际增长率为 2.25%，而同期美国版权产业及核心版权产业的行业增加值实际增长率分别为 3.45%和 3.90%，且各年度实际增长率均高于同年度 GDP 的实际增长率。具体情况如表 7 所示。

表 7 美国版权产业行业增加值与 GDP 实际增长率

分类	2009—2010	2010—2011	2011—2012	2012—2013	2009—2013
核心版权产业	4.00%	3.81%	5.45%	2.37%	3.90%
全部版权产业	4.32%	3.23%	4.16%	2.12%	3.45%
全美 GDP	2.51%	1.85%	2.78%	1.88%	2.25%

在就业方面，2013 年美国版权产业的就业人数为 1 120.68 万人，占全国就业人数的 8.26%，占全国私营企业就业人数的 9.85%；其中核心版权产业的就业人数为 547.07 万人，占全国就业人数的 4.03%，占全国私营企业就业人数的 4.81%；美国版权产业就业人员的平均薪酬为 77 942.35 美元，

高于全国平均薪酬 1.19%，其中核心版权产业就业人员的平均薪酬为 87 859.69 美元，高于全国平均薪酬 1.34%。美国版权产业就业人员的平均薪酬历年来一直高于全国平均薪酬。

在对外出口方面，美国版权产品对世界的出口一直在不断增长。2013 年美国核心版权产业的四个主要行业部门图书报纸期刊产业、录音产业、电影电视录像产业、计算机软件产业对外销售和出口额为 1 563 亿美元。美国核心版权产业的对外销售和出口额一直保持着增长态势，2012—2013 年的实际年增长率为 7.56%。2013 年美国核心版权产业的对外销售和出口额高于其他主要行业的出口额，包括化学产品、航空航天产品及其配件、农产品、食品及类似产品、药品等。具体情况如表 8 所示。

表 8 美国核心版权产业与部分产业出口额的对比

单位：亿美元

产业	2012	2013
核心版权产业（录音、影视录像、计算机软件和书报刊）	1 453	1 563
化学产品（不包含药品）	1 463	1 478
航空航天产品及其配件	1 184	1 283
农产品	709	689
食品及类似产品	649	688
药品	512	516

2. 2013 年澳大利亚版权产业的经济贡献

澳大利亚也是开展版权产业经济贡献调研较多的国家之一，目前已对多个年份的版权产业进行了调查测算，并于 2015 年公布了《澳大利亚版权产业的经济贡献（2002—2014）》，该报告公布了 2013 年澳大利亚版权产业的经济贡献。

根据该份报告，2013 年澳大利亚版权产业的行业增加值为 1 125.66 亿澳元，占全国 GDP 的 7.4%。其中核心版权产业的行业增加值为 732.08 亿澳元，占全国 GDP 的 4.8%；相互依存的版权产业的行业增加值为 227.32 亿澳元，占全国 GDP 的 1.5%；部分版权产业的行业增加值为 86.06 亿澳元，占全国 GDP 的 0.6%；非专用支持产业的行业增加值为 80.21 亿澳元，占全国 GDP 的 0.5%。

2013 年澳大利亚版权产业的就业人数为 99.44 万人，占全国就业人数的 8.7%。其中核心版权产业的就业人数为 60.17 万人，相互依存的版权产业的就业人数为 18.42 万人，部分版权产业的就业人数为 10.27 万人，非专用支持产业的就业人数为 10.58 万人。

2013 年澳大利亚版权产业的出口额为 48.55 亿美元，占全国出口额的 1.9%。其中核心版权产业的出口额为 1.81 亿美元，相互依存的版权产业的出口额为 44.50 亿美元，部分版权产业的出口额为 2.24 亿美元。2013 年澳大利亚版权产业的经济贡献如表 9 所示。

表 9 2013 年澳大利亚版权产业的经济贡献

指标	行业增加值		就业人数		商品出口额	
	数值（亿澳元）	比重	数值（万人）	比重	数值（亿美元）	比重
核心	732.08	4.8%	60.17	—	1.81	—
相互依存	227.32	1.5%	18.42	—	44.50	—
部分	86.06	0.6%	10.27	—	2.24	—
非专用支持	80.21	0.5%	10.58	—	—	—
合计	1 125.66	7.4%	99.44	8.7%	48.55	1.9%

（二）2013 年中国与美国、澳大利亚版权产业的比较

根据上述报告的数据，2013 年美国版权产业的行业增加值为 19 217 亿美元，占 GDP 的 11.44%，其中核心版权产业的行业增加值为 11 266 亿美元，占 GDP 的 6.71%。2013 年澳大利亚版权产业的行业增加值为 1 125.66 亿澳元（约合 818 亿美元①），占全国 GDP 的 7.4%，其中核心版权产业的行业增加值为 732.08 亿澳元（约合 532 亿美元），占全国 GDP 的 4.8%。

2013 年美国版权产业行业增加值，无论是绝对值还是占 GDP 的比重均高于中国。2013 年中国版权产业的行业增加值为 42 725.93 亿元人民币（约

① 按澳元对美元 0.726 5 的汇率换算，下同。

合 6676 亿美元[①]），占全国 GDP 的 7.27%。其中，核心版权产业的行业增加值为 25 325.83 亿元人民币（约合 3 957 亿美元），占全国 GDP 的 4.31%。全部版权产业及核心版权产业行业增加值分别仅为美国的三分之一左右。

与澳大利亚相比，虽然 2013 年中国版权产业行业增加值及核心版权产业行业增加值都明显高于澳大利亚，但在比重方面，中国版权产业行业增加值占 GDP 的比重略低于澳大利亚。2013 年中美澳版权产业行业增加值占 GDP 的比重如图 8 所示。

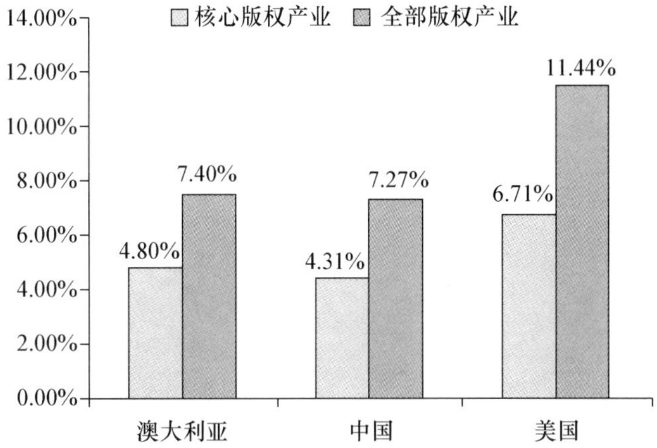

图 8　2013 年中美澳版权产业行业增加值占 GDP 的比重

在核心版权产业的出口额方面，中国与美国的差距也较大。2013 年美国几个重要的核心版权产业部门——出版产业、录音产业、影视录像产业和计算机软件产业的对外销售和出口额为 1 563 亿美元，而同年中国核心版权产业货物和服务出口总额为 152.36 亿美元，不足美国的十分之一。

五、2013 年中国版权产业的综合分析

2013 年中国版权产业继续健康发展，实现较快增长。其对国民经济的贡献率已达 7.27%，创造了 42 725.93 亿元人民币的行业增加值，较上一年度增长 20%，提供了 1 643.81 万个就业岗位，较上一年度增长 32%，商品出口额 2 912.34 亿美元，较上一年度略有下降。

（一）2013 年中国版权产业发展的突出特点

对 2013 年的统计数据进行综合分析，中国版权产业发展呈现以下几个突出特点。

1. 从纵向比较看，行业增加值和就业人数增长较快，商品出口额增长放缓

2013 年中国版权产业的行业增加值为 42 725.93 亿元人民币，比 2012 年增加 7 051.78 亿元人民币，增长率为 20%，比 2009—2013 年五年年均增长率高 2 个百分点。

2013 年中国版权产业的城镇单位就业人数为 1 643.81万人，比 2012 年增长了 397.33 万人，增长率为 32%，比 2009—2013 年五年年均增长率高 19 个百分点。

受国际环境影响，近几年中国版权产业的商品出口额增长放缓，2013 年甚至出现下降情况。五年来，中国版权产业商品出口额占全国的比重也持续下降，特别是相互依存的版权产业出口额占全国比重下降明显。中国版权产业历年行业增加值和就业人数占全国比重如图 9 所示。

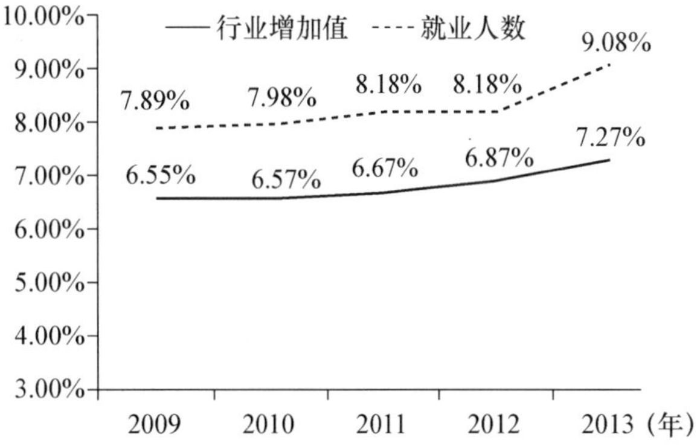

图 9　中国版权产业历年行业增加值和就业人数占全国比重

2. 从横向比较看，中国版权产业与美国等发达国家的差距进一步缩小

经过多年的发展，中国版权产业的经济贡献与美国等发达国家的差距正不断缩小。2012 年美国版权产业行业增加值占 GDP 的比重为 11.46%，中国

① 按人民币对美元 0.156 的汇率换算，下同。

版权产业为6.87%，美国高于中国4.59个百分点。2013年美国版权产业行业增加值占GDP的比重为11.44%，中国版权产业为7.27%，美国高于中国4.17个百分点。中国版权产业行业增加值占GDP的比重已经接近澳大利亚，高于荷兰、芬兰等国。上述数据表明，中国版权产业与美国等发达国家的差距正在进一步缩小。

3. 从产业组构成上看，核心版权产业增长显著，明显高于其他产业组

中国核心版权产业的行业增加值在2013年突破2.5万亿元人民币，达25 325.83亿元人民币，占全部版权产业行业增加值的59%；比2012年增加4 727.64亿元人民币，增长率为23%，比2009—2013年五年年均增长率高2个百分点。其中，软件和数据库、新闻出版、设计、广播影视等版权产业中的主要行业发展势头迅猛，是版权产业中比重较大、增长最快的几个产业组。

中国核心版权产业的城镇单位就业人数也从2012年的616.06万人、占全国就业人数的4.04%增长至2013年的827.36万人、占全国城镇单位就业总人数的4.57%，比2012年增长了211.30万人，增长率为34%，占中国版权产业就业人数的50%。中国核心版权产业历年行业增加值和就业人数占全国比重如图10所示。

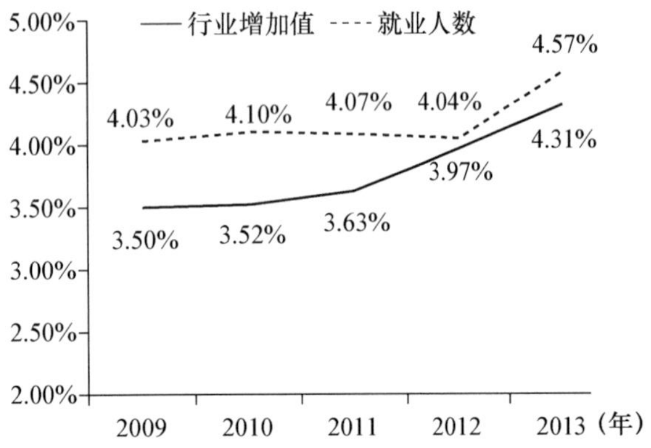

图10 中国核心版权产业历年行业增加值和就业人数占全国比重

4. 从劳动生产率水平看，中国版权产业与发达国家还有较大差距

虽然中国版权产业的行业增加值占GDP的比重在2013年已经达到7.27%，在调研各国中处于领先水平，但结合就业人数指标来看，根据WIPO公布的各国版权产业劳动生产率指数，中国版权产业劳动生产率在世界处于中等水平，中国版权产业单位从业人员创造的价值并不高，仍带有明显的劳动密集型产业特征，劳动生产力水平仍较低。

以中美两国为例，2013年中国版权产业的就业人数明显高于美国，但美国版权产业的行业增加值却是中国的三倍左右，说明美国版权产业劳动生产率指数大大高于中国，也说明中国版权产业的集约程度和生产率与美国相比较低，劳动密集型的产业特征仍较明显。

（二）2013年中国版权产业发展的社会环境

1. 各级政府对版权产业的重视程度普遍提高

2013年各级政府对版权产业更加重视，从国家到地方都将推动版权产业的发展列入重要议事日程。2013年国家版权局继续大力推进全国版权示范工作，苏州、昆山、广州入选全国版权示范城市，浙江省中国轻纺城、景德镇国际陶瓷艺术中心、章丘市龙山黑桃研制中心获全国版权示范园区（基地）称号；经国家版权局批准，福建建立了"国家海峡版权交易中心"，青岛建立了"国际版权交易中心"，版权资源共享机制进一步完善；国家版权局继续举办北京国际图书博览会国际版权贸易研讨会，福州举办福州海峡版权（创意）产业精品博览交易会、东莞举办中国国际影视动漫版权保护和贸易博览会等重要版权展会，版权贸易进一步活跃。

2. 著作权人和相关企业的权利意识进一步增强

近年来，国家版权局大力开展版权产业专题宣传工作，社会公众对版权产业有了更多认识，版权保护意识进一步增强。2013年，全国包括作品登记、计算机软件著作权登记、著作权质权登记在内的著作权登记总量大幅增长，首次突破百万件，权利人和相关企业对加大版权保护、版权运用和版权管理，以及以版权作为核心资产进行融资等方面的需求日益强烈。

3. 版权保护工作取得新进展，保护水平有所提高

版权法律政策体系继续完善，2013年3月1日起，国务院新修改的《计算机软件保护条例》《中华人民共和国著作权法实施条例》《信息网络传播权保护条例》正式施行，三个条例均对行政处罚罚款数额进行了调整和修改，对侵犯著作权的行为提高了罚款上限，由原来的可处5万元和10万元以下的罚款，提高到可处20万元和25万元以下的罚款，加大了对侵权盗版行为的打击力度。2013年12月1日，国家版权局与国家发改委联合公布的《教科书法定许可使用作品支付报酬办法》正式实施，对著作权人的保护进一步加强。

2013年，各级版权部门大力加强版权行政执法监管工作，全国行政执法部门共查办侵权盗版案件

647件，查处了一批侵权盗版大案要案。软件正版化工作取得显著成效，截至2013年底，79.7%的中央和国家机关推进全部直属事业单位完成软件正版化任务，各省（自治区、直辖市）扎实推进市县级政府机关和各级党委、人大、政协等机关开展软件正版化检查整改工作，市县级政府机关全部按期完成整改任务，中央企业三级以上企业、大中型金融机构、新闻出版行业企业集团总部全部实现软件正版化。

2014 年中国版权产业的经济贡献

中国新闻出版研究院

一、2014 年中国版权产业的经济贡献

2014 年，中国版权产业的经济贡献仍采用世界知识产权组织的方法，通过行业增加值、就业人数、出口额三个经济指标来衡量。2014 年中国版权产业的行业增加值为 46 287.81 亿元人民币，占全国 GDP 的 7.28%；城镇单位就业人数为 1 664.71 万人，占全国城镇单位就业总人数的 9.11%；商品出口额为 2 944.92 亿美元，占全国商品出口总额的 12.57%。① 详细数据如表 1 所示。

表 1　　2014 年中国版权产业的经济贡献情况

指标	行业增加值		就业人数		商品出口额	
	数值（亿元人民币）	比重	数值（万人）	比重	数值（亿美元）	比重
核心	27 260.73	4.29%	847.21	4.64%	45.65	0.19%
相互依存	8 721.33	1.37%	423.52	2.32%	2 670.04	11.40%
部分	3 671.13	0.58%	242.99	1.33%	229.24	0.98%
非专用支持	6 634.62	1.04%	150.99	0.83%	—	—
合计	46 287.81	7.28%	1 664.71	9.11%	2 944.92	12.57%

说明：由于四舍五入的原因，本表中各分项数据相加可能与合计不完全相等，下同。

（一）行业增加值

2014 年中国版权产业的行业增加值为 46 287.81 亿元人民币，占全国 GDP 的 7.28%，比 2013 年增加 3 561.88 亿元人民币，增长了 8.34%。其中，核心版权产业的行业增加值为 27 260.73 亿元人民币，占全国 GDP 的 4.29%，比 2013 年增加 1 934.90 亿元人民币，增长了 7.64%。

其他产业组的行业增加值分别是：相互依存的版权产业 8 721.33 亿元人民币，占全国 GDP 的 1.37%；部分版权产业 3 671.13 亿元人民币，占全国 GDP 的 0.58%；非专用支持产业 6 634.62 亿元人民币，占全国 GDP 的 1.04%。各产业组行业增加值构成情况如图 1 所示。

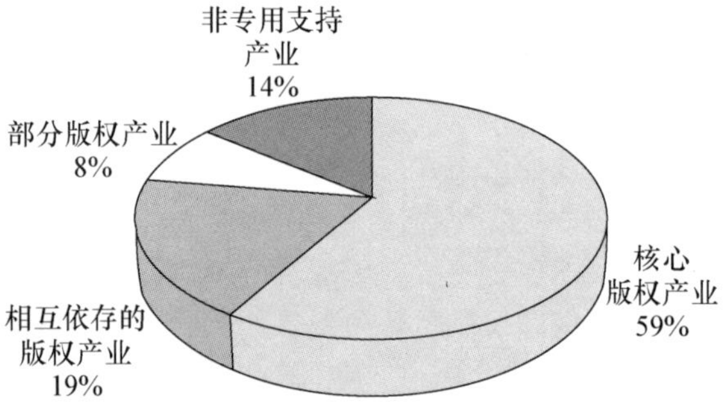

图 1　2014 年中国版权产业行业增加值的构成

（二）就业人数

2014 年，中国版权产业的城镇单位就业人数为 1 664.71 万人，占全国城镇单位就业总人数的 9.11%，比 2013 年增长了 20.90 万人，增长了 1.27%。其中，核心版权产业 847.21 万人，占全国城镇单位就业总人数的 4.64%，比 2013 年增长了 19.85 万人，增长了 2.40%。

其他产业组的就业人数分别是：相互依存的版权产业 423.52 万人，占全国城镇单位就业总人数的 2.32%；部分版权产业 242.99 万人，占全国城镇单位就业总人数的 1.33%；非专用支持产业 150.99 万人，占全国城镇单位就业总人数的 0.83%。各产业

① 本报告使用的 2014 年全国 GDP 及各行业增加值数据均为《中国统计年鉴 2015》中提供的初步核实数据。

组就业人数占比如图2所示。

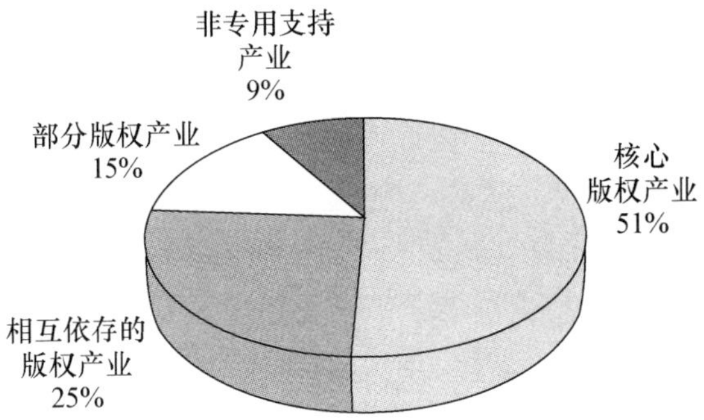

图2 2014年中国版权产业就业人数的构成

（三）出口额

2014年，中国版权产业的商品出口额为2 944.92亿美元，占全国商品出口总额的12.57%。

其中，核心版权产业45.65亿美元，占全国商品出口总额的0.19%；相互依存的版权产业2 670.04亿美元，占全国商品出口总额的11.40%；部分版权产业229.24亿美元，占全国商品出口总额的0.98%。各产业组商品出口额占比如图3所示。

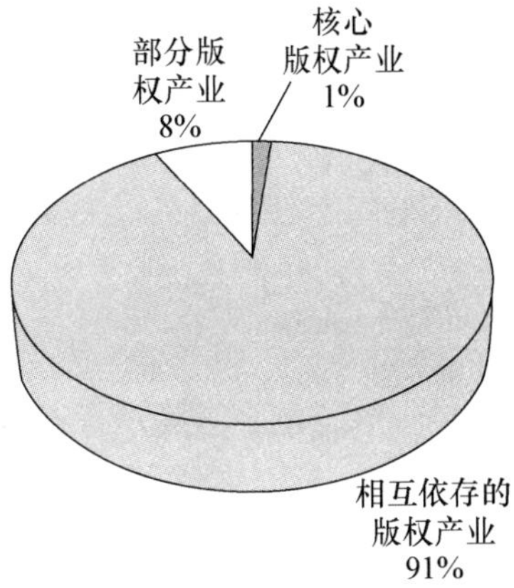

图3 2014年中国版权产业商品出口额的构成

二、2014年中国核心版权产业的经济贡献

核心版权产业是完全从事创作、制作和制造、表演、广播、传播和展览或销售和发行作品及其他受保护客体的产业，具体包括文字作品，音乐、戏剧制作、曲艺、舞蹈和杂技，电影和影带，广播电视，摄影，软件和数据库，美术与建筑设计、图形和模型作品，广告服务，版权集体管理与服务九组产业。这些产业是版权产业最重要、最核心的组成部分，因而被称为核心版权产业。

（一）行业增加值

2014年，中国核心版权产业的行业增加值为27 260.73亿元人民币，占全国GDP的4.29%，占全部版权产业的59%。在核心版权产业中，软件和数据库、新闻出版[①]、设计、广告等行业保持了较快增长的态势，对版权产业行业增加值的贡献较高，占到了核心版权产业的91%。核心版权产业各主要产业组数据详见图4。

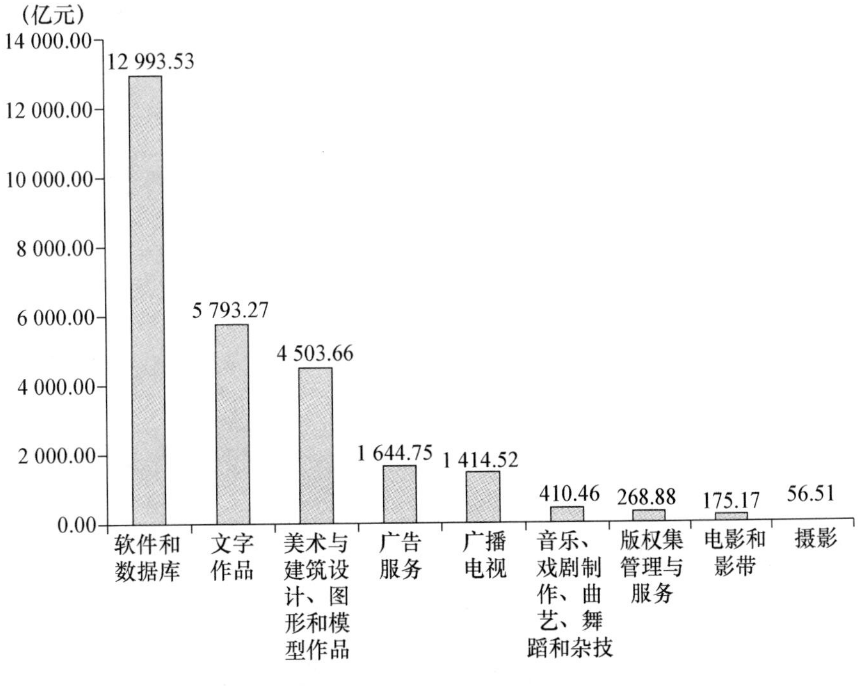

图4 2014年中国核心版权产业各产业组行业增加值的情况

① 新闻出版与版权产业分类中的“文字作品”的范围基本一致，下同。

（二）就业人数

2014 年，中国核心版权产业的城镇单位就业人数为 847.21 万人，占全国城镇单位就业总人数的 4.64%，占全部版权产业的 51%。在核心版权产业中，软件和数据库、新闻出版、设计、广告等行业保持了较快增长的态势，对版权产业就业人数的贡献较高，占到了核心版权产业的 90%。核心版权产业各主要产业组数据详见图 5。

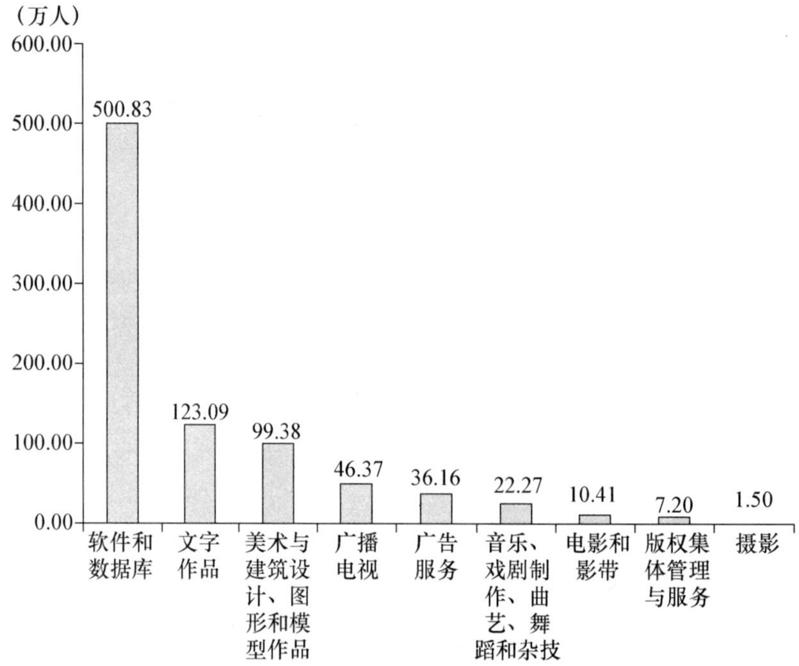

图 5　2014 年中国核心版权产业各产业组就业人数的情况

（三）出口额

鉴于国家统计局的数据中缺乏基于行业小类的货物贸易和服务贸易出口数据，因此这里计量核心版权产业的商品贸易出口额只依据海关统计，计量核心版权产业的服务贸易出口额只依据国家外汇管理局的国际收支统计。本项研究从《中国国际收支平衡表》中的服务贸易项下筛选出计算机和信息服务，专有权利使用费和特许费，广告、宣传，电影、音像四个类别，以估算核心版权产业的服务贸易出口额。

1. 商品出口额

2014 年中国核心版权产业的商品出口额为 45.65 亿美元，占全国商品出口总额的 0.19%，占全部版权产业的 1%。核心版权产业主要产业组详细数据详见图 6。

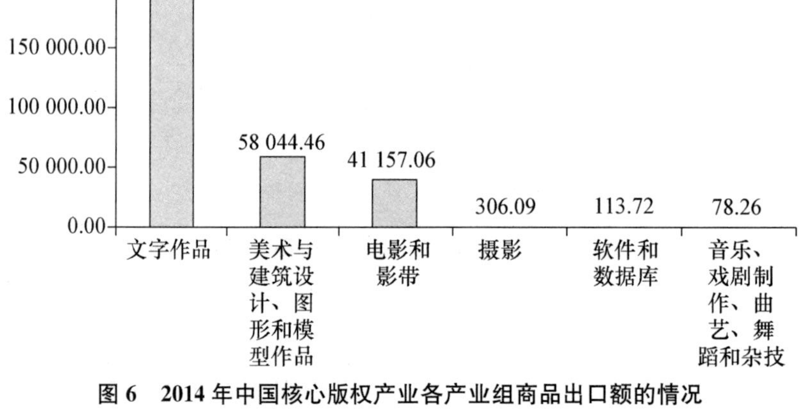

图 6　2014 年中国核心版权产业各产业组商品出口额的情况

2. 服务贸易出口额

2014 年中国核心版权产业的服务贸易出口额为 114.50 亿美元，占全国服务贸易出口总额的 6.00%。限于数据来源，这里仅包括软件和数据库、版权使用费、广告与宣传、电影与音像四项，其出口额分别为 61.33 亿美元、1.17 亿美元、50.00 亿美元、2.00 亿美元，如图 7 所示。

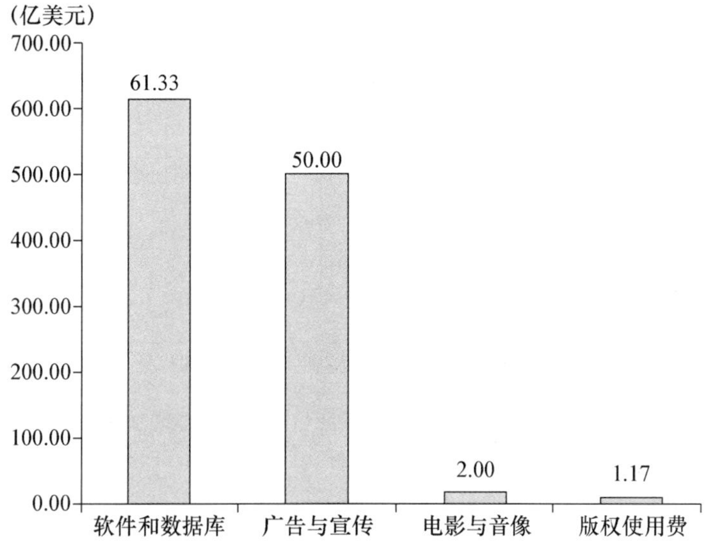

图 7　2014 年中国核心版权产业服务贸易出口额

通过以上数据可以看出，2014 年中国核心版权产业的商品出口额、服务贸易出口额及其占当年商品出口总额、服务贸易出口总额的比重都较低。2014 年中国核心版权产业对外出口总额（货物贸易和服务贸易）为 160.15 亿美元，占全国对外贸易出口总额的 0.63%。其中货物出口额占核心版权产业对外出口总额的 29%，服务贸易出口额占 71%，如图 8 所示。

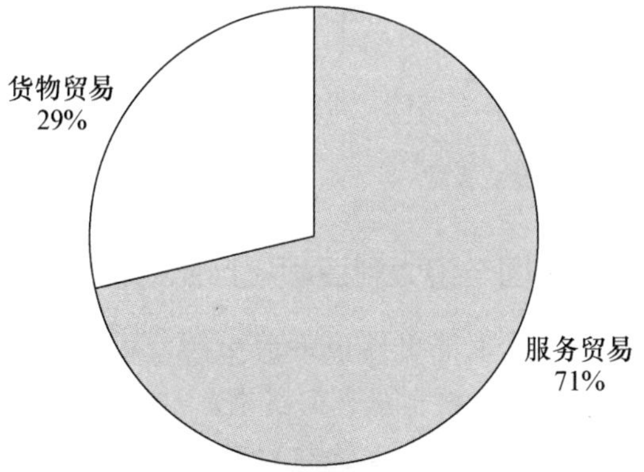

图 8　2014 年中国核心版权产业出口总额构成

三、2006—2014 年中国版权产业的纵向比较

2006—2014 年，中国版权产业平稳健康发展，行业增加值、就业人数和商品出口额都取得较大增长，在我国国民经济中的作用日益显著，本部分将对 2006—2014 年中国版权产业的经济贡献进行纵向比较分析。

（一）行业增加值的比较

2006 年中国版权产业的行业增加值为 13 489.33 亿元人民币，占 GDP 的 6.39%，到 2014 年增长到 46 287.81 亿元人民币，占 GDP 的 7.28%，总量增加了 32 798.48 亿元人民币，平均年增速 17%。2006—2014 年各年度行业增加值详见图 9。

其中，核心版权产业发展较快，明显高于其他产业组。2006—2014 年，中国核心版权产业的行业增加值从 6 471.56 亿元人民币、占 GDP 的 3.06%，增长至 27 260.73 亿元人民币、占 GDP 的 4.29%，总量增加了 20 789.17 亿元人民币，平均年增速 20%。可以看出，中国核心版权产业对全部版权产业的经济贡献最大，发展速度最快。

（二）就业人数的比较

2006 年中国版权产业的城镇单位就业人数为 762.92 万人，占全国城镇单位就业总人数的 6.52%，到 2014 年增长至 1 664.71 万人，占全国城镇单位就业总人数的 9.11%，总量增加了 901.79 万人，平均年增速 10%。2006—2014 年各年度就业人数详见图 10。

其中，核心版权产业的城镇单位就业人数从 2006 年的 367.91 万人、占全国城镇单位就业总人数的 3.14%，增长至 2014 年的 847.21 万人、占全国城镇单位就业总人数的 4.64%，增加了 479.30 万人，平均年增速 11%。从就业人数上看，也是核心版权产业对全部版权产业的贡献最大。

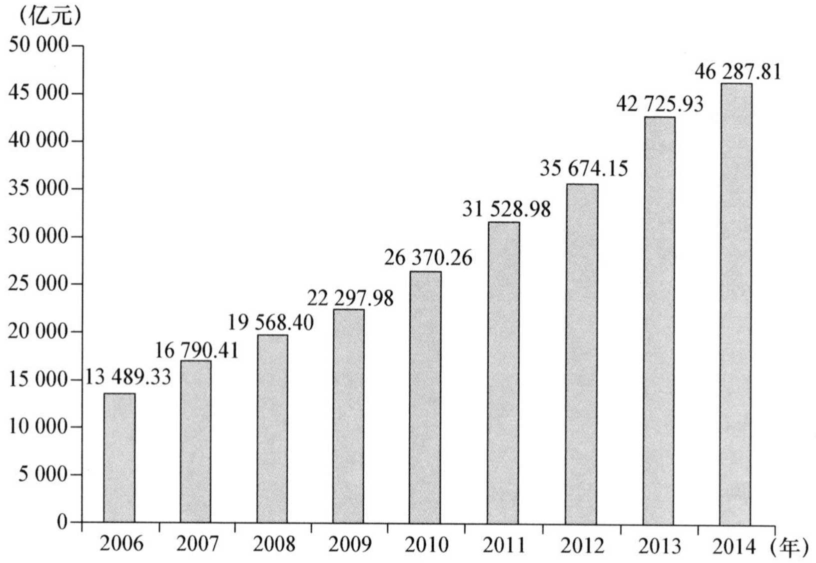

图 9　2006—2014 年中国版权产业的行业增加值

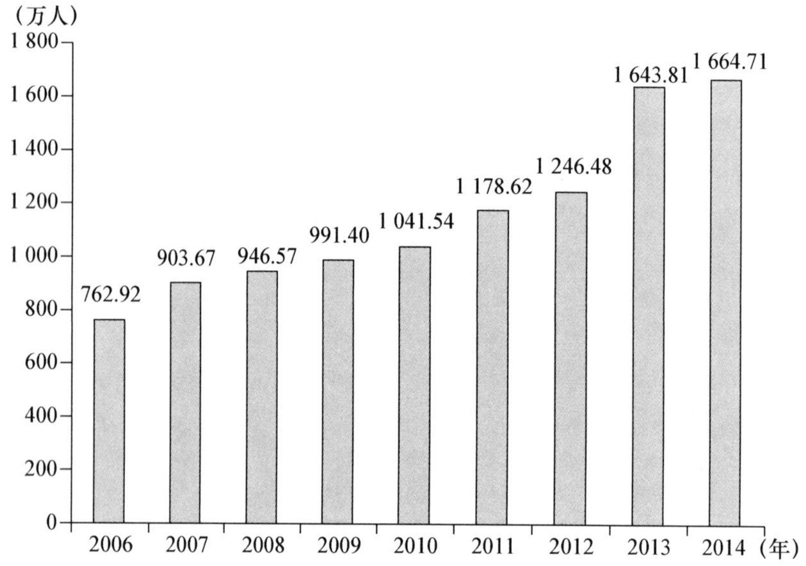

图 10　2006—2014 年中国版权产业的就业人数

(三) 出口额的比较

2006 年中国版权产业的商品出口额为 1 492.62 亿美元，到 2014 年增长至 2 944.92 亿美元，近十年间增加了 1 452.30 亿美元，平均年增速 9%。但总体来看，近年来受国际市场影响，中国版权产业的商品出口额增速开始放缓，甚至在 2009 年、2013 年出现了下降的情况。2006—2014 年各年度商品出口额详见图 11。

其中，相互依存的版权产业商品出口额贡献最大，这些年一直占到全部版权产业商品出口额的 90%以上，核心版权产业的商品出口额只占到 2%左右。这表明中国版权产业的商品出口额以制造业为主的格局未有改变。

四、中国与澳大利亚版权产业的横向比较

自 2003 年世界知识产权组织（WIPO）出版《版权产业的经济贡献调研指南》以来，世界上已有 40 多个国家和地区采用 WIPO 提供的方法对版权产业的经济贡献进行测算。但目前数据更新至 2014 年的只有澳大利亚（2015 年澳大利亚公布了《澳大利亚版权产业的经济贡献（2002—2014）》报告），因此本部分只对 2014 年澳大利亚版权产业的经济贡献进行简要介绍，并与中国版权产业进行对比分析。

(一) 2014 年澳大利亚版权产业的经济贡献

澳大利亚也是世界上较早开展版权产业经济贡献研究的国家，目前已至少发布过三次调研报告，

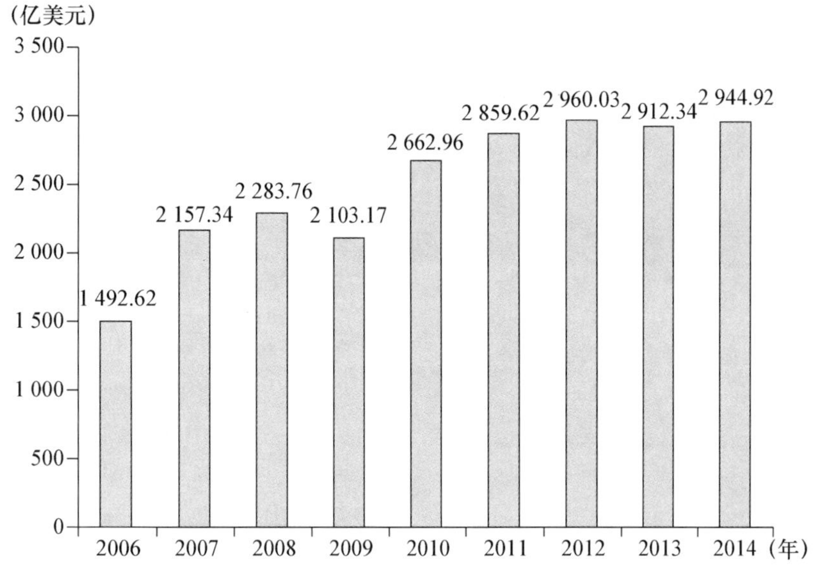

图 11　2006—2014 年中国版权产业的商品出口额

对 1996—2014 年澳大利亚版权产业的经济贡献进行了持续研究。2015 年，澳大利亚公布了《澳大利亚版权产业的经济贡献（2002—2014）》研究报告，发布了 2014 年澳大利亚版权产业经济贡献的相关数据。①

根据该报告，2014 年澳大利亚版权产业的行业增加值为 1 114.27 亿澳元，占全国 GDP 的 7.1%。其中，核心版权产业的行业增加值为 734.02 亿澳元，占全国 GDP 的 4.7%；相互依存的版权产业的行业增加值为 218.95 亿澳元，占全国 GDP 的 1.4%；部分版权产业的行业增加值为 84.37 亿澳元，占全国 GDP 的 0.5%；非专用支持产业的行业增加值为 76.92 亿澳元，占全国 GDP 的 0.5%。

2014 年澳大利亚版权产业的就业人数为 100.02 万人，占全国就业人数的 8.7%。其中核心版权产业的就业人数为 60.64 万人，相互依存的版权产业的就业人数为 18.33 万人，部分版权产业的就业人数为 10.32 万人，非专用支持产业的就业人数为 10.73 万人。

2014 年澳大利亚版权产业的出口额为 47.93 亿美元，占全国出口额的 1.8%。其中核心版权产业的出口额为 1.56 亿美元，相互依存的版权产业的出口额为 44.24 亿美元，部分版权产业的出口额为 2.13 亿美元。2014 年澳大利亚版权产业的经济贡献如表 2 所示。

表 2　2014 年澳大利亚版权产业的经济贡献

指标	行业增加值		就业人数		商品出口额	
	数值（亿澳元）	比重	数值（万人）	比重	数值（亿美元）	比重
核心	734.02	4.7%	60.64	—	1.56	—
相互依存	218.95	1.4%	18.33	—	44.24	—
部分	84.37	0.5%	10.32	—	2.13	—
非专用支持	76.92	0.5%	10.73	—	—	—
合计	1 114.27	7.1%	100.02	8.7%	47.93	1.8%

综合来看，版权产业已经成为澳大利亚一个重要的行业部门，2014 年行业增加值超过了健康和社会援助业、制造业、交通邮政与仓储业、批发业等多个行业部门，但澳大利亚版权产业行业增加值近年来增长较慢，2002—2014 年的年均增速仅为 1.8%，低于许多行业，商品出口额甚至出现了负增长。

① 本报告中澳大利亚的相关数据均来自报告《澳大利亚版权产业的经济贡献（2002—2014）》。

(二) 中国与澳大利亚版权产业的比较

根据上述报告数据，2014 年澳大利亚版权产业的行业增加值为 1 114.27 亿澳元，占全国 GDP 的 7.1%，其中核心版权产业的行业增加值为 734.02 亿澳元，占全国 GDP 的 4.7%。2014 年，中国版权产业的行业增加值为 46 287.81 亿元人民币，占全国 GDP 的 7.28%，其中核心版权产业的行业增加值为 27 260.73 亿元人民币，占全国 GDP 的 4.29%。可以看出，中国版权产业对国民经济的贡献已与澳大利亚大体相当。

结合 2006 年至 2014 年间的数据来看，澳大利亚版权产业行业增加值的比重一直高于中国版权产业，2006 年澳大利亚版权产业行业增加值比重为 8.2%，而当年中国版权产业行业增加值比重为 6.39%，澳大利亚版权产业比重高于中国 1.81 个百分点。但随着中国版权产业的快速发展，这种差距正逐年缩小，近年两国版权产业行业增加值的比重已大致相当，特别是 2014 年，中国版权产业行业增加值的比重（7.28%）已略高于澳大利亚版权产业（7.1%）。

而另一方面，中国核心版权产业行业增加值占 GDP 的比重一直低于澳大利亚核心版权产业。2014 年中国核心版权产业行业增加值的比重为 4.29%，占全部版权产业的 59%，而当年澳大利亚核心版权产业行业增加值的比重为 4.7%，占全部版权产业的 66%。这表明中国核心版权产业对国民经济的贡献与澳大利亚等发达国家仍有一定差距。2006—2014 年中国与澳大利亚版权产业行业增加值比重的对比情况如图 12 所示。

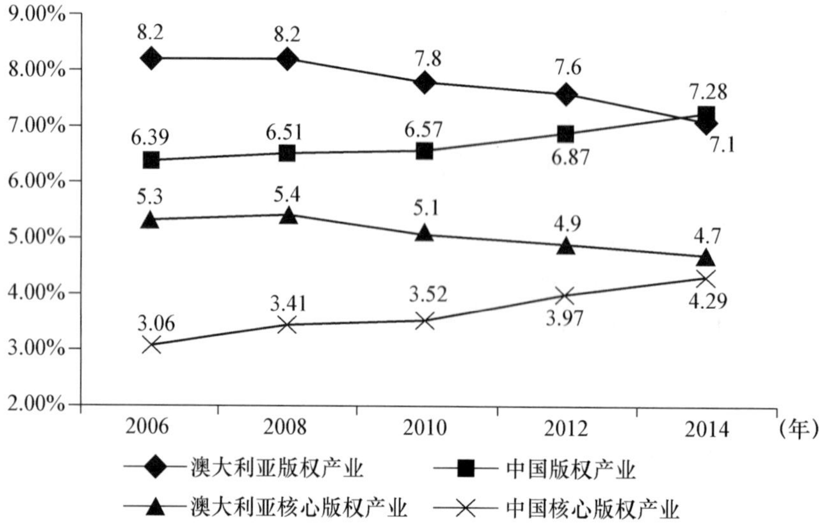

图 12 2006—2014 年中国与澳大利亚版权产业行业增加值比重的对比

五、2014 年中国版权产业的综合分析

2014 年中国版权产业在新常态下继续保持平稳运行的健康态势，行业增加值、就业人数和商品出口额均实现稳定增长。2014 年中国版权产业的行业增加值为 46 287.81 亿元人民币，比上年增长 8.34%，比同期 GDP 现价增速高 0.16 个百分点，占全国 GDP 的 7.28%，比上年提高 0.01 个百分点。2014 年中国版权产业的城镇单位就业人数为 1 664.71 万人，比上年增长 1.27%，占全国城镇单位就业总人数的 9.11%，比上年提高 0.03 个百分点。2014 年中国版权产业的商品出口额为2 944.92 亿美元，比上年增长 1.12%，占全国商品出口总额的 12.57%，比上年下降 0.61 个百分点。

中国版权产业的经济贡献调研项目已开展九年，九年的连续调研测算显示，中国版权产业取得较快发展，对国民经济的贡献持续增长，与发达国家的差距不断缩小。

(一) 对国民经济的贡献持续增长

2006—2014 年的九年间，中国版权产业取得较快发展，对国民经济的贡献持续增长。

中国版权产业的行业增加值从 2006 年的 13 489.33 亿元人民币增长至 2014 年的 46 287.81 亿元人民币，平均年增速 17%，对 GDP 贡献的比重从 6.39%增长到 7.28%，九年间提高了 0.89 个百分点。

中国版权产业的城镇单位就业人数从 2006 年的 762.92 万人增长至 2014 年的 1 664.71 万人，平均年增速 10%，占全国城镇单位总就业人数的比重从 6.52%增长到 9.11%，近十年间提高了 2.59 个百分点。2006—2014 年中国版权产业行业增加值、就业人数占全国比重情况如图 13 所示。

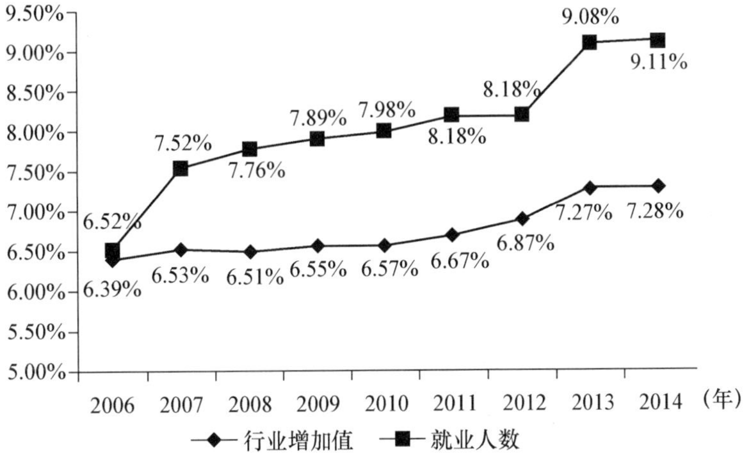

图 13　2006—2014 年中国版权产业行业增加值、就业人数占全国比重情况

（二）核心版权产业的贡献最为突出

从行业增加值和就业人数来看，中国核心版权产业增长明显，对国民经济的贡献最为突出。

中国核心版权产业的行业增加值已从 2006 年的 6 471.56 亿元人民币增长至 2014 年的 27 260.73 亿元人民币，九年间翻了两番，平均年增速为 20%，2014 年占全部版权产业的比重已达 59%。

中国核心版权产业的城镇单位就业人数已从 2006 年的 367.91 万人增长至 2014 年的 847.21 万人，平均年增速 11%，2014 年占全部版权产业的比重已达 51%。2006—2014 年中国核心版权产业，行业增加值、就业人数占全国比重情况如图 14 所示。

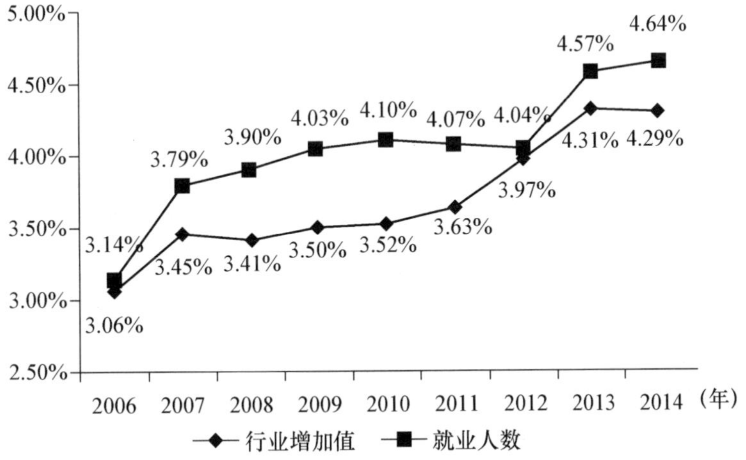

图 14　2006—2014 年中国核心版权产业行业增加值、就业人数占全国比重情况

（三）与发达国家的差距逐渐缩小

从国际看，中国版权产业的经济贡献与美国等发达国家的差距不断缩小。以增加值为例，2006 年中国版权产业行业增加值占 GDP 的比重仅为 6.39%，当年美国版权产业行业增加值占 GDP 比重为 11.04%，中国比美国低 4.65 个百分点。到 2013 年，中国版权产业行业增加值比重提高至 7.27%，美国版权产业行业增加值比重为 11.44%，中国比美国低 4.17 个百分点，缩小了 0.48 个百分点。经过九年的发展，中国版权产业与美国的差距进一步缩小。历年中美版权产业行业增加值占 GDP 的比重情况如图 15 所示。

中国核心版权产业行业增加值在全部版权产业中的比重与发达国家相比仍较低，对国民经济贡献的比重仍低于一些发达国家。2014 年中国核心版权产业行业增加值占 GDP 的比重仍低于澳大利亚 0.41 个百分点。但近年来随着中国核心版权产业的快速发展，这种差距也在逐渐缩小。2006—2014 年中美澳三国核心版权产业占 GDP 的比重情况如图 16 所示。

（四）近年来商品出口额的增速放缓

中国版权产业的商品出口额从 2006 年的1 492.62 亿美元增长至 2014 年的 2 944.92 亿美元，平均年增速为 9%，但由于国际金融危机之后世界经济处于

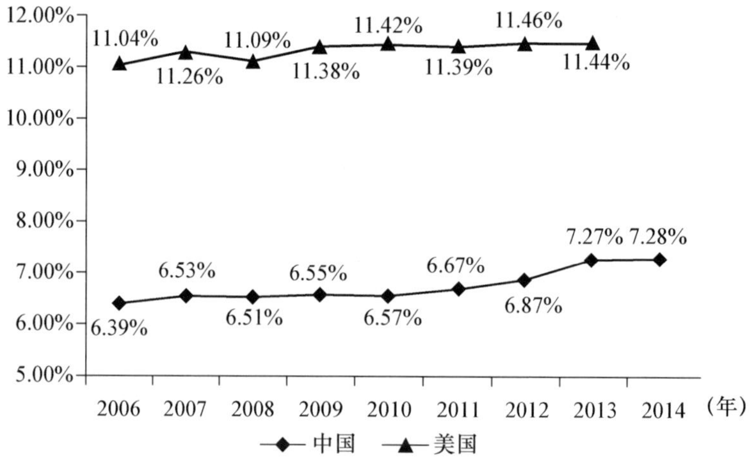

图 15　历年中美版权产业行业增加值占 GDP 的比重情况

说明：美国暂无 2014 年度数据，其中 2004 年、2006 年数据为《美国版权产业的经济贡献（2003—2007）》中的数据，2007 年、2008 年数据为《美国版权产业的经济贡献（2011）》中的数据，2009—2013 年数据为《美国版权产业的经济贡献（2014）》中的数据，下同。

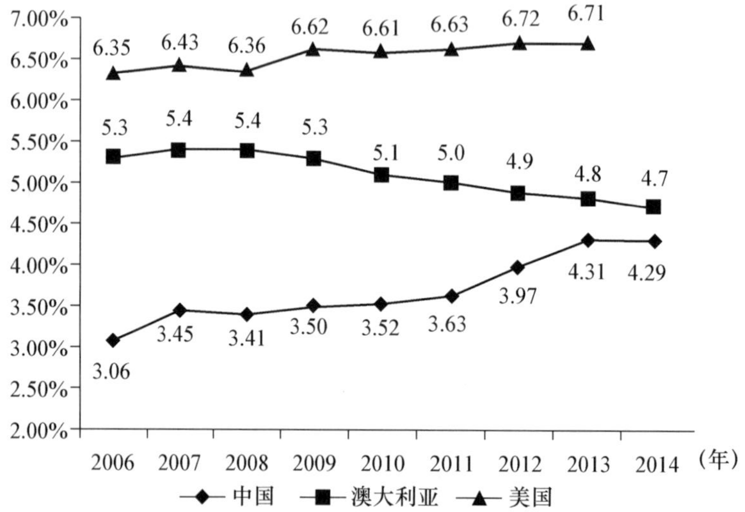

图 16　2006—2014 年中美澳三国核心版权产业占 GDP 的比重情况

深度调整期，中国外贸出口中低成本比较优势不断削弱，中国版权产业的商品出口额近年来增速放缓，占全国商品出口总额的比重也从 2006 年的 15.40%下降至 2014 年的 12.57%。2006—2014 年中国版权产业商品出口额占全国比重情况如图 17 所示。

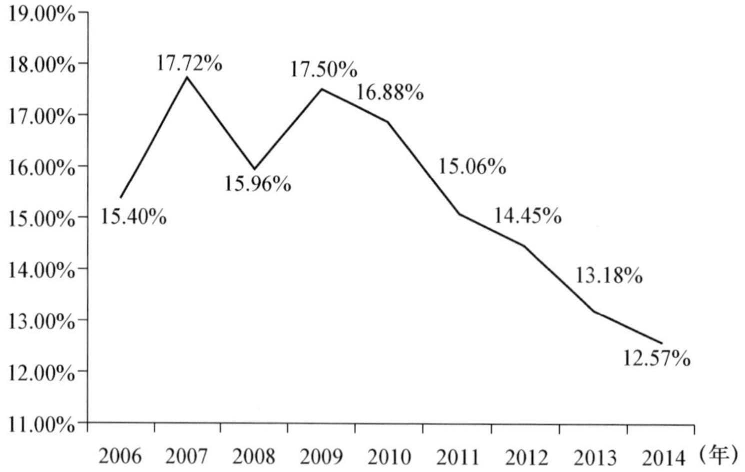

图 17　2006—2014 年中国版权产业商品出口额占全国比重情况

从结构构成来看，中国版权产业的商品出口额以相互依存的版权产业为主，核心版权产业的商品出口额虽然从 2006 年的 24.94 亿美元增长到 2014 年的 45.65 亿美元，但占全部版权产业商品出口额的比重一直低于 2%，这表明中国版权产业的商品出口额以制造业为主的格局未有改变。

2015 年中国新闻出版产业分析报告

国家新闻出版广电总局

一、产业结构分析

（一）产业总体情况

1. 经济总量规模

2015 年，全国出版、印刷和发行服务实现营业收入 21 655.94 亿元，较 2014 年增长 8.5%；利润总额 1 662.1亿元，增长 6.3%；不包括数字出版的资产总额为 20 777.5 亿元，增长 11.0%；所有者权益（净资产）为 10 598.1 亿元，增长 11.1%（见表 1）。[①]

表 1　　　　新闻出版产业结构

产业类别	营业收入			
	金额（亿元）	增长速度（%）	比重（%）	比重变动（百分点）
图书出版	822.55	3.96	3.80	−0.16
期刊出版	200.99	−5.21	0.93	−0.13
报纸出版	626.15	−10.27	2.89	−0.60
音像制品出版	26.25	−10.13	0.12	−0.03
电子出版物出版	12.41	13.96	0.06	0.01
数字出版	4 403.85	30.00	20.34	3.37
印刷复制	12 245.52	4.30	56.55	−2.25
出版物发行	3 234.02	6.95	14.93	−0.21
出版物进出口	84.20	13.22	0.39	0.02

2. 图书出版总量规模

2015 年，全国共出版图书 47.6 万种，较 2014 年增长 6.1%；总印数 86.6 亿册（张），增长 5.8%；总印张 743.2 亿印张，增长 5.5%；定价总金额 1 476.1 亿元，增长 8.3%。图书出版实现营业收入 822.6 亿元，增长 4.0%；利润总额 125.3 亿元，增长 7.0%。

3. 期刊出版总量规模

2015 年全国共出版期刊 10 014 种，较 2014 年增长 0.5%；总印数 28.8 亿册，降低 7.0%；总印张 167.8 亿印张，降低 8.6%；定价总金额 243.0 亿元，降低 2.6%。期刊出版实现营业收入 200.99 亿元，降低 5.2%；利润总额 26.3 亿元，降低 3.0%。

4. 报纸出版总量规模

2015 年，全国共出版报纸 1 906 种，较 2014 年降低 0.3%；总印数 430.1 亿份，降低 7.3%；总印张 1 554.9 亿印张，降低 19.1%；定价总金额 434.3 亿元，降低 2.1%。报纸出版实现营业收入 626.15 亿元，降低 10.3%；利润总额 35.8 亿元，降低 53.2%。

5. 音像制品出版总量规模

2015 年，全国共出版音像制品 15 372 种，与 2014 年基本持平；出版数量 29 418.2 万盒（张），降低 10.4%。音像制品出版实现营业收入 26.25 亿元，降低 10.1%；利润总额 3.9 亿元，降低 4.4%。

6. 电子出版物出版总量规模

2015 年，全国共出版电子出版物 10 091 种，较 2014 年降低 14.7%；出版数量 21 438.4 万张，降低 38.8%。电子出版物出版实现营业收入 12.41 亿元，增长 14.0%；利润总额 2.3 亿元，增长 26.1%。

7. 数字出版总量规模

2015 年，数字出版实现营业收入 4 403.85 亿元，较 2014 年增长 30.0%；利润总额 334.6 亿元，增长 25.9%。

8. 印刷复制总量规模

2015 年，全国黑白印刷产量 30 944.9 万令，较 2014 年降低 3.1%；彩色印刷产量 219 634.1 万对开色令，降低 13.1%；装订产量 31 629.7 万令，降低 1.1%。印刷复制（包括出版物印刷、包装装潢印刷、其他印刷品印刷、专项印刷、打字复印、复制和印刷物资供销）实现营业收入 12 245.52 亿元，增长 4.3%；利润总额 872.0 亿元，增长 7.0%（见表 2）。

① 以上经济指标均未包括版权贸易与代理，行业服务与其他新闻出版业务资产总额、所有者权益（净资产）均未包括数字出版。

表 2　　印刷复制的内部构成

类别	营业收入			
	金额（亿元）	增长速度（%）	在印刷复制中所占比重（%）	比重变动（百分点）
印刷	12 205.55	4.39	99.67	0.08
其中：出版物印刷	1 554.53	−0.11	12.69	−0.56
包装装潢印刷	9 251.21	5.55	75.55	0.89
其他印刷品印刷	1 093.47	1.44	8.93	−0.25
复制	39.97	−15.62	0.33	−0.08
合计	12 245.52	4.30	100.00	0.00

9. 出版物发行总量规模

2015 年，全国新华书店系统和出版社自办发行单位实现出版物总销售额 2 563.7 亿元，较 2014 年增长 6.1%；全国共有出版物发行网点 16.4 万处，降低 3.5%。出版物发行实现营业收入 3 234.02 亿元，增长 7.0%；利润总额 259.7 亿元，增长 1.9%。

10. 出版物进出口总量规模

2015 年，全国累计出口图书、报纸、期刊、音像制品、电子出版物、数字出版物数量 2 124.43 万册（份、盒、张），较 2014 年降低 1.1%；金额 10 485.57 万美元，增长 4.4%。其中，数字出版物出口 2 366.9 万美元，增长 12.7%；全国出版物进出口经营单位累计出口数量 1 553.6 万册（份、盒、张），降低 8.2%；金额 5 863.5 万美元，增长 1.0%。全国累计进口图书、报纸、期刊、音像制品、电子出版物、数字出版物数量 2 823.37 万册（份、盒、张），增长 10.6%；金额 54 765.2 万美元，增长 10.9%。进出口总额 65 250.77 万美元（其中，全国出版物进出口经营单位进出口总额 60 628.7 万美元，增长 9.9%）（见表 3）。出版物进出口[①]实现营业收入 84.2 亿元，增长 13.2%；利润总额 2.3 亿元，增长 21.9%。

表 3　　全国出版物对外贸易情况

类型	指标	累计出口	累计进口	总额	差额
图书、期刊、报纸	数量（万册（份、盒、张））	2 112.45	2 811.75	4 924.20	−699.30
	金额（万美元）	7 942.60	30 557.53	38 500.13	−22 614.93
音像制品、电子出版物、数字出版物	数量（万册（份、盒、张））	11.98	11.62	23.61	0.36
	金额（万美元）	2 542.97	24 207.67	26 750.64	−21 664.70
合计	数量（万册（份、盒、张））	2 124.43	2 823.37	4 947.81	−698.94
	金额（万美元）	10 485.57	54 765.20	65 250.77	−44 279.63

说明：差额为累计出口减去累计进口之差。正号表示出口大于进口，存在贸易顺差；负号表示出口小于进口，存在贸易逆差。

11. 版权贸易总量规模

2015 年，全国共输出版权 10 471 种（其中输出出版物版权 8 865 种），较 2014 年增长 1.7%（其中输出出版物版权增长 1.5%）；共引进版权 16 467 种（其中引进出版物版权 15 973 种），降低 1.4%（其中引进出版物版权降低 2.1%）；版权输出品种与引进品种比例为 1∶1.6（见表 4）。

表 4　　出版物对外版权贸易构成　　单位：种

类型	引进	输出	总额	差额
图书	15 458	7 998	23 456	−7 460
录音制品	133	217	350	84
录像制品	90	0	90	−90

续前表

类型	引进	输出	总额	差额
电子出版物	292	650	942	358
合计	15 973	8 865	24 838	−7 108

说明：差额为输出减去引进之差。正号表示输出大于引进，存在顺差；负号表示输出小于引进，存在逆差。

二、产品结构分析

（一）整体结构

2015 年全国共出版图书、期刊、报纸、音像制品和电子出版物 550.6 亿册（份、盒、张），较 2014 年降低 5.6%。其中，出版图书 86.6 亿册（张），增

① 以下指标仅限于全国出版物进出口经营单位。

长 5.8%，占全部数量的 15.7%；期刊 28.8 亿册，降低 7.0%，占 5.2%；报纸 430.1 亿份，降低 7.3%，占 78.1%；音像制品 2.9 亿盒（张），降低 10.4%，占 0.5%；电子出版物 2.1 亿张，降低 38.8%，占 0.4%。[①]

（二）图书结构

1. 书籍

书籍系指使用国际标准书号，但不属于课本的出版物，从内容上按照社科人文、科学技术、综合 3 类划分。

2015 年，全国出版社科人文类书籍 32.3 万种，增长 8.2%，占书籍品种总数的 83.9%；科学技术类书籍 5.8 万种，增长 7.8%，占 15.2%；综合类书籍 0.4 万种，增长 5.7%，占 1.0%。

全国出版社科人文类书籍 50.4 亿册，增长 15.2%，占书籍总印数的 94.6%；科学技术类书籍 2.6 亿册，与 2014 年基本持平，占 4.9%；综合类书籍 0.3 亿册，增长 18.2%，占 0.5%。

2015 年全国社科人文类书籍单品种平均印数 15 611册，较 2014 年增加 939 册；科学技术类书籍单品种平均印数 4 467 册，减少 344 册；综合类书籍单品种平均印数 6 992 册，增加 567 册。

2. 课本

课本划分为大专及以上课本、中学课本、小学课本、中专技校课本、业余教育课本、扫盲课本和教学用书 7 类。

2015 年，全国出版中学课本 0.7 万种，降低 21.6%，占课本品种数的 7.6%；小学课本 0.6 万种，降低 7.4%，占 7.0%。中小学课本合计 1.3 万种，占课本品种数的 14.6%，图书品种数的 2.8%。

全国出版中学课本 15.4 亿册，降低 8.2%，占课本总印数的 46.3%；小学课本 13.3 亿册，降低 1.4%，占 40.0%。中小学课本合计 28.6 亿册，占课本总印数的 86.3%，图书总印数的 33.1%。

3. 新版与重印图书

2015 年全国出版新版图书 26.04 万种，较 2014 年增长 1.76%，占图书品种总数的 54.73%；重印图书 21.54 万种，增长 11.90%，占 45.27%（见表 5）。重印图书与新版图书品种之比由 2014 年的 1∶1.3 变为1∶1.2。

全国出版新版图书 25.03 亿册，降低 3.43%，占图书总印数的 28.90%；重印图书 46.15 亿册，增长 11.80%，占 53.28%。重印图书与新版图书总印数之比由 2014 年的 1.6∶1 变为 1.8∶1。

2015 年全国新版图书单品种平均印数 9 612 册，较 2014 年减少 518 册；重印图书单品种平均印数 21 432 册，与 2014 年基本持平。

表 5　　新版图书与重印图书

类型	品种				总印数			
	数量（万种）	增速（%）	比重（%）	比重变动（百分点）	数量（亿册（张））	增速（%）	比重（%）	比重变动（百分点）
全部图书	47.58	6.11	100.00	0.00	86.62	5.83	100.00	0.00
其中：新版	26.04	1.76	54.73	−2.34	25.03	−3.43	28.90	−2.77
重印	21.54	11.90	45.27	2.34	46.15	11.80	53.28	2.85

说明：全部图书总印数包括新版图书、重印图书和租型图书。

4. 少儿图书

2015 年全国出版少儿图书 3.7 万种，增加 0.4 万种，增长 11.9%；其中新版图书 2.2 万种，增加 0.2 万种，增长 11.1%。

全国出版少儿图书 55 563.4 万册（张），增加 5 870.4 万册（张），增长 11.8%；其中新版图书 29 911.9 万册（张），增加 3 063.9 万册（张），增长 11.4%。

2015 年全国少儿图书单品种平均印数 15 168 册，其中新版图书 13 526 册，均与 2014 年基本持平。

5. 当年累计印数超过百万册图书

《习近平关于党风廉政建设和反腐败斗争论述摘编》《习近平谈治国理政》等 68 种图书当年单品种累计印数超过 100 万册。其中，《习近平关于党风廉政建设和反腐败斗争论述摘编》两个版本当年累计印数超过 550 万册。2015 年单品种累计印数排名前 10 位的图书如表 6 所示。

① 音像制品和电子出版物采用出版数量。

表 6　　2015 年单品种累计印数排名前 10 位的图书

排名	书籍名称	出版单位	新出或重印
1	新华字典（第 11 版）	商务印书馆	重印
2	中国共产党廉洁自律准则　中国共产党纪律处分条例	中国方正出版社	新出
3	走复兴路　圆中国梦（初中生读本）	新世界出版社	重印
4	水与生命	浙江科学技术出版社	重印
5	习近平关于党风廉政建设和反腐败斗争论述摘编	中国方正出版社	新出
6	中国共产党廉洁自律准则　中国共产党纪律处分条例（烫金版）	中国法制出版社	新出
7	贵州省道德讲堂读本	贵州人民出版社	重印
8	习近平谈治国理政（中文平装本）	外文出版社	重印
9	奋发向上　崇德向善（初中生读本）	新世界出版社	重印
10	法治热点面对面	学习出版社	新出

与 2014 年相比，当年单品种累计印数超过 100 万册书籍品种增加 2 种，排名第 10 位图书的累计印数较 2014 年排名第 10 位图书增加 120 万册。

（三）期刊结构

1. 内容结构

期刊按照内容划分为综合，哲学、社会科学，自然科学、技术，文化、教育和文学、艺术五类。

2015 年，全国出版综合类期刊 1.97 亿册，较 2014 年降低 13.97%，占期刊总印数的 6.84%；哲学、社会科学类期刊 13.1 亿册，降低 4.29%，占 45.66%，占比有所提高；自然科学、技术类期刊 3.96 亿册，降低 7.13%，占 13.74%；文化、教育类期刊 6.48 亿册，降低 9.21%，占 22.51%；文学、艺术类期刊 3.24 亿册，降低 8.27%，占 11.25%。（见表 7）

表 7　　期刊产品结构

类型	总印数			
	数量（亿册）	增长速度（%）	比重（%）	比重变动（百分点）
综合	1.97	−13.97	6.84	−0.56
哲学、社会科学	13.14	−4.29	45.66	1.29
自然科学、技术	3.96	−7.13	13.74	−0.02
文化、教育	6.48	−9.21	22.51	−0.55
文学、艺术	3.24	−8.27	11.25	−0.16
合计	28.78	−6.99	100.00	0.00

2. 平均期印数超过百万册期刊

2015 年，共有《求是》、《时事报告》大学生版和中学生版、《读者》等 13 种期刊平均期印数超过 100 万册，其中《时事报告》两个版本每期平均印数超过 400 万册。2015 年平均期印数排名前 10 位的期刊中，《读者》《小学生时代》《知音漫客》《青年文摘》等文摘类、少儿类期刊超过半数。详见表 8。

表 8　　2015 年平均期印数排名前 10 位的期刊

排名	期刊名称	刊期	所在省份	2014 年排名	排名变化
1	时事报告（大学生版）	半年刊	北　京	3	2
2	读者	半月刊	甘　肃	2	0
3	特别关注	月　刊	湖　北	1	−2
4	小学生时代	月　刊	浙　江	10	6
5	求是	半月刊	北　京	4	−1
6	中共中央办公厅通讯	月　刊	北　京	6	0
7	知音漫客	周　刊	湖　北	5	−2
8	时事（《时事报告》中学生版）	月　刊	北　京	7	−1
9	青年文摘	半月刊	北　京	11	2
10	意林	旬　刊	吉　林	8	−2

与 2014 年相比，《青年文摘》进入前十，《故事会》（上海）退出前十；前 10 位中，《时事报告（大学生版）》和《小学生时代》排名上升，《特别关注》《求是》《知音漫客》《时事（〈时事报告〉中学生版）》和《意林》排名下降；排名第 10 位期刊的平均期印数较 2014 年排名第 10 位期刊减少 19 万册；

平均期印数超过 100 万册期刊减少 1 种；平均期印数和总印数整体下降。

（四）报纸结构

1. 层级结构

报纸根据地域层级划分为全国性报纸、省级报纸、地市级报纸和县级报纸 4 类。

2015 年，全国出版全国性报纸 79.44 亿份，较 2014 年降低 1.23%，占报纸总印数的 18.47%；省级报纸 209.81 亿份，降低 9.71%，占 48.78%；地市级报纸 140.00 亿份，降低 6.83%，占 32.55%；县级报纸 0.84 亿份，增长 1.08%，占 0.20%（见表 9）。省级报纸占据近一半的份额，占比有所下降；全国性报纸和地市级报纸占比有所提高。

表 9　　报纸的层级结构

地域层级	数量（亿份）	增长速度（%）	比重（%）	比重变动（百分点）
全国性报纸	79.44	−1.23	18.47	1.13
省级报纸	209.81	−9.71	48.78	−1.31
地市级报纸	140.00	−6.83	32.55	0.16
县级报纸	0.84	1.08	0.20	0.02
合计	430.09	−7.29	100.00	0.00

2. 内容结构

报纸根据内容划分为综合、专业、生活服务、读者对象和文摘五大类。

2015 年，全国出版综合类报纸 284.41 亿份，较 2014 年降低 9.4%，占报纸总印数的 66.13%；专业类报纸 110.88 亿份，占 25.78%；生活服务类报纸 12.53 亿份，占 2.91%；读者对象类报纸 17.37 亿份，占 4.04%；文摘类报纸 4.89 亿份，占 1.14%（见表 10）。

表 10　　报纸的内容结构

内容类型	数量（亿份）	比重（%）
综　合	284.41	66.13
专　业	110.88	25.78
生活服务	12.53	2.91
读者对象	17.37	4.04
文　摘	4.89	1.14
合　计	430.09	100.00

3. 平均期印数超过百万份报纸

2015 年，共有《人民日报》《参考消息》《环球时报》等 26 种报纸平均期印数超过 100 万份。2015 年平均期印数排名前 10 位的报纸详见表 11。

表 11　　2015 年平均期印数排名前 10 位的报纸

排名	报纸名称	刊期	所在省份	2014 年排名	排名变化
1	英语周报	周一刊	山西	1	0
2	当代中学生报	周一刊	江西	2	0
3	学习方法报	周一刊	山西	3	0
4	中学生学习报（初中版）	周一刊	河南	4	0
5	英语辅导报	周一刊	吉林	5	0
6	人民日报	周七刊	北京	6	0
7	参考消息	周七刊	北京	7	0
8	关心下一代周报	周一刊	江苏	9	1
9	语文学习报	周一刊	吉林	10	1
10	南方都市报	周七刊	广东	12	2

与 2014 年相比，《南方都市报》进入前十，《英语测试报》（吉林）退出前十；前 10 位中，《关心下一代周报》和《语文学习报》排名上升；排名第 10 位报纸的平均期印数较 2014 年排名第 10 位报纸减少 28 万份；平均期印数超过 100 万份报纸品种数保持稳定。

三、地区结构分析

（一）各地区总体经济规模综合评价

选取营业收入、增加值、总产出、资产总额、所有者权益（净资产）、利润总额和纳税总额 7 项经济规模指标，采用主成分分析法对全国 31 个省（自治区、直辖市）与新疆生产建设兵团新闻出版业（未包括数字出版）的总体经济规模进行综合评价。

广东、北京①、浙江、江苏、山东、上海、河北、安徽、福建和江西依次位居全国前 10 位。其中，前 7 位均属于东部地区。与 2014 年相比，江西跻身前十，四川退出前十；前 10 位中福建排名上升。详见表 12。

① 包括中央在京新闻出版单位，下同。

表 12　总体经济规模综合评价前 10 位的地区

综合排名	地区	综合评价得分	2014 年排名	排名变化
1	广东	2.681 0	1	0
2	北京	1.896 3	2	0
3	浙江	1.831 0	3	0
4	江苏	1.760 3	4	0
5	山东	1.752 0	5	0
6	上海	1.007 7	6	0
7	河北	0.403 3	7	0
8	安徽	0.314 2	8	0
9	福建	0.313 1	10	1
10	江西	0.263 8	11	1

说明：1. 选取营业收入、增加值、总产出、资产总额、所有者权益（净资产）、利润总额和纳税总额 7 项经济规模指标，采用主成分分析方法，通过 SPSS 直接计算所得，仅用来显示各地区的相对位置。

2. 未包括数字出版、版权贸易与代理、行业服务与其他新闻出版业务。

前 10 位地区营业收入合计 12 886.5 亿元，占全行业营业收入的 74.7%，较 2014 年前 10 位地区合计所占比重提高 1.6 个百分点。表明产业地区集中度进一步提高（见图 1）。

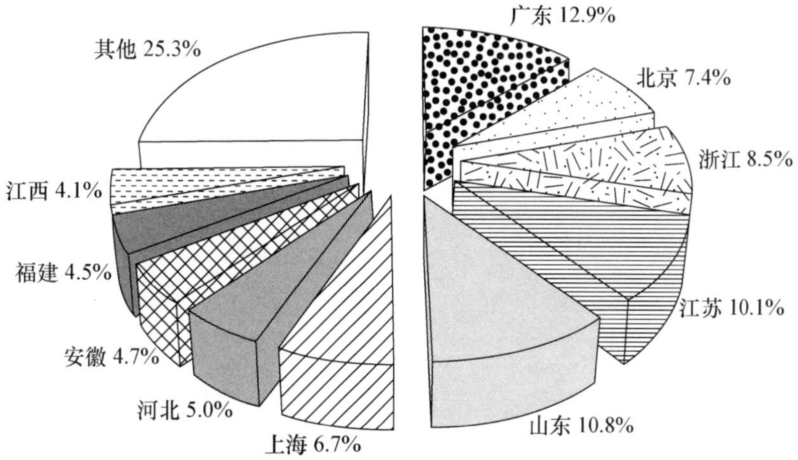

图 1　营业收入的地区结构

前 10 位地区资产总额合计 14 797.0 亿元，占全行业资产总额的 71.2%，提高 0.5 个百分点（见图 2）。

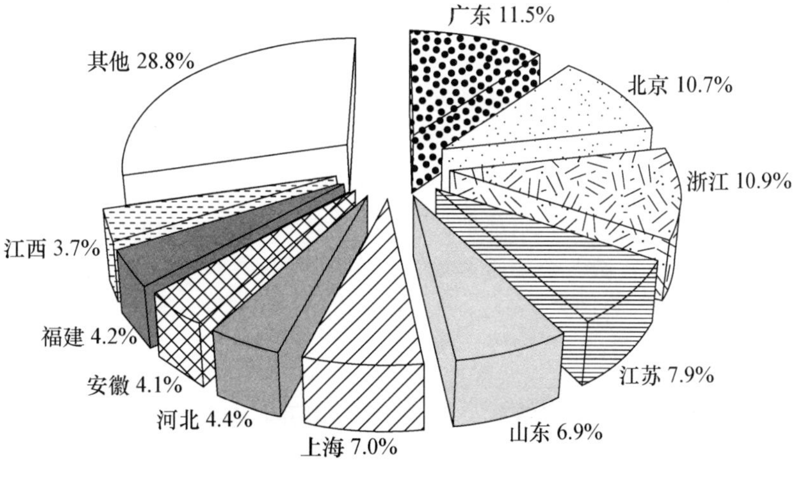

图 2　资产总额的地区结构

前 10 位地区利润总额合计 908.0 亿元，占全行业利润总额的 68.4%，提高 1.8 个百分点（见图 3）。

（二）地区增长情况

1. 增长速度

以各地区新闻出版全行业营业收入增长速度衡量，前 10 位降序依次为安徽、湖北、四川、甘肃、山东、西藏、河北、江西、青海和内蒙古（见表 13）。其中，东部地区省份 2 个，中部地区省份 3 个，西部地区省份（自治区）5 个；前 6 位地区营业收入均实现两位数增长。

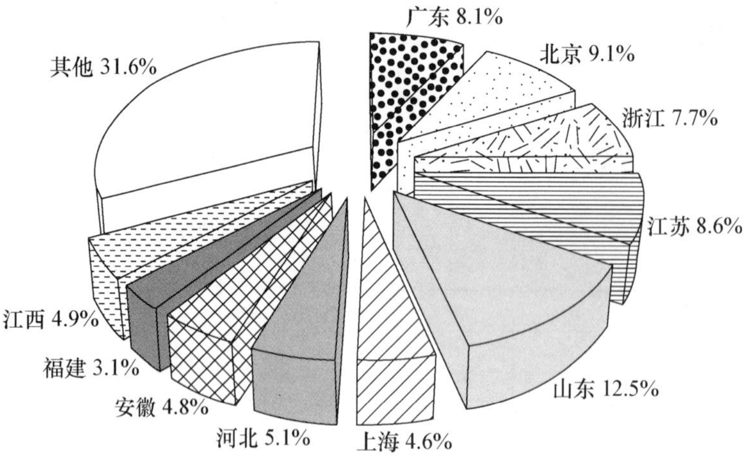

图 3 利润总额的地区结构

表 13 增长速度前 10 位的地区

排名	地区	增长速度（%）
1	安　徽	26.03
2	湖　北	19.96
3	四　川	16.25
4	甘　肃	15.54
5	山　东	12.01
6	西　藏	10.28
7	河　北	7.26
8	江　西	5.73
9	青　海	5.34
10	内蒙古	4.24

说明：地区增长速度=（该地区本年营业收入－该地区上年营业收入）÷该地区上年营业收入×100%。

2. 增长贡献

以各地区新闻出版全行业营业收入增长额和增长贡献率衡量其对全国新闻出版产业增长贡献，前10位降序依次为山东、安徽、湖北、四川、广东、河北、浙江、江西、上海和北京。其中，东部地区省份（直辖市）6个，中部地区省份3个，西部地区省份1个。详见表14。

表 14 增长贡献前 10 位的地区

排名	地区	增长额（亿元）	增长贡献率（%）
1	山东	199.02	29.59
2	安徽	167.81	24.95
3	湖北	112.25	16.69
4	四川	82.25	12.23
5	广东	69.28	10.30
6	河北	57.93	8.61
7	浙江	40.82	6.07

续前表

排名	地区	增长额（亿元）	增长贡献率（%）
8	江西	38.59	5.74
9	上海	19.52	2.90
10	北京	14.86	2.21

说明：各地区增长额=该地区本年营业收入－该地区上年营业收入，各地区增长贡献率=（该地区本年营业收入－该地区上年营业收入）÷（各地区本年营业收入合计－各地区上年营业收入合计）×100%。

四、单位数量及就业人员情况分析

（一）单位数量与构成

2015年，全国共有新闻出版单位31.44万家，较2014年降低3.30%。其中，法人单位15.02万家，降低1.09%，占单位总数的47.77%，提高1.07个百分点；非法人单位0.87万家，增长1.64%，占2.77%，提高0.13个百分点；个体经营户15.55万家，降低5.59%，占49.46%，减少1.20个百分点。详见表15。

表 15 新闻出版单位数量与构成

类型	数量（家）	增减百分比（%）	比重（%）	比重变动（百分点）
法人单位	150 158	−1.09	47.77	1.07
其中：企业法人单位	147 368	−0.98	—	
非法人单位	8 719	1.64	2.77	0.13
个体经营户	155 495	−5.59	49.46	−1.20
合计	314 372	−3.30	100.00	0.00

说明：未包括数字出版单位、版权贸易与代理单位和行业服务与从事其他新闻出版业务的单位。

（二）企业法人情况

1. 整体规模

2015 年，全行业共有企业法人单位[①] 14.74 万家，较 2014 年降低 1.0%，占全行业法人单位和非法人单位（不包括个体经营户）总数的 92.8%。企业法人单位营业收入 16 443.6 亿元，增长 4.6%，占全行业营业收入的 95.3%，提高 0.5 个百分点；资产总额 19 265.3 亿元，增长 12.1%，占全行业资产总额的 92.7%，提高 0.9 个百分点；利润总额 1 264.8亿元，增长 4.8%，占全行业利润总额的 95.3%，提高 2.3 个百分点；纳税总额 840.9 亿元，增长 8.1%，占全行业纳税总额的 93.7%，提高 3.0 个百分点[②]。

2. 所有制结构

（1）数量结构。

在 147 368 家企业法人单位中，国有全资企业 15 267 家，较 2014 年降低 13.96%，占企业法人单位数量的 10.36%，减少 1.56 个百分点；民营企业 123 818 家，增长 1.19%，占 84.02%，提高 1.81 个百分点（见表 16）。

表 16　企业法人单位的所有制结构

类型	数量（家）	增减百分比(%)	比重（%）	比重变动（百分点）
国有企业	15 615	−13.25	—	—
其中：国有全资	15 267	−13.96	10.36	−1.56
集体企业	5 413	−3.29	3.67	−0.09
民营企业	123 818	1.19	84.02	1.81
外商投资企业	2 267	0.40	1.54	0.02
港澳台商投资企业	216	−41.94	0.15	−0.10
混合投资企业	387	−22.91	0.26	−0.08
合计	147 368	—	100.00	0.00

（2）印刷复制企业。

在印刷复制企业中，国有全资企业营业收入占行业营业收入的 4.22%，较 2014 年减少 0.5 个百分点；民营企业占 88.59%，提高 1.1 个百分点。国有全资企业资产总额占行业资产总额的 4.13%，减少 0.7 个百分点；民营企业占 88.44%，提高 1.4 个百分点。国有全资企业利润总额占行业利润总额的 2.98%，减少 1.1 个百分点；民营企业占 89.61%，提高 1.8 个百分点。国有全资企业纳税总额占行业纳税总额的 3.21%，减少 0.7 个百分点；民营企业占 89.50%，提高 1.4 个百分点（见表 17）。

表 17　印刷复制企业法人单位的所有制结构（%）

主要指标	国有全资	集体企业	民营企业	港澳台商投资	外商投资	混合投资	合计
营业收入	4.22	3.28	88.59	0.29	3.24	0.38	100.00
资产总额	4.13	3.60	88.44	0.31	3.13	0.39	100.00
所有者权益	3.76	3.67	88.76	0.31	3.11	0.39	100.00
利润总额	2.98	3.66	89.61	0.29	3.10	0.36	100.00
纳税总额	3.21	3.39	89.50	0.29	3.23	0.38	100.00

（3）出版物发行企业。

在出版物发行企业中，国有全资企业营业收入占行业营业收入的 28.86%，较 2014 年减少 2.0 个百分点；民营企业占 67.60%，提高 2.3 个百分点。国有全资企业资产总额占行业资产总额的 31.03%，减少 3.4 个百分点；民营企业占 65.69%，提高 3.8 个百分点。国有全资企业利润总额占行业利润总额的 29.47%，减少 1.2 个百分点；民营企业占 67.43%，提高 1.3 个百分点。国有全资企业纳税总额占行业纳税总额的 16.11%，民营企业占 78.51%，均与上年基本持平（见表 18）。

表 18　出版物发行企业法人单位的所有制结构（%）

主要指标	国有全资	集体企业	民营企业	港澳台商投资	外商投资	混合投资	合计
营业收入	28.86	1.01	67.60	1.75	0.07	0.71	100.00
资产总额	31.03	0.98	65.69	1.57	0.07	0.66	100.00
所有者权益	30.85	0.98	65.67	1.71	0.08	0.71	100.00
利润总额	29.47	0.97	67.43	1.46	0.06	0.61	100.00
纳税总额	16.11	1.58	78.51	2.91	0.09	0.80	100.00

① 未包括数字出版、版权贸易与代理、行业服务与其他新闻出版业务企业。占比计算所用全行业数据也未包括数字出版、版权贸易与代理、行业服务与其他新闻出版业务。

② 未包括数字出版、版权贸易与代理、行业服务与其他新闻出版业务企业。

（三）就业人员状况

2015年，全国新闻出版业直接就业人数为448.2万人（不包含数字出版、版权贸易与服务、行业服务与其他新闻出版业务单位就业人员），较2014年降低2.9%（见表19）；其中男性242.4万人，女性205.8万人，分别占全行业直接就业人数的54.1%和45.9%，男女比例基本平衡。

印刷复制业直接就业人数325.69万人，降低5.16%；出版物发行业79.56万人，提高6.25%；报纸出版业24.16万人，降低1.75%；期刊出版业11.11万人，降低0.18%；图书出版业6.71万人，提高1.52%（见表19）。

表19　就业人数的产业类别构成

产业类别	人数（万人）	增减百分比（%）	比重（%）	比重变动（百分点）
图书出版	6.71	1.52	1.50	0.07
期刊出版	11.11	−0.18	2.48	0.07
报纸出版	24.16	−1.75	5.39	0.06
音像制品出版	0.42	−15.12	0.09	−0.02
电子出版物出版	0.27	36.45	0.06	0.02
印刷复制	325.69	−5.16	72.67	−1.73
出版物发行	79.56	6.25	17.75	1.53
出版物进出口	0.28	2.85	0.06	0.00
合计	448.20	−2.90	100.00	0.00

说明：未包括数字出版、版权贸易与代理、行业服务与其他新闻出版服务。

五、出版传媒集团分析

（一）总体情况

截至2015年底，全国共有经国务院新闻出版行政管理部门或省级新闻出版行政管理部门批准的出版传媒集团122家，其中图书出版集团36家①、报刊出版集团47家②、发行集团27家、印刷集团12家。

2015年，出版传媒集团收入与资产规模进一步扩大，但整体利润有所下降。119家图书出版、报刊出版、发行和印刷集团共实现主营业务收入3 001.80亿元，较2014年增加187.0亿元，增长6.64%；拥有资产总额6 018.08亿元，增加670.2亿元，增长12.53%；实现利润总额247.21亿元，减少5.6亿元，降低2.23%（见表20）。

表20　出版传媒集团收入、资产与利润合计情况

指标	金额（亿元）	增长率（%）
主营业务收入	3 001.80	6.64
资产总额	6 018.08	12.53
所有者权益	3 178.11	12.67
利润总额	247.21	−2.23

其中，107家图书出版集团、报刊出版集团和发行集团共实现主营业务收入2 944.2亿元，较2014年增加184.2亿元，增长6.7%，占全国书报刊出版和出版物发行主营业务收入的67.6%，提高6.8个百分点；拥有资产总额5 912.9亿元，增加666.4亿元，增长12.7%，占全国出版发行全行业资产总额的81.3%，提高4.5个百分点；实现利润总额244.5亿元，减少5.6亿元，降低2.2%，占全国出版发行全行业利润总额的54.7%，提高2.1个百分点。

（二）图书出版集团

1. 经济规模

2015年，图书出版集团保持平稳发展态势，资产规模增长较快，利润有所下降。33家图书出版集团共实现主营业务收入1 636.9亿元，较2014年增加73.9亿元，增长4.7%；拥有资产总额3 041.5亿元，增加380.9亿元，增长14.3%；实现利润总额148.5亿元，减少1.5亿元，降低1.0%。

其中，江苏凤凰出版传媒集团有限公司、江西省出版集团公司、湖南出版投资控股集团有限公司和浙江出版联合集团有限公司等4家集团资产总额、主营业务收入和所有者权益均超过100亿元，晋升“三百亿”集团行列。安徽出版集团有限责任公司、湖北长江出版传媒集团有限公司和河北出版传媒集团有限责任公司等3家集团资产总额、主营业务收入均超过100亿元，组成“双百亿”阵营。另有中国教育出版传媒集团有限公司、中国出版集团公司、山东出版集团有限公司和中原出版传媒投资控股集团有限公司等4家集团资产总额超过100亿元。

2. 总体经济规模排名

选取集团合并报表中的主营业务收入、资产总

① 2013年批准成立的中国人力资源和社会保障出版集团有限公司、中国财经出版传媒集团和中国书法出版传媒有限公司，尚不能提供有效的集团财务数据，故参与评价的为33家，较2014年增加1家（中国工信出版传媒集团有限责任公司）。

② 新增陕西华商传媒集团有限责任公司。

额、所有者权益和利润总额4项经济规模指标，采用主成分分析法，对图书出版集团的总体经济规模进行综合评价。排名前10位的图书出版集团如表21所示。

与2014年相比，湖北长江出版传媒集团有限公司跻身前十，中原出版传媒投资控股集团有限公司退出前十；前10位中江西省出版集团公司和安徽出版集团有限责任公司排名上升，中国教育出版传媒集团有限公司和河北出版传媒集团有限责任公司排名下降。

表21　总体经济规模综合评价前10位的图书出版集团

综合排名	集团	综合评价得分	2014年排名	排名变化
1	江苏凤凰出版传媒集团有限公司	3.096 5	1	0
2	湖南出版投资控股集团有限公司	1.819 3	2	0
3	江西省出版集团公司	1.645 7	4	1
4	中国教育出版传媒集团有限公司	1.427 4	3	−1
5	浙江出版联合集团有限公司	1.045 1	5	0
6	安徽出版集团有限责任公司	1.022 8	7	1
7	河北出版传媒集团有限责任公司	0.997 6	6	−1
8	中国出版集团公司	0.903 3	8	0
9	山东出版集团有限公司	0.637 6	9	0
10	湖北长江出版传媒集团有限公司	0.557 0	11	1

说明：综合评价得分系选取主营业务收入、资产总额、所有者权益和利润总额四项指标，采用主成分分析方法，通过SPSS直接计算所得，仅用来显示各单位的相对位置，负数并不代表负面评价。

3. 经济效益排名

使用2015年期初资产总额、期末资产总额和利润总额，计算各图书出版集团平均资产总利润率，整体为5.2%，较2014年减少0.7个百分点；33家集团中，有18家集团平均资产总利润率高于整体水平，增加2家。平均资产总利润率前10位的图书出版集团如表22所示。

与2014年相比，吉林出版集团股份有限公司、武汉出版集团公司和浙江出版联合集团有限公司跻身前十，英大传媒投资集团有限公司、贵州出版集团公司、青岛出版集团有限公司和中国出版集团公司退出前十；前10位中湖南出版投资控股集团有限公司、中国科技出版传媒集团有限公司、河北出版传媒集团有限责任公司、江西省出版集团公司和中国教育出版传媒集团有限公司排名上升。

表22　平均资产总利润率前10位的图书出版集团

排名	集团	2014年排名	排名变化
1	湖南出版投资控股集团有限公司	4	3
2	中国科技出版传媒集团有限公司	5	3
3	云南出版集团有限责任公司	3	0
4	河北出版传媒集团有限责任公司	6	2
5	江西省出版集团公司	10	5
6	中国教育出版传媒集团有限公司	8	2
7	中国工信出版传媒集团有限责任公司	—	—
8	吉林出版集团股份有限公司	12	4
9	武汉出版集团公司	27	18
10	浙江出版联合集团有限公司	16	6

续前表

说明：平均资产总利润率=利润总额÷[(期初资产总额+期末资产总额)÷2]。

（三）报刊出版集团

1. 经济规模

2015年，报刊出版集团资产规模继续扩大，但营业收入和利润总额同时下滑，尤其是利润总额下降幅度较大。47家报刊出版集团共实现主营业务收入394.3亿元，较2014年减少28.5亿元，降低6.8%；拥有资产总额1 567.1亿元，增加116.2亿元，增长8.0%；实现利润总额22.5亿元，减少17.1亿元，降低43.2%。

其中，上海报业集团、成都传媒集团和浙江日报报业集团资产总额超过100亿元。浙江日报报业集团跻身“百亿”阵营，“百亿”报刊出版集团由2家增加到3家。

2. 总体经济规模排名

采取同样评价方法，总体经济规模前10位的报刊出版集团如表23所示。依次为上海报业集团、浙江日报报业集团、成都传媒集团、山东大众报业（集团）有限公司、陕西华商传媒集团有限责任公司、湖北日报传媒集团、南方报业传媒集团、深圳报业集团、四川日报报业集团和广州日报报业集团。

与 2014 年相比，陕西华商传媒集团有限责任公司、深圳报业集团和四川日报报业集团跻身前十，河南日报报业集团有限公司、重庆日报报业集团和江苏新华报业传媒集团有限公司退出前十；前 10 位中浙江日报报业集团、湖北日报传媒集团和南方报业传媒集团排名上升，成都传媒集团和广州日报报业集团排名下降。

表 23　总体经济规模综合评价前 10 位的报刊出版集团

综合排名	集团	综合评价得分	2014 年排名	排名变化
1	上海报业集团	4.431 9	1	0
2	浙江日报报业集团	2.828 3	3	1
3	成都传媒集团	2.097 5	2	−1
4	山东大众报业（集团）有限公司	1.256 3	4	0
5	陕西华商传媒集团有限责任公司	0.678 8	—	—
6	湖北日报传媒集团	0.661 1	7	1
7	南方报业传媒集团	0.577 0	8	1
8	深圳报业集团	0.558 1	13	5
9	四川日报报业集团	0.541 5	11	2
10	广州日报报业集团	0.528 5	5	−5

说明：同表 21。

3. 经济效益排名

使用 2015 年期初资产总额、期末资产总额与利润总额，计算各报刊集团平均资产总利润率，整体为 1.5%，较 2014 年减少 1.4 个百分点；47 家集团中，有 25 家集团平均资产总利润率高于整体水平，数量与 2014 年持平。平均资产总利润率前 10 位的报刊出版集团如表 24 所示。

与 2014 年相比，四川日报报业集团、陕西华商传媒集团有限责任公司、杭州日报报业集团和辽宁党刊集团跻身前十，湖南日报报业集团、河南日报报业集团有限公司、长江日报报业集团和贵州日报报业集团退出前十；前 10 位中四川党建期刊集团、浙江日报报业集团和湖北知音传媒集团有限公司排名上升，广西日报传媒集团有限公司、甘肃日报报业集团有限责任公司和江苏新华报业传媒集团有限公司排名下降。

表 24　平均资产总利润率前 10 位的报刊出版集团

排名	集团	2014 年排名	排名变化
1	四川日报报业集团	15	14
2	四川党建期刊集团	3	1
3	陕西华商传媒集团有限责任公司	—	—
4	浙江日报报业集团	10	6
5	湖北知音传媒集团有限公司	9	4
6	广西日报传媒集团有限公司	5	−1
7	杭州日报报业集团	16	9

续前表

排名	集团	2014 年排名	排名变化
8	辽宁党刊集团	13	5
9	甘肃日报报业集团有限责任公司	2	−7
10	江苏新华报业传媒集团有限公司	6	−4

说明：同表 22。

（四）发行集团

1. 经济规模

2015 年，发行集团收入、资产和利润规模均呈显著增长。27 家发行集团实现主营业务收入 913.0 亿元，较 2014 年增加 138.8 亿元，增长 17.9%；拥有资产总额 1 304.3 亿元，增加 169.4 亿元，增长 14.9%；实现利润总额 73.5 亿元，增加 13.0 亿元，增长 21.4%。

其中，安徽新华发行（集团）控股有限公司资产总额和主营业务收入均超过 100 亿元，成为唯一的“双百亿”发行集团。四川新华发行集团有限公司资产总额超过 100 亿元，上海新华发行集团有限公司退出，资产总额“百亿”发行集团由 2014 年的 2 家减少到 1 家。

2. 总体经济规模排名

采用同样评价方法，总体经济规模前 10 位的发行集团如表 25 所示。

与 2014 年相比，前 10 位发行集团保持不变但名次有所改变，河北省新华书店有限责任公司排名上升，山东新华书店集团有限公司、上海新华发行集团有限公司和河南省新华书店发行集团有限公司排名下降。

表 25　总体经济规模综合评价前 10 位的发行集团

综合排名	集团	综合评价得分	2014 年排名	排名变化
1	安徽新华发行（集团）控股有限公司	3.504 7	1	0
2	四川新华发行集团有限公司	2.001 9	2	0
3	湖南省新华书店有限责任公司	1.225 7	3	0
4	浙江省新华书店集团有限公司	0.717 7	4	0
5	江西新华发行集团有限公司	0.709 8	5	0
6	河北省新华书店有限责任公司	0.464 3	9	3
7	山东新华书店集团有限公司	0.334 5	6	−1
8	上海新华发行集团有限公司	0.304 2	7	−1
9	河南省新华书店发行集团有限公司	0.285 6	8	−1
10	重庆新华书店集团公司	0.172 8	10	0

说明：同表 21。

3. 经济效益排名

使用 2015 年期初资产总额、期末资产总额与利润总额，计算各发行集团平均资产总利润率，整体为 6.0%，较 2014 年提高 0.4 个百分点；27 家集团中，有 11 家集团平均资产总利润率高于整体水平，较 2014 年增加 2 家。平均资产总利润率前 10 位的发行集团如表 26 所示。

与 2014 年相比，重庆新华书店集团公司和内蒙古新华发行集团股份有限公司跻身前十，广西新华书店集团股份有限公司和安徽新华发行（集团）控股有限公司退出前十；前 10 位中吉林省新华书店集团有限责任公司排名上升，河北省新华书店有限责任公司、河南省新华书店发行集团有限公司和湖北省新华书店（集团）有限公司排名下降。

表 26　平均资产总利润率前 10 位的发行集团

排名	集团	2014 年排名	排名变化
1	湖南省新华书店有限责任公司	1	0
2	云南新华书店集团有限公司	2	0
3	江西新华发行集团有限公司	3	0
4	山东新华书店集团有限公司	4	0
5	吉林省新华书店集团有限责任公司	9	4
6	重庆新华书店集团公司	12	6
7	河北省新华书店有限责任公司	6	−1
8	河南省新华书店发行集团有限公司	7	−1
9	湖北省新华书店（集团）有限公司	8	−1
10	内蒙古新华发行集团股份有限公司	21	11

续前表

说明：同表 22。

（五）印刷集团

1. 经济规模

2015 年，印刷集团主营业务收入与资产总额有所增长，利润总额有所下降。12 家印刷集团实现主营业务收入 57.6 亿元，较 2014 年增加 2.8 亿元，增长 5.1%；拥有资产总额 105.2 亿元，增加 3.7 亿元，增长 3.7%；实现利润总额 2.7 亿元，减少 0.1 亿元，降低 2.4%。

2. 总体经济规模排名

采用同样评价方法，总体经济规模前 10 位的印刷集团如表 27 所示。

与 2014 年相比，北京隆达印刷包装集团有限公司跻身前十，广西正泰彩印包装有限责任公司退出前十；前 10 位中江西新华印刷集团有限公司和浙江印刷集团有限公司排名上升，湖南天闻新华印务有限公司和辽宁新闻印刷集团有限公司排名下降。

表 27　总体经济规模综合评价前 10 位的印刷集团

综合排名	集团	综合评价得分	2014 年排名	排名变化
1	中国文化产业发展集团公司	2.578 4	1	0
2	江西新华印刷集团有限公司	0.834 0	3	1
3	湖南天闻新华印务有限公司	0.682 8	2	−1

续前表

综合排名	集团	综合评价得分	2014 年排名	排名变化
4	浙江印刷集团有限公司	0.054 1	5	1
5	辽宁新闻印刷集团有限公司	−0.016 3	4	−1
6	上海印刷新技术（集团）有限公司	−0.141 9	6	0
7	上海印刷（集团）有限公司	−0.397 6	7	0
8	河南新华印刷集团有限公司	−0.430 9	8	0
9	北京印刷集团有限责任公司	−0.448 4	9	0
10	北京隆达印刷包装集团有限公司	−0.674 7	11	1

说明：同表 21。

3. 经济效益排名

使用 2015 年期初资产总额、期末资产总额与利润总额，计算各印刷集团平均资产总利润率，整体为 2.6%，较 2014 年减少 0.1 个百分点；12 家集团中，有 6 家集团平均资产总利润率高于整体水平，数量与 2014 年持平。平均资产总利润率前 10 位的印刷集团如表 28 所示。

与 2014 年相比，上海印刷（集团）有限公司跻身前十，江西新华印刷集团有限公司退出前十；前 10 位中北京隆达印刷包装集团有限公司、中国文化产业发展集团公司和北京印刷集团有限责任公司排名上升，河南新华印刷集团有限公司、浙江印刷集团有限公司、湖南天闻新华印务有限公司和辽宁新闻印刷集团有限公司排名下降。

表 28　平均资产总利润率前 10 位的印刷集团

排名	集团	2014 年排名	排名变化
1	北京隆达印刷包装集团有限公司	9	8
2	中国文化产业发展集团公司	3	1
3	河南新华印刷集团有限公司	2	−1
4	北京印刷集团有限责任公司	5	1
5	浙江印刷集团有限公司	4	−1
6	广西正泰彩印包装有限责任公司	6	0
7	湖南天闻新华印务有限公司	1	−6
8	上海印刷新技术（集团）有限公司	8	0
9	辽宁新闻印刷集团有限公司	7	−2
10	上海印刷（集团）有限公司	11	1

说明：同表 22。

六、出版传媒上市公司分析

（一）总体情况

截止到 2015 年 12 月 31 日，中国内地在境内外上市的出版传媒公司共计 37 家（其中在中国内地上市 32 家，在中国香港上市 4 家，在美国上市 1 家）。其中，出版公司 10 家，报业公司 8 家，发行公司 6 家，印刷公司 10 家，新媒体公司 3 家①。详见表 29。

表 29　出版传媒上市公司的业务类型与上市地点

单位：家

业务类型	中国内地	中国香港	美国	合计
出版公司	9	1	0	10
报业公司	6	2	0	8
发行公司	4	1	1	6
印刷公司	10	0	0	10
新媒体公司	3	0	0	3
合计	32	4	1	37

说明：出版公司包括业务内容描述为出版、出版发行的上市公司。

与 2014 年相比，2015 年新增上市公司 4 家，均在中国内地上市。其中，出版公司 2 家，分别为青岛城市传媒股份有限公司和读者出版传媒股份有限公司；新媒体公司 2 家，分别为北京昆仑万维科技股份有限公司和中文在线数字出版集团股份有限公司。详见表 30。

表 30　2015 年新增出版传媒上市公司概况

上市公司	股票简称	业务类型	上市时间	上市地点	上市方式
北京昆仑万维科技股份有限公司	昆仑万维	新媒体	1 月	深证创业板	IPO
中文在线数字出版集团股份有限公司	中文在线	新媒体	1 月	深证创业板	IPO
青岛城市传媒股份有限公司	城市传媒	出版发行	8 月	上证 A 股	借壳
读者出版传媒股份有限公司	读者传媒	出版	12 月	上证 A 股	IPO

① 新增类型。

（二）经济规模

1. 在中国境内外上市公司流通市值规模

以 2015 年 12 月 31 日收盘价计算，37 家在境内外上市的出版传媒上市公司股市流通市值共计 4 986.58 亿元人民币，较 2014 年同期增加 2 334.27 亿元①，增长 88.01%。其中，在内地上市的 32 家公司股市流通市值共计 4 860.3 亿元人民币，增加 2 326.9 亿元人民币，增长 91.9%。

各类出版传媒上市公司的股市流通市值规模，降序依次为出版公司、印刷公司、报业公司、发行公司和新媒体公司。流通市值平均规模降序依次为出版公司、印刷公司、新媒体公司、报业公司和发行公司；出版公司和印刷公司高于整体平均流通市值，彰显较大的控盘资金规模。

各类出版传媒上市公司的股市流通市值增长速度，降序依次为印刷公司、出版公司、报业公司和发行公司；流通市值增长额降序依次为出版公司、印刷公司、新媒体公司、报业公司和发行公司，出版公司和印刷公司合计占到全体公司股市流通市值增长额的 61.0%。详见表 31。

表 31 在境内外上市的出版传媒公司股市流通市值

公司类型	总金额（亿元人民币）	增长额（亿元人民币）	增长速度（%）	平均规模（亿元人民币）
出版公司	1 648.95	712.44	76.07	164.90
报业公司	880.51	322.39	57.76	110.06
发行公司	655.32	199.55	43.78	109.22
印刷公司	1 413.91	712.01	101.44	141.39
新媒体公司	387.88	387.88	—	129.29
整体	4 986.58	2 334.27	88.01	134.77

股市流通市值前 10 位的出版传媒公司，降序依次为康得新、中南传媒、凤凰传媒、皖新传媒、中文传媒、华闻传媒、掌趣科技、浙报传媒、劲嘉股份和粤传媒。其中，出版公司 3 家、报业公司 3 家，发行公司 1 家、印刷公司 2 家、新媒体公司 1 家；均在中国内地上市。详见表 32。

表 32 在境内外上市的股市流通市值前 10 位出版传媒上市公司 单位：亿元人民币

排名	上市公司	股票简称	业务类型	上市地点	总市值
1	北京康得新复合材料股份有限公司	康得新	印刷	深证 A 股	545.39
2	中南出版传媒集团股份有限公司	中南传媒	出版发行	上证 A 股	429.24
3	江苏凤凰出版传媒股份有限公司	凤凰传媒	出版发行	上证 A 股	405.40
4	安徽新华传媒股份有限公司	皖新传媒	发行	上证 A 股	297.39
5	中文天地出版传媒股份有限公司	中文传媒	出版发行	上证 A 股	278.52
6	华闻传媒投资集团股份有限公司	华闻传媒	报业	深证 A 股	254.99
7	北京掌趣科技股份有限公司	掌趣科技	新媒体	深证创业板	222.12
8	浙报传媒集团股份有限公司	浙报传媒	报业	上证 A 股	213.55
9	深圳劲嘉彩印集团股份有限公司	劲嘉股份	印刷	深证 A 股	198.86
10	广东广州日报传媒股份有限公司	粤传媒	报业	深证 A 股	180.83

说明：1. 在中国香港和美国上市的出版传媒公司的流通市值，以人民币计价，根据人民币对港元或美元当日平均汇率折算。
2. 广东九州阳光传媒股份有限公司进行重大资本重组后，正式更名为广东广州日报传媒股份有限公司，股票简称仍为“粤传媒”。

2. 在中国内地上市公司市值规模

（1）总体情况。

以 2015 年 12 月 31 日收盘价计算，在上海和深圳上市的 32 家出版传媒公司股市总市值共计 6 096.01 亿元，较 2014 年同期增加 3 088.72 亿元②，增长 102.7%。

各类出版传媒上市公司的股市总市值，降序依次为出版公司、印刷公司、新媒体公司、报业公司和发行公司。总市值平均规模降序依次为新媒体公司、出版公司、报业公司、印刷公司和发行公司，新媒体公司和出版公司高于整体平均水平。

各类出版传媒上市公司的股市总市值增长速度，降序依次为印刷公司、出版公司、发行公司和报业公

① 北京掌趣科技股份有限公司于 2014 年 7 月 12 日至 2015 年 2 月 25 日因重大资产重组停止股票交易，故未计算其 2014 年 12 月 31 日股市流通市值。

② 北京掌趣科技股份有限公司于 2014 年 7 月 12 日至 2015 年 2 月日因重大资产重组停止股票交易，故未计算其 2014 年 12 月 31 日股市总市值。

司。总市值增长额降序依次为新媒体公司、印刷公司、出版公司、报业公司和发行公司。详见表 33。

表 33　在中国内地上市的出版传媒公司股市总市值

公司类型	总金额（亿元）	增长额（亿元）	增长速度（%）	平均规模（亿元）
出版公司	1 903.63	800.40	72.55	211.51
报业公司	1 035.50	239.36	30.07	172.58
发行公司	566.94	188.50	49.81	141.74
印刷公司	1 543.13	813.65	111.54	154.32
新媒体公司	1 046.81	1 046.81	—	348.94
整体	6 096.01	3 088.72	102.71	190.50

股市总市值前 10 位的出版传媒公司，降序依次为康得新、昆仑万维、中南传媒、凤凰传媒、掌趣科技、中文传媒、华闻传媒、皖新传媒、浙报传媒和中文在线。其中，出版公司 3 家、报业公司 2 家、发行公司 1 家、印刷公司 1 家、新媒体公司 3 家。详见表 34。

表 34　在中国内地上市的股市总市值前 10 位出版传媒公司　单位：亿元

排名	上市公司	股票简称	业务类型	上市地点	总市值
1	北京康得新复合材料股份有限公司	康得新	印刷	深证 A 股	612.93
2	北京昆仑万维科技股份有限公司	昆仑万维	新媒体	深证创业板	461.04
3	中南出版传媒集团股份有限公司	中南传媒	出版发行	上证 A 股	429.24
4	江苏凤凰出版传媒股份有限公司	凤凰传媒	出版发行	上证 A 股	405.40
5	北京掌趣科技股份有限公司	掌趣科技	新媒体	深证 A 股	372.17
6	中文天地出版传媒股份有限公司	中文传媒	出版发行	上证 A 股	323.68
7	华闻传媒投资集团股份有限公司	华闻传媒	报业	深证 A 股	308.30
8	安徽新华传媒股份有限公司	皖新传媒	发行	上证 A 股	297.39
9	浙报传媒集团股份有限公司	浙报传媒	报业	上证 A 股	223.75
10	中文在线数字出版集团股份有限公司	中文在线	新媒体	深证 A 股	213.60

（2）出版公司。

出版公司股市总市值共计 1 903.63 亿元，增加 800.4 亿元，增长 72.6%；占全体在内地上市出版传媒公司股市总市值的 31.2%。

9 家出版公司的股市总市值，降序依次为中南传媒、凤凰传媒、中文传媒、中原传媒、读者传媒、长江传媒、城市传媒、时代出版和出版传媒。前 3 家公司合计占出版公司股市总市值的 60.8%。详见表 35。

表 35　在中国内地上市的出版公司股市总市值　单位：亿元

排名	上市公司	股票简称	上市地点	总市值
1	中南出版传媒集团股份有限公司	中南传媒	上证 A 股	429.24
2	江苏凤凰出版传媒股份有限公司	凤凰传媒	上证 A 股	405.40
3	中文天地出版传媒股份有限公司	中文传媒	上证 A 股	323.68
4	中原大地传媒股份有限公司	大地传媒	深证 A 股	160.56
5	读者出版传媒股份有限公司	读者传媒	上证 A 股	141.12
6	长江出版传媒股份有限公司	长江传媒	上证 A 股	133.26
7	青岛城市传媒股份有限公司	城市传媒	上证 A 股	125.32
8	时代出版传媒股份有限公司	时代出版	上证 A 股	115.08
9	北方联合出版传媒（集团）股份有限公司	出版传媒	上证 A 股	69.97
	合计	—	—	1 903.63

（3）报业公司。

报业公司股市总市值共计 1 035.5 亿元人民币，增加 239.4 亿元，增长 30.1%；占全体在内地上市出版传媒公司股市总市值的 17.0%。

6 家报业公司的股市总市值，降序依次为华闻传媒、浙报传媒、粤传媒、华媒控股、*ST 生物和博瑞传播。前 2 家公司合计占报业公司股市总市值的 51.4%。详见表 36。

表 36　　在中国内地上市的报业公司股市总市值　　单位：亿元

排名	上市公司	股票简称	上市地点	总市值
1	华闻传媒投资集团股份有限公司	华闻传媒	深证 A 股	308.30
2	浙报传媒集团股份有限公司	浙报传媒	上证 A 股	223.75
3	广东广州日报传媒股份有限公司	粤传媒	深证 A 股	184.03
4	浙江华媒控股股份有限公司	华媒控股	深证 A 股	144.01
5	南华生物医药股份有限公司	*ST 生物	深证 A 股	93.41
6	成都博瑞传播股份有限公司	博瑞传播	上证 A 股	82.00
	合计	—	—	1 035.50

（4）发行公司。

发行公司股市总市值共计 566.94 亿元人民币，增加 188.5 亿元，增长 49.8%；占全体在内地上市出版传媒公司股市总市值的 9.3%。

4 家发行公司的股市总市值，降序依次为皖新传媒、新华传媒、天舟文化和广弘控股。皖新传媒 1 家即占发行公司股市总市值的 52.5%。详见表 37。

表 37　　在中国内地上市的发行公司股市总市值　　单位：亿元

排名	上市公司	股票简称	上市地点	总市值
1	安徽新华传媒股份有限公司	皖新传媒	上证 A 股	297.39
2	上海新华传媒股份有限公司	新华传媒	上证 A 股	124.76
3	湖南天舟科教文化股份有限公司	天舟文化	深圳创业板	74.33
4	广东广弘控股股份有限公司	广弘控股	深证 A 股	70.46
	合计	—	—	566.94

（5）印刷公司。

印刷上市公司股市总市值共计 1 543.13 亿元，增加 813.7 亿元，增长 111.5%；占全体在内地上市出版传媒公司股市总市值的 25.3%。

10 家印刷公司的股市总市值，降序依次为康得新、劲嘉股份、东港股份、紫江企业、界龙实业、鸿博股份、珠海中富、永新股份、陕西金叶和盛通股份。康得新 1 家即占印刷公司股市总市值的 39.7%。详见表 38。

表 38　　在中国内地上市的印刷公司股市总市值　　单位：亿元

排名	上市公司	股票简称	上市地点	总市值
1	北京康得新复合材料股份有限公司	康得新	深证 A 股	612.93
2	深圳劲嘉彩印集团股份有限公司	劲嘉股份	深证 A 股	202.06
3	东港安全印刷股份有限公司	东港股份	深证 A 股	167.42
4	上海紫江企业集团股份有限公司	紫江企业	上证 A 股	118.31
5	上海界龙实业集团股份有限公司	界龙实业	上证 A 股	103.75
6	福建鸿博印刷股份有限公司	鸿博股份	深证 A 股	88.74
7	珠海中富实业股份有限公司	珠海中富	深证 A 股	73.67
8	黄山永新股份有限公司	永新股份	深证 A 股	63.98
9	陕西金叶科教集团股份有限公司	陕西金叶	深证 A 股	57.26
10	北京盛通印刷股份有限公司	盛通股份	深证 A 股	55.01
	合计	—	—	1 543.13

（6）新媒体公司。

新媒体公司股市总市值共计 1 046.81 亿元，占全体在内地上市出版传媒公司股市总市值的 17.2%。3 家新媒体公司的股市总市值，降序依次为昆仑万维、掌趣科技和中文在线。详见表 39。

表 39　　在中国内地上市的新媒体公司总市值　　单位：亿元

排名	上市公司	股票简称	上市地点	总市值
1	北京昆仑万维科技股份有限公司	昆仑万维	深证创业板	461.04
2	北京掌趣科技股份有限公司	掌趣科技	深证创业板	372.17
3	中文在线数字出版集团股份有限公司	中文在线	深证创业板	213.60
	合计	—	—	1 046.81

3. 在中国内地上市公司资产规模

(1) 总体情况。

截至 2015 年底，出版传媒上市公司资产总额共计 1 968.55 亿元人民币，较 2014 年增加 350.2 亿元，增长 21.7%。

各类出版传媒上市公司的资产总额，降序依次为出版公司、印刷公司、报业公司、发行公司和新媒体公司。资产总额平均规模降序依次为出版公司、报业公司、印刷公司、新媒体公司和发行公司，出版公司远超整体平均水平。

各类出版传媒上市公司的资产总额增长速度，降序依次为新媒体公司、出版公司、印刷公司、报业公司和发行公司。资产总额增长额降序依次为出版公司、印刷公司、新媒体公司、报业公司和发行公司，出版公司占全体公司资产总额增长额的 46.2%。发行公司资产总额下降。详见表 40。

表 40　在中国内地上市的出版传媒公司资产总额

公司类型	总金额（亿元）	增长额（亿元）	增长速度（%）	平均规模（亿元）
出版公司	852.92	161.66	23.39	94.77
报业公司	323.84	24.98	8.36	53.97
发行公司	157.86	−7.57	−4.57	39.47
印刷公司	507.48	94.87	22.39	50.75
新媒体公司	126.45	76.23	151.75	42.15
整体	1 968.55	350.17	21.65	61.52

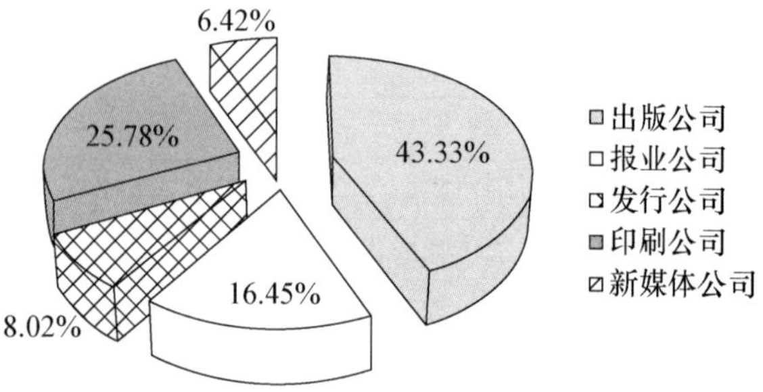

图 4　资产总额的公司类型构成

资产总额前 10 位的出版传媒公司，降序依次为康得新、凤凰传媒、中文传媒、中南传媒、华闻传媒、紫江企业、长江传媒、大地传媒、浙报传媒和皖新传媒。其中，出版公司 5 家，报业公司 2 家，印刷公司 2 家，发行公司 1 家；前 6 家公司资产总额均超过 100 亿元。详见表 41。

表 41　　在中国内地上市的资产总额前 10 位出版传媒公司　　单位：亿元

排名	上市公司	股票简称	业务类型	上市地点	资产总额
1	北京康得新复合材料股份有限公司	康得新	印刷	深证 A 股	184.68
2	江苏凤凰出版传媒股份有限公司	凤凰传媒	出版发行	上证 A 股	179.14
3	中文天地出版传媒股份有限公司	中文传媒	出版发行	上证 A 股	176.07
4	中南出版传媒集团股份有限公司	中南传媒	出版发行	上证 A 股	167.23
5	华闻传媒投资集团股份有限公司	华闻传媒	报业	深证 A 股	128.18
6	上海紫江企业集团股份有限公司	紫江企业	印刷	上证 A 股	107.96
7	长江出版传媒股份有限公司	长江传媒	出版发行	上证 A 股	94.28
8	中原大地传媒股份有限公司	大地传媒	出版发行	深证 A 股	92.99
9	浙报传媒集团股份有限公司	浙报传媒	报业	上证 A 股	80.19
10	安徽新华传媒股份有限公司	皖新传媒	发行	上证 A 股	79.26

(2) 出版公司。

出版公司资产总额共计 852.92 亿元人民币，增加 161.7 亿元，增长 23.4%；占全体在内地上市出版传媒公司资产总额的 43.3%。

9 家出版上市公司的资产总额，降序依次为凤凰传媒、中文传媒、中南传媒、长江传媒、大地传媒、时代出版、出版传媒、城市传媒和读者传媒。前3家公司资产总额均超过150亿元，合计占出版公司资产总额的61.3%。详见表42。

表42 在中国内地上市的出版公司资产总额 单位：亿元

排名	上市公司	股票简称	上市地点	资产总额
1	江苏凤凰出版传媒股份有限公司	凤凰传媒	上证A股	179.14
2	中文天地出版传媒股份有限公司	中文传媒	上证A股	176.07
3	中南出版传媒集团股份有限公司	中南传媒	上证A股	167.23
4	长江出版传媒股份有限公司	长江传媒	上证A股	94.23
5	中原大地传媒股份有限公司	大地传媒	深证A股	92.99
6	时代出版传媒股份有限公司	时代出版	上证A股	68.51
7	北方联合出版传媒（集团）股份有限公司	出版传媒	上证A股	29.24
8	青岛城市传媒股份有限公司	城市传媒	上证A股	26.33
9	读者出版传媒股份有限公司	读者传媒	上证A股	19.18
	合计	—	—	852.92

（3）报业公司。

报业公司资产总额共计323.84亿元人民币，增加25.0亿元，增长8.37%；占全体在内地上市出版传媒公司资产总额的16.4%。

6家报业公司的资产总额，降序依次为华闻传媒、浙报传媒、粤传媒、博瑞传播、华媒控股和*ST生物。华闻传媒资产总额超过100亿元，占报业公司资产总额的39.6%。详见表43。

表43 在中国内地上市的报业公司资产总额 单位：亿元

排名	上市公司	股票简称	上市地点	资产总额
1	华闻传媒投资集团股份有限公司	华闻传媒	深证A股	128.18
2	浙报传媒集团股份有限公司	浙报传媒	上证A股	80.19
3	广东广州日报传媒股份有限公司	粤传媒	深证A股	45.26
4	成都博瑞传播股份有限公司	博瑞传播	上证A股	45.03
5	浙江华媒控股股份有限公司	华媒控股	深证A股	23.95
6	南华生物医药股份有限公司	*ST生物	深证A股	1.23
	合计	—	—	323.84

（4）发行公司。

发行上市公司资产总额共计157.86亿元人民币，减少7.4亿元，降低4.5%；占全体在内地上市出版传媒公司资产总额的8.0%。

4家发行公司的资产总额，降序依次为皖新传媒、新华传媒、天舟文化和广弘控股。皖新传媒1家即占发行公司资产总额的50.2%。详见表44。

表44 在中国内地上市的发行公司资产总额 单位：亿元

排名	上市公司	股票简称	上市地点	资产总额
1	安徽新华传媒股份有限公司	皖新传媒	上证A股	79.26
2	上海新华传媒股份有限公司	新华传媒	上证A股	43.23
3	湖南天舟科教文化股份有限公司	天舟文化	深圳创业板	20.86
4	广东广弘控股股份有限公司	广弘控股	深证A股	14.51
	合计	—	—	157.86

（5）印刷公司。

印刷公司资产总额共计507.48亿元，增加94.9亿元，增长23.0%；占全体在内地上市出版传媒公司资产总额的25.8%。

10家印刷公司的资产总额，降序依次为康得新、紫江企业、劲嘉股份、界龙实业、珠海中富、永新股份、鸿博股份、东港股份、陕西金叶和盛通股份。前2家公司资产总额均超过100亿元，合计占印刷公司资产总额的57.5%。详见表45。

表45　在中国内地上市的印刷公司资产总额　单位：亿元

排名	上市公司	股票简称	上市地点	资产总额
1	北京康得新复合材料股份有限公司	康得新	深证A股	183.68
2	上海紫江企业集团股份有限公司	紫江企业	上证A股	107.96
3	深圳劲嘉彩印集团股份有限公司	劲嘉股份	深证A股	53.65
4	上海界龙实业集团股份有限公司	界龙实业	上证A股	36.96
5	珠海中富实业股份有限公司	珠海中富	深证A股	31.75
6	黄山永新股份有限公司	永新股份	深证A股	20.78
7	福建鸿博印刷股份有限公司	鸿博股份	深证A股	20.46
8	东港安全印刷股份有限公司	东港股份	深证A股	20.29
9	陕西金叶科教集团股份有限公司	陕西金叶	深证A股	19.57
10	北京盛通印刷股份有限公司	盛通股份	深证A股	12.37
	合计	—	—	507.48

（6）新媒体公司。

新媒体公司资产总额共计126.45亿元，增加76.2亿元，增长151.8%；占全体在内地上市出版传媒公司资产总额的6.4%。

3家新媒体公司的资产总额，降序依次为掌趣科技、昆仑万维和中文在线。掌趣科技1家即占新媒体公司资产总额的62.3%。详见表46。

表46　在中国内地上市的新媒体公司资产总额　单位：亿元

排名	上市公司	股票简称	上市地点	资产总额
1	北京掌趣科技股份有限公司	掌趣科技	深证创业板	78.78
2	北京昆仑万维科技股份有限公司	昆仑万维	深证创业板	38.88
3	中文在线数字出版集团股份有限公司	中文在线	深证创业板	8.79
	合计	—	—	126.45

4. 在中国内地上市公司收入规模

（1）总体情况。

2015年，在上海和深圳上市的32家出版传媒公司营业收入共计1 133.78亿元，增加178.62亿元，增长18.69%。

各类出版传媒公司的营业收入，降序依次为出版公司、印刷公司、报业公司、发行公司和新媒体公司，出版公司占全体公司营业收入的53.5%。营业收入平均规模降序依次为出版公司、印刷公司、发行公司、报业公司和新媒体公司，出版公司远超整体平均水平（见图5）。

各类出版传媒公司的营业收入增长速度，降序依次为新媒体公司、出版公司、发行公司、印刷公司和报业公司。营业收入增长额降序依次为出版公司、新媒体公司、印刷公司、发行公司和报业公司，出版公司占全体公司营业收入增长额的72.1%。详见表47。

表47　在中国内地上市的出版传媒公司营业收入

公司类型	总金额（亿元）	增长额（亿元）	增长速度（%）	平均规模（亿元）
出版公司	606.82	128.73	26.93	67.43
报业公司	118.50	0.86	0.73	19.75
发行公司	106.25	7.00	7.05	26.56
印刷公司	269.17	16.75	6.63	26.91
新媒体公司	33.03	25.28	326.34	11.01
整　体	1 133.78	178.62	18.69	35.43

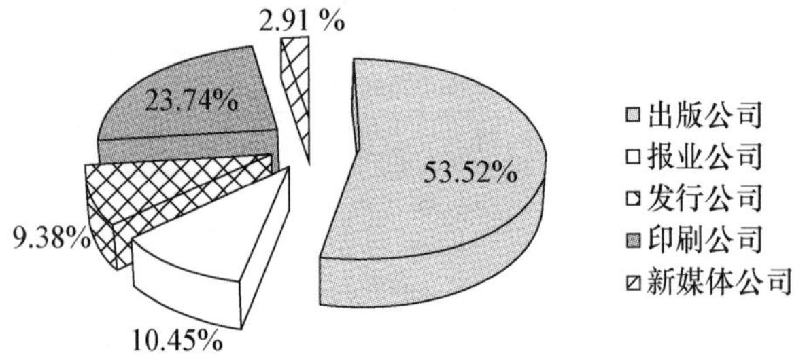

图5　营业收入的公司类型构成

营业收入前10位的出版传媒公司，降序依次为长江传媒、中文传媒、中南传媒、凤凰传媒、紫江企业、康得新、大地传媒、皖新传媒、时代出版和华闻传媒。其中，出版公司6家，报业公司和发行公司各1家，印刷公司2家；前4家公司营业收入均超过100亿元，且皆是出版公司。详见表48。

表48 在中国内地上市的营业收入前10位出版传媒公司 单位：亿元

排名	上市公司	股票简称	业务类型	上市地点	营业收入
1	长江出版传媒股份有限公司	长江传媒	出版发行	上证A股	118.88
2	中文天地出版传媒股份有限公司	中文传媒	出版发行	上证A股	116.02
3	中南出版传媒集团股份有限公司	中南传媒	出版发行	上证A股	100.85
4	江苏凤凰出版传媒股份有限公司	凤凰传媒	出版发行	上证A股	100.46
5	上海紫江企业集团股份有限公司	紫江企业	印刷	上证A股	83.90
6	北京康得新复合材料股份有限公司	康得新	印刷	深证A股	74.59
7	中原大地传媒股份有限公司	大地传媒	出版发行	深证A股	71.39
8	安徽新华传媒股份有限公司	皖新传媒	发行	上证A股	65.81
9	时代出版传媒股份有限公司	时代出版	出版	上证A股	60.21
10	华闻传媒投资集团股份有限公司	华闻传媒	报业	深证A股	43.36

（2）出版公司。

出版公司营业收入共计606.82亿元，增加128.7亿元，增长27.0%；占全体内地上市出版传媒公司营业收入的53.5%。

9家出版公司的营业收入，降序依次为长江传媒、中文传媒、中南传媒、凤凰传媒、大地传媒、时代出版、城市传媒、出版传媒和读者传媒。前4家公司营业收入均超过100亿元，合计占出版公司营业收入的71.9%。详见表49。

表49 在中国内地上市的出版公司营业收入 单位：亿元

排名	上市公司	股票简称	上市地点	营业收入
1	长江出版传媒股份有限公司	长江传媒	上证A股	118.88
2	中文天地出版传媒股份有限公司	中文传媒	上证A股	116.02
3	中南出版传媒集团股份有限公司	中南传媒	上证A股	100.85
4	江苏凤凰出版传媒股份有限公司	凤凰传媒	上证A股	100.46
5	中原大地传媒股份有限公司	大地传媒	深证A股	71.39
6	时代出版传媒股份有限公司	时代出版	上证A股	60.21
7	青岛城市传媒股份有限公司	城市传媒	上证A股	15.39
8	北方联合出版传媒（集团）股份有限公司	出版传媒	上证A股	15.38
9	读者出版传媒股份有限公司	读者传媒	上证A股	
	合计	—	—	606.82

（3）报业公司。

报业公司营业收入共计118.5亿元人民币，增加0.8亿元，增长0.7%；占全体内地上市出版传媒公司营业收入的10.4%。

6家报业公司的营业收入，降序依次为华闻传媒、浙报传媒、华媒控股、粤传媒、博瑞传播和*ST生物。前2家合计占全体报业公司营业收入的65.8%。详见表50。

表50 在中国内地上市的报业公司营业收入 单位：亿元

排名	上市公司	股票简称	上市地点	营业收入
1	华闻传媒投资集团股份有限公司	华闻传媒	深证A股	43.36
2	浙报传媒集团股份有限公司	浙报传媒	上证A股	34.58
3	浙江华媒控股股份有限公司	华媒控股	深证A股	15.54
4	广东广州日报传媒股份有限公司	粤传媒	深证A股	12.92

续前表

排名	上市公司	股票简称	上市地点	营业收入
5	成都博瑞传播股份有限公司	博瑞传播	上证A股	11.97
6	南华生物医药股份有限公司	*ST生物	深证A股	0.13
	合计	—	—	118.50

（4）发行公司。

发行公司营业收入共计106.25亿元，增加7.0亿元，增长7.1%；占全体内地上市出版传媒公司营业收入的9.4%。

4家发行公司的营业收入，降序依次为皖新传媒、广弘控股、新华传媒和天舟文化。皖新传媒1家即占发行公司营业收入的61.9%。详见表51。

表51　在中国内地上市的发行公司营业收入　单位：亿元

排名	上市公司	股票简称	上市地点	营业收入
1	安徽新华传媒股份有限公司	皖新传媒	上证A股	65.81
2	广东广弘控股股份有限公司	广弘控股	深证A股	19.27
3	上海新华传媒股份有限公司	新华传媒	上证A股	15.73
4	湖南天舟科教文化股份有限公司	天舟文化	深证创业板	5.44
	合计	—	—	106.25

（5）印刷公司。

印刷公司营业收入共计269.17亿元，增加16.8亿元，增长6.6%；占全体内地上市出版传媒公司营业收入的23.7%。

10家印刷公司的营业收入，降序依次为紫江企业、康得新、劲嘉股份、珠海中富、永新股份、界龙实业、东港股份、盛通股份、鸿博股份和陕西金叶。前2家公司合计占印刷公司营业收入的58.9%。详见表52。

表52　在中国内地上市的印刷公司营业收入　单位：亿元

排名	上市公司	股票简称	上市地点	营业收入
1	上海紫江企业集团股份有限公司	紫江企业	上证A股	83.90
2	北京康得新复合材料股份有限公司	康得新	深证A股	74.59
3	深圳劲嘉彩印集团股份有限公司	劲嘉股份	深证A股	27.20
4	珠海中富实业股份有限公司	珠海中富	深证A股	18.75
5	黄山永新股份有限公司	永新股份	深证A股	17.84
6	上海界龙实业集团股份有限公司	界龙实业	上证A股	15.43
7	东港安全印刷股份有限公司	东港股份	深证A股	12.56
8	北京盛通印刷股份有限公司	盛通股份	深证A股	7.01
9	福建鸿博印刷股份有限公司	鸿博股份	深证A股	6.61
10	陕西金叶科教集团股份有限公司	陕西金叶	深证A股	5.28
	合计	—	—	269.17

（6）新媒体公司。

新媒体公司营业收入共计33.03亿元，增加25.3亿元，增长326.3%；占全体内地上市出版传媒公司营业收入的2.9%。

3家新媒体公司的营业收入，降序依次为昆仑万维、掌趣科技和中文在线。前2家公司合计占新媒体公司营业收入的88.2%。详见表53。

表53　在中国内地上市的新媒体公司营业收入　单位：亿元

排名	上市公司	股票简称	上市地点	营业收入
1	北京昆仑万维科技股份有限公司	昆仑万维	深证创业板	17.89
2	北京掌趣科技股份有限公司	掌趣科技	深证创业板	11.24

续前表

排名	上市公司	股票简称	上市地点	营业收入
3	中文在线数字出版集团股份有限公司	中文在线	深证创业板	3.90
	合计	—	—	33.03

5. 在中国内地上市公司利润规模

（1）总体情况。

2015年，在上海和深圳上市的32家出版传媒公司利润总额共计133.83亿元，增加12.7亿元，增长10.5%。

各类出版传媒上市公司的利润总额，降序依次为出版公司、印刷公司、报业公司、发行公司和新媒体公司；出版公司占全体公司利润总额的45.45%，印刷公司占24.73%（见图6）。利润总额平均规模降序依次为出版公司、印刷公司、新媒体公司、报业公司和发行公司，出版公司较新媒体公司高出一倍。

各类出版传媒上市公司的利润总额增长速度，降序依次为新媒体公司、出版公司、印刷公司、发行公司和报业公司。利润总额增长额降序依次为出版公司、新媒体公司、印刷公司、发行公司和报业公司，出版公司占全体公司利润总额增长额的78.1%，显示出较强的拉动效果。报业公司利润总额出现大幅度下滑。详见表54。

表54　在中国内地上市的出版传媒公司利润总额

公司类型	总金额（亿元）	增长额（亿元）	增长速度（%）	平均规模（亿元）
出版公司	60.82	9.93	19.51	6.76
报业公司	18.17	−9.64	−34.67	3.03
发行公司	11.87	0.73	6.59	2.97
印刷公司	33.10	5.32	19.14	3.31
新媒体公司	9.87	6.36	181.60	3.29
整体	133.83	12.70	10.48	4.18

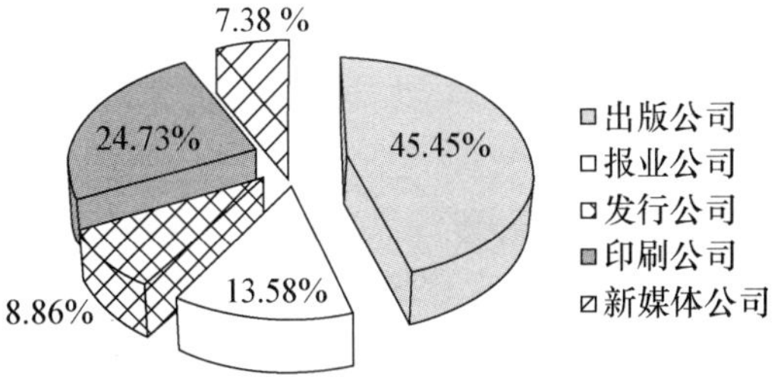

图6　利润总额的公司类型构成

利润总额前10位的出版传媒公司，降序依次为中南传媒、康得新、中文传媒、凤凰传媒、浙报传媒、华闻传媒、劲嘉股份、皖新传媒、大地传媒和掌趣科技。其中，出版公司4家，报业公司2家，印刷公司2家，发行公司和新媒体公司各1家；前4家公司均超过10亿元，有3家是出版公司。详见表55。

表55　在中国内地上市的利润总额前10位出版传媒公司　单位：亿元

排名	上市　公司	股票简称	业务类型	上市地点	利润总额
1	中南出版传媒集团股份有限公司	中南传媒	出版发行	上证A股	18.06
2	北京康得新复合材料股份有限公司	康得新	印刷	深证A股	16.46
3	中文天地出版传媒股份有限公司	中文传媒	出版发行	上证A股	12.20
4	江苏凤凰出版传媒股份有限公司	凤凰传媒	出版发行	上证A股	11.74
5	浙报传媒集团股份有限公司	浙报传媒	报业	上证A股	9.50
6	华闻传媒投资集团股份有限公司	华闻传媒	报业	深证A股	9.20
7	深圳劲嘉彩印集团股份有限公司	劲嘉股份	印刷	深证A股	9.06
8	安徽新华传媒股份有限公司	皖新传媒	发行	上证A股	7.83
9	中原大地传媒股份有限公司	大地传媒	出版发行	深证A股	7.14
10	北京掌趣科技股份有限公司	掌趣科技	新媒体	深证创业板	5.36

（2）出版公司。

出版公司利润总额共计60.82亿元，增加9.9亿元，增长19.5%；占全体在内地上市出版传媒公司利润总额的45.4%。

9家出版公司的利润总额，降序依次为中南传媒、中文传媒、凤凰传媒、大地传媒、时代出版、长江传媒、城市传媒、读者传媒和出版传媒。前3家公司均超过10亿元，占出版公司利润总额的69.1%。详见表56。

表 56　　在中国内地上市的出版公司利润总额　　单位：亿元

排名	上市公司	股票简称	上市地点	利润总额
1	中南出版传媒集团股份有限公司	中南传媒	上证 A 股	18.06
2	中文天地出版传媒股份有限公司	中文传媒	上证 A 股	12.20
3	江苏凤凰出版传媒股份有限公司	凤凰传媒	上证 A 股	11.74
4	中原大地传媒股份有限公司	大地传媒	深证 A 股	7.14
5	时代出版传媒股份有限公司	时代出版	上证 A 股	4.06
6	长江出版传媒股份有限公司	长江传媒	上证 A 股	3.45
7	青岛城市传媒股份有限公司	城市传媒	上证 A 股	2.39
8	读者出版传媒股份有限公司	读者传媒	上证 A 股	0.97
9	北方联合出版传媒（集团）股份有限公司	出版传媒	上证 A 股	0.81
	合计	—	—	60.82

（3）报业公司。

报业公司利润总额共计 18.17 亿元，减少 9.6 亿元，降低 34.7%；占全体在内地上市出版传媒公司利润总额的 13.6%。

6 家报业公司的利润总额，降序依次为浙报传媒、华闻传媒、华媒控股、博瑞传播、*ST 生物和粤传媒。前 2 家公司合计超过报业公司利润总额；*ST 生物和粤传媒等 2 家公司亏损。详见表 57。

表 57　　在中国内地上市的报业公司利润总额　　单位：亿元

排名	上市公司	股票简称	上市地点	利润总额
1	浙报传媒集团股份有限公司	浙报传媒	上证 A 股	9.50
2	华闻传媒投资集团股份有限公司	华闻传媒	深证 A 股	9.21
9	浙江华媒控股股份有限公司	华媒控股	深证 A 股	3.19
4	成都博瑞传播股份有限公司	博瑞传播	上证 A 股	0.96
5	南华生物医药股份有限公司	*ST 生物	深证 A 股	−0.22
6	广东广州日报传媒股份有限公司	粤传媒	深证 A 股	−4.47
	合计	—	—	18.17

（4）发行公司。

发行公司利润总额共计 11.87 亿元，增加 0.7 亿元，增长 6.6%；占全体在内地上市出版传媒公司利润总额的 8.9%。

4 家发行公司的利润总额，降序依次为皖新传媒、天舟文化、广弘控股和新华传媒。皖新传媒 1 家即占发行公司利润总额的 66.0%。详见表 58。

表 58　　在中国内地上市的发行公司利润总额排名　　单位：亿元

排名	上市公司	股票简称	上市地点	利润总额
1	安徽新华传媒股份有限公司	皖新传媒	上证 A 股	7.83
2	湖南天舟科教文化股份有限公司	天舟文化	深圳创业板	2.21
3	广东广弘控股股份有限公司	广弘控股	深证 A 股	1.06
4	上海新华传媒股份有限公司	新华传媒	上证 A 股	0.77
	合计	—	—	11.87

（5）印刷公司。

印刷公司利润总额共计 33.1 亿元，增加 5.3 亿元，增长 19.1%；占全体在内地上市出版传媒公司利润总额的 24.7%。

10 家印刷公司的利润总额，降序依次为康得新、劲嘉股份、东港股份、永新股份、紫江企业、界龙实业、陕西金叶、盛通股份、鸿博股份和珠海中富。康得新超过 10 亿元，占印刷公司利润总额的 49.7%；珠海中富亏损。详见表 59。

表 59　　在中国内地上市的印刷公司利润总额　　单位：亿元

排名	上市公司	股票简称	上市地点	利润总额
1	北京康得新复合材料股份有限公司	康得新	深证 A 股	16.46
2	深圳劲嘉彩印集团股份有限公司	劲嘉股份	深证 A 股	9.06
3	东港安全印刷股份有限公司	东港股份	深证 A 股	2.72
4	黄山永新股份有限公司	永新股份	深证 A 股	2.13
5	上海紫江企业集团股份有限公司	紫江企业	上证 A 股	1.76
6	上海界龙实业集团股份有限公司	界龙实业	上证 A 股	0.53
7	陕西金叶科教集团股份有限公司	陕西金叶	深证 A 股	0.50
8	北京盛通印刷股份有限公司	盛通股份	深证 A 股	0.22
9	福建鸿博印刷股份有限公司	鸿博股份	深证 A 股	0.19
10	珠海中富实业股份有限公司	珠海中富	深证 A 股	−0.47
	合计	—	—	33.10

（6）新媒体公司。

新媒体公司利润总额共计 9.87 亿元，增加 6.4 亿元，增长 181.6%；占全体在内地上市出版传媒公司利润总额的 7.4%。

3 家新媒体公司的利润总额，降序依次为掌趣科技、昆仑万维和中文在线。前 2 家公司合计占新媒体公司利润总额的 96.5%。详见表 60。

表 60　　在中国内地上市的新媒体公司利润总额　　单位：亿元

排名	上市公司	股票简称	上市地点	利润总额
1	北京掌趣科技股份有限公司	掌趣科技	深证创业板	5.36
2	北京昆仑万维科技股份有限公司	昆仑万维	深证创业板	4.16
3	中文在线数字出版集团股份有限公司	中文在线	深证创业板	0.35
	合计	—	—	9.87

（三）经济效益

1. 总体情况

2015 年，在上海和深圳上市的 32 家出版传媒公司保持了较高的盈利能力。平均净资产收益率为 10.64%，高于传媒娱乐行业（8.9%）和印刷包装行业（7.7%）的平均水平；也高于当前一年期存款基准利率（1.50%）和贷款基准利率（4.35%）。

各类出版传媒上市公司的平均净资产收益率，降序依次为新媒体公司、印刷公司、出版公司、发行公司和报业公司。新媒体公司、印刷公司和出版公司高于整体平均水平。详见表 61。

平均净资产收益率前 10 位的出版传媒公司，降序依次为康得新、华媒控股、劲嘉股份、昆仑万维、东港股份、中南传媒、浙报传媒、皖新传媒、大地传媒和城市传媒。其中，出版公司 3 家、报业公司 2 家、发行公司 1 家、印刷公司 3 家、新媒体公司 1 家。详见表 62。

表 61　　在中国内地上市的出版传媒公司平均净资产收益率

公司类型	平均净资产收益率（%）
出版公司	11.73
报业公司	6.38
发行公司	9.90
印刷公司	12.15
新媒体公司	12.18
整体	10.64

表 62　　在中国内地上市的平均净资产收益率前 10 位出版传媒公司

排名	上市公司	股票简称	业务类型	上市地点	收益率（%）
1	北京康得新复合材料股份有限公司	康得新	印刷	深证 A 股	25.55
2	浙江华媒控股股份有限公司	华媒控股	报业	深证 A 股	22.38
3	深圳劲嘉彩印集团股份有限公司	劲嘉股份	印刷	深证 A 股	19.02
4	北京昆仑万维科技股份有限公司	昆仑万维	新媒体	深证创业板	16.67

续前表

排名	上市公司	股票简称	业务类型	上市地点	收益率
5	东港安全印刷股份有限公司	东港股份	印刷	深证 A 股	16.19
6	中南出版传媒集团股份有限公司	中南传媒	出版发行	上证 A 股	15.54
7	浙报传媒集团股份有限公司	浙报传媒	报业	上证 A 股	15.16
8	安徽新华传媒股份有限公司	皖新传媒	发行	上证 A 股	14.22
9	中原大地传媒股份有限公司	大地传媒	出版发行	深证 A 股	12.05
10	青岛城市传媒股份有限公司	城市传媒	出版发行	上证 A 股	11.25

2. 出版公司

出版公司平均净资产收益率 11.7%，高出出版传媒上市公司平均净资产收益率 1.1 个百分点。

9 家出版公司的平均净资产收益率，降序依次为中南传媒、城市传媒、大地传媒、中文传媒、凤凰传媒、时代出版、读者传媒、长江传媒和出版传媒。详见表 63。

表 63　　在中国内地上市的出版公司平均净资产收益率

排名	上市公司	股票简称	上市地点	收益率（%）
1	中南出版传媒集团股份有限公司	中南传媒	上证 A 股	15.64
2	青岛城市传媒股份有限公司	城市传媒	上证 A 股	15.25
3	中原大地传媒股份有限公司	大地传媒	深证 A 股	12.05
4	中文天地出版传媒股份有限公司	中文传媒	上证 A 股	11.54
5	江苏凤凰出版传媒股份有限公司	凤凰传媒	上证 A 股	10.69
6	时代出版传媒股份有限公司	时代出版	上证 A 股	10.36
7	读者出版传媒股份有限公司	读者传媒	上证 A 股	9.86
8	长江出版传媒股份有限公司	长江传媒	上证 A 股	6.64
9	北方联合出版传媒（集团）股份有限公司	出版传媒	上证 A 股	4.36

3. 报业公司

出版公司平均净资产收益率 6.4%，低于出版传媒上市公司平均水平 4.2 个百分点。

6 家报业公司的平均净资产收益率，降序依次为华媒控股、浙报传媒、华闻传媒、博瑞传播、*ST生物和粤传媒。粤传媒和*ST 生物 2 家公司为负。详见表 64。

表 64　　在中国内地上市的报业公司平均净资产收益率

排名	上市公司	股票简称	上市地点	收益率（%）
1	浙江华媒控股股份有限公司	华媒控股	深证 A 股	22.38
2	浙报传媒集团股份有限公司	浙报传媒	上证 A 股	15.16
3	华闻传媒投资集团股份有限公司	华闻传媒	深证 A 股	10.34
4	成都博瑞传播股份有限公司	博瑞传播	上证 A 股	2.08
5	南华生物医药股份有限公司	*ST 生物	深证 A 股	−9.36
6	广东广州日报传媒股份有限公司	粤传媒	深证 A 股	−10.83

4. 发行公司

发行公司的平均净资产收益率为 9.9%，低于出版传媒上市公司平均水平 0.7 个百分点。

4 家发行公司的平均净资产收益率，降序依次为皖新传媒、天舟文化、广弘控股和新华传媒。详见表 65。

表 65　　在中国内地上市的发行公司平均净资产收益率

排名	上市公司	股票简称	上市地点	收益率（%）
1	安徽新华传媒股份有限公司	皖新传媒	上证 A 股	14.22
2	湖南天舟科教文化股份有限公司	天舟文化	深圳创业板	9.54

续前表

排名	上市公司	股票简称	上市地点	收益率（%）
3	广东广弘控股股份有限公司	广弘控股	深证 A 股	6.81
4	上海新华传媒股份有限公司	新华传媒	上证 A 股	2.27

5. 印刷公司

印刷公司的平均净资产收益率为 12.2%，高出出版传媒上市公司平均水平 1.6 个百分点。

10 家印刷上市公司的平均净资产收益率，降序依次为康得新、劲嘉股份、东港股份、永新股份、盛通股份、界龙实业、紫江企业、陕西金叶、鸿博股份和珠海中富。珠海中富为负。详见表 66。

表 66　在中国内地上市的印刷公司平均净资产收益率

排名	上市公司	股票简称	上市地点	收益率（%）
1	北京康得新复合材料股份有限公司	康得新	深证 A 股	25.55
2	深圳劲嘉彩印集团股份有限公司	劲嘉股份	深证 A 股	19.02
3	东港安全印刷股份有限公司	东港股份	深证 A 股	16.19
4	黄山永新股份有限公司	永新股份	深证 A 股	11.54
5	北京盛通印刷股份有限公司	盛通股份	深证 A 股	3.25
6	上海界龙实业集团股份有限公司	界龙实业	上证 A 股	2.83
7	上海紫江企业集团股份有限公司	紫江企业	上证 A 股	2.78
8	陕西金叶科教集团股份有限公司	陕西金叶	深证 A 股	2.27
9	福建鸿博印刷股份有限公司	鸿博股份	深证 A 股	1.06
10	珠海中富实业股份有限公司	珠海中富	深证 A 股	−6.11

6. 新媒体公司

新媒体公司的平均净资产收益率为 12.2%，高出出版传媒上市公司平均水平 1.6 个百分点。

3 家新媒体公司的平均净资产收益率，降序依次为昆仑万维、掌趣科技和中文在线。详见表 67。

表 67　在中国内地上市的新媒体公司平均净资产收益率

排名	上市公司	股票简称	上市地点	收益率（%）
1	北京昆仑万维科技股份有限公司	昆仑万维	深证创业板	16.67
2	北京掌趣科技股份有限公司	掌趣科技	深证创业板	11.10
3	中文在线数字出版集团股份有限公司	中文在线	深证创业板	6.57

（四）经营与业务

2015 年，出版传媒上市公司出版、发行、印刷主业挺拔，收入、利润稳中有升；报刊业务下行趋势明显，部分报业公司经营陷入困境。传统出版与新兴出版在内容、渠道、平台、经营、管理等方面融合不断深化，“传媒＋互联网”“传媒＋金融”“传媒＋服务”的发展趋势日益显现。

1. 出版公司

出版公司主业挺拔，一般图书和教材教辅市场占有率稳定，精品力作不断涌现，出版业务收入稳中有升，占主营业务收入的比例基本持平；部分公司出版业务营业收入占比出现下降，反映出版公司在保持传统出版业务稳定增长的同时，积极拓展业务范围，寻求多元化发展。

发行业务比重较高。除读者传媒和时代出版外，其他 7 家出版公司发行业务收入占各公司主营业务收入的比例均在 20%以上，部分公司发行业务收入占比超过 50%。除凤凰传媒外，其余出版公司发行业务收入实现增长。各公司发行业务整体毛利率水平稳中有增。

印刷业务基本持平，印刷业务收入占主营业务收入呈现缓步下降态势；毛利率水平较低，各公司毛利率水平接近，均在 10%～20%之间。物资贸易业务整体毛利率水平较低，各公司业务开展情况差异明显，部分公司物资贸易爆发式增长，时代出版、长江传媒物资贸易业务占主营业务收入比例超过 65%。

新业态发展势头整体良好，各公司发展程度差别较大。中文传媒、凤凰传媒、中南传媒和时代出版等 4 家公司将新业态业务列入主营业务，新业态业务收入整体均实现大幅增长，占比显著提升；中文传媒新业态业务收入占主营业务收入的 29.3%。但多数公司新业态业务收入不高。

2. 报业公司

报刊业务下行趋势明显，拉低公司整体盈利水平。除华闻传媒传播与文化产业业务收入基本持平以外，其余 5 家报业公司报刊发行业务和广告业务均出现明显下滑，报刊业务收入占各公司主营业务收入的比重同步下滑。其中，*ST 生物和粤传媒出现亏损，*ST 生物资不抵债，面临退市风险。

面对严峻形势，各报业公司积极探索业务转型，努力培育新的利润增长点。网络游戏、信息服务、金融、生物医药等领域均成为报业公司转型方向；浙报传媒数字娱乐产业链日趋完善，在线游戏运营、游戏衍生产品销售、游戏平台运营、无线增值服务、信息服务等业务收入占主营业务收入的比例已达 36.4%，超过传统报刊业务收入。

3. 发行公司

发行公司产出和利润稳步增长，发行业务继续占据公司业务核心地位。除广弘控股食品业务占比超过发行业务外，其他 3 家公司发行业务所占比例均在 50%以上。毛利润水平基本稳定，但各公司发展各异。

各发行公司同时结合自身实际，积极拓展业务类型，在文教用品销售、报刊广告等发行周边业务领域，移动网络游戏、文化地产等新业态产业，食品业等其他业务领域开展经营。皖新传媒商品贸易业务收入超过教材销售收入，成为仅次于一般图书销售的第二大主营业务；新增多媒体教学等教育装备销售业务，拉动多媒体业务收入大幅增长 56.8%，成为公司业务增长最快的板块。天舟文化移动互联网娱乐业务收入大幅增长 60.3%，占主营业务收入比重接近 50%。

4. 印刷公司

印刷公司产出和利润较快增长，主业高度集中于各自印刷包装细分业务及相关衍生业务，主业收入占主营业务收入的比例均在 60%以上。各公司细分业务之间存在明显差异，经营环境差异性大，主业营业收入变化差异明显，毛利率基本稳定。受整体经济环境影响，大多采取收缩战略，营业收入呈现向各自主业集中的趋势。

部分印刷公司积极推动技术创新，促进成果转化，技术创新成为驱动公司业绩增长的重要动力。康得新研发投入增长 58.9%，超过 4 亿元，在高分子材料、碳材料、柔性材料，以及裸眼 3D、大屏触控、AR/VR、全息显示等新兴显示技术领域均已处于前沿地位；光学膜项目全面投产，业务收入大幅增长 65.6%，成为拉动公司业绩大幅增长的主要动力。

5. 新媒体公司

新媒体公司依托于互联网传播，围绕精品化、平台化、泛娱乐战略，通过持续的业务模式创新、研发投入、市场拓展，推动业务稳定发展，营业收入大幅上涨，利润稳步增加；在各自经营业务上高度集中，主营业务收入占营业收入比重均在 80%以上。中文在线以文化行业为主营业务，在数字出版基础上，实现阅读、影视、游戏、动漫、听书、纸质书等全渠道覆盖，主营业务收入占营业收入的 81.2%。掌趣科技以信息化服务为主营业务，全部营业收入均来自主营业务收入；发行多款自研和代理游戏产品，多款产品持续居于 iOS 畅销榜前列。昆仑万维以游戏产品开发为主营业务，推出超过 20 款自研移动终端游戏和代理移动终端游戏，覆盖大陆地区、韩国地区和东南亚地区，主营业务收入占营业收入的 97.5%。

新媒体公司以“内生＋外延”的方式，不断延伸和拓宽产业链，呈现主营业务向相关衍生业务发展的趋势。掌趣科技构建起以游戏为核心业务，延伸至文学、动漫、影视、体育、电竞等产业的娱乐生态布局。中文在线逐渐向教育行业蔓延，形成“文学＋”“教育＋”双管齐下的经营格局。昆仑万维由游戏产品向互联网产品和其他相关衍生产品发展，将游戏研发和发行业务向上下游打通，与影视业务结合进行影游联动；移动端软件商店 1Mobile 开始进行规模化商业变现；着手打造昆仑体系内的互联网金融业务板块。

七、图书出版单位规模评价

（一）图书出版单位总体经济规模综合评价

1. 全部图书出版单位排名

选取图书出版单位财务报表中的主营业务收入、资产总额、所有者权益和利润总额 4 项经济规模指标，采用主成分分析法，对全国 556 家[①]图书出版单位的总体经济规模进行综合评价，前 10 位如表 68 所示。教育类出版单位占据多半席位。其中，中央出版单位 5 家，大学出版单位 2 家，地方出版单

① 新增孔学堂书局（2014 年设立）。

位3家；东部地区出版单位8家，西部地区出版单位2家。

与2014年相比，江苏凤凰教育出版社和四川教育出版社跻身前十，知识产权出版社和浙江教育出版社退出前十；前10位中，外语教学与研究出版社、人民卫生出版社和商务印书馆排名上升，重庆出版社排名下降。

表68　总体经济规模综合评价前10位的全国图书出版单位

综合排名	图书出版单位	综合评价得分	2014年排名	排名变化
1	人民教育出版社	14.282 7	1	0
2	高等教育出版社	10.272 4	2	0
3	外语教学与研究出版社	5.720 2	4	1
4	人民卫生出版社	4.453 9	6	2
5	科学出版社	3.586 4	5	0
6	商务印书馆	3.549 0	8	2
7	江苏凤凰教育出版社	3.346 5	14	7
8	重庆出版社	3.154 0	3	−5
9	北京师范大学出版社	2.856 4	9	0
10	四川教育出版社	2.759 8	12	2

说明：同表21。

2. 中央各部门各单位图书出版单位排名

中央各部门各单位171家图书出版单位的前10位如表69所示。

与2014年相比，中国地图出版社跻身前十，中国建筑工业出版社退出前十；前10位中人民卫生出版社、商务印书馆和人民邮电出版社排名上升，科学出版社、知识产权出版社、中国劳动社会保障出版社和教育科学出版社排名下降。

表69　总体经济规模综合评价前10位的中央各部门各单位图书出版单位

综合排名	图书出版单位	综合评价得分	2014年排名	排名变化
1	人民教育出版社	9.201 4	1	0
2	高等教育出版社	6.537 5	2	0
3	人民卫生出版社	2.750 6	4	1
4	商务印书馆	2.191 3	6	2
5	科学出版社	2.159 2	3	−2
6	知识产权出版社	1.475 2	5	−1
7	人民邮电出版社	1.216 2	9	2
8	中国劳动社会保障出版社	1.085 0	7	−1
9	教育科学出版社	1.047 4	8	−1
10	中国地图出版社	0.957 7	11	1

说明：同表21。

3. 大学图书出版单位排名

106家大学图书出版单位的前10位如表70所示。与2014年相比，前10位出版单位保持不变，名次也未发生变化。

表70　总体经济规模综合评价前10位的大学图书出版单位

综合排名	图书出版单位	综合评价得分	2014年排名	排名变化
1	外语教学与研究出版社	7.451 0	1	0
2	北京师范大学出版社	3.711 9	2	0
3	清华大学出版社	3.046 4	3	0
4	上海外语教育出版社	2.278 6	4	0

续前表

综合排名	图书出版单位	综合评价得分	2014 年排名	排名变化
5	中国人民大学出版社	1.755 8	5	0
6	北京大学出版社	1.645 1	6	0
7	中央广播电视大学出版社	1.159 8	7	0
8	广西师范大学出版社	1.113 2	8	0
9	华东师范大学出版社	0.985 2	9	0
10	复旦大学出版社	0.711 9	10	0

说明：同表 21。

4. 地方图书出版单位排名

257 家[①]地方图书出版单位的前 10 位如表 71 所示。其中，东部地区出版单位 5 家，中部地区 2 个，西部地区 3 个。

与 2014 年相比，广东教育出版社跻身前十，上海书画出版社退出前十；前 10 位中江苏凤凰教育出版社跃居第一，四川教育出版社、内蒙古教育出版社、北京出版社、安徽教育出版社和湖南教育出版社排名上升，重庆出版社、浙江教育出版社和青岛出版社排名下降。

表 71　　总体经济规模综合评价前 10 位的地方图书出版单位

综合排名	图书出版单位	综合评价得分	2014 年排名	排名变化
1	江苏凤凰教育出版社	6.033 7	5	4
2	重庆出版社	5.992 7	1	−1
3	四川教育出版社	4.823 0	4	1
4	浙江教育出版社	4.716 6	2	−2
5	青岛出版社	3.411 7	3	−2
6	内蒙古教育出版社	3.388 8	7	1
7	北京出版社	3.096 8	8	1
8	安徽教育出版社	2.778 3	9	1
9	湖南教育出版社	2.349 7	10	1
10	广东教育出版社	2.184 6	11	1

说明：同表 21。

5. 社科类图书出版单位排名

180 家[②]社科类图书出版单位的前 10 位如表 72 所示。与 2014 年相比，中国社会科学出版社跃身前十，党建读物出版社退出前十；前 10 位中商务印书馆和中信出版社排名上升，重庆出版社和知识产权出版社排名下降。

表 72　　总体经济规模综合评价前 10 位的社科类图书出版单位

综合排名	图书出版单位	综合评价得分	2014 年排名	排名变化
1	商务印书馆	6.371 4	3	2
2	重庆出版社	5.665 0	1	−1
3	知识产权出版社	4.526 8	2	−1
4	青岛出版社	3.524 4	4	0
5	中国劳动社会保障出版社	3.463 6	5	0
6	北京出版社	2.761 4	6	0
7	人民出版社	2.607 3	7	0
8	中信出版社	2.559 2	9	1
9	中国社会科学出版社	1.909 2	23	14
10	中国财政经济出版社	1.390 8	10	0

说明：同表 21。

①② 新增孔学堂书局（2014 年设立）。

6. 文艺类图书出版单位排名

37 家文艺类图书出版单位的前 10 位如表 73 所示。与 2014 年相比，前 10 位出版单位保持不变但名次有所改变，人民文学出版社、长江文艺出版社和百花洲文艺出版社排名上升，上海译文出版社、作家出版社和山东文艺出版社排名下降。

表 73　总体经济规模综合评价前 10 位的文艺类图书出版单位

综合排名	图书出版单位	综合评价得分	2014 年排名	排名变化
1	译林出版社	3.527 4	1	0
2	人民音乐出版社	3.002 8	2	0
3	人民文学出版社	1.467 2	4	1
4	上海译文出版社	1.245 0	3	−1
5	湖南文艺出版社	1.195 4	5	0
6	长江文艺出版社	0.653 1	7	1
7	作家出版社	0.541 5	6	−1
8	上海音乐出版社	0.441 9	8	0
9	百花洲文艺出版社	0.299 7	10	1
10	山东文艺出版社	0.223 5	9	−1

说明：同表 21。

7. 美术类图书出版单位排名

32 家美术类图书出版单位的前 10 位如表 74 所示。与 2014 年相比，天津人民美术出版社、新疆美术摄影出版社和海峡书局出版社跻身前十，吉林美术出版社、浙江人民美术出版社和河南美术出版社退出前十；前 10 位中江西美术出版社和人民美术出版社排名上升，湖南美术出版社和安徽美术出版社排名下降。

表 74　总体经济规模综合评价前 10 位的美术类图书出版单位

综合排名	图书出版单位	综合评价得分	2014 年排名	排名变化
1	上海书画出版社	4.013 4	1	0
2	江西美术出版社	1.782 3	3	1
3	湖南美术出版社	1.455 5	2	−1
4	人民美术出版社	0.821 9	5	1
5	安徽美术出版社	0.715 6	4	−1
6	天津人民美术出版社	0.366 2	12	6
7	新疆美术摄影出版社	0.327 9	11	4
8	湖北美术出版社	0.296 2	8	0
9	海峡书局出版社	0.211 2	16	7
10	陕西人民美术出版社	0.138 0	10	0

说明：同表 21。

8. 科技类图书出版单位排名

83 家科技类图书出版单位的前 10 位如表 75 所示。与 2014 年相比，人民交通出版社跻身前十，中国电力出版社退出前十；前 10 位中人民卫生出版社、机械工业出版社和电子工业出版社排名上升，科学出版社、中国建筑工业出版社和中国轻工业出版社排名下降。

表 75　总体经济规模综合评价前 10 位的科技类图书出版单位

综合排名	图书出版单位	综合评价得分	2014 年排名	排名变化
1	人民卫生出版社	5.245 6	2	1
2	科学出版社	4.239 7	1	−1
3	人民邮电出版社	2.384 8	3	0

续前表

综合排名	图书出版单位	综合评价得分	2014 年排名	排名变化
4	机械工业出版社	1.904 4	7	3
5	中国地图出版社	1.864 6	5	0
6	中国建筑工业出版社	1.829 3	4	−2
7	电子工业出版社	1.653 9	8	1
8	人民交通出版社	1.449 4	11	3
9	化学工业出版社	1.279 1	9	0
10	中国轻工业出版社	0.648 0	6	−4

说明：同表 21。

9. 教育类图书出版单位排名

35 家教育类图书出版单位的前 10 位如表 76 所示。与 2014 年相比，前 10 位出版单位保持不变但名次有所改变，江苏凤凰教育出版社、湖南教育出版社排名上升，浙江教育出版社和安徽教育出版社排名下降。

表 76　　总体经济规模综合评价前 10 位的教育类图书出版单位

综合排名	图书出版单位	综合评价得分	2014 年排名	排名变化
1	人民教育出版社	4.439 9	1	0
2	高等教育出版社	3.069 4	2	0
3	江苏凤凰教育出版社	0.700 3	5	2
4	四川教育出版社	0.480 5	4	0
5	浙江教育出版社	0.416 8	3	−2
6	教育科学出版社	0.150 0	6	0
7	内蒙古教育出版社	0.088 2	7	0
8	湖南教育出版社	0.012 9	9	1
9	安徽教育出版社	−0.012 3	8	−1
10	广东教育出版社	−0.081 0	10	0

说明：同表 21。

10. 少儿类图书出版单位排名

29 家少儿类图书出版单位的前 10 位如表 77 所示。与 2014 年相比，前 10 位出版单位保持不变但名次有所改变，接力出版社和长江少年儿童出版社排名上升，浙江少年儿童出版社和海燕出版社排名下降。

表 77　　总体经济规模综合评价前 10 位的少儿类图书出版单位

综合排名	图书出版单位	综合评价得分	2014 年排名	排名变化
1	中国少年儿童出版社	2.389 9	1	0
2	二十一世纪出版社	1.954 9	2	0
3	明天出版社	1.701 9	3	0
4	安徽少年儿童出版社	1.349 9	4	0
5	接力出版社	1.238 0	6	1
6	浙江少年儿童出版社	1.071 3	5	−1
7	长江少年儿童出版社	0.785 3	8	1
8	海燕出版社	0.543 5	7	−1
9	湖南少年儿童出版社	0.515 6	9	0
10	新疆青少年出版社	0.200 6	10	0

说明：同表 21。

11. 古籍类图书出版单位排名

19家古籍类图书出版单位的前10位如表78所示。与2014年相比，浙江古籍出版社跻身前十，凤凰出版社退出前十；前10位中中州古籍出版社排名下降。

表78 总体经济规模综合评价前10位的古籍类图书出版单位

综合排名	图书出版单位	综合评价得分	2014年排名	排名变化
1	中华书局	3.016 4	1	0
2	黄山书社	1.628 8	2	0
3	国家图书馆出版社	0.840 6	3	0
4	岳麓书社	0.667 9	4	0
5	文物出版社	0.586 6	5	0
6	上海古籍出版社	0.290 7	6	0
7	齐鲁书社	0.210 2	7	0
8	三秦出版社	−0.354 7	8	0
9	浙江古籍出版社	−0.450 6	11	2
10	中州古籍出版社	−0.474 4	9	−1

说明：同表21。

（二）图书出版单位出版规模评价

1. 出版图书品种数量排名

（1）全部图书出版单位排名。

对全国583家图书出版单位2015年出版图书品种数进行排名，前10位降序依次为高等教育出版社、科学出版社、清华大学出版社、机械工业出版社、化学工业出版社、人民邮电出版社、北京出版社、电子工业出版社、人民教育出版社和北京师范大学出版社。科技类出版单位占到一半。其中，中央图书出版单位7家，大学出版单位2家，地方出版单位1家；均位于北京。

前10家单位共出版图书68 537种，占全国图书出版品种数的14.4%。

（2）中央各部门各单位图书出版单位排名。

中央各部门各单位189家图书出版单位图书出版品种数，前10位降序依次为高等教育出版社、科学出版社、机械工业出版社、化学工业出版社、人民邮电出版社、电子工业出版社、人民教育出版社、人民卫生出版社、中国电力出版社和教育科学出版社。

（3）大学图书出版单位排名。

106家大学图书出版单位图书出版品种数，前10位降序依次为清华大学出版社、北京师范大学出版社、外语教学与研究出版社、武汉大学出版社、中国人民大学出版社、北京大学出版社、延边大学出版社、广西师范大学出版社、上海交通大学出版社和华东师范大学出版社。

（4）地方图书出版单位排名。

266家地方图书出版单位图书出版品种数，前10位降序依次为北京出版社、吉林出版集团股份有限公司、湖南教育出版社、江苏人民出版社、江苏凤凰教育出版社、江苏科学技术出版社、青岛出版社、浙江教育出版社、新疆青少年出版社和重庆出版社。其中，东部地区出版单位6家，中部地区1家，西部地区2家，东北地区1家。

2. 出版图书总印数排名

（1）全部图书出版单位排名。

全国583家图书出版单位出版图书总印数，前10位降序依次为人民教育出版社、江苏凤凰教育出版社、北京师范大学出版社、北京出版社、湖南教育出版社、教育科学出版社、浙江教育出版社、中国地图出版社、高等教育出版社和广西师范大学出版社。教育类出版单位占据主导。其中，中央图书出版单位4家，大学出版单位2家，地方出版单位4家；东部地区出版单位8家，中部地区和西部地区各1家。

前10家出版单位共出版图书17.0亿册，占全国图书总印数的19.6%。

（2）中央各部门各单位图书出版单位排名。

中央各部门各单位189家图书出版单位出版图书总印数，前10位降序依次为人民教育出版社、教育科学出版社、中国地图出版社、高等教育出版社、科学出版社、机械工业出版社、人民邮电出版社、中国少年儿童出版社、电子工业出版社和人民卫生出版社。

（3）大学图书出版单位排名。

106家大学图书出版单位出版图书总印数，前

10 位降序依次为北京师范大学出版社、广西师范大学出版社、外语教学与研究出版社、上海交通大学出版社、西南师范大学出版社、南京师范大学出版社、华东师范大学出版社、辽宁师范大学出版社、湖南师范大学出版社和武汉大学出版社。

（4）地方图书出版单位排名。

266 家地方图书出版单位出版图书总印数，前 10 位降序依次为江苏凤凰教育出版社、北京出版社、湖南教育出版社、浙江教育出版社、新疆美术摄影出版社、四川教育出版社、广东教育出版社、青岛出版社、山东教育出版社和江苏科学技术出版社。

八、产业基地（园区）情况分析

（一）经济总量规模

依据 22 家国家新闻出版产业基地（园区）报送的数据汇总，上述基地（园区）2015 年共实现营业收入 1 780.2 亿元，较 2014 年增长 25.2%；拥有资产总额 1 743.1 亿元，增长 30.2%；实现利润总额 281.3 亿元，增长 29.9%。其中，14 家数字出版基地营业收入合计占 22 家基地（园区）的 81.6%；2 家音乐产业基地整体营业收入增长 439.7%，咪咕音乐等行业龙头企业入驻，集聚效应进一步显现。

在 22 家产业基地（园区）中，营业收入超过 300 亿元的 1 家，即上海张江国家数字出版基地；营业收入在 200 亿～300 亿元之间的 1 家，即江苏国家数字出版产业基地；在 100 亿～200 亿元之间的 3 家，降序依次为广东国家数字出版基地、安徽国家数字出版产业基地和辽宁国家印刷产业基地；在 50 亿～100 亿元之间的 6 家，降序依次为西安国家数字出版基地、杭州国家数字出版产业基地、天津国家数字出版基地、中国北京出版创意产业园区、重庆北部新区国家数字出版基地和中南国家数字出版基地。上述 11 家基地（园区）营业收入合计占 22 家基地（园区）的 88.7%。

营业收入不足 50 亿元的 11 家基地（园区），降序依次为江西国家数字出版基地、西安国家印刷包装产业基地、海峡国家数字出版产业基地、赣州吉安国家印刷包装产业基地、青岛国家数字出版基地、四川国家音乐产业基地、上海金山国家绿色创意印刷示范园区、黑龙江平房国家动漫出版产业基地、上海国家音乐产业基地、华中国家数字出版基地和北京国家数字出版基地。

（二）数字出版基地（园区）经济规模

2015 年，14 家国家数字出版基地（园区）共实现营业收入 1 452.81 亿元，较 2014 年增长 29.9%；拥有资产总额 1 288.0 亿元，增长 37.3%；实现利润总额 261.1 亿元，增长 32.5%。

（1）营业收入。

以营业收入衡量，14 家国家数字出版基地（园区）具体情况如表 79 所示。

表 79　　国家数字出版基地（园区）的营业收入

排名	基地（园区）	营业收入（亿元）	在全体中所占比重	
			比重（%）	累计比重（%）
1	上海张江国家数字出版基地	332.10	22.86	22.86
2	江苏国家数字出版产业基地	267.18	18.39	41.25
3	广东国家数字出版基地	190.01	13.08	54.33
4	安徽国家数字出版产业基地	168.04	11.57	65.90
5	西安国家数字出版基地	93.38	6.43	72.32
6	杭州国家数字出版产业基地	91.68	6.31	78.63
7	天津国家数字出版基地	73.61	5.07	83.70
8	重庆北部新区国家数字出版基地	63.92	4.40	88.10
9	中南国家数字出版基地	62.32	4.29	92.39
10	江西国家数字出版基地	47.01	3.24	95.62
11	海峡国家数字出版产业基地	32.78	2.26	97.88
12	青岛国家数字出版产业基地	28.82	1.98	99.88
13	华中国家数字出版基地	1.82	0.13	99.99
14	北京国家数字出版基地	0.16	0.01	100.00
	合计	1 452.81	100.00	—
	平均	103.77	—	—

（2）资产总额。

以资产总额衡量，14 家国家数字出版基地（园区）具体情况如表 80 所示。

表 80　国家数字出版基地（园区）的资产总额

排名	基地（园区）	资产总额（亿元）	在全体中所占比重	
			比重（%）	累计比重（%）
1	安徽国家数字出版产业基地	276.78	21.49	21.49
2	上海张江国家数字出版基地	173.90	13.50	34.99
3	广东国家数字出版基地	146.59	11.38	46.37
4	西安国家数字出版基地	130.85	10.16	56.53
5	中南国家数字出版基地	126.79	9.84	66.38
6	杭州国家数字出版产业基地	106.99	8.31	74.68
7	江苏国家数字出版产业基地	86.64	6.73	81.41
8	重庆北部新区国家数字出版基地	84.38	6.55	87.96
9	天津国家数字出版基地	42.06	3.27	91.23
10	青岛国家数字出版产业基地	41.65	3.23	94.46
11	海峡国家数字出版产业基地	34.07	2.65	97.10
12	江西国家数字出版基地	26.58	2.06	99.17
13	华中国家数字出版基地	10.05	0.78	99.95
14	北京国家数字出版基地	0.66	0.05	100.00
	合计	1 287.99	100.00	—
	平均	92.00	—	—

（3）利润总额。

以利润总额衡量，14 家国家数字出版基地（园区）具体情况如表 81 所示。

表 81　国家数字出版基地（园区）的利润总额

排名	基地（园区）	利润总额（亿元）	在全体中所占比重	
			比重（%）	累计比重（%）
1	上海张江国家数字出版基地	69.44	26.60	26.60
2	重庆北部新区国家数字出版基地	40.33	15.45	42.05
3	江西国家数字出版基地	37.34	14.30	56.35
4	广东国家数字出版基地	28.58	10.95	67.30
5	江苏国家数字出版产业基地	25.90	9.92	77.22
6	安徽国家数字出版产业基地	21.41	8.20	85.42
7	西安国家数字出版基地	15.18	5.82	91.24
8	海峡国家数字出版产业基地	6.57	2.52	93.75
9	杭州国家数字出版产业基地	4.20	1.61	95.36
10	青岛国家数字出版产业基地	4.18	1.60	96.96
11	天津国家数字出版基地	3.87	1.48	98.45
12	中南国家数字出版基地	3.51	1.35	99.79
13	华中国家数字出版基地	0.50	0.19	99.98
14	北京国家数字出版基地	0.04	0.02	100.00
	合计	261.06	100.00	—
	平均	18.65	—	—

（本报告由国家新闻出版广电总局于 2016 年 8 月发布，收入年鉴时有删减）

2015—2016 年中国数字出版产业发展报告

中国数字出版产业年度报告课题组

2015 年是“十二五”时期的收官之年，我国数字出版产值再创新高，突破 4 400 亿元；在政企合力推进下，产业环境日趋良好；转型升级渐趋深入，传统出版与新兴出版融合发展的格局初步形成。

一、数字出版产业规模分析

2015 年，我国数字出版产业继续保持强势增长势头，全年产业整体收入为 4 403.85 亿元，比 2014 年增长 30%，数字出版产业收入在新闻出版产业收入的总体占比由 2014 年的 17.1% 提升至 20.5%。其中，互联网广告、移动出版与网络游戏依然占据收入榜前三位。互联网期刊收入达 15.85 亿元，电子书（含网络原创出版物）达 49 亿元，数字报纸（不含手机报）达 9.6 亿元，博客达 11.8 亿元，在线音乐达 55 亿元，网络动漫达 44.2 亿元，移动出版（手机彩铃、铃音、移动游戏等）达 1 055.9 亿元，网络游戏达 888.8 亿元，在线教育达 180 亿元，互联网广告达 2 093.7 亿元。收入比例情况见图 1。

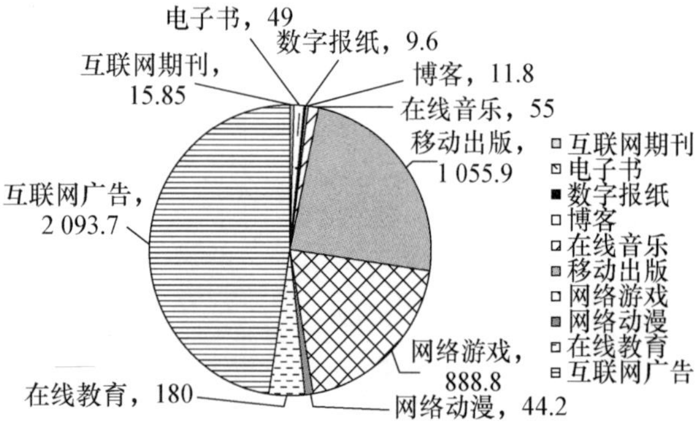

图 1　2015 年数字出版产业收入情况（单位：亿元）

同时，2015 年互联网期刊、电子书、数字报纸的总收入为 74.45 亿元，比 2014 年增长了 6.66%，在数字出版总收入中所占比例为 1.69%，相较于 2014 年的 2.06% 来说是下降的。这说明传统出版单位在数字化转型升级、融合发展方面仍需要加大力度，探索新产品的开发与应用，提高市场竞争能力。移动出版和网络游戏的收入分别为 1 055.9 亿元和 888.8 亿元，在数字出版总收入中所占比例分别为 23.98% 和 20.18%，两者合计占比为 44.16%，接近全年总收入规模的一半，这说明移动出版和网络游戏依然是拉动数字出版产业收入的主力军，地位比较稳固，意味着休闲、娱乐类产品在数字出版产品形态中占据了相当比重。

在线教育是数字教育出版的核心部分，经过多年布局与市场竞争，产业发展取得实质性进展，2015 年收入规模为 180 亿元，呈现出巨大的发展潜力。

二、数字出版产业态势分析

（一）规划绘制产业发展新蓝图

《数字出版“十二五”时期发展规划》是数字出版的第一个专项五年规划，对数字出版产业发展具有深远意义。规划实施五年来，总体情况良好，运行顺利。结合“十二五”时期的发展情况和存在问题，总局对“十三五”时期数字出版产业进行综合部署、统筹规划，《数字出版“十三五”时期发展规划》业已完成编制工作。为未来五年数字出版产业发展指明了方向，绘制了新蓝图，将引领数字出版产业向更高层次迈进。

（二）转型升级、融合发展持续推进

2015 年，新闻出版业在转型升级、融合发展方面取得了进一步突破。2015 年 3 月，国家新闻出版广电总局与财政部联合发布《关于推动传统出版和新兴出版融合发展的指导意见》，对新闻出版业融合发展提出具体要求。2015 年 7 月，国家新闻出版广电总局公布了第二批 100 家转型示范单位名单，至此传统出版数字化转型示范单位总计已达到 170 家。这些单位在内容聚集、技术应用、产品创新，以及探索数字化商业模式等方面为产业发展起到了积极的表率作用，带动整个行业转型升级、融合发展取得了实质性进展。

经过几年来的探索和积累，2015 年出版业融合发展转型升级思路进一步清晰，主动性进一步增强，通过整合资源、实施项目、应用技术、优化流程、

重塑布局，开展内容创新、产品创新、服务创新与模式创新，融合态势初显。

特别需要提出的是，专业出版单位在专业知识服务模式探索方面卓有成效，已形成了特色资源数据库、专业领域在线教育、专业数字化工具书等多个产品形态。管理部门通过部署专业数字内容资源知识服务模式试点工作，以推进专业出版的转型升级、融合发展。

教育出版单位和大众出版单位在转型升级、融合发展方面的成果也日益显著，发展模式和产品形态日趋丰富多元。

（三）网络文学领域发展迅速

数据显示，2015 年网络文学市场规模达到 70 亿元，用户规模达到 3.5 亿人。① 网络文学已成为数字阅读内容和收入的主要构成部分，过去一年，呈现出蓬勃的发展态势。

行业格局初步形成。继 2014 年底百度文学成立后，2015 年腾讯组建阅文集团；阿里文学也于 2015 年 4 月成立；掌阅科技于 2015 年初成立掌阅文学集团；2015 年 4 月，中国移动整合手机阅读基地相关业务，成立中国移动咪咕数字传媒有限公司；中文在线也在 2015 年深耕网络文学市场，通过“产品线”，以项目制方式开展 IP 运作，通过“聚合众创”实现网络文学零门槛商业化创作。2015 年，网络文学领域格局已初步形成，竞争日益激烈。

行业管理进一步健全。有关部门加强了对网络文学的管理，对网络文学内容开展了不定期审读工作。同时，为提高监督网络数字出版情况，加强了网站内容编辑、网站审核人员的业务培训和资质认定。

网络文学主流化步入快车道。中国作家协会于 2015 年底成立中国作家协会网络文学委员会，上海、广东、浙江和江苏等十多个省市，由作家协会牵头，陆续成立了网络作家协会、网络文学委员会等相关组织机构，意味着网络文学逐渐被主流文学领域认可。

（四）数字教育出版初具成效

2015 年，在国家持续大力推行教育信息化的背景下，以在线教育为主要形态的数字教育出版持续升温。

传统出版单位依托自身的优质教育和出版资源，通过产业链延伸来进行转型发展，开展跨界融合，取得了突出成效。一是积极利用自身教育和出版优质资源，进行在线教育平台的搭建和数字教育出版产品的开发；二是积极开展与互联网企业合作，借助双方优势，实现互惠共赢；三是积极运用资本市场，借助资本力量，推进融合发展；四是成立独立的科技公司，以更加灵活的机制投入数字教育转型。

2015 年，新兴出版企业也加大了数字教育领域布局力度。12 月，百度成立了教育事业部；腾讯、淘宝积极开展与信息公司、教育机构的战略合作。此外，一起作业网等新兴在线教育企业也为数字教育出版发展贡献了重要力量。

（五）产业集群效应日益显现

“十二五”时期，根据产业发展的迫切需求，管理部门加快了数字出版产业基地（园区）建设步伐。截至 2015 年，全国共设立国家级数字出版产业基地 14 家，在建设数量上超出了“十二五”规划的预期目标。初步形成以东部沿海为带动，长三角流域为核心，华北、中南、西北、西南为辐射的综合产业区域布局。

据初步统计，2015 年 14 家国家数字出版产业基地营业收入总和已超过 1 500 亿元，占到全国数字出版总收入的 30%以上。其中，上海张江基地 2015 年产值突破 300 亿元大关，达到 346 亿元；江苏基地和广东基地营业收入超过 200 亿元。国家数字出版产业基地（园区）在培育产业龙头、科技创新、人才和企业孵化、推进传统出版转型升级等方面起到了积极的示范引领作用。各家基地凭借龙头企业的影响力，带动产业链上下游企业有效聚集，集群效应日益显现。

经过多年的经验积累与实践探索，当前国家数字出版产业基地的发展战略和重点已从基础建设逐步转向差异化、特色化发展。一是发展路径的差异化；二是发展模式的差异化；三是管理模式的差异化。

（六）数字内容版权运营备受关注

2015 年的 IP 改编热潮激发了出版业的内容运作新活力，开拓了产业融合发展的新空间。出版单位纷纷通过数字内容版权运营，促进优质内容的充分挖掘与运用，构建多元化商业模式。新兴出版企业加速对原创 IP 的竞争。百度、腾讯、阿里巴巴等在网络文学、网络游戏、网络影视等领域进行全面布局，原创内容版权产业链条已初步形成。

企业对 IP 的运作重点从已实现纸质出版的网络文学作品，转向对有潜力 IP 的挖掘、培育和孵化，

① 参见速途研究院：《2015 年网络文学市场年度综合报告》，见 http://www.sootoo.com/content/661067.shtml。

开展传统图书出版、动漫、网游、影视、周边衍生品等产品形态的同步、多元开发，围绕 IP 进行全产业链运作、全方位运营，打通各业务板块以发挥协同效应。

IP 概念带动文化资本市场的活跃，相关数据统计显示，2015 年国内市场共产生 IP 相关收购 42 起，其中披露收购金额 39 起，合计产生并购金额 209.59 亿元，被并购企业涵盖文学、动漫、游戏、影视等多个领域。①

（七）产业保障体系日臻完善

2015 年，我国数字出版产业保障体系在诸多方面得以完善与丰富。

在标准方面，2015 年全国新闻出版信息标准化技术委员会由行业级标委会升级为国家级标委会，标志着我国新闻出版业标准化组织建设基本完成。多项标准制定取得重大进展，电子书内容系列 13 项标准，《数字版权唯一标识符（DCI）》《版权权利描述元数据》《版权服务基础代码集》等 5 项基础性标准，以及《中小学数字教材加工规范》等行业标准正式发布；《数字出版卫星传输规范》《数字期刊》等系列标准即将发布，有望充分发挥卫星传播优势，规范数字期刊出版行为；我国主导制定的《国际标准关联标识符 ISLI》在 ISO 正式出版，标志着我国逐步跻身世界标识符大国行列。

数字版权保护方面，作为新闻出版重大科技项目之一的数字版权保护技术研发工程研发任务已全部完成，并通过第三方测试。数字版权保护立法工作取得新进展。2015 年 2 月，《最高人民法院关于适用〈中华人民共和国民事诉讼法〉的解释》开始实施，改变了原有立案管辖权规则，便利了权利人维权诉讼的开展；2015 年 9 月，国家版权局针对《著作权行政处罚实施办法（修订征求意见稿）》向社会公开征求意见；2015 年 11 月开始实施的《中华人民共和国刑法修正案（九）》强化了对网络行为和网络犯罪的监管，增强了对数字版权网络著作权的刑事司法保护。

司法与行政保护力度加强，成效显著。国务院于 2015 年底印发《关于新形势下加快知识产权强国建设的若干意见》，提出了要完善行政执法和司法保护两条途径优势互补、有机衔接的知识产权保护模式。国家新闻出版广电总局、国家版权局印发了涉及网络文学、网络音乐、网络转载、网盘服务等方面的多项规范性文件，对相关领域的数字版权保护给予了明确指示和规范。“剑网行动”成果显著，有效规范了网络作品传播的版权秩序。

社会保护获得新进展。由搜狐视频、腾讯、优酷、土豆、凤凰视频、爱奇艺等互联网公司于 2015 年 7 月发起组建互联网视频正版化联盟；百度云盘和 6 家视频网站及其权利人签署了云盘版权保护共同声明，携手抵制网络云盘上的侵权盗版行为。

（八）人才队伍建设稳步推进

数字出版人才培养工作得到有力推进。管理部门组织多次基于“互联网＋”环境下的人才培养研讨会议，行业协会、科研机构、企业也加大了对数字出版相关人才的培训力度。

出版单位对数字出版人才的培养与引进给予了更高的重视，在创新人才培养、引入、管理、选拔、评价、激励保障机制方面进行了积极有益探索。如：专门针对引入数字出版人才建立“协议工资制”；让传统编辑参与数字化项目实践，逐步实现由传统编辑向复合型编辑的转型；选派传统编辑到下属互联网企业工作，让其逐步适应“互联网＋”思维模式和运营机制。

特别值得一提的是，2015 年北京市将数字编辑职称评审纳入全市职称评审序列，由中国新闻出版研究院牵头组织专家编写教材和考试大纲，于 2016 年 5 月组织开展了首次数字编辑初中级职称考试，有近 3 000 人报考，并于 7 月开展数字编辑高级职称评审工作。此项工作开创了全国数字编辑职称评审工作先河，并为全国数字出版人才队伍建设率先示范。同时，北京市正在着手制定“十三五”时期数字出版人才的专项规划。

三、数字出版产业问题与对策分析

2015 年，尽管我国数字出版产业规模仍然保持上升态势，产值再创新高，出版业融合发展态势初步形成，然而一些突出问题仍然存在：一是融合发展的思路有待进一步开拓，产品、模式有待进一步创新；二是数字出版产品内容整体水平有待提升，核心竞争力有待进一步加强；三是科技研发与应用水平与产业发展需求尚有较大差距；四是数字出版产业有效、优质供给不足，产业发展尚不均衡。在进入“十三五”时期之际，无论是政府管理部门还是出版企业，都需要认清形势，总结经验，共同推

① 参见清科观察：《2015 年中国 IP 并购大爆发，全产业链价值挖掘驱动整合加速》，见 http://research.pedaily.cn/201603/20160301393863.shtml。

进产业融合发展向更高层次迈进。

（一）不断完善政策体系，引导产业健康发展

政府管理部门要对融合发展具有更清晰、更全面、更前瞻性的认识与把握，以推进转型升级、融合发展的提质增效，围绕新闻出版广播影视“十三五”时期发展规划和各个专项规划，加快研究制定有利于推进数字出版产业发展的系列政策文件，制定相关配套措施，持续优化数字出版产业顶层设计，推动融合的均衡化发展，为数字出版产业发展提供更大的动力支撑。推进数字出版产业法律法规、标准体系的建立健全；着重加强对传统出版单位和新兴出版企业的统筹协调和管理，制定同一标准的管理办法，持续优化管理手段。

（二）努力拓宽发展思路，驱动产业融合创新

在“互联网＋”形势下，出版业需要更新行业发展理念，树立融合发展思维，根据市场变化，更新出版观念，不断开拓融合发展创新思路。

注重内容创新。从优势内容资源入手，提升对资源的聚集、整合、加工能力，运用先进技术，对内容进行解构重组，注重不同用户对象、产品形态、传播渠道内容的多元开发、多种呈现，实现内容的多样化、特色化、分众化生产。

加强产品创新。着力加强产品的可视化、多维化创新；注重用户评价与反馈，结合用户意见不断完善产品设计；整合传统品牌内容，提升优势品牌的竞争力和辐射力；吸收、借鉴新兴出版企业的先进理念与手段，提升产品运营能力。

推进服务模式创新。顺应互联网传播移动化、社交化、多媒体化、互动化发展趋势，提供面向用户不同需求的多类别、多层次的立体化服务。

探索商业模式创新。加强培育生态链条的动态性和开放性，不断挖掘自身与互联网的结合点，寻求新的利润增长点。同时，通过跨界融合拓展服务范畴，推进新兴内容生态链建设，实现社会价值和商业价值的最大化。

（三）注重社会效益优先，提升产品核心竞争力

要充分落实习近平总书记在文艺工作座谈会和新闻舆论工作座谈会上的重要讲话精神，以及中央办公厅、国务院办公厅印发的《关于推动国有文化企业把社会效益放在首位、实现社会效益与经济效益相统一的指导意见》。

各级管理部门要坚持正确舆论引导，确保讲话精神与《指导意见》落地，建立健全把社会效益放在首位的体制机制，探索和制定社会效益考核、评估机制与方法，加大对社会效益的考核权重，组织优秀内容及其数字出版产品的开发、挖掘、生产与传播，提供相应的政策扶持与保障。

传统出版单位要坚持正确出版导向，以多出优秀产品为工作重心，修订对部门与员工的考核方案，注重内容深耕，进一步巩固内容优势，提升其核心竞争力；新兴出版企业要提升对数字内容的把关能力，不能片面追求数量增长忽视质量效益，向传统出版借鉴在内容编辑、质量保障方面的经验，生产文化底蕴丰厚的数字出版精品。

（四）提高科技应用水平，促进转型升级提质增效

管理部门要对行业前沿技术、关键技术、核心技术具有更为清晰的认识与把握，持续完善行业科技工作政策与制度，以对行业科技研发应用进行正确布局和引导；提升行业科技工作服务水平，为行业科技创新提供更有力保障。同时，建立以企业为主导、政产学研用合作的各类产业化科技创新战略联盟，推进出版业科技创新体系的不断完善。

出版单位需在技术应用上进一步加大投入力度，加大对新技术的理论与实践研究。根据内容特点、传播媒介、产品形态等因素，选择适合的技术，使内容、产品与技术更加合理地结合，实现从运用技术到用好技术、善用技术的完满过渡；进一步加强与科技的融合创新，为用户提供不同场景、满足多元需求下的个性化信息和服务。

（五）充分发挥引导作用，做大做强消费市场

“供给侧”改革将作为未来一个时期推进我国经济结构调整、促进经济转型的重要举措，而供给侧改革同样适用于数字出版。

政府管理部门层面，要致力于打造公平竞争的市场环境。一方面，制定版权保护政策，强力打击盗版行为，降低企业维权成本，保护创作者的合法权益；另一方面，通过扶持、奖励等措施，引导企业将社会效益在首位，生产具有正确价值观、传递正能量的产品。从而实现生产引领消费，消费带动生产的良好态势。

企业层面，应树立优化供给的发展理念，调整产品结构，强化出版服务。加强策划力度，生产贴合人们学习、工作、生活的精品；积极运用新技术，加强产品研发，创新产品形态，为用户提供适合各种场景的实用性产品；增强服务意识，把握用户特点，了解用户实际需求，根据市场需要调整产品结构，探索商业模式；精耕细作细分领域，切实提高对需求变化的敏感度和灵活性，通过扩大、创新有效供给，释放消费潜力，培育市场新动能，满足用户的多元需求。

（六）积极借助资本力量，激发产业内在活力

资金是产业发展的重要支撑，资本运营是实现产业结构调整、转型升级的切实需要。

政府管理部门层面，要进一步争取文化产业专项资金等中央财政资金支持，同时健全相关配套措施，进一步加大投融资体制改革力度，完善政策保障机制，为出版企业做大做活资本市场提供有力支撑。与此同时，对出版企业借助资本市场形成有效引导，搭建融资服务平台，助力企业拓宽融资渠道，促进出版资源与金融资本、社会资本的有效对接，努力构建满足不同企业需求、不同产品属性、不同生产流程的宽领域、多层次、开放型的数字出版产业投融资体系。

企业层面，需要对资本市场具有更为全面深入的认识，采取多种融资手段，拓展多渠道资金来源，为壮大自身实力提供更大的动力支撑。一是以项目为抓手，积极争取中央财政专项资金扶持，充分发挥财政资金的杠杆效应；二是与银行及相关金融机构开展合作，争取相关借贷类金融服务；三是大型企业可通过并购、重组，壮大自身资本实力和整体规模，完善产业链布局，积极开展跨媒体、跨地域、跨行业、跨所有制、跨国界并购重组；四是通过上市挂牌，更有效地打通资本和出版的通道，获取持续发展资本。

四、数字出版产业趋势分析

我国已进入“十三五”时期，国家“十三五”规划纲要和《新闻出版广播影视“十三五”发展规划》将对今后五年的数字出版产业起到重要的规划引领作用；科技发展与应用水平的提升将推进传统出版与新兴出版的融合发展迈向更高层次，促进产业创新机制建立完善；自媒体运作模式渐趋成熟，内容价值得到进一步发挥；新兴电商模式和渠道将推动出版营销模式的创新突破。具体到未来一年，我们有望看到数字出版产业呈现以下发展趋势。

（一）顶层设计引领产业发展格局

进入“十三五”，国家对新兴文化产业的推动力度必将持续加大，为数字出版产业的可持续发展营造更好的发展环境。可以预见，数字出版在“十三五”时期仍将保持较快增速，具有较好的发展潜能。

同时，2016 年度中央财政文化产业发展专项资金管理较往年发生较大变化，实施方式确定为“基金化+重大项目”的模式。由此推断，中央财政资金对文化产业的支持重点将是“扶强扶优”，更加注重财政资金的杠杆和撬动作用，意味着国家财政对文化产业的扶持思路有了进一步调整，对于数字出版而言，既提供了更大的动力，也提出了更高的要求。

《新闻出版广播影视“十三五”发展规划》和数字出版“十三五”专项规划的相继出台，都将会对数字出版发展起到重要的指引作用。

（二）产业创新机制渐趋完善

在国家“大众创业、万众创新”战略驱动下，出版业创新创业良性环境正在逐步形成。数字出版在内的文化创意产业的“众创空间”在全国各地如雨后春笋般涌现，为包括数字出版在内的新兴文化产业创新创业搭建了有益平台，将对企业孵化和人才孵化起到积极的推动作用。此外，各类创新创业扶持基金为产业创新提供了重要支持，创新项目为产业创新提供了有力抓手。

同时，在“互联网+”的加速推动下，科技与出版的融合程度将进一步加深，科技对数字出版产业发展的支撑作用不断加强，将促进出版业的内容创新、产品创新、模式创新与业态创新，带动出版业服务能力的不断提升，以体制机制创新、人才、管理模式不断激发产业创新活力。

（三）电子书领域将迎来新格局

我国有声读物具有良好的发展势头。出版企业将加快包括有声书在内的电子书产品形态的多元创新开发，以满足日趋多元化的阅读需求。同时，随着网络文学的迅速发展，未来原创电子书的比例将得到大幅度提升。

在终端方面，电子阅读器近两年在我国的发展虽不温不火，但仍不乏新企业进入。2016 年 5 月，掌阅发布其第二代电子阅读器产品 iReader Plus；京东通过众筹方式推出了其第一款阅读器产品 JDRead。腾讯阅文集团也在 3 月宣布将进入电子阅读器终端领域。新一代电子书阅读器外观设计更加注重细节，更加注重营造品牌的特色化。伴随从“以设备为核心”到“以内容为核心”的产业发展理念更新，适合电子阅读器发展的良性市场环境会逐步形成。随着产品在阅读体验和功能上的不断完善，内容与设备的适配程度不断加深，我国本土电子阅读器市场也将重新活跃起来。

（四）出版与资本融合日益加深

近年来，资本市场已渐趋成为出版企业转型升级借力的重要阵地。中文在线、读者传媒集团等文化企业相继上市。同时，新三板逐渐成为文化企业，尤其是新兴文化企业融资的重要途径。据不完全统计，2015 年文化企业在新三板挂牌的数量破百，达到114家①，占全部挂牌文化企业的73%。传统出版单位中，以广西师范大学出版社集团旗下旲福文化登陆新三板为标志，北京出版集团旗下北教控股、中信出版集团也相继跟进。2016年5月，龙源数媒也在新三板挂牌。出版业并购日益活跃，既有行业龙头通过并购拓展产业链，又有传统出版单位通过跨界并购实现向文化产业的转型，进而推动文化产业各垂直细分领域的整合加剧。

此外，出版业以资本为纽带实现跨越升级的方式日趋多元。如：中南传媒在2015年11月发布公告拟成立出版传媒业首家基金管理公司。②

（五）自媒体发展步入新阶段

随着移动互联网的迅猛发展，自媒体已成为互联网产业中不可或缺的内容生产者，在数量上已形成较大规模。而当前自媒体正步入从量变到质变的迭代升级，竞争日益激烈，主要呈现出以下发展趋势：一是内容向精细化、专业化转变。数量的剧增，加剧了自媒体行业生态的优胜劣汰，同质化内容逐渐失去竞争力，专注提供垂直领域下细分行业专业化内容的深耕细作成为自媒体内容生产的一大重点。二是运营模式向团队化转变。已形成一定影响力的自媒体为保证优质内容的持续供给，开始向团队运营转变，甚至实现公司化运作，专业的自媒体运营企业出现。三是自媒体成为投资新宠。一些自媒体因优质内容和用户积累，发展潜力和商业价值得到投资者的认可。据不完全统计，仅2015年下半年就有10余个自媒体品牌获得投融资。③ 四是新形式、新热点持续涌现。网络直播是2015年下半年兴起的自媒体新形态，引发网络新热点、新事件，发展势头迅猛。有数据显示，截至2015年底，中国在线直播平台数量已接近200家，用户数量已经达到2亿。④

（六）出版营销模式有望实现突破

“互联网＋”时代，内容的呈现形式和传播方式发生改变，也带来了营销模式的革新。特别是自媒体的兴起，在创造了内容价值的同时，通过聚集社群，向电商业务拓展。“电商＋社群”也称网络社群营销，正作为新型营销模式，悄然转变着出版业的营销方式。据了解，时下越来越多的出版单位开始尝试“社群＋电商”营销。如“大V店”2015年累计上架图书2 100多种，图书销售额已突破亿元，仅接力出版社就上架127种图书，销售码洋达到1 200万元。⑤

出版单位能够更加清晰地了解读者的实际需求，为出版单位的选题策划、图书设计、产品形态开发、营销方案制定等方面提供重要参考。整个出版流程更具有方向性、针对性，面向个体用户的精准营销，以及针对精准用户的特殊阅读需求进行定制出版正在成为趋势。为了适应社群电商的营销模式，有些出版单位调整了营销部门的组织架构和人才结构，增加微信、微博等社群平台营销专员，社群电商已逐渐成为出版单位营销的一大重点。

（本文是中国新闻出版研究院重点课题“2015—2016中国数字出版产业年度报告”主报告的摘要版。课题组组长：张立；副组长：王飚、李广宇；课题组成员：毛文思、徐瑶、郝园园、刘玉柱、孟晓明、杨涛、宋迪莹、李熙）

① 参见http://www.ce.cn/culture/gd/201512/30/t20151230_7952792.shtml。

② 参见http://www.xxcb.cn/event/caijing/2015-11-17/9031045.html。

③ 参见http://www.p5w.net/fund/gqjj/201603/t20160316_1386801.html。

④ 参见艾媒咨询：《2016年中国在线直播行业专题研究》。

⑤ 参见http://www.chuban.cc/cbsd/201601/t20160125_172108.html。

2015 年中国广播电视产业发展报告

国家新闻出版广电总局发展研究中心

2015 年广播电视产业格局正在发生深刻变革，进入转型升级的关键阶段，目前产业整体处于结构调整期、升级换代期和全球化竞争初期三期叠加阶段。产业发展增速放缓，产业结构不断调整优化，产业品质进一步提升。

一、2015 年广播电视产业总体情况

2015 年广播电视产业收入同比增幅回落。传统广电业务进入下降通道，收入占比逐渐收缩，而基于融合业务的新兴产业快速发展，收入不断增长。广电产业正逐步从粗放单一的产业结构向精细化复合型结构转型升级，规模化集约式发展趋势逐步显现，产业链发展模式初步形成。

（一）广电产业收入总体分析

2015 年，广播电视产业实现稳步增长，增幅持续放缓。全年广播电视行业总收入达到 4 634.56 亿元，比 2014 年的 4 226.27 亿元增加 408.29 亿元，同比增长 9.66%，较 2014 年 13.16% 的增幅下降 3.5 个百分点（见图 1）。

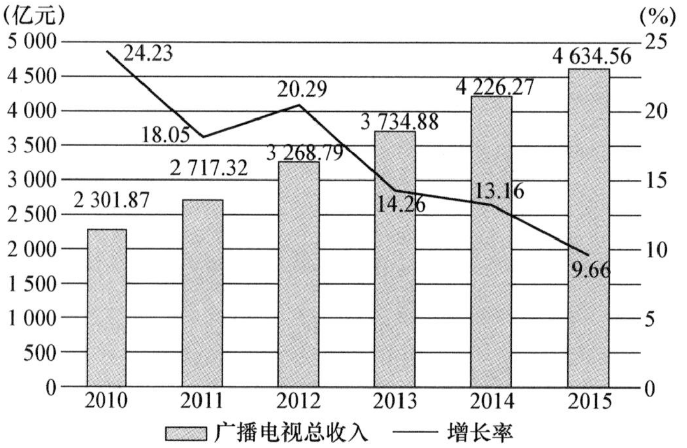

图 1　2010—2015 年全国广播电视行业总收入及增长情况

数据来源：国家新闻出版广电总局财务司。

全国广播电视产业发展不平衡加剧，不同层级广电机构的收入差距拉大。2015 年，中央级广电机构收入保持稳定，省级广电机构发展势头平稳，市县级广电机构收入下滑（见表 1）。

表 1　2014—2015 年各级广电机构总收入增长及占比情况

层级	2014		2015	
	总收入（亿元）	占比（%）	总收入（亿元）	占比（%）
中央级	679.51	16.08	705.39	15.22
省级	2 618.36	61.95	2 978.21	64.26
地市级	556.24	13.16	556.23	12.00
县级	372.16	8.81	394.73	8.52

数据来源：国家新闻出版广电总局财务司。

2015 年全国广播电视创收收入 3 952.27 亿元，同比增加 316.76 亿元，增幅为 8.71%，增幅比 2014 年下降 3.4 个百分点。这是近十年来，广播电视创收收入增幅首次低于 10%（见图 2）。整个“十二五”期间，广播电视创收收入增幅持续收窄，到 2015 年达到最低点。影响广播电视创收收入增长的主要原因在于，宏观上中国经济总体走势放缓，同时视听新媒体各种新业务、新业态快速发展，给广电产业带来的冲击日益凸显。

2015 年，广播电视产业结构进一步优化，产业品质进一步提升。传统广电业务进入下降通道，收入占比逐渐收缩，而基于融合业务的新兴产业快速

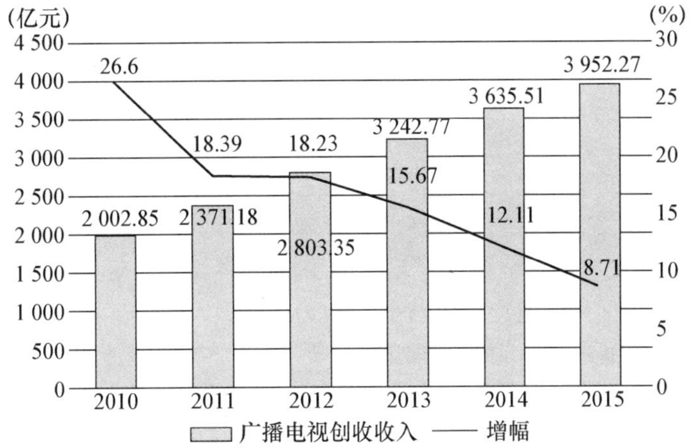

图 2　2010—2015 年全国广播电视创收收入及增长情况

数据来源：国家新闻出版广电总局财务司。

发展，收入不断增长。广告收入在创收收入中的占比逐渐降低，2015 年全国广播广告和电视广告收入为 1 221.58 亿元，在创收收入中占比 30.91%，比 2010 年下降 13.83 个百分点；其他收入为 1 556.67 亿元，是 2010 年的 1.71 倍，占比达 39.39%，比重在五年内提高了 11 个百分点。在广告收入中，以新媒体广告为主的其他广告收入（包括广电系统的网络视频、车载移动电视、商业楼宇电视、户外大屏等广告收入）达 307.96 亿元，占广告总收入的 20.13%，增幅高达 63.5%，成为广电创收收入重要的增长引擎。在广播电视网络收入中，传统有线网络收入增势放缓，有线电视基本收视费收入 475.15 亿元，同比增长 3.88%，增幅比上年减少 0.58 个百分点；付费电视收入 70.23 亿元，同比增长 5.60%，增幅比上年下降 7.90 个百分点。而三网融合业务（包括互联网接入、付费点播、基于广电网络提供的综合服务等）和以新兴业务为主的其他网络业务收入达 320.68 亿元，增幅为 5.73%。同时我们也看到，广播电视行业正处于结构调整的关键时期，地区之间创收收入差距拉大，马太效应明显。经济较发达地区、城镇化率较高的地区和率先开展广电体制机制改革的地区，广电创收能力明显高于其他地区。广播电视创收收入排名前 10 位的省市是北京、上海、浙江、江苏、广东、湖南、山东、四川、湖北、贵州，创收收入共计 2 532.17 亿元，占全国广电创收收入的 64.07%（见表 2）。也有部分地区、部分机构面临困难，中西部地区和城镇化率较低的省区创收能力较弱，收入较低，有的省区年创收收入只有几亿元，这是产业转型升级过程中必然伴随的阵痛。

表 2　　2015 年广播电视创收收入排名前 10 位的省份　　单位：亿元

省份	北京	上海	浙江	江苏	广东	湖南	山东	四川	湖北	贵州
收入	493.61	442.10	434.68	281.98	237.61	232.47	154.98	92.09	89.40	73.25
同比增幅	22.12%	22.87%	14.33%	5.34%	0.97%	17.14%	3.04%	−2.62%	0.42%	14.71%

数据来源：国家新闻出版广电总局财务司。

（二）广电产业经营新动向

1. 规模化集约式发展态势凸显

各级广电机构借势媒体融合发展和组织结构重组，依托新业务、新服务推动规模化集约化发展。一些率先改革的广电机构以大视频、大文化作为发展目标，对原有的业务结构进行重组，将产业向互联网、大数据、游戏、旅游、图书出版、电信业务等多个新兴领域拓展。例如，上海广播电视台经过改革构建了互联网电视事业群、云平台与大数据事业群、主机游戏事业群、电信渠道事业群、网络视频事业群等以新兴互联网业务为主的各大事业群，呈现出集约式成规模发展的态势。跨地区、跨层级的广电产业联合经营探索越来越普遍。不同层级、不同地区的广电机构、频率频道通过合纵连横、抱团发展，实现优势互补、资源共享，形成合力，共同做大做强。这种联合包括广告联盟、电视剧联盟、节目制播联盟等多种形态，通过联合购买、联合定制、联合播出、联合广告营销，实现化零为整，互利共赢。如广东珠江频道等地面频道联合制作的电视剧《外来媳妇本地郎》，全年制作播出 250 多集，版权销售收入超过 1 亿元。苏浙沪皖 58 个县级台成立了“长三角县市区广电旅游联盟”，推出《广游天下》节目和移动客户端，整合当地旅游产品、广告资源，推动旅游产业与广电产业融合发展。广电集团、节目制作机构、有线网络公司积极对接资本市场，寻求做大做强。江苏广电、湖北广电、吉视传媒、芒果传媒、深圳广电等纷纷设立投资基金，着眼大文化产业，在内容、渠道、平台等领域展开产业布局，大大增强了广电企业的资源整合能力。人、财、物等市场要素开始回流到优势广电产业运营平台，形成更多由市场来配置资源的新一轮产业聚集效应。

2. 产业链发展模式初步形成

各级广电机构积极拥抱互联网，因地制宜、因台制宜，实施“广电＋”行动战略和“宽带广电”战略，打通线上线下服务，打通节目内容与相关产业链，形成以内容为核心，广电业务与周边各类相关业务、相关服务融通共生的广电产业新的价值链条。湖南广播电视台打造湖南卫视和自有新媒体平台“芒果 TV”两个强势平台，形成“双引擎”带动全媒体发展和全产业链布局的竞争优势，构建以优质内容 IP 为核心，业务向影视、动漫、图书出版、智能硬件、体育赛事、游戏、网络社交、数字营销、大数据等相关领域延伸的大芒果传媒产业生态圈。湖北广播电视台打造“频道＋渠道”“节目＋产业链”产业发展新模式，通过电视频道＋销售渠道、线上线下一体化运作，向“三农”领域延伸电视产业触角。例如线上通过内容多屏播出打造节目品牌链，线下通过农资销售、绿色农产品销售、农村信息化服务、农村保险服务等打造广电＋农业产业链，逐步发展成为广电产业向“三农”多渠道渗透的湖北长江垄上传媒集团。还有一些广电机构通过引资改制、战略投资、基金运作等资本杠杆撬动整合社会资源，补齐产业短板，延伸产业渗透力影响力，在新的竞争格局中不断完善自身产业链，着力做强做大。

二、电视剧产业

2015 年，中国电视剧产业健康平稳发展，全年获准发行的国产电视剧共 394 部 16 540 集，比上年减少 35 部，增加 557 集，产量总体保持稳定。全国电视剧制作投资额 120.36 亿元，电视剧国内销售额 154.48 亿元。电视剧出口增长迅速，全年出口电视剧 381 部 15 902 集，出口额 3.77 亿元，同比增长 81.25%。全国各频道共计播出国产电视剧 23.32 万部 686.52 万集，占全年电视节目播出总量的 42.83%。2015 年电视剧的收视份额为 30%，与往年持平。

（一）电视剧生产制作情况

2015 年电视剧生产制作活跃，共有 720 家制作机构申请拍摄制作备案。全年共备案电视剧 1 146 部 43 077 集，发行 394 部 16 540 集，占备案总量的比例分别为 34.38% 和 38.4%。单部平均集数明显增加，呈现“长剧”愈“长”的趋势（见图 3）。

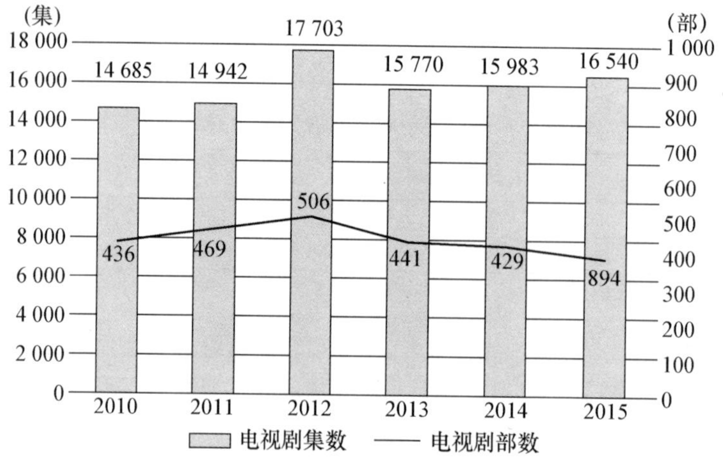

图 3　2010—2015 年电视剧发行情况

数据来源：国家新闻出版广电总局电视剧司。

1. 电视剧题材结构

电视剧题材更加丰富多样，品质不断提升，结构不断优化。2015 年现实题材剧仍占主流，全年共发行现实题材剧（包括当代和现代）202 部 8 608 集，占比 51.27% 和 52.04%。当代题材是电视剧创作的热点，共发行当代现实题材剧 186 部 7 991 集。其中都市剧仍然占据主导地位，共发行 148 部6 698 集，占全年发行总量的 37.56% 和 40.50%。

2015 年是抗战胜利 70 周年，抗战题材剧有所增加，涌现出《毕业歌》《铁在烧》《太行山上》《生死连》《东北抗日联军》等一批优秀抗战剧目。2015年共发行历史题材剧185部7 627集，占发行总量的比重为46.95%和46.11%。重大题材剧7部326集，比上年少了1部，但是集数增加了61集。

2. 电视剧制作发行主体

2015年全国持有电视剧制作经营许可证（甲种）机构132家，持有广播电视节目制作经营许可证机构10 232家，这些机构都可以从事电视剧的生产制作和发行。总体上，中国电视剧制作主体的产能较为分散，但区域集中度相对较高。2015年全国发行的394部电视剧共由262家制作公司完成，平均每个公司发行1.5部63.13集。其中发行量排名前10位的公司共发行80部4 114集，分别占全国发行总量的20.30%和24.87%；有近八成也就是200家公司全年仅发行一部电视剧。与此同时，制作机构又主要集中在少数几个地区，在北京、浙江、上海、广东等几个省市形成了具有辐射带动效应的产业集群。2015年申请电视剧拍摄制作备案的机构仅北京地区就集中了251家，占34.86%；浙江省88家，占12.22%，其中41家集中在东阳市；上海83家，占11.53%；广东省37家，占5.14%。这四省市制作机构占全部申请备案机构的63.75%。

3. 电视剧生产制作新特点

(1)“长剧”愈长。2015年电视剧制作的一个明显特点是电视剧越拍越长，单部集数越来越多，单剧平均集数达到42集，比2010年单部平均集数增加了8集。这一现象主要原因有：一是大量资本进入制作领域，电视剧进入大制作时代，一批投入丰厚、制作精良的“大剧”“长剧”应运而生。二是一些成功引发观众共鸣和呼应的优质“长剧”，培养了观众“长剧”收视习惯，创造了“长剧”收视需求。三是个别“长剧”由于剧目本身的品质和成功的联动营销，取得了较好的收视效果和广告效应，引发制作市场盲目跟风。四是制作方为了追求单部剧利润最大化，更加注重各个环节的精耕细作，从选题、剧本创作到拍摄制作都向“大剧”“长剧”发展，以实现较高的投资回报。

(2) IP价值开发趋热。2015年被业界称为IP元年，优质IP展示出更大的产业增值空间。据统计，全年共有274部热门网络小说被改编为影视剧本，其中有96部被拍成电视剧，136部被拍成网络剧。优质的IP资源能够为电视剧作品带来巨大的长尾效应，一些优质IP剧通过多轮播出取得可观的版权收益，通过多领域授权衍生出一系列文化产品形态，并进一步拓展到玩具、食品、服装等相关门类，产业价值不断叠加扩展。电视剧《花千骨》推出的同名手机游戏取得巨大成功，还推出了衍生剧《花千骨番外》，并着手开发电影、舞台剧、电子商务、玩具等产品，打造以“电视剧—网络剧—电影—游戏—衍生品”为主线的电视剧新型产业链。

（二）电视剧播出情况

2015年，电视剧播出市场总体处于调整期，电视剧仍然占据电视节目播出较大比重。据统计，2015年全国卫视黄金时间（19:00—22:00）电视剧播出比重为26.2%，比上年略有上升；收视比重30%，略有下降。

卫视是主要的电视剧播出平台，全年中央级频道和省级卫视占电视剧收视份额的62.9%。卫视黄金时段首播新剧、独家首播新剧占比大幅提升。在播出总量减少的情况下，全年首播新剧250部，占播出总部数的60.8%，而2014年这两个数据分别是270部和48.7%；独家首播166部，占首播新剧的66.4%，而2014年这两个数据分别是137部和50.7%。独播剧与强势播出平台相互促进、相互提升，进一步增强了平台的竞争优势。全年收视率排名前30的卫视黄金时段电视剧中，湖南卫视和中央电视台（以下简称央视）综合频道独家首播就占了25部，这2个频道电视剧都保持100%独家首播。一些在独播中形成了较好口碑的剧集，借助首轮独播的热度，在其他卫视推出1.5轮或者2轮播出。湖南卫视、东方卫视、浙江卫视、安徽卫视等卫视还推出“周播剧场”，更多的卫视推出“日播剧场”，着力开发非黄金档播出市场。

2015年，总体上电视剧播出题材比例适当、结构平衡、类型丰富，满足了不同层次观众的需求。全年播出当代题材电视剧占卫视黄金时间播出总量的43.6%；近代和革命题材电视剧占比30.5%，较2014年有所增加，主要是增加了抗战题材剧目的播出；古代题材电视剧共计播出2 593集，占卫视黄金时间播出总集数的10.1%。

三、电视动画产业

2015年，中国电视动画产量平稳，质量提升。全国获得发行许可证的各类电视动画片共计273部13.83万分钟，与2014年持平。电视动画产量在2011年达到高峰，之后逐年下降，到2014年渐趋平稳。截至2015年底，全国经认证的动画生产企业730家，其中2015年有电视动画作品发行的171家。2015年全年电视动画片投资额12.94亿元，比上年减少约2亿元；电视动画国内销售额14.63亿元，出口额 1 亿元。

(一)电视动画片产品情况

2015 年,电视动画片生产渐趋理性,产量渐趋平稳,全国发行电视动画片总量比上年略有下降,减少 4 部 200 分钟(见图 4)。

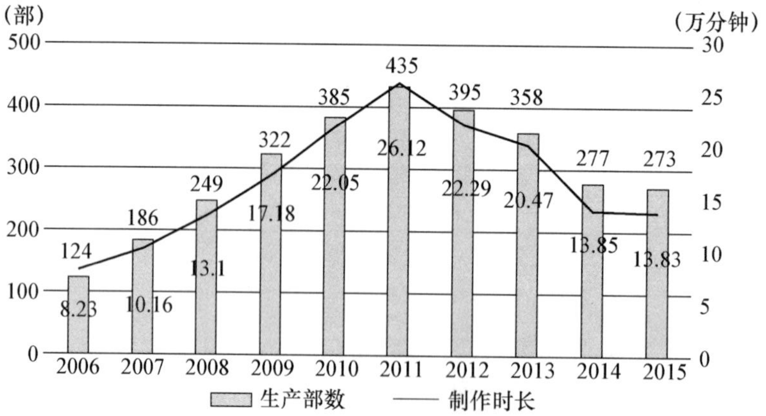

图 4　2006—2015 年全国制作完成电视动画片数量及时长变化情况

数据来源:国家新闻出版广电总局宣传司。

1. 电视动画产品结构

2015 年国产电视动画制作备案 399 部,时长 29.81 万分钟,比 2014 年减少 26 部,增加 2.71 万分钟;完成发行 273 部 13.83 万分钟,占当年备案总量的 68.42%和 46.39%。

电视动画题材越来越丰富,从制作备案的时长情况来看,总体上"低幼"内容仍然占据主体地位。童话题材和儿童教育题材占比超过 75.77%,仍然是电视动画的主流内容。神话、历史题材合计约占 7.85%,科幻题材约占 4.96%,这表明电视动画创作还需要进一步挖掘中国传统文化资源,在科技引领创新创意方面还有进一步提升的空间。

2. 电视动画制作主体与区域分布情况

中国电视动画制作机构不断增加。截至 2015 年年底,全国共有动漫企业 730 家,新增 61 家。全年有 265 家企业提交电视动画片制作备案申请。

电视动画生产制作呈现明显的区域特征和产业聚集度,华东、华南地区仍然保持领先。以浙江、江苏为龙头的华东地区动画生产发行量最大,2015 年华东六省一市共发行动画片 132 部 6.85 万分钟,分别占全国总发行量的 48.35%和 49.53%。以广东为首的华南地区居第二,全年发行电视动画片 64 部 3.69 万分钟,分别占 23.44%和 26.68%。

广东、浙江、江苏、福建和安徽等 5 省电视动画片发行量位居全国前列,5 省发行电视动画片时长占全国总发行量的 72.70%,较上年提高 3.6 个百分点。其中广东省仍是中国电视动画第一大省,发行量约占全国四分之一。在这些省还形成了一些动画产业聚集区。另外,广西等边疆省区也借助"一带一路"国家战略实现了民族动漫创作生产的突破,广西全年发行动画片 6 部 1 324 分钟,发行了《寻找太阳》《百鸟衣》《长发姑娘》《攀霞降魔记》等根据广西民间故事和民族传说创作的电视动画片。

2015 年,发行量排名前 10 位的动画企业共发行电视动画片 44 部 4.34 万分钟,占全国总发行量的 16.12%和 31.38%,这些公司年发行时长都在 2 000 分钟以上,动画形象呈现出较强的延续性,很多动画片是对原有动画形象的延续,例如央视动画拍摄了《新大头儿子和小头爸爸》,对中国动画史上颇有影响力的品牌进行了再创作,激发了沉睡的动画形象的新活力。《喜羊羊与灰太狼》《猪猪侠》等都有新作发行。

(二)电视动画播出情况

2015 年全国电视动画播出总量与上年持平,为 30.90 万小时。其中国产电视动画播出 29.98 万小时,比上年增加了 1.1 万小时。

2015 年,电视动画片播出渠道不断拓宽。除了各卫视综合频道每天播出 30 分钟电视动画节目,各省少儿频道播出部分国产动画片外,全国还有央视少儿频道、湖南金鹰卡通频道、北京卡酷动画频道、江苏优漫卡通频道、上海炫动卡通频道、广东嘉佳动画频道等上星动画专业频道 6 个;还有新科动漫、优优宝贝、新动漫、动漫秀场等付费动画专业频道。

从各省(区、市)电视动画播出情况来看,年播出量超过 2 万小时的有湖南、新疆、广东、浙江等省区。从总体上看,电视动画制作能力较强的地区播出量相对较大,例如广东、浙江、上海、江苏等省市。电视动画产业有新发展的省区播出量也不断提高，例如新疆2015年新办三家动画企业，广西在电视动画创作生产方面迈上了新台阶，这都在一定程度上也推动了本地电视动画的播出（见表3）。

表3　　2015年全国各省（区、市）电视动画播出情况　　单位：小时

省份	播出时长	省份	播出时长	省份	播出时长	省份	播出时长
湖南	24 131	上海	14 262	福建	7 776	海南	4 350
新疆	23 819	广西	12 336	北京	7 604	黑龙江	3 219
广东	22 600	山西	9 839	内蒙古	7 285	贵州	2 505
浙江	20 139	云南	9 655	安徽	6 540	天津	2 434
江西	16 970	甘肃	9 644	陕西	6 476	青海	2 156
四川	16 130	湖北	9 419	宁夏	5 359	西藏	837
江苏	15 409	重庆	9 161	河北	4 894	吉林	462
山东	14 901	河南	8 721	辽宁	4 775	总计	303 788

数据来源：国家新闻出版广电总局财务司。

四、纪录片产业

纪录片产业发展迅速，市场规模不断扩大。2015年全年纪录片行业总投资达30.24亿元，同比增长59.16%，总收入46.79亿元，同比增长55.97%。电视纪录片国内销售额达6.18亿元。全国各级广电机构共制作纪录片6.1万小时，比上年增加3 436小时，增长6%。电视仍然是纪录片播出主渠道，播出时长达29万小时，是2010年的10倍。播出渠道不断延伸到网络、微信、微博等新媒体平台。纪录片节目形态进一步丰富，制播模式不断创新，商业模式渐趋成型，市场聚集效应不断增强。

（一）纪录片制作投资情况①

2015年，纪录片制作主体更趋多元，各级广播电视台（以下简称各台）特别是纪录片专业频道仍是主要的制作力量，民营制作机构正在崛起，成为纪录片制作重要主体。纪录片投资活跃，政府、电视台及其他国有机构和社会资本纷纷参与。平均每分钟纪录片投资额达到1 800元，同比增长19.1%②，是2010年的3倍多。

各台是纪录片主要的制作主体。全年共制作纪录片6.1万小时，比上年增加3 436小时，增长6%。2015年国家新闻出版广电总局推荐播出155部优秀纪录片，其中各台制作的达到113部，占推优总数的72.9%。纪录片专业频道培养壮大了有关台的制作力量，4个专业上星频道所在的央视、北京台、湖南台和上海台推优数量位居前列，4台共计69部，占推优总数的44.52%。全年各台纪录片总投资为18.44亿元，占年度纪录片总投资额的60.98%，同比增加5.4亿元，增长41.41%。其中专业频道投入5.69亿元，央视科教频道、央视纪录频道和上海纪实频道投入都过亿元。省级卫视综合频道对纪录片的投入达6.73亿元，同比增长近40%，首次超过专业频道。其中北京、江苏、吉林、天津、东方、浙江、广东、安徽等卫视频道投入都超过2 000万元。

社会力量参与纪录片生产制作积极性不断提高。2015年，全国纪录片社会制作机构超过200家，以三多堂、东方良友、大陆桥、新影世纪等为代表的一批专业纪录片制作机构制作能力不断提升。民营制作机构加大对纪录片的投入，全年总投入5.21亿元，占纪录片年度总投资的17.23%，同比增长26.76%。一些纪录片的单片投入超过千万元。民营制作机构开始得到资本市场的认可，2015年10月，被称为“纪录片第一股”的三多堂传媒在新三板上市。

视听新媒体机构成为纪录片生产制作的新生力量。商业视频网站2015年对纪实内容的投入超过2亿元，同比增长233%。优酷土豆、爱奇艺、腾讯视频等网站通过自制和扶持PGC（专业机构生产内容）团队生产纪录片，部分节目已经达到一定专业水平并在电视台播出。优酷土豆投入千万元自制真人秀纪录片《侣行》，打造10集纪录片《我们的时代·十年敢想录》等纪实类节目，其中《侣行》在央视综合频道播出，平均收视率达到1.92%。

① 此部分涉及纪录片投资与收入数据除另外注明外均来自北京师范大学：《中国纪录片发展研究报告（2016）》。

② 数据来源：中国传媒大学中国纪录片研究中心（CDRC）：《中国纪录片发展报告（2015年）》。

其他一些主体也跨界参与纪录片的投资制作。其中，包括五洲传播中心、新影集团、国家大剧院、军队电视宣传机构、华凤影视和各电影制片厂在内的国有机构投入 4.59 亿元。一些地方党政部门为扩大宣传、提升地方形象、促进当地经济文化发展，也投资制作纪录片并在电视台播出。如甘肃省委宣传部投入 1 500 万元制作大型纪录片《河西走廊》，2015 年 3 月在央视播出后带动甘肃河西地区旅游人数当年增长了 40%。

2015 年，联合制作成为常见模式。全年网络点击量最高的 10 部电视纪录片中，两家以上机构联合制作的纪录片占到一半。联合制作由原来的共同投资进一步发展为策划、创作、制作、播出、营销全流程合作。2015 年 4 月，国内主要的纪录片制播机构联合成立纪录中国理事会，主要致力于纪录片项目的共建、共投、共享和资金众筹，推动纪录片产业繁荣发展。

中外联合制作纪录片进一步拓展。一是国内外制作机构合作交流进一步深化，大批国际纪录片人士到中国参加纪录片节展，参与纪录片的制作、评审与交易。二是中外联合制作纪录片数量进一步增加，带动中国纪录片制作逐步跻身国际一流水平。三是纪录片制作发行日趋国际化，一些纪录片在制作之初就制作国际版，并与国外电视机构达成播出协议，2015 年全国各台出口电视纪录片 1 232 小时。

（二）纪录片播出情况

2015 年，全国各台播出电视纪录片 29 万小时，纪录片的电视收视率、网络点击量均呈上升趋势。电视媒体是收看纪录片的首选渠道，占纪录片收看比例的 73.6%。互联网成为观看纪录片的第二渠道，占纪录片收看比例的 26%。另外，电影院线放映、纪录片节展与论坛播映等也构成纪录片的传播渠道。

纪录片专业上星频道是纪录片主要的播出平台。央视纪录频道、北京纪实频道、上海纪实频道、湖南金鹰纪实频道 4 家专业频道收视率稳步提升。央视纪录频道是全国纪录片播出的最大平台，截至 2015 年 11 月底，共播出 1.83 万小时，在全国覆盖可收视人口 10.3 亿，频道平均收视份额 0.61%，实现 2011 年开播以来观众规模与收视份额的同步倍增。①

省级卫视综合频道纪录片播出量增长迅速。截至 2015 年 11 月底，省级卫视共播出纪录片 1.87 万小时，同比增幅达到 19.6%。2015 年有 16 家省级卫视在“920”节目带中推出纪实类节目。省级地面频道纪录片播出量平缓增长，截至 2015 年 11 月底，播出纪录片 2.48 万小时，同比增加 4.8%。②

电视纪录片在互联网平台的关注度不断增强。2015 年，电视纪录片的网络点击量、网媒关注度和微博提及量稳步提升，其中《鸟瞰中国》的网络点击量达到 1.2 亿，《舌尖上的中国 2》的网媒关注度和微博提及量分别达到 7 923 条和 23 万条。③ 电视纪录片在网络平台显示出较大发展潜力，一些高端用户愿意付费观看纪录片，爱奇艺自 2015 年 8 月开通纪录片付费观看，到年底有超过 10%的用户付费观看纪录片，观看人数达到 110 万。④

纪录片播出模式不断创新。“四台一网”联播、“电视台＋网络＋移动端”联播等矩阵播出、融合联动等播出新模式得到探索推广。

纪录片商业模式逐步显现。版权销售和广告仍是电视纪录片最主要的收入来源。“纪录片＋互联网”“纪录片＋电商”等商业模式不断发展，很多制播机构通过互联网探索纪录片的资金众筹、内容生产、网络点播、宣传营销、边看边买等，产业链开始向旅游、电商、出版、电影等相关产业领域延伸。

五、广播电视节目制播

全国广播电视节目制播产业蓬勃发展。2015 年，持有广播电视节目制作经营许可证机构10 232 家，比上年增加 1 669 家。其中事业单位 181 家占 1.8%，国有企业 1 045 家占 10.2%，民营企业 8 847 家占 85%。民营制作机构成为广播电视节目重要的制作力量，全年生产节目量达到 13 050 万分钟，占比约为 60%。2015 年电视节目制作投资额为 327.13 亿元，电视节目国内销售额 228.31 亿元，出口额 5.1 亿元。

（一）广播节目制播情况

广播节目主要依靠各级广电机构制作，自制率达到 64.56%。2015 年，全国广播节目制作总量达到 771.82 万小时，同比增加 1%。其中综艺类节目制作总量排名第一，达到 207.88 万小时，占比

① 数据来源：中央电视台。

② 数据来源：中国传媒大学中国纪录片研究中心（CDRC）：《中国纪录片发展报告（2015 年）》。

③ 数据来源：美兰德：《中国电视媒体网络传播监测（2014—2015）》。

④ 数据来源：爱奇艺纪录频道：《纪录片商业新趋势》。

26.93%；专题服务类节目居第二，达207.24万小时，占比26.85%；新闻资讯类节目居第三，达143.61万小时，占比18.61%。随着新修订《广告法》的实施，广告相关的节目进一步规范，广告类节目和以广告为重要内容的专题服务类节目制作总量下降，质量提升。2015年广告类节目共制作75.27万小时，比上年减少5.54万小时，占比9.75%。广播剧类节目共制作18.31万小时，其他节目119.51万小时。从2010—2015年广播节目生产制作情况来看，各类广播节目占比较为稳定（见表4）。

表4　2010—2015年各类广播节目制作占比情况（%）

广播节目类别	2010	2011	2012	2013	2014	2015
新闻资讯类	17.85	18.67	18.55	18.91	18.88	18.61
专题服务类	28.69	29.07	28.44	28.30	27.73	26.85
综艺类	28.51	27.47	27.46	26.74	26.42	26.93
广播剧	1.18	1.72	1.95	2.41	2.42	2.37
广告类	11.39	11.05	11.07	10.62	10.57	9.75
其他类	12.38	12.02	12.53	13.02	13.98	15.49

数据来源：国家新闻出版广电总局财务司。

2015年，全国公共广播节目播出总时长为1 421.83万小时，基本与上年持平。播出量居前三位的节目类型依次为综艺类、专题服务类、新闻资讯类节目，与制作量排名情况一致，这三类节目占全年广播节目播出总量的69.03%。广告类节目播出时长减少了9万小时。

（二）电视节目制作播出情况

1. 电视节目制作情况

电视节目制作主体呈多元格局，制播分离改革促进了节目生产的社会化，节目自制率为34.44%。一些电视台自制节目比重下降，购买交换比重上升。

2015年，各级电视播出机构纷纷强化自身制作团队建设，积极参与节目制作市场竞争。一批电视台通过深化体制机制改革，推行独立制作人制、工作室制，甚至成立电视台控股的制作公司。一些播出机构建立联制联播合作机制，共同策划、生产、播出有市场影响力的优质节目内容。2015年，中国广播电影电视社会组织联合会还指导成立了行业组织节目交易工作委员会，建立了节目联供网和交易平台，着力整合全国分散的节目制播资源，形成节目供求的集约效应和规模效益。2015年民营节目制作机构快速成长，全国民营制作公司达8 847家，成为电视节目制作的生力军。

2015年，全国电视节目制作总量352.02万小时，同比增长7.41%。从结构来看，新闻资讯类节目比重最大，但同比微降，广告类节目明显减少，其他节目微增（见表5）。

表5　2010—2015年各类电视节目制作量占比情况（%）

电视节目类别	2010	2011	2012	2013	2014	2015
新闻资讯类	26.24	27.19	25.81	25.51	28.02	27.80
专题服务类	23.36	26.29	25.97	25.14	25.88	26.43
综艺益智类	14.87	14.11	14.06	13.68	14.29	14.53
影视剧类	3.41	2.56	4.75	5.92	3.56	3.43
广告类	19.21	17.23	16.16	15.98	15.57	13.69
其他类	12.91	12.62	13.25	13.77	12.68	14.12

数据来源：国家新闻出版广电总局财务司。

2. 电视节目播出情况

全国公共电视节目播出总时长为1 779.60万小时，同比增长1.83%。其中播出量居前三位的节目类型依次为影视剧类、新闻资讯类和专题服务类，分别为762.12万小时、252.06万小时和225.48万小时，占比42.83%、14.16%和12.67%。广告类节目播出195.37万小时，占比10.98%；综艺益智类节目播出144.69万小时，占比8.13%；其他类节目 199.88 万小时，占比 11.23%。

六、广播电视广告产业

2015 年，广播电视广告产业进入结构调整、转变增长方式的关键时期。广播电视广告收入持续增长，但增幅继续小幅收窄，全国广播电视行业广告收入 1 529.54 亿元，同比增长 4.44%。传统广播电视广告收入 1 221.58 亿元，同比下降 4.27%。以新媒体广告为主的其他广告收入增长迅速，2015 年收入达到 307.96 亿元，比上年增加 119.6 亿元，增幅达 63.5%，成为拉动广告收入增长的重要力量。

（一）广告收入总体情况

2015 年全国广播电视行业广告收入继续增长，比 2010 年增加 589.57 亿元，增长 62.72%。但“十二五”期间增速持续小幅下降，五年间增幅减少了 15.79 个百分点（见图 5）。

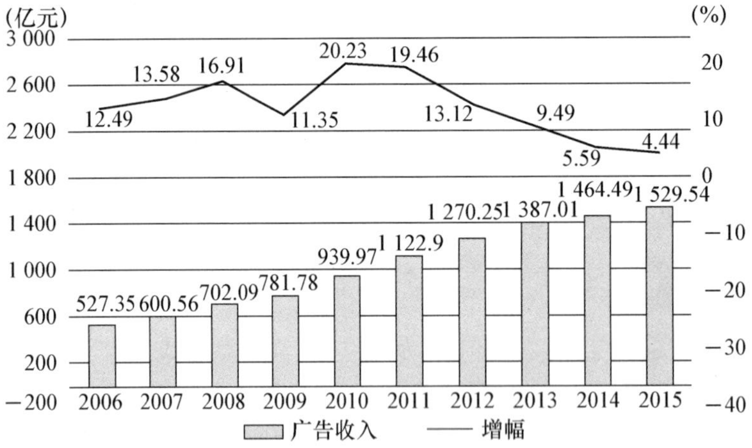

图 5　2006—2015 年广播电视行业广告收入及增长情况

数据来源：国家新闻出版广电总局财务司。

广告收入层级结构持续变化。2015 年省级广播电视机构广告收入优势进一步扩大，广告收入 981.39 亿元，占比持续上升；中央直属广播电视机构广告收入 290.80 亿元，地市级广播电视机构广告收入 205.40 亿元，县级广播电视机构广告收入 50.59 亿元，占比都持续下降（见表 6）。

表 6　2010—2015 年广播电视行业广告收入分级占比情况（%）

地区	2010	2011	2012	2013	2014	2015
中央直属	24.19	24.09	24.77	24.26	21.78	19.08
省级	48.95	50.82	52.45	54.84	58.51	64.16
地市级	21.22	19.97	18.23	17.02	16.01	13.43
县级	5.64	5.12	4.55	3.88	3.70	3.33

数据来源：根据国家新闻出版广电总局财务司数据整理。

不同地区之间广告收入呈现强者愈强、弱者愈弱的特点。北京、浙江、上海、湖南和江苏五省市广告收入超百亿元，总计达到 739.83 亿元，占全国广播电视广告收入的 48.37%。而 2014 年度这一比例是 39.60%，广播电视广告市场的集中度进一步提高。2015 年全年广播电视行业广告收入排名前 10 位的省份与上年一致，位次稍有调整。前五强收入同比均呈增长趋势，其中上海市增幅最大，达 60.04%；后五位收入同比均呈下降趋势，有的省份降幅还相当大（见表 7）。其他省份除个别外普遍呈下降趋势。

表 7　2015 年广播电视行业广告收入位居前 10 名的省份　单位：亿元

省份	北京	浙江	上海	湖南	江苏	广东	山东	安徽	湖北	河南
收入	215.35	147.45	141.71	127.66	107.66	82.15	59.33	34.99	26.73	26.67
增幅（%）	22.78	30.00	60.04	28.36	4.36	−11.97	−3.07	−4.66	−25.43	−14.03

数据来源：国家新闻出版广电总局财务司。

广告收入的媒体结构持续转换。2015 年，全国广播广告收入 156.42 亿元，占广播电视行业广告收入的 10.23%；电视广告收入 1 065.16 亿元，占行业广告收入的 69.64%，占比较上年均有所降低。

与此同时，以广电新媒体广告为主体的其他广告收入呈增长趋势，占比达到20.13%（见表8）。

表8　2011—2015年广播电视行业广告收入构成及比重

年份	广播广告		电视广告		其他广告	
	收入（亿元）	占比（%）	收入（亿元）	占比（%）	收入（亿元）	占比（%）
2011	123.32	10.98	934.54	83.23	65.04	5.79
2012	136.20	10.72	1 046.29	82.37	87.76	6.91
2013	139.92	10.09	1 119.26	80.69	127.83	9.22
2014	159.94	10.92	1 116.19	76.22	188.36	12.86
2015	156.42	10.23	1 065.16	69.64	307.96	20.13

数据来源：国家新闻出版广电总局财务司。

（二）广播广告收入情况

广播广告收入同比首次下降。2015年全国广播广告收入156.42亿元，比上年减少3.52亿元，降幅2.20%，这是十年来广播广告首次负增长（见图6）。

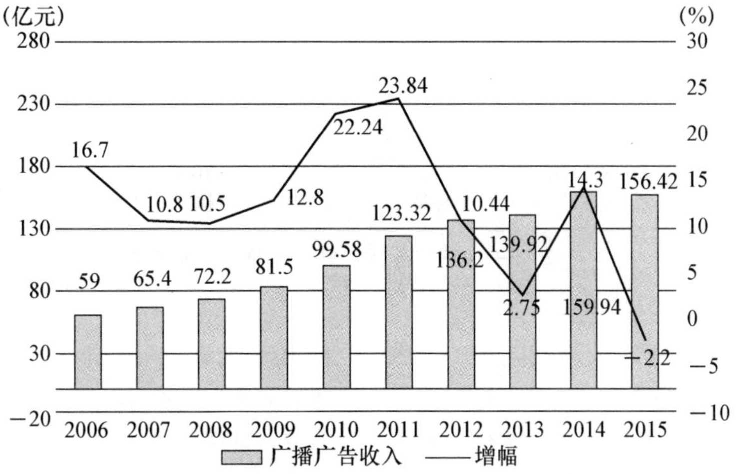

图6　2006—2015年广播广告收入及增长情况

数据来源：国家新闻出版广电总局财务司。

全年广播广告收入下跌主要有以下三个原因：一是广播广告中，长广告大幅减少，广播广告时长总体缩减。二是广告治理力度加大，违规广告基本清除。三是移动网络音频节目市场快速发展，挤压了传统广播市场，分流了广播广告资源。

各层次和各省广播广告收入普遍下滑。2015年，中央级广播机构广告收入8.12亿元，比上年有所减少。广播广告收入排名前10位的省份分别是浙江、北京、广东、江苏、山东、上海、河南、辽宁、陕西、黑龙江，与上年大致相当，10省收入总计占全国广播广告收入的61.26%（见表9）。

表9　2014—2015年全国广播广告收入前10名的省份　　单位：亿元

排名	2014年		2015年	
	省份	收入	省份	收入
1	浙江	14.64	浙江	13.22
2	江苏	13.85	北京	12.71
3	广东	12.30	广东	12.57
4	山东	11.50	江苏	12.17
5	北京	10.38	山东	9.45
6	辽宁	7.63	上海	9.03
7	陕西	6.68	河南	7.58
8	上海	6.52	辽宁	6.90
9	河北	6.20	陕西	6.10
10	湖南	5.88	黑龙江	6.10

数据来源：国家新闻出版广电总局财务司。

2015年，全国广播机构在媒体融合中积极创新广告经营模式。第一，借助新兴平台开发广告收入来源。如中央人民广播电台通过高端访谈栏目《企业家说》与搜狐客户端等平台的合作联动播出，开辟支付宝红包、微信留言墙、动漫插画预告等多元互动渠道，拉动受众广泛参与，创造新的广告增长点。中国国际广播电台通过“国际在线”“趣新闻”“全球财经头条”等内容品牌入驻网易、腾讯、今日头条等新闻客户端，增加新媒体广告收入。上海台、北京台分别通过自办网络音频平台阿基米德 FM、听听 FM，拓展延伸广播广告空间，提升广播广告价值。第二，强化品牌节目的广告营销。整合节目资源，提升节目市场影响力，吸引品牌广告。第三，积极开展“广播+”业务，利用大数据技术，依托网上支付功能，结合消费者生活应用场景等，线上线下、节目与活动密切互动，扩大广告市场，增加创收渠道。第四，抱团取暖，跨层级、跨区域建立广告联盟。如中央人民广播电台就与北京、上海、浙江等地的 26 家广播机构联合发起成立广播业资源联合推介会，协同开发广告市场。

（三）电视广告收入情况

电视广告收入整体降幅加大。2015 年，电视广告收入 1 065.16 亿元，比上年减少 51.03 亿元，降幅 4.57%。电视广告收入增长速度从 2012 年以来持续下降，2014 年开始出现负增长（见图 7）。

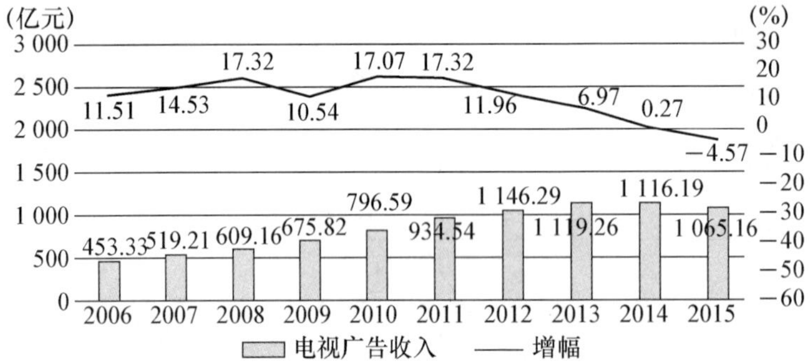

图 7　2005—2015 年全国电视广告收入及增长情况

数据来源：国家新闻出版广电总局财务司。

各层次、各省电视广告收入增减互现。2015 年，中央级广电机构电视广告收入 276.88 亿元，比上年减少 27.09 亿元，降幅 8.91%。全国有 7 个省份电视广告同比呈现增长趋势，分别是湖南、浙江、江苏、山东、贵州、海南和青海，其余省份电视广告收入不同程度下滑。2015 年，电视广告收入排名前 10 位的省收入共计 594.37 亿元，占全国电视广告收入的 55.80%。其中湖南、浙江两省的电视广告收入都超过百亿元，而且增长较快，增幅分别达到 23.97%和 43.47%，两省电视广告收入占全国电视广告收入的 20.42%（见表 10）。

表 10　2015 年电视广告收入位居前 10 名的省份

省份	湖南	浙江	江苏	北京	上海	广东	山东	安徽	湖北	四川
收入（亿元）	112.03	105.49	86.91	62	58.68	54.33	46.04	30.14	19.82	18.93
增幅（%）	23.97	43.47	5.76	−20.68	−0.28	−23.48	6.61	−5.67	−32.37	−19.42

数据来源：国家新闻出版广电总局财务司。

省级卫视是各省电视广告收入的主要来源。湖南卫视全年广告收入 101.8 亿元，占湖南省电视广告收入的 90.87%；浙江卫视广告收入 75 亿元，占浙江省电视广告收入的 71.10%。其他省级卫视广告收入也是所在省份电视广告收入的中坚力量。与此同时，省级卫视的广告收入又向竞争力强的频道集中。

各级电视媒体广告经营更加注重差异化发展。央视发挥资源优势，积极推动节目创新和广告营销模式创新，推出 2016 年春节套装广告收入 3.3 亿元；设计的 2016 年春晚互动广告产品，成交价格上涨 4 倍；与京东合作推出“双 11 惊喜夜”晚会，开辟 T20 广告营销和产品销售新模式；将央视频道广告与央视网、《央视新闻》、《央视影音》等新媒体平台广告捆绑销售、融合推广，取得互动增值效果，其中《央视新闻》客户端在 2015 年创收过亿元。地方广电机构采取差异化节目编排、新媒体整合营销和精准营销以及跨区域资源联营等多种方式，不断提升电视广告附加值，不断优化广告创收结构。浙江卫视推出综艺节目双季播策略、湖南卫视推出“4+3”编排策略、江苏卫视推出“六大季播节目”+“三条节目带”的编播策略，吸引优质广告资源。安徽卫视与腾讯视频、广告主联手共同开发广告产品。天津卫视提出“广告运营中心的 4S 服务体系”战略，为高端广告主提供优质服务。部分专业频道发起成立多个电视广告联盟，联合发展，打造整体竞争力。

2015年，优势平台和优质节目吸引广告的能力持续增强。一些竞争力强的卫视频道的名牌节目和电视剧场等黄金资源的冠名争夺激烈，广告价值不断提升。央视优质综艺节目《挑战不可能2》冠名费达3亿元，《了不起的挑战》冠名费2亿元。有些省级卫视综艺节目冠名费已超过5亿元。湖南卫视2016年《金鹰独播剧场》和《天天向上》两档节目的冠名费就达10亿元。

电视广告形态不断创新，植入广告、独家定制节目、互动广告等广告新形态受到关注。仅2015年12月，全国卫视频道就新增植入广告品牌112个。互动广告发展迅速，很多电视台在优质稀缺内容中插播广告，融入互动元素，实现广告的互动导流价值。

七、有线网络产业

2015年，广播电视有线网络大力实施“宽带广电”战略，加快结构调整和转型升级，加快数字化、高清化、双向化、宽带化发展进程，产业发展稳中有升。全国有线电视用户2.36亿，比上年增加109万户，同比增长0.46%。全国广播电视网络收入866.06亿元，同比增长4.70%。其中新兴业务收入快速增长，以宽带业务为主的三网融合业务收入84.53亿元，同比增长45.82%，对有线网络收入增长的贡献率达到68.37%。

（一）有线网络用户情况

2015年，全国有线电视用户比2010年增加了4 695万户，增长24.88%，在中国家庭的普及率达到54.63%，是中国主流电视收视方式。数字化程度进一步提升，数字电视用户19 776万户，同比增长3.30%，数字化率从2010年的47%提升到83.91%。其中高清数字电视用户6 116万户，同比增长32.3%，占全国有线电视用户的25.95%。① 双向和宽带业务用户保持较快增长，双向网络覆盖用户达到1.14亿，同比增长5.56%，比2010年增加2.28倍。其中开通双向业务的用户0.38亿户，占有线电视用户总数的16.10%。宽带用户达到0.17亿户（见图8）。

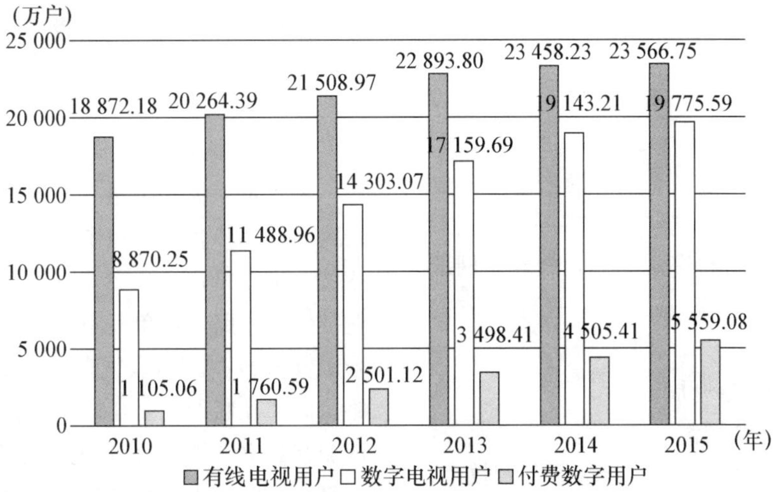

图8　2010—2015年全国有线电视用户、数字电视用户和付费数字电视用户增长情况

数据来源：国家新闻出版广电总局财务司。

有线电视用户地域分布不均衡。东部发达省份和内陆城市化程度较高的省份用户分布较为集中，2015年江苏、广东、山东、浙江、四川、湖南和湖北等7个省份的有线电视实际用户总数达到11 136.75万户，占全国的47.26%。西部省份有线电视用户相对较少。有线宽带用户发展很快，广东、浙江、四川、重庆等四省市有线宽带用户超过百万。

（二）有线网络收入情况

2015年，有线网络行业收入增长放缓。全国广播电视网络收入866.06亿元，同比增长4.70%（见图9）。其中有线电视基本收视费收入475.15亿元，同比增长3.88%，比2010年增长47.32%。收视费在总收入中的比重进一步降低，由2014年的55.29%下降到54.86%，比2010年减少11个百分点。付费电视收入70.23亿元，同比增长5.60%。三网融合业务增长迅速，达到84.53亿元，同比增长45.82%，在网络总收入中的占比达到9.76%。其他收入为236.15亿元，在收入构成中的占比

① 参见格兰研究：《2015年第四季度中国有线电视行业发展公报》。

为 27.27%。

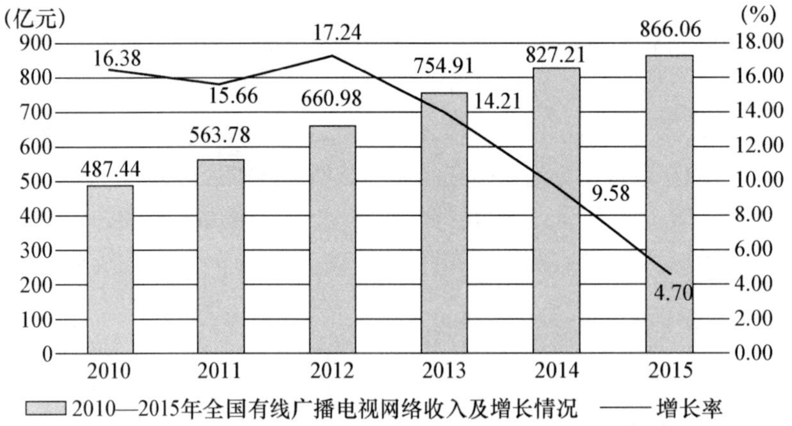

图 9　2010—2015 年全国有线广播电视网络收入及增长情况

数据来源：国家新闻出版广电总局财务司。

(三) 有线网络产业发展特点

1. 网络整合加快推进

2015 年，全国有线网络整合进程进一步加快，“全国一网”扎实推进。中国广播电视网络有限公司（以下简称国网公司）通过资本运作控股中国有线、天华世纪传媒等公司，拥有国家干线网资源，另外，还获得互联网音视频和互联网电视集成播控平台等四项广电业务运营资质牌照与互联网接入服务等 7 项跨地区电信业务资质牌照，为实现“全国一网”打好基础。各省抓住三网融合全面加速推进的有利时机，基本完成一省一网的整合工作，实现了省、市、县三级贯通以及市场和资本整合，朝着省网统一规模、统一建设、统一运营、统一管理的方向迈进。

2. 新兴融合业务普遍开展

绝大部分省级网络公司都开展了宽带广电业务，包括宽带互联网接入、视频点播、社区服务、教育、游戏、互联网电视、电视商场等。2015 年第一季度，全国有 30 个省份开通视频点播业务和社区服务业务，26 个省份开通了教育业务，15 个省份开通了互联电视业务。很多网络公司利用高清互动机顶盒和家庭无线网关为有线用户提供宽带 Wi-Fi 服务，推进智慧城市、智慧社区和家庭信息中心建设。2015 年广电 Wi-Fi 热点数量超过 2 万个。如重庆有线 2015 年上线“云游戏”、“医视通”、新东方教育等 17 款长尾业务新应用，并将本地应用延伸至电商、房产、旅游、金融等垂直领域，试水演唱会直播、在线游戏竞技和直播课堂等新业态，总收入达 25.5 亿元，其中有 30%来自新兴增值业务。[①]

随着宽带广电业务的深入开展，有线网络公司基础设施建设重点转移到利用大数据、云计算技术，搭建多终端、多业务、全媒体应用聚合云平台。2015 年，国网云、华数云、歌华云、百事云、贵州云、天山云等“有线云”不断涌现，更多的网络公司则与百度云、阿里云、腾讯云、乐视云等公有云平台达成合作，实现内容与服务的多屏分发与跨屏互动。

3. 跨界跨域联合不断深入

跨界发展纵深推进。一批有线网络龙头企业加快跨界发展步伐，通过资本运作和资产重组延伸产业链，走“渠道＋平台＋内容＋用户＋终端”全产业链发展之路，从单一有线电视传输商向全业务综合服务商转型。如歌华有线实施“一网两平台”战略，即“互联网＋全媒体应用聚合云服务平台＋高清交互数字电视平台”，电视院线、电视游戏、歌华云平台、广电大数据等项目逐步落地，新媒体矩阵已初具规模。华数传媒围绕主营业务，多维产业并举，构建了“跨网、跨屏、跨终端、跨应用”的云服务平台，形成互动电视、手机电视、互联网电视、IPTV、华数 TV 等多种业务集群式发展。电广传媒、东方明珠等网络公司通过并购打造跨界产业链条，建设全媒体生态圈。一些网络公司还与 BAT 等互联网公司进行战略合作，在内容制作、资本运作、技术支持、广告营销、电子商务、第三方支付、智慧城市、衍生品开发等多个领域开展合作，以我为主，借力发展。

跨区域联合发展成为趋势。有线网络公司发挥

① 数据来源：重庆市文化委员会。

各自优势，基于新兴业务、新兴业态，跨区域展开全方位合作。一是组建新业务产业联盟。国网公司与30多家省市有线网络公司联合成立中国广电大数据联盟，共同搭建全国广电大数据平台，并建立收视数据调查分析机构。国网公司与陕西、山东等省网开展互联互通平台建设。16家省市有线网络公司与相关机构合作组建“中国电视院线”，覆盖用户超过1 200万户。二是打造区域市场。山东与江苏、湖北与湖南、东北三省与内蒙古、西部五省等广电网络公司纷纷开展区域性合作，实现网络互联互通、内容共建共享。三是以资本为纽带联合发展。网络公司通过相互入股、持股，成立合资公司，设立投资基金等实现优势互补、资源共享，不断发展壮大。如华数传媒、广电网络、电广传媒等入股新疆广电网络，吉视传媒与安徽广电网络成立合资公司等。

2015 年中国电影产业发展报告

国家新闻出版广电总局发展研究中心

2015 年，我国电影制作生产更加活跃，全国生产故事片 686 部；票房收入达 440.69 亿，其中国产电影市场份额明显提升，达 271.36 亿元，占票房总额的 61.58%；影院建设速度持续加快，全国现有影院约 6 300 家，银幕总数达 31 627 块，观影人次 12.6 亿，观众消费习惯日趋形成；中国电影产业进入国内国际两个市场一体化发展新阶段，对全球电影产业格局的影响力进一步加大。《中国电影 2011—2020 年发展规划纲要》提出的目标已提前 5 年超额完成，中国又迈出了从电影大国向电影强国发展的坚实一步。

一、电影产业政策与管理

2015 年，国家进一步加强对电影业发展的引导，国家新闻出版广电总局（以下简称总局）电影局加快转变政府职能和简政放权，出台了一系列相关政策改善发展环境，鼓励和规范两手抓，进一步激发电影产业发展活力。

（一）进一步简政放权

简政放权促进电影产业发展。总局电影局将国产电影备案公示由每月两次改为每月三次，缩短了备案审批时间，并陆续取消和下放了有关审批权。国务院印发的《关于第二批取消 152 项中央指定地方实施行政审批事项的决定》（国发［2016］9 号）中，取消了“电影制片单位以外的单位独立从事电影摄制业务审批”等审批事项。《电影产业促进法（草案）》加快立法进程，于 2015 年底向社会公开征求意见，草案明确提出简化《电影摄制许可证》发放程序等。这些措施有利于进一步发挥生产主体的积极性。

（二）进一步加强引导

电影创作的价值导向和艺术质量进一步受到重视。2015 年 9 月，中共中央政治局审议通过《关于繁荣发展社会主义文艺的意见》；随后，习近平总书记在文艺工作座谈会上的讲话全文公开发布。这两份文件重点阐明了文艺创作发展的重大方向性、战略性问题，提出了文艺要以人民为中心的根本方针。中共中央办公厅、国务院办公厅印发《关于推动国有文化企业把社会效益放在首位、实现社会效益和经济效益相统一的指导意见》（中办发［2015］50 号），对加快国有文化企业改革、确保两个效益相统一，提出了具体路径和配套政策。

国家电影事业发展专项资金（以下简称专资）政策指明了电影产业发展的重点和市场方向。2015 年，《国家电影事业发展专项资金征收使用管理办法》（财税［2015］91 号）颁布，明确了专项资金支持的重点，包括重点制片基地建设发展、县城影院建设、全国电影票务综合信息管理系统建设和维护等方面。此外，《财政部 新闻出版广电总局关于县城数字影院建设补贴资金申报和管理工作的补充通知》（财教［2015］5 号）明确了利用专资“先补后建”资助贫困地区县城首家数字影院建设，保障了县级城市影院建设全覆盖目标的完成。2016 年初，《中央级国家电影事业发展专项资金预算管理办法》（财教［2016］4 号）、《关于对优秀国产影片进行奖励的通知》（电专字［2016］1 号）、《关于奖励优秀国产影片海外推广工作的通知》（电专字［2016］2 号）和《关于奖励放映国产影片成绩突出影院的通知》（电专字［2016］3 号）密集出台，进一步完善了专资原有相关政策，切实支持优秀国产影片的发行放映、海外推广等，有利于促进国产影片创新创优，提升其国内市场份额和国际竞争力。

（三）进一步规范市场

电影产业高速发展，产业环境不断发展变化，行业秩序面临新问题。行政主管部门和行业协会紧密配合，在实践中不断加强监管和治理，促进电影市场有序健康发展。

针对“互联网＋”趋势下电子票务的蓬勃发展，总局电影局发布《关于做好电子商务售票工作的通知》（影字［2015］49 号）、《电影票务营销销售规范》，加大《电影院票务管理系统技术要求和测量办法》的落实力度，将电子票务纳入票务规范体系系统一管理，全面规范票务市场秩序。

针对影院放映相关问题，总局电影局发布《关于加强影院放映技术管理、提高电影放映质量的通知》（影字［2015］45号）和《关于做好电影安全放映工作的通知》（影字［2016］38号）等，促进服务质量提升。

针对偷漏瞒报票房、“幽灵场”、“买票房”等现象，总局电影局联合行业协会重点治理。2016年1月12日，全国电影市场管理工作会议在北京召开；1月20日，全国电影市场百日专项治理行动启动；3月18日，总局电影局《关于转发中国电影发行放映协会〈关于开展电影市场秩序治理活动实施方案〉的通知》（影字［2016］93号），并对违规现象予以严肃查处。

针对盗录、盗播、用户违法上传和存储并分享未经授权的影视作品等违法行为，总局电影局出台《关于严厉打击在影院盗录影片等侵权违法行为的通知》（影字［2015］578号）和《关于加强数字水印技术运用 严格影片版权保护工作的通知》（影字［2015］581号），国家版权局也出台了《关于规范网盘服务版权秩序的通知》，大力加强电影版权保护，维护电影产业发展良好秩序。

二、电影生产与发行

2015年，电影制作生产主体更加活跃，共生产各类影片888部，较2010年增加了23%。全年生产故事片686部，合拍片60部，有320部国产影片进入院线公映。① 电影制作的工业化水平不断提高。“互联网＋”企业为电影生产发行环节带来了新活力，拓展了新渠道。

（一）制作主体更加活跃

2015年，国有制片企业继续深化体制改革。中国电影股份有限公司和上海电影股份有限公司IPO申请已通过审核。受政策支持和行业发展利好引导，一些沉寂已久的国有制片企业如福建电影制片厂等重新启动生产业务。

民营制片企业制片、投资十分活跃。2015年票房收入前10名的影片中，第一出品方为民营企业的影片有8部，光线、华谊兄弟、博纳、乐视、万达影视等五大民营制片企业尤其活跃。

互联网巨头进入电影制片和投资领域。2015年，阿里创投通过认购光线影业股份向电影业上游延伸，阿里影业已投资拍摄《摆渡人》《三生三世十里桃花》等多部影片。腾讯成立了两家电影企业，一是以孵化IP为主的腾讯影业，二是以自制剧、电影参投及艺人经纪为主的企鹅影业，已着手开发《魔兽世界》和《爵迹》等电影项目。百度也成立了电影事业部，积极发展影视投资业务。

（二）电影生产能力明显提高

电影生产持续繁荣。2015年，共生产各类影片888部，较“十一五”末增加了23%。其中故事片产量686部，其他各品类影片产量明显增长（见表1）。

表1　　2007—2015年各品类影片生产情况　　单位：部

品类＼年份	2007	2008	2009	2010	2011	2012	2013	2014	2015
故事片	402	406	456	526	558	745	638	618	686
供电视播出的数字电影	122	107	110	100	102	—	—	—	—
动画片	6	16	27	16	24	33	29	40	51
纪录片	9	16	19	16	26	15	18	25	38
科教片	34	39	52	54	76	74	121	52	96
特种片	9	2	4	9	5	26	18	23	17
合计	582	586	668	721	791	893	824	758	888

资料来源：国家新闻出版广电总局电影局。自2012年起，供电视播出的数字电影生产数量并入故事片类计算。

电影生产工业化水平提高，市场反响较好。“十二五”期间，电影拍摄制作水平明显改善，虚拟特效、CG动画、3D转制、立体实拍等高科技较广泛地应用，推动国产电影制作质量不断提升。类型化方面，大量运用新技术与工业元素、具有中国特色的新类型不断被开发出来（见表2）。如魔幻片《捉妖记》将真人与动画人物相结合，在场景设计、故事表述、角色形象建构上创造性地表现了中国传统特色；《寻龙诀》用高新技术制造了具有魔幻色彩的场景等，树立了国产电影工业化制作的新标杆；警匪片《烈日灼心》运用新技术挑战了电影摄影和场面调度技巧。续集电影方面，喜剧片《囧》系列、动作片《澳门风云》系列、动画片《喜羊羊与灰太狼》系列和《熊出没》系列等，都已形成相对稳固的品牌。

① 数据来源于中国电影家协会。

表 2　　2015 年国产影片主要类型上映情况

类型	喜剧	魔幻	爱情	动画	动作	青春	犯罪/悬疑	合计
部数（部）	56	6	52	44	12	9	16	195
票房（亿元）	82.16	49.41	29.22	20.19	17.78	12.87	8.89	220.52
在国产片中票房占比（%）	30.28	18.21	10.77	7.44	6.55	4.74	3.28	81.27

资料来源：中国电影家协会编：《2016 中国电影产业研究报告》，北京，中国电影出版社，2016。

“十二五”期间，合拍片数量和质量总体明显上升。2015 年，在中国电影合作制片公司立项的影片共 94 部，审查通过的影片 60 部，同比分别增长 22%和 39.5%（见表 3）。一是合作对象更加广泛，涉及美国、加拿大、印度、法国、日本等 11 个国家和中国香港、中国台湾地区。二是内地与中国香港地区合拍仍保持数量多、票房高的特点，其中《捉妖记》以 24.39 亿元创华语影片最高票房纪录，《寻龙诀》票房也高达 13.70 亿元。三是合拍片类型有突破。除爱情、动作、警匪等题材外，还有中韩合拍的犯罪悬疑片《我是证人》、中法合拍的《狼图腾》等，比 2014 年有所拓展。四是合拍片进一步提升中国电影的工业制作水平。中美合拍的《功夫熊猫 3》给国产动画电影技术质量带来了大幅改观，内地与香港地区合拍的《天将雄师》兼具民族元素和国际视野，获得票房和口碑双赢。

表 3　　2011—2015 年合拍片立项和通过审查影片情况

单位：部

年份	2011	2012	2013	2014	2015
立项	73	66	55	77	94
审查通过	57	47	41	43	60
其中与中国香港地区合作立项	—	39	34	46	48
其中与中国香港地区合作审查通过	—	—	28	32	38
涉及合作对象国家和地区	—	7	7	12	13

资料来源：根据公开数据整理。

“互联网+”带动电影生产创新。在创作题材方面，网络 IP 日渐成为电影创意重要来源，由网络小说《鬼吹灯》改编的《寻龙诀》和《九层妖塔》均进入国产影片票房前十位，热门网剧改编的低成本电影《煎饼侠》和《万万没想到》通过粉丝效应获得高票房。以互联网二次元文化为根基创作的《十万个冷笑话》，投资仅 1 000 万元，上映一天即收回成本，最终获得约 1.1 亿元票房。

（三）发行营销格局进一步优化

2015 年，电影发行市场竞争加剧。一方面，传统发行企业优势进一步发挥。作为发行市场的中坚力量，国有企业中影股份和华影公司主导或参与发行的影片分别为 393 部和 150 部；民营发行企业如光线影业（14 部）、博纳影业（16 部）、乐视影业（12 部）、福建恒业（11 部）等，虽然发行量不大，但所发行影片市场反响较好。尤其是安乐影业，虽然只发行了《捉妖记》，但其票房收入位列国产电影票房排名榜首。另一方面，发行企业推进资源整合，呈现“合纵连横”态势，电影发行资源更加集中。上海电影股份有限公司、浙江时代电影大世界有限公司、江苏幸福蓝海院线有限责任公司、四川省电影公司、河南奥斯卡电影院线有限责任公司这五家国企于 2015 年 6 月联合成立四海电影发行联盟，覆盖全国 750 家影院、4 000 多块银幕。由万达影视传媒主导，大地时代电影发行公司、广州金逸影视传媒、横店电影院线等四家民营公司共同投资的五洲电影发行公司成立于 2014 年末，依靠资源优势迅速成长，2015 年发行影片 16 部，发行票房共 67.5 亿元，占国产片市场 25%的份额，已升至行业领先地位。

“互联网+”进一步改变发行营销市场格局。一是电子票务公司参与发行的影片数量多，成为电影营销主要推手之一。2015 年，主营电子票务平台微票儿的“微影时代”发行的电影有 100 部，淘宝电影参与推广的影片超过 100 部。二是发行手法创新，取得了较明显的效果。如猫眼电影作为《港囧》的互联网联合发行商，提前一个月预售电影票，并通过主导预售和排片助力影片成为 2015 年华语电影首周票房冠军。三是社交网站成为电影营销的重点平台。《煎饼侠》在微博微信等网络社交平台持续制造热门话题，配合线下长达一个多月的全国路演，使影片宣传保持较高的话题热度。《西游记之大圣归来》片花在二次元视频网站 Bilibili 上传当天播放数高达 20 万次，引发观众自发为影片宣传的“自来水”现象，扭转了该片上映初期排片不理想的状况。

三、电影产业收入

“十二五”以来，电影产业收入快速增长，产业结构不断优化。2015 年全国电影票房 440.69 亿元，观影人次达到 12.6 亿。在平均票价波动幅度较小的情况下，全国电影票房和人次较“十一五”末分别增长 333.24%和 348.40%，电影对观众的吸引力日益增强，成熟市场与新兴市场的票房收入与观影人次呈排浪式增长。

（一）票房快速增长，结构不断优化

2015 年，全国电影票房 440.69 亿元，观影人次 12.6 亿，两项指标均创 2011 年以来增速新高。其中，从年均人观影频次来看，全国平均值已接近 1 次。“十二五”期间，在平均票价波动幅度较小的前提下，观影人次增幅总体高于票房增长，说明票房的增长已不仅仅依靠终端建设，而更多源于观影习惯的逐渐养成（见表 4）。

表 4　　2011—2015 年电影产业收入基本指标

年份		2011	2012	2013	2014	2015
票房	总票房（亿元）	131.15	170.73	217.69	296.39	440.69
	同比增幅（%）	28.93	30.18	27.51	36.15	48.69
人次	总人次（亿）	3.55	4.66	6.17	8.34	12.60
	同比增幅（%）	26.33	31.27	32.40	35.17	51.08
票价	平均票价（元）	36.94	36.64	35.28	35.54	34.98
	同比增幅（%）	2.06	−0.81	−3.70	0.73	−1.58

资料来源：根据国家新闻出版广电总局电影局提供数据计算。平均票价计算方法：全国电影票房/观影人次。

地区性票房差距正在缩小。与往年相比，2015 年，全国 31 个省（区、市）的票房分布区间趋近纺锤形分布。票房超出 50 亿元的超高票房地区仅广东省一地，票房不足 1 亿元的地区仅西藏一地，居于 5 亿～10 亿元和 10 亿～20 亿元这两个中间区间的地区明显较多（见表 5）。

表 5　“十二五”期间各票房区间的省（区、市）数量分布情况　　单位：个

年份	2015	2014	2013	2012	2011
50 亿元以上	1	0	0	0	0
40 亿～50 亿元	1	1	0	0	0
30 亿～40 亿元	2	0	0	0	0
20 亿～30 亿元	3	4	1	1	0
10 亿～20 亿元	9	5	6	4	4
5 亿～10 亿元	8	7	8	6	3
3 亿～5 亿元	3	8	7	4	6
1 亿～3 亿元	3	4	7	13	13
1 亿元以下	1	2	2	3	5

资料来源：根据中国电影发行放映协会提供数据整理。

有 18 个省（区、市）的票房增幅超过全国票房增幅。成熟市场的票房增幅与大盘增幅相近，如以 62.45 亿元收入保持领先的广东省及其他票房大省，发展较为平稳（见表 6）。东北、西部地区作为新兴市场，保持较快发展，如黑龙江省票房收入同比增长 69.64%，是全国增幅最高的省份，广西、甘肃等地票房增幅也分别高达 65.95%、62.87%。

表 6　　2013—2015 年十大票仓票房及增长情况

序号	2015 年			2014 年			2013 年		
	地区	票房收入（亿元）	同比增长（%）	地区	票房收入（亿元）	同比增长（%）	地区	票房收入（亿元）	同比增长（%）
1	广东	62.45	50.74	广东	41.43	39.82	广东	29.63	27.39
2	江苏	41.80	49.50	江苏	27.96	39.80	江苏	20.00	30.80
3	浙江	34.94	47.18	浙江	23.74	32.11	北京	18.54	15.01
4	北京	31.55	37.83	北京	22.89	23.46	浙江	17.97	32.62

续前表

序号	2015 年			2014 年			2013 年		
	地区	票房收入（亿元）	同比增长（%）	地区	票房收入（亿元）	同比增长（%）	地区	票房收入（亿元）	同比增长（%）
5	上海	29.33	44.55	上海	20.29	29.65	上海	15.65	19.56
6	四川	23.41	49.49	四川	15.66	38.58	四川	11.30	30.48
7	湖北	21.01	46.41	湖北	14.35	34.11	湖北	10.70	32.43
8	山东	17.14	56.53	辽宁	11.15	34.82	辽宁	8.27	26.07
9	辽宁	16.76	50.31	山东	10.95	47.18	山东	7.44	33.81
10	河南	15.23	43.95	河南	10.58	49.01	福建	7.17	44.85

资料来源：中国电影发行放映协会。

（二）国产影片与进口影片类型互补、互相促进

2015 年，市场反响较好的国产片以喜剧片为主，进口片则以动作片、科幻片居多，国产片与进口片在类型题材上形成优势互补，推动票房快速增长，共有 81 部影片票房过亿元（见表 7）。单片票房继续大幅提升，其中《捉妖记》和《速度与激情 7》的单片票房均创历史新高，逾 24 亿元。

表 7　2011—2015 年中国内地票房过亿元影片情况

单位：部

年份	2011	2012	2013	2014	2015
总数	38	45	62	66	81
国产片	20	22	35	36	47

续前表

年份	2011	2012	2013	2014	2015
进口片	18	23	27	30	34

资料来源：根据国家新闻出版广电总局电影局、中国电影家协会提供数据整理。其中过亿元国产影片包含 2014 年底跨年上映的《十万个冷笑话》。

国产片在与进口片的激烈竞争中进步明显。2015 年，国产影片票房 271.36 亿元，占票房总额的 61.58%；全年票房前 10 名的影片中，国产片有 7 部；国产高新技术格式大片的市场表现与进口电影不相伯仲，《港囧》《夏洛特烦恼》《煎饼侠》等中小成本影片的市场表现也不输进口大片（见表 8）。

表 8　2015 年全国票房收入前十名国产和进口影片

序号	国产影片		进口影片	
	片名	票房（万元）	片名	票房（万元）
1	《捉妖记》	243 817	《速度与激情 7》	241 600
2	《港囧》	161 183	《复仇者联盟 2：奥创纪元》	142 970
3	《夏洛特烦恼》	144 905	《侏罗纪世界》	138 089
4	《寻龙诀》	136 995	《碟中谍 5：神秘国度》	85 557
5	《煎饼侠》	115 954	《霍比特人：五军之战》	76 681
6	《澳门风云 2》	97 412	《终结者：创世纪》	70 928
7	《西游记之大圣归来》	95 525	《蚁人》	65 970
8	《天将雄师》	74 355	《末日崩塌》	61 345
9	《狼图腾》	69 942	《火星救援》	57 815
10	《九层妖塔》	68 152	《007：幽灵党》	53 724
合计	—	1 208 240	—	994 679
在总票房中占比	27.42%		22.57%	

资料来源：中国电影发行放映协会。

2015 年上映的进口片呈现出多国别、多样化、高新技术格式的特点。以第一出品国来看，进口对象国涉及 13 个国家（见图 1）。影片类型以动作、科幻和动画等为主，也有传记、喜剧、音乐等。进口片仍多以高新技术格式方式上映，全年有 3D 格式上映的 35 部，IMAX 格式上映的 24 部。

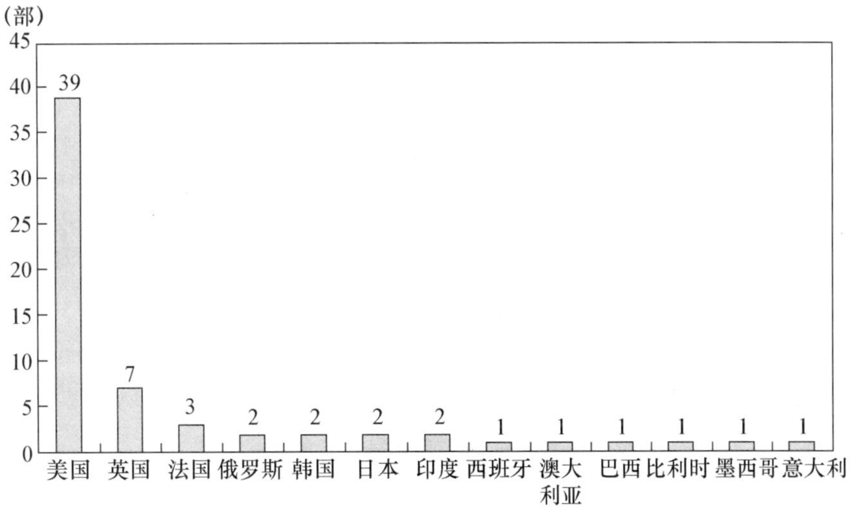

图 1　2015 年进口片出品国家情况

资料来源：中国电影家协会，根据第一出品方整理。

（三）衍生产业逐步成形

2015 年，电影衍生品明显广受市场关注，这得益于电影质量的提升、衍生品设计和营销水平的提高、消费者版权意识的加强。一些影片在制作过程中已同步开发衍生品，如《狼图腾》与邮政部门联合开发邮册、明信片等。互联网是开发营销衍生品的重要平台，如淘宝网开展《西游记之大圣归来》衍生品众筹，14 类产品上线第一天就筹款超过千万元。衍生品有品牌化发展趋势，如中影股份成立衍生品分公司，开创“中影影家”电影衍生品品牌，并与北京电影学院合作共建“中国电影衍生产业研究院”。衍生产业的发展，将打造电影产业另一引擎。

国内的影视园区格局正在发生明显改变，对产业收入的拉动作用日益突出。一方面，本土影视园区发展速度加快。2015 年，横店影视城共接待剧组 171 个，接待游客 1 518 万人次，其营业收入与利润同比分别增长 17%和 18%。安徽省芜湖市的方特动漫主题公园，于 2005 年和 2015 年分别开设了“方特欢乐世界”和“方特梦幻王国”两大园区，年均接待游客 450 万人次。另一方面，世界著名影视园区进入中国市场。北京环球影城项目于 2015 年 11 月开工，上海迪士尼乐园于 2016 年夏季正式开园。这两个国际知名项目的引进，可以有效拉动国内旅游消费，在提升当地综合形象、解决就业等方面将发挥积极作用，并带动本土影视园区的发展。

此外，影院逐渐成为广告投放重点。影院具有客流集中、投放精准、广告视觉冲击力大、记忆度高等优势，发展空间和潜力较大。未来几年，广告在影院收入中的比重将进一步提升。

四、院线与影院发展

2015 年，院线市场蓬勃发展，资本运作频繁。银幕建设速度再创新高，银幕总数 31 627 块，同比增长 34.06%。影院建设进一步向中小城市拓展，多样化、市场化、更普及的放映体系加快形成。

（一）院线市场化水平进一步提高

院线市场竞争加剧。市场不断迎来新入场者，2015 年，新增贵州星空电影院线有限公司，填补了贵州省没有本省院线的空白。至此，全国已有院线 48 条。此外，一些在省内运行的小型院线组织也开始开展院线业务。

各院线收入快速提升。全国共有 14 条院线票房超过 10 亿元，同比增加 5 条。其中有 4 条院线票房突破 30 亿元（见表 9）。票房收入 1 亿元以上的院线中，超过全国票房平均增幅的院线有 17 条。

表 9　“十二五”期间票房收入各区间分布的院线数量　单位：条

年份	2015	2014	2013	2012	2011
50 亿元以上	1	0	0	0	0
40 亿～50 亿元	0	1	0	0	0
30 亿～40 亿元	3	0	1	0	0
20 亿～30 亿元	3	4	0	1	0
15 亿～20 亿元	2	1	5	2	1
10 亿～15 亿元	5	4	0	3	3
5 亿～10 亿元	8	9	6	5	4

续前表

年份	2015	2014	2013	2012	2011
3 亿～5 亿元	3	3	6	4	4
1 亿～3 亿元	12	11	11	10	12
1 亿元以下	11	14	16	20	15
合计	48	47	45	45	39

资料来源：根据中国电影发行放映协会提供数据整理。

院线体量差距不断拉大，一家独大格局初显。万达院线继续领先全国市场，票房收入达 59.66 亿元，超过市场规模第二大、收入为 38.12 亿元的中影星美近 57%。而在 2014 年，这两条院线的差距还不到 40%。中影星美与广东大地间的差距从 2014 年的 4.08%拉大到 8.02%，广东大地与上海联和间的差距则从 2014 年的 3.38%拉大到了 12.17%。

院线仍然保持较高的集中度。票房排名前 10 位的院线年度票房总和达到 292.80 亿元，占全国总票房的 66.44%，与 2014 年的 66.32% 相近（见表 10）。票房前 5 位的院线合计收入为 194.30 亿元，是全国院线票房收入的 44.09%。未来，院线并购将加剧，市场集中度将进一步提升。

表 10　　2015 年票房前 10 位电影院线公司经营情况

序号	院线名称	总票房（亿元）	票房占市场份额（%）	增长率（%）	总场次（万场）	总人次（万人）	平均票价（元）
1	万达院线	59.66	13.54	41.78	339.38	14 570	40.95
2	中影星美	38.12	8.65	55.78	356.77	10 883	35.02
3	广东大地	35.29	8.01	50.11	526.75	11 473	30.76
4	上海联和	31.46	7.14	38.35	240.96	8 512	36.96
5	中影南方新干线	29.77	6.76	50.05	356.36	8 297	35.88
6	广州金逸珠江	28.84	6.54	38.45	259.22	7 914	36.44
7	中影数字	21.00	4.77	90.22	276.7	6 262	33.54
8	横店院线	19.77	4.49	86.51	256.75	6 267	31.55
9	浙江时代	15.66	3.55	31.05	208.7	4 614	33.95
10	江苏幸福蓝海	13.23	3.00	70.27	133.03	3 861	34.26
合计		292.80	—	—	2 954.62	82 653	—
在全国占比		66.44%				65.87%	

资料来源：根据中国电影发行放映协会数据整理计算。

院线市场资本运作频繁，龙头院线万达院线推进全球化布局。2015 年 1 月 22 日，万达院线成功上市，截至 2015 年底，其股价上涨 10.2 倍①，市值突破 1 000 亿元，在全国股市表现极为突出。受益于上市融资，万达院线在国内积极并购，于 2015 年 12 月和 2016 年 2 月分别收购重庆世茂影院投资发展有限公司、大连奥纳投资发展有限公司、广东厚品文化传播有限公司及赤峰北斗星电影放映有限公司，进一步稳固地位；而且还收购了澳大利亚第二大院线 Hoyts，成为全球第一大院线，显著提升中国电影院线在全球的核心竞争力。此外，院线也已成为资本运作和产业并购的热门领域，投资公司和互联网公司频频进入院线业。

（二）影院建设速度快、品质高、分布趋于均衡

国民经济总体发展势头良好、大众观影需求提升，加上政策积极引导，使得影院建设持续快速推进，银幕数持续高速增长，新建影院数量多、体量大。到 2015 年底，全国共有影院约 6 300 家②，其中新增 1 200 余家；银幕总数 31 627 块，较“十一五”末增长 405.55%，其中新增银幕 8 035 块，平均日增银幕数再创新高（见表 11）。相比往年，2015 年新建影院体量明显较大，平均每家有银幕近 7 块，有助于适应日益增长的公映影片数量。

表 11　　2011—2015 年中国电影银幕建设情况　单位：块

年份	银幕数	新增银幕	平均日增银幕数	新建影院平均银幕数
2011	9 286	3 030	8.3	3.77
2012	13 118	3 832	10.5	5.93
2013	18 195	5 077	13.91	4.84
2014	23 592	5 397	14.79	5.32
2015	31 627	8 035	22.01	6.70

资料来源：根据国家新闻出版广电总局电影管理局、中国电影科学技术研究所等部门提供数据整理计算。

① 万达院线，见 http://www.wandacinemas.com/xwzx/yxyw/201601/t20160122_1748.html。

② 数据来源于中国电影科学技术研究所。

大体量、高品质影院优势明显。2015 年，年度票房排名前十的影院全部集中在北京、上海、广州、深圳这四大城市，其共同特征是地理位置优越、银幕数量较多、拥有较高端的视听设备、能提供多样化的观影服务。如成立于 2011 年的北京耀莱成龙国际影城五棵松店，有银幕 17 块、座位 3 500 个，已连续四年保持全国票房冠军（见表 12）。

表 12　　2015 年票房排名前十的影院情况

排名	影院名称	银幕数（块）	总票房（万元）	总人次（万人）	平均票价（元）
1	北京耀莱成龙国际影城五棵松店	17	10 903	273	39.94
2	深圳橙天嘉禾影城	12	10 105	199	50.78
3	上海市杨浦万达影城五角场店	10	9 411	161	58.45
4	北京 UME 影城（双井）	10	8 831	145	60.90
5	北京星美影城金源店	9	8 587	159	54.01
6	北京首都华融电影院	14	8 522	154	55.34
7	广州飞扬正佳影城	15	8 385	170	49.32
8	上海永华电影城	12	8 369	148	56.55
9	广州万达影城白云店	10	7 977	133	59.98
10	上海星美正大影城	13	7 249	145	49.99

资料来源：银幕数根据公开数据整理。其他数据来源于中国电影发行放映协会。

影厅建设品质升级。视效方面，2015 年，全国约 80%的银幕可放映 3D 影片；巨幕数量逾 350 块，其中有中国巨幕逾百块；有 210 个影厅通过 RealD6FL 认证，北京千禧影城是全球首家全激光放映的多厅影院。声效方面，上海中影国际影城长泰广场店成为国内首个 THX 认证的杜比全景声中国巨幕影厅。特效方面，北京万达影城 CBD 店建成国内首家 ScreenX① 影厅，此外还有多家影院建成 4DX 影厅。

县城影院高速发展。在政策和需求的推动下，成本较低、投资周期较短的县级城市影院高速发展。尤其 2015 年在“先补后建”政策支持下，部分贫困地区灵活利用礼堂等设施建设县城首家数字影院。截至 2015 年底，全国有 2 116 个县城建设了 3 241 家数字影院、共 12 777 块银幕，平均每家影院有近 4 块银幕。县城影院银幕占全国银幕数的 40.40%，已成为电影市场重要构成部分，对进一步提高电影观影人次意义重大。

（三）影院服务向个性化优质化发展

一些影院日益注重提供个性化的放映服务。全国逾百家影院共同结成“亲子电影发行放映联盟”，利用空闲档期或非黄金时间段，安排 1～2 个影厅放映儿童影片。部分影院根据所在区域特点进行个性化排片，如卢米埃影城北京芳草地店临近各国使馆，以承办各类外国电影展映和艺术电影节为特色。

作为广受欢迎的社交场所，影院尝试提升各种附加服务质量。万达院线推出了自营餐饮品牌“ONE”和衍生品店中店“万影随行”，探索拓宽影院自营业务。UME 影城北京双井店通过提升人文氛围来提高观众黏着度，开设的书吧气氛优雅，书籍内容专业度高。安装空气净化设备、电子温控系统等的影院增多，部分影院向顾客提供空调毯、3D 眼镜清洁纸巾、儿童专用坐垫等小物品，有些影院还提供儿童托管等附加服务。一些影院以个性化装修作为亮点，如昆明万达影城西山广场店，将影城内部装饰与当地特有的多民族文化相结合，营造出具有独特氛围的观影空间；山东临沂中影星美蒙奇影城的设计将钢琴琴键和蒙山沂水相结合，既时尚又富有地方特色，吸引了不少观众。这些附加服务促进影院收入结构优化。以万达院线为例，2015 年其非票房收入 17 亿元，占院线总收入的 21.25%。②

五、观众结构与变化情况

2015 年，随着家庭收入的增加和生活质量的提升，人们的观影需求日趋旺盛，全国电影消费持续呈排浪式增长。在与节庆和休假时间重叠的电影档期中，电影票房与人次明显高于平日，显示出电影消费已成为国民休闲娱乐生活的重要组成部分。“互联网＋”则进一步改变了电影消费方式，进一步激

① ScreenX：由韩国 CJ 集团研发的世界首个多面投影系统，将图像投影至影厅左右墙壁，使观众可以在 270 度、三面银幕上观看一部完整影片。

② 数据来源于万达集团工作报告，见 http://www.wanda.cn/2016/focus_0117/32537.html。

活观众需求。

（一）电影消费呈排浪式增长

经济总量、国民收入和城镇化率①的不断提高，国民用于电影等文化消费的可支配收入不断增加，使得电影观众快速增加。“十二五”期间，全国可统计票房收入的城市数量逐渐增多，覆盖了全国 333 个地级区划。

电影消费与城市发展水平之间呈现较强的相关性。2015 年，票房在 20 亿元以上的城市有 2 个，即北京、上海；票房在 1 亿～20 亿元的城市共 74 个，覆盖了天津、重庆这两个直辖市，全国绝大多数省会城市，计划单列市和少部分地级市等经济较发达城市；票房在 3 000 万～1 亿元的城市共 120 个，对应了经济发展较快的全国各地非省会地级市；票房在 3 000 万以下的城市共 154 个，对应了全国各地经济较不发达的普通地级市（见表 13）。

表 13　2011—2015 年票房收入各区间分布的城市数量　单位：个

收入区间	2011	2012	2013	2014	2015	2015 年收入占总票房比例
可统计票房收入城市总数	322	326	336	345	350	100%
20 亿元以上	0	0	0	2	2	14%
10 亿～20 亿元	2	2	2	3	6	20%
5 亿～10 亿元	2	5	6	6	12	18%
1 亿～5 亿元	28	30	40	43	56	29%
5 000 万～1 亿元	16	18	23	32	61	10%
3 000 万～5 000 万元	13	23	33	52	59	5%
3 000 万元以下	261	248	232	207	154	4%

资料来源：根据中国电影发行放映协会相关数据整理。

“十二五”期间，四大城市居民观影习惯明显优于其他地区，年人均观影次数逐年上升且大幅领先全国平均值 0.92 次。如北京地区为 3.82 次，已接近电影强国美国的 4.3 次。四大城市的票房在全国市场的占比仍举足轻重，但呈逐渐下降趋势，其原因是全国其他地区电影市场所占比例的提升（见表 14）。

表 14　“十二五”期间四大城市电影消费情况

年份			2011	2012	2013	2014	2015
北京	票房（亿元）		13.36	16.12	18.55	22.89	31.55
	在全国占比（%）		10.19	9.44	8.52	7.72	7.16
	频次（次）		1.87	2.12	2.34	2.81	3.82
上海	票房（亿元）		10.76	13.09	15.65	20.29	29.33
	在全国占比（%）		8.20	7.67	7.19	6.85	6.66
	频次（次）		1.27	1.45	1.70	2.13	2.82
广州	票房（亿元）		6.211	7.61	9.21	12.84	18.66
	在全国占比（%）		4.74	4.46	4.23	4.33	4.23
	频次（次）		1.35	1.69	2.08	2.89	3.99
深圳	票房（亿元）		5.87	7.46	9.43	12.27	17.98
	在全国占比（%）		4.48	4.37	4.33	4.14	4.08
	频次（次）		1.33	1.63	2.21	2.73	4.02
四大城市合计	票房	总额（亿元）	36.20	44.28	52.84	68.29	97.52
		在全国占比（%）	27.60	25.94	24.27	23.04	22.13
	人次	总额（万人）	8 763	10 433	12 586	16 015	22 920
		在全国占比（%）	24.68	22.39	20.40	19.20	18.17

资料来源：根据国家统计局、各省统计年报和中国电影发行放映协会相关数据计算。频次计算方法：年观影人次/城镇人口数。其中，深圳市人口统计不区分城镇和农村人口，按全市年末常住人口数计算。

① 城镇化率已从 2010 年的 49.68%逐渐上升至 2015 年的 56.1%。数据来源于国家统计局，见 http://www.stats.gov.cn/tjsj/zxfb/201601/t20160119_1306083.html。

（二）重点档期观众观影特点

“十二五”期间，电影档期日渐形成且不断成熟，显示出电影已逐渐成为居民假期消费重要项目。

一是重点档期表现出观众集中观影的特点。多个档期的票房、人次呈快速增长趋势，且日均值高于全年日均的票房产出1.21亿元、350.68万人次（见表15）。

表15　　2015年重点档期票房情况

档期	票房			人次		
	总额（亿元）	同比增长（%）	日均票房（亿元）	总数（万人）	人次在全年占比（%）	日均人次（万人）
春节档（2月18日—2月24日）	18.2	37.80	2.6	4 635	3.68	662.14
五一档（5月1日—5月3日）	6.3	66.66	2.1	1 750	1.39	583.33
暑期档（6月1日—8月31日）	124.57	35.00	1.35	35 500	28.17	385.87
国庆档（10月1日—10月7日）	18.65	70.00	2.66	5 700	4.52	814.29
贺岁档（12月1日—12月31日）	42.41	66.12	1.37	12 791	10.15	412.61

资料来源：根据《中国电影报》2016年1月6日第4～5版相关数据整理计算。

二是不同的重点档期显示出不同的消费倾向。长达2个月的暑期档和1个月的贺岁档已经成为观众密集观看电影的时间段。2015年暑期档，“电影＋电商”和“动画，你早”两项推介活动，推动了《捉妖记》《煎饼侠》等喜剧片和《西游记之大圣归来》《小羊肖恩》等动画片的热映，使暑期档票房高达124.57亿元。春节档则以合家欢型影片为主，票房达18.2亿元，中小城市票房增长较快，很大程度上缘于大量外出务工人员和在一线、二线城市工作学习的年轻人春节返乡带来的观影热潮。

（三）“互联网＋”改变电影消费方式

电子票务平台的利用比例逐年增高，在2015年成为观众购票主要渠道（见表16）。全国31个省（区、市）和48条院线均提供电影网络售票服务。

表16　　2012—2015年网络购票观众占比情况

年份	2012	2013	2014	2015	2016年第一季度
网购电影票观众比例	12%	25%	40%	54.8%	69.32%

资料来源：2012—2015年数据来自中国电影家协会编：《2016中国电影产业研究报告》，北京，中国电影出版社，2016。2016年数据来自何昊：《权威发布：全国电影票房季报（2016年第一季度）》，国家电影专项资金管理委员会公众微信号“电资办”。

大型院线自建的电子票务平台被广泛利用，高于全国平均值。如，万达院线全年1.5亿观影人次中，线上购票占65%以上，即全年线上购票人次超过1.2亿。2016年第一季度，万达院线观影人次为4 500万，其中网络售票比例提高至82%，即3 690万人次。①

第三方电子票务平台具有覆盖影院多、比价功能完善、社交功能齐全等特点，因此受到观众青睐。如微票儿在2015年覆盖了4 500家影院，占全国影院的71.4%。国庆档的观众中，有25%通过微票儿购买电影票。

主流观众倾向于网络购票。以淘宝电影为例，2015年其用户中25岁及以下人群占51.37%（见表17）。这一人群的年龄特征与主流观众年龄特征高度重叠；同时，这一人群的身份以在校大学生为主。他们受电子票务平台各种促销方式吸引，频繁进入影院消费。每晚17点后，全国有近3 000所高校的学生通过淘宝电影购票。据统计，80%的大学生一年平均观影12次以上。②

表17　　在“淘宝电影”平台购票的观众年龄分布情况

观众年龄段	25岁及以下	26～35岁	36～45岁	46岁以上
占比	51.37%	36.34%	9.4%	2.89%

资料来源：《2015中国影市报告（中）：谁在看电影》，淘宝电影微信公众号，2016。

“互联网＋”推动观影活动拓展成更广泛的社交行为。电子票务平台不仅提供快捷、便宜的订票业务，还通过观影评分、分享口碑、推送周边娱乐信息等手段，提供更多样化、个性化的服务。如微票儿、蜘蛛网等在购票平台上加入了约会、交友等社交功能，大众点评网、时光网等推出了以电影为核心、辐射日常生活的服务，进一步丰富用户体验。

---

① 数据来源于万达院线，国家电影专项资金管理委员会公众微信号“电资办”。

② 数据来源于国家新闻出版广电总局电影局。

六、中国电影产业发展的国际化进程

电影是全球化程度较高的文化产业。近年来，中国的国际地位快速提升，文化产业“走出去”战略大力实施，中国电影产业与国际的交融日益深化。2015 年，中国电影产业快速发展，市场更加开放，有力推动了中国电影的国际化进程。

（一）中国在全球电影市场的重要性大幅提升

中国电影票房在全球票房中的占比持续快速提升。2015 年，全球票房 383 亿美元[①]，中国电影票房约合 67.87 亿美元，占全球票房的 17.72%。中国继续保持自 2012 年以来全球第二大票房市场的优势，与第一大市场美国的差距进一步缩小。相比“十一五”末期中国电影市场的国际地位显著提升。

中国已成为拉动世界电影市场增长的主力。2015 年，在各主要电影强国市场发展较为平稳的状态下，中国电影票房爆发式地增长了 19.43 亿美元，超出全球票房增长额，有力拉动了全球票房增长（见表 18）。

表 18　部分国家和地区 2011—2015 年票房增长情况

年份	票房情况	全球	北美	中国	日本	韩国	法国
2011	票房（亿美元）	326	101.74	20.7	23.43	10.65	18.8
	全球票房占比（%）	100	31.21	6.35	7.19	3.27	5.77
	年票房增长率（%）	3	−3.29	29	−2.14	23.66	
2012	票房（亿美元）	347	108.37	27.1	23.77	13.41	17
	全球票房占比（%）	100	31.23	7.81	6.85	3.86	4.90
	年票房增长率（%）	6	6.52	30.18	7.72	17.75	−9.57
2013	票房（亿美元）	359	109.24	35.47	19.07	14.61	16
	全球票房占比（%）	100	30.43	9.88	5.31	4.07	4.46
	年票房增长率（%）	3.46	0.80	27.51	−0.49	6.61	−5.88
2014	票房（亿美元）	364	103.61	48.44	17.38	15.18	16.21
	全球票房占比（%）	100	28.46	13.31	4.77	4.17	4.45
	年票房增长率（%）	1.39	−5.15	36.15	6.59	7.27	1.31
2015	票房（亿美元）	383	111.26	67.87	18.01	14.57	14.50
	全球票房占比（%）	100	29.05	17.72	4.70	3.80	3.79
	年票房增长率（%）	5.22	7.38	48.69	4.87	4.08	−1.05

资料来源：根据国家新闻出版广电总局电影局、Box Office Mojo、日本映画制作者联盟、韩国电影振兴委员会（KOFIC）、IHS 等公布的数据进行整理；汇率来自国家外汇管理局。其中，票房折合美元时按当年度 12 月 31 日汇率计算，全球票房占比以美元为单位计算，票房增长率按各国家原币种计算。

中国电影市场在全球的重要性日益凸显。以 2015 年全球票房收入前 5 名的影片为例，其中除《星球大战》于 2016 年在中国内地上映外，其他 4 部影片的中国票房收入占比均较高，且与在日本、韩国、法国等国的收入拉开较大差距。《速度与激情 7》在中国的票房达 3.91 亿美元，高于北美（见表 19）。

表 19　2015 年全球四部票房大片情况　单位：亿美元

片名		《侏罗纪世界》	《速度与激情 7》	《复仇者联盟 2：奥创纪元》	《小黄人大眼萌》
全球总票房		16.70	15.16	14.05	11.59
北美	票房	6.52	3.53	4.59	3.36
	占比	39.04%	23.28%	32.67%	28.99%
中国	票房	2.29	3.91	2.40	0.68
	占比	13.71%	25.79%	17.08%	5.87%

① 数据来源于美国电影协会（MPAA）：《2015 年电影市场统计报告》。

续前表

片名		《侏罗纪世界》	《速度与激情 7》	《复仇者联盟 2：奥创纪元》	《小黄人大眼萌》
日本	票房	0.75	0.31	0.26	0.43
	占比	4.49%	2.04%	1.85%	3.71%
韩国	票房	0.43	0.24	0.78	0.15
	占比	2.57%	1.58%	5.55%	1.29%
法国	票房	0.41	0.31	0.34	0.44
	占比	2.46%	2.04%	2.42%	3.80%

资料来源：根据 Box Office Mojo 的相关数据整理制表。全球票房包括分本土（domestic）和国外（foreign），其中国外票房未包含加拿大，因此按北美票房统计。

（二）中国进入国内国际市场一体化发展新阶段

在中国电影市场连续四年保持世界第二的状态下，中国电影已逐步超越国内市场，向全球拓展，开启中国电影进军国际市场的新阶段。

2015 年，亚太地区银幕数超过 100 块的院线共 52 条，前 10 位院线中，中国占据了前 9 席，其中在全球拥有 7 083 块银幕的万达集团位列全球第一。在全球拥有电影院线，有利于搭建全球放映网络，进一步拓展中国电影面向世界的窗口，提升国际影响力。万达集团还在此基础上建立了集合全球资源的制片、发行、放映、后产业一体化的全产业链结构，统筹国内国际两个市场一体化发展。

中国电影企业不断深入好莱坞产业链各环节，加快在全球电影市场布局。据不完全统计，2015 年，中美电影企业间的合作共有 19 项，内容涉及共建基金、投资拍摄影片、参与全球发行、开发衍生品、窗口开发等。如中影股份与华纳兄弟影业和东方梦工厂分别就电影衍生品销售和开发运营等领域达成合作协议；华谊兄弟与 STX 娱乐联合制作影片及发行等。

中国还积极参与世界其他国家的电影业资源配置，提升在全球电影产业的话语权。2015 年，中国与法国、韩国、日本等国家达成了多项合约。在继续注重共同制片的基础上，共建基金成为合作新方向。如北京文资华夏影视文化投资基金与法国 WILD BUNCH 公司共同成立规模为 1 亿欧元的中欧电影基金等。

中国通过合拍影片在全球市场发挥影响力。2016 年上映的中美合拍片《功夫熊猫 3》，截至 2016 年 6 月，在全球共取得票房 5.18 亿美元，其中除在北美和中国分别取得 1.43 亿和 1.54 亿美元票房外，在其他国家和地区票房收入约 2.21 亿美元①，占该片总票房的 42.66%。

国际化和全球化发展，有力促进了中国电影产业资源的全球配置，中国电影强国建设面临前所未有的历史机遇，开启了一个不可阻挡的时代进程。

① 数据来源于 Box Office Mojo。

2015 年中国软件产业发展概况

工业和信息化部电子知识产权中心

2015 年，中国经济发展经历了诸多挑战和困难，世界经济复苏曲折、缓慢、复杂，国内经济面临着巨大的下行压力，即便如此，我国全年国内生产总值仍达到 67.67 万亿元，增长 6.9%。① 当前，世界正进入以信息产业为主导的新经济发展时期，软件技术日新月异，"软件定义世界"正成为各方共识。基于"互联网+"的网络化、平台化、智能化现代服务业蓬勃兴起，工业互联网方兴未艾，软件技术将引领更广范围、更深层次、更高水平的产业变革。

一、2015 年中国软件产业发展的宏观环境

我国政府高度重视信息技术产业发展，党的十八届五中全会、"十三五"规划纲要都对实施网络强国战略、"互联网+"行动计划、大数据战略等做了部署，以产业发展的谋篇布局为开端，着力推动互联网和实体经济深度融合发展，以信息流带动技术流、资金流、人才流、物资流，促进资源配置优化，促进全要素生产率提升。政府坚持简政放权、强化战略规划、政策标准的引导作用，加强信息基础设施建设，强化信息资源深度整合，加大对核心竞争力强的龙头企业集团的扶持力度。大力推进自主创新，鼓励支持软件企业与工业企业跨界融合、协同创新，突破软件核心技术，提高工业信息系统安全水平，夯实产业技术基础，促进软件产业做大做强。

二、2015 年中国软件行业发展的基本状况②

近年来，我国政府通过大力促进信息消费、加快宽带网络基础设施建设、推进两化深度融合以及营造良好政策环境，实现了国内软件产业规模快速壮大。2015 年，实现软件业务收入 42 848 亿元，同比增长 15.7%；软件和信息技术服务业实现利润总额 5 766 亿元，同比增长 19.5%；上缴税金 1 978 亿元，同比增长 10.8%。全国规模以上软件和信息技术服务企业达 38 222 家，同比增加 3%；软件从业人员 574 万人，同比增加 5.2%。

软件技术服务发展迅速。信息技术服务收入 22 211 亿元，同比增长 18.7%，占软件业务收入比重超过 50%。其中，运营相关服务（包括在线软件运营服务、平台运营服务、基础设施运营服务等在内的信息技术服务）收入增长 18.3%；电子商务平台服务（包括在线交易平台服务、在线交易支撑服务在内的信息技术支持服务）收入增长 25.1%；集成电路设计实现收入 1 449 亿元，同比增长 13.3%；其他信息技术服务（包括信息技术咨询设计服务、系统集成、运维服务、数据服务等）收入增长 17.8%。软件产品收入 13 656 亿元，同比增长 11.9%。嵌入式系统软件实现收入 6 981 亿元，同比增长 14.1 %。

东西部软件产业保持稳步发展。2015 年东部地区实现软件业务收入 3.29 万亿元，同比增长 17.2%，增速较 2014 年低 5.2 个百分点。西部地区实现软件业务收入 4 410 亿元，同比增长 16.6%，增速较 2014 年低 4.6 个百分点。中部地区实现软件业务收入 1 978 亿元，同比增长 19.3%，增速较 2014 年低 1.5 个百分点。东北地区实现软件业务收入 3 943 亿元，同比增长 10.7%，增速较全国平均水平低 5.9 个百分点。其中江苏、广东和北京的软件业规模仍居全国前三位，分别是 71 051 485 万元、70 623 774 万元和 54 228 650 万元。

软件业延续在中心城市集聚发展的特点。2015 年，全国 4 个直辖市和 15 个中心城市合计软件业务收入超过 3.5 万亿元，占全国比重达 81%。全国 15 个副省级中心城市实现软件业务收入 2.4 万亿元，

① 参见《2015 年国民经济和社会发展统计公报》，见 http://www.stats.gov.cn/tjsj/zxfb/201602/t20160229_1323991.html，访问时间：2016-07-05。

② 下文中软件行业的具体数据引用自《2015 年软件和信息技术服务业最终核实统计数据情况》，见 http://www.miit.gov.cn/n1146290/n1146402/n1146455/c4799265/content.html，访问时间：2016-07-06。

占全国收入的55.8%，同比增长16.8%，高出全国平均水平0.2个百分点，但增速较2014年低4.7个百分点。其中软件业务收入超过千万元的中心城市达到11个，比2014年新增加2个城市。

软件出口增速回落。2015年，软件和信息技术服务业实现出口495亿美元，同比增长1.7%，但仍较全行业收入增速低11.3个百分点。其中外包服务出口额与去年同期基本持平，嵌入式系统软件出口增长4.2%。

企业创新意识和能力不断增强。2015年，软件企业研发经费投入达到3 907亿元，同比增长24.7%。2015年（第14届）中国软件业务收入前百家企业的创新意识不断增强，研发投入继续加大，并紧跟国际最先进技术方向，积极开展前瞻性项目研究，努力掌握和开发拥有自主知识产权的关键技术，在云平台、大数据及信息安全等多个新兴技术领域不断取得突破。软件百家企业在2014年投入研发经费总额达到837亿元①，占企业主营业务收入的7%，比上届增长20%，高出软件行业平均水平0.6个百分点，其中四成以上企业的研发投入比（研发经费占主营业务收入的比例）超过10%，个别企业研发投入比接近20%；软件百家企业从事研发的人员数接近32万人，占总从业人员数的40%，与上届相比增长7%。软件百家企业优化研发管理模式，着力提升研发效率，软件著作权连续数年递增超过25%。企业努力突破产业瓶颈，逐步向产业链高端攀升，如新入围的阿里云计算有限公司和北京京东尚科信息技术有限公司，虽脱胎于电子商务服务业务，但已实现了向云计算、大数据服务等高端业务的快速延伸。自主可控国产软件系统已基本具备国产化替代能力，浪潮集团天梭服务器加快在金融、能源、电力、国家部委等领域取代国外的IBM、Oracle（甲骨文）和HP小型机的进程，并全面接盘IBM服务器业务在中国的客户和合作伙伴。

三、2015年中国软件产业发展的特点

2015年，在云计算、大数据等新技术的推动下，软件在信息技术创新中的核心地位更加突出，在经济社会发展转型中的引领作用更加显著，软件产业在发展壮大的过程中呈现出如下特点：

（一）产业保持平稳较快发展

随着全球IT行业的全面调整，“软件即服务”成为近年IT行业转型的重要趋势之一，软件即服务、信息安全、大数据和云服务等成为行业的发展热点。从国内看，经济企稳背景下产业保持平稳增长，宏观经济回暖带动各个行业的投资和消费需求，为软件产业的平稳较快发展营造良好环境。同时，包括居民信息消费扩大、企业装备投资消费升级、政府公共服务消费转型等在内的经济社会转型给云计算、大数据等新技术的应用提供了广阔空间。加上《中国制造2025》《国务院关于积极推进“互联网+”行动的指导意见》《促进大数据发展行动纲要》《关于促进智慧城市健康发展的指导意见》等利好政策的推动，2015年软件产业延续了平稳较快发展的良好势头。

（二）“互联网+”对软件提出新的发展要求

软件已经超出信息技术产业范畴，与各重点行业领域深度融合。“互联网+”要求软件不仅仅是与硬件配合使用的信息技术产品，而是要进一步与金融、制造、交通、物流等领域的专业技术深入融合，协力推进其他领域业务流程、业务系统的重塑和生产模式、组织形式的变革，驱动其他行业领域向数字化、网络化、智能化转型升级。软件技术在促进互联网与传统产业融合、帮助传统企业互联网化等方面发挥着重要驱动作用，作为创新主体的软件企业须加快网络化转型，更好地面向服务、面向应用实现软件架构的创新和变革。同时软件要加快自身创新发展，适应“互联网+”时代的新特征。“互联网+”在与传统产业融合过程中，不断拓宽软件技术的应用范围和应用领域，对软件技术的功能和性能提出新的要求，迫使其加快自身创新发展。

（三）智能制造推动软件市场快速发展

2015年，由于国内先进轨道交通、航空航天、能源电力、装备制造等重点行业转型升级步伐加快，制造业智能化、服务化趋势凸显，对国内工业软件发展带动效应十分明显。同时，生产调度和过程控制类工业软件市场受益于多地开展自动化生产技术改造、机器换人等措施影响，市场规模和行业关注度快速提升。随着《中国制造2025》及重点领域技术路线图的发布和实施，围绕智能制造的软件产品和服务市场成为新的增长点，智能制造在全国范围内的推广应用带动相关软件服务和工控系统市场的爆发。同时，作为实现智能制造的必要基础，工业互联网发展不断提速，工业软件加快向云服务模式

① 参见《2015年（第14届）中国软件业务收入前百家企业发展报告公布》，见http://www.miit.gov.cn/n1146290/n1146402/n1146435/c3882308/content.html，访问时间：2016-07-06。

转变，相关工业软件和系统解决方案市场进一步扩大。工业大数据逐渐向制造业拓展和渗透，相关产品和服务的应用推广有望进一步扩大，带动相关软件和服务市场快速增长。

（四）开源成为信息技术创新的主要平台

随着移动互联网、云计算、大数据、物联网等领域新技术不断获得突破，源于单一或少部分企业的力量已难以实现主导，依靠多元力量、汇集全球智慧的开源模式正在快速发展。2015 年，开源世界涌现出许多新生势力，给现有市场格局带来巨大的变革力量。传统软件巨头微软加大了在开源世界的贡献度，其开源影响力逐步提升。我国企业参与开源项目的积极性不断提升，影响力逐步扩大。2015 年，华为正式加入 Cloud Foundry 基金会，其在加大对 OpenStack 的影响力的同时也加快了对其他云平台的布局。阿里巴巴集团也正式加入 Linux 基金会，成为 Linux 基金会中首个来自中国的互联网公司。开源已经成为全球技术、资金、人才、影响力等多元资源的汇集地，企业希望能够通过参与开源软件发展来获取开源技术，推动自身产品和服务的发展，提升竞争力。

四、2015 年中国软件正版化工作的开展情况

加强软件版权保护，对鼓励软件创新、优化市场环境、实施创新驱动发展战略、加快创新型国家建设都具有重要意义。我国政府综合运用经济、法律和行政手段推进软件正版化，通过保护软件著作权，提高公众版权保护意识，促进民族软件产业发展，营造良好的国内国际环境。

（一）软件正版化工作进入新常态①

2015 年“推进使用正版软件工作部际联席会议”进一步巩固了政府机关软件正版化工作成果，建立了中央和省级机关软件正版化工作责任人数据库，指导各省（区、市）建立了市县级机关责任人数据库。推动各省（区、市）建立健全软件正版化工作考核评议制度，指导北京、天津、河北、内蒙古、福建、海南、重庆、青海、新疆等省（区、市）制定了软件正版化工作考核评议细则。全国累计抽查的政府机关数达 3.35 万家（次）。从检查的情况看，各级政府机关软件正版率显著提高，中央和省级机关软件正版率达 96%。据统计，2015 年我国各级政府机关共采购操作系统、办公和杀毒软件 95.19 万套，采购金额达 4.92 亿元。在采购的办公软件中，国产软件套数占 73.01%，目前国产办公软件和国产杀毒软件已经达到国际先进水平。

2015 年企业软件正版化工作也取得重要突破。中央企业软件正版化工作取得重大进展，98.62%的五级及以上企业实现软件正版化。大中型金融机构、新闻出版行业企业集团总部实现软件正版化。各省（区、市）全面部署地方国有企业软件正版化工作。山西、西藏、甘肃、青海等省（区）制定了推进民营企业软件正版化工作实施方案，河北、福建、河南、湖北、宁夏等省（区）印发了关于做好推进民营企业使用正版软件工作有关事项的通知，积极稳妥推进民营企业软件正版化工作。2015 年，全国共有 2 882 家企业列入年度完成软件正版化工作目标，其中 2 438 家企业通过检查验收实现软件正版化。截至 2015 年底，全国累计有 27 001 家企业通过检查验收实现软件正版化，75.35%的金融机构、93.8%的新闻出版行业企业集团下属企业实现软件正版化。2015 年，中央企业和金融机构采购、升级和维护操作系统、办公和杀毒软件金额共计 18.14 亿元。

（二）计算机预装正版操作系统率稳步提高

工业和信息化部自 2007 年开展计算机预装正版操作系统软件工作。八年来，在计算机生产企业和软件企业的共同努力下，2007 年至 2014 年我国新出厂计算机正版操作系统软件的预装率逐年提高。2007 年预装率仅为 87.75%，到 2008 年达到 93.52%，2009 年为 98.02%，到 2010 年预装率稳定增长，达到 98.08%，2011 年预装率为 98.12%，2012 年预装率已经达到 98.22%，2013 年预装率为 98.42%，2014 年预装率为 98.81%，预装正版操作系统软件工作实施以来预装率提高了 11.06 个百分点。部分较大品牌计算机生产厂商正版操作系统软件预装率已经达到了 100%，操作系统软件预装工作成效明显。

（三）软件著作权登记数量增长迅速②

软件正版化工作直接推动了我国知识产权整体水平的提升和进步。2015 年，我国计算机软件著作权登记数量再创历史新高，全年共登记软件著作权

① 软件正版化数据来自《我国软件正版化步入新常态》，见 http://www.ncac.gov.cn/chinacopyright/contents/511/293793.html，访问时间：2016-07-06。

② 数据来自《关于 2015 年全国著作权登记情况的通报》，见 http://www.ncac.gov.cn/chinacopyright/contents/483/274781.html，访问时间：2016-07-07。

292 360 件，接近 30 万件，相比 2014 年的 218 783 件同比增长 33.63%，这也是自 2010 年以来，同比增长增速最高的一年，充分反映出我国软件产业的创新活力。计算机软件著作权质权登记 197 件，涉及合同 197 个，涉及软件作品数量 860 件；涉及主债务金额 173 685 万元，涉及担保金额 156 042.83 万元。

（四）版权保护力度进一步增强[①]

"剑网 2015 专项行动"的重点任务涉及网络音乐、云存储、应用 APP、网络广告联盟、网络转载等领域。通过专项活动，一批重点网络云存储企业就其版权问题开展了自查自纠，一些利用网络云存储空间进行侵权盗版的违法活动受到了查办，利用网络云存储空间进行侵权盗版的势头得到有效遏制；此外，在专项活动中，通过开展打击智能移动终端第三方应用程序（APP）侵权盗版专项整治行动，规范了应用程序企业及应用程序商店的版权秩序。在 2015 年专项治理行动期间，全国各地共查处行政案件 383 件，行政罚款 450 万元，移送司法机关刑事处理 59 件，涉案金额 3 845 万元，关闭网站 113 家，进一步净化了我国的网络空间及网络版权环境。

① 数据来自《〈2015 年中国网络版权保护年度报告〉发布》，见 http://www.ncac.gov.cn/chinacopyright/contents/518/294998.html，访问时间 2016-07-07。

2015 年中国动漫产业发展报告

牛兴偵

2015 年是中国社会主义现代化建设实施全面深化改革，实现创新驱动、转型发展的一年。随着经济规模不断扩大、经济增速逐年递减，我国经济进入到结构趋于优化、物价涨幅趋于适度、新增就业趋于稳定、经济增速趋向潜在水平的“新常态”阶段。动漫产业作为基于产业融合形成的战略性新兴产业，具有先导性、成长性和辐射性等典型特征，在经济社会发展和文化建设中发挥着越来越重要的引领作用。在深化改革、技术创新和媒介融合的大背景下，2015 年中国动漫产业创新步伐明显加快，多元市场主体竞合局面初步形成，业务形态更加丰富多元，产品类型更多、品质有所提升，市场活力、产业潜能进一步释放，整体进入结构调整、产业融合和转型升级的关键阶段。中国动漫产业以其强大的创意设计力量和品牌版权价值日渐融入国民经济大循环，在推动文化创意产业和相关产业融合发展、支撑文化产业趋于成为国民经济支柱性产业等方面发挥着重要作用。

一、动漫企业实力持续增强

中国动漫产业逐步形成了多种经济成分共同发展的产业格局，民营企业凭借更为成熟的市场机制迅速发展壮大，特别是在动漫内容产品生产制作领域成为主力军，有效地促进了中国动漫产业的市场化进程。作为动漫市场主体的动漫企业在产业化潮流中快速成长，规模实力持续增强，一批有实力、有特色的动漫企业脱颖而出。我国动漫企业数量不断增加，2015 年又有 61 家动漫企业通过文化部、财政部、税务总局的认定，全国通过认定的动漫企业累计数量达到 730 家，其中重点企业 43 家（见图 1）。

以我国三大经济地带来统计，东部地区有 462 家，占全国动漫企业总量的 63.29%；中部地区有 176 家，占 24.11%；西部地区有 92 家，占 12.60%。以地理区域进行统计，华东地区有 283 家，占总体的 38.77%；华北地区有 135 家，占 18.49%；华南地区有 101 家，占 13.84%；华中地区有 87 家，占 11.92%；东北地区有 49 家，占 6.71%；西南地区有 38 家，占 5.21%；西北地区有 37 家，占 5.07%。从省份来看，江苏省、广东省和北京市动漫企业最多，江苏省和广东省各有 89 家，北京市有 72 家；长三角（江浙沪两省一市）有 166 家，占 22.74%；环渤海（京津冀鲁辽三省两市）有 162 家，占 22.19%。

经过多年的积累发展，中国动漫逐步涌现出奥飞娱乐、华强动漫、中南卡通、腾讯互动娱乐、美盛文化、长城动漫、炫动传播、优扬传媒、华夏动漫等综合运营商，央视动画、原创动力、玄机科技、蓝弧文化、咏声文化、宏梦卡通、江通动画、青青树、追光动画等专业内容供应商，以及知音传媒、华闻传媒、中南传媒、时代出版、光线传媒、慈文传媒、拓维信息、恒大文化、海尔文化等战略投资者。奥飞娱乐（002292）2015 年实现营业收入 25.89 亿元，同比增长 6.56%；实现净利润 4.89 亿元，同比增长 14.26%。美盛文化（002699）2015 年实现营业收入 4.08 亿元，同比增长 −10.50%；实现净利润 1.26 亿元，同比增长 30.15%（见表 1）。

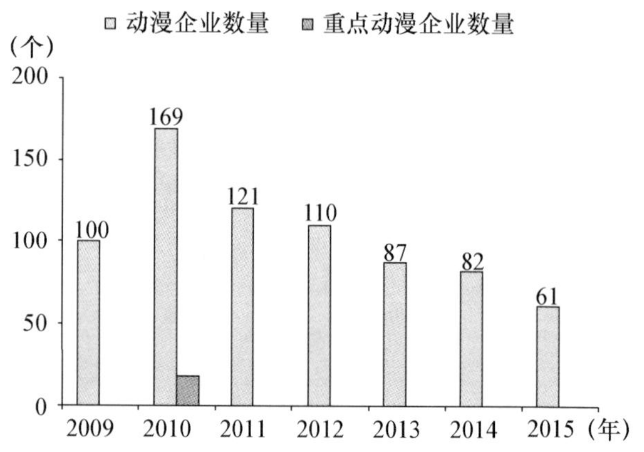

图 1　2009—2015 年国家认定的动漫企业和重点动漫企业数量

资料来源：根据文化部官方网站（http://www.mcprc.gov.cn/）信息整理。

表 1　　2015 年主要动漫概念上市公司财务报表

财务指标	奥飞娱乐（002292）	光线传媒（300251）	骅威文化（002502）	美盛文化（002699）	长城动漫（000835）
主营业务收入（万元）	258 917.00	152 329.00	59 057.30	40 810.10	35 740.80
主营业务利润（万元）	135 445.00	51 119.90	26 866.20	15 109.80	11 537.40
营业利润（万元）	50 802.90	43 330.80	12 574.00	13 633.90	−1 218.77
投资收益（万元）	10 361.30	7 568.60	536.91	7 062.39	—
营业外收支净额（万元）	4 149.79	2 075.23	−375.05	2 699.98	4 711.08
利润总额（万元）	54 952.70	45 406.00	12 198.90	16 333.90	3 492.31
净利润（万元）	48 904.00	40 208.60	12 034.90	12 640.80	1 838.65
股东权益（不含少数股东权益）（万元）	302 951.00	687 199.00	309 533.00	115 764.00	34 487.00
基本每股收益（元）	0.39	0.28	0.35	0.29	0.06

资料来源：根据各上市公司披露信息（http://stock.qq.com/）整理。

二、电视动画片生产数量理性回落，质量稳步提升

在政策调控和市场杠杆的双重引导下，2015 年中国电视动画行业总体上调控数量，提高质量，由数量增长向质量提升的趋势更加明显。2015 年，全年备案公示的国产电视动画片剧目数量为 399 部、298 114 分钟，同比分别增长－6.12％和 9.95％（见图 2）；全国制作完成的国产电视动画片共 134 011 分钟，同比上年下降 3.30％，创 2009 年以来最低产量纪录，仅相当于 2011 年最高产量（261 224 分钟）的一半左右（见图 3）。2014 年，全国各级电视频道动画片播出时间为 304 838 小时，其中国产片 288 955 小时、进口片 15 883 小时，与 2013 年相比，增长率分别为 3.99％、3.52％和 13.33％，国产片和进口片所占比值分别为 94.79％和 5.21％（见表 2）。由于 2004—2011 年期间国产电视动画片持续保持高速增长，导致节目片源累计存量数量十分庞大，加之电视频道播出资源相对较少且拓展空间有限（见表 3），使得电视动画生产较多和播出紧张的矛盾长期难以得到缓解，这势必要求国产动画在降低产量的同时更加强化质量提升。

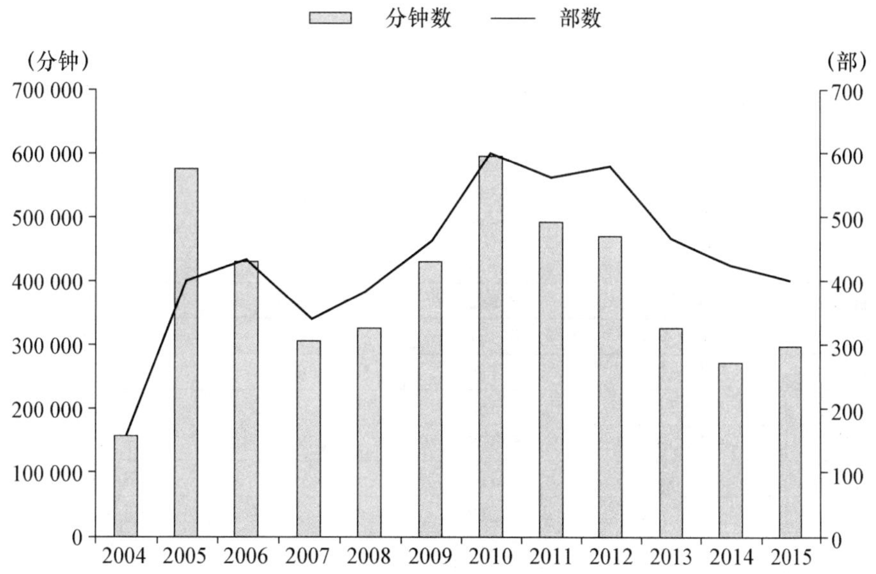

图 2　2004—2015 年国产电视动画片备案制作数量

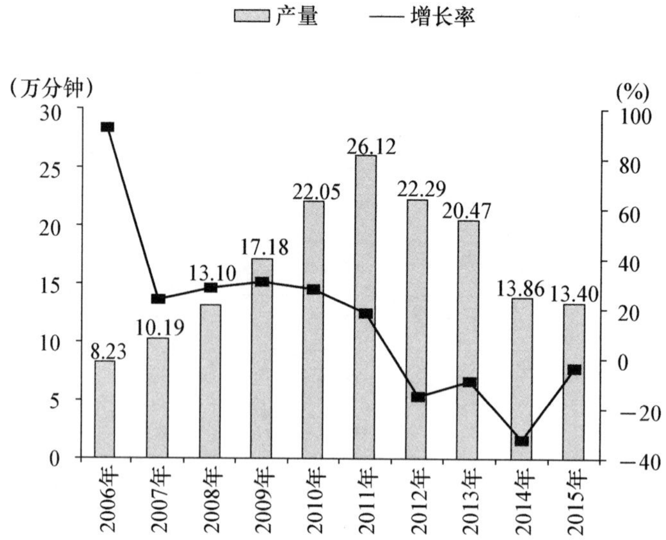

图 3　2006—2015 年国产电视动画片生产数量

表 2　2011—2014 年全国电视动画播出时间

单位：万小时

指标	2011 年	2012 年	2013 年	2014 年
电视动画播出时间	28.03	30.49	29.31	30.48
进口动画电视播出时间	1.48	1.21	1.40	1.59
国产动画电视播出时间	26.55	29.28	27.91	28.90

资料来源：历年《中国统计年鉴》。

表 3　2011—2014 年全国电视动画播出数量

单位：小时

序号	类别	2011 年	2012 年	2013 年	2014 年	合计
1	广东	21 279	26 264	25 207	24 745	97 495
2	湖南	21 434	21 145	22 364	22 151	87 094
3	新疆	16 899	18 669	20 248	22 507	78 323
4	浙江	20 203	20 216	17 236	20 661	78 316
5	四川	17 890	16 534	16 230	18 023	68 677
6	江苏	14 080	16 997	15 521	12 804	59 402
7	江西	14 956	17 565	12 747	13 936	59 204
8	上海	12 849	15 363	13 280	14 559	56 051
9	山东	11 471	13 465	13 562	13 580	52 078
10	内蒙古	7 664	13 304	11 230	8 578	40 776
11	云南	10 162	9 319	10 275	10 288	40 044
12	甘肃	9 121	11 039	8 291	9 562	38 013
13	湖北	7 381	9 856	10 074	10 109	37 420
14	广西	7 863	7 329	8 656	10 580	34 428
15	安徽	9 334	7 774	7 630	7 699	32 437
16	山西	6 156	8 382	7 977	9 805	32 320
17	福建	7 399	6 957	7 426	8 366	30 148
18	河北	7 761	7 436	7 868	6 889	29 954
19	重庆	7 874	6 538	6 973	7 928	29 313
20	陕西	7 503	6 599	6 775	7 710	28 587
21	河南	6 753	6 311	6 990	8 502	28 556
22	辽宁	6 657	7 212	7 584	5 892	27 345
23	北京	3 105	5 545	5 603	6 995	21 248
24	总局直属	4 373	6 204	4 366	5 315	20 258
25	宁夏	4 857	4 687	3 774	4 290	17 608

续前表

序号	类别	2011 年	2012 年	2013 年	2014 年	合计
26	天津	3 803	3 364	2 972	2 813	12 952
27	黑龙江	3 018	2 268	2 717	2 739	10 742
28	海南	2 575	2 443	2 881	1 377	9 276
29	贵州	2 733	2 484	2 038	2 001	9 256
30	青海	1 334	1 430	2 075	2 408	7 247
31	吉林	1 239	1 592	1 692	1 374	5 897
32	西藏	514	587	877	652	26 30

三、动画电影质量双提升，成为电影行业重要增长点

伴随影院建设和银幕数量的快速扩张，动画电影票房收入也随着电影市场的快速崛起而持续攀升，国产动画电影无论是票房收入还是市场份额都在大幅提升。2015 年，我国动画电影票房市场持续走高，全年共有 55 部动画电影在国内上映，合计票房收入为 42.45 亿元，同比增长 38.87%，在总体电影票房（440.69 亿元）中所占市场份额提升到 9.63%。其中，国产片（含合拍片）票房达到 19.26 亿元，进口片票房为 23.19 亿元，国产片和进口片所占比例分别为 45.38%和 54.62%（见图 4）。与往年相比，国产动画电影与进口动画电影的票房收入差距正在逐步缩小，国产片所占比例较 2011 年（20.64%）提高近 25 个百分点。随着动画电影市场竞争的加剧和动画品牌发展的需要，动画电影在投资制作方面开始采取系列化和品牌化的发展路线，涌现出《熊出没》《洛克王国》《黑猫警长》《喜羊羊与灰太狼》《赛尔号》《猪猪侠》《潜艇总动员》等国产动画品牌系列，同时基于漫画、游戏、影视等内容推出的《洛克王国 4：出发！巨人谷》《桂宝之爆笑闯宇宙》《赛尔号 5：雷神崛起》《摩尔庄园 3：魔幻列车大冒险》《奥拉星：进击圣殿》《长江 7 号：超萌特攻队》等一批影片被推上银幕。

2015 年 7 月，一个被戏谑为马脸造型的齐天大圣横空出世，以他为主角的动画电影《西游记之大圣归来》（简称《大圣归来》）成为暑期档最大的黑马。这部被誉为国产动画良心之作的影片，以其精良的动画制作效果，迅速赢得了国内观众特别是年轻群体的喜爱，并在网络平台上争相评论推荐。在口碑营销的成功推动下，《大圣归来》虽然在上映初期排片量并不突出，但其票房收入却在四天内轻松过亿元。在口碑评价和票房效应的支撑下，随即实现了排片数量的逆袭，并带动票房持续攀升。最终，《大圣归来》凭借着 9.56 亿元的票房，不但创下国产动画电影票房新纪录，同时还超过进口动画电影票房冠军《功夫熊猫 2》的 6.12 亿元，一度晋升为国内动画电影票房新冠军。从 2010 年的《喜羊羊与灰太狼之虎虎生威》突破 1 亿元，到 2014 年的《熊出没之夺宝熊兵》突破 2 亿元，再到 2015 年的《大圣归来》达 9.56 亿元的最高纪录，彰显出国产动画电影的跨越式成长与进步。

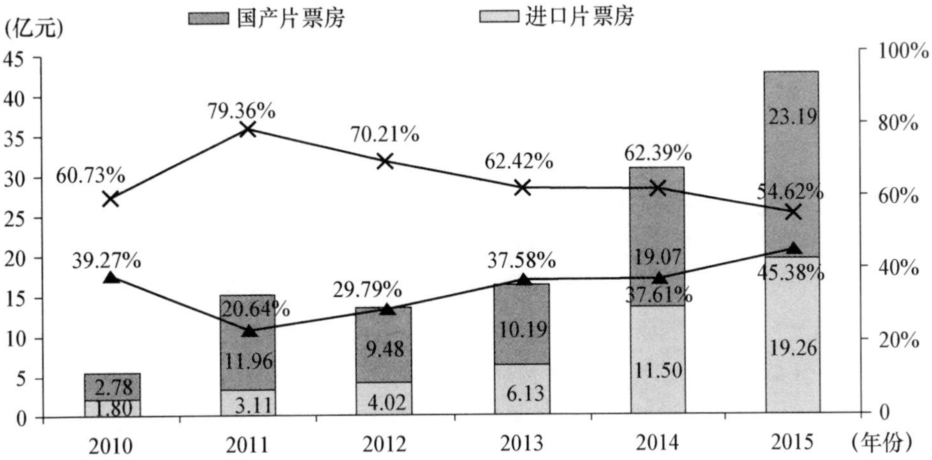

图 4　2010—2015 年我国动画电影票房收入构成

资料来源：根据中国电影票房数据中心（http://www.cbooo.cn/）单个影片票房收入汇总。

四、动漫出版数量不断增长，创造较好销售业绩

我国动漫报刊图书创作生产活跃，动漫报刊图书销售持续火爆。根据当当网统计数据，截止到2015年底，该网站在销动漫幽默类图书45 034种、童书类动漫/卡通图书16 655种，合计占所有在销图书总量（9 390 286种）的0.66%，2015年当当网动漫幽默类畅销图书排行榜Top10见表4。从细分类别来看，所占比例较大的主要二级分类包括大陆漫画（18 218种，占29.53%）、童书类动漫/卡通（16 655种，占27.00%）、日韩漫画（6 386种，占10.35%）、动漫学堂（5 095种，占8.26%）、港台漫画（4 209种，占6.82%）。在2015年度图书畅销榜前500名中，包括《就喜欢你看不惯我又干不掉我的样子》《丁丁历险记·小开本精巧阅读本（全集22册）》《巴巴爸爸（全10册）》《父与子全集》《滚蛋吧，肿瘤君（独家签章版）》《你今天真好看》《长歌行8》《关于我最喜欢的他》等8种动漫图书。总体来看，近几年来国产漫画所占市场份额正在稳步提升。从当当网2012—2015年动漫类畅销图书前500名情况来看，大陆作者作品数量所占比例已从2012年的138种（占27.6%）稳步上升到2015年的218种（占43.6%）。

表4　　2015年当当网动漫幽默类畅销图书排行榜Top10

序号	图书名称	作者	出版社	出版时间	定价	类别
1	就喜欢你看不惯我又干不掉我的样子	白茶	长江文艺	2015年5月	46	大陆
2	父与子全集	埃·奥·卜劳恩	中国妇女	2011年9月	28	欧美
3	滚蛋吧，肿瘤君（独家签章版）	熊顿	北京理工大学	2012年9月	29.8	大陆
4	你今天真好看	莉兹克里莫	天津人民	2015年7月	39	欧美
5	长歌行8	夏达	新世纪	2015年4月	19.8	大陆
6	关于我最喜欢的他	伟大的安妮	中国友谊	2015年10月	39.8	大陆
7	星空	几米	现代	2009年10月	48	港台
8	肚子饿万岁	高木直子	北京联合	2015年5月	39.9	日韩
9	阿狸·呓语	Hans	湖南文艺	2015年6月	39.8	大陆
10	父与子全集	埃·奥·卜劳恩	北方妇女儿童	2011年5月	29	欧美

五、优秀动漫品牌日益彰显价值

随着国家动漫精品工程的实施和动漫企业品牌意识的树立，我国动漫企业推出了一批优秀的动漫精品和动漫品牌。为促进动漫产业结构调整和优化升级，推动建设在国内和国际市场具有影响力的原创动漫品牌，培育具有品牌化开发价值的原创动漫创意，2015国家动漫品牌建设和保护计划确定了《黑猫警长之翡翠之星》等18个品牌产品、《熊猫和小鼹鼠》等28个创意项目。2015年，《飞越五千年（51～100集）》《凌霜篇之侠岚》《小兔侠之功夫学校（第二季）》《赛尔号（第四季）》《梦想总动员》等60部优秀国产动画片获得国家新闻出版广电总局推荐播出，合计共2 104集、28 089分钟，约占全年电视动画片总产量的21.0%（见表5）。

对2015年百度搜索风云榜动漫榜单的统计显示，全年共有180部国产动漫上榜，搜索指数合计值为120 176 834，关键词数量占总体的比例为31.20%，搜索指数合计值所占比例为26.35%（见表6）。《尸兄》《熊出没》《秦时明月之君临天下》《中国惊奇先生》《灵域》《妖怪名单》《十万个冷笑话》等国产动漫品牌在网络平台上具有较高关注度、知名度和影响力，跻身2015年百度搜索风云榜动漫榜单Top20（见表7）。根据原生媒体平台来看，有承自于影视平台的《爱情公寓》《煎饼侠》《黑猫警长》等，也有生发于电视平台的《熊出没》《秦时明月之君临天下》《喜羊羊与灰太狼》《铠甲勇士》《猪猪侠》《巴啦啦小魔仙》《熊出没之冬日乐翻天》《新大头儿子小头爸爸》等，还有走红于网络二次元平台的《尸兄》《中国惊奇先生》《灵域》《妖怪名单》《十万个冷笑话》《王牌御史》《勇者大冒险》《啦啦啦德玛西亚》等，以及脱胎于儿童社区的《贝瓦儿歌》等。2015年百度搜索风云榜动漫榜单中国动漫Top20见表8。

表 5　　2015 年国家新闻出版广电总局推荐播出的优秀国产电视动画片

序号	省份	部数	集数	分钟数	片目
1	广东	15	587	8 234	《猪猪侠之百变联盟》《超级飞侠》《熊出没之冬日乐翻天》《梦幻西游之化境飞升》《巴啦啦小魔仙之梦幻旋律》《美食大冒险之火热之旅》《喜羊羊与灰太狼之妈妈乐疯狂》《我要回家》《宝狄与好友》《巴啦啦小魔仙之梦幻旋律（27～52 集）》《猪猪侠之五灵守卫者（上部）》《熊出没之夏日连连看》《星际小蚂蚁之环球追梦（第一季）》《帮帮团向前冲》《疯狂小糖（第二季）》
2	浙江	14	434	5 070	《昆塔·因为所以》《绿树林家族Ⅱ》《阿优之神奇萝卜（二）》《星学院》《少年师爷之忠义满乾坤》《燃烧的蔬菜之家园保卫战》《地道战之英雄出少年》《阿优之梦想系列》《绿树林家族Ⅲ》《少年师爷之公祭大禹、祭禹盛典（第 9、10 部）》《乐比悠悠科普系列之动物自然》《郑义门》《魔幻仙踪Ⅰ3D》《阿优之神奇萝卜（三）》
3	上海	7	236	3 886	《赛尔号（第四季）》《大耳朵图图——彩色世界》《百变马丁》《赛尔号（第五季）》《小龙大功夫之神龙战队系列（27～52 集）》《京剧猫》《小花仙（第二季）》
4	江苏	7	258	3 253	《梦想总动员》《粉墨宝贝（第一部）》《玉骐麟之仙灵奇域》《茅山小道士》《鸡毛信》《朋朋的世界》《超能星之时空英雄》
5	北京	4	210	2 534	《飞越五千年（51～100 集）》《凌霜篇之侠岚》《小兔侠之功夫学校（第二季）》《中华美德故事（1～30）》
6	湖南	3	81	1 202	《时空博物卡》《五子炮——渊子崖保卫战》《一起来看流星雨》
7	辽宁	2	78	1 118	《奇奇探险队》《小飞机卡卡》
8	福建	3	78	962	《土豆侠（第二季）出征》《山不在高》《功夫鸡（三）（四）》
9	河南	1	26	572	《黄帝史诗（第一部）》
10	央视	1	50	500	《星星梦之梦想篇》
11	天津	1	26	338	《新年来啦之文字大劫难》
12	安徽	1	20	300	《少相甘罗（一）》
13	陕西	1	20	120	《红色延安》

表 6　　2015 年百度搜索风云榜动漫榜单概况

类别	作品关键词数量	搜索指数合计值	关键词数量所占比例	搜索指数合计值所占比例
日本	313	297 642 130	54.25%	65.26%
国产	180	120 176 834	31.20%	26.35%
欧美	82	36 739 032	14.21%	8.06%
韩国	1	1 404 563	0.17%	0.31%
新西兰	1	104 781	0.17%	0.02%
合计	577	456 067 340	100.00%	100.00%

资料来源：根据百度搜索风云榜动漫榜单（http://top.baidu.com/category?c=5）每日提供的基础数据进行全年汇总，因个别日期采集遗漏，可能与官方实际数据略有出入。

表 7　　2015 年百度搜索风云榜动漫榜单 Top20

序号	关键词	国别	搜索指数合计	序号	关键词	国别	搜索指数合计
1	火影忍者	日本	61 085 142	11	中国惊奇先生	国产	9 996 238
2	海贼王	日本	41 014 215	12	银魂	日本	7 954 713
3	东京食尸鬼	日本	15 159 919	13	进击的巨人	日本	7 224 833
4	航海王	日本	14 604 930	14	一拳超人	日本	5 780 180
5	尸兄	国产	14 592 550	15	蜡笔小新	日本	5 524 761
6	死神	日本	14 092 817	16	灵域	国产	5 316 962
7	妖精的尾巴	日本	13 421 735	17	爱探险的朵拉	欧美	4 776 105
8	熊出没	国产	12 955 721	18	龙珠超	日本	4 488 699
9	秦时明月之君临天下	国产	10 358 746	19	妖怪名单	国产	4 161 623
10	名侦探柯南	日本	10 353 237	20	十万个冷笑话	国产	4 042 503

表 8　　2015 年百度搜索风云榜动漫榜单中国动漫 Top20

序号	关键词	搜索指数合计	序号	关键词	搜索指数合计
1	尸兄	14 592 550	11	煎饼侠	3 280 872
2	熊出没	12 955 721	12	铠甲勇士	2 592 602
3	秦时明月之君临天下	10 358 746	13	猪猪侠	2 227 980
4	中国惊奇先生	9 996 238	14	贝瓦儿歌	2 224 333
5	灵域	5 316 962	15	勇者大冒险	1 951 571
6	妖怪名单	4 161 623	16	巴啦啦小魔仙	1 743 536
7	十万个冷笑话	4 042 503	17	熊出没之冬日乐翻天	1 692 855
8	喜羊羊与灰太狼	4 008 160	18	啦啦啦德玛西亚	1 509 924
9	王牌御史	3 563 744	19	新大头儿子小头爸爸	1 313 383
10	爱情公寓	3 495 604	20	黑猫警长	1 212 176

六、动漫内容的传播渠道日趋互联网化

我国动漫产业正从传统媒体向新媒体加速迁移，数字动漫产品的互联网化已成为不可逆转的潮流趋势。在高新技术的支撑下，动漫产品的传播介质和呈现方式发生了变化，传统的报刊、图书、磁带、胶片、光盘介质＋物理运输被现今的数字格式＋网络传输＋多种终端呈现所取代。从物理形态到数字产品形态，这就使得动漫内容产品的边际生产成本大大降低，原本的生产复制（印刷）、仓储、物流运输等业务流程实现了数字化，影视节目可通过卫星、光纤网络进行流量传输，其边际复制和传播成本渐趋于零。数字动漫内容产品和新媒体传播技术的有机融合，将会大大激活潜在的市场需求，推动新媒体动漫的加速发展。动漫已成为国内视频网站和阅读网站的重要板块，腾讯、新浪微博、网易云阅读、小米多看阅读、当当读书等网络巨头相继开启了在线漫画阅读，中国网络电视台、腾讯视频、搜狐视频、爱奇艺、土豆、优酷、乐视、酷 6、56、风行网、激动网、迅雷看看等主流网络视频网站纷纷开设了动漫（动画）频道，中国移动、中国联通、中国电信等运营商纷纷成立了手机动漫基地，此外还产生了有妖气、漫客栈、i 尚漫、n 次元漫画等在线漫画网站，酷米网、淘米视频、百田卡通、AcFun、哔哩哔哩（bilibili）等垂直动画视频网站，以及布卡漫画、有妖气漫画、Vista 锋绘、漫画魔屏、开卷漫画、新浪微漫画、魔漫相机、脸萌、微漫（We-Comics)、哔哩哔哩动画等 APP 应用。“有妖气”（u17. com）是目前国内最大的独立原创漫画网络平台，汇聚了近万名漫画家、数万部漫画作品与近百万读者，进行原创漫画的互联网创作、营销、推广及商业化。

易观千帆监测数据显示，2015 年国内活跃用户数量较大的动画类 APP 主要有哔哩哔哩动画、布丁动画、猫团动漫、AcFun、前沿动漫，漫画类 APP 主要包括布卡漫画、爱动漫、快看漫画、暴走漫画、腾讯动漫（见表 9）。由上海幻电信息科技有限公司开发的哔哩哔哩动画 APP 在 2015 年 1 月有 219.48 万活跃用户，启动次数达 5 903.81 万次，使用时长为 923.83 万小时；2015 年 12 月则拥有 373.07 万活跃用户，启动次数达 12 216.20 万次，使用时长为 1 911.80万小时。相对于动画类 APP 较为稳定的市场格局，漫画类 APP 则充满了变数。尽管布卡漫画和爱动漫全年平均活跃用户数较大，但活跃用户数却分别从 2015 年 1 月的 251.69 万人和 188.07 万人下降到 2015 年 12 月的 127.85 万人和 126.41 万人。而快看漫画、有妖气漫画、腾讯动漫、咪咕动漫和漫画人 APP 的活跃用户则持续上涨，分别攀升至 2015 年 12 月的 316.18 万人、249.34 万人、208.85 万人、145.49 万人和 128.60 万人。

表 9　　2015 年国内二次元 APP Top20

排名	APP 名称	类型	2015 年度每月平均活跃用户数（万人）
1	哔哩哔哩动画	动画	302.8
2	布卡漫画	漫画	186.2
3	爱动漫	漫画	139.0
4	快看漫画	漫画	126.4
5	暴走漫画	漫画	104.6
6	布丁动画	动画	99.9
7	腾讯动漫	漫画	97.2
8	有妖气漫画	漫画	94.6
9	漫画岛	漫画	79.4
10	追追漫画	漫画	71.5
11	漫画人	漫画	60.0
12	咪咕动漫	漫画	59.7

续前表

排名	APP 名称	类型	2015 年度每月平均活跃用户数（万人）
13	猫团动漫	动画	39.4
14	AcFun	动画	32.5
15	前沿动漫	动画	18.5
16	二次元狂热	动画	14.9
17	内涵漫画	漫画	14.8
18	漫画帮	漫画	12.6
19	呱呱漫画	漫画	12.0
20	内涵福利社	漫画	11.9

注：月活跃用户是指所选取的时间范围内至少启动过 1 次的用户。通过对 Android 用户访问行为持续监测数据进行属性加权，并根据 iOS/Android 用户调研数据建模得出中国移动互联网用户规模以及相应的用户结构。

资料来源：易观千帆（http://qianfan.analysys.cn/）。

七、动漫版权贸易日益活跃，出口情况波动较大

我国动漫内容产品海外版权贸易额也在不断提高，动漫产品正成为文化版权贸易的新亮点和新的增长点。为鼓励和支持我国文化企业参与国际竞争，扩大文化产品和服务出口，推动中华文化“走出去”，商务部、中宣部、财政部、文化部、国家新闻出版广电总局根据《文化产品和服务出口指导目录》，经各地组织申报、相关部门评审，共同认定了 2015—2016 年度国家文化出口重点企业和国家文化出口重点项目。北京天视全景文化传播有限责任公司、央视动画有限公司、灵然创智（天津）动画科技发展有限公司、内蒙古东联影视动漫科技有限责任公司、黑龙江龙德天合动漫有限公司、上海今日动画影视文化有限公司、上海炫动传播股份有限公司、上海美术电影制片厂、江苏山猫兄弟动漫游戏有限公司、美盛文化创意股份有限公司、浙江中南卡通股份有限公司、安徽时代漫游文化传媒股份有限公司、福建省子燕动漫科技有限公司、江西腾王科技有限公司、河南约克信息技术股份有限公司、湖南金鹰卡通有限公司、骅威科技股份有限公司、环球数码媒体科技研究（深圳）有限公司、海南英立科技开发有限公司、重庆享弘影视股份有限公司、成都精英设计制作有限公司等 47 家动漫企业，以及 50 部国产原创漫画版权出口计划、童子山动画电影、东联动画系列片《中华德育故事》、美盛文化构建动漫文化产业生态圈、动画片《泡泡美人鱼》《米乐米可之神奇海豚岛》境外投放项目、“山猫吉咪”品牌文化产品对外出口、《熊出没》系列动漫产品等 15 个动漫项目被分别认定为 2015—2016 年度国家文化出口重点企业和国家文化出口重点项目。

2014 年，我国电视动画节目共对外出口 2 628 小时，出口贸易金额 3 190 万元，均价为 1.21 万元/小时；同期进口 4 560 小时，进口贸易金额 11 028 万元，均价为 2.42 万元/小时；存在贸易逆差 7 838 万元，且平均进口价格为出口价格的 2 倍（见图 5）。从进口洲域和国别来看，我国电视动画节目主要进口自亚洲、美洲和欧洲，涉及日本、美国、中国台湾、中国香港等国家和地区。从出口洲域和国别来看，我国电视动画节目主要出口到亚洲、美洲、大洋洲、欧洲和非洲，涉及美国、日本、中国香港、中国台湾、韩国、东南亚等国家和地区（见表 10）。

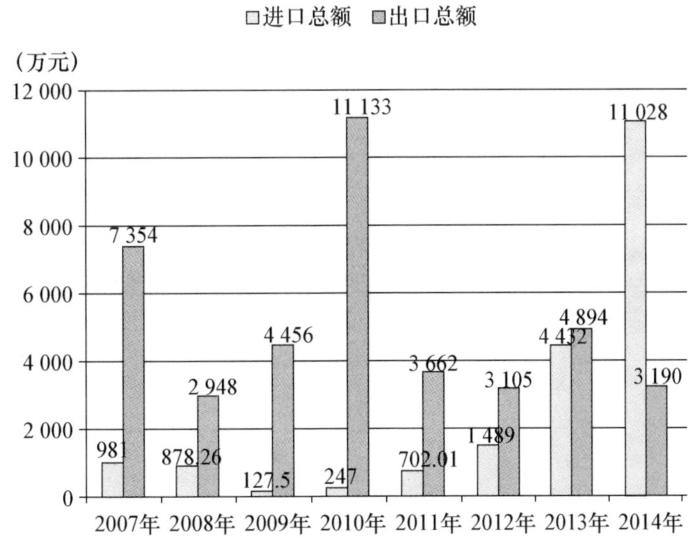

图 5　2007—2014 年我国电视动画节目进出口贸易金额

资料来源：根据历年《中国统计年鉴》整理。

表 10　　2014 年我国电视动画节目进出口贸易金额和数量

类别	欧洲	非洲	美洲		亚洲						大洋洲	合计
			美国	总计	日本	韩国	东南亚	中国香港	中国台湾	总计		
进口总额（万元）	229	0	1 019	1 019	8 384	0	0	249	1 147	9 780	0	11 028
进口量（小时）	416	0	1 041	1 041	2 421	0	0	159	523	3 103	0	4 560
出口总额（万元）	42	1	1 238	1 244	617	23	22	951	102	1 810	92	3 190
出口量（小时）	41	19	419	689	9	3	137	230	184	1 795	84	2 628

资料来源：《中国统计年鉴（2015）》。

2015 年中国游戏产业发展报告

易观智库

游戏行业属于国家鼓励发展的行业之一，国家出台了一系列游戏产业的鼓励政策，如 2014 年 12 月 21 日，国务院发布《关于推广中国（上海）自由贸易试验区可复制改革试点经验的通知》，其中提到“允许内外资企业从事游戏游艺设备生产和销售等”，为国外游戏主机厂商进入国内市场创造了有利条件，并促进国内游戏厂商自身发展。2015 年 3 月 3 日，国务院发布《关于在广东省对香港、澳门服务提供者暂时调整有关行政审批和准入特别管理措施的决定》，其中提到将国发办［2000］44 号文件中禁止电子游戏的制造和销售改为在广东省对香港、澳门服务提供者暂时调整实施相关准入特别管理措施，允许其从事相关协议中规定的游戏游艺设备的销售服务；具体管理办法由广东省人民政府制定。

从中国网络游戏整体市场发展趋势来看，经过了多年的发展，中国网络游戏市场已经进入成熟期，市场规模的上升逐渐稳定，网络游戏产业规模增速放缓（见图 1）。相比前几年的爆发式增长，2015 年部分游戏公司缩减规模，裁员现象频出。

一、中国游戏市场发展现状及预测

（一）中国游戏市场发展现状

客户端游戏市场保持平稳态势，市场规模基本滞缓，市场已经日趋饱和。由于竞争者的减少以及市场的逐渐成熟，企业也选择了稳健的经营策略，新游戏推出节奏减慢。受研发成本提升的影响，新产品数量降低，质量提高。此外，客户端游戏改编的移动游戏在市场上取得成功，部分端游厂商逐渐将更多业务布局到移动游戏市场，端游的业务以获取核心用户、树立企业品牌为主要目标。

网页游戏方面，受到移动游戏市场的挤压，市场规模增长率进一步下降。页游获取用户的方式更加多样化，广告依然是主要的导量形式，在影视、小说、游戏加速联动下，明星代言、IP 改编的用户导入也越来越多地被采用。但过度依靠流量的发展模式导致网页游戏投入过高，高成本的运营模式提高了行业的进入门槛，也增加了风险，众多中小网页游戏企业转型移动游戏，整个网页游戏市场格局固化。

2015 年移动游戏市场规模大幅超过页游，已经接近端游，预计 2016 年市场规模将超过端游（见图 2）。移动游戏的生命周期和可拓展性非常有限，产品产出量巨大，但经过了 2014 年的爆发，伴随着人口红利的削弱，移动游戏市场已经从单纯的获取流量，向深入挖掘用户价值转化。随着流量购买价格上涨，游戏产品主要依靠 IP 优势、精品化和细分化路线取得成功，产品质量提升使得研发为主的游戏企业掌握了更高的话语权，移动游戏的主要市场份额被大厂商占据，中小厂商数量锐减，面临压力。

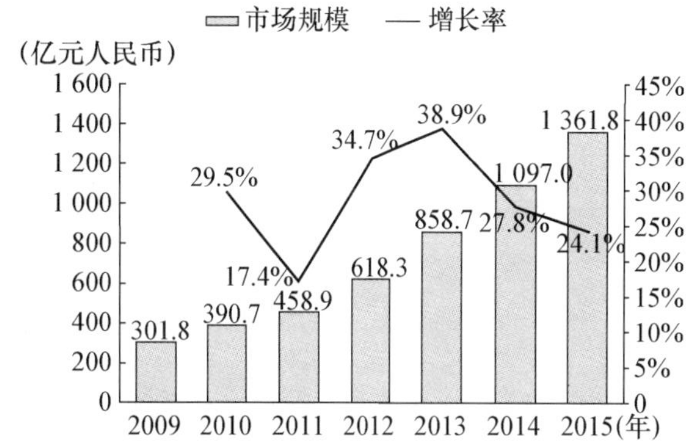

图 1　2009—2015 年中国网络游戏市场规模

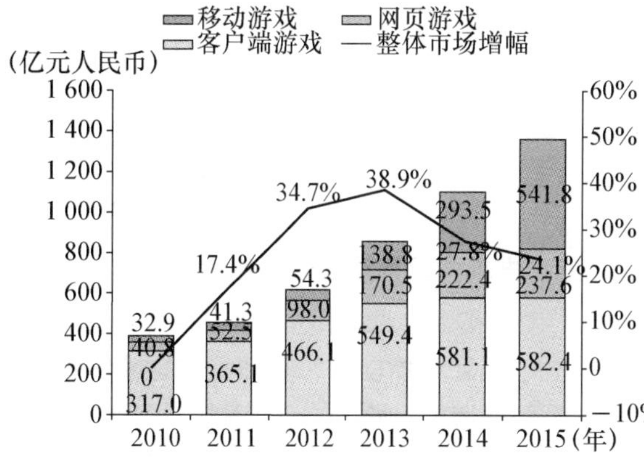

图 2　2010—2015 年中国网络游戏细分市场规模

（二）中国游戏市场整体规模预测

据 Analysys 易观预计，2016 年中国网络游戏市场的整体规模将继续保持稳健增长，达到 1 463 亿元人民币，较 2015 年增长 7.4%；2017 年将达到 1 510.7 亿元人民币，较之 2016 年增长 3.3%；2018 年达到 1 515.9 亿元人民币，较 2017 年增长 0.3%（见图 3）。

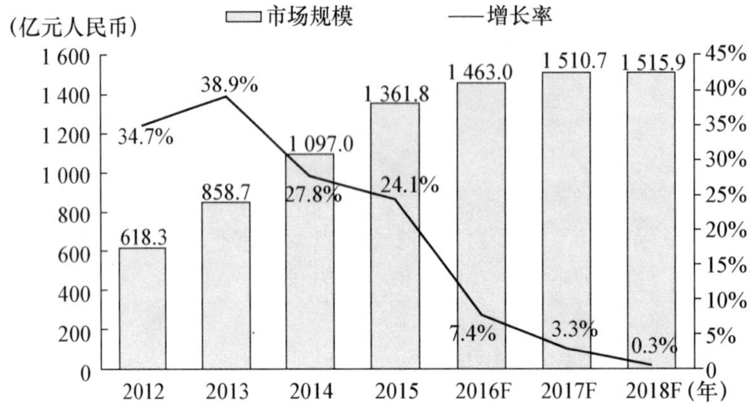

图 3　2016—2018 年中国广义网络游戏市场规模预测

1. 客户端游戏市场规模预测

据 Analysys 易观预计，在 2016 年中国客户端游戏的市场规模将达到 583.05 亿元人民币，较 2015 年增长 0.1%；2017 年将达到 581.36 亿元人民币，较 2016 年减少 0.3%；预计 2018 年将达到 578.9 亿元人民币，较上一年度减少 0.4%。客户端网络游戏市场陷入滞缓。

2. 网页游戏市场规模预测

据 Analysys 易观预计，2016 年中国网页游戏的市场规模将达到 239.95 亿元人民币，较 2015 年增长 1%；2017 年将达到 239.34 亿元人民币，较上一年度减少 0.3%；2018 年将达 236.95 亿元人民币，较 2017 年下降 1%。网页游戏市场规模呈现出萎缩态势。

3. 移动游戏市场规模预测

据 Analysys 易观预计，2016 年中国移动游戏的市场规模将达到 640 亿元人民币，较上一年度增长 18.1%；2017 年将达 690 亿元人民币，较 2016 年增长 7.8%；2018 年市场规模将达到 700 亿元人民币，较上一年度增长 1.4%。未来三年，移动游戏市场增速将继续放缓（见图 4）。

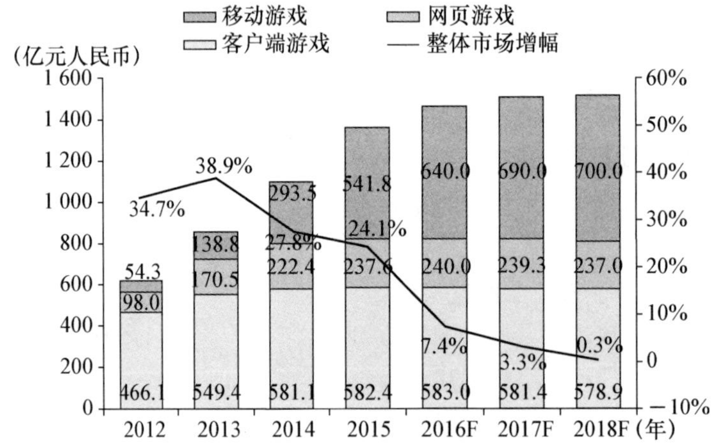

图 4　2016—2018 年中国广义网络游戏细分市场规模预测

（三）未来中国网络游戏市场发展趋势预测

1. 电竞市场继续繁荣，移动电竞市场快速增长

受益于监管环境向好、直播平台融资、游戏厂商投入等利好因素，中国电子竞技市场出现繁荣发展景象。随着移动电竞产品的增多、移动电竞玩法的优化、赛事以及直播平台的发展，移动电竞市场迎来爆发，市场规模将快速扩大。当下中国移动游戏市场增速放缓，电子竞技成为意欲突围的手游厂商撬动行业破局的关键点。未来，将有更多的移动电竞产品出现，并纳入赛事体系，成为厂商进行市场推广和玩家运营的重要方式。资本和厂商将成为关键主导力量，推动移动电竞市场的快速增长。

2. PC游戏IP加速转化为手游产品

2015年因《梦幻西游》手游大获成功，行业掀起将PC游戏改编为手游的热潮，《热血传奇》《大话西游》《CF》等经典PC游戏被搬至移动平台。PC网络游戏市场规模滞缓，促使大量PC游戏厂商转型移动游戏；现有端、页游IP所积累的海量玩家群成为这些厂商进入手游领域的捷径。目前市面上顶级PC游戏IP尚未被完全挖掘，随着IP成为畅销榜头部游戏的标配，游戏厂商将加速PC游戏IP向手游产品的转化，以在激烈的市场竞争中立足。

3. 影游联动等泛娱乐运作更为流行

采用影游联动的《花千骨》引爆了2015年的电视剧及手游行业暑期档，为影视、游戏的异业合作模式提供范例。粉丝群庞大的热门IP，影视和游戏作品质量过硬，采用同时上线、互推互动的运营模式，都成为影游联动的核心要素，并将被更多厂商采用。但是，泛娱乐运作对IP类型有较高要求，需要前期大量筹划以及各领域厂商的紧密合作，对厂商来讲依然存在较大的投入风险。

4. 终端厂商手游渠道崛起

虽然数量众多，中国移动游戏安卓渠道的市场集中度正逐步提高，且被互联网巨头把控。以硬核联盟和小米互娱为代表的终端厂商渠道崛起，未来市场份额将快速增长，一是由于国产安卓智能终端市场占有率日趋扩大，二是因为终端厂商意识到手游对其业务变现的重要作用，开始以互联网化的思路经营各自的游戏中心，并依托自身优势，在流量来源上与其他手游渠道形成差异，成为游戏CP最为重视的渠道之一。

5. 虚拟现实（VR）游戏成新增长点

大量资金和技术巨头的竞相涌入，推动VR产业急速升温；VR技术和硬件设备的快速发展为VR游戏的创生提供良好土壤。作为VR技术最重要的商业应用领域，VR游戏市场的爆发被寄予厚望。2015年底腾讯在VR硬件及平台上的布局，表明国内游戏领头羊也开始布局新兴的VR游戏市场，向行业释放出利好消息。随着国内VR设备的量产，以及更多VR游戏内容的出现，VR游戏将在未来两年成为游戏行业新的增长点。

二、中国电子竞技市场分析

（一）中国电子竞技市场发展现状

根据2015年中国电子竞技产业生态图谱（图5）和2015年中国电子竞技市场AMC模型（图6），Analysys易观分析认为，中国电子竞技市场目前处于高速发展阶段。

1. 探索期（1998—2003年）

2003年之前，中国电子竞技市场处于探索期，电子竞技的概念开始引入国内，因受到WCG、CPL和ESWC等国际赛事的影响，国内电竞产业开始起步，韩国成熟的电子竞技商业化运作成为中国电竞产业发展的重要借鉴。

2003年，电子竞技被国家体育总局列为第99个体育项目，国内主流媒体都对电子竞技表现了极大支持，很多卫视均开设了游戏和电竞相关的节目，如CCTV5的电子竞技世界等，彼时，国内电子竞技市场拥有相当多的资源，发展前景一片光明。

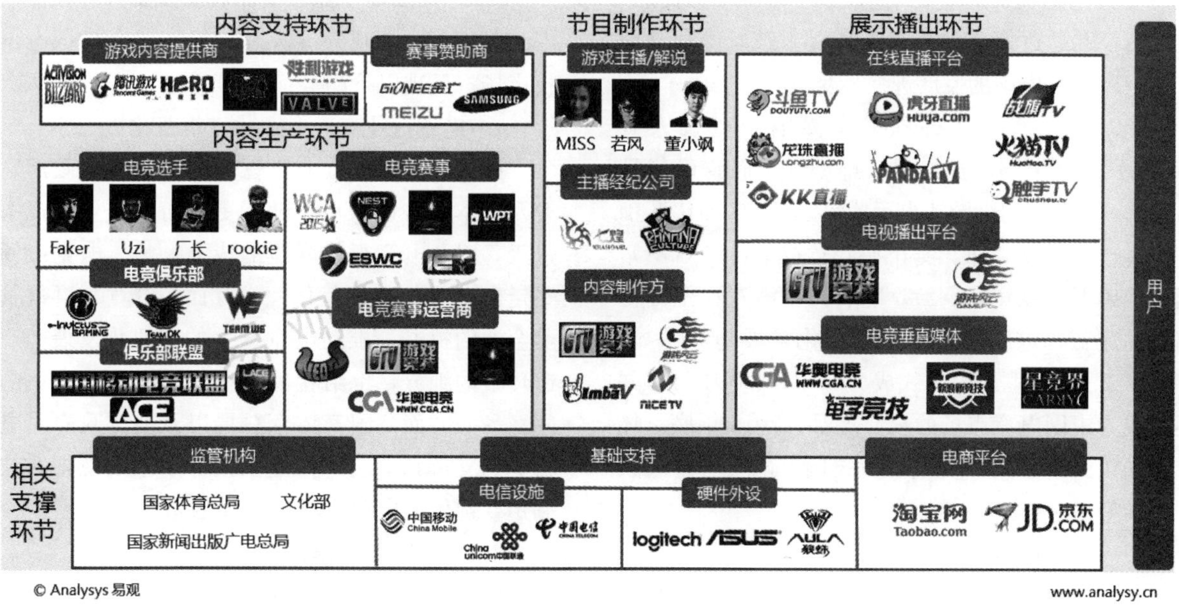

图5　2015年中国电子竞技产业生态图谱

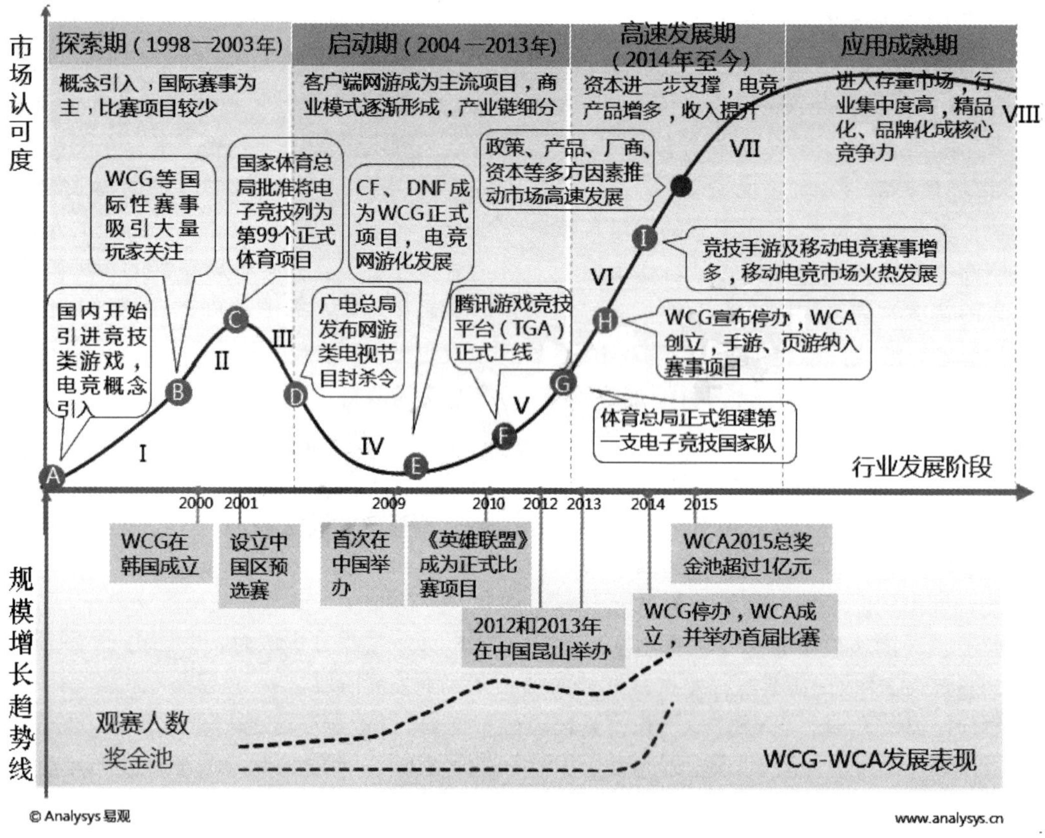

图 6　2015 年中国电子竞技市场 AMC 模型

2. 启动期（2004—2013 年）

2004 年 4 月 12 日，广电总局一纸禁令，发布了《关于禁止播出电脑网络游戏类节目的通知》，电竞节目全部被停播，资本方也蜂拥撤离，中国电竞市场骤然变冷，电竞俱乐部和电竞选手的生存岌岌可危。2008 年，受金融危机的影响，国内多家电竞俱乐部倒闭，中国电竞产业发展陷入谷底。此外，受到社会舆论的压力，电子竞技被贴上“玩物丧志”的标签，并通过媒体的报道长期以来被妖魔化，使得电竞产业在中国的发展进一步受阻。

2009 年，起步于韩国的世界电子竞技大赛（WCG）来到中国，在中国成都举办，而腾讯代理的 CF、DNF 等网络游戏也正式成为 WCG 的比赛项目。2010 年，腾讯推出腾讯游戏竞技平台（TGA），涵盖了旗下多款竞技网游。随着网络游戏在全球范围内的流行，电竞赛事项目网游化发展趋势明显。2011 年，《英雄联盟》正式成为 WCG 比赛项目，并逐渐成为中国电竞市场的核心产品。2013 年底，体育总局正式组建第一支电子竞技国家队，监管政策开始转好。

3. 高速发展期（2014 年至今）

2014 年初，WCG 宣布官方考虑世界趋势及商业环境等因素，将不再举办相关比赛。同年，由银川市政府主办的 WCA 成立并举办首届赛事，成为传承 WCG 的全球性第三方综合赛事。WCA 将时下流行的竞技页游和手游纳入比赛项目，并设立高额奖金，观赛人次得到极大提升。与此同时，受政策、资本、厂商、产品、赛事等多方因素的利好影响，国内电竞市场进入快速发展通道，直播平台也在资本的推动下加强营销力度，市场热度快速提升。

（二）中国电子竞技市场趋势预测

Analysys 易观分析认为，在 2016 年中国电子竞技市场将呈现以下趋势：

1. 电竞行业走向专业化、规范化

国内电子竞技产业正逐步得到玩家、政府、企业及资本的普遍认可，随着更多游戏企业、资本的进入，以及电竞行业联盟的成立，整体电竞市场正在走向专业化和规范化。一方面，电竞赛事数量及奖金池的提升，推动电竞选手的职业化发展，产业链环节的细分，也给相关企业更多专业化发展的空间；另一方面，国家体育总局以及地方政府对电竞行业的支持和参与，行业联盟对于市场规则的共同制定，都使得电竞市场更加规范化。

2. 移动电竞迎来高速发展期

中国移动游戏市场经过几年的爆发式增长，市场规模已经接近端游市场的体量，且随着市场细分的深入，包括休闲、FPS、MOBA、TCG等类型在内的拥有较好竞技性基因的产品，依靠强大的用户基础，通过电竞化运作，将实现更大的价值变现。2015年被称为移动游戏电竞元年，大量相关的行业联盟、赛事、项目不断涌现，资本热炒现象明显。随着行业的不断发展与成熟，尤其在移动游戏行业激烈竞争的背景下，竞争力较弱的企业会相继被淘汰出市场，同时一部分电竞企业将找到与资本的结合点。行业的热炒状态将在2016年结束，迎来较为平稳的高速发展期。

3. 游戏直播平台对优质内容更加倚赖

2014年以来，游戏直播平台融资密集，资本推动市场火爆。在资本的刺激下，大量新兴的游戏直播平台涌现，并针对部分知名主播展开争夺。由于游戏直播平台的带宽、主播等成本极高，且目前变现方式较为单一，亏损已成为游戏直播平台的常态。未来随着游戏直播平台内容生产机制更加成熟，主播UGC及平台PGC比例更加平衡，草根主播培养机制逐渐完善，直播内容主题更加多元，游戏直播平台将对商业模式做出更多探索，而基于优质内容的变现将成为重点。

（三）2015年中国电子竞技市场发展特点

2015年是电子竞技高速发展的一年，观众群体规模扩大，受众越发广泛；与此同时，电竞大赛此起彼伏，电竞项目增多。整个2015年，无论对于行业抑或企业来说，都是电子竞技大发展的一年。

对个人用户而言：

以玩家之间对抗为核心基础的竞技类游戏一向受到中国玩家的欢迎，电子竞技产业的发展给普通玩家提供了大量竞技类产品，以及具有观赏性的赛事；同时为职业选手提供了收入不菲的职业发展空间。电子竞技产业在细分化、职业化发展的过程中，通过电竞游戏、职业战队、赛事制作、周边衍生等庞大的产业链，与网络游戏产业相辅相成，将大量游戏玩家转化为电竞爱好者甚至付费者。而围绕电竞选手/知名主播在个人用户中的粉丝效应，电子竞技产业的商业模式也得到扩展。

对行业客户而言：

随着移动游戏市场增速放缓，移动电竞成为手游厂商实现破局的关键。目前在移动电竞产业联盟为代表的行业力量的共同推动下，移动电竞市场迎来爆发期。未来将有更多的移动电竞产品推向市场，针对手游的第一方及第三方赛事也将增多，从而为手游产品触达用户提供更加有效和直接的渠道。游戏直播平台将以主播为核心进行粉丝经济的经营，并对外拓展至更广阔的泛娱乐领域，视频直播的交互方式也为游戏行业的营销推广提供新的想象空间。

（四）2015年中国典型电子竞技直播平台分析

根据Analysys易观发布的《2015年中国游戏直播平台市场实力矩阵专题研究报告》，Analysys易观对2014年至2016年主要游戏直播平台厂商在实力矩阵中所处的位置，以及各自执行能力和创新能力的变化情况做如下解读（见图7）。

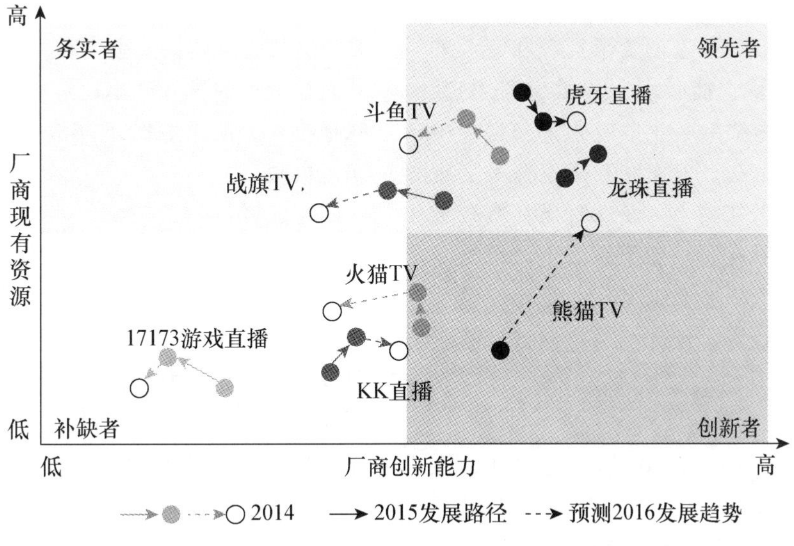

图7　2015年中国游戏直播平台市场实力矩阵

领先者：

虎牙直播：前身是YY游戏直播业务，2014年第4季度独立，并从客户端转向网页端。由于起步较早，再加上YY平台大量的游戏用户基础，虎牙直播在2014年取得较高市场份额。2015年，YY向虎牙直播投入7亿元人民币，用于硬件的升级扩容以及品牌推广、生态搭建和运营活动等，并且重金签下了多位知名主播，与娱乐明星合作。2015年，虎牙直播依靠巨额投入基本维持了在用户规模、主播资源方面的优势，同时在平台创新运营能力上有所提升。在盈利模式上虎牙直播延续YY的秀场模式，基本完全依赖主播收入分成。2015年虎牙预估达4亿元人民币的亏损，可能会令YY调整其砸钱战略，而虎牙在未来的商业模式创新上尚未有更多计划。预计2016年，虎牙直播将继续保持领先地位，但是其执行能力和创新能力均将有所下滑。

斗鱼TV：前身是2013年2月成立的Acfun生放送直播，2014年初正式更名为斗鱼TV，资本方是奥飞动漫（即奥飞娱乐）和红杉资本。依托前期重金签约的人气主播，斗鱼在游戏直播平台领域已获得一定的用户基础，并初步建立起品牌优势，但在2015年遭遇了多次竞争对手的挖角，损失惨重。斗鱼TV在流量变现业务上的步伐较快，广告和游戏联运业务均已小有规模。这帮助斗鱼在2015年激烈的竞争中市场份额有所提升。但是，斗鱼在除主播之外的自制视频以及独家赛事资源上实力较弱，抢夺主播耗费大量资金，而其未来的融资渠道以及更好的变现模式都将成为困扰斗鱼发展的问题。因而在2016年，斗鱼TV的创新能力和执行能力都将有所下降，从领先者象限进入务实者象限。

龙珠直播：隶属于PLU游戏娱乐传媒，于2015年2月正式上线。腾讯是PLU的投资方，龙珠直播则顺利获得了腾讯游戏旗下多项电竞赛事的承办权以及独家直播权。独家的赛事资源和专业的节目制作水平帮助龙珠直播吸引了一批忠实用户。在商业模式上，龙珠直播约一半的收入都来自赛事举办收入，并将拓展广告、电商和赛事竞猜等变现模式，因而在创新运营能力上，龙珠直播具有较大优势。但直播内容局限在腾讯旗下游戏上，也给龙珠获取更多用户造成障碍。2015年10月底，龙珠直播引入游久游戏的投资，预计龙珠直播将继续巩固其领先者地位。

创新者：

火猫TV：上线于2014年10月，正值斗鱼TV和战旗TV大力招揽主播之时。火猫TV依托MarsTV和完美世界的赛事资源，拥有多项DOTA2相关电竞赛事的直播权。与版权方完美世界以及游戏赛事媒体MarsTV的合作，使得火猫TV在运营模式上具有一定的创新性。但由于目前游戏直播内容还是以英雄联盟为主，DOTA2的关注人数相对较少，而且火猫TV并未参与主播争夺战，导致平台上知名主播很少，活跃用户数较低，也使得火猫TV正逐渐被边缘化。但2015年底火猫TV获得合一集团的千万美元A轮融资，或将在2016年对其发展有所转机。

熊猫TV：成立于2015年9月初，同年10月正式上线，由王思聪担任公司CEO。熊猫TV的定位不仅限于游戏直播，而是通过直播平台，将王思聪及万达旗下拥有的电竞战队、艺人、乐视体育、万达院线等资源利用起来，连接游戏、娱乐、体育等产业打造电竞生态。熊猫TV成立之初就从竞争对手处挖来多名人气主播，并高薪签约娱乐明星，招揽专业人才，强大的行业资源和资本支持给予熊猫TV迅速获取用户和市场份额的能力。而遍布泛娱乐产业链的各种优质资源也使得熊猫TV具有更强的商业模式创新能力。预计熊猫TV的市场份额将在2016年大幅提高，从创新者象限跃进领先者象限。

务实者：

战旗TV：成立于2014年1月，同年5月上线，隶属于浙报传媒全资子公司边锋网络。浙报传媒给予战旗TV相当大的资金支持，因而在2014年以及2015年，战旗凭借签约知名主播，引进游戏风云、GTV的节目，赞助多家电竞俱乐部，采购游戏赛事的独家、首播权等方式，加强自身内容资源布局，获取了一定的市场份额。目前来看，战旗TV的特色内容资源主要是边锋旗下的三国杀等游戏以及电竞明星真人秀LyingMan，但平台的盈利模式尚不清晰。在极度烧钱的行业背景下，浙报传媒也会对游戏直播业务的投入产出比进行重新评估，而不会一味地投入。预计在2016年战旗TV将继续保持在务实者象限。

补缺者：

KK直播：是2014年底从KK唱响中独立出来的游戏直播产品，原本游戏只是KK唱响中的一个专区。KK直播依托KK品牌所聚拢的几千万用户，以及与游久直播中心、游侠直播等外部平台的流量合作，获取了少量市场份额。KK直播在玩家互动功能上具有较强独特性，此外KK直播签约了《梦三国》希望战队的成员，但独家内容资源的欠缺以及资金实力的不足依然制约着KK直播的发展，预计2016年KK直播将停留在补缺者象限。

17173游戏直播：成立于2013年11月，是一个视频和直播资讯平台，除了少量自有平台的直播视频外，还有大量直播内容来自战旗、斗鱼、虎牙和火猫平台。严格来讲，17173 游戏直播并不是纯粹的游戏直播平台，更多表现出的是其媒体属性，并没有形成自身独特的内容优势，而是通过聚合其他直播平台的内容，为用户提供直播服务。这种模式的创新能力以及变现能力均较弱，而且面临着一定的版权风险。

（五）2015 年中国典型移动电子竞技厂商分析

根据 Analysys 易观发布的《2015 年中国移动游戏电竞厂商实力矩阵专题研究报告》，Analysys 易观对 2014 年至 2016 年主要移动游戏电竞厂商在实力矩阵中所处的位置，以及各自执行能力和创新能力的变化情况做如下解读（见图 8）。

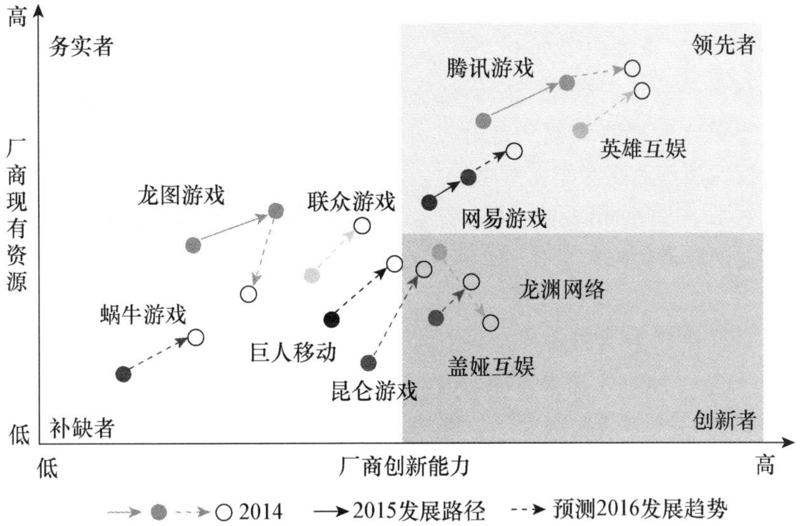

图 8　2015 年中国移动电竞厂商实力矩阵

领先者：

腾讯游戏：2003 年进入游戏市场，凭借海量社交产品用户，已成为国内游戏市场的领头羊。在 PC 端电竞领域，腾讯游戏依靠《英雄联盟》《地下城与勇士》《穿越火线》《QQ 飞车》等一批经典端游产品，形成了兼顾重度和休闲项目的多层次赛事体系。移动电竞方面，2014 年开始举办的 TGA 移动游戏大奖赛，以及 2015 年推出的 QGC 全民竞技大赛是目前腾讯两大移动电竞赛事，囊括了多款自研产品，覆盖用户广泛。通过对斗鱼 TV 和龙珠直播两家直播平台的投资，腾讯在赛事播出渠道上也具有较多布局。电竞产品研发运营能力以及强大的用户触及能力，是腾讯游戏成为移动电竞厂商领先者的关键因素。预计 2016 年，腾讯游戏将继续保持在移动电竞领域的优势。

英雄互娱：作为 2015 年新成立的公司，是首家基于移动电竞概念登陆新三板的企业，其核心资源主要包括产品、赛事以及行业联盟。产品方面，英雄互娱自研及代理了多款电竞产品，包括《全民枪战》《天天炫舞》《像三国》《时空召唤》等产品，覆盖 FPS、音舞、TCG、MOBA 等类型。赛事方面，英雄互娱举办的“HPL-英雄联赛”拥有常规性的全国线上赛及线下赛，比赛项目已由最初的自有产品拓展至其他研发商的产品，并将在港澳台、北美、东南亚、韩国等境外地区进行赛事落地，形成全球化的移动电竞赛事平台。行业联盟方面，其主导成立的中国移动电竞联盟成员涵盖了整个移动电竞生态链，对于推动行业标准的制定具有重要意义。英雄互娱在移动电竞市场具有先发优势，自身定位清晰，并引领行业厂商进行资源互换和合作，随着赛事及产品的发展，预计 2016 年英雄互娱将扩大其领先者优势。

网易游戏：目前的电竞产品以自研手游《乱斗西游》以及代理手游《炉石传说》为主。其中《乱斗西游》作为一款融合了 RPG 和 MOBA 玩法的产品，在上线之后实现了较好的玩家积累和商业变现。该产品已入选 IET 比赛项目，再加上自有的单项赛事——《乱斗西游 2》超级联赛，网易在《乱斗西游》的电竞化运营上逐步深入。《炉石传说》作为暴雪黄金系列赛的重要项目，在中国具有广泛的用户基础。依托暴雪的赛事举办经验和品牌号召力，网易得以在移动电竞领域取得较高份额。而未来凭借较强的游戏研发运营能力，以及暴雪的金字招牌，网易将继续留在领先者象限。

创新者：

盖娅互娱和龙渊网络均为 MOBA 手游《自由之战》的发行商。该游戏已成为 MOBA 电竞手游的标杆，拥有超过 2 000 万注册用户，并入选 WCA2015

和 NEST2015 正式比赛项目。在电竞赛事举办方面，2015 年龙渊网络的动作更为高调，包括与研发商上海逗屋、TT 语音联合举办了自由之战官方联赛。而盖娅互娱则是在 iOS 版本中推行赛季制运营模式，以赛季为单位对玩家积分进行排位，且伴随着每个赛季的开启，游戏还将发布新的游戏内容，该模式具有一定创新性。

2015 年 9 月，盖娅互娱宣布收购《自由之战》研发商上海逗屋，未来该产品将成为盖娅互娱研运一体的产品，从而也使得盖娅互娱将掌握《自由之战》电竞化运作的主导权。预计盖娅互娱在 2016 年的资源及能力均有小幅提升，而龙渊网络的现有资源将有所下降，依然留在创新者象限。

务实者：

龙图游戏：凭借一款卡牌手游《刀塔传奇》成为 2014 年最大的黑马发行商。DOTA 元素再加上微操作的玩法创新，使得该游戏成为现象级产品，并入选 WCA2014、NEST2015 等第三方赛事的比赛项目。由于《刀塔传奇》的对抗性操作体验较为初级，随着产品进入成熟期，用户流失现象严重，且由于侵权问题遭到苹果下架，也使得《刀塔传奇》作为一款电竞手游日渐衰落。龙图游戏未来能否有新的手游产品接续尚不确定。预计 2016 年，龙图游戏将从务实者象限落入补缺者象限。

补缺者：

联众游戏：专注于棋牌游戏细分市场，早在 2007 年就曾与中国移动联合举办手机棋牌大赛。棋牌游戏玩法相对固定，创新及变化较小，但用户基数大、年龄跨度广、运营成本低等特点，也成为其进行长期赛事化运作的基础。联众游戏连续三年参与举办了世界扑克巡回赛（WPT），并在 2015 年 6 月以 3 500 万美元的价格全资收购了 WPT。WPT 在全球 150 多个国家和地区的播出渠道将为联众游戏的全球化棋牌竞技业务提供有力支持，预计 2016 年联众游戏将从补缺者象限升至务实者象限。

巨人移动：成立于 2014 年，是老牌端游厂商巨人网络旗下的全资子公司。巨人游戏此前积累了丰富的市场、商务以及渠道推广资源，从而使巨人移动在手游发行领域拥有一定的经验和资源积累。巨人移动进入移动电竞领域始于其 2015 年代理 MOBA 手游《虚荣》，并举办了首届《虚荣》中国邀请赛。作为新晋市场参与者，巨人移动目前旗下电竞产品数量较少，且赛事运作经验较为匮乏，处于市场补缺者地位。但随着未来《虚荣》在国内市场逐步打开，巨人移动的资源及能力将得到提升。

昆仑游戏：于 2015 年 10 月加入中国移动电竞联盟，目前主要围绕其在 2015 年底公测的《梦三国手游》开展移动电竞业务。该手游传承了梦三国端游 MMO+MOBA 复合式玩法，平衡性及竞技性均表现较好。《梦三国》手游在明星代言上不遗余力，且专属赛事“梦联赛”也已加入“HPL-英雄联赛”，并由前央视名嘴段暄担纲游戏解说。过硬的产品品质，与英雄互娱的赛事合作，以及中国移动电竞联盟的大量资源，或将助力昆仑游戏在 2016 年进入创新者象限。

蜗牛游戏：具有明显的 RPG 和 ARPG 重度游戏研发基因，在从 PC 端和主机端向移动端转移的过程中，其研发优势也通过《太极熊猫》的成功得到体现。目前蜗牛游戏旗下的手游产品大多具有较为复杂和重度的操作玩法，如 MOBA 游戏《九阳神功》等，但在电竞赛事方面目前尚有空白，因而处于补缺者位置。随着未来移动电竞市场更加火热，蜗牛游戏或将对其产品进行电竞化运作，市场资源及创新能力均会有所提升。

三、中国移动游戏市场分析

经过 2014 年的爆发后，2015 年移动游戏市场开始趋于理性增长。随着研发、运营成本不断提升，资本热度降低，大批中小团队死亡，移动游戏产出量未减，厂商囤积大量 IP。移动游戏行业进入寡头化，腾讯、网易等大厂商主宰移动游戏市场，移动游戏进入门槛提高，主流格局逐渐确立。

（一）2015 年中国移动游戏市场发展现状

对个人用户而言：

随着网络环境的提高以及 Android 手机更为亲民的价格，使得大屏幕、高配置、便捷操作方式的智能机发展模式非常适合移动游戏的高速成长，用户逐渐养成了在手机上玩游戏的习惯。以免费增值服务模式为主导的移动游戏商业模式日渐成熟，加快了游戏在玩家群体中的传播，并促成用户后续付费习惯的养成。随着游戏产品类型逐渐丰富，产品质量提高，进一步满足了各个玩家群体的游戏需求，使得传统客户端及网页游戏用户在移动游戏上投入的时间越来越多，付费水平也大大提高。

对行业客户而言：

2015 年人口红利减弱，但移动游戏产出量未减。2015 年重度游戏、IP 泛娱乐化、市场细分三大动态趋势愈加明显，推进了整个移动游戏市场变革。其次，移动游戏巨头厂商布局，拉动了市场规模，体现在端游巨头进入移动游戏市场，移动游戏企业借助资本力量快速扩张，以及移动游戏企业快速融资，纷纷在国内新三板借势上市。研发、发行市场集中度提升，中小厂商面临更严峻的洗牌。

在产品方面，卡牌热度褪去趋势更加明显，产品向细分化、重度化发展。重度化后的趋势就是电竞，2015 年移动电竞赛事出现，王思聪与英雄互娱成立了中国移动电竞联盟，王思聪的加入更令移动电竞迅速火爆。

深度挖掘用户价值，提升游戏品质，精细化运营成为移动游戏厂商目前的主要发展方向。

市场典型企业——腾讯游戏。

聚焦到移动游戏行业的典型企业腾讯游戏，Analysys 易观分析认为，腾讯游戏作为平台型研发厂商，在移动游戏市场快速发展的情况下，起到了引导市场的作用。

腾讯游戏 2012 年开始推出手机游戏，在 2013 年 8 月推出“腾讯移动游戏平台”。2013 年四季度开始发力移动游戏市场，2013 年末腾讯移动游戏平台旗下的《全民英雄》iOS 版仅用 8 小时就冲进畅销榜前三，自此之后腾讯的手游产品便在其强大的分发和运营能力支持下，纷纷成为榜首的座上宾。2014 年腾讯移动游戏收入达到 112 亿元人民币，2015 年前三季度收入达到 142 亿元人民币，2015 年 8 月腾讯首次登顶全球 iOS 收入榜。

在产品类型方面，腾讯因其在社交领域的明显优势，依托微信、手机 QQ、手机 QQ 空间等平台，2014 年初从休闲轻度类型游戏开始试水，在轻度游戏市场占领了较大份额后，制定了以“精品产业链”为核心的腾讯移动游戏平台发展策略。2014 年上半年，以休闲游戏和回合制卡牌游戏为主，2014 年下半年开始着重发展动作类和策略类游戏，2015 年则大力布局 MOBA、FPS 为代表的移动电竞类游戏，积极挖掘各类细分市场。在研发代理方面，腾讯游戏沿袭了在端游领域的强势，积极与国内外研发商合作，签下了大量知名游戏、IP 的代理权。未来，腾讯游戏将继续深挖手游细分市场，丰富产品组合，采取精品化运营策略，满足各类用户需求。

Analysys 易观发布的《中国移动游戏市场规模预测报告 2016—2018》数据显示，中国移动游戏市场交易规模未来几年将保持稳定增长，2016 年将达到 640 亿元人民币，较上一年度增长 18.1%，2017 年将达 690 亿元人民币，较 2016 年增长 7.8%；2018 年市场规模将达到 700 亿元人民币，较上一年度增长 1.4%（见图 9）。未来三年，移动游戏市场增速将继续放缓。

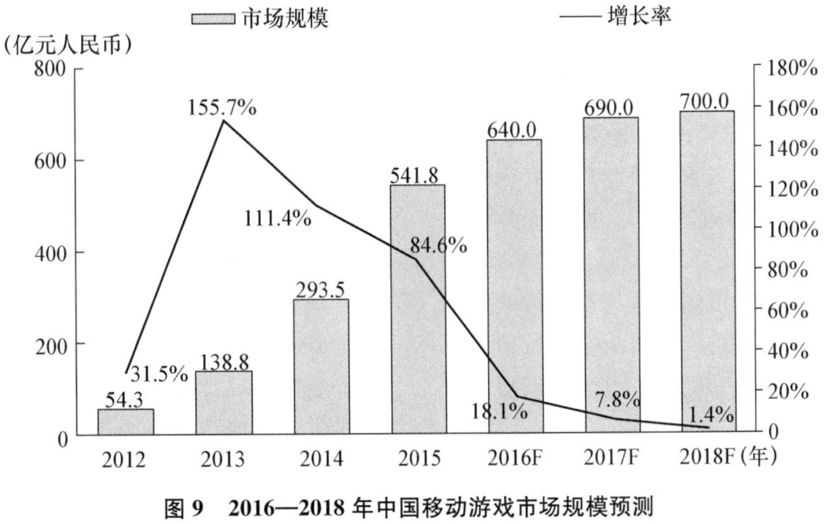

图 9　2016—2018 年中国移动游戏市场规模预测

（二）2015 年中国典型移动游戏厂商分析

根据 Analysys 易观发布的《2015 年中国移动游戏市场实力矩阵专题研究报告》，Analysys 易观对 2014 年至 2016 年主要移动游戏厂商在实力矩阵中所处的位置以及执行能力和创新能力的变化情况做如下解读（见图 10）。

领先者：

2015 年无疑是两家端游时代的巨头在移动游戏市场继续开疆拓土的一年，二者合力占据中国过半的市场份额，模式创新、产品创新、玩法创新，无论是在自研还是在代理方面，二者都成为行业的风向标与引领者。

腾讯游戏：在过去的一年连续发布多款产品，既作为内容提供商又作为发行、平台角色出现，依靠手 Q 与微信的强势流量，多款产品取得优异流水收益，同时在多个细分市场中，成为细分市场的代表与引领者。

网易游戏：2015 年是其集中爆发的一年，其在

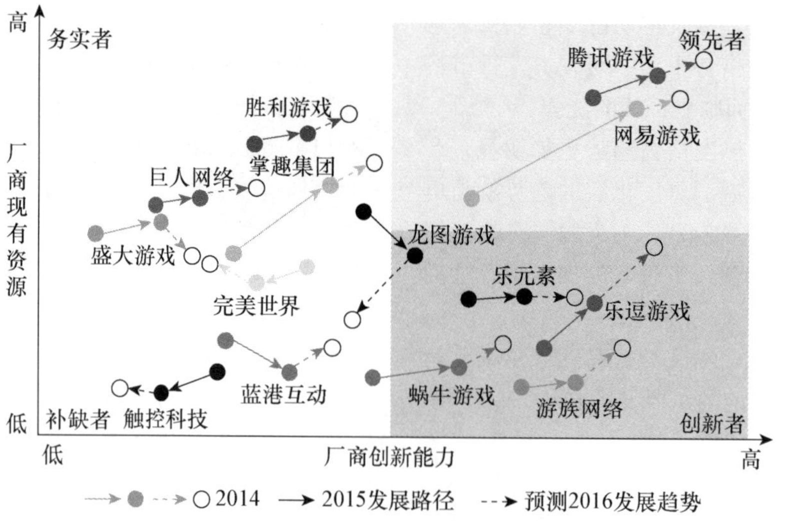

图 10 2015 年中国移动游戏厂商实力矩阵

端游时代积累的多个 IP，成功转化为强势的移动游戏产品，包括《梦幻西游》《大话西游》在内的众多产品均取得了优异的成绩，而《乱斗西游》等产品的创新，开创了新的细分市场，奠定了网易游戏领先者的行业位置。

创新者：

乐逗游戏：在 2015 年连续发布了多款成功产品，同时在 IP 的发行策略中进行了诸多创新，同时坚持引进海外的大作进行中国市场的本地化。

蜗牛游戏：作为老牌的端游企业，过去的一年将多款积累多年的优质端游 IP 成功移植为移动游戏，发行的多款产品在玩法方面有诸多创新。

游族网络：同样作为 PC 时代重要的游戏企业，游族网络也将多个页游产品转换为手游，利用 IP 的联动、跨终端的运营引领了移动游戏的新的发行思路。

务实者：

2015 年中国移动游戏市场持续增长，行业发展初期积累起先发优势的企业持续放大企业价值，而务实者象限中的企业，无一不是在 2015 年取得了良好游戏收益的企业。

胜利游戏：作为发行商的典型代表，过去的一年中依托前期积累的丰富的优质 IP 资源，发行了包括《功夫少林》《新仙剑奇侠传》等 IP 产品。

掌趣集团：在 2015 年依靠《不良人》《拳皇》等自研产品获得了较高流水，而通过收购天马时空团队，获得了较强的研发能力，同时也依靠《全民奇迹 MU》这样的产品，为掌趣带来了数十亿元的流水收入。

巨人网络与盛大游戏：在端游时代均是国内 Top6 的巨头，虽然进入移动游戏的时代并不早，但是均在过去的一年通过自身丰富的产品经验、多年积累的 IP、强大的发行团队获得了良好的市场效果，也成为端游企业全面进军移动游戏的一个缩影。

补缺者：

身处补缺者的企业在 2015 年均面临不同的内外部问题，致使能力抑或资源有重大缺失，而图 10 中的三家企业过去一年中，或没有新产品推出，或产品的整体表现难以支撑其自身体量，均不同程度地影响了企业的发展。未来的发展态势，一方面考验其产品能力，另一方面也需要企业理顺内外部分资源与问题，进而走向健康发展的象限。

（三）2015 年中国典型移动游戏运营平台分析

根据 Analysys 易观发布的《2015 年中国移动游戏运营平台实力矩阵专题研究报告》，Analysys 易观对 2014 年至 2016 年主要移动游戏运营平台在实力矩阵中所处的位置，以及各自执行能力和创新能力的变化情况做如下解读（见图 11）。

领先者：

腾讯游戏：作为自成一体的生态平台，其在研发、代理发行、渠道建设等方面自成体系，2015 年腾讯游戏对旗下安卓应用商店——应用宝进行了大量品牌推广和宣传，月度用户覆盖率居行业第一，收入增长迅速。

百度移动游戏：继续巩固自身“搜索引擎＋应用商店＋媒体社区”的多核分发体系，玩家覆盖率及收入水平持续提升，依然处于行业领先者的位置。

360 手游：依靠安全卫士的用户崛起，在 2013 年到 2015 年上半年一直是国内最强的手游分发渠道，但随着腾讯、硬核渠道的夹击，2015 年下半年玩家覆盖率下滑，呈现出流量逐渐饱和，游戏平台业务营收增长放缓的态势。

小米互娱：在 2015 年玩家份额不断提升，业绩

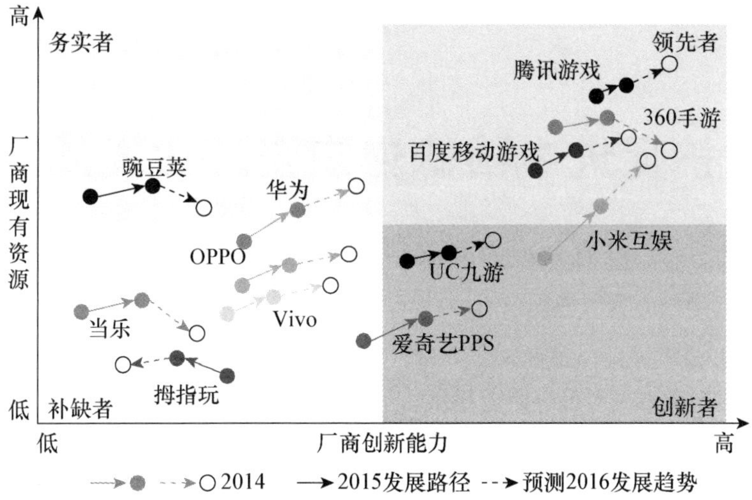

图 11　2015 年中国移动游戏运营平台实力矩阵

增长明显，2016 年将推"小米广告平台"，整体的分发能力在 2016 年会更上一层楼。

务实者：

华为：于 1978 年成立，是一家生产销售通信设备的通信科技公司。随着智能手机市场的不断发展，华为智能手机的出货量逐年上升，凭借过硬的技术品质定位冲击中高端机市场。手机作为终端渠道存在天然的分发优势，华为通过在华为手机上配置自己的 APP 商店和预装游戏进行用户导量。2015 年分发渠道最大的变化就是硬核联盟的崛起，华为作为其中占有率最大的渠道，分发能力表现十分抢眼。

创新者：

UC 九游：渠道的用户质量相对较高，存量也还算可观，且在中重度游戏分发上具有优势。但在领先渠道的挤压下，UC 九游的用户会持续萎缩，其属性更偏向于手游媒体；但鉴于重度游戏全面主宰手游市场，UC 九游的营收在 2016 年还将保持增长。

爱奇艺 PPS：爱奇艺和 PPS 于 2013 年合并，是隶属于百度旗下的视频内容网站。PPS 游戏平台 2008 年就开始做游戏运营，从页游时代到手游爆发式增长的这两年，PPS 游戏平台取得了不错的成绩。2015 年爱奇艺以影视发行作为推动游戏发行的方式，获得了巨大的用户流量和业绩。

补缺者：

OPPO 和 Vivo：硬核联盟的组成成员，市场占有率低于华为。OPPO 的可可游戏中心 2014 年用户规模突破 5 000 万，Vivo 平台也已经覆盖 5 000 万用户。OPPO 和 Vivo 都以"音乐手机"起源，主打年轻、时尚化的用户群体市场，游戏用户的转化率相对较高。

当乐：自 2004 年成立起，一直专注于中重度手机游戏下载与运营，成立十年来见证了中国手机游戏从冷到热的巨大转变，也依靠其较强的媒体和社交属性，积累了一大批高质量手游用户。但在以互联网巨头把持的手游分发渠道市场中，更强调媒体属性的当乐的市场份额日趋下降。

版权保护促进中国德化陶瓷产业发展的研究

世界知识产权组织　中国国家版权局

德化自唐宋以来一直是享誉国内外的陶瓷产销中心，其中尤以“中国白”瓷器闻名世界。近年来，德化陶瓷产业发展迅速。2013 年全县共有陶瓷企业 1 400 家，产值已达到 150.12 亿人民币，出口货值达到 106.21 亿元人民币，从业人员达 83 191 人。①

在陶瓷产业迅速发展的同时，德化陶瓷作品版权登记数也迅猛增长。2001 年版权登记数只有不到 300 件，2013 年已发展至 9 123 件。② 版权保护已成为德化县陶瓷业发展的“催化剂”和“护身符”。

德化陶瓷业的快速发展和版权登记数的同步迅猛增长，引起了世界知识产权组织和中国国家版权局的关注和重视。2010 年 10 月 12 日，由世界知识产权组织创意产业司司长迪米特・根切夫、美国经济学家联合会首席经济师斯蒂文・赛维克以及国家版权局、商务部、国内部分高校的知识产权专家组成的调研组，到德化县进行实地考察后，将其确定为发展中国家利用版权保护促进经济发展的典范，随后决定设立调研项目，组织调研组对版权保护促进德化陶瓷产业经济发展所起的作用进行深入调研，旨在向发展中国家提供一个利用版权保护促进经济增长的成功范本。

一、德化陶瓷业发展概况

（一）近年德化陶瓷业发展态势

德化窑是中国古代南方著名瓷窑，因窑址位于福建省德化县而得名。改革开放以来特别是进入 21 世纪以来，德化陶瓷获得空前发展，在全国同行业中脱颖而出，德化也成为全国最大的工艺陶瓷生产和出口基地。

从产值看，2001 年至 2013 年，德化陶瓷产业产值保持持续增长，产值年均增长率达到 17.72%。相比于 2001 年的 21.20 亿元产值总量，2013 年的 150.12 亿元产值总量相当于 2001 年产值总量的 7.08 倍。详见图 1。

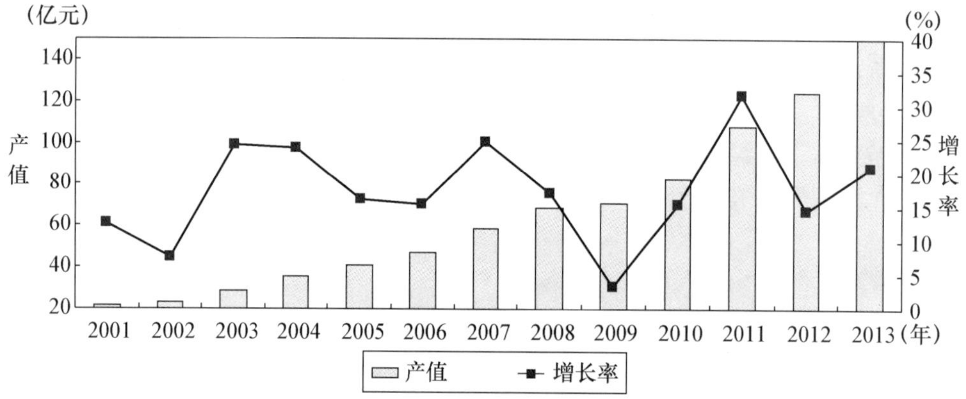

图 1　德化陶瓷产业产值情况

资料来源：2013 年《德化统计年鉴》。

从出口额看，2001 年至 2013 年，德化陶瓷产业出口货值呈持续增长特征，年均增长率达到 15.57%。除 2003 年一年出现小幅负增长，其余年份均保持增长态势。至 2013 年，德化陶瓷产业出口货值相当于 2001 年出口货值的 5.68 倍。详见图 2。

从税收情况看，2001 年至 2013 年，德化陶瓷产业税收呈持续增长特征，年均增长率达到 6.77%。除个别年度受整体经济环境影响出现回落，绝大多数年份保持增长态势。至 2013 年，德化陶瓷产业税收相当于 2001 年税收的 2.19 倍。详见图 3。

① 数据由德化县统计局提供。

② 数据由福建省版权局提供。

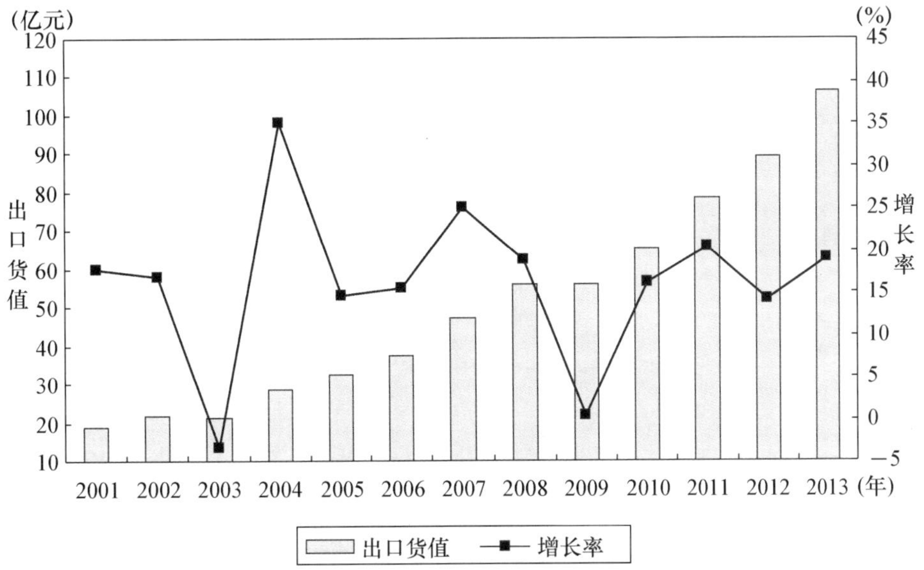

图 2　德化陶瓷产业出口货值情况

资料来源：德化县统计局：《2000—2013 年德化县陶瓷产业相关指标》。

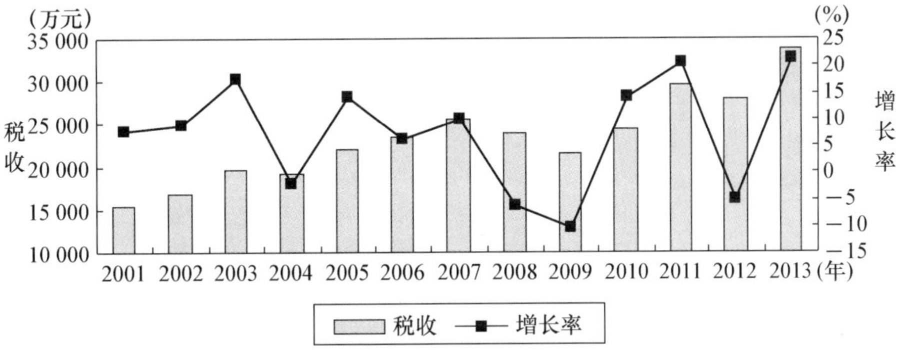

图 3　德化陶瓷产业税收情况

资料来源：德化县统计局：《2000—2013 年德化县陶瓷产业相关指标》。

从就业情况看，随着陶瓷业成为德化县的支柱产业，其在提供就业岗位、创造就业机会方面发挥了越来越重要的作用。2001 年至 2013 年，德化陶瓷产业就业人数呈稳态增长态势，年均增长率为 1.71%。至 2013 年，德化陶瓷产业就业人数为 83 191 人①，是 2001 年德化陶瓷产业就业人数的 1.23 倍。详见图 4。

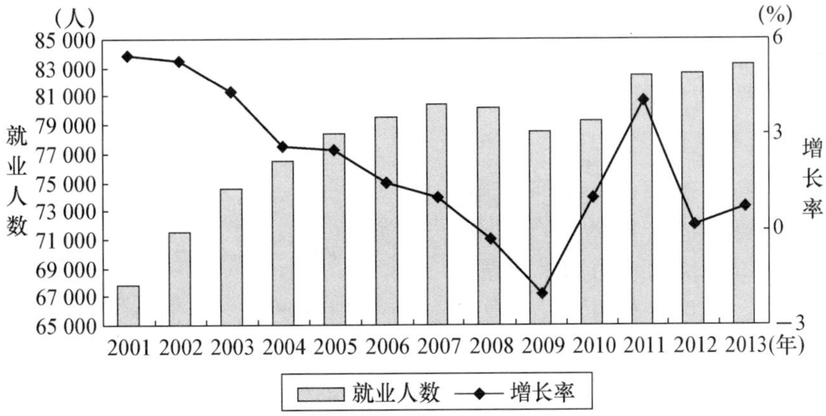

图 4　德化陶瓷产业就业人数情况

资料来源：2013 年《德化统计年鉴》；德化县统计局：《2000—2013 年德化县陶瓷产业相关指标》。

① 参见德化县文化体育局：《2011 年主要统计数字》。

从企业数量看，2001 年至 2013 年，德化陶瓷企业数量呈小幅增长态势，年均增长率为 1.20%。至 2013 年，德化陶瓷产业的企业数量为 1 400 家，是 2001 年 1.15 倍。陶瓷企业数量较为平稳，保持稳步增长。详见图 5。

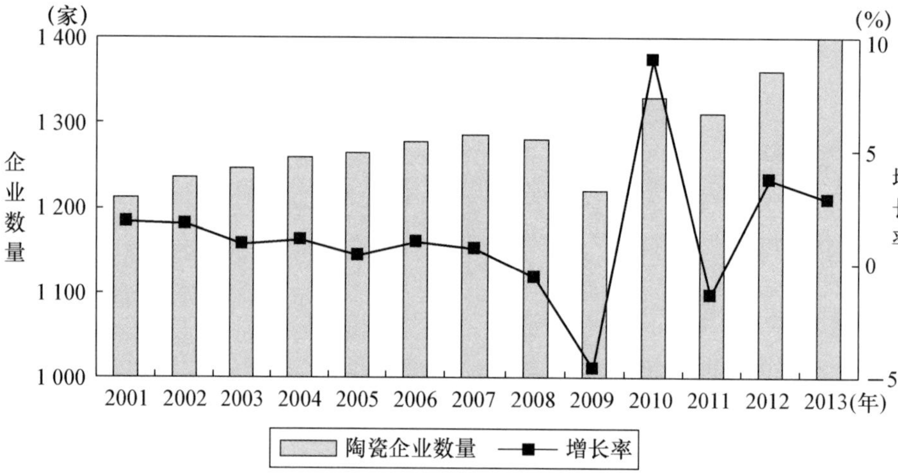

图 5 德化陶瓷企业数量情况

资料来源：2001—2013 年《德化统计年鉴》。

（二）德化陶瓷的产品类别

根据陶瓷产品的创作题材与技艺将产品分为传统陶瓷雕塑、西洋工艺陶瓷、日用陶瓷。自 20 世纪 80 年代以来，德化民营陶瓷企业快速发展，陶瓷企业创新能力不断提高，形成了三类陶瓷并驾齐驱的生产格局。

近年来，德化县按照“传统瓷雕精品化，工艺陶瓷日用化，日用陶瓷艺术化”的发展思路，相继开发出红釉瓷、色釉瓷、结晶瓷等新种类，应用领域不断拓展，在大力发展出口工艺瓷的同时，出台对生产高档日用瓷企业购买生产设备给予 12%补贴的政策，大力发展日用、半日用瓷及工艺瓷。

如图 6 所示，至 2011 年，陶瓷总产量为 18.27 亿件，陈设艺术陶瓷为 12.80 亿件，日用陶瓷生产数量为 3.61 亿件，其他陶瓷为 1.86 亿件。①

为了有效推动高档陶瓷的发展，德化成立了高档日用瓷产业技术创新战略联盟，它以陶瓷生产企业、高校、科研机构为成员，联盟成员之间在高档日用瓷生产技术开发、人才培养、信息共享、生产协作等领域展开广泛而紧密的合作，有力推动高档日用瓷产业的快速发展。② 同时还积极开发工业电子陶瓷、纳米陶瓷、生物陶瓷等特种精细陶瓷，发展机械化生产的陶瓷制品，促进陶瓷产业转型升级，形成了工艺陶瓷、日用陶瓷、特种精细陶瓷并重的格局。

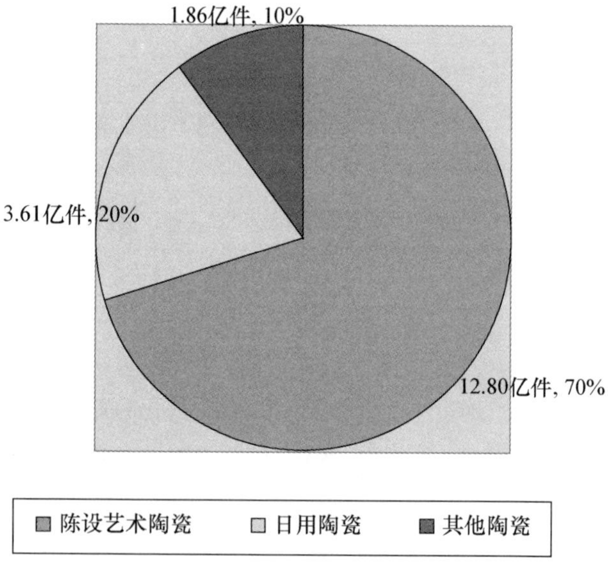

图 6 德化县 2011 年陶瓷产量分布表

资料来源：2012 年《德化统计年鉴》。

（三）德化陶瓷产业与其他地区的比较

首先，从陶瓷的规模总量上看，德化陶瓷业产值在 2010 年为 82.38 亿元。③ 如表 1 所示，2010 年醴陵的产值是德化产值的 2.5 倍，景德镇陶瓷产值

① 参见德化县统计局：《德化统计年鉴》，2012。
② 参见张晴雯：《福建德化：产学研抱团助推高档日用瓷产业发展》，见新华网福建频道，2011。
③ 参见德化县统计局：《德化陶瓷产业发展的分析与思考》。

是德化的 2 倍。但是，就陶瓷业人均产值来比较，德化是醴陵的 1.5 倍，是景德镇的 3 倍。显然，德化县在人均产值上占有明显的优势，有着巨大的发展潜力。

表 1　德化县陶瓷业基本状况与其他传统产区比较

产区	德化	醴陵	景德镇
行政区类别	县	县级市	地级市
面积	2 232 平方公里	2 157 平方公里	5 256 平方公里
人口	27 万	103 万	156 万
2010 年陶瓷业产值	82.38 亿元	210 亿元	160 亿元
2010 年人均陶瓷产值	30 511 元	20 388 元	10 256 元

资料来源：德化县统计局：《德化陶瓷产业发展的分析与思考》。

其次，从陶瓷产业的出口情况来看，德化陶瓷产业的外向性比较显著，其出口值占陶瓷总产值的 78.8%以上。德化县的陈设艺术瓷出口额具有明显优势，居全国第一。① 德化陶瓷的国际市场占有份额大，产业国际化趋势显著，是我国陶瓷出口的一个主要基地。

再次，从生产陶瓷种类的比较来看，各个主要陶瓷产区生产的瓷器种类有所差异，这也是其各自的特色和竞争优势所在。德化县陶瓷种类与其他陶瓷产区比较见表 2。

表 2　德化县陶瓷种类与其他陶瓷产区比较

产区	德化	醴陵	景德镇	佛山	唐山
产品种类	日用瓷 工艺瓷	艺术瓷	艺术瓷	工业瓷 建筑类	工业瓷 日用卫浴类

资料来源：本课题第一次专家组会议记录资料。

(四) 德化陶瓷的市场分布情况

在国内市场上，德化陶瓷销售量逐年增加。至 2010 年，德化陶瓷企业已经在全国 18 个省市设立 52 个“中国瓷都·德化”陶瓷产品营销中心，通过异地设立营销网点、发展终端网络，全方位地拓展国内市场。②

国际市场方面，销售网络遍布世界 190 多个国家和地区。德化陶瓷出口的主要产品是日用陶瓷和西洋工艺陶瓷。2010 年德化陶瓷业出口日用陶瓷 6 402 批次，货值 1.23 亿美元，分别同比增长 92.5%和 87.01%，出口额首次突破 1 亿美元。

从图 7 可以看出，自 2001 年以来，德化陶瓷产品出口比重均达 80%左右，最高的 2002 年达到 96%，最低的 2012 年也达 70%，外向型经济的特点十分突出。

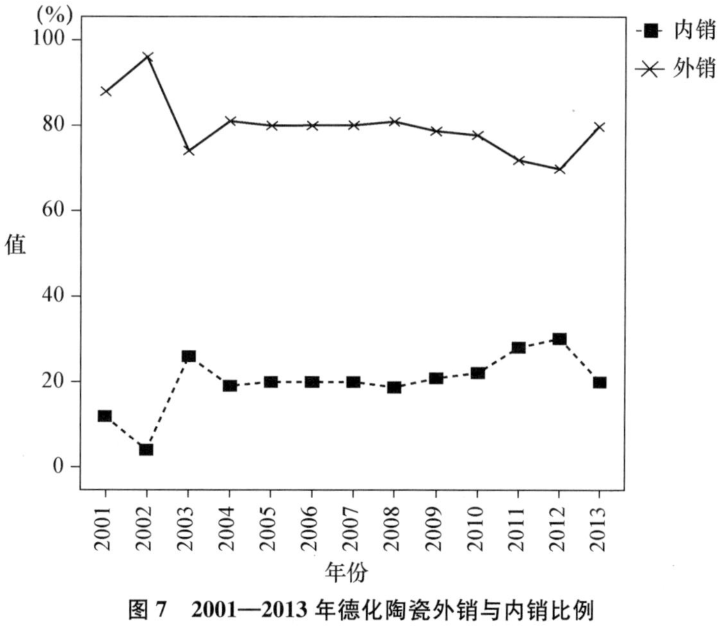

图 7　2001—2013 年德化陶瓷外销与内销比例

资料来源：德化县统计局：《2000—2010 年德化县陶瓷产业相关指标》；德化县统计局提供的 2011—2013 年相关数据，并由本课题组整理。

① 参见德化县统计局：《德化陶瓷产业发展的分析与思考》。

② 参见德化县人民政府：《德化县陶瓷产业发展现状》，2010。

二、德化陶瓷产业版权保护的历史、现状及其优越性

(一) 陶瓷产品版权保护的法律分析

1. 陶瓷产品可构成我国著作权法中的作品

我国《著作权法实施条例》第二条规定:“著作权法所称作品,是指文学、艺术和科学领域内具有独创性并能以某种有形形式复制的智力成果。”据此,构成“作品”必须达到三个方面的要求:第一,是人类的智力成果;第二,具有能够被他人客观感知和复制的外在表达形式;第三,具有独创性。其中,独创性是构成著作权法意义上“作品”的必要条件,也是实践中判断一件产品或制品是否构成“作品”的难点问题。

从陶瓷产品设计和制作的流程来看,陶瓷产品,通常需要创作者经过漫长的构思,画草图、捏小稿、定稿,最后才能把产品设计制作出来,其中需要花费创作者很多宝贵的时间和精力,无疑是设计人员的劳动成果;同时,设计人员将他们的构思在图纸上表达出来后,制作成花纸然后与陶瓷结合起来进行烧制,形成最终的陶瓷产品。因此,陶瓷产品具有能够被他人客观感知和复制的外在表达形式;对陶瓷产品来说,作品的前两项要求不难满足,最终能否得到著作权法的保护,关键是看其图案和造型能否满足“独创性”要求。

2. 陶瓷产品独创性的判断

所谓作品的独创性,又称作品的原创性,是指作者在创作作品的过程中投入了某种智力性的劳动,创作出来的作品具有最低限度的创造性。① 但何谓最低限度?我国法律没有做出规定,学界也一直没有形成定论。唯一达成共识的是,著作权法中“独创性”对智力创造性的要求并不高,远低于专利法中独创性的要求。如王迁教授认为,独创性“并不意味着具备高度文学和美学价值,但要求智力创造性不能过于微不足道”②。刘春田教授认为,“独创性要求作品由作者自己创作,不是抄袭的,是一种个性的表达。这意味着一件作品的完成应当是作者自己的选择、取舍、安排、设计、综合、描述的结果,既不是依已有的形式复制而来,也不是依既定的程式或程序(又称手法)推演而来”③。

就德化陶瓷作品而言,不同的陶瓷类型其独创性高度也会不同。在传统陶瓷雕塑、西洋工艺陶瓷、日用陶瓷三大类产品中,大体上看,传统陶瓷雕塑的独创性较高,西洋工艺陶瓷次之,日用陶瓷又次之。

当然,在德化推行“传统瓷雕精品化,工艺陶瓷日用化,日用陶瓷艺术化”的今天,这种判断并非绝对的。传统瓷雕如观音菩萨像可以做得更精细,但如外观上没有实质性的变化,则不具有独创性;反之,日用陶瓷如碗、碟的花色可以层出不穷,若达到独创性要求,则可受著作权保护。

3. 陶瓷产品作为美术作品

我国著作权法规定的作品包括以下九大类:文字作品,口述作品,音乐、戏剧、曲艺、舞蹈、杂技艺术作品,美术、建筑作品,摄影作品,电影作品和以类似摄制电影的方法创作的作品,工程设计图、产品设计图、地图、示意图等图形作品和模型作品,计算机软件,法律法规规定的其他作品。

从现行立法和实践来看,陶瓷产品只能作为美术作品受到法律保护。我国《著作权法实施条例》第四条规定美术作品为“绘画、书法、雕塑等以线条、色彩或者其他方式构成的有审美意义的平面或者立体的造型艺术作品”。这里,对美术作品概念的界定是广义、宽泛的。因此,在陶瓷产业,创作者通常将具有一定独创性的陶瓷造型或图案在图纸上表达出来,这种平面设计图案或图纸(在德化俗称“花纸”)可以独立作为美术作品受到著作权法的保护;然后将创作出来的造型或图案与陶瓷相结合形成以陶瓷为载体的立体形式的美术作品。因为著作权法对美术作品的保护并未规定对载体的要求,所以以陶瓷为载体的美术作品仍然属于美术作品。例如瓷板画、陈设艺术瓷(如瓷器挂盘、瓷器花瓶)上的绘画作品以及瓷器雕塑作品等。福建省版权局历年的陶瓷作品登记情况显示,德化县陶瓷企业的设计成果大部分是以立体形式的美术作品受到保护的。

4. 陶瓷产品与实用艺术品的保护

陶瓷产品中很多既具有实际使用价值的实用性,又具有审美功能的艺术性,如花瓶、笔筒、储钱罐等。这类既具实用性又具艺术性的陶瓷产品可作为实用艺术品受到保护。

关于实用艺术作品,我国在 1992 年时为了加入

① 参见李明德、许超:《著作权法》,北京,法律出版社,2009。

② 王迁:《著作权法学》,北京,北京大学出版社,2007。

③ 刘春田主编:《知识产权法》,北京,法律出版社,2009。

《伯尔尼公约》，在《实施国际著作权条约的规定》中对外国的实用艺术品进行了明确的保护规定，但对我国国民的实用艺术品保护没有任何文字性规定。2001年修改后的《著作权法》所列举的作品类型中也并没有实用艺术作品，因此，对于实用艺术品的定义也没有统一的规定。世界知识产权组织编写的《版权法与邻接权法词汇》中认为，实用艺术品除了必须是艺术品外，还必须是为实际使用而创作的作品；我国有学者认为，实用艺术品是指具有实用性的艺术作品。[①] 前者的定义恰好说明了实用艺术作品与美术作品两者的区别：美术作品仅仅是某种艺术品，而实用艺术作品除了必须是艺术作品外，还必须是为实际使用而创作的作品，即不能仅为观赏目的而创作。尽管如此，我国现行著作权法仍将实用艺术品归入美术作品的范畴进行保护（只要该艺术性可与实用性相分离），而没有将其作为单独的一类作品加以保护。原因在于著作权法并不保护任何实用性的因素，而实用艺术品的“艺术”方面就是对某种美学思想观念的表达，符合美术作品的广义解释。因此，依我国现行法律，不管是纯美术陶瓷作品还是兼具实用性和艺术性的陶瓷实用艺术品（两者可分离）在我国都是可以作为美术作品受到保护的。

另一方面，我国《专利法》规定了发明、实用新型、外观设计三种专利形式，发明专利或实用新型专利主要保护产品的功能性或实用性元素，外观设计专利保护产品的美学表达方面。我国《专利法实施细则》中将外观设计定义为：它是指对产品的形状、图案或者其结合以及色彩与形状、图案的结合所做出的富有美感并适于工业应用的新设计。从外观设计的定义可以分析出其特点：以产品为依托、不追求实用功能、应具备美感以及能应用于工业。显然，无论是艺术瓷，还是日用瓷，都存在能满足以上诸要件的情形，可以申请外观设计专利权的保护。然而，当一件富有美感，以图案、形状和色彩组成的外观设计符合作品的构成要件时，同时也可以受到著作权法的保护。可见，在保护实用艺术作品问题上，著作权与外观设计保护存在着交叉和重复。但值得说明的是，用陶瓷产品申请外观设计只适用于批量生产，而不能是不可复制性。因而外观设计并不能提供较为全面的保护。

我国法律未明确对实用艺术作品实行双重保护还是分开单一保护，但司法实践中多持双重保护的观点，至于寻求哪种保护，由权利人自行选择。两者相比，著作权保护在手续办理、保护期限和费用等方面存在明显的优势，而外观设计保护在侵权诉讼中的证明权利基础方面具有优势。在德化调研中发现，有的陶瓷企业也存在寻求双重保护的情况。有的是出于加强作品保护的需要；也有的企业是由于对知识产权保护制度不了解而选择双重保护。因此，企业应根据具体情况，如竞争状况、作品的经济价值、保护时间的长短等来选择最有利的方式保护创新成果。

（二）德化陶瓷产业引入版权保护机制的探索过程

回顾德化陶瓷产业的发展历史，大部分企业都有过版权侵权或者被侵权的经历。引进版权保护机制，成为扭转德化陶瓷产业命运的转折点。德化陶瓷产业保护历程可以划分为三个重要阶段。

1.1978—1993年：缺乏版权保护意识，德化陶瓷产业曾陷入困境

改革开放以来，德化陶瓷产业创新能力不断提高。在发展初期，由于知识产权意识淡薄，缺乏相应的保护措施，企业间互相仿制产品、竞相压价，市场处于恶性竞争的无序状态，严重的盗版侵权现象使陶瓷产业陷入内忧外困的艰难局面，这不仅严重挫伤了企业创新的积极性，同时对德化陶瓷产业的健康发展形成了极大的阻碍。

2.1994—2000年：知识产权保护的艰难探索和版权保护意识的萌芽

正当政府和企业无计可施时，一起侵权案件的处理过程和结果为德化陶瓷知识产权保护带来了新的思路。1994年，福建省版权局为调查一起侵权案件到德化一陶瓷厂取证时，企业老板面对办案人员一脸茫然，并拒不配合，并且质问办案人员：“陶瓷制品有什么版权?”，“我们这里都是谁有好的大家一起用”，在受到处罚后，企业还愤愤不平地向国家版权局申请行政复议，甚至向法院提起了行政诉讼。[②] 这个案件的发生，惊醒了德化陶瓷产业的版权保护意识，并以此为起点开辟了一条依靠《著作权法》保护创新设计的新思路。

3.2001年至今：大力实施版权保护促进了德化陶瓷产业的快速发展

自2001年起，德化县从政策上鼓励企业积极创

① 参见李明德、许超：《著作权法》，北京，法律出版社，2009。

② 参见德化经验：《版权的力量》，载《福建日报》，2011-04-27。

新，强化版权保护；通过广泛开展版权宣传教育，大力开展版权登记工作，德化文化体育局就处理了版权侵权案件 90 余起，整个陶瓷产业的版权保护氛围日益浓厚，版权保护环境日益优化。在政府和企业的共同努力下，陶瓷版权保护成效显著。2006 年德化被国家版权局授予"全国版权保护示范单位"。2007 年"4·26"世界知识产权日期间，"德化经验"通过巡回演讲被传授到全国各地。

由图 8 可知，2001 年至 2013 年，德化版权保护工作不断强化，版权登记数量连年增长，版权案件查处力度不断加大，连年保持较大幅度增长。至 2010 年，版权案件查处力度进一步加大，案件查处数量不断攀升。总体来讲，至 2013 年，德化陶瓷产业版权保护工作已形成正面引导强化版权登记与强化监管积极查处侵权案件相结合的工作机制，陶瓷产业版权保护工作力度不断加大。

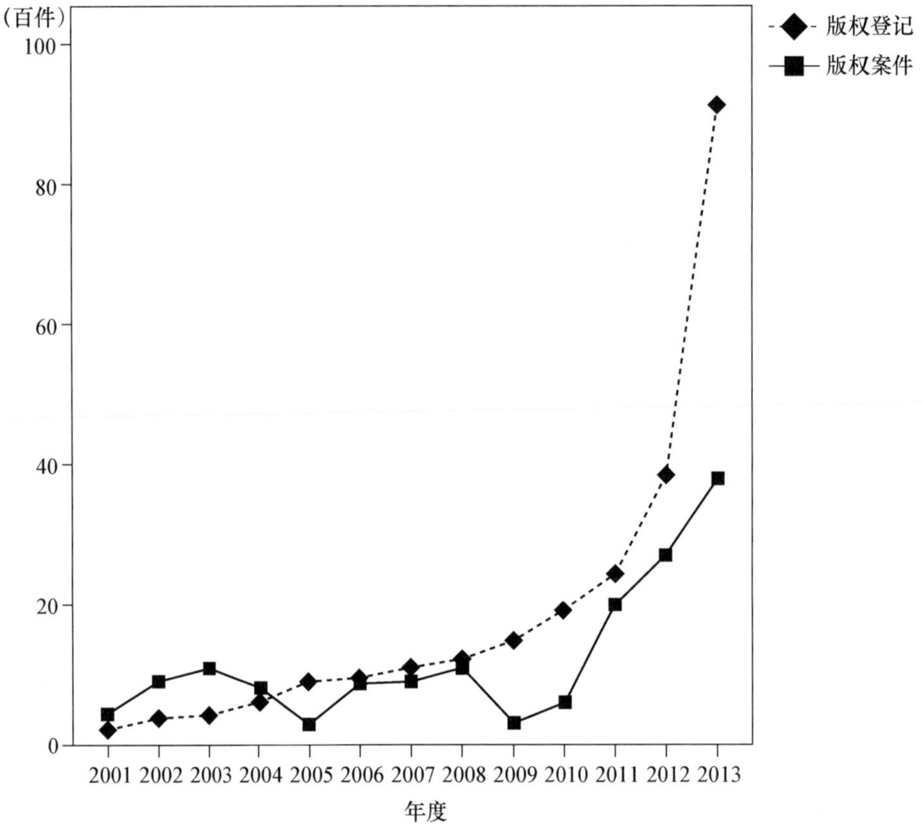

图 8　德化版权行政处理案件数与作品登记数

（三）德化陶瓷业版权行政保护的实施及其实效

1. 德化陶瓷业版权登记制度的引入

在我国的版权行政保护机制中，作品登记是一项便捷、高效的制度设计。根据《作品自愿登记试行办法》的规定，作品登记证书是著作权归属的初步证明。作品登记简便快捷、费用低廉的特点，正好切合了陶瓷产业发展的需要。实践也证明，版权保护是利用法律保护陶瓷创新成果最简便、最实用、最有效的方法，是陶瓷知识产权保护的最佳选择。通过鼓励德化陶瓷企业和创作者开展作品登记工作，大大提高了陶瓷企业的版权保护意识，减少了企业间相互仿制、抄袭剽窃的侵权行为，初步形成了尊重版权、鼓励创新的市场氛围。德化县政府经过探索发现的这条道路，为德化的陶瓷产业发展找到了一条健康发展、持续发展之路。

为了鼓励企业开展作品登记，2001 年德化县拨出专款，指定专人无偿为陶瓷企业办理版权登记服务，由登记中心人员先进行初审，并定期送到省版权局审核办证。2004 年正式成立版权登记服务中心。① 2010 年设立奖励机制。② 通过作品登记的示范影响与激励机制的实施，德化陶瓷作品版权登记呈上升趋势。

① 由于版权登记采取自愿登记，而且登记机关不进行实质审查，因此，以版权登记数作为企业创作新作品的指标并不准确，只能作为一个参考。

② 参见王凌、黄发建：《德化版权保护之路初探——兼谈对发展中国家版权保护的若干启示》，见新华网福建频道，2011。

2013年，德化县作品登记数量达到9 123件，其大幅度增长的原因，主要是德化县进一步加大版权保护力度，陶瓷企业版权保护意识大大增强。2013年，德化县政府部门以“4·26”世界知识产权日等重要时间节点为契机，利用各种形式加强版权法律宣传，鼓励企业加强自主设计，引导企业注重作品版权登记，对作品登记实行资金补贴等奖励措施。同时，加大版权保护力度，德化版权行政部门和司法部门积极调处各类版权侵权纠纷案件，在调处版权纠纷中，通过查明事实、分清是非、明确责任，对纠纷双方当事人进行版权法律宣传，促使纠纷双方当事人达成协议，侵权方停止侵权并承担相应法律责任。德化大多数企业充分认识到版权保护的重要性，不断增强版权保护意识，强化自主创新，对自行创作设计的作品纷纷进行版权登记，以有利于防止和解决侵权盗版问题。同时，版权代理中介机构也发挥重要作用，多家知识产权代理公司积极配合政府版权保护工作，在德化县设立分支机构，深入许多陶瓷企业进行宣传推介，为企业提供方便快捷的作品登记和版权维权服务，得到许多企业的响应，使得德化县2013年作品登记数量大幅提升。

由图9可知，2001年至2013年，德化陶瓷版权登记数量保持高速增长，版权登记数量年均增长率达到36.40%。2013年德化陶瓷的版权登记数量相当于2002年的41.47倍。

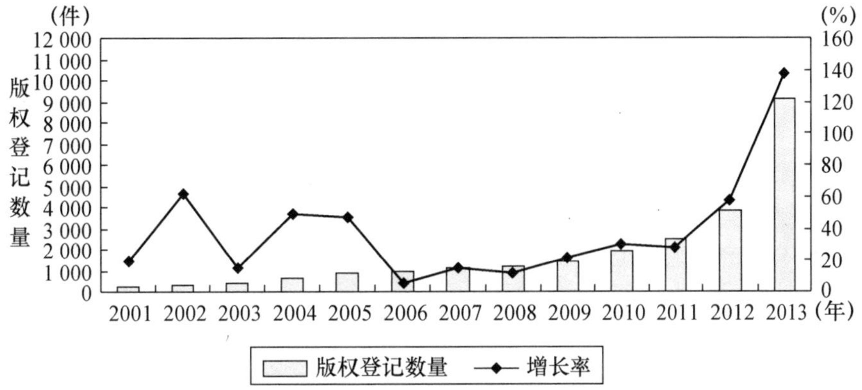

图9 德化陶瓷版权登记情况

资料来源：福建省版权局。

另一方面，单位企业的版权登记数量大幅上涨。如图10所示，2001年至2013年，德化陶瓷企业的单位企业版权登记数量呈高速增长，年均增长率达到34.78%。至2013年，德化陶瓷产业单位企业的版权登记数量达到6.52件，相当于2001年的35.94倍。

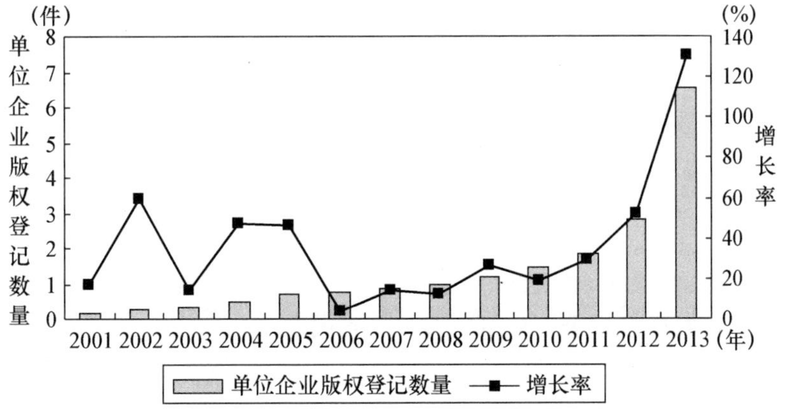

图10 德化陶瓷企业单位企业版权登记情况

通过对241家企业进行版权登记效果评价的问卷调查，我们发现德化陶瓷企业普遍认为版权保护对于企业生产经营是十分必要的。如图11所示，认为版权保护对企业生产经营帮助很大的企业达97家，占有效问卷数的40.25%；120家企业认为有一定帮助，占49.79%。

2. 版权登记对促进德化陶瓷产业发展的作用

通过调研发现，版权登记主要存在三方面的作用：

第一，版权登记有利于宣传新作品，防止侵权。

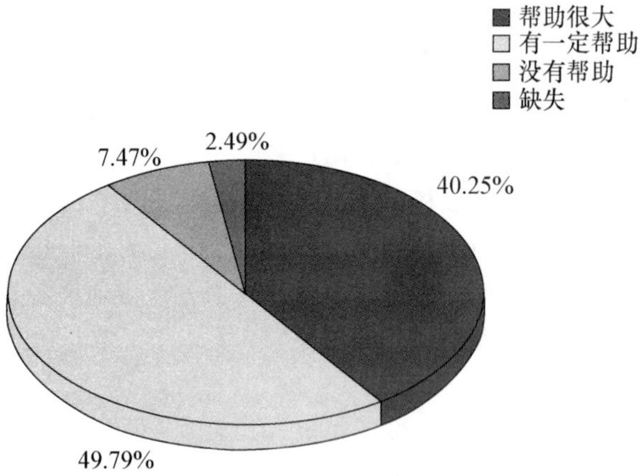

图 11 德化县版权保护对企业生产、经营的作用调查结果

资料来源：课题组调查问卷（一）统计结果。

宏益陶瓷研究所是德化知名陶瓷研究设计机构。在没有采用版权保护前，宏益陶瓷研究所对付侵权行为只能是消极应对，即雪藏自己的产品，不让人随意参观展厅，而且想把多年创作的精品汇编成册的心愿也因担心被仿制而不敢付诸行动。如今有了版权保护之后，宏益陶瓷研究所的安全感大大增强，现在已经可以放心地让他人参观自己的产品展厅，2003 年还将凝聚多年心血的 100 多件作品汇编成册交由厦门大学出版社正式出版。

第二，版权是陶瓷企业自行维权的工具。

有了版权保护之后，德化陶瓷企业已经开始积极主动地维护自身权利。很多陶瓷企业会定期去德化陶瓷市场观察自己的版权产品是否被复制和模仿，甚至有些企业会利用参加陶瓷展会或出差等各种机会去外地维权。一旦发现本地或外地陶瓷市场上有自己的版权产品被侵权的情况，他们会向销售商出示版权证书，表明侵权产品是复制或模仿产品。大多数销售商看到版权证书之后，会采取相应行动，这样就起到了直接维权的作用。德化晖德陶瓷有限公司开发的“海豚系列”工艺瓷新产品，深受欧美客户的喜爱，每年有 700 多种产品畅销欧美市场。该公司某业务员私自将产品资料转厂生产，以低价骗取外商订单。公司发现后，立即将印有福建省版权局公章的产品版权登记复印件寄给外商，外商见该产品已申请版权保护，立即纠正错误，并与晖德公司继续履行合同，按合同约定支付货款。

第三，版权是陶瓷企业申请行政保护和司法机关维权的重要依据。

根据版权自动产生原则，理论上作品自创作完成即享有版权。但是如果没有登记，当作品被侵权时，权利人要证明其享有版权则可能需要花费很大心血。版权登记的好处就在于让陶瓷企业免去证明其版权归属的麻烦。我们的实证调研表明，尽管版权登记只是证明存在版权的初步证据，但是对于德化陶瓷企业在寻求版权行政保护和司法保护中发挥了重大作用，版权登记证书均被法院采纳为证明版权存在及版权人是谁的直接证据，尚没有发现版权登记证书被推翻的案件。

实践中，版权登记证书的作用不仅在于证明版权人是谁，还在于证明版权产生的时间。例如，在德化甲陶瓷有限公司诉乙股份有限公司著作权侵权一案中，甲公司的《作品登记证》上显示其图案作品的完成日期是 2002 年 6 月 1 日，而登记证件颁发日是 2003 年 4 月 14 日，2003 年 4 月甲公司在市面上发现了类似产品，为乙公司生产，于是向法院提起诉讼。在庭审过程中，被告抗辩自己在甲公司图案作品登记日之前的 2002 年 12 月就已经生产、销售该产品，属于自己的独立创作，不构成侵权。最后法院认为，“我国对著作权登记采取自愿原则，申请人应对申请登记作品的真实性、合法性负责。根据甲公司提供的证据，无法证明其作品的完成日期为 2002 年 6 月 1 日，但在没有足够的相反证据的情况下，仍应认定《作品登记证》的有效性。被告提供的证据不足，从而不予支持”。该案表明，《作品登记证》是证明作品完成时间的重要证据，如无足够的相反证据，《作品登记证》所载的内容一般会得到法院的认定。因此，企业开发出新作品应尽快申请版权登记，否则，作品完成时间和版权登记时间间隔过大，则会产生法律风险。同时，该案表明，有关版权作品的证据的保存和提供非常重要。如果企业开发出某新产品后立即申请版权登记，自然不会给侵权人可乘之机。但有的企业开发出新产品后并未立刻申请版权登记，《作品登记证》上的作品完成日期与作品申请版权登记的时间不一致，而这个时间段就很有可能遭遇侵权，甚至发生他人以相同或类似作品去申请版权登记的情况。

3. 版权侵权纠纷的行政处理及其经验

德化县文化体育局充分发挥县级版权管理机构反应快速与取证及时的特点，积极配合执法部门依法惩处侵犯版权的行为，以案释法，提高企业对版权保护的信任度。例如，德化飞达陶瓷有限公司的一件创新产品被中间商以低价私自转让给德化本地的另一厂家生产，县文化体育局协同省版权局进行现场取证，侵权厂家赔偿了损失，并使该公司原有的外贸合同得以继续履行。[①] 版权保护工作使侵权行为得到查处，有力地制止了企业间的恶性竞争，有效地维护了版权人的合法权益。

（1）德化陶瓷产业版权侵权和查处状况分析。

德化县政府和企业不断加强版权保护的工作力度。2001 年至 2013 年，共查处版权案接近 160 件。如图 12 所示，德化陶瓷产业的版权案件数量呈不规则变化的特点，最大值为 38 件，最小值为 3 件，平均值为 8.9 件，年均增长率为 20.64%。

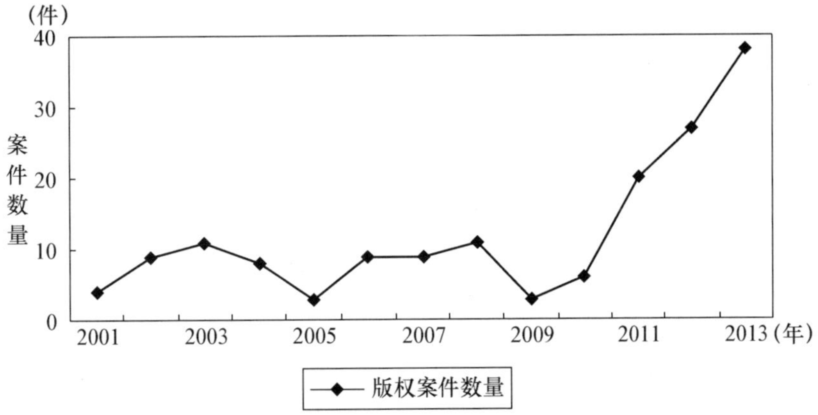

图 12　德化版权纠纷案件数量

如图 13 所示，2001 年至 2013 年，德化陶瓷企业的百企业年均版权案件数量呈随机变化的特征，年均增长率为 19.18%。至 2013 年，德化陶瓷产业百企业年均版权案件数量为 2.71 件。版权案件的发生没有明显规律，案件发生数量的随机性较大，德化陶瓷产业版权保护工作依然任重道远。

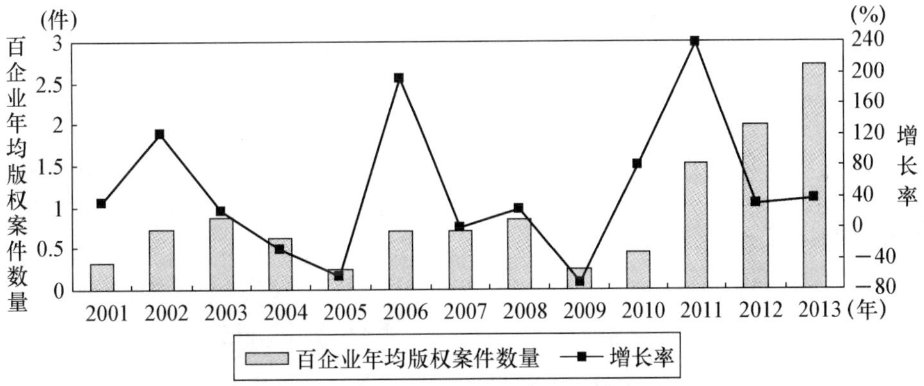

图 13　德化陶瓷企业百企业年均版权案件情况

资料来源：根据德化县文化体育局、经济贸易局企业服务中心资料整理。

（2）侵权途径分析。

2011 年 1 月，德化县甲陶瓷有限公司转单生产德化县青龙陶瓷工艺有限公司享有版权的牛系列陶瓷储钱罐的工艺品，与香港格瑞礼品有限公司签订订购合同。经德化县文化体育局的现场调查，在德化某陶瓷有限公司的生产车间发现被举报的侵权产品。通过文化体育局的行政调解，甲陶瓷有限公司立即停止对青龙公司的侵权行为，侵权产品全部销毁，并赔礼道歉。同时，青龙公司与香港格瑞礼品有限公司达成如下协议：第一，格瑞公司退回全部青龙公司的样品；第二，格瑞公司阿里巴巴网站上，所有青龙公司的样品下架；第三，由格瑞公司支付给青龙公司加工所有样品的工资 3 000 元；第四，格瑞公司与甲陶瓷有限公司所签订的合同侵犯了青龙公司对样品所享有的权利，现格瑞公司支付青龙公司样品开发费 9 000 元；第五，款项总计 12 000 元整，当日结清。[②] 由此可见，除了直接的仿制，间接的拐单生产也是常见的侵权方式。

根据德化县经济贸易局与文化体育局已经处理的案件的数据分析德化陶瓷版权侵权的原因，图 14

① 参见福建省版权局、德化县人民政府编：《版权保护促进德化陶瓷产业发展情况报告》，2010。

② 案例由德化县文化体育局提供。

显示了至 2011 年德化版权案件的主要侵权途径，由图可知，侵权人直接仿制和转单①是德化陶瓷业者侵权的主要途径。

（3）侵权查处结果。

德化县对于版权案件的处理通常采用责令停止侵权、行政处罚、赔偿损失一系列方式，打击版权侵权行为，为企业挽回了经济损失。如图 15 所示，分析已处理的 93 起版权案件的结果发现，版权案件的处理以停止侵权为必选项，同时结合处罚与赔偿。

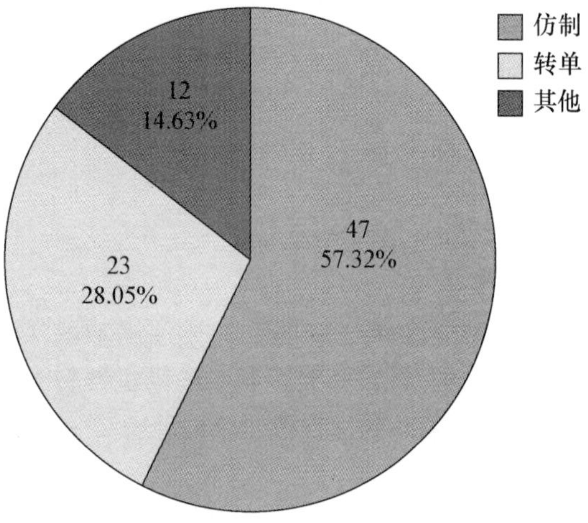

图 14　侵权原因分析图

资料来源：根据德化县文化体育局、经济贸易局企业服务中心资料整理，截至 2011 年 7 月，已处理的案件共 93 件，其中有 11 件经调查未被认定为侵权。

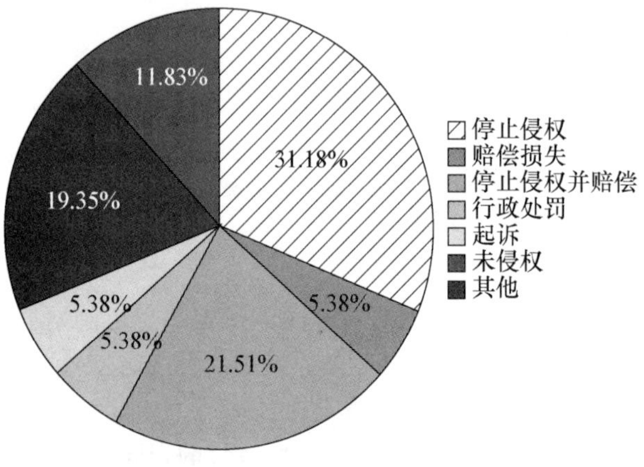

图 15　侵权纠纷案件处理结果

资料来源：根据德化县文化体育局与经济贸易局企业服务中心资料整理。

另外，德化县文化体育局结合实际需要，创造性地运用诸如"事后许可、补偿出货"② 灵活多样的案件处理方式，力图将双方的损失和资源的损耗降到最低。如甲方德化县太阳鸟工艺品有限公司于 2010 年被乙方陶瓷企业仿造侵权，最后双方达成调解协议：第一，乙方停止侵权行为，并赔礼道歉；第二，甲方同意乙方将剩余 2 万件产品于 2010 年 10 月 20 日前出货完毕，继续生产视为侵权；第三，乙方赔偿甲方经济损失 4 万元，作为对版权人许可使用的补偿。③

（4）侵权人来源地分析。

如图 16 所示，已处理的版权纠纷案件 78% 发生在德化本地，侵权企业基本来自当地。通过访谈，我们了解到德化陶瓷企业侵权的主要来源是本地竞争者对版权陶瓷产品的仿造，较少陶瓷企业遭遇来自外地企业的侵权。当前，本地同业者仍是德化陶瓷企业版权侵权的主要来源，提高德化当地版权保护意识和保护水平是有效保护德化陶瓷企业创新的关键。

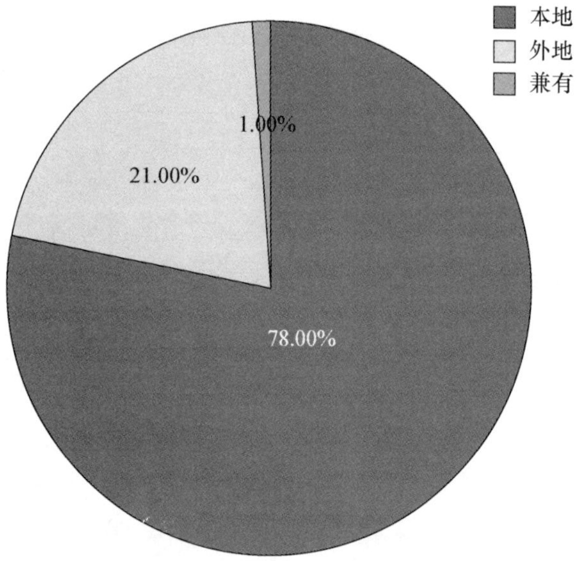

图 16　侵权来源示意图

资料来源：根据调查问卷（一）统计结果整理。

（四）德化陶瓷版权司法保护的不断加强

2011 年 4 月 26 日，泉州市中级人民法院在德化县设立了知识产权巡回法庭。巡回法庭的成立标志着德化陶瓷版权的司法保护进入了历史的新起点。为了阐明这一举措的重大意义，下面以此时间为分界点比较德化陶瓷版权司法保护的变化。

① 转单是指客户与享有版权的陶瓷企业签订合同后，不享有版权的企业或者制作者通过低价仿制版权产品，非法获取订单。

② 指在处理侵权案件中，允许被侵权人销售侵权产品，但必须赔偿经济损失，赔偿额相当于版权许可费，这种处理方式视为侵权发生后版权人在一定范围内许可侵权人使用其版权。

③ 参见德化县文化体育局编：《德化县陶瓷作品版权侵权案件协调处理情况简表》。

1. 2011 年 4 月 26 日前的德化陶瓷版权民事纠纷案件分析

截至 2011 年 4 月 26 日，泉州市中级人民法院共受理与德化陶瓷相关的知识产权案件仅 6 件。通过调研，我们发现版权人较少选择司法保护存在两个主要原因：第一，传统观念的影响。因为通常侵权方与被侵权方同为德化企业，受“抬头不见低头见”传统观念的影响，当出现侵权纠纷时，企业一般不太情愿寻求司法保护；第二，与行政处理相比，司法保护存在时间周期长、诉讼成本高、举证难等问题。

2. 泉州中级人民法院德化巡回法庭的成立及其影响

泉州市中级人民法院于 2011 年 4 月 26 日，在德化县设立知识产权巡回法庭，受理有关著作权、专利权、商标权等知识产权方面的案件纠纷，以便利德化企业寻求司法保护、降低企业的诉讼成本。

2011 年 6 月 14 日，巡回法庭仅成立一个月，便与德化县文化体育局成功联合调解一起亲属间的版权侵权纠纷案。在纠纷处理过程中，巡回法庭与文化体育局一起组织听证，由双方分别陈述争议作品的设计理念、创作过程、创作思路、作品特点、作品生产销售情况，并提供相关证据材料。掌握基本情况后，再由双方当面对质、辩论，让双方就争议问题如何处理陈述各自意见。法庭与文化体育局始终坚持调解优先原则，追求和谐解决纠纷，辅以亲情教育，最终让双方达成和解协议，由被诉侵权方给予对方一定经济补偿终结此案，该案的调解解决取得良好的社会效果。

巡回法庭已办结的 5 件案件中，诉前调解 3 件，司法确认行政调解 1 件，与行政机关联合调解 1 件。其中，“A 女士与德化县甲陶瓷工艺厂司法确认案”，“萬圆红商标侵权案”，“荷兰 Potten 公司与德化县 F 陶瓷有限公司侵权案”三起案件具有典型意义。

(五) 德化陶瓷版权的普法宣传教育

1. 版权管理部门大力组织开展各种形式的版权宣传活动

德化县每年会举办版权主题宣传教育[①]的系列活动。每年的世界知识产权日宣传活动，都会精心编写版权教育读物与制作音像资料加大力度宣传。通过举办版权知识咨询活动，上门为企业进行版权知识培训与版权法规政策宣讲，并且向企业免费发放宣传版权知识的绿书签。

2. 积极利用媒体加强版权宣传

福建省电视台到德化县拍摄的陶瓷版权保护专题片，于“4·26”世界知识产权日在《新闻纵横》栏目播出，这在该县陶瓷企业界产生了强烈反响。德化县通过宣扬正面典型，积极树立版权保护先进企业和人物，让广大群众近距离接触和了解相关的法律法规，教育和引导广大企业经营者增强版权保护意识。

3. 对不同的对象群体进行有针对性的宣传

通过举办版权法规知识专题培训班，帮助企业经营者掌握版权保护知识，熟悉版权保护办理流程，了解维护自身合法权益的法律依据，引导陶瓷业主提高版权保护意识。同时，积极开展版权教育进校园活动，聘请知识产权方面的专家到陶瓷学院与陶瓷职业技术学校讲解知识产权知识。

(六) 对陶瓷产品的其他知识产权保护与比较

为了直观地阐释陶瓷产品版权保护的特点和优越性，本报告将比较德化陶瓷产品的各类知识产权保护途径，阐述版权制度对于德化陶瓷产品保护的合理性与必要性。图 17 显示了问卷调查企业产品保护的主要途径。

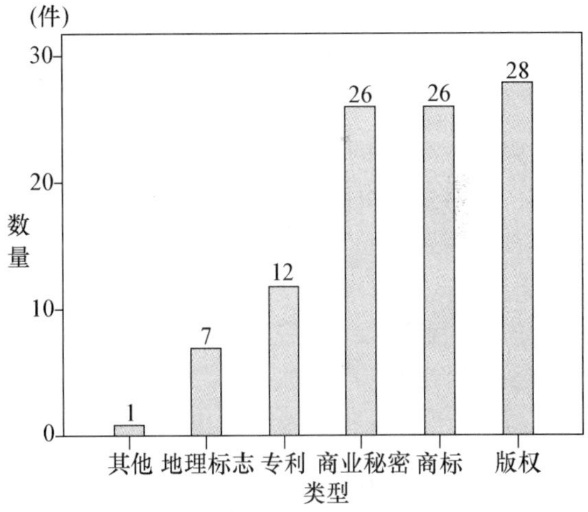

图 17　产品保护途径

1. 对陶瓷产品的专利保护

德化县努力推进专利保护战略，积极为企业申请专利提供服务咨询工作。同时，积极支持经济或社会效益前景好的专利技术转化生产。

2. 对陶瓷产品的商标保护

截至 2015 年底，德化县共拥有注册陶瓷类商标 389 件和陶瓷类地理标志证明商标 2 件，分别为“德化陶瓷”和“德化瓷雕”；德化白瓷被列为国家地理标志保护产品；获得输美产品质量认证的陶瓷

① 根据德化县文化体育局提供的资料整理。

企业 45 家。2011 年有 2 家企业获得中国驰名商标，17 家企业获得“采用国际标准产品标志证书”，13 家企业获得国家地理标志产品保护标记准用证。①

3. 对陶瓷产品的商业秘密保护

商业秘密是指不为公众所知悉并且能为权利人带来经济利益，同时具有实用性并经权利人采取保密措施的技术信息和经营信息。德化陶瓷企业的原料配方和工艺不为公众知悉，通常可以作为商业秘密保护。

4. 对陶瓷产品地理标志的保护

截至 2015 年德化县在国家商标总局登记了“德化陶瓷”“德化瓷雕”两件地理标志证明商标；同时在国家质量监督检疫总局成功申报“德化白瓷”地理标志，率先成为拥有国家标准的瓷类产品。

5. 陶瓷产业的版权保护明显优于其他保护方式

如表 3 所示，分别将版权保护与专利权保护在办理时限、管理权限、保护时效与登记费用方面进行比较，显然，版权保护途径更符合陶瓷产品的知识产权保护需求。德化县目前已经形成“以版权保护为主，多种知识产权保护途径为补充”的战略思路。

表 3　对陶瓷创新产品进行版权保护和专利权保护的优势比较

指标	版权保护	专利权保护
办理时限	自作品完成创作时起享有，随时登记或网上登记	实用新型与外观设计自申请日起 18 个月请求初审，发明专利 3 年内请求初审和实质审查
管理权限	各省版权局负责，国家版权局负责外国人及港澳台作品登记	国家专利局负责登记公告
保护时效	作者终生及死亡后 50 年	发明为 20 年，实用新型和外观设计为 10 年
登记费用	免费	申请费、复审费 800 元；登记、印刷等费 205 元；缴纳年费并逐年递增

三、加强版权保护对德化陶瓷产业发展的影响分析

加强版权保护的首要目的，是促进经济的发展，这一点对发展中国家尤为重要。为了考察版权保护对德化陶瓷产业发展的贡献，本报告分别选择了 2001—2013 年的陶瓷产业产值、陶瓷产业出口货值、陶瓷产业税收、陶瓷产业就业人数相关指标对版权保护与陶瓷产业发展的关联度进行量化分析。

（一）加强版权保护推动了德化县陶瓷产业持续快速发展

1. 加强版权保护促进了德化陶瓷产业产值的持续增长

正是由于版权保护工作的持续开展，版权意识的不断提升，激发了企业对其创作的作品进行登记的积极性。因此，在一定程度上，作品登记的数量客观反映了版权保护的成效。分析显示，德化陶瓷产品版权数量与陶瓷产业产值呈现明显的正相关关系，图 18 中的曲线和数据表明，2001 年至 2013 年间，德化陶瓷产品版权数量与陶瓷产业产值呈现同步增长态势。

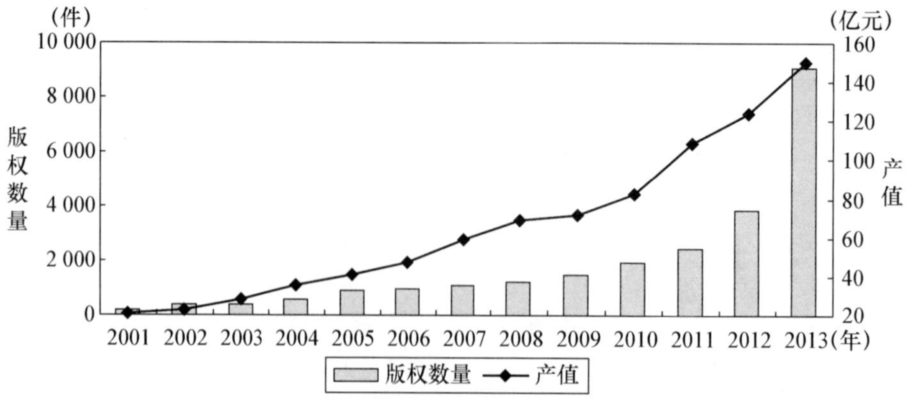

图 18　版权数量与产值变化图

① 数据由德化县文化体育局提供。

经计算，2001年至2013年，德化陶瓷产品版权数量年均增长率为36.40%，陶瓷产业产值年均增长率为17.72%（参见表4）。陶瓷产业产值年均增长率与版权数量年均增长率产值的比值一定程度体现了版权数量变化与陶瓷产业产值变化的关联关系，计算结果为0.487，即2001年至2013年间，德化县陶瓷产品版权数量每提高1个百分点，陶瓷产业产值增长0.487个百分点。以2014年为例进一步换算细化为具体数值，陶瓷产品版权每增加1件，陶瓷产业产值增加0.008亿元。陶瓷产品版权数量的持续增长，极大地促进了陶瓷产业的持续快速发展。

表4　　版权数量与产值年均增长率

指标	值
2001—2013年版权数量年均增长率	36.40%
2001—2013年产值年均增长率	17.72%
产值年均增长率/版权数量年均增长率	0.487
2014年版权数量增加1件的产值增量	0.008亿元

2. 加强版权保护显著提高了陶瓷产品的销售价格和销售额

（1）版权保护能够赋予陶瓷产品市场销售权与定价权。

一个企业的产品享有版权保护意味着只有该企业或其许可的单位才能生产版权作品。陶瓷产品外在艺术设计的美感是吸引消费者的关键因素，而外在艺术设计的独创性是版权保护的基本条件和重点要素。因此，版权保护表明版权人对某种独特设计的产品享有专有的市场销售权。换言之，陶瓷企业拥有某件陶瓷作品的版权之后，就等于拥有生产该陶瓷作品的合法垄断权甚至市场定价权。

这一观点得到实证证据的支持。在调研中，五洲陶瓷有限公司总经理郭建州先生在访谈中指出："如果没有版权，则意味着企业产品雷同，价格恶性竞争。如果有版权，则享有垄断权。"合法的垄断权让陶瓷企业享有对版权作品的定价权，陶瓷企业可以依据版权作品的研发投入、生产成本、管理成本以及产品附加值确定市场价格。相对于无版权陶瓷产品面临的众多陶瓷企业互相竞争、互相压价的状况而言，版权产品的定价权能够使陶瓷企业获得更高的市场价格。特别是对于可以实行大规模生产的出口工艺瓷和日用瓷，很多企业可以依托版权保护，并结合商标实施品牌战略，利用品牌提升陶瓷产品的附加值。

（2）加强版权保护促进了德化陶瓷产品市场价格的提升。

在实地调研访谈中，部分企业家表示版权保护有利于陶瓷产品价格的提高，增值比例达20%至30%。此外，根据德化县统计局提供的资料，由表5可知，德化县2000年陶瓷产业产值为18.83亿元，2013年为150.12亿元；2000年销售陶瓷数量为11.8亿件，2013年为21.3亿件。经计算，2000年陶瓷产品单价约1.60元/件，而2013年陶瓷产品均价约7.05元/件，均价年均增长率为12.08%，一定程度上说明版权保护促使单件陶瓷产品的价格和附加值得到较大幅度提升。

表5　　陶瓷产品均价变化情况

年份	产值	产品数量	均价	均价年均增长率
2000年	18.83亿元	11.8亿件	1.60元/件	12.08%
2013年	150.12亿元	21.3亿件	7.05元/件	

（3）加强版权保护明显扩大了德化陶瓷产品的市场销售额。

由于出口工艺瓷和日用瓷两类陶瓷产品能够工业化大规模生产，因此，版权保护能够有效促进出口工艺瓷和日用瓷市场销售额的提升，这从德化县陶瓷产业历年出口情况就可以得到证明。

上市公司德化冠福现代家用股份有限公司就是一个典型。该公司主要生产日用瓷，申请了冠福、冠锐等一系列商标，应用于本公司自主开发的日用玻璃器皿、日用瓷器、日用陶器、瓷器装饰品、饮用器皿等产品上，通过版权和商标相结合打造品牌，再利用公司在全国各地的分公司销售渠道，大幅度提升了公司的销售业绩。

3. 加强版权保护有效促进了德化陶瓷出口货值的增加

德化出口陶瓷的种类以西洋工艺陶瓷为主，这部分主要是版权保护的客体，版权保护对这部分企业的作用最大。因此，版权保护对有效促进德化陶瓷产品出口起到了积极的作用。

分析显示，德化陶瓷产品版权与陶瓷产业出口货值有着密切的正相关关系，图19中的曲线和数据表明，2001年至2013年间，德化陶瓷产品版权数量与陶瓷产业出口货值呈现同步增长态势。

由图19所示，2001年至2013年，德化陶瓷产业版权数量、陶瓷产业产值、陶瓷产业出口货值呈持续增长态势，三者增势相似程度较高，不难理解，版权数量是德化版权工作不断推进的重要体现，版权保护的不断推进有力地促进了德化陶瓷产业的加快发展，特别是推动了德化陶瓷产业外向发展不断深化。

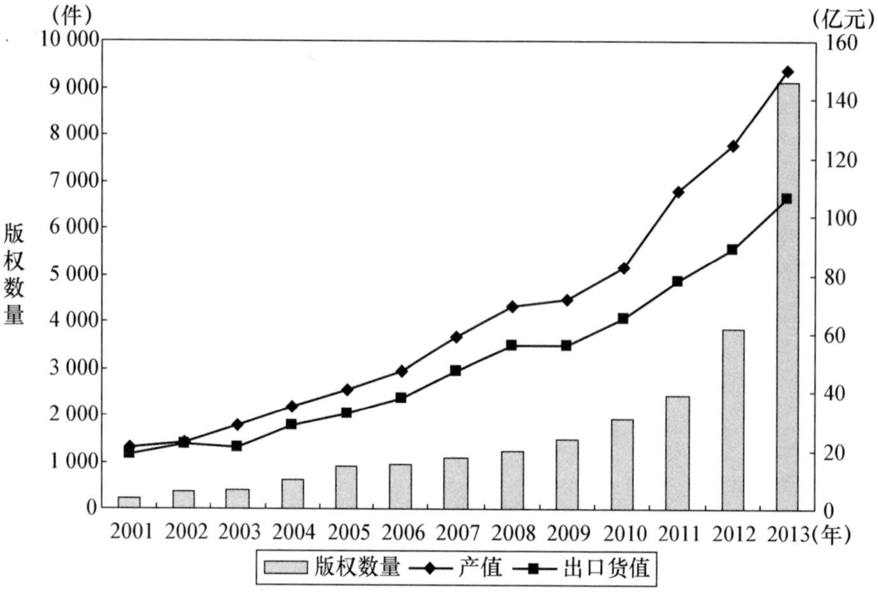

图 19　德化陶瓷产业产值、出口货值与版权数量

经计算，2001 年至 2013 年，德化陶瓷产品版权数量年均增长率为 36.40%，陶瓷产业出口货值年均增长率为 15.57%（参见表 6）。陶瓷产业出口货值年均增长率与版权数量年均增长率的比值一定程度体现了版权数量变化与陶瓷产业出口货值变化的内在联系，计算结果为 0.428，即在 2001 年至 2013 年间，德化县陶瓷产品版权数量每提高 1 个百分点，陶瓷产业产值增长 0.428 个百分点。以 2014 年为例进一步换算细化为具体数值，陶瓷产品版权每增加 1 件，陶瓷产业出口货值增加 0.005 亿元。以上测算分析结果表明，陶瓷产品版权数量的持续增长，极大地促进了陶瓷产业的持续快速发展。

表 6　　版权数量与出口货值增长率

指标	值
2001—2013 年版权数量年均增长率	36.40%
2001—2013 年出口货值年均增长率	15.57%
出口货值年均增长率/版权数量年均增长率	0.428
2014 年版权数量增加 1 件的出口货值增量	0.005 亿元

4. 加强版权保护有效增加了德化陶瓷产业的税收

德化陶瓷产品版权数量与陶瓷产业税收总体上也呈现正相关关系，图 20 中的曲线和数据表明，2001 年至 2013 年间，德化陶瓷产品版权数量与陶瓷产业税收基本呈现同步增长态势。

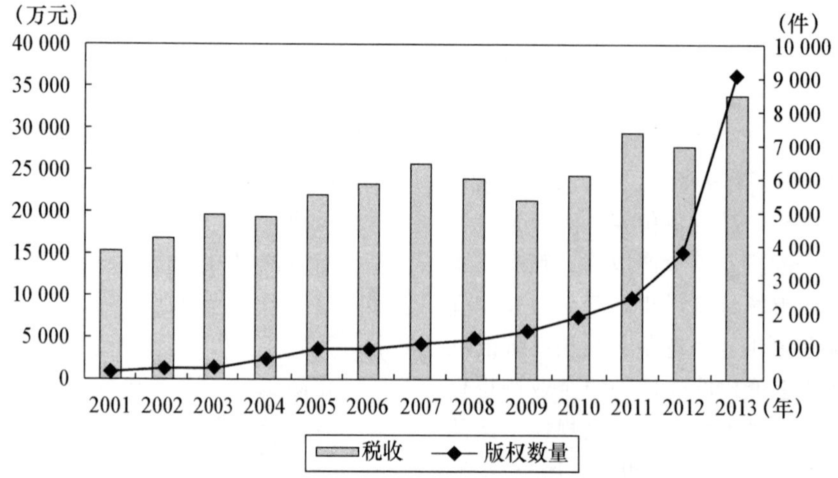

图 20　版权数量与税收变化图

经计算，2001 年至 2013 年，德化陶瓷产品版权数量年均增长率为 36.40%，陶瓷产业税收年均增长率为 6.77%（参见表 7）。陶瓷产业税收年均增长率与版权数量年均增长率的比值一定程度体现了版权数量变化与陶瓷产业税收变化的正相关关系，计算结果为0.186，表明2001年至2013年间，德化县陶瓷产品版权数量每增加1个百分点，陶瓷产业税收增长0.186个百分点。根据表7第4栏中数据，以2014年为例进一步换算细化为具体数值，陶瓷产品版权数量每增加1件，陶瓷产业税收增加6 909元。

表7　　版权数量与税收增长率关系

指标	2001—2013年年均增长率
2001—2013年版权数量年均增长率	36.40%
2001—2013年税收年均增长率	6.77%
税收年均增长率/版权数量年均增长率	0.186
2014年版权数量增加1件的税收增量	6 909元

（二）加强版权保护促进了德化陶瓷产业结构调整和优化升级

1. 加强版权保护有力地促进了德化陶瓷产业的集聚

德化县大力实施版权和技术创新联动战略，依托版权保护，加快培育发展了一批核心竞争力强、拥有自主知识产权、具有国内国际竞争力的大型陶瓷企业集团。通过联合兼并、重组、上市等形式，在西洋工艺陶瓷、瓷雕与日用陶瓷等领域培育一批主业突出、带动能力强的"航空母舰"和"单打冠军"，使之成为德化陶瓷产业技术创新与集群升级的主导力量。

德化县积极引导个体瓷雕作坊不断转型成立研究所；引导国有、集体瓷厂改制，扩大为合作股份经营；积极推进陶瓷产业技术创新战略联盟，整合资源，突破产业发展共性关键技术，合理调节资金、人才、设备，创建分工协作机制，形成抱团发展的态势。通过以上举措，在全县形成了西洋工艺陶瓷、瓷雕与日用陶瓷三大陶瓷产业集群，并有80%集中于城关两镇，打造了支撑德化经济半壁江山的陶瓷支柱产业。

德化县注意通过实施版权和技术创新联动战略，大力推动陶瓷产业集群优化升级。2005年，德化陶瓷产业集群被确定为福建省首批重点培育的产业集群。实践证明，陶瓷产品中的文化含量愈高，经济附加值就愈高。德化陶瓷文化与陶瓷产业经济相互交融，共同发展，良性互动，有效推动了陶瓷产业集群的优化升级，同时也提升了陶瓷产业集聚的层次和水平。

2. 加强版权保护有力地提升了德化陶瓷产业的竞争力

德化陶瓷产品在国内激烈的市场竞争中不断提升自己的品位，产品的技术水平、科技含量等方面也取得了很大的进步，科研开发的投入有所增加，新产品的技术含量有了很大的提高，产品的竞争力也显著提升。西洋工艺陶瓷与瓷雕精品不断涌现，拓展市场的能力显著增强，占据了全国的高端市场。不断改进调整优化产业结构，推动德化陶瓷产业持续优化升级，高技术含量的新产品不断推出，产品的国内国际市场竞争力显著提升。2010年德化县陶瓷出口值达到64亿元，高出景德镇市1倍多，居全国第一。[①] 国际市场占有份额大，市场广阔，为德化县陶瓷产业的长远发展提供了巨大潜力。

（三）加强版权保护显著提升了德化陶瓷企业的自主创新能力

在版权保护前，德化陶瓷产业发展的一个显著问题就是陶瓷企业在知识产权的创新、运用、管理和保护方面普遍重视不够并且投入不多，缺乏知识产权的高效维权手段，侵权仿冒和不正当竞争侵害使一些企业效益下滑，创新积极性受挫，影响了德化陶瓷产业的整体竞争力提升与健康发展。版权工作有序开展后，陶瓷企业享有版权产品的市场独占权，版权产品的价格和销售额相对提高，新开发版权产品的边际利润通常更高，因此，陶瓷企业的自主创新热情不断提高。

加强版权保护，使越来越多的德化陶瓷企业高度重视科技研发，愿意把更多的资金投入陶瓷产品图案或造型的研发，聘请更多优秀的产品设计人员，设计出图案造型各异、符合市场需要的陶瓷产品。

根据《德化县第二次经济普查年鉴》的数据，2008年德化规模以上陶瓷企业研发项目支出达到3 366.8万元。2009年德化规模以上陶瓷企业研发项目支出达到4 081.2万元，增幅达到21.2%。调研发现德化陶瓷企业普遍重视科技研发工作。

据统计，德化陶瓷企业每年开发的新产品达到2万件以上，现在德化每天都有200多件新产品问世。[②] 在访谈调研中，规模相对较大的企业表示它们每年有上百件新产品开发出来，规模相对较小的

---

① 参见德化县统计局：《德化陶瓷产业发展的分析与思考》。

② 数据来自福建省版权局、德化县政府：《德化陶瓷产业发展及版权保护情况报告纲要》，2010年8月。

企业表示每年同样要开发几件到几十件新产品。

近年，德化县大力组织人员开展陶瓷生产关键技术研发，特别是引导国内外科研机构的科技创新成果与陶瓷企业需求有效对接，着力突破技术瓶颈，加快科技成果转化。例如，冠峰耐热瓷有限公司的金属陶瓷煲、龙鹏集团公司的利用铁矿渣生产低温陶瓷、万旗非金属材料有限公司的晶须碳酸钙产业化项目，分别与景德镇陶瓷学院、德化陶瓷职业技术学院、福建师范大学正式签约，促进产学研有效结合，自主研发的高温微波隧道窑烧瓷进入调试及改进阶段，陶瓷干燥设备、自动控温电窑炉、陶瓷低温烧成、陶瓷自生釉、可再生活性炭功能陶瓷等技术在陶瓷企业中被广泛推广应用。

随着陶瓷企业科技创新水平的不断提升，占据科技高端的科研成果不断涌现。

（四）加强版权保护推动了德化陶瓷产业品牌的持续创建

品牌是一个包括商标、名称、价值、包装、声誉、历史、广告风格等要素在内的综合、复杂概念，它不仅仅是一个产品的标志，更多的是产品的质量、性能、文化内涵、时尚潮流、消费者满意度和忠诚度等要素的综合体现。品牌是现代科学技术聚集的结晶。

德化陶瓷行业的发展正处于巩固、提高、做大做强的关键时期，迫切需要把陶瓷行业的技术装备水平、经济效益、竞争能力全面提升到一个新的水平。德化陶瓷坚持在版权保护下，走品牌战略之路，做精做强做大德化陶瓷产业，使之得到持续、快速的发展。

针对新产品的版权保护积极跟进，不仅保护陶瓷名人的著作权，避免仿冒与盗用名人作品，保护创作者的权益和瓷都的声誉。到2015年底，德化县陶瓷产业共有中国驰名商标2件、中国名牌5件、中国出口名牌4件、中国陶瓷行业名牌6件、国家免检产品3件、福建省著名商标19件、福建省名牌产品11件。

四、加强版权保护对促进德化县经济、社会与生态发展的影响分析

加强版权保护在促进德化陶瓷产业持续快速发展的同时，有力地推动了德化经济社会生态的全面协调可持续发展。下面以作品登记的数量和陶瓷产业的产值作为参考指标，分析版权保护在促进产业发展、从业人员人均产值提高等方面的影响，具有现实意义。

（一）加强版权保护有力地促进了德化县经济的持续快速发展

1. 促进了县域经济的持续快速发展

版权保护对德化陶瓷产业发展具有重要的经济影响。版权保护能够有效提高陶瓷产品价格和销售额，给陶瓷企业带来实实在在的经济实惠，从而带动整个陶瓷产业产值的增长。陶瓷产业作为德化县支柱产业，必然促进德化县经济的持续快速发展。德化县地区生产总值与陶瓷产业增加值有着十分密切的关联关系，图21中的曲线和数据表明，2001年至2013年间，德化县地区生产总值与陶瓷产业增加值①基本呈现同步增长态势。

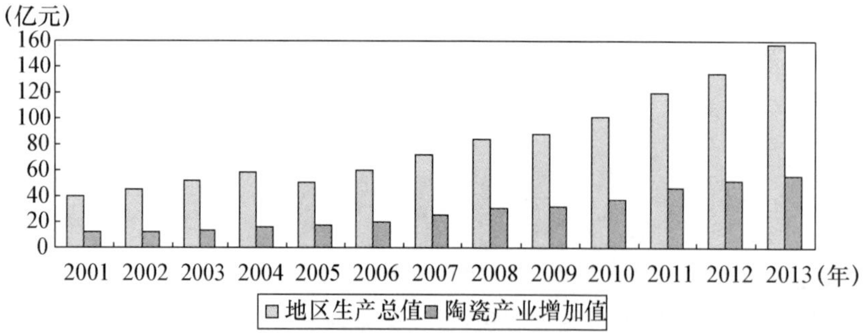

图21 地区产值与陶瓷产业增加值比重

经计算，2001年至2013年，德化陶瓷产业增加值年均增长率为13.98%，德化县地区生产总值年均增长率为12.01%（参见表8）。德化县地区生产总值年均增长率与德化陶瓷产业增加值年均增长率的比值一定程度上体现了陶瓷产业增加值与德化县地区生产总值变化的关联关系，计算结果为0.859，由此可知，2001年至2013年间，德化陶瓷产业增加值每增加1个百分点，德化县地区生产总

① 福建省、泉州县、德化县统计部门均未公布陶瓷产业增加值数据，本报告中引用数据由课题组根据德化县陶瓷产业产值推算得出。

值实现增长 0.859 个百分点。

由图 22 可知，“德化陶瓷版权数量—德化陶瓷产业增加值—德化县地区生产总值”三者具有类似走势。图中的曲线和数据表明，2001 年至 2013 年间，三者呈同步增长态势。

表 8　　地区产值与陶瓷产业增加值关系

指标	值
2001—2013 年地区生产总值年均增长率	12.01%
2001—2013 年陶瓷产业增加值年均增长率	13.98%
地区生产总值年均增长率/陶瓷产业增加值年均增长率	0.859

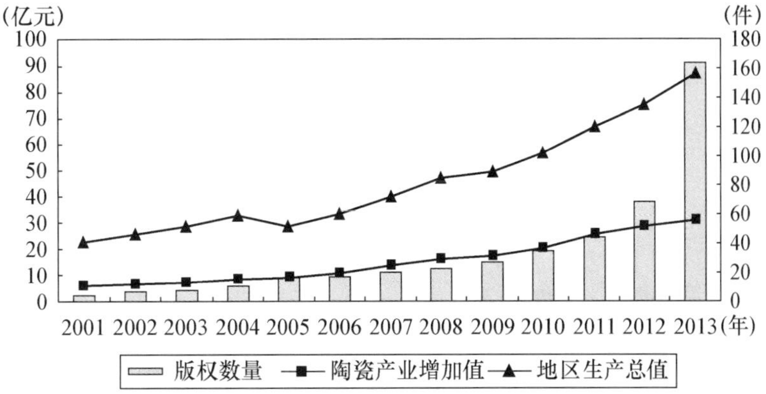

图 22　“版权数量—陶瓷产业增加值—地区生产总值”变化情况

经计算，2001 年至 2013 年，德化陶瓷版权数量年均增长率为 36.40%，陶瓷产业增加值年均增长率为 13.98%，德化县地区生产总值年均增长率为 12.01%（参见表 9）。陶瓷产业增加值年均增长率与德化陶瓷版权数量年均增长率的比值一定程度上体现了德化陶瓷版权数量与德化陶瓷产业增加值变化的关联关系，计算结果为 0.384；德化县地区生产总值年均增长率与德化陶瓷版权数量年均增长率的比值一定程度上体现了德化陶瓷版权数量与德化县地区生产总值变化的关联关系，计算结果为 0.330。2001 年至 2013 年间，德化陶瓷版权数量每增长 1 个百分点，德化陶瓷产业增加值增长 0.384 个百分点，德化县地区生产总值增长 0.330 个百分点。根据表中数据，可以通过计算版权增量推算德化陶瓷产业增加值与德化县地区生产总值增量，以 2014 年为例进一步换算细化为具体数值，陶瓷产品版权每增加 1 件，德化陶瓷产业增加值增加 0.237 1 亿元，德化县地区生产总值增加 0.566 8 亿元。以上测算分析结果表明，陶瓷产品版权数量的持续增长，可极大地促进德化县地区的持续快速发展。

表 9　“版权数量—陶瓷产业增加值—地区生产总值”关系

指标	版权数量	陶瓷产业增加值	地区生产总值
年均增长率	36.40%	13.98%	12.01%
值	1	0.384	0.330

由图 22 可知，版权数量在 2004 年与 2008 年发生相对陡增，相对应地，陶瓷产业产值与地区生产总值分别与 2007 年与 2011 年有相对陡增，这在一定程度上说明版权登记的推动效应具有一定的迟滞性。同理，对相关指标的推动效应同样具有一定程度的迟滞性。

另一方面，德化陶瓷产品版权数量与陶瓷产业的税收也有着十分密切的关联关系。2001 年至 2013 年间，德化陶瓷产品版权数量的提升也有效带动了陶瓷产业税收的增长。

2. 促进了县域产业结构的优化

德化县坚持以创新为动力，做强企业，做优品牌，做大产业，促进第二、三产业联动发展，全力优化产业结构。如图 23 可知，2000 年，德化县的三产业结构为“17.0∶51.9∶31.1”，2005 年发展为“11.8∶51.8∶36.4”，2010 年进一步发展为“7.4∶56.1∶36.5”，至 2011 年，三产业结构发展为“7.4∶59.6∶32.9”。经计算，2000 年至 2011 年，第一产业比重年均递减 7.85%，第二产业比重年均递增 1.27%，第三产业比重年均递增 0.54%。德化三产业结构呈不断优化的态势，第一产业在总量保持增长的同时，比重显著缩小，至 2011 年已小于 10%；第二产业和第三产业的比重不断扩大，呈现工业化中后期的特征。需要特别指出的是，陶瓷产业作为德化的支柱产业，产业比重连年上涨，2000 年至 2011 年，年均递增 1.64%，高于第二产业比重年均递增率，有力推动了二、三产业的联动发展，为德化产业的优化提供了强有力的支持。

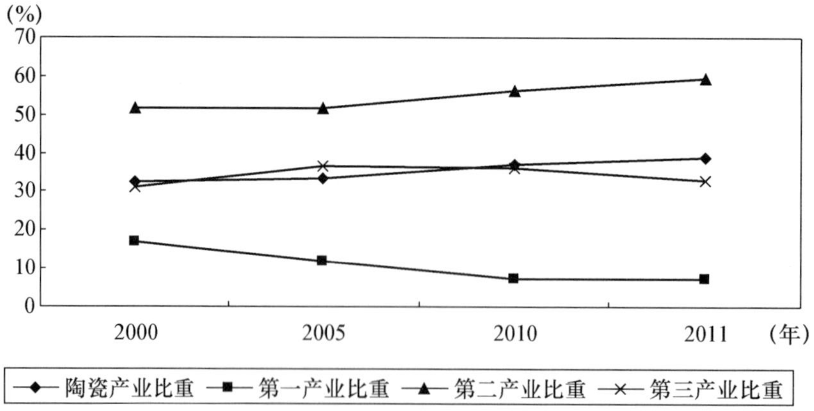

图 23　产业结构比重情况

资料来源：表中数据来自德化县统计局。

（二）促进了就业率与城乡居民收入的提高

2000 年至 2011 年，陶瓷产业就业人数呈增长态势，同时，陶瓷产品版权数量与陶瓷产业产值保持相对大幅度增长。陶瓷产品的版权保护工作对于推动陶瓷产业的快速发展与有效拉动德化就业水平与城乡居民收入是具有积极意义的。

1. 促进了单位企业员工数量的持续增长

如图 24 所示，2001 年至 2013 年，德化陶瓷企业单位企业员工数量呈小幅增长的特点，年均增长率为 1.17%。单位企业员工数量体现了企业创造就业的能力，2001 年，德化陶瓷企业的平均人数为 55.94 人；至 2004 年，德化陶瓷企业的平均人数首次突破 60 人，达到 60.70 人。至 2013 年，德化陶瓷企业的平均员工数量为 64.29 人，相当于 2001 年时的 1.15 倍。

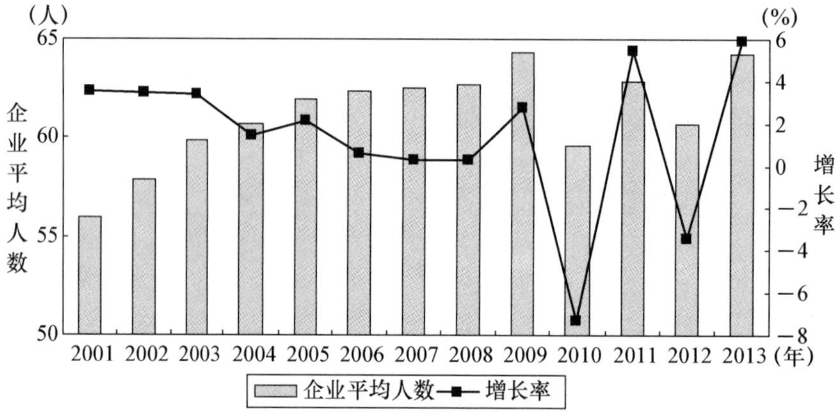

图 24　德化陶瓷单位企业就业人数情况

单位企业的版权数量与单位企业可以创造的就业岗位是存在内在关系的，由图 25 可知，德化陶瓷产业的单位企业版权数量与单位企业就业人数基本呈同步增长态势。经计算，2001 年至 2013 年，单位企业版权数量的年均增长率为 34.78%，单位企业就业人数的年均增长率为 1.17%。

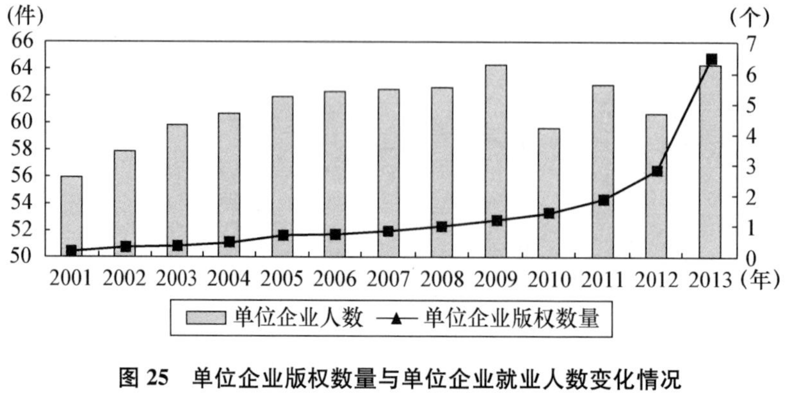

图 25　单位企业版权数量与单位企业就业人数变化情况

2. 促进了单位陶瓷企业产值规模的持续增长

2001年至2013年，德化陶瓷企业单位企业产值呈持续增长态势。单位产值的持续增长体现了德化陶瓷企业规模化程度的不断提高。单位企业的版权数量与单位企业产值是存在直接联系的，由图26可知，德化陶瓷产业的单位企业版权数量与单位企业产值呈同步增长态势。经计算，2001年至2013年，单位企业版权数量的年均增长率为34.78%，单位企业产值年均增长率为16.30%。单位企业版权数量年均增长率与单位企业产值年均增长率的比值一定程度上体现了单位企业版权数量变化与单位企业产值变化的关联关系。

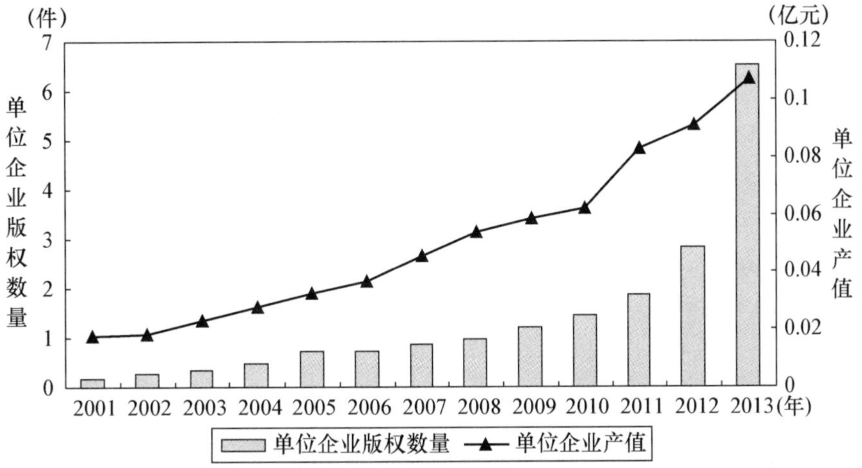

图26 单位企业版权数量与单位企业产值变化情况

3. 促进了城乡居民收入显著增加

由图27可知，“德化陶瓷版权数量—城镇在岗人员平均工资—农民平均收入”三者具有类似走势。2001年至2011年，三者呈同步增长态势。

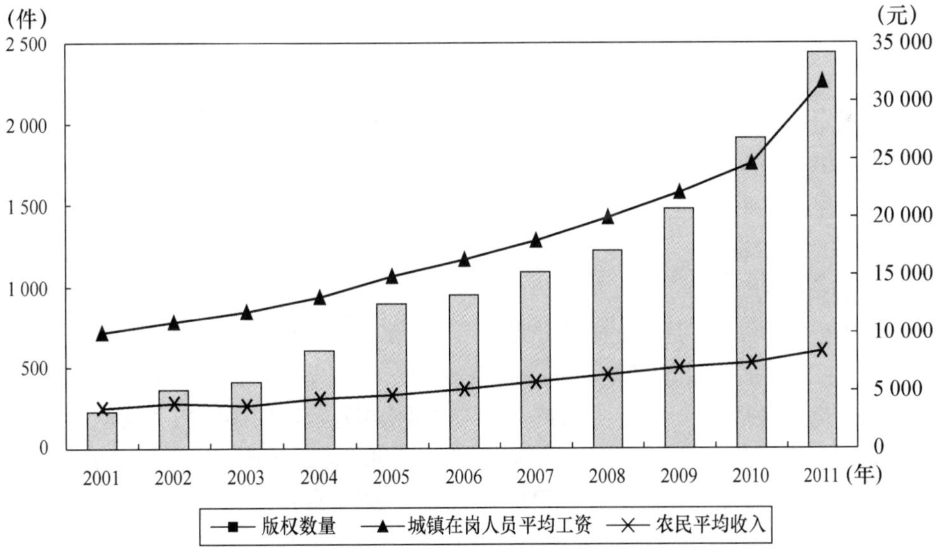

图27 版权数量与居民收入变化情况

经计算，2001年至2011年，德化陶瓷版权数量年均增长率为27.21%，德化城镇在岗人员平均工资年均增长率为12.24%（参见表10）。德化城镇在岗人员平均工资年均增长率与德化陶瓷版权数量年均增长率的比值体现了德化陶瓷版权数量与德化城镇在岗人员平均工资变化的内在联系，计算结果为0.450，表明2001年至2011年间，德化陶瓷产业产值每提高1个百分点，拉动德化城镇在岗人员平均工资增长0.450个百分点。根据表中数据，可以通过计算版权增量推算德化城镇在岗人员平均工资增量，以2012年为例进一步换算细化为具体数值，陶瓷产品版权每增加1件，能够拉动德化城镇在岗人员平均工资增加584元。以上测算分析结果表明，陶瓷产品版权数量的持续增长，极大地促进了德化城镇人口收入的持续增加。

表 10　　版权数量与城镇居民收入关系

指标	值
2001—2011 年版权数量年均增长率	27.21%
2001—2011 年城镇在岗人员平均工资年均增长率	12.24%
城镇在岗人员平均工资年均增长率/版权数量年均增长率	0.450
2012 年版权数量增加 1 件的城镇在岗人员平均工资增量	584 元

2001 年至 2011 年，德化陶瓷版权数量年均增长率为 27.21%，德化县农民纯收入年均增长率为 8.84%（参见表 11）。德化县农民纯收入年均增长率与德化陶瓷版权数量年均增长率的比值体现了德化陶瓷版权数量与德化县农民纯收入变化的内在联系，计算结果为 0.325，表明 2001 年至 2011 年间，德化陶瓷产业产值每提高 1 个百分点，拉动德化县农民纯收入增长 0.325 个百分点。根据表中数据，可以通过计算版权增量推算德化县农民纯收入增量，以 2012 年为例进一步换算细化为具体数值，陶瓷产品版权每增加 1 件，能够拉动德化县农民纯收入增加 109 元。以上测算分析结果表明，陶瓷产品版权数量的持续增长，极大地促进了德化县农民纯收入的持续增加。

表 11　　版权数量与农村居民纯收入关系

指标	值
2001—2011 年版权数量年均增长率	27.21%
2001—2011 年农民纯收入年均增长率	8.84%
农民纯收入年均增长率/版权数量年均增长率	0.325
2012 年版权数量增加 1 件的农民纯收入增量	109 元

（三）推动了相关产业的发展

1. 促进陶瓷配套产业的发展

陶瓷产业链条中最重要的一环是瓷土矿的开发、加工和利用，陶瓷产业的发展也带动了全县矿产加工业的发展壮大。德化已经成为全省重要的黄金、铁矿、高岭土生产基地。

陶瓷是火与土的艺术，陶瓷业需要能源的保障，而“以电代柴”的能源变革不仅迎来德化陶瓷业发展的春天，同时也有力地促进了德化电力业的持续发展。

陶瓷化工、塑料化工等陶瓷配套材料的发展，促进了化工产业链的延伸拓展。投资 2 亿多元的德化隆泰化工有限公司已经顺利投产，正加快进行下游产品开发。

2. 促进物流业的迅速发展

德化县交通运输和仓储产业在陶瓷经济的带动下快速发展。同时，德化县政府还引导企业加入福建国际电子商务应用平台，充分发挥“邦可国际”“美茵斯”等物流平台的作用，发展电子商务。

3. 促进文化创意产业的发展

（1）德化县充分利用陶瓷产业的优势，积极打造陶瓷创意产业基地。该基地已被福建省发展和改革委员会确定为重点培育发展的海峡两岸十大创意产业园区之一，三德陶瓷有限公司和月记窑陶瓷文化创意中心有限公司获省文化厅第五批“省级文化产业示范基地”称号。

（2）德化有陶瓷企业将中国传统文化元素运用于产品的创新研发设计，成功研发出玉兔、天鹅、老虎、鸳鸯、金鱼等艺术个性酒瓶 108 款，先后开发了阿里山茶、梨山茶系列以及观音茶、武夷岩茶、普洱茶等陶瓷艺术茶具，与广东中山正夫人电器等厂家探索陶瓷与电器等的完美结合，取得初步成效。

（3）德化陶瓷版权产业发展有效推进了综合性的版权服务，政府促进建设德化陶瓷版权交易中心，构建德化陶瓷著作权登记和认证信息平台、国际化的陶瓷版权交易综合服务平台、陶瓷版权产业交流合作平台、集合顶级版权专家的核心智力平台、陶瓷版权价值评估和资本运作平台以及版权法律保护公共服务平台等，促进了版权贸易的持续发展。

（4）德化逐渐树立“版权产业”的观念；顺应知识经济的大潮，加快产业结构调整；充分利用市场经济手段；逐步建设德化版权企业集团；重视品牌建设，构造产业链，培育核心竞争力；开拓国际、国内陶瓷版权市场，促进版权产业的发展。

（5）德化县与台北市都市环境研究学会签订了关于委托制定并辅导推动实施《德化县陶瓷文化创意产业发展规划》的协议，力争用三到五年时间，通过对德化陶瓷产业、文化元素及旅游观光资源的整合，使德化陶瓷产业从传统制造型逐步向文化创意产业型发展，促进德化陶瓷产业转型升级，提升德化陶瓷产区的影响力和竞争力。

4. 促进旅游业的快速发展

德化县积极做好旅游和陶瓷文化的有机结合。先后组织旅游企业参加“品牌泉州香江行”系列活动、第六届海峡旅游博览会、泉州文化旅游节等旅游推介活动，2010 年（厦门）“中国瓷都·戴云之旅”德化旅游专场推介会、“第二届旅游形象小姐大赛”等活动，全面展示德化旅游和陶瓷文化的风采。

铭思艺陶瓷文化城和德化古玩城隆重开业，顺美集团、三德陶瓷有限公司、月记窑陶瓷文化创意中心等三家文化产业示范基地建设进一步完善，搭建陶瓷与旅游相互融合促进的平台，促使“中国瓷都·戴云之旅”品牌知名度不断提升。2010 年 5 月，德化县荣获“中国最佳生态旅游县”称号，戴云山被评为“发现海西之美·十佳景点”之一。

（四）促进了经济和社会的持续协调快速发展

德化原是一个偏僻的山区县，基础设施薄弱、产业单一、人才匮乏、城乡发展差距大。陶瓷产业的持续快速发展，为德化县坚持以科学发展观为指导，统筹城乡经济社会协调发展，走以工业化带动城镇化和农业现代化道路，奠定了坚实的物质、文化和社会基础，有力地促进了经济和社会的持续协调快速发展。

1. 促进了经济与文化教育事业的协调发展

随着陶瓷产业成为德化县经济的产业支柱，特别是随着陶瓷文化创意的发展，带动了教育事业的发展。德化县加大教育投入，建立了全县第一所大专院校——德化陶瓷学院。学院在办学中重视版权保护工作，激发师生创作热情，利用版权转让促进了德化陶瓷产业特别是陶瓷创意产业的发展。德化县还成立陶瓷教育研究会，依托屈斗宫古窑址、德化陶瓷博物馆建立校外陶瓷实践基地，编印陶瓷文化校本教材，开设瓷艺课程，把陶瓷传统技艺引入课堂，普及和推广陶瓷文化教育。

2. 加大了陶瓷非物质文化遗产的保护力度

德化县在大力发展陶瓷产业的同时，十分重视陶瓷非物质文化遗产的保护和传承。非物质文化遗产“德化瓷烧制技艺传习中心”已列入“泉州市非物质文化遗产项目传习所建设项目”，为有效开展艺术传承奠定基础。

近年，德化县相继邀请名家创作一批反映陶瓷文化和风土人情的影视剧本、小说、歌曲等文艺作品，筹拍电视剧《瓷魂》，积极申报发行“德化窑陶瓷邮票”，进一步提高了德化陶瓷文化的知名度。

收藏是保护和传承文化精品和精髓的重要方式，也是激励陶瓷产业自主创新和版权创意的有效举措。德化县邀请国内收藏界文化名人马未都举办“盛世收藏”的讲座，吸引了数百名热爱收藏的人士参与。向社会各界征集价值300多万元的古陶瓷充实馆藏文物，进一步增强了陶瓷历史名城的文化底蕴。

3. 促进了城乡统筹发展

陶瓷产业的集聚，吸引了人口向产业集聚区的集中。德化县集中全县要素资源，加快大城关发展，促进大集中；推动工业向工业区集中，人口向城关集中，居民向小区集中，耕地、林地向集约化经营集中，实现了农村人口从第一产业向第二、三产业的转移。

2010年，德化县70%的人口集中在陶瓷产业集聚的县城所在地龙浔镇和周边的浔中镇，全县常住人口为27.79万人，全县常住人口中，居住在城镇的人口为19.31万人，占69.5%，城镇化率达到69.5%。随着城镇化进程不断加快，大城关的集聚效应明显，辐射带动作用增强。

4. 促进了城乡规划和建设的统筹发展

加强版权保护促进陶瓷产业的发展和集聚，全县通车里程2 521公里；新建供水管道25公里，总管道量达100公里；建成水电站33座；数字电视用户达到3.2万户；宽带用户达到2.86万户。在城镇化建设方面，“十一五”期间城区增加2.5平方公里，城区人口增加2.2万人，总人口达18万人。

五、案例分析：德化陶瓷学院版权保护与利用

德化陶瓷学院于2002年12月经福建省教育厅批准筹建，2005年5月经福建省人民政府批准正式建院，2006年5月获国家教育部备案，是一所由泉州市人民政府举办的全日制艺术类公办高等职业院校。2009年以来，师生共有作品转让版权395件、407人次，总金额32.9万元，其中学生作品单件最高转让金额达1 000元，教师作品单件最高转让金额8 000元。

（一）加强陶瓷设计作品的版权登记

2008年以前，德化陶瓷学院设计的陶瓷产品没有进行版权登记。如表12所示，自2009年，德化陶瓷学院开始重视版权登记，在所设计的陶瓷产品375件作品中，77件进行了版权登记，占设计陶瓷产品总数的20.53%。到2011年，德化陶瓷学院设计的陶瓷产品总数为394件，进行版权登记的有195件，占设计陶瓷产品总数的比重提高到49.49%。

表12　2006—2011年德化陶瓷学院设计的陶瓷产品登记版权情况

时间	设计的陶瓷产品总数	具有版权的陶瓷产品数量	版权登记率
2011	394	195	49.49%
2010	437	123	28.15%
2009	375	77	20.53%
2008	337	0	0
2007	326	0	0
2006	252	0	0
合计	2 121	395	18.62%

（二）校企合作开展陶瓷作品设计比赛

学院成立了德化陶瓷文化创意设计中心，鼓励学生创新。在多次校企合办大赛中，共计有21件/

人次获得一等奖，29 件/人次二等奖。

（三）为陶瓷产业发展提供智力支持

一是联合德化县发展和改革局、科学技术局、经济贸易局、文化体育局设立了“德化陶瓷文化创意设计中心”，进一步发挥学院氛围优势、人才优势、实验实训设备优势，积极组织师生进行产品开发设计。

二是提供科研、检测服务，增强陶瓷产业发展潜力。学院先后承担“福建省陶瓷集群公共服务平台建设”等国家、省、市科研项目 7 个，为企业研发“利用铅锌尾渣开发”“再生陶瓷的开发利用”等技术项目 8 个。协助十几家企业投入资金 3 亿多元开展节能降耗技术改造方案的实施，项目建设获得国家省市节能技术改造补助资金 2 000 多万元；协助有关部门和企业开展行业标准的制定，先后参加了中国德化白瓷地理标志产品有关标准和福建省陶瓷产品能耗限额限定值与新准入值的论证和制定。

三是加大宣传力度，传播传承陶瓷文化。利用学院平台，吸纳海内外的部分教师、专家、学者到德化开展陶瓷文化交流，促进德化陶瓷文化与国际国内陶瓷文化的融合与提升。通过德化陶瓷文化元素在课堂中的融入，让学生及家长将德化陶瓷历史、陶瓷文化、陶瓷技艺、陶瓷营销等理念传播到国内各地，提升德化陶瓷的知名度。

四是注重专业特色，培养陶瓷设计人才。通过专业的学习，学院 5 年来培养了 1 000 多名具有高素质技能型的陶瓷艺术人才，传承了德化陶瓷技艺和陶瓷文化，并在长期的创作过程中融合现代理念和其他技艺，进一步丰富和发展德化陶瓷文化。

五是拓展培养范围，培养陶瓷生产管理、营销人才。学院积极向陶瓷产业链的上下游延伸，加强对陶瓷生产管理、营销人才的培养，与福建省冠福现代家用陶瓷有限公司开展营销专业“订单式”培养，与中宇建材集团洽谈共建“中宇班”，为学生提供中宇优秀奖学金和就业助学金，与中国移动泉州分公司共建营销与策划专业。5 年来，共培养了 800 多名陶瓷生产管理、营销人才。

（本报告是根据中国国家版权局和世界知识产权组织签署的《版权保护优秀案例德化示范点调研项目合作协议》要求，对“版权保护对中国德化陶瓷产业发展的影响的研究”项目所开展调研活动的总结。）

接力出版社有限公司

接力出版社成立于1990年，是广西出版传媒集团旗下的全资子公司，是一家专业从事青少年读物的全国知名出版机构。接力社成立以来，践行“追求卓越、追求合作”的企业文化理念，出版了众多深受孩子喜爱的优秀读物。目前，年出版新书约500种，年发货码洋逾6.5亿元，连续八届获得中央宣传主管部门“五个一工程”奖。据权威机构发布的2014年新闻产业分析报告及开卷数据得出的全国出版社及各地区出版业的市场占有情况，接力出版社在在少儿社中排名第6，在全国青少年文化图书出版市场中形成了自身独特的竞争优势和品牌效应。

近年，接力社推出了包括“淘气包马小跳”系列、“鸡皮疙瘩”系列、“大王书”系列、“第一次发现”系列、“巴巴爸爸”系列、“蓝精灵”系列、“鼹鼠的故事”系列、“暮光之城”系列、“怪物大师”系列、“荒野求生”系列等多种在市场上产生较大影响的品牌图书和畅销图书。接力社先后有《神脑聪仔》《小英雄和芭蕾公主》《黑狗哈拉诺亥》等27种图书获得“五个一工程”奖等，单位先后荣获“全国优秀出版社”、“全国百佳图书出版单位”、“全国先进基层党组织”、中国出版政府奖“先进出版单位奖”，以及“全国未成年人思想道德建设工作先进单位”、“全国新闻出版行业文明单位”称号。

接力出版社始终坚持“让世界读者感受中国精彩，让中国读者和世界同步阅读”的出版理念，为“走出去工程”建立长效机制，不断加强中外出版交流。近年，该社向美国、英国、法国、德国、加拿大、韩国、泰国、越南等15个国家和地区的29家出版社输出图书版权200余种。2015年，该社积极探索“造船出海”“走出去”新模式，创立接力出版社埃及分社。2016年4月，在由伦敦书展和英国出版协会共同主办的“国际卓越奖”评选中，接力出版社荣获“国际儿童及青少年出版商奖”，成为中国首个获得此奖项的出版单位。

长期以来，接力出版社致力推动少儿分级阅读和全民阅读推广。2016年，该社主办横跨全年的“美丽广西书香八桂”广西少年百场图书阅读分享活动，通过邀请名家开展“少儿家庭阅读电视论坛”“作家进校园”“行走的课堂”等，唤起学校和家庭在培养儿童良好阅读习惯方面的责任，实现少年儿童阅读的全方位、多角度立体推广。

“美丽广西　书香八桂”广西少年百场图书阅读分享系列活动
——少儿家庭阅读论坛

埃及分社成立

推动版权输出引进典型人物——谢山青

谢山青，作为译林出版社分管国际合作业务的副社长，谢山青一直奋战在业务一线。“十二五”期间，谢山青将译林出版社每年版权输出的图书品种数由4种提升到了50种，保持了平均每年88%的高速增长。谢山青负责了多项国家“十二五”出版计划重大项目，其中两项入选“国家出版基金”；她策划并成功申请到二十多项国家重大出版项目资助；其所负责的“回顾二战，祈愿和平”中日韩和平绘本系列，成为中国首例“合作出版”项目，荣获“中国图书对外推广计划”颁发的“国际合作出版特别奖”（首届的唯一获奖项目）。她于2011年被评为“全国优秀版权经理人”，并获得“国际桥梁青年领袖”“2014推动版权输出引进典型人物奖”等荣誉称号。在她的带领开拓下，译林出版社由一个曾经只做“引进版”图书的出版社，变成了“输出版”图书和外宣活动的重要阵地，于2015年成为中央六部委共同表彰的“国家文化出口重点企业”。

译林出版社成立于1988年，隶属凤凰出版传媒集团，是国内影响力领先的专业翻译出版社，致力于外国文学、人文社科、英语教育等领域的图书出版，有丰富的选题开发经验和精干的作译者与编辑团队。2015年，译林社营业收入超过5.6亿元，利润近5 000万元。译林社被国家主管部门授予“全国新闻出版系统先进集体”“全国百佳图书出版单位”“新闻出版行业文明单位”“第二届中国出版政府奖先进出版单位奖”“首届江苏省新闻出版政府奖出版单位特别奖”“2013中国图书世界影响力100强”称号。在2015年公布的《2014年新闻出版产业分析报告》中，译林社继续位居全国文艺类图书出版社总体经济规模前列。

译林社以品牌战略着眼持久发展，具备较强的专业优势和市场竞争能力。“经典译林”“译林名著精选”和名作家作品集等构成世界文学品牌板块；“传记译林”“双语译林”富有读者口碑与市场潜力；以“人文与社会译丛”为主体的人文社科学术板块深具影响。其中2种图书获得中国出版政府奖图书奖，3种图书获中国出版政府奖图书奖提名奖，1种图书获中国出版政府奖装帧设计奖提名奖；5种图书入选“三个一百”原创图书出版工程；2种图书获中华优秀出版物奖图书奖；1种图书获中华优秀出版物奖图书提名奖；2篇论文获“中华优秀出版物奖（全国优秀出版科研论文）奖”；2种图书入选“向全国青少年推荐的百种优秀图书”；3种图书获选“中国最美的书”；20种图书获“输出版、引进版优秀图书评选优秀图书奖”；37种图书被评为“全行业优秀畅销品种”；《牛津初中英语/牛津高中英语》获“江苏省基础教育教学成果奖特等奖”，被《21世纪英文报》评选为“60年60本最具影响力英语教育出版物”。

译林社出版的外国文学旗舰刊物《译林》在业界享有盛誉，还分别与中国社会科学院和南京大学联办《外国文学动态》《当代外国文学》等国内有影响力刊物。

译林出版社将继续围绕打造有一流文化贡献力、有高度市场竞争力、有国际品牌影响力的国有文化企业这一目标，用好书垒品牌，用品牌谋市场，以专业化精神进一步构建市场公认的译林品牌体系，谋求社会效益和经济效益的双丰收。

2015中国十大出版人物——张克文

张克文，编审，现任时代出版传媒股份有限公司副总编辑，安徽少年儿童出版社社长，中国版协理事，中国编辑学会少儿读物专业委员会主任。

在担任社长期间（2008年11月至今），张克文同志积极推动“品牌出版，出版品牌”的发展战略，在品牌机构、品牌作家、品牌作品上实现战略突破，安徽少年儿童出版社综合实力位居全国出版社百强，荣获“全国百佳图书出版单位”“全国版权输出先进单位”“全国新闻出版系统先进集体”等荣誉称号。共有345种1 880册图书分获各级各类图书奖，其中国家级三大奖11种64册，获奖数量位居全国专业少儿社前列。共引进版权646项，输出版权715项，输出版权数量位居全国专业少儿社前列；实现“走出去”资本跨越，在黎巴嫩合资成立时代未来有限责任公司，围绕“一带一路”战略和“丝路书香工程”谋篇布局，发起倡导“丝路童书国际合作联盟”。

张克文同志十分注重新业态的发展，玩具图书研发取得突破性进展，开发了近200种玩具书，获得了市场的高度认可。拥有9项专利，部分产品输出到波兰和叙利亚等国。并扎实推进多媒体出版产业发展，积极实践复合出版。继语音图书销售获得良好市场反应之后，又策划并实施了教育图书数字出版项目和创新实验室项目等。

张克文同志策划和担任责编的图书获得多项大奖：《感受坚强——中国女孩桑兰》《世纪畅想曲——理想之歌》荣获中国图书奖；《虹猫蓝兔七侠传》（20册）荣获中华优秀出版物图书提名奖；《当代西方儿童文学新论译丛》（5册）、《让理论看得见》（14册）入选国家重点图书出版规划项目，并获得国家出版基金资助；《童话中国》（12册）入选“团中央向青少年推荐的优秀图书”目录；《全国优秀儿童文学奖获奖作家精品书系》（21册）荣获“中国文化著作翻译出版工程”；《少年与海》荣获“五个一工程”图书奖。

张克文同志也先后荣获全国宣传文化系统第三批人才培养工程经营管理人才、2010年度推动版权输出引进典型人物、全国新闻出版行业领军人才；2015年获批政府特殊津贴，获评“中国十大出版人物奖”。

2015中国十大出版人物——童健

童健，1961年出生，现任浙江出版联合集团董事长、党委书记、总裁。兼任浙江省秘书学会、省文化产业促进会副会长。被评为中宣部2015年文化名家暨“四个一批”人才，2015中国年度十大出版人物，获2015中国文化产业年度人物提名奖。

2008年5月到集团任职以来，童健提出“坚持做强出版主业，坚守文化责任之道，坚定创新发展之路”的企业发展理念和“求真思变出好书，务实奋发创新业”的企业精神。把“创新、增量、抓落实”作为工作总要求，按照省委确定的把集团建设成为“全国重要的数字移动多媒体出版企业”的目标任务，带领集团牢牢把握“科学发展”这一主题，“社会效益”这一责任，出版能力大幅提升，涌现出一批双效俱佳的重点图书和畅销品种，每年均有百余种图书获得国家级、地区级和省级以上各类奖项。产业升级不断推进，创新布局数字出版、网络电商、文化消费综合体、影视制作、文化股权投资等新兴项目，集团每年均保持10%以上的增长速度，实现了规模效益新跨越。2010年，集团总资产和总销售首次迈入了“双百亿”，到2015年底，集团合并主营业务收入超过100亿元，资产总额超过170亿元，净资产超过100亿元，利润总额超过10亿元，实现了“规模三个百亿、利润上十亿”的“十二五”发展目标，总体经济规模综合排名稳居全国出版集团第一方阵。2008—2015年，集团连续七次入选全国“文化企业30强”。2009年集团荣获“全国文化体制改革先进企业”称号。2012年，集团被新闻出版总署评为全国新闻出版“走出去”先进单位。2013年集团入选全国首批“数字出版转型示范单位”。2013年6月13日，中央电视台《新闻联播》节目以《转企改制　出版集团打造文化航母》为题报道了集团近年来改革发展成就。近年来，集团社会影响力不断扩大，综合实力得到增强，得到中央、省委领导和业界的肯定与鼓励。

浙江出版联合集团

浙江出版联合集团成立于2000年12月，是浙江省国有独资出版企业集团和国有资产授权经营单位。集团以图书、期刊、音像制品和电子、多媒体出版物的出版、制作、发行为主业，兼营与出版产业相关的物资贸易、投资等业务，现有浙江人民、人民美术、科学技术、文艺、少年儿童、教育、古籍、摄影、电子音像出版社、浙江省期刊总社、浙江出版集团数字传媒公司等11家出版单位，浙江省新华书店集团、浙江印刷集团、浙江省出版印刷物资集团3家全资子集团，以及浙江出版集团投资公司、浙江出版集团置业发展公司。全资和控股法人单位共计120余家，各类从业人员8 800余人。

集团以“坚持做强出版主业，坚守文化责任之道，坚定创新发展之路”为企业发展理念，以“求真思变出好书，务实奋发创新业”为企业精神，立足“创新、增量、抓落实”，进一步做强传统出版，做大新兴出版，加快融合发展，推进多元发展，向着“全国重要的数字移动多媒体出版企业”的目标坚实迈进。

2015年10月15日浙江人民出版社向山西赠送《之江新语》

新华书店象山书城开业

浙江出版联合集团投资的博库书城卖场

2015年4月23日童健董事长出席浙江书展

2015年4月17日童健董事长在马来西亚书展上签约

2015中国十大出版人物——陈贤义

陈贤义，现任人民卫生出版社有限公司董事长兼党委书记，医学博士，研究员、编审，北京市朝阳区人大代表。武汉大学、华中科技大学、哈尔滨医科大学、四川大学华西公共卫生学院等院校客座教授、名誉教授。

陈贤义同志历任原卫生部保健局副局长、疾控司副司长、应急办主任（首任）、疾病预防控制局局长。多次荣获卫生部优秀共产党员、优秀党务工作者、优秀公务员、先进工作者称号，荣立三等功，获民族团结进步模范称号等多种荣誉。2011年5月调任人民卫生出版社有限公司董事长兼党委书记，先后荣获首届韬奋出版人才高端论坛征文一等奖，2014—2015年度数字出版影响力人物，2015中国十大出版人物。所带领的公司领导班子获得国家卫生计生委2015年年度考核优秀。

陈贤义同志致力于把人民卫生出版社有限公司建设成国内领先、国际有影响的知名强社。坚持正确的出版导向，不断开拓创新、锐意进取；创新企业发展理念，2015年5月人卫社完成公司制改制。2014年恢复了“世界卫生组织卫生信息和出版合作中心”。

在陈贤义同志的带领下，人卫社坚持以“根植卫生计生，服务健康中国”为引领，紧紧围绕“医学教育服务、健康文化传播”两大产业，实施“转型、融合、升级”三轮驱动，发展“当代出版传媒、现代绿色印刷、延伸健康产业、丰富多元拓展”四大板块，推进“科技融合、金融对接、产业延伸、行业交叉、资本运作”五大结合，深化“主业专业化、发展集约化、产品品牌化、业态多元化、影响国际化、服务时代化”六化战略，大力推进“智慧人卫、数字人卫、名家人卫、健康人卫、国际人卫、文明人卫、快乐人卫”建设，推动“人才强企工程”“医药学教育服务研究发展工程”“扶贫助学与社会公益工程”等12项重点工程的实施，努力建设人卫集团并打造成为国内领先、国际上有重要影响力和竞争力的卫生出版传媒企业。

在陈贤义同志的带领下，人卫社综合实力不断增强，主要经济指标每年以10%左右的速度增长，取得了良好社会经济效益，赢得了社会赞誉。2015年人卫社总体经济规模综合评价在全国图书出版单位、中央出版社、全国科技类出版社、全国医学类出版社中都位居前列；国际科学技术医学出版排名21位。人卫社已形成了图书、期刊、数字出版、富媒体互动的出版传媒格局和酒店、印刷、物流、投资、健康服务业等多元化产业发展新局面，为推动出版全面发展，为推进集团建设和实现快速发展奠定了坚实基础。

人民卫生出版社

人民卫生出版社成立于1953年6月1日，建社60多年来，不断发展壮大，成为我国出版规模大、产品质量高、综合实力强，涵盖医药教材、学术专著、科普图书、期刊杂志、外文图书、数字新媒、多元产业为一体的国内领先、国际有影响力的医药卫生出版传媒企业，累计出版图书3万余种，年出书3 000多种，年发行量2 000多万册。

人卫社被评为全国优秀出版单位、数字出版转型示范单位、一级出版单位，荣获中国出版政府奖、“全国百佳图书出版单位”称号。2015年，在全国出版业总体经济规模综合评价中，人卫社居全国科技出版社和医药卫生出版社前列。根据国际权威传媒机构美国Outsell公司评估报告，人卫社在国际科技医学出版50强排名第21位。2015年国家发布的中国出版社引证报告显示，人卫社总被引频次位居全国前列，人卫社也是WHO卫生信息和出版合作中心。人卫社单位集体、产品和个人获得国家各类奖项800多项，获得多项国家文化产业发展专项资金和其他专项资金资助，在出版界名列前茅。

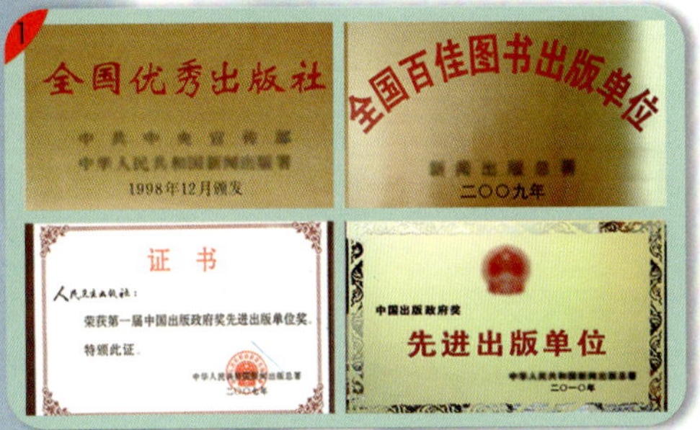

人卫社所获重要荣誉

“十二五”期间部分获奖和获资助学术专著

“世界卫生组织卫生信息和出版合作中心”揭牌和颁发聘书仪式

人卫社“走出去”与对外合作

“十二五”期间，人卫社全面深化改革，创新企业体制机制，完善公司法人治理结构和现代企业制度。坚持以“根植卫生计生，服务健康中国”为引领，紧紧围绕“医学教育服务、健康文化传播”两大产业，实施“转型、融合、升级”三轮驱动，发展“当代出版传媒、现代绿色印刷、延伸健康产业、丰富多元拓展”四大板块，推进“科技融合、金融对接、产业延伸、行业交叉、资本运作”五大结合，深化“主业专业化、发展集约化、产品品牌化、业态多元化、影响国际化、服务时代化”六化战略，大力推进“智慧人卫、数字人卫、名家人卫、健康人卫、国际人卫、文明人卫、快乐人卫”建设，将人卫社打造成为国内领先、国际上有重要影响力和竞争力的卫生出版传媒，形成图书、期刊、数字出版、富媒体互动的出版传媒格局和酒店、印刷、物流、投资、健康服务业等多元化产业发展新局面。

未来，人卫社将在国家政策引导下，坚持正确的出版方向，不断提高出版质量和出版水平，做强做实做精做优中国医药出版事业和产业，充分发挥专业出版社的资源优势和品牌优势，传递医学信息，传授医学知识，传播医学文化，传承医学文明，为人民提供更多更好的精品力作和精神食粮,为实现文化强国的宏伟目标贡献力量。

传播健康知识 服务健康促进

《阻击埃博拉》（大众版）（法文版）

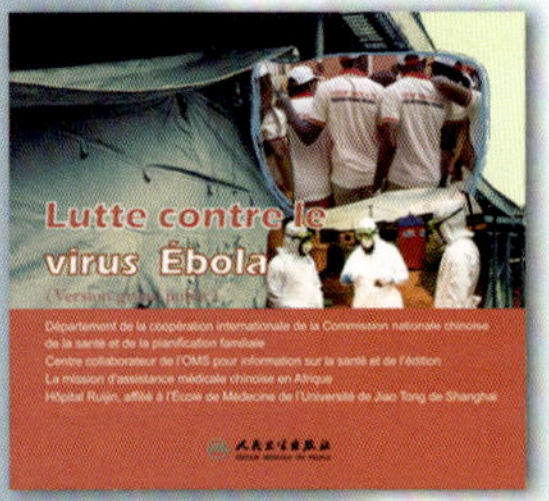

《阻击埃博拉》（大众版）（法文版）采用图文结合、以图为主的方式，主要介绍埃博拉病毒的传播方式和日常生活中的防范方法，对于埃博拉病毒肆虐的西非等国家和地区来说，是一本应急出版方面非常及时的科普读物。该书由中国国家卫生计生委国际合作司、世界卫生组织卫生信息和出版合作中心、中国援非医疗队和上海交通大学医学院附属瑞金医院集体编著，世界针灸学会联合会副秘书长和日内瓦大学医学院医学生参与法文版翻译和审校，图书质量精美，内容精良，语言规范地道。

该书作为国家卫计委和援非医疗队用书，不仅展现了我国公共卫生实力和预防医学水平、宣传了我国的疾病防控经验，同时也再一次彰显了中国作为一个负责任大国的风范，使中国与西非国家的相互了解和信任进一步加深，对于提升中国在非洲的影响力具有重要的意义。

（供稿：人民卫生出版社）

《实用艾滋病影像学》

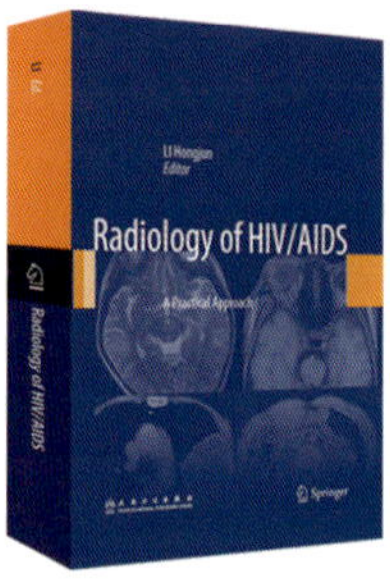

《实用艾滋病影像学》整合全国艾滋病临床影像学资源，病史资料齐全，按照艾滋病合并症疾病谱系，搭建艾滋病临床应用基础研究技术平台的要求进行系统归纳整理，包括CR、DR、CT、MRI影像，大体、病理、病原；以大量的病例和统计数据及2 500幅优质图片展示给读者，贴近临床，可参考性强。书中首次把功能影像学应用到艾滋病影像学研究上，实现了从形态影像学到分子功能影像学研究的突破，具有较高的原创性。

该书的出版为我国医学影像学拓展了一个新的领域，对艾滋病合并症的早期诊断，制定个性化治疗方案具有重要的指导意义，不仅填补了我国艾滋病影像学的空白，也是国际领先，把我国医学影像学带向一个新的领域，向外展示中国现代医学的发展水平，显示中国科技和学术研究方面的新进展。

（供稿：人民卫生出版社）

《默克诊疗手册》（第19版）

一百多年前，美国医学界出版了一本名为*Merck's Manual of the Materia Medica*的手册，这本手册作为一本临床工作指南，供医生们在诊疗时作为参照，经过几代人的不断努力和完善，这本手册已经成为世界著名的临床医疗工作指南，即现在的《默克诊疗手册》。《默克诊疗手册》主要针对内科医生而写，目前已经更新到第19版。

该书全面阐述了各种内科疾病的临床表现、发病机理、体检发现、诊断方法、鉴别诊断、治疗措施、预后表现、预防方法等。从营养性疾病开始，逐一介绍呼吸系统、心血管系统、骨骼运动系统、内分泌代谢系统、神经精神系统、泌尿系统、血液系统等疾病，并加入了老年病、儿科、妇产科、眼耳鼻喉、皮肤科以及临床药理相关的内容，囊括了临床工作中所能想到、遇到的各种情况，予以简明扼要的指导，是内科医生的最佳案头工具书。

（供稿：人民卫生出版社）

《默克家庭医学手册》（第3版）

《默克家庭医学手册》是一部针对普通公众传播医学健康知识的家庭医学百科全书，其权威性和科学性为世人称道，被誉为全世界最具普及性的家庭医学百科全书。

《默克家庭医学手册》（第3版）系统地阐述了人的一生从婴儿降生，到衰老全过程各个时期疾病的可能成因以及疾病的症状、诊断、预防、治疗方案和康复过程。与其他的家庭医疗用书相比，内容更为广泛和深入。它阐述了什么是疾病、哪些人更容易患病、疾病的症状、如何诊断、如何预防、如何治疗等，并尽可能清楚地给出有关预后的信息。该书提供了帮助读者了解疾病背景的知识，包括解剖、功能、诊断检查、医疗程序等，让读者了解医学术语，更便于与医生沟通。

（供稿：人民卫生出版社）

2014年度优秀版权经理人——程素荣

程素荣，编审，荣获2014年度优秀版权经理人。1987年毕业于华中科技大学进入中国建筑工业出版社，1998年开始从事版权贸易工作，先后任标准规范与国际合作中心副主任、国际合作图书中心副主任，具有丰富的版权贸易经验，引进和输出的图书涉及的专业面比较广，有建筑学、城市规划、景观园林设计等方面的经典著作。

2014年，成功输出了《建筑设计资料集》（第三版，共8卷）和《建筑导览》（共10卷）的英文版、《中国民居之美》英文版，以及《室内设计资料图解》日文版、《室内设计资料图解》和《图解民居》两本书的中文繁体字版等。

另外，其策划并引进的一些国外的优秀图书：《景观设计学——场地规划与设计手册》（原著第五版）、《当代国外著名景观设计师作品精选》（共6册）、《国外建筑理论译丛》（共10册）、《国外城市规划与设计理论译丛》（10册）、《国外城市设计译丛》（共10册）、《国外建筑设计译丛》（共7册）、《绿色建筑系列译丛》（共4册）、《可持续太阳能住宅》（上下册）、《20世纪世界建筑——精彩的视觉建筑史》、《世界室内设计史》、《城市的组合》等多次获得大奖，受到了广大读者的欢迎。

（供稿：中国建筑工业出版社）

2014年度优秀版权经理人——文妮

文妮，人民卫生出版社有限公司国际中心版权经理、编辑，主要负责西医图书的版权输出、引进工作，以及部分图书的编辑出版工作。从事版权业务9年来，完成1 000多项版权贸易，负责和参与文化产业发展专项资金、中央文化企业国有资本经营预算支出项目、经典中国国际出版工程、CBI等多项重点输出资助项目。近年版权输出重点代表图书有《健康中国2020战略研究报告》《新发传染病临床影像诊断》等；版权引进的重点代表图书有《默克家庭医学手册》《默克诊疗手册》等。其中，《健康中国2020战略研究报告》英文版在美国书展期间成功举办新书发布会，并获新闻出版广电总局美国书展“优秀活动奖”。

（供稿：人民卫生出版社）

2014年度优秀版权经理人——曾菡

曾菡，毕业于武汉大学新闻与传播学院，研究生学历，硕士学位。2008年进入出版行业从事版权贸易工作，供职于长江出版传媒集团旗下湖北科学技术出版社，致力于推进版权输出与引进工作，全力提升图书引进项目的数量与质量；积极协助该社各项“走出去”项目，在实践中总结出丰富的编辑、翻译以及国际交流经验，工作成绩卓著。

（供稿：湖北科学技术出版社）

中国外文局

2015年8月北京国际图书博览会上刘奇葆同志（中）视察第22届北京国际图书博览会（BIBF）我局展台

2015年9月中国（武汉）期刊交易博览会上全国政协副主席齐续春（右一）、国家新闻出版广电总局副局长吴尚之（右三）等领导视察中国外文局展台

中国外文局，又称中国国际出版集团(China International Publishing Group，CIPG)，是承担党和国家书、刊、网络对外宣传任务的中央新闻出版机构，是中国历史最悠久、规模最大的专业对外传播机构。

中国外文局是在毛泽东、周恩来、陈毅等老一辈无产阶级革命家的亲切关怀和直接领导下创办的，前身是成立于1949年10月的中央人民政府新闻总署国际新闻局。全局拥有近3 000名职工，其中包括近百名外国专家。下属21个机构，包括7家出版社、5家杂志社，以及中国网、中国国际图书贸易集团公司、对外传播研究中心、翻译资格考评中心等单位，在美国、加拿大、英国、德国、法国、比利时、俄罗斯、埃及、南非、墨西哥、秘鲁、土耳其、日本、香港等14个国家和地区设有23个海外分支机构，形成了涵盖翻译、出版、印刷、发行、互联网和多媒体业务、理论研究及社会事业等领域的事业格局。每年以40余种文字出版5 000余种图书、编辑近30种多语种期刊、运营30余家多语种网站，书刊发行到世界180多个国家和地区，网络受众遍及世界各地。中国外文局对外传播的信息，全面反映了中国悠久的历史文化，真实展现了中国改革开放取得的新进展、新成就，为增进中外理解和友谊发挥了积极作用。

向世界说明中国

2015年5月美国BEA书展《习近平谈治国理政》研讨推广会，出席并致辞的嘉宾：崔天凯（左四）、吴尚之（右三）、书展主席罗萨托（左三）、库恩（右二）、章启月（左二）、方正辉（右一）、黄友义（左一）

2015年4月伦敦书展期间，副局长陆彩荣（中）向大英图书馆赠送《习近平谈治国理政》（英文版）和《人民画报》等40余种图书和杂志

中国外文局组织机构

局属单位

中国互联网新闻中心（中国网）
中国国际图书贸易集团有限公司
融媒体中心
对外传播研究中心
北京周报社
今日中国杂志社
人民画报社
人民中国杂志社
中国报道杂志社
外文出版社
新世界出版社
华语教学出版社
新星出版社
中国画报出版社
海豚出版社
朝华出版社
翻译专业资格考评中心
教育培训中心
信息技术中心
服务中心
中国翻译研究院

主管协会

中国翻译协会
中华全国世界语协会

海外机构

和平图书有限公司（中国香港）
华媒国际集团公司（旧金山）
常青图书（美国）有限公司（旧金山）
中国书刊社（旧金山）
长河出版社（旧金山）
华语教学出版社伦敦分社（伦敦）
常青图书（英国）有限公司（伦敦）
光华书店（伦敦）
德国中国图书贸易有限公司（法兰克福）
北京周报社北美分社（纽约）
北京周报社非洲分社（约翰内斯堡）
今日中国杂志社中东分社（开罗）
今日中国杂志社拉美分社（墨西哥城）
长城书店（布鲁塞尔）
国图集团公司东京联络事务所（东京）
长城书店（洛杉矶）
《今日中国》土耳其文版（伊斯坦布尔）
今日中国杂志社秘鲁代表处（利马）
《今日中国》葡萄牙文版（圣保罗）
人民画报社莫斯科分社（莫斯科）
人民中国杂志社东京支局（东京）
法国百周年出版社（巴黎）
加拿大中国图书贸易有限公司（多伦多）

使命　奉献

外文出版社

新世界出版社

华语教学出版社

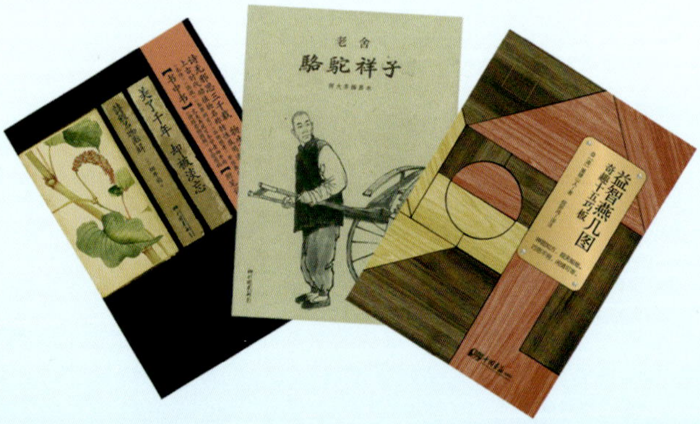

中国画报出版社

传承 创新

海豚出版社

朝华出版社

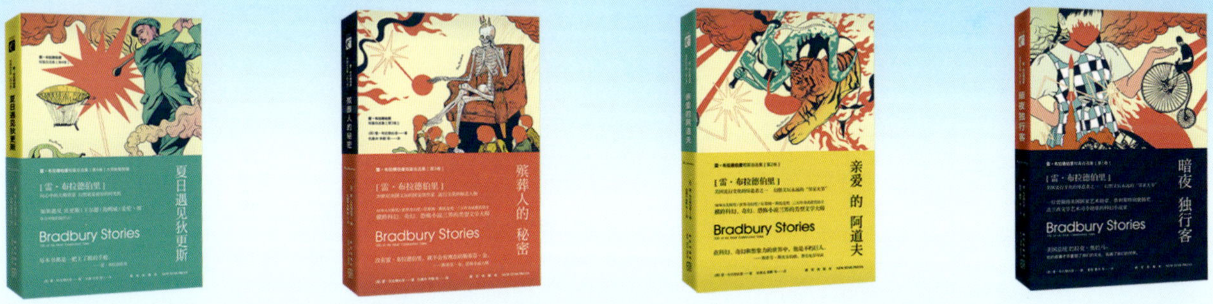

新星出版社

中国外文局版权输出情况

2015年中国外文局输出图书版权548种，特别加强了对“一带一路”沿线国家的版权输出工作。输出语种、区域有新拓展，版权贸易合作方式也有新突破；输出题材包括历史文化、汉语教学、少儿、文学艺术和社科等类别，以文化历史类和汉语教学为主；输出国家和地区25个，包括阿拉伯地区、美国、英国、德国、日本、新加坡、土耳其、越南、阿尔巴尼亚、缅甸等，涉及44个出版机构。

中国人民大学出版社
CHINA RENMIN UNIVERSITY PRESS

出学术精品

简介

中国人民大学出版社成立于1955年，是中华人民共和国成立后的第一家大学出版社。1982年被教育部确定为全国高等学校文科教材出版中心，2007年获首届中国出版政府奖“先进出版单位”荣誉称号，2009年获首届“全国百佳图书出版单位”荣誉称号，是中国最重要的高校教材和学术著作出版基地之一。

人大出版社依托中国人民大学的综合优势，始终高扬人文社会科学的旗帜，秉承“出教材学术精品，育人文社科英才”的出版理念，实施精品战略，以优秀的出版物传播先进文化，目前年出书3 000余种，发行码洋近10亿。建社至今，人大出版社已累计出书万余种，出版了一大批具有文化传播、文化累积价值的优秀教材和学术著作。

新世纪以来，人大出版社继续实施新的发展战略，以体制改革为契机，把出版工作同我国教育事业、文化事业的发展，同我国经济、社会的发展紧密结合，不断创新机制，着力培养核心竞争力，形成了鲜明的出版特色，成为图书、音像、电子、网络和数字出版物等多种媒体兼营的大型综合性出版社。

新中国的大学出版事业从这里开始

首届中国出版政府奖“先进出版单位”

● 2007年，人大出版社荣获中国新闻出版领域最高奖项——首届中国出版政府奖“先进出版单位”荣誉称号。

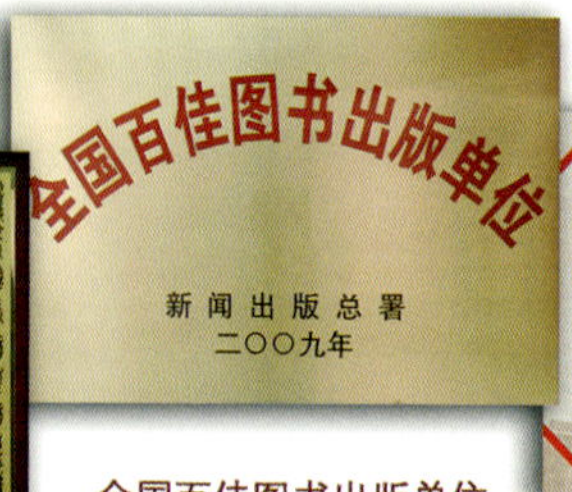

全国百佳图书出版单位

● 2009年，人大出版社在新闻出版总署组织的首次全国经营性图书出版单位等级评估中被评为国家一级出版单位，被授予“全国百佳图书出版单位”荣誉称号。

国家文化出口重点企业

● 2007年至2014年，人大出版社连续入选由商务部、中宣部、文化部等联合评选的国家文化出口重点企业。

“十一五”国家重点出版规划出版工作先进单位

● 2011年，人大出版社被新闻出版总署授予“‘十一五’国家重点出版规划出版工作先进单位”称号。

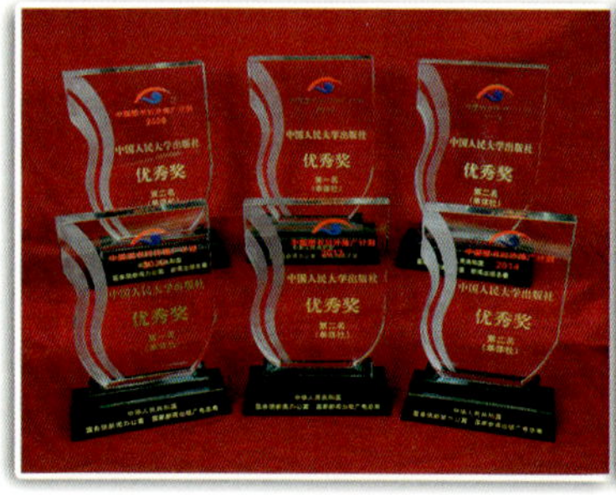

● 2008年至今，人大出版社连年取得“中国图书对外推广计划”单体出版社综合排名前两名的优异成绩。

● “中国图书对外推广计划”工作小组第十二次工作会议2016年6月在成都召开，李永强社长参加会议并领奖。

传经典中国

致力于"高端学术著作国际出版"将中国内容的优秀图书输出海外

近年来，人大出版社依托中国人民大学丰富的学术和出版资源，大力拓展国际出版合作的广度和深度，走出了一条特色突出、亮点鲜明的中国高端学术"走出去"的道路。截至2016年，人大出版社已累计输出图书版权1 700余种，涉及19个语种，与全球30多个国家和地区的百余家出版机构建立了合作伙伴关系。

- "高端学术著作国际出版"是人大出版社走出去工作的品牌和特色。严肃和高质量的学术内容，是海外关注中国发展的广大读者所急需的。
- 人大出版社注重中国高端学术内容在海外英语国家的传播，同时也不忽视日语、韩语等亚洲语种和俄语、西班牙语等全球主要语种的输出。

配合国家全球战略布局 "走出去"工作再上新台阶

人大出版社长期以来一直密切关注和全力配合国家重大战略的实施，成为"中国文化走出去""一带一路"等战略的排头兵。

有计划、有步骤地在海外建立分社

- 2016年1月，国家新闻出版广电总局副局长孙寿山、时任人民大学校长助理贺耀敏等出席人大出版社以色列分社揭牌仪式。
- 2016年5月，国家新闻出版广电总局副局长吴尚之、人民大学党委常务副书记张建明、李永强社长等出席中国—罗马尼亚学术出版合作中心揭牌仪式。

积极布局丝路沿线国家文化交流工作

- 2015年12月，人大出版社领导出访哈萨克斯坦。这是配合"丝绸之路经济带"建设、落实中宣部和国家新闻出版广电总局"走出去"战略的重大举措。
- 2016年3月，刘延东副总理在开罗大学举办的中国高等教育展上视察中国人民大学展台，特别指出人大出版社在"走出去"方面做得很好，要继续把这个工作做好。

北京大学出版社
PEKING UNIVERSITY PRESS

北京大学出版社把发展版权贸易作为走向世界、融入国际社会、参与国际竞争的重要途径，在版权贸易工作中一直坚持“输出引进并举”的工作思路，并建立了让版权贸易健康发展的长效机制。2016年，北京大学出版社已同几十个国家、地区的上百家出版社建立了业务往来，共向海外输出版权近1 300种，引进各种版权3 000余种。

北京大学出版社在引进版权图书上坚持“为我所需”和“双效并重”方针，坚持社会效益与经济效益并重，组织翻译、影印了一系列高质量的优秀外版图书，如《全球通史》《世界：一部历史》《美国人民》《科学的旅程》《哲学的邀请》《经济学原理》《批评官员的尺度》《轻松学韩语》等，受到读者的广泛欢迎，并多次获得各级图书奖。

近年来北京大学出版社积极响应党中央、国务院的中国文化“走出去”战略，立足于版权输出，整合全社资源，结合本社的发展规划，大力推进本社图书“走出去”工作。北大出版社根据自身的出版特点和优势，将对外汉语教材和人文社科类图书作为版权输出的重点领域，与剑桥大学出版社、荷兰博睿出版社、施普林格出版社等一批国际知名出版社展开深入广泛的合作，成功输出了《中华文明史》《解读中国经济》《汉语口语》系列教材等一批优秀图书，出版后在国际市场上产生了良好反响。北大社共获得“经典中国国际出版工程”、“中国图书对外推广计划”、“中华文化著作翻译出版工程”、“丝路书香工程”重点翻译资助项目、“中华学术外译项目”等“走出去”项目立项共计100项。

北京大学出版社是“中国图书对外推广计划”工作小组首批成员单位之一，并被商务主管部门、文化主管部门、国家广电主管部门、新闻出版主管部门联合认定为2007—2008年度、2009—2010年度、2011—2012年度、2013—2014年度、2015—2016年度“国家重点文化出口企业”，2011年因版权输出成绩突出被评为全国“新闻出版走出去先进单位”，2012年获评北京市新闻出版和版权工作先进集体，2013年荣获“中国版权最具影响力企业”称号。

北京大学出版社第 23 届北京国际图书博览会展台

北京大学出版社与施普林格 • 自然集团出版合作签约仪式展台

《中华文明史》日文版

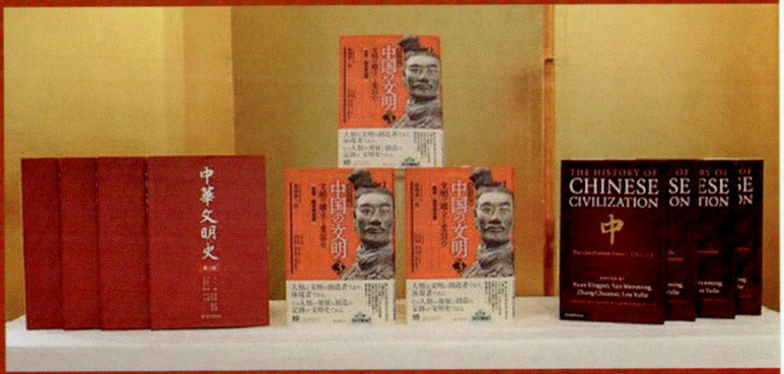

《中华文明史》

普林斯顿大学出版社来访

北京大学出版社印度书展展台

清華大學出版社 TSINGHUA UNIVERSITY PRESS

清华大学出版社成立于1980年6月，于2014年10月成立清华大学出版集团，是全国优秀出版社、全国先进高校出版社、国家一级出版社、国内领先的综合性教育与专业出版机构。荣获中国出版政府奖“先进出版单位”、“全国百佳图书出版单位”等称号，出版的一大批图书和期刊荣获“中国出版政府奖”“中华优秀出版物奖”等重大奖项。现年出版图书、音像、电子出版物已达8 000余种（含重印书），发货码洋已超12亿元，销售规模和综合实力以及在高等教育教材市场、科技图书市场、馆配图书市场占有率均名列前茅。

清华大学出版社下设有“计算机与信息”“理工”“经管与人文社科”“外语”“职业教育”“音像电子与网络出版”“少儿”七个分社，以及期刊中心、学术出版中心，和“智学苑”“书问搜索”“文泉书局”“兆泰源”四个数字出版服务平台，下辖八个子公司，设立了北美办事处，建立了完善的经营体系与集团化架构，实现了图书、音像、电子、期刊和网络等多种媒体立体化出版格局。

清华大学出版社重视国际合作和版权贸易，已与Springer、Elsevier等多家国际著名出版公司建立了战略合作关系。作为“中国图书对外推广计划”成员单位，清华大学出版社迄今已有数百项图书版权输出到美国、英国、日本、中国香港、中国台湾等国家和地区。此外，通过与多家国际著名出版公司的合作，清华大学出版社的英文版科技学术著作和期刊已销往全世界，进入了国际学术界和教育界的视野。

清芬挺秀，华夏增辉。“十三五”期间，清华大学出版社将实现由教育出版到教学资源研发、服务的战略转型，实施“集团化、数字化、品牌化、国际化、人才化”战略，依托清华大学的综合优势，秉承“自强不息，厚德载物”的清华精神，致力于打造国际一流的文化品牌企业，为我国文化事业的大发展大繁荣做出更大贡献！

《中国汉传佛教建筑史——佛寺的建造、分布与寺院格局、建筑类型及其变迁》

本书是“十二五”国家重点图书，荣获2015年国家出版基金资助。本书所关注的中国古代佛教建筑，是中华优秀传统文化的重要组成部分，对古代佛教建筑的系统研究、对理解中国汉传佛教建筑的发展脉络、对中外文化交流具有重大的开拓意义。

本书全面介绍了中国汉传佛教建筑——佛寺的建造、分布与寺院格局、建筑类型及其变迁，以期再现古代中土汉传佛教建筑建造与演变的历史全过程。上卷为初传与鼎盛时期，重点介绍自东汉初至唐末期间佛寺的建造与存留情况及其流传与分布及寺院格局初步形成的基本特征。中卷为重创与复兴时期，重点展示唐末五代至辽金、两宋时期佛寺的建造与存留情况，趋于多样化的寺院性质，趋于定型化的寺院格局，寺院中建筑类型与空间特征的变迁。下卷为衰落与复兴时期，重点介绍宋末元初与元末明初、明末清初，因战争造成的寺院及建筑一再衰落与其后的一再复兴，重点是对元代、明初与清中叶一些佛教重镇地区佛寺的建造与存留情况，以及寺院建筑配置渐趋规整、建筑布局渐趋简化的基本特征的分析研究，着重展示了寺院空间与建筑布局随历史演变的过程。

作者：王贵祥

《中华民族传统家具大典》（共4卷）

作者：张福昌

《中华民族传统家具大典》展现了五千多年来中华民族的人文智慧和营造技巧，在地域上涉及我国23个省份，在民族上涉及16个少数民族，是一部中华民族传统家具的辉煌史诗，是中国家具学人献给人类文明的一份珍贵礼物。该书英文版入选“经典中国国际出版工程”。

该书是一部系统反映我国代表性地区和少数民族传统家具历史和特色的家具大典，全书共有4卷，分别为综合卷、地区卷、民族卷和场景卷。该书既可供国内外图书馆收藏，也可供从事家具、室内、建筑设计的生产企业与研究单位的工作人员参考，还可作为家具与工业设计、环境设计、设计艺术学、设计文化等学科的师生和喜好我国传统家具及文化的读者的参考资料。

“中国名家经典原创图画书乐读本”

“中国名家经典原创图画书乐读本”共32册，由国际安徒生奖提名奖、国家图书奖、金猴奖、全国少儿读物一等奖等得主联袂打造，选入了中国著名插画家马得、杨永青、潘小庆、朱成梁、吴带生等的图画书代表作。

这些作品既有表现中国古典文化的《大闹天宫》《李白求师》《老鼠嫁女》《三借芭蕉扇》《三打白骨精》《八仙过海》《宝葫芦》《真假李逵》等，也有大家耳熟能详的经典童话故事，如《小蝌蚪找妈妈》《桃太郎》《小兔偷瓜》《五指山》等，还有表现当代儿童生活的《一闪一闪的兔子灯》《鸟邻居》《奇妙的动物园》等，是几乎每个中国孩子童年必读的经典故事。

这些作品寓教于乐，充满浓郁的中国元素，有国画、水彩、蜡笔、彩铅等多种表现形式，大师级插画为孩子带来审美盛宴！让孩子在潜移默化中受到传统文化的熏陶。

“理解科学”系列

作者：卢昌海

“理解科学”是清华大学出版社推出的一套品牌科普系列丛书，讲述和探讨了许多物理科学的经典话题，包括探寻现代物理学的美丽、探寻宇宙和引力的秘密、寻找太阳系的疆界、量子力学与相对论、黑洞与时间等专题。其中，《小楼与大师：科学殿堂的人和事》入选中宣部、中国图书评论学会和中央电视台联合推出的“2014中国好书”。作者卢昌海是一位著名科普作家，本科就读于复旦大学物理系，后获美国哥伦比亚大学物理学博士学位。该书以“近景式”的描写方式，刻画科学史上的一些著名人物，还原一些重大事件，使读者看到了科学家在公式定理外的一些细节，他们或幽默，或毒舌，或有局限，但更多的是他们在逆境中的坚持、在遭受失败后的不断探索。

清華大學出版社
TSINGHUA UNIVERSITY PRESS

了解更多产品信息请联系：（010）62770175-4308
地址：北京市海淀区双清路学研大厦A座 邮编：100084
网址：http://www.tup.com.cn

清華大學出版社 官方微信

商务印书馆

2015年，商务印书馆引进版权274项，引进图书品种涉及外语工具书、人文社科学术著作、经济管理类和大众文化类图书等，与英、美、德、日等20余个国家的一流出版机构，如英国牛津大学出版社、英国泰勒弗朗西斯集团、德国德古意特出版社、德国施普林格出版社、荷兰威科集团等国际知名的出版机构保持着密切的业务往来。与此同时，商务印书馆积极向德国、英国、韩国、日本、印尼等国家输出语言、社科、管理、文学、对外汉语教学等类别的图书版权，如世界少儿汉语系列图书、《中国特色社会主义审计理论研究》（修订版）、《现代汉语词汇学》、《中国古代的宗族和祠堂》等优秀图书顺利实现“走出去”。2015年，商务印书馆对外输出版权40余项，输出产品形式包括纸质图书、电子书、数字出版物等。《语法六讲》《中国专利案例精读》荣获“第十四届输出版优秀图书奖”，《看不见的森林》《一平方英寸的寂静》荣获“第十四届引进版社科类优秀图书奖”。

商務印書館 创于1897 The Commercial Press

地址：北京市东城区王府井大街36号
邮编：100710
电话：010-65278537 65126429
传真：010-65249763
邮购：010-65258899-9282
网址：www.cp.com.cn

商务印书馆

2015年，商务印书馆参加了第22届北京国际图书博览会、第67届法兰克福国际书展，以及英国伦敦国际书展、美国纽约书展等各种大型的版权贸易和文化交流活动，这些活动推动了商务印书馆的版权贸易工作，扩大了商务印书馆的品牌影响力。2015年，商务印书馆入围“中国图书世界影响力前20强”。

4

5

照片注释

1. 商务印书馆参加第22届北京国际图书博览会
2. 《牛津高阶英汉双解词典》（第8版）App发布会
3. Routledge•商务印书馆 “汉语语言学丛书” 合作协议签约仪式
4. 《中欧智慧城市比较研究报告》（2014年）英文版发布会
5. 《牛津美式英语词典》（英汉双解）新书发布会

全新精装影印版

四部叢刊

（全656卷）

- 一部记录中华文明历史发展轨迹的大型丛书
- 一部集聚中国古代诸子百家思想之大成的大型文献
- 一部荟萃中国古代文化精华的大型典藏

新版《四部丛刊》在利用多地图书馆藏书进行相互雠校基础上，对原本存在的相互矛盾、混乱等情况予以考辨，版本更准确；保留《四部丛刊》的原有印章，剔除所有后人加盖的藏书章，版本更本色；编制了索引卷，便于读者翻检查找，版本更易用；利用新技术对原书进行无缝扫描，同比放大，版本的阅读体验更好。

保护国学经典 传承中华文明

ISBN：978-7-04-044691-3
出版日期：2016年5月

地址：北京市朝阳区惠新东街4号富盛大厦
购书热线：010-58581118
咨询电话：400-810-0598
网上购买：www.hepmall.com.cn

高等教育出版社
Higher Education Press

人民邮电出版社
POSTS & TELECOM PRESS

人民邮电出版社成立于1953年10月，是大型科技出版社。建社以来，始终坚持“立足文化产业、面向现代社会、传播科学知识、服务科教兴国，为走中国特色新型工业化道路服务”的出版宗旨，不断改革进取，目前图书出版领域涵盖信息技术、少儿、经管、摄影、集邮、旅游、心理学、军事、家庭教育等，2015年出版新书3 352种，再版图书3 893种，出版物总销售码洋达13.2亿元，计算机类、摄影类、军事类、科普类、艺术类、经管类、少儿类、旅游类、运动与休闲类图书的零售市场占有率继续位列前茅。

人民邮电出版社还出版《无线电》《集邮》《通信学报》《大数据》《米老鼠》《童趣》等18种期刊，年出版音像电子出版物1 000余种，网络出版物1 000余种，拥有遍及全国、四通八达的发行渠道和国内外众多的合作伙伴，已发展成为集图书、期刊和数字出版于一体的综合性科技出版大社，为广大读者提供了丰富优质的精神食粮，取得了良好的社会效益。

历史的积淀与传承使一代代邮电出版人个性鲜明，“尊重、诚信、严谨、高效、创新”的企业文化精神、“员工与出版社共同成长”的核心价值观深入人心，一批批优秀人才不断凝聚和加盟到邮电出版事业的发展中。出版社及下属企业现有员工超过800人，一支素质高、能力强、业务精、善于创新的员工队伍已经形成，并成为支撑人民邮电出版社不断发展的基石。

人民邮电出版社近年来荣获了“全国优秀出版社”“全国百佳图书出版单位”“全国文明单位”“中央国家机关文明单位标兵”“首都文明单位标兵”“全国新闻出版行业文明单位”“全国图书对外版权贸易先进单位”“讲信誉、重服务出版单位”等荣誉称号，成为“数字出版转型示范单位”，并连续三届荣获中国出版政府奖“先进出版单位”荣誉称号。历年来，有数百种图书、期刊和音像电子出版物获得了中国出版政府奖“图书奖”、中华优秀出版物、向全国青少年推荐百种优秀图书、国家期刊奖等国家和省部级荣誉。

人民邮电出版社始终坚持以改革促发展，勇于开拓创新。在媒体融合、发展升级的时代背景下，在中国工信出版传媒集团的新起点上，邮电出版人正以坚毅的步伐和积极进取的精神，不断深化改革、提升能力，为建设社会主义文化强国、实现文化大发展大繁荣做出新的更大贡献！

地址：北京市丰台区成寿寺路11号邮电出版大厦
邮政编码：100164
电话：（010）81055137（综合部）（010）81055315（总编室）（010）81055059（发行部）
传真：（010）81055044
网址：www.ptpress.com.cn 电子邮箱：315@ptpress.com.cn

教育科学出版社：全国百佳图书出版单位 国家一级出版单位

面向未来的中国基础教育研究

教育科学出版社 2016年重磅推出

“我国基础教育未来发展新特征研究”系列

裴娣娜 主编

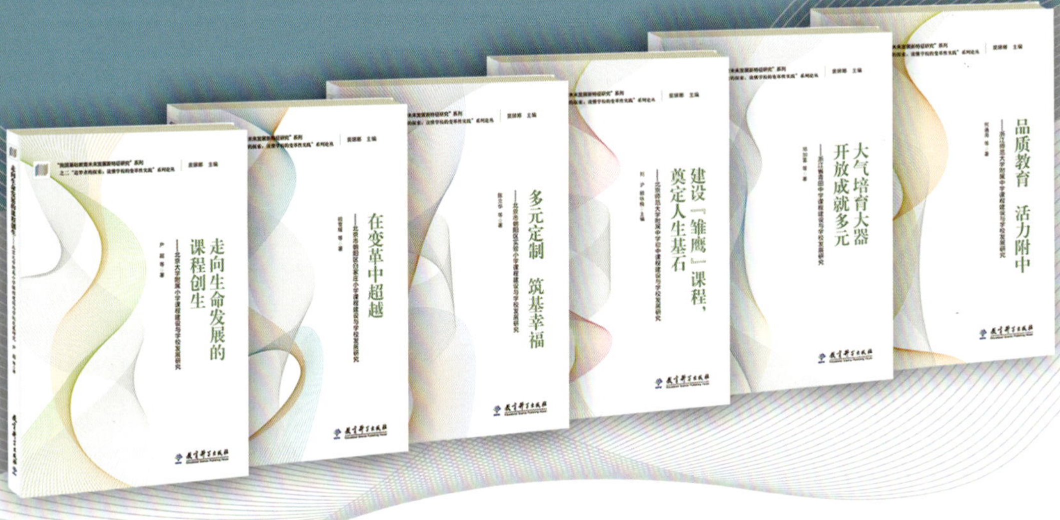

- **高位引领**

  以经济变革和政治、社会、文化发展需求为突破口，经过五年实践探索，构建了我国基础教育未来发展的理论和实践模型，为我国基础教育走出一条改革创新的发展之路。

- **全面研究**

  涵盖15所高校及科研单位、16个省市教育行政部门和100所中小学，是一次覆盖面广、综合系统的开拓性实验，在北京、浙江、河南等地的实践领域已产生重要影响。

- **成果显著**

  系列成果包括主报告及三大子系列，涵盖理论构建、区域发展战略和具体学科实践三个层面，将对我国未来基础教育改革产生关键性的引导作用。

教育科学出版社
ESPH Educational Science Publishing House

地 址：北京市朝阳区安慧北里安园甲9号 邮 编：100101
电 话：(86)-(010)-64989003 64989009 传 真：(86)-(010)-64891796
网 址：http://www.esph.com.cn

明天出版社有限公司

明天出版社有限公司是一家以少年儿童为服务对象的专业出版社。多年来，明天出版社有限公司一直致力于为孩子们的精神成长和健康人格建构做贡献，为孩子们提供新知识、新思维、新审美，打造高品质、高品位、高格调的图书，拒绝庸俗与低俗。转企改制后，明天出版社有限公司确立了“以内容创意为核心，立足于传统图书出版，着眼于全媒体，面向整个文化产业”的战略发展规划，经营规模不断扩大，品牌效应、市场影响力不断提升。先后被国家新闻出版主管部门评为“国家一级出版社”“全国百佳图书出版单位”，多次被国家人力资源和社会保障主管部门（原国家人事主管部门）、国家新闻出版部门评为“全国新闻出版系统先进集体”。

2016年
文学类
新书推荐

《转动时光的伞》

《女生日记》

《男生日记》

《妈妈的旅行箱》

《单翼的守护天使》

《天使飞进你梦里》

《黑头发妹妹》

《绿光芒》

《童年的马》

“大语文”

2016年
低幼类
新书推荐

“秦文君温暖绘本”

“梅子涵致敬童年”

“曹文轩说故事”

“漂流瓶绘本馆”

2016年
知识类
新书推荐

“马小跳发现之旅”

“百草园·唯美品读书系”

“大嚼科学”

明天出版社
微信公众平台

联系地址：山东省济南市胜利大街39号　　电话：0531-82098622

China — the New Long March

《中国——新长征》

نظرة جديدة للمسيرة الطويلة

3 种语言版本 20 位外籍主创 90 天重走长征路

国家文化“走出去”重点项目

一次沿着历史之路见证中国巨变的摄影之旅

谨以此书纪念中国工农红军长征胜利 80 周年

地址：青岛市海尔路182号 邮编：266061 电话：0532-68068608 传真：0532-68068607 网址：www.qdpub.com

中南出版传媒集团
CHINA SOUTH
PUBLISHING & MEDIA GROUP

中南出版传媒集团股份有限公司（简称中南传媒）由湖南出版投资控股集团主营业务和资产重组改制而来，2010 年 10 月在上交所上市，是我国率先以全产业链整体上市的出版传媒股。近年来，中南传媒以“催生创造、致力分享”为经营理念，高举“媒体姓党”和“融合发展”两面旗帜，坚持把社会效益放在首位，创造了社会效益和经济效益俱佳的国有文化企业发展模式。2015 年公司实现营业收入 100.87 亿元，利润总额 18.07 亿元，总资产 167.2 亿元，市值高位时逾 500 亿元，利润和市值皆居全国出版上市公司前列；进入世界出版企业前 10 强，排名第 7 位；连续 8 届入选全国文化企业 30 强。

旗下 5 家出版社荣获全国百佳图书出版单位，湖南省新华书店、湖南天闻印务、红网、《快乐老人报》、天闻数媒等都在全国同类公司中名列前茅；湘版教材进入全国 30 个省市，并进入台湾、澳门地区和输入韩国；数字教育产品国内进入 20 个省份、137 个区县，国外在荷兰、乌兹别克斯坦、南苏丹等国家落地；红网、时刻新闻、大湘网、枫网、贝壳网、中南迅智等互联网和移动互联网产品活跃用户达 1.2 亿。中南传媒还拥有地铁媒体、电视媒体，并设立财务公司进行金融投资，也是全国率先获得“董事会奖”的文化类上市公司，是全国上市公司价值百强企业、内控建设标杆企业和全国数字化转型示范单位。

《爱因斯坦相对论 100 年》
［英］安德鲁·罗宾逊；
张卜天译
68.00 元
湖南科学技术出版社

《普林斯顿恐龙大图鉴》
［美］格雷戈里·S·保罗；
邢立达译
128.00 元
湖南科学技术出版社

《七堂极简物理课》
［美］卡洛·罗伟利；
文铮、陶慧慧译
39.00 元
湖南文艺出版社
中南博集天卷文化传媒有限公司

《1968：撞击世界之年》
［美］马克·科兰斯基；
洪兵译
78.00 元
民主与建设出版社
上海浦睿文化传播有限公司

《非洲三万里》
毕淑敏
48.00 元
湖南文艺出版社
中南博集天卷文化传媒有限公司

《论语新诠》
唐翼明
35.00 元
岳麓书社

《黄小厨的美好日常》
黄磊
48.00 元
湖南文艺出版社
上海浦睿文化传播有限公司

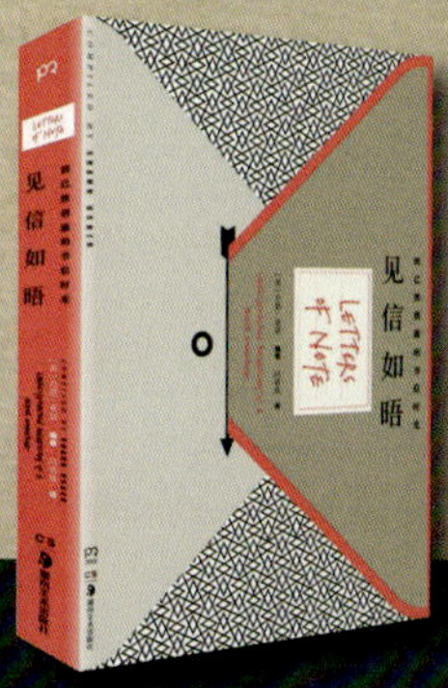

《见信如晤：致已然消逝的书信时光》
［英］肖恩·亚瑟；
冯倩珠译
68.00 元
湖南美术出版社
上海浦睿文化传播有限公司

《中国版权》杂志

《中国版权》杂志是国家版权主管部门机关刊，国家核心期刊，创刊三十多年来，围绕版权进行广泛报道和深入探讨，现已成为国家版权主管部门和各级版权管理机构及相关产业单位开展交流协作的重要平台，具有极强的权威性、指导性和可读性。

国际标准刊号：ISSN1671-4717　国内统一刊号：CN11-4780/G2

主办：中国版权保护中心　咨询电话：010-58604520　68003904
E-mail：chinacopyright@126.com

典型案件选编

DIAN XING AN JIAN XUAN BIAN

【编者按】 本栏目刊登四部分内容：1.2016年4月21日，最高人民法院在杭州发布了2015年中国法院10大知识产权案件和50件典型知识产权案例，本栏目选取其中13件著作权司法保护典型案件；2.2016年4月26日，国家版权局在2016中国网络版权保护大会上公布的2015年度打击侵权盗版十大案件；3.2016年“4·26”知识产权宣传周期间，部分省、自治区、直辖市高级人民法院公布了2015年度知识产权典型案件，本栏目选取其中的著作权典型案件；4.部分省、自治区、直辖市公布或报送的2015年度著作权行政执法案件。

2015年中国著作权司法保护典型案件

一、深圳市盟世奇商贸有限公司诉天津市宁河县泽安商贸有限公司侵犯著作权纠纷案［天津市第二中级人民法院（2014）二中民三知初字第203号民事判决、天津市高级人民法院（2015）津高民三终字第18号民事判决］

【案情摘要】 2011年11月7日，案外人深圳华强数字动漫有限公司（以下简称华强公司）创作的104集动画片《熊出没》取得广东广播电影电视局颁发的国产电视动画片发行许可证，该动画片中的主要角色包括熊大、熊二、光头强等。2011年11月21日，华强公司取得《熊大》美术作品的著作权登记证书。“熊大”动漫形象曾获得中国动画学会、深圳动漫节组委会颁发的“中国十大卡通形象”等奖项。2013年4月2日，华强公司授权深圳市盟世奇商贸有限公司（以下简称盟世奇公司）在毛绒玩具产品上专有使用《熊出没》作品及作品中卡通形象著作权的权利并有权以自己的名义维权。2014年3月7日，盟世奇公司在天津市宁河县泽安商贸有限公司（以下简称泽安公司）处购买到“熊大毛绒玩具”，遂提起诉讼。

【判决结果】 天津市第二中级人民法院一审认为，盟世奇公司提供的证据能够证明《熊出没》国产电视动画片及卡通形象“熊大”的著作权人为华强公司，而且盟世奇公司经过华强公司的授权，取得在毛绒玩具上专有使用《熊出没》作品及作品中卡通形象的权利，同时享有以自己的名义提起诉讼的权利；泽安公司在其销售的毛绒玩具上使用了盟世奇公司享有专有使用权的《熊大》形象，且无证据证明其已获得盟世奇公司的授权许可，因此，其行为侵犯了盟世奇公司的专有权，应立即停止侵权，并赔偿给盟世奇公司造成的损失。

天津市高级人民法院认为，“熊大”是为动画片《熊出没》开发的角色形象，该角色形象的表达方式是以自然生态的狗熊为原型，通过独创性构思，以线条、色彩等方式对狗熊的形象进行体态、头部及面部特征等拟人化处理。该作品系作者独立创作完成，且表达了作者对线条、色彩、手法和具体形象设计的独特美学选择和判断，是具有审美意义并且可以复制的平面造型艺术作品，应当被认定为著作权法所称的美术作品。被控侵权毛绒玩具复制了“熊大”毛绒玩具的所有表达特征，属于该美术作品的复制品。未经盟世奇公司的许可，泽安公司销售“熊大”复制品的行为侵犯了盟世奇公司的专有权。因此，二审判决驳回上诉，维持原判。

【典型意义】 角色形象的商业化利用由来已久。世界知识产权组织1994年发布的《角色商品化》报告中指出，对角色形象的使用是最古老的也是最广为人知的商品化形式，如对《爱丽丝梦游仙境》中的爱丽丝、《米老鼠和唐老鸭》中的卡通形象的使用。如今，因卡通形象，尤其是动漫形象的商业化利用引发的纠纷逐年增多，不同法院对法律基本概念的解读和处理结果不尽相同，法律适用亟待统一。本案判决明确了裁判此类案件的审理思路，也对诉辩意见做出了明确回应，特别是根据动漫形象著作权司法保护的法律适用问题，对“美术作品”“复制”“复制权”等基本概念进行再解读。该案定期宣判后，被控侵权人当庭表示息诉服判并积极与被侵权人达成和解协议。该案经人民法院报社与中国教育电视台联合出品的《法治天下》栏目播出，并被评为优秀节目，取得了良好的法律和社会效果。

二、长春出版传媒集团有限责任公司诉吉林大学出版社有限责任公司、长春联合图书城有限公司著作权权属、侵犯著作权纠纷案［吉林省长春市中级人民法院（2014）长民三初字第271号民事判决、吉林省高级人民法院（2015）吉民三知终字第68号民事判决］

【案情摘要】 长春出版传媒集团有限责任公司（以下简称长春出版集团）出版发行了《义务教育课程标准试验教科书·语文》（五年级上册），并在书中注明“任何单位和个人不得配套相关教辅”。吉林大学出版社有限责任公司（以下简称吉大出版社）此后编写并出版发行了《名师解教材》（五年级语文上）。经比对，被控侵权图书与涉案教材对作品的选择和编排完全一致，其中虽新添加了部分内容，但并未改变涉案教材的作品选择和编排结构。吉大出版社认为涉案出版物为义务教育教材，其可依法合理使用，同时认为长春出版社禁止他人使用其教材编写教辅材料的行为构成杜绝交易和限制竞争。长春出版集团认为被控侵权图书与涉案教材的目录完全相同，复制了涉案教材的编排体系，并抄袭了长春出版集团教科书和教师用书大量课文、习题及答案等内容，在图书结构和内容两方面均侵犯了长春出版集团的著作权。因此，双方引发矛盾。

【判决结果】 吉林省长春市中级人民法院认为，《义务教育课程标准试验教科书·语文》（五年级上册）属于汇编作品，长春出版集团主体适格。吉大出版社侵害了长春出版集团涉案教材的署名权、改编权，应当承担停止侵害、赔偿损失的民事责任。根据作品类型、侵权形式、后果、维权费用等综合确定赔偿数额为人民币2.5万元。

吉林省高级人民法院二审法院认为，长春出版集团基于对作品的选择和编排而形成的汇编权依法应予保护。义务教育为公民的基本权利和义务，但并非与义务教育相关的全部产业均为公益性事业。长春出版集团出版的涉案教材，系经全国中小学教材审定委员会审定并通过，其为取得这一成果，付出了大量的劳动，任何人均无权借义务教育之名，擅自使用他人享有著作权的作品，侵害他人的合法权益。长春出版集团出版教科书系以教育部制定的《义务教育语文课程标准》为依据进行编写，吉大出版社出版教辅材料，或可与著作权人进行协商，或可依照上述标准自行创作编写，其在此过程中享有交易自由和选择的权利。因此，无论其所主张的“依托教材、基于教材的结构”必要与否，均不能成为其未经著作权人许可，擅自使用涉案教材的抗辩事由。此外，吉大出版社虽主张长春出版集团“杜绝交易”“限制竞争”，但其对此并未提交任何证据予以证明。所以，二审判决驳回上诉，维持原判。

【典型意义】 教材市场，系开放的市场，任何具备资质、符合条件的出版者均可参与到市场竞争之中，亦可凭借其经营成果而获取利益。在开放的市场环境下，义务教育阶段的教材亦属于商品，其编写者对此投入的智力劳动，应得到与之相适当的经济回报。这种市场竞争方式，能够鼓励更多的出版者加大对教材的投入，对于提高教材质量、服务义务教育是有益的。教辅材料的编写者，不得借义务教育之名，肆意侵害教材编写者的合法权利，并以此牟利。较此前教辅材料与教材的著作权纠纷案件，该案在裁判基础上进一步延伸出新的裁判观点：不以内容是否覆盖为判定侵权的要件，而是从汇编权的角度公平保护教材著作权人的合法权益。

三、傅敏诉吉林音像出版社有限责任公司、无锡当当网信息技术有限公司侵害著作权纠纷案［江苏省无锡高新技术产业开发区人民法院（2015）新知民初字第16号民事判决、江苏省无锡市中级人民法院（2015）锡知民终字第39号民事判决］

【案情摘要】 我国著名图书《傅雷家书》收录了1954年至1966年间傅雷写给长子傅聪的家信，傅敏系《傅雷家书》中文简体字版的著作权人，并自2010年起多次在报纸上刊登版权声明。吉林音像出版社有限责任公司（以下简称吉林音像出版社）未经许可，自2013年1月起擅自改编并出版《傅雷家书》，在无锡当当网信息技术有限公司（以下简称当当网）开设的当当网上销售，截至2014年6月已第3次印刷。因此，傅敏诉至法院，请求判令吉林音像出版社停止侵权、公开道歉并赔偿损失，费用共计750 500元，其中，当当网对35 000元的费用承担连带责任等。吉林音像出版社认为，傅敏诉讼主体不适格，此外，其仅印刷3 000册、实际销售600册，索赔金额过高。当当网则认为其仅为销售商，具有合法来源且已尽到审查义务。

【判决结果】 江苏省无锡高新技术产业开发区人民法院认为，《傅雷家书》已故作者傅雷的法定继承人为傅聪和傅敏，且傅聪和傅敏已达成协议，傅雷的相关作品在中国大陆地区的著作权由傅敏享有，且在著作权法保护期内，因此傅敏有权对相关侵权行为提起诉讼。吉林音像出版社未尽到合理注意义务，未对稿件来源、署名进行审查，特别是对于在社会公众中享有较高知名度的《傅雷家书》，未经著作权人许可即出版，主观过错明显，构成侵权；吉林音像出版社自2013年1月至2014年6月间三次印刷，侵权频率较快；吉林音像出版社拒绝提供根据国务院《印刷业管理条例》必须备案的印刷委托书；傅敏多次在公开发行的报纸上刊登声明要求侵权盗版者停止侵权行为，但吉林音像出版社对此并未采取任何有效措施；被控侵权图书定价低，价格优势明显；被控侵权图书作为教辅用书，对社会特别是中小学生影响较大。因此，一审判决吉林音像出版社立即停止侵权行为，并赔偿傅敏经济损失及为制止侵权行为所支付的合理费用共计385 000元。

吉林音像出版社不服提起上诉，二审法院驳回上诉，维持原判。

【典型意义】 《傅雷家书》具有较高知名度，其中的部分内容入选过初中语文教材，在青少年人群中具有一定的影响力。傅雷虽然去世，但该图书的著作权仍受法律保护，其财产权由其继承人享有，出版社要出版发行该图书，必须经其继承人同意并支付相应报酬。出版社作为专业出版单位，应对稿件来源、署名以及是否经权利人授权等内容进行审查，特别是在社会公众中享有较高知名度的作品以及权利人多次通过报刊等形式进行了权利声明的作品。出版社多次侵权出版，且拒绝提供根据国务院《印刷业管理条例》必须备案的印刷委托书，权利人主张该印刷委托书的内容不利于出版社的，推定该主张成立，因而由此产生的不利后果由出版社自行承担。故为辨法析理，将考虑的具体因素以及因素的具体情节直接写入判决书中，让当事人特别是侵权人明确知晓，就恶意多次侵权、有证据却拒绝提供的行为会加大惩罚的力度，并由侵权人承担由此产生的不利后果。该案最终判赔385 000元，充分反映了著作权的价值，体现了法律对于著作权人去世后作品权利的保护，也是司法实践落实加大知识产权保护司法理念的具体体现。

四、陈喆（琼瑶）诉余征（于正）、湖南经视文化传播有限公司、东阳欢娱影视文化有限公司、万达影视传媒有限公司、东阳星瑞影视文化传媒有限公司侵害著作权纠纷 ［北京市第三中级人民法院（2014）三中民初字第7916号民事判决、北京市高级人民法院（2015）高民（知）终字第1039号民事判决］

【案情摘要】 陈喆于1992年10月创作完成剧本《梅花烙》，未以纸质方式公开发表；怡人传播有限公司（简称怡人公司）依据剧本《梅花烙》拍摄完成电视剧《梅花烙》，共计21集，于1993年10月13日起在台湾地区首次电视播出，并于1994年4月13日起在中国大陆地区（湖南电视一台）首次电视播出，电视剧内容与剧本高度一致。余征系剧本《宫锁连城》（又名《凤还巢之连城》）载明的作者，剧本共计20集，剧本创作完成时间为2012年7月17日，首次发表时间为2014年4月8日。电视剧《宫锁连城》根据剧本《宫锁连城》拍摄。电视剧《宫锁连城》署名编剧余征，片尾出品公司依次署名为：湖南经视文化传播有限公司（以下简称湖南经视公司）、东阳欢娱影视文化有限公司（以下简称东阳欢娱公司）、万达影视传媒有限公司（以下简称万达公司）、东阳星瑞影视文化传媒有限公司（以下简称东阳星瑞公司）。电视剧《宫锁连城》完成片共分为两个版本，网络播出的未删减版本共计44集，电视播映版本共计63集，电视播映版本于2014年4月8日起，在湖南卫视首播。剧本《宫锁连城》与剧本《梅花烙》相比，情节有较多相似或相近的部分。因此，陈喆提起诉讼，主张剧本《宫锁连城》侵害剧本《梅花烙》的著作权。

【判决结果】 北京市第三中级人民法院认为，剧本《宫锁连城》相对于《梅花烙》，在整体上的情节排布及推演过程基本一致，仅在部分情节的排布上存在顺序差异，此类顺序变化并不引起剧本《宫锁连城》涉案情节间内在逻辑及情节推演的根本变化，剧本《宫锁连城》在情节排布及推演上与《梅花烙》高度近似，并结合具体情节的相似性选择及设置，构成了剧本《宫锁连城》与《梅花烙》整体上的相似性，导致与《梅花烙》相似的欣赏体验。以相关受众观赏体验的相似度调查为参考，占据绝对优势比例的参与调查者均认为电视剧《宫锁连城》情节抄袭自《梅花烙》，可以推定，受众在观赏感受上，已经产生了较高的及具有相对共识的相似体验。综上，可以认定，剧本《宫锁连城》涉案情节与《梅花烙》的整体情节具有创作来源关系，构成对涉案作品的改编。陈喆作为《梅花烙》的著作权人，其依法享有的改编权受法律保护。余征接触了《梅花烙》的内容，实质性使用了涉案作品的人物设置、人物关系、具有较强独创性的情节以及故事情节的串联，并进行改编，形成新作品《宫锁连城》剧本，上述行为超越了合理借鉴的边界，侵害了陈喆的改编权，依法应当承担相应的侵权责任。根据湖南经视公司、东阳欢娱公司、万达公司及东阳星瑞公司的职业经验和应达到的注意程度，作为剧本的拍摄单位，在不排除知晓涉案作品内容的情况下，未尽到注意义务。因此，余征、湖南经视公司、东阳欢娱公司、万达公司及东阳星瑞公司在剧本《宫锁连城》的创作过程中，存在着明知或应知剧本《宫锁连城》侵害他人著作权的共同过错，共同侵害了陈喆的改编权，依法应当承担连带责任。因此，一审判决湖南经视公司、东阳欢娱公司、万达公司、东阳星瑞公司立即停止电视剧《宫锁连城》的复制、发行和传播；余征在新浪网、搜狐网、乐视网、凤凰网显著位置刊登致歉声明，向陈喆公开赔礼道歉，消除影响；余征、湖南经视公司、东阳欢娱公司、万达公司、东阳星瑞公司连带赔偿陈喆经济损失及诉讼合理开支共计人民币 500 万元。

余征、湖南经视公司、东阳欢娱公司、万达公司、东阳星瑞公司不服提出上诉。二审法院认为，受众对于前后两作品之间的相似性感知及欣赏体验是侵权认定的重要考量因素，并且结合陈喆提供的相应网络调查结果，推定受众在观赏感受上已经产生了较高的具有共识的相似体验。所以，一审法院将受众的感知和体验作为考量因素的观点并无不当，但是，由于在事实查明部分并未对陈喆提供的关于网络调查的相关证据予以认证，而直接在“本院认为”部分予以分析采纳，确系不当。二审法院补充查明的该部分事实，对于判定剧本《宫锁连城》与涉案作品是否整体上构成实质性相似，仅仅是一个参考因素，由于上述调查结果系部分网站对网络用户进行的简单调查，且大多数网络用户是对电视剧《梅花烙》和电视剧《宫锁连城》对比后的感知判断，与本案中主张的文字作品的改编并不完全相同，故二审法院主要是通过将剧本、小说和剧本之间进行对比后得出与一审相同的结论。所以，二审判决驳回上诉，维持原判。

【典型意义】 本案社会关注度很高、社会影响力很大。从宏观意义上讲，该案最终裁判结果诠释了中国司法在知识产权保护中所起到的主导性作用，体现了加大知识产权保护力度的司法政策，彰显了著作权法在文学艺术领域鼓励原创、保护原创的立法精神，对我国文化产业的发展，特别是影视行业的发展具有导向性的作用。从微观意义上讲，本案也是著作权侵权的标杆性案件。具体体现在：第一，著作权法保护表达而不保护思想，但文学作品中思想与表达的界限很难划分。本案确立了抽象过滤的方法来确定著作权法所保护的表达。第二，构成著作权侵权需满足“接触”加“实质性相似”两个要件。实务中对“实质性相似”的争议较大，二审判决明确了整体比对和部分比对相结合的判断方法以及实质性相似的判断标准。第三，侵权责任的方式。本案中从经济学的角度分析论证了余征及电视剧制片方为何承担停止侵权的责任，并对隐含侵犯著作人格权的行为判令赔礼道歉，在证据明显可以证明损失大于 50 万元法定赔偿上限的情况下，酌定赔偿 500 万元，加大了赔偿的力度。

五、福建侨龙专用汽车有限公司诉陈猛侵犯著作权纠纷案［福建省龙岩市中级人民法院（2014）岩民初字第 268 号民事判决，福建省高级人民法院（2015）闽民终字第 990 号民事判决］

【案情摘要】 福建侨龙专用汽车有限公司（以下简称侨龙公司）系经国家认定的具有汽车改装资质的专用汽车生产企业。2011 年 4 月 1 日，陈猛与侨龙公司签订劳动合同，主要负责为企业新产品电气部分的设计提供技术方案及企业产品电气线路的生产制作等相关工作。劳动合同中约定陈猛应遵守侨龙公司的保密制度，保守商业秘密。2011 年 6 月 27 日，陈猛担任侨龙公司质管办主任。2010 年 9 月 30 日，侨龙公司向国家知识产权局申请“垂直入井作业排水车”的实用新型专利（专利号 ZL201020558765.4），并于 2011 年 4 月 27 日获得授权。陈猛于 2013 年 1 月 28 日向国家知识产权局申请“折叠式排水抢险车”的实用新型专利，并于 2013 年 12 月 23 日分别申请“平移式伸缩排水抢险车”“双折叠排水车”的实用新型专利。2013 年 11 月 30 日，陈猛以其能力有限、无法胜任工作为由离职。侨龙公司认为陈猛利用职务之便，剽窃其产品设计图纸的行为，不仅违反双方约定的保密义务，侵犯商业秘密，同时侵犯侨龙公司作为著作权人的署名权、修改权、复制权等合法权益，遂提起诉讼。

【判决结果】 龙岩市中级人民法院认为，侨龙公司的“垂直入井作业排水车”产品设计图符合著作权法所称的作品特征，依法享有著作权。产品设计图的保护范围仅限于图纸，未延及产品本身。产品设计图获得著作权保护首先要以具备最低限度的独创高度为条件，综合考虑作品属性、所属领域的作品现状、创作空间、产业政策、公众需求等因素。经比对，陈猛与侨龙公司的产品设计图不构成相似，因此并未构成侵权，故驳回侨龙公司的诉讼请求。

侨龙公司不服提起上诉，福建省高级人民法院经审理认为，侨龙公司的“垂直入井作业排水车”系表达专利产品的产品示意图，其在整体构图和布局上具有独创性，构成著作权法意义上的作品。侨龙公司就说明书附图中的汽车本体部分单独主张著作权，该部分对车头、车轮以及平台等的设计，属于惯常性设计，不具有独创性；侨龙公司主张的“平台设计是为了更好地安置排水管”“车头与车尾间保持一定距离设计可以容纳足够的排水系统”“车头平头设计可以使驾驶员视野开阔、便于操作排水系统”等特征，均属于功能性设计。根据著作权法只保护表达而不保护思想的原理，对于产品设计图的保护不能延伸到产品的功能性设计，故侨龙公司说明书附图中的汽车本体部分不具有独创性。经比对，陈猛与侨龙公司的专利说明书附图在汽车本体部分基本相似，但排水管部分的水管、水泵等的设计明显不同，故陈猛的专利产品设计图并非复制于侨龙公司，不构成侵权。因此二审判决：驳回上诉，维持原判。

【典型意义】 本案系专利权与著作权叠加保护的典型案例。专利说明书附图作为一种公示性的专利文献，在受专利法保护的同时，能否再受著作权法保护，在司法实践中存有争议。本案对这一问题进行了有益的探索，通过深入分析专利说明书附图的制作方式、制作目的以及附图的表现形式，认定专利说明书附图系专利权人为表达专利技术方案而制作的产品大体结构和工作原理的平面图纸，其在整体的构图和布局安排上具有独创性，属于《著作权法》第三条第（七）项所保护的“产品设计图”。对于说明书附图的独创性，应当以图形作品的要素如线条、结构、布局等加以判断，而本案侨龙公司主张构成实质性相似的理由均为专利产品的功能性设计，根据著作权法只保护表达而不保护思想的原则，对于说明书附图的保护不能延伸到专利的技术方案即功能性设计。本案对于专利说明书附图的著作权保护范围以及在专利申请时如何合理借鉴他人专利说明书附图具有较好的规则示范作用。

六、北京导视互动网络技术有限公司诉湖北广播电视台、武汉卓讯互动信息科技有限公司侵害计算机软件著作权及不正当竞争纠纷案［湖北省武汉市中级人民法院（2014）鄂武汉中知初字第03321号民事判决、湖北省高级人民法院（2015）鄂民三终字第618号民事判决］

【案情摘要】 2013年7月1日，北京导视互动网络技术有限公司（以下简称导视公司）开发完成名称为“TV摇摇乐客户端软件V1.0”（以下简称TV摇摇乐）的计算机软件，并向国家版权局申请计算机软件著作权登记。该软件开发完成后，导视公司、湖北广播电视台曾就该计算机软件的商业合作事项进行洽谈，但未能达成一致意向。2013年12月13日，湖北广播电视台下属的湖北经视与武汉卓讯互动信息科技有限公司（以下简称卓讯公司）签订《湖北经视摇摇乐产品开发服务协议》，约定卓讯公司根据湖北经视要求定制开发“湖北经视摇摇乐”软件产品，该APP软件除斗地主之外的版权归湖北经视所有。卓讯公司依约开发完成“经视摇摇乐”软件后，交付湖北经视。湖北经视将该软件产品通过电视、网络媒体向公众推广使用。导视公司了解该情况后，以湖北广播电视台、卓讯公司侵害其计算机软件著作权及不正当竞争为由诉至法院。

【判决结果】 湖北省武汉市中级人民法院一审认为，计算机软件保护的对象是计算机程序及其相关文档，并未包括软件运行过程的数据计算方式以及功能性使用后所生成的界面内容。导视公司主张权利的功能界面属于计算机程序运行后所生成的功能界面，供人机交流时进行选择使用，该界面中的文字和图标按钮也是软件程序运行的结果之一，属于计算机操作方法的体现，并非计算机软件程序语句的再现，并不属于计算机软件应当受到法律保护的表现形式。为满足同一行业需求所开发的软件功能存在相同之处，基于人机交互方式的有限性，其功能界面的使用方式亦会存在相同或相似之处，并不导致软件本身程序语句、文档必然相同，故功能界面相同并不能必然得出计算机程序相同的推论。从导视公司所主张的界面整体来看，属于文字和图标按钮的排列组合，并无明显区别一般手机软件操作界面的独特之处。而导视公司指控的相同文字和图标则为公众习惯图标按钮，属于公共领域的常用功能选项，并非为导视公司软件的独创内容。因此，在导视公司所主张的功能界面及其中部分文字、图标按钮未能有效证明独创性的情况下，其不能作为独立作品受到我国《著作权法》的保护，该项诉讼主张不予支持。湖北广播电视台通过互联网络宣传推广“经视摇摇乐”的行为，宣传文字内容虽然具有一定的夸张性描述，但不能被认定为虚假宣传行为。故判决：驳回导视公司的全部诉讼请求。

导视公司不服，上诉至湖北省高级人民法院。二审法院认为，导视公司在本案中主张权利的基础，是基于“TV摇摇乐”计算机软件的著作权保护。在导视公司自认两个软件的计算机程序不同，不主张对两个软件源程序和目标程序申请鉴定，此外，两个软件运行后生成的界面图形排列及文字的整体内容又不完全相同，且相同的功能选项、文字、图标属于类似软件的有限表达和常用图标，也没有直接证据证明两被上诉人有抄袭行为的情况下，导视公司主张通过对比两个软件运行后生成的功能、界面以及界面中的文字、图标，可以反推被控侵权软件复制、抄袭了其享有权利的“TV摇摇乐”软件的上诉理由，不能得到支持。湖北广播电视台依据委托开发合同取得“经视摇摇乐”软件的著作权，其作为该软件的权利人，对该软件进行宣传，并为相关公众提供软件的下载服务，属于正当的宣传、推广行为，不构成不正当竞争。

【典型意义】 随着移动互联网时代的到来，移动智能终端APP软件的知识产权保护问题日益凸显，本案即是APP领域计算机软件著作权保护的一起典型案件。法院在审理此类案件时，既不能把进行程序代码的比对绝对化，又要综合考虑软件的类型、双方当事人举证能力，并以此合理分配举证责任。

本案的新颖性和独特性在于，本案权利人是基于APP软件的图形界面和功能主张用计算机软件著作权保护。对于此类案件，权利人如何进行举证才能达到其主张，本案的裁判思路提供了很好的借鉴。首先，根据《计算机软件保护条例》第二条规定，我国计算机软件著作权保护的是计算机程序及其有关文档，权利人应当提交权利软件的计算机程序及其文档进行比对鉴定。其次，根据《计算机软件保护条例》第六条“本条例对软件著作权的保护不延及开发软件所用的思想、处理过程、操作方法或者数学概念”的规定，权利人主张软件运行后实现的手机客户与电视节目之间的互动技术和功能，是开发软件的目的，属于设计、开发软件所用的思想。该软件运行后生成的界面只是一些功能按钮的简单排列组合，属于功能操作界面。界面中的文字、图标仅系操作方法的说明，供人机互动时选择使用，属于计算机操作方法的一部分。本案所涉软件的功能、界面、图标、文字不属于计算机软件著作权保护的范围。最后，通过权利人提交的两个软件运行结果对比情况来看，两个软件运行后生成的界面、界面中的图标、文字内容并不完全相同，仅存在部分文字和图标相似。而这些相同的文字、图标属于类似手机软件功能描述性的有限表达和常用图标，并非权利人独创，无权禁止他人在设计类似功能软件用户界面时使用这些有限的表达。所以，权利人仅提交两个软件运行后的功能、界面以及界面中的文字、图标存在部分相同或相似的证据，不能证明被控侵权软件系复制、抄袭了权利人的软件。

七、中山市商房网络科技有限公司诉中山市暴风科技有限公司著作权侵权纠纷案［广东省中山市第一人民法院（2014）中一法知民初字第339号民事判决、广东省中山市中级人民法院（2015）中中法知民终字第197号民事判决］

【案情摘要】 中山市商房网络科技有限公司（以下简称商房网公司）是微信公众号“中山商房网”的运营公司，2014年1月28日、2月6日及3月12日，商房网公司向微信用户发布了标题为《中山谁最高？利和高度将被刷新 解密中山高楼全档案》《初八后大幅度降温阴雨天气（转告朋友们注意添衣保暖哦）》《莫笑老饼 为您推介中山四大名饼（你都吃过了吗）》三篇文章。中山市暴风科技有限公司（以下简称暴风公司）运营的微信公众号“最潮中山”，以发布推广信息、收取广告费谋利，该公众号于同年2月3日、2月6日及3月13日向微信用户发布了《谁是中山第一高楼？中山高楼全档案！祝全体中山人更上一层楼！与你放眼中山！》《中山下周大幅降温最低7度！你爸妈知道吗？扩散周知！》及《中山四大名饼，你都吃过了吗？中山人转走》三篇文章，与“中山商房网”发布的上述文章高度相似。为此，商房网公司认为暴风公司侵害了其著作权，遂诉至法院，请求判令：(1) 暴风公司在“最潮中山”微信公众平台及《中山日报》刊登道歉声明（内容须经商房网公司审核同意）；(2) 暴风公司向商房网公司赔偿经济损失1元。

【判决结果】 广东省中山市第一人民法院一审认为，《莫笑老饼 为您推介中山四大名饼（你都吃过了吗）》与《中山四大名饼》（发表于2013年7月发行的《中山客》）构成实质性近似，是对该文章的抄袭，而《初八后大幅度降温阴雨天气（转告朋友们注意添衣保暖哦）》属时事新闻，故商房网公司对该两篇文章不享有著作权。《中山谁最高？利和高度将被刷新 解密中山高楼全档案》一文具有独创性，商房网公司对该文享有著作权。经比对，暴风公司发布的《谁是中山第一高楼？中山高楼全档案！祝全体中山人更上一层楼！与你放眼中山！》一文的行文结构、主体内容等与商房网公司的《中山谁最高？利和高度将被刷新 解密中山高楼全档案》一文基本相同，暴风公司并未举证证明其创作涉案文章的过程或合法来源，因此两篇文章已构成实质性相似。暴风公司的行为侵犯了商房网公司享有的署名权、修改权、信息网络传播权及获得报酬等著作人身权及财产权。故判决：(1) 暴风公司于本判决生效之日起七日内，连续三日在“最潮中山”的微信订阅号上向商房网公司书面赔礼道歉（内容须经一审法院审定，其间不得擅自删除该内容），逾期不履行，一审法院将在中山网（网址为 http://www.zsnews.cn）公布本判决的主要内容，有关费用由暴风公司负担；（2）暴风公司于本判决生效之日起七日内向商房网公司赔偿经济损失1元；（3）驳回商房网公司的其他诉讼请求。

暴风公司不服，向广东省中山市中级人民法院上诉。广东省中山市中级人民法院二审审理后认为：《中山谁最高？利和高度将被刷新 解密中山高楼全档案》将中山相关高楼的情况进行了整合、创作，体现了创作者富有个性的判断和选择，有十分明显的个性化烙印，是个人智力创造的产物，具有独创性，是受著作权法保护的作品，商房网公司享有该作品的著作权。暴风公司发布的《谁是中山第一高楼？中山高楼全档案！祝全体中山人更上一层楼！与你放眼中山！》一文中存在大量与商房网公司《中山谁最高？利和高度将被刷新 解密中山高楼全档案》基本相同的语句，只是更换了个别词语和变动了个别句子的顺序，倘若删去该部分基本相同的内容，暴风公司所发布的该涉案文章将难以独立存在或其本质性创作将不复存在，而且两文的文字表述、结构安排等表现形式高度相似，已实质性地再现商房网公司《中山谁最高？利和高度将被刷新 解密中山高楼全档案》文章的内在表意功能。而且暴风公司对涉案文章中雷同的内容也没有标明来源和出处，会导致相关公众将两篇文章混为一体，从而实质性地损害商房网公司的合法利益，因此暴风公司的行为已构成了对商房网公司著作权的侵害。故驳回上诉，维持原判。

【典型意义】 近年来，微信公众号已经成为使用和传播作品的一种主要平台，在微信公众号中使用他人作品是否应当征得著作权人的许可，是否应当支付报酬，本案对此事做了明确的说明。本案表明，商业运营的微信公众号，使用他人作品应当经过许可，未经许可使用他人的作品，属于侵害著作权行为。著作权法意义上的作品须具有“独创性”，“独创性”是作者独立创作和体现了最低限度的创造性，具有“独创性”的作品应受著作权法保护。

八、董黄明诉桂林市犀灵文化传播广告有限公司、李时斌侵害著作权纠纷再审案［广西壮族自治区高级人民法院（2015）桂民提字第118号民事判决］

【案情摘要】 2011年某出版社出版发行了由犀灵公司设计、李时斌主编并绘画的《阳朔之旅》图册，内有李时斌手绘创作的《从阳朔县城出发》旅游示意图，董黄明认为李时斌的《从阳朔县城出发》抄袭了其2004年8月创作的《阳朔旅游示意图（2004年版）》中将阳朔县城区街道和周边乡镇道路主要景点以及漓江阳朔段主要景点展现在同一版面的“城乡结合”的独创性表达，侵害了其著作权。

【判决结果】 桂林市叠彩区法院一审判决认为，董黄明主张的“城乡结合”是一种思想构思，不是表达其思想的具体表现形式，著作权法不保护创意或思想，因此驳回了董黄明的诉求。

桂林市中级法院二审判决认为董黄明作品对阳朔地区的地理元素以不统一的比例尺压缩变形后将其选取的地理元素绘制在同一平面上，具有独创性，应受著作权法保护，因此撤销了一审判决，改判支持董黄明的主要诉请。

广西壮族自治区高级法院再审判决认为，董黄明主张的“城乡结合”表达形式，即以不同比例尺将所需要的地理要素或地理信息“伸缩变形”后展现在一定制图范围内的同一版面上，是学过制图知识都知道的一种制图方法。旅游示意图作为一种以标准测绘地图为基础创作的带有地理指示功能的图形作品，其作品的独创性体现在作者通过所选取的客观地理要素以及线条、符号、文字注记、色彩等表达元素进行构图、安排、组合所形成的整体图形，通过从整体的图形效果、地理要素的安排、地理信息的表达以及个性化标识等四个方面对涉诉两幅作品进行比对，认定不构成实质性相似，即不构成侵权，因此，撤销原二审判决，维持原一审判决，即驳回董黄明的诉请。

【典型意义】 作为旅游业必不可少的伴生商品，旅游商品市场上充斥着各种版本大同小异的旅游示意图，由此产生了关于旅游示意图的著作权纠纷。本案总结归纳的审理该类案件的思路和规则，十分具有参考意义：（1）旅游示意图不是标准地图作品，而是一种以标准地图为基础创作的带有地理指示功能的示意图作品，属于著作权法所保护的图形作品中的一种。（2）在一个制图版面内用不同比例尺将所需要的地理要素或地理信息展现出来是图形作品的一种制图方法，而不是作品的表达。（3）旅游示意图作品的独创性在于其通过所选取的客观地理要素以及线条、符号、文字注记、色彩等表达元素进行构图、安排、组合形成的整体图形，包括整体的图形效果、地理要素的安排、地理信息的表达和个性化的标识。

九、重庆世茂科技有限公司诉重庆索鼎科技有限公司、吕晓波计算机软件著作权侵权案［重庆市渝北区人民法院（2014）渝北法民初字第5772号民事判决、重庆市第一中级人民法院（2015）渝一中法民终字第04837号民事判决］

【案情摘要】 世茂公司是“世茂住房公共维修基金管理系统”软件的著作权人。该软件于2004年4月20日首次发表，同年6月29日，取得著作权登记证书（登记号：2004SR06178）。吕晓波曾是世茂公司员工，从事技术开发工作，后吕晓波离职，设立了索鼎公司。索鼎公司开发并销售的“索鼎SORDINE物业专项维修资金综合业务系统”软件与世茂公司的软件在软件界面、功能代码、开发文档、错别字等方面大量相同，软件的PAS源代码、数据库编写的相似率多达70%以上，世茂公司以构成实质相似为由，起诉吕晓波和索鼎公司侵权。

【判决结果】 重庆市渝北区人民法院一审认为，对比世茂软件和索鼎软件，除去不实现任何软件功能的注释行，世茂软件代码有184 555行，索鼎软件代码有92 061行，其中索鼎软件代码有54 956行与世茂软件完全相同，9 770行与世茂软件部分相同；索鼎软件与世茂软件代码完全相同行数占索鼎实现软件功能代码总行数的59.70%，部分相同的占10.61%，共计70.31%，且上述相同或相似的源代码均是实现软件实质功能和主要功能的源代码。另外，索鼎软件与世茂软件按钮图案MD5值相同，即按钮图案相同；名称为“增加”的按钮图案均存在“HT”字样；世茂软件和索鼎软件关于“交”和“缴”混用情况相同。世茂软件中“换购住房”界面与索鼎软件中“房屋换购”界面均出现如下“交”和“缴”混用情况：缴存标准、应交金额、差额补缴、缴款银行、缴款日期；世茂软件中“缴款登记”界面与索鼎软件中“交款业务”界面均出现如下“交”和“缴”混用情况：缴款方式、交款日期、交款金额。综上，索鼎软件与世茂软件的源程序代码构成相似，非通用按钮、错别字情况均相同，故索鼎软件与世茂软件构成实质性相似。世茂软件源代码文件主要形成于2008年和2009年，索鼎软件源代码文件集中形成于2011年，由此可以判断，索鼎软件形成时间晚于世茂软件。因索鼎软件与世茂软件源代码构成相似，在两被告未对上述相同或近似做出合理解释的前提下，结合在“组装主机、黑色机身、银色边”的台式主机的硬盘（S/N:WCAV23575161）中找到被告软件项目开发文件的同时，找到一个文件名为“文件重命名修改.xls”的文件，该文件中既显示有被告源代码文件名，又显示有原告源程序文件名等事实，所以，涉案索鼎软件侵害了涉案世茂软件的著作权。综上，判决被告停止侵权，赔偿损失。

当事人不服向重庆市第一中级人民法院上诉，二审法院驳回上诉，维持原判。

【典型意义】 关于如何判断计算机软件是否侵权，本案提示，对于实现相同功能的应用软件，判定是否侵权，必须比对涉案两软件的源程序代码。比对时采用“抽象—过滤—比较”法，首先将计算机软件中属于思想部分内容抽象出来，找到源代码文件，然后对属于表达部分的源代码进行过滤，将注释行、通用代码剔除，最后将剩下的具有独创性的实现软件功能的内容进行比对。根据比对，结合两软件形成的先后时间，判定软件是否侵权。另外，本案由专家陪审员与合议庭组成合议庭共同审理，是法院探索解决知识产权技术事实查明难题的创新实践。庭审中，合议庭对两款软件源代码是否相同或相似、相同或相似部分是否属于通用代码、软件形成先后等技术问题充分听取当事人意见，专家陪审员从专业角度做针对性询问，查清了案件技术事实。

十、洪福远、邓春香诉贵州五福坊食品有限公司、贵州今彩民族文化研发有限公司侵害著作权纠纷案［贵州省贵阳市中级人民法院（2015）筑知民初字第17号民事判决］

【案情摘要】 原告洪福远从事蜡染艺术设计创作多年，先后被文化部授予“中国十大民间艺术家”“非物质文化遗产保护工作先进个人”等荣誉称号。2009年8月其创作完成的《和谐共生十二》作品发表于贵州人民出版社出版的《福远蜡染艺术》一书中，该作品借鉴了传统蜡染艺术的自然纹样和几何纹样的特征，色彩以靛蓝为主，描绘了一幅花、鸟共生的和谐图景。2010年8月1日，原告洪福远与原告邓春香签订《作品使用权转让合同》，合同约定原告洪福远将涉案作品的使用权（蜡染上使用除外）转让给原告邓春香，由邓春香维护受让权利范围内的著作财产权。被告五福坊公司以促销产品为目的，委托第三人今彩公司进行产品的品牌市场形象策划设计服务，包括进行产品包装及配套设计、产品平面广告设计、产品创意广告设计及文案编辑、产品手册以及促销宣传品的设计等。根据第三人今彩公司的设计服务，被告五福坊公司在其生产销售的贵州辣子鸡、贵州小米渣、贵州猪肉干外包装礼盒的左上角、右下角使用了蜡染花鸟图案和如意图案边框。遂引起双方矛盾。

【判决结果】 贵州省贵阳市中级人民法院一审认为，著作权制度并不禁止他人适度的模仿，但拒绝抄袭他人独创性的表达。传统蜡染绘画图案主要取材于自然界的花、鸟、虫、鱼等物，但又不仅仅是对自然物的真实刻画，而是蜡染艺术传承人通过对自然事物的观察、体验、提炼，并融入自己的思想创作出来。本案所涉原告洪福远的《和谐共生十二》画作显然借鉴了传统蜡染艺术的自然纹样和几何纹样的主题特征，创作灵感直接来源于贵州黄平革家蜡染背扇图案。但涉案作品对传统图案丰富了线条，融合了作者自己的构思，展现了作者个人的独创而有别于传统的蜡染艺术图案，是对传统蜡染艺术作品的传承与创新，在原告作者再创作的范围内受著作权法的保护。综上，判决贵州五福坊食品有限公司赔偿原告邓春香经济损失10万元并停止使用涉案作品，销毁涉案产品包装盒及宣传册。

【典型意义】 《著作权法》第六条规定“民间文学艺术作品的著作权保护办法由国务院另行规定”，《著作权法》历经两次修改，该条规定却未曾改动一字，二十多年来国务院的相关保护办法也仍没有颁行。从该条规定的文义解释，民间文学艺术作品的著作权应予保护，但民间文学艺术作品具有不同于一般文学艺术作品的特点，适用《著作权法》对民间文学艺术作品进行保护，不仅仅要厘清保护作品的条件，同时应兼顾民间文学艺术作品保护需要考量因素的特殊性。尽管法律规定尚不明确，但该案例并非回避而是直面问题并试图解决问题，也是一次司法对鲜活现实的承担与应对。一审宣判后，当事人各方均服判息诉，裁判效果良好，该案例可以作为处理类似纠纷的镜鉴，也可以作为研究民间文学艺术作品保护的素材。

十一、周立英诉王丽云侵害著作权纠纷案［云南省昆明市中级人民法院（2015）昆知民初字第117号民事判决］

【案情摘要】 原告周立英现为云南大学教师，于2004年4月完成其博士研究生学位论文《晚清留日学生与云南近代化》。该论文引用云南图书馆收藏的1906—1911年十余期《云南》杂志中登载的相关文章内容。2011年，原告著作《晚清留日学生与云南近代化》一书由云南大学出版社出版。被告王丽云现为云南红河学院教师，于2013年撰写完成《留学生与云南近代化》一书，2013年10月该书由云南人民出版社出版发行，印数为500册，定价36元，在昆明市内清华书屋和新知图书城有售。书内容中包含晚清留日学生的相关情况和史实，尤在第一章中有关留日学生的情况占主要篇幅，而留学其他国家和国内学生的情况内容较少。该书引用过原告所著的《晚清留日学生与云南近代化》一书及博士研究生论文《晚清留日学生与云南近代化》的内容。被告称原告论文内容是其学生到云南大学图书馆借阅复印后得到的，该论文封面上密级处记载为“公开”。该书同样引用了包括《云南》杂志登载的文章在内的诸多史料文献。

【判决结果】 云南省昆明市中级人民法院一审认为，《著作权法》对以创作为表征的学术研究行为具有规范力。保护作品著作权的方式是对其中的独创性表达给予排他性保护，而独创性表达的标的可以是作品的整体，也可以是作品的局部内容。学术研究的品格价值当下尤为重要，社会公众对其怀有很高的期待和信赖，要求研究者坚守学术的精神追求和道德观念，为社会共同价值观和行为秩序的形成给予上位性的引领和维护。评判学术研究成果的独创性应参循独立研究的规律与价值。史学研究中，搜集、掌握并在论著里引用恰当的史料文献本身极具学术价值，若作者再在引文选择、编排、删略、转译以及解读、归纳、评述、增加连接表达用语方面附加显见的个性化表达者，应当认定具备独创性，受著作权保护；照搬他人独创性引文不属于自由使用公共信息行为，应属学术不端，且构成侵权。对业已无法消除侵权内容再以合法形态存在的作品，应当判决禁令，以根除其向社会传播的错误信息。综上，判决王丽云停止侵权行为，收回在销售渠道内的图书，并不得再发行该图书；赔偿周立英经济损失，即为制止侵权支出的合理费用共计人民币6 000元。

【典型意义】 知识产权以财产权属性为显见，法律制度的订立和实施聚焦于促进创新、提升效益、规范竞争、平衡经济主体间的利益上，而人对知识、思想的追求及其中蕴含的人文与社会价值受到忽视。知识创造除了产出具有实用价值的产品之外，其形塑社会共同追求和道德观念的品格价值同样重要，学术研究正是二者兼顾，是集中代表了人类理性和理想的知识创造行为，因此公众对学术品格怀有极高的期待和信赖。但近年来，层出不穷的学术不端事件深层地影响或颠覆了公众对社会价值的评判，而法律在其中并没有发出令人期待和满意的正义之声，法律在重要社会关系失衡时的缺位令人叹息。《著作权法》并非版权之法可以概括，其名称和规则中包含了丰富的创作者人身权益内容，这为调整和规范学术研究行为及其作品化的成果预留了制度空间。此案中，法官敢于担负其责，积极又审慎地介入了这一非典型的、简单无争议的学术作品“剽窃”纠纷，通过审判过程和判决书说理，力图改变法律缺位的状况，发出维护独立研究的明确宣言，直接指引学术规范。法官在深入了解史学研究的规律和价值的基础上，认识到引用史料文献本身就具有学术价值，凝聚了研究者的辛勤劳动，体现了研究者的学术水平，而个性化表达元素融入到引文之中，则进一步提升了学术的创新性，若不给予独创性保护，无疑是对诚实、独立的学术研究精神的背离，间接助长学术不正之风。判决遂以扎实的事实分析驳斥了被告“按图索骥”，造成“巧合”的不实辩辞，认定原告作品中十例引文具备独创性，被告照搬使用于相似主题的论著中构成剽窃。因学术不端行为向社会传播的错误信息造成的负面效应较大，故判决在要求被告赔偿原告经济损失之外，还判令被告不得继续发行含有侵权内容的图书，并且限期将已经进入销售渠道的图书召回。本案一审宣判后，被告服判，并积极履行了各项判决义务，可以看出其认识观念因此得到了切实的修正。

十二、翁存兴侵犯著作权罪案［福建省福州市鼓楼区人民法院（2014）鼓刑初字第461号刑事判决］

【案情摘要】 2011年8月起，被告人翁存兴破解“美国通用电气公司”“北京三维力控科技有限公司”等多家公司的享有著作权的工业控制软件，将其复制、刻录成软件光盘，并制造出上述工业控制软件的加密锁。之后，被告人委托章定元（另案处理）印刷上述各工业控制软件的外包装，并在被告人家中进行加工包装。再通过被告人以“张恒”的名义在淘宝网上开设的“多进宝”网店通过快递方式将上述盗版软件发往全国各地予以销售。经查阅并统计被告人开设的上述网店所绑定的支付宝账户及资金结算的银行账户，销售盗版软件收取货款共计人民币20万余元。

【判决结果】 福州市鼓楼区人民法院一审认为，被告人翁存兴以营利为目的，未经著作权人许可复制发行其享有著作权的计算机软件，非法经营数额达20万余元，情节严重，其行为侵犯了著作权人的著作权，已构成侵犯著作权罪，依法应予以惩处。公诉机关指控被告人犯罪的事实清楚，证据确实、充分，但指控被告人犯假冒注册商标罪的罪名不当。故对公诉机关的相关指控，依法应予以纠正。被告人到案后如实供述自己罪行，根据《中华人民共和国刑法》第六十七条第三款之规定，可以从轻处罚。被告人当庭认罪，认罪态度好，且系初犯，可以酌情从轻处罚。综上，根据被告人的犯罪情节和悔罪表现，对其适用缓刑确实不致再危害社会，故对被告人宣告缓刑。依法判处被告人翁存兴犯侵犯著作权罪，判处有期徒刑2年缓刑2年，并处罚金人民币11万元，扣押在案的盗版软件予以销毁；作案工具予以没收，上缴国库。

【典型意义】 本案被告人的行为“貌似”系未经注册商标所有人许可，在同一种商品上使用与其注册商标相同的商标，且情节严重。但事实上，被告人首先破解被害人公司的工业控制软件，制造出加密锁。再从被害人公司的官网上下载被侵权软件的安装程序，将其复制到光盘，与加密锁配套进行销售。事实上，软件销售公司的官网上，对于软件的安装程序都是公开以供使用人下载的。但要使用软件，就必须获得授权许可文件即购买“序列号”。被告人破解软件，重新“制造”出序列号，将序列号写入加密锁，进行销售。故，本案被告人的行为实际上就是《最高人民法院、最高人民检察院关于办理侵犯知识产权刑事案件具体应用法律若干问题的解释》第十一条第二款规定的未经软件著作权人许可擅自伪造授权许可文件而对软件进行使用的行为。而被告人伪造注册商标仅系其实现犯罪目的的手段。本案对在侵犯知识产权犯罪案件的审理中如何“透过现象看本质”，正确区分“此罪”与“彼罪”起到了很好的示范作用。

十三、暴雪娱乐有限公司、上海网之易网络科技发展有限公司诉成都七游科技有限公司等著作权侵权及不正当竞争纠纷诉中禁令案［广州知识产权法院（2015）粤知法著民初字第2-1号、（2015）粤知法商民初字第2-1号民事裁定］

【案情摘要】 原告暴雪娱乐公司是《魔兽世界》系列游戏的著作权人，原告网之易公司是该游戏在中国大陆地区的独家运营商。两原告认为，被告七游公司开发、被告分播时代公司独家运营、被告动景公司提供下载的被诉游戏《全民魔兽》（原名《酋长萨尔》）侵害了其美术作品著作权，被告分播时代公司同时构成擅自使用原告知名游戏特有名称、装潢及虚假宣传的不正当竞争行为。两原告在起诉的同时提出禁令申请，请求法院立即禁止三被告停止被诉侵权行为，并提供了1 000万元的等值现金担保。

【判决结果】 广州知识产权法院认为，法院决定是否颁发禁令，应当审查原告胜诉可能性及原告是否受到难以弥补损害。被诉游戏的上线势必挤占原告新推游戏的市场份额。而且网络游戏具有生命周期短，传播速度快、范围广的特点，给原告造成的损害难以计算和量化。被诉游戏采用低俗营销方式也会给原告商誉带来损害。禁令的效力维持至案件实体判决生效日止，禁令期间不影响为被诉游戏玩家提供余额查询及退费等服务。综上，在组织双方听证后做出裁定，禁止被告七游公司复制、发行及通过信息网络传播被诉游戏，禁止被告分播时代公司复制、发行、通过信息网络传播被诉游戏和实施涉案不正当竞争行为，禁止被告动景公司通过其官网传播被诉游戏。禁令效力维持至本案判决生效日止，禁令期间不影响为该游戏玩家提供余额查询及退费等服务。禁令做出后，被告七游公司和被告动景公司自动履行了裁定，被告分播时代公司在法院督促和释明后亦履行了裁定。被告七游公司和被告分播时代公司后以听证时相同的理由对禁令裁定提起复议，审理法院依法予以驳回。

【典型意义】 本案严格遵循禁令的程序要求，严格审查禁令的实体要件，整个过程规范、合法。为保证禁令“积极慎重，合理有效”，法院在收到权利人禁令申请后，立即启动听证程序，明确告知双方当事人将就禁令问题进行听证。听证由合议庭全庭法官主持，要求当事人围绕以下禁令审查要件进行充分举证和发表意见：(1) 原告胜诉的可能性；(2) 被诉侵权行为持续是否给原告造成难以弥补的损害；(3) 颁发禁令给被告造成的损害是否远远大于不颁发禁令给原告造成的损害；(4) 颁发禁令是否损害社会公众利益；(5) 原告担保数额如何确定。禁令颁发后，部分被告自动履行了裁定义务，部分被告经本院督促后也履行了裁定义务，保证了禁令的顺利执行，维护了法律的尊严和司法的权威，实现了较好的法律效果。同时，裁定特别要求被告在禁令期间应继续为游戏玩家提供余额查询及退费等服务，体现了对游戏玩家利益的考虑。相关公众及业内人士也对本案禁令的颁发持正面评价，实现了较好的社会效果。本案是广州知识产权法院成立以来颁发的第一个禁令，充分彰显了法院加强知识产权司法保护的决心。

（撰稿：案例一至五，李嵘；案例六至九，马秀荣；案例十至十三，王晨。）

2015年度打击侵权盗版十大案件

一、北京金图创联国际科技有限公司侵犯信息网络传播权案

2015年6月，北京市文化市场行政执法总队根据权利人投诉，依法对北京金图创联国际科技有限公司涉嫌侵犯著作权案进行调查。经查，该公司未经权利人许可，故意删除、改变通过信息网络向公众提供的作品的权利管理电子信息，并通过信息网络向公众提供明知或应知未经权利人许可而被删除、改变权利管理信息的作品，违法经营额6.3万元，违法所得2.82万元。

依据《信息网络传播权保护条例》第十八条、《著作权法》第五十三条的规定，北京市文化市场行政执法总队于2015年9月21日做出行政处罚：没收违法所得人民币2.82万元，罚款人民币12.6万元。

二、广东“DJ020网”侵犯音乐作品著作权案

2014年12月，广东省广州市文化市场综合行政执法总队根据群众举报，依法对“DJ020网”涉嫌侵犯信息网络传播权案进行调查。经查，莫某某开设“DJ020网”，向公众提供未经授权的音乐作品达62 286首，且会员数量众多，仅2015年两个月内，在线支付的订单总金额为6 240元，等待付款的订单总金额达257 547.48元。

依据《信息网络传播权保护条例》第十八条等规定，广东省广州市文化市场综合行政执法总队于2015年6月29日做出行政处罚：没收网络服务器，没收违法所得人民币6 240元，罚款人民币131.893 7万元，并依法移交公安机关追究其刑事责任。

三、北京天盈九州网络技术有限公司侵犯文字作品著作权案

2015年6月，国家版权局根据权利人投诉，依法对北京天盈九州网络技术有限公司涉嫌侵犯文字作品著作权案进行调查。经查，该公司未经权利人许可，通过其运营的凤凰网以及苹果智能移动客户端软件“军事秘录合集”和“凤凰开卷”传播《中越战争秘录》一书，传播范围广，持续时间长，点击数量大，且系反复侵权。

依据《著作权法》第四十八条，《著作权法实施条例》第三十六、三十七条，《信息网络传播权保护条例》第十八条等规定，国家版权局于2015年10月10日做出行政处罚：罚款人民币25万元。

四、“人人影视网”侵犯影视作品著作权案

2014年11月，湖南省版权局根据权利人投诉，依法对“人人影视网”涉嫌侵犯著作权案立案调查。经查，网站域名所有人和负责人刘某未经著作权人授权，组织他人将包括《地心引力》在内的467部影视作品的对白上传至网站，供用户浏览、下载和使用。

依据《著作权法》第四十八条、《信息网络传播权保护条例》第十八条、《著作权法实施条例》第三十六条等规定，湖南省版权局于2015年7月10日做出行政处罚：罚款5万元；没收主要用于侵权的服务器1台。案发后，刘某主动关闭了涉案网站。

五、安徽蒋某等销售盗版图书案

2015年2月，安徽省合肥市文化市场综合执法大队根据权利人投诉，依法对蒋某等涉嫌销售音乐类盗版图书案进行调查。经对蒋某开设的5家琴行进行全面检查，确定蒋某擅自从事出版物发行业务，其经营的图书中有31种、262本钢琴考级教程侵犯了上海音乐出版社的著作权。

依据《著作权法》第四十八条、《著作权法实施条例》第三十六条等规定，安徽省合肥市文化广电新闻出版局于2015年4月30日做出行政处罚：没收盗版图书，罚款人民币16.5万元。

六、河北张某某等印制盗版图书案

2014年10月，河北省保定市版权行政执法部门会同新市区公安部门依法对张某某等涉嫌印制盗版图书案进行调查。经查，张某某等4人未经著作权人许可，自2014年4月起印制盗版图书，各人分别负责运输、组织工人等环节。专案组现场查获盗版图书29种共计67 752册，涉及商务印书馆等9个出版社，涉案码洋5 726 704元。

依据《刑法》第二百一十七条等规定，河北省保定市竞秀区人民法院于2015年12月1日做出刑事判决：张某某犯侵犯著作权罪，判处有期徒刑3年，并处罚金人民币300万元；朱某某犯侵犯著作权罪，判处有期徒刑1年，缓刑2年，并处罚金人民币280万元；王某某犯侵犯著作权罪，判处有期徒刑1年，缓刑2年，并处罚金人民币280万元；王某犯侵犯著作权罪，判处拘役6个月，缓刑1年，并处罚金人民币10万元。

七、山东“8·5”制售盗版光盘案

2013年11月，山东省淄博市版权部门会同公安部门依法对“8·5”制售盗版光盘案进行调查。经查：2013年4月至2014年2月，刘某某等未经著作权人许可，制作并通过网站及淘宝店销售33种侵权盗版音像制品，涉案金额达530余万元。

依据《刑法》第二百一十七条等规定，山东省淄博市高新区人民法院于2015年9月6日做出刑事判决：刘某某犯侵犯著作权罪，判处有期徒刑3年，并处罚金3万元；杨某、宋某犯侵犯著作权罪，分别判处有期徒刑1年6个月，缓刑2年，并处罚金1万元；孙某某犯侵犯著作权罪，判处有期徒刑1年，缓刑2年，并处罚金5 000元。

八、江苏“速酷电影网”侵犯影视作品著作权案

2014年，江苏省徐州市公安部门根据网络巡查线索，依法对“速酷电影网”涉嫌侵犯影视作品著作权案进行调查。经查，田某某于2010年5月开设“速酷电影”网站，自2011年7月起，田某某未经合一、乐视等著作权人许可，从互联网上采集上述公司的影视作品链接，通过“速酷电影”网站向公众传播，并在网页刊登广告收取广告费用，影视作品被点击数达1 694余万次，非法经营额122余万元。

依据《刑法》第二百一十七条等规定，江苏省徐州市中级人民法院于2015年2月4日做出刑事判决：田某某犯侵犯著作权罪，判处有期徒刑3年6个月，并处罚金70万元，违法所得114万元予以追缴。

九、浙江郑某等复制并通过网络销售盗版图书和软件案

2014年6月24日，浙江省杭州市版权部门会同公安部门根据权利人投诉，依法对郑某等复制并通过网络销售盗版图书和软件案进行调查。经查，2012年至2014年期间，郑某等人以营利为目的，未经权利人许可，通过淘宝网销售自行复制的注册会计师考试复习书籍和培训材料，郑某非法获利100余万元，王某某非法获利30余万元。

依据《刑法》第二百一十七条等规定，杭州市拱墅区人民法院于2015年11月3日做出刑事判决：郑某犯侵犯著作权罪，判处有期徒刑3年6个月，并处罚金人民币100万元；王某某犯侵犯著作权罪，判处有期徒刑2年10个月，并处罚金人民币30万元；郑某某犯侵犯著作权罪，判处有期徒刑2年，缓刑2年，并处罚金人民币2万元；王某犯侵犯著作权罪，判处有期徒刑1年6个月，缓刑2年，并处罚金人民币1.5万元；何某某犯侵犯著作权罪，判处有期徒刑10个月，缓刑1年，并处罚金人民币1万元。

十、四川“风云丝路网”侵犯著作权案

2015年3月，四川省成都市版权部门根据权利人投诉，对“风云丝路网”涉嫌侵犯《新丝路传说》网络游戏著作权案进行调查。因案件涉及金额较大，成都市版权部门依法将此案移送成都市公安部门调查。经查，2013年以来，邹某某等未经权利人许可，建立网站提供名为“风云丝路”的游戏私服，并出售游戏道具，非法获利120余万元。经鉴定，《风云丝路》私服游戏与《新丝路传说》游戏存在实质性相似。

依据《刑法》第二百一十七条等规定，四川省成都市青羊区人民法院于2015年12月29日做出刑事判决：邹某某、邹某犯侵犯著作权罪，分别判处有期徒刑3年，并处罚金15万元。

（以上案件由国家版权局于2016年4月26日公布）

部分省（区、市）公布的2015年度著作权典型案件

北 京

一、琼瑶诉于正侵害著作权纠纷案

案件详情，参见本栏目“2015年中国著作权司法保护典型案件四”（第365页）。

二、《红色娘子军》著作权侵权纠纷案

【简要案情】 1961年，上海天马电影制片厂根据梁信创作的电影文学剧本《红色娘子军》拍摄成同名电影并公映发行。1964年，中央芭蕾舞团将电影剧本改编为芭蕾舞剧《红色娘子军》并公演。1993年6月26日，梁信和中央芭蕾舞团依据1991年6月实施的《著作权法》订立了一份协议书，协议书中确认了芭蕾舞剧《红色娘子军》系根据梁信的电影文学剧本《红色娘子军》改编而成，并认同了当年改编过程中得到了梁信的应允和帮助。梁信认为，根据当时的法律规定，著作权许可使用合同的有效期不超过十年，故该协议应于2003年6月期满失效。为此，梁信诉请法院要求判令中央芭蕾舞团停止侵权，即在未经另行许可的情况下，不得演出根据其作品改编的芭蕾舞剧《红色娘子军》；公开赔礼道歉；赔偿经济损失50万元及律师费5万元。

一审法院认为：中央芭蕾舞团1964年将梁信的电影文学剧本《红色娘子军》改编为芭蕾舞剧时，得到了梁信的许可，虽然这种许可没有书面形式，但结合现有证据可以认定著作权许可使用合同有效；1993年6月，双方签订的协议书不属作品许可使用合同，而是双方就表演者表演改编作品给付原作者报酬的约定；2003年6月以后，中央芭蕾舞团持续演出芭蕾舞剧《红色娘子军》不构成未经许可使用侵犯梁信著作权，但应依法向梁信支付相应的表演改编作品报酬，对梁信由此而产生的经济损失予以一定的赔偿。关于署名权问题，中央芭蕾舞团在其官方网站介绍涉案剧目《红色娘子军》时，出现未给梁信署名的情况，构成对梁信署名权的侵犯，应当予以赔礼道歉。据此，判决：中央芭蕾舞团赔偿梁信经济损失及诉讼合理支出共12万元；向梁信书面赔礼道歉。一审判决后，原、被告均提起上诉。二审法院维持原判。

【点　评】 本案中，法院结合特定的政治、法律和社会环境，对著作权法颁布实施之前的特定历史时期，作者对于他人改编其作品的应允和帮助是否构成事实上的许可行为，以及对著作权法实施后，双方签订的协议是许可使用合同还是演出报酬约定的性质等问题进行了全面辨析。本案的裁判，既严格遵守著作权法的立法精神，同时又考虑到了特定历史时期的政治、文化因素，对于红色艺术经典作品芭蕾舞剧《红色娘子军》改编权、表演权的许可行为进行了全面分析并做出认定，取得了良好的法律效果与社会效果，对于今后类似红色艺术经典作品著作权纠纷的处理具有借鉴和参考意义。

三、“超级MT”著作权侵权及不正当竞争案

【简要案情】 乐动卓越公司是移动终端游戏《我叫MT on line》《我叫MT 2》（统称《我叫MT》）的著作权人。前述游戏改编自系列3D动漫《我叫MT》。乐动卓越公司对游戏名称、人物名称享有独占被许可使用权，对人物形象享有美术作品的著作权。乐动卓越公司认为三被告昆仑乐享公司、昆仑在线公司、昆仑万维公司未经其许可，在《超级MT》游戏中使用与《我叫MT》游戏名称、人物名称、人物形象相近的名称和人物，侵犯了乐动卓越公司的著作权。而且，三被告在《超级MT》游戏中抄袭了《我叫MT》游戏的名称，且两游戏的人物名称也十分相似。在游戏的宣传过程中，使用与《我叫MT》游戏相关的宣传用语。三被告的行为已构成不正当竞争行为，违反《反不正当竞争法》第五条第（二）项、第九条第一款的规定。

法院认为：由于涉案游戏名称和游戏人物名称不构成作品，且被诉游戏亦未使用乐动卓越公司在其改编作品中的独创性表达，故三被告的行为未侵犯乐动卓越公司的著作权；乐动卓越公司的游戏名称及人物名称构成手机游戏类服务上的特有名称，三被告在明知的情况下提供被诉游戏的下载及宣传，构成擅自使用原告知名服务特有名称的行为。昆仑乐享公司、昆仑在线公司、昆仑万维公司宣传的内容并非客观事实，构成虚假宣传行为。据此，法院判决：三被告停止不正当竞争行为；三被告连带赔偿经济损失和合理支出535 000元。

【点　评】 作为新兴文化产业的分支，移动终端游戏是文化与科技融合的产物，具有巨大的发展

空间和市场前景，受到了广泛关注。本案即是一起涉及移动终端游戏的著作权侵权及不正当竞争纠纷。被控侵权游戏《超级MT》在游戏名称、人物名称、游戏的宣传、APP头像等多方面均存在与《我叫MT》游戏靠近的情形，导致本案的事实细碎且复杂，涉及的法律问题繁多且疑难。本案对移动终端游戏著作权权属证明责任的分配、游戏名称及人物名称等简短词组能否构成文字作品、改编作品的著作权保护、存在瑕疵的公证书效力的认定、移动终端游戏名称是否能够构成知名商品特有名称、虚假宣传行为的认定等诸多法律问题，均做了详尽、细致的分析阐述。在民事责任承担上，充分考虑了权利游戏的市场份额、被控侵权人的主观过错等因素，最大程度上保护了游戏权利人的利益。本案明确了对移动终端游戏知识产权法律保护的思路和方向，对通过司法保护推动移动终端游戏产业的健康有序发展，起到了重要影响和示范作用。

四、旅游卫视台标著作权侵权纠纷案

【简要案情】 爱美德公司在其生产销售的旅行箱产品上将与旅游卫视台标十分近似的图标作为商标使用，并在京东公司平台上销售。旅游卫视认为二被告的行为侵犯了其对台标享有的著作权，起诉要求二被告停止侵权并要求爱美德公司赔偿经济损失、合理开支200万元。

爱美德公司为证明其使用的商标是其独立设计且使用在先，提交了数十份证据。法院在审理中发现：多份销售合同所载的多个联系电话在合同载明的签订日期尚未启用或尚未由七位升位至八位，明显有悖常理。爱美德公司亦认可部分合同日期存在倒签的情况。在上述问题被发现后，爱美德公司又提交了全国皮革工业标准化技术委员会及国家皮革制品质量监督检验中心出具的证明。该证明称：2003年爱美德公司的箱包产品曾在国家皮革制品质量监督检验中心进行检验，现保存有一只带有涉案图标的箱包样品在该中心仓库。该时间早于旅游卫视启用台标的时间。法院赴两协会进行了调查，全国皮革工业标准化技术委员会秘书长赵某及国家皮革制品质量监督检验中心副主任田某均坚称上述箱包确系2003年检验后存于检验中心仓库。但法院在勘验该箱包时发现，该箱包的隐蔽部位印有的涉案商标标注有“®”，而爱美德公司涉案商标申请注册、获准注册的年份分别为2005年和2008年。在后续调查中，田某向法院坦白，称其所作证言系受赵某教唆，涉案箱包实为赵某2014年才交由其中心放进仓库的，该中心经办人到庭予以证实。

法院认为：爱美德公司提交的为证明其就涉案商标使用在先的数十份证据均不能予以采信，爱美德公司侵犯了旅游卫视台标的著作权。综合考虑涉案台标的独创性程度及知名度、爱美德公司对台标的使用方式、使用持续时间、公司规模等因素，爱美德公司因侵权行为获利巨大，判决其停止侵权并赔偿经济损失200万元。同时，一审法院认定爱美德公司提交的上述多份关键证据系虚假证据，全国皮革工业标准化技术委员会出具虚假证言，上述行为情节较为恶劣，严重妨碍民事诉讼，对上述两单位分别罚款100万元和10万元，并对全国皮革工业标准化技术委员会的直接责任人员赵某予以罚款1万元。

【点　评】 依法严惩不诚信诉讼行为是加强知识产权司法保护的应有之义。本案系新民事诉讼法实施后，北京法院对不诚信当事人首起顶格罚款的案件，也是全国单起案件罚款总额最高的案件。本案被告爱美德公司提交多份关键虚假证据，且在其在先证据被发现系伪造后继续变本加厉提交虚假证据及证言，上述证据如未被发现系伪造，极有可能导致原被告利益出现重大反转。上述行为干扰诉讼秩序、浪费司法资源、损害对方当事人权益、无视司法权威，由此法院对其处以最高额100万元的罚款。全国皮革工业标准化技术委员会作为一个全国性的行业组织，在签订诚信诉讼保证书后为与其有业务往来的爱美德公司出具虚假证据及证言，严重干扰司法秩序，故法院对该委员会处以10万元罚款；赵某系代表该委员会伪造上述证据、出具虚假证言的直接责任人员，应当就其违法行为承担相应的责任，故法院对其处以1万元罚款。

五、销售计算机软件加密锁侵犯著作权罪案

【简要案情】 被害人广联达公司为软件开发公司，其公司官网向公众免费提供正版软件的下载，使用者下载软件后，需从广联达公司购买软件加密锁方能正常使用。自2013年4月起，被告人霍红伟身为安阳伟杰电子商务有限公司法定代表人及实际负责人，雇用被告人吴素梅、段玉亭、郝丽蒙、申玲、刘奕斐，未经著作权人许可，利用互联网销售广联达公司享有著作权的软件的加密锁和软件破解驱动程序，以达到销售广联达公司享有著作权的软件的实质目的，非法经营数额为274 944元。被告人刘奕斐于2013年6月起参与上述犯罪，非法经营数额为189 436元。2013年10月28日，被告人霍红伟、吴素梅、段玉亭、郝丽蒙、申玲、刘奕斐被公安机关抓获归案。到案后，被告人霍红伟向广联达公司支付赔偿金50万元，广联达公司对其表示谅解。

法院认为：被告人霍红伟、吴素梅、段玉亭、郝丽蒙、申玲、刘奕斐身为安阳伟杰电子商务有限公司直接负责的主管人员或直接责任人员，以营利为目的，未经著作权人许可，以公司名义发行他人享有著作权的计算机软件，侵犯他人著作权，其中霍红伟、吴素梅、段玉亭、郝丽蒙、申玲的行为情节特别严重，刘奕斐的行为情节严重，其行为均已构成侵犯著作权罪，应予惩处，公诉机关指控罪名成立。对于被告人霍红伟及其辩护人关于应以销售侵权复制品罪追究被告人霍红伟的刑事责任的辩护意见，在案证据显示，被告人通过销售广联达公司软件加密锁和软件破解驱动程序，达到销售广联达公司享有著作权的计算机软件的目的，实质为发行他人作品之行为，符合侵犯著作权罪的犯罪构成，应认定为侵犯著作权罪，故对以上辩护意见不予采纳。

【点　评】 当前计算机软件的侵权模式主要表现为：通过销售加密锁来销售软件，控制软件的供应和使用渠道获取对价收入。盗版加密锁的功能和目的是使他人正常使用正版软件，实际上是利用盗版加密锁绕开著作权人的技术保护措施，实质受侵害的客体是软件的著作权。本案中，被告人销售的盗版加密锁与正版加密锁的内容不同，盗版加密锁是先解锁再写锁，通过重新编码等技术手段替代性地实现了正版加密锁的加密、解密功能。判定涉案行为是否属侵犯著作权行为，要结合计算机软件的侵权模式，从行为实质上对“发行”内涵进行认定。本案被告人通过销售重新编写的加密程序，修改并解除正版软件的加密程序，变相销售他人享有著作权的软件作品，故应认定为刑法上的“发行”行为，构成侵犯著作权罪。本案是典型的新型计算机软件侵权犯罪案件，在犯罪认定过程中突破原有“作品发行”之内涵，锁定犯罪行为本质，在犯罪对象和侵权方式方面均有一定的代表性。

天　津

一、深圳市盟世奇商贸有限公司诉天津市宁河县泽安商贸有限公司侵犯著作权纠纷上诉案

案件详情，参见本栏目“2015 年中国著作权司法保护典型案件一”（第 363 页）。

二、邹起奎诉浙江淘宝网络有限公司、唐裕华侵害作品署名权、复制权、信息网络传播权纠纷案

【简要案情】 邹起奎系天津杨柳青画社画家，系毛泽东主席标准像作者，先后出版多部美术作品。香港凤凰书品文化出版有限公司出版《邹起奎画集》，其中包括三幅涉案作品，即周恩来画像、巴达维画像和李显龙画像。上述作品均有邹起奎签名及创作时间，邹起奎系上述作品的著作权人。唐裕华系浙江淘宝网络有限公司（以下简称淘宝公司）开办的淘宝网的卖家，在淘宝网经营“北京祥红云天书画院”，并在该店铺中标价售卖周恩来、巴达维、李显龙画像，其商品描述中注明“邹起奎”。截至邹起奎 2014 年 7 月 31 日进行证据保全时止，唐裕华的网络店铺被诉侵权作品的销售记录为零。2014 年 9 月 1 日，邹起奎致函淘宝公司，要求提供包括“北京祥红云天书画院”在内的涉嫌侵害邹起奎著作权的 13 家网络店铺的相关信息，淘宝公司将上述卖家信息反馈邹起奎，并删除了相关网页链接。邹起奎提起诉讼，请求唐裕华及淘宝公司立即停止侵权、赔偿经济损失。

法院认为，经比对，《邹起奎画集》中的原作品与被诉侵权作品构图及表现内容基本一致，且被诉侵权作品的商品介绍中已标明“邹起奎”，能够认定唐裕华在淘宝网站上标价售卖的被诉侵权作品为邹起奎作品的复制品。未经著作权人邹起奎同意，唐裕华在网络上公开销售邹起奎作品的复制品，侵害了著作权人的复制权和信息网络传播权，应承担相应的侵权责任，但唐裕华在商品介绍中已注明“邹起奎”，未以他人名义署名作品，不存在侵害邹起奎署名权的行为，故认定唐裕华侵害了邹起奎享有的作品复制权和信息网络传播权。淘宝公司提交公证书证明已主动删除淘宝网上相关链接，履行了其对网站的管理义务，淘宝公司不承担赔偿责任。故，判决唐裕华赔偿邹起奎经济损失及维权合理费用共计 45 000 元。

【点　评】 本案涉及知名画家美术作品在大型电商网络遭遇侵权问题。在当前电商平台迭起，网络卖家渠道多样，产品真假难辨的电子商务环境中，法不责众的从众心理和快餐式消费理念，冲淡了销售者和消费者的法律意识，使得侵害著作权、商标权等知识产权的销售行为充斥网络。作为自然人卖家，往往并非侵权产品的制造者，但对于产品是否具有合法来源的关注较为淡漠，不注重进货渠道证据的保存，要么没有证据证明，要么证据内容含糊不清，证明力微弱，一旦产品涉嫌侵权，缺乏有效抗辩的证据，造成被动局面，将要面临承担高额赔偿的风险。数以万计的淘宝自然人卖家，应以本案为鉴，既要保证合法经营，又要提高法律意识，注意防范侵权风险。此外，淘宝公司作为大型电商网络的经营者，面对淘宝网卖家、消费者、相关权利人以及其自身共求生存和发展的利益平衡，能够积极回应他人维权需求，并通过公证形式对自己履行了管理职责进行证据保全，维护自身合法权益和诚信度，为当前信息网络或实体市场经营管理者提供了借鉴。

河　北

一、艾影（上海）商贸有限公司诉秦皇岛润秦房地产开发有限公司、北京国华置业有限公司侵害著作财产权纠纷案

【简要案情】　艾影（上海）商贸有限公司经授权在中国大陆享有“哆啦A梦”形象的著作权权益，及对涉及“哆啦A梦”形象侵犯行为进行诉讼等权利。2014年8月，艾影（上海）商贸有限公司发现两被告秦皇岛润秦房地产开发有限公司、北京国华置业有限公司共同经营、管理的秦皇岛华茂公园郡项目楼盘在售楼处（秦皇岛北戴河滨海大道与联峰北路交汇处）大量使用“哆啦A梦”形象用于商业活动，侵害了其著作财产权。为此，艾影（上海）商贸有限公司依据《著作权法》及相关法律规定，请求法院依法判令两被告立即停止侵权行为，共同赔偿其经济损失及维权费用等50万元。

法院经审理认为：秦皇岛润秦房地产开发有限公司未经著作权人的许可在楼盘营销活动中公开陈列、摆放数十个表情、动作各异的“哆啦A梦”模型，供公众观赏、合影，上述模型所使用的卡通形象造型与原告主张保护的卡通形象造型构成实质性相似。秦皇岛润秦房地产开发有限公司的行为构成侵权，应当承担停止侵害、消除影响、赔偿损失等民事责任。法院考虑到秦皇岛润秦房地产开发有限公司在其宣传过程中摆放的“哆啦A梦”卡通形象造型有100个之多，侵权规模较大，近两个月之久，时间也较长，及艾影（上海）商贸有限公司为本案诉讼，在立案、审理阶段多次赴秦皇岛市发生的合理费用，还有公证费用、律师费用等因素，酌定秦皇岛润秦房地产开发有限公司应当赔偿经济损失及合理维权费用共计15万元较为合适。

【点　评】　该案的典型意义在于，根据《著作权法》的规定，外国人、无国籍人的作品根据作者所属国或者经常居住地国同中国签署的协议或者共同参加的国际条约享有的著作权，受本法保护。涉案的“哆啦A梦”属于日本艺术家的作品，中国与日本均为《伯尔尼保护文学和艺术作品公约》的成员国，日本公民的作品也受我国著作权法保护，使用外国的文艺作品、文学作品、卡通形象等，也应当获得国外著作权人的许可或者授权。

二、霍荣会诉刘某、华艺出版社、左某、孟某侵害著作权纠纷案

【简要案情】　原告霍荣会诉称，《高中英语语法表解大全》一书由原告于2004年独立完成，并进行了版权登记，由中央编译出版社出版发行。2011年9月，石家庄市版权局在执法过程中，在被告刘某处查获涉嫌侵权图书《高中英语语法精典》，该批图书从孟某处购得，由华艺出版社出版，左某担任总策划。《高中英语语法精典》在编排体例和具体内容的讲解方面与原告所著的《高中英语语法表解大全》相同，属于盗版图书。请求判令四被告立即停止侵犯原告《高中英语语法表解大全》一书的著作权的行为，赔偿原告经济损失30万元，并承担本案诉讼费用。

法院经审理认为：霍荣会提交了证据用于证明其拥有《高中英语语法表解大全》的著作权，在本案中，如何讲解知识点、列举例句并辅以相应的高考真题予以练习需要付出相应的智力劳动，因此霍荣会就上述内容具有独创性，应受著作权法的保护。经当庭对涉案两本书籍的比对，《高中英语语法精典》全书20个章节中有11个章节的专题表解部分（包括讲解部分和例句部分）均与霍荣会编写的《高中英语语法表解大全》相应部分的内容一致，只是章节排列顺序不同，考虑到两书的出版时间，《高中英语语法精典》属于对《高中英语语法表解大全》的抄袭，构成侵权。在本案中，霍荣会主张四被告构成侵权的理由和依据各不相同，因此应当分别认定。华艺出版社是涉案侵权书籍载明的出版商，应有审查出版内容的合理注意义务，是否尽到合理注意义务的情况也应由其承担举证责任，华艺出版社未提交其尽到合理注意义务的证据，因此应承担相应的侵权责任。左某是作为该书的总策划在封面上署名，其有义务对该书的内容进行审查，但其未提交尽到审查义务的证据，因此应认定其构成侵权。刘某作为涉案侵权书籍《高中英语语法精典》的销售者，其销售行为有石家庄市版权局石版罚字（2011）第2号《扣留（封存）财务通知书》证明，应认定其构成侵权。霍荣会主张孟某是涉案侵权书籍《高中英语语法精典》的销售商的证据不足，孟某不构成侵权。综上，法院认为酌定华艺出版社、左某连带赔偿霍荣会经济损失人民币20万元（含合理维权费用），刘某赔偿霍荣会经济损失人民币

5 000 元（含合理维权费用）较为妥当。至于霍荣会要求赔礼道歉的诉讼请求，本案侵犯的主要是霍荣会的财产权利，并不涉及人身权利，因此在本案中判决赔礼道歉并无必要。

【点　评】　本案中原审原告霍荣会在河北省法院起诉了诸多案件，由于个案的情况差异，结果有所不同。在本案中，虽然如一审判决而言“语法知识部分属于教学大纲要求的中学英语语法的共同知识点，高考真题的著作权不属于原告”，但如何讲解知识点、列举例句并辅以相应的高考真题予以练习需要付出相应的智力劳动，因此二审法院认为霍荣会就上述内容具有独创性，应受著作权法的保护。另外，在本案中，对不同被告的行为也应分别认定，根据其不同的法律义务进行判定是否侵权，最后法院酌定被告赔偿 20 万元，体现了加大侵权赔偿力度，惩治侵权行为的司法导向。

吉　林

一、崔某诉广州市广天合传媒有限公司、中国南方航空集团公司等侵害著作权、隐私权纠纷案

【简要案情】　崔某于 1966 年写成家书一封，描绘了其在“文革”中的一些见闻、活动等内容。天涯杂志社未经崔某许可，于 1999 年在其出版的《天涯》杂志中刊载了该家书全文，且在家书尾部署名崔某。此后，广天合公司向时任天涯杂志社编辑林森联系约稿，并在于 2013 年 11 月其出版的《南方航空》杂志上刊载了署名谭军武的文章《书信：我们的汉字》，该文全文刊载了崔某的家书。南航集团网站 http://www.csair.cn 中，有部分板块由其委托广天合公司管理，并授权广天合公司上传资料、形成链接，在互联网上提供浏览和下载。该文章后经广天合公司上传至南航集团网站。

二审法院认为，家书的私密性人所共知，在天涯杂志社出版的刊物中所显示的书信作者与资料提供者显然不同，出版行业内的一般从业人员应当认识到该书信的发表行为并非由著作权人本人行使。广天合公司对此怠于审查，既未与资料提供者联系，又未与作者核实，便在其刊物上刊载该作品，主观上具有明显过错。且其对该作品全文引用，与其他内容混合编辑成为新的作品，不构成转载，不符合合理使用的要求。故此，判令广天合公司承担侵权责任。在该信息的网络传播过程当中，南航集团作为委托人，应对受托人的行为承担责任。其受托人广天合公司具有明显过错，侵害他人权益，南航集团作为委托人应当承担由该信息网络传播行为给他人造成的损害赔偿责任。同时，其作为信息的发布者，并不能以删除而主张免责。故此，判令南航集团承担侵害该作品信息网络传播权的责任。

【点　评】　在数码时代，信息传播更加便捷，但即便如此，也不意味着所有可以获知的信息都可自由使用。网络使用者和网络服务提供者在发布和使用信息时必须尊重该信息所涉及的相关主体的人身权和著作权等基本权利。

二、长春出版传媒集团有限责任公司诉吉林大学出版社有限责任公司、长春联合图书城有限公司著作权权属、侵犯著作权纠纷案

案件详情，参见本栏目“2015 年中国著作权司法保护典型案例二”（第 364 页）。

三、中国音像著作权集体管理协会与吉林市昌邑区名人音乐会所侵害作品放映权纠纷案

【简要案情】　中国音像著作权集体管理协会（以下简称音集协）先后与佛山市顺德区孔雀廊娱乐唱片有限公司等 7 家公司分别签订了《音像著作权授权合同》，约定音乐电视作品著作权人将其依法拥有的音像节目的放映权、复制权等权利托音集协管理，以便上述权利在其存续期间及合同有效期内完全由音集协行使。吉林市昌邑区名人音乐会所未经许可，在经营过程中放映了音集协获得授权的 203 首音乐电视作品。音集协遂向人民法院起诉，请求名人音乐会所承担侵权赔偿责任。

法院认为，涉案 203 首音乐电视作品属于以类似摄制电影的方法创作的作品，应受《著作权法》保护。音集协经过权利人授权，原告主体适格。名人音乐会所在未征得上述著作权人许可和未支付报酬的情况下，使用上述涉案音乐电视作品进行 KTV 经营活动，其行为已构成侵权，依法应当承担停止侵权、赔偿损失的民事责任。

【点　评】　利用免费音乐作品经营的时代已经过去。对此，KTV 经营者、商家要充分尊重音乐作品的著作权，不当使用要承担侵权赔偿责任。

黑　龙　江

“第九套广播体操”音像制品著作权侵权纠纷案

【简要案情】　2011 年 6 月 27 日，国家体育总局群众体育司与中国体育报业总社签订《第九套广播体操出版合同》，约定将第九套广播体操系列产品复制、出版、发行和信息网络传播权独家授予中国体育报业总社，中国体育报业总社独家拥有上述作

品的复制、出版、发行和网络信息传播等专有权利。2012年5月1日，中国体育报业总社的委托律师在哈尔滨某书店购买了包含第九套广播体操视频内容的涉案侵权音像制品，文字标明出版者为珠江电影制片公司某音像出版社（以下简称某出版社）。中国体育报业总社遂提起诉讼，请求判令：哈尔滨某书店、某出版社立即停止侵权行为；某出版社赔偿经济损失、在报纸上刊登启事、消除影响等。

法院经审理认为：中国体育报业总社提供了文字标注出版者为某出版社的被诉侵权音像制品，意在以此证明某出版社复制、出版、发行了被诉侵权出版物，实施了侵权行为，应承担侵权赔偿责任。但判断该证据能否足以证明中国体育报业总社的主张，还应结合涉案被诉侵权音像制品是否为合法出版物，其标明的文字信息是否真实等综合要素做出认定。在涉案被诉侵权音像制品为非法出版物，其标注的包括文字在内的信息的真实性无法确定的情形下，不能认定涉案侵权音像制品为某出版社出版、复制，亦不能认定其实施了被诉侵权行为。中国体育报业总社关于某出版社应承担侵权赔偿责任的诉讼请求证据不足。判决驳回中国体育报业总社对某出版社的诉讼请求。

【点　评】 本案涉及侵害著作权案件中对图书音像制品的出版发行者的认定问题。依《著作权法》规定，如无相反证明，在作品上署名的公民、法人或者其他组织为作者。司法实践中，对于被诉侵权图书音像制品的出版发行者的认定，同样适用这一原则，即：如无相反证明，在被诉侵权作品上署名的公民、法人或者其他组织推定为出版发行者，权利人无须另行举证证明该作品为署名者所出版发行。本案的典型意义在于明确，上述原则的适用需以该出版物为正规、合法出版物为前提，如依据出版物的书号、ISBN编码等信息足以确定该出版物为非法出版物，则不能仅依据出版物上的署名认定出版发行者。权利人对于被诉图书音像制品的出版发行者，仍需承担进一步的举证责任，否则将承担相应不利后果。本案裁判充分考虑了我国目前图书音像市场仍不规范，盗版现象仍一定程度存在的客观现实，较为公平合理地分配了双方的举证责任，具有一定的典型意义。

上　海

一、网络游戏侵害金庸作品著作权、不正当竞争纠纷案

【简要案情】 原告完美世界（北京）软件有限公司（以下简称完美世界公司）起诉称，其经金庸授权，有权将《射雕英雄传》《神雕侠侣》《倚天屠龙记》《笑傲江湖》改编成移动端游戏。被告上海野火网络科技有限公司（以下简称野火公司）开发运营了《六大门派》游戏，该游戏中使用了四部金庸小说中的元素，另外三被告福建博瑞网络科技有限公司（以下简称博瑞公司）、广州爱九游信息技术有限公司（以下简称爱九游公司）、福建游龙网络科技有限公司（以下简称游龙公司）提供游戏下载，共同构成侵权。故要求四被告停止侵权及不正当竞争行为，赔偿经济损失，在其网站上消除影响。被告野火公司网站中有内容为“飞雪连天射白鹿，笑书神侠倚碧鸳”等的新闻。四被告网站上提供涉案游戏的下载，原告下载了涉案《六大门派》游戏，对游戏过程进行了公证。经比对，《六大门派》游戏中的人物及人物关系、武功、情节等与《笑傲江湖》前七章基本相同。游戏中有《倚天屠龙记》中主要人物名字、人物关系及个别事件，并提及了《射雕英雄传》《神雕侠侣》中个别人物名字和关系。

上海市杨浦区人民法院经审理后认为，原告经查良镛（金庸）授权取得涉案四部作品在中国大陆的移动终端游戏改编权，并有权提起本案诉讼。《六大门派》游戏人物有令狐冲、岳不群、宁中则等，与文字作品前七章情节发展基本相同，构成对《笑傲江湖》的改编。被告野火公司糅合四部小说创作涉案游戏，同时以金庸小说中的元素对外宣传，抢夺原告的玩家群体，其行为构成不正当竞争。被告博瑞公司、爱九游公司、游龙公司已尽合理注意义务，不应承担赔偿责任。遂判决被告野火公司赔偿原告经济损失和合理费用500 000元，并就侵权行为消除影响。一审判决后，原告提起上诉，因未按规定预交上诉费，二审法院裁定按撤回上诉处理。

【点　评】 本案是一起典型的侵害作品改编权纠纷案件。游戏作品是否构成对文字作品的改编，关键在于游戏所展现的人物、人物关系、故事情节发展与文字作品是否构成实质性相似。本案判决明确，涉案《六大门派》游戏所展现的人物名称除同音字替换外，与《笑傲江湖》文字作品中的人物名称在呼叫上基本相同，游戏的人物关系、故事情节、细节处也与《笑傲江湖》相同，构成对《笑傲江湖》的改编。

国内手游用户已成为最大规模的游戏用户群体，但手游市场中山寨现象严重，不加以制止，容易对权利人以及用户造成权益上的损害。本案中法院通过涉案文字作品的知名度、涉案游戏运营时间及被

告对涉案作品的使用程度等因素确定赔偿额。

同时，本案判决从游戏与作品中展现的人物、关系、武功、情节等方面对侵害改编权进行认定、比对，对同类案件审理具有示范意义。

二、“乌龙”学习软件侵犯著作权罪案

【简要案情】 上海市徐汇区人民检察院指控称：乌龙公司系《乌龙学院》系列学习软件的著作权人，被告人汪洁系该公司前法定代表人。2012年2月，被告人汪洁及万臻组织策划成立家翊星公司，并招揽了乌龙公司的前员工和代理商，被告人金文兵、孙国龙、沈良君、黄文锋、娄波、安明浩进入该公司，复制《乌龙学苑3.0版》软件程序的大量文件，制成《家育星》软件，通过互联网运营，并以招揽代理商及向代理商出售该软件的点卡的方式获利。

经司法鉴定，《乌龙学苑3.0版》与《家育星》软件在服务器端程序及客户端程序上均存在实质性相似；经司法审计，2012年5月至同年12月期间，被告人以家翊星公司名义运营《家育星》软件获取的非法经营额为人民币1 060 273元。各被告人对鉴定结论存有异议，认为两款软件虽有相似，但并不构成实质性相似，从而不构成“复制”。

上海市徐汇区人民法院经审理认为：被告人汪洁、万臻在未经乌龙公司同意的情况下，指使被告人娄波、金文兵、孙国龙、沈良君、黄文锋、安明浩，通过复制乌龙公司享有著作权的《乌龙学苑3.0版》软件相关文件的方式，制成《家育星》软件并投入运营。经比对，该两款软件虽然并非完全一致，但文件相似度比例高，且《家育星》软件中出现了与《乌龙学苑3.0版》软件相同的个性化信息，结合案件其他主客观情况，可以认定两款软件主体结构、功能实质性相同，系实质性相似。故各被告人复制《乌龙学苑3.0版》软件制成《家育星》软件的行为构成刑法意义上的非法复制行为，应当以侵犯著作权罪定罪处罚。

据此，法院判决汪洁等8名被告人犯侵犯著作权罪，并分别判处有期徒刑3年至免予刑事处罚不等。上海市第一中级人民法院经审理后认为，一审判决认定事实清楚，证据确实充分，定罪准确，审判程序合法，故裁定驳回上诉，维持原判。

【点　评】 本案系一起员工跳槽后成立新公司窃取、复制原公司计算机软件，从而侵犯原公司计算机软件著作权的犯罪案件。

本案判决明确：对于计算机软件实质性相似的判断，应当根据行业惯例、软件特点，在排除公共文件、第三方文件的基础上，结合软件服务器端及客户端程序文件的相似度比例以及其他具体情况，进行综合判断。本案通过专家证人出庭作证的方式审理，解决了计算机软件程序软件比对中的技术难题，确定了软件的实质同一性，确定了各被告人的犯罪事实，从而有效打击了侵犯计算机软件著作权这一隐秘性极强的高科技犯罪。

本案判决是发挥司法审判职能作用，切实维护科技创新企业的相关知识产权权益，维护社会市场经济秩序的创新范例。

江　苏

一、非集体管理组织起诉卡拉OK经营者著作权侵权纠纷案

【简要案情】 深圳市声影网络科技有限公司（以下简称声影公司）经播种者公司授权对包括涉案54首音乐作品在内的239首音乐作品在大陆地区享有以自己名义对卡拉OK等公共娱乐场所经营者独家管理、发放使用许可、收取费用、提起诉讼等权利。声影公司主张无锡市侨声娱乐有限公司（以下简称侨声公司）在未征得其许可、未缴纳著作权使用费的情况下，以营利为目的在其经营场所内将声影公司被授权专辑中的54首音乐作品复制保存在其服务器内并以卡拉OK方式向客户提供点播服务，侵犯了声影公司的著作权。

法院认为：本案所涉作品权利经过了一系列的流转过程，声影公司并非涉案音乐作品词曲的著作权人，其系依据与播种者公司签订的《音像著作权授权合同》主张相关诉讼权利。在该合同中，播种者公司授权声影公司以自己名义对卡拉OK等公共娱乐场所经营者独家管理、发放使用许可、收取费用、提起诉讼的约定，与《著作权集体管理条例》第二条规定的著作权集体管理组织的管理活动在性质、内容等方面均无实质性差别。根据上述事实，声影公司以上述与他人签订的授权合同为依据对卡拉OK经营者进行收费管理并提起诉讼的行为，其实质是在行使著作权集体管理组织的相关职能及权利，违反了《著作权集体管理条例》关于除著作权集体管理组织外，任何组织和个人不得从事著作权集体管理活动的禁止性规定。据此，法院认为，在《著作权法》与《著作权集体管理条例》未赋予非集体管理组织与集体管理组织相同的法律地位和权利的情况下，声影公司对涉案音乐电视作品进行集体管理，并以自己的名义提起诉讼，没有法律依据，故判决驳回声影公司的诉讼请求。

【点　评】　近年来，涉及卡拉OK娱乐场所播放MTV音乐作品著作权纠纷，在案件审理中呈现出的情形相对复杂。其中，集体管理组织以外的第三方通过取得部分音乐作品著作权人的授权，以自己的名义对卡拉OK娱乐场所播放MTV音乐作品进行许可使用、收费、管理以及行使诉权。该经营模式的合法性问题一直存在较大争议。在本案的审理中，法院运用利益平衡原则，综合考量卡拉OK经营者、卡拉OK音乐作品著作权人、著作权集体管理组织、个体权利人等各方主体的利益关系，认为声影公司实质是在行使著作权集体管理组织的相关职能及权利，违反了《著作权集体管理条例》关于除著作权集体管理组织外，任何组织和个人不得从事著作权集体管理活动的禁止性规定。本案对于妥善解决卡拉OK音乐作品纠纷案件，促进集体管理规范发展具有积极意义。

二、涉Telnet远程取证著作权侵权纠纷案

【简要案情】　磊若软件公司（以下简称磊若公司）系一家美国公司，其系Serv-U FTP系列计算机软件的著作权人。

2012年9月5日，磊若公司的委托代理人在上海市东方公证处公证员的现场监督下，在公证处使用该处电脑上网进行下述操作：点击打开电脑桌面的“运行”项，在第二页页面“打开”右边的空格中输入“telnet www. geobyev. com 21”，然后点击“确定”按键，反馈结果显示有“220 Serv-U FTP Server v6. 4 for Winsock ready…”字样。查询ICP备案网站信息显示：涉案网站名称捷奥比电动车有限公司，网站首页网址www. geobyev. com，网站域名geobyev. com，主办单位捷奥比电动车有限公司。

2014年9月5日，磊若公司以捷奥比电动车有限公司（以下简称捷奥比公司）侵害其Serv-U v6. 4计算机软件著作权为由提起诉讼。

法院认为：磊若公司采取公证方式通过Telnet检测服务器的21端口得到了涉案服务器的反馈信息，该反馈信息具有较高的确定性，已经可以达到民事诉讼证据高度盖然性的证明标准，证明在21端口存在涉案软件服务。磊若公司已完成了初步举证，捷奥比公司主张不构成侵权，应由其提交服务器日志等相关证据进行反证，但捷奥比公司并未提交任何证据，仅是简单否认，故法院认定捷奥比公司侵犯了磊若公司涉案软件著作权，并判决：捷奥比公司立即停止侵权，赔偿磊若公司经济损失及合理费用。

【点　评】　近年来，通过Telnet命令远程取证的案件越来越多，对该取证方式的证明效力，各地法院在审判实践中认识并不统一，大部分法院对这类远程取证方式的证明效力予以认可，但也有判决认为使用Telnet远程取证及Telnet命令操作获得的反馈信息与待证事实之间的关联性不具有确定性、唯一性，不能达到当事人的证明目的。本案从技术分析入手，具体分析了通过Telnet远程取证，其证明效力可以达到民事诉讼对证据高度盖然性的要求。虽然确实存在不确定唯一的情形，但是依据“谁主张、谁举证”的原则，举证责任应由提出例外情形的当事人承担，若举证不能，则应承担相应的不利后果。

安　徽

安硕文教用品（上海）股份有限公司诉蚌埠市神龙笔业有限公司侵害著作权纠纷

【简要案情】　安硕文教用品（上海）股份有限公司（简称安硕公司）生产销售的“Marco马可”铅笔受到广大消费者的喜爱，经营范围遍布全国。安硕公司发现蚌埠市神龙笔业有限公司（简称神龙公司）生产、销售的铅笔产品外包装与自己作品构成近似，侵害其著作权，遂诉至蚌埠市禹会区人民法院，请求判令：（1）神龙公司停止侵犯其著作权；（2）赔偿其经济损失及合理费用15万元。

蚌埠市禹会区人民法院审理认为，涉案两种产品外包装相比较，被控侵权产品在整体构图及元素使用、色彩搭配等设计要点方面均与安硕公司作品中相应部分相同或近似，故可以认定被控产品外包装构成对涉案作品著作权的侵害。蚌埠市禹会区人民法院据此判决：神龙公司立即停止对安硕公司所享有的“产品外包装-8000E”产品设计图作品著作权的侵害；赔偿安硕公司经济损失4万元。一审判决后，双方当事人均未提起上诉。

山　东

济南华兴建筑设计有限责任公司诉山东华盛建筑设计研究院“工程设计图”著作权侵权案

【简要案情】　2009年10月，华兴公司与山东金田建设开发有限公司（简称金田公司）签订《建设工程设计合同》，华兴公司系金田公司负责开发的“济南国际商贸城”项目的设计者，对相关设计图享有著作权。华兴公司认为华盛设计院擅自复制使用上述设计图的行为侵害其著作权，请求法院判令华盛设计院停止使用上述设计图并赔偿经济损失。

法院经审理认为，华盛设计院的被诉侵权行为侵害了华兴公司对涉案作品享有的著作权，应当承担赔偿经济损失等民事责任。但是建筑工程设计图纸不同于其他作品，其具有用于特定工程建设施工之特定目的。而被诉侵权行为发生在涉案工程验收环节。如果判令华盛设计院停止使用被诉侵权图纸，将导致涉案工程陷入无法验收使用的现实困境，致使建设单位和业主等相关利益方遭受难以弥补的损害。所以，法院未判令华盛设计院在涉案建筑工程中停止使用被诉侵权图纸，但判令华盛设计院赔偿华兴公司经济损失35.2万元、华盛设计院今后不得在其他建筑工程中使用被诉侵权图纸。

【点　评】 本案是一起平衡知识产权与其他财产权益的创新型裁判案件。本案的裁判，既依法判令侵权人承担相应民事责任，又创造性地根据涉案作品的属性对符合作品设计用途的作品使用行为未予禁止；既依法保护了著作权人的合法权益，又避免了因著作权绝对保护而导致的相关利益失衡，合理平衡了著作权与其他财产权益之间的关系。

湖　南

上海美术电影制片厂诉湖南广播电视台卫视频道、湖南快乐阳光互动娱乐传媒有限公司著作权侵权纠纷案

【简要案情】 上海美术电影制片厂系美术电影《葫芦娃》的著作权人，享有《葫芦娃》中“葫芦娃”“蛇精”美术作品著作权。湖南卫视播放一档名为《百变大咖秀》的节目，该节目中的道具及表演人员通过化妆方式模仿的动漫形象，均使用了《葫芦兄弟》中“葫芦娃”“蛇精”的动画形象。湖南卫视网站对《百变大咖秀》节目中涉及的“葫芦娃”“蛇精”形象进行了大幅、长篇宣传。上海美术电影制片厂认为湖南卫视侵害了其复制权、发行权，曾要求湖南卫视消除影响、赔礼道歉，并承担相应的侵权赔偿，但湖南卫视未予回应。遂诉至法院请求判令停止侵权、赔偿损失、赔礼道歉。

长沙市中级人民法院认为，因《葫芦娃》动画片已公开播映并具有一定的知名度，涉案的“葫芦娃”“蛇精”作品系《葫芦娃》动画片主角造型，故可以认定湖南卫视有接触该作品的可能性。涉案权利作品与被诉侵权作品相比，二者虽表情存在差异，但衣饰、发型、相貌等主要特征相似、整体形象相似，且被诉侵权作品在播放过程中亦标注有“葫芦兄弟”，二者构成实质性相似。湖南卫视未经授权或许可，在其《百变大咖秀》节目中使用了“葫芦娃”“蛇精”形象，侵害了涉案权利作品的复制权。被诉侵权行为一种是节目中的道具，另一种是参加节目的人员通过化妆的方式模仿“葫芦娃”“蛇精”形象，并非以出售或赠予的方式向公众提供，未侵害涉案权利作品的发行权。

【点　评】 认定是否侵害著作权，首先要准确界定权利作品内容。考虑到上海美术电影制片厂享有著作权的动漫形象系动画片中的“葫芦娃”“蛇精”形象，因动画片故事主题和情节的需要，动画片角色表现形态具有多变性，因此在进行作品比对时不能完全静止地、孤立地比较，而应从角色整体的形象、设计的主旨和传达的信息等全面把握，比对的对象不仅仅是单一的动作、姿态、表情的角色形象，而是“葫芦娃”“蛇精”角色的整体形象。在进行比对时，应遵循“实质性相似加接触”判定作品侵权的标准。《百变大咖秀》节目模式系由表演者通过化妆、佩戴头饰面具、身穿服饰等装扮，模仿动漫形象来进行歌舞表演，与权利人享有著作权的动漫形象相比，除了艺术表现形式的载体不同，在节目中所使用的表演道具（包括头饰、面具、服饰等）均是对原动漫形象的简单复制，其本身对于动漫形象并没有任何专属设计与创造，也就与原动漫形象不具有本质差异，无法使一般公众对作品予以区分。

广　东

一、中山市商房网络科技有限公司诉中山市暴风科技有限公司著作权侵权纠纷案

案件详情，参见本栏目“2015年中国著作权司法保护典型案件七”（第368页）。

二、暴雪娱乐有限公司、上海网之易网络科技发展有限公司诉成都七游科技有限公司等著作权侵权及不正当竞争纠纷诉中禁令案

案件详情，参见本栏目“2015年中国著作权司法保护典型案件十三”（第372页）。

广　西

一、董黄明诉桂林市犀灵文化传播广告有限公司、李时斌侵害著作权纠纷再审案

案件详情，参见本栏目“2015年中国著作权司法保护典型案件八（第369页）。

二、某图书馆提供数字作品阅读下载侵害作品信息网络传播权纠纷案

【简要案情】 南宁市某图书馆在馆网中上传《一场风花雪月的事》《死于青春》《穆斯林的葬礼》三部数字作品供互联网用户阅读和下载，北京中文在线数字出版股份有限公司认为这一行为侵害了其作品的信息网络传播权，遂诉至法院。

而南宁市某图书馆辩称，其属于面向全社会读者的社会公益事业法人，其使用涉案作品的行为属于法律规定的合理使用，不构成侵权。

法院审理后认为，图书馆通过信息网络向读者提供数字作品构成合理使用应符合三个条件：一是图书馆提供服务的对象只能是身处该图书馆实体建筑内（即“馆舍内”）的读者；二是图书馆提供的数字作品应为合法获得的合法出版物；三是图书馆不能通过该服务获得经济利益。但该图书馆提供涉案数字作品是接入互联网的，超出了法律规定的“馆舍内”这个服务空间范围，同时也不能证明其提供的涉案数字作品是合法获得的，因此其行为不符合法律规定的合理使用条件，判决该图书馆立即停止侵犯原告对数字作品《一场风花雪月的事》《死于青春》《穆斯林的葬礼》所享有的信息网络传播权的行为，并赔偿原告经济损失。

三、涉Telnet远程取证著作权侵权纠纷案

案件详情，参见本栏目“部分省（区、市）公布的2015年度著作权典型案件”，江苏省案件（第383页）。

四、《山歌好比春江水》作品署名权纠纷案

【简要案情】 《山歌好比春江水》是歌舞剧《刘三姐》的著名曲目，郑天建、卞璟、江波、宋德祥、田明、古笛享有歌舞剧《刘三姐》剧本改编执笔人署名权。

乔某虽然自认《山歌好比春江水》不是其作品，但其对于国内举办的一系列知名文艺活动中，将该曲列为其作品的行为并未表示异议。因此，郑天建等人认为，乔某的默认或放任行为构成侵害作品署名权。

法院审理后认为，乔某在明知《山歌好比春江水》不是其作品的情况下，依然默认或者放任涉案作品的词作者署名为其本人，主观上有过错，客观上亦对社会公众产生误导，使《山歌好比春江水》的创作者为创作该作品付出了独创性的劳动却无法向公众表明作者的身份而丧失应当享受的精神权利，损害了其合法权益。因此，判决认定被告乔某侵犯了涉案作品《山歌好比春江水》作者的署名权。

五、柳州某微信公众号信息侵害他人作品著作权纠纷案

【简要案情】 柳州某科技有限公司于2014年10月27日在其营运的微信公众号上发布了标题为“【吐槽】在柳州混，十二大生存法则你必须要懂!”的信息，其中未经梁某同意，不仅使用了梁某拍摄的4张照片，还将原照片中标注作者信息的水印裁剪掉后私自添加上本公司名称的水印。

梁某知道后，以某科技公司侵犯了其著作权为由诉至法院。法院审理后认定，某科技公司未经作者同意，在其微信公众号发布的信息中使用原告的作品构成侵权，判决被告赔偿原告梁某人民币2 800元，并在当地报刊和被告的微信公众平台刊登向原告道歉的声明。

四　川

一、徐豪杰与四川帝王洁具股份有限公司侵犯著作权纠纷案

【简要案情】 原告徐豪杰诉称，自己应被告四川帝王洁具股份有限公司（以下简称帝王洁具公司）邀请制作了“帝王创意”（豪杰.wmv）视频作品。该作品包括文字与视频两部分内容：文字部分具体讲述了一个设计师享受恋爱、结婚、生子的美好生活，并在享受精彩生活中激发对创作的灵感，设计出更好产品的故事；视频部分则更为具体形象地展示了文字部分的内容，将各个素材融入到一个整体之中，通过对画面的剪辑和配乐，创作出了具有故事情节、视觉效果和美学价值的视听作品。徐豪杰的视频作品在整体上具有独创性，综合展现了徐豪杰的智力成果。随后，徐豪杰将该片交给了帝王洁具公司，并在帝王洁具公司的广告招标提案会上播放了该作品，详细解说了徐豪杰的创意。帝王洁具公司却严重违背商业诚信，未经徐豪杰许可，自行使用徐豪杰创意作品拍摄了“帝王洁具MV”宣传视频，并采取在帝王洁具公司官网及优酷网等网站上发布、在帝王洁具公司年会上播出的方式予以公开传播，严重侵犯了徐豪杰作品的著作权。故诉请人民法院判令帝王洁具公司立即停止侵权、赔礼道歉、赔偿徐豪杰经济损失80万元及合理开支10万元。

法院审理认为：“帝王创意”（豪杰.wmv）以音乐视频加文字说明的形式承载了徐豪杰的广告创意和思想表达，包括主题、题材、故事大纲、人物形象、主要情节等内容，并通过故事最终达到宣传产品的效果，该作品体现了创作人独特的艺术视角和表现手法，凝聚了作者的创造性劳动，符合作品独创性的要求。同时，徐豪杰作品不仅有鲜明的主题思想，更有主题思想下的具体创意和无数的创作细节，其故事情节、事件顺序、人物角色的交互作用和发展足够具体，所蕴含的创意从主题选择到具体镜头的安排都已做出了设定，已具体化到了不需创造性劳动即可将其完成为作品的程度，后继拍摄者在选定角色扮演者后，完全按照创意安排或者适当添加有关“设计”元素、画面后直接予以拍摄，就能够完成创意到具体表达形式的转换，故徐豪杰作品无疑已经属于著作权法保护的“表达”范畴。将帝王洁具公司作品中与徐豪杰作品中相同的所有元素予以剥离，其剩下的其实只有与洁具产品有关的情节或场景，这些情节和场景乃至镜头的添减明显不足以构成与徐豪杰作品完全无关的另一部作品，其摄制手法是采取类似于文字作品中“同义词替换”方式对徐豪杰作品进行了大量的场景与镜头的替换，故已经与徐豪杰的作品构成“实质性相似”。因此，帝王洁具公司的行为属于未经著作权人许可对其作品进行摄制并向公众传播的行为，构成对徐豪杰作品摄制权的侵犯，应当承担相应的民事责任。遂判决：帝王洁具公司立即停止侵犯徐豪杰著作权的行为，并赔偿徐豪杰经济损失及合理开支 243 255 元，驳回徐豪杰的其他诉讼请求。

【点　评】 本案探讨了作品中“思想”与“表达”的区分和著作权的具体保护范围，并对两个作品是否构成“实质性相似”确立了明确的判断标准。TRIPS 协定明确规定了著作权法并不保护抽象的思想而只保护思想的表达，我国《著作权法》第五条亦实际上体现了“思想”不受保护的精神。但是，在著作权法并未明确划定“思想”与“表达”的明确界限的情况下，如何区分两个风格及内容类似的作品是否构成“表达”侵权，在司法实践中仍存在较大争议。

本案涉及的作品为卫浴产品广告宣传短片，合议庭认为，思想可由不同的方式予以表达，具有新颖性的创意能否由不同的方式予以表达，或者创意的具体表达程度是否已达普通创作者不需创造性劳动即可按图索骥实现非创造性表达的程度，是判断创意能否上升到表达层面的关键。“表达”不仅包括“表达形式”，还应包括“表达内容”，故以特定方式的编排、组合、确定后即予以固定并能为他人直接提取和复制的作品内容，即应认定为作品的“表达”而受到著作权法的保护。在此基础上，他人对于上述内容不加创造性劳动，而仅以简单的元素变更、添附等的方式进行的“再创作”，并不产生著作权法意义上的“独创性”，进而不能形成新的作品，而应适用“接触加近似”的判断方法，对侵权行为及结果进行认定。本案的审理，对如何判断两部作品是否相似，以及正确理解适用著作权法规定的“剽窃”行为，具有积极的指导意义，为今后此类案件的处理提供了参考。

二、邹佳星、骆炳侵犯著作权罪案

【简要案情】2015 年 6 月下旬，被告人邹佳星和骆炳在网络上相互商量，由被告人骆炳制作编写由腾讯公司运营的《天涯明月刀》游戏的辅助程序（俗称“外挂”），邹佳星负责销售该游戏辅助程序。二人约定，由被告人骆炳负责编写和更新程序，被告人邹佳星负责总销售。为了便于出售，被告人骆炳购买服务器，被告人邹佳星购买“可可网络验证系统”。6 月底，被告人骆炳制作编写程序成功，并将辅助程序使用所需“卡密”以每张 16～17 元的价格销售给邹佳星，邹佳星再以每张 20～25 元的价格销售给下级代理。经核实统计，从 2015 年 6 月 29 日至 7 月 23 日，被告人邹佳星、骆炳二人共计销售 1 500 张《天涯明月刀》游戏辅助程序的“卡密”。骆炳共获利 24 900 元，邹佳星共获利 9 025 元。

经鉴定，被告人骆炳编写的《天涯明月刀》游戏的“内部”软件源代码具有通过向游戏客户端程序目录写入文件、向游戏进程注入代码、调用修改游戏内存数据的方式，实现自动抢悬赏、抢暗杀的功能，而该款游戏本身不具备上述功能。该辅助程序存在对《天涯明月刀》游戏客户端实施增加、修改的操作。

四川省宜宾市南溪区人民检察院以南检诉刑诉［2015］176 号起诉书指控被告人邹佳星、骆炳未经腾讯公司授权，私自销售《天涯明月刀》游戏辅助程序牟利，销售辅助程序充值卡“卡密”情节严重，其行为已触犯了《刑法》第二百一十七条之规定，犯罪事实清楚，证据确实充分，应当以侵犯著作权罪追究其刑事责任。

法院审理认为：被告人邹佳星、骆炳未经著作权所有人许可，私自制作销售游戏辅助程序以及辅助程序充值卡（卡密）谋取利益情节严重的行为已构成侵犯著作权罪，本案事实清楚，证据确实、充分，四川省宜宾市南溪区人民检察院指控罪名成立。被告人骆炳、邹佳星的违法所得数额由支付宝交易收款记录证实，并能与被告人供述相吻合，被告人骆炳的辩护人周云辩称指控金额证据不足的辩护意见不能成立。被告人邹佳星、骆炳系初犯，能坦白认罪，如实供述其犯罪事实，退缴了违法所得，可从轻处罚。

综上，依照《刑法》第二百一十七条、第六十七条第三款的规定，判决：（1）被告人骆炳犯侵犯著作权罪，判处有期徒刑8个月，并处罚金25 000元；（2）被告人邹佳星犯侵犯著作权罪，判处有期徒刑6个月，并处罚金10 000元；（3）对被告人邹佳星退缴的违法所得9 025元，被告人骆炳退缴的违法所得24 900元，予以没收，上交国库；（4）作案工具台式电脑两台、“联想”牌笔记本电脑一台予以没收。

【点　评】 网络游戏产业本身是一个新兴产业，相继而生的外挂行为如何定性在法律事务界尚处于摸索之中。网游外挂经营者充分利用了互联网的隐蔽性、快捷性以及行政管辖的有限性，已将外挂发展成一项产业，严重制约了网络游戏产业的健康发展。2011年9月，最高人民法院、最高人民检察院联合颁布并实施了《关于办理危害计算机信息系统安全刑事案件应用法律若干问题的解释》，该解释对于破坏计算机信息系统的犯罪后果有了明确的量化指标，而使打击外挂犯罪的难度大大降低。然而从另外一个角度思考，外挂制作经营者在开发、经营中虽然无须复制网络游戏客户端软件，只是“调用”其中很少几个涉及数据修改的应用程序，不属于传统意义上对计算机软件的复制、发行，但考虑到网络游戏本身具有著作权，而外挂在“调用”的过程中确实侵犯了著作权人的合法权益，因此，将网游外挂行为定性为侵犯著作权罪，不但可以打击违法行为，切实保护权利人合法权益，而且为技术创新和文化繁荣提供了有力保障。

陕　西

胡志红、路喜功未经许可复制发行图书侵犯著作权案

【简要案情】2014年5月，为谋取不法利益，被告人胡志红伙同被告人路喜功采用盗版方式，在路喜功所租用的西安三旗广告印务有限公司位于西安市雁塔区东三爻村工业园区的厂房内印刷《建设工程经济》《建设工程经济复习题集》《建设工程法规及相关知识》《建设工程法规及相关知识复习题集》《建设工程项目管理》《建设工程项目管理复习题集》《建筑工程管理与实务》《建筑工程管理与实务复习题集》等八类书籍，用于销售谋利。路喜功在胡志红指定的书店购买样书，并经胡志红确认后，由路喜功负责印刷以上书籍，胡志红随后将部分书籍出售。2014年12月17日，西安市文化市场行政执法总队将剩余6 083册盗版书籍予以查扣。

西安市中级人民法院审理认为，被告人胡志红、路喜功以营利为目的，未经著作权人许可，复制发行其文字作品，侵害了著作权人的合法权益，情节特别严重，其行为均已触犯《刑法》第二百一十七条第（一）项之规定，构成侵犯著作权罪，且二人在共同犯罪中均系主犯。因该案中大部分书籍尚未售出，被告人胡志红、路喜功的该部分犯罪行为属未遂，依法可从轻处罚。被告人路喜功能够自动投案，如实供述自己的罪行，系自首，依法可对其减轻处罚。为保护知识产权，打击侵犯著作权的犯罪行为，法院依法判决：被告人胡志红犯侵犯著作权罪，判处有期徒刑3年，并处罚金人民币4万元；被告人路喜功犯侵犯著作权罪，判处有期徒刑2年；作案工具黑色A590联想手机一部由扣押机关西安市公安局依法予以没收；涉案的6 083册盗版书籍依法予以没收。宣判后，二被告人向陕西省高级人民法院提出上诉，二审审理期间，二被告人申请撤回上诉，经裁定准许，一审判决已经发生法律效力。

甘　肃

一、微软公司诉华龙证券有限责任公司侵害计算机软件著作权纠纷案

【简要案情】 兰州市中级人民法院于2014年6月17日受理原告微软公司诉被告华龙证券有限责任公司侵害Microsoft Server系列计算机软件著作权纠纷系列案件。微软公司在立案后提出保全申请。法院经认真审查后认为，微软公司提出的申请符合法律规定，遂裁定证据保全。在执行保全裁定时，法院向被申请人华龙证券有限责任公司发出民事诉讼证据保全义务及风险告知书，要求其配合法院执行保全裁定完成证据保全工作，否则将构成妨碍民事诉讼行为，可能承担《民事诉讼法》第一百一十一条规定的民事或刑事责任。并根据最高人民法院《关于民事诉讼证据的若干规定》第七十五条的规定，告知如果当事人持有证据保全裁定所指向的证据无正当理由拒不提供或者拒不配合证据保全工作的后果。在法院周密安排下，被告华龙证券有限责任公司配合法院保全裁定的执行。保全采取按不同服务网点随机抽取营业用计算机，对数量进行清点，聘请计算机专业人员以及被告软件技术人员共同对

软件名称及版本、产品标识号（ID）号等进行详细登记，制作U盘，当场进行封存。由于审理法院合议庭制定了周密的保全执行方案，使得本案成功进行证据保全，锁定了关键证据，为下一步案件的调解奠定了基础。经过办案法官沟通调解，双方最终达成双赢和解协议，即华龙证券公司向微软公司购买新升级软件，微软公司进一步向华龙证券公司提供软件技术服务支撑，促成了双方当事人更进一步的合作，案件最终以原告撤诉终结，双方握手言和。

【点　评】 计算机软件一般以电磁形式储存信息，变更和毁灭相当方便，且不易察觉，作为证据具有较大的脆弱性和隐蔽性。侵权当事人大多也不会如实承认其实施侵权行为或主动披露侵权证据以及表明复制数量的有关财务账册等证据。证据保全对软件权利人具有极其重要的作用，但证据保全同时也是一把双刃剑，如果使用不当，也会严重损害另一方当事人的合法权益。本案对甘肃省审理计算机软件及专业性较强知识产权案件中如何采取证据保全措施提供了成功的范例，其中预先制定保全方案，审慎选择使用保全采取的具体方法，以及对被申请人在保全执行中发出民事诉讼证据保全义务及风险告知书等做法，值得其他法院学习和推广。

二、王良毅诉甘肃文化出版社有限责任公司著作权侵权纠纷案

【简要案情】 涉案图书《弥撒的语言》作者为王良毅、李琦。1995年3月1日，王良毅、李琦为甲方与乙方甘肃文化出版社签订了图书出版合同，约定出版作品名称为《弥撒的语言》。该合同第一条约定："甲方授予乙方在合同有效期内在中国地区以图书形式出版上述作品中文本的专有使用权。"合同签订后，王良毅支付甘肃文化出版社6 000元。后《弥撒的语言》一书出版，由西固地质印刷厂印刷3 000册，其中100册作为样书交由甘肃文化出版社，剩余交给王良毅。1995年8月8日，甘肃文化出版社做出甘文出（1995）9号文件，其中对《弥撒的语言》一书的处理决定为：个别章节的个别段落，文字粗糙，格调不高，作技术处理后，再予发行。甘肃文化出版社据此要求王良毅交回已经印刷的书籍做技术处理，王良毅不同意，双方酿成纠纷，王良毅遂诉至法院。王良毅诉请：（1）被告甘肃文化出版社立即终止对《弥撒的语言》发行权的侵权行为；（2）被告甘肃文化出版社赔偿原告王良毅损失人民币360 000元；（3）被告甘肃文化出版社在《甘肃日报》上公开向原告王良毅道歉。兰州市中级人民法院审理认为，原告王良毅、案外人李琦作为《弥撒的语言》的作者，与被告甘肃文化出版社签订了图书出版合同，依据该合同第一条约定，被告甘肃文化出版社享有了《弥撒的语言》一书的专有出版权，被告甘肃文化出版社没有发行《弥撒的语言》一书以致引起纠纷，双方之间属于合同纠纷。而原告王良毅所诉侵犯了其发行权没有事实和法律依据。遂判决：驳回原告王良毅的诉讼请求。宣判后，双方当事人均息诉服判，该判决已发生法律效力。

【点　评】 根据《著作权法》的规定，发行权是指以出售或者赠予方式向公众提供作品的原件或者复制件的权利。出版权主要指对以图书、报刊、音像、电子、网络等媒体承载的内容进行编辑、复制（包括印刷、复制等）和发行（或网络传播）的权利。当著作权人与出版企业签订出版合同后，出版企业即依合同获得了著作权人的许可，享有对作品进行出版、发行的权利，当然出版、发行行为必须符合有关法律法规的规定。如果出版企业在签订出版合同后消极地不履行出版发行义务，此时著作权人具有选择权，既可以要求违约的出版企业承担违约责任并继续履行合同，也可以解除合同，要求出版企业赔偿损失，与其他出版企业重新订立合同出版作品。本案判决主文部分准确引用及解读法律条文，裁判说理性强，结论的得出水到渠成，判决后当事人服判息讼，实现了法律效果与社会效果的统一。

三、深圳市盟世奇商贸有限公司诉郭莉莉侵害著作权纠纷案

【简要案情】 动画片《熊出没》自在央视播出后，先后获得国内外诸多大奖，片中动画形象"熊大""熊二""光头强"等人人皆知，深受观众喜爱。该作品由深圳华强数字动漫有限公司出品，并享有动画片影视剧作品及片中"熊大""熊二""光头强"等动画形象美术作品的全部著作权。2013年4月2日，深圳华强数字动漫有限公司将《熊出没》动漫形象授权给原告深圳市盟世奇商贸有限公司使用，授权范围是在中国大陆独占性（专有）使用上述形象生产、销售毛绒公仔，并有权就未经许可使用上述形象生产、销售毛绒公仔的行为进行维权。原告获得授权后，发现被告在位于兰州市城关区张掖路地下商业街19号的宝贝秀工艺品店擅自对外销售未经原告许可使用的"熊大""熊二""光头强"动画形象美术作品的毛绒玩具商品，故诉至法院，要求停止侵犯《熊出没》"熊大""熊二""光头强"毛绒公仔专有使用权的行为；在报纸上登报道歉；向原告赔偿经济损失及维权支出的合理费用合计5万元。

经法院主持调解，原、被告双方达成和解协议：被告郭莉莉立即停止侵权行为，并赔偿原告3 000元的经济损失。

【点　评】　动漫形象属于著作权的保护范围，它区别于传统文学作品，属于添加了要素的视觉作品，是通过线条、轮廓、颜色的运用，通过漫画、动画片、网络游戏等故事情节，形成相关公众认可的特定化、固定化的具体形象，包括形象的性格、容貌和姿态等连续的印象。通过对特定动漫形象在图书、招牌、服装、广告、玩具等上的复制、模仿，可以产生巨大的商业价值。但未经动漫形象权利人同意的复制或抄袭商业行为，属于侵犯著作权的行为，依法应该予以禁止并赔偿权利人所受到的损失。通过本案的审理，进一步宣传了动漫形象受我国著作权法保护，警示市场经营主体必须尊重动漫权利人的创新成果，依法依规进行动漫形象商品的生产、销售和服务行为。

2015年地方著作权行政执法案件

河 北 省

一、张某某等人侵犯著作权案

案件详情，参见本栏目“2015年度打击侵权盗版十大案件六”（第374页）。

二、叶勇销售侵权复制品案

2014年5月12日，石家庄市版权局所属的石家庄市文化市场行政执法大队根据群众举报，对位于市图书批发交易市场内的文华书店及其库房进行了突击检查，当场查获《经济法基础》等涉嫌盗版图书25 234册。石家庄市版权局协调公检法成立了专案组，并于2014年5月19日对叶勇涉嫌销售侵权复制品案进行了立案调查。经鉴定，当事人叶勇所购进的尚未销售的23 296册图书均为侵权复制品，涉案图书总价达1 133 882.7元。2014年9月17日，石家庄市版权局将此案移交至公安部门。2014年9月19日，石家庄市公安局桥西分局立案调查。2015年7月30日，桥西区人民检察院向桥西区人民法院提起公诉。

2015年10月12日，石家庄市桥西区人民法院依据《刑法》第二百一十八条、第四十五条、第六十七条第三款、第五十二条、第五十三条、第七十二条、第七十三条和最高人民法院、最高人民检察院《关于办理侵犯知识产权刑事案件具体应用法律若干问题的解释》第十二条、《关于办理侵犯知识产权刑事案件具体应用法律若干问题的解释（二）》第四条之规定，判处当事人叶勇犯销售侵权复制品罪，判处有期徒刑1年，缓刑2年，并处罚金人民币57万元。

三、张磊等人侵犯游戏著作权案

2014年4月，承德市文化市场行政执法大队执法人员在例行检查时，发现一款《热河风云》的网络游戏页面疑似盗用盛大公司的《热血传奇》。经查，服务器设置于中国联通承德市分公司的此款游戏，涉嫌侵犯知识产权，版权部门遂与公安部门取得联系。2014年8月18日，承德市双桥区公安分局网安大队以侵犯知识产权案件立案侦查。先后抓获张磊、苗振宇等犯罪嫌疑人5人。经查：2013年7月至2014年12月，张磊通过淘宝网购买盛大公司网游《热血传奇》游戏的源代码，在未经盛大公司授权的情况下，利用《热血传奇》游戏源代码制成盗版游戏《热河风云》，后张磊又通过网络渠道找到被告人刘岩、苗振宇、王建、郭子双等人从事非法运营盗版游戏活动，先后非法获取人民币61 504.38元。

2015年11月20日，承德市双桥区人民法院认定被告人张磊、苗振宇、王建、郭子双、刘岩以营利为目的，未经著作权人许可，其行为已构成侵犯著作权罪，遂依据《刑法》第二百一十七条、第二十五条等规定做出刑事判决：张磊被判处有期徒刑1年6个月，缓刑2年，并处罚金人民币4万元；苗振宇被判处有期徒刑1年2个月，缓刑2年，并处罚金人民币3万元；王建被判处有期徒刑1年，缓刑1年，并处罚金人民币2万元；郭子双被判处有期徒刑1年，缓刑1年，并处罚金人民币2万元；刘岩被判处有期徒刑1年，缓刑1年，并处罚金人民币2万元。

四、华宁印刷厂盗印图书案

2015年10月12日，根据群众举报，石家庄市“扫黄打非”领导小组办公室协调正定县文化广电新闻出版局组织执法人员对正定县华宁印刷厂进行检查，现场发现涉嫌侵权盗版出版物《中华人民共和国药典》341册。石家庄市扫黄办、石家庄市版权局版权出版管理处与正定县文广新局成立了专案组，并于10月13日立案调查。经查，华宁印刷厂所承印的《中华人民共和国药典》属侵权盗版出版物，该印刷厂的行为违反了《著作权法》第四十八条之规定。

2015年11月6日，正定县文化广电新闻出版局依据《著作权法实施条例》第三十六条之规定，对华宁印刷厂做出行政处罚：（1）责令停止侵权；（2）罚款5万元；（3）没收非法出版物（图书）成品341册、半成品及散页。

五、开元印刷厂盗印图书案

2015年5月26日，石家庄市栾城区文化市场行政执法队在对开元印刷厂检查时，发现该厂涉嫌盗印图书。石家庄市版权局与栾城区文化市场行政执法队随后组成专案组，对该厂立案调查。经查，该厂未经著作权人许可，非法盗印《财经法规与会计职业道德》辅导教材1 800册，其行为违反了《著作权法》第四十八条之规定。

2015年6月4日，石家庄市栾城区文化广电新闻出版局依据《著作权法实施条例》第三十六条的规定，对开元印刷厂做出罚款5 000元、没收侵权制品1 800册（散页）的行政处罚。

六、星光城歌厅侵犯音乐作品著作权案

2015年2月11日，石家庄市赵县文化市场行政执法队在对星光城歌厅例行检查时，发现该歌厅涉嫌在经营中使用未经合法授权的音乐作品。石家庄市版权局与赵县文化市场行政执法队组成专案组，对该歌厅立案调查。经查，该歌厅使用了未经授权的《光辉岁月》《黄昏》《雨一直下》等歌曲用于经营，其行为违反了《著作权法》第四十八条之规定。

依据《著作权法实施条例》第三十六条的规定，赵县文化广电新闻出版局于2015年2月19日对星光城歌厅做出行政处罚：(1) 责令其停止播放未经合法授权的音乐作品；(2) 罚款1万元。

七、辉煌教育文化发展有限公司发行盗版教辅案

2015年2月7日，衡水市文化市场行政执法大队接河北省扫黄办移转的全国扫黄办举报案件线索，称衡中文化发展教育有限公司向新疆石河子中学销售盗版教辅。据立案调查，衡水衡中文化发展教育有限公司已于2012年11月被工商部门撤销，所有业务并入衡水辉煌教育文化发展有限公司。执法人员在对辉煌教育文化发展有限公司进行检查时现场未发现其有盗版教辅，但在对该企业负责人进行询问时，其负责人承认确实有一批盗版教辅《新疆石河子第一中学 启学·新课标高考总复习》系列图书发往新疆，涉案金额5 100元。当事人的行为违反了《著作权法》第四十八条的规定。

衡水市文化广电新闻出版局依据《著作权法实施条例》第三十六条的规定，于2015年4月24日对当事人做出没收违法所得5 100元、罚款3万元的行政处罚。

八、海潮书店销售盗版图书案

2015年3月2日，秦皇岛市海港区文化市场行政执法人员对位于秦皇岛市人民里未名路6号的海潮书店进行日常检查时，发现该书店所陈列的113本《暴走漫画》图书无书号、无出版社署名，且该书店未能提供该书的合法来源，遂现场予以收缴。后经查阅，该书应为云南科技出版社出版，书号为ISBN 978-7-541-68400-5。执法人员通过现场取证、调查询问笔录、集体讨论程序，认定该书店违反了《著作权法》第四十八条之规定，遂于3月3日向当事人下达了行政处罚事先通知书。当事人在规定的期限内未提出异议。

2015年3月7日，秦皇岛市海港区文化体育广电新闻出版局根据《著作权法实施条例》第三十六条规定做出行政处罚：给予当事人警告，并处罚款人民币5 000元。

九、新湘块印店盗印图书案

2015年3月17日，保定市南市区文体教育局在日常巡查中，发现保定市新湘块印店正在复印《遗传学》等书，现场查获复印图书8种共计157册，涉及中国人民大学出版社等7个出版社，违法经营额1 160元。经执法人员调查，当事人自2015年3月起就开始未经著作权人许可，复制、发行其作品，复印图书并对学生销售。

依据《著作权法》第四十八条和《著作权法实施条例》第三十六条等规定，保定市南市区文体教育局于3月31日对涉案新湘块印店（曾琼）做出行政处罚：罚款5 000元；没收盗印书籍157册。

（河北省版权局）

辽 宁 省

"8·18"销售盗版教材案

2015年9月8日和2015年9月15日，因日常巡查，大连市文化市场综合执法总队网络大队，依法对域名为http://www.51yey.com/；http://www.51yey.com/cartoon的无忧幼儿园网以及无忧幼儿园网的"动画园地"子网页进行远程勘验。2015年9月18日网络大队联合高新园区执法大队依法对位于大连市高新园区火炬路1号海外学子创业园A座312-2室的大连谦邦信息技术有限公司进行现场检查，2015年9月21日，经大连市文化市场综合执法总队批准立案调查。

本案是互联网领域未经许可非法转载、传播他人作品的侵权盗版行为的专项案件。由于涉案人员网站编写能力强，熟悉网络环境，对其所经营网站的主页面的"动画园地"侵权子页面做了隐藏。办案大队先后通过互联网远程跟踪、排查，最终发现"动画园地"侵权子页面存在的事实。在远程勘验和证据采集方面，办案人员先后取得《三顾茅庐（上）》《三顾茅庐（下）》《名落孙山》等多部公开发表并出版的Flash动画作品证据，并以电子证据固定。在现场执法时，涉案当事人利用自身对网络技术的熟悉能力，成功进入涉案计算机后台，找到被隐藏的侵权子页面链接，并取得在线传播违法行为证据，最终使涉案当事人承认自己的违法行为。

2015 年 10 月 12 日，根据《信息网络传播权保护条例》，大连市文化市场综合执法总队给予大连谦邦信息技术有限公司行政处罚：（1）删除无忧幼儿园网上未经著作权人许可的网络动漫作品；（2）罚款人民币捌仟元整（8 000 元）。

（辽宁省版权局）

吉 林 省

一、黑龙江省众一图书有限公司盗版教辅材料案

2015 年 3 月 11 日，吉林省镇赉县文化市场综合执法大队工作人员在执法检查中发现部分本地书店经销的《中考大提速》（物理）版权页信息明显错误，经初步核实为冒用社名和书号的出版物。鉴于案件涉及全省多地销售且情况复杂，遂向吉林省版权局版权处进行案情汇报，吉林省版权局决定立案调查。

经查，该系列出版物（《中考大提速》）系黑龙江众一图书有限公司未经著作权人授权许可，非法印制并以 1.6 折批发给吉林省长春书城长春听雨图书有限公司，共计 4 846 册。长春听雨图书有限公司以 2.0 折向全省分销，长春听雨图书有限公司实际销售 1 366 册，实际盈利 1 627 元，退货 2 480 册。同时，众一图书公司还冒用了吉林摄影出版社委托济南万卷书海公司发行《中考大提速（2011 年版）》的发行委托书（复印件），向黑龙江、吉林、内蒙古等多地发行，属跨行政区域的侵权违法行为。长春听雨图书有限公司未认真审查该发行委托手续，批发该书并向吉林省内多地分销，主观上也有过错，应当承担侵权责任，已另案处理。吉林省版权局对涉嫌侵权的图书进行了抽样取证，有关事实均通过相关当事人提供的图书批销凭证、书面说明及询问笔录等证据材料予以证明，该公司侵犯著作权的事实成立。吉林省执法机关对当事人下达了《行政处罚事先告知书》，告知其享有的陈述、申辩权利及听证权利，认真听取了当事人陈述和申辩理由，并适当予以采纳。

鉴于相关违法行为事实清楚，证据确凿，且该公司负责人事后以书面材料予以承认，2015 年 6 月 16 日，吉林省版权局依照《著作权法》第四十八条、《著作权法实施条例》第三十六条等相关规定，依法对黑龙江省众一图书有限公司做出没收、销毁侵权复制品，罚款人民币 2 万元的行政处罚。

二、长春方亚科技有限公司预装盗版计算机软件案

2015 年 8 月 4 日 ，吉林省版权局在进行省级政府机关单位软件正版化工作检查中，发现吉林省某省级机关部门采购的 60 台方正电脑预装了 Windows7 旗舰版操作系统，与该部门出示的采购合同中约定预装 Windows7 家庭版版本不符合，经调查询问，该部门相关负责人员称该批电脑操作系统均为供货方预装，且提供了 60 套安装载体及授权标签。经吉林省版权局调查人员初步核实，认定安装载体和授权标签均非著作权人微软公司制作，无法证明其获得合法授权，且旗舰版 Windows7 操作系统价格远远高于合同约定预装的 Windows7 家庭版价格，涉嫌侵权，吉林省版权局于 2015 年 9 月 25 日决定对此案予以立案调查。

经查，2013 年 5 月 28 日，吉林省某省级机关与长春吉大正元信息技术股份有限公司通过政府公开招投标方式采购 60 台方正国产一体机电脑，合同约定操作系统预装 Windows7 家庭版。为履行采购合同，2013 年 6 月 9 日，长春吉大正元信息技术股份有限公司又与长春方亚科技有限公司签订了《采购合同》（合同编号：JIT-DB2012088993-YJ01），采购 60 台方正一体机电脑，预装操作系统为 Windows7 家庭版，单价为 3 430 元/台，总金额为 205 800 元。按照合同约定，方亚公司直接向采购方交付了方正一体机电脑 60 台，但操作系统软件并没有按照合同约定安装 Windows7 家庭版，而是安装了 Windows7 旗舰版（市场平均价格为 2 460 元/套），并提供了 60 套安装介质盘及非经微软制作的带有产品密钥的授权标贴。后当事人称以上软件是从淘宝网店上以每套 30 元价格购置，并提供了淘宝购物交易记录，现该网店已经被关闭撤销。因涉嫌未经许可复制、发行他人享有著作权的计算机软件构成侵权，依据著作权法及行政处罚法有关规定，吉林省版权局分别对吉大正元信息技术股份有限公司和方亚科技有限公司相关负责人进行了询问，对该批电脑进行了现场抽样检查，并抽样提取了相关安装盘和授权标贴等证物。综合有关事实及证据材料，执法机关依据如下理由认定当事人长春方亚科技有限公司的预装操作系统的行为构成侵权：

第一，该批电脑合同约定预装家庭版操作系统的价值（包括约定预装 Windows7 家庭版在内的整机价格仅为 3 430 元）与实际预装的 Windows7 旗舰版操作系统市场平均价格（2 460 元/套）差距明显，且当事人采购软件价格仅为每套 30 元。

第二，该公司提供预装的软件安装载体和正版授权标签与微软正规提供的物品存在明显不同，且制作粗糙，经对比核查认定其非由微软公司提供。

第三，当事人方亚科技有限公司获得该批软件的来源不合法，销售该批软件的淘宝网店无法提供合法的授权文件及微软公司授权销售的资格证明，且已被关闭。

执法机关认为，当事人以营利为目的，在未经合法授权的情况下为其销售的电脑预装操作系统软件的行为，侵犯了计算机软件著作权人的复制权、发行权。同时，当事人未按照合同预装约定版本的操作系统软件，而是选择安装价值更高的版本，且从淘宝店铺上采购价格明显低于正常价值的非合法正规渠道的软件，在主观上存在一定的故意，属于故意侵权，情节严重，且数量较大，破坏了公平的市场竞争秩序，损害了公共利益，依法应当予以行政处罚。

2015年12月11日，吉林省版权局依据《著作权法》第四十八条第（一）项，《著作权法实施条例》第三十六条、第三十七条第一款，《计算机软件保护条例》第二十四条以及《行政处罚法》《著作权行政处罚实施办法》有关规定，对当事人处以5万元人民币的罚款。

三、通化明历文化传媒有限公司侵犯著作权案

2014年6月5日，有群众举报通化市明历文化传媒有限公司存在侵犯著作权人合法权益的行为。接到举报后，通化市文化市场综合执法支队立即派人前往调查核实，在通化市明历文化传媒有限公司的房间内查获了电脑、刻录机，及成品、半成品光盘10 000余张，经检查人员清点现场制作的车载DJ光盘10 450张，查获了已经刻录完成的盗版音乐光盘622张，尚未刻录完成的半成品光盘7 300张，防伪商标1 378张，包装皮1 050张。由于侵权物品数量较大，行政执法机关认为该公司已经触犯了刑法有关规定，按照"两法衔接"的有关要求，依据《最高人民法院、最高人民检察院关于办理侵犯知识产权刑事案件具体应用法律若干问题的解释》，通化市版权局于2014年6月13日正式向通化市东昌区公安局移交了此案。

2014年6月26日，通化市东昌区公安局以涉嫌侵犯著作权罪对通化市明历文化传媒有限公司法人代表李保利取保候审。

2015年1月8日，通化市东昌区人民检察院向通化市东昌区人民法院以通东检公诉刑诉（2014）264号起诉书向通化市东昌区人民法院提起公诉，指控被告人李保利犯侵犯著作权罪。经法院审理查明，2013年11月至2014年6月间，被告人李保利在通化市东昌区锦尚饰家家居生活馆及民主街江南义乌商贸城女人街3号楼门市内，以营利为目的，未经著作权人许可，从清风音乐网付费下载他人音乐作品，并利用电脑和在网上购买的刻录机、光盘采用复制或者修改的方法制作音乐、歌曲光盘出售。先后共计复制、修改制作侵权音乐、歌曲光盘2 600余张，销售2 000余张，从中获利2万余元。公诉机关认为，被告人李保利以营利为目的，未经著作权人许可，非法复制发行其音乐作品，复制品数量在2 500张（份）以上，应该以侵犯著作权罪追究其刑事责任。

2015年3月19日，通化市东昌区人民法院做出判决：被告人通化市明历文化传媒有限公司法人李保利无视国家法律，以营利为目的，未经著作权人许可，复制发行音乐作品，其行为已构成侵犯著作权罪，对公诉机关的指控，通化市东昌区人民法院予以支持，鉴于李保利归案后认罪态度较好，积极退缴赃款，有从轻判决的情节，通化市东昌区人民法院报审判委员会讨论决定，依照《刑法》第二百一十七条、六十七条、七十二条、七十三条规定，判决被告人李保利有期徒刑3年缓刑4年，并处罚金人民币2万元，没收赃款人民币2万元，判决后，被告人李保利没有上诉。

（吉林省版权局）

上 海 市

一、上海海关查办侵犯迪士尼公司著作权系列专案

【案情介绍】 上海迪士尼乐园计划于2016年6月正式开园，伴随着乐园建设的快速推进和迪士尼概念的不断升温，各类侵犯迪士尼著作权的现象也逐渐增多。为了更好地保护迪士尼著作权，保障权利人的合法权利，维护正常的贸易秩序，有效打击侵犯迪士尼著作权商品的跨境流通，上海海关经过仔细缜密的调查分析，决定主动开展打击侵犯迪士尼著作权货物的专项行动，并采取以下举措：一是向现场海关及时发布迪士尼公司在海关备案的著作权等工作信息，并专门组织开展业务培训，提高海关现场关员保护迪士尼知识产权的意识和执法能力；二是结合历年查获侵犯迪士尼著作权案件情况，研判侵犯迪士尼著作权的侵权高发商品，明确将床上用品、文具产品等作为专项打击的重点打击目标；

三是针对国内南通地区纺织业发达，企业鱼龙混杂且出口侵犯迪士尼著作权床上用品较多的情况，明确将南通地区企业作为侵权高风险企业，专门设置了风险参数开展监控，集中执法资源重点打击企业资质较低、未在海关总署备案查询系统备案的侵权高风险企业，提高打击针对性和现场监管效能。通过专项打击，上海海关 2015 年共调查办结相关侵犯迪士尼著作权侵权案件 6 起，查扣侵权商品 8 348 件，案值合计 12.2 万元，同时对上述案件的当事人均做出了没收侵权货物并处罚款的行政处罚。

二、上海思帕客信息技术有限公司侵犯他人信息网络传播权案

【案情介绍】 当事人上海思帕客信息技术有限公司从事互联网视听节目服务，经营互联网站“布丁动画网”（网址：www.pudding.cc）和手机移动客户端软件《布丁动画》。当事人未经著作权人许可，擅自通过信息网络向公众传播著作权人《浦安铁筋家族》等 8 部动画影视作品，供用户浏览、点播和观看。此外当事人编辑、集成上述动画影视作品播放地址链接后，还通过当事人手机移动客户端传播上述作品，供用户在当事人的手机移动客户端内浏览、点播和观看。当事人软件下载访问量约 300 万人次，传播作品每日 IP 访问量约 9 万人次，涉及侵权作品的点击量约 3 万次，规模较大。当事人未经著作权利人许可，通过信息网络及手机移动客户端向公众传播他人合法享有 8 部动画影视作品的行为，侵犯了《著作权法》第十条第一款第（十二）项规定的著作权人享有的信息网络传播权，违反了《信息网络传播权保护条例》第二条的规定。依据《信息网络传播权保护条例》第十八条第（一）项的规定，上海市文化执法总队对当事人做出罚款人民币 5 万元的行政处罚。

（上海市版权局）

江　苏　省

一、江苏某电脑动画制作有限公司侵犯著作权案

2015 年 4 月 9 日，根据权利人的投诉，南京市文化执法总队三支队在南京市版权局和公安、区文化局等相关部门的配合下，对江苏某电脑动画制作有限公司进行调查取证，发现该公司经营电脑中使用的 43 套 Autodesk 3ds max/Autodesk Maya 系列软件涉嫌侵权，后经鉴定系盗版软件。南京市文化执法总队主动介入，经多次沟通，双方达成和解协议。该公司按照和解协议购买了权利人正版软件 530 套，合同金额共计人民币 520 万元。

二、江苏某商贸有限公司涉嫌侵犯软件著作权案

2014 年 5 月 19 日，南京市公安局玄武分局经侦大队接到微软公司委托上海新净信知识产权服务股份有限公司的报案，称江苏某商贸有限公司涉嫌侵犯微软公司著作权。经查，2013 年 11 月，该公司销售给南京市六合区教育局的 1 076 台电脑上安装的 Windows 7 中文专业版操作系统未经微软公司许可，主机机箱所贴的操作系统正版证明标签系假冒产品，涉案价值 150 余万元。2015 年 6 月 8 日，玄武公安分局以涉嫌侵犯著作权罪将犯罪嫌疑人席某某，以涉嫌非法制造、销售非法制造的注册商标标识罪将犯罪嫌疑人郭某某、许某某向玄武区检察院移送起诉。

三、徐州“金火影视网”侵犯著作权案

2009 年，被告人张某某在互联网上搭建 www.jinhuo5.com 网站，作为进货平台。2012 年 4 月，被告人张某某为牟取非法利益，将网站转型成为电影网站，并取名为金火影视网。被告人张华锋未经著作权人许可，利用“马克思”程序自动采集、手工添加等方式，从境外影视网站（域名为 www.bdzy.cc）上深度链接影视作品，在金火影视网站上供用户在线浏览，并发布广告非法牟利。经徐州市版权局鉴定，侦查机关随机抽样的 1 017 部影视作品中，分享链接占作品的 19.6%。截至 2014 年 1 月案发，被告人张某某共获得广告收入 109 余万元，其中非法经营额为 70 余万元。2015 年 1 月 15 日，徐州市中院判处张某某犯侵犯著作权罪，判处有期徒刑 3 年，缓刑 4 年，并处罚金人民币 40 万元，违法所得 42 万元予以追缴。

四、徐州“速酷电影网”侵犯著作权案

案件详情，参见本栏目“2015 年度打击侵权盗版十大案件八”（第 375 页）。

五、常州《群雄奇迹》游戏侵犯著作权案

2015 年 6 月 1 日，常州市文化广电新闻出版局执法人员接到群众举报，网址为 http://dx.77qqh.com/的网站经营一款名为《群雄奇迹》的游戏，经调查，该游戏实际游戏内容为《奇迹 MU》，网站及游戏内并未发现任何得到韩国网禅 Webzen 公司所有的游戏《奇迹 MU》授权，涉嫌侵犯了韩国网禅 Webzen 公司的著作权。该游戏获益人为刘某某、黄某某。2016 年 1 月 6 日，常州市钟楼区人民法院以侵犯著作权罪判处刘某某有期徒刑 3 年，缓刑 3 年，罚金人民币60万元；以侵犯著作权罪判处黄某某有期徒刑1年，缓刑1年6个月，罚金人民币20万元。

六、南通“6·12”侵犯著作权案

2015年6月12日，南通市公安局开发区经侦大队接到上海玄霆公司报案，称该公司旗下的起点文学网站上大量图书在未被授权的情况下，被800小说网（www.800book.net）转载，该网站在转载期间植入广告，牟取暴利，给该公司造成了巨大的经济损失。经初步鉴定，800小说网非法转载的小说篇目达到712部，侵犯版权涉案金额高达1 100余万元。南通市公安局开发区分局于当日对该案进行立案侦查，该案后进入司法程序。

七、淮安某印务有限公司未经著作权人许可复制他人作品案

2015年10月10日，根据举报，淮安市文化行政综合执法支队依法对淮安市某印务有限公司印刷场所进行检查，在该公司印刷场所查获正在印刷的《病从血中来（第一部）·教你做个健康人》等三种图书，现场未发现出版单位委托书，初步认定该公司复制的出版物涉嫌未经著作权人许可复制他人作品。经鉴定和调查，现场查扣的三种图书2 503册均为盗版图书。2015年11月13日，淮安市执法部门依法责令该公司停止侵权，没收2 503册侵权盗版图书，并处罚款人民币5 900元，对所扣押的侵权盗版图书予以没收、销毁。

八、扬州臧某某侵犯著作权案

2014年11月18日，著作权人组织——美国电影协会北京代表处向扬州市版权局投诉称，“老调网”（www.bestxl.com）侵犯其会员著作权，并随函附该网站的十部涉嫌侵权电影名单。经核查，投诉情况属实，该网站确提供上述十部电影的下载服务。通过前期周密安排，扬州市版权局于2015年6月8日对“老调网”涉嫌侵犯著作权案正式立案调查。经远程勘验，“老调网”未经著作权人许可通过信息网络向用户提供影视作品的播放下载服务，并通过发布广告和收取会员费获取经济利益；该网站主服务器位于韩国，但有存放数据的服务器放置在扬州电信机房，网站经营人为臧某某。臧某某未经许可通过信息网络传播影视作品并获得经济利益，对著作权人构成侵权，同时损害公众利益，根据《著作权法》等相关法律法规，扬州市版权局对臧某某做出了责令停止侵权，没收侵权服务器，没收非法所得33 746.26元，罚款人民币10万元的行政处罚。

九、扬州“CHD网站”涉嫌侵犯著作权案

2014年12月，扬州市版权局在查处“高清影视下载网侵犯著作权”案的过程中，发现其侵权资源来源“CHD网站”也涉嫌侵犯著作权。2014年12月29日，扬州市版权局将案件线索移交给扬州市公安局办理。现已查明，该网站通过收取会员所谓“捐赠款”、售卖注册邀请码以及在网站刊登广告获利的方式，获取了数百万元的违法所得，涉嫌侵犯著作权罪。该案侦查结束后，送交检察院进入起诉程序。

十、张家港“风雨文学网”侵犯著作权案

2015年9月，张家港市文化广电新闻出版局接到上海玄霆娱乐信息科技有限公司的举报，该公司网站“起点中文网”存储在张家港市云主机里的1 000余部小说被网站“风雨文学网”侵权发布。张家港市文化广电新闻出版局和张家港市公安局通过联合调查发现，2013年5月，嫌疑人张某创建了“风雨文学网”，并利用采集器在各大文学网站采集小说，未经著作权方许可，擅自将“起点中文网”上的付费文学作品，复制到“风雨文学网”上供他人阅读，并通过在网站上发布广告赚取费用，涉案价值达100余万元。2015年12月16日，嫌疑人张某在重庆被抓获，案件移交公安机关处理。

（江苏省版权局）

安　徽　省

一、“拾零道人”侵犯著作权案

“拾零道人”侵犯著作权一案，是滁州市全椒县在侦办“999宝藏网”侵犯著作权案中发现的一起案中案。在“999宝藏网”侵犯著作权案中发现的线索表明“拾零道人”中封装的盗版Windows操作系统涉嫌构成侵犯著作权罪。

经滁州市全椒县扫黄办、文广新局、公安局、检察院、法院等各部门的侦办、协调、研判和审查，全椒县人民法院于2015年11月23日对此案进行了宣判。依据《刑法》第二百一十七条第（一）项，第五十二条，第六十七条第三款，第七十二条第一款、第三款，第七十三条第二款、第三款，判决被告人赖建设犯侵犯著作权罪，判处有期徒刑3年缓刑3年，没收违法所得，判处罚金7万元。

二、安徽蒋某等销售盗版图书案

案件详情，参见本栏目“2015年度打击侵权盗版十大案件五”（第374页）。

三、韦志勇未经权利人许可，通过信息网络向公众提供他人作品案

合肥市文化市场综合执法大队对韦志勇个人创

立并运营的“矮番薯网”进行调查取证。经查，当事人未经权利人许可，通过信息网络向公众提供他人作品，无违法所得。2013 年 9 月 13 日，辖区法院做出判决：以侵犯著作权罪判决被告人覃某某拘役 6 个月，并处罚金 4 000 元，没收作案工具并追缴全部违法所得。

依据《信息网络传播权保护条例》第十八条之规定，合肥市文广新局于 6 月 2 日给予当事人罚款 5 000 元的行政处罚。当事人无异议并于 6 月 10 日缴纳了罚款。

（安徽省版权局）

江 西 省

一、九江“7·8”网络销售侵权图书案

2015 年 7 月 8 日，九江市文化市场综合执法支队的执法人员在对淘宝网店销售出版物的情况进行搜索时发现，淘宝网上某书店销售《会计基础》《会计电算化》《财经法规与会计职业道德》等会计教材，定价一套为 75 元但实际售价只有 16 元，明显低于市场价格。7 月 13 日，执法人员对该书店在九江市的仓库进行检查，当场查扣了涉嫌侵权盗版的图书 2 850 册。后经江西省新闻出版广电局鉴定，确认这批图书为侵权复制品。

根据《著作权法》第四十八条和《著作权法实施条例》第三十六条的规定，九江市文化市场综合执法支队对该书店做出没收侵权盗版图书 2 850 册，罚款人民币 3 万元的行政处罚。

二、九江“7·16”销售侵权盗版图书案

2015 年 7 月 16 日，九江市文化市场综合执法支队的执法人员在对九江市某书店进行日常检查时，发现该书店销售的《会计电算化》等图书涉嫌侵权盗版，执法人员立即采取措施，当场暂扣了涉嫌侵权盗版的图书 490 册。后经江西省新闻出版广电局鉴定该批图书为侵权复制品。

根据《著作权法》第四十八条和《著作权法实施条例》第三十六条的规定，九江市文化市场综合执法支队对该书店做出没收侵权盗版的图书 490 册，罚款人民币 2.4 万元的行政处罚。

三、萍乡市“7·21”电影侵权案

2015 年 7 月 21 日，萍乡市安源区文化市场综合执法大队接匿名举报称，萍乡市的某电影吧存在违规行为。根据举报，执法人员赶往该电影吧依法进行检查。经查，发现该电影吧内设电影服务器为 17 个包厢提供电影点播服务，同时发现服务器硬盘内有 1 100 余部电影。经营者承认在未经任何电影院线、制片方的授权情况下擅自有偿放映电影，其行为已涉嫌构成侵权。

根据《著作权法》第四十八条和《著作权法实施条例》第三十六条的规定，萍乡市安源区文化市场综合执法大队对该电影吧做出了停止侵权放映电影，罚款人民币 2 万元的行政处罚。

四、上饶市余干县“3·10”销售侵权盗版图书案

2015 年 3 月 10 日，余干县版权局接到举报，反映余干县某书店销售侵权盗版的教辅图书。根据举报线索，余干县文化市场综合执法大队的执法人员对该书店进行了检查，现场暂扣涉嫌侵权盗版的《教材全解》653 册。后经陕西出版集团认定，该批图书为侵权复制品。

余干县文化市场综合执法大队根据《著作权法》第四十八条和《著作权法实施条例》第三十六条的规定，对该书店做出了停止整顿，罚款人民币 2 万元的行政处罚。

五、萍乡“3·1”销售盗版教辅图书案

2015 年 3 月 1 日，萍乡市安源区文化市场综合执法大队接到举报，反映有人在萍乡一中校门口销售盗版教辅材料。执法人员立即赶到现场，对销售摊点依法进行了检查。经查，发现这批教辅图书涉嫌侵权盗版，共有 400 余册。通过调查核实这批图书是萍乡市某书店的。执法人员又赶到该书店进行了检查，发现该书店还有 600 余册涉嫌盗版的教辅图书。后经出版单位认定，这批图书均为侵权复制品。

根据《著作权法》第四十八条规定和《著作权法实施条例》第三十六条规定，萍乡市安源区文化市场综合执法大队对该书店做出没收侵权盗版图书 1 020 册，罚款人民币 1 万元的行政处罚。

六、赣州市瑞金“3·4”销售侵权盗版图书案

2015 年 3 月 4 日，瑞金市新闻出版局接到举报，反映瑞金市的某书店销售侵权盗版的教辅图书《中学教材全解》《小学教材全解》等。瑞金市新闻出版局执法人员前往该书店进行检查，当场查获涉嫌盗版的教辅图书 321 册，后经陕西人民教育出版社鉴定为侵权复制品。

瑞金市新闻出版局根据《著作权法》第四十八条和《著作权法实施条例》第三十六条的规定，对该书店做出没收侵权盗版图书 321 册，罚款人民币 6 000 元的行政处罚。

（江西省版权局）

山东省

一、李家阳侵犯著作权案（此案为国家版权局督办案件）

被告人李家阳以营利为目的，自2010年12月至2014年11月，未经著作权人许可，擅自在章丘市吕家村租用厂房，盗印中国建筑工业出版社、中国计划出版社、中国建材工业出版社出版的建筑类图书254 762册，码洋19 579 583元。2015年5月26日济南市文化市场综合行政执法局、济南及章丘市公安局联合行动，在章丘市双山街道办事处杨胡村福康路李家阳租赁的仓库内将盗版图书全部依法查获，该案由章丘市公安局依法立案查办。

2015年11月30日章丘市人民法院对此案做出依法判决：被告人李家阳因犯侵犯著作权罪，判处有期徒刑3年，缓刑3年，并处罚金10万元人民币。

二、淄博“8·5”制售盗版光盘案（此案为国家版权局督办案件）

案件详情，参见本栏目“2015年度打击侵权盗版十大案件七”（第375页）。

三、刘培励侵犯著作权案（此案为国家版权局督办案件）

被告人刘培励，以非法获利为目的，未经著作权人许可，于2013年10月11日通过济南市天桥区二环北路天阳物流从外省购进大批侵权盗版及非法出版物用以销售获利。接到举报线索后，济南市文化市场综合行政执法局、济南市公安局公交分局第四派出所执法人员联合行动，迅速前往该物流地点进行依法检查，现场查扣《新概念英语3》等涉嫌侵权盗版图书9 353册，被告人刘培励被当场抓获。后经查明，该批图书先期已售出690册。综上，被告人刘培励销售盗版图书共计10 043册。

该案由济南市公安局公交分局刑事立案，2015年9月18日济南市天桥区人民法院对该案做出依法判决：被告人刘培励犯侵犯著作权罪，判处有期徒刑2年，缓刑2年，并处罚金3万元。

四、青岛“3·17”李某侵犯著作权案（此案为国家版权局督办案件）

2014年3月17日，有群众向李沧区文化市场行政执法局举报，有人通过网络销售盗版教辅教材。4月22日青岛市文化市场行政执法局、李沧区文化市场行政执法局会同李沧区公安分局，抽调人员在该案主犯李某的办公场所内将其查获，并当场查获涉嫌盗版图书、光盘多种。经鉴定，其中的2 031册图书和2 584张光盘均为非法出版物，李某因此被公安机关刑事拘留，4月23日李沧区公安分局以李某非法经营罪立案调查。此后，为补充证据，李沧区文化市场行政执法局李建带领执法人员和公安人员奔赴北京、杭州、湖州、衢州等地，横跨多省进行调查取证，检察机关于2015年1月对被告人李某提起公诉。

李沧区人民法院在2015年8月对本案做出了判决：被告人李某以牟利为目的，在未取得中国建筑工业出版社等相关机构授权和许可的情况下，多次从上线肖某等人处购买有关建造师职业资格考试用书等书籍进行网络销售，其行为触犯了《刑法》第二百一十七条第（一）项，以侵犯著作权罪追究其刑事责任，判决被告人李某犯侵犯著作权罪，判处有期徒刑3年，缓刑3年，并处罚金人民币20 000元。

五、青岛亲贝婴儿用品有限公司未经著作权人许可通过信息网络向公众传播其作品案

2015年9月22日，根据权利人举报，青岛市文化市场行政执法局依法对青岛亲贝婴儿用品有限公司进行检查，发现该公司委托其他公司生产过印有侵犯著作权人“鼹鼠图案”和“鹈鹕图案”的YAKA婴儿纸尿裤，并通过网络销售了9 300条YAKA婴儿纸尿裤。

该公司违反了《著作权法》第四十八条、《信息网络传播权保护条例》第十条，2015年9月24日，本案经批准以一般程序立案。根据《信息网络传播权保护条例》第十八条之规定，给予该公司人民币10.3万元整的行政处罚，该公司于2015年10月30日接受行政处罚，并于当日缴纳罚款。

六、贾先民侵犯著作权案

2015年4月10日，根据举报线索，菏泽市文化市场综合执法局在某物流公司依法查处一辆载有涉嫌盗版学生教辅读物的货车。经查，车上装有《360全优测评》图书共5 920册，当事人不能提供相关合法手续，经初步调查落实，当事人贾先民低价购买高价卖给学生从中获利。

依据《著作权法》规定，此行为定性为侵犯著作权案。违反了《著作权法》第四十八条第（一）项规定，依照《著作权法实施条例》第三十六条规定对当事人贾先民处以没收侵权盗版图书《360全优测评》5 920册、罚款人民币10万元的行政处罚。

七、宁阳县广播电视台侵犯著作权案

根据举报线索，泰安市文化市场综合执法支队执法人员于2015年7月2日对域名为nygdw.com

的宁阳县广播电视台网站进行远程取证，并对证据进行固化。7 月 16 日执法人员到达宁阳县广播电视台，依法进行检查，发现域名为 nygdw. com 的宁阳县广播电视台网站存在大量电影、电视剧节目。现场负责人李方勇不能说明该网站视听节目的合法来源，承认该网站部分电影、电视剧未取得著作权人许可通过信息网络向公众传播。

7 月 31 日，泰安市文化市场综合执法支队向当事人下达《行政处罚决定书》。该违法行为违反了《著作权法》第四十八条第（一）项规定、《信息网络传播权保护条例》第十条第（五）项规定。依据《著作权法实施条例》第三十六条、《信息网络传播权保护条例》第十八条第（一）项，给予当事人删除 96 部侵权影视作品、罚款人民币 11 万元的行政处罚。

八、潍坊和盛印刷有限公司复制著作权人软件案

2015 年 6 月 17 日，潍坊市坊子区文化市场综合执法局对潍坊和盛印刷有限公司进行了检查。经查：当事人于 2015 年 1 月至 2015 年 6 月间，未经软件著作权人许可，在 17 台办公电脑中复制了“adobephotoshop”软件，用于印刷排版设计，涉案金额 3.13 万元。执法人员当即责令其停止违法经营活动，并依法做出如下处理：对法定代表人做了调查询问笔录，对计算机软件安装使用情况进行了截屏及抽样取证，对检查过程进行了拍照、录像取证。

2015 年 6 月 22 日，潍坊市坊子区文化市场综合执法局坊文罚字［2015］第 410 号决定书，依据《计算机软件保护条例》第二十四条第一款第（一）项的规定，给予当事人罚款人民币 5 万元的行政处罚。

九、德州龙奥印刷有限公司印刷盗版图书案

2015 年 12 月 15 日，德州市文化市场综合执法局依法对德州龙奥印刷有限公司进行检查，经查，发现当事人涉嫌印刷非法出版物，其行为违反了《著作权法》第四十八条第（一）项之规定。该案于 2015 年 12 月 16 日立案。

德州市文化市场综合执法局于 12 月 25 日，依据《著作权法实施条例》第三十六条之规定，对当事人下达罚款人民币 6 万元、没收盗版图书 10 000 本的行政处罚。

十、吴兆旭侵犯著作权案

2014 年 7 月 8 日，著作权人吴永成向即墨市文化市场行政执法局举报侵权人吴兆旭在“阿里巴巴”网站销售儿童吸汗巾，侵犯著作权人享有著作权的美术作品，且数量巨大。2015 年 1 月 28 日，即墨市文化市场行政执法局对即墨市考拉服饰厂进行检查，执法人员在现场发现已生产侵权制品 786 条，网上两个网店累计销售 313 462 条。

依据《著作权法》第十条第一款第（五）项、第（六）项、第（十二）项，第四十八条第（一）项；《著作权法实施条例》第三十六条；《著作权行政处罚实施办法》第三十一条第一款，第二款第（一）项、第（二）项、第（三）项之规定，2015 年 10 月 20 日，即墨市文化市场行政执法局向其下达没收侵权制品 786 条并处罚款人民币 5 万元的行政处罚决定。

十一、寿光市夜莺娱乐有限公司未经著作权人许可复制音乐作品案

2015 年 6 月 24 日，寿光市文化市场综合执法局对寿光市夜莺娱乐有限公司进行了检查。经查：当事人未经歌曲著作权人许可，在曲库中下载了著作权人的歌曲，用于经营活动，涉案金额难以计算。执法人员对曲库歌曲目录进行了截屏和拍照，对检查过程进行了拍照、录像。

2015 年 6 月 25 日，寿光市文化市场综合执法局寿文罚字［2015］第 68 号决定书，依据《著作权法》第四十八条第（一）项等规定，给予当事人警告并处罚款人民币 5 万元的行政处罚。

（山东省版权局）

湖　北　省

一、武汉“2·13”章太原侵权著作权案

2014 年 2 月 13 日，根据全国“扫黄打非”办公室转办的案件线索，武汉市文化市场综合执法支队执法人员在被告人章太原经营的位于武汉市洪山区板桥新村 E 栋 1 楼门店内，现场查获其销售的出版物复制品，共计 24 017 册。后经湖北省新闻出版广电局认定，24 017 册出版物复制品均为侵权复制品。经查，2011 年 8 月至 2014 年 2 月期间，被告人章太原从河南省郑州市购买大量出版物复制品在其租赁的位于武汉市洪山区板桥新村 E 栋 1 楼门店内销售，以此牟取经济利益，严重扰乱了出版物经营秩序，其情节特别严重。鉴于上述情况，2014 年 6 月，武汉市文化市场综合执法支队依法将此案移送武汉市公安局经侦处侦办，追究其刑事责任。

2015 年 3 月 25 日，武汉市江岸区人民检察院以侵犯著作权罪向武汉市江岸区人民法院提起公诉。江岸区人民法院分别于 4 月 21 日、6 月 15 日对此案公开开庭进行了审理，经武汉市江岸区人民法院知识产权庭开庭审理，判处被告人章太原有期徒刑 2 年，缓刑 3 年，并处罚金人民币 5 万元；扣押的涉案侵权复制品，予以没收。

二、荆州卢言习侵犯著作权案

2014 年 5 月 10 日，武汉亿童文教股份有限公司监察法务部李俊到公安县公安局经侦大队报案称其公司发行的《蒙氏数学》和《分级阅读》被人盗版销售，请求调查处理。公安县公安局经侦大队于 2014 年 6 月 9 日对该案立案侦查。经调查发现：2013 年至 2014 年期间，犯罪嫌疑人卢言习采用电脑扫描由武汉亿童文教股份有限公司发行的《蒙氏数学》和《分级阅读》等方式制作 PS 电子文档，利用 PS 电子文档先后于 2013 年 10 月和 2014 年春天复制武汉亿童文教股份有限公司发行的《蒙氏数学》33 000 套和《分级阅读》3 000 套。犯罪嫌疑人卢言习为了达到营利的目的，与犯罪嫌疑人张洪斐商量后，以由张洪斐负责分发名片、提供银行账户等方式联系客户后进行销售，其中 660 套《蒙氏数学》和 570 套《分级阅读》销售给李彬，后由李彬销售给公安县南平镇康馨幼儿园园长熊怡芬。2014 年 8 月 20 日，犯罪嫌疑人卢言习在自己仓库被抓获时，现场发现其未来得及销售出去的《蒙氏数学》18 510 套。

2015 年 6 月 2 日，依照《刑法》第二百一十七条、第六十七条第三款、第七十二条、第七十三条之规定，被告人卢言习犯侵犯著作权罪，判处有期徒刑 3 年，缓刑 4 年，并处罚金人民币 5 万元。

三、武汉毛火珍贩卖淫秽物品及侵犯著作权案

2014 年 3 月 31 日，武汉市江汉区文化市场综合执法大队与武汉市江汉区公安局前进街派出所在江汉区济生左二巷 42 号破获一起贩卖侵权复制品盗版光盘窝点，现场收缴疑似侵权复制品光盘 15 564 张，淫秽光盘 3 003 张。根据《刑法》第二百二十五条，《出版管理条例》第六十一条，《最高人民法院关于审理非法出版物刑事案件具体应用法律若干问题的解释》第十一条、第十三条及《行政执法机关移送涉嫌犯罪案件的规定》第三条的规定，该案移送至武汉市公安局江汉分局前进街派出所处理。

2015 年 7 月 21 日，江岸区人民法院依照《刑法》，最高人民法院《关于审理非法出版物刑事案件具体应用法律若干问题的解释》，最高人民法院、最高人民检察院《关于办理侵犯知识产权刑事案件具体应用法律若干问题的解释（二）》规定，对毛火珍贩卖淫秽物品牟利罪及侵犯著作权罪判处有期徒刑 3 年，缓刑 4 年，并处罚金 2 万元。

四、武汉市天宇翔传媒有限公司销售盗版教材案

2015 年 1 月 7 日，钟祥市文化市场综合执法大队对钟祥市职业高中侵权盗版教材案立案查处。经查，自 2014 年 6 月起，武汉市天宇翔传媒有限公司，擅自购买盗版教材基础模块（英语一）、基础模块（语文上）、基础模块（数学上）、职业生涯规划 4 科共 4 800 册，销售给钟祥市职业高中，办案人员现场证据保存盗版教材 4 800 册，调取案件相关财务凭证、调查询问相关人员，证据确定武汉市天宇翔传媒有限公司销售盗版教材 4 800 册，非法经营 63 540 元的违法事实。

根据《著作权法》第四十八条第（一）项、《著作权法实施条例》第三十六条之规定，2015 年 1 月 19 日，钟祥市版权局依法没收武汉市天宇翔传媒有限公司销售的盗版教材 4 800 册，并处罚金 63 540 元。同时责令该公司向被侵权的高等教育出版社做出书面道歉，支付赔偿金 8 万元，购买正版教材更换被收缴的盗版教材。

五、“风音音乐网”侵犯录音制作者信息网络传播权案

2015 年 11 月 24 日，根据国家版权局《“剑网 2015”专项行动移转函》交办，湖北省版权局向十堰市下达《案件线索移转函》，要求立案查处“风音音乐网”侵犯音乐作品信息网络传播权违法行为。受领案件查办任务后，十堰市版权局立即组织专班，依法开展调查取证。通过远程勘验取证，执法人员发现该网站由十堰居民丰某某开办，服务器位于郑州市，网站有偿销售邀请码招募会员注册、向注册会员提供歌曲下载链接。

为合法、准确、及时固定证据，十堰市版权局购买正版屏幕录像软件，依法到市公证处做了电子证据保全公证，向公安部门调取了当事人丰某某的户籍证明材料，依法调取了该网站服务器数据、ICP 备案登记详细信息、支付宝交易记录等关键证据。

经查明，丰某某未经国际唱片业协会会员唱片公司许可，擅自将其享有录音制作者权的录音制品上传到百度云盘上，采取设置公开或私密链接等共享文件方式，将链接地址和提取码发布到“风音音乐”网站上，使购买邀请码的注册会员在个人选定的时间和地点下载所需要歌曲，侵犯了国际唱片业协会会员唱片公司信息网络传播权。同时该网站以营利为目的，在没有取得《网络文化经营许可证》的情况下，采取收取会员注册费的方式，擅自从事经营性互联网文化活动，十堰市版权局根据《著作权法》《信息网络传播权保护条例》相关规定，责令当事人停止侵权行为，并给予当事人没收违法所得，罚款 1 万元的行政处罚。

（湖北省版权局）

湖南省

一、“人人影视网”侵犯影视作品著作权案

案件详情，参见本栏目“2015 年度打击侵权盗版十大案件四”（第 374 页）。

二、株洲华信精密工业股份有限公司侵犯软件著作权案

2015 年 7 月 17 日，根据微软公司举报，株洲市执法局组织执法人员谭励军、周森、肖丽花、刘军飞对被举报单位——株洲华信精密工业股份有限公司进行执法检查。经查，该公司技术部被抽查的多台计算机中所安装使用的操作系统、办公软件以及设计软件 AotuCAD 等计算机软件均无法提供著作权人授权许可证明。株洲市执法局正式立案，并成立专案组负责侦办。先后对公司负责人韩驭安进行了调查询问，对其公司生产经营、电脑使用、软件正版化情况、执法检查后改进措施等相关方面进行了调查询问；当事人承认侵权事实。8 月 25 日执法单位依法对该公司处以 6 万元的行政处罚。

三、湖南衡阳李某侵犯计算机软件著作权案

2015 年 11 月 3 日，衡阳市文化市场综合执法局第一执法大队在日常检查中发现李某复制、安装计算机软件的行为有侵权嫌疑，并取得相关证据后于当日立案。经调查发现：李某未经著作权人许可，于 2015 年 10 月为倚龙网吧安装了侵权 Windows7、Office 2003 计算机软件各 90 套，收取费用 2 250 元的违法事实（经调查，Windows7、Office 2003 计算机软件在湖南区域零售指导价分别为 1 980 元/套和 3 680 元/套），侵犯了著作权人的计算机软件的复制、发行权。当事人行为违反了《计算机软件保护条例》第五条第一款的规定，依据《计算机软件保护条例》第二十四条第（一）、（二）项之规定，衡阳市文化市场综合执法局责令当事人停止侵权行为，给予罚款人民币 3.5 万元的行政处罚。

四、DJ0730 娱乐网侵犯音乐作品著作权案

2015 年 8 月 6 日，岳阳市版权局版权执法大队执法人员刘伟、李军对 0730 娱乐网（域名 www.DJ0730.com）网站进行巡查发现：该网站可供播放下载的 DJ 音乐舞曲、歌曲达 100 余首，涉嫌侵犯网络音乐作品著作权。遂对该案进行立案调查，经调查发现：网站负责人为肖某，华容县万庾镇人，网站无经营许可证和相关作品授权许可信息，上述 100 余首音乐作品均为其本人未经作品著作权人授权许可，通过其他音乐网站下载复制到 0730 娱乐网，并从中获利 1 020 元。2015 年 9 月 6 日，岳阳市版权局依法做出行政处罚，责令关闭侵权网站，没收违法所得 1 020 元，并处以 1 万元罚款。

五、李某侵犯影视作品著作权案

2015 年 5 月 29 日，长沙市执法局接到举报，称长沙有“印象咖啡”等多家“小影吧”违规放映电影。6 月 2 日，长沙市执法局正式立案，并组织执法人员开展执法检查和取证，责令该单位停止侵权行为。经查，该单位负责人为李某，所有播放的影片（共有 580 部）均为网上下载，存储在服务器内，所放映的影视作品均不能提供著作权人许可证明。当事人自 5 月 12 日影吧经营以来，只在美团网做了活动推广，截至案发还处于试营业期，非法经营额 8 450 元。根据《著作权法》第四十八条第（一）项和《著作权法实施条例》第三十六条的规定，长沙市执法局于 6 月 18 日以委托机关长沙市知识产权局的名义对李某实施了行政处罚：一是罚款人民币 1 万元；二是对侵权的电影作品予以删除。

六、淘宝网店“萌语文化”涉嫌侵犯图书著作权案

2015 年 10 月，长沙市文化市场综合执法局接到湖南省版权局交办，要求对淘宝网店“萌语文化”涉嫌侵犯《秘密花园》等图书著作权案进行查处。长沙市文化市场综合执法局领导高度重视，迅速成立专案组。经查明，确定了该网店的经营者为肖可安和具体的经营地址。2015 年 7 月 22 日起，当事人未经著作权人许可，通过淘宝网店对外销售《秘密花园》300 本，非法经营额 3 420 元，非法收入 1 455 元。12 月 28 日，根据《著作权法》第四十八条第（一）项，《著作权法实施条例》第三十六条、第三十七条第一款，《著作权行政处罚实施办法》第四条的规定，长沙市文化市场综合执法局以委托机关长沙市知识产权局的名义对该单位实施了行政处罚：罚款人民币 3 000 元。

七、武汉荣昌仁和会计咨询服务有限公司侵犯图书著作权案

2015 年 7 月 21 日，根据群众举报，武汉市版权局派出执法人员袁平、李军对武汉荣昌仁和会计咨询服务有限公司岳阳分公司涉嫌侵犯图书著作权案进行调查。检查发现，当事人有涉嫌盗版图书《会计基础》2本和《财经法规与会计职业道德》2本。并对这4本涉嫌盗版图书进行证据先行登记保存。7月对当事人在长沙定王台图书城门店进行调查，发现盗版图书90本，销售价格为51元/套。当事人均不能提供合法来源。2015年8月13日，武汉市版权局案件审查委员会召开会议对案件进行集体讨论并审查终结，向当事人下达了行政处罚事先告知书，在法定时限内当事人放弃陈述申辩听证权利。2015年9月8日，武汉市版权局向当事人下达行政处罚决定书，决定对当事人处以2万元的罚款，并没收盗版图书99本。

八、长沙辉程教育咨询有限公司侵犯图书著作权案

2015年7月7日，长沙市文化市场综合执法局收到中国医药科技出版社的投诉，反映长沙辉程教育咨询有限公司未经著作权人许可，发行其作品。7月9日，长沙市版权局对该案进行立案调查，发现当事人未经著作权人许可，发行署名中国医药科技出版社出版的《中药学专业知识》等图书，共计302本，经营额共计12 036元。2015年9月1日，根据《著作权法》第四十八条第（一）项，《著作权法实施条例》第三十六条、第三十七条第一款，《著作权行政处罚实施办法》第四条的规定，长沙市文化市场综合执法局以委托机关长沙市知识产权局的名义对该单位实施了行政处罚：（1）罚款1万元；（2）没收出版物302本。

（湖南省版权局）

四 川 省

一、四川“风云丝路网”侵犯著作权案

案件详情，参见本栏目“2015年度打击侵权盗版十大案件十”（第375页）。

二、阆中京泰音像制品店、同乐堂音像制品店发行侵权盗版音像制品系列案

2015年1月20日，南充市“扫黄打非”办对阆中市王爷庙街10号“京泰音像制品店”和王爷庙街8号“同乐堂音像制品店”实施暗访检查，在“京泰音像制品店”查获涉嫌侵权盗版音像制品13 416张，在“同乐堂音像制品店”查获涉嫌侵权盗版音像制品7 305张。1月22日，南充市文广新局和阆中市新闻出版版权局联合成立专案组立案调查。经鉴定，上述音像制品均为侵权盗版音像制品，其中“京泰音像制品店”发行的音像制品中有99张（盘）为淫秽色情出版物，“同乐堂音像制品店”发行的音像制品中有52张（盘）为淫秽色情出版物。4月29日，专案组依法将两案移交阆中市公安局侦查办理。8月11日，阆中市检察院对“京泰音像制品店”店主赵春兰和“同乐堂音像制品店”店主陈开芬等两名犯罪嫌疑人依法批捕。

2015年11月13日，阆中市人民法院依照《刑法》第二百一十七条、第二十三条、第六十七条、第七十二条之规定，判决被告人赵春兰犯侵犯著作权罪，判处有期徒刑2年6个月，缓刑3年6个月，并处罚金人民币15 000元，对盗版音像制品13 416张依法予以没收；判决被告人陈开芬犯侵犯著作权罪，判处有期徒刑2年，缓刑3年，并处罚金人民币8 000元，对侵权盗版音像制品7 305张依法予以没收。

三、宜宾“7·3”发行盗版音像制品案

2012年7月3日，宜宾市南溪区“扫黄打非”办在联合执法检查中，发现该区“天天音像”“金恒音像”两家音像制品店涉嫌发行盗版光碟3 632张，遂立案调查。8月9日，宜宾市“扫黄打非”办、宜宾市文广新局、南溪区文广新局、南溪区公安分局联合成立专案组，对向上述2家音像制品店供货的翠屏区“环娱音像”“百灵音像”“昆林音像”3家音像制品店实施突击检查，当即查获涉嫌盗版音像制品34 644张。同时，专案组将该案移交至南溪区公安分局经侦大队并案侦查。经执法部门多次补充取证，宜宾市南溪区检察院于2014年4月23日向南溪区法院提起公诉，指控被告人王荣、宋方平、李世英、刘汝云等4人涉嫌犯侵犯著作权罪。

2015年3月23日，宜宾市南溪区人民法院依据《刑法》第二百一十七条、第二十三条、第七十二条之规定，对被告人王荣、宋方平、李世英、刘汝云等4人犯侵犯著作权罪依法做出判决：判处宋方平有期徒刑3年，缓刑3年，并处罚金人民币6 000元；判处李世英有期徒刑1年6个月，缓刑2年，并处罚金人民币1万元；判处刘汝云有期徒刑1年6个月，缓刑2年，并处罚金人民币1万元；判处王荣有期徒刑1年，缓刑1年，并处罚金人民币4 000元；对王荣、宋方平、李世英、刘汝云等4人退缴的违法所得人民币1.5万元予以没收并上交国库。

四、成都“1·26”点播视频节目侵犯著作权案

2015年1月26日至29日，成都市文化市场综合执法总队分别对成都市部分酒店进行突击检查。在现场，执法人员查看了涉案酒店的客房电视节目及安装服务器的机房，发现成都长盛帝都酒店、成都新华国际酒店、成都金府华美达酒店、成都瑞熙酒店、成都戛纳假日酒店等 5 家酒店，存在为客房住户提供视频点播节目且无法出示点播的影视作品著作权授权书的情况，其行为涉嫌违反《著作权法》第四十八条第（一）项之规定。成都市文化市场综合执法总队对涉案的 5 家酒店进行立案调查。经查实，上述 5 家涉案酒店在大部分作品未取得著作权人合法授权许可的情况下，与深圳市盛阳科技有限公司合作，通过酒店有线电视网络为住店客人提供点播影片节目。

成都市文化市场综合执法总队依据《著作权法》第四十八条、《著作权法实施条例》第三十六条、《四川省新闻出版广电版权行政处罚裁量权指导标准》第 203 项、《行政处罚法》第二十七条之规定，分别对上述 5 家酒店做出行政处罚：责令成都长盛帝都酒店、成都金府华美达酒店停止侵权行为，删除未经合法授权的影视作品，并处罚款人民币 1 万元；责令成都戛纳假日酒店、成都新华国际酒店停止侵权行为，删除未经合法授权的影视作品，并处罚款人民币 2 万元；责令成都瑞熙酒店停止侵权行为，删除未经合法授权的影视作品，并处罚款人民币 5 万元。

五、成都博学睿德教育咨询有限公司侵犯著作权案

2015 年 3 月 31 日，根据中国劳动社会保障出版社投诉，成都市青羊区文化体育广播电视和旅游局对成都市青羊区成都博学睿德教育咨询有限公司实施检查，发现该公司在进行劳动技能培训中涉嫌发行盗版培训教材 8 种共 716 册（总码洋 29 060 元），当即予以证据先行保存。2015 年 4 月 2 日，青羊区文化体育广播电视和旅游局予以立案调查，同日，该公司法定代表人王某在接受询问调查时承认其公司所发行教材系在网上订购。经中国劳动社会保障出版社鉴定，该公司发行的培训教材 8 种共 716 册均为盗版教材。根据《著作权法》第四十八条第（一）项之规定，该公司上述行为已构成对中国劳动社会保障出版社著作权的侵害，应承担相应的侵权责任。

2015 年 7 月 16 日成都市青羊区文化体育广播电视和旅游局根据《著作权法》第四十八条和《著作权法实施条例》第三十六条之规定，对成都博学睿德教育咨询有限公司处以没收盗版出版物、罚款人民币 2 万元的行政处罚。

六、自贡金钥匙书店发行侵权盗版出版物案

2015 年 4 月 29 日，自贡市文化广电新闻出版局、自贡市文化市场综合执法支队对自贡市自流井区金钥匙书店实施突击检查，发现该书店发行的延边教育出版社出版的《15 春全能检测三年级英语川教版（三起）下册》的图书 17 册（总码洋 336.6 元），涉嫌为侵权盗版出版物，执法人员当即予以证据先行保存。经延边教育出版社鉴定，上述图书均为侵权盗版图书。根据《著作权法》第四十八条第（一）项之规定，该公司上述行为已构成对延边教育出版社著作权的侵害，应承担相应的侵权责任。

2015 年 6 月 26 日，自贡市文化广电新闻出版局依据《著作权法》第四十八条和《著作权法实施条例》第三十六条之规定，责令当事人停止侵权行为，并给予没收违法所得人民币 414 元，没收、销毁侵权复制品 17 册，罚款人民币 1 万元的行政处罚。

七、宜宾昆林音像制品店侵犯著作权案

2014 年 2 月 24 日，宜宾市文化市场综合执法支队在昆林音像制品店当场查获各类音像制品 5 200 张，当即予以证据先行保存。经宜宾市文化广播影视新闻出版局鉴定，上述音像制品均为非法出版物。经查实，宜宾昆林音像制品店法人郝光鑫从成都、重庆等地以远低于正版光碟的价格购进 DVD、VCD、CD 等非法出版的音像制品，在宜宾市翠屏区文星街 156 号昆林音像制品店销售，从中非法牟利。

2014 年 9 月 19 日，宜宾市翠屏区检察院以郝光鑫涉嫌犯侵犯著作权罪向宜宾市翠屏区人民法院提起公诉。2015 年 1 月 26 日，宜宾市翠屏区人民法院以犯侵犯著作权罪判处郝光鑫有期徒刑 2 年 6 个月，缓刑 3 年，罚金 8 万元。

八、绵阳安县“1·10”侵犯著作权案

经绵阳市安县公安局查实，犯罪嫌疑人张辉、张敏、夏小军、张奶华为牟取非法利益，私设网络服务器，将深受网友喜爱的上海盛大网络游戏公司网络游戏《传奇》下载后改头换面，开设网银账户并绑定，向玩家出售“元宝”、收取广告推广费用、抽取玩家之间交易的担保金，获利数百万元。2014 年 1 月 10 日，安县公安局立案侦查，3 月 31 日以犯罪嫌疑人张辉、张敏、夏小军、张奶华涉嫌非法经营罪向安县检察院提请批捕，经审查认为该案定性不准，应认定涉嫌犯侵犯著作权罪。因证据不足，故全案未捕。经补证，2015 年 4 月 27 日，安县检察院向安县人民法院提起公诉，指控张辉、张敏、夏小军、张奶华等 4 人涉嫌犯侵犯著作权罪。

2015 年 11 月 2 日，安县人民法院以犯侵犯著作权罪判处被告人张辉有期徒刑 3 年，缓刑 3 年，罚金7万元；判处被告人张敏有期徒刑3年，缓刑5年，罚金6万元；判处被告人夏小军有期徒刑3年，缓刑4年，罚金4万元；判处被告人张奶华有期徒刑6个月，缓刑6个月，罚金5 000元。

九、邹佳星、骆炳侵犯著作权罪案

案件详情，参见本栏目“部分省（区、市）公布的2015年度著作权典型案件”，四川省案件二（第386页）。

（四川省版权局）

陕西省

一、胡志红、路喜功未经许可复制发行图书侵犯著作权案

案件详情，参见本栏目“部分省（区、市）公布的2015年度著作权典型案件”，陕西省案件（第387页）。

二、西安高校出版物市场系列销售侵权复制品案

西安有高校一百余所，各类出版物是在校学生的主要消费品，为提升在校学生维护版权的意识，西安市文化市场行政执法总队成立“净化高校出版物市场专项工作小组”。自2015年3月11日至4月22日，分别在西安欧亚学院、西安邮电大学等25所高校周边出版物市场查处了李某敏、贾某勋、王某义、廖某锋、颜某、张某涛、西安某管理学院等七家单位和个人销售侵犯他人专有出版权的出版物案。在专项整治过程中执法人员深入校园取证，并与二十余家出版单位和著作权人建立信息互通机制，为案件顺利执行提供了有效的证据。

西安市文化市场行政执法总队依据《著作权法》第四十八条、《著作权法实施条例》第三十六条，对以上七家单位和个人共计行政处罚48 880元人民币，没收侵犯他人专有出版权的出版物1 173册。

三、西安某视听技术有限公司侵犯电影作品放映权案

2015年5月6日，西安市文化市场行政执法总队执法人员到西安某视听技术有限公司所经营的“云乐迪电影吧”进行检查，查明西安某视听技术有限公司在其经营场所向公众放映的电影作品，没有电影作品著作权人合法授权，违反了《著作权法》第四十八条规定，构成著作权侵权。

依据《著作权法》第四十八条、《著作权法实施条例》第三十六条，2015年6月19日，西安市文化市场行政执法总队对西安某视听技术有限公司做出了罚款人民币8 000元整的行政处罚。

四、计算机软件侵权复制使用案

2014年12月16日与20日，西安市文化市场行政执法总队执法人员在检查西安某计算机设备有限公司百脑汇一店与西安某电子科技有限公司时，发现上述两家公司涉嫌未经著作权人许可，擅自复制使用相关操作系统及办公软件的侵权行为。2015年12月17日与21日西安市文化市场行政执法总队分别对上述两公司立案调查，后经调查上述两公司侵权事实清楚，证据确凿。

西安市文化市场行政执法总队依据《计算机软件保护条例》第二十四条第一款之规定，对上述公司分别处以4 558元与2 098元的行政处罚，并责令其删除侵权软件。

（陕西省版权局）

青海省

董顺志销售盗版图书案

经群众举报，2015年4月28日，大通县文化市场综合执法大队联合县公安局、工商局和西宁市文化市场综合执法督察大队执法人员对位于大通县桥头镇文化广场和八一路的两处流动图书销售摊点进行执法检查。经查，当事人董顺志和范万通不能提供相关证照和进货凭证。执法人员现场对3 235册盗版图书和有关物品实施扣押强制措施。经立案调查，两处图书销售摊点均属于董顺志一人所有，且董顺志对销售盗版图书的违法行为无异议。

根据《著作权法》第四十八条和《著作权法实施条例》第三十七条规定，大通县执法部门给予当事人董顺志警告，没收盗版图书3 235册的行政处罚。

（青海省版权局）

版

法律法规及规章文件

FA LYU FA GUI JI GUI ZHANG WEN JIAN

权

法律法规

中华人民共和国刑法修正案（九）

（2015年8月29日第十二届全国人民代表大会常务委员会第十六次会议通过）

一、在刑法第三十七条后增加一条，作为第三十七条之一："因利用职业便利实施犯罪，或者实施违背职业要求的特定义务的犯罪被判处刑罚的，人民法院可以根据犯罪情况和预防再犯罪的需要，禁止其自刑罚执行完毕之日或者假释之日起从事相关职业，期限为三年至五年。

"被禁止从事相关职业的人违反人民法院依照前款规定作出的决定的，由公安机关依法给予处罚；情节严重的，依照本法第三百一十三条的规定定罪处罚。

"其他法律、行政法规对其从事相关职业另有禁止或者限制性规定的，从其规定。"

二、将刑法第五十条第一款修改为："判处死刑缓期执行的，在死刑缓期执行期间，如果没有故意犯罪，二年期满以后，减为无期徒刑；如果确有重大立功表现，二年期满以后，减为二十五年有期徒刑；如果故意犯罪，情节恶劣的，报请最高人民法院核准后执行死刑；对于故意犯罪未执行死刑的，死刑缓期执行的期间重新计算，并报最高人民法院备案。"

三、将刑法第五十三条修改为："罚金在判决指定的期限内一次或者分期缴纳。期满不缴纳的，强制缴纳。对于不能全部缴纳罚金的，人民法院在任何时候发现被执行人有可以执行的财产，应当随时追缴。

"由于遭遇不能抗拒的灾祸等原因缴纳确实有困难的，经人民法院裁定，可以延期缴纳、酌情减少或者免除。"

四、在刑法第六十九条中增加一款作为第二款："数罪中有判处有期徒刑和拘役的，执行有期徒刑。数罪中有判处有期徒刑和管制，或者拘役和管制的，有期徒刑、拘役执行完毕后，管制仍须执行。"

原第二款作为第三款。

五、将刑法第一百二十条修改为："组织、领导恐怖活动组织的，处十年以上有期徒刑或者无期徒刑，并处没收财产；积极参加的，处三年以上十年以下有期徒刑，并处罚金；其他参加的，处三年以下有期徒刑、拘役、管制或者剥夺政治权利，可以并处罚金。

"犯前款罪并实施杀人、爆炸、绑架等犯罪的，依照数罪并罚的规定处罚。"

六、将刑法第一百二十条之一修改为："资助恐怖活动组织、实施恐怖活动的个人的，或者资助恐怖活动培训的，处五年以下有期徒刑、拘役、管制或者剥夺政治权利，并处罚金；情节严重的，处五年以上有期徒刑，并处罚金或者没收财产。

"为恐怖活动组织、实施恐怖活动或者恐怖活动培训招募、运送人员的，依照前款的规定处罚。

"单位犯前两款罪的，对单位判处罚金，并对其直接负责的主管人员和其他直接责任人员，依照第一款的规定处罚。"

七、在刑法第一百二十条之一后增加五条，作为第一百二十条之二、第一百二十条之三、第一百二十条之四、第一百二十条之五、第一百二十条之六：

"第一百二十条之二　有下列情形之一的，处五年以下有期徒刑、拘役、管制或者剥夺政治权利，并处罚金；情节严重的，处五年以上有期徒刑，并处罚金或者没收财产：

"（一）为实施恐怖活动准备凶器、危险物品或者其他工具的；

"（二）组织恐怖活动培训或者积极参加恐怖活动培训的；

"（三）为实施恐怖活动与境外恐怖活动组织或者人员联络的；

"（四）为实施恐怖活动进行策划或者其他准备的。

"有前款行为，同时构成其他犯罪的，依照处罚较重的规定定罪处罚。

"第一百二十条之三　以制作、散发宣扬恐怖主义、极端主义的图书、音频视频资料或者其他物品，或者通过讲授、发布信息等方式宣扬恐怖主义、极端主义的，或者煽动实施恐怖活动的，处五年以下有期徒刑、拘役、管制或者剥夺政治权利，并处罚金；情节严重的，处五年以上有期徒刑，并处罚金或者没收财产。

"第一百二十条之四　利用极端主义煽动、胁迫群众破坏国家法律确立的婚姻、司法、教育、社会管理等制度实施的，处三年以下有期徒刑、拘役或者管制，并处罚金；情节严重的，处三年以上七年以下有期徒刑，并处罚金；情节特别严重的，处七年以上有期徒刑，并处罚金或者没收财产。

"第一百二十条之五　以暴力、胁迫等方式强制他人在公共场所穿着、佩戴宣扬恐怖主义、极端主义服饰、标志的，处三年以下有期徒刑、拘役或者管制，并处罚金。

"第一百二十条之六　明知是宣扬恐怖主义、极端主义的图书、音频视频资料或者其他物品而非法持有，情节严重的，处三年以下有期徒刑、拘役或者管制，并处或者单处罚金。"

八、将刑法第一百三十三条之一修改为："在道路上驾驶机动车，有下列情形之一的，处拘役，并处罚金：

"（一）追逐竞驶，情节恶劣的；

"（二）醉酒驾驶机动车的；

"（三）从事校车业务或者旅客运输，严重超过额定乘员载客，或者严重超过规定时速行驶的；

"（四）违反危险化学品安全管理规定运输危险化学品，危及公共安全的。

"机动车所有人、管理人对前款第三项、第四项行为负有直接责任的，依照前款的规定处罚。

"有前两款行为，同时构成其他犯罪的，依照处罚较重的规定定罪处罚。"

九、将刑法第一百五十一条第一款修改为："走私武器、弹药、核材料或者伪造的货币的，处七年以上有期徒刑，并处罚金或者没收财产；情节特别严重的，处无期徒刑，并处没收财产；情节较轻的，处三年以上七年以下有期徒刑，并处罚金。"

十、将刑法第一百六十四条第一款修改为："为谋取不正当利益，给予公司、企业或者其他单位的工作人员以财物，数额较大的，处三年以下有期徒刑或者拘役，并处罚金；数额巨大的，处三年以上十年以下有期徒刑，并处罚金。"

十一、将刑法第一百七十条修改为："伪造货币的，处三年以上十年以下有期徒刑，并处罚金；有下列情形之一的，处十年以上有期徒刑或者无期徒刑，并处罚金或者没收财产：

"（一）伪造货币集团的首要分子；

"（二）伪造货币数额特别巨大的；

"（三）有其他特别严重情节的。"

十二、删去刑法第一百九十九条。

十三、将刑法第二百三十七条修改为："以暴力、胁迫或者其他方法强制猥亵他人或者侮辱妇女的，处五年以下有期徒刑或者拘役。

"聚众或者在公共场所当众犯前款罪的，或者有其他恶劣情节的，处五年以上有期徒刑。

"猥亵儿童的，依照前两款的规定从重处罚。"

十四、将刑法第二百三十九条第二款修改为："犯前款罪，杀害被绑架人的，或者故意伤害被绑架人，致人重伤、死亡的，处无期徒刑或者死刑，并处没收财产。"

十五、将刑法第二百四十一条第六款修改为："收买被拐卖的妇女、儿童，对被买儿童没有虐待行为，不阻碍对其进行解救的，可以从轻处罚；按照被买妇女的意愿，不阻碍其返回原居住地的，可以从轻或者减轻处罚。"

十六、在刑法第二百四十六条中增加一款作为第三款："通过信息网络实施第一款规定的行为，被害人向人民法院告诉，但提供证据确有困难的，人民法院可以要求公安机关提供协助。"

十七、将刑法第二百五十三条之一修改为："违反国家有关规定，向他人出售或者提供公民个人信息，情节严重的，处三年以下有期徒刑或者拘役，并处或者单处罚金；情节特别严重的，处三年以上七年以下有期徒刑，并处罚金。

"违反国家有关规定，将在履行职责或者提供服务过程中获得的公民个人信息，出售或者提供给他人的，依照前款的规定从重处罚。

"窃取或者以其他方法非法获取公民个人信息的，依照第一款的规定处罚。

"单位犯前三款罪的，对单位判处罚金，并对其直接负责的主管人员和其他直接责任人员，依照各该款的规定处罚。"

十八、将刑法第二百六十条第三款修改为："第一款罪，告诉的才处理，但被害人没有能力告诉，或者因受到强制、威吓无法告诉的除外。"

十九、在刑法第二百六十条后增加一条，作为第二百六十条之一："对未成年人、老年人、患病的人、残疾人等负有监护、看护职责的人虐待被监护、看护的人，情节恶劣的，处三年以下有期徒刑或者拘役。

“单位犯前款罪的，对单位判处罚金，并对其直接负责的主管人员和其他直接责任人员，依照前款的规定处罚。

“有第一款行为，同时构成其他犯罪的，依照处罚较重的规定定罪处罚。”

二十、将刑法第二百六十七条第一款修改为：“抢夺公私财物，数额较大的，或者多次抢夺的，处三年以下有期徒刑、拘役或者管制，并处或者单处罚金；数额巨大或者有其他严重情节的，处三年以上十年以下有期徒刑，并处罚金；数额特别巨大或者有其他特别严重情节的，处十年以上有期徒刑或者无期徒刑，并处罚金或者没收财产。”

二十一、在刑法第二百七十七条中增加一款作为第五款：“暴力袭击正在依法执行职务的人民警察的，依照第一款的规定从重处罚。”

二十二、将刑法第二百八十条修改为：“伪造、变造、买卖或者盗窃、抢夺、毁灭国家机关的公文、证件、印章的，处三年以下有期徒刑、拘役、管制或者剥夺政治权利，并处罚金；情节严重的，处三年以上十年以下有期徒刑，并处罚金。

“伪造公司、企业、事业单位、人民团体的印章的，处三年以下有期徒刑、拘役、管制或者剥夺政治权利，并处罚金。

“伪造、变造、买卖居民身份证、护照、社会保障卡、驾驶证等依法可以用于证明身份的证件的，处三年以下有期徒刑、拘役、管制或者剥夺政治权利，并处罚金；情节严重的，处三年以上七年以下有期徒刑，并处罚金。”

二十三、在刑法第二百八十条后增加一条作为第二百八十条之一：“在依照国家规定应当提供身份证明的活动中，使用伪造、变造的或者盗用他人的居民身份证、护照、社会保障卡、驾驶证等依法可以用于证明身份的证件，情节严重的，处拘役或者管制，并处或者单处罚金。

“有前款行为，同时构成其他犯罪的，依照处罚较重的规定定罪处罚。”

二十四、将刑法第二百八十三条修改为：“非法生产、销售专用间谍器材或者窃听、窃照专用器材的，处三年以下有期徒刑、拘役或者管制，并处或者单处罚金；情节严重的，处三年以上七年以下有期徒刑，并处罚金。

“单位犯前款罪的，对单位判处罚金，并对其直接负责的主管人员和其他直接责任人员，依照前款的规定处罚。”

二十五、在刑法第二百八十四条后增加一条，作为第二百八十四条之一：“在法律规定的国家考试中，组织作弊的，处三年以下有期徒刑或者拘役，并处或者单处罚金；情节严重的，处三年以上七年以下有期徒刑，并处罚金。

“为他人实施前款犯罪提供作弊器材或者其他帮助的，依照前款的规定处罚。

“为实施考试作弊行为，向他人非法出售或者提供第一款规定的考试的试题、答案的，依照第一款的规定处罚。

“代替他人或者让他人代替自己参加第一款规定的考试的，处拘役或者管制，并处或者单处罚金。”

二十六、在刑法第二百八十五条中增加一款作为第四款：“单位犯前三款罪的，对单位判处罚金，并对其直接负责的主管人员和其他直接责任人员，依照各该款的规定处罚。”

二十七、在刑法第二百八十六条中增加一款作为第四款：“单位犯前三款罪的，对单位判处罚金，并对其直接负责的主管人员和其他直接责任人员，依照第一款的规定处罚。”

二十八、在刑法第二百八十六条后增加一条，作为第二百八十六条之一：“网络服务提供者不履行法律、行政法规规定的信息网络安全管理义务，经监管部门责令采取改正措施而拒不改正，有下列情形之一的，处三年以下有期徒刑、拘役或者管制，并处或者单处罚金：

“（一）致使违法信息大量传播的；

“（二）致使用户信息泄露，造成严重后果的；

“（三）致使刑事案件证据灭失，情节严重的；

“（四）有其他严重情节的。

“单位犯前款罪的，对单位判处罚金，并对其直接负责的主管人员和其他直接责任人员，依照前款的规定处罚。

“有前两款行为，同时构成其他犯罪的，依照处罚较重的规定定罪处罚。”

二十九、在刑法第二百八十七条后增加二条，作为第二百八十七条之一、第二百八十七条之二：

“第二百八十七条之一　利用信息网络实施下列行为之一，情节严重的，处三年以下有期徒刑或者拘役，并处或者单处罚金：

“（一）设立用于实施诈骗、传授犯罪方法、制作或者销售违禁物品、管制物品等违法犯罪活动的网站、通讯群组的；

“（二）发布有关制作或者销售毒品、枪支、淫秽物品等违禁物品、管制物品或者其他违法犯罪信息的；

“（三）为实施诈骗等违法犯罪活动发布信息的。

“单位犯前款罪的，对单位判处罚金，并对其直接负责的主管人员和其他直接责任人员，依照第一款的规定处罚。

“有前两款行为，同时构成其他犯罪的，依照处罚较重的规定定罪处罚。

“第二百八十七条之二　明知他人利用信息网络实施犯罪，为其犯罪提供互联网接入、服务器托管、网络存储、通讯传输等技术支持，或者提供广告推广、支付结算等帮助，情节严重的，处三年以下有期徒刑或者拘役，并处或者单处罚金。

“单位犯前款罪的，对单位判处罚金，并对其直接负责的主管人员和其他直接责任人员，依照第一款的规定处罚。

“有前两款行为，同时构成其他犯罪的，依照处罚较重的规定定罪处罚。”

三十、将刑法第二百八十八条第一款修改为：“违反国家规定，擅自设置、使用无线电台（站），或者擅自使用无线电频率，干扰无线电通讯秩序，情节严重的，处三年以下有期徒刑、拘役或者管制，并处或者单处罚金；情节特别严重的，处三年以上七年以下有期徒刑，并处罚金。”

三十一、将刑法第二百九十条第一款修改为：“聚众扰乱社会秩序，情节严重，致使工作、生产、营业和教学、科研、医疗无法进行，造成严重损失的，对首要分子，处三年以上七年以下有期徒刑；对其他积极参加的，处三年以下有期徒刑、拘役、管制或者剥夺政治权利。”

增加二款作为第三款、第四款：“多次扰乱国家机关工作秩序，经行政处罚后仍不改正，造成严重后果的，处三年以下有期徒刑、拘役或者管制。

“多次组织、资助他人非法聚集，扰乱社会秩序，情节严重的，依照前款的规定处罚。”

三十二、在刑法第二百九十一条之一中增加一款作为第二款：“编造虚假的险情、疫情、灾情、警情，在信息网络或者其他媒体上传播，或者明知是上述虚假信息，故意在信息网络或者其他媒体上传播，严重扰乱社会秩序的，处三年以下有期徒刑、拘役或者管制；造成严重后果的，处三年以上七年以下有期徒刑。”

三十三、将刑法第三百条修改为：“组织、利用会道门、邪教组织或者利用迷信破坏国家法律、行政法规实施的，处三年以上七年以下有期徒刑，并处罚金；情节特别严重的，处七年以上有期徒刑或者无期徒刑，并处罚金或者没收财产；情节较轻的，处三年以下有期徒刑、拘役、管制或者剥夺政治权利，并处或者单处罚金。

“组织、利用会道门、邪教组织或者利用迷信蒙骗他人，致人重伤、死亡的，依照前款的规定处罚。

“犯第一款罪又有奸淫妇女、诈骗财物等犯罪行为的，依照数罪并罚的规定处罚。”

三十四、将刑法第三百零二条修改为：“盗窃、侮辱、故意毁坏尸体、尸骨、骨灰的，处三年以下有期徒刑、拘役或者管制。”

三十五、在刑法第三百零七条后增加一条，作为第三百零七条之一：“以捏造的事实提起民事诉讼，妨害司法秩序或者严重侵害他人合法权益的，处三年以下有期徒刑、拘役或者管制，并处或者单处罚金；情节严重的，处三年以上七年以下有期徒刑，并处罚金。

“单位犯前款罪的，对单位判处罚金，并对其直接负责的主管人员和其他直接责任人员，依照前款的规定处罚。

“有第一款行为，非法占有他人财产或者逃避合法债务，又构成其他犯罪的，依照处罚较重的规定定罪从重处罚。

“司法工作人员利用职权，与他人共同实施前三款行为的，从重处罚；同时构成其他犯罪的，依照处罚较重的规定定罪从重处罚。”

三十六、在刑法第三百零八条后增加一条，作为第三百零八条之一：“司法工作人员、辩护人、诉讼代理人或者其他诉讼参与人，泄露依法不公开审理的案件中不应当公开的信息，造成信息公开传播或者其他严重后果的，处三年以下有期徒刑、拘役或者管制，并处或者单处罚金。

“有前款行为，泄露国家秘密的，依照本法第三百九十八条的规定定罪处罚。

“公开披露、报道第一款规定的案件信息，情节严重的，依照第一款的规定处罚。

“单位犯前款罪的，对单位判处罚金，并对其直接负责的主管人员和其他直接责任人员，依照第一款的规定处罚”。

三十七、将刑法第三百零九条修改为：“有下列扰乱法庭秩序情形之一的，处三年以下有期徒刑、拘役、管制或者罚金：

“（一）聚众哄闹、冲击法庭的；

“（二）殴打司法工作人员或者诉讼参与人的；

“（三）侮辱、诽谤、威胁司法工作人员或者诉讼参与人，不听法庭制止，严重扰乱法庭秩序的；

"（四）有毁坏法庭设施，抢夺、损毁诉讼文书、证据等扰乱法庭秩序行为，情节严重的。"

三十八、将刑法第三百一十一条修改为："明知他人有间谍犯罪或者恐怖主义、极端主义犯罪行为，在司法机关向其调查有关情况、收集有关证据时，拒绝提供，情节严重的，处三年以下有期徒刑、拘役或者管制。"

三十九、将刑法第三百一十三条修改为："对人民法院的判决、裁定有能力执行而拒不执行，情节严重的，处三年以下有期徒刑、拘役或者罚金；情节特别严重的，处三年以上七年以下有期徒刑，并处罚金。

"单位犯前款罪的，对单位判处罚金，并对其直接负责的主管人员和其他直接责任人员，依照前款的规定处罚。"

四十、将刑法第三百二十二条修改为："违反国（边）境管理法规，偷越国（边）境，情节严重的，处一年以下有期徒刑、拘役或者管制，并处罚金；为参加恐怖活动组织、接受恐怖活动培训或者实施恐怖活动，偷越国（边）境的，处一年以上三年以下有期徒刑，并处罚金。"

四十一、将刑法第三百五十条第一款、第二款修改为："违反国家规定，非法生产、买卖、运输醋酸酐、乙醚、三氯甲烷或者其他用于制造毒品的原料、配剂，或者携带上述物品进出境，情节较重的，处三年以下有期徒刑、拘役或者管制，并处罚金；情节严重的，处三年以上七年以下有期徒刑，并处罚金；情节特别严重的，处七年以上有期徒刑，并处罚金或者没收财产。

"明知他人制造毒品而为其生产、买卖、运输前款规定的物品的，以制造毒品罪的共犯论处。"

四十二、将刑法第三百五十八条修改为："组织、强迫他人卖淫的，处五年以上十年以下有期徒刑，并处罚金；情节严重的，处十年以上有期徒刑或者无期徒刑，并处罚金或者没收财产。

"组织、强迫未成年人卖淫的，依照前款的规定从重处罚。

"犯前两款罪，并有杀害、伤害、强奸、绑架等犯罪行为的，依照数罪并罚的规定处罚。

"为组织卖淫的人招募、运送人员或者有其他协助组织他人卖淫行为的，处五年以下有期徒刑，并处罚金；情节严重的，处五年以上十年以下有期徒刑，并处罚金。"

四十三、删去刑法第三百六十条第二款。

四十四、将刑法第三百八十三条修改为："对犯贪污罪的，根据情节轻重，分别依照下列规定处罚：

"（一）贪污数额较大或者有其他较重情节的，处三年以下有期徒刑或者拘役，并处罚金。

"（二）贪污数额巨大或者有其他严重情节的，处三年以上十年以下有期徒刑，并处罚金或者没收财产。

"（三）贪污数额特别巨大或者有其他特别严重情节的，处十年以上有期徒刑或者无期徒刑，并处罚金或者没收财产；数额特别巨大，并使国家和人民利益遭受特别重大损失的，处无期徒刑或者死刑，并处没收财产。

"对多次贪污未经处理的，按照累计贪污数额处罚。

"犯第一款罪，在提起公诉前如实供述自己罪行、真诚悔罪、积极退赃，避免、减少损害结果的发生，有第一项规定情形的，可以从轻、减轻或者免除处罚；有第二项、第三项规定情形的，可以从轻处罚。

"犯第一款罪，有第三项规定情形被判处死刑缓期执行的，人民法院根据犯罪情节等情况可以同时决定在其死刑缓期执行二年期满依法减为无期徒刑后，终身监禁，不得减刑、假释。"

四十五、将刑法第三百九十条修改为："对犯行贿罪的，处五年以下有期徒刑或者拘役，并处罚金；因行贿谋取不正当利益，情节严重的，或者使国家利益遭受重大损失的，处五年以上十年以下有期徒刑，并处罚金；情节特别严重的，或者使国家利益遭受特别重大损失的，处十年以上有期徒刑或者无期徒刑，并处罚金或者没收财产。

"行贿人在被追诉前主动交待行贿行为的，可以从轻或者减轻处罚。其中，犯罪较轻的，对侦破重大案件起关键作用的，或者有重大立功表现的，可以减轻或者免除处罚。"

四十六、在刑法第三百九十条后增加一条，作为第三百九十条之一："为谋取不正当利益，向国家工作人员的近亲属或者其他与该国家工作人员关系密切的人，或者向离职的国家工作人员或者其近亲属以及其他与其关系密切的人行贿的，处三年以下有期徒刑或者拘役，并处罚金；情节严重的，或者使国家利益遭受重大损失的，处三年以上七年以下有期徒刑，并处罚金；情节特别严重的，或者使国家利益遭受特别重大损失的，处七年以上十年以下有期徒刑，并处罚金。

"单位犯前款罪的，对单位判处罚金，并对其直接负责的主管人员和其他直接责任人员，处三年以下有期徒刑或者拘役，并处罚金。”

四十七、将刑法第三百九十一条第一款修改为：“为谋取不正当利益，给予国家机关、国有公司、企业、事业单位、人民团体以财物的，或者在经济往来中，违反国家规定，给予各种名义的回扣、手续费的，处三年以下有期徒刑或者拘役，并处罚金。”

四十八、将刑法第三百九十二条第一款修改为：“向国家工作人员介绍贿赂，情节严重的，处三年以下有期徒刑或者拘役，并处罚金。”

四十九、将刑法第三百九十三条修改为：“单位为谋取不正当利益而行贿，或者违反国家规定，给予国家工作人员以回扣、手续费，情节严重的，对单位判处罚金，并对其直接负责的主管人员和其他直接责任人员，处五年以下有期徒刑或者拘役，并处罚金。因行贿取得的违法所得归个人所有的，依照本法第三百八十九条、第三百九十条的规定定罪处罚。”

五十、将刑法第四百二十六条修改为：“以暴力、威胁方法，阻碍指挥人员或者值班、值勤人员执行职务的，处五年以下有期徒刑或者拘役；情节严重的，处五年以上十年以下有期徒刑；情节特别严重的，处十年以上有期徒刑或者无期徒刑。战时从重处罚。”

五十一、将刑法第四百三十三条修改为：“战时造谣惑众，动摇军心的，处三年以下有期徒刑；情节严重的，处三年以上十年以下有期徒刑；情节特别严重的，处十年以上有期徒刑或者无期徒刑。”

五十二、本修正案自 2015 年 11 月 1 日起施行。

国务院办公厅关于加强互联网领域侵权假冒行为治理的意见

国办发［2015］77号

各省、自治区、直辖市人民政府，国务院各部委、各直属机构：

当前，以“互联网＋”为主要内容的电子商务发展迅猛，成为我国经济增长的强劲动力，对推动大众创业、万众创新发挥了不可替代的作用。但是，互联网领域侵犯知识产权和制售假冒伪劣商品违法犯罪行为也呈多发高发态势。为深入贯彻落实《国务院关于大力发展电子商务加快培育经济新动力的意见》（国发［2015］24号），加强互联网领域侵权假冒行为治理，营造开放、规范、诚信、安全的网络交易环境，促进电子商务健康发展，经国务院同意，现提出以下意见：

一、总体要求

（一）指导思想。深入贯彻党的十八大和十八届二中、三中、四中全会精神，按照党中央、国务院部署，以全面推进依法治国为统领，以改革创新监管制度为保障，以新信息技术手段为支撑，以建立健全长效机制为目标，着力完善电子商务领域法律法规，加强跨部门、跨地区和跨境执法协作，提升监管能力和技术水平，遏制互联网领域侵权假冒行为多发高发势头，净化互联网交易环境，促进电子商务健康发展，为创新创业增添新活力，为经济转型升级注入新动力。

（二）基本原则。依法监管。加快推进打击互联网领域侵权假冒行为相关法律法规建设，运用法治思维和法治方式履行市场监管职责，强化事中事后监管，构建法治化市场环境。

技术支撑。积极创新监管方式和手段，加强大数据、云计算、物联网、移动互联网等新信息技术在网络交易监管中的研发应用，提高对网上侵权假冒违法犯罪线索的发现、收集、甄别、挖掘能力。

统筹协作。充分发挥打击侵权假冒工作统筹协调机制作用，加强行政执法、行业管理、宣传、司法等部门间协作配合，形成工作合力。

区域联动。推进线上线下一体化监管，加强跨区域、跨境监管执法信息共享，强化对侵权假冒违法犯罪线索的追踪溯源和联合行动，铲除侵权假冒违法犯罪链条。

社会共治。充分发挥行业组织的自律作用，落实电子商务相关企业主体责任，畅通社会举报投诉渠道，加强网络数据信息的共享和分析，构建多方参与打击侵权假冒工作新格局。

（三）主要目标。用3年左右时间，有效遏制互联网领域侵权假冒行为，初步形成政府监管、行业自律、社会参与的监管格局，相关法律法规更加健全，监管技术手段更加先进，协作配合机制更加完善，网络交易秩序逐步规范，电子商务健康有序发展。

二、突出监管重点

（四）打击网上销售假劣商品。以农资、食品药品、化妆品、医疗器械、电器电子产品、汽车配件、装饰装修材料、易制爆危险化学品、儿童用品以及服装鞋帽等社会反映集中、关系健康安全、影响公共安全的消费品和生产资料为重点，组织开展集中整治行动，加强监管执法。坚持线上线下治理相结合，在制造加工环节，组织开展电子商务产品质量提升行动，加强风险监测，净化生产源头；在流通销售环节，加强网络销售商品抽检，完善网上交易在线投诉及售后维权机制。将打击侵权假冒行为纳入邮政行业常态化监管，督促邮政企业、快递企业加强对电子商务企业等协议客户的资格审查。依法依规处置互联网侵权假冒有害信息。（工业和信息化部、公安部、农业部、海关总署、工商总局、质检总局、食品药品监管总局、网信办、邮政局按职责分工分别负责）

（五）打击网络侵权盗版。以保护商标权、著作权、专利权等知识产权为重点，严厉打击利用互联网实施的侵权违法犯罪。加大对销售仿冒知名商标、涉外商标商品的查处力度，维护权利人和消费者的合法权益。开展打击网络侵权盗版专项行动。强化对网络（手机）文学、音乐、影视、游戏、动漫、软件及含有著作权的标准类作品等重点领域的监测监管，及时发现和查处网络非法转载等各类侵权盗版行为。依托国家版权监管平台，扩大版权重点监管范围，将智能移动终端第三方应用程序（APP）、网络云存储空间、微博、微信等新型传播方式纳入版权监管。加强网上专利纠纷案件办理和电子商务领域专利执法维权，推进网络商业方法领域发明专利保护。开展邮件、快件寄递渠道专项执法，重点打击进出口环节“蚂蚁搬家”等各种形式的侵权行为。（工业和信息化部、公安部、文化部、海关总署、工商总局、新闻出版广电总局、知识产权局、网信办、邮政局按职责分工分别负责）

（六）提升监管信息化水平。充分利用大数据、云计算、物联网、移动互联网等新信息技术，创新市场监管手段。加强域名属地化、网际协议地址（IP 地址）精细化管理和网站备案管理，推行网络实名制，推广使用电子标签，实现侵权假冒行为网上发现、源头追溯、属地查处，全程追查不法分子住所地址、IP 地址、银行账户等，提高执法打击的精准度。加强业务培训，增强利用新信息技术进行市场监管的能力。（工业和信息化部、公安部、农业部、商务部、文化部、人民银行、海关总署、工商总局、质检总局、新闻出版广电总局、食品药品监管总局、林业局、知识产权局、网信办、邮政局按职责分工分别负责）

三、落实企业责任

（七）落实电子商务企业责任。指导和督促电子商务平台企业加强对网络经营者的资格审查，建立健全网络交易、广告推广等业务和网络经营者信用评级的内部监控制度，制止以虚假交易等方式提高商户信誉的行为，建立完善举报投诉处理机制，实施侵权假冒商品信息巡查清理及交易记录、日志留存，履行违法犯罪线索报告等责任和义务，配合执法部门反向追溯电子商务平台上的侵权假冒商品经营者。指导和督促电子商务自营企业加强内部商品质量管控和知识产权管理，严把进货和销售关口，严防侵权假冒商品进入流通渠道和市场。（公安部、文化部、海关总署、工商总局、质检总局、新闻出版广电总局、食品药品监管总局、林业局、知识产权局按职责分工分别负责）

（八）落实网络服务商责任。督促网络服务商落实“通知—删除”义务，对利用网络服务实施侵权假冒行为的网络信息，及时采取删除、屏蔽、断开链接等必要措施。（工业和信息化部、公安部、文化部、海关总署、工商总局、质检总局、新闻出版广电总局、食品药品监管总局、林业局、知识产权局按职责分工分别负责）

（九）落实上下游相关企业责任。指导和督促配送、仓储、邮政、快递等企业推行寄递实名制，完善收寄验视、安检制度，拒绝接收、储运、配送、寄递侵权假冒商品，为执法部门核查违法犯罪线索提供支持。指导和督促网站落实主体责任，建立健全信息发布审核制度，不得发布侵权假冒商品信息。提供商品竞价排名搜索服务的网站，应当提醒消费者搜索结果来自竞价排名，避免误导消费者。（中央综治办、公安部、商务部、海关总署、工商总局、网信办、邮政局按职责分工分别负责）

四、加强执法协作

（十）完善部门间执法联动机制。加强工作统筹协调与部门合作，完善执法与司法部门之间的线索通报、案件咨询、联席会议制度。加强行政执法与刑事司法衔接，实现行政执法部门与公安、检察、审判机关的信息共享，及时移送涉嫌犯罪案件。加大刑事打击力度，充分利用集群战役模式，摧毁犯罪网络和产业链条。完善跨境电子商务物品通关与检验检疫监管模式。充分发挥税务机关在案件查办中线索发现、协助核查等职能作用。探索建立资金流动监管工作机制，根据侵权假冒犯罪线索，依法追查交易资金账户，控制非法资金。（公安部、农业部、文化部、人民银行、海关总署、税务总局、工商总局、质检总局、新闻出版广电总局、食品药品监管总局、林业局、知识产权局、高法院、高检院按职责分工分别负责）

（十一）健全区域间执法协作机制。建立健全电子商务产品执法区域协查机制，实现案件线索与执法信息在区域间流转。鼓励地理位置邻近的地区特别是京津冀、长三角、泛珠三角等地区，推进案件线索和信息共享，开展区域执法联动。（全国打击侵权假冒工作领导小组办公室牵头，有关地区打击侵权假冒工作领导小组按职责分工分别负责）

（十二）完善跨境执法交流协作机制。加强境内外执法部门的合作，建立侵权假冒违法犯罪网上追溯、跨境协作、联合查办的工作机制，围绕重大涉外案件组织开展联合执法行动。（全国打击侵权假冒工作领导小组办公室牵头，公安部、商务部、海关总署、工商总局、质检总局、新闻出版广电总局、知识产权局、贸促会按职责分工分别负责）

五、健全长效机制

（十三）加快电子商务领域法规建设。针对互联网领域侵权假冒行为的特点、趋势，查找监管执法的薄弱环节，完善相关法律法规和规章制度。推动电子商务立法，明确网络商品交易规范、争议解决方式、法律责任以及监管执法依据。推动明确各类电子交易凭证、电子检验检疫报告和证书的法律效力，细化电子证据规格。研究制定电子商务平台与网络经营者侵权假冒责任划分的相关规定。制定统一编码的电子商务交易产品质量信息发布规范，建立电子商务纠纷解决和产品质量担保责任机制。制定电子商务产品质量和互联网食品药品经营的监督管理办法。针对利用微信、微博等社交网络平台制售侵权假冒商品等现象，研究相关监管和防范措施。（全国打击侵权假冒工作领导小组办公室牵头，中央综治办、工业和信息化部、公安部、农业部、商务部、文化部、海关总署、工商总局、质检总局、新闻出版广电总局、食品药品监管总局、林业局、知识产权局、法制办、网信办、高法院按职责分工分别负责）

（十四）推进电子商务领域信用体系建设。充分利用全国统一的信用信息共享交换平台和“信用中国”网站等政府网站，加强侵权假冒违法犯罪案件等信息公开。建立健全电子商务信用信息管理制度，推进人口、法人、商标和产品质量等信息资源向电子商务企业和信用服务机构开放，促进电子商务信用信息与其他领域相关信息的交换共享，完善电子商务领域信用评价和失信行为联合惩戒机制。加快推进企业标准自我声明公开和监督制度建设，组织地方开展试点，加强企业标准信息公开服务。组织各行业骨干企业开展产品质量承诺活动，对承诺企业全面开展执法检查，公开执法检查结果。指导电子商务行业组织加强行业自律，推行行业诚信公约、企业诚信守法等级评估，引导企业增强信用意识。发布失信企业“黑名单”。（发展改革委、人民银行牵头，公安部、农业部、商务部、文化部、卫生计生委、海关总署、工商总局、质检总局、新闻出版广电总局、食品药品监管总局、林业局、知识产权局、网信办按职责分工分别负责）推动电子商务领域应用网络身份证，完善网店实名制，鼓励发展社会化的电子商务网站可信认证服务。（公安部、工商总局、质检总局按职责分工分别负责）

（十五）加强政企沟通与协作。加强执法部门与电子商务企业的信息沟通与交流，与电子商务平台企业建立投诉举报、违法案件信息通报机制。加强执法部门与行业协会、商会、同业公会等社会组织的沟通联系，完善公示、约谈工作机制，共同防范和打击侵权假冒违法犯罪。（公安部、农业部、文化部、海关总署、工商总局、质检总局、新闻出版广电总局、食品药品监管总局、林业局、知识产权局、网信办按职责分工分别负责）指导地方政府帮助生产企业与电子商务企业开展合作，扩大品牌影响，促进优质商品网上销售，推动产业转型升级。（全国打击侵权假冒工作领导小组办公室牵头负责）

（十六）加强舆论和社会监督。借助各类媒体和网络信息平台，广泛开展宣传报道，曝光侵权假冒行为，及时发布网络购物消费警示，震慑违法犯罪，增强消费者自觉抵制侵权假冒商品的意识。畅通网络举报投诉渠道，鼓励和引导消费者、权利人积极举报投诉侵权假冒违法犯罪行为。积极利用国际多双边场合，宣传展示我国打击互联网领域侵权假冒工作成效，增信释疑，创造良好的舆论氛围。（全国打击侵权假冒工作领导小组办公室、中央宣传部牵头，公安部、农业部、商务部、文化部、海关总署、工商总局、质检总局、新闻出版广电总局、食品药品监管总局、林业局、知识产权局、网信办、贸促会按职责分工分别负责）

国务院办公厅

2015年10月26日

关于做好推进地方国有企业使用正版软件工作有关事项的通知

国版发［2015］1号

各省、自治区、直辖市及计划单列市和新疆生产建设兵团版权局、国资委：

根据国务院统一部署，现就推进地方国资委所监管企业使用正版软件工作有关事项通知如下：

一、提高认识，加强领导，深入推进使用正版软件工作

推进使用正版软件工作是实施国家知识产权战略、建设创新型国家的迫切要求，也是保障国家安全、建立遵纪守法社会环境、维护国家形象的现实需要。使用正版软件的责任主体是企业，做好使用正版软件工作有利于保障企业信息安全，提升企业抗风险能力，也有利于企业树立良好的社会形象。各地版权局、国资委要高度重视，明确推进企业使用正版软件工作的责任人和职能机构，切实负起推进企业使用正版软件的责任，指导企业加强领导、落实责任，切实做好使用正版软件工作。

二、明确目标，整体规划，全面实现使用正版软件

根据国家对推进企业使用正版软件工作的要求，各地版权局、国资委要明确目标、做好整体规划，按照“先易后难、分步推进”的原则，分阶段推进企业使用正版软件，力争到“十三五”末期企业基本实现软件正版化。各地版权局、国资委要指导企业明确使用正版软件工作路线图，制定出符合企业实际的年度工作计划。

三、制定措施，建立使用正版软件工作长效机制

围绕推进企业使用正版软件工作的总体目标，各地版权局、国资委要指导企业制定措施，重点抓好以下四项工作。

（一）建立使用正版软件工作体系。督促企业建立使用正版软件工作机制，落实工作责任，将使用正版软件工作与信息化工作相结合。

（二）加强经费保障，促进集中采购。督促企业加强对使用正版软件工作的经费保障，将正版软件采购、维护经费统一纳入预算管理。要发挥整体规模优势，积极组织正版软件集中采购或促进利用中央企业正版软件集中采购平台，降低采购成本。

（三）做好督促检查工作。督促企业落实使用正版软件年度计划，要求组织自查和整改，确保工作进度，发现违规情况进行通报。

（四）建立软件资产管理制度。指导企业出台软件资产管理办法，实现软件资产采购、部署、升级、删除等环节的全生命周期管理，作为长效机制的制度保证。

四、做好宣传培训，为使用正版软件营造良好的氛围

各地版权局、国资委要通过网站、刊物等媒体广泛宣传企业使用正版软件工作成效，营造良好的舆论氛围。各地版权局、国资委应积极对企业定期举办使用正版软件工作实务培训班，加强经验交流，增强企业使用正版软件的积极性与主动性，提升推进使用正版软件工作的能力。

国家版权局国务院国有资产监督管理委员会

2015 年 1 月 15 日

关于开展打击网络侵权盗版“剑网 2015”专项行动的通知

国版发［2015］2 号

各省（自治区、直辖市）版权局、网信办（网宣办、网管办）、通信管理局、公安厅（局），新疆生产建设兵团版权局，北京市、天津市、上海市、重庆市文化市场行政执法总队：

根据国务院 2015 年打击侵犯知识产权和制售假冒伪劣商品工作的部署，国家版权局、国家互联网信息办公室、工业和信息化部、公安部（以下简称“国家版权局等四部门”）定于 2015 年 6 月至 11 月联合开展第十一次打击网络侵权盗版专项治理“剑网行动”（简称“剑网 2015”专项行动）。现将有关事项通知如下：

一、工作目标

从 2015 年 6 月开始利用半年的时间，以查办大案要案为重点，突出整治非法传播音乐、影视、新闻、游戏、文学、软件等作品的侵权盗版网站和智能移动终端第三方应用程序（APP）等，严厉查处通过网络云存储空间、网络广告联盟、智能移动终端应用软件商店、网络字幕组、网络销售平台以及微博、微信等信息平台进行的侵权盗版行为，创新执法监管方式和手段，加强部门间、地区间信息共享和协同行动，完善打击网络侵权盗版的快速反应和长效机制，加大对网络侵权盗版的行政处罚和刑事打击力度，依法治理网络空间，净化网络版权环境，优化网络版权生态。

二、重点任务

一是开展规范网络音乐版权专项整治行动，加强对音乐网站的版权执法监管力度，严厉打击未经许可传播音乐作品的侵权盗版行为，推动音乐网站版权自律和相互授权，建立良好的网络音乐版权秩序和运营生态；二是开展规范网络云存储空间版权专项整治行动，推动重点网络云存储企业就其版权问题开展自查自纠，坚决查办利用网络云存储空间进行侵权盗版的违法活动，遏制利用网络云存储空间侵权盗版的势头；三是开展打击智能移动终端第三方应用程序（APP）侵权盗版专项整治行动，规范应用程序企业及应用程序商店的版权秩序；四是开展规范网络广告联盟专项整治行动，对故意为侵权盗版提供支持的网络广告联盟进行查处，指导大型网络广告联盟建立版权保护机制；五是进一步规范网络转载版权秩序，加强数字出版内容的版权保护，强化对互联网媒体的版权监管力度，严厉查处未经许可非法转载、传播他人作品的侵权盗版行为，保障和推动传统出版和新兴媒体融合发展。

三、工作措施

（一）发动群众投诉举报。要充分利用报纸、广播、电视、新闻网站等新闻媒体大力宣传专项行动，畅通群众投诉举报渠道，通过媒体反复公布举报电话、信函、电子信箱、微信等投诉举报方式，鼓励权利人以及社会各界积极提供案件线索。同时，要加大对侵权盗版案件查处的宣传，曝光侵权网站，剖析典型案例，开展警示教育，为开展专项行动营造良好舆论环境。

（二）开展全面清理检查。要摸清并不断更新辖区内互联网网站的底数，把辖区内传播音乐、影视、新闻、游戏、文学、软件等作品的重点网站和智能移动终端第三方应用程序（APP），以及网络云存储空间、网络广告联盟、智能移动终端应用软件商店、网络销售平台等纳入版权监测范围，定期全面清理检查。组织辖区互联网企业开展自查自纠，查找侵权盗版问题；对发现的问题要责令企业进行限期整改，对未按期完成整改的要依法严厉查处。

（三）健全快速处理机制。对于从事侵权盗版活动的非法网站，版权行政执法部门要依法制止其违法行为，及时提请通信主管部门予以暂停网络接入；通信主管部门要依照相关法律法规采取措施及时暂停网络接入。各地版权行政执法部门要在互联网信息内容主管部门和通信主管部门的指导下，进一步建立健全与基础电信企业、互联网信息服务企业构建快速有效的“通知—移除侵权”工作机制，对侵权盗版内容迅速核查、移除。

（四）全力抓好案件查办。各级版权行政执法部门要加大对网络侵权盗版案件的行政处罚力度，确定一批网络侵权盗版重点案件，集中力量、快速查办，提高办案的数量和质量；对侵权事实严重、社会影响大的侵权盗版网站，要依法从严查处，对涉嫌构成犯罪的，要根据“两法衔接”机制及时移交公安部门立案查办。

（五）完善长效工作机制。国家版权局等四部门将联合挂牌督办一批涉案标的重大、违法犯罪情节严重、社会影响恶劣的大案要案，对列入督办的案件采取专题研商、督导检查等方式，构建多部门共同参与的联动工作机制。各地要健全常态化的联合挂牌督办机制，定期联合督办一批重点案件，做到及时督办、及时上报、及时结案。要不断总结对重点音乐网站、网络云存储空间、网络广告联盟的监管措施和成功经验，及时转化为工作机制和制度。要积极推动权利人及组织与互联网企业建立版权合作机制，建立完善网站版权信息库、权利人维权绿色通道。

四、行动步骤

（一）工作部署阶段（6月1日—6月30日）。1. 国家版权局等四部门召开专题工作会，全面启动专项行动。2. 各地上报工作计划和实施方案。3. 各地制定宣传方案，大力宣传专项行动。

（二）清理检查阶段（7月1日—7月31日）。1. 各地组织引导重点互联网企业开展自查自纠活动，查找侵权盗版问题。2. 组织动员国内外权利人组织和社会公众积极投诉举报，搜集案件线索。3. 开展执法培训，组织各有关部门执法人员的培训工作。

（三）集中整治阶段（8月1日—10月31日）。以规范网络音乐专项整治、网络云存储空间专项整治、网络广告联盟专项整治、智能移动终端应用软件商店专项整治为重点，各地根据上级移交和自行搜集到的案件线索开展打击行动，依法加大行政处罚和刑事打击力度，集中查办一批大案要案。

（四）督查总结阶段（11月1日—11月30日）。

1. 国家版权局等四部门对重点地区、重点企业进行督导检查，确保专项行动落实到位。2. 各地汇总工作情况，总结工作经验，查找存在的不足。3. 国家版权局等四部门联合召开新闻通气会，通报本次专项行动取得的成效。4. 对专项行动中表现突出的单位和个人纳入 2015 年度版权执法有功单位和个人奖励范围予以奖励，对重大典型案件进行专项奖励。

五、工作要求

（一）高度重视，列入考核。各地要高度重视本次专项行动，国家版权局等四部门已将该项工作列入 2015 年全国“双打”工作的重点考核内容，将适时向全国“双打”工作领导小组报告行动开展情况并通报各地党委政府。

（二）加强协调，周密部署。各地版权行政管理部门要根据本地情况，协调文化综合执法、互联网信息内容、通信主管、公安等部门，部署工作任务、制定工作计划，于 6 月 30 日前将工作计划报国家版权局。

（三）汇总信息，及时报送。各地要高度重视“剑网 2015”专项行动信息汇总和上报工作。省级版权局、文化市场执法总队及互联网信息内容主管部门、通信主管部门、公安部门要分别汇总本地相关信息，填写有关工作统计表格（见附件 1、2），按月分别报送国家版权局等四部门。省级版权局、文化市场执法总队于 12 月 10 日前向国家版权局报送本次专项行动的工作总结，报送材料字数不超过 2 000 字。

（四）密切协作，加强联动。各地版权、互联网信息内容、通信主管、公安等部门要进一步加强配合，协同作战，按照分工认真开展工作。版权行政管理部门负责专项行动的牵头工作，具体负责组织梳理网上侵权信息，搜集案件线索，查处违法行为，移送涉嫌犯罪案件，提请通信主管部门予以暂停网站接入或者关闭网站；开展版权监管工作，组织专项行动的宣传和奖励工作；指导、协调文化市场综合执法机构开展版权执法工作。互联网信息主管部门负责指导、协调、督促有关部门加强网络内容管理，有效利用各种手段加强对网络内容的监管。通信主管部门协助开展网络侵权盗版案件调查取证工作，协助提供查处网络侵权盗版案件涉及网站的备案信息；对经版权、公安部门查处且侵权盗版情节严重的网站依法吊销电信业务经营许可证或者注销备案，并通知相关接入服务商停止为其提供网站接入服务；组织开展行业自律活动。公安机关要及时受理版权部门移送的涉嫌犯罪的案件，认为有犯罪事实，需要追究刑事责任的，要及时立案，进一步加大对侵权盗版犯罪案件的刑事打击力度。

特此通知。

附件：1. “剑网 2015”工作情况统计表（略）

2. “剑网 2015”查处案件信息表（略）

国家版权局

国家互联网信息办公室

工业和信息化部

公安部

2015 年 6 月 11 日

关于印发 2014 年推进使用正版软件工作总结和 2015 年推进使用正版软件工作计划的通知

国版函［2015］5 号

各省、自治区、直辖市人民政府，推进使用正版软件工作部际联席会议各成员单位：

《2014 年推进使用正版软件工作总结》《2015 年推进使用正版软件工作计划》已经推进使用正版软件工作部际联席会议第四次全体会议审议通过，现将上述文件印发给你单位，请认真贯彻执行。请各省（区、市）制定本省（区、市）2015 年推进使用正版软件工作实施方案，并于 3 月 31 日前报送至部际联席会议办公室（国家新闻出版广电总局办公厅）。

推进使用正版软件工作部际联席会议

国家新闻出版广电总局（国家版权局） 代章

2015 年 3 月 3 日

2014年推进使用正版软件工作总结

2014年，在国务院的高度重视和正确领导下，推进使用正版软件工作部际联席会议认真贯彻落实党的十八大和十八届三中、四中全会精神，充分发挥部际联席会议制度优势，加强统筹协调和督促检查，推进软件正版化工作取得新进展。

一、取得的成效

（一）政府机关软件正版化取得新成果

各地区、各部门按期报送了2014年软件正版化工作年度报告。各级政府机关认真开展软件正版化自查整改，健全工作机制，明确工作责任，规范软件采购、安装使用和资产管理，完善长效机制。83%的中央和国家机关推进所属事业单位完成软件正版化。2014年，全国共举办1 141期政府机关软件正版化培训班，参训单位4.51万家（次），参训人员11.19万人（次）；共督查了4.34万家（次）政府机关软件正版化工作；共采购操作系统、办公和杀毒软件82.67万套，采购金额4.61亿元；采购的办公软件，国产软件套数占比72.15%。

（二）企业软件正版化取得新突破

2014年，全国共有4 112家企业列入年度完成软件正版化工作目标，其中3 715家企业通过检查验收完成软件正版化；共举办667期企业软件正版化培训班，参训企业8 435家（次），参训人员7.78万人（次）。截至2014年12月底，全国累计24 563家企业通过检查验收完成软件正版化，累计举办2 479期企业软件正版化培训班，参训企业5.91万家（次），参训人员17.91万人（次）。

在中央企业三级以上企业、大中型金融机构、新闻出版行业企业集团总部全部实现软件正版化的基础上，中央企业四级及以下企业、中小金融机构、新闻出版行业企业集团所属二级企业软件正版化工作取得很大进展。78.88%的中央企业四级及以下企业、71.56%的金融机构、75.2%的新闻出版行业企业集团所属二级企业实现软件正版化。2014年，纳入统计的5 188家企业用于采购、升级和维护操作系统、办公和杀毒软件经费共计27.4亿元；采购的办公软件，国产软件套数占比40.2%。

（三）软件版权保护环境得到新改善

软件著作权登记量逐年提高，2014年达到21.87万件，同比增长33.12%。软件产业持续快速发展，2014年软件产业总值3.7万亿元，同比增长20.1%。新出厂计算机预装正版操作系统软件的预装率连续8年持续提高，2013年达到98.42%。国产软件在协议供货采购中入围比例增大，2014年中央国家机关通用软件协议供货的入围软件品牌中，90.1%为国内品牌；入围的8个操作系统软件品牌，7个为国内品牌；国外品牌软件价格降幅明显，微软文字处理软件Office 2010标准版价格降幅超过50%。

二、具体做法

（一）国务院高度重视，周密部署

李克强总理多次对加强知识产权保护做出指示，强调保护知识产权就是保护创新，用好知识产权就能激励创新，是给创新的火花加油，要努力建设知识产权强国。2014年11月5日，李克强总理主持召开国务院常务会议，要求强化知识产权保护，鼓励创新创造，推进软件正版化。汪洋副总理每季度主持召开打击侵权假冒工作领导小组会议，研究部署软件正版化工作，多次对软件正版化工作做出批示，充分肯定部际联席会议开展了大量卓有成效的工作，软件正版化工作成绩来之不易，要求完善软件正版化长效工作机制，深入持久抓好软件正版化工作，巩固好政府机关软件正版化成果，切实推进企业软件正版化。毕井泉副秘书长主持召开专题会议，研究推进软件正版化有关工作。全国打击侵权假冒工作领导小组将推进软件正版化作为2014年打击侵权假冒重点工作。

（二）部际联席会议加强协调指导，积极推进

1. 完善制度建设，健全长效机制。部际联席会议出台了《关于贯彻落实〈政府机关使用正版软件管理办法〉的实施意见》（国版发［2014］6号）和《关于做好企业软件正版化信息报送工作的通知》（国版办函［2014］59号），指导各地区、各部门完善政府机关软件正版化工作相关制度，初步建立了企业软件正版化信息报送制度。财政部、工业和信息化部会同有关部门研究解决微软Windows XP系统停止服务问题。国家版权局、国资委组成联合工作组，共同研究编制中央企业软件正版化工作指南，指导中央企业规范化开展软件正版化工作。部际联席会议办公室建成中央和省级各单位软件正版化工作责任人数据库，并指导各省（区、市）进一步建立市县级各单位软件正版化工作责任人数据库，推动各单位责任落实到人。

2. 加强经费保障，强化服务指导。财政部加强经费保障和软件采购、软件配置管理，将中央部门软件采购经费纳入年度财政预算，安排开展软件正版化工作经费；在《2014年政府采购工作要点》

中明确指出，推动各地将通用办公软件列入集中采购目录，做好正版软件政府采购工作。国管局完成2014年中央国家机关通用软件协议供货入围谈判工作，推进"正版软件采购网"使用范围不断扩展，北京、山东等省（市）在与中央国家机关政府采购中心联合采购的基础上实现辖区内各区县采购成果共享。中直管理局进一步规范中直机关软件采购、资产管理工作，采取协议供货、专项采购等方式，为中直机关提供全方位软件采购服务；通过约谈等方式，督促软件供应商提高服务质量。

3. 积极研究部署，加大推进力度。国资委印发《关于做好2014年推进中央企业使用正版软件工作的通知》（国资厅发［2014］11号），深入推进中央企业四级及以下企业软件正版化工作。国家版权局、国资委共同研究推进地方国有企业软件正版化工作具体措施。银监会联合有关部门印发《关于应用安全可控信息技术加强银行业网络安全和信息化建设的指导意见》（银监发［2014］39号）、《银行业应用安全可控信息技术推进指南（2014—2015年度）》（银监办发［2014］317号），对操作系统软件、文字处理软件等进一步明确安全可控要求及可量化应用任务；探索建立银行业软件联合采购工作机制。证监会深入开展证券期货业经营机构软件正版化工作调查，利用技术手段优化软件正版化信息报送平台，进一步提高信息报送效率和数据填报准确性。保监会坚持"统一管理、集中建设"原则，将软件正版化工作作为信息化建设的一项重要内容，推进利用桌面运维管理软件等技术手段，加强软件使用和软件资产管理。全国工商联制定《2014年推进民营企业使用正版软件工作实施方案》，重点推进10家示范企业软件正版化工作，将软件正版化工作完成情况作为省级工商联会员组织工作年度考评、会员企业诚信体系建设、优秀建设者评选表彰的重要指标。

4. 强化督促检查，推动责任落实。部际联席会议2014年开展了2次政府机关软件正版化检查，第一次组织了15个检查组，对31个省（区、市）软件正版化工作进行了全面检查；第二次组织了12个检查组，对12个省（区、市）和24家中央和国家机关软件正版化工作进行了检查，并对第一次检查发现问题较多的单位采取了"回头看"；两次共抽查494家政府机关、共抽查3 044台计算机软件安装情况。审计署对32家中央部门软件正版化情况进行了重点检查，审计发现的问题纳入审计报告并向社会进行了公告，督促相关部门积极整改。国资委、国家版权局联合组织了4个督查组，对12家中央企业软件正版化工作进行了专项检查。国家版权局、银监会、证监会、保监会分别对各自监管企业软件正版化工作进行了检查。

5. 加强市场监管，维护市场秩序。国家版权局会同有关部门开展"剑网2014"专项行动，严厉打击软件侵权盗版行为，查处了一批软件侵权盗版案件。工业和信息化部通过明查、暗访、召开专题会议等形式，检查计算机生产厂商、计算机销售门店、政府机关落实计算机预装正版操作系统软件情况；研究计算机预装正版操作系统软件工作出现的新情况；督促软件厂商解决软件兼容等问题和做好售后服务。国家工商总局根据《反垄断法》等有关法律法规，加强反垄断执法，加大对微软公司涉嫌垄断行为等重大案件查处力度，维护软件市场公平竞争秩序，保护消费者合法权益。

6. 广泛宣传培训，营造良好氛围。国家版权局、工业和信息化部、财政部、商务部、审计署、国管局、中直管理局等部门共同举办了2期大型政府机关软件正版化培训班，各中央和国家机关、31个省（区、市）推进软件正版化工作相关部门参加了培训。国家版权局、国资委、银监会、证监会、保监会、全国工商联分别针对各自监管企业开展了软件正版化培训，国家版权局指导中国勘察设计协会开展了勘察设计行业企业软件正版化培训。部际联席会议各成员单位通过会议、网站等方式积极宣传软件正版化相关政策法规和软件正版化取得的成效。部际联席会议办公室通过编发简报，出版《软件正版化在中国》专刊，利用中央电视台、《人民日报》、新华社、《中国新闻出版报》等权威媒体报道，在国家版权局官方微博、微信推送消息等形式加强宣传引导，指导各省（区、市）通过新闻媒体发布本省（区、市）软件正版化工作进展情况。

7. 加强国际交流，维护国家形象。财政部就美方高度关注的《政府机关办公通用软件资产配置标准（试行）》，通过多次与美方磋商和沟通，双方达成共识。商务部会同有关部门在中美商贸联委会、中欧知识产权对话、亚太经合组织等多双边交流机制，以及中国知识产权海外交流活动中积极宣传中国软件正版化工作取得的进展和成效，并积极应对外方有关议题，及时回应外方关切。

（三）各地区加强组织领导，扎实推进

1. 领导高度重视，健全工作机制。北京、内蒙古、辽宁、吉林、浙江、福建、江西、陕西、青海、新疆等省（区、市）主要负责同志亲自部署软件正版化工作。山西、辽宁、江苏、浙江、福建、宁夏等省（区）调整充实推进使用正版软件工作机制，增加成员单位数量，进一步明确目标任务和职责分工。

2. 加强制度建设，完善长效机制。山东印发《山东省政府机关使用正版软件管理办法》（鲁政办字［2014］174号），天津、上海、江西、广西、重庆、贵州、云南、青海等省（区、市）印发《贯彻落实〈政府机关使用正版软件管理办法〉的实施意见》，湖南印发《关于进一步加强政府机关软件正版化工作的通知》（湘政办函［2014］157号），西藏印发《关于进一步做好各级机关推进使用正版软件工作的通知》（藏政办发电［2014］498号），宁夏印发《关于进一步做好使用正版软件工作的通知》（宁政办发［2014］44号），进一步部署软件正版化工作。天津、辽宁、吉林、黑龙江、浙江、陕西、青海等省（市）印发《关于加强政府机关使用正版软件审计监督工作的通知》，辽宁印发《关于进一步加强政府机关软件正版化工作长效机制建设的指导意见》（辽版权联字［2014］1号），吉林印发《关于进一步做好各级政府机关正版软件采购及资产管理等项工作的通知》（吉权联［2014］10号），陕西印发《关于进一步加强政府机关正版软件采购和资产管理工作的通知》（陕财办采资［2014］97号），加强软件采购、资产管理和审计工作。

3. 加强考核监管，推进责任落实。北京制定《北京市国家机关软件正版化检查评分表》，对各级机关软件正版化工作检查、评分。上海市级政府机关和区（县）主要负责人签署《上海市政府机关软件正版化工作责任书》。辽宁建立全省政府机关软件正版化工作责任体系，将政府机关软件正版化工作纳入2015年省政府对各市政府绩效考核内容。甘肃将打击侵权假冒绩效考核中“政府机关软件正版化工作”分值由原来的6分增加到12分。新疆制定《政府机关使用正版软件工作考核评价细则及考核标准》，对自治区各地（州、市）、各厅（局）软件正版化工作进行了考核，并将企业软件正版化工作与相应主管部门软件正版化工作考核挂钩；奖励补贴与版权执法并重，对80家企业下发了软件正版化整改通知，兑现奖补资金110万元。安徽采用建立企业软件正版化信息数据库、版权部门会同企业主管部门联合督查、将软件正版化纳入诚信示范企业评选指标等方式，推进150家企业完成软件正版化。广东通过加强服务、督促指导等方式推进列入2014年重点督办的165家企业完成软件正版化。山东查处软件侵权案件153起。江苏、山东联合查处的“建工之家网”侵犯软件著作权案，安徽查处的“999宝藏网”侵犯软件著作权案，湖南查处的谭某某等涉嫌通过网络销售盗版软件案，被选入国家版权局等四部门开展的“剑网2014”专项行动十大案件。各省（区、市）共督查了4.29万家（次）政府机关软件正版化工作。

4. 加强宣传培训，提高正版意识。北京设计制作了软件正版化宣传海报和标贴，在各级机关显著位置张贴宣传海报，在机关所有计算机明显位置粘贴宣传标贴，时刻提醒使用正版软件。上海开展“2014诚信IT，正版领军城市”活动，倡导全社会“拒绝盗版、使用正版”，引导企业创建版权示范单位。黑龙江省版权局牵头举办了16期政府机关软件正版化培训，对省直和各市（地）1 500多家机关共计5 000多人进行了“地毯式”培训，要求各单位建立“三个制度一本账”。各省（区、市）通过新闻发布会、“4·26”知识产权宣传周集中宣传，利用电视、电台、报刊、互联网以及微博、微信等新媒体及时发布等方式开展了丰富多样的软件正版化成果宣传活动。各省（区、市）共举办1 139期政府机关软件正版化培训班，参训单位4.48万家（次），参训人数11.15万人（次）。

三、存在的问题

（一）思想认识不到位。一些单位领导重视程度不够，有的单位领导甚至还不了解此项工作，没有切实落实第一责任人的责任。一些单位负责软件正版化工作部门工作不主动，不及时汇报存在的困难和问题，影响软件正版化工作整体推进。

（二）软件使用不规范。一些单位未建立软件安装和卸载审核机制，软件安装使用监管不严。有的单位预装正版操作系统后，擅自改装盗版操作系统。有的单位超授权使用办公软件。还有的单位为应付检查突击安装正版软件。

（三）长效机制不健全。一些单位制定的软件正版化相关制度，内容不全面，要求不具体，可操作性不强。一些单位基础工作不扎实，未建立软件资产台账，管理制度基本上是“稻草人”，“重购轻管”现象较为严重。

（四）专业知识不扎实。一些单位不了解软件正版化工作相关政策措施，不熟悉软件版权保护相关法律法规，不掌握开展软件正版化工作方法，存在“不知、不懂、不会”现象。

总之，2014年，在国务院的高度重视和周密部署下，部际联席会议各成员单位、各地区共同努力，软件正版化工作取得了新进展。2015年，部际联席会议各成员单位、各地区将以党的十八大和十八届三中、四中全会精神为指导，按照国务院部署和要求，尽职履责，密切配合，深入持久地抓好软件正版化工作。

2015年推进使用正版软件工作计划

2015年，推进使用正版软件工作将由推动落实采购经费、建立相关制度进入推动规范使用管理、落实责任到人的新常态。推进使用正版软件工作部际联席会议将以党的十八大和十八届三中、四中全会精神为指导，按照国务院部署和要求，深入持久地抓好软件正版化工作，巩固政府机关软件正版化成果，加快推进企业软件正版化。

一、细化责任，推进责任落实到人

（一）完善软件正版化工作制度。推进各地区、各部门贯彻落实《国务院办公厅关于印发政府机关使用正版软件管理办法的通知》（国办发［2013］88号）和《关于贯彻落实〈政府机关使用正版软件管理办法〉的实施意见》（国版发［2014］6号），完善软件采购、安装使用、资产管理、审计监督和督促检查等制度。（国家版权局牵头）

（二）完善政府机关软件正版化责任人数据库。及时更新中央和省级各单位责任人数据库，指导建立市县级各单位责任人数据库。推进各单位进一步明确软件正版化工作责任部门和责任人，将软件正版化工作成果巩固情况与具体责任人挂钩。（国家版权局牵头）

二、创新方法，规范软件使用管理

（三）研究建立正版软件管理系统。研究国内外正版软件管理模式和应用情况，借鉴先进理念和管理经验，研究建立符合中国国情的正版软件管理系统。掌握各级政府机关软件采购、安装使用和管理等软件正版化工作情况，规范各级政府机关软件使用行为。（国家版权局牵头）

（四）规范软件采购和资产管理。把中央部门正版软件采购经费纳入年度财政预算，加强推进软件正版化工作经费保障。对地方财政部门相关工作进行指导。继续做好软件资产管理相关工作，加强软件采购管理，大力推进区域联合采购。（财政部牵头）

（五）做好2015年软件产品集中采购工作。充分发挥集中采购的优势和作用，建立为党政机关软件采购提供合理价格和有效服务的软件采购机制。继续扩大正版软件集中采购规模，采用竞争方式，实现推进使用正版软件与推广使用优秀软件的有机结合。（国管局、中直管理局分别牵头）

（六）扩大“正版软件采购网”适用范围。积极推广使用“正版软件采购网”，推动将联合采购范围扩展至15个省（区、市）。建立包括采购人、供应商、产品型号、价格等信息的中央国家机关正版软件采购数据库，定期完成采购分析报告。（国管局牵头）

三、加强督查，推进制度落实到位

（七）开展政府机关软件正版化工作督查。完善督促检查方式，建立督查跟踪机制，加大对存在问题较多部门的督查力度。部际联席会议于2015年6月至7月组织开展政府机关软件正版化督查，重点抽查中央和国家机关、省级机关。指导各省（区、市）软件正版化工作机构对本省（区、市）政府机关软件正版化工作进行全面检查。探索利用第三方机构资源，组建督促检查专业队伍，扩大政府机关软件正版化工作督查范围。（国家版权局牵头）

（八）开展企业软件正版化工作督查。组织开展中央企业、银行业、证券期货业、保险业、民营和新闻出版企业软件正版化专项督查。（国资委、银监会、证监会、保监会、全国工商联、国家版权局分别牵头，部际联席会议办公室做好服务和配合工作）

（九）开展软件正版化审计。结合2014年度预算执行审计及其他审计项目，把政府机关软件采购资金管理使用和软件资产管理情况作为审计的重要内容。（审计署牵头）

（十）开展软件资产管理检查。根据《财政部关于进一步规范和加强政府机关软件资产管理的意见》《政府机关办公通用软件资产配置标准》，开展中央单位软件资产专项检查，推动中央单位软件资产管理工作常态化和标准化。（财政部、国管局牵头）

（十一）指导研发软件检查工具。指导研发自动收集计算机软件安装情况工具软件。开展软件检查工具软件应用试点工作，采用技术手段检查政府机关软件安装情况。（国家版权局牵头）

四、突出重点，推进企业软件正版化

（十二）推进中央企业四级及以下企业按期实现软件正版化。抓住软件集中采购和软件资产管理两个关键环节，推进中央企业建立健全软件正版化工作长效机制。（国资委牵头）适时发布中央企业软件正版化工作指南。（国家版权局、国资委牵头）

（十三）推进金融机构软件正版化工作。以软件资产管理为重点，进一步巩固金融机构软件正版化成果，加快推进中小金融机构软件正版化工作，督促企业建立软件资产台账，规范软件使用管理。（银监会、证监会、保监会分别牵头）

（十四）推进地方国有企业软件正版化工作。指导各地做好整体规划，按照“先易后难、分步推进”的原则，加快推进地方国有企业软件正版化工作。（国家版权局、国资委牵头）

（十五）推进银行业软件联合采购试点。完善银行业软件联合采购工作方案，开展联合采购试点工作，帮助银行机构特别是中小银行机构降低采购成本。（银监会牵头）

（十六）推进新闻出版行业企业集团完成软件正版化。完善新闻出版行业软件集中采购工作机制。（国家版权局牵头）

（十七）巩固民营企业软件正版化成果。依托地方工商联和各级商会扩大推进民营企业软件正版化范围。（全国工商联牵头）

五、牢抓基础，做好信息统计工作

（十八）建立企业软件正版化数据库。完善企业软件正版化信息报送制度，建立既相互独立，又密切联系的中央企业、银行业、证券期货业、保险业软件正版化数据库和全国企业软件正版化数据库。（国资委、银监会、证监会、保监会、国家版权局分别牵头）

（十九）扩充政府机关软件正版化数据库内容。细化政府机关软件正版化信息报送内容，优化信息报送形式，及时更新政府机关软件正版化工作相关信息。（国家版权局牵头）

六、加强监管，维护软件市场秩序

（二十）严厉打击软件侵权盗版行为。将打击软件侵权盗版行为作为重要内容纳入打击侵权假冒工作和打击网络侵权盗版“剑网 2015”专项行动，曝光侵犯软件著作权企业。（国家版权局牵头）

（二十一）依法查处软件行业垄断和不正当行为。加大对软件行业等重点领域的竞争执法力度，严厉查处垄断和不正当竞争行为。维护软件市场公平竞争的市场秩序和消费者合法权益。（国家工商总局牵头）

（二十二）加强计算机预装正版操作系统软件监管。加大计算机预装正版操作系统软件检查力度。广泛听取有关单位、计算机生产厂商和软件提供商等各方面意见。收集、整理计算机生产商和操作系统软件提供商的预装数据，做好预装数据的分析统计工作。（工业和信息化部牵头）

七、广泛宣传，营造良好舆论氛围

（二十三）做好宣传培训。推进各地区、各部门建立软件正版化工作培训机制，扩大培训覆盖面，提升培训效果。及时发布软件正版化工作成果，推广好的做法和经验，充分发挥先进典型的示范带动作用。曝光违反规定使用盗版软件的典型案例。（部际联席各成员单位分别牵头）

（二十四）加强国际交流。利用知识产权多双边磋商和交流机制，加大软件正版化成果对外宣传力度，及时回应外方关切，营造有利于我发展的外部环境。（商务部牵头）

关于同意授予张家港市全国版权示范城市称号的批复

国版函［2015］6号

江苏省版权局：

你局上报的《关于对张家港市全国版权示范城市创建工作进行考核验收的请示》（苏版权发［2015］4号）收悉。

张家港市委、市政府以“增强地区自主创新能力、提升城市核心竞争实力”为导向，将版权工作纳入全市发展整体战略和工作计划，严格按照国家版权局《全国版权示范城市、示范单位和示范园区（基地）管理办法》的要求，积极有效推进创建工作，形成了政府主导、企业参与、社会支持的创建格局，发挥了版权保护在城市经济社会发展中的独特作用和影响力，有力地促进版权的创造、运用、保护与管理，版权工作成效显著，社会影响广泛。

经对张家港市全国版权示范城市创建工作考核验收，同意授予张家港市全国版权示范城市称号。希望张家港市进一步加强版权保护和服务体系建设，加大版权执法力度，深入开展版权知识的宣传普及工作，培育良好的版权产业环境，推动版权等智力成果的创新、保护、管理与运用，促进区域经济、文化、科技和社会全面发展。

国家版权局

2015 年 4 月 7 日

国家版权局关于奖励 2014 年度查处侵权盗版案件有功单位及有功个人的决定

国版函［2015］8 号

各省、自治区、直辖市新闻出版广电（版权）局，北京、天津、上海、重庆市文化市场行政执法总队，中宣部、公安部、工业和信息化部、海关总署、工商总局，国家互联网信息办公室，高法院、高检院，全国打击侵犯知识产权和制售假冒伪劣商品工作领导小组办公室，各相关协会、出版单位、新闻媒体：

为进一步调动版权相关执法部门查处侵权盗版案件的积极性和主动性，充分发挥查处侵权盗版案件先进典型的引导、示范作用，根据《国家版权局举报、查处侵权盗版行为奖励暂行办法》及实施细则的规定，国家版权局决定对在 2014 年度查处侵权盗版案件工作中做出突出贡献的北京市版权局版权管理处等 225 家有功单位及杨勇等 183 名有功个人给予奖励。

各级版权相关执法部门及广大执法人员要向查处侵权盗版案件有功单位和有功个人学习，进一步加强版权执法工作，严厉查处各类侵权盗版行为，有效维护权利人合法权益，积极推动版权相关产业健康发展，为提升我国版权保护水平做出更大贡献。

国家版权局

2015 年 5 月 20 日

附件

2014 年度查处侵权盗版案件有功单位及有功个人名单

【有功单位一等奖】

1. 最高人民检察院侦查监督厅立案监督处
2. 公安部治安管理局一处
3. 中国版权保护中心法律部
4. 北京市版权局版权管理处
5. 北京市公安局网络安全保卫总队驻区四大队
6. “思路网”侵犯著作权案专案组（北京市文化市场行政执法总队执法四队、北京市公安局海淀分局香山派出所、北京市海淀人民检察院知识产权监察处）
7. 辽宁“8・18”销售盗版教材案专案组（辽宁省鞍山市公安局食品药品犯罪侦查支队、辽宁省“扫黄打非”办公室、辽宁省鞍山市文化广电新闻出版局）
8. 辽宁省沈阳市文化市场行政执法总队直属执法一大队
9. 黑龙江省版权局版权管理处
10. 黑龙江刘某等侵犯网络游戏著作权案专案组（黑龙江省哈尔滨市文化和新闻出版局版权处、黑龙江省哈尔滨市公安局网安支队一大队）
11. “第一教育网”侵犯著作权案专案组（黑龙江省哈尔滨市文化和新闻出版局图书报刊处、黑龙江省哈尔滨市公安局网安支队特侦大队、黑龙江省哈尔滨市南岗区人民法院刑事审判庭）
12. 上海市版权局版权管理执法处
13. “上海复旦网上书店”等网店销售盗版图书案专案组（上海市公安局经侦总队二支队，上海市杨浦区公安分局经侦、网安支队、平凉路派出所，上海市杨浦区人民检察院金融检

察科）
14. 江苏省版权局版权管理处
15. 江苏赵某等侵犯网络游戏著作权案专案组（江苏省徐州市睢宁县文广新体局、江苏省徐州市睢宁县公安局网安支队）
16. 江苏省张家港市文化广电新闻出版局
17. 江苏省张家港市文化行政综合执法大队
18. 江苏省南通市崇川区文化市场稽查队
19. 江苏省扬州市文化广电新闻出版局
20. 江苏省公安厅网安总队
21. “放放电影网”侵犯著作权案专案组（江苏省徐州市版权局、江苏省徐州市公安局新城公安分局网安大队）
22. “建工之家网”侵犯著作权案专案组（江苏省扬州市文化行政综合执法支队、山东省菏泽市文化行政综合执法局）
23. 浙江省宁波市文化市场行政执法总队
24. 安徽省版权局版权管理处
25. 安徽省公安厅治安总队
26. “DY161电影网”侵犯著作权案专案组（安徽省合肥市版权局、安徽省合肥市公安局网络安全保卫支队、安徽省合肥市公安局经济技术开发区分局）
27. “999宝藏网”侵犯著作权案专案组（安徽省滁州市“扫黄打非”办公室、安徽省滁州市文化广电新闻出版局、安徽省滁州市全椒县文广新闻出版局、安徽省滁州市全椒县公安局）
28. 安徽孙某等盗印图书案专案组（安徽省合肥市文化市场综合执法大队、安徽省合肥市公安局治安支队）
29. 安徽省蚌埠市固镇县文化市场综合执法队
30. 福建省福州市人民检察院
31. 山东省新闻出版广电局版权管理处
32. 山东省青岛市文化市场行政执法局
33. 湖北省汉川市人民检察院公诉科
34. 湖北荆门“10·12”侵犯著作权案专案组（湖北省荆门市公安局、湖北省荆门市“扫黄打非”办公室、湖北省荆门市公安局经济犯罪侦查支队、湖北省荆门市文化市场综合执法支队、湖北省荆门市东宝区人民检察院、湖北省荆门市东宝区人民法院）
35. 湖北省武汉市江岸区人民法院知识产权审判庭
36. 湖北武汉“8·13”非法复制音像制品案件专案组（湖北省武汉市江岸区版权局、湖北省武汉市江岸区公安分局）
37. 湖南省娄底市文化市场综合执法局
38. 广东省广州市文化市场综合行政执法总队
39. 广西壮族自治区玉林市文化新闻出版广电局
40. 海南卢某某侵犯著作权案专案组（海南省海口市公安局琼山区分局经侦大队、海南省“扫黄打非”工作办公室）
41. 云南临沧“3·28”侵犯著作权案专案组（云南省临沧市临翔区公安分局治安管理大队、云南省临沧市临翔区人民检察院、云南省临沧市临翔区文化市场综合行政执法大队、云南省临沧市临翔区人民法院刑一庭）
42. 西藏“3·6”侵犯著作权案专案组（西藏自治区山南地区乃东县人民检察院、西藏自治区山南地区乃东县人民法院）

【有功单位二等奖】

1. 最高人民法院刑一庭第四合议庭
2. 最高人民检察院公诉厅起诉二处
3. 公安部经济犯罪侦查局知识产权处
4. 公安部网络安全保卫局网侦行动处
5. 工业与信息化部电信管理局市场管理处
6. 国家互联网信息办公室网络新闻协调局协调处
7. 中宣部出版局出版研究处
8. 中国版权协会
9. 中国新闻出版报社出版周刊中心
10. 中国知识产权报
11. 中央电视台社会新闻部
12. 北京网络版权监测中心
13. 京版十五社反盗版联盟“第一教育网”侵犯著作权案维权组（外语教学与研究出版社有限责任公司、人民教育出版社有限公司、北京师范大学出版社（集团）有限公司）
14. 北京市公安局网络安全保卫总队四大队
15. 北京市文化市场行政执法总队执法五队
16. 天津饶某某销售盗版音像制品案专案组（天津市“扫黄打非”办公室、天津市文化市场行政执法总队执法二队、天津市版权局版权处、天津市新闻出版局印刷发行处、天津市河北区文化市场行政执法大队、天津市公安局河北分局、天津市河北区人民检察院、天津市河北区人民法院）
17. 山西省忻州市文化市场行政综合执法大队
18. 内蒙古自治区赤峰市文化市场综合执法局

19. 辽宁省版权局版权管理处
20. 辽宁省沈阳市文化市场行政执法总队直属执法二大队
21. 辽宁省大连市文化市场综合执法总队网络大队
22. 吉林省版权局版权管理处
23. 吉林省敦化市文化市场综合执法大队
24. 吉林省通化市辉南县文化市场综合执法大队
25. 黑龙江省哈尔滨市香坊区人民法院刑事审判庭
26. 黑龙江省哈尔滨市文化市场行政执法局
27. 黑龙江省打击销售盗版音像制品系列案专案组（黑龙江省哈尔滨市公安局治安支队、黑龙江省哈尔滨市公安局治安支队城管大队）
28. 上海市通信管理局互联网管理处
29. 上海王某等利用互联网销售侵权盗版 ISO 标准案专案组（上海市公安局治安总队治安行动队、上海市宝山区人民检察院公诉科、上海市杨浦区人民法院知识产权审判庭）
30. “极品勇者之塔”侵犯著作权案专案组（上海市闵行区人民检察院金融检察科、上海市闵行区人民法院民三庭）
31. 上海市浦东新区人民检察院公诉二处
32. 上海市浦东新区人民法院知识产权庭
33. 江苏省委网络安全和信息化领导小组办公室网络新闻管理处
34. 无锡税协科技有限公司、孙某侵犯著作权案专案组（江苏省南京市公安局浦口分局、江苏省南京铁路运输检察院、江苏省南京铁路运输法院）
35. 江苏郭某某销售盗版教材案专案组（江苏省南京市文化广电新闻出版局、江苏省南京市栖霞区文化旅游局）
36. 江苏省无锡市人民检察院侦查监督处
37. “若雨中文网”侵犯著作权案专案组（江苏省徐州市文化广电新闻出版局、江苏省丰县文广新体局、江苏省丰县公安局网络安全保卫大队、江苏省徐州市人民检察院公诉处）
38. “说说 520 网”侵犯著作权案专案组（江苏省徐州市“扫黄打非”办公室、江苏省徐州市铜山区公安局网安大队）
39. “百万读小说网”侵犯著作权案专案组（江苏省徐州市版权局版权管理处、江苏省徐州市公安局网安支队案件大队）
40. 江苏“2·25”侵犯著作权案专案组（江苏省淮安市版权局、江苏省淮安市公安局治安支队、江苏省淮安市文化行政综合执法支队、江苏省淮安市盱眙县公安局、江苏省淮安市盱眙县版权局）
41. 江苏省扬州市公安局治安支队
42. 浙江省版权局版权处
43. 浙江省宁波市江北区文化广电新闻出版局
44. 浙江省杭州市余杭区文化市场行政执法大队
45. 安徽省“扫黄打非”办公室
46. 安徽宿州“8·31”销售盗版教材教辅案专案组（安徽省宿州市“扫黄打非”办公室、安徽省宿州市文化广电新闻出版局、安徽省宿州市公安局）
47. 安徽省蚌埠市文化市场管理局
48. 福建省泉州晋江市人民法院刑事第二审判庭
49. 福建省厦门市公安局同安分局治安大队
50. 福建省厦门市思明区人民检察院侦查监督科
51. 福建省泉州市文化市场综合执法支队
52. 江西“5·14”网络销售侵权盗版图书专案组（江西省南昌市文化市场综合执法支队、江西省南昌市公安局直属分局三大队）
53. 山东省潍坊市文化市场综合执法局
54. 山东省青岛平度市文化市场行政执法局
55. 山东潍坊矫某某销售侵权复制品案专案组（山东省潍坊市潍城区文化市场综合执法局、山东省潍坊市潍城区检察院、山东省潍坊市潍城区法院、山东省潍坊市公安局潍城分局）
56. 山东省曲阜市文化市场综合执法局
57. 山东省临沂市罗庄区文化市场管理执法局
58. 河南省洛阳市文化市场综合执法支队
59. 河南省郑州市中级人民法院知识产权综合审判庭
60. 湖北省版权局版权管理处
61. 湖北省黄冈市黄梅县人民检察院公诉科
62. 湖北黄冈“5·19”侵犯著作权案专案组（湖北省黄冈市公安局网安支队、湖北省黄冈市公安局经侦支队）
63. 湖北省汉川市公安局网安大队
64. 湖北省仙桃市文化广播电视新闻出版局
65. 湖北武汉“4·21”张某某侵犯著作权案专案组（湖北省武汉市硚口区文体局、湖北省武汉市硚口区公安分局经侦大队）
66. 湖北毛某批销侵权盗版光盘案专案组（湖北省武汉市江汉区文化市场综合执法大队、湖北省武汉市江岸区人民检察院公诉科）

67. 湖南省新闻出版广电（版权）局版权管理处
68. 湖南省株洲市文化市场综合执法局
69. 湖南省长沙市宁乡县公安局治安管理大队
70. 湖南省湘西土家族苗族自治州凤凰县文化市场综合执法局
71. 湖南省湘西土家族苗族自治州凤凰县文化市场综合执法局执法三股
72. 湖南省临武县人民法院刑事庭
73. 广东省版权局版权管理处
74. 广东省广州市版权局版权处
75. 广西壮族自治区版权局版权管理处
76. 海南省文化市场行政执法总队一大队
77. 重庆市荣昌县文化委员会
78. 重庆市奉节县文化市场行政执法大队
79. 四川省成都市公安局经济犯罪侦查支队
80. 陕西省版权局版权管理处
81. 陕西省通信管理局通信保障处

【有功单位三等奖】

1. 公安部光盘生产源鉴定中心
2. 国家互联网信息办公室网络新闻协调局新闻处
3. 海关总署政策法规司知识产权处
4. 国家工商行政管理总局反垄断与反不正当竞争执法局反垄断法律指导处
5. 新华社国内部政文采访室
6. 打击侵权假冒工作网
7. 新浪微博
8. 人民出版社
9. 河北省版权局版权管理处
10. 河北省通信管理局通信保障处
11. 河北王某某、鲁某某侵犯著作权案专案组（河北省石家庄市文化市场行政执法大队、河北省石家庄市鹿泉区文化市场行政执法队、河北省石家庄市鹿泉区公安局上庄派出所、河北省石家庄市鹿泉区人民检察院）
12. 河北贾某某销售盗版教辅案专案组（河北省石家庄市版权局、河北省石家庄市井陉县文化市场行政执法队）
13. 河北省石家庄市赵县文化市场行政执法队
14. 河北省沧州市文化市场行政执法大队
15. 山西省版权局版权管理处
16. 山西省晋中市版权局
17. 山西朔州“10·23”销售侵权盗版音像制品案专案组（山西省朔州市文化市场行政综合执法大队、山西省朔州市公安局朔城分局治安大队）
18. 辽宁省通信管理局电信管理处
19. 辽宁省大连市金州新区文化市场执法大队
20. 辽宁省抚顺市版权局版权处
21. 沈阳汇智图书发行有限公司销售盗版出版物案专案组（辽宁省营口市版权局、辽宁省营口市文化市场综合执法大队）
22. 辽宁省阜新市文化市场综合执法大队
23. 吉林省长春市文化市场综合执法支队
24. 吉林省长春市二道区文化体育局
25. 吉林省榆树市文化市场综合执法大队
26. 吉林省白城市镇赉县文化市场综合执法大队
27. 吉林省白山市江源区文化市场综合执法大队
28. 吉林省白山市靖宇县文化市场综合执法大队
29. 吉林省公主岭市文广新局
30. 黑龙江省通信管理局通信保障处
31. 黑龙江省双鸭山市饶河县文化市场综合执法大队
32. 黑龙江省齐齐哈尔市文化市场综合执法支队
33. 黑龙江省牡丹江市文化市场综合执法支队
34. 上海海关法规处
35. 上海市互联网信息办公室网络管理处
36. “1000ys网”侵犯著作权案专案组（上海市公安局网安总队三队、上海市静安区人民检察院金融和知识产权科、上海市普陀区人民法院知识产权审判庭）
37. 上海市文化市场行政执法总队稽查三处
38. 江苏省盐城东台市公安局网安大队
39. 江苏省镇江市版权局“巾帼调解站”
40. 江苏省泰州兴化市文化行政综合执法大队
41. 浙江省嘉兴市文化市场行政执法支队
42. 浙江省海宁市文化市场行政执法大队
43. 浙江省桐乡市文化市场行政执法大队
44. 浙江省温州市鹿城区文化市场行政执法大队
45. 浙江省温州市公安局瓯海分局新桥派出所
46. 浙江省诸暨市文化市场行政执法大队
47. 浙江省杭州市公安局西湖区分局
48. 浙江杭州“2·20”侵犯著作权案专案组（浙江省公安厅网警总队、浙江省杭州市公安局网警分局）
49. 安徽省黄山市版权局
50. 安徽省马鞍山市文化市场综合执法大队
51. 福建省版权局版权管理处
52. 福建省福州市鼓楼区人民法院知识产权庭
53. 福建省厦门市文化市场综合执法支队

54. 江西省版权局版权管理处
55. 江西省上饶市版权局
56. 江西省萍乡市安源区文化市场综合执法大队
57. 江西省九江市文化市场综合执法支队
58. 江西省抚州市文化综合执法支队
59. 山东省济南市文化市场综合行政执法局
60. 山东省淄博市文化市场执法支队
61. 山东省济宁市文化市场综合执法局
62. 山东省聊城市文化市场综合执法局
63. 山东省淄博市淄川区文化旅游和新闻出版局
64. 山东省青岛即墨市文化市场行政执法局
65. 山东省青岛市黄岛区综合行政执法局
66. 山东省青岛市崂山区文化市场行政执法局
67. 山东省德州市文化市场综合执法局“扫黄打非”工作科
68. 河南省版权局版权管理处
69. 河南省商丘市睢县文化市场综合执法大队
70. 河南省登封市文化广电新闻出版局
71. 河南省驻马店市正阳县文化市场综合执法大队
72. 河南省安阳市文化市场综合执法支队执法三大队
73. 湖北省通信管理局互联网管理处
74. 湖北省宜昌海关监管科
75. 湖北省黄冈市文化市场综合执法支队
76. 湖北省荆州市文化市场综合执法支队
77. 湖北省潜江市文化市场综合执法支队
78. 湖北省武汉市人民检察院侦查监督处
79. 湖南省长沙市长沙县公安局网络安全保卫大队
80. 湖南省株洲市文化市场综合执法局第三执法大队
81. 湖南省怀化市文化市场综合执法局版权网络执法科
82. 广东省东莞市文化市场综合执法大队
83. 广东省广州市海珠区文化市场综合行政执法队
84. 广东省珠海市文化市场综合执法支队
85. 广西贺州“7·10”侵犯著作权案专案组（广西壮族自治区贺州市“扫黄打非”办公室、广西壮族自治区贺州市文化市场综合执法支队、广西壮族自治区贺州市公安局治安支队、广西壮族自治区贺州市昭平县“扫黄打非”办公室、广西壮族自治区贺州市昭平县公安局黄姚派出所）
86. 海南省版权局版权处
87. 重庆市文化委员会（市版权局）版权管理处
88. 重庆市九龙坡区王某等侵犯网络游戏著作权案专案组（重庆市九龙坡区文化委员会、重庆市九龙坡区公安分局科监支队）
89. 四川省版权局版权管理处
90. 四川省凉山州文化市场综合执法支队
91. 四川省泸州市文化体育新闻出版广电局
92. 杨某某等销售盗版音像制品案专案组（四川省成都市版权局、四川省成都市文化市场综合执法总队、四川省大邑县文化体育新闻出版局、四川省大邑县人民法院刑庭）
93. 四川省成都市金牛区广播电视新闻出版（版权）局
94. 四川省通信管理局电信管理处
95. 云南省版权局版权管理处
96. 陕西省西安市文化市场行政执法总队
97. 青海省版权局版权管理处
98. 宁夏回族自治区版权局版权管理处
99. 宁夏回族自治区通信管理局信息安全处
100. 新疆维吾尔自治区新闻出版广电局（版权局）版权处
101. 新疆维吾尔自治区乌鲁木齐市文化市场稽查支队
102. 新疆维吾尔自治区阿勒泰市北屯镇文化市场稽查大队

【有功个人一等奖】

1. 李薇薇（最高人民检察院侦查监督厅）
2. 侯若英（最高人民检察院公诉厅）
3. 孙晓慧（公安部治安管理局一处）
4. 张鹏（公安部经济犯罪侦查局知识产权处）
5. 赵阳（工业和信息化部电信管理局）
6. 谭剑（商务部全国打击侵犯知识产权和制售假冒伪劣商品办公室督察联络组）
7. 刘芊（中国版权保护中心法律部）
8. “思路网”侵犯著作权案专案组个人（沈睿、秦永明、徐剑，北京市文化市场行政执法总队执法四队；耿燕兵、陈永征，北京市公安局网络安全保卫总队驻区四大队；丛海涛，北京市公安局海淀区分局出入境管理大队；邱志英、吕晓华，北京市海淀区人民检察院知识产权监察处；严肃，北京市海淀区人民法院）
9. 黑龙江刘某等侵犯网络游戏著作权案专案组个人（孟祥国、史磊、陆新凯，黑龙江省哈尔滨

市公安局网安支队一大队；于洋、柳占林，黑龙江省哈尔滨市文化和新闻出版局版权处）
10. 王骞（上海市版权局版权管理执法处）
11. 杨勇（上海市文化市场行政执法总队稽查五处）
12. “射手网”侵犯著作权案专案组个人（毛新炜、丁卓，上海市文化市场行政执法总队稽查五处）
13. “上海复旦网上书店”等网店销售盗版图书案专案组个人（陈胤玖，上海市公安局技术侦察总队一支队；王小立，上海市公安局经侦总队二支队；陈蔓莉，上海市杨浦区人民法院民事审判第三庭）
14. 宋晓春（江苏省版权局版权管理处）
15. “放放电影网”侵犯著作权案专案组个人（艾新建、解硕群，江苏省徐州市版权局；郭伟，江苏省徐州市公安局网安支队；张德峰，江苏省徐州市检察院公诉处）
16. 江苏张家港“3·4”侵犯著作权案专案组个人（葛显平，江苏省张家港市文化行政综合执法大队；刘斌，江苏省张家港市公安局；顾振华、李健，江苏省张家港市公安局经侦大队；李睿智，江苏省张家港市公安局网络警察大队；鞠江平，江苏省张家港市公安局治安警察大队）
17. 江苏国泰新点软件被侵犯著作权案专案组个人（陈世海、陈彩芬，江苏省张家港市文化广电新闻出版局；李明、蔡平，江苏省张家港市文化行政综合执法大队；汤建平，江苏省张家港市公安局；李凤才，江苏省张家港市公安局经侦大队；陈颂明，江苏省张家港市公安局网络警察大队；王克，江苏省张家港市公安局治安警察大队）
18. “建工之家网”侵犯著作权案专案组个人（蔡鹏，江苏省扬州文化行政综合执法支队执法监督室；陈啸，江苏省扬州文化行政综合执法支队；宋海冬，江苏省扬州文化行政综合执法支队一大队；李子杰、李健、安云亮、袁伟、侯松华，山东省菏泽市文化市场综合执法局）
19. 琚迎迎（安徽省版权局版权管理处）
20. 赵栋梁（安徽省公安厅治安行动队）
21. “DY161电影网”侵犯著作权案专案组个人（陈江丽、潘山泉、夏现初，安徽省合肥市版权局；王文豪，安徽省合肥市公安局网安支队；刘晓磊，安徽省合肥市公安局经济技术开发区分局经侦大队）
22. “999宝藏网”侵犯著作权案专案组个人（贾松，安徽省滁州市文化广电新闻出版局；陈歆，安徽省滁州市公安局治安管理支队；胡玉屏，安徽省滁州市全椒县“扫黄打非”办公室；张吉传，安徽省滁州市全椒县文化广电新闻出版局；杨邦伦，安徽省滁州市全椒县公安局网安大队；何锐，安徽省滁州市全椒县公安局治安大队）
23. 安徽孙某等盗印图书案专案组个人（秦家香，安徽省合肥市文化市场综合执法大队；张杨、苟雅静，安徽省合肥市公安局治安支队）
24. 高睿（山东省新闻出版广电局版权管理处）
25. 山东青岛“6·25”侵犯著作权专案组个人（杜荣华、谢志宏、孙晨光、孙章，山东省青岛市文化市场行政执法局）
26. 张安军（山东省泰安市文化广电新闻出版局）
27. 赵永磊（山东省泰安市文化市场综合执法支队）
28. 杜珂（河南省人民检察院公诉一处）
29. 湖南衡阳金天亿电脑经营部侵犯计算机软件著作权案专案组个人（刘小平、唐能平、刘意福、尹忠国、沈蓓、邓洺，湖南省衡阳市文化市场综合执法局）
30. 广东广州“3·24”网络批销盗版图书案专案组个人（江南、李渭灵、黄俊禧，广东省广州市文化市场综合行政执法总队）
31. 唐宗萌（广西壮族自治区玉林市文化新闻出版广电局）

【有功个人二等奖】

1. 谢颖（最高人民法院刑一庭）
2. 公安部打击制售伪劣商品与盗版犯罪专项工作组个人（许成磊，公安部治安管理局打击制售伪劣商品与盗版犯罪工作处；陆剑君，公安部治安管理局九处）
3. 工业和信息化部“剑网2014”专项工作组个人（朱乾龙、徐昊、孙悦，工业和信息化部电信管理局；尚铁力，工业和信息化部通信保障局；柳青，中国信息通信研究院；柳毅、万欣欣，国家计算机网络应急技术处理协调中心）
4. 国家互联网信息办公室“剑网2014”专项工作组个人（秦琳，国家互联网信息办公室网络新闻协调局；柯飞宁，国家互联网信息办公室

移动网络管理局；张子浩，国家互联网信息办公室网络新闻信息传播局）
5. 蒋建民（中宣部出版局出版研究处）
6. 张贺（人民日报社政文部）
7. 方圆（中国新闻出版报社版权周刊）
8. 王运平（中国出版杂志社）
9. 胡建辉（法制日报社经济新闻部）
10. 北京张某某等侵犯广联达软件著作权案专案组个人（赵海楠、韩翰，北京市公安局网络安全保卫总队四大队；董立波，北京市公安局网络安全保卫总队驻区四大队；刘昭京，北京市公安局海淀分局法制处）
11. 北京“快眼看书网”侵犯著作权案专案组个人（张强、董金锁，北京市公安局网络安全保卫总队四大队；陈维，北京市公安局网络安全保卫总队驻区四大队；哈威，北京市公安局海淀分局刑侦支队）
12. 北京查处侵犯软件著作权案专案组个人（赵国明、熊伟，北京市文化市场行政执法总队执法五队；郝然，北京市文化市场行政执法总队举报中心；路雨，北京市公安局西城分局治安支队）
13. 郭锦云（内蒙古自治区新闻出版广电（版权）局版权管理处）
14. 宋歌（内蒙古自治区赤峰市文化市场综合执法局执法二科）
15. 田大鹏（辽宁省版权局版权处）
16. 黑龙江范某某等侵犯网络游戏著作权案专案组个人（黄晓强，黑龙江省哈尔滨市文化和新闻出版局版权处；周阜康、王伟、王锋，黑龙江省哈尔滨市公安局网安支队；张云龙，黑龙江省哈尔滨市香坊区人民法院刑事审判庭）
17. 苏升（黑龙江省哈尔滨市香坊区人民法院刑事审判庭）
18. 黑龙江打击销售盗版音像制品系列案专案组个人（刘明锁，黑龙江省哈尔滨市公安局治安支队城管大队；李春宇，黑龙江省哈尔滨市公安局治安支队城管大队；赵旭阳，黑龙江省哈尔滨市公安局治安支队城管大队）
19. 刘秀辉（黑龙江省哈尔滨市公安局网安支队特侦大队）
20. 张胤（上海市通信管理局互联网管理处）
21. 林明富（上海市文化市场行政执法总队稽查三处）
22. 上海查处侵犯信息网络传播权系列案专案组个人（陈启光、万赟，上海市文化市场行政执法总队稽查五处）
23. 上海王某等利用互联网销售侵权盗版 ISO 标准案专案组个人（杨诚，上海市公安局技术侦察总队二支队；胡煜，上海市治安总队行动队；杨慧，上海市人民检察院金融检察处）
24. 李峰（江苏省公安厅网络安全保卫总队案件查处科）
25. “高清影视下载网”侵犯著作权案专案组个人（刘光明、唐海宁，江苏省扬州市文化行政综合执法支队）
26. 张斌（江苏省无锡市开发区人民检察院）
27. 江苏赵某等侵犯网络游戏著作权案专案组个人（韩赛，江苏省徐州市公安局网安支队案查大队；高成富，江苏省徐州市文化广电新闻出版（版权）局）
28. 江苏张家港九洲老年专科医院有限公司侵犯著作权案专案组个人（王黎明、朱群军、魏冉、彭孟德，江苏省张家港市文化行政综合执法大队）
29. 浙江宁波“4・7”侵犯软件著作权案专案组个人（江武吉、王家麟、范盈春、丁洪新、竺兆忠，浙江省宁波市文化市场行政执法总队）
30. 浙江徐某某销售盗版音像制品案专案组个人（曹剑、杨丹、张辉、钱士骢，浙江省宁波市文化市场行政执法总队；崔凯，浙江省宁波市高新区社管局；赵云，浙江省宁波市公安局高新分局梅墟派出所）
31. 徐旭策（浙江省温州市公安局龙湾区分局永中派出所）
32. “音扑网”侵犯著作权案专案组个人（吴震宇、韦俊，安徽省黄山市版权局；王佳，安徽省黄山市公安局屯溪分局；程小玲，安徽省黄山市屯溪区法院）
33. 吴琴（福建省人民检察院侦查监督处）
34. 陈能贤（福建省泉州市文化市场综合执法支队直属二大队）
35. 山东梁山“7・2”侵犯著作权案专案组个人（郭亚莲、刘奉军、龙鸿、宋明国、颜廷爱、柳成林，山东省济宁市文化市场综合执法局）
36. 山东致远文体店盗印图书案专案组个人（张兆鸿、孟杰、张浩、田阳，山东省济宁市任城区文化市场综合执法局）

37. 山东李某销售侵权复制品案专案组个人（唐加福、李敏绪、张晓东、王峰，山东省淄川区文化旅游和新闻出版局）
38. 徐勇（山东省潍坊市文化市场综合执法局）
39. 杨红雨（山东省泰安市文化市场综合执法支队）
40. 吴连炜（山东省青岛市文化市场行政执法局）
41. 马长兴（山东省即墨市文化市场行政执法局）
42. 河南驻马店“5·7”销售侵权盗版出版物案专案组个人（肖宏伟，河南省驻马店市文化市场执法支队四大队；刘保民、冯磊，河南省驻马店市西平县文化市场综合执法大队；王辉，河南省驻马店市驿城区人民法院刑一庭；周天林，河南省“扫黄打非”办公室）
43. 华兵（河南省商丘市梁园区人民法院）
44. 河南李某某等侵犯著作权案专案组个人（谢娜、王莹，河南省新乡市封丘县人民检察院侦查监督科）
45. 湖北武汉打击侵权盗版刑事审判专案组个人（夏露、吴丰敏、许颖越、郑广芳，湖北省武汉市江岸区人民法院知识产权庭）
46. 湖北武汉“8·13”刘某某非法复制音像制品案专案组个人（徐燕青、潘剑，湖北省武汉市江岸区文化体育和旅游局（新闻出版（版权）局）；吴丹莉，湖北省武汉市江岸区人民检察院）
47. 谭励军（湖南省株洲市文化市场综合执法局）
48. 张忠富（湖南省常德市石门县文化市场综合执法局）
49. 湖南凤凰 KTV 曲库侵犯音乐作品著作权系列案专案组个人（白奎、刘继平、张希、龙伟、麻吉庆，湖南省湘西土家族苗族自治州凤凰县文化市场综合执法局）
50. 湖南刘某等销售盗版软件案专案组个人（陈军、周锋华、文劲峰、宁海斌，湖南省郴州市临武县公安局经侦大队）
51. 杨训国（广西壮族自治区版权局版权管理处）
52. 海南卢某某侵犯著作权案专案组个人（龙官云，海南省海口市公安局琼山分局经侦大队；张德光，海南省“扫黄打非”办公室；陈立夫，海南省海口市中级人民法院刑一庭；周江山，海南省公安厅经侦总队）
53. 田源（重庆市文化市场行政执法总队执法二处）
54. 云南临沧“3·28”侵犯著作权案专案组个人（胡延军，云南省“扫黄打非”办公室；詹云生，云南省新闻出版广电局版权处；李树才、施朝琴，云南省临翔区人民检察院；郭旗，云南省临沧市中级人民法院刑二庭）

【有功个人三等奖】

1. 张钊（公安部网络安全保卫局）
2. 罗林（中宣部新闻局文化新闻处）
3. 海关总署打击侵权假冒专项工作组个人（黄建华、李丹、王丽婷、张芬涛、解新红、任继东，海关总署政法司知识产权处）
4. 齐砚秋（国家工商行政管理总局反垄断与反不正当竞争执法局经济检查处）
5. 中国互联网协会“剑网行动”专项工作组个人（杨一心、曹华平、刘昕、王佳、崔映雪、张玉芳、郭莹，中国互联网协会备案部）
6. 金晶（经济日报社）
7. 郑晓红（中国版权杂志社）
8. 外研社打击侵权盗版维权专项工作组个人（李晶、胡琴、田然、黄姗姗、冯海姣，外语教学与研究出版社有限责任公司法律事务部）
9. 上海度深电子商务咨询服务有限公司侵犯著作权案专案组个人（杜小弘、牛拓，北京市公安局网络安全保卫总队四大队；朱波、赵鹏宇，北京市公安局网络安全保卫总队驻区四大队）
10. 天津饶云芳侵犯著作权案专案组个人（李洪军，天津市文化市场行政执法总队二队；李文卫，天津市版权局版权处；赵晓冬，天津市新闻出版局印刷发行处；崔锦鹏，天津市河北区文化市场行政执法大队；魏立新，天津市公安局河北分局；郭芮，天津市河北区人民检察院；李金柱，天津市河北区人民法院）
11. 李振忠（河北省版权局版权管理处）
12. 康立广（河北省高级人民法院刑事审判第二庭）
13. 彭士涛（河北省通信管理局通信保障处）
14. 河北超逸音像店销售盗版音像制品案专案组个人（姚盛昌、张燚、沈阳，河北省衡水市文化市场行政执法大队）
15. 衡国柱（河北省保定市文化市场行政执法大队）
16. 王彦迈（河北省辛集市文广新局综合执法大队）
17. 侯广林（山西省版权局版权管理处调研员）
18. “梦问道”网络侵权案专案组个人（李安庆，

辽宁省版权局版权处；王奇、张文利，辽宁省通信管理局电信管理处；贾芳姝，辽宁安全分中心信息安全处）
19. 辽宁牵牛星 KTV 侵犯音乐作品著作权案专案组个人（张靖弢、张彦钧、陈曦、李军、孙洪权，辽宁省沈阳市文化执法总队直属执法三大队）
20. 辽宁大连一海通科技有限公司侵犯著作权案专案组个人（吴浩、孔令德、陈羽、阎寒，辽宁省大连市文化市场综合执法总队网络大队；王军，辽宁省大连市文化市场综合执法总队监察大队）
21. 闵正夫（辽宁省丹东市文化市场综合执法支队）
22. 文春怀（吉林省长春市二道区文化体育局）
23. 贾金龙（吉林省九台市文化市场综合执法大队）
24. 孟立夫（吉林省四平市文化市场综合执法支队）
25. 赵新宇（吉林省公主岭市文化市场综合执法大队）
26. 关长安（吉林省梅河口市文广新局）
27. 王志平（黑龙江省哈尔滨市文化市场行政执法局）
28. 黑龙江齐齐哈尔“4·11”侵犯著作权案专案组个人（张巍、张振旭、王宇，黑龙江省齐齐哈尔市文化市场综合执法支队；吴迪，黑龙江省齐齐哈尔市公安局国保支队）
29. 应健（上海市互联网信息办公室网络管理处）
30. 史庭栋（上海市文化市场行政执法总队稽查三处）
31. 上海海关查办侵犯 2014 年巴西世界杯相关著作权系列专案组个人（叶建邦，上海海关法规处；黄帅、马滢滢，上海浦江海关；张宇财，上海外港海关；杨雪芬，上海洋山海关）
32. 朱旭东（上海市公安局闵行分局网安支队）
33. 顾弘（江苏省通信管理局互联网管理处）
34. 江苏郭某某销售盗版教材案专案组个人（宁坤、许德富、杨宏发，江苏省南京市栖霞区文化旅游局；竺晓骏、贾嘉，江苏省南京市公安局栖霞分局刑警大队；张红伟，江苏省南京市版权局版权和出版管理处）
35. 江苏无锡市职业培训指导中心发行盗版教材案专案组个人（戴俊超、刘岩、刘延胜、林磊、魏睿，江苏省无锡市文化行政综合执法支队）
36. “说说 520 网”侵犯著作权案专案组个人（王善翌，江苏省徐州市公安局网安支队案件侦查队；王良群，江苏省徐州市铜山区公安局网安大队；饶本东，江苏省徐州市检察院公诉处；崔悦，江苏省徐州市中级人民法院民事审判第三庭；谢礼营，江苏省徐州市铜山区文广新体局）
37. “百万读小说网”侵犯著作权案专案组个人（张国强，江苏省徐州市公安局网安支队；王保振，江苏省徐州市铜山区公安局网安大队；周曙，江苏省徐州市中级人民法院民事审判第三庭；孟繁卿，江苏省徐州市铜山区文广新体局）
38. “若雨中文网”侵犯著作权案专案组个人（谢毅、章欢，江苏省徐州市文化广电新闻出版（版权）局；拾柳，江苏省徐州市公安局网安支队；刘宇，江苏省徐州市检察院公诉处；颜茂苏，江苏省徐州市中级人民法院民事审判第三庭；单晓、焦国庆、常善路，江苏省徐州市丰县公安局网安大队；李守专，江苏省徐州市丰县“扫黄打非”办公室）
39. 殷丽海（江苏省东台市公安局网安大队）
40. 浙江宁波“5·29”制售侵权音像制品案专案组个人（应希慧、徐江枫、陈淑华，浙江省宁波市文化市场行政执法总队；丁国伟、毛晓峰，浙江省宁波市江北区文化市场行政执法大队）
41. “520 音乐网”侵犯音乐作品著作权案专案组个人（张坤心、董明珠、陈雄，浙江省宁波市文化市场行政执法总队）
42. 浙江海宁市家纺产业花样版权系列侵权案专案组个人（高力、金珂星、李琴、夏蓓蕾，浙江省海宁市文化市场行政执法大队）
43. 浙江杭州“2·20”侵犯著作权案专案组个人（蔡林，浙江省公安厅网警总队；毛善椿，浙江省公安厅网警总队案件侦查支队）
44. 章超巍（浙江省台州市公安局黄岩区分局治安大队）
45. 许明峰（安徽省通信管理局通信保障处）
46. 安徽宿州“8·31”销售侵权复制品案专案组个人（戴安君，安徽省宿州市“扫黄打非”办公室；沈飞，安徽省宿州市文广新局；张召、张励君、李小美，安徽省宿州市公安局治安支队）

47. 安徽安德电脑市场系列侵犯著作权案专案组个人（张林、朱冬、沈勇、张志永、李淮兵、许洪岩，安徽省蚌埠市文化市场管理局；葛怀祥，安徽省蚌埠市公安局治安支队）
48. 安徽胡某等通过网络销售侵权复制品案专案组个人（杜根源、程春林，安徽省池州市版权局；宋莉斌、张曙升、章礼宝，安徽省池州市公安局经侦支队）
49. 倪俊（安徽省马鞍山市文化市场综合执法大队）
50. 张宏涛（江西省版权局版权管理处）
51. 龙昀晖（江西省吉安市版权局）
52. 艾华林（江西省萍乡市文化广电新闻出版（版权）局）
53. 陈军（江西省九江市文化新闻出版局新闻出版（版权）科）
54. 董显祥（江西省赣州市版权局）
55. 山东潍坊打击侵权盗版专案组个人（王铁、王静，山东省潍坊市文化市场综合执法局；刘成涛，山东省潍坊市坊子区文化市场综合执法局；袁金辉，山东省寿光市文化市场综合执法局）
56. 周德贵（山东省潍坊市文化市场综合执法局）
57. 山东潍坊查处娱乐场所侵犯著作权专案组个人（沈键、张靖、刘保华，山东省潍坊市文化市场综合执法局；王洪阳，山东省诸城市文化市场综合执法局；云增健，山东省安丘市文化市场综合执法局）
58. 山东科威亚输送设备有限公司侵犯著作权案专案组个人（秦钊、宋刚、于立海，山东省日照市文化市场综合执法局）
59. 许崇亮（山东省日照市文化市场综合执法局）
60. 山东莒县友爱医院侵犯著作权案专案组个人（董守国、荆玉涛，山东省日照市莒县文化市场综合执法局）
61. 吴明哲（山东省临沂市文化市场管理执法局）
62. 张忠（山东省济南市文化市场综合行政执法支队）
63. 韩兵（山东省威海市文化市场综合执法局）
64. 荣刚（山东省聊城市文化市场行政执法局）
65. 刘光柱（山东省德州市文化市场综合执法局）
66. 魏亿勇（山东省德州市文化市场综合执法局）
67. 李昌（山东省即墨市文化市场行政执法局）
68. 李建（山东省青岛市李沧区文化市场行政执法局）
69. 肖炳海（山东省青岛市崂山区文化市场行政执法局）
70. 高英栋（山东省平度市文化市场行政执法局）
71. 韩卫东（山东省胶州市文化市场行政执法局）
72. 李峰（河南省版权局版权管理处）
73. 河南正阳“8·26”发行侵权盗版出版物案专案组个人（于涛、马新国，河南省驻马店市正阳县文化市场综合执法大队）
74. 程振海（河南省安阳市文化市场综合执法支队）
75. 张威（湖北省版权局版权管理处）
76. 叶飞（湖北省通信管理局互联网管理处）
77. 尹飞（湖北省互联网信息办公室网络管理处）
78. 周婧（湖北省武汉市江岸区人民检察院公诉科）
79. 湖北武汉“4·21”张某某侵犯著作权案专案组个人（王干武、李晓晖，湖北省武汉市硚口区文化体育局；张俊勇、张蜂，湖北省武汉市硚口区公安分局经侦大队；张婷，湖北省武汉市人民检察院刑事审判监督处）
80. 杨波（湖北省恩施市文化市场综合执法大队）
81. 湖南益阳打击侵犯软件著作权专案组个人（李铁阶、张靖宇、吴益、李松铭、魏振隆，湖南省益阳市文化市场综合执法局）
82. 湖南联创电脑科技有限公司侵犯软件著作权案专案组个人（唐顺琴、伍细才、王先翔、廖振华、甘卫华，湖南省永州市蓝山县文化市场综合执法局）
83. 廖建新（湖南省衡阳市衡山县文化市场综合执法局）
84. 钟科念（广西壮族自治区南宁市文化市场综合执法支队）
85. 曾伯林（海南省版权局版权处）
86. 左图强（重庆市文化委员会（版权局）版权管理处）
87. 余刚（重庆市奉节县文化市场行政执法大队）
88. 陈国虹（四川省版权局版权管理处）
89. 钱海燕（四川省通信管理局电信管理处）
90. 黄大千（云南省孟连海关）
91. 孙涛（陕西省版权局版权管理处）
92. 杨兴武（陕西省通信管理局通信保障处）
93. 陕西浩佳教育书店发行盗版出版物案专案组个人（程原力，陕西省西安市文化市场行政执法总队一大队；樊军艳，陕西省西安市文化市场行政执法总队三大队）

94. 青海马某某销售盗版音像制品案专案组个人（王生琦，青海省西宁市城东区科技文体旅游局文化旅游市场综合执法大队；何军，青海省西宁市公安局城东分局）
95. 宁夏打击网络侵权盗版专项工作组个人（王高阳，宁夏回族自治区“扫黄打非”办公室；张世明，宁夏回族自治区版权局版权处）
96. 施晓娟（新疆维吾尔自治区版权局版权处）
97. 新疆乌鲁木齐娱乐会所侵犯音乐作品著作权案专案组个人（张永健、肖朝辉、姜佳元、王宏伟，新疆维吾尔自治区乌鲁木齐市文化市场稽查支队二大队）
98. 孙彦丽（新疆维吾尔自治区阿勒泰市文化市场稽查大队）

国家版权局关于公布 2014 年度打击侵权盗版十大案件的通知

国版函［2015］9 号

各省（区、市）版权局，北京、天津、上海、重庆市文化市场行政执法总队：

2014 年，按照国务院关于开展打击侵犯知识产权和制售假冒伪劣商品工作的有关部署以及国家版权局、国家互联网信息办公室、公安部、工业和信息化部联合开展的“剑网 2014”专项行动的有关要求，各地区版权执法相关部门进一步加强案件查办工作，查处了一批侵权盗版案件。为集中展示版权执法相关部门查处侵权盗版案件的工作成果，充分发挥典型案例的示范引导作用，我局选定了 2014 年度打击侵权盗版十大案件。现将这些案件印发给你们，供各级版权执法相关部门在版权执法工作中参考借鉴。

特此通知。

附件：2014 年度打击侵权盗版十大案件

国家版权局

2015 年 5 月 20 日

附件

2014 年度打击侵权盗版十大案件

一、上海“射手网”侵犯著作权案

2014 年 9 月，根据美国电影协会投诉，上海市文化市场行政执法总队对“射手网”涉嫌侵犯著作权案进行调查。经查，“射手网”由上海射手信息科技有限公司经营，自 2013 年 5 月起，未经权利人许可，复制他人电影作品于硬盘存储产品，并通过其互联网销售、发行，供用户购买和使用；此外，该公司未经权利人许可，自 2013 年开始在“射手网”登载《驯龙高手》等影视作品的字幕。经认证，上述电影作品中 79 部、影视作品字幕文件中 4 部未经著作权人授权。

2014 年 12 月 15 日，上海市文化市场行政执法总队对当事人做出行政处罚：罚款人民币 10 万元。

二、江苏“爱漫画网”侵犯著作权案

2014 年 11 月，江苏省扬州市文化广电新闻出版局对“爱漫画网”侵犯著作权案进行调查。经查，当事人叶某某未经权利人许可，擅自通过网络传播大量侵权盗版动漫作品，并通过广告获取利益，且部分漫画作品中含有低俗、淫秽和恐怖暴力内容。

2014 年 12 月 4 日，江苏省扬州市文化广电新闻出版局于对当事人做出行政处罚：删除未经授权的漫画作品；罚款人民币 10 万元。

三、合肥安海电子科技公司销售盗版软件案

2013 年 12 月，安徽省蚌埠市固镇县文化市场综合执法队根据群众举报线索，对合肥安海电子科技有限公司在“固镇县教育局教学电脑采购项目”中涉嫌安装侵权软件案进行调查。经查，在该公司向固镇县 76 所中小学销售的 672 台清华同方超越 E500 型计算机中，所复制的计算机软件为侵犯他人著作权的计算机软件。

2014 年 3 月 28 日，安徽省蚌埠市固镇县文广新局对该公司做出行政处罚：责令停止侵权行为，为本案中所销售计算机重新安装合法软件；罚款人民币 10 万元。

四、湖南广大消防安全培训职业学校发行盗版

教材教辅案

2014年6月，湖南省娄底市文化市场综合执法局根据举报线索，对广大消防安全培训职业学校复制、发行侵权盗版培训资料案进行调查。经查，该校自2012年9月至2014年6月，先后从长沙等地购进用于培训卡拉OK、网吧、宾馆等场所的消防安全员的《消防安全培训教材》3 500册，其中2 000册为侵权盗版出版物，《中华人民共和国消防法释义》3 000册，全部为侵权盗版出版物。所有培训教材都已发行完毕，涉案学校发行侵权盗版出版物的非法经营额为17万余元。

2014年9月1日，湖南省娄底市文化市场综合执法局对当事人做出行政处罚：没收未经著作权人许可，复制、发行的非法出版物；罚款人民币18万元。

五、安徽"DY161电影网"侵犯著作权案

2013年，根据有关权利人投诉，安徽省公安部门会同版权部门成立专案组，对"DY161电影网"涉嫌侵犯著作权案立案调查。经查，陈某同时拥有包括DY161在内的3个视频网站，共发布涉嫌侵权影视作品上万部，通过网站牟取利益超过100万元。2014年5月26日，专案组将陈某抓获，在其住处查获大量盗版光盘以及作案用的电脑2台，并同时在江苏省镇江市查扣作案用服务器1台。

2014年11月10日，安徽省合肥市高新区法院以侵犯著作权罪判处陈某有期徒刑7个月，并处罚金人民币15万元。

六、江苏"放放电影网"侵犯著作权案

2014年3月，江苏省徐州市公安部门会同版权部门对"放放电影网"涉嫌侵犯著作权案立案调查。经查，谢某未经著作权人许可，在其经营的"放放电影网"上传播其从其他网站采集的影视作品1万余部，并发布广告牟利。截至2014年3月案发，获得广告收入共计581万余元。2014年3月6日，徐州市公安机关将谢某抓获归案。

2014年12月17日，江苏省徐州市中级人民法院以侵犯著作权罪判处谢某有期徒刑3年6个月，并处罚金人民币300万元。

七、湖北"10・12"侵犯网络游戏著作权案

2011年，湖北省荆门市公安部门会同版权部门对群众举报的"10・12"诚信网络侵犯著作权案进行调查。经查，2011年以来，罗某某等7人未经著作权人许可，开设"诚信网络一条龙"网站，售卖《传奇》游戏私服版本、架设私服、为客户代理发布该游戏私服广告，非法接收资金共计202.3万元；李某某开办"至上科技"论坛，利用非法获得的《传奇》私服版本进行广告推广获利，非法接收资金175.4万元；何某某等3人利用QQ在网上联系发布《传奇》私服广告客户获利，非法接收资金共计1 749.5万元。

2014年12月24日，湖北省荆门市东宝区人民法院以侵犯著作权罪分别判处罗某某等11人有期徒刑4年6个月至1年不等有期徒刑，并处罚金合计人民币1 332万元。

八、黑龙江刘某等侵犯网络游戏著作权案

2014年1月，根据权利人投诉，黑龙江省哈尔滨市公安部门会同版权部门对刘某等涉嫌侵犯网络游戏《逐鹿中原》著作权案展开调查。经查，刘某、李某、桑某通过VPN代理服务等方式运营侵权网络游戏，先后在境内外多地租用服务器，通过不断变更第三方支付平台进行资金流转，玩家数量达数十万人，规模接近该正版游戏，涉案金额近300万元。2014年7月和8月，专案组先后抓获犯罪嫌疑人刘某（北京某网络科技公司技术总监）、李某和桑某（佳木斯某机房法人）。

2014年12月12日，黑龙江省哈尔滨市香坊区法院以侵犯著作权罪分别判处刘某等3人有期徒刑3年6个月、有期徒刑1年及有期徒刑缓刑，并处罚金人民币40万元、10万元和6万元。

九、青岛"6・25"销售盗版报刊案

2013年以来，山东省青岛市版权执法部门多次接到不同的权利人投诉，称在街边的书报摊发现有多种未经权利人授权的报纸或期刊在售。公安部门会同版权执法部门先后查处了三处批发销售侵权报纸、期刊的窝点，抓获两名犯罪嫌疑人，当场缴获报刊28种5 500份。经查，自2010年至2013年6月，丛某某等人未经著作权人许可，分别从山西等7个省市的多家报刊发行商购入非法报刊5 380万份，并向山东、辽宁、黑龙江、吉林四省发行，累计涉案金额5 700万元。

2014年11月12日，山东省青岛市市北区人民法院以侵犯著作权罪分别判处丛某某等2人有期徒刑5年2个月和有期徒刑缓刑，并处罚金人民币1万元和5 000元。

十、云南"3・28"销售盗版《新华字典》案

2013年，云南省临沧市公安部门会同版权部门根据群众举报线索，对临沧希望图书城销售盗版《新华字典》案进行调查。经查，周某某未经权利人许可，在自己的地下印刷厂非法印制《新华字典》后，以明显低于市场价的价格销售给王某某，王某某又将该批《新华字典》销售给临沧希望图书城，由该图书城配发至指定学校，涉案侵权盗版《新华字典》共计 26 915 本。

2014 年 7 月 7 日，云南省临沧市临翔区人民法院以侵犯著作权罪判处周某某有期徒刑 4 年，并处罚金人民币 5 万元，原犯侵犯著作权罪，判处有期徒刑 3 年缓刑 5 年，并处罚金人民币 5 万元，撤销缓刑，合并决定执行有期徒刑 5 年，并处罚金人民币 10 万元；以销售侵权复制品罪判处王某某有期徒刑 2 年，并处罚金人民币 5 万元。

（以上案件由国家版权局于 2015 年 4 月 23 日发布）

关于同意在珠海市横琴新区设立“横琴国际版权交易中心”的复函

国版函［2015］10 号

中国新闻社、中国新闻文化促进会：

《关于申请建立横琴国际版权交易中心的函》（国新促发［2015］3 号）收悉。

为更好地贯彻落实国家“十二五”规划以及全力打造“21 世纪海上丝绸之路”的国家战略，落实《版权工作“十二五”规划》目标，推动建立区域综合性版权交易平台，加强我国在国际版权交易中的地位与引导能力，进一步促进版权相关产业发展，经研究，同意中国新闻社和中国新闻文化促进会在珠海市横琴新区建立“横琴国际版权交易中心”。

希望“横琴国际版权交易中心”充分利用横琴新区的区位优势和政策优势，依托丰富的版权资源，特别是有效整合国内外主要媒体的版权资源，积极探索在社会主义市场经济条件下，各类版权作品确权、评估、交易的新机制、新路径，为权利人和使用者搭建合法、高效、便捷的服务平台，积极构建综合性版权产业要素市场，为推进优秀作品的广泛传播，推动文化产业的发展做出积极贡献。

国家版权局

2015 年 5 月 25 日

关于同意东莞市创建全国版权示范城市的批复

国版函［2015］11 号

广东省版权局：

你局《关于推荐东莞市申报创建全国版权示范城市的请示》（粤权［2014］88 号）收悉。

近年来，东莞市委、市政府高度重视版权工作，将版权保护工作和版权产业发展纳入城市发展总体规划，版权工作机制健全、政策到位，版权服务举措不断创新，版权产业持续健康发展，软件正版化工作扎实推进，版权执法工作取得明显成效，版权保护意识整体提高，促进了智力成果的创造、运用、保护与管理。

经研究，同意东莞市创建“全国版权示范城市”的申请。希望东莞市人民政府认真贯彻落实《国家知识产权战略纲要》，以创建为契机，推动智力成果的创新与运用，促进区域经济、文化、科技和社会事业全面发展。创建期满后，我局将按照《全国版权示范城市、示范单位和示范园区（基地）管理办法》的规定对东莞市的创建工作进行综合评测，符合条件将授予全国版权示范城市称号。

国家版权局

2015 年 7 月 27 日

关于责令网络音乐服务商停止未经授权传播音乐作品的通知

各网络音乐服务商：

为加强对音乐作品著作权人权利的保护，规范网络传播音乐作品版权秩序，依据《中华人民共和国著作权法》《信息网络传播权保护条例》及《著作权行政处罚实施办法》等相关规定，以及“剑网2015”专项行动有关工作部署，通知如下：

自2015年7月起，国家版权局启动规范网络音乐版权专项整治行动，加强对网络音乐服务商的版权执法监管力度，推动建立良好的网络音乐版权秩序和运营生态。

基于网络音乐服务商未经授权传播音乐作品比较严重的情况，现责令各网络音乐服务商停止未经授权传播音乐作品，并于2015年7月31日前将未经授权传播的音乐作品全部下线。

对于在2015年7月31日以后仍继续传播未经授权音乐作品的网络音乐服务商，国家版权局将依法从严查处。

特此通知。

国家版权局

2015年7月8日

关于规范网盘服务版权秩序的通知

国版函［2015］13号

为规范网盘服务版权秩序，根据《中华人民共和国著作权法》《信息网络传播权保护条例》等规定，现就有关事项通知如下：

一、凡为用户提供网络信息存储空间服务的网盘服务商应当遵守著作权法律法规，合法使用、传播作品，履行著作权保护义务。

二、网盘服务商应当建立必要管理机制，运用有效技术措施，主动屏蔽、移除侵权作品，防止用户违法上传、存储并分享他人作品。

三、网盘服务商应当在其网盘首页显著位置提示用户遵守著作权法，尊重著作权人合法权益，不违法上传、存储并分享他人作品。

四、网盘服务商应当在其网盘首页显著位置详细标明权利人通知、投诉的方式，及时受理权利人通知、投诉，并在接到权利人通知、投诉后24小时内移除相关侵权作品，删除、断开相关侵权作品链接；同时应当遵守《信息网络传播权保护条例》关于“通知”的相关规定。

五、网盘服务商应当采取有效措施，制止用户违法上传、存储并分享下列作品：

（一）根据权利人通知已经移除的作品；

（二）权利人向网盘服务商发送了权利公示或者声明的作品；

（三）版权行政管理部门公布的重点监管作品。

六、网盘服务商应当采取有效措施，制止用户违法上传、存储并分享下列未经授权的作品：

（一）正在热播、热卖的作品；

（二）出版、影视、音乐等专业机构出版或者制作的作品；

（三）其他明显感知属于未经授权提供的作品。

七、网盘服务商不得擅自或者组织上传未经授权的他人作品，不得对用户上传、存储的作品进行编辑、推荐、排名等加工，不得以各种方式指引、诱导、鼓励用户违法分享他人作品，不得为用户利用其他网络服务形式违法分享他人作品提供便利。

八、网盘服务商应当加强用户管理，要求用户对其账号异常登录、流量异常变化等可能涉嫌侵权的情况及时做出合理解释，对于拒绝解释或者不能给出合理解释的用户，可以暂停或者终止使用其账号。

九、网盘服务商应当完整保存用户姓名、账号、网络地址、联系方式等注册信息，并按照版权行政管理部门的要求提供用户上传、存储并分享的侵权作品、网络地址或者域名等必要信息。

十、网盘服务商应当建立侵权用户处置机制，根据用户侵权情形，给予列入黑名单、暂停或者终止服务等处置。

十一、网盘服务商应当严格遵守、执行本通知。版权行政管理部门要对网盘服务商加强监管，依法查处网盘服务商违反著作权法的行为。

十二、本通知自印发之日起实施。

国家版权局

2015 年 10 月 14 日

关于同意授予中国科技出版传媒股份有限公司等全国版权示范单位、示范园区（基地）称号的批复

国版函［2015］15 号

北京、天津、上海、江苏、浙江、安徽、江西、山东、湖北、湖南、广东、四川、陕西等省（市）版权局，中国科技出版传媒集团有限公司：

为贯彻落实《国家知识产权战略纲要》和《版权工作“十二五”规划》，充分发挥版权先进典型的示范引导作用，不断提升版权创造、运用、保护和管理的整体水平，自新的《全国版权示范城市、示范单位和示范园区（基地）管理办法》（2013 年修订后颁布，以下简称《办法》）实施以来，各地版权行政管理部门、各版权相关企业和单位积极响应，大力扶持、培育、打造并推荐上报了一批具有鲜明特色的版权示范单位、示范园区（基地）。

为树立版权示范典型，进一步提高公众的版权保护意识，推动版权保护工作更好地为经济建设服务，根据《办法》规定，2015 年下半年，我局经对各地版权局及中国科技出版传媒集团公司上报的材料进行认真审核和筛选，并对推荐的部分单位、园区（基地）进行了实地考核，认为符合《办法》规定的申报条件，在全国具有推广价值和典型意义，同意授予中国科技出版传媒股份有限公司、腾讯科技（深圳）有限公司、中广天择传媒股份有限公司、湖南鼎翰文化传播有限公司、江西日报社、江西新华发行集团有限公司、知音传媒集团有限公司、华中科技大学出版社有限公司、江通动画股份有限公司、江苏东渡纺织集团有限公司、江苏新天工广告有限公司、天津神界漫画有限公司、天津海顺印业包装有限公司、当当网信息技术（天津）有限公司、上海世纪出版集团公司、上海冠勇信息科技有限公司、马鞍山洪滨丝画手工艺术有限公司、马鞍山中尧网络科技有限公司、阜阳席殊书屋有限公司、荣信教育文化产业发展股份有限公司、浙江省现代纺织工业研究院、互动在线（北京）科技有限公司、北京联合出版有限责任公司、海洋互动（北京）信息技术有限公司、北京炫世纪文化发展有限公司、北京东方视角文化传媒股份有限公司、北京太合音乐文化发展有限公司、山东出版集团公司、山东广播电视台、山东世纪天鸿文教科技股份有限公司、济南出版有限责任公司、青岛工艺美术集团有限公司、电子科大（威海）数字出版有限公司、潍坊北大青鸟华光照排有限公司等 34 家单位“全国版权示范单位”称号；同意授予南京新城科技园、中国淮安软件园、上海紫竹高新技术产业开发区、天津生态城产业园运营管理有限公司、眉山市青神竹编产

业基地等5家园区（基地）“全国版权示范园区（基地）”称号。

希望你们认真贯彻落实《国家知识产权战略纲要》精神，加强对所辖全国版权示范单位、示范园区（基地）的监督管理，充分发挥版权示范单位、示范园区（基地）的引导作用，推动智力成果的创新与运用，促进区域经济、文化、科技和社会事业的全面发展。

国家版权局

2015年10月14日

关于同意即墨市创建全国版权示范城市的批复

国版函［2015］16号

山东省版权局：

你局《关于即墨市申报全国版权示范城市的请示》（鲁版字［2015］15号）收悉。

近年来，山东省即墨市委、市政府高度重视版权工作，将版权保护工作和版权产业发展纳入城市发展总体规划，将著作权登记工作列入全市目标责任考核，版权工作机制健全、政策到位，组织保障措施有力，版权产业持续健康发展，版权社会服务思路创新，版权执法工作成效明显，软件正版化工作扎实推进，版权宣传引导得力，版权工作已成为促进地方经济转型升级、建设创新型城市的重要支撑。

经研究，同意即墨市创建“全国版权示范城市”的申请。希望即墨市人民政府认真贯彻落实《国家知识产权战略纲要》，以创建为契机，推动智力成果的创新与运用，促进区域经济、文化、科技和社会事业全面发展。创建期满后，我局将按照《全国版权示范城市、示范单位和示范园区（基地）管理办法》的规定对即墨市的创建工作进行综合验收，符合条件将授予“全国版权示范城市”称号。

国家版权局

2015年10月14日

关于2014年全国著作权登记情况的通报

国版办发［2015］1号

各省、自治区、直辖市版权局，新疆生产建设兵团版权局，解放军总政治部宣传部版权局，中国版权保护中心：

2014年，各地版权行政管理部门和著作权登记机构将著作权登记工作作为版权社会化服务的重点任务，采取有力措施，积极引导，开拓思路，提高质量，使全国著作权登记工作规范化、标准化、信息化水平不断提升，在维护著作权人合法权益、规范版权交易市场、带动版权质押融资、推动版权产业发展等方面发挥了重要作用。

现将2014年全国著作权登记情况通报如下：

一、总体情况

继2013年包括作品登记、计算机软件著作权登记、著作权质权登记在内的著作权登记总量首次突破百万件以来，2014年我国著作权登记继续保持平稳增长态势，总量达1 211 313件，比2013年增加了201 656件，增长19.97%。其中，作品登记992 034件，较2013年的845 064件增长了17.39%；

计算机软件著作权登记 218 783 件，较 2013 年的 164 349 件增长了 33.12%；著作权质权登记 496 件，涉及主债务金额 262 543.1 万元。2014 年，我国计算机软件著作权登记量突破了 20 万件，同比增长幅度较大，反映出我国版权产业的智力成果和创新能力。

二、作品登记有关数据

2014 年，全国共完成作品登记 992 034 件，较 2013 年的 845 064 件增长了 17.39%。其中，全年登记量较大的地区和单位是：北京市 510 794 件，占登记总量的 51.49%；上海市 187 653 件，占登记总量的 18.92%；中国版权保护中心 84 950 件，占登记总量的 8.56%；江苏省 55 230 件，占登记总量的 5.57%；山东省 40 425 件，占登记总量的 4.07%；重庆市 34 591 件，占登记总量的 3.49%。以上登记数量均超过 3 万件，登记量总和为 913 643 件，占全国登记总量的 92.09%。

从登记作品类型看，数量最多的仍然是摄影作品 428 819 件，占登记总量的 43.23%，其他依次是文字作品 340 576 件，占登记总量的 34.33%；美术作品 177 095 件，占登记总量的 17.85%；影视作品 12 858 件，占登记总量的 1.30%；音乐作品 6 977 件，占登记总量的 0.70%；图形作品 6 126 件，占登记总量的 0.62%；模型、戏剧、舞蹈等及其他类共计 7 740 件，占登记总量的 0.78%；录音制品 11 264 件，占登记总量的 1.14%；录像制品 579 件，占登记总量的 0.05%。

三、计算机软件著作权登记有关数据

2014 年，随着国内软件产业发展环境不断优化，软件研发创新能力持续提升，我国计算机软件著作权登记量延续了近年来高速增长的发展态势，全年共登记 218 783 件，同比增长 33.12%，登记量首次突破 20 万件大关，再创历史新高。

从登记区域分布来看，东部地区登记最多，西部地区增速最快，中部地区和东北地区登记量进一步持续增长。其中，东部地区登记软件 162 323 件，约占我国软件登记总量的 74.19%；西部地区登记软件 25 005 件，同比增长 52.33%，高出我国整体软件登记增速近 19 个百分点；中部地区登记软件 23 658 件，同比增长 47.30%；东北地区登记软件 7 267 件，同比增长 38.74%。

从登记量排名上看，2014 年位列全国前五位的地区仍然为北京、广东、上海、江苏和浙江，与上一年度相比排名未发生任何变化。五地共登记 140 300 件，占登记总量 64.13%。其中，北京登记 48 650 件，同比增长 16.61%；广东登记 37 643 件，同比增长 41.86%；上海登记 19 623 件，同比增长 30.91%；江苏登记 19 216 件，同比增长 28.82%；浙江登记 15 168 件，同比增长 27.86%。

按登记增速排名，2014 年位列全国前三位的地区依次为宁夏、江西和重庆。其中，宁夏登记 703 件，同比增长 231.60%；江西登记 1 990 件，同比增长 112.15%；重庆登记 2 752 件，同比增长 72.32%。

四、著作权质权登记有关数据

2014 年，全国共完成著作权质权登记 496 件，涉及合同数量 233 个，涉及作品数量 1 045 件，涉及主债务金额 262 543.1 万元，涉及担保金额 287 245.1 万元。

其中，作品著作权质权登记 305 件，涉及合同 42 个，涉及作品数量 305 件，涉及主债务金额 76 426 万元，涉及担保金额 109 170 万元。软件著作权质权登记 191 件，涉及合同 191 个，涉及软件数量 740 件，涉及主债务金额 186 117.05 万元，涉及担保金额 178 075.05 万元。

近年来，在各地版权行政管理部门和著作权登记机构的共同努力下，著作权登记工作保持了良好的增长势头，取得了阶段性成果。希望各地区、各单位在深入贯彻落实国家版权局《关于进一步规范作品登记程序等有关工作的通知》的基础上，充分利用现有的技术平台，进一步提高著作权登记信息统计和报送的信息化、标准化水平，完善著作权登记信息统计和报送人员的队伍建设，确保著作权登记信息报送的时效性和准确性，不断提升著作权登记工作质量，使著作权登记工作真正成为促进版权产业发展和加强版权保护的有效途径。

附件：1. 2014 年全国作品登记情况统计表

2. 2014 年全国作品登记地区（单位）前十名列表

3. 2014 年全国计算机软件著作权登记地区前十名列表

国家版权局办公厅

2015 年 3 月 3 日

附件 1

2014 年全国作品登记情况统计表

	1 月	2 月	3 月	4 月	5 月	6 月	7 月	8 月	9 月	10 月	11 月	12 月	总计	占全国比重
全国总计	58 729	48 815	56 100	59 877	63 633	59 078	65 265	63 523	92 911	117 262	133 069	173 772	992 034	100%
北京	30 590	30 085	31 242	31 952	32 695	31 664	30 345	10 180	30 893	71 008	73 786	106 354	510 794	51.49%
天津	7	0	14	0	2	0	38	11	0	2	11	3	88	0.01%
河北	10	24	10	43	40	22	15	11	16	15	5	24	235	0.02%
山西	8	0	0	5	7	1	470	8	8	1	14	18	540	0.05%
内蒙古	12	2	0	27	8	4	7	18	0	24	10	4	116	0.01%
辽宁	2 089	1 165	118	1 754	148	137	27	270	258	79	377	3 931	10 353	1.04%
吉林	29	26	22	25	47	34	29	74	238	92	114	225	955	0.10%
黑龙江	51	50	34	33	2741	38	42	25	15	16	10	26	3 081	0.31%
上海	7 750	7 247	8 063	8 002	8 076	7 979	8 116	28 700	28 512	26 357	23 669	25 182	187 653	18.92%
江苏	4 647	1 145	3 136	5 360	4 843	4 316	5 223	6 077	6 698	5 336	5 100	3 349	55 230	5.57%
浙江	83	808	1 316	1 326	1 429	503	1 642	1 407	1 164	1 150	1 411	994	13 233	1.33%
安徽	24	8	42	75	20	23	846	13	35	19	5	59	1 169	0.12%
福建	2 502	761	2 503	1 210	1 658	1 065	1 884	2 946	1 627	67	2 496	3 652	22 371	2.26%
江西	35	13	38	200	161	268	218	83	120	64	194	286	1 680	0.17%
山东	1 283	1 167	2 628	511	491	233	854	266	10 729	517	10 650	11 096	40 425	4.07%
河南	112	36	59	15	105	49	88	33	89	121	62	69	838	0.08%
湖北	46	30	360	48	52	311	35	68	186	96	397	383	2 012	0.20%
湖南	78	5	50	154	215	348	148	169	242	96	105	442	2 052	0.20%
广东	187	13	199	664	1 719	1 382	1 051	1 256	1 232	1 328	1 917	4 457	15 405	1.55%
广西	19	0	0	1	17	14	44	21	13	2	20	22	173	0.02%
海南	22	1	11	9	6	0	13	3	12	4	0	5	86	0.01%
重庆	2 559	216	365	719	2 693	4 403	4 850	4 926	3 100	3 883	4 501	2 376	34 591	3.49%
四川	57	28	63	76	66	105	92	107	53	79	79	206	1 011	0.10%
贵州	0	18	13	15	8	0	0	16	14	13	0	9	106	0.01%
云南	23	8	13	13	31	34	8	22	9	32	40	13	246	0.02%
西藏	0	0	0	0	0	0	0	0	0	0	0	0	0	0
陕西	45	12	8	60	13	127	30	19	196	25	35	384	954	0.10%
甘肃	4	0	0	0	10	7	7	7	8	8	104	5	160	0.02%
青海	0	1	2	2	9	2	6	1	8	0	0	0	31	0.01%
宁夏	5	14	13	0	10	19	11	18	40	8	4	12	154	0.02%
新疆	121	154	167	84	294	227	15	129	51	67	12	21	1 342	0.14%
中国版权保护中心	6 331	5 778	5 611	7 494	6 019	5 763	9 111	6 639	7 345	6 753	7 941	10 165	84 950	8.56%

附件 2

2014 年全国作品登记地区（单位）前十名列表

序号	地区/单位名称	登记量	占全国比重
1	北京	510 794	51.49%
2	上海	187 653	18.92%
3	中国版权保护中心	84 950	8.56%
4	江苏	55 230	5.57%
5	山东	40 425	4.07%
6	重庆	34 591	3.49%
7	福建	22 371	2.26%
8	广东	15 405	1.55%
9	浙江	13 233	1.33%
10	辽宁	10 353	1.04%

附件 3

2014 年全国计算机软件著作权登记地区前十名列表

序号	地区名称	登记量	占全国比重
1	北京	48 650	22.24%
2	广东	37 643	17.21%
3	上海	19 623	8.97%
4	江苏	19 216	8.78%
5	浙江	15 168	6.93%
6	四川	8 549	3.91%
7	山东	7 538	3.45%
8	湖北	6 993	3.20%
9	福建	5 657	2.59%
10	安徽	5 494	2.51%

关于规范网络转载版权秩序的通知

国版办发〔2015〕3 号

为贯彻落实中共中央办公厅、国务院办公厅印发的《关于推动传统媒体和新兴媒体融合发展的指导意见》，鼓励报刊单位和互联网媒体合法、诚信经营，推动建立健全版权合作机制，规范网络转载版权秩序，根据《中华人民共和国著作权法》《中华人民共和国著作权法实施条例》《信息网络传播权保护条例》有关规定，现就规范网络转载版权秩序有关事项通知如下：

一、互联网媒体转载他人作品，应当遵守著作权法律法规的相关规定，必须经过著作权人许可并支付报酬，并应当指明作者姓名、作品名称及作品来源。法律、法规另有规定的除外。

互联网媒体依照前款规定转载他人作品，不得侵犯著作权人依法享有的其他权益。

二、报刊单位之间相互转载已经刊登的作品，适用《著作权法》第三十三条第二款的规定，即作品刊登后，除著作权人声明不得转载、摘编的外，其他报刊可以转载或者作为文摘、资料刊登，但应当按照规定向著作权人支付报酬。

报刊单位与互联网媒体、互联网媒体之间相互转载已经发表的作品，不适用前款规定，应当经过著作权人许可并支付报酬。

三、互联网媒体转载他人作品，不得对作品内容进行实质性修改；对标题和内容做文字性修改和删节的，不得歪曲篡改标题和作品的原意。

四、《著作权法》第五条所称时事新闻，是指通过报纸、期刊、广播电台、电视台等媒体报道的单纯事实消息，该单纯事实消息不受著作权法保护。凡包含了著作权人独创性劳动的消息、通讯、特写、报道等作品均不属于单纯事实消息，互联网媒体进行转载时，必须经过著作权人许可并支付报酬。

五、报刊单位可以就通过约稿、投稿等方式获得的作品与著作权人订立许可使用合同，明确约定许可使用的权利种类、许可使用的权利是专有使用权或者非专有使用权、许可使用的地域范围和期间、付酬标准和办法、违约责任以及双方认为需要约定的其他内容。双方约定权利由报刊单位行使的，互联网媒体转载该作品，应当经过报刊单位许可并支付报酬。

六、报刊单位可以与其职工通过合同就职工为完成报刊单位工作任务所创作作品的著作权归属进行约定。合同约定著作权由报刊单位享有的，报刊单位可以通过发布版权声明的方式，明确报刊单位刊登作品的权属关系，互联网媒体转载此类作品，应当经过报刊单位许可并支付报酬。

七、报刊单位和互联网媒体应当建立健全本单位版权管理制度。建立本单位及本单位职工享有著作权的作品信息库，载明作品权属信息，对许可他人使用的作品应载明授权方式、授权期限等相关信息。建立经许可使用的他人作品信息库，载明权利来源、授权方式、授权期限等相关信息。

八、报刊单位与互联网媒体、互联网媒体之间应当通过签订版权许可协议等方式建立网络转载版权合作机制，加强对转载作品的版权审核，共同探索合理的授权价格体系，进一步完善作品的授权交易机制。

九、各级版权行政管理部门要加大对互联网媒体的版权监管力度，支持行业组织在推动版权保护、版权交易、自律维权等方面发挥积极作用，严厉打击未经许可转载、非法传播他人作品的侵权盗版行为。

国家版权局办公厅

2015年4月17日

关于明确涉外著作权合同登记工作性质的通知

国版办函［2015］29号

各省、自治区、直辖市版权局，新疆生产建设兵团版权局，中国版权保护中心：

根据中共中央办公厅、国务院办公厅印发的《关于推行地方各级政府工作部门权力清单制度的指导意见》，为进一步明确涉外著作权合同登记工作的性质，现将有关事项通知如下：

目前，各省级版权局和中国版权保护中心分别开展的“出版境外音像制品、复制境外音像制品、出版境外图书、出版和复制境外电子出版物和计算机软件、委托印刷境外出版物、重印外国期刊”等各项涉外著作权合同登记工作的性质应为“行政确认”事项。请各相关单位在清理行政审批事项及制定政府工作部门权力清单工作过程中，参照此意见执行。

特此通知。

国家版权局办公厅

2015年6月9日

关于开展网络音乐版权重点监管工作的通知

权司［2015］137号

各有关网络音乐服务商：

为加强网络音乐版权保护，规范网络音乐版权秩序，建立良好的网络音乐版权生态，根据《中华人民共和国著作权法》《中华人民共和国著作权法实施条例》和《信息网络传播权保护条例》的相关规定以及“剑网2015”专项行动有关工作部署，国家版权局于2015年7月正式启动网络音乐版权重点监管工作，将20家网络音乐服务商纳入首批版权重点监管名单。为做好该项工作，现有关事项通知如下：

一、关于网络音乐版权常规监管

1. 纳入首批版权重点监管名单的各网络音乐服务商（以下简称各网络音乐服务商，名单见附件1）应于2015年9月15日前报送本公司获得独家权利的音乐作品权利信息表（包括独家未转授权及独家且转授权的音乐视频作品和音乐作品，格式见附件2，只报送电子版）。国家版权局将各网络音乐服务商报送的有关权利信息汇总形成网络音乐服务商独家音乐作品权利信息库。各网络音乐服务商应于每月底前报送获得独家权利音乐作品的变化情况，包括新获得的独家音乐作品权利信息表以及完成转授权的独家音乐作品权利信息表。

2. 自2015年9月起，各网络音乐服务商应于每月10日前向我局报送本公司获得非独家权利的音乐作品权利信息表（包括从原始权利人及从分销商处取得非独家权利的音乐视频作品和音乐作品，格式见附件3，只报送电子版），每次报送作品数量不超过1万首。国家版权局将对各网络音乐服务商报送的部分权利信息进行核查，汇总形成网络音乐作品权利信息库，在国家版权局官网、微博、微信等媒体平台对外发布，并通过各网络音乐服务商主动采取相关措施，预防侵权行为。

二、关于网络音乐版权预警保护

各网络音乐服务商对于本公司获得权利（包括独家权利和非独家权利）的首发、热播的重点音乐视频作品及音乐作品（如知名艺人的首发音乐视频作品及音乐作品，或热播音乐综艺节目中的音乐视频作品及音乐作品），可以随时向国家版权局报送音乐重点音乐作品版权预警名单（格式见附件4），及完整的授权文件（包括电子版和纸质版），国家版权局审核后在国家版权局官网、微博、微信等媒体平台对外发布，并通知各网络音乐服务商主动采取相关措施，预防侵权行为。

三、关于配套工作措施

1. 国家版权局将进一步强化调解、约谈、警示、公开通报等形式，切实加强版权重点监管工作。对于被监管网络音乐服务商之间的版权纠纷，及时通过调解、约谈等方式予以化解；对于收到国家版权局通知后仍不下线无授权作品的，约谈网络音乐服务商相关负责人并公开通报；对侵犯音乐作品著作权情况严重的，依法进行行政调查。

2. 国家版权局将积极推动词曲作者、唱片公司、权利人组织等与网络音乐服务商建立“通知—删除”快速处理机制、绿色维权通道、版权纠纷快速解决机制等版权保护合作机制，共同维护网络音乐版权秩序。

四、其他事项

1. 各网络音乐服务商应确保报送的信息真实无误。国家版权局将通过定期检查、个别抽查、根据相关利害关系人的投诉举报进行调查等方式，对各网络音乐服务商上报的信息进行核查。如果查实有网络音乐服务商上报虚假信息的，将其列入警示名单并公开通报；情节严重的，依法进行行政调查。

2. 各网络音乐服务商收到国家版权局关于网络音乐作品权利信息库和重点音乐作品版权预警名单的通知后，如未获授权，不得上线信息库或名单内的音乐作品；已上线的，应当立即下线。国家版权局将不定期对各网络音乐服务商传播音乐作品情况进行监测。

3. 各网络音乐服务商此前已报送了本公司负责版权监管工作的联系人信息。如出现联系人离职或工作岗位变动等情况，请于变动情况发生后3日内报送新联系人信息。

4. 相关材料电子版请发至wlbqjg@163.com，

并抄送 nnyyfly@163. com（请写明邮件标题）；纸质版请快递至北京市西城区宣武门外大街40号，国家版权局版权监管工作组收，电话010-83138245、8413、8845、8246。

附件：

1. 网络音乐服务商版权重点监管名单（略）
2. 独家音乐作品权利信息表（略）
3. 非独家作品权利信息表（略）
4. 重点音乐作品版权预警名单（略）

国家版权局版权管理司

2015年9月6日

版权

年度发布

NIAN DU FA BU

第四届“世界知识产权组织版权金奖（中国）”获奖名单

［编者按］ 2015年6月11日，由世界知识产权组织、国家版权局共同主办的第四届世界知识产权组织版权金奖（中国）颁奖仪式在厦门举行。世界知识产权组织版权金奖（中国）是世界知识产权组织在版权领域设置的全球表彰机制。从2008年开始，国家版权局与世界知识产权组织将这一机制引入中国，每两年评选一次。本届版权金奖分设作品奖（6个）、推广运用奖（4个）和保护奖（4个）三个奖项。

一、作品奖（6个）

1.《红高粱》（文字作品，作者：莫言）

【获奖理由】 莫言，原名管谟业。中国当代著名作家，中国作家协会副主席，全国政协委员。2012年，获得诺贝尔文学奖，是第一个获得诺贝尔文学奖的中国籍作家。他获得过海内外很多文学大奖，如茅盾文学奖、全国中篇小说奖、红楼梦奖、大家·红河文学奖、人民文学奖、华语文学传媒大奖年度杰出成就奖、台湾联合报文学奖、法国儒尔·巴泰庸外国文学奖、意大利诺尼诺国际文学奖、日本福冈亚洲文化奖、韩国万海文学奖等。有多部作品被改编成影视剧。

中篇小说《红高粱》是莫言的代表作、成名作之一，是长篇小说《红高粱家族》中的一部，1986年发表于《人民文学》杂志。这是莫言向中国当代文学奉献的一部影响巨大的作品，已被翻译成英、法、德、意、日、西、俄、韩、荷兰、瑞典、挪威、波兰、阿拉伯、越南等20多种语言，在海外出版发行，曾荣获第四届全国中篇小说奖等文学奖，在国内外文坛上具有广泛影响。

1987年，由莫言参与编剧、中国著名导演张艺谋执导的电影《红高粱》上映，1988年获得第38届西柏林国际电影节最佳影片金熊大奖，随后获得很多国际大奖。电影《红高粱》也被翻译成很多种语言在海外上映，轰动中外。2014年，《红高粱》被改编成电视剧在国内多家卫视台上映，并获得“2014国剧盛典十佳电视剧”称号。

2.《舌尖上的中国Ⅰ》（影视作品，制作者：中央电视台纪录频道）

【获奖理由】 第一，用国际化的品质与表达，成功打造了现实题材纪录片佳作；第二，舆论好评如潮，引发全社会“舌尖热”；第三，实现收视传播力与社会影响力“双赢”；第四，海外发行创纪录。截至目前，《舌尖上的中国Ⅰ》已被制作成英、法、西、葡、德等外语配音版，在澳大利亚、法国、德国、比利时、卢森堡、波兰、日本、泰国、新加坡、韩国、赞比亚、安哥拉等国家和中国台湾、香港、澳门地区的主流媒体播出。除了电视播出平台，该片还进入德国汉莎航空、泰国航空、芬兰航空、新加坡航空、新西兰航空、卡塔尔航空等多家国际航线播出。

3.《笑猫日记》系列作品（文字作品，作者：杨红樱）

【获奖理由】 《笑猫日记》是杨红樱的全新系列作品，目前已经出版了19册，自2006年开始出版以来，连续8年居于开卷全国少儿图书畅销榜前列，总销量达2 660万册，总码洋近4亿元。这套以中国孩子的现实生活为背景的系列儿童文学作品，被誉为献给当代中国孩子的“心灵之书”。曾获中国出版政府奖图书奖、中华优秀出版物奖图书奖、全国优秀儿童文学奖、冰心儿童图书奖等奖项。

目前《笑猫日记》已输出德文、英文和中文繁体字版，泰语版权的输出也在积极接洽中，成为自主创新出版品牌的代表。

4.《七子之歌》（音乐作品，作曲：李海鹰）

【获奖理由】 李海鹰，词曲作家，曾获得“五个一工程”奖、文华音乐奖等全国、全军、省、市以及海外音乐创作奖百余项，担任中国轻音乐学会副秘书长、中国音乐著作权协会理事、中国电影音乐学会理事和广东音乐家协会理事等职务，还是国际艺术节组织联合会的成员，并入选ABI国际杰出人物名录，代表作：《我不想说》《弯弯的月亮》《牧野情歌》《七子之歌》等。

《七子之歌》是闻一多于 1925 年创作的诗歌，为了迎接澳门回归，中国中央电视台拍摄了一部大型电视专题片《澳门岁月》，李海鹰担任专题片作曲。《七子之歌》随电视专题片《澳门岁月》播出之后，深深地打动了海内外亿万华人的心，立刻响遍海内外。不但在各种庆祝回归的大小活动中被演唱，而且经常在大街小巷响起。电视界、音乐界人士都评论说：与以往的“回归歌曲”不同，《七子之歌》是有深度、有很强的艺术感染力的作品，它将人们带进 21 世纪。

5.《四大名著》(美术作品，出版：天津神界漫画有限公司)

【获奖理由】《四大名著》漫画系列是天津神界漫画有限公司创作的原创漫画作品，作品忠实于原著精神、绘制精美，巧妙借鉴了中国传统连环画与白描的绘制技法，充分融合了影视及水彩画的艺术表现语言，深受读者喜爱，具有较强的学术与娱乐赏析价值。

该作品在中国漫画行业首创了规模化、工业化流水线式创作模式，对中国原创漫画行业发展产生深远的影响。该作品所倡导的“新中国漫画”理论体系，推动了以《知音漫客》为代表的“中式漫画”全面崛起。该作品也是首部授权日本市场及一次性国际版权授权费最高的中国原创动漫作品，已成功授权日、韩、英、法、越、泰、西、意文以及中文繁体等不同语言版本，发行总量逾 600 万册。

作为一部具有重要价值和转折性意义的中国原创漫画作品，该作品先后荣获中国文化艺术政府奖首届动漫奖最佳作品奖、最佳创作团队奖、最佳手机动漫作品奖，第十一届全国美术作品展银奖，第三十三届巴塞罗那国际漫画节评委会特别奖，国家动漫精品工程漫画奖、新媒体奖，国家级重点动漫产品等十余项国内国外大奖及荣誉，成为中国原创漫画进行国际市场开拓最成功的经典案例。

6.《十万个为什么》(第六版)(文字作品，出版：少年儿童出版社)

【获奖理由】《十万个为什么》(第六版)是“十二五”国家重点图书出版规划项目，纳入国家出版基金资助项目，也是我国近年来最重要的原创科普出版工程之一。从项目启动之初，少儿社便将知识产权的保护列为重点工作，并制定了一系列的配套措施，严格保护知识产权。少儿社严格执行合同管理制度，与分布在世界各地的 768 位作者签订了 800 余份出版合同。为确保图书内容的原创性，少儿社同中国知网有限公司签订合约，利用其“中国知网学术不端文献检测系统”对全部文稿进行反抄袭检测。同时，与 Corbis、Gettyimages 和全景等全球知名的图库公司签订合同，确保书中所用的每一幅图片都经过正版授权。此外，在印制工艺上，通过在纸张、开本、防伪水印等多个方面采取措施，既提高了产品的识别度，也有力地防范了盗版。通过一系列措施的实施，第六版《十万个为什么》在知识产权方面做到了和国际接轨，有力地保护了权利人的合法权益，增强了图书的社会影响力，引起国际出版界的广泛关注，从而有力地提高了版权贸易的成功率。

二、推广运用奖(4 个)

1. 北京爱奇艺科技有限公司

【获奖理由】 北京爱奇艺科技有限公司(简称“爱奇艺”)自网站上线以来，积极响应国家版权保护要求，成为国内互联网首家“全站正版高清”的专业视频网站，推动我国网络版权合法有序发展。

爱奇艺开发有国内最先进的四大版权采购分析系统，对版权进行全面保护。一是版权管理系统实现对权益到期的专业长视频自动下线；二是版权权益验证对离线视频内容加以保护，一旦版权到期，将无法播放；三是 UGC 上传审核，自动屏蔽无版权节目；四是为版权方提供专业的数字版权保护技术支持，加密片源，保护版权方权益不受侵犯。同时，爱奇艺还拥有完善的防盗链监控、巡检、防御体系，以确保采购版权内容不被盗取。爱奇艺在版权资源开发等方面的创新得到了国内外一致认可，先后获得“北京市版权保护示范单位”“2013 年中国版权最具影响力企业”等殊荣。并于 2014 年获得“全国版权示范单位”称号。

艾瑞 2014 年 5 月数据显示，爱奇艺 PPS 总观看时长占全行业 22.10% 份额，日均覆盖 4 753.3 万人，连续 5 个月在用户覆盖、观看时长等方面蝉联视频市场行业第一，实现了版权资源向经济效益和社会效益的转换。

2. 上海五岸传播有限公司

【获奖理由】 上海五岸传播有限公司(以下简称“五岸传播”)是上海文化广播影视集团有限公司(SMG)旗下专事版权销售和输出的全资子公司，公司销售内容包括 SMG 旗下 13 家专业电视频道和 11 套广播频率版权节目。五岸传播已发展成为中国版权市场的主导力量，推动中国媒体版权市场的发展。公司力争成为国内最大的视音频版权内容交易平台，并依托上海的国际大都市优势，打造中国媒体版权内容与国际市场对接的“中转站”，成为华语节目营销枢纽。2013 年 10 月，五岸传播控股的子公司秒鸽传媒交易网创立，这是一个在全媒体时代探索管理与营销数字产品的版权交易平台，将改变版权交易的传统模式，成为国内电视节目版权营销的领跑者。

公司自 2004 年成立迄今，已与 200 多家国内电视台、主流的新媒体平台等建立了长期稳定的客户关系。五岸传播致力于打造“华语节目营销枢纽”，公司把 SMG 和全国各地的优秀节目进行整理、数字化加工，通过整体包装、市场营销等手段将节目版权进行对外营销合作，有效地将版权产品转化为经济财富，实现了从原先节目仅仅为了播出，到现在充分体现版权产品在市场上的经济价值和社会价值的进步。五岸传播还与时俱进，关注新媒体技术与新媒体行业的崛起与发展，积极与各新媒体平台运营商达成合作，成为多媒体平台的内容提供商和整合商。随着业务的深入发展，五岸传播也涉足电视剧发行、项目投资及合作业务，成为国内外传统电视行业及各类新媒体平台一流的内容提供商。同时，还将 SMG 制作生产的及国内其他制作机构出品的优秀本土节目推向了 30 多个国家和地区，网络遍及港澳台、东南亚、北美、欧洲、非洲等全球大部分地区，保持文化产品出口收入每年 15%～18% 的平均增长量。五岸传播为中国文化“走出去”工作做出了突出的成绩。截至 2014 年，五岸传播连续 4 次荣获“国家文化出口重点企业”称号。并连续 2 次凭借“与美国中文电视台合作运营纽约地区中文频道项目”，荣获“国家文化出口重点项目”称号。

3. 北京掌阅科技有限公司

【获奖理由】 北京掌阅科技有限公司是中国市场占有率第一的移动阅读企业，其旗下手机阅读软件（APP）“掌阅 iReader”累计用户规模达到 3 亿以上，日活跃用户 1 500 万，月活跃用户 8 000 万，艾瑞、易观、速途等所有权威第三方数据报告显示其市场占有率第一，占据中国移动阅读市场 30%以上份额，“掌阅 iReader”是当之无愧的第一阅读平台。

公司自 2008 年成立以来无一例版权纠纷，严格规范内容合作，在版权推广上做出巨大贡献：现有签约版权图书资源 20 多万册，日更新 8 000 万字，日下载量达到 200 万册以上，是国内最大的移动阅读平台。公司拥有互联网出版许可证，先后当选中国版权协会常务理事、中国音像与数字出版协会常务理事、中国出版协会常务理事、中国版协民营工作委员会副主任单位，荣获“2013 中国版权产业最具影响力企业奖”“2014 中国互联网 20 周年最具创新能力企业奖”“全国版权示范单位”等众多奖项，为推动中国的文化传播做出了突出贡献。

掌阅以成为中国最大的手机图书馆、最具影响力的正版阅读平台为目标，力争成为一家全球一流的数字出版企业。

4. 青岛出版集团有限公司

【获奖理由】 青岛出版集团有限公司（以下简称“集团”）拥有健全的专职版权资产管理团队；专门设立版权管理部、法务部、信息中心 3 个专职机构，对版权资产工作进行有效统筹管理。有完整的版权资产开发推广流程；在选题开发方面，本着“集中、集聚、集群”的选题战略，对图书选题从社会效益到经济效益进行严格论证。对那些有重要理论研究价值、文化传承意义和学术影响力的图书选题，则由集团出资承担出版成本。在图书的出版环节，遵照“三审制”“三校一读”的有关规定，设立有完整的出版管理流程，并从 2002 年起，在全国出版行业内率先引进数字化编务管理系统。有成熟的版权资产运营模式；集团积极开发和利用版权资源，运用各种手段，特别是在网络和数字环境下，积极探索数字出版的“全媒体”模式，开发了青岛微书城、手机报刊、电子图书等多种形式的数字出版产品，并在手机、网站、APP 等平台进行全平台发布及营销，实现版权资源的一次出版、多次售卖。

集团版权资产创新与推广成效显著。“走出去”战略实现突破：目前，集团每年均有数十种优秀图书版权输往海外。2011 年，集团与美国国家地理学会合作推出少儿科普类期刊《环球少年地理》。2012 年，集团与澳大利亚威尔顿国际集团合作出版大型全媒体画册《中国——新长征》，英文版全球发行 2 万册。通过版权资产运用推广，连续签约冯其庸、梁晓声、冯骥才、郑云峰、林少华等一线作家，近年来陆续出版了冯其庸《瓜饭楼丛稿》《中国木版年画代表作》等精品力作，连续 5 年均有项目入选国家出版基金项目库，出版物的文化影响力和国际竞争力有了大幅提升。2014 年，集团获得“全国版权示范单位”称号。

三、保护奖（4 个）

1. 张抗抗

【获奖理由】 张抗抗，国务院参事、全国政协委员、国家一级作家、中国作协副主席、中国文字著作权协会副会长。近年来，张抗抗通过各种形式，积极参与并呼吁全社会加强版权保护，加快对《著作权法》的修改，完善著作权集体管理制度。2011年3月，她以国务院参事身份，直接上书时任国务院总理温家宝，要求启动修改《著作权法》并获得总理批示，推动了《著作权法》第三次修改工作的启动。2012—2014年，她仍然继续呼吁加快修法进程，每年都向全国政协提交相关提案。在国家版权局2012年3月公布《著作权法（修改草案）》并公开征求意见期间，她深入作家群体，调研作家的需求和反应，组织、参加座谈会，提出很多建设性的意见和建议。2014年“两会”期间，在中国文字著作权协会积极配合下，她认真调研，提出了《关于提高作者稿酬个税起征点的提案》，反映了广大作家的心声，受到社会和媒体高度关注。张抗抗在加强文学作品版权保护、维护作家合法权益、促进著作权法律完善等方面发挥了重要的作用，被称为文学界的“版权保护斗士”和“作家版权代言人”。2013年底，她被中国版权协会评为“中国版权事业卓越成就者”。

2. 安徽省公安厅

【获奖理由】 近年来，安徽省公安厅严格按照公安部、国家版权局及省委、省政府的统一部署，充分发挥职能作用，积极会同版权等部门组织指导本省加大打击侵权盗版犯罪力度，直接督办大要案，不断完善行政执法与刑事司法的有效衔接，深入推进“剑网”专项行动。一是取得丰硕战果。据不完全统计，近两年来，全省公安机关共立案查处侵犯知识产权案件704起，抓获犯罪嫌疑人636人，挽回经济损失16 420.07万元，公安部和省公安厅挂牌督办的12起重大侵权盗版案件已被全部侦破，其中侦办的重点案件有合肥孙新等侵犯著作权案、滁州“999宝藏网”案、铜陵“DJ疯吧音乐网”案、黄山“音扑网”侵犯著作权案等。二是完善工作机制。日常工作中，省公安厅注重与版权部门的协作配合，双方共同签订了《关于建立打击侵权盗版长效合作机制的协议书》，建立了打击侵权盗版长效合作机制，切实加大知识产权保护力度。

3. 厦门市美亚柏科信息股份有限公司

【获奖理由】 厦门市美亚柏科信息股份有限公司（以下简称“美亚柏科”）历经十余年电子数据取证技术的积累建设，于2007年推出国内首个全方位“互联网知识产权保护服务”，运用自身成熟的互联网监测技术手段，为数字作品权利人及传统作品的数字化发行与网络传播保驾护航。

在此基础上，美亚柏科第三方电子证据综合服务平台“存证云”与“福建中证司法鉴定中心”携手，进一步为互联网版权纠纷的解决提供电子证据取证、存证、出证的一站式服务，创造性地解决了权利人在维权诉讼时遭遇的取证成本高、证据效力低的难题。

凭借精湛的技术与优质的服务，美亚柏科先后为百余部影视作品、二十余款网游产品、近百个知名商标提供知识产权保护，不仅为《建国大业》《让子弹飞》《金陵十三钗》《一代宗师》等口碑大片获得数十亿计的票房佳绩奠定了基础，还受邀为2012年伦敦奥运会、2014年巴西世界杯等国际大型体育赛事提供全程数字版权保护，获得社会各界好评，为推动我国知识产权保护事业的发展做出积极贡献。

4. 中国电影股份有限公司

【获奖理由】 随着网络和数字技术的飞速发展，影视作品的侵权模式日益多样化，版权保护显得更加重要和艰难。中国电影股份有限公司（以下简称“中影”）一直致力于影视作品的版权保护，携同律所在新的侵权情形下不断探索，努力创新，在应对版权侵权的疑难复杂案例中走在了同行的前列。2013年，中影诉深圳市快播科技有限公司《我愿意》一案中，中影委托浙江天册律师事务所和浙江亿维律师事务所，对快播软件通过定向搜索，链接到无备案、无行政许可证、无主体的资源网站和视频网站，非法向公众传播影视作品的侵权行为诉诸法院，一审法院认定快播的行为构成侵权，二审双方达成调解，快播公司根据一审裁判要求整改其整体网络服务提供模式。该案例入选“2013年广东法院知识产权司法保护十大案件”。该案的审理过程受到了全国网络视频传播业界及各影视作品版权方的普遍关注，通过中影和律所共同努力的审理结果给影视作品版权人带来了希望，提升了影视作品的创作积极性。此外，中影注重对于每年引进的34部配额大片的版权保护，保护了相关著作权人的合法权益，得到了国际社会的肯定。

2015年全国版权示范城市、示范单位和示范园区（基地）

［编者按］　为做好全国版权工作，提升各界人士对版权工作的积极性。从2007年开始到2015年，全国版权示范城市、示范单位和示范园区（基地）评选活动已开展近十年。2015年全国版权示范城市、示范单位和示范园区（基地）活动有序进行，评选出了8个示范城市、56个示范单位和18个示范园区。

附表1　　全国版权示范城市一览表

序号	城市名称
1	杭州市
2	成都市
3	青岛市
4	苏州市
5	昆山市
6	广州市
7	厦门市
8	张家港市

曾提出申请：深圳市　　2013年
山东省临沂市　　2014年

附表2　　全国版权示范单位一览表

序号	单位名称
1	绍兴县中国轻纺城花样登记管理保护办公室
2	安徽省版权交易中心
3	中文在线数字出版股份有限公司
4	上海版权服务中心/上海版权纠纷调解中心
5	北京出版集团有限责任公司
6	央视国际网络有限公司
7	北京爱奇艺科技有限公司
8	北京金山办公软件有限公司
9	北京掌中浩阅科技有限公司
10	上海广播电视台/上海东方传媒集团有限公司
11	上海盛大网络发展有限公司
12	青岛出版集团有限公司
13	济南红霖联合实业有限公司

续前表

序号	单位名称
14	山东新华书店集团有限公司
15	海信集团有限公司
16	安徽矽索信息科技有限公司
17	苏州浩辰软件股份有限公司
18	江苏国泰新点软件有限公司
19	张家港市金陵纺织有限公司
20	西安电视剧版权交易中心有限公司
21	商务印书馆有限公司
22	二十一世纪出版社有限责任公司
23	中国科技出版传媒股份有限公司
24	腾讯科技（深圳）有限公司
25	中广天择传媒股份有限公司
26	湖南鼎翰文化传播有限公司
27	江西日报社
28	江西新华发行集团有限公司
29	知音传媒集团有限公司
30	华中科技大学出版社有限公司
31	江通动画股份有限公司
32	江苏东渡纺织集团有限公司
33	江苏新天工广告有限公司
34	天津神界漫画有限公司
35	天津海顺印业包装有限公司
36	当当网信息技术（天津）有限公司
37	上海世纪出版集团公司
38	上海冠勇信息科技有限公司
39	马鞍山洪滨丝画手工艺术有限公司

续前表

序号	单位名称
40	马鞍山中尧网络科技有限公司
41	阜阳席殊书屋有限公司
42	荣信教育文化产业发展股份有限公司
43	浙江省现代纺织工业研究院
44	互动在线（北京）科技有限公司
45	北京联合出版有限责任公司
46	海洋互动（北京）信息技术有限公司
47	北京炫世纪文化发展有限公司
48	北京东方视角文化传媒股份有限公司
49	北京太合音乐文化发展有限公司
50	山东出版集团公司
51	山东广播电视台
52	山东世纪天鸿文教科技股份有限公司
53	济南出版有限责任公司
54	青岛工艺美术集团有限公司
55	电子科大（威海）数字出版有限公司
56	潍坊北大青鸟华光照排有限公司

附表 3　全国版权示范园区（基地）一览表

序号	名称
1	青岛市创意 100 产业园
2	南京市徐庄软件产业基地
3	安徽省版权教育基地
4	四川大学文化产业研究中心
5	成都高新技术产业开发区
6	上海张江高科技园区
7	浙江省中国轻纺城
8	景德镇国际陶瓷艺术创意中心
9	章丘市龙山黑陶研制中心
10	山东鸿儒文化集团有限公司
11	潍坊高新技术产业开发区
12	东莞松山湖高新技术产业开发区
13	苏州国际科技园
14	南京新城科技园
15	中国淮安软件园
16	上海紫竹高新技术产业开发区
17	天津生态城产业园运营管理有限公司
18	四川省眉山市青神竹编产业基地

2015 年度查处侵权盗版案件有功单位及个人

［编者按］ 2016 年 4 月 20 日，国家版权局印发《关于奖励 2015 年度查处侵权盗版案件有功单位及有功个人的决定》，对在 2015 年度查处侵权盗版案件工作中做出突出贡献的 195 家有功单位及 215 名有功个人给予奖励。

【有功单位一等奖】

1. 最高人民检察院侦查监督厅立案监督处（保护知识产权处）
2. 公安部治安管理局一处
3. 中国版权保护中心法律部
4. 新闻出版总署信息中心互联网监测部
5. 北京市文化市场行政执法总队执法四队
6. 北京市文化市场行政执法总队执法五队
7. 河北张某某等印制盗版图书案专案组（河北省保定市“扫黄打非”领导小组办公室、河北省保定市文化市场行政执法大队、河北省保定市公安局、河北省保定市竞秀区公安分局经济犯罪侦查大队、河北省保定市竞秀区文体教育局）
8. 吉林省版权局版权处
9. 上海市版权局版权管理执法处
10. 上海市文化市场行政执法总队稽查五处
11. 上海市浦东新区人民法院民三庭（知识产权庭）
12. 上海汪某等侵犯著作权案专案组（上海市徐汇区人民法院民三庭、上海市徐汇区人民检察院金融检察科）
13. 江苏省版权局版权管理处
14. 江苏“速酷电影网”侵犯著作权案专案组（江苏省徐州市文化广电新闻出版局、江苏省徐州市公安局网安支队案件队）
15. 江苏“金火影视网”侵犯著作权案专案组（江苏省徐州市“扫黄打非”工作领导小组办公室、江苏省徐州市中级人民法院民事审判第三庭、江苏省徐州市铜山区公安局网安大队、江苏省徐州市铜山区文化广播新闻与体育局）
16. 江苏“77 免费电影网”侵犯著作权案专案组（江苏省徐州市版权局、江苏省徐州市人民检察院公诉处）
17. 江苏省无锡市开发区人民检察院
18. 浙江省版权局版权处
19. 浙江省金华市中级人民法院民事审判第三庭
20. 浙江郑某等复制并通过网络销售盗版图书和软件案专案组（浙江省杭州市文化市场行政执法总队、浙江省杭州市公安局治安支队三大队（治安行动队）、浙江省杭州市拱墅公安分局巡特警大队、浙江省杭州市拱墅区人民检察院、浙江省杭州市拱墅区人民法院刑事审判庭）
21. 安徽省版权局版权管理处
22. 安徽省合肥市文化市场综合执法大队
23. 福建省福州市文化市场综合执法支队
24. 福建省宁德市蕉城区人民检察院
25. 山东省版权局版权管理处
26. 山东省青岛市文化市场行政执法局
27. 山东“8·5”制售盗版光盘案专案组（山东省淄博市文化市场执法局、山东省淄博市公安局直属分局）
28. 山东省泰安市文化广电新闻出版局
29. 河南省版权局版权管理处
30. 河南省新乡市封丘县人民检察院侦查监督科
31. 河南徐某某等印制盗版图书案专案组（河南省焦作市文化市场综合执法支队，河南省焦作市武陟县文化市场综合执法大队，河南省焦作市武陟县人民检察院侦查监督科、公诉科）
32. 河南省安阳市滑县文化市场综合执法大队
33. 湖北省版权局版权管理处
34. 湖北省武汉市江岸区人民法院知识产权审判庭

35. 湖北省荆州市公安县公安局经济犯罪侦查大队
36. 湖南省版权局版权管理处
37. 广东省版权局版权管理处
38. 广东省中山市中级人民法院民三庭
39. 广西郑某某销售盗版音像制品案专案组（广西壮族自治区南宁市宾阳县“扫黄打非”工作小组办公室、广西壮族自治区南宁市宾阳县文化新闻出版广电和体育局、广西壮族自治区南宁市宾阳县公安局、广西壮族自治区南宁市宾阳县人民法院、广西壮族自治区南宁市宾阳县人民检察院）
40. 重庆王某某等侵犯网络游戏著作权案专案组（重庆市公安局打假总队、重庆市公安局网安总队、重庆市公安局九龙坡分局网安支队、重庆市九龙坡区文化委员会）
41. 四川“风云丝路网”侵犯著作权案专案组（四川省成都市文化市场综合执法总队、四川省成都市公安局网监支队、四川省成都市检察院侦监一处、四川省成都市检察院公诉二处、四川省成都市青羊区人民检察院）
42. 陕西胡某、路某侵犯著作权案专案组（陕西省西安市中级人民法院刑二庭、陕西省西安市中级人民检察院侦查监督一处、陕西省西安市公安局治安管理局特行处特行科、陕西省西安市文化市场行政执法总队、陕西省西安市“扫黄打非”办公室）
43. 中央电视台社会新闻部
44. 《中国新闻出版广电报》出版周刊中心

【有功单位二等奖】

1. 最高人民法院刑事审判第一庭第四合议庭
2. 最高人民检察院公诉厅起诉二处
3. 公安部治安管理局九处
4. 公安部经济犯罪侦查局知识产权处
5. 工业和信息化部信息通信管理局互联网处
6. 国家互联网信息办公室网络综合协调管理和执法督查局专项行动处
7. 中央宣传部出版局出版研究处
8. 首都版权产业联盟
9. 中国新闻出版研究院政策法规研究所
10. 北京市版权局版权管理处
11. 北京市文化市场行政执法总队执法一队
12. 河北华宁印刷厂侵犯著作权案专案组（河北省石家庄市“扫黄打非”领导小组办公室、河北省石家庄市正定县文化广电新闻出版局、河北省石家庄市版权局版权出版管理处）
13. 河北叶某销售侵权复制品案专案组（河北省石家庄市版权局、河北省石家庄市文化市场行政执法大队、河北省石家庄市公安局桥西分局治安警察大队行动中队、河北省石家庄市桥西区人民检察院公诉科、河北省石家庄市桥西区人民法院刑一庭）
14. 山西省忻州市文化市场行政综合执法大队
15. 山西朔州怀仁县第十二中学非法销售、发放盗版出版物案专案组（山西省朔州市文化市场行政综合执法大队、山西省朔州市怀仁县文化市场综合执法大队）
16. 辽宁“我爱听评书网”侵犯著作权案专案组（辽宁省版权局版权管理处、辽宁省通信管理局电信管理处、国家计算机网络与信息安全管理中心辽宁分中心）
17. 辽宁省沈阳市文化市场行政执法总队直属执法四大队
18. 吉林省长春市文化市场综合执法支队
19. 吉林省敦化市文化市场综合执法大队
20. 吉林明历文化传媒有限公司盗版音像制品案专案组（吉林省通化市文化市场综合执法支队、吉林省通化市公安局治安支队、吉林省通化市东昌区人民法院）
21. 吉林省公主岭市文化市场综合执法大队
22. 黑龙江省版权局版权处
23. 上海网络案件专案组（上海市公安局嘉定分局经侦支队、上海市嘉定区人民检察院公诉科）
24. 上海市闵行区人民法院民三庭
25. 上海包某、顾某侵犯著作权案专案组（上海市普陀区人民法院知识产权庭、上海市普陀区人民检察院公诉科）
26. 江苏省委网络安全和信息化领导小组办公室网络新闻管理处
27. 江苏沈某、付某侵犯“魔域”游戏著作权案专案组（江苏省徐州市版权局版权管理处、江苏省徐州市公安局治安支队、江苏省徐州市公安局网安支队）
28. 江苏省张家港市文化广电新闻出版局
29. 浙江省义乌市市场监督管理局稽查大队
30. 浙江朱某某侵犯著作权案专案组（浙江省慈溪市文化市场行政执法大队、浙江省宁波市慈溪公安局坎墩派出所）

31. 浙江省海宁市文化市场行政执法大队
32. 安徽"拾零道人网"侵犯著作权案专案组（安徽省滁州市文化广电新闻出版局、安徽省滁州市"扫黄打非"办公室、安徽省滁州市全椒县"扫黄打非"办公室、安徽省滁州市全椒县公安局、安徽省滁州市全椒县文化广电新闻出版局）
33. 安徽省合肥市公安局网安支队
34. 福建省版权局版权管理处
35. 福建省泉州市文化市场综合执法支队
36. 山东省济南市文化市场综合行政执法局
37. 山东省济南市公安局经济文化保卫支队
38. 山东省青岛市李沧区文化市场行政执法局
39. 山东省菏泽市文化市场综合执法局
40. 山东"5·20"侵犯著作权案专案组（山东省东营市文化市场综合执法局、山东省东营市广饶县文化市场综合执法大队）
41. 山东省新泰市文化广播电视新闻出版局
42. 山东省潍坊寿光市文化市场综合执法局
43. 山东日月电脑会计职业培训学校侵犯软件著作权案专案组（山东省潍坊市文化市场综合执法局、山东省潍坊安丘市文化市场综合执法局）
44. 河南省查处侵权盗版案件联合督办组（河南省互联网信息办公室网络管理处、河南省公安厅治安总队二支队、河南省检察院侦查监督处、河南省通信管理局信息网络安全管理处）
45. 河南省驻马店市文化市场综合执法支队
46. 河南省安阳市滑县人民检察院侦查监督局
47. 湖北省通信管理局互联网管理处
48. 湖北毛某某侵犯著作权案专案组（湖北省武汉市公安局江汉区分局前进派出所、湖北省武汉市江汉区文化市场综合执法大队、湖北省武汉市人民检察院刑事审判监督部）
49. 湖北省钟祥市文化市场综合执法大队
50. 广东省高级人民法院刑二庭
51. 广东省汕头市澄海区人民法院刑二庭
52. 广东省肇庆市文化市场综合执法大队
53. 广东省深圳市市场和质量监督管理委员会福田市场监督管理局稽查科（稽查大队）
54. 广东省广州市文化市场综合行政执法总队执法二处
55. 广西博大书店销售盗版图书案专案组（广西壮族自治区南宁市文化新闻出版广电局、广西壮族自治区南宁市公安局、广西壮族自治区南宁市人民检察院、广西壮族自治区南宁市中级人民法院、广西壮族自治区南宁市文化市场综合执法支队）
56. 四川省版权局版权管理处
57. 四川省成都市文化市场综合执法总队三支队
58. 四川省绵阳市安县人民检察院
59. 四川"7·3"销售盗版音像制品系列案专案组（四川省宜宾市文广局、四川省宜宾市南溪区文广局、四川省宜宾市南溪区公安分局、四川省宜宾市南溪区人民法院刑庭）
60. 陕西省版权局版权管理处
61. 宁夏回族自治区版权局版权管理处
62. 宁夏"8·3"侵犯著作权案专案组（宁夏回族自治区银川市文广局、宁夏回族自治区吴忠市文广局、宁夏回族自治区中卫市市场综合执法队、宁夏回族自治区固原市文广局）
63. 新疆维吾尔自治区版权局版权管理处
64. 新浪微博
65. 中国知识产权报社版权周刊

【有功单位三等奖】

1. 公安部网络安全保卫局十二处
2. 国家互联网信息办公室网络应急管理和网络舆情局舆情处
3. 国家工商行政管理总局反垄断与反不正当竞争执法局反不正当竞争处
4. 海关总署政策法规司知识产权处
5. 中国互联网协会行业自律工作委员会
6. 天津市文化市场行政执法总队执法一队
7. 天津市文化市场行政执法总队执法二队
8. 天津市宝坻区文化市场行政执法大队
9. 河北省版权局版权处
10. 河北张某等侵犯《热血传奇》网络游戏著作权案专案组（河北省承德市文化广电新闻出版局、河北省承德市公安局双桥分局网络安全保卫大队、河北省承德市双桥区检察院、河北省承德市双桥区人民法院）
11. 河北省衡水市文化市场行政执法大队
12. 山西省版权局版权管理处
13. 山西省晋中市版权局
14. 内蒙古自治区版权局版权处
15. 内蒙古自治区通辽市文化市场综合执法局
16. 辽宁省大连市文化市场综合执法总队
17. 吉林省长春市二道区文化体育局
18. 吉林省长春市宽城区文化市场综合执法大队

19. 吉林省长春净月高新技术产业开发区文化稽查大队
20. 吉林省德惠市文化市场综合执法大队
21. 吉林省榆树市文化市场综合执法大队
22. 吉林省四平市文化市场综合执法支队
23. 吉林省通化市辉南县文化市场综合执法大队
24. 吉林省白城市洮北区市场综合执法大队
25. 吉林省松原市长岭县文化市场综合执法大队
26. 吉林省白山市江源区文化市场综合执法大队
27. 上海市通信管理局互联网管理处
28. 上海市互联网信息办公室网络管理处
29. 中华人民共和国上海海关法规处
30. 上海余某侵犯著作权罪案专案组（上海市杨浦区人民法院民事审判第三庭（知识产权审判庭）、上海市虹口区人民检察院航运（金融）检察科）
31. 江苏原力电脑动画制作公司侵犯著作权案专案组（江苏省南京市文化综合执法总队三支队、江苏省南京市版权局版权和出版管理处）
32. 江苏省张家港市文化行政综合执法大队
33. 浙江省丽水市文化广电新闻出版局
34. 浙江省宁波市文化市场行政执法总队
35. 浙江罗某某侵犯著作权罪案专案组（浙江省绍兴市文化市场行政执法支队、浙江省绍兴市公安局袍江分局治安大队）
36. 浙江省嘉兴市文化市场行政执法支队
37. 浙江省金华市兰溪公安局上华派出所
38. 浙江省温州市鹿城区文化广电新闻出版局
39. 安徽省“扫黄打非”工作领导小组办公室
40. 福建省福州市公安局治安支队三大队
41. 福建省厦门市文化市场综合执法支队
42. 江西省版权局版权管理处
43. 江西省上饶市余干县文化广电新闻出版（版权）局
44. 江西省九江市文化市场综合执法支队
45. 江西省萍乡市安源区文化市场综合执法大队
46. 江西省上饶市鄱阳县版权局
47. 山东省青岛平度市文化市场行政执法局
48. 山东省青岛即墨市文化市场行政执法局
49. 山东省青岛胶州市综合行政执法局
50. 山东省聊城市文化市场综合执法局
51. 山东省德州市综合文化市场执法局
52. 河南省三门峡市文化市场综合执法支队
53. 河南省周口市文化广电新闻出版局
54. 河南省驻马店市泌阳县文化市场综合执法大队
55. 河南省开封市尉氏县文化市场综合执法大队
56. 湖北省武汉市文化市场综合执法支队
57. 湖北省武汉市武昌区人民检察院侦查监督科
58. 湖北省鄂州市文化市场综合执法支队
59. 湖北省潜江市文化市场综合执法支队
60. 湖北省十堰市文化市场综合执法支队
61. 湖南省株洲市文化市场综合执法局
62. 湖南省岳阳市文化市场综合执法局
63. 湖南省长沙市文化市场综合执法局
64. 湖南省娄底市文化市场综合执法支队
65. 湖南省衡阳市文化市场综合执法局
66. 广东省惠州市惠阳区公安分局经侦大队
67. 广东省黄埔海关法规处知识产权保护科
68. 广东省广州市文化市场综合行政执法总队执法三处
69. 广西壮族自治区版权局版权处
70. 广西壮族自治区贺州市钟山县版权局
71. 海南省版权局版权处
72. 海南刘某侵犯著作权案专案组（海南省琼中县文化市场稽查队、海南省“扫黄打非”办公室）
73. 重庆市版权局版权管理处
74. 四川省通信管理局电信处
75. 四川省成都市青羊区文化广电旅游新闻出版版权行政执法大队
76. 四川阆中音像制品店销售盗版音像制品系列案专案组（四川省南充市文化广电新闻出版局、四川省阆中市文化市场综合执法大队、四川省阆中市人民检察院）
77. 四川省遂宁市文化市场综合执法支队
78. 贵州省版权局版权处
79. 贵州省贵阳市文化市场综合执法支队执法三处
80. 云南省版权局版权管理处
81. 云南省临沧市文化市场综合行政执法支队
82. 陕西省咸阳市彬县文化市场综合执法大队
83. 宁夏回族自治区银川市文化市场综合执法队
84. 新疆维吾尔自治区喀什市疏附县文化市场综合执法大队
85. 北京字节跳动科技有限公司政务信息运营部
86. 《光明日报》评论部

【有功个人一等奖】

1. 罗曦（最高人民检察院公诉厅二处）

2. 李虎（最高人民检察院侦查监督厅立案监督处）
3. 徐永（公安部治安管理局一处）
4. 吕伟（公安部经济犯罪侦查局知识产权处）
5. 徐强（工业和信息化部信息通信管理局互联网处）
6. 张文瑞（全国打击侵犯知识产权和制售假冒伪劣商品工作领导小组办公室）
7. 何磊（中国版权保护中心法律部）
8. 北京一点网聚公司非法转载文字作品案专案组个人（赵红仕、邢芳英、郭东竹，北京市版权局）
9. 北京市宏泰印刷有限公司侵犯著作权案专案组个人（邢玉金、张清、戴文涛、王玉军，北京市文化市场行政执法总队执法五队；苏玥，北京市公安局通州分局张家湾派出所）
10. 北京金图创联国际科技有限公司侵犯他人著作权案专案组个人（郭涌、沈晋南、王健、高坤、熊亮，北京市文化市场行政执法总队执法五队）
11. 北京何某等侵犯网络游戏著作权案专案组个人（赵国明、熊伟，北京市文化市场行政执法总队执法五队；张志婧，北京市海淀区人民检察院知识产权检察处；崔衍亮，北京市公安局海淀分局法制处；陈维，北京市公安局海淀分局网络安全保卫总队驻区四大队）
12. 北京“阳光教育”网店销售盗版少儿出版物案专案组个人（秦永明、张博然、徐剑，北京市文化市场行政执法总队执法四队；杨岱君，北京市海淀区人民检察院知识产权检察处；翟宝宇，北京市公安局海淀分局刑侦支队）
13. 河北张某某等印制盗版图书案专案组个人（杨大勇、张海峰，河北省保定市文化市场行政执法大队；张建东、黄威，河北省保定市竞秀区公安分局；马彦飞，河北省保定市竞秀区文体教育局）
14. 薛彬（上海市版权局版权管理执法处）
15. 袁学术（江苏省版权局版权处）
16. 江苏“老调网”侵犯著作权案专案组个人（季培均，江苏省扬州市版权局；刘光明、唐海宁，江苏省扬州市文化行政综合执法支队）
17. 江苏“速酷电影网”侵犯著作权案专案组个人（高成富，江苏省徐州市版权局；艾新建，江苏省徐州市文化广电新闻出版局；郭静，江苏省徐州市公安局网安支队）
18. 浙江郑某等复制并通过网络销售盗版图书和软件案专案组个人（吕晓杰、胡孟良，浙江省杭州市文化市场行政执法总队；姚川，浙江省杭州市公安局治安支队三大队；杜倩楠，浙江省杭州市拱墅区人民检察院；石丽斐，浙江省杭州市拱墅区人民法院）
19. 晏凤志（安徽省版权局版权管理处）
20. 安徽蒋某发行侵犯他人著作权出版物案专案组个人（陈江丽，安徽省合肥市版权局；江明银、戚玉生、汝梦芸、汤明，安徽省合肥市文化市场综合执法大队）
21. 高东升（山东省新闻出版广电局版权管理处）
22. 刘建峰（山东省济南市文化市场综合行政执法局）
23. 杜荣华（山东省青岛市文化市场行政执法局版权监管与执法处）
24. 山东“8·5”制售盗版光盘案专案组个人（侯本兵、孔凡军，山东省淄博市文化市场执法局；张洪强、史志伟，山东省淄博市公安局直属分局一大队）
25. 王新民（山东省泰安市文化广电新闻出版局）
26. 张安军（山东省泰安市文化广电新闻出版局）
27. 赵永磊（山东省泰安市文化市场综合执法支队）
28. 山东贾某某侵犯著作权案专案组个人（董晖、李子杰、邓作霆、张琛、吕秀兰，山东省菏泽市文化市场综合执法局）
29. “人人影视网”侵犯影视作品著作权案专案组个人（谭昕、孙玉虹、宋亮、张荣涛，湖南省新闻出版广电局版权管理处；左建建，湖南省公安厅治安总队）
30. 易瑾媛（广东省版权局版权管理处）
31. 张春节（广东省广州市黄埔区人民法院刑庭）
32. 倪天龙（广州市文化市场综合行政执法总队执法五处）
33. 黄麟渝（重庆市文化市场行政执法总队执法一处）
34. 张贺（《人民日报》政治文化部）
35. 赖名芳（《中国新闻出版广电报》出版周刊中心）

【有功个人二等奖】

1. 魏磊（最高人民法院刑一庭第四合议庭）
2. 尹春吉（公安部治安管理局十四处）

3. 韩启彬（公安部治安管理局六处）
4. 杨璠（工业和信息化部信息通信管理局）
5. 李坚（国家互联网信息办公室网络综合协调管理和执法督查局专项行动处）
6. 杨晓玫（中央宣传部出版局办公室）
7. 陈霞（新闻出版总署信息中心工程项目管理部）
8. 郁致原（新闻出版总署信息中心运行维护部）
9. 鄢韧强（国家新闻出版广电总局出版产品质量监督检测中心）
10. 北京宏文恒盛文化发展有限公司盗印出版物案专案组个人（张权、邵大明，北京市文化执法总队执法一队；高远，北京市公安局治安管理总队；白云山，北京市海淀区检察院；覃波，北京市海淀区法院）
11. 郝子谋（山西省版权局版权管理处）
12. 沙丽（内蒙古自治区版权局版权处）
13. 李安庆（辽宁省版权局版权管理处）
14. 辽宁“零点花园网”侵犯文学作品著作权案专案组个人（张志、张文利，辽宁省通信管理局电信管理处；孙大鹏，国家计算机网络与信息安全管理中心辽宁分中心；田大鹏，辽宁省版权局版权管理处）
15. 黑龙江众一图书有限公司盗版教辅材料案专案组个人（王培舒、杜宇震、田庆权，吉林省版权局版权处）
16. 黑龙江“9·3”销售侵权盗版出版物案专案组个人（贲涛、柳占林，黑龙江省哈尔滨市文化和新闻出版局发行管理处；李时强、滕相林，黑龙江省哈尔滨市公安局治安支队案件审理大队；闫晓霜，黑龙江省哈尔滨市南岗区人民法院刑事审判庭）
17. 万赟（上海市文化市场行政执法总队稽查五处）
18. 胡俊千（上海市公安局经侦总队二支队）
19. 堵雯曦（江苏省通信管理局互联网管理处）
20. 顾云（江苏省镇江市版权局）
21. 解硕群（江苏省徐州市文化广电新闻出版局版权管理处）
22. 江苏“77免费电影网”侵犯著作权案专案组个人（于湃，江苏省徐州市公安局治安支队；刘宇，江苏省徐州市检察院公诉处）
23. 江苏“金火影视网”侵犯著作权案专案组个人（颜茂苏，江苏省徐州市中级人民法院民三庭；孟繁卿，江苏省徐州市铜山区文化广电新闻出版与体育局；李恒乐，江苏省徐州市铜山区公安局网安大队）
24. 江苏打击侵权盗版杂志专项行动系列案专案组个人（陈世海、陈彩芬，江苏省张家港市文化广电新闻出版局；王黎明、朱群军、魏冉，江苏省张家港市文化行政综合执法大队）
25. 浙江杭州北洲电影院有限公司复制、放映盗版电影作品案专案组个人（艾其芬、许璐斌，浙江省杭州市余杭区文化市场行政执法大队）
26. 安徽“拾零道人网”侵犯著作权案专案组个人（刘杨、杨邦伦，安徽省滁州市全椒县公安局网安大队；关敬文，安徽省滁州市全椒县文化广电新闻出版局；许大伟，安徽省滁州市全椒县人民检察院；高红，安徽省滁州市全椒县人民法院）
27. 常桂旭（福建省版权局版权管理处）
28. 林芳（福建省人民检察院侦查监督处）
29. 李建（山东省青岛市李沧区文化市场行政执法局）
30. 山东“3·17”李某侵犯著作权案专案组个人（林志坚，山东省青岛市李沧区文化执法局；菅兴锋、孙晨光，山东省青岛市文化执法局；周正雷，山东省青岛市公安局李沧分局）
31. 马长兴（山东省青岛即墨市文化市场行政执法局）
32. 刘肖宁（山东省潍坊市文化市场综合执法局）
33. 牛兆星（山东省潍坊市文化市场综合执法局）
34. 孟杰（山东省济宁市任城区文化市场综合执法局）
35. 山东泰安东平龙山驾驶员培训有限公司侵犯著作权案专案组个人（吕宗峰、杨红雨、孙萍，山东省泰安市文化市场综合执法支队）
36. 山东庄某某等侵犯著作权案专案组个人（赵强、荆玉涛、张守珂、李希东、蒋吉民，山东省日照市莒县文化市场综合执法局）
37. 王可志（山东省德州市文化市场综合执法局“扫黄打非”工作科）
38. 李峰（河南省版权局版权管理处）
39. 河南平舆王某某侵犯著作权案专案组个人（刘文利、申娟娟、肖宏伟、张宏图、张军瑞，河南省驻马店市文化市场综合执法支队）
40. 河南李某侵犯著作权案专案组个人（王珏，河南省安阳市人民检察院侦查监督处；郭晓娜，河南省安阳市滑县人民检察院侦查监督局；李胜标、张彦利、冯巧玲，河南省安阳

市滑县文化市场综合执法大队）
41. 河南李某某制作盗版图书案专案组个人（陈红梅、贺筠，河南省焦作市武陟县人民检察院；高文波、孔丽，河南省焦作市文化市场综合执法支队；宋德勇，河南省焦作市人民法院刑三庭）
42. 卢文俊（湖北省版权局版权管理处）
43. 湖北省武汉市打击侵权盗版刑事审判专案组个人（吴燕颐、胡敏、胡慧莉、李俊波，湖北省武汉市江岸区人民法院知识产权庭）
44. 周良清（湖北省荆州市公安县公安局经侦大队）
45. 湖南衡阳周义侵犯计算机软件著作权案专案组个人（刘小平、唐能平、刘意福、尹忠国，湖南省衡阳市文化市场综合执法局）
46. 康金钟（湖南省通信管理局网络与信息安全处）
47. 骆丽莉（广东省深圳市中级人民法院知识产权庭）
48. 梁毅（广东省湛江经济技术开发区人民法院刑庭）
49. 卢芳（广东省深圳市福田区市场监督管理局稽查科）
50. 马永志（广西壮族自治区版权局版权管理处）
51. 广西郑某某销售盗版音像制品案专案组个人（梁松、韦家胜，广西壮族自治区南宁市宾阳县文化新闻出版广电和体育局；蒙立，广西壮族自治区南宁市宾阳县人民法院；蓝莉莉，广西壮族自治区南宁市宾阳县文化市场综合执法大队；思辉，广西壮族自治区南宁市宾阳县公安局城南派出所）
52. 曾伯林（海南省版权局版权处）
53. 重庆唐某销售盗版图书案专案组个人（呙凤平，重庆市大足区文化市场行政执法支队；陈炜，重庆市大足区文化市场行政执法支队）
54. 陕西高校出版物市场专项行动系列案专案组个人（张伟成、楚源、于赵磊、毛凤凤、何勇刚，陕西省西安市文化市场行政执法总队）
55. 吾拉木江·哈帕尔（新疆维吾尔自治区版权局版权管理处）
56. 曾文甫（中央电视台社会新闻部）

【有功个人三等奖】

1. 董翰飞（公安部网络安全保卫局）
2. 王宏博（工业和信息化部网络安全管理局）
3. 张伟星（国家互联网信息办公室网络综合协调管理和执法督查局综合处）
4. 张扬（国家互联网信息办公室网络应急管理和网络舆情局）
5. 罗林（中央宣传部新闻局文化新闻处）
6. 张丹（国家工商行政管理总局反垄断与反不正当竞争执法局反不正当竞争处）
7. 张芬涛（海关总署政策法规司知识产权处）
8. 北京天宫阁工艺品有限责任公司出售假冒他人署名作品案专案组个人（耿楠、马威、王泽玉，北京市西城区文化委员会执法队）
9. 安鸣（天津市文化市场行政执法总队执法二队）
10. 李冬群（河北省版权局版权管理处）
11. 杨志敏（河北省保定市莲池区文体教育局稽查队）
12. 河北星光城歌厅侵犯音乐作品著作权案专案组个人（吴杰，河北省石家庄市版权局；常志辉、王昌亮、吕素斌、李素平，河北省石家庄市赵县文化市场行政执法队）
13. 河北开元印刷厂侵权案专案组个人（李雷，河北省石家庄市版权局；郭宝珠、韩建伟、董同申、杨红，河北省石家庄市栾城区文化市场执法队）
14. 河北海潮书店案专案组个人（董岩、孙屹、杨胜利、朱小光、吴雪羽，河北省秦皇岛市海港区文化体育新闻出版局文化市场行政执法队）
15. 吉林“8·20”销售盗版教材系列案专案组个人（路野、陈哲、张文胜、朱爽、左熠琳，吉林省长春市文化市场综合执法支队）
16. 董广伟（吉林省德惠市文化市场综合执法大队）
17. 靖红艳（吉林省榆树市文化市场综合执法大队）
18. 康彤（吉林省吉林市新闻出版广电局）
19. 费泽忠（吉林省敦化市文化市场综合执法大队）
20. 左今明（吉林省四平市文化广电新闻出版局）
21. 刘丽（吉林省通化市文化市场综合执法支队）
22. 刘学国（吉林省通化市辉南县文化市场综合执法大队）
23. 邓长远（吉林省白山市靖宇县文化市场综合执法大队）
24. 吉林省延吉市璞润读书社销售盗版教辅材料

案专案组个人（张国栋、高永洙、赵海波，吉林省延吉市文化市场综合执法大队）
25. 王洪云（吉林省公主岭市文化市场综合执法大队）
26. 华毓军（黑龙江省鹤岗市文化市场综合执法支队）
27. 王志斌（黑龙江省鸡西市文化广电新闻出版局新闻出版科）
28. 郭海生（黑龙江省鸡西市文化市场综合执法支队）
29. 邓兆臣（黑龙江省鸡西市文化市场综合执法支队）
30. 李鹏程（黑龙江省双鸭山市文化市场综合执法支队出版大队）
31. 张晓栋（上海市通信管理局互联网管理处）
32. 夏倩（上海市办公室网络管理处）
33. 缪赟（上海市文化市场行政执法总队稽查三处）
34. 史庭栋（上海市文化市场行政执法总队稽查三处）
35. 王浩（上海市文化市场行政执法总队稽查五处）
36. 江苏远大信息股份有限公司等 5 家企业侵犯软件著作权系列案专案组个人（刘峻、朱荣祥、张秋岳，江苏省张家港市版权局）
37. 王玲飞（江苏省无锡市人民检察院）
38. 王可（江苏省常州市钟楼区人民法院刑庭）
39. 浙江刘某某、邓某擅自传播他人音乐作品案专案组个人（曹剑、张辉、徐江枫、王家麟，浙江省宁波市文化市场行政执法总队）
40. 浙江家纺产业侵犯花样版权系列案专案组个人（马振宇、朱沈威、曹迪，浙江省海宁市文化市场行政执法大队）
41. 金奇烽（浙江省绍兴市文化市场行政执法支队）
42. 林汝海（浙江省公安厅治安总队行动支队）
43. 陈志勇（浙江省温州市公安局龙湾分局）
44. 李慧星（浙江省台州市黄岩区公安分局城西派出所）
45. 安徽韦某某侵犯信息网络传播权案专案组个人（杜仙林、林光莹、徐胜利，安徽省合肥市文化市场综合执法大队）
46. 安徽蒋某发行侵犯他人著作权出版物案专案组个人（陆长华、叶兆国、金强、李宏敏，安徽省合肥市文化市场综合执法大队）
47. 安徽王某销售盗版图书案专案组个人（张厚金、李敏、李德军、杨冲、费蔚晴，安徽省马鞍山市文化旅游市场综合执法支队）
48. 安徽张某某制售盗版音像制品案专案组个人（吴震宇，安徽省黄山市版权局；韦俊，安徽省黄山市版权局；张庆文，安徽省黄山市公安局治安支队）
49. 吴跃春（福建省新闻出版广电局反非法和违禁出版物处）
50. 刘洋（福建省福州市公安局治安支队）
51. 吴志诚（福建省泉州市文化市场综合执法支队直属一大队）
52. 福建“11·26”发行盗版图书案专案组个人（魏有春，福建省厦门市文化市场综合执法支队；周杰，福建省厦门市文化市场综合执法支队举报办理科；陈竑，福建省厦门市文化市场综合执法支队执法监督科；叶建福、张颖，福建省厦门市文化市场综合执法支队一大队）
53. 陈忠南（福建省厦门市文化市场综合执法支队直属二大队）
54. 江西人生书店销售盗版图书案专案组个人（张玉华，江西省九江市文化广电新闻出版局；朱斌，江西省九江市文化市场综合执法支队）
55. 江西丽华书店销售盗版教辅案专案组个人（张灵，江西省上饶市文化广电新闻出版（版权）局；麻卫清，江西省上饶市余干县文化广电新闻出版（版权）局）
56. 艾华林（江西省萍乡市文化广电新闻出版局）
57. 董显祥（江西省赣州市文化广电新闻出版局文化市场科）
58. 江西向阳书院销售盗版教材教辅案专案组个人（张会昌，江西省瑞金市文化广电新闻出版局；杨振华，江西省瑞金市文化稽查大队）
59. 罗盛磊（江西省南昌市文化市场综合执法支队）
60. 刘秋华（江西省吉安市文化综合执法支队）
61. 山东省刘某某侵犯著作权案专案组个人（刘金祥，山东省新闻出版广电局反非法和违禁出版物处；宋涛、刘琳、张文安，山东省济南市文化市场综合行政执法局；袁大龙，山东省济南市公安局公交分局）
62. 王元昌（山东省济南市历城区文化市场综合行政执法大队）

63. 时桂琴（山东省青岛市黄岛区综合行政执法局）
64. 柴寿宁（山东省青岛市黄岛区综合行政执法局）
65. 李昌（山东省青岛即墨市文化市场行政执法局）
66. 刘成爱（山东省青岛平度市文化市场行政执法局）
67. 山东“3·27”侵犯著作权案专案组个人（李书伟，山东省青岛平度市公安局治安大队；金秉坤，山东省青岛平度市法院刑事审判庭；付晓、邹少卫、王飞，山东省青岛平度市文化市场行政执法局）
68. 王冬（山东省青岛胶州市综合行政执法局）
69. 山东省潍坊市查处非法复制计算机软件专案组个人（王启福、刘永利、杨萍，山东省潍坊市文化市场综合执法局；蔡建辉、王凯，山东省潍坊市坊子区文化市场综合执法局）
70. 山东省潍坊市查处娱乐场所侵犯著作权专案组个人（秦韶莉、王佩峰、樊恩平、贾斌，山东省潍坊市文化市场综合执法局；王洪阳，山东省诸城市文化市场综合执法局）
71. 高志强（山东省潍坊市奎文区文化市场综合执法局）
72. 山东济宁豆神动漫有限公司侵犯著作权案专案组个人（樊存常、宋明国、龙鸿、颜廷爱、柳成林，山东省济宁市文化市场综合执法局）
73. 孙明奎（山东省济宁市梁山县文化市场综合执法局）
74. 刘培臻（山东省威海市文化市场综合执法局）
75. 徐水平（山东省威海市文化市场综合执法局）
76. 山东高某某侵犯著作权案专案组个人（于立海、马池坤，山东省日照市文化市场综合执法局；严丽丽、任晓军，山东省日照市莒县文化市场综合执法局）
77. 山东莒县友爱医院侵犯著作权案专案组个人（赵强、荆玉涛、许家同、董守国、张守珂，山东省日照市莒县文化市场综合执法局）
78. 朱文洁（山东省临沂市费县文化市场管理执法局稽查大队）
79. 万强（山东省德州市文化市场综合执法局）
80. 张玉光（山东省聊城市文化市场综合执法局）
81. 申明曾（河南省公安厅治安总队二支队）
82. 河南云海印务有限公司侵犯著作权案专案组个人（延红娟、王泽一，河南省安阳市滑县人民检察院；魏麦仲、张修建、刘翠娟，河南省安阳市滑县文化市场综合执法大队）
83. 河南泌阳二中发行盗版图书案专案组个人（殷小喜、赵飞，河南省驻马店市文化市场综合执法支队；李强，河南省驻马店市泌阳县文化市场综合执法大队）
84. 栗山（河南省南阳市文化市场综合执法支队）
85. 河南董某某销售盗版出版物案专案组个人（李民立、王建伟、王炜，河南省开封市尉氏县文化市场综合执法大队；王建坤，河南省开封市“扫黄打非”办公室；王伟，河南省开封市文化广电新闻出版局）
86. 彭骏（湖北省通信管理局互联网管理处）
87. 湖北“2·13”章某某侵犯著作权案专案组个人（杨发新，湖北省武汉市文化市场综合执法支队办公室；李斯宁、熊锦辉，湖北省武汉市文化市场综合执法支队一大队；芦险峰，湖北省武汉市公安局经侦支队六大队）
88. 王郡（湖北省潜江市文化体育旅游新闻出版局市场管理科）
89. 伍伟（湖北省仙桃市文化市场综合执法支队）
90. 李宏良（湖北省襄阳市文化市场综合执法支队）
91. 袁平（湖南省岳阳市文化市场综合执法局版权执法大队）
92. 邓洺（湖南省衡阳市文化市场综合执法局第一执法大队）
93. 湖南789私人影吧侵犯著作权系列案专案组个人（陈炜、王松林，湖南省衡阳市文化市场综合执法局）
94. 彭驰（湖南省岳阳市文化市场综合执法局）
95. 胡巍（湖南省怀化市文化市场综合执法局版权网络执法科）
96. 汤秉革（湖南省长沙市文化市场综合执法局执法四处）
97. 符超（湖南省衡阳市文化市场综合执法局执法二科）
98. 彭辉（湖南省邵阳市文化市场综合执法局执法二科）
99. 谢庆安（湖南省郴州市文化市场综合执法局网络娱乐执法大队）
100. 广东张某某销售侵权复制品案专案组个人（肖洋、刘冠成、罗文军、宋戎林、黄志强，广东省惠州市公安局经侦支队）
101. 张展雯（广东省东莞市第一市区人民检察院

侦查监督科）

102. 曹慧星（广东省中山市第一人民法院民三庭）
103. 黄金生（广东省惠州市博罗县人民法院刑二庭）
104. 广东广州“6·9”制售盗版教材案专案组个人（雷小龙、唐爱民、曾卫民，广东省广州市文化市场综合行政执法总队）
105. 周文斌（广东省广州市文化市场综合行政执法总队执法三处）
106. 海南刘某侵犯著作权案专案组个人（黄俊，海南省琼中县文化市场稽查队；司安海，海南省琼中县公安局；蔡坚，海南省琼中县检察院）
107. 张德林（重庆市奉节县文化委员会）
108. 高斌（四川省版权局版权管理处）
109. 陶云（四川省通信管理局电信处）
110. 四川成都戛纳假日酒店有限责任公司侵犯著作权案专案组个人（夏应添、张林、肖梅，四川省成都市文化市场综合执法总队三支队）
111. 四川新华国际酒店有限责任公司案专案组个人（许东，四川省成都市文化市场综合执法总队一支队；闫海峰、陈志强，四川省成都市文化市场综合执法总队二支队）
112. 四川阆中市“京泰音像制品店”“同乐堂音像制品店”销售盗版音像制品系列案专案组个人（王海，四川省南充市文化广电新闻出版局；苟溪、任静、任欢，四川省阆中市文化市场综合执法大队；朱成平，四川省南充市“扫黄打非”办公室）
113. 四川金钥匙书店发行侵权盗版出版物专案组个人（陈川，四川省自贡市文化市场综合执法支队一大队；唐小珺，四川省自贡市文化市场综合执法支队二大队）
114. 李胜君（四川省简阳市文化市场综合执法大队）
115. 安定（贵州省贵阳市文化市场综合执法支队执法三处）
116. 昆明海关打击侵犯著作权专案组个人（李磊，昆明海关法规处知识产权科；刘娜，昆明海关所属打洛海关）
117. 陕西西安摩威秀云川视听技术有限公司侵犯著作权案专案组个人（张美宏、武毅、李伟、张云、李军，陕西省西安市文化市场行政执法总队）
118. 王新民（陕西省版权局版权管理处）
119. 青海董某销售盗版图书专案组个人（朱小虎、杨国伟，青海省西宁市大通县文化市场综合执法大队）
120. 宁夏“8·3”侵犯著作权案专案组个人（张秀年，宁夏回族自治区版权局；邓华，宁夏回族自治区银川市文化新闻出版广电局；孙艳琳，宁夏回族自治区中卫市文化体育新闻出版广电局；张发祥，宁夏回族自治区固原市文化市场综合执法支队；杨建忠，宁夏回族自治区吴忠市文化市场综合执法队）
121. 宁夏靓声音像部销售盗版音像制品专案组个人（罗海波、李世宁、韩静、牛丹丹，宁夏回族自治区石嘴山市文化市场综合执法队）
122. 新疆喀什查处侵犯著作权案专案组个人（杨瑞、阿力木江·巴吐尔，新疆维吾尔自治区喀什市疏附县文化市场综合执法大队）
123. 曾聪志（新疆维吾尔自治区喀什地区泽普县文化体育广播影视局文化市场）
124. 白炜（中国文化报社文化产业与市场部）

2015 CPCC 十大中国著作权人

［编者按］　2016 年 2 月 24 日，由中国版权保护中心（CPCC）主办的 2016 CPCC 中国版权服务年会开幕，“2015 CPCC 十大中国著作权人”年度评选结果当天揭晓，白明、唐镛、刘和平、张威（唐家三少）、汪克、北京数字圆明科技文化有限公司、北京爱奇艺科技有限公司、国创联合控股投资有限公司、上海酷景信息技术有限公司、东阳市乐视花儿影视文化有限公司被评为 2015 CPCC 十大中国著作权人。

1. 白明

白明，当代著名艺术家，2015 年 5 月，他创作的《红韵——环绕飞扬》陶瓷大盘作为国礼赠予了国际奥委会。

白明是使中国当代艺术走向世界艺术殿堂的标志人物，先后在希腊、法国、美国等国家举办个展 19 次。越来越多的外国人通过他的作品读懂了中国当代艺术和传统文化。2015 年，他在中国版权保护中心登记的《生生不息》《瓷石流觞》等 7 件美术作品，尽显中国陶艺的高雅与美妙，成为“传统再造”最好的诠释。

白明重视版权保护，主动登记，积极支持并参与版权公益宣传活动，促进更多更好的中国原创艺术作品走向世界。

2. 唐镛

唐镛，云南艺术学院文华学院副教授。他用十年时间，编写完成云南十五个少数民族系列舞蹈教材，成为传承少数民族文化的创新者。

唐镛结合自己的舞蹈创作，通过对云南独有少数民族文化的研究，将部分即将消失和混淆的民族舞蹈还原剥离出来，编写成教材，把扎根于高山深谷中的云南独特的民族文化再现给观众。

2015 年，唐镛在中国版权保护中心共登记了 15 件舞蹈作品，为保护与传播少数民族文化奠定了基础，引导人们关注少数民族舞蹈的传承与发展。

3. 刘和平

刘和平，国家一级编剧，代表作品有《甲申祭》《雍正王朝》《大明王朝·1566》《北平无战事》等，是中国历史剧创作的标志性人物，屡次摘得“飞天奖”的最佳编剧奖。

刘和平先后在中国版权保护中心登记的《孝文大帝》（40 集）、《大梦落九天》等多部剧本，深刻独到地还原了历史，为我们认识历史找到了一个新的语境，成为传播中国历史文化的经典。

他充分认识到版权保护的作用，以自己的行动，引导创作者们提高版权保护意识，重视著作权登记，借力版权创作更多更好的作品。

4. 张威（唐家三少）

张威，笔名唐家三少，中国网络小说作家，代表作有《惟我独仙》《斗罗大陆》《绝世唐门》等。

作为中国网络原创小说的领军人物，唐家三少创作完成的 14 部网络小说，总点击量高达 5 亿多次。他通过精品原创，运用“全版权”的授权许可，将版权价值链延伸到游戏、玩具、漫画和电影等多个行业，不断挖掘版权价值。

唐家三少深刻认识到版权保护对网络小说的重要意义，主动将其创作的 14 部网络小说在中国版权保护中心进行了著作权登记，为其以后版权价值的开发利用奠定了坚实的基础。

5. 汪克

汪克，著名建筑设计师，21 岁设计的《闾山山门》建筑即入选“八十年代优秀建筑”。

2015 年，汪克在中国版权保护中心登记了《黄果树佛教文化艺术博览馆》《深圳南山文化广场》《湖北省博物馆》等 8 件呈现建筑设计外观效果的美术作品。基于“有以观空、真空妙有”佛理设计完成的《黄果树佛教文化艺术博览馆》将中国传统建筑与当今中外先进建筑设计理念相结合，采用镂空手法独创出新型佛造像，令人耳目一新。

汪克深感版权保护对创意设计的重要性，主动登记，热心参加版权公益宣传活动，希望借助版权保护，助力建筑设计产业繁荣发展。

6. 北京数字圆明科技文化有限公司

2015年，北京数字圆明科技文化有限公司在中国版权保护中心共登记了8件与独创的数字复原技术系统相关的作品，开创性地使文明古迹实现了“从无到有”的复原。人们手拿iPad行走在圆明园里，消失的建筑就会在眼前一一复原，与再现圆明园数字导览APP、数字影片、数字复原模型等构成多样化的智慧创新成果，面向世界输出中国的新时代数字旅游文化。

公司重视版权保护工作，主动登记，并成立了专门负责版权的部门，有效保障版权管理和运营。

7. 北京爱奇艺科技有限公司

北京爱奇艺科技有限公司是中国付费用户规模最大的视频网站，构建了连接人与服务的视频商业生态。2015年登记的《花千骨游戏软件V1.0》，是其联合发行的正版手游《花千骨》的软件系统，荣获了2015世界知识产权组织版权金奖“运用推广奖”。《花千骨》电视剧也以全网播放量突破200亿的成绩领跑暑期档，成为暑假收视、话题、口碑三冠王。

公司在尊重原创作品的基础上，注重自身产业升级，不仅提供稳定的传统视频播放平台，更是通过“爱奇艺出品”战略持续推动，让“纯网内容”进入真正意义上的全类别、高品质时代。

8. 国创联合控股投资有限公司

国创联合控股投资有限公司是一个将创意知本、金融资本和文化质本有机对接的平台。其《国创东坡书院》项目策划整体方案于2015年在中国版权保护中心进行了登记，首次将中国国粹文化融于一体，开创以书院为平台的文化创意产业领导品牌，是充分运用信息技术进行文化交流的大胆尝试，也是用建筑语言全面而深刻地书写“大中国文化”的首创建筑设计作品。

公司在项目运营过程中将版权经济纳入其发展蓝图，让进驻书院的众多士大夫文化和国粹文化企业相互融合，构建版权保护与版权经济发展新模式，打造版权产业的创新典型。

9. 上海酷景信息技术有限公司

上海酷景信息技术有限公司是360全景互动视频新媒体的领导者，其登记的以《酷景360全景互动视频播放器IOS版软件V1.0》《酷景城市建筑群博物院360全景互动视频IOS版软件V1.0》等为代表的软件作品，体现其创新性地将虚拟现实科技和智能仿生系统完美结合，将传统视频的被动观看转变为互动视频的主动点击，不受摄像师的方向限制，在任何地方和任何时间可360度自由操纵摄像机的取景方向。

公司充分认识原创的重要性，努力创新，通过智慧成果优势谋求产品竞争优势，这也是传统再造的正确注解。

10. 东阳市乐视花儿影视文化有限公司

东阳市乐视花儿影视文化有限公司2014年在中国版权保护中心登记的电视剧《后宫·甄嬛传》累计出口版权至12个国家和地区，促进了中国传统文化在世界范围内的传播。他们投资制作的电视剧《幸福像花儿一样》《金婚》《红高粱》《芈月传》等家喻户晓的佳作，先后夺得“飞天奖”、“金鹰奖”、上海“白玉兰奖”、“五个一工程”奖等国内多项大奖。

公司十分重视版权保护工作，建立了严格的版权管理制度，不断积累影视作品原创要素，努力创作更多更好的影视作品，助推影视业发展。

2015 年（第八届）全国大学生版权征文获奖名单

［编者按］　由国家版权局主办，《中国版权》杂志社承办的第八届全国大学生版权征文活动圆满结束。征文活动共收到征文 1 711 篇，其中，本科生组 1 170 篇，研究生组 541 篇。经专家评审，最终评选出本科生组：一等奖 10 名，二等奖 30 名，三等奖 40 名，鼓励奖 80 名；研究生组：一等奖 10 名，二等奖 20 名，三等奖 30 名，鼓励奖 60 名；组织奖：20 名。

一、本科生组获奖名单（排名不分先后）

一等奖（10 名）

吴　凡　北京大学
龚　林　北京师范大学
李玉洁　华南理工大学
卞欢欢　安徽大学
宋炳萱　中南财经政法大学
许好明　扬州大学
顾晨昊　湘潭大学
王圣利　华中师范大学
方　芳　南开大学
余　洋　重庆理工大学

二等奖（30 名）

付　莉　河南科技大学
吴　迪　河南科技大学
沈楚然　湖北文理学院
王博今　湖北文理学院
郭银丽　华南理工大学
顾卓然　湖南师范大学
马菁苑　北京理工大学
阿米热·夏布哈提　北京理工大学
邵美祺　北京理工大学
毛晓东　杭州师范大学
黄安安　安徽大学
王蓉蓉　安徽大学
曹恩诚　中南财经政法大学
姚倩倩　中南财经政法大学
李金梦　扬州大学
姚　辰　扬州大学
彭　聪　湘潭大学
文　方　湘潭大学
王　媛　云南大学
李晓园　浙江工商大学
刘蒋西子　华中师范大学
蔡　婧　集美大学
尹　洁　南京理工大学
刘　硕　南京师范大学
罗凯中　中南大学
廉　洁　中南大学
殷忠鸿　南开大学
金　珺　中国政法大学
张苡萑　中南民族大学
蒋启蒙　重庆理工大学

三等奖（40 名）

李　杰　河南科技大学
蔡子彧　河南科技大学
杨艳秋　河南科技大学
周垚垚　河南科技大学
陈　敏　湖北文理学院
李晓倩　湖北文理学院
邢东榕　华南理工大学
李　博　华南理工大学
郭梦樵　北京理工大学
胡　璇　北京理工大学
孙　琪　北京理工大学
陶君宜　北京理工大学
赵　达　北京理工大学
杨简芬　北京理工大学
连　峥　北京印刷学院
戚　鹏　安徽大学
童哲俊　安徽大学

戴佳伟　中南财经政法大学
梅玉山　中南财经政法大学
裴雪佳　中南财经政法大学
耿燕君　扬州大学
杨　樾　扬州大学
雷征伟　湘潭大学
贾志杰　信阳师范学院
王晓淑　云南大学
高　怡　浙江工商大学
邓　靓　华中师范大学
沈　一　南京师范大学
闫瑞雪　南开大学
范孜淳　上海商学院
曹　然　西安外国语大学
贾彦哲　西南政法大学
苏柳丹　西南政法大学
冯　杨　中南大学
刘忠优　中南大学
左天元　中南大学
闭其良　中南民族大学
蔡明明　中南民族大学
许鸿飞　重庆工商大学
周静婕　重庆理工大学

鼓励奖（80 名）

戴紫君　河南科技大学
江文莉　河南科技大学
胡　晗　河南科技大学
孟子俊　河南科技大学
秦晓晓　河南科技大学
杨梦歌　河南科技大学
邹　鹏　河南科技大学
黄浩岚　湖北文理学院
徐丁玲　湖北文理学院
喻露平　湖北文理学院
陆莹莹　湖南师范大学
赵韵琳　湖南师范大学
严尼鹂　华南理工大学
王由海　杭州师范大学
汤乔乔　安徽师范大学
付晓露　北京印刷学院
聂慧超　北京印刷学院
王　珊　北方工业大学
白雪莹　北京理工大学
李　欢　北京理工大学
费　玢　北京理工大学
连子路　北京理工大学
韩　容　北京师范大学
吴贝贝　湖北文理学院
张　丽　湖北文理学院
陈　婷　安徽大学
高　畅　安徽大学
高　晨　安徽大学
李亚雯　安徽大学
童　瑶　安徽大学
王　谣　安徽大学
肖睿颖　安徽大学
章小慧　安徽大学
王　月　中南财经政法大学
袁玲玲　中南财经政法大学
赵居孔　中南财经政法大学
周　煜　中南财经政法大学
庄　丹　中南财经政法大学
曹钰婕　扬州大学
侯国贤　扬州大学
王　依　扬州大学
沈嘉毅　扬州大学
陈峥洁　扬州大学
卢晨迪　扬州大学
叶嘉敏　扬州大学
陈嘉玮　扬州大学
丁　艺　扬州大学
张成飞　扬州大学
胡晓旭　扬州大学
孔令婷　扬州大学
陈宇照　湘潭大学
杨礼凤　云南大学
周诗宇　浙江工商大学
韩秋林　华中师范大学
黄黎敏　华中师范大学
伍凌云　华中师范大学
陈文翔　吉林大学
陈　冉　集美大学
王　鹏　江苏师范大学
唐正韵　南京理工大学
侯婕琳　南京理工大学
黄文彬　南开大学
李　玥　南开大学
王依萍　上海商学院
赵鑫薪　上海商学院
李佳珞　天津外国语大学

邓兴武　武汉东湖学院
郭俊瑶　西南科技大学
刘学慧　西南科技大学
董　涵　西南政法大学
曹培浩　中南民族大学
曹雨茉　中南民族大学
商玉玲　中南民族大学
杨伍花　中南民族大学
张　丽　中南民族大学
张　文　中南民族大学
李　隽　中山大学
向佳佳　重庆交通大学
付　筱　重庆理工大学
许浩康　重庆理工大学

二、研究生组获奖名单（排名不分先后）

一等奖（10 名）
汤　颖　北京理工大学
区婉珊　广东暨南大学
冯颢宁　华东政法大学
李海敏　清华大学
邱　翠　华南理工大学
丁胜康　华南理工大学
袁健洋　广东财经大学
陈雪娇　河北经贸大学
王　玮　西南政法大学
丁　杰　华东政法大学

二等奖（20 名）
戴　哲　华东政法大学
李丽娟　中南大学
万　君　南开大学
崔汪卫　同济大学
金　莹　华东政法大学
李旭颖　华东政法大学
刘　迪　华东政法大学
楼　婕　华东政法大学
阮文楚　华东政法大学
方培思　中南财经政法大学
李一玮　上海大学
陈盛祖　武汉大学
李　军　同济大学
马　然　同济大学
陈　璐　重庆工商大学
苏　晔　中南财经政法大学
池　骋　厦门大学
方明东　中国政法大学
安　东　西北政法大学
张榆枫　浙江工商大学

三等奖（30 名）
陈　松　北方工业大学
季冬梅　北京大学
栾　羚　北京航空航天大学
张　勋　北京印刷学院
李贤森　北京邮电大学
陈祥曦　东北财经大学
左　娟　河北经贸大学
毕文轩　华东政法大学
蒋文健　华东政法大学
乔　妮　华东政法大学
张钟尹　华东政法大学
陈巧巧　华中师范大学
鲁　露　华中师范大学
岳笑一　昆明理工大学
苏　瑜　北京印刷学院
沙　璐　南京理工大学
丁晓雨　南京师范大学
胡　月　南京师范大学
沙晓晨　南京师范大学
李　乐　同济大学
刘钟明　中南大学
鲍　春　重庆理工大学
唐　诗　西北政法大学
张　弛　云南大学
傅姚璐　上海大学
白金亚　上海师范大学
刘　娜　首都经济贸易大学
裴运嘉　武汉大学
韩庆扬　西南政法大学
李雪珏　湘潭大学

鼓励奖（60 名）
史惠瑄　广东外语外贸大学
吴　翩　华东政法大学
吴　祎　华东政法大学
蔡超君　华东政法大学
高　茵　华东政法大学
宋显爱　华东政法大学
桂　爽　华东政法大学
齐　林　江苏师范大学
李　杨　江苏师范大学
刘圣磊　南京理工大学

王树磊　南京理工大学
邓雨亭　南京理工大学
卢敏明　南京理工大学
张　慧　南京师范大学
金　雅　南京师范大学
马　琳　南京师范大学
夏　沁　西南政法大学
赵宝华　西南政法大学
孙雨菲　西南政法大学
宋罗子秋　北京印刷学院
孙　丽　北京印刷学院
范思齐　北京印刷学院
杨　鸽　兰州大学
杨泽光　华南理工大学
胡安栋　河北经贸大学
别良辉　澳门大学
张富强　海南大学
吴琼衡　宁波大学
伍敏欢　华南理工大学
石　超　中南财经政法大学
朱　榕　中南财经政法大学
张　瑶　中南财经政法大学
姚天黎　中南财经政法大学
裴　铮　中南财经政法大学
刘春艳　中南财经政法大学
刘　鑫　中南财经政法大学
马丽萍　中南财经政法大学
严郁洁　中南财经政法大学
吴晨霖　中南财经政法大学
潘金平　中南大学
周雪林　中南大学
周研蕾　中南大学
彭　敏　中山大学
田国庆　中山大学
戚功琼　重庆理工大学
王会娟　西北政法大学
宁　静　西北政法大学
胡丽颖　西北政法大学
金梦茹　西北政法大学
李晓森　重庆工商大学
文　杨　重庆工商大学
敖菁萍　重庆大学
姚　邢　中国人民大学
谭　蔚　中国传媒大学
赵元圆　中国传媒大学
张玉欣　中国传媒大学
陈筱璇　上海对外经贸大学
陈能军　深圳大学
解晨曦　扬州大学
乔　鑫　山东政法学院

三、组织奖获奖名单（排名不分先后）

扬州大学
北京印刷学院
河南科技大学
华中师范大学
华东政法大学
安徽大学
北京理工大学
重庆理工大学
中南财经政法大学
湖北文理学院
中南民族大学
上海商学院
西北政法大学
西南政法大学
中南大学
华南理工大学
南京师范大学
南开大学
云南大学
南京理工大学

2015 年中国版权十件大事

［编者按］　2016 年 2 月 25 日，国家新闻出版广电总局（国家版权局）版权管理司副司长汤兆志在 2016 CPCC 中国版权服务年会闭幕式上，公布了“2015 年中国版权十件大事”。本年度版权十件大事由《中国版权》杂志和《中国新闻出版广电报》联合评选。

1. 国务院发布知识产权强国建设若干意见，版权强国建设提上日程

2015 年 12 月 22 日，国务院发布《关于新形势下加快知识产权强国建设的若干意见》。意见明确，深入实施国家知识产权战略，深化知识产权重点领域改革，实行更加严格的知识产权保护，促进新技术、新产业、新业态蓬勃发展，提升产业国际化发展水平，保障和激励大众创业、万众创新。到 2020 年，知识产权重要领域和关键环节改革上取得决定性成果，创新创业环境进一步优化，形成国际竞争的知识产权新优势，为建成中国特色、世界水平的知识产权强国奠定坚实基础。《意见》的出台，为“十三五”期间版权工作指明了方向，版权强国建设提上日程。

2. 国家版权局发布“最严版权令”，网络音乐版权秩序明显好转

2015 年 7 月 8 日，国家版权局发布《关于责令网络音乐服务商停止未经授权传播音乐作品的通知》，要求各网络音乐服务商于 2015 年 7 月 31 日前将未经授权传播的音乐作品全部下线，否则将依法从严查处。截至 2015 年 7 月底，16 家直接提供内容的网络音乐服务商主动下线未经授权音乐作品 220 余万首。此后，国家版权局启动了对 20 家主要网络音乐服务商的版权重点监管，指导主要网络音乐服务商、唱片公司和版权公司加强自律，推动各方积极开展转授权等版权合作，依法严厉打击各类侵犯网络音乐著作权行为，有效促进音乐作品的合法、有序、广泛传播，网络音乐版权秩序明显好转。

3. 第四届“世界知识产权组织版权金奖（中国）”颁发，进一步激发版权创新创造活力

2015 年 6 月 12 日，世界知识产权组织与国家版权局在厦门市共同举办第四届“世界知识产权组织版权金奖（中国）”颁奖仪式，《舌尖上的中国 I》等 14 个作品著作权人、版权相关企业和机构获此殊荣。此奖项是目前国际版权领域最高奖，旨在表彰最具创意或艺术技巧的版权作品的创作者、表演者和相关组织，以及对我国文化艺术、版权保护做出突出贡献的个人或组织。该奖项为激发我国版权创新能力，提升我国版权保护形象，推动知识产权强国建设，起到了促进和推动作用。

4. “剑网 2015”专项行动成效显著，网络版权生态进一步优化

2015 年 6—11 月，国家版权局等四部门联合开展的“剑网 2015”专项行动，针对网络侵权盗版第十一次亮剑，有效规范网络音乐、网络云存储、网络转载等重点领域版权秩序。专项行动期间，各地共查处行政案件 383 件，行政罚款 450 万元，移送司法机关刑事处理 59 件，涉案金额 3 845 万元，关闭网站 113 家。“剑网行动”的开展，对依法治理网络空间，进一步规范网络版权秩序，优化网络版权生态，促进文化发展繁荣具有重要意义。

5. 我国版权产业对 GDP 贡献增至 7.27%，对促进经济社会发展的重要作用日益凸显

2015 年 12 月 30 日，中国新闻出版研究院发布《2013 年中国版权产业经济贡献调研结果》，调查显示：2013 年，我国版权产业行业增加值逾 4.27 万亿元，占全国 GDP 的 7.27%，同比增长 20%。我国版权产业包括核心版权产业、部分版权产业、相互依存的版权产业和非专用支持版权产业四大部分，涵盖新闻出版、广播影视、文学艺术、信息网络等众多行业。近年来我国版权产业保持平稳增长态势，版权产业对促进经济社会发展的重要作用日益凸显。

6. 国家版权局与世界知识产权组织签署版权合作备忘录，版权国际合作开启新篇章

2015 年 12 月 1 日，中国国家版权局与世界知识产权组织在上海签署了《关于进一步加强中国国家版权局与世界知识产权组织双边合作的谅解备忘录》。根据备忘录，双方将在现有合作基础上，进一步加强版权宣传、人才培养、推动双方高层及工作层交流与沟通，双方的合作领域将会进一步拓宽，版权交流机制将更加常态化。备忘录的签署，对我国版权事业发展具有重要意义，对规划双方未来合作方向、鼓励和保护创新成果将会产生深刻影响。

7. 政府机关软件正版化强化审计和考核，软件正版率明显提升

2015 年，审计署结合 42 家中央部门 2014 年度预算执行审计，对政府机关软件正版化情况进行了重点检查，审计发现的问题全部纳入了审计报告并向社会进行了公告。推进使用正版软件工作部际联席会议对各省（区、市）软件正版化工作进行了全面考核，各省（区、市）也开展了政府机关软件正版化审计和考核工作。全国共抽查了 3.34 万家（次）政府机关软件正版化工作。各级政府机关软件正版率显著提高，中央和省级机关软件正版率达到 96%。

8. 国家版权交易中心联盟在京成立，共同打造版权交易服务体系

2015 年 10 月 28 日，北京国际版权交易中心等 12 家经国家版权局批准设立的国家版权交易中心和国家版权贸易基地在京共同发起成立“国家版权交易中心联盟”。12 家联盟单位代表当日共同签署了加入联盟的协议书。联盟旨在加强版权保护和运营，发挥各自特点，整合优势资源，互惠互利、资源共享、合作共赢，联手打造全国性、国际化版权交易服务体系，共同搭建版权产业投融资服务平台，推动版权产业发展。

9. 琼瑶诉于正抄袭案终审胜诉，版权司法保护力度不断加大

2015 年 12 月 18 日，北京市高级人民法院就琼瑶起诉于正侵权一案做出终审判决：维持原判，认定《宫锁连城》侵犯《梅花烙》的改编权和摄制权，判令于正等 5 名被告公开道歉，停止传播侵权作品，赔偿原告琼瑶 500 万元人民币。至此，历时 600 个日夜的琼瑶诉于正案有了最终结果。本案的最终宣判，对于依法加强原创作品保护，维护著作权人合法权益，提振权利人维权信心，优化版权保护环境具有深远意义。

10. IP 元年开启，文学艺术领域版权价值迅速提升

2015 年，作为知识产权英文简称的 IP 概念大热，频繁见诸媒体的 IP 则主要是指文学艺术作品的版权运用。在 2015 年，文学创作、影视剧制作、体育赛事转播等版权运用活动多样、事件多发，版权价值大为提升，屡屡成为社会热点。IP 大热显示了文学艺术领域版权创造、运用的欣欣向荣，版权进入价值迅速拓展、产业快速发展的新阶段。因此，2015 年被称为 IP 元年。

版

理论研究

LI LUN YAN JIU

权

2015 年中国著作权法研究综述

向　波

随着我国创新型国家的建设和文化产业的发展，包括著作权法在内的知识产权制度日益显现其社会价值。从 2015 年我国学者发表的关于著作权法的研究成果来看，呈现以下四个方面的特点：第一，部分学者仍然致力于我国著作权法基本问题的研究，比如关于知识产权在民事权利体系中的地位、知识产权法在民法典中的立法体例、著作权制度的立法目的与社会功能、TPP 对我国著作权制度可能产生的影响等问题；第二，部分研究成果主要围绕近年来出现的一些热点问题而展开，如对我国《著作权法》第三次修改中存在的难点和热点问题进行更深入的探讨、体育赛事或者体育赛事节目的著作权保护问题；第三，近年来有些学者结合我国著作权领域较为丰富的司法实践经验，在总结和归纳司法案例的基础上讨论相关著作权问题，具有或者部分具有了实证性的特点；第四，还有部分成果继续深入讨论网络技术对著作权法及著作权保护提出的问题和挑战，由此可以看出技术变革对于法律制度所产生的深远影响。

一、关于著作权基础理论问题的研究

（一）知识产权在民法典中的地位及立法体例问题

自中国共产党十八届四中全会通过的《中共中央关于全面推进依法治国若干重大问题的决定》中提出"编纂民法典"以来，关于知识产权在民事权利体系中的地位及知识产权法在我国民法典中的立法体例问题就成为知识产权法学界甚为关注的焦点。由于对 2015 年 4 月公布的《中华人民共和国民法典·民法总则专家建议稿（征求意见稿）》中有关知识产权的规定方式持有异议，多位学者对此问题著文发表了自己的看法。首先，关于知识产权在民法典中的地位问题，刘春田教授提出了"知识产权作为第一财产权是民法学上的发现"这一论点，认为"民法总则是人身与包括知识产权在内的财产制度的总章程。知识产权是与物权属于同一逻辑层次、处于同一位阶的民事财产权，知识产权法是民法不可分割的一部分"；并建议我国民事立法转变财产观念，在民法总则中将知识产权列为首要的财产权利，这将成为我国对各国民法典的一个超越。[①] 其次，关于知识产权法在民法典中立法体例问题，有学者认为可将知识产权与其他民事权利最高层级的共性规定于总则，将知识产权与其他个别民事权利的共性规定于相应分则中的总则（或通则、一般规定），再将与其他民事权利不相容但却属于各知识产权（主要是著作权、商标权、专利权）的共性在各相应分则中单列或至少给出指引。[②]"将知识产权法与民法典独立成编，有其理论意义，也有利于解决立法体例上的技术性问题"。在法条设计上，可以细化权利取得的方式、进一步明确具有知识产权特性的权利和义务体系。[③] 另有学者则认为，由于财产权类型的扩张和财产权体系的重构，有必要在民法典中设立"财产权总则"，其任务一是对包括知识产权、商事财产权在内的财产权制度做出统领性、整合性规定；二是使知识产权归属于民事权利体系，但避免在民法典中平行移植相关规定。[④] 最后，在"知识产权属于私权或民事权利"这一共识下，有学者认为随着科学技术的不断进步，依赖知识产权法解决的问题也越来越多，同时促使相关的法律制度与规范也越来越完善，某些方面甚至已经超越了作为其上位法的民法的前进步伐，通过对知识产权法上一些问题的思考与辨析，可以为民法总则的起草提供一些建设性的思路。[⑤] 有学者认为，我国在迅速建立知识产权制度、以国际知识产权条约作为我国立法的蓝本时，也较多地吸收了英美知识产权法的

---

① 参见刘春田：《知识产权作为第一财产权利是民法学上的一个发现》，载《知识产权》，2015（10）。

② 参见朱谢群：《也论民法典与知识产权》，载《知识产权》，2015（10）。

③ 参见刘劭君：《知识产权在民事法律权利体系中的地位》，载《知识产权》，2015（10）。

④ 参见吴汉东：《知识产权"入典"与民法典"财产权总则"》，载《法制与社会发展》，2015（4）。

⑤ 参见唐广良：《知识产权制度对民事立法的几点启示》，载《知识产权》，2015（10）。

规则，将知识产权法纳入《民法典》，有利于消除现行知识产权法中的一些逻辑问题，补充一些缺失的机制并避免相似规则的重复、分散和遗漏。①

（二）著作权制度的立法目的与社会功能

有学者认为，促进创作和利益平衡是现代著作权法的核心理念，也是现代社会繁荣文学、艺术和科学的法治规制思路。② 随着现代信息传播技术的飞速发展，版权对表达自由的妨碍作用日益突出，版权制度应当从过度扩张，阻碍表达自由和公共文化创作的迷雾中走出来，通过修改版权合理使用的相关条款，保障社会公众的表达自由权，实现激励作品创作，促进文化繁荣的最终目标。③ 另有学者以静态博弈为分析工具，讨论了版权法的激励作用，认为网络技术对各相关主体之间的博弈均衡结果产生了很大影响。④

（三）TPP 对我国著作权制度的立法影响

由于《跨太平洋伙伴关系协定》（Trans-Pacific Partnership Agreement，TPP）中对知识产权保护提出了更高的要求，未来几年内关于 TPP 对于我国知识产权制度的影响也将成为学界的研究热点之一。有学者认为，美国的 TPP 建议案中的知识产权条款完全代表了美国大型跨国公司和好莱坞文化产业财团的利益，其意在借助综合性自由贸易协定，实现美国政府版权政策的扩张。⑤ 另有学者通过新近的文本分析，发现该协定在著作财产权、著作权保护期限、权利的限制和例外、技术措施和权利管理信息等规则中呈现出强化著作权保护的趋向。这种趋向总体上体现出“TRIPS 协定递增”的法律性质，对中国现行著作权制度或产生较大影响。⑥

二、关于著作权权项的问题研究

（一）著作人身权

有学者认为我国著作权法混合了作者权体系和版权体系的法律规范，使得著作人身权行使易与著作财产权发生各种抵触，妨碍文化产业发展。著作权制度整体上是财产权制度，著作人身权制度安排也应便利交易，保护交易安全，降低交易成本。为此，著作人身权应一律归属于作者，但著作人身权行使应服从于著作财产权限制的创设目的，服务于各种形式著作财产权交易的特定目的。⑦ 关于发表权，有学者认为发表权常常伴随着著作财产权的实现而实现，虽然在司法实践中单独涉及发表权的案例较少，但该权利亦存在经由其他著作权无法实现的独立权能以及作为著作人格权的独立价值。⑧ 发表权的“行使”既指涉作者在积极权能上以一定行为方式“行使”发表权，又涵括作者在消极权能上以请求他人排除妨碍或停止侵害的方式“保护”发表权。现行法在遗作发表权“行使”和“保护”的关系处理以及行使主体的设计上存在逻辑失洽性的缺陷，需要厘清遗作发表权的归属和行使问题。⑨ 还有学者认为当前我国司法实践中在判断是否侵害保护作品完整权时，存在主观和客观双重判断标准，因而造成司法不统一的现象。综合考量《伯尔尼公约》规定及世界多数国家和地区著作权法关于保护作品完整权的保护水准，以及著作权保护和作品利用之间的利益平衡，我国宜采用客观判断标准，以客观上损害作者声誉为侵害保护作品完整权的要件。⑩ 关于追续权，有学者认为鉴于中国已位居全球第二大艺术市场，可采用渐进的方式在著作权法中逐渐完善追续权制度。⑪

（二）著作财产权

有学者认为，“发行权一次用尽原则”的前提条件和具体适用在司法实践中存在不少问题，立法及司法政策对于版权商品平行进口的态度亦不明朗，建议在我国《著作权法》修改中增加“发行权一次用尽原则”，并明确发行权国际用尽的立场，真正发

① 参见王迁：《将知识产权法纳入民法典的思考》，载《知识产权》，2015（10）。

② 参见李勇军：《论著作权法的理念》，载《社会科学研究》，2015（2）。

③ 参见孙昊亮：《表达自由权在版权制度中的实现——以网络戏仿作品版权纠纷为视角》，载《社会科学家》，2015（12）。

④ 参见吴雨辉、吴国平：《版权法激励作用的博弈论分析》，载《知识产权》，2015（3）。

⑤ 参见郑万青：《从 TPP 建议案版权条款看美国的版权扩张政策》，载《知识产权》，2015（1）。

⑥ 参见张桂红、刘宇：《论 TPP 中强化著作权保护之趋向及中国应对》，载《上海财经大学学报》，2015（5）。

⑦ 参见何怀文：《我国著作人身权与著作财产权协调的法律原则》，载《知识产权》，2015（9）。

⑧ 参见曹伟、赵宝华：《〈著作权法〉修改中有关发表权存废的思考》，载《知识产权》，2015（9）。

⑨ 参见李杨：《论遗作发表权的“行使”和“保护”——兼谈〈著作权法（修改草案征求送审稿）〉第 24 条的立法完善》，载《北京社会科学》，2015（5）。

⑩ 参见李杨、许清：《侵害保护作品完整权的判断标准——兼评我国〈著作权法修改草案（送审稿）〉第 13 条第 2 款第 3 项》，载《法律科学（西北政法大学学报）》，2015（1）。

⑪ 参见宋元婧、［韩］权祯珉：《追续权的理论与立法》，载《北方法学》，2015（4）。

挥其防止著作权人权利的不当扩张、确保作品原件或合法复制件在市场上自由流转的制度价值。[①] 还有学者认为改编权与修改权、保护作品完整权基于“改变”产生联系，但因改变的结果而产生区别。该学者结合有关改编权的典型案例对“接触+实质性相似”的适用问题进行了批判性的讨论，并提出了“三步检验法”在改编权侵权判断时的具体适用方式。[②] 关于公开传播权，有学者认为所谓公开是指向不特定公众传播作品，应以一份作品复制件而非作品本身作为是否面向公众公开传播的判断标准。以公众是否需要在特定时间和地点聚集，公开传播权可分为“在公众传播权”“向公众传播权”。现行《著作权法》中应引入公开传播权的定义，将“在公众传播权”统一为公开表演权，以避免该类权利过于分散，同时还应扩大“向公众传播权”的控制范围，使其与国际条约保持一致。[③]

（三）邻接权

有学者认为，传播技术的发展打破了已有的著作权利益格局，表演者对其已固定表演的“二次使用”逐渐失去控制，出现了表演者利益失衡的现象。赋予表演者以广播获酬权是著作权法的立法趋势。[④] 还有学者讨论了《德国著作权法》第八修正案中关于“新闻出版者权”的规定，认为德国新的著作权法增设了新闻出版者权，同时又对该权利进行了限制，妥当平衡相关主体之间的利益。[⑤] 而对于德国《著作权法》第八修正案创设的报刊出版者权，有学者认为我国应持谨慎态度继续关注其实施情况，目前尚无效仿其修法之必要。[⑥]

三、关于著作权对象的问题研究

总的来说，著作权的保护对象呈现扩张的趋势。有学者已开始反思作为基础概念的作品概念，认为应以“三个领域两种作品”来定义作品，以“文学作品”取代“文字作品”，废除“科学作品”和“口述作品”的定义和分类，同时，明确将“计算机软件”作为“文学作品”保护。[⑦]

（一）体育赛事节目

有学者认为，体育赛事属无体财产，依照劳动财产说、社会公认说和激励理论学说关于权利正当性的论证，体育赛事具有获得权利保护的正当性。体育赛事的特点表明其与知识产权客体本质上具有同一性，应属知识产权客体的范畴，但不属于法定知识产权客体范围，属于新型知识产权客体。[⑧] 我国现行著作权法存在“电影作品”与“录像制品”两个概念，判断一个体育赛事节目是制品还是作品应该由主张权利的人举证。这一问题涉及对赛事过程固定机位的机械录制或者活动机位的选择拍摄两种情形，前者产生制品，后者产生作品。[⑨] 鉴于体育产业作为我国国民经济新的快速增长点和盗播网络直播节目行为的频发所带来的危害，有学者要求我国著作权法赋予体育赛事节目的权利人控制网络直播行为的专有权利。由于立法具有缓慢性，可通过最高人民法院制定司法解释或指导案例的方式，将具有独创性的体育赛事节目认定为视听作品，或者扩张录像制作者权的保护范围，从而使体育赛事节目权利人有权控制网络实时转播行为。[⑩] 还有学者认为体育赛事节目是创作成果，创作对象的属性并不影响创作成果的可版权性。我国著作权法应该取消制品概念，将体育赛事节目统一纳入著作权中进行保护，从作品本质的角度讲，体育赛事节目属于视听作品的范畴。[⑪] 而在电视转播机构合法取得体育赛事转播权后，根据不同体育赛事的性质，可以通过著作权、录音录像制作者权和广播组织权等多重手段进行保护。如果体育赛事转播相关知识产权受到侵害，得到合法授权的转播机构或二级受让人可以承担原告的角色。[⑫]

（二）民间文学艺术作品

有学者认为我国民间文学艺术作品保护属应有

---

① 参见李玉红：《“发行权一次用尽原则”若干问题研究——以我国〈著作权法〉修改为背景》，载《河北法学》，2015（3）。

② 参见张玲玲、张传磊：《改编权相关问题及其侵权判定方法》，载《知识产权》，2015（8）。

③ 参见陈绍玲：《论著作权法中的公开传播权》，载《华东政法大学学报》，2015（2）。

④ 参见刘迎霜、龙立志：《表演者广播获酬权研究》，载《知识产权》，2015（7）。

⑤ 参见范长军：《新闻出版者权——德国著作权法的新修改》，载《知识产权》，2015（1）。

⑥ 参见颜晶晶：《报刊出版者权作为邻接权的正当性探析——基于〈德国著作权法〉第八修正案的思考》，载《比较法研究》，2015（1）。

⑦ 参见李伟民：《作品定义与分类的理论重构——兼评〈著作权法修改草案〉第1条、第5条》，载《知识产权》，2015（10）。

⑧ 参见刘宇晖：《论体育赛事的可知识产权性》，载《知识产权》，2015（10）。

⑨ 参见王自强：《体育赛事节目著作权保护问题探讨》，载《知识产权》，2015（11）。

⑩ 参见祝建军：《体育赛事节目的性质与保护方法》，载《知识产权》，2015（11）。

⑪ 参见卢海君：《论体育赛事节目的著作权法地位》，载《社会科学》，2015（2）。

⑫ 参见冯春：《论体育赛事转播权的多重知识产权保护》，载《中国社会科学院研究生院学报》，2015（6）。

之义，但难以适用现行版权法，集中表现为主体归属、客体对象、权利内容和保护期限等冲突，版权保护存在现实困境，归咎于对公有领域认识的误区。① 而界定民间文学艺术作品权利主体应当坚持个人优位主体、集体常态主体、国家候补主体的基本顺次，方能契合保障民间文学艺术作品的有序使用，鼓励民间文学艺术传承发展的立法宗旨。② 还有学者认为民间文学艺术作品不同于一般作品，著作权法的基本原则不能满足保护民间文学艺术作品的需要。因此，应根据民间文学艺术作品的特点和现实需求，制定事先知情同意、共同商定和惠益分享的原则，更好地保护民间文学艺术作品。③ 只有具备了著作权因素的民间文学艺术作品才能成为著作权保护的客体，民间文学艺术作品具备著作权一般意义作品的一些基本属性，可以作为特殊作品予以特殊著作权。立法层面，设定这一特殊著作权保护规则既要考虑民间文学艺术作品的自有特性又要兼顾著作权法基本功能的实现；司法层面，对民间文学艺术衍生作品的独创性认定标准应当区别于著作权一般意义作品的认定标准。④ 也有学者认为民间文学艺术不同于一般知识产权保护客体，无论是产生与传播机制，还是权利要求与保护宗旨，均具有特殊性。区分民间文学艺术表达与民间文学艺术作品，分别采用非物质文化遗产法的公法保障方式与版权私法保护方式，不仅兼顾了民间文学艺术作品的公共性及知识产权的私权性，亦满足了传承并保护传统文化的需求。⑤

除此之外，学者们还分别对汇编作品⑥、新闻聚合⑦、新闻报道⑧、创意⑨、古籍整理成果⑩、视听作品⑪、无主作品⑫、版式设计⑬、工业设计⑭、临摹作品⑮、实用艺术作品⑯等对象的概念、性质及其保护方式进行了比较深入的探讨。

四、关于著作权限制的问题研究

（一）合理使用

关于合理使用的法律性质，有学者认为权利限制说与侵权抗辩说都存在缺陷与不足，不能澄清合理使用制度的法律性质，应以使用为中心的使用者集体权利说作为合理使用制度的理论基础。⑰ 另有学者认为，传统的权利限制说、侵权阻却说、个人权利说和集体权利说都没有反映出合理使用行为的法律属性，该行为的法律属性应界定为一种社会共享的公共权利。关于合理使用的立法模式，该学者认为应以社会共享的公共权利为基础，重构我国的合理使用制度：一是采用概括主义立法模式；二是将合理使用的作品范围从已发表作品扩展到包含未发表作品；三是实行有限的举证责任倒置原则。⑱ 有学者对比美国和日本两国的制度经验，认为我国著作权法第三次修改中应将合理使用制度转变为开放式的立法模式，将原本的具体列举情形和新增加的一般条款相结合。⑲ 为了实现合理使用制度与慕课教育的对接，可采取开放立法模式和慕课平台履行合理风险规避义务等机制，解决慕课带来的新问题。⑳ 还有学者认为，过分强调权利人对他人实施

---

① 参见朱弈锟、叶辉华：《我国民间文学艺术作品保护的版权法困境与调适》，载《河北法学》，2015（12）。

② 参见张洋：《民间文学艺术作品权利归属之次序探析》，载《知识产权》，2015（7）。

③ 参见韦贵红、李潭：《民间文学艺术作品的保护原则探析》，载《知识产权》，2015（3）。

④ 参见王晓君：《民间文学艺术的著作权规制——以刘雍系列工艺美术作品侵权案为视角》，载《河北法学》，2015（11）。

⑤ 参见魏玮：《民间文学艺术表达的版权法保护困境与出路》，载《暨南学报》（哲学社会科学版），2015（4）。

⑥ 参见王迁：《论汇编作品的著作权保护》，载《法学》，2015（2）。

⑦ 参见邵国松：《新闻聚合的版权问题研究》，载《南京社会科学》，2015（5）。

⑧ 参见李国庆：《论新闻报道之著作权法及反不正当竞争法保护》，载《知识产权》，2015（6）；孙昊亮：《全媒体时代新闻的著作权问题》，载《知识产权》，2015（11）。

⑨ 参见杨宁、蓝静：《论创意的著作权法保护——对思想与表达二分法的重新解读》，载《科技管理研究》，2015（15）。

⑩ 参见梁志文：《作者意图、事实与作品的可版权性——以古籍整理相关案件为主线》，载《政治与法律》，2015（12）。

⑪ 参见张春艳、王江一：《著作权法修订视阈下视听作品概念之界定与厘清》，载《河南师范大学学报》（哲学社会科学版），2015（6）。

⑫ 参见汤妮燕：《我国无主作品著作权保护的司法困惑与破解途径》，载《河北法学》，2015（1）。

⑬ 参见何怀文：《版式设计的著作权法保护：排版劳动与审美表达——兼评吉林美术出版社诉海南出版社再审案》，载《华东政法大学学报》，2015（5）。

⑭ 参见舒晓庆：《工业设计的可版权性探析——以歼10战机模型案为视角》，载《知识产权》，2015（5）。

⑮ 参见邱治淼：《论临摹作品的规制模式与立法设计》，载《知识产权》，2015（3）。

⑯ 参见宋智慧：《实用艺术作品版权保护探析》，载《社会科学辑刊》，2015（6）。

⑰ 参见鄂昱州：《著作权合理使用制度法律性质探析》，载《学习与探索》，2015（5）。

⑱ 参见阳东辉、张晓：《合理使用的性质重解和制度完善》，载《知识产权》，2015（5）。

⑲ 参见储翔：《新老媒体融合过程中的著作权合理使用问题——以〈著作权法〉第三次修订为背景》，载《中国出版》，2015（22）。

⑳ 参见邹琳、陈基晶：《慕课教育的合理使用问题研究》，载《知识产权》，2015（1）。

受控行为的掌控，会导致不恰当地干预行为人的自主空间。细分的受控行为，为启动著作权评价机制提供了清晰的指引，同时为著作权交易的双方提供了大多数情况下可资借鉴的交易对象清单。但这些优点，并不适用于合理使用环节的根本设置宗旨。在部分情况下，由于各项受控行为的效果并不完全互相重叠，因此在合理使用阶段应该分别定性。① 另外，有学者探讨了公共文化机构对孤儿作品的合理使用制度②、图书馆和搜索引擎公司合理使用③等问题。

（二）法定许可

有学者认为，著作权法定许可的立法初衷，乃是为调和新传播技术带来的产业主体利益分歧，并在著作权市场尚未形成的阶段降低权利流转带来的交易成本。然而事实证明，著作权法定许可不但未能有效实现上述立法目标，甚至已成为阻碍著作权产业形态变革的制度瓶颈。为解决著作权法定许可的立法争议，首先需要回归法定许可的原初立法价值，为立法提供稳定、科学的正当性前提，其次需要结合我国著作权产业发展的特征考量法定许可的科学适用范围，将法定许可限定在市场机制无法形成的领域。④ 在我国《著作权法》进行第三次修改的过程中，应当进一步审视现有法定许可的各种情形，重新构建一种建立在透明有效机制和程序保障之上的、仅针对教育和公共文化机构的法定许可。⑤ 基于与物权相同的秩序、安定等价值追求，著作权的基本功能不是鼓励创作，而是合理分配、调节市场主体对创作或传播所付投资的利益。录音制品法定许可的具体运行应当充分尊重市场主体的意愿，合理配置各市场主体创作、传播的投资利益。⑥ 还有学者对播放作品法定许可⑦、报刊转载法定许可制度⑧、新闻聚合媒体法定许可问题⑨展开了比较深入的探讨。

五、有关著作权交易的问题研究

（一）明确各类作品的著作权归属是顺利进行交易的前提条件

有学者认为，我国现有视听作品著作权归属模式兼采意大利立法模式和日本立法模式，造成了我国著作权立法体系和逻辑上的混乱。我国立法在确定视听作品著作权归属时，要注重洛克劳动财产权理论所体现的公平理念和人格理论对作者创作劳动的充分尊重，更要运用激励理论鼓励投资和创作，合理配置著作权：一方面，明确视听作品的创作者为作者；另一方面，规定在无相反书面约定的情况下，著作权中的财产权由制片者享有。⑩ 关于演绎作品，其作者身份确认涉及演绎作品的创作意图、创作贡献、原创性三个要件的判断。作者要在已有作品或者素材基础之上，体现自身人格及主观内容的意图；就演绎作品的创作贡献而言，涉及与思想表达二分法、实质性相似、合理使用三者的关系；就演绎作品的原创性要件而言，分为可区别性改变标准与实质性改变标准，两者关注的只是视角不同，没有本质性差别。⑪ 关于动物“创作成果”，有学者认为其只符合作品的形式要件，不符合作品的实质要件，在性质上属于非物质性的信息，并符合财产化条件。动物作为非理性生物成为法律主体，在理论和实践方面均有障碍。权利归属的标准是对动物“创作成果”有实质性投资。基于动物“创作成果”与著作权法保护信息在表现形式上的一致性，建议采取邻接权保护模式。⑫

（二）著作权的集体管理

关于著作权集体管理，主要的争议点还是关于著作权延伸性集体管理。有学者认为，著作权延伸性集体管理作为应对大规模许可的制度工具之一，既非控制著作权交易成本的主要选择，亦无限制著

① 参见蒋珂：《论合理使用中的“行为”——兼评谷歌图书案》，载《法学评论》，2015（6）。
② 参见何炼红、云姣：《论公共文化机构对孤儿作品的合理使用》，载《知识产权》，2015（10）。
③ 参见姚鹤徽：《谷歌数字图书馆著作权合理使用问题研究》，载《图书馆工作与研究》，2015（1）。
④ 参见熊琦：《著作权法定许可制度溯源与移植反思》，载《法学》，2015（5）。
⑤ 参见管育鹰：《我国著作权法定许可制度的反思与重构》，载《华东政法大学学报》，2015（2）。
⑥ 参见黄细江：《录音制品法定许可制度的困境与出路——以著作权基本功能为线索》，载《知识产权》，2015（11）。
⑦ 参见王迁：《论著作权法中的权利限制条款对外国作品的适用——兼论播放作品法定许可条款的修改》，载《比较法研究》，2015（4）。
⑧ 参见王青林：《论网络转载摘编作品应适用著作权法定许可制度》，载《中州学刊》，2015（12）。
⑨ 参见蔡元臻：《新媒体时代著作权法定许可制度的完善——以“今日头条”事件为切入点》，载《法律科学（西北政法大学学报）》，2015（4）。
⑩ 参见张春艳：《我国视听作品著作权归属模式之剖析与选择》，载《知识产权》，2015（7）。
⑪ 参见陈明涛：《演绎作品的作者身份确认分析——以美国相关司法判例为依据》，载《知识产权》，2015（5）。
⑫ 参见张玲、王果：《动物“创作成果”的民事法律关系三要素分析》，载《知识产权》，2015（2）。

作权人处分权的立法蕴意。我国试图通过移植延伸性集体管理来解决权利人无法维权和无法授权的问题，不但错误理解了延伸性集体管理的立法价值本意，还使制度移植脱离了其产生的特殊产业和社会背景，可能出现的只会是对著作权人利益的损害和对著作权市场机制的破坏。① 另有学者认为，著作权延伸集体管理在性质上属于对著作权的一种限制，因此在确定著作权延伸集体管理的适用范围时必须遵循《伯尔尼公约》等国际公约有关著作权限制的规定。我国在确定著作权延伸集体管理的适用范围时应当遵循国际公约的相关规定，参考其他国家的做法，结合我国的国情来确定。这一适用范围应当包括复制权、广播权、追续权以及表演者、唱片制作者和录音制作者获得报酬的权利。② 相对而言，有学者认为法定集体管理中的延伸集体管理，其适用范围不应当加以限制，凡可委托管理的权利都可以延伸管理。如果法律对延伸集体管理的适用范围不加限制，则没有必要规定强制集体管理。如果法律对延伸集体管理的适用范围加以严格限制，作为一种补救措施，可对法定许可中的获得报酬的权利规定强制集体管理。③ 强制性集体管理制度和推定性集体管理制度作为延伸性集体管理制度的替代模式，除了具有与延伸性集体管理制度同样的形式功能之外，还具有保障作者利益、抑制作品传播者权利扩张、促进作品利用的实质功能。在著作权实体法的构造中，建议将延伸性集体管理替换为法律推定性集体管理，并与强制性集体管理配合使用。④ 还有学者讨论了关于集体管理组织的反垄断规制问题。⑤

（三）著作权的默示许可

有学者认为，著作权"选择退出"默示许可具有介于财产规则与责任规则之间、兼顾权利人负担与作品使用者负担和通过法律表达商业模式的结构特征。在立法定位方面，"选择退出"默示许可应当是政策考量的制度安排、独立存在的制度形态和特殊适用的制度选择。⑥ 还有学者认为，著作权默示许可制度适用于网络环境中的特定网络空间及搜索引擎领域。在网络环境以外，应该严格限制默示许可制度的适用范围。为了保护著作权人的正当利益，一方面可以赋予著作权人对默示许可合同的有限制的任意解除权，另一方面可以赋予著作权人利益请求权。⑦ 也有学者认为，网络著作权默示许可是民法默示行为的体现，我国著作权法和条例中散见相应的规定，国内外在司法实践中逐步承认了默示许可的存在。有必要通过降低著作权许可合同的书面形式要求、扩大法定默示许可而限制传统法定许可、明确交易习惯可以作为颁发默示许可的理由、合理确定默示许可的条件和费用等措施构建和完善默示许可制度。⑧

六、关于著作权法律保护问题的研究

（一）著作权的民事保护

著作权的易受侵害性是由其客体的性质这一直接原因所决定的，且自著作权诞生之时即存在，网络环境只是进一步放大了此种困境。此外，著作权客体的占有阙如，则是导致这一困境的间接原因。⑨

1. 实质相似性规则。有学者认为，实质性相似的判断应协调思想表达二分法等原则，依据作品的独创性和作品属性来选择测试方法；比对的范围仅限于原告作品的独创性部分，相似程度的高低与独创性高低成反比。应根据作品的独创性和作品类型，选择具有不同注意力和知识技能的读者标准，以协调实质性相似、独创性与思想表达二分法等法律原则的关系。⑩ 还有学者认为，"约减主义"与"整体概念和感觉原则"是判断实质性相似和版权侵权的两种不同路径，前者在确定客体可版权性范围的时候主张对作品进行分析和解构，后者则从整体上对该范围进行确定，适用上述两种不同的分析路径所导致的版权保护范围实际上是不同的。⑪

2. 惩罚性赔偿。有学者认为，惩罚性赔偿立法

① 参见熊琦：《著作权延伸性集体管理制度何为》，载《知识产权》，2015（6）。
② 参见胡开忠：《论著作权延伸集体管理的适用范围》，载《华东政法大学学报》，2015（2）。
③ 参见田晓玲：《著作权集体管理的适用范围和相关问题研究——以著作权法第三次修改为视角》，载《知识产权》，2015（10）。
④ 参见李陶：《非会员作品著作权集体管理模式的选择与重构——以德国法为借鉴》，载《法商研究》，2015（3）。
⑤ 参见李陶：《论著作权集体管理的反垄断规制》，载《知识产权》，2015（2）。
⑥ 参见王国柱：《著作权"选择退出"默示许可的制度解析与立法构造》，载《当代法学》，2015（3）。
⑦ 参见李捷：《论网络环境下的著作权默示许可制度》，载《知识产权》，2015（5）。
⑧ 参见马德帅、刘强：《网络著作权默示许可研究》，载《中国出版》，2015（17）。
⑨ 参见郑媛媛：《论著作权的易受侵害性——以民法中"占有"理论为视角》，载《知识产权》，2015（2）。
⑩ 参见梁志文：《版权法上实质相似性的判断》，载《法学家》，2015（6）。
⑪ 参见卢海君：《论作品实质相似性和版权侵权判定的路径选择》，载《政法论丛》，2015（1）。

的理论基础应建立在法经济学的效益最大化原则之上，著作权惩罚性赔偿制度应确立“惩罚为主、补偿为辅”的功能定位。应将侵权的“故意”作为必要条件，继而再考虑“动机、情节、规模、损害后果等”之严重性。① 还有学者认为，著作权法应引入加重赔偿，但不应追求惩罚目的，“惩罚性赔偿”的术语在创新规则体系中有误导性。在著作权领域，加重赔偿的主要目的是实现个案中的完全补偿，特殊情况下也可追求宏观层面的最佳预防，但不应超出预防之需追求非功利的惩罚效果。加重赔偿之“非惩罚性”能够缓解其与填平原则的冲突，有助于降低主观要件给损害赔偿带来的不确定性。②

（二）著作权的行政保护

近年来，关于加强知识产权的行政保护成为学界讨论的热点问题之一。有学者认为，著作权的行政救济，理论上有利于促使侵权外部性的内部化，形成强大的威慑激励侵害人的预防措施，减少侵权数量。在我国，版权执法信息成本和运行成本高昂，呈现出“低查处概率，低惩处强度”的非效率状态。行政处罚与民事制裁具有同质性，司法救济更具优越性，用民事制裁措施取代行政处罚是最为经济的制度安排。③ 也有学者认为，从我国著作权保护的制度创设过程、现实情况和未来趋势看，著作权的行政保护有其历史必然性、现实合理性及可变性。④ 还有学者认为，我国知识产权行政管理机关承担直接行政执法职能具有中国特色，是特定历史条件下的产物。在没有实现知识产权行政执法专业化之前，知识产权行政机关的直接行政执法不能削弱，只能加强。⑤ 另有学者认为，我国现行知识产权行政管理高度分散，采用专利、商标、著作权、农业植物新品种、林业植物新品种等“分别管理”模式。应该尽快改革我国现行知识产权行政管理体制，采取“三合一”集中统一管理模式，以适应国家知识产权强国战略和知识产权治理现代化的需要。⑥

（三）著作权的刑法保护

有学者认为，刑法典与著作权法相结合的双轨制刑事立法模式既能针对新出现的犯罪及时做出应景之变，又能维护刑法典的权威性，且契合目前我国知识产权“三审合一”的审判需要，是我国著作权犯罪刑事立法模式完善的一种合理选择。⑦ 有学者针对TPP协议提出的新问题，认为从我国刑法及著作权法理论和现实基础来看，将特定个人下载行为入刑在目前并不具有可行性。未来努力的方向也应当是先将该类特定下载行为确定为著作权侵权，再转变我国著作权刑事法律保护模式，充分发挥附属刑法的作用，方可讨论如何将特定下载行为正式纳入我国刑法打击范围的问题。⑧ 还有学者认为，我国《刑法》通过设定侵犯著作权罪、非法经营罪及计算机类犯罪，试图对版权技术保护措施的侵害行为实施打击，但由于规定不够具体、准确，因而经常面临刑罚不当的司法困境。我国《刑法》应做出适时的修改，根据有效地保护版权市场交易秩序、同时兼顾刑罚风险控制和交易方利益平衡的迫切需求，就技术措施的刑事保护做出系统的规定。⑨ 另有学者在分析了306件侵犯著作权罪刑事判决书的基础上认为，在“传统社会”与“网络社会”并存的“双层社会”背景下，侵犯著作权罪定罪量刑标准选择较为混乱且普遍存在量刑失衡。侵犯著作权罪有必要转变为以保护著作权人的利益为主，并确立侵犯著作权罪定罪量刑标准“类型固定＋数额浮动”的模式。⑩

七、关于网络环境下著作权司法保护的进一步思考和研究

（一）网络环境下著作权司法保护困境的解决之道

有学者认为，在审理网络著作权侵权案件时，

① 参见张富强、许建聪：《完善我国著作权惩罚性赔偿立法的思考——基于法经济学“效益最大化”原则的分析》，载《知识产权》，2015（8）。

② 参见蒋舸：《著作权法与专利法中“惩罚性赔偿”之非惩罚性》，载《法学研究》，2015（6）。

③ 参见谢晓尧：《著作权的行政救济之道——反思与批判》，载《知识产权》，2015（11）。

④ 参见王自强：《侵犯著作权人承担行政责任问题分析》，载《知识产权》，2015（11）。

⑤ 参见李顺德：《对加强著作权行政执法的思考》，载《知识产权》，2015（11）。

⑥ 参见易继明：《构建集中统一的知识产权行政管理体制》，载《清华法学》，2015（6）。

⑦ 参见邵彦铭：《我国著作权犯罪刑事立法模式研究》，载《知识产权》，2015（9）。

⑧ 参见何天翔、谢晴川：《日本打击侵犯著作权私人下载行为的罚则研究——兼评个人下载行为在中国入刑的可行性》，载《知识产权》，2015（12）。

⑨ 参见张富强、王影航：《论版权技术保护措施的刑法保护》，载《中国出版》，2015（6）。

⑩ 参见陈志鑫：《“双层社会”背景下侵犯著作权罪定罪量刑标准新构——基于306份刑事判决书的实证分析》，载《政治与法律》，2015（11）。

法院应把握住平衡权利人、网络服务提供者与社会公众三者之间的利益的核心。法律真正应苛责的不是服务模式或者其背后的技术手段，而是提供服务模式时网络服务商体现出来的对侵权事实的认知。① 还有学者认为，三网融合对我国现行著作权制度提出了挑战，处理三网融合相关著作权法律问题，应遵循利益平衡原则、过错责任原则和技术中立原则，并重点处理好三网融合下新的传播方式的权利调整问题和新的传播终端相关经营主体法律地位及责任的判定问题。② 也有学者认为，为对抗网络版权侵权，一些国家相继建立从警告到处罚的逐步反应制度。从推进路径来看，可以分为以法国为代表的公法模式和以美国为代表的私法模式。公法模式以行政权力为核心推进要素，经过宪法审查以司法保留方式解决版权保护引发的权利冲突问题。私法模式下制度建立通过协商谈判达成，制度设计体现出各方利益的微妙平衡。③ 另有学者认为，《统一域名争议解决政策》所推行的 ODR（按需路由选择）也可以用来解决版权纠纷。尽管 ICANN（互联网名称与数字地址分配机构）无法采取取消域名的方法直接删掉侵犯版权的内容，但是，它可以借鉴解决域名争议的方式，使用简便程序解决简单的版权纠纷，提供 ODR 新模式。④

（二）通知移除规则

有学者认为，网络服务提供者在收到合格通知后，会及时移除相关侵权内容，这是通知移除制度有效实施的预设前提。然而，事实表明网络服务提供者在收到通知后基于自身利益的需要往往并未积极移除侵权内容。破解通知移除制度的局限性，可从扭转互联网技术对传统法律救济途径的影响、改变通知移除制度的设计缺陷、增加网络服务提供者的违法成本以及发挥“知道”规则的替代性作用等方面加以考虑。⑤ 还有学者认为，针对“通知删除”规则实施存在的问题，我国应规定网络服务提供者负有义务证明侵权作品由用户上传并建立便捷的“通知删除”程序；需要进一步明确“有效”通知的具体判断标准和网络服务提供者删除作品或断开侵权作品链接的具体时限限制。⑥

（三）技术措施与权利管理电子信息的法律保护

有学者认为，版权保护是“超版权”的法律机制，必须有超越合理使用的限制途径，这体现了著作权法维护权利人利益与社会公共利益的平衡精神。对技术措施版权保护进行限制，本质上是赋予受其影响者以全新的使用者权。随着技术措施版权保护的强化，使用者权的体系也需要不断拓展。⑦ 另有学者认为，从日本等对技术措施反规避保护持保守和保留态度的国家的立法可以看出，直接规避行为与间接规避行为两者截然不同，立法对这两者理应采取不同的态度和评价。直接规避行为应当享受一般性豁免待遇，间接规避行为则应予以一般性禁止，而不应将单纯的技术措施直接规避行为在立法中定性为一种侵权或者违法行为。⑧ 也有学者讨论了权利管理电子信息的保护，认为虽然《著作权法》第三次修改在权利管理信息保护方面取得了较大进步，但仍存在一定不足。首先，对于是否将传统管理信息纳入法律保护态度并不明晰，可能会导致司法适用争议；其次，我国现行立法和《草案》均未对权利管理信息的表现形式做出规定，不利于有效保护权利管理信息。⑨

（四）新技术背景下的著作权保护问题

有学者认为，网络环境下日益变化的消费性使用仍具有“非竞争性”和“非营利性”的特征，因此在著作权法中保护消费性使用依然具有正当性。合理的选择是继续规定“个人使用”的著作权限制条款，同时辅之以“三步测试法”的检验，以维护网络环境下著作权人和使用者利益的平衡。⑩ 还有学者认为，版权法修订草案将“数字化”复制纳入“复制权”范畴，这就可以较好地诠释微信朋友圈转发的复制权问题。当用户将整个作品转发到自己朋友圈中，该行为已经超越了合理使用的范畴。引入

---

① 参见冯刚：《侵害信息网络传播权纠纷案件审理问题研究》，载《知识产权》，2015（11）。

② 参见苏志甫：《网络著作权保护法律适用问题研究——以法院相关判例为切入点》，载《知识产权》，2015（6）。

③ 参见刘娟：《网络版权保护逐步反应制度的公、私法模式及借鉴》，载《知识产权》，2015（6）。

④ 参见方旭辉：《ODR：解决版权纠纷的新模式》，载《知识产权》，2015（10）。

⑤ 参见徐伟：《网络侵权治理中通知移除制度的局限性及其破解》，载《法学》，2015（1）。

⑥ 参见谢惠加：《网络版权侵权中“通知删除”规则的完善》，载《中国出版》，2015（2）。

⑦ 参见梅术文：《论技术措施版权保护中的使用者权》，载《知识产权》，2015（1）。

⑧ 参见董慧娟：《对技术措施直接规避行为构成独立的版权侵权的质疑》，载《知识产权》，2015（7）。

⑨ 参见湛茜：《因特网条约权利管理信息条款研究——兼论我国〈著作权法〉第三次修改》，载《暨南学报》（哲学社会科学版），2015（2）。

⑩ 参见梅术文：《从消费性使用视角看“微博转发”中的著作权限制》，载《法学》，2015（12）。

默示许可理论可以较好地解释相关问题。① 还有学者认为，中国已选择了以向公众传播权体系规制交互式网络传播行为的逻辑。云计算传播行为应被包含在交互式网络传播行为之内，因此选择发行权体系进行规制是与既有逻辑相矛盾的，云计算传播行为仍应以信息网络传播权进行规制。②

八、结语

从2015年发表的有关著作权法诸问题的论文来看，学者们主要还是基于“立法论”的视角展开研究。当然，这种情形也与我国《著作权法》第三次修改的进程具有一定的关系。但总的来说，学者们更多基于逻辑的、比较的、经济分析等方法展开有关主题的研究，而对于相关制度及其规则的实施效果缺乏前瞻性的预测。就笔者看来，在借鉴他国法律经验完善我国著作权制度时，实际上还需要结合中国的文化背景、经济发展所处阶段、个体与社会的心理特质等因素对相关制度及其规则的法律效果进行预估和评价，以避免出现水土不服的现象。应该说，随着中国特色社会主义市场经济的日益发展，更多本土性的规则会通过相关主体的博弈过程演化出来，这需要学者们更多关注本国的市场实践和司法实践。

（作者单位：南开大学法学院）

① 参见杨延超：《与微信平台有关的著作权问题研究》，载《知识产权》，2015（8）。

② 参见张文韬：《规制云计算传播行为：出租权抑或信息网络传播权》，载《中国科技论坛》，2015（4）。

2015年著作权热点问题研究

版权法上实质性相似的判断

梁志文

一、问题的提出

版权法上的实质性相似是一个开放性的法律原则，是尚未成文法化的法律原则，属于法院行使自由裁量权的范畴，并且是处理侵犯版权案件中的核心法律问题。当实质性相似标准适用于非文字性相似的环境时，“划定侵权与合法的界限就成为一件极其困难的事情”①。

如何比对两部作品以认定实质性相似？在我国法上，人们常常将实质性相似的判断方法归纳为：“整体观感法”或“整体对比法”，“抽象分离法”或“部分比较法”“三段论侵权认定法”。所谓整体观感法，是指以普通观察者对作品整体上的内在感受，来确定两部作品之间是否构成实质性相似；而抽象分离法是指通过抽象的手段，将作品中的思想、事实或通用元素等不受保护部分予以分离，以作品中受保护的部分进行比对，从而判定两部作品是否构成实质性相似。我国法院常常运用这两种不同的方法来判断实质性相似，有时从整体上判断两部作品的实质性相似，有时也采用抽象分离法来判断是否侵权。

由于作品均或多或少地包含一些不受保护的部分，同时，整体观感法和抽象分离法所使用的测试方法略有不同，用以比对的对象也有所不同，同样的案件采用不同的测试方法，就可能导致判决结果存在差异。法院如何在整体观感法和抽象分离法这两种方法间进行选择？

二、实质性相似判断方法的制度渊源与本质

上述问题的回答，需要从制度渊源及其本质两个方面出发来分析。从这两个方面来看，整体观感法和抽象分离法并非判断实质性相似的两个非此即彼、相互对立的标准；而只是两个具有相互包容性，但强调不同层面的实质性相似测试手段，并且，它们也许并未准确地概括实质性相似的所有测试方法。

（一）美国法上的实质性相似

一般认为，我国法上判断实质性相似的整体观感法与抽象分离法来自美国法。

在美国法上，运用整体观感法来测试实质性相似的标准主要由适用条件各有不同的三个判例所确立。这一判断方法最早由美国第二巡回法院在1946年审理的“Arnstein”案中提出，法院为了通过“推定性相似”来确定被告是否复制了版权作品，常常采取所谓的“分离”方法，在作品独创性方面使用专家证人来辅助法官或陪审团确定两部作品的相似之处与不同之处，以评估相关部分是由哪方当事人所独创的。而被告的复制是否构成非法占用，则以两部作品的实质性相似来判断。但法院不再使用专家证人，而以普通读者（ordinary observer）的视角来予以评判。

美国第九巡回法院在著名的“Kroff”案中，将判断推定性相似的方法称为“外部测试”（extrinsic test)，也同样使用分离的方法，使用专家证人来辅助法官或陪审团确定相关事实。但是，不同于“Arnstein”案的地方在于，它通过一系列特定原则（specific criteria）来确定两部作品在一般思想（general idea）上是否具有实质性相似。“Kroff”案对作品表达的相似性比较，即非法占用的判断被称为“内部测试”（intrinsic test)，它不再依赖于外部原则、专家证人等以抽离分析法来做出的判断，而是取决于“普通理性人”（ordinary reasonable person）对涉案作品整体相似的判断。“Kroff”案所援引的“整体概念和观感”为“Roth”案所创，用以判断在非文字性相似环境下是否构成侵权。“Roth”案中的原告贺卡上的文字并不具有独创性，但构成贺卡的文本、文本排列、绘画以及与绘画配合的文字必须从整体上考虑，原告贺卡在整体上具有独创性，受版权保护。虽然被告贺卡有所不同，但从普通读者的角度来看，两者在绘画人物、人物所体现的氛围、该氛围与特定文本的配合以及贺卡上文字的排列等

① M. B. Nimmer, David Nimmer, *Nimmer on copyright*, Portsmouth: Matthew Bender, 2009.

方面存在显著的（remarkable）相似，构成整体概念和观感的一致。

抽象分离法最早由汉德法官在“Nichols”案中开始运用，而运用著名的“抽象—过滤—比较”方法来判断实质性相似的判例由美国第二巡回法院在“阿尔泰”（Altai）案所确立。“阿尔泰”案首先通过抽象的方式区分作品中的思想与表达；其次，过滤掉计算机程序中不受保护的各种元素，包括设计思想，由技术效率导致的设计元素，标准化技术以及由兼容硬件、软件等外部因素界定的结构等；最后，将原告作品中受保护的表达因素与被控侵权的部分进行比对，如果两者在计算机程序的表达上在整体上构成实质性相似，且实质性相似系被告复制行为所造成，则判定侵权成立。

这里最容易产生错误认识的是，在判断表达之间的相似是否属于实质性时，应以受保护的表达为整体做比对，而不应该将非法占用的部分与作品整体做比对，从而导致版权保护范围的不当缩小。此外，将美国法上的实质性相似判断方法归纳为整体观感法和抽象分离法，也显得过于简单而并不准确。美国法院对实质性相似的判断在本质上是类型化的做法。美国著名的版权法学者萨米尔森（Pamela Samuelson）教授认为，上述五个案例所确立的法律标准并不能简单地将其分为两类，实际上各有其不同的构成要件和适用范围。

（二）各有局限性的抽象分离法与整体观感法

从本质来看，实质性相似体现版权法保护作品的独创性表达，而不是其思想。抽象分离法主张对两部作品进行比对之前，必须过滤掉原告作品中不受保护的内容。尽管它在形式上适用了思想表达原则，但它可能不适当地降低了著作权的保护力度。

人们对于这种抽象分离的测试方法，担心出现“只见树木、不见森林”的后果。诚如一个美国法院所指出的，对作品予以抽象分析，并分离作品的各个部分，仅对受保护的内容进行比较，其极端情况可能导致“没有什么东西是可以受版权保护的，因为原创作品都可以分解成各个极小的不受保护的元素，如单词、颜色或符号”[①]。构成作品的各元素不能脱离整体而存在。将原告作品分解成各个组成部分，并分离出不受版权保护的部分，极其容易忽略版权人的正当利益。正因为上述原因，加拿大最高法院在审结的“Cinar”案中指出，“大多数作品并不适用于抽离分析法（reductive analysis），加拿大法院一般采用定性与整体判断的方法来评估实质性”[②]。在演绎权的侵权判断中，如果过度使用抽象分离法，也会导致版权的保护范围明显过窄。

与抽象分离法不同的是，对于整体观感法的最大质疑在于：被认定侵权的作品，很可能“原告作品的独创性元素没有被复制，而被复制的部分却不具有独创性”；或者原告作品中的独创性部分不受保护，却已经被复制。例如，文字画的风格模式作为美术作品所体现的内涵，“属于抽象的主观范畴，不在著作权法的保护范围之内”[③]。但是，从涉案美术作品的风格来看，无疑是相似的；其次，被告确曾接触原告作品，依整体观感法，则风格相似的作品将构成侵权。其结果是，作品包括受版权保护和不受版权保护的部分，但实质性相似的比对却包括了不受保护的内容。诚如有学者所指出的，除非将其严格限定于艺术和虚构作品（artistic and fanciful works），整体观感法的测试也是存在严重问题的。

三、以读者标准来确定实质性相似的判断方法

各有利弊的实质性相似测试方法说明，版权法不应该采取单一的判断方法，而应该根据具体情况来适用不同的测试方法。这时，人们自然产生疑问：究竟该如何正确选择实质性相似的判断方法？解决上述问题的关键，不在于整体观感法和抽象分离法本身是否正确，而应从版权法激励创作和促进信息自由的立法目标出发，考虑是否存在能够统率不同测试方法的“高级”标准。

版权法激励创新的手段，主要是对作品予以产权保护；权利人可以通过对作品的使用、授权或通过侵权人的损害赔偿，获得作品的市场利润。实质性相似的两部作品，必然产生作品市场上的利润损害。即，构成实质性相似的作品，必然与原作进行竞争，不合理地侵蚀原作品市场所能给权利人提供的市场利润，从而影响版权法激励创新的立法目标。作品市场上的消费者是读者（观众、听众、使用者等）。与侵权法上的“理性人”、专利法上的“普通技术人员”类似，版权法上实质性相似的判断也存在类似的拟制主体——读者。

读者是判断两部作品是否构成实质性相似的最终标准。从读者的角度来判断实质性相似，其本质是根据为权利人提供利润激励的作品市场这一标准

① Boisson v. Banian Ltd.，273 F. 3d 262，272，2001.

② Cinar Corporation v. Robinson，2013 SCC 73.

③ 郑维江诉吴冠中侵犯著作权纠纷案，北京市丰台区人民法院（2007）丰民初字第14041号民事裁定书。

来判断是否存在侵权行为。一般来说，读者通常将作品视为一个整体来予以欣赏（阅读）；但是，不同类型的作品具有不同的读者对象，其对作品的关注焦点并不相同。如果某类作品（如美术作品等视觉艺术作品）的读者并不关心作品的细节，则两部作品风格、表达等方面在整体上的相似性，足以构成了两部作品的市场混淆；相反，则应侧重于抽离出不受保护的因素，然后从整体上判断两部作品的相似性是否构成了实质性的相似。读者标准可以综合运用整体比较和抽象分离的方法，使其得到正确的适用，因为依读者标准来判断实质性相似，其本质的考虑在于：对原告作品中某些部分的借用，是否不合理地影响到权利人获得市场利润回报的机会，从而影响到版权法激励创新的立法目标。

不同类型的作品具有不同的读者对象。根据读者的知识水平和注意能力，大体上可以分为三类读者。人们通常所指的读者标准是所谓的“一般读者”，两部作品是否构成实质性相似，“是通过这样一个‘一般读者’来感觉或认知的”①。即依据拟制的普通读者合理预期的整体印象来判断实质性相似。对于一般的外行观察者（average lay observer）而言，除非能够明确感受到作品之间的差异，他通常忽略两者之间的不同，从整体上来判断两者在审美吸引力上是否一样。

我国也有法院认为，实质性相似的判断需“将两者（两部作品）隔离，普通消费者一般难以注意到其差异所在”②。消费者具有相应的注意力，但并不具有专业能力。这一标准类似于美国法上的具有较高注意力的普通读者（more discerning ordinary observer）标准。在这一标准中，首先抽离出作品不受保护的部分，再判断被告作品复制的受保护部分在整体上是否构成实质性相似。值得注意的是，该标准并不将作品分解成若干部分，以便对单个部分进行比对，而是从整体上考虑两部作品的观感（overall look and feel）是否相似。

我国还有些法院表达了略有不同的看法。例如，在对美术作品进行相似性的比对时，“应当以相关公众的知识水平和认知能力为判断标准”③。很明显，法院类推了专利法上的“普通技术人员”这一拟制主体；在本质上，这些“相关公众”具备一定的专业能力。这类似于美国法上“作品所针对的读者”（intended audience）标准。该标准强调在进行实质性相似的判断时，应依据原告作品所针对的读者来确定。如果作品针对的读者是外行的普通读者，则依照普通读者的测试标准；如果购买作品的是具有专业技能的专家，则应以具有特定专业知识的读者来确定。如果是特定专业知识的读者，则必须抽离出作品中思想、功能等不受表达的部分，再在整体上予以比对。

实质性相似的判断不仅适用于侵犯复制权，也适用于侵犯演绎权的情形。运用读者标准来判断实质性相似，不仅可以解决在侵犯复制权的案件中如何选择整体观感法和抽象分离法的困境，而且能够更准确地适用于侵犯演绎权的案件。演绎作品利用已有作品的独创性表达，但它与已有作品相比，必须有其独创性的改变，否则，就会因没有增加新的创作元素而构成复制。然而，运用实质性相似测试来判断是否侵犯演绎权时，人们极易将演绎作品的成立标准与演绎权的侵权标准相混淆。其重要的体现是，人们将证明演绎作品的独创性改变，用以反证它与原作不构成实质性相似。

四、读者标准下判断实质性相似应考虑的因素

整体观感与抽象分离之区分并非绝对的，它们依读者标准而得以灵活运用。如前所述，不同类型的作品具有不同的读者对象。作品的属性与作品的独创性，可以作为选择实质性相似判断方法的考虑因素。

（一）实质性相似判断应考虑作品的属性

不同作品类型具有不同的属性，具有不同的读者对象，其保护范围也具有不同的特性。毫无疑问，版权法并不保护作品所体现的思想、功能或来自公共领域的素材，这体现版权法促进和鼓励知识传播的重要目标。实质性相似的判断，与思想表达二分法的关系极为密切，构成侵犯版权判断原则中不可区分的重要部分。本质上，版权法上思想表达二分法所指的是版权不保护的某些元素。

现代版权法保护的客体不仅包括文学艺术作品，也包括一些具有技术性的科学作品，如计算机软件、实用艺术品、地图作品，它们较多地承载了作品的技术特征或功能性元素，或者包含更多来自公共领域的素材。后者在学理上被概括为功能作品和事实作品，是法律上予以特别处理的作品类型。这两类作品的共同之处在于，作品的审美或艺术性处于次

① 李明德：《美国知识产权法》，北京，法律出版社，2001。

② 上海市第一中级人民法院（2011）沪一中民五（知）初字第127号民事判决书。

③ 中国金币总公司、深圳国宝造币有限公司、山东齐泉纪念币有限公司、周峰著作权权属、侵权纠纷案，山东省高级人民法院（2013）鲁民三终字第204号民事判决书。

要目的。因此，在功能作品和事实作品领域，分离出作品的功能、思想、事实等不受保护的元素，是正确判断实质性相似的前提。

在文学艺术作品中，思想表达二分法也同样应适用。然而，与功能作品、事实作品不同，这些作品理应属于版权法更广泛的保护范围。在文学艺术作品领域过分地进行抽离分析，并在此基础上着重于比对涉案作品相似与相异之处的多少，法院就可能失去对作品整体特征及其表达因素的洞察力，从而产生对版权保护不力的后果。这体现了思想表达二分法如何影响文学艺术作品的实质性相似判断。当然，整体观感的判断也并非不进行受保护与不受保护元素的区分，特别是源自公共领域的作品。但是，它依然应该从整体上来判断作品是否构成实质性相似。

（二）实质性相似判断应考虑作品独创性的高低

版权法保护具有独创性的作品，也就意味着非独创性的内容不属于作品保护的对象。因此，独创性不仅是作品受保护的基本条件，也是界定作品保护范围的重要依据，作品的独创性高低可以作为实质性相似测试方法的选择标准。

质疑者可能认为将独创性高低与实质性相似的判断相链接，不符合独创性判断的法律标准。确实，作品是否受版权保护无须考虑作品独创性的高低，只需满足最低程度的创造性即可，也不考虑作品的艺术性；但是，作品是否受保护，与作品受保护范围的宽、窄，非属同一问题。如同有学者所指出的，“版权保护不是电灯开关，一旦打开就会照亮整个房间；它更像是舞台上的调光器，光线的亮度随着调光器的调节（即创作性的高度变化）而变化”①。因此，在判断实质性相似时，不仅要用原告作品中具有独创性的部分来进行比对，而且也应根据作品的独创性高低来把握相似程度的宽严。

尽管受版权保护的仅仅是作品的表达，但作品的思想方面也可以体现出作品的独创性。虽然独创性的思想本身不受保护，或其有限的表达方式也难以得到保护，但如果被控侵权的作品与原告作品从思想到表达都相差无几，在已经证明被告复制行为（即不存在独立创作）的前提下，应该认定构成实质性相似。较低创造性的版权作品，包括以事实为基础的作品和以功能为主的作品，如数据汇编、目录册、操作手册、科学论文、实用艺术品及其设计图、合同及其他法律文书、研究报告、源自公有领域作品的演绎作品。较低创造性的作品，自然在保护范围上较窄。在比对的过程中，需要将其事实、思想或功能予以抽离，但这并不意味着剩下的部分即使高度相似也不构成实质性相似，而是要从整体综合来看是否具有高度相似性。质言之，较低创造性的作品，在高度相似的情况下也仍然构成实质性相似。

而具有高度创造性的艺术或虚构作品，过分地抽离将导致作品受保护范围的不当缩小。在进行各部分的比对时，“如果侵权判断的依据是哪方当事人列举的相似点和不同点更多，这将错误地导致裁判者不恰当地忽略了作品的整体特征及其表达因素。正如汉德法官所言，如果法院对戏剧技术（作品）的错综复杂了解越深入，它就越不太可能更坚定或者说是更单纯地维持它通过观察所得的整体印象（holistic impression）”②。

因此，整体观感与抽象分离并非绝对对立的两种方法，实质性相似判断的读者标准是一个具有足够弹性的概念，提供了正确适用两种判断方法的基本依据。

五、结论

如何确定非文字性相似是否构成实质性相似，是版权理论和实践所面临的重要挑战。实质性相似的具体判断标准或方法，应从作品本身出发。不同类型的作品具有不同的读者对象，读者标准才是判断实质性相似的最终标准。“一般读者”“具有较高注意力的普通读者”和“作品所针对的读者”，分别具有不同的专业知识和注意能力。法院在具体案件中应如何选择不同的读者标准才符合版权法的立法目标？答案应该是：独创性的高低与作品的技术属性。不同的作品具有不同的技术属性，其所体现的独创性也并不相同，进行实质性相似判断时，用以比对的对象、所要求相似程度也应该与之相关。

当作品的独创性比较高时，应使用普通读者的测试标准；而当作品的独创性程度很平常时，则应适用更细致的观察者（读者）标准，以判断被告作品是否使用了原告的独创之处。当作品属于较低独创性（thin copyright）时，因为要抽离出思想、事实等不受保护的内容，需要有相应的抽象分析的能力，则应该选择具备相应专业知识的专家鉴定来判断。此外，因为需要对作品的功能性元素等不受保护的内容予以区分，作品具有技术属性的内容越多，就越需要专家鉴定来辅助认定两部作品之间是否相

① Williams Patry, *Patry on Copyright*, New York: Thomson West Press, 2013.

② Pamela Samuelson, “A Fresh Look at Tests for Nonliteral Copyright Infringement,” *Northwestern University Law Review*, 2013 (107).

似。具体步骤上，实质性相似的判断，应该将原告作品中具有独创性之处予以比对，在比对时，首先应根据作品属性，抽离出不受保护的内容，但应根据作品独创性水平的高低，从作品整体来衡量两部作品是否构成实质性相似。

（本文原发表于《法学家》2015 年第 6 期。作者单位：南京师范大学法学院）

我国著作权法定许可制度的反思与重构

管育鹰

通说认为，法定许可是指根据法律的直接规定，以某些方式使用他人已经发表的作品可以不经著作权人的许可，但应当向著作权人支付使用费并应当注明作者姓名、作品名称和出处的一种制度。①

在某种意义上，我国的法定许可是一个特有概念，正如学者指出的："这既是一种'法定许可'制度，又给了权利人表示自愿与否的机会。在其他国家，这种制度并不多见"②。目前我国《著作权法》正处于新一轮立法修订中，对法定许可制度需要做出理论反思以期为下一步的修法提供参考。

一、我国设立著作权法定许可制度的缘由

（一）法定许可及相关概念的内涵

法定许可概念可以回溯到《伯尔尼公约》的相关规定，即各成员国在某些特殊情况下可以对著作权人行使权利设置一定的条件③；即在法律规定的特定情形下无须权利人许可而使用作品，但必须向权利人支付合理报酬（使用费、补偿金）。

但是，《伯尔尼公约》将法定许可的目的、适用条件、程序等具体问题留给了成员国自由决策。特定情形下根据法律规定采取非自愿许可方式必然在实际上给权利人带来一定的损害，为了避免任意适用可能带来的不利后果，在著作权或版权法相对完善的国家，法律上为法定许可或强制许可的条件、适用和救济谨慎地设定具体规则。④ 各国因国情不同采用事先通告或者事后严格按规定程序、设立专门行政或准司法机构对权利人进行救济、集体管理制度的完善等配套措施，都是为了最大限度降低因实施非自愿许可给权利人带来的损害。

（二）我国著作权法定许可制度的特殊性

我国《著作权法》规定了法定许可的几种情形，包括：（1）第 23 条所规定的为实施九年制义务教育和国家教育规划编写出版教科书而使用已经发表的作品；（2）第 33 条所规定的报刊转载或作为文摘、资料刊登其他报社、期刊社已刊登的作品；（3）第 40 条所规定的录音制作者使用他人已经合法录制为录音制品的音乐作品制作录音制品；（4）第 43、44 条所规定的广播电台、电视台播放他人已发表的作品和录音制品。

我国《著作权法》第（1）、（2）、（3）种法定许可的特殊之处，是著作权人可以"选择退出"（opt-out）。尽管我国《著作权法》的法定许可制度自始即以"选择退出"相配套，但知识产权法学界直到近些年来才开始讨论此机制。⑤ "选择退出"机制来源于北欧国家的"延伸集体授权"（extended collective license，ECL）实践经验；与其他旨在解决海量交易高成本的法律制度，如法定或强制许可相比，ECL 的优势是可以由集体管理组织与使用者进行谈判取得高于法定或强制许可版税费率的报酬，且权利人可以"选择退出"⑥。

笔者认为，我国著作权法中的"法定许可＋选择退出"机制在二十多年的实践中并无实效：尽管在很多作品发表时都附有著作权人"不得使用"的声明，但这种声明从未起到退出法定许可的作用。事实上，我国学界并不乏反对这种"不伦不类"之

① 参见郑成思：《伯尔尼公约与我国著作权法的权利限制》，载《法律科学（西北政法学院学报）》，1992（5）；吴汉东等：《知识产权基本问题》（21 世纪法学研究生参考书系列），北京，中国人民大学出版社，2005；刘春田主编：《知识产权法》（21 世纪法学系列教材），第 4 版，北京，中国人民大学出版社，2009。

② 参见郑成思：《中国知识产权法：特点、优点与缺点》，载《中国社会科学院研究生院学报》，1994（1）。

③ 参见《伯尔尼公约》第 9 条第（2）款、第 11 条之二第（2）款、第 13 条第（1）款。

④ 典型的例如日本《著作权法》，针对教学目的的使用、著作权人不明作品使用、广播使用、录音制作使用等法定许可情形，专门制定了"根据裁定使用作品"和"补偿金"的章节，以严格的程序要求防止法定许可的滥用；参见《日本知识产权法》，北京，北京大学出版社，2014。

⑤ 参见梁志文：《版权法上的"选择退出"制度及其合法性问题》，载《法学》，2010（6）；赵锐：《论孤儿作品的版权利用——兼论著作权法修改草案第 25 条》，载《知识产权》，2012（6）；管育鹰：《欧美孤儿作品问题解决方案的反思与比较——兼论我国著作权法相关条款的修改》，载《河北法学》，2013（6）。

⑥ Johan Axhamn，Lucie Guibault，Cross-border Extended Collective Licensing：A Solution to Online Dissemination of Europe's Cultural Heritage? Final report prepared for Europeana Connect，Universiteit Van Amsterdam，The Netherlands，2011.

中国式法定许可制度的声音①；中外研究者均有人提出：与“不得使用”之类的禁止性声明相反，权利人可在作品上附加“授权使用（一般附有具体条件）”的积极性声明才可纳入（opt-in）法定许可。②

二、我国著作权法定许可具体情形及实效分析

（一）教科书使用法定许可

为教育目的而设立的法定许可在世界各国是通例。但是，在实践中，我国的教科书法定许可制度曾长期存在着付酬程序无法操作、适用范围需要明确，尤其是版税率确定不科学、支付和收转无法落实等决定法定许可制度成败的关键问题。由著作权集体管理组织承担这一机制运作是目前较为理想的做法。③ 值得注意的是，到2013年12月1日我国才实施《教科书法定许可使用作品支付报酬办法》。

如何界定法定许可的教科书范围也是与此项法定许可相关的问题。笔者认为，仅正式的国家规划教材才适用法定许可，其他书籍资料的编写仍需事先获得著作权人的许可。还需指出的是，随着网络技术在教育事业上的应用，现行《信息网络传播权保护条例》第八条已将教科书法定许可延伸到了网络远程教育中。

（二）报刊转载法定许可

有学者指出：“在许多国家，除报刊上的时事文章外，转载现象并不多见……有必要对转摘条款加以修改，重新协调作者、首发报刊、转摘报刊三方的关系。”④

笔者认为，文摘类的报刊在我国是有市场需求的，尤其在信息大爆炸时代，很多文摘体现了编者在选择编排方面的独创性，有特殊而准确的市场定位，节约了消费者大量的时间，甚至创造出了全国著名的文摘类报刊。不过，有市场并不是适用法定许可限制著作权的理由，允许报刊文摘任意互相转载的法定许可制度使得文摘类报刊处于一种竞争上的优势，极大挤占了原创者的利益空间，这是不符合公平竞争原则的。微博、微信等新媒体的迅速发展和介入内容产业，使得问题更加复杂化。⑤ 在我国提出创新驱动发展的今天，随着文化体制改革的持续推进，非时政新闻类媒体转进市场成为竞争主体成为必然。而且，我们并不能取消《实施国际著作权条约的规定》中的国际承诺⑥，因此只能选择提高对中国作品的保护，即取消针对所有作品的报刊转载法定许可制度；至于公众获取信息自由的问题，可以适用合理使用制度来解决。

笔者倾向于取消报刊转载法定许可的观点，对网上转载适用法定许可当然也不赞同。如果互联网产业都沉浸在互相转载的海量信息里，那将是对原创性作品权利人权益的极大损害，不利于我国文化实力的整体提升。至于新闻或时事性文章，则现行《著作权法》有合理使用制度对著作权予以限制，所以并不会造成信息交流的不畅。

（三）音乐作品制作录音法定许可

音乐作品制作录音法定许可是《著作权法》第三次修改中最引起社会关注的议题，国家版权局最终提交审议的《著作权法（修订草案送审稿）》删除了录音法定许可制度。

笔者认为，录音制品法定许可是世界各国通用的以限制音乐作品著作权人复制权（包括机械复制和数字复制）的方式，防止强势唱片公司垄断录音制品市场、妨碍公众获取音乐作品的制度，我国《著作权法》还添加了“选择退出”机制，实际上比其他国家的法定许可宽松。尽管如此，由于《著作权法》第三次修改中此项制度引起了音乐作品权利人的不解、质疑和强烈反对，删除了此项制度也并无不妥。

（四）广播组织播放法定许可

笔者同意郑成思教授的观点：著作权包括复制权、发行权、传播权和演绎权等类型⑦；为此，可以结合目前技术现状，将“广播权”并入传播权项下⑧，涵盖“以无线、有线及其他方式通过任何播

① 参见王清：《著作权限制制度比较研究》，北京，人民出版社，2007。

② 参见张今：《数字环境下恢复著作权利益平衡的基本思路》，载《科技与法律》，2004（4）；Tyrone Berger，“Copyright in Standards：Open or Shut Case，Copyright Reporter，” *Journal of the Copyright Society of Australia*，2011，29（3）。

③ 比如，建立使用者向著作权集体管理组织备案制度是一种选择。参见张洪波：《确保教科书法定许可制度下作者获酬》，载《中国新闻出版报》，2013-12-09。

④ 刘白驹：《报刊转载文章的著作权问题》，载《中国社会科学院院报》，2003-02-28。

⑤ 比如近年来引起各界关注的“今日头条”事件。参见赵征南：《阎晓宏：规范版权保护推动媒体融合发展》，载《文汇报》，2014-09-16。

⑥ 参见《实施国际著作权条约的规定》第十三条：报刊转载外国作品，应当事先取得著作权人的授权；但是，转载有关政治、经济等社会问题的时事文章除外。

⑦ 参见郑成思：《知识产权法》，北京，法律出版社，2003。

⑧ 参见王迁：《我国著作权法中“广播权”与“信息网络传播权”的重构》，载《重庆工学院学报》（社会科学版），2008（9）。

放和接收设备向公众单向传输包含作品内容的信息”的各种行为；相应地，广播组织是指通过载有声音、图像的信号而单向传播节目的广播电台、电视台、卫星广播组织、有线广播组织、网络播放组织等。

我国的播放法定许可制度需要从法律逻辑和制度合理性两个方面进行修正。现行《著作权法》中的播放法定许可相关规定造成了一些问题，比如各类著作权人的法律保护不均等：第四十三条第二款规定未发表的作品不适用；第四十六条规定视听作品不适用，另外外国作品也不适用。[①] 同时，现行播放法定许可最关键的问题，是没有区分广播组织的使用目的。笔者认为，赋予广播组织过多的法定许可之便利不符合国际规则、不利于著作权保护，我国《著作权法》第三次修改时应取消关于广播组织对所有已经发表作品均可播放的法定许可之规定，仅保留“为非营利性学校教育目的”播放已经发表作品（包括中外作品[②]）的法定许可。

（五）远程教育法定许可

我国 2006 年 7 月 1 日实施的《信息网络传播权保护条例》将义务教育目的法定许可从《著作权法》的教科书编写延伸到了信息网络传播。[③] 笔者认为，互联网技术正深刻地改变着人们的生产生活，远程教育将成为实施公共教育事业必不可少的手段，因此网络远程教育法定许可制度本身是需要设立的，其内容可以融入《著作权法》关于教育目的法定许可中予以保留。

三、我国著作权法定许可制度完善建议

综上，笔者认为我国的著作权法定许可制度在作品著作权人和非公益性使用人之间产生了某种利益失衡。

根据本文前面部分的分析，笔者建议：

（一）保留和完善教育和公共文化机构的法定许可

人才的培养和文化的传承关系到重大的公共利益，世界各国对教育和公共文化机构可以获得为信息收集、整理、保留和提供而复制传播作品的法定许可并无异议。我国《著作权法》应保留一直无太多争议的义务教育教科书编写法定许可，并将《信息网络传播权保护条例》第八条的义务教育远程教学法定许可整合进来，同时取消现行法相关条款中的“选择退出”规定。

（二）取消报刊转载法定许可、录音制品制作和播放法定许可

报刊转载法定许可不符合国际惯例、不利于激励原创作品著作权人，修法时应当取消，网络海量使用问题可以采取集体管理方式减轻交易成本。录音制品制作法定许可原本可以保留，但鉴于从域外经验看录音制品制作法定许可实际上未见启用实例，而我国《著作权法（修订草案送审稿）》已应音乐作品著作权人的呼吁取消了此项法定许可，我国《著作权法》宜取消。录音制品播放法定许可并无独立存在的实质意义，应当取消。

（三）重构播放法定许可

应将现行法第四十三条第二款中无任何目的限制的播放法定许可制度，改为学校和公共广播组织为教育和文化传播目的的播放法定许可。此项法定许可须注意其适用要件：

（1）主体：将使用人限定在非营利的学校、公共文化机构、公共广播组织（这些主体的性质需要结合文化体制改革的总体设立和成果来判断，并非所有自称学校、图书馆、美术馆、档案馆、纪念馆、博物馆、公共广播电台电视台及网络播放室的都是这里所指的非营利教育和公共文化传播机构）；

（2）客体（使用对象）：受到我国《著作权法》保护的各类作品；

（3）使用方式：任何形式的非交互式播放行为，比如文字和口述作品的诵读或手稿、作品复制件的直接拍摄和展示，音乐、戏剧、影视类作品的播放，美术、建筑、摄影、图形等作品的拍摄和展示，录音录像制品的播放，等等；

（4）使用目的：为教育、扫盲、扶贫等传播公共知识的目的；

（5）程序要求：须按照《著作权法（修订草案送审稿）》第五十条规定的条件。

（四）关于孤儿作品的使用

笔者认为，为学校教育和公共文化传播目的，可以适用上文重构后的第（一）、（三）两种法定许

① 参见《实施国际著作权条约的规定》第十六条：表演、录音或者广播外国作品，适用伯尔尼公约的规定；有集体管理组织的，应当事先取得该组织的授权。

② 笔者认为《实施国际著作权条约的规定》相关条款可以整合进《著作权法》中，我国《著作权法》第三次修改后也应当废除该规定以消除中外权利人不平等保护。

③ 《信息网络传播权保护条例》第八条：为通过信息网络实施九年制义务教育或者国家教育规划，可以不经著作权人许可，使用其已经发表作品的片断或者短小的文字作品、音乐作品或者单幅的美术作品、摄影作品制作课件，由制作课件或者依法取得课件的远程教育机构通过信息网络向注册学生提供，但应当向著作权人支付报酬。

可使用孤儿作品。当然，首先须确认孤儿作品的状态，即须满足“勤勉搜索”的程序和条件，另外孤儿作品法定许可产生的使用费需要留存在管理相应作品类型的集体管理组织并由其在权利人出现时转付，这就需要同时建立孤儿作品认定登记等配套机制和著作权集体管理的延伸制度。

四、结语

笔者认为，我国各界应认识到有市场竞争力的文艺和科学作品乃是当今文化和科技产业发展之动力源泉，加强著作权的保护是事关国家文化建设事业长远发展的重大决策。在《著作权法》修订过程中，应注重保护整个版权产业链赖以运行和发展的源泉，即作品创作者及著作权人的利益；对涉及著作权人切身利益的制度设计应当进行谨慎全面的考虑，合理调和相关产业的利益诉求。在修改《著作权法》时调整相关规则不应当简单地减损著作权人利益，而是要建立起便利著作权人与作品使用者交易的机制、保障著作权人的精神和经济权利。为此，完善著作权集体管理制度比增加强制性的法定许可制度更有利于平衡著作权人与商业性作品使用者的利益关系。

（本文原发表于《华东政法大学学报》2015年第2期。作者单位：中国社会科学院法学研究所）

非会员著作权集体管理立法模式的选择与重构

——以德国法为借鉴

李　陶

一、问题的提出

近年来，市场诱因主导下的大规模数字化不断要求理论界对新型授权模式进行探索与再造。[①] 著作权集体管理制度作为迄今最成功的集中式许可规则，得到了立法者和互联网产业的认可。然而实践中，管理会员作品的有限性与使用者对作品需求的多样性这一矛盾，是著作权集体管理制度运行发展亟须解决的难题。[②] 进而法理上，基于会员信托（委托）原理构建的集体管理制度，必须为其管理非会员作品的适格性找到逻辑上的正当性基础。区别于版权法系对著作权集体管理组织单一的功能定位，即法经济学上成本控制的工具，在以德国为代表的作者权法系国家，著作权集体管理组织除了具有法经济学功能外，还具有法哲学上捍卫作者利益、平衡权利人和使用人利益，以及促进作品传播与保存文化多样性的多重功能。[③] 故而，对于解决非会员著作权集体管理的路径，欧洲大陆得以找到著作权法上基于公共利益和利益平衡的价值基础。

笔者通过对欧盟区域性公约以及德国著作权法的梳理发现，对于非会员作品的集体管理模式，存在强制性集体管理、推定性集体管理以及北欧的延伸性集体管理三种可供参考之样本。本次著作权法修法过程中，延伸性集体管理作为解决管理“局外人”（非会员）作品的方案，一经提出即引来广泛诟病。事实上，延伸性集体管理制度仅是北欧诸国解决该困局的区域性方案，作为一种制度设计其有着严格的适用条件和适用领域。而目前学界将制度效果等同于制度本身，并认为，但凡集体管理组织对非会员作品进行了管理，均基于北欧的延伸性集体管理制度。对替代模式的“选择性失明”直接导致了在后续移植论的相关说理中，形成了对单一模式本土化选择的路径依赖。[④] 学界的概念机会主义与欠缺理论反思的做法，造成了立法者在制度构建中信息获取不足。鉴于此，本文以德国为研究对象，通过对德国实定法秩序的法教义分析，完成对德国非会员权利集体管理的体系性解释；进而在此基础上进一步求证，强制性集体管理与推定性集体管理的制度源流、立法理由以及在德国乃至欧洲大陆的实践效果；最后论证，如何在尊重我国著作权法制度发展历史和制度结构形态的基础上，结合大陆法系民法学基础理论，继受相关制度。

二、德国非会员作品集体管理的制度类型及其沿革

区别于北欧的延伸性集体管理，德国在立法和实践中通过运用强制性集体管理与推定性集体管理

---

① 参见熊琦：《互联网产业驱动下的著作权规则变革》，载《中国法学》，2013（6）。

② 参见管育鹰：《欧美孤儿作品问题解决方案的反思与比较》，载《河北法学》，2013（6）；熊琦：《大规模数字化与著作权集体管理制度的创新》，载《法商研究》，2014（2）。

③ Schierholz, in Walter, Von Lewinski, *European Copyright Law*, Oxford 2010, pp. 1152-1154.

④ 学界在关于延伸性集体管理的讨论中，均忽视了对替代模式的比较。在笔者的考察范围内，关于强制性集体管理系统性研究的中文文献只有凡·莱温斯基所著的一篇论文，参见［德］西尔克·凡·莱温斯基：《专有权的非自愿性集体管理——与国际版权法和欧盟版权法兼容性的案例研究》，载《版权公报》，2004（1）。我国学者罗向京在其博士论文中也有系统性梳理，参见罗向京：《著作权集体管理组织的发展与变异》，160～162页，北京，知识产权出版社，2011；而推定性集体管理国内目前鲜有学者提及。

解决集体管理组织管理非会员作品的困局。

（一）强制性集体管理

强制性集体管理滥觞于 1965 年德国著作权法，德语名称是“义务性集体管理”。从立法技术上讲，其属于“法律拟制”，具有不可抗辩、不可推翻的法律效果。理论上，强制性集体管理分为针对“法定报酬请求权的强制性集体管理”，以及针对“排他权的强制性集体管理”①。法条中以“该报酬请求权（或排他权）不能放弃，且只能通过集体管理组织主张”的方式表达。

对于法定报酬请求权和有线转播权适用强制性集体管理的立法理由在于：（1）随着技术的发展，此类权利事实上已经被公众和使用人海量使用，单独的权利人，不能也不被允许实施个体管理。不能和不被允许实施个体管理的原因在于，在公众使用既成事实的情况下，商业性维权诉讼以及滥诉会烦扰大量使用人。（2）该制度一方面排除了作者本人管理，另一方面也避免出版商、唱片生产商等作品传播者，利用合同缔约过程中的强势地位，强迫作者放弃或转让所有权利。（3）作品传播者依靠强势地位取得了大量作者的请求权之后，也可以进行管理，但其与集体管理不同，在授权及定价过程中作品传播者的态度并非为了作者，而是服务于自身，并追求传播者利益最大化。（4）与独占性排他权相比，作者在行使法定报酬请求权时无禁止权。这就注定了这一权利类型在权利实现上的劣势：面对众多使用者，单个弱小的权利人在无禁止权的情况下根本无法进行平等的协商。而集体管理的优势恰恰能克服这一缺陷，在定价和求偿方面使作者利益得到最大的保护。

（二）推定性集体管理

对于非会员权的集体管理，除了运用基于法律拟制的强制性集体管理以外，德国还运用“推定”技术，在司法和立法层面“推定”集体管理组织就某些权项和某些请求权具有管理非会员作品的资格，减轻其在诉讼中的举证责任，从而为集体管理组织的高效运转提供程序法和实体法保障。法条中常以“法律推定，……（推定之内容）”的形式表述（德国《著作权集体管理法》第 13d、13c 条）。区别于法律拟制，推定具有可推翻、可抗辩的法律后果。在管理非会员作品的过程中，推定性集体管理分为“事实推定”和“法律推定”（gesetzliche Vermutung）两种。

事实推定是德国集体管理组织通过诉讼发展形成的程序法上的举证责任分担规则。早在上世纪 30 年代，德意志帝国法院就通过司法判决，“推定”德国音著协的前身可就舞曲和娱乐音乐的演出权管理非会员作品。② 后经德国最高法院和联邦各级法院的补充，逐渐完成从判决说理、概念演绎到理论发展的过程。根据该事实推定，集体管理组织可就某些特定的权项，行使非会员的信息提供请求权、报酬请权，甚至排他权。

法律推定是立法者通过总结裁判者在相关领域内的事实推定，基于利益平衡形成的立法层面的推断。与事实推定相比，德国《集体管理组织法》仅是将以判例为基础形成的事实推定中的个别“信息提供请求权”“报酬请求权”进行了立法转化。此外，德国通过 2014 年著作权法修改，还引入了一项针对“排他权”的法律推定。该举措系转化欧盟《孤儿作品指令》（RL 2012/28/EU）之结果。法律推定与事实推定相比，其适用的范围小，且不以集体管理组织在相关领域内的事实垄断为适用前提。

实施推定制度的立法理由在于：历史上集体管理组织主动索要许可费的实务操作过程当中，遵循谁主张谁举证原则。但由于管理作品数量之巨和侵权案件之多，集体管理组织举证难度极大，传统的举证责任分担不利于实现集体管理组织高效且集中管理作品的制度优势。再者，使用人往往以其所使用作品的权利人不属于集体管理组织的会员，进而质疑集体管理组织的管理权并拒绝支付使用费。故而，为了从程序法上方便计算和明确具体使用的作品的名称和数量，立法者通过立法推定集体管理组织有权行使所有权利人的信息提供请求权以及报酬请求权，借此将说明义务施加给使用人。使用人须就使用作品的情况、使用作品权利的归属以及不存在侵权行为进行证明。对于使用人来说，完成上述说明义务非常困难。因此在实践中，使用人一般难以证明也不愿证明。从法律效果上看，使用人对非会员作品按固定费率（或一揽子合同）缴纳了使用费后，能够抵消其对著作权人按协商费率缴费的付费义务。著作权人日后只能向集体管理组织按固定费率主张其应得的使用费。由于固定费率远低于协

① 强制性集体管理的正当性阐释参见［德］西尔克·凡·莱温斯基：《专有权的非自愿性集体管理——与国际版权法和欧盟版权法兼容性的案例研究》，载《版权公报》，2004（1）。

② 德意志帝国法院判例：KG UFITA 12/1939，133，134。

商费率，对于使用人来说这无疑提高了交易安全，节省了交易成本，因而使用人对该制度的实施效果非常满意。具体操作中，如果有不止一家的集体管理组织有权实施管理，则该推定管理只有在多家集体管理组织共同管理的情况下才能实施。

三、欧盟非会员作品的集体管理制度比较分析

（一）欧盟相关指令之比较

从国际层面的立法选择角度考察，针对非会员作品的强制性集体管理、推定性集体管理，以及北欧的延伸性集体管理三种制度并非鼎足而居。北欧的延伸性集体管理绝不是管理非会员作品唯一的方式，更不是所谓的“国际通例”：根据欧盟1992年《出租出借指令》（RL EC/92/100）第4条第（2）至（4）款，强制性集体管理作为实现作者和表演者获酬权的机制，第一次作为选择性规定出现在欧盟指令的条文中。之后1993年的《卫星广播和有线转播指令》（RL 93/83/EWG）第9条第（2）款强制性集体管理制度第一次作为强行性规定出现在指令的条文中。依据该指令，不仅是有线转播权项下的获酬权只能通过集体管理组织管理，就连排他权也必须由集体管理组织实施。2001年《追续权指令》（RL 2001/84/EG）中强制性集体管理再次作为强行性规定被规定在第6条第（2）款中。2012年《孤儿作品指令》（RL 2012/28/EU ）欧盟委员会几经权衡，最后决定保留各成员在开发利用孤儿作品上的选择权，不对成员国与孤儿作品有关的集体管理制度进行统一。该指令的前言（立法理由）第24段的规定：“在管理孤儿作品的制度选择中，各成员国可以保留已有的，并选择适合自己的管理模式（延伸性集体管理、推定式集体管理和其他混合授权模式）”。《网络领域音乐跨境授权的集体管理指令》（RL 2014/26/EU）作为在著作权领域内欧盟层面最新的指令，旨在从制度设计的角度对集体管理制度在欧盟层面进行协调。但根据指令前言（立法理由）第12段：“欧盟委员会尊重各国已有的在管理非会员作品上的制度选择权，延伸性集体管理、推定性集体管理以及强制性集体管理制不属于指令调整的对象。”关于三种模式在欧盟指令中的立法体现及效力参见表1。

表1　三种模式在欧盟指令中的立法体现及效力

	强制性集体管理	推定性集体管理	延伸性集体管理
1992年《出租出借指令》	选择性规定，指令正文：第4条第（2）～（4）款	无	无
1993年《卫星广播和有线转播指令》	强制性规定，指令正文：第9条第（2）款	无	无
2001年《追续权指令》	强制性规定，指令正文：第6条第（2）款	无	无
2012年《孤儿作品指令》	指令前言：允许保留，不属于协调的内容	指令前言：允许保留，不属于协调的内容	指令前言：允许保留，不属于协调的内容
2014年《网络领域音乐跨境授权的集体管理指令》	指令前言：允许保留，不属于协调的内容	指令前言：允许保留，不属于协调的内容	指令前言：允许保留，不属于协调的内容

（二）三种集体管理制度的适用范围、条件及异议机制比较

事实上，前文所论的三种模式是各国立足于各自制度发展历史和制度结构形态，在处理非会员作品管理中的个性化选择。北欧延伸性集体管理制度产生于20世纪60年代，具有著作权限制中法定许可的功能。从使用领域分析：延伸性集体管理制度适用范围只限于著作权限制中的权项，除丹麦和英国著作权法在适用领域内运用一般条款的设计外，其他国家的延伸性集体管理制度均具有特定、明确的使用范围；从使用条件分析：北欧的延伸性集体管理制度特别强调集体管理组织在相关领域能够涵盖绝大多数的作者成员，即相关集体管理组织在特定领域内具有事实垄断地位①；从权利人意思自治和异议机制的配置上分析：延伸性集体管理仅赋予了权利人事前保留或者事后退出集体管理的权利，并没有赋予使用人在事后对抗和对集体管理行为异议的机制。三种模式适用前提及管理权项的比较分析参见表2。

① 参见梁志文：《著作权延伸性集体许可制度的移植与创制》，载《法学》，2012（8）。

表 2　　三种模式适用前提及管理权项的比较分析

	适用前提	管理权项	权利人异议	使用人异议
强制性集体管理	不以事实垄断地位为前提	法定报酬请求权、个别排他权	基于法律拟制，不能异议	基于法律拟制，不能异议
推定性集体管理	不以事实垄断地位为前提	信息提供请求权、法定报酬请求权、个别排他权	基于法律推定，除绝版作品以外，不能异议*	基于法律推定，可以异议，但需证明
延伸性集体管理	具有广泛的代表性（事实垄断）	报酬请求权	可以异议（事前保留与事后退出）	不能异议

注：*由于绝版作品的复制权和公共传播权不以强制性集体管理作为基础，所以权利人可以排除集体管理组织的管理。但其他报酬请求权和排他权均基于著作权实体法中规定的强制性集体管理，所以权利人无权实施个体管理，也就不能进行异议。

四、我国借鉴德国非会员作品集体管理制度的合理性论证

（一）基于制度功能的实践论分析

从制度功能的实践论分析，只有继受强制性集体管理与推定性集体管理制度，才能从价值论上，实现著作权法上不同主体利益分布的动态平衡。进入信息时代，与知识产权扩张形成鲜明对比的是，作者和表演者的境遇并没有随着制度的完善而得到改变。① 作为经济活动中的弱者，契约自由对于他们只是纸面上用以粉饰自由经济的符号。囿于权利转让谈判过程中的弱势地位，创作者不得不与作品传播者不断妥协。在一次性付酬模式的推广和压榨下，作者群体无法分享基于使用方式和使用频率增加形成的“技术发展红利”。强制性集体管理与推定性集体管理在实践中的生成与展开，恰是科技发展与著作权法内部利益格局的动态变化的体现：从著作权实体法上来看，法定报酬请求权的规定从立法上保障了作者的获酬权。而法定报酬请求权“不能放弃，只能通过集体管理组织主张”的设计，既防止了作品传播者利用合同缔约过程中的强势地位强迫创作者转让或放弃所有财产性权利的可能，也限制了权利人（作品传播者）滥用著作权烦扰使用人、侵占消费者和公众福利的可能。

（二）基于制度生成的比较法分析

从管理非会员作品的法理学基础上看，只有继受强制性和推定性集体管理制度，才能从方法论角度，实现部门法制度设计与民法理论的体系化解释。制度渊源上，德意志法系的法学家们将集体管理组织对于非会员的管理的行为，运用“无因管理制度”进行演绎，以此理顺了著作权法和民法的制度衔接。② 北欧诸国（丹麦、挪威、瑞典、芬兰、冰岛）因其历史发展的共同性、政治文化的亲缘性以及语言的类似性，在法律形态的进化中，逐渐同化成大陆法系中独立的一支——斯堪的纳维亚法系（北欧法系），并与罗马法系（法国为代表）和德意志法系（德国为代表）并列成为大陆法系的不同亚种。推崇概念、建设庞大而严谨的理论体系并没有获得北欧法学界的赞同。正是北欧诸国对罗马法继受过程中的选择性，特别是对无因管理制度的系统性遗失，导致了在管理局外人（非会员）作品问题上，其路径选择与德国、瑞士、波兰等国之不同。故而，延伸性集体管理制度是北欧诸国在缺乏相应民法学理论基础的情况下，解决现实问题的一种独特的设计。我国民法学存在着对德意志法系的系统性继受，在此基础上理应一以贯之，摒弃在法律工具主义操持下无视已有民法学学理基础，对北欧解决个别问题方式的亦步亦趋。提倡从法解释学的角度来求证制度设计与已有民法理论的内在逻辑，以期呼应著作权法在整个私法理论框架内的统一。

五、结论：我国著作权集体管理相关制度的立法检讨与重构

本着充分考察域外可供移植的模型，参照我国具体制度发展历史和制度结构形态，体系性解释部门法制度设计与民法学理论内在逻辑的方法论自觉，在处理管理非会员作品困局的过程中，提倡在综合考察我国实践经验和著作权法立法导向的基础上，对德国经验扬弃式的继受。建议《著作权法（修订草案送审稿）》和《著作权集体管理条例》从如下方面进行修改：

第一，从法定报酬请求权（获酬权）与强制性集体管理制度配合使用的角度来看，应扩大强制性集体管理的适用范围。鉴于个别行业特点和公共利益的需要，应限制法定许可使用层面权利人的适用保留，且基于法定许可产生的付费义务，只能向集

---

① 德国联邦议院立法理由书：BT-Drucks. 14/6433，S. 7ff。

② 管理非会员作品的民法学解读参见 Hillig，Geschüftsführungohne Auftragdurch Verwertungsgesellschaften，in F. S von Pfennig，C. B. Beck 2012，S. 439ff；Melichar，in Loewenheim，Handbuch des Urheberrechts，C. B. Beck 2010，§47 Rn. 30。

体管理组织交付。

第二，反对移植北欧的延伸性集体管理制度，提倡对法律拟制与法律推定在综合评价立法过程中的价值选择，分权项、分领域，做有限的移植。

（本文原发表于《法商研究》2015年第3期，收入年鉴时内容和注释均有删改。作者单位：马克斯·普朗克创新与竞争研究所）

著作权延伸性集体管理制度何为

熊　琦

一、问题的提出

所谓著作权延伸性集体管理，是一种在法定条件下将特定集体管理组织的作品许可规则扩大适用于非会员权利人（non-member right holder），以此扩大使用者获取作品范围和降低分散许可交易成本的制度。在我国著作权法进入第三次修订进程后，著作权延伸性集体管理被突然加入立法规划中。在此之前，无论是立法者抑或产业界都从未将延伸性集体管理制度视为移植或研究的对象，第三次修法却在毫无征兆的情况下，以北欧诸国相关制度为模板，试图加入延伸性集体管理制度保护"无维权意识、无立法话语权、无维权能力"的著作权人，并以此破解使用者无法以合理成本获得海量作品授权的困境。① 然而，著作权人的给予上述立法者"好意"的回应，却是害怕"被代表"和重新进入"统购统销"时代的忧虑②，部分版权产业主体甚至认为延伸管理就是排除其他具有市场竞争的行为。③一些发达国家为了应对大规模数字化进程中的作品海量许可问题，也开始将延伸性集体管理作为修法或适用的可能性选择。英国于2014年10月通过了《著作权与公开表演相关权利（延伸性集中许可）条例》，允许国务大臣根据申请授权相关著作权许可组织在法定条件下适用延伸性集体管理。④ 而美国谷歌公司在与出版者之间关于"谷歌图书计划"（The Google Books Project）的和解协议中，同样请求通过类似延伸性集体管理制度的合同方案来解决文字作品的数字化和商业利用问题，却遭到联邦法院的否决。⑤ 我国作为著作权法修改草案起草者的国家版权局曾在草案中允许集体管理组织代表非会员行使文字作品著作权，虽然因各方反对而删除⑥，但版权局仍然认为延伸性集体管理是解决"使用者使用作品的困境"和"著作权市场乱象"的必要安排，并在送审稿中保留了通过"自助点歌"或"其他方式"利用作品可以适用延伸性集体管理的规定，显然是试图为日后扩大解释"其他方式"埋下伏笔。⑦

为何一项产生并长期局限于北欧五国20世纪60年代的著作权制度，会在进入21世纪后突然成为各国立法的备选？我国旨在保护和帮助著作权人的制度移植，又为何遭遇受保护者的反对？唯有回答上述问题，才能真正确定我国是否应该通过引进延伸性集体管理来解决大规模许可问题。然而，研究延伸性集体管理制度能够在我国有何作为，不能孤立地分析延伸性集体管理本身的立法价值和制度构造，而是要将其放在适用的产业和社会环境下考量，不但发掘延伸性集体管理创制的立法精神及其配套制度，更需考察他国延伸性集体管理制度移植的成功和失败缘由，最终与我国本土著作权产业发展阶段和特征相比对，才能在延伸性集体管理能否在本土环境下有所作为这一问题上得出正确结论。

二、著作权延伸性集体管理之立法愿景

延伸性集体管理成为争议焦点的原因，在于其被立法者选择成为解决现今著作权困境的制度工具。然而，延伸性集体管理能否实现立法者期待的目标，并不取决于立法者或使用者对推行和支持该制度的决心，而是看制度初始立法目标与需解决问题之间的契合程度。因此，发掘延伸性集体管理制度的初始立法价值，并考察立法者试图适用的产业领域需求，是理性回应能否在新领域适用延伸性集体管理的必要前提。

与传统的著作权集体管理制度不同，延伸性集体管理产生于20世纪60年代的北欧五国，且长期

① 参见国家版权局：《关于〈中华人民共和国著作权法〉（修订草案送审稿）的说明》，2012-10。

② 参见施建：《〈著作权法〉大修争议：被代表的私权》，载《21世纪经济报道》，2012-04-06。

③ 参见窦新颖：《集体管理组织或成反垄断审查对象》，载《中国知识产权报》，2012-08-24。

④ Copyright and Rights in Performances (Extended Collective Licensing) Regulations 2014, S. I. 2588.

⑤ Authors Guild v. Google Inc., 770 F. Supp. 2d 666 (S. D. N. Y. Nov. 14, 2013) (No. 05-CV-8136-DC).

⑥ 参见《中华人民共和国著作权法（修订草案）》第一、二稿第六十条，第三稿第六十一条和送审稿第六十三条。

⑦ 立法理由参见国家版权局：《关于〈中华人民共和国著作权法〉（修改草案）的简要说明》，2012-03；王自强：《关于著作权人"被代表"问题的思考》，载《中国新闻出版报》，2012-04-16。

局限适用于该地域范围内。[①] 北欧诸国利用延伸性集体管理制度的动机，在于解决广播产业发展以来的大规模许可问题。当时的广播组织试图建议立法者通过引进强制许可来解决其作品的来源问题，避免因作品来源过多而导致无法承受的交易成本。然而，由于强制许可会导致著作权人丧失在事前禁止他人利用作品的权利，使受强制许可规制著作权从一项排他性权利变为非排他性的报酬请求权，著作权人为了保障自身对作品使用方式和范围的决定权，拒绝将强制许可作为立法方案，并建议以集体管理的方式来解决使用者难以与其逐一协商的困境，以此保留自身对作品使用和许可的决定权，这一建议最终被设计为延伸性集体管理制度纳入著作权法中。[②] 1970 年北欧五国成立了统一的北欧著作权立法协调委员会后，成员国开始相互借鉴著作权立法经验，并在修法上尝试采取一致步骤。其中延伸性集体管理逐步在五国的多个著作权领域得到适用。[③]

进入网络时代后，大规模数字化进程彻底改变了作品的存在和传播方式，海量许可现象不再局限于音乐或影视领域，而是扩大到了几乎所有作品类型，进而导致作品许可效率与传播效率之间的矛盾不可调和。一方面，著作权人希望严格根据作品使用的频率和范围获取许可版税，以实现作品经济效益的最大化；另一方面，互联网的普及又使得作品能以几乎可忽略不计的成本大范围传播，所以使用者希望排除基于著作权法的制度成本，以发挥网络技术的传播效率优势。[④] 为调和上述矛盾，延伸性集体管理作为解决大规模许可的制度工具之一，开始进入各国解决数字化作品许可与传播问题的立法方案中。英国于 2014 年 10 月正式在立法中确认了延伸性集体管理，该条例授权国务大臣根据合理申请来许可特定著作权中介机构适用延伸性集体管理制度。根据英国一份数字环境下的知识产权制度建言报告的观点，英国应该采用延伸性集体管理制度的原因，在于解决迫在眉睫的集中许可效率问题。报告同时认为，对于大规模许可问题，延伸性集体管理制度能够同时有利于使用者、创作者和消费者，使用者因许可渠道的扩大而降低侵权风险，创作者因许可渠道畅通而增长经济收益，消费者因作品来源的增加而提高使用体验。[⑤] 由于在立法调研过程中利益相关各方对在何种领域适用延伸性集体管理并无一致意见，所以本次立法文本仅笼统授权国务大臣可以选择接受来自使用者请求适用延伸性集体管理的申请，但并未明文规定其适用的具体范围。与英国版最终得以适用不同，美国版的延伸性集体管理试图以相关主体之间和解协议的方式提出，而非立法机关的安排。提出详尽延伸性集体管理方案的，是在网络环境下大规模使用作品的谷歌公司。谷歌于 2004 年即开始通过"谷歌图书计划"（The Google Books Project）将文字作品进行大规模数字化，以便实现网络环境下的传播和利用。[⑥] 为了避免该计划中数字化利用产生的侵权风险，谷歌向美国作家协会提出了一项协议，即通过创设一个"图书权利登记中心"来统一管理数字化作品的著作权许可事宜。[⑦] 其中引起最多争议的，是谷歌要求所有权利人接受一项"选择性退出"（opt-out）机制，这意味着著作权人除非明示否认，否则将被默认为同意上述"图书权利登记中心"来管理自己的作品。[⑧] 然而，这一类似于延伸性集体管理的协议内容，随后被美国司法部认定为强制性导致著作权人

---

① 长期适用著作权延伸性集体管理制度的国家，主要是北欧的丹麦、芬兰、冰岛、挪威和瑞典五国。由于上述国家的历史和社会背景相似，因此在立法上也多采取类似的制度选择。参见 Tarja Koskinen-Olsson，Collective Management in the Nordic Countries，in Collective Management of Copyright and Related Rights（Daniel Gervais ed.，2nd ed.），Kluwer Law International，2010。

② Thomas Riis，Jens Schovsb，Extended Collective Licenses and the Nordic Experience：It's a Hybrid but is it a Volvo or a Lemon，33 Colum. J. L. & Arts 471，2010.

③ 从北欧五国的现行立法来看，延伸性集体管理已先后适用在了电视节目广播、有限电视信号转播、以教育和商业为目的复制图形，以及图书馆对作品的特定使用等领域。参见 Tarja Koskinen-Olsson，Collective Management in the Nordic Countries，in Collective Management of Copyright and Related Rights（Daniel Gervais ed.，2nd ed.），Kluwer Law International（2010），pp. 298－302。中文关于北欧五国延伸性集体管理制度的介绍可参见梁志文：《著作权延伸性集体管理制度的移植与创制》，载《法学》，2012（8）。

④ 参见熊琦：《互联网产业驱动下的著作权规则变革》，载《中国法学》，2013（6）。

⑤ Ian Hargreaves，Digital Opportunity：A Review of Intellectual Property and Growth（2011），http://www.ipo.gov.uk/ipreview-finalreport.pdf.

⑥ 对该计划的描述参见 Jonathan Band，The Google Library Project：Both Sides of the Story，1 Perspectives 2，2006。

⑦ Amended Settlement Agreement，Authors Guild，Inc. v. Google，Inc.，93 U.S.P.Q.2d 1159（S.D.N.Y. 2009）（No. 05 CV. 8136（DC）），art. 2.1（b），6.1.

⑧ Office of the Register of Copyrights，Legal Issues in Mass Digitization：A Preliminary Analysis and Discussion Document，U.S. Copyright Office，2011.

陷于未经同意而被管理的状态[①]，谷歌的提案也于2011年被纽约南区法院否决。[②] 即使真正实现在文字作品的数字化问题上适用延伸性集体管理的挪威，作品使用主体和方式也仅限于国家图书馆和在线浏览行为。[③] 这种安排更接近于已存在的合理使用制度，而非商业性的利用方式。

从广播和网络两个不同传播技术时代的立法情况可以发现，延伸性集体管理制度在适用上具有以下两个特点：

第一，从立法目标来看，延伸性集体管理旨在解决大规模许可产生的交易成本问题。无论是20世纪60年代延伸性集体管理的产生，抑或21世纪英美两国对延伸性集体管理移植和改进的尝试，目的都是应对当时新技术带来的作品许可问题。北欧相关国家首先采用延伸性集体管理制度来解决广播组织难以与广播节目著作权人逐一协商授权的问题，因此借助已具有广泛代表性的集体管理组织，并将各方已认可的许可协议条款扩大适用于非会员，一方面在广播组织大规模使用作品时，不会因忽略与少数非集体管理组织会员的协商而导致侵权；另一方面，未加入集体管理组织的著作权人，也得以借助集体管理组织已与使用者协商达成的许可条件获得收益。21世纪谷歌公司试图与文字作品著作权人之间达成的延伸性集体管理协议，同样是为了解决无法全面获得所有著作权许可的困境。作为作品使用者的谷歌公司如果能够将著作权人纳入延伸性集体管理的范围，那么将大为减少获取授权所耗费的协商成本。特别是由于文字作品领域存在大量难以联络著作权人的孤儿作品，通过授权许可的途径向公众全面提供作品根本无法实现。因此谷歌公司才试图将与代表多数著作权人作品的集体管理组织达成的协议，扩展适用到使用其他权利人的作品之上。上述主体选择延伸性集体管理的原因，主要在于其既可以避免频繁协商带来的交易成本和风险，也能够借用已有的协商成果来完成许可。

第二，从制度选择来看，延伸性集体管理并非唯一解决大规模许可困境的制度工具。事实上，大规模许可问题既非20世纪60年代才出现，亦非只有延伸性集体管理一种应对方案。早在20世纪初期，著作权集体管理制度即最早成为权利人在音乐作品公开表演领域解决大规模许可问题的选择，在广播技术普及后，许多国家更是通过扩展适用法定许可来解决广播节目的许可问题。[④] 在网络技术再次冲击著作权产业的商业模式时，法定许可和集体管理制度也同时扩展适用到了网络传输行为之上。[⑤] 也正因为应对方案上的多元性，延伸性集体管理在已选择实施地区并未形成一个稳定的适用范围。由于北欧五国有着长期适用延伸性集体管理的历史，因此在数字化作品的利用问题上，该制度得以继续在新的领域扩张适用。但对于其他国家而言，由于在北欧五国由延伸性集体管理制度解决的问题，早已通过法定许可和集体管理制度应对，而且在适用过程中相关产业主体已经形成一套约定俗成的运作机制，延伸性集体管理即使得到了特定产业主体的支持，也难以立即介入到现有商业模式中。所以英国2014年在立法中确认的延伸性集体管理并无明确的适用范围，完全根据使用者的申请来进行考量。[⑥] 美国法院干脆否定了谷歌公司提出的延伸性集体管理和解方案，坚持要求著作权产业主体在既有制度框架下解决。即使存在长期适用基础，且最终真正将在文字作品大规模数字化上适用延伸性集体管理的挪威，也仅将适用的主体局限于国家图书馆这一公立机构。[⑦] 因此可以认为，从世界范围看，延伸性集体管理虽然在近年因数字化传播而多有提起，但绝非解决大规模许可问题的常态，集体管理和法定许可等传统制度方案依然是主流。

---

① Statement of Marybeth Peters, Competition and Commerce in Digital Books Before the H. Comm. On the Judiciary, 111th Cong., 2009.

② Authors Guild v. Google Inc., 770 F. Supp. 2d 666 (S. D. N. Y. 2011).

③ Pamela Samuelson, Legislative Alternatives to the Google Book Settlement, 34 Colum. J. L. & Art. 697, 2011.

④ 需要特别说明的是，从初始立法价值看，法定许可的立法目标旨在协调音乐作品著作权人与录音制品制作者之间的关系，并未预防特定录音制品制作者垄断音乐作品来源而对音乐作品机械复制权排他性的限制，并非如有些学者认定的那样一开始就是为降低许可成本所设。具体分析参见熊琦：《著作权法定许可制度溯源与移植反思》，载《法学》，2015(5)。

⑤ Skyla Mitchell, Reforming Section 115: Escape from the Byzantine World of Mechanical Licensing, 24 Cardozo arts & Ent. 1239 (2007), p. 1262; Hearing of Music Licensing Reform, before the subcomm. on Intellectual Property, Comm. on the Judiciary, U. S. Cong. 1st Session (July 12, 2005) (Statement of Marybeth Peters, The Register of U. S. Copyright Office).

⑥ 由于欧洲各国调整大规模许可方式的重大差异，欧盟2014年在《网络音乐作品著作权与相关权在线跨境许可集体管理指令》导言的立法理由说明中，也将延伸性集体管理作为允许各成员国自由选择的领域而不做统一规定。参见Collective Management of Copyright and Related Rights and Multi-Territorial Licensing of Rights in Musical Works for Online Use in the Internal Market (RL 2014/26/EU), para. 12。

⑦ Alain Strowel, The European "Extended Collective Licensing" Model, 34 Colum. J. L. & Arts 497, 2011.

三、著作权延伸性集体管理之运作机理

延伸性集体管理制度之所以在不同国家的适用范围有如此不同，原因存在于该制度的运作机理之中。换言之，延伸性集体管理在运作机理上的特征，既决定了其与其他应对大规模许可的制度工具之间的优劣差别，也能够为我国是否能够在现阶段引进该制度提供重要佐证。

所有应对大规模许可的著作权制度工具，都是对特定环节作品交易成本的控制，但由于交易成本产生的原因差异，针对相同目标的制度设计各不相同。著作权法定许可作为一种法定安排对私人协商的替代，其所降低的交易成本领域集中于权利人与使用者之间的协商成本，使用者无须获得许可即可直接在特定范围内利用作品，使用方式和版税标准都已由第三方或法律事先确定。传统的集体管理制度作为一种集中许可机制，虽然在协商成本上也因权利集中而得以显著降低，但集体管理制度在交易成本上的优势，更多体现在使用者对作品的搜寻成本上，使用者可以通过一站式许可获得利用几乎所有作品的许可，但版税标准和许可范围仍然需要权利人与其集体管理组织不断协商和调整，只是在集中许可机制发展成熟后，各个环节都形成了格式化的运作方式，协商成本也随之得以降低。

相比之下，延伸性集体管理运作机理的特点，介于法定许可与传统的集体管理制度之间。一方面，在许可条款的协商机制上，延伸性集体管理突破了权利人与集体管理组织之间基于私人自治的许可机制构建规则，类似于法定许可以法定安排取代私人协商的做法；而另一方面，在权利人的参与方式上，又充分保证了非集体管理组织会员的权利，即允许权利人退出管理或以相同条件加入集体管理组织，保证了会员与非会员的平等待遇。因此，延伸性集体管理并非如有些学者认为的那样，对著作权人而言是一种更严格的限制方式，或者是法律对著作权人的强制。与此相反，延伸性集体管理乃是权利人自发请求适用的结果，其目的旨在抵制通过法定许可来解决大规模许可问题，英国延伸性集体管理条例的立法说明中即明确指出，延伸性集体管理旨在应对著作权人不知晓集体管理组织的存在而独立于后者的情形，绝非强制要求不愿加入集体管理组织的著作权人接受管理。[①] 著作权人在延伸性集体管理制度的规制下所享有的自治性，事实上介于集体管理与法定许可之间，虽然作为非会员的著作权人无法直接参与许可合同的协商，但其被允许轻易拒绝该合同的适用，也不会像法定许可制度一般剥夺著作权人在交易对象上的选择权。申言之，延伸性集体管理制度仍然以维护私人自治为前提，并非以法定安排来取代私人协商。[②] 延伸性集体管理制度对私人自治的维护，主要体现在以下制度设计中。

从主体资格上看，有权适用延伸性集体管理的集体管理组织，在权利人数量上必须具有广泛的代表性。[③] 要求在全国范围内代表多数权利主体，目的在于防止适用延伸性集体管理的许可机构为少数占市场支配地位的著作权人所控制，进而导致许可条件不利于处于弱势地位的权利人。这种主体资格上的设定，旨在保证适用延伸性集体管理的机构在最大范围内得到权利人的认可。自愿加入该集体管理组织的权利人数量，很大程度上可以证明该组织的许可渠道和服务水平能够满足该领域内多数权利人的需求。在此前提下，立法者试图以此推定，延伸性集体管理的内容也符合了非会员的利益，将非会员纳入其中不会违背非会员对作品使用的意图。更有甚者，部分国家的延伸性集体管理制度不但要求集体管理组织在提出申请时提交自身具有广泛代表性的证据，还要求任何集体管理组织在提出申请延伸性集体管理时，必须在申请文件中告知意图退出延伸性集体管理的非会员数量，主管机关由此可以考量待批准的延伸性集体管理是否符合多数权利人的利益。[④]

从许可条件上看，延伸性集体管理所采用的许可协议文本，必须源于权利人与集体管理组织之间的自由协商。虽然被纳入延伸性集体管理的非会员著作权人之前并未与集体管理组织成立合同关系，但延伸性集体管理所适用的许可文本，必须经过作

① Explanatory Memorandum to The Copyright and Rights in Performance (extended Collective Licensing) Regulations 2014 No. 2588, § 7.3.

② 我国有学者认为，延伸性集体管理的目标之一，是解决部分著作权人不愿意加入集体管理组织，进而导致其权利无法被管理的情况。这里显然是将延伸性集体管理直接视为对著作权人的强制，而没有注意其中的选择性退出机制。参见胡开忠：《构建我国延伸性集体管理制度的思考》，载《法商研究》，2013 (6)。

③ Daniel Gervais, Collective Management of Copyright: Theory and Practice, in Collective Management of Copyright and Related Rights (Daniel Gervais ed., 2nd ed.), Kluwer Law International (2010), p. 21.

④ Copyright and Rights in Performances (Extended Collective Licensing) Regulations 2014, S. I. 2588, § 4 (4) (b); § 5 (1) (h) (i), (ii).

为会员的权利人与集体管理组织的自由协商。基于自由协商的集中许可协议，被视为延伸性集体管理制度适用的正当性基石。① 申言之，延伸性集体管理制度的合法性，根本就是建立在集体管理组织集中许可合同文本的合法性之上。延伸性集体管理中的许可协议条款并非专门创设，而是直接沿用原集体管理组织的许可协议。立法者认为，唯有原协议是建立在当事人之间自由协商的基础上，延伸性集体管理的许可协议才能合法引用。② 将自由协商作为前提，旨在防止出现具备市场优势的集体管理组织迫使权利人接受显失公平条款的可能。基于自由协商达成的集中许可协议，意味着其中的许可条件已经过了该领域内多数权利人的博弈和妥协，具备广泛的代表性，因此当直接适用于非会员时，也不会产生背离权利人意图的结果。

从适用选择上看，法律完全允许作为非会员的著作权人在任何阶段退出延伸性集体管理。选择性退出机制的设定，相当于立法者以类似法定许可的方式“弱化”排他性的财产权项，适用延伸性集体管理的主体，可以在无须事前许可的前提下直接代理本领域所有著作权人的相关权利，而只用排除那些事后明确拒绝协议的权利人，进而消除了大规模许可在事前许可交易成本上的瓶颈。然而，对于不愿接受延伸性集体管理的主体而言，无论拒绝的原因如何，都应该是其正当行使权利的方式，并产生延伸性集体管理不得适用于该主体的效果。英国在2014年颁布的延伸性集体管理条例中，即赋予了著作权人在不同阶段退出延伸性集体管理的条款。首先，在延伸性集体管理得到批准前，申请者必须向主管机关提交足以保护权利人利益，且完全具有可实施性的选择性退出程序③；其次，当延伸性集体管理被批准后，适用者必须允许非会员著作权人在延伸性管理实施前或实施中的任何阶段退出，而且著作权人还有权将一部分作品撤出延伸性集体管理。一旦著作权人决定退出，延伸性集体管理组织必须在法定期间内完成通知使用者和解除许可合同等法定义务。④

综上可知，延伸性集体管理制度的立法安排，在降低交易成本的同时更多体现的其实是对非会员著作权人私人自治的尊重和维护。立法者从主体资格、许可条件和适用选择三个方面全面践行了对著作权人私人自治的维护，并无强制或限制著作权人的意蕴。延伸管理的直接效果，虽然在于弱化排他性著作财产权带来的协商成本，但本质意义还是以新的方式增加著作权人的经济收益，而且是否采用这种新的方式，仍然由权利人自由决定，延伸性集体管理所省略的，仅仅是需要与权利人之间个别实现的授权程序，取而代之的是移植已经过检验的格式化许可条款。即使是在事前许可问题上，由于英国延伸性集体管理条例要求申请延伸性管理的主体要提前通知非会员著作权人，因此适用延伸性管理之前仍然以权利人“不作为”为要件取得了其许可，既非国内许多“通说”所认为的那样仅为降低交易成本而排除权利人的意愿，也完全不同于直接以排除著作权人自主支配力来限制权利的合理使用和法定许可。因此，存在延伸性集体管理立法的国家更多是私人申请适用，而非国家强制施行。主管部门在其中的角色与其说是推进延伸性集体管理，不如说是限制延伸性集体管理的任意实施，将这种未经非会员著作权人事前许可的管理行为纳入严格监管之中。

四、著作权延伸性集体管理之本土化去魅

我国著作权法第三次修改，被立法者称为回应本国需要的产物，因此相关规则的调整皆为本土著作权产业形态和现状所设。然而，延伸性集体管理是否如立法者所言，能够解决“著作权人无法掌控自己的权利，使用者也将无法获得著作权人的合法授权”⑤ 的问题，需要考察我国是否具备了延伸性集体管理制度适用的产业和社会基础。根据上文对延伸性集体管理制度目标和法律构造的分析，我国对延伸性集体管理制度的仓促移植，最可能产生的会是南橘北枳的结果，最终将破坏我国正在形成的著作权市场机制。

首先，我国缺乏适用延伸性集体管理制度的社会基础，这使得我国不可能在本土复制延伸性集体

① Anna Vuopala, Extended Collective Licensing: A Solution for Facilitating Licensing of Works Through Europeana, Including Orphans? Finnish Copyright Institute Articles and Studies No. 2 (2013), p. 11.

② Alain Strowel, The European “Extended Collective Licensing” Model, 34 Colum. J. L. & Arts 497 (2011), p. 666.

③ 根据英国延伸性集体管理条例的规定，申请适用延伸性集体管理的机构不但要有完善可操作的选择性退出机制，还需要在申请材料中告知预期拒绝适用延伸性集体管理的权利人数量。参见 Copyright and Rights in Performances (Extended Collective Licensing) Regulations 2014, S. I. 2588, § 4 (4) (d); § 5 (1) (g)。

④ Copyright and Rights in Performances (Extended Collective Licensing) Regulations 2014, S. I. 2588, § 16 (3), (4), (5).

⑤ 王自强：《关于著作权人“被代表”问题的思考》，载《中国新闻出版报》，2012-04-16。

管理的制度绩效。任何制度的成功，不但基于特定历史和社会环境，而且需以与其他制度相配合为前提。我国在不顾社会背景和制度体系的基础上仓促引进，显然没有重视社会基础和配套规则的重要性。从表面上看，随着 2005 年《著作权集体管理条例》的施行，我国集体管理组织建设步伐已明显加快，新的集体管理组织及其许可体系也陆续建立起来。[①]然而，从我国集体管理组织的运作绩效看，著作权人一方面对集体管理组织的质疑与日俱增，另一方面又因"条例"规定对设立方式的限制而无法组建自己的集体管理组织。我国已建立的集体管理组织，一直以来并未得到权利人的广泛认同，因而缺乏广泛的代表性。在最需要集体管理制度的音乐领域，如今需要使用数字音乐的网络服务提供者，更多是直接与国内的唱片公司签约获取音乐作品著作权和录音制品邻接权，而不是从音著协和音集协那里获得概括许可。出现上述现象的原因，主要是由于我国集体管理组织是在缺乏市场动力的基础上由政府构建，通过立法主张和维持特定领域集体管理组织的市场支配力，既可以快速构建集中许可机制，跳过权利人创制集体管理组织所需的漫长市场博弈过程，也能够立即形成统一的许可条件设计，以此解决集体管理组织成立初期大规模著作权许可的乱象。这种做法虽然在早期得以迅速弥补著作权交易中介机构缺位的困境，但在著作权产业形态和商业模式日趋复杂的情况下，并非由权利人真正控制的集体管理组织一方面缺乏代表权利人调整许可模式的诱因，另一方面也基于实质上的垄断地位而怠于在定价程序中关注权利人和使用者的意见，引起了权利人和使用者的不满。

基于上述制度现状，延伸性集体管理的引入，只会进一步强化现有集体管理组织的市场支配力。延伸性集体管理制度的适用，必须以适用主体具有广泛代表性为前提。我国现有集体管理组织并非由权利人自行创制，所以缺乏为权利人争取最大利益和促进作品最大范围传播的经济诱因。在政府主导模式下，集体管理组织并非由权利人创制，而仅供权利人加入，导致其缺乏提高许可效率的经济诱因，因此既不会根据市场情势为使用者提供最优许可方案，也不会积极提高自身的运作效率。[②] 因此，权利人与使用者之间宁可采用交易成本更高的授权许可，也不愿接受现有集体管理组织的许可条件。这种广泛代表性的缺失，使得现有集体管理组织无法实现延伸性集体管理尊重著作权人自治的初衷。相反，条例第九条在设立程序中的行政许可要件，使作为著作权管理部门的国家版权局，有权阻止已符合其他法定成立要件的集体管理组织设立，进而维持现有集体管理组织的垄断性，不但切断了权利人与集体管理组织之间的利益关联，还使主管机关获得了阻碍其他集体管理组织设立的权力。由于我国存在大量非会员著作权人，这种制度设计等于剥夺了他们选择和创制更优许可模式的可能性。因此引进延伸性集体管理可能导致的市场失灵，将远甚于我国著作权法第三次修订草案中已经删除的制作录音制品法定许可。

其次，我国延伸性集体管理制度的立法价值定位存在偏差，导致在设计上助长了集体管理组织的市场支配力，不利于作品效用的提高。由于延伸性集体管理对作品的利用未经非会员著作权人事先同意，所以其许可内容不但要基于建立在自由协商基础上的许可协议文本，还必须设计完备的事前告知义务和全面的退出机制，以维护非会员著作权人对权利行使方式的决定权。然而，在我国著作权法第三次修订草案中，仅仅笼统地针对延伸性集体管理规定"权利人书面声明不得集体管理的除外"，其中既没有规定集体管理组织的通知义务，也未构建任何保护权利人的退出机制，完全不具备可操作性。出现上述遗漏的主要原因，在于立法者并未真正理解延伸性集体管理的意涵，无意或有意忽略了其中私人自治的关键要件。而延伸性集体管理的真正目标，乃是对私人自治的补充而非替代，相关主体之间的协商环节并非被取消，而是在其他环节和领域先行完成。例如北欧诸国成熟的劳动法和著作权人的行业协会，使得诸多协商环节事实上已经在著作权领域之外得到贯彻，因此延伸性集体管理的适用不会对著作权人的利益造成消极影响。同时，我国现有集体管理组织的许可协议内容更多是主管机关拟制的结果，一开始就缺少广大著作权人的真实参与，这直接导致延伸到非会员著作权人的许可协议难以获得其认同。通知和退出机制的缺失，不但使得非会员著作权人无从及时获知作品已被管理，而且更无从拒绝集体管理组织的代位许可行为。事实上，延伸性集体管理已经在没有法律依据的情况下被相关集体管理组织适用，国家版权局颁布的《电

① 参见阎晓宏：《著作权集体管理将日益发挥积极作用》，载《中国新闻出版报》，2012-12-27。

② 参见熊琦：《论著作权集体管理中的私人自治》，载《法律科学》，2013 (1)。

影作品著作权集体管理使用费转付办法》（国家版权局公告 2010 年第 1 号）第五条即规定，非会员电影作品的著作权使用费，协会按实收使用费提取 15% 作为管理费。这意味着中国电影著作权协会延伸代表非会员收取著作权使用费具有合法性。

在此前提下，延伸性集体管理的引入，相当于赋予了集体管理组织直接利用他人作品的权利，且被管理的权利人无实质性的对抗机制可供选择，因而将会进一步剥夺权利人的议价能力和自治空间，使得集体管理范围内的权利被弱化为无排他性的报酬请求权，最终确实会如同产业主体所担心的那样，使我国相关著作权市场进入“统购统销”的时代。有鉴于此，基于我国集体管理组织现行立法和实践，最需要完善的是集体管理组织反垄断机制的构建，并放弃在任何著作权领域引入延伸性集体管理制度。事实上，这一观点已经在我国工商总局起草的《关于知识产权领域反垄断执法的指南（草案第五稿）》中得以体现。该草案中已经加入了针对集体管理组织的反垄断条款，其中规定如果著作权集体管理组织在开展活动过程中从事某些行为，国务院反垄断执法机构将对其是否构成垄断进行分析认定。[①] 这一立法思路显然更为我国现阶段著作权市场所急需。

（本文原发表于《知识产权》2015 年第 6 期，为司法部青年项目“3D 打印行为的著作权规制研究”（14SFB30027）的阶段性成果。作者单位：中南财经政法大学知识产权研究中心）

论合理使用中的“行为”

——兼评谷歌图书案

蒋　舸

一、问题的提出

切割行为、分别解读，是著作权研究的鲜明特点。相较有体物规范，著作权法更强调对行为概念的精细界定。物权法学者并未花费太多精力界定“占有”“使用”“收益”和“处分”。而著作权法却需要精确分析每项受控行为的内涵与外延，例如“复制”是否包括计算机运行过程中的临时复制，“发行”是否包含互联网上的作品交易，“信息网络传播”是否涵盖特定设链行为。

问题随之而来：对受控行为的细分，是否必须贯穿著作权评价的各个阶段？在国内首例因谷歌图书计划而起的著作权纠纷案中，两审法院表达了对此问题的不同见解。一审法院在合理使用阶段对不同受控行为采取了分别定性的思路，认定信息网络传播构成合理使用，而复制不构成。[②] 二审法院则遵循了统一定性的思路，认为：“专门为了合理使用行为而进行的复制，应当与后续使用行为结合起来作为一个整体看待”[③]。本文认为，统一定性思路更好地反映了著作权法的理论与实践。

二、分别定性的弊端

分别定性的含义，即严格区分著作权内容意义上的各项受控行为。依分别定性的思路，各项受控行为是否应该受到著作权的否定评价，必须单独判断。分别评价固然充分尊重了对受控行为的细分，在各项受控行为的效果互不重叠时，适用并无障碍。但若不加区分地坚持分别定性，却可能忽略合理使用阶段各项受控行为结合的可能性。

（一）分别定性使后续行为合法性认定失去意义

分别定性对在前复制行为的否定评价，架空了肯定后续传播的意义。即当复制完全以信息网络传播为目的，而信息网络传播又以复制为前提时，肯定前者是合理使用但否认后者的合法性，结果被告仍然无法自由实现信息网络传播。

（二）事实还原的偏差

[本部分主要针对个案，从略。]

（三）对全文复制错误采用本身违法标准进行评价

[本部分主要针对个案，从略。]

（四）分别评价的逻辑断层

分别评价还导致了片段复制合法与全文复制非法间存在逻辑断裂。法院认为片段信息网络传播合法，因此承认“为该行为而进行的‘部分’复制行为构成合理使用行为”，但认为复制片段的合理性并不能推出全文复制的合理性。问题是，如果每个片段的复制都是合理的，全文复制的不合理性从何而

① 这些行为包括：（1）没有正当理由，收取过高的代理费或许可费；（2）没有正当理由，对条件相同的著作权人实行歧视性待遇；（3）强迫接受一揽子许可的行为；（4）从事其他可能具有排除、限制相关市场竞争效果的行为。参见国家工商总局：《关于知识产权领域反垄断执法的指南（草案第五稿）》第二十四条。

② 王莘与北京谷翔信息技术有限公司、谷歌公司侵犯著作权纠纷案，北京市第一中级人民法院（2011）一中民初字第 1321 号。

③ 谷歌公司与王莘侵害著作权纠纷上诉案，北京市高级人民法院（2013）高民终字第 1221 号。需要说明的是，二审法院虽然不支持分别定性说，但并未改变一审法院对两项行为的定性。原因是原告没有就信息网络传播行为构成合理使用的一审结论提起上诉，而被告也没有就复制行为的合理性提供足够证据。

来呢？本案中的片段是不特定的片段，各个片段累积的结果必须是全文，检索才有意义。所谓片段复制和全文复制对于谷歌图书计划而言，其实是同一行为。对二者截然相反的定性，很难获得解释。唯一可以尝试的解释大概是量变引起质变。即假设每次片段复制都包含了违法性，只是太过微弱，不予追究。但累计起来达到了较高程度，便需法律干预。但这种假设又与法院对片段复制所持的肯定态度相矛盾。逻辑上的断裂既然无可解释，昭示的便是在前或者在后的判断出了问题。只有当复制与传播定性统一时，才能避免上述逻辑断裂。

三、统一定性的合理性

所谓统一定性，指当各项受控行为对权利人影响的效果一致时，不应在合理使用环节受到不一致的评价。而所谓效果一致，指在前受控行为对权利人的影响，必须通过在后受控行为方能发生；在后受控行为，必须以在前受控行为为前提。由于某些特定受控行为只能建立在其他受控行为的基础上，而其他受控行为之实施也仅为在后受控行为服务，此时只有统一定性才能保障著作权法设置合理使用制度的初衷。本部分将表明：无论在立法还是司法层面，都有在合理使用环节放弃行为细分的实践。自觉不自觉间，合理使用环节并未完全沿袭受控行为环节的细分行为概念，而是发展出了自己的视角。

（一）对立法用语的解读支持统一定性说

《著作权法》第二十二条第一款列举了12种构成合理使用的具体情形。每一种都说明了所针对的行为方式，但描述行为时的用词与《著作权法》第十条第一款列举的受控行为未必一一对应。这说明在立法者看来，作为合理使用评价对象的行为不一定应细分到作为著作权内容的受控行为。而且描述合理使用行为的用词，范围都较描述受控行为的用词宽泛。这说明合理使用的判断对象，常常是数项受控行为的结合。例如第（二）项的“引用”，可以指复制、发行、信息网络传播或复制与传播行为的结合。第（四）项和第（五）项针对“刊登和播放”，其中刊登包括复制和发行，播放可以包括表演、放映和广播。第（七）项的“使用”，涉及著作权的各种具体内容形态，完全可能同时包含一项以上受控行为。第（十二）项的“出版”，也同时涵盖复制与发行两项受控行为。

立法不仅通过对合理使用采取宽泛的动词予以描述，传达出受控行为细分并非总是应当贯彻至合理使用阶段的理解；还通过限定行为目的，表明在判断是否构成合理使用时，不仅要考察物理意义上的行为，而且应结合行为目的和效果进行认定。《著作权法》第二十二条第一款中所列的12项合理使用行为中，有6项明确规定了行为目的。[①] 另外的6项尽管没有在条文中明示，但通过限定主体、行为方式或行为指向的作品类型，同样揭示了豁免这6类行为否定评价的原因。具体而言，第（四）项和第（五）项通过将主体限于大众传媒，将作品类型限定为时事性文章和公众讲话，体现便利公民参与社会政治生活的立法目的。[②] 第（九）项将合理使用的形式限于免费表演，第（十）项将合理使用的对象限于室外艺术品，间接限制了合理使用可能给权利人造成的冲击。而第（十一）项和第（十二）项通过限定合理使用行为的方式，即提供少数民族语言文字作品和盲文作品，体现了便利特定群体接触信息的公共政策。[③]

统一定性的态度不单体现于我国著作权法中，他国著作权法也持同样的思路。例如美国版权法在评价被告行为的违法性时，并不总是拘泥于复制、公开传播等受控行为在物理层面上的细分。在根据第107条进行合理使用分析时，注重探寻被告行为的目的和效果，体现在四要素标准中，即第一项“使用的目的和性质”和第四项“使用对版权作品潜在市场或价值的影响”[④]。在一篇被广为引用的论文中，勒瓦法官认为“第一项要素是合理使用的灵魂”[⑤]。而索尼案则将第四项要素作为合理使用的核心，认为“如果使用没有明显影响版权作品潜在市场或价值，则无须通过禁止该使用来维持作者的创作激励，因此这项使用应被视为‘合理’”[⑥]。尽管在合理使用判断中以哪一项要素为主有争议，但不存疑问的是，合理使用关注的焦点不在于受控行为的细分，而在受控行为对原告的影响。

（二）合理使用的司法实践并未始终贯彻受控行为细分

实际上，大多数被控侵权行为都包含一项以上

---

① 第（一）项的“为个人学习、研究或者欣赏”，第（二）项的“为介绍、评论某一作品或者说明某一问题”，第（三）项的“为报道时事新闻”，第（六）项的“为学校课堂教学或者科学研究”，第（七）项的“为执行公务”，第（八）项的“为陈列或者保存版本的需要”。

②③ 参见王迁：《知识产权法教程》，北京，中国人民大学出版社，2014。

④ 17 U.S.C. § 107.

⑤ Pierre Leval，Toward a Fair Use Standard，103 Harv. L. Rev. 1105，at 1116 ，1990.

⑥ 464 U.S. 417，at 450-451.

受控行为，即复制加一项传播行为。或者是复制与发行①，或者是复制与信息网络传播②，或者是复制、发行与信息网络传播。③ 法院习惯对数项受控行为进行统一的合理使用判断。

他国司法实践的处理手法相同。美国法上一系列重要案例都表明，法院在判定合理使用时，即使被告行为可分拆为不止一项受控行为，但如果在前复制与在后利用行为的目的与效果相统一，法院也并不区别分析，更不会对前后行为做出不一致的合理使用评价。例如对合理使用理论有奠基意义的 Folsom v. Marsh 案④，关于戏仿重要的 Campell v. Acuff-Rose Music 案⑤，涉及新闻报道引用的 Harper & Row Publishers v. Nation Enterprises 案⑥等。这与美国版权法以激励换创作的基本思想密不可分。版权法评价行为的最终依据在于行为对激励效果的影响。如果数项受控行为在对作者利益的影响方面无法分割，则法院对各项行为的评价应当保持一致。

（三）对可能质疑的回应

[本部分着重针对个案，从略。]

四、统一定性的理论价值

本文不仅是为了解决谷歌图书提出的个案问题，甚至不限于为处理此类问题提供思路，还意图借此分析加深对著作权基本问题的理解。

（一）更清晰地区分受控行为判断与合理使用判断的法律问题

分别定性和统一定性的分歧，集中在对受控行为阶段的行为概念和合理使用阶段的行为概念之间关系的不同认识上。分别定性思路认为二者同一。统一定性思路则认为二者遵循不同的标准，合理使用评价的行为，并不总是等同于细分的受控行为。在受控行为判断环节，细分的意义在于启动著作权评价机制，协助完成事实判断，因此侧重行为本身，不介意行为定性的松散状态；合理使用阶段考察行为的意义则在于完成实质评价，牵连价值判断，因此侧重行为效果，追求定性的和谐。

随之而来的问题是：为什么在判断受控行为时需要细分，而在合理使用阶段就不再需要了呢？要回答这一问题，需要追溯到细分受控行为的必要性。现有文献对行为细分的重要性证成集中于两个方面：一是将权利类型化并加以限制⑦，二是便利当事人界定交易客体⑧。笔者认为受控行为的细分或许还有第三方面的考虑，即以最低的司法成本判断是否应当启动著作权评价机制。功利主义视野中的著作权制度的根本目的在于维持创作激励，自然权语境中著作权制度的本质诉求是保障作者因创作而享有的精神权利和经济权利。著作权领域的各项具体制度，不外乎是维持激励或维护权利的工具。原则上讲，只有在激励受损或权利被侵害时，才需运用著作权法予以应对。但“维持激励”或“保障权利”太过抽象，适合作为终极指引，却不宜承担启动职责。⑨ 要启动著作权法评价机制，需要运用便捷和更具确定性的工具。细分的受控行为恰好满足要求：只要划分细致、定义精确，判断是否存在受控行为的难度很低、成本不高，是启动著作权法评价机制的理想标签。因此受控行为的细分具有制度效率意义上充分的正当性。

问题在于正当性是有边界的。对细分的强调如果超过了恰当的限度，细分的红利便会消失，转而成为正确处理著作权法所调控的社会利益格局的障碍。前述三项证成行为细分必要性的理由，同时也限定了细分的适用范围。如果细分并不服务于上述三方面的考虑，细分便丧失了必要性；如果细分会造成对著作权具体制度的运用前后不一致，细分便应被搁置。落实到合理使用环节对行为的界定，当各项受控行为各有独立效果时，固然应当分别判定其是否合理；但当数项受控行为在效果层面无法分

---

① 例如华盖创意（北京）图像技术有限公司与上海宏某空气处理设备有限公司侵害著作权纠纷案，(2012) 沪一中民五（知）终字第168号；杨洛书与中国画报出版社著作权纠纷案，(2007) 鲁民三终字第94号。

② 例如北京传奇时代影视文化传播有限责任公司与上海传知信息科技发展有限公司侵害著作权纠纷案，(2012) 沪二中民五（知）终字第24。

③ 例如天相投资顾问有限公司等与上海万得信息技术股份有限公司等著作权侵权及侵害商业秘密纠纷上诉案，(2012) 沪高民三（知）终字第43号。

④ 9 F. Cas. 342 (D. Mass. 1841).

⑤ 510 U. S. 669 (1994).

⑥ 471 U. S. 539 (1985).

⑦ 参见王迁：《知识产权法教程》，北京，中国人民大学出版社，2014。

⑧ 参见崔国斌：《著作权法：原理与案例》，北京，北京大学出版社，2014。

⑨ 利特曼曾提出在“商业化利用”的视角下统一受控行为的尝试，但坦承如此激进的改革方案不可能实现，因此退求更温和的著作权法改革方案。参见 Jessica Litman，Real Copyright Reform，96 Iowa L. Rev. 1，2010。

割时，分别定性便不再适宜，统一定性的思路更好地体现了受控行为判断与合理使用判断的不同作用，从而使著作权法的理论构架更为清晰。

（二）加深对著作权法法律评价来源的理解

分别定性和统一定性的分歧，就表面看来，涉及合理使用判断中“行为”概念的界定。就实质而言，则反映了对著作权法最终依什么标准进行评价的不同回答。

分别评价思路视野中的受控行为，承载了很大的价值评价任务，具有强烈的法律推定效力，等同于著作权要评价的行为本身，并不重视从行为对权利人造成影响的角度探求行为受到著作权法否定评价的根源。但正如前述分析指出的，如果抽离了对权利人的影响，物理意义上的受控行为启动的著作权评价机制将搁浅，无法将法官指引到有意义的决策终点。若要揭示物理意义上在前受控行为的法律意义，或者筛选出在前受控行为不被在后受控行为吸收的影响，并据此判定在前受控行为的法律责任；或者，当前后受控行为效果一致时，应统合前后受控行为，统一分析其效果，进行前后一致的评价。

不过分依赖受控行为的推定法律效力，而从整合的角度分析个案中被告行为对原告的影响，也与法律提供救济时遵循的原则一致。法律救济最主要体现为停止侵权（禁令）与损害赔偿。本文第三部分已详细阐述了损害赔偿幅度受制于行为对权利人的影响程度。尚待分析的是禁令的颁发。[①] 传统认为只要实施了受控行为且未成功援引抗辩，必然触发禁令。但实践中，法院并不总是认可上述思路体现的受控行为强烈的推定违法性，而会在例外情况下拒绝颁发禁令。考量标准在临时禁令领域可能与商标法领域司法解释确定的思路一致。[②] 而在永久禁令领域可能参照美国 eBay 案中明确的四方面因素。[③] 例外情况下拒绝颁发禁令的理论与实践，降低了受控行为的法律推定效力。禁令与损害赔偿一样，本质上其实取决于原告利益受损的程度。

在界定合理使用中的行为时遵循统一定性的思路，符合著作权法的制度追求。公权力动用资源维护权利人对受控行为的控制，目的在于确保对特定作者的具体激励和对潜在作者的一般激励。因此在运用著作权法工具时，不应脱离行为对著作权人的影响分析行为本身。“著作权不是天赋人权，而是实用工具。”[④] 著作权法评价体系的中心，在于对特定行为影响著作权人合理利益的分析。无论是受控行为的宽窄，还是合理使用环节的考量，都围绕着对权利人利益的影响构建。立法者设计了一系列制度，限定著作权的范围，例如排除私人表演的受控性，或者不赋予文字作品出租权和展览权，再如引入权利用尽原则，确立合理使用制度。[⑤] 这些规则都可被解读为不允许权利人干涉没有实质影响到其利益的行为。

以对权利人的影响作为著作权法否定评价的根本来源，是在维护权利人激励与保障行为人自由间划定的合理界限。过分强调权利人对他人实施受控行为的掌控，会导致不恰当地干预行为人的自主空间。细分的受控行为的优点，并不适用于合理使用环节的根本设置宗旨。在部分情况下，由于各项受控行为的效果并不完全互相重叠，因此在合理使用阶段应该分别定性。如果被告能证明数项受控行为在目标和效果层面相一致，合理使用环节必须给予统一的评价。当然，法院可以向被告课以严格的举证责任，不轻易接受在前受控行为的效果完全被在后受控行为吸收的观点，从而将分别定性限定在狭窄的适用范围之内，但这并不妨碍有必要在理论上认识分别定性及其根据。

（本文原发表于《法学评论》2015 年第 6 期。作者单位：清华大学法学院）

对改编权相关问题及其侵权判定方法的探讨

张玲玲　张传磊

改编权问题在琼瑶诉于正等五被告侵犯改编权案件[⑥]后引起了法律实务界和理论界的热切关注。随着影视文化行业的发展，侵犯改编权的案件影响越来越大，已经超出司法实践的层面，深刻影响着文学艺术领域的创作行为，也影响到原创、编剧、

① 参见崔国斌：《著作权法：原理与案例》，北京，北京大学出版社，2014。

② 《最高人民法院关于诉前停止侵犯注册商标专用权行为和保全证据适用法律问题的解释》（法释［2002］第 2 号）第十一条。

③ eBay v. MercExchange，547US388，2006.

④ Wendy Gordon，Fair Use as Market Failure：A Structural and Economic Analysis of the Betamax Case and its Predecessors，82 Colum. L. Rev. 1600（1982），1602.

⑤ Wendy Gordon，Intellectual Property as Price Discrimination：Implications for Contract，73 Chi-Kent L. Rev. 1367，at 1373（1997—1998）.

⑥ 参见北京市第三中级人民法院（2014）三中民初字第 07916 号。

影视等文学艺术领域和相关行业的发展。因此，本文试图结合司法实践中的典型案例对改编权及相关问题进行探讨，通过对侵犯改编权的司法判定方法和思维进路的梳理，以期能够提炼出一定规则，谨供理论与实务的探讨。

一、改编权的权利性质和内涵

（一）改编权的法律解读

根据《著作权法》第十条第一款第（十四）项规定可知，改编权，即改变作品，创造出具有独创性的新作品的权利。从法律文本来看，法律是从改编权行使的方式和结果来界定该权利，并没有明确规定改编权的内涵，同时，对于如何判断改变作品行为以及如何改变作品均没有做出明确规定。但通过对改编权立法过程的追溯，我们发现立法对于改编权的内容限定存在演变。在1991年《著作权法实施条例》第五条第（八）项中规定："改编，指在原有作品的基础上，通过改变作品的表现形式或者用途，创作出具有独创性的新作品"。可见，改变作品的表现形式或者用途曾经是构成改编的要件之一。但是，2001年《著作权法》则删除了关于改编方式的限定[①]，现行2010年《著作权法》承继了该规定，因此，从现行的《著作权法》看，法律不再要求改编的形式，无论是变更作品的表现形式、用途、内容还是其他，只要能创造出具有独创性的新作品，都是行使改编权的方式。实际上，改编权对于作品形式的改变已经不再做要求，这使得改编权具有更大的弹性空间，不仅可以涵盖超越媒介形式的改变[②]，也包括同一媒介形式的内部改变。这种立法上的改变实际上是扩展了改编权的权利范围，增加了著作权人对改编权控制的范围，加强了对著作权人的保护力度。

从改编权的权利本质内涵上讲，改编权所控制的是许可他人实施的，在保留原作品基本表达的基础上改变原作品、创作出新作品的行为。[③] 因此，改编最重要的两个核心要素是保留原作品的原创性表达和附加新的原创表达，最终创作出新作品，这也是改编权所控制的两个核心环节。

（二）与改编权相关的权项辨析

1. 改编权与修改权[④]、保护作品完整权[⑤]

从《著作权法》界定的具体权项内涵来看，这三项权利所保护的具体行为均包含改变作品的行为，但由于改变作品的结果不同，会使得该改变行为落入不同的权利范围内。一般来讲，如果仅仅是改变作品的细节或者个别表达，应属于修改行为，但是否属于修改权的权利范畴存在争议[⑥]；如果通过改变作品导致损害作品构思、违背作者创作意愿，或者有损作者声誉、人格利益的，则落入了保护作品完整权[⑦]的范畴；如果改变作品后产生了独立的新作品，则属于改编权的权利范围。当然，从权利属性上讲，改编权属于财产权，修改权与保护作品完整权均为作者的人身权利，属于精神权利，具有极强的人身依附性。但是，改编行为通常不可避免地要对作品进行修改，修改过度还可能破坏作品的完整性，因此，改编权与修改权、保护作品完整权在某些情况下会不可避免地重叠。[⑧]

本文认为，区分改编行为与修改行为的关键在于该行为是否属于新的创作从而产生新的作品，改

---

① 关于法律中在改编权上没有再明确规定改编方式的理解，有观点认为还是应该考虑改编作品的类型的改变，在胡康生主编的《中华人民共和国著作权法释义》（法律出版社，2002）中对改编的解释是"在不改变作品基本内容的情况下将作品由一种类型改变成另一种类型"。但郑成思老师曾指出："从剧本改到剧本也是改编。表现形式就是我用的语言和你不一样了，我的情节、人物有所改变了，绝不是指艺术形式、载体、媒介，统统不是。"参见张鲁民、陈锦川：《著作权审判实务与案例》，北京，中国方正出版社，2001。

② 对于改编权的定义具有弹性空间在理论界是具有共识的，李明德、许超的《著作权法》（法律出版社，2009）也进行过评述。

③ 参见陈锦川：《著作权审判原理解读与实务指导》，北京，法律出版社，2014。

④ 参见《著作权法》第十条第一款（三）规定：修改权，即修改或者授权他人修改作品的权利。

⑤ 参见《著作权法》第十条第一款（四）规定：保护作品完整权，即保护作品不受歪曲、篡改的权利。

⑥ 这里涉及对修改权的权利属性的解释，有观点认为修改权是指对作品内容做局部的变更以及文字、用语的修正。（参见胡康生：《著作权法释义》，北京，北京师范学院出版社，1990。）这种观点是从改变的程度上对修改权和保护作品完整权进行了区分，在目前的司法实务中采用此观点的不少。（参见陈锦川：《著作权审判原理解读与实务指导》，北京，法律出版社，2014。）有观点认为修改权是作者在作品发表之后因为思想、观点发生改变而修改其作品的权利……修改权的功能是保障作者自己修改作品的自由不受妨碍。（参见李琛：《知识产权关键词》，北京，法律出版社，2006。）这种观点更倾向于认为修改权是一个积极权能，是作者基于自己的意愿对作品进行的修改，他人无正当理由阻止作者修改其作品时才构成对修改权的侵犯。鉴于本文着重从修改权、保护作品完整权与改编权的区别上进行分析，因此，对于修改权本身不做更多的评述。

⑦ 我国法律并没有对歪曲、篡改作品的程度加以限制，也没有明确能否以可能损害作者的名誉和声望为标准来认定侵权。由于法律对于这些问题未给予明确的规定，导致对保护作品完整权的理解存在不同的观点：（1）以是否损害作品构思、违背作者创作意愿作为判断标准；（2）以是否有损作者声誉、人格利益作为判断标准。参见夏明：《保护作品完整权研究》，西南政法大学硕士学位论文，2009。

⑧ 参见崔国斌：《著作权法原理与案例》，北京，北京大学出版社，2014。

动内容数量的大小仅是辅助性的判断要素，并非根本性要素。[①] 实践中掌握的标准是，一旦构成了新作品，则属于改编权的范畴，不再属于修改权的保护范围，也就是说，改编权和修改权一般在同一个案件中是不会同时得到支持的。但是，保护作品完整权强调的是对作者精神权利的尊重和保护，这是与改编权的根本区别，如果有证据证明改编行为构成了对作者精神权利的损害，可能同时构成对改编权与保护作品完整权的侵害，换言之，这两种权利是从不同的角度对原作作者的保护，可以同时得到支持。

2. 改编权与复制权[②]

从法律的规定来看，复制权规定的是以各种手段或者方式实现将作品制作成一份或者多份的权利。复制权是著作权中最基础的一项权利，复制行为往往是其他具体权项的基础或前提。在实施改编行为时不可避免地要进行复制。从理论上讲，完全区分复制和改编或许是不可能实现的课题。从司法实践看，从行为性质上区分复制和改编的意义远远小于明确原告的诉讼请求的意义，因为一项行为究竟是复制还是改编，基本取决于诉讼中主张权利的作品范围的界定，即原告的诉讼主张更具有决定性的意义。

（三）改编权与改编行为的区分

改编权和改编行为是两个不同层面的概念，具有不同的内涵。通过上文分析可知，改编权是一种控制他人实施改编行为的权利，属于作者的财产权，而改编行为是一种具体的行为方式，其可能同时侵犯多个著作权权项，一般改编行为可能触及著作权人享有的署名权、修改权和保护作品完整权等人身权利及改编权、获得报酬权[③]等财产权利。区分改编权与改编行为具有非常重要的意义，这不仅直接关系到请求权基础问题，还会直接影响责任承担方式。

司法实践中，目前涉及著作权侵权的立案案由基本是依据《著作权法》规定的具体权项作为请求权基础来划分的[④]，因此，当事人在起诉时都会在具体的案件中找到请求权基础对应的案由进行立案。但是在诉讼中，当事人却往往针对被诉侵权行为主张侵权并承担相应的侵权责任[⑤]，这时往往会出现被诉行为与权利基础不吻合的情况，而法院在审理被诉行为是否构成侵权时又需要回归到具体权利构成要件上进行判断。但是，当原告诉讼中依据的请求权基础与被诉侵权行为不对应时，如何处理是需要探讨的问题，目前，司法实践中存在三种不同的情形及做法，第一种情形是，经过审理发现原告诉非所请或诉超所请时，法院会进行释明，让原告进一步明确其诉讼请求。第二种情形是，法院经过审理发现被诉行为侵犯的权项与原告主张的权项不一致时，通过驳回原告的诉讼请求的方式进行处理。第三种情形是，原告在主张具体权项时没有涵盖相关权项，但请求被告承担的侵权责任中包含了相关权项的责任，法院经过审理认定构成其他权项的侵权，判定支持原告的诉讼请求。为了更好地保障当事人的实体权利，尊重当事人的诉讼权利，全面提高庭审质效，建议在诉讼中明确请求权基础及合理预见该请求权基础对应的责任承当方式，厘清改编权和改编行为。

（四）改编与剽窃

剽窃是《著作权法》上的一种具体侵权行为。[⑥] 所谓剽窃，是指将他人作品全部或部分地作为本人的作品来使用的行为，其不仅侵犯他人的财产权，而且涉及侵犯他人的人身权，即它同时会侵犯两种或者两种以上的权利。[⑦] 剽窃又分为低级剽窃[⑧]和高

① 有观点认为，以对作品所做修改的多或少，或者修改的是形式还是内容、观点为标准分设修改权和保护作品完整权，把一种行为仅仅区分轻重不同而分别由不同权利控制，这不符合立法规律。（参见陈锦川：《著作权审判原理解读与实务指导》，北京，法律出版社，2014。）本文认可这种观点，同时认为，在进行改编行为和修改行为区分时，量的改动仅为辅助性的参考因素。

② 参见《著作权法》第十条第一款（五）规定：复制权，即以印刷、复印、拓印、录音、录像、翻录、翻拍等方式将作品制作一份或者多份的权利。

③ 获得报酬权虽然在《著作权法》中没有作为一项独立的权利，但是通过《著作权法》第十条第二款的规定可知，著作权人可以许可他人行使前款第（五）项至第（十七）项规定的权利，并依照约定或者本法有关规定获得报酬。

④ 参见《民事案件案由规定》（法［2011］41号）十四、知识产权权属、侵权纠纷 142. 著作权权属、侵权纠纷：（1）著作权权属纠纷；（2）侵害作品发表权纠纷；（3）侵害作品署名权纠纷等。

⑤ 出现这种现象的一个主要原因是目前我国《著作权法》对于侵犯著作权的责任承担方式的规定并没有与具体的权项相对应，在《著作权法》第四十七条和第四十八条中规定侵犯著作权责任承担时均列举了具体的侵权行为，并没有针对具体的著作权权项。

⑥ 参见《著作权法》第四十七条第一款规定：有下列侵权行为的，应当根据情况，承担停止侵害、消除影响、赔礼道歉、赔偿损失等民事责任：……（五）剽窃他人作品的。

⑦ 参见陈锦川：《著作权审判原理解读与实务指导》，北京，法律出版社，2014。

⑧ 低级剽窃是指原封不动地照搬他人作品或者稍加改动他人作品并署上自己的名字。

级剽窃[①]两种形式。后一种剽窃与改编在表现形式上存在着高度的相似之处，二者之间的界限很难划清。实践中，高级剽窃与未经许可的改编极易混淆，判断剽窃与改编所采用的判断方法也基本相似[②]，一般是采用“接触+实质性相似”的判断方法。

那么，如何区分剽窃和改编成为司法实践中的一个难点。通过剽窃行为的责任承担方式及其行为性质来看，其不仅要利用原作的原创性表达，还要有将该表达占为己有的行为表示。而改编行为仅仅是指在原作品原创性表达的基础上改变原作品，加入新的创作元素后形成新作品。因此，剽窃与侵犯改编权的区别其外在表现形式就在于是否注明出处，是否在非法改编的同时表明原作者的身份。[③] 换言之，改变作品的行为可能既是剽窃也是改编，关键在于是否给原作者署名。如果没有给原作者署名，具有将原作占为己有的表现，原告既可以主张剽窃要求承担停止侵权、赔偿损失、赔礼道歉的民事责任，也可以主张侵犯改编权要求承担停止侵权和赔偿损失的民事责任，当然如果原告在主张侵犯改编权的情况下还请求被告赔礼道歉，其真实意思表示是同时主张了署名权还是本质上就是主张剽窃，需要通过审理进一步明确。[④]

二、侵犯改编权的司法判定方法探讨

（一）“接触+实质性相似”判断思路的检讨与适用

在司法实践中判断一部作品是否构成对另一作品的改编，关键还是判断在后作品中的相关表达是否与在先作品中的相关部分表达构成实质性相似。因此，“接触+实质性相似”的判断思路在判定改编行为时依然适用。

1.“实质性相似”的判断

在改编权侵权判定中，实质性相似的判断思路与判断是否构成复制是存在区别的。在改编权侵权案件中，比对的仅为在先作品的独创性表达部分是否被在后作品以实质性相似的方式再现，而不是比较两部作品从整体上是否构成实质性相似。具体来说，应该对在先作品中独创性表达的整体与在后作品中相应部分进行比对。如果在先作品独创性表达部分用“A”来表示，那么改编后的作品应该用“A*+B”来表示，其中“A*”是对在先作品独创性部分的利用，这里的利用只要达到实质性相似即可，不必然是原样照搬，因此，“*”代表了不相似部分，即改动部分。“B”代表了在后作品中独创性部分，这也是在后作品能够成为新作品的关键部分。因此，在实质性相似的比对中应该比对的是“A”与“A*”部分，即在后作品是否保留了在先作品的独创性表达，至于在后作品中“B”部分的独创性高低，在在后作品中的比重等对于能否构成改编侵权则不具有决定性意义。但是，“A”部分在在先作品中的比重具有决定性意义，它必须是在先作品的核心部分或能成为基本内容，能够代表在先作品给予读者独特的欣赏体验。

2.“接触”的意义

关于接触要件是否能够成为决定性要件，即如何能够证明没有接触是否不需要再进行实质性相似的比对，换言之，接触和实质性相似在判断侵权构成时是否存在先后顺序，这两个要件是否必须同时具备，实践中是存在争论的。通常的做法是在审查是否存在接触后还需要对实质性相似进行比对。这样做的主要原因是为了全面审理，更好地维护权利人的利益，同时，避免二审对于接触认定与一审不一致时由于一审没有进行内容的比对而导致发回重审。在侵犯复制权案件中，对内容的比对还会加强对于接触的认定，即在两部作品高度相似的情况下可以推定存在接触的事实。但是，在改编权案件中，通过实质性相似推定接触则说服力不强，因为，改编一定是改变了原作中的表达，实质性相似程度的高低不必然能够推定是否接触。因此，接触作为判断是否构成改编权侵权时具有独立存在的意义。

（二）三步检验法[⑤]的具体适用

1. 确定两部作品中的相似部分

比对两部作品是否相似时首先应进行全面的比对。这种判断思路的核心思想是改编行为的判断需要整体认定和综合判断。改编主要针对的是对在先作品整体上的改变，不能将具体的情节、语句、人物特征、人物关系等作为单独元素进行孤立的隔离比对，这些要素之间是彼此关联共同构成了作品，

① 高级剽窃是指改头换面地使用他人作品或者作品的片段，往往还加入了自己的创作性劳动。

② 在这方面比较具有影响的案件，例如庄羽诉郭敬明侵犯著作权案与琼瑶诉于正侵犯改编权案。

③ 参见陈锦川：《著作权审判原理解读与实务指导》，北京，法律出版社，2014。

④ 实践中存在不同的做法，这在本文的“改编权与改编行为的区分”部分涉及。实践中，由于我国目前立法出现著作权具体权项与具体侵权行为不匹配以及当事人及其代理人的法律水平的限制等原因，导致在这方面往往无法做出准确的意思表示。

⑤ 此处的三步检验法不同于在合理使用中的“三步检验法”，后者“三步检验法”是指著作权国际公约规定的判断某一著作权使用行为是否构成合理使用的一般原则。此处仅是借用了这样一种表达方式而已。

且相互之间的相似性能够彼此印证。

2. 遴选出相似部分的独创性表达

在进行整体比对后，针对相似部分应该进行著作权法保护客体的具体确定，即应该剔除不受著作权法保护的思想、特定情境①、有限表达②及公知素材③等元素。在思想与表达二分法适用时，与其试图用具体化精细化可复制化的判断标准厘清思想与表达，莫如认可思想与表达二分法更多的是法官的一种价值判断。对于"思想与表达二分法"我们是无法提供统一普适的裁判标准，它的判断更多是依赖法官在个案中基于具体案情进行自由裁量，这恰是法官智慧的体现，更是司法发挥价值导向作用的体现。

3. 相似的独创性表达能否构成在先作品的基本表达

经过层层剥离得到相似性表达后，还需要将该部分表达回归到在先作品中，依据该部分在在先作品中的分量来确定在后作品是否构成侵犯改编权。这样做的主要原因是改编权保护的是对在先作品的整体改编的权利。总体的原则应该是这些受著作权法保护的相似部分在在先作品中应该能够互相支持组成在先作品的基本表达，否则，不应认定构成改编权侵权。

三、结语

改编权虽仅是著作权的一个具体权项，但对其侵权判定却涉及诸多权项的相互关系、著作权的思想与表达理论的运用及实质性相似的判断，这些无疑成为司法实践中判断侵权的难点。本文提出的"接触+实质性相似"的批判运用及"三步检验法"也仅为破解判定侵权困境提供一条路径，实践中如何判断还需要法官在各案中运用司法的智慧，进行利益的平衡，形成具有价值引导作用、情理交融，逻辑周严的判决。同时，鉴于改编行为对于文学艺术领域的重大影响，本文亦提请创作者不要错把改编行为当成合理借鉴，与一般的商业风险不同，知识产权法律风险往往是侵权者不能承受之重，如一旦侵权成立，则判令停止侵害，这就意味着包含自己创作贡献的新作品亦无法传播。

（本文原发表于《知识产权》2015 年第 8 期。作者张玲玲系北京知识产权法院法官，张传磊系中国人民大学法学院硕士）

论汇编作品的著作权保护

王　迁

我国《著作权法》对汇编作品（包括独创性数据库）提供了保护。《著作权法》第十四条规定："汇编若干作品、作品的片段或者不构成作品的数据或者其他材料，对其内容的选择或者编排体现独创性的作品，为汇编作品"。但是，这一规定的用语较为原则和抽象，难以解决现实中的许多问题。曾有法院在涉及汇编作品的诉讼判决中举例称："收集色彩斑斓、形状各异的石头也可能在选择上体现独创性。"④ 如果仅从《著作权法》第十四条的字面规定来看，既然选择或者编排的对象可以是作品之外的"其他材料"，那么有独创性的选择结果就应当构成受保护的汇编作品。然而，这种字面解释的结果显然是荒谬的，因为这样的实例实在是不胜枚举。例如，点菜时对菜单中菜品的选择需要智力投入，难道由此选出的一桌菜也能构成汇编作品吗？我国《著作权法》中的上述规定是直接借鉴《伯尔尼公约》《与贸易有关的知识产权协定》（TRIPS 协定）以及《世界知识产权组织版权条约》（WCT）的产物。但这些国际条约的起草机构也没有对汇编作品做出更为详细的说明。其他国家和地区根据国际条约保护汇编作品的立法同样抽象。在美国，各法院的判决标准和结果也是五花八门。⑤ 本文试对涉及汇编作品构成与保护的一系列问题进行深入研究。

一、汇编作品是对信息的汇编

在我国《著作权法》第十四条对汇编作品的定义中，"汇编……其他材料"这一用语中的"材料"是否与"材料学"或"物质材料"中的"材料"同

① 所谓特定情境，是指在文学作品中，如果根据历史事实、人们的经验或者读者、观众的期待，在表达某一主题的时候，必须描述某些场景或使用某些场景的安排和设计，那么这些场景即使是由在先作品描述的，在后作品以自己的表达描写相同场景也不构成侵权。

② 所谓有限表达，是指当表达特定构想的方法只有一种或极其有限时，则表达与构想合并，从而不应属于著作权法保护的范围。但需要注意的是，即便是有限表达，事实上也存在着创作的空间，出现完全雷同的创作表达也是非常罕见的。

③ 所谓公知素材，是指已经进入公有领域、不再受著作权法保护的作品、素材或客观事实。

④ 北京市西城区人民法院（2012）西民初字第 14070 号民事判决书。但法院同时认为：对石头的选择结果不符合构成作品的其他条件，因此不属于著作权法意义上的作品。

⑤ 正因为如此，美国有关汇编作品的判决中法官单独撰写反对意见的情况较其他判决要多。有关美国司法判决的混乱，参见 Denise R. Polivy, Feist Applied, Imagination Protects, but Perspiration Persists—the Bases of Copyright Protection for Factual Compilations, 8 Fordham Intell. Prop. Media &Ent. L. J. 773; Melvile B. Nimmer, David Nimmer, Nimmer on Copyright, Matthew Bender & Company, Inc., § 2.11 [D], 2009。

义?《著作权法》第十四条的“材料”一词直接来源于国际条约和国外立法有关汇编作品规定中的“material”,而“material”在其中并非是指“物质材料”。TRIPS协定第10条第(2)款规定:“对于数据或其他材料(material)的汇编,无论是以机器可读的形式还是其他形式,只要由于对其内容的选择或编排而构成智力创作,即应作为智力创作加以保护”。WCT第5条规定:“数据或其他材料(material)的汇编,无论采用任何形式,只要由于其内容的选择或编排构成智力创作,其本身即受到保护”。这两个条约中的“材料”均与“数据”并列。“作品”和“作品的片断”没有被单独列出,不过其显然包含于“材料”之中。世界知识产权组织关于WCT的《基础提案》在解释WCT草案第5条时也指出,该条是指“对数据或其他材料,包括作品的收集或汇编”①。

在《著作权法》第十四条提及的可以被选择或者编排的三类客体之中,“作品或作品的片段”是指表达,数据是对事实的客观记录,两者均可被归结为信息。基于与“作品”和“数据”的并列关系,“其他材料”应当是指作品与数据之外的信息,并不包括物理世界中的实物。WCT第5条在规定汇编作品时,所用的标题就是“数据汇编(数据库)”,原文为“Compilations of Data (Databases)”。这说明在WCT中,“汇编作品”“数据汇编”及“数据库”是同义语。既然“数据”仅是指信息,“汇编作品”当然不可能是实物的汇编。欧盟《数据库指令》也指出:“数据库”一词应被理解为包括文字、艺术、音乐或其他作品的汇编,或诸如文本、声音、图像、数字、事实和数据等其他材料(other material)的汇编。② 该条列举的“文本、声音、图像、数字、事实和数据”等“材料”实例均为信息,其与物理世界中的实物具有明显异质性。研究国际条约的权威著作《国际版权和邻接权:〈伯尔尼公约〉及对其的超越》在提及TRIPS协定保护汇编作品的背景时指出:“许多国家的国内法已经根据独创性的一般标准保护对信息的汇编了”③。《法国著作权法》在规定汇编作品时,也将“作品、数据和其他材料”列为可以被选择或者编排的三类客体。④ 法国学者对此指出,法国案例保护的汇编作品包括对作品的汇编和对信息的汇编。⑤ 这均印证了“其他材料”应当是一种信息。从上述分析还可以得出一个结论:对国际条约和国外立法有关汇编作品规定中“material”一词的最佳翻译,是由信息构成的“资料”。

二、汇编作品与传统作品类型的关系

我国《著作权法》第三条规定了文字作品、美术作品等9类作品,而有关汇编作品的规定则是第十四条。这就引发了一个问题:汇编作品与该9类作品是什么关系?汇编作品是该9类作品中的一种,还是其他类型的作品?这种困惑在其他国家的著作权立法中同样存在。例如,《美国版权法》是在第101条中定义汇编作品的,同时在第102条规定了文字、音乐作品等8类作品,其中并未单独列出汇编作品。因此汇编作品是否应属于第102条规定的一类作品,同样引起了争议。对此,美国版权局在一份“政策声明”中宣布:除非对材料的汇编构成了第102条列举的8类作品中的一种或几种作品,否则美国版权局将拒绝对其作为汇编作品加以登记。⑥

笔者认为,我国不能盲目照搬美国版权局的这一结论。首先,《美国版权法》中没有与我国类似的“邻接权”概念,(对音乐作品的)表演、录音以及独创性程度不高的录影在《美国版权法》中分别构成音乐作品的演绎作品⑦、录音作品⑧和

---

① WIPO, Doc. CRNR/DC/4, Basic Proposal for the Substantive Provisions of the Treaty on Certain Questions Concerning the Protection of Literary and Artistic Works to be Considered by the Diplomatic Conference, 1996.

② Directive 96/9/EC of the European Parliament and of the Council of 11 March 1996 on the Legal Protection of Databases, Recitals (16).

③ Sam Ricketson, *Jane C. Ginsburg*, *International Copyright and Neighbouring Rights*: *The Berne Convention and Beyond* (*2nd Edition*), Oxford University Press, 2006, p. 520.

④ 参见《法国著作权法》第L112~L113条。

⑤ Andre Lucas, Pascal Kaminan, Robert Plaisantn, FRA International Copyright Law and Practice, § 2[3][b][ii], in Paul Edward Geller (ed), International Copyright Law and Practice, Matthew Bender & Company, Inc., 2009.

⑥ Copyright Office, Registration of Claims to Copyright, 77 FR 37605-01, at. 37607.

⑦ 对作品的表演虽然没有被《美国版权法》列为法定作品类型,但美国版权判例一直认为,表演音乐作品的行为本身就是创作,可以构成有“独创性”的作品。美国的汉德法官早就指出,音乐乐谱并不能决定表演的情况,特别是用什么乐器进行表演。音乐的谐音与泛音都不能显示在乐谱上,而表演者则可以根据自己的天赋进行广泛的选择,这使表演在一定程度上是一种对乐谱具有“独创性”的“再创作”,使其可以受到版权保护。参见Capitol Records, Inc. v. Mercury Records Corp., 221 F. 2d 657, 664 (2nd Cir.), 1955。但对音乐作品之外的作品进行表演,在美国却未被认定为是演绎作品。

⑧ “录音”(sound recording)是《美国版权法》第102条明文列举的8种作品类型之一。

视听作品[①]。对这些作品进行独创性的选择或编排所产生的结果，仍然可以作为音乐作品、录音作品和视听作品受到保护。[②] 而根据我国《著作权法》，表演、录音和录像并不是作品，而是邻接权的客体。如果我国采用美国版权局的观点，则会出现逻辑上的矛盾。例如，对小鸟的鸣叫声音进行的录制在我国只能形成“录音制品”，精选出10段小鸟鸣叫的录音加以汇编，也不可能形成“音乐作品”。如果认为汇编作品必须属于《著作权法》第三条规定的一类作品，则小鸟鸣叫的录音的汇编将不可能成为汇编作品，而这又与《著作权法》第十四条有关保护独创性汇编成果的要求相违背。

笔者认为，虽然不能照搬美国版权局的做法，但其合理内容可以被我国所借鉴。美国版权局对于汇编作品必须构成8类法定类型作品中一种或几种的要求，可以从另一个角度被解读为：汇编作品必须以文字、音乐、美术等作品或录音、录像等邻接权客体的形式出现。换言之，汇编作品的表现形式不能超出著作权和邻接权客体的表现形式。在此前提之下，可以将汇编的结果与传统作品的关系分为两种情况。首先，如果独创性的选择或编排形成的是能够独立表现思想或文艺美感的内容，则选择或编排仅仅是创作《著作权法》第三条中各类作品的手段，并不产生第三条规定的9类作品之外的汇编作品。其次，如果独创性选择或编排无法形成独立表现思想或文艺美感的内容，无法被归入《著作权法》第三条规定的9类作品，则选择或编排的成果只可能作为汇编作品受到保护。如对电话号码的汇编，在选择或编排方面体现独创性时，不能被归于文字作品，只可能形成汇编作品。从这个意义上说，汇编作品是《著作权法》第三条之外的独立作品类型，具有“兜底”的作用。

三、汇编作品的“表达”及独创性

与用传统方法创作的作品一样，汇编作品必须是独创性的智力成果。只是这种独创性反映在对作品、数据或者其他信息的选择或者编排上。作品只能是“表达”，汇编作品的独创性实际上是表达的独创性。因此要正确认识“独创性的选择或者编排”，必须首先弄清什么是汇编作品的“表达”。

（一）汇编作品的表达：以体系化方式呈现的信息集合

智力创作作为一种行为，虽然受到著作权法的鼓励，却无法直接受到著作权法的保护。只有符合特定条件的智力创作成果才可能成为受保护的作品。在表达形成之前，创作过程中所进行的选择、判断等一系列智力活动都是思想，先前客观存在的事实则仅是供创作所用的素材，均不能受到著作权法的保护。对于汇编作品而言，其“表达”显得令人难以捉摸。我国《著作权法》第十四条所述“对其内容的选择或者编排体现独创性”只是在描述汇编过程中的智力投入。然而独创性“选择或者编排”作为创作过程，并不是著作权法意义上的“表达”。[③]

笔者认为，根据界定汇编作品的用语，结合著作权法不保护创作思想的基本原理，汇编作品的“表达”只可能是一种以体系化的方式呈现的作品、数据或其他信息的集合。TRIPS协定第10条第（2）款和WCT第5条的用语均是“数据或其他材料的汇编”（compilations of data or other material）。“汇编”（compilations）一词是名词，其清楚地表明，汇编作品只能是由数据或其他信息的集合。WCT第5条的名称即为“数据汇编（数据库）”，英文为“Compilations of Data（Databases）”。这就意味着，如果将作品、数据和其他信息都统称为“数据”，则“汇编作品”与“数据库”是同义语。汇编作品必须是一个“库”，也即必须是数据的集合。我国《著作权法》第十四条虽然描述的是一种汇编行为，但该行为导致的结果必然是由作品、数据或其他信息组成的整体。“独创性的选择或者编排”既可以由信息集合体现，也可以由信息集合的目录加以反映。这就产生了信息集合的目录能否受到保护的问题。国家版权局曾在《关于习题集类教辅图书是否侵犯教材著作权问题的意见》中认为汇编作品的目录也可以受到保护。[④]

① 美国国会在对1976年《美国版权法》的报告中明确指出：当四台摄像机（从不同角度）拍摄一场足球赛时，导播要对四名摄影师发出指令，并选择要将哪些电子影像以怎样的顺序向公众播放。无疑，摄影师和导播的工作构成了创作。参见 The House Report on the Copyright Act of 1976，p. 52。

② 由于《美国版权法》只保护固定在物质载体上的作品，对于现场表演而言，如果其选择或编排的结果仅是现场表演，而没有形成录音或录像，则不能作为汇编作品受到保护。

③ 美国学者曾提出过一个问题：《美国版权法》定义汇编作品时的用语“选择、协调与编排”究竟应被理解为名词，还是描述创作过程的动词（参见 Leo J. Raskind，Assessing the Impact of Feist，17 U. Dayton L. Rev. 331，334-335，1992）？然而，无论对词性做何种理解，创作行为本身都不可能直接受版权保护。

④ 参见《国家版权局关于习题集类教辅图书是否侵犯教材著作权问题的意见》（国权办［2003］38号）。

笔者认为，根据对汇编作品“表达”的界定，反映独创性选择或编排的目录并不能作为汇编作品受到保护。汇编作品的“表达”只可能是一种以体系化的方式呈现的作品、数据或其他信息的集合。汇编作品的目录可以反映独创性的“选择”，但是，目录本身并不是被选择或编排的信息的集合。欧盟《数据库法律保护指令》规定：“数据库”是指对经过系统化或有序化的编排，且能够通过电子或其他手段被逐项获取（individually accessible）的独立作品、数据或其他材料的汇集。[①] 此处强调被编入数据库中的作品、数据或其他信息可以被“逐项获取”，正是意味着数据库的最小构成单位必须是被选择或者编排的作品、数据或其他信息。

美国法院曾经将目录比作“表格”，并指出：判断“表格”是否受版权保护取决于它们“仅能够用于记录信息”，还是“其本身就传递了信息”[②]。据此，汇编作品必须以体系化的方式传递信息，而不能仅类似于一张设计好分类栏目的空白表格，供他人记载信息所用。这对于正确地回答反映独创性“编排”的目录能否受保护的问题尤为重要[③]。在我国的“电子媒介亚洲公司诉全球制造商系统公司案”中，法院指出：“……如最终形成的汇编结果无法使他人从中获得具体的信息，则因该汇编无法被认定是对‘内容’的汇编，而最终无法构成汇编作品。”[④] 可见，法院正确地认识到，受保护的汇编作品必须是经选择或编排的信息的集合。

（二）汇编作品的独创性：个性化的选择或编排

既然汇编作品的“表达”是以体系化的方式呈现的信息集合，而不是其中孤立存在的信息，汇编作品的独创性就只能体现在对既有信息的选择或编排方面，而不能体现在该信息的产生或来源方面。在认定汇编作品的过程中，区分“为取得被汇编的信息所付出的独创性劳动”与“对取得的信息进行独创性的选择与编排”极为重要。在“英国超级联赛联盟诉英国雅虎案”中，欧盟法院发现设计足球赛程表需要相当程度的劳动和技巧，其间需要进行选择和判断。[⑤] 但欧盟法院明确指出，产生数据所需要的智力投入和技巧，与判断包含这些数据的数据库能否受到版权保护无关。[⑥] 在编制英超赛程表的过程中，为了确定英超球队的比赛日期、时间和对阵序列进行的智力投入，在任何时候都不能作为判断数据库能否获得版权保护的依据。[⑦]

那么，又应如何理解“对取得的信息进行独创性的选择与编排”呢？如果以体系化方式呈现的信息集合是对既存信息进行偏离常规的、富有个性化的选择或编排的结果，体现了汇编者对信息价值和呈现方式的独特认识，就符合对汇编作品独创性的要求。例如，一家出版社在汇编美国纽约华人社区的电话号码时，根据自己的判断，将其认为经营前景黯淡的商户排除出去，该电话号码簿就体现了对被选择的经营者商业生命力的独创性判断。[⑧]

根据判断独创性的标准，如果一种处理过程只要按照既定规则或规律去做，结果都是相同的，则这种处理结果不可能具有独创性。在美国最高法院判决的经典案例“Feist”案中，原告出版的电话号码簿，收录了全体当地居民的电话号码，并按照居民姓氏的字母顺序加以排序。美国最高法院认为，原告记录电话号码的过程完全是照章办事，并无任何独创性的“选择”。同时，按照居民的姓氏字母顺序排列电话号码，只是业界的常规，没有独创性。[⑨] 在我国发生的“族谱案”中，法院认为，“族谱资料虽然记载了在若干自然村屯上曾经生息繁衍的祖先及其后代的名字，并对这些名字按辈分大小进行编排，但这种编排不具有独创性”[⑩]。该案与“Feist”案异曲同工。

（三）汇编过程中思想与表达的分界

虽然汇编作品是以体系化方式呈现的信息集合，独创性体现在个性化的选择或编排，但这并不意味着所有这样的“表达”都能作为汇编作品。除此之外，还要看这种汇编结果是否因与思想混同，或具有功能性而应被排除出著作权法的保护范围。

---

① Directive 96/9/EC of the European Parliament and of the Council of 11 March 1996 on the Legal Protection of Databases，Article 1.

② Norton Printing Co. v. Augustana Hospital，155 U. S. P. Q. 133，134 (N. D. Ill. 1967).

③ 美国学者也指出：满足编排方面的独创性标准要比满足选择方面的独创性标准更困难。参见 Jane C. Ginsburg，No “Sweat”? Copyright and Other Protection of Works of Information After Feist v. Rural Telephone，92 Colum. L. Rev. 338，344-345，1992。

④ 参见北京市第一中级人民法院（2008）一中民初字第7260号民事判决书。

⑤⑥⑦ Football Dataco v. Yahoo! UK，Case Ĉ604/10.

⑧ Chinatown Today Publishing Enterprises，Inc.，945 F. 2d 509，513 (2nd Cir.，1991).

⑨ Feist Publications v. Rural Telephone Service，499 U. S. 340，341-344，1991.

⑩ 参见广西壮族自治区河池市中级人民法院（2004）桂民三终字第3号民事判决书。

1. 对思想与表达混同的识别

著作权法不保护思想，包括操作方法和计算方法，以及与之混同的表达。因此，如果汇编者对信息的选择或编排，并非是基于个性化的主观判断，而是应用某种操作方法或计算方法的必然结果，则此时发生思想与表达的混同。无论该操作方法或计算方法本身是否为智力创造的产物，该汇编的结果都不能作为汇编作品受到保护。

当然，任何选择和编排都需要运用某种方法以产生汇编结果。如果不加区分地认为所有汇编结果都与选择或编排思想混同，则世界上将不存在可以受保护的汇编作品了。① 那么，应当如何确定适当的认定标准？要解决上述问题，可以采用一种具有可操作性的测试方法。如果汇编者说明了其选择或编排的方法，或者他人通过分析汇编结果总结出了选择或编排的方法，而且对相同范围的信息使用该选择或编排方法能够获得基本相同的汇编结果，就说明这种选择或编排方法是一种可以被量化的操作方法或计算方法，对其的运用并不存在智力方面的个体差异。在这种情况下，无论该选择或编排方法本身是否是独创的，都属于思想的范畴，由其产生的汇编结果是与该思想混同的唯一表达，不能受到保护。假设出版社在编辑《法学优秀论文集》时，采用了一种可以量化的方法来选出 100 篇优秀法学论文并加以排序，则该方法本身属于思想，不能受到著作权法的保护。同时，运用该方法获得的选择和编排结果具有唯一性。因此该文集并不构成汇编作品。

相反，如果对于汇编者自述或他人总结出的选择或编排方法，不同的人对相同范围的信息使用该方法无法获得基本相同的汇编结果，就说明汇编结果并没有与汇编方法发生混同，仍然可能作为汇编作品受到保护。例如，《古典音乐欣赏》汇编者自述选择方法是按照旋律优美而简单，而编排方法是按照简单程度排序。可以想象，不同的人在面对成千上万首古典音乐，用该选择或编排方法进行汇编时，其结果仍然是千差万别的。由此产生的结果并不发生思想与表达的混同。

2. 与汇编有关的实用功能

上述测试方法同样不是孤立存在的。它也要受制于著作权法中的其他规则和原理，其中最为重要的，就是实用功能不受保护的原理。

著作权法只保护表达。这类表达用于传递思想、情感或信息，具有一定的文艺或科学美感并供人们阅读或欣赏。② 能够实现技术效果的实用功能并不属于著作权法意义上的表达。如果对信息进行汇编的目的就是实现某种实用功能，其结果仅构成了某种功能性操作方法的组成部分，则该汇编结果应被排除出著作权法的保护范围。例如，在“广播体操动作设计案”中，焦点问题是：虽然组成第九套广播体操的各个动作，如屈伸、转体、跳跃等，均不构成作品，但对这些简单肢体动作进行独创性的选择和编排，创编而成的全套动作作为一个整体是否属于汇编作品？③ 对此，法院做出了合理的认定：广播体操是一种具有特定功能的身体练习活动，包含一系列连续的肢体动作，当这一系列动作按照规定的方式施行时，将产生既定的健身效果。因此，广播体操本质上属于一种健身方法、步骤或程序。④ 显然，如果请不同的人对广播体操进行设计，每个人提交的动作设计必然是不同的，这说明设计过程反映了个性化的选择和编排，形成了具有独创性的智力成果。但是，由于这种智力成果本质上是一种实现健身功能的方法与步骤，基于著作权法不保护实用功能的基本原理，不能作为任何一种作品受到保持。同样道理，少林派武术与武当派武术的招数并不相同，各门派不仅自创各种武术动作，也对其他门派的动作进行选择和编排，所谓“融百家之长”。但无论是原创还是改进，都是实现克敌制胜或强身健体的方法与步骤，都不能因为汇编方面的独创性而受到著作权法的保护。

由此可见，在确定一种选择或编排的成果是否构成汇编作品，以及确定汇编作品的保护范围时，仍然需要根据著作权法的基本原理，将规则、方法和流程等因素排除出去，以适当地划分思想与表达的界限。

（本文原发表于《法学》2015 年第 2 期，为作者主持的“上海市哲学社会科学规划项目”（项目批准号：2014BFX010）的研究成果之一。作者单位：华东政法大学）

① 美国有法院就此指出：“从某种意义上说，每一种对事实的汇编结果都可以被视为反映了思想与表达的混同。”参见 Kregos v. Associated Press，937 F. 2d 700，706（2nd Cir.，1991）。

② 在著作权法保护的各类作品中，计算机程序属于例外，因为其是具有实用性质的工具。将计算机程序纳入作品的范围是美国强权的结果，而非符合著作权法逻辑的选择（参见王迁：《知识产权法教程》，北京，中国人民大学出版社，2011）。

③④ 参见北京市西城区人民法院（2012）西民初字第 14070 号民事判决书。

从TPP建议案版权条款看美国的版权扩张政策

郑万青

《跨太平洋伙伴关系协议》(Trans-Pacific Partnership Agreement,TPP)是正在谈判中的综合性自由贸易协议,其中包括大量的知识产权保护条款。TPP以美国为主导,目前谈判参与方已经达到12国[①],但中国始终没有受到邀请,事实上是有意将中国排除在外。TPP实质上是美国要在WTO框架之外另起炉灶,在亚太地区建立由自己主导的自由贸易体制,尤其要搞一套高于TRIPS协定的知识产权保护标准。美国主导的TPP谈判,采取的是黑箱作业,秘密谈判方式,每个TPP参与国只有三个人可以看到协议全文,即使是美国国会议员也无从知晓其内容。2011年就有网站披露了美国的TPP建议案知识产权章节的内容[②];2013年11月,维基解密又披露了据称是谈判桌上的TPP"知识产权篇"。

其实美国的TPP建议案早在美国国内就曾引发强烈争议,其中针对美国建议案文本中的知识产权条款的质疑声最为强烈。就版权保护而言,无论是对版权保护的对象还是保护的期间,美国的TPP建议案都体现了奥巴马政府的版权扩张政策,表现出美国急欲通过国际组织和多边条约强力主导提高版权保护标准的意图,旨在最终修订或替代现有各国版权法律。鉴于TPP尚处在秘密谈判阶段,内容和条款均具有不确定性,处在不断变动状态,而整个谈判过程和谈判对象实质上是由美国主导,美国政府的意志实际上就是TPP文本的核心,故下文仅针对美国的建议案,对照美国国内法和相关国际条约的规定加以分析。

美国TPP建议案的"版权和相关权利"部分,提出了高于TRIPS协定的标准,甚至高于美国国内法的保护标准,主要体现在以下方面:

一、扩大专有复制权,规定了版权所有人对临时复制和缓存的专有权利[③]

TPP建议案规定应授予知识产权持有人"禁止所有的复制,无论以何种方法或形式,永久的或暂时的(包括以电子形式的临时存储)复制行为"。这一条文实际上重述了《美韩自由贸易协定》(KORUS,2007年签订)等美国与他国签订的自由贸易协定的内容。此类条款通常被称为TRIPS Plus,是指在知识产权保护标准上那些高于TRIPS协议的内容。

TPP建议案关于复制权无限扩大而不加限制的规定明显同国际条约相违背。《伯尔尼公约》第9条早就确定了关于复制的权利限制和例外,提出三步测试法:只适用于特定情形;不能与作品的正常使用相冲突;不能不合理地损害作品权利人的合法利益。《世界知识产权组织版权条约》关于第1条第(4)款的议定声明:"《伯尔尼公约》第9条所规定的复制权及其允许的例外,完全适用于数字环境,尤其是以数字形式使用作品的情况。不言而喻,在电子媒体中以数字形式存储受保护的作品,构成《伯尔尼公约》第9条意义下的复制。"关于第10条的议定声明:"不言而喻,第10条的规定允许缔约各方将其国内法中依《伯尔尼公约》被认为可按受的限制与例外继续适用并适当地延伸到数字环境中。同样,这些规定应被理解为允许缔约方制定对数字网络环境适宜的新的例外与限制。"

当然,禁止临时复制的规定在世界贸易组织《与贸易有关的知识产权协定》(TRIPS)中也并不存在。

TPP建议案已经大大高于美国国内法的保护标准。《美国版权法》第106条第(1)款并没有"禁止所有形式的复制",更没有将专有复制权延伸至"以电子形式的临时存储"。美国法律要求作品的复制具有形式上的"固定"特征,意味着"在并非临时的期间内,足以持久和稳定地被感知、重制或以其他方式表达"。1976年《美国版权法》第101条规定,复制是以现在所知的或将来发展出来的方法将作品固定在除了录音制品以外的物质载体上,由此作品能直接或借助机器或装置被观看、复制或进一步传播的行为,它强调了复制是"固定"在有形载体上。而"复制件"是除录音制品外,作品以现在已知的或以后发展的方法固定于其中的物体,通过该物体可直接或借助于机器或装置感知、复制或用其他方式传播该作品。"复制件"一词包括除录音制品外,作品初次固定于其中的物体。对照美国版权法关于"复制"和"复制件"的规定,将专有复制权延伸至"以电子形式的临时存储",显然是复制

① 目前参与TPP谈判的国家包括美国、日本、墨西哥、加拿大、澳大利亚、马来西亚、智利、新加坡、秘鲁、越南、新西兰、文莱、韩国,而俄罗斯尤其是中国等强有力的经济体却被排除在谈判大门之外。

②③ Trans-Pacific Partnership, Intellectual Property Rights Chapter February Draft, http:// keepthewebopen. com/tpp.

权的一种极大扩展。

美国信息基础设施特别小组于 1995 年 9 月出版的《关于知识产权和国家信息基础设施白皮书》认为："在用户的计算机与电子布告板系统或其他服务器之间的作品上传或下载，以及计算机网络用户之间的传输，都应当属于版权法意义上的复制，但这种暂时性的、不完整的复制件不应被归入版权人的复制权范围之内"。这就将暂时性、不完整的复制排出了版权人复制权的范围。

美国克林顿时代于 1998 年 10 月公布的《新千年数字版权法案》（Digital Millennium Copyright Act，DMCA）对网络服务提供者、计算机维护及修理、广播电台、电视台等传输组织，远程教学、图书馆、档案馆等所涉及的复制做了多方面的限制：为维护和修理计算机产生的计算机程序复制件不构成侵权责任，但必须在用后立即销毁；广播电台、电视台可以形成"暂时性录制"，版权人有义务向广播电台、电视台提供复制技术和条件，否则，传输组织为实施复制不因破解了技术措施而承担侵权责任；允许图书馆和档案馆使用数字技术复制作品，为馆藏目的制作作品复制件 1～3 份，但不得在馆藏以外的场所向公众提供复制件。众所周知，该法案著名的第 512 条（b）款确认了系统缓存的"避风港原则"，这是关于临时存贮的重要免责规定，竟然没有包括在美国的 TPP 建议案中。可见 TPP 的复制权条款充满了何等的知识霸权意味！

再从美国的判例看，美国法院有明确的判例认定版权保护并不能扩展到网络缓存复制。在 Cartoon Network LP，LLLP v. CSC Holdings 一案中，判决认定缓存复制适用于《美国版权法》第 106 条，不具有作品形式上的"固定"特征，因此不构成对作品的复制。①

同样是对版权保护十分严格的发达国家，欧盟版权指令明确将缓存这类暂时复制排除在复制权的范围之外。"版权指令"依据《伯尔尼公约》"三步测试法"的规定，对复制权进行了权利限制，如第 5 条第（1）款就规定，某些暂时复制应当被排除在复制权的范围之外，并对暂时性复制的前提条件做了规定，即该暂时复制是临时的或偶然的，是某种技术过程中基本的或不可分割的组成部分，其唯一目的是作为中介的第三方在互联网上传送作品或其他受保护客体，或者是为了他人能够合法地使用作品或其他受保护客体，这种暂时复制没有独立的经济意义，其目的就是使作品能够被合理利用。②

美国的 TPP 建议案无视国际条约、美国国内法和欧盟等发达国家或地区的法律规定，无疑是要求 TPP 所有缔约方将其国内有关复制权保护的限制和例外的规定全部按照美国政府的要求修改，将互联网的版权保护提高到前所未有的水平，这无疑将严重威胁到网络服务提供者的经营，也严重威胁到无数网络用户的信息自由权利。复制权的大量滥用，势必阻止创新并压迫互联网用户。

二、禁止平行进口

美国的 TPP 建议案还首次在国际知识产权法律中授予版权人阻止版权作品平行进口的权利。③

版权作品的平行进口意味着可以从价格不同的国家进口同一版权作品。美国的 TPP 建议案第 4.2 条的规定不仅同任何一项关于知识产权的多边协议不符，而且显然也同美国的国内法不一致，甚至也不符合 TPP 成员国的自身利益。世界贸易组织《与贸易有关的知识产权协定》第 6 条就明确规定，该协定的内容不应当用于处理知识产权权利耗尽的问题，也就是不适用于平行进口。

平行进口问题之所以被美国在 TPP 谈判中提出，完全是美国版权利益集团如代表好莱坞利益的"美国电影协会"、代表微软等大公司利益的"商业软件联盟"等强力推动的结果。阻止平行进口，这些利益集团就有权力分割国际市场，可以随心所欲地决定版权产品进入每一个市场的价格。对许多国家来说，阻止平行进口的规定不利于其消费者利益，特别是那些缺乏消费者基数的国家，它们难以凭借大量的消费人群来吸引版权人以较低的价格进入市场。平行进口允许版权产品发行商以合适的价格从其他国家市场进口合法的版权作品，因此明显有利于这些国家的消费者，同样也有利于版权作品发行人。因此各国对于平行进口的态度有很大差异，立法也各不相同。鉴于此，TRIPS 规定成员方适用各自的国内关于知识产权权利耗尽的法律制度来自主解决平行进口问题。一般来说，发展中国家更强调版权作品平行进口的合法性，例如在世界知识产权组织关于《图书馆和档案馆适当的例外与限制国际法律文书》中，非洲集团的提案就主张："为了在世

① Cartoon Network LP，LLLP v. CSC Holdings，Inc.，536 F. 3d 121，2d Cir.，2008.

② Directive 2001/29/EC，Article 5.

③ Trans-Pacific Partnership，Intellectual Property Rights Chapter February Draft，Art. 4. 2，http://keepthewebopen.com/tpp.

界各地合法获得其所需要的馆藏作品时，图书馆不应受到进口权和出口权的妨碍。这是完全符合《与贸易有关的知识产权协定》(TRIPS) 和世界知识产权组织相关规定和标准的。"[①] 而美国提出的禁止平行进口建议，完全无视这些国际标准。

三、扩大了版权的保护期限

TPP建议案将版权的保护期限延长为作者的有生之年加70年，或自作品首次发表之日起不少于95年，或自作品创作之日起不少于120年。[②] 这又是明显将美国法中版权保护期限的延长标准强加给其他国家，这使得TRIPS规定的最低不少于发表之日起50年或创作之日起50年的保护标准倍加延长。对照TRIPS，其第12条这样规定"保护期"：

"电影艺术作品或实用艺术作品以外作品的保护期，应以不同于自然人的寿命计算，此期限应为自授权出版的日历年年终起算的不少于50年，或者若作品在创作后50年内未被授权出版，则应为自创作年年终起算的50年。"

无视TRIPS的规定，在好莱坞利益集团的推动下，美国1998年通过了版权期间延长法案（Sonny Bono Copyright Term Extension Act），规定著作权的保护期限是作者有生之年加死后70年，这比《伯尔尼公约》规定的国际惯例多了20年，假如作品是集体创作或是1978年1月1日以前发表的，那么其版权保持75至95年。1923年以前发表的作品均属公有领域。但这个规则也有例外，一些1963年的作品已经进入公有领域，而另一些早于1923年的作品重新被申请版权，因此依然受版权保护。因此，出于法律的改变，到2019年为止不会有作品进入公有领域。

更令人难以接受的是，本来美国的版权保护期限是最高保护期限，是属于"天花板"式的最高保护标准，是版权期限的上限[③]；而TPP建议案规定的保护期限则是"地板"式的最低保护标准，是版权保护期限的下限，在此基础上还可以进一步延长。

美国的版权延长法案将本属于公有领域的东西划为私人的排他性权利，在美国国内本身就充满争议、招致抨击甚至引发诉讼。学术界一般认为，它只给版权继承人和已故作者的受托人带来额外利益和意外之财，恰恰剥夺了现在活着的作者利用既有文化遗产进行创作的权利。这种保护期限的延长对社会公众只是增加负担而没有带来公共利益。在"Eldred v. Ashcroft"一案[④]中，Eldred以违宪理由提起诉讼，状告国会1998年通过《松尼·博纳版权期限延长法案》(CTEA) 违反了美国宪法，尽管结果败诉，但其案引发的关于版权延长法案违宪的争议一直延绵至今。因此，将美国的版权延长标准施加于他国，不会给国际社会公众创制任何利益，只会要求他们向美国文化产品付出更多的购买成本，明显暴露出美国政府的知识霸权主义。

四、无限扩大雇佣作品（职务作品）中雇主的权利

TPP建议案第4.7条要求TPP成员方许可"任何人均可通过合同获得或掌握作品中的所有经济权利，并可以自己的名义使用这些权利和充分地享有这些权利所派生的利益"[⑤]。这就意味着可以无条件授予雇主或缔约人作者的身份，这显然并不符合《美国版权法》第101条关于雇佣作品（职务作品）的定义要求。《美国版权法》第101条关于雇佣作品的规定包括两种情况：(1) 雇员在其受雇工作范围内完成的作品；(2) 某些特定种类的委托作品，当事人书面约定将其视为雇佣作品。对于第二种情况，《美国版权法》规定是指：专门用作集体作品（collective work）的组成部分、电影作品或其他视听作品（audiovisual work）的组成部分、翻译作品、增补作品、编辑作品、教材、试题、试题答案、地图作品，而受命或受委托创作的作品，并经当事人在书面文件中明确约定将其视为雇佣作品。《美国版权法》第201条第（2）款规定：就雇佣作品而言，雇主或者指示创作作品的其他人被认为是本法上的作者，享有版权法之各项权利，但双方在其签署的书面文件中另有约定的除外。对比这些规定可见《美国版权法》关于雇佣作品的规定是有条件的，而雇主要享有作者权利也是有条件并且有"但书"限制的。

赋予雇主更多的权利，意味着就要相应缩小或剥夺作品创作者的权利和利益，这显示美国政府完全站在以好莱坞为代表的文化资本集团的立场来向其他国家进行法律输出。

---

① 参见"版权及相关权常设委员会第二十四届会议"文件，2012年7月16日至25日，日内瓦，SCCR/23/8，世界知识产权组织，2012-08-01。

② Trans-Pacific Partnership, Intellectual Property Rights Chapter February Draft, Art. 4.5, http:// keepthewebopen. com/tpp.

③ U. S. C. § 302 (e).

④ http://laws. findlaw. com/us/000/01-618. html.

⑤ Trans-Pacific Partnership, Intellectual Property Rights Chapter February Draft , Art. 4.7 (b), http://keepthewebopen. com/tpp.

五、大大提高了反规避标准[①]

TPP 建议案所提议的反规避标准同美国现存法律不相符，甚至远超因为充满争议而被否决的《反假冒贸易协议》中的相应规定[②]，也超过《美韩自由贸易协定》中的规定[③]。

TPP 建议案的反规避条款同美国国内法的既有规定并不一致，我们至少可以举出以下方面：

（1）美国《新千年数字版权保护法》（DMCA）："任何人皆不得制造、进口、允诺提供、提供或是运送任何以下规定之科技、产品、服务、装置、组件或零件：……（C）其个人及其他相关人营销之方式，系为使他人得以规避科技保护措施，以取得（接触）本条所欲保护之作品为目的。"[④] 该条款禁止用于绕开技术保护措施而设置的"营销"，而 TPP 建议案则将禁止范围扩展到对具有规避用途产品设置的"促销和广告"，亦即禁止对规避设置的许诺销售。[⑤]

（2）美国《新千年数字版权保护法》："任何人皆不得制造、进口、允诺提供、提供或是运送任何以下规定之科技、产品、服务、装置、组件或零件：（A）其主要设计或制造之使用目的系为规避本条所欲保护之科技保护措施；……"[⑥]，此处禁止的范围仅限于"为规避目的"而设计的产品。反观 TPP 建议案相应条款，则将禁止范围扩展到设计或制造之使用目的"可能或便于规避"的任何产品。[⑦]

（3）美国《新千年数字版权法》要求在违反了其规定的规避标准时才允许处以罚金或判处监禁，该法第 1204 条"刑事责任与罚金"设置有"基本规定"，即"任何人为营利或获利之目的而故意违反第 1201 条及第 1202 条规定"时，才承担刑事责任。[⑧] 而 TPP 建议案要求对所有"为商业目的或个人经济利益而构成侵权行为的刑事处罚科以具体的刑期"[⑨]。

（4）为了维护技术创新和言论自由，2010 年 7 月美国对《新千年数字版权法》进行修订，在特定条件下法律允许适当使用技术手段对数字解锁来复制作品，例如，纪录片、非商业性作品和用于大学教育的视频在特定情况下绕过 DVD 上的反拷贝技术是合法的，可以使用适当技术装置在创作中合理使用其他影片的片段；又如，许可不经硬件销售商的授权，通过"越狱"的方式在锁定的手机运行应用软件；还允许修改电子书阅读器以实现文本到语音的功能，以便能够大声地朗读故事等。

《反假冒贸易协议》和《美韩自由贸易协定》中的反技术规避条款本身就被认为标准过高而充满争议，但 TPP 建议案的反规避条款则更为苛刻。《反假冒贸易协议》和《美韩自由贸易协定》中，均规定"只有在（行为人）知道或者有合理的理由知道行为是违法"的情况下，才能对规避行为采取法律惩罚。例如《反假冒贸易协议》第 27.6（a）规定：禁止"明知或有合理理由应知在未经授权的情况下规避有效的技术措施"。但这项关于"主观要件"的要求在 TPP 的反规避条款中并不存在，它只要求对技术规避行为进行惩罚，而毫不考量行为人的主观故意。[⑩]

《反假冒贸易协议》第 27 条规定"数字环境下的执法"，其中关于反规避措施的最低标准在适用上有其附加条件，就是"达到成员国法律规定的程度"才适用反规避条款，并且许可根据缔约方国内法律有限制和例外，亦即对那些现有法律还没有提供反规避保护的国家，可以继续采用它们现有的保护手段。

虽然 TPP 建议案也规定了一系列有限的对规避责任的限制和例外[⑪]，但是这些限制和例外类似但不等同于美国数字版权法的第 1201 条。TPP 建议案的标准将限制成员国适用其自身那些并非建立在美国法律标准基础上的责任限制条款。TPP 建议案甚

① Trans-Pacific Partnership，Intellectual Property Rights Chapter February Draft，Arts. 4. 9（a），http:// keepthewebopen. com/tpp.

② ACTA，Art. 27. 6（a）（i），http:// en. wikipedia. org/wiki/Anti-Counterfeiting_Trade_Agreement.

③ KORUS Art. 18. 4. 7（a）（i），http:// www. ustr. gov/trade-agreements/…trade-agreements/korus-fta.

④ DMCA § 1201（a）（2）（C），1201（a）（2）.

⑤ Trans-Pacific Partnership，Intellectual Property Rights Chapter February Draft，Arts. 4. 9（a）（ii）（A），http:// keepthewebopen. com/tpp.

⑥ DMCA § 1201（a）（2）（C），1201（a）（2）.

⑦ Trans-Pacific Partnership，Intellectual Property Rights Chapter February Draft，Arts. 4. 9（a）（ii）（C），http:// keepthewebopen. com/tpp.

⑧ DCMA，17 U. S. C. § 1204.

⑨ Trans-Pacific Partnership，Intellectual Property Rights Chapter February Draft，Arts. 4. 9（a），http://keepthewebopen. com/tpp.

⑩ 参见《反假冒贸易协议》（ACTA Art. 27. 6（a）（i））。

⑪ Trans-Pacific Partnership，Intellectual Property Rights Chapter February Draft，Art. 4. 9（d），http:// keepthewebopen. com/tpp.

至在规避责任的限制上远远不及《反假冒贸易协议》，后者广泛地许可成员国对反规避责任“应用或维持其既有限制和例外”规定，并明确表示“在不损害成员国法律规定的权利、限制、例外，或对版权及相关权利的抗辩的情况下”，成员国才承担规避责任。① 而此类规定在TPP建议案中都不见踪影。可见，为版权利益集团所操纵TPP草案的美国起草人对于权利的限制是多么漫不经心。

TPP建议案还构建了一种新的版权的权利管理信息制度②，从而降低了相关侵权门槛，扩大了法律禁止的范围。其保护标准也远超《反假冒贸易协议》、《美韩自由贸易协定》和美国国内法的类似规定。③ 例如，现行美国版权法仅仅禁止“未经法律或版权所有人授权，于明知著作之著作权管理保护资讯已被移除或更改之情形下散布、进口以散布为目的或公开播放该著作”④。而TPP则规定对于电子权利管理信息被移除或改变的作品、表演或录音制品的复制品，禁止任何人播放、传输及将作品向公众提供。

综上，美国的TPP建议案中的知识产权条款完全代表了美国大型跨国公司和好莱坞文化产业财团的利益，其意在借助综合性自由贸易协定，实现美国政府版权政策的扩张。鉴于TPP谈判迄今为止将中国排除在外，国际上有不少人士指出TPP有遏制中国的意图。TPP谈判内容一旦成为现实，其中高标准的版权保护必然对我国产生影响，其负面冲击究竟多大，值得我们密切关注和认真研究。

（本文原发表于《知识产权》2015年第1期，本文写作得到浙江省高校人文社会科学重点研究基地——浙江工商大学法学基地的课题“TPP谈判与美国知识产权法律全球化战略研究”（编号：2015A004）的支持。作者单位：浙江工商大学法学院）

对加强著作权行政执法的思考

李顺德

我国的《著作权法》正在进行第三次修改。在2014年6月6日向社会公开的《著作权法（修订草案送审稿）》中，将规范著作权行政管理部门行政执法的现行《著作权法》第四十八条扩展为第七十七条和第七十八条，增加了第七十九条，全面强化、细化了著作权行政管理部门行政执法的职能，引起社会各界的关注和争议。

长期以来有一种流行的说法，称中国内地在知识产权方面实行的行政执法与司法平行的“双轨制”在世界上是特有的。其实，这种流行的说法是不对的，至少是不确切的。有关“双轨制”的一些争议，行政执法与司法孰优孰劣，“双轨制”是否需要长期共存，行政执法究竟应该不断强化还是逐步弱化乃至取消，对这些问题一直争议不断，伴随着《著作权法》的修改，这些争议再次提上日程，值得我们进一步探讨和思考。

一、知识产权实行专业行政执法和行政准司法机构执法与司法平行的“双轨制”是世界上多数国家的通行做法

在2005年正式启动的国家知识产权战略研究课题中，中国社会科学院法学研究所承担了“知识产权执法”这一专题研究，曾经对世界上一些有代表性的国家和地区的知识产权执法状况进行了比较研究，包括美国、英国、德国、意大利、加拿大、澳大利亚、俄罗斯、日本、印度、新加坡、泰国、巴基斯坦、马来西亚、菲律宾、韩国、以色列、黎巴嫩等国家和我国的香港、澳门、台湾地区。⑤ 通过上述比较研究，笔者得出一些结论：

世界上设置知识产权法律制度的国家和地区，一般均设有知识产权行政管理机关，承担知识产权行政管理和服务职能，司法机关承担知识产权司法保护和知识产权纠纷处理职能；这些知识产权行政管理机构仅仅负责知识产权管理和服务，没有直接执法职能，知识产权行政执法主要依靠专业行政执法机构和行政准司法机构。

这里所说的专业行政执法机构，是指警察（公安）局和海关等行政机关，这些机关承担全面的行政执法职能，并非知识产权行政管理机关，也不是司法机关。在许多国家和地区，除了法院等司法机关负责知识产权的司法保护以外，作为专业行政执法机构的

① 参见《反假冒贸易协议》（ACTA § 5，Art. 27. 8.）。

② Trans-Pacific Partnership，Intellectual Property Rights Chapter February Draft，Art. 4. 10，http://keepthewebopen.com/tpp.

③ 参见U. S. C. § 1202；ACTA Art. 27. 7；KORUS Art. 18. 4. 8（a）。

④ U. S. C. § 1202（b）（3）.

⑤ 参见李顺德：《关于加强知识产权行政管理和行政执法的思考》，见中国社会科学院知识产权中心编：《中国知识产权保护体系改革研究》，北京，知识产权出版社，2008（9）。本文多处内容引自该文。

警察局和海关都担负着知识产权行政执法的重任。

在这方面，我国香港地区具有典型意义。中国香港特区海关负有知识产权执法的使命，其责任不仅限于边境口岸，而是包括整个香港地区，这是香港与多数国家或地区的不同之处。香港海关对专利没有执法任务，但是对版权侵权和商标假冒案，香港海关官员有权没收或者查封货物，有权进入和搜查任何经营场所，或者对居所进行搜查。香港海关兼有内地公安部门和海关的双重职能。海关不仅负责口岸的管理而且负责市场的清理，负责涉及商标和版权的刑法的执行。澳门特区与香港特区类似，由海关知识产权厅负责具体执法。

这里所说的行政准司法机构（administrative quasi-judicial agencies），是国外对某些具有特殊性质的行政机构的统称，例如美国国际贸易委员会（ITC）和美国联邦贸易委员会（FTC），类似于我国的行政司法机关。

行政准司法机构不同于一般的行政管理机关，更接近于司法机关。依据法律规定，这些行政机构担负着类似于司法机关的职能，针对由于当事人不服行政机关的决定，或行政机关、其他当事人侵害相对方合法权益而产生的争议或纠纷而提出的相关请求，按照相关的司法程序而不是行政程序进行审理、裁定，其裁定不同于一般行政机构的行政裁定，必须对裁定的理由（事实和法律）做出充分说明，通常被认定为是一级司法裁定，具有司法意义上的法律效力，需要设置相应司法程序，由法定的司法机关对其承担相应的司法审查职能，对于其裁定的司法审查如同上级法院对下级法院判决或裁决的司法审查一样，是以上诉方式而不是以提起诉讼方式进行司法救济，做出裁定的行政机构不作为被告。行政准司法机构的行政执法，相当于专业行政执法机关的专业行政执法，类似于司法，显然与行政管理机构的行政直接执法是不同的。

根据上述研究和分析，笔者得出以下结论：世界上许多国家在知识产权方面通行的是专业行政执法机关和行政准司法机构行政执法与司法平行的"双轨制"，在知识产权方面实行专业行政执法与司法平行的"双轨制"是世界上多数国家的通行做法。

因此，笔者认为，既然知识产权实行专业行政执法和行政准司法机构执法与司法平行的"双轨制"是世界上多数国家的通行做法，关于行政执法与司法孰优孰劣，行政执法与司法"双轨制"是否需要长期共存等问题的争议，应该说已经有了明确的答案，可以不必再争论下去。知识产权的行政执法与司法"双轨制"是尺有所短、寸有所长，将会相辅相成、长期共存。但是，这里所说的行政执法主要是指专业行政执法机关和行政准司法机构行政执法。

二、我国知识产权行政管理机关承担直接行政执法职能具有中国的特色

根据有关人员到日本、英国、德国、法国、意大利、印度、新加坡、泰国等国家实地考察，以及通过其他途径收集到的美国、加拿大、澳大利亚、韩国、以色列，中国台湾地区、香港地区、澳门地区的相关资料，境外知识产权行政管理机构的管理和服务职能主要包括以下内容：

（1）知识产权登记；

（2）知识产权许可、转让合同登记；

（3）知识产权相关数据统计；

（4）知识产权法律、政策起草、制定及管理、实施；

（5）知识产权相关信息发布，提供多样化的信息资源和信息工具，为公众查找知识产权相关信息提供方便；

（6）知识产权对外合作、交流；

（7）研究和推动科技创新和知识产权的商业化；

（8）知识产权法律咨询服务；

（9）知识产权争议调解；

（10）知识产权普及、宣传、培训、教育。

上述国家和地区的知识产权管理机构均没有直接行政执法职能。

这里所说的知识产权管理机关直接行政执法，是指知识产权行政管理机关（专利局、商标局、版权局等）和取得相应行政授权的组织所实施的，依据知识产权法律规范直接审理、查处知识产权违法、侵权纠纷的行政执法行为。

我国这样的由知识产权行政管理机关直接从事知识产权行政执法与世界上许多国家在知识产权方面通行的专业行政执法机关和行政准司法机构行政执法显然是不同的，因此，我国在知识产权方面实行的行政执法与法院等司法机关司法并存的"双轨制"，与世界上许多国家在知识产权方面通行的专业行政执法机关和行政准司法机构的行政执法与司法平行的"双轨制"的相比存在明显的区别。我国与西方发达国家和世界上绝大多数国家的"双轨制"的不同之处在于，我国在知识产权领域实行的是行政管理机关直接执法、专业行政执法机关行政执法与法院等司法机关司法并存的双轨制。中国知识产权执法的双轨制的特色在于我国知识产权行政管理机关承担直接行政执法职能。

国家版权局是国务院著作权行政管理部门①，主管全国的著作权管理工作。在我国的《著作权法》第四十八条和《著作权法实施条例》第三十六条、第三十七条中对版权行政管理机关的行政执法职能做了明确规定。国家版权局制定了一系列有关版权行政执法的行政文件，具体规范版权行政执法。

三、我国知识产权行政管理机关具有行政直接执法职能是特定历史条件下的产物

在20世纪80年代，中国内地知识产权法律制度建立之初，有关知识产权的司法体制尚未建立，面临着较为繁重的知识产权执法和争议纠纷处理任务，仅仅依靠司法机构是难以胜任的。随着知识产权法律制度建立而产生的知识产权行政管理机关，理所当然地分担起行政执法的重任，既是必要的，也是现实的选择。

在中国内地知识产权法律制度建立和实施的历史过程中，知识产权行政机关的行政执法起到非常重要的积极作用，形成世界上特有的知识产权行政管理机关直接执法、专业行政执法机关行政执法与司法平行的“双轨制”，这是特定历史条件下的产物。

随着中国内地知识产权法律制度的不断完善，知识产权司法体制逐步建立、健全，行政管理机关直接执法与司法平行的“双轨制”的弊端逐渐显现，对于这一特有体制改革的呼声日益增强。20世纪90年代末期以来，随着国家行政体制改革的不断深入，在担负行政执法职能的行政机关中已经出现了将行政管理与行政执法分开的趋向。2000年修订的专利法和2001年修订的商标法与著作权法，已经反映了这样的趋向，即知识产权行政管理机关虽然仍然承担部分直接执法职能，但是主要针对盗版、假冒等涉及扰乱社会公共秩序、侵害社会公众利益的违法行为，对于一般知识产权侵权行为仅限于确定侵权与否，不再允许责令赔偿和确定损害赔偿数额，实际上已经弱化了相关知识产权行政管理机关对知识产权侵权行为的直接执法职能。

类似中国内地这样的知识产权行政机关负责直接行政执法，在世界范围内是极其少见的，这使得中国政府直接承担了过重的知识产权行政执法负担，需要动用大量的社会公共资源用于为少数知识产权权利人维护权利，这种做法不符合法律保护知识产权等“私权”的基本原则，而且也给其他国家国民传递了一个错误的信号，使他们在遇到知识产权纠纷问题时往往放弃正常的司法救济，一味要求中国内地知识产权行政管理机关负责，甚至直接或通过其政府向中国政府施加压力，要求中国政府直接干预立法、司法等具体法律事务。一些外国政府也把对知识产权这种私权的保护完全看作是我国政府的义务，当该国知识产权人在我国境内出现权利争议等民事纠纷时，不顾其国民是否主动通过我国的司法途径解决争议，动辄指责中国政府保护知识产权不力，一再以此损害中国政府的国际形象。中国政府不应该再承担这种本不该由政府完全承担的过重的知识产权行政执法负担和压力。

知识产权行政机关负责直接行政执法，需要动用社会公共资源。这种行政执法如果是直接为了维护社会公共秩序和社会公众的利益是无可厚非的，但是如果主要是为了维护知识产权权利人的利益，就是失当的。如果不当地扩张了行政执法的范围，实质就是动用社会的公共资源去维护少数人的利益，是对社会公共资源的滥用和浪费。

从知识产权权利人的角度来看，通过司法途径进行维权，需要承担相应的维权成本，并且还要承担维权失利的风险，而通过行政途径进行维权，一般不需要权利人承担维权成本（这一维权成本是由社会公共资源支付的），当然也不需要承担维权失利的风险，因此选择通过行政途径维权成为首选。

针对知识产权而言，盗版对社会公共秩序和社会公众利益的危害是明显的，因此盗版和假冒被称为世界范围内知识产权领域的两大公害，是各国知识产权执法的重点目标，当然也是知识产权行政执法的重点目标。

四、强化专业行政执法、逐步淡化行政管理机关直接执法是我国知识产权行政执法的发展方向

知识产权行政执法面临的问题不是加强或弱化的选择，而是如何强化的问题。知识产权行政执法不仅不能弱化，而且必须不断加强，加强的执法重点是针对那些破坏社会公共秩序、损害社会公共利益的侵害知识产权的违法行为。无论是知识产权行政管理机关直接执法，还是专业行政执法机构行政执法，其重点都应该是这一目标。从长远发展来看，强化知识产权行政执法的重任主要应该是由专业行政执法机构承担的。作为知识产权行政管理机关的发展方向主要是不断强化知识产权行政管理和为社会提供服务，而不是强化知识产权直接行政执法。为了逐步实现这一愿景，势必需要逐步将知识产权行政管理机关的直接行政执法淡化，弱化，乃至剥

① 参见 http://www.ncac.gov.cn/chinacopyright/channels/475.html，2015-11-02。

离，实现知识产权行政执法完全专业化，由知识产权专业执法机构或者社会专业行政执法机构承担。

当初确立行政管理机关直接执法与司法平行的“双轨制”是历史发展的需要，当今将行政执法与行政管理职能分离，设立专业行政执法队伍同样是历史发展的要求。

实施知识产权行政执法与行政管理分离，设立知识产权行政专业执法队伍，至少具有以下积极作用：

1. 便于集中使用行政资源，提高专业行政效能

将行政执法与行政管理区分开来，成立统一的知识产权行政执法队伍，便于知识产权行政管理机关集中精力行使行政管理的职能，不必为具体直接行政执法以及由此而引发的成为行政诉讼被告而分散精力，以便更好地承担起服务社会、服务企业的职能；新设立的行政专业执法队伍，也可以集中精力进行行政执法，不断提高专业化行政执法水平和执法效率。

2. 可以改多头行政执法为统一行政执法，增强行政执法效果

将分散在知识产权（含专利局）系统、工商局系统和版权局等系统的行政执法人员整合起来，设立统一的专业行政执法队伍，可以有效降低过去由于执法队伍分属不同系统而带来的相互协调成本，避免冲突；使得行政执法队伍的职责更加明确，不会发生不同执法队伍之间的推诿，有利于对执法队伍的执法效果的监督、检查；便于增加和配备更多、更有效的专业执法工具和执法手段，集中打击那些易于分辨的盗版和假冒等量大面广、社会危害性大、对知识产权保护法律环境影响突出的违法侵权行为。这样的行政执法机制，不但不会削弱已有的行政执法，而且可以大大强化行政专业执法。

3. 有助于行政执法队伍自身的建设

建立统一的专业行政执法队伍，可以针对行政专业执法的特点，加强对执法人员的培训和教育，培养既有专业知识又有综合能力的执法人员，这样不仅有利于行政执法队伍自身的建设，也可以从根本上提高行政专业执法水平。

中央政府的知识产权行政部门作为专门的知识产权审查、注册和登记机构，负责专利、外观设计、集成电路布图设计、商标、版权等项的审查、注册和登记工作，同时承担相应的行政管理职能，包括对地方知识产权行政管理部门的垂直领导职能，强化面向社会的服务职能，不再承担行政直接执法的职能。

地方的知识产权行政管理部门主要承担本地区的知识产权行政管理事务，强化面向社会的服务职能，有些地方知识产权行政部门还要继续承担中央政府的知识产权行政部门委托办理的知识产权注册和登记任务。

五、加强知识产权行政机关的直接行政执法的重点应该是针对盗版和假冒等量大面广、社会危害性大的违法行为

当前，在没有实现知识产权行政执法专业化之前，知识产权行政机关的直接行政执法不仅不能削弱，而且应该加强，加强知识产权行政机关的直接行政执法仍然是必要的。知识产权行政机关的直接行政执法加强的重点应该是针对盗版和假冒等量大面广、社会危害性大的违法行为。知识产权行政管理机关强化对以盗版和假冒为代表的破坏社会公共秩序、损害社会公共利益的侵害知识产权等违法行为的直接行政执法，不仅是现实存在，也是现实需要。

六、加强网络环境下的知识产权保护是当前知识产权执法保护的重点，也是知识产权行政执法的重点

中国的互联网产业近年来保持了高速发展的态势。截至 2015 年 12 月，中国网民规模达 6.88 亿，互联网普及率为 50.3%，手机网民规模达 6.20 亿，网站总数为 423 万个。[①] 大量的文学、音乐、影视、软件、游戏等作品在互联网传播，网络已经成为版权保护的主战场。

国家版权局、公安部、工信部（原信息产业部）从 2005 年开始连续 10 年开展打击网络侵权盗版专项治理行动，依据每年的《国家知识产权战略实施推进计划》开展打击网络侵权盗版“剑网”专项行动，针对网络侵权盗版行为进行专项治理。

2015 年 4 月以来，国家版权局下发《关于规范网络转载版权秩序的通知》《关于责令网络音乐服务商停止未经授权传播音乐作品的通知》《关于规范网盘服务版权秩序的通知》等一系列文件；2015 年 10 月 26 日，国务院办公厅印发《关于加强互联网领域侵权假冒行为治理的意见》；2015 年 11 月 6 日，国家工商总局下发《关于加强网络市场监管的意见》，明确了“依法管网”“以网管网”“信用管网”“协同管网”等网络市场监管准则。这对于规范版权及版权产品的网络市场具有十分重要的意义。

（本文原发表于《知识产权》2015 年第 11 期。
作者单位：中国社会科学院法学研究所）

① 参见 2015 年第 37 次《中国互联网络发展状况统计报告》。

论体育赛事节目的著作权法地位

卢海君

体育文化产业已然成为国际贸易大产业[①]，围绕体育赛事节目已经形成了完整的价值链，包括：赛事组织者（同时也是制片方），如中超公司；节目制作者，如NBC（美国全国广播公司）；节目传播者，如CCTV（中国中央电视台）。通常是，赛事组织者委托节目制作者制作体育赛事节目，并将“转播权”（media right；broadcast right）授权给节目传播者。在前互联网时代，体育赛事节目利益相关方尚可通过广播组织权这一邻接权在一定程度上维护自己的合法权益，通过各种途径与手段，遏制电视频道（主要依靠电视频道的行规和自律）侵权行为的发生；然而，进入互联网时代，商业网站侵权、APP（智能手机的第三方应用程序）侵权（下载客户终端就能够观看电视节目，从技术上讲，获取信号是非常容易的）、OTT（“Over The Top”首字母的缩写，是指通过互联网向用户提供各种应用服务）侵权冲击了体育赛事节目利益相关方的合法利益，而我国著作权法中有关广播组织权的规定（现行《著作权法》第四十五条[②]）并不延及互联网，业界转而寻求体育赛事节目的著作权保护。然而，我国现行著作权法中并无“体育赛事节目”属于应受保护的作品的明确规定，而且体育赛事节目记录的对象是客观发生的事件，加之体育赛事节目具有现场性（必须在现场完成，通常通过转播车或电子现场制作）与实时性（活动发生过程中的同一时间制作完成并实时传播、发送到千家万户）等特性，欲在我国著作权法中为体育赛事节目寻求一定的地位似乎存在相当困难。

一、体育赛事与体育赛事节目

体育赛事本身是一种客观事实，从著作权法意义上讲，属于思想的范畴，按照思想表达两分法，其不应受版权保护显而易见。然而，却不能据此否定体育赛事节目的作品属性。体育赛事节目是反映体育赛事的一种表达，并不等同于体育赛事本身。举例来讲，摄影作品并不等同于拍摄对象，摄影作品是否具有原创性也不能够依据拍摄对象来确定。拍摄对象是一种客观存在，不可能具有所谓的原创性，也不可能受版权保护。而摄影作品是反映拍摄对象的一种表达，反映了作者对拍摄对象的认识与感悟，作者将其认识与感悟通过“图片”这种表达方式反映出来。故而，从拍摄对象是否具有原创性的角度出发来评判摄影作品是否具有原创性实际上并未认清版权保护的对象，实为荒谬。同理，也不能以体育赛事本身是否为智力创作劳动而评判体育赛事节目是否具有可版权性。值得注意的是，跟普通的电影作品相比，如下文所述，体育赛事节目虽然也表现为一系列图像，也即图像的排列组合，但是，电影作品通常是二次创作，往往是在剧本的基础之上进行创作，即通常是演绎作品，电影创作者所拍摄的对象往往是作品的表演，通俗地讲（在著作权一元体系[③]的立法例中也是如此），作品的表演就是一种作品，是一种表演作品，因此，电影作品给人的印象是其拍摄的对象本身具有艺术性。然而，从表现形式的角度讲，即使是电影作品，其首要的艺术性也来自对图像的取舍与编排，另外，由于其是二次创作的作品，其第二位的艺术性来自剧本与表演的艺术性。而体育赛事节目不同，其并不是二次创作的作品，尽管从表现形式的角度而言，其也是系列图像的排列组合，所以，其艺术性主要来自对图像的排列组合，而并非体育赛事本身是否具有艺术性。从此角度讲，对实为二次创作的电影作品而言，剧本及表演的艺术性影响到最终产品的艺术性；而对于并非二次创作的体育赛事节目而言，体育赛事本身的客观性并不影响到体育赛事节目本身的艺术性。如同照片的拍摄，其对象有人物，也有自然风景，并不能因为摄影师不能够对自然风景进行改变而否定以自然风景为拍摄对象的摄影作品可能具备原创性。当然，肯定体育赛事节目的作品属性也并不意味着其中的任何元素在任何情况之下都可能受版权保护，例如，某些机械记录的镜头，可能由于受合并原则限制而不受版权保护。

---

① “体育文化产业主要包括体育文化及相关产业所提供的体育文化产品（如体育音像、图书制品等）、体育文化娱乐休闲活动（如体育娱乐活动、体育景点游览服务等）、体育文化传播服务（如体育比赛、节目转播及文艺节目表演）等。”参见汪晓琳、胡安义：《体育文化产业竞争力区域差异的实证研究》，载《武汉体育学院学报》，2013（1）。

② 参见《著作权法》第四十五条 广播电台、电视台有权禁止未经其许可的下列行为：

（一）将其播放的广播、电视转播；

（二）将其播放的广播、电视录制在音像载体上以及复制音像载体。……

③ 意指无邻接权规定的立法例。下文简称“一元体系”。

二、著作权—邻接权二元结构体系[①]下的体育赛事节目

通常认为，我国著作权法承继了作者权体系的衣钵，典型表现就是我国著作权法中除了著作权之外，还规定了邻接权；除了著作财产权的规定之外，著作人身权也是重要组成部分。基于此，有关体育赛事节目，产生了其到底属于作品还是制品的范畴的争议。如果认为其属于作品，应获著作权保护；反之，如果认为其属于制品，应获邻接权保护。学界与实务界通常认为作品与制品的最大区别在于：作品的原创性（或谓独创性）程度高，而制品的原创性程度低。就体育赛事节目来说，认为其应属制品的观点认为：尽管在体育赛事节目的创作过程中有选择与安排，但其原创性程度相较于普通的电影作品来说，显得较低[②]，故而，在我国现行著作权法体系中，其应属制品的范畴，应在邻接权体系之下受保护。然而，原创性高低如何衡量？我国有法官认为，独创性标准在司法实践中的意义之一便是“作为利益平衡的杠杆”，这种认识恰恰证明：原创性本无高低，原创性的“高低”是我国部分法官自由裁量的工具。事实上，原创性的基本内涵是：作品来源于作者，而并非抄袭他人作品的结果。所谓“创作高度”完全是主观臆断，不宜作为原创性的应有之义。且不说二元体系相较于英美著作权单一体系孰优孰劣，仅有效区分作品与制品就是一大难事，而且，事实上，在司法实践中被认定为“制品”的创作成果微乎其微。与其如此，为何要将体育赛事节目认定为制品而不是作品，难道不是主观臆断？

（一）著作权与邻接权区分的意义及消减

邻接权通常被认为是对作品利用过程中的投入的保护。[③] 采用著作权—邻接权二元结构立法体系的国家通常要区分作品创作者与作品利用者（传播者）的劳动，认为作品创作者的劳动相较于作品利用者的劳动，更加具有创造性。邻接权的范畴通常包括表演者权、录制者权与广播组织权，这也是1961年10月26日《罗马公约》所确认的邻接权范畴。《罗马公约》所确认的邻接权体系被德国、法国、日本等作者权体系的国家所继承。事实上，《罗马公约》的缔结是回应了表演者、录制者与广播组织保护其合法权益的呼声，并不必然表示作品传播者的劳动与作品创作者的劳动有根本的不同。固然，通常而言，表演者在表演作品的过程中所付出的智力劳动相对于创作者在创作作品的过程中所付出的智力劳动，创造性与挑战性要小一些，表面上看，相对于作者对其作品享有的著作权，表演者应该获得程度较低的权利。然而，这种理解并不符合著作权与邻接权的实质。从本质上讲，作品与传播作品的产物都属于公共物品，具有非竞争性与非排他性，著作权与邻接权的制度安排就是要克服其公共物品的属性，从而能够激励该物品的私人提供。而著作权与邻接权的实质就是控制作品与传播作品的产物的传播，无论是复制权、发行权还是广播权、信息网络传播权，本质上就是赋予作者控制作品传播的权利，从而能够获取垄断的经济利益，促进更为优秀的作品的产出。因此，所谓程度较低的权利保护，也就意味着创作者或传播者不能够控制作品或传播作品的产物在某些情况下的传播，例如，我国现行《著作权法》第四十五条的规定意味着，广播组织无法合法控制其广播节目在网络环境下的传播。而按照机械理解著作权—邻接权二元体系的观点，传播作品的产物，例如表演者的表演，创造性更低，所以，其市场价值肯定更低，因为消费者肯定更偏好于消费创造性更高的文化产品，而不是更倾向于消费创造性更低的文化产品。由此可见，仅从公共利益维护的角度讲，更应该限制作品的作者对其创作产物的传播控制，而不是限制作品的传播者对其传播作品的产物的控制。因此，仅从维护公共利益的角度谈著作权与邻接权设置的区别行不通。于是，创作激励说便应运而生。传统观点认为，作品的创作者在创作过程中付出了更高水准的智力劳动，所以，应赋予其更大程度的垄断权以收回创作成本，并激励其创作出更为优秀的作品。仅就投入成本来讲，作品的传播者也付出了较大成本，表演者之所以能够做出传神的表演，不是一朝一夕之事，正所谓“台上十分钟，台下十年功”；录制者制作录音制品，不仅要投入，而且要承担市场失败的风险；广播组织不论是自己制作电视节目还是引进电视节目，往往都会花费巨资，例如，中央电视台购进2014世界杯足球赛的转播权也是花费颇丰。因此，作品的传播者在传播作品的过程中也进行了较大投入，需要收回成本以求生存与发展。假设，中央电视台所购买的2014世界杯足球赛事未经授权便被网络铺天

---

① 下文简称“二元体系”。

② 参见“央视国际网络有限公司、世纪龙信息网络有限责任公司信息网络传播权纠纷案”，广东省广州市中级人民法院民事判决书（2010）穗中法民三初字第196号。

③ 参见罗明通：《著作权法论（II）》，台北，台英国际商务法律事务所，2005。

盖地地传播，其如何能够通过广告收入来收回购买成本与后期制作成本？再者，如上所述，传统观点认为，作品创作者与作品利用者（传播者）的劳动有本质的区别。不同于体力劳动的是，作品创作者的劳动应属智力劳动，在衡量某部作品是否具有原创性的时候，可以采取主观路径，分析作者的劳动是否具有可复制性，也就是是否人人可为之，而且结果无差别。如果作者的劳动具有可复制性，劳动成果不具有独创性；反之，如果作者的劳动具有不可复制性，劳动成果具有独创性。例如，按照字母顺序排列的电话号码簿，人人可为之，而且结果无差别，所以，其在编排上不具有独创性，无法获得著作权的保护。从上述判断标准出发，表演者的劳动、录制者的劳动、广播组织者的劳动都具有不可复制性。例如，王菲演唱的《传奇》具有一种空灵感，给人以丰富的想象空间，常人无法做到。既然作品传播者的劳动也具有不可复制性，应该满足独创性或为原创性的要求，从而能够获得作品一般的私权保护，而实际上，在二元体系的我国著作权法中，并非如此。障碍在哪里？传统观点通常望文生义地将我国《著作权法实施条例》中的“独创性”①要求解读为：独立创作＋创造性。而事实上，不论是我国的《著作权法实施条例》，还是最高法院的司法解释，都未做出如此解读，尽管部分法官在其判决书中有所谓“创作高度”的阐释。② 因此，要求作品须具备所谓“创造性”于法无据。并且，将创造性作为一般独立作品之版权保护要件可能会带来一系列弊端：可能导致法院判决之困难及不确定性；诉讼成本的增加；作品保护要件之不适当的提高；作品之创作激励减低；最终导致版权法之目的不能够实现等。在普通独立作品中，要求作品具有“创造性”才能够受版权保护并不合适，独创性或谓原创性仅应被解读为作品来源于作者，而并非抄袭他人作品的结果。于是，作品传播者的劳动成果实际上同作品创作者的劳动成果在著作权法视野下应该并无二致。基于上述理由，似乎不应该区别对待作品创作者的劳动成果与作品传播者的劳动成果。不过，尚有疑问的是，除了表演者之外，其他两类典型的邻接权主体——录音录像制品制作者与广播组织都不是有血有肉的自然人，而且经常扮演“强势群体”（相对于作者而言）的角色，所以，如果同等对待作品创作者与作品传播者，是否有忽视甚至侵害作者应有权益之嫌疑？仅从理论上讲，作者权体系的著作权法似乎更有利于作者的保护。例如，对电影作品的权属安排，作者权体系与版权体系做出了不同的选择：法国著作权法规定几乎所有参与电影作品创作的主体都是电影作品的著作权人，德国著作权法也是如此，不过有所谓的“法定转让”的安排；而版权体系的国家一般规定电影作品的著作权归制片人享有，我国虽然号称是作者权体系的立法例，但在电影作品著作权的权属安排上，采取的却是版权体系的做法。③ 然而，世界上存在大量不采纳邻接权体系的立法例本身就说明邻接权制度并非唯一可行选择，而且，从产业发展促进的角度讲，版权法体系似乎更有市场，后者并不区分所谓著作权与邻接权，例如，在美国版权法中，并没有所谓“录音制品”的概念，而是“录音作品”。在后种体系中，作品的权属更加简便，交易更加便捷，事实上更有利于产业发展的促进。

（二）作品与制品区分的难度及替代选择

如上文所述，从所谓创作高度的不同出发来区分作品与制品实际上非常困难，而且会带来司法上的不确定性，无法给社会公众以明确且可预见的行为标准与界限。④ 而且，二元体系的优势（如果有的话，按照我们的理解，主要就是对作者权利保护的重视）也逐渐式微，而且不利于交易便捷，不利于促进产业发展。传统观点认为，我国著作权法主要是承继了作者权体系的衣钵，故而，在著作权法相关规则的制定与解释中，都应该遵循作者权体系的一贯做法。其实不然，我国著作权法中处处可见版权体系的影子：首先，据我国著名知识产权法学家李明德教授口述，我国著作权法中之所以有“本法所称的著作权即版权”的表述，根本原因在于当时的立法专家郑成思教授倾向于版权体系；其次，如上文所述，我国著作权法中有关电影作品的著作权归属并非采取作者权体系，而是采纳了版权体系的通常做法，即将电影作品的著作权人确定为制片人，事实证明，这更有利于文化产品的市场交易。基于上述理由，我国著作权法可以继续采纳作者权体系中的精华，例如，对作者权利保护的重视。同

① 参见《著作权法实施条例》第二条规定。

② 参见“乐高公司诉广东小白龙玩具实业有限公司等侵犯著作权纠纷案”，北京第一中级人民法院（2010）一中民初字第16670号。

③ 《著作权法》第十五条规定电影作品的著作权归制片人享有。

④ 法律规范不仅是裁判规范，也是行为规范，作品与制品的区分即使是法学专家都感到困惑，如果在著作权法中区分两种客体，并不能够给社会公众以明晰行为规范。

时，也可以兼收版权体系的合理内核，即既然二元体系并非世界通行做法，而且也并非知识产权国际公约的强行要求，我们完全没有必要区分作品与制品，不采纳所谓的创造性或创作高度的要求，将所有来源于作者的创作（即符号组合）都归入作品的范畴进行保护，具体可以借鉴版权体系的做法。当然，上述建议表面上可能涉及法律的大变动，而事实并非如此：其一，我国著作权法的条文中并无“邻接权”的概念，从法解释学的角度出发，将传统上认为属于“邻接权”的客体解释为作品并无不可；其二，如上文所述，司法实践中能够被认定为录音录像制品的创作产物已经非常稀少[①]，著作权法中规定“录音录像制品”的范畴实属无益；其三，既然缺乏客观确定的标准来区分作品与制品，立法中规定“录音录像制品”事实上会导致司法判决结果的不一致，因为如此实际上赋予法官过大的自由裁量权；其四，实践中创作者为了将制品转化为作品，不可避免地要添加一些社会公众可能并不需要的元素，而添加这些创作元素的成本最终还是转嫁给了最终的消费者，如此不利于社会福利的增加，相反，只能够徒增浪费；其五，也许我国著作权法确实承继了作者权体系的衣钵，从《大清著作权律》开始就是如此，然而，社会在变革、在进步，我们不能够故步自封，而应该勇于变革：既然区分二元体系已经体现出弊端，就要对此进行改革，而改革的路径就是吸收一元体系的合理内核，不再区分所谓作品与制品，不再采取所谓创造性或创作高度的要求。退一步讲，即使我国著作权法不修法，或者不做上述接近于版权体系的解释，如下文所述，大多数（例如利用固定机位拍摄出的短跑体育赛事节目，相对于以英超、奥运会为拍摄对象制作的体育赛事节目而言，复杂性确实要低一些）体育赛事节目都可以解释为作品，而且往往具备原创性的要求，更不用说以花样游泳、艺术体操、啦啦队表演为创作对象的体育赛事节目，因为其本身就是一种艺术表演，即使按照传统观点，这种体育赛事节目的作品属性也是存在的。另外，即使将上述传统上认为属于邻接权保护对象的传播产物作为作品进行保护，也不会对社会公共利益[②]造成损害：按照传统观点进行推理，邻接权的客体独创性程度低，必然艺术价值低（要求作品具备创造性或者一定创作高度实际上就是在评判作品的艺术价值），那么即使对其赋予较强的保护，社会公共利益也不会因此而减损。因此，不论从何种角度讲，承认体育赛事节目的作品属性，赋予体育赛事节目著作权保护，都不会导致利益失衡[③]，只会促进体育文化产业的长远发展；反之，将体育赛事节目当作制品看待，由于我国现行法的限制，只会导致更多搭便车者的出现。

三、体育赛事节目与视听作品

作品的本质是意义符号的排列组合，这些排列组合在终极意义上，还是符号。具体而言，文字作品表现为文字、数字、字母等的排列组合；美术作品表现为线条、色彩等的排列组合；而视听作品则表现为一系列图像的排列组合，其中的电影作品同样如此，只不过，不同于其他类型的视听作品，例如幻灯片，当电影作品借助机器进行播放的时候，能够给人一种动态的感觉，所以，电影作品的英文表达之一便是“motion picture”，实际上就是动态图片。从表现形式的角度讲，体育赛事节目同视听作品最为接近，都表现为一系列图像，这也是体育赛事节目同视听作品之间最大的共性。不同于普通视听作品尤其是电影作品的是，体育赛事节目具有现场性和实时性，另外，体育赛事节目创作的发挥空间相对较小，结果常常不可预知。然而，上述特性都不否定其可版权性。体育赛事节目制作的现场性意味着其前期转播与后期制作同时进行，相对于电影作品的创作，这种创作更需要创造性劳动，凸显了创作者的个性思想与观念。而事实上，观众往往偏好于某个电视台制作播放的体育赛事节目，原因就在于该电视台制作的节目符合其口味，这样从反面证明，体育赛事节目的创作并非大同小异，而是有个性的存在，而个性是衡量某部作品是否具有原创性的根本标准。体育赛事节目的实时性也只能说明其市场价值转瞬即逝，而作品的市场价值跟其是

① MTV 曾经被传统观点认为属于制品的范畴，然而，我国法院也在数宗案例中认定其属于视听作品。例如，“广州金刚苑卡拉 OK 俱乐部有限公司与华纳唱片有限公司放映权侵权纠纷案”，广东省高级人民法院民事判决书（2005）粤高法民三终字第 357 号。

② 赋予体育赛事节目著作权保护并不会殃及消费者福利。体育文化产业是一个增速极快及对宏观经济有深刻影响的产业，关系经济增加和就业增加，是经济发展的重要促进工具。如果体育赛事相关利益主体的合法利益未受充分保护（将体育赛事节目作为作品进行保护是保护体育文化产品的产权非常重要的表现形式），经济发展将会被阻滞，消费者福利也不会增加。参见 Seagull Haiyan Song，How Should China Respond To Online Piracy Of Live Sports Telecasts? A Comparative Study of Chinese Copyright Legislation to U. S. and European Legislation，9 U. Denv. Sports &Ent. L. J. 3，14-16 ，2010。

③ 通常而言，体育文化产品并非消费者刚性需求的范畴，即使赋予其著作权保护导致社会公众接触体育文化产品的机会减少，也不会根本性地促动社会公共利益。

否应受著作权法保护事实上是两码事。综上所述，体育赛事节目同视听作品一样，从表现形式的角度出发，都表现为一系列图像，尽管其创作受到客观条件的限制，但并不能够据此否定其可版权性。因此，体育赛事节目从法解释学的角度讲，应属视听作品的范畴。如果做出如此认定，也不会出现在互联网时代到来之后，体育赛事节目的保护在我国现行著作权法体系之下无所适从[①]的局面，因为，根本不会涉及现行《著作权法》第四十五条的适用，尽管该条的规定使得某些应受保护的法益在互联网时代失去保护的法律依据。

四、体育赛事节目与汇编作品

所谓汇编作品，是指汇集已有事实或材料（包括作品在内），在其选择或编排上体现原创性的作品，例如电话号码簿、文集、法令汇编集、案例汇编集与排行榜等。如上所述，作品的本质是意义符号的排列组合，任何作品的创作都须建立在前人作品的基础之上，从这个意义上讲，著作权法保护的任何作品都是汇编作品。故而，将体育赛事节目归类为汇编作品似乎亦无不可。业界有主张体育赛事节目属于汇编作品是启发于学界及实务界对“春晚”作品的定性。“春晚”是一系列作品的排列组合，制作方在节目选择与编排上，例如，决定哪些节目能够上春晚、哪些节目不能够上春晚，又如，决定哪些节目在哪个时段、哪些节目在另外一个时段，都反映出作者个性的选择与编排。因此，将“春晚”作为汇编作品进行对待似乎有一定道理，并且将“春晚”界定为汇编作品尚考虑到央视同构成“春晚”的各个作品的作者之间的利益平衡。[②] 且不论上述推理是否有道理，体育赛事节目同“春晚”并不完全相同：“春晚”是由各个应受版权保护的作品或者作品的表演所构成，体育赛事节目并非如此。所以，将体育赛事节目定性为汇编作品并不存在各方利益平衡的必要性。而且，主张体育赛事节目属于制品的观点并不能解释如下矛盾之处：既然将体育赛事节目界定为制品，为何不将“春晚”界定为制品？两者在创作时的创作空间都有限。[③] 难道完全是出于妥善处理“春晚”制作者同“春晚”各构成部分的作品著作权人之间的关系而做出的事后正当化结果的一种理由？事实上就是如此。实际上，在制作“春晚”的过程中，央视就是在制作一台戏，将此台戏认定为视听作品有何不可？即使将“春晚”认定为视听作品，也不妨碍各个构成部分的作品版权人行使自己的权利。[④] 回到体育赛事节目，其表现形式本质上是一系列图像的排列组合，其中有制作者个性的选择与编排，应被认定属于视听作品。

五、体育赛事节目是否具有原创性

为了保护体育赛事节目相关利益主体的合法权益，司法实务中著作权法、反不正当竞争法，甚至于物权法都被考虑过。不过，从长远来看，还是寻求对体育赛事节目的著作权法保护对体育文化产业的发展更为有利。据上述论证，体育赛事节目应属视听作品。从体育赛事节目的制作过程来看，体育赛事节目的制作并非机械地记录客观发生的事件，而是类似于电影的制作过程：其一，导演在体育赛事节目的制作过程中发挥了重要作用，观众所看到的体育赛事节目事实上是导演对体育赛事的解读，贯穿了导演的创造性劳动。其二，在体育赛事节目的创作过程中，存在诸多创意元素。首先，每一台体育赛事节目，几乎都有故事性，例如，由我国球员姚明与易建联在NBA同时亮相的第一次对决（火箭对雄鹿），这场体育赛事节目被描述为来自中国的两位球星的对决；其次，几乎在每台体育赛事节目中都有个性解说，而且有对焦点球员的采访，这些本身就是创意元素的焦点体现；再次，几乎在每台体育赛事节目中，都有数据分析，有的甚至有数据

① 如果将体育赛事节目解释为作品，同我国传统的著作权法理论不符；而如果将其解释为制品，由于我国著作权法对广播组织权的保护无法扩展到网络空间，对其保护力度必然不够。

② 按照《著作权法》第十四条的规定，汇编作者对整体汇编作品享有与行使著作权，并不妨碍汇编作品各构成部分之作品的作者行使其著作权。如果将“春晚”界定为汇编作品，确实可以妥善地处理“春晚”制作者同各个构成部分作品作者之间的利益关系，防止“春晚”制作者借其优势地位而滥用著作权侵害各个构成部分作品作者的合法权益。参见王迁：《论“春晚”在著作权法中的定性》，载《知识产权》，2010，20（4）。

③ 主张体育赛事节目应属制品的代表观点认为，影视作品影像的获得主要是导演选择与编排的结果，电影作品中，演员的动作、表情均需要导演的指导；而体育赛事节目中运动员的动作、表情都是竞技需要所导致的，同导演无关。创作者在创作体育赛事节目与影视作品时，创作的空间显然不一样，创作的结果当然应该做不同处理。参见王迁：《论“春晚”在著作权法中的定性》，载《知识产权》，2010，20（4）。如果按照上述推理，以人物为对象的摄影作品与以自然景物为对象的摄影作品在著作权法中应做不同处理，因为只有在以人物为对象的摄影作品中，创作人才有可能安排人物的动作、表情等，而在以自然景观为对象的摄影作品中，创作人是无法改变自然景观的。那是不是意味着：以人物为对象的摄影作品应该放在作品中赋予著作权的保护，而以自然景观为对象的摄影创作应该放在邻接权中进行保护？而事实上，我国著作权法的立法、理论与实践中都没有这样做，那么，上述解释是否符合我国著作权法的一致做法？结论显而易见：不符合。

④ 参见《著作权法》第十五条第二款的规定，视听作品中可以单独使用的作品的作者有权单独行使其著作权。

制图，这些元素本身就是表达。由于上述诸多创意元素的存在，体育赛事节目的创作远非机械地揭露客观发生的事实，而是向观众讲一个故事。其三，视听作品的本质是一系列图像的排列组合，在体育赛事节目的创作过程中，导演对镜头（图像）的取舍与编排无处不在，其原创性的基础在于上述系列图像的取舍与编排。拿足球赛事节目的制作来说，世界杯足球赛的摄像机位（摄像机就好比电视的眼睛）逐年增多，目前已经达到 30 个以上，其中包括超级大全景机位，而且配有 3D 技术的辅助，这些不同机位所拍摄的镜头并非都呈现给观众，呈现给社会公众的是经过导演取舍的镜头，而且，对这些镜头，导演还要进行个性的编排（即剪辑），经过导演的取舍与编排，呈现在观众眼前的体育赛事节目具有电影创作中的库里肖夫效应。① 且不谈单个镜头（图像）的原创性（因为单个镜头也可能作为一部摄影作品而具备原创性），以单个镜头为创作素材（库里肖夫效应也做此种解释）所进行的个性排列组合的创作成果，包括体育赛事节目（体育赛事的核心并不在于单个镜头的记录，而在于“连续画面”的创作），无疑可能满足原创性要求而获得著作权保护。其四，不论是在版权体系，还是在作者权体系，大多数的立法例都认可体育赛事节目满足原创性的要求。其中，相对于作者权体系，至少从表面上看，在版权体系中体育赛事节目更易被认定为具有原创性而受版权保护。因为在版权体系，典型的立法例并不区分作品与制品，只要是作者的创作成果，而且满足原创性的要求（作品只要是来源于作者，而并非抄袭他人作品的结果即可，并没有所谓创造性的要求），即可受版权法保护。例如，在美国版权法中，体育赛事节目的可版权性没有问题：尽管体育赛事本身不受版权保护，但只要导演在制作体育赛事节目的过程中，对摄像机所拍摄的镜头进行了取舍与编排，经过上述取舍与编排所形成的体育赛事节目便具有可版权性。② 在美国③、英国④、加拿大⑤司法实践中，体育赛事组织者已经成功地基于体育赛事节目的版权保护阻止他人非法传播其体育赛事节目。即使在作者权体系中，体育赛事节目也通常被认为能够满足原创性要求而获得著作权保护。例如，在欧盟 28 个成员国（大多数都是作者权体系的国家）中，除一个瑞典上诉法院曾判定冰上曲棍球赛事节目不具有原创性之外⑥，几乎所有的国家都承认体育赛事节目能够满足原创性而受著作权法保护。⑦

六、结语

体育文化产业已然成为国民经济中相当重要的产业部门，体育文化产业发展的根本基础在于其所生产的体育文化产品的产权保护，在这些文化产品中，体育赛事节目是非常重要的组成部分。既然不论从创作过程，还是从创作成果来看，体育赛事节目同普通作品并无二致，无须纠结体育赛事节目到底属于作品还是属于制品，在著作权法中承认其作品地位对促进体育文化产品的产出至关重要。类似地，其他电视广播节目，例如，综艺节目⑧，大多数都能够构成具有原创性的作品，应受著作权保护。本来，邻接权制度的增加是为了保护表演者、录制者与广播组织者的合法权益，然而，如果他们的合法权益在著作权项下能够获得妥善保护，并且不会减损社会公共利益，不论在立法上还是在法解释上，都不用坚守所谓二元体系的做法。在当下著作权—邻接权二元结构体系尚具影响的背景下，体育赛事组织者、传播者及其他利益相关人如果想保护自己的合法权益，另一条路径便是修改现行《著作权法》第四十五条，将广播组织权扩展到互联网领域。

（本文原发表于《社会科学》2015 年第 2 期，收入年鉴时内容略有删减。
作者单位：对外经济贸易大学法学院）

① 库里肖夫效应是一种心理效应，该效应描述了造成电影情绪反映的真相：并非单个镜头的内容（只不过是创作素材），而是单个镜头的排列组合。库里肖夫效应是蒙太奇理论的有力证据。该效应有力证明了作品的原创性来源于作者对创作素材的取舍与编排。同电影作品的制作类似，体育赛事节目的原创性在于：摄影景别的选取与多镜头切换的选择与节奏等，在体育赛事节目的创作中，球员、定位球、切花、元素镜头（通常裁判镜头 22 个，球迷 22 个，教练 26 个）、回放镜头都是节目的创作素材。

② House Report 94-1476 at 52 ，1976.

③ 参见 Seagull Haiyan Song，How Should China Respond To Online Piracy Of Live Sports Telecasts? A Comparative Study of Chinese Copyright Legislation to U. S. and European Legislation，9 U. Denv. Sports &Ent. L. J. 3，14-16 ，2010。

④ Union of Euro. Football Ass'n v. Briscomb，[2006] EWHC (Ch) 1268 [6] (Eng.)，2006.

⑤ Interbox Promotion Corp. v. Quebec Inc. (Hippo 8 Club)，2003.

⑥ Court Of Appeal of Southern Norrland of 20 June 2011，n. B 1309-10. 参见 European Union，Study on Sports Organisers'Rights in the European Union (Final Report，February 2014)。

⑦ Union of Euro. Football Ass'n v. Briscomb，[2006] EWHC (Ch) 1268 [6] (Eng.)，2006.

⑧ 综艺节目的制作通常也是有剧本、在导演的执导之下进行的，同电影作品的拍摄过程类似。

2015年著作权相关图书简介

《数字音乐之道——网络时代音乐著作权许可模式研究》，熊琦著，北京：北京大学出版社，2015年12月。

本书通过对音乐著作权制度的国外原始立法和研究文献的收集与整理，梳理出音乐著作权许可制度的源流和初始立法价值，并通过严谨的论证方法检验已有的观点，提出建立在理性思辨和比较基础上的观点，指出我国音乐著作权许可制度改革应该从音乐产业主体依赖的商业模式出发，区分设计“音乐著作权人—网络服务提供者—使用者”三方之间的许可模式，力求既维系音乐著作权人所需的许可效率，又实现传播效率的提高，最终保证各方能够在不损害核心商业模式的前提下，借助许可模式的转型实现音乐作品效果的最大化。

本书针对我国音乐著作权许可制度立法面临的困局，通过梳理音乐产业效益—音乐著作权许可模式—著作财产权体系变革之间的关联，全面分析了既有音乐著作权许可模式与网络技术的冲突，探寻传统音乐著作权体系及其许可机制的不足，然后通过发掘网络技术与既有音乐著作权许可模式的矛盾，提出了音乐著作权许可模式的变革出路。

本书以音乐产业为核心，从理论和立法层面对网络音乐著作权许可问题进行了全面论述，填补了这一领域的空白，是国内首部以音乐著作权为主题的学术专著。

《知识产权专题研究书系：著作权保护中的消费者运动与制度创新》，梅术文著，北京：知识产权出版社，2015年11月。

本书分为七章，分别是：第一章，著作权法上的消费者与消费者运动。包括著作权法上的消费者、著作权法上的消费者运动、著作权法保护消费者利益的正当性等内容。第二章，纯粹被动的文化消费与著作权保护。包括著作权控制行为的本质与文化消费、著作权期限的延长与消费者利益保护、“枪手代笔”的著作权问题与消费者利益保护、制作录音制品著作权法定许可的争论与思考等内容。第三章，技术产品文化消费与著作权保护。包括技术产品文化消费与著作权保护模式、技术措施版权保护中的使用者权、DRM著作权许可中的消费者利益保护、计算机软件的文化消费与消费者利益保护等内容。第四章，公共文化消费与著作权保护。包括公共文化消费与著作权的制度安排、图书馆建设中的著作权限制、教育活动中的著作权限制、新型公共文化服务中的著作权问题与应对等内容。第五章，网络文化消费与著作权保护。包括网络文化消费方式对著作权制度的影响与反思、“微博转发”中的著作权限制、网络服务提供者的责任规则与网络文化消费、网络终端用户侵犯著作权的责任及其限度等内容。第六章，转换性的文化消费与著作权保护。包括转换性的文化消费与著作权的限制、适当引用的著作权限制与文化消费、滑稽模仿与著作权限制等内容。第七章，消费者运动与著作权法的完善。包括认真对待著作权保护中的消费者运动、基于消费者运动的我国著作权法修订与完善等内容。

《我国著作权集体管理制度的困境与出路——以利益平衡为视角》，王华著，北京：知识产权出版社，2015年10月。

我国有关著作权集体管理的立法起步较晚，实践中则面临诸多来自使用者，甚至权利人和普通社会公众的质疑与非难，常常陷于尴尬与无奈的困境。之所以出现如此局面，既有集体管理制度设计上的缺陷，亦有制度实际运行过程中的偏差。而究其根源，则在于利益平衡这一核心理念的缺失。本书即尝试从利益平衡理念出发，紧密结合《著作权法》第三次修订中有关集体管理制度的规定及其所引发的争议，就该制度的完善提出有价值的建议。

《技术标准著作权问题研究》，郑培、陈杰、唐建辉著，北京：知识产权出版社，2015年6月。

技术标准是创新驱动的重要因素。在知识产权保护领域，标准著作权问题日益受到社会的广泛关注。

本书阐述了著作权基本理论，对标准著作权的取得、丧失、转让、许可使用、标准专有出版权等理论进行了深度剖析，同时结合ISO、IEC、ITU三大国际标准化组织的国际标准版权政策对国内外标准著作权政策、特点和运作程序进行了比较研究，并依据我国国情和著作权法基本理论对我国技术标准的著作权政策进行了学理探讨，提出了解决建议。

本书有助于读者特别是国内企事业单位和标准化技术服务机构工作人员更加全面了解国内外技术标准的著作权政策，促进我国标准著作权政策的完善和改进，更好地适应国内外技术标准对著作权的要求，为优化标准信息服务奠定基础。

《民间文学艺术著作权保护模式探究》，卿越著，北京：法律出版社，2015 年 6 月。

本书通过对民间文学艺术著作权问题进行深入而系统的研究，旨在将相关问题的研究引向深入，为构建民间文学艺术保护制度提供相对成熟的理论指导，为我国的知识产权和非物质文化遗产法律制度的发展和变革提供建议和参考。

《著作权主体身份确认与权利归属研究》，陈明涛著，北京：北京交通大学出版社，2015 年 6 月。

本书内容包括：著作权主体、主体身份确认及权利归属；合作作品的主体身份确认分析；演绎作品的作者身份确认与权利归属分析；法人作品与职务作品的权利归属分析；委托作品的权利归属分析等。

《中国知识产权指导案例评注》(第六辑)，最高人民法院知识产权审判庭编，北京：中国法制出版社，2015 年 6 月。

本书由最高人民法院知识产权审判庭独家权威发布，全面收录了最高人民法院发布的中国法院知识产权司法保护 10 大案件、10 大创新性案件和 50 件典型案例全文及法官评述，每个案件均由主审法官对案件争议焦点、裁判思路和方法做了深入剖析。

《最高人民法院办公厅关于印发 2013 年中国法院 10 大知识产权案件、10 大创新性知识产权案件和 50 件典型知识产权案例的通知》（法办［2014］37 号）要求：为集中展示人民法院知识产权司法保护工作的成就，充分发挥典型案例的示范引导作用，选定了 2013 年中国法院 10 大知识产权案件、10 大创新性知识产权案件和 50 件典型知识产权案例。现将这些案件和典型案例名单印发，供各级人民法院在知识产权审判工作中参考借鉴。

每年“4・26”知识产权宣传周期间，最高人民法院在各高级人民法院推荐的基础上，向社会公布中国法院知识产权司法保护 10 大案件、10 大创新性案件和 50 件典型案例摘要版。

本书首次权威公布中国法院知识产权司法保护案件和典型案例全文，并配以最新解读评析。含侵犯专利权、著作权，商标权，不正当竞争，侵害商业秘密，垄断，商业特许经营，侵犯植物新品种权，专利授权确权，商标授权确权，知识产权刑事案件等，几乎涉及知识产权领域的所有最新疑难问题。

本书以案例评析方式进行编写，每个案例一般包括如下部分：（1）阅读提示和裁判要旨。阅读提示同时体现在目录和正文中，有助于读者根据目录迅速判断出案例所涉法律或者其他裁判问题。裁判要旨在于展现法官在裁判具体案件过程中对法律适用、裁判方法、司法理念等案件焦点问题的精要评述。（2）案情和裁判。该部分全面完整地反映了当事人的诉辩主张、争议焦点，法院审理查明的事实、裁判理由和裁判结果等内容。（3）法官评述。包括对本案争议焦点和不同意见、裁判思路和方法的深入分析，以及对本案纠纷发生的社会背景、裁判结果的社会影响和效果的介绍等内容。

《网络著作权保护法律理念与裁判方法》，孔祥俊著，北京：中国法制出版社，2015 年 5 月。

随着互联网技术的革新和商业模式的发展，网络著作权保护的新情况新问题层出不穷。本书结合案例和新情况新问题，对网络著作权保护新司法解释进行了重点解读和剖析，对网络著作权的保护制度和规则进行了深入探讨，重点在“使用”和“实用”上下功夫，旨在架设法律、法理与实际问题解决的桥梁。

本书适合知识产权审判法官、律师、企业法务、工商局（商标局）、知识产权局（专利局）、版权局、知识产权保护协会、出版机构、知识产权代理公司、专利代理公司、商标代理公司的日常工作所用，同时也适合知识产权专家学者学习研究所用。

《著作权的国际私法问题研究》，徐妮娜著，北京：中国社会科学出版社，2015 年 1 月。

在著作权法领域，由于作者权法律体系与版权法律体系的并存，国际公约只是为各国的著作权保护规定了最低标准，因此，各国之间的法律冲突并未止息。针对这些法律冲突，本书首先对跨国著作权纠纷的管辖权行使原则进行了探讨，并对此类纠纷的法律适用规则和方法进行了剖析。然后对互联网背景下的跨国著作权纠纷的管辖权行使和法律适用新难题进行了阐释，建议对传统管辖权规则和法律适用规则做一些改良或者进行新的解释。最后，通过观察国际私法基本制度，例如识别、先决问题、公共秩序保留制度等，在涉外著作权案件中的使用，认为不仅应制定更为灵活的复合性冲突规范，而且应由司法机关在适用冲突规范时带有目的性地运用这些基本制度。

《视频网站著作权纠纷及其防范管理机制研究》，牛静著，北京：知识产权出版社，2015年1月。

网络服务提供商可以通过互联网向用户提供丰富的视频节目，越来越多的用户选择通过互联网收看影视剧、电视节目、新闻报道等。同时，用户也可以上传各类视频节目到视频网站达到与其他用户共享的目的。在这一过程中，未经著作权人许可的视频作品被广泛传播，就不可避免地产生了著作权纠纷，视频网站成为著作权人起诉的主要对象。本书正是对这一问题进行探讨，并提出相应的解决之策。本书根据网络服务提供者在信息传输过程中的角色与地位的不同，将视频网站分为视频提供网站、网络视频客户端和视频分享网站，并分别介绍了不同类型视频网站的播放技术、传播特点、控制能力等，为研究不同类型的侵权责任打下了基础。本书依据不同类型的视频网站的角色、功能的不同，分析了两种侵权方式；通过抽取532例关于视频网站著作权纠纷的裁判文书，对其进行内容分析；通过对国内外的案例进行分析，探讨了不同类型视频网站的责任判断标准。

《老字号企业知识产权管理与法律风险防范》，闻汉东著，北京：中国法制出版社，2015年1月。

本书结合司法实践案例，对老字号企业知识产权管理涉及的法律问题进行了全面的梳理，包括著作权、商标、专利、商业秘密、特许经营等的管理，以及针对不正当竞争等的应对措施等。同时，对老字号企业知识产权管理战略的制定与实施以及知识产权管理的新方向提出了建设性意见。

《知识产权经典案例评析（2015年卷）》，中国知识产权报社编，北京：中国法制出版社，2015年1月。

《知识产权经典案例评析》每年一辑，是每年由中国知识产权报社组织出版、在全国精选出来的50个典型案例的合集，每个案例3 000字左右，都是经过主审法官编辑的，包括案件基本信息、裁判要旨、基本案情、法官评析等部分。

《知识产权刑事案件办案指南》，裴显鼎、苗有水主编，北京：法律出版社，2015年5月。

本书主要由最高人民法院刑事审判第二庭法官撰写，收录人民法院近几年审理的知识产权刑事大要案，以问题为导向，每一个案例包括基本案情、控辩意见、审判、评析四部分，既能体现审判全貌，让读者明了控辩双方争议焦点问题所在，又针对案件的突出问题进行阐释，有效地指导知识产权审判实践。

《知识产权权利冲突：理论与案例分析》，谢湘辉著，北京：法律出版社，2015年5月。

本书是谢湘辉律师对其多年的知识产权诉讼实践和理论的总结，从知识产权权利冲突角度来研究、分析我们日常面对的知识产权纠纷，在对知识产权权利冲突产生的社会背景和原因进行深入探讨后，对知识产权权利冲突进行了比较性研究和案例分析，最后提出解决知识产权权利冲突的司法原则和立法建议。

《图书馆发展中的知识产权问题研究》，陈传夫等著，北京：中国人民大学出版社，2015年4月。

本书聚焦于图书馆发展中的知识产权问题这一时代性重要问题。社会环境信息的快速变化，正在带来公众信息、知识获取方式、信息搜寻行为的变化。图书馆在新信息环境中的角色定位也正在变化。图书馆作为重要的社会文化信息机构，必然要适应新型的知识信息采集、发现、获取与长期保持的新环境。信息技术在图书馆的深度推广和应用，使传统图书馆的服务领域和功能得到了延伸和拓展。

《企业知识产权战略》，冯晓青著，北京：知识产权出版社，2015年4月。

本书运用经济学、管理学和法学等方法，探讨了我国企业启动并有效实施知识产权战略的原则、方法与策略，并对国内外企业知识产权战略的成功经验做了剖析。特别是，作者研究了将企业知识产权战略融入企业技术开发、生产经营管理、市场营销战略的路径与实现机制，为企业全面提高知识产权创造、运用、保护和管理水平提供了理论与方法。

《新闻作品版权研究》，翟真著，北京：知识产权出版社，2015年4月。

本书尝试建构版权法视野下的新闻作品版权保护的理论基础。首先，分析新闻作品的版权性特征，梳理新闻作品版权的发展简史以及普通法系、大陆法系主要国家和地区对于新闻作品版权的相关规定。其次，讨论新闻作品原创性的来源和认定原则，阐述各类新闻作品的版权性。再次，论述新闻作品的精神权利和经济权利的特征，着重分析雇佣新闻作品的认定条件。最后，探讨新闻作品版权的边界——新闻作品的合理使用和法定许可制度。

《电视综艺节目的版权客体界定及侵权界定》，欧阳宏生著，北京：中国广播影视出版社，2015 年 12 月。

电视综艺节目的版权保护是一个世界性的热点问题。随着电视综艺节目版权贸易的飞速发展，在巨大经济利益的驱动下，欧美跨国传媒公司纷纷投入巨额资金从事相关研究。为了保证自身的最大利益，跨国集团将会推动其政府运用贸易谈判的手段，将相关研究结果转化为贸易条款，设置电视综艺节目版权贸易的知识产权壁垒。中国电视行业及中国政府应及早做好相关准备，以争取在谈判中取得较为合理的侵权界限，使之有利于我国电视产业的健康发展。围绕侵权界限的界定，本书包括三个方面的内容：首先，对电视综艺节目的实质性相似做出界定。其次，分析我国电视业界的综艺节目创新资金条件和研发能力。最后，分析欧美主要版权出口国的侵权容忍底线。本书的内容对于我国电视版权贸易领域来说，具有前瞻性和可操作性。

《电视内容产业的版权战略》，邹举著，北京：社会科学文献出版社，2015 年 11 月。

版权在电视内容产业的发展中有着重要的地位。然而长期以来，版权并未得到电视产业的足够重视。在技术发展冲击、产业盈利渠道拓宽、管理模式变革、对外贸易加强等多方面因素的影响下，以及国家实施知识产权战略的宏观背景下，电视内容产业实施版权战略显示出极大的必要性。在此基础上，本书提出电视版权战略的三个实施途径，即在宏观层面完善版权保护的制度安排；在中观层面优化版权交易的市场机制；在微观层面加强企业的版权经营管理。

《版权的本质：保护使用者权利的法律》，［美］林德伯格、［美］帕特森著，郑重译，北京：法律出版社，2015 年 10 月。

本书为解读版权法和个人使用版权材料的法律权利提供了崭新的视角。传统理论认为版权的主要目的是保护作者的私有权利，然而本书作者认为授予作者权利只是版权功能的一部分，其最终目的是维护社会公共利益，即通过激励作者创作，促进知识的创新和传播来增进社会福利。本书通过拓展合理使用原则，提出并论证了一个新观点——版权法是保护使用者权利的法律。

《WTO 版权贸易市场准入与国内监管规则研究》，范晓宇著，北京：法律出版社，2015 年 10 月。

本书考察了版权贸易市场准入与国内监管规则产生的历史背景、WTO 规则在版权贸易领域的适用、中美版权贸易争端以及 WTO 版权贸易规则在具体案例中的解释，对我国的版权贸易市场准入和内容管理制度进行了比较分析，对完善我国版权贸易市场准入与国内监管法律制度的改革提出了具体的建议。主张任何法律规范的制定、修改都应与我国的入世承诺相一致，是完善版权贸易市场准入与国内监管法律制度的基本原则；转变政府职能，促进依法监管，是完善版权贸易市场准入与国内监管法律制度的核心，通过法律程序建立和完善监管的标准、方式和责任，使监管更加符合 WTO 的透明度原则要求刻不容缓；加强文化立法，及时推进文化法制建设是关键，合理调整版权贸易领域外商投资政策法律，平衡对内开放与对外开放，促进国内竞争，减少行政主管部门管理的任意性，在法律的框架内实现监管，建立科学的市场准入与国内监管法律制度。

《新闻出版（版权）法律完善研究——基于政府职能视角》，张小强著，北京：知识产权出版社，2015 年 8 月。

本书在调查和梳理国内外新闻出版（版权）法律制度和相关政府职能现状基础上，从政府和市场、政府和社会的关系视角，系统分析了我国现行新闻出版与版权法律法规中涉及经济调节、市场监管、社会管理、公共服务四大政府职能的条款存在的问题，并给出了完善建议。研究成果为修订相关法律法规提供参考，以促进新闻出版法治建设，并开辟新闻传播法学研究的新领域。

《版权的力量》，中国版权协会著，北京：北京大学出版社，2015 年 4 月。

本书汇集了 2013 年第六届中国版权年会和 2014 年第七届中国版权年会等主题论坛上的发言，发言者来自文艺界、互联网行业、企业、各级媒体等各界社会知名人士。他们作为权利人的发言反映了全社会对版权保护问题的高度关注和强烈呼吁。

《数字芯核电路版权保护技术与应用》，梁伟著，南京：东南大学出版社，2015年4月。

数字芯核水印技术通常也称为IP水印技术，它是一门运用芯核电路载体冗余信息来隐藏秘密信息的新技术，目前在数字芯核水印系统设计中，合法IP模块的复用设计可以保证IP设计更高的研发效率和缩短上市周期。

《中国版权产业的经济贡献（2009年—2010年）》，本书编委会著，北京：中国书籍出版社，2015年3月。

主报告共分为六章。第一章为中国版权产业的概念、范围与测算，第二章为2009年、2010年中国版权产业经济贡献概况，第三章为2009年、2010年中国核心版权产业的经济贡献，第四章为2006年至2010年中国版权产业的纵向比较，第五章为中国与美国版权产业的横向比较，第六章为中国版权产业的综合分析。

主报告中，在对中国版权产业的经济贡献进行分析的基础上，还进一步进行了纵向与横向的比较研究。纵向上，对2006年至2010年五年间中国版权产业的经济贡献态势进行了分析；横向上，比较了中国与美国版权产业行业增加值、出口额的贡献值。

在专题报告中，为了使读者对版权产业有更加具体、直观的认识，本书对中国版权产业与文化产业之间的区别和联系进行了分析，对中国出版业进行了调研，分析了中国出版业2010年的发展状况，并精选了5个中国出版业典型案例进行剖析。

《知识产权疑难案件裁判思维》，祝建军著，北京：法律出版社，2015年12月。

本书从40多个典型案例出发，深入探讨著作权、商标权、专利权等知识产权前沿问题、新型问题、疑难问题，同时力求提炼同类案例的裁判思路与裁判方法，对审判实务具有指导意义。

《广东法院知识产权经典案例集（2010—2015年卷）》，广东省高级人民法院编，北京：法律出版社，2015年12月。

本书由广东省高级人民法院民三庭对知识产权案件审判经验丰富的审判专家撰写，收录了广东省近年来在知识产权审判方面的50个精品案例，并对这些案件进行了深入评析，力求展现在案件审理中对关键问题的法律适用以及相应的理论基础。

《区域知识产权政策研究——以东北老工业基地为例》，刘凤朝、汪锦等著，北京：科学出版社，2015年12月。

本书从理论演化和实践需求角度阐述了区域知识产权政策研究的现实意义，梳理了我国区域经济发展格局和区域经济政策知识产权内涵的演化路径，建立了东北老工业基地知识产权政策作用效果的系统动力学仿真模型，并进行了系统仿真实验，开展了东北老工业基地振兴知识产权需求调研及分析，提出了面向东北老工业基地全面振兴的知识产权政策建议。

《知识产权研究（第23卷）》，周林著，北京：知识产权出版社，2015年12月。

本书为中国社会科学院知识产权中心不定期学术文集，收录了国内外知识产权研究领域前沿理论和学术观点，内容涉及问题探讨、案例分析和实证调研，跟踪展示知识产权领域的主要问题和研究水平。

《知识产权与科技法律探索》，李顺德、闫文军著，北京：科学出版社，2015年12月。

本书以知识产权与科技法律为研究对象，精选了知识产权法律制度、知识产权创造、知识产权管理和运用、知识产权保护、知识产权滥用的规制、科技与法律等六个领域的成果，展现了中国科学院大学人文学院师生在上述领域的研究状况。

本书话题广泛，讨论深入，不仅对知识产权、科技法、科技哲学、科技史、科技传播和科技管理等相关领域的师生及科技工作者有重要参考价值，也可供对该领域感兴趣的广大读者阅读。

（以上图书信息由年鉴编辑部整理。）

智慧平台 成就未来

百度教育事业部

Baidu Education

百度教育，是百度打造的专业公平的在线教育平台，旨在为成千上万的普通人提供公平的师资、课程、资源，努力做到教育面前人人平等。

百度传课 Chuanke.com　Baidu阅读　Baidu文库　Baidu优课　百度高考　百度攻略 GL.Baidu.Com

权威中文在线教育平台

5 000万+
用户量

洞悉教育诉求
大数据优势，结合海量用户
让我们更懂教育

2万+
合作机构

长期稳定合作
8大业务平台， 终端广布局
更好支撑合作共赢

1.65亿+
优质资源

海量优质内容
视频、文档、图书、攻略
广覆盖 个性化精准推荐

与智慧为伍 书写辉煌
加入百度教育机构合作 亿万用户尽在掌握

机构认证
Authentication

企业文库
Library

品牌推广
Extension

技术服务
Service

联系方式
Contact Information

联系人：裴武斌　电话：13611133224　邮箱：peiwubin@baidu.com

地址：北京市海淀区东北旺西路中关村软件园二期百度科技园4号楼

今日头条

你关心的 才是头条

“今日头条”数亿资金激励原创，率先推出全网维权功能

自2015年9月起，“今日头条”启动了“千人万元计划”“原创扶持计划”“百群计划”“头条号创作空间计划”和“内容产业投资基金”等项目，花费数亿元鼓励原创作者，为作者提供资金支持、广告分成收益和创作空间，旨在让更多优质作者潜心创作，产出更多优质的作品。

在版权保护方面，“今日头条”安排核心技术人员研发站内作品查重技术，对涉嫌抄袭的作品给予不放出处理，并对多次出现涉嫌抄袭的头条号作者给予禁言、限期封号和永久封号等不同程度的处罚。在处理侵权方面，“今日头条”设置了邮箱、页面举报入口、维权绿色通道等多种途径，在确保原创文章能够得到及时有效的保护的同时，尽最大努力减小侵权作品的生存空间。目前，“今日头条”平台每天接收上百封投诉邮件，每天有专人24小时处理投诉和举报信息，一般情况下保证在24小时内处理完毕。

除了在自身平台上进行原创保护之外，“今日头条”也帮助创作者个体进行全网维权。这指的是“今日头条”针对头条号原创作者所发的原创文章，在覆盖各大内容平台的全网范围内进行维权。这一行为依赖于强大的技术手段，在目前所有内容平台的维权尝试中，尚属首例。

“今日头条”还通过与中国版权保护中心及维权骑士等第三方维权机构进行合作，为头条号原创作者解决原创维权问题。由“今日头条”提供全网侵权监测的技术支持，相关数据会同步至中国版权保护中心或维权骑士，当出现侵权情况时，具有专业资质及维权经验的机构就会进行维权处理，如果出现维权困难，将转由国家版权行政机关介入。从发现抄袭到删文下架，整个过程一般不会超过24个小时，比较好地保护了头条号作者的合法权益。

自2016年3月初至2016年7月底，“今日头条”成功帮助833位头条号作者进行了原创文章维权，维权文章总数达10910篇。“今日头条”还针对“千人万元计划”项目中的640位原创头条号签约文章进行全网监测，并通过相关渠道进行查删，维权行动仍在继续。

照片注释

1. “今日头条”协办4月26日“世界知识产权日”互联网信息传播版权保护分论坛
2. 头条号创作者大会，“今日头条”高级副总裁赵添发布“千人万元计划”，扶植千名头条号创作者，提供万元保底收入

阅文集团

CHINA READING

阅文集团成立于2015年3月，由腾讯文学与原盛大文学整合而成，作为引领行业的正版数字阅读平台和文学IP培育平台，阅文集团旗下拥有中文数字阅读强大的内容品牌矩阵，包括：

- 创世中文网、起点中文网、云起书院、起点女生网、红袖添香、潇湘书院、小说阅读网、言情小说吧等网络原创与阅读品牌；
- 腾讯文学图书频道、华文天下、中智博文、聚石文华、榕树下、悦读网等图书出版及数字发行品牌；
- 天方听书、懒人听书等音频听书品牌；
- 起点读书App，QQ阅读App。其中，作为全方位渗透广大阅读爱好者生活场景的阅读品牌，QQ阅读承载阅文集团旗下全部内容和服务，拥有相当于首都图书馆6倍的藏书量，是2016年受年轻用户欢迎的移动应用。

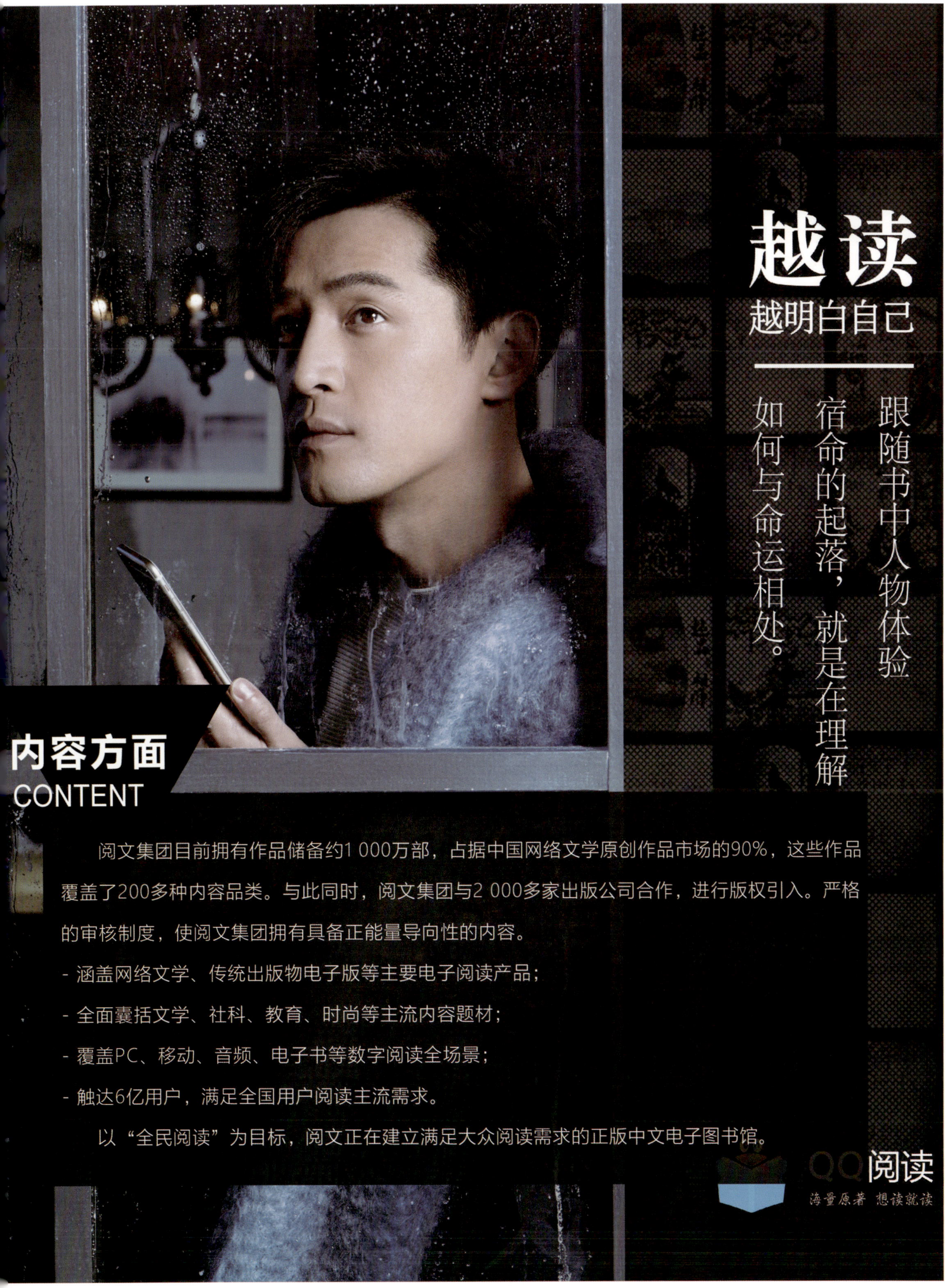

越读

越明白自己

跟随书中人物体验宿命的起落，就是在理解如何与命运相处。

内容方面

CONTENT

阅文集团目前拥有作品储备约1 000万部，占据中国网络文学原创作品市场的90%，这些作品覆盖了200多种内容品类。与此同时，阅文集团与2 000多家出版公司合作，进行版权引入。严格的审核制度，使阅文集团拥有具备正能量导向性的内容。

- 涵盖网络文学、传统出版物电子版等主要电子阅读产品；
- 全面囊括文学、社科、教育、时尚等主流内容题材；
- 覆盖PC、移动、音频、电子书等数字阅读全场景；
- 触达6亿用户，满足全国用户阅读主流需求。

以“全民阅读”为目标，阅文正在建立满足大众阅读需求的正版中文电子图书馆。

QQ阅读

海量原著 想读就读

作家方面
WRITER

包括唐家三少、猫腻、天蚕土豆、我吃西红柿等网络文学“大神”作家在内的约400万创作者，构成了阅文集团领先业界的强大创作者阵营。

唐家三少

猫腻

耳根

风凌天下

我吃西红柿

辰东

叶非夜

- 中国95%以上的网络文学签约作家来自阅文集团；
- 网络作家富豪榜TOP10中，80%出自阅文集团；
- 莫言、苏童、刘震云等200多位知名传统作家、社会名人的作品也在阅文集团发布；
- 阅文集团旗下最高日销售过万的作家，接近100位。

除了拥有行业核心作家班底之外，阅文集团兼备完善的作家孵化体系，用于发现、培育、扶持原创作家。针对不同作家所处的不同阶段，提供定制化的扶持计划。

IP衍生开发
DEVELOPMENT OF IP

IP衍生开发方面：阅文平台上已创造

- 超过10亿级票房的改编电影；
- 多部总流水过亿的改编游戏；
- 1 000多万的单部作品周边销售；
- 800万册的实体图书；
- 700万册的漫画销量……

国内已授权改编影视、游戏、动漫、话剧、有声读物等产品形态的网络文学作品大部分来自阅文集团，其中包括《步步惊心》《致青春》《裸婚时代》《盗墓笔记》《鬼吹灯》《斗破苍穹》《琅琊榜》《择天记》等数十部超人气作品，阅文成为对国内文化创意产业极具影响力的主要IP源头。

阅文集团的核心管理团队，于2002年联合创办起点中文网，成为整个中国原创文学行业的缔造者。从业14年，从无到有，构建原创文学商业模式，让数字阅读成为行业主流。无论在内容的品质数量、作者影响力还是IP价值上，阅文集团都已取得行业市场的优势地位。通过“数字阅读+优质IP”双核驱动，阅文正在建立从作者、读者、平台到IP价值链多方共赢的产业生态圈，以“文学万有引力”的产业思维引领“阅读文化生态圈”的持续发展。

吴文辉
阅文集团CEO
起点中文网创始人

商学松
阅文集团总裁
起点中文网创始人

林庭锋
阅文集团高级副总裁
起点中文网创始人

侯庆辰
阅文集团副总裁
起点中文网创始人

罗立
阅文集团副总裁
起点中文网创始人

掌阅 iReader

你的掌上图书馆

掌阅计划用十年时间，完成这些公版书的数字化整理和校验，通过掌阅的平台让更多青年人接触和了解传统文化。

——成湘均

地址：北京市朝阳区四惠东通惠河南岸四惠大厦二层2029E

电话：010-59231388　传真：010-59231388-802　客服：400-881-3311（6:00—24:00）

WIPO
第四届
“世界知识产权组织
版权金奖”

尊重知识·保护版权

掌阅科技股份有限公司于2008年成立。掌阅iReader是掌阅科技的主打产品，领衔移动阅读品牌。成立8年以来，掌阅一直秉承专注、务实的企业精神，为超过6亿多的用户提供高品质的图书内容及智能化的用户体验，2016年拥有畅销、生活、文学等类别的优质图书数字版权45万册，在移动阅读领域，市场占有率远远领先于其他同类产品。

一铭软件 Emindsoft

证券代码：831266

一铭软件股份有限公司

一铭软件是从事通用基础软件研发、云计算和东盟小语种智能翻译云服务的高新技术企业。公司成立于2004年。2014年11月6日，一铭软件在全国中小企业股份转让系统正式挂牌，一铭软件成为国产操作系统软件厂商在“新三板”挂牌上市的国产操作系统企业，证券代码：831266。

公司自成立以来，以支持国家软件正版化工作为契机，以推广国产操作系统为己任，助力推进国家软件正版化工作。在国家相关部门的指导和支持下，公司紧跟基础软件、互联网和云计算的前沿技术，不断开拓创新，近年来取得了长足的进步，用户遍布全国31个省（区、市）。

公司总部位于北京，下设广西公司、重庆公司、湖北公司、贵州办事处、广东办事处、江苏办事处、辽宁办事处。

一铭软件作为中国开源软件推进联盟副主席单位，同时也是中国版权协会、中国软件行业协会、中国软件联盟、中国智能终端操作系统产业联盟、开源及基础软件通用技术创新战略联盟、北京长风信息技术产业联盟、广西软件行业协会等机构的核心会员单位。

一铭软件秉持“科学发展，人才为先”的理念，使公司聚集和打造了一支勇于钻研、善于创新、敢于挑战的专业研发队伍。目前主要产品有：一铭操作系统、一铭正版软件管理系统、一铭办公信息管理系统、一铭云平台、一铭翻译云等。

经过十几年的持续钻研和不断积累，一铭系统软件产品已获得多家权威机构的认证，应用领域涉及政府、海事、教育、房产、旅游贸易、企业、民生等各个方面，应用地域覆盖全国31个省（区、市），在国产基础软件行业名列前茅。一铭软件良好的售后和技术支持在业界饱受赞誉和广受好评。

一铭系列软件已取得37项软件著作权、26项软件产品登记证书、23项工业新产品证书（截至2016年1月），多款软件产品相继进入中央政府以及部分省（区、市）采购目录。近年来，一铭软件在业内获得多项殊荣，现已成为国内基础软件领域具有竞争力的旗舰企业。

一铭软件作为国内领先通用基础软件提供商，先后设立了北京一铭开源软件技术研究院、广西研发中心，同时与北京大学、清华大学、西安邮电大学、电子科技大学、广西民族大学等国内多所知名院校建立了联合实验室或相关合作机构。

2015年度公司重大活动纪事

第一届“一铭杯”中国Linux软件大赛

2015年举办第一届“一铭杯”中国Linux软件大赛

2015年10月，由一铭软件主办的“第一届‘一铭杯’中国Linux软件大赛”在北京举行全国启动仪式，宣布正式开赛。

大赛旨在寻找优秀的Linux软件应用项目和Linux软件开发团队，完善我国国产操作系统软件的产业链和生态环境，推动软件国产正版化采购和信息化进程。大赛公开面向全国高校计算机相关专业学生、开源社区软件爱好者、软件创业团队、中小软件企业和个人等对象征集软件作品。

通过大赛共征集到200余件优秀作品，并从中筛选出52件作品进行大赛初赛。其涵盖了云计算、物联网、移动应用、企业解决方案、应用迁移、创新技术产品、研发生产力工具、交互式体验设计等不同领域，覆盖了IT产业的基础操作系统、项目迁移、开源应用软件及其他多个新兴领域的方方面面。在公开、公正、专业的原则下，经过行业内各位专家的评选打分，最终选出16件作品进入大赛决赛。

2015年12月，在各位行业专家领导、媒体朋友的见证下，大赛的100万奖金被足额发放给16件优秀作品的参赛选手。

完善国产软件产业链、生态系统和优化产业环境，并非一朝一夕之事；补足国产软件生态系统短板，也并非一铭软件等几个软件厂商能够做到的。开源软件产业和开源经济的繁荣，还需要依靠政产学研以及广大用户的大力支持，尤其是需要产业界具备开放视野、领先技术、创新意识的大中小型企业和个人技术爱好者，共同联合起来，才能推动国产开源软件生态的完善和产业的持续健康发展，中国Linux软件大赛就是要打造一个公益的、开放的、务实的和创新的平台和模式。

第一届“一铭杯”中国Linux软件大赛颁奖典礼

一铭软件 全新高管团队媒体见面会在京举行

2015年11月25日，国产操作系统上市公司一铭软件（新三板：831266）发布公告称，其管理层实现大幅调整，董事会同意董事长余时均辞去公司总经理职务，继续担任公司董事长；同时，作为公司控股股东，余时均提名刘轩铭先生任公司CEO职务。与此同时，公司同时聘任业内资深人士陈伟博士担任公司COO和常务副总经理，宋可为先生担任公司副总经理，这是一铭软件自“新三板”上市以来，较大幅度的高管变动。

一铭软件新高管

公司新任三人组成的高管团队拥有了深厚的技术功底、丰富的行业资源、多年的企业管理经验和国际视野，意在新时期获得更快速的成长，实现“质量增长”。

国家新闻出版广电主管部门领导莅临一铭软件公司视察指导

国家新闻出版广电主管部门、国家版权主管部门领导阎晓宏莅临一铭软件公司视察指导

2015年12月下旬，国家新闻出版广电主管部门、国家版权主管部门领导阎晓宏一行莅临一铭软件于南宁的软件园进行视察并指导工作。同行的考察团成员有国家版权主管部门领导段玉萍、赵杰，新疆维吾尔自治区新闻出版广电主管部门领导王志成，广西壮族自治区新闻出版广电主管部门领导覃益功，中国版权协会秘书长孙悦以及其他领导等。一铭软件董事长余时均、CEO刘轩铭全程陪同，并向主管部门领导做了企业的经营工作汇报。

考察期间，一铭软件技术支持人员向考察团成员介绍并展示了最新的一铭操作系统及一铭正版软件管理系统的产品特点及性能等。国家版权主管部门领导阎晓宏对一铭软件在国产软件事业上的努力表示了肯定，对操作系统在今后如何更好地推广提出了建议和期望；同时，对广西版权系统率先借助一铭正版软件管理系统实现各市县软件正版化工作的长效机制建设表示了认可，建议将成功经验同其他各省份进行分享；鼓励一铭公司要保持信心，把握现有的市场环境和契机。

一铭软件携手金山软件共同推进国产软件深化应用

一铭软件和金山软件合作签约仪式

2015年12月15日，一铭软件与金山软件在广西南宁软件园签署战略合作协议，宣布双方在技术、市场、业务等方面开展合作计划，共同推动和深化国产软件采购和成果应用，携手开拓新兴市场。国家新闻出版广电主管部门、国家版权主管部门、中国版权协会、新疆和广西等地方相关领导共同见证了双方签约仪式。

双方签署一系列合作计划，以响应国家对于自主可控和信息安全的高度重视，契合国产软件在政府机关、重点行业和大型企业的稳步推进，以及“互联网+”和传统产业转型升级的大趋势，满足用户日益凸显的对于国产软件信息安全、应用体验、Windows替代、信息系统效率、应用迁移等多样化和深入化需求。

按照协议约定，双方将在产品技术、市场和业务三个重点层面开展合作，其中包括产品适配兼容、融合解决方案、应用迁移、市场运营、渠道发展、客户服务等多个细分合作项目。一铭软件将发挥在政府、重点行业和大型企业等拥有较大市场份额，遍布全国的售后服务网络优势，金山软件将充分发挥在桌面办公市场的历史优势和成熟经验，实现优势互补，共同开拓企业客户市场、提升市场占有率，实现双方共赢；并由此促进国内信息化发展，增强为客户提供全面的信息化服务的能力，助力广大行业客户实现信息化。

金山办公软件副总裁肖玢表示，作为国产办公软件领导厂商，金山WPS Office产品目前已成为政府办公市场普及、应用最广泛的国产办公软件，金山软件通过与一铭软件达成战略共识与合作，在未来的合作中，将实现国产系统软件同国产应用软件在信息资源上的互通，达到强强联合的目的，为将来更好、更快地实现软件国产化替代开创了一条可行之道。

荣获三项大奖

荣誉证书
广西一铭软件股份有限公司
一铭操作系统
荣获"2015年度中国全软件全服务操作系统领域产品"
特此颁奖
中国电子信息产业发展研究院
《软件和信息服务》杂志社
赛迪智库软件与信息服务业研究所
二零一五年五月

《新三板与中小企业发展论坛》
金苹果奖
2015年度新三板
成长挂牌企业
新三板与中小企业发展论坛组委会
2015年7月2日北京

中国企业应用选型1000强
一铭软件股份有限公司
荣获
2016年国产操作系统满意度奖
中国软件网
SOFTS.COM
2016年1月

FIRSTBRAVE 冠勇科技

firstbrave.com

上海冠勇信息科技有限公司成立于2011年4月，注册资本3 000万元，是全球领先的版权监测与分账发行服务商。公司致力于打造更加健康的版权生态环境，业务领域涵盖版权监测维权、影视投资及版权贸易等。冠勇研发中心位于上海紫竹国家视听产业基地，在北京、深圳、广州、洛杉矶等地设有分支机构。

依托海量音视图文的指纹搜索技术、云计算以及版权大数据可视化分析等技术，冠勇科技打造了全平台版权监测网络。截至2016年6月，共接受超过500家权利人委托，为版权价值逾千亿的版权作品提供7×24小时监测。其中，监测《港囧》等院线电影超过150部，影视综艺类作品逾2万部，奥运会、NBA、欧洲杯、中超联赛等大型体育赛事10余项，音频作品逾110万首，文字/游戏/图片等作品超过100万部；监测到侵权链接逾1 500万条；PC/APP/OTT的监测平台超过1万家；协助发送预警函、下线函62 000封，平均下线率达到95%以上。

上海冠勇信息科技有限公司董事长吴冠勇

中国版权协会与上海冠勇信息科技有限公司
签订战略合作协议

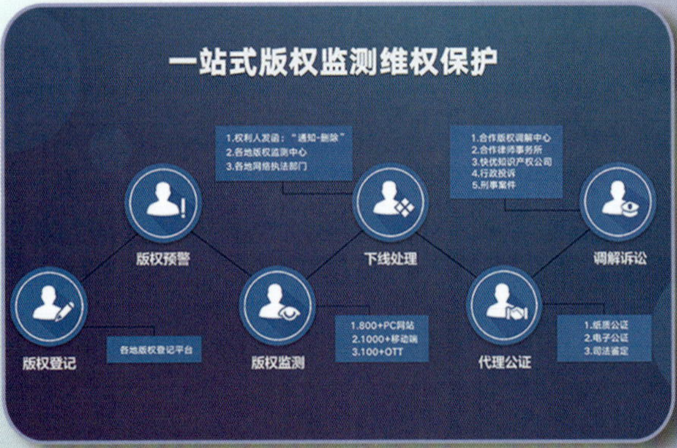

一站式版权监测维权保护

电视内容监测示意图

公司长期服务于央视网、SMG、腾讯、阿里巴巴、优酷土豆、华纳兄弟、保利博纳、光线影业等知名企业。2014年起成为国家“剑网行动”技术支持单位。2014年获得“中国最具影响力版权企业”称号，2015年获得上海版权示范单位、全国版权示范单位称号。同时，冠勇科技为国家“剑网行动”、中国版权协会监测中心（12426），北京、上海版权主管部门以及各地文化执法大队等提供技术与运营支持。

秉承“科技改善版权生态”的理念，冠勇科技为版权方保驾护航。

网址：www.firstbrave.com

鳳凰新聞 IFENG NEWS 客户端

凤凰网，即凤凰新媒体（纽交所代码：FENG）创建于1998年，是全球领先的跨平台网络新媒体公司，整合旗下综合门户凤凰网（www.ifeng.com）、手机凤凰网（i.ifeng.com）及移动客户端、凤凰视频（v.ifeng.com）三大平台，秉承“中华情怀，全球视野，包容开放，进步力量”的媒体理念，为主流华人提供互联网、移动互联网、视频跨平台整合无缝衔接的新媒体优质内容与服务。

凤凰网不仅是控股的凤凰卫视传媒集团优质电视内容的网络传播渠道，更整合了众多专业媒体机构生产的内容、用户生成的内容，以及自身生产的专业内容，提供含图文音视频的全方位综合新闻资讯、深度报道、观点评论、财经产品、互动应用、分享社区、在线网页游戏等服务，满足主流人群浏览、表达、交流、分享、娱乐、理财等多元化与个性化的诉求，并反向传输给凤凰卫视的电视平台，形成创新的网台联动组合传播模式，为互联网、移动互联网及视频用户提供丰富的内容与随时随地随身的服务。

凤凰网2016年9月日均网页浏览量达6.87亿，日均覆盖用户数（UV）约4 687万，月度覆盖用户数近4.2亿，移动端累计月度覆盖用户数3亿。根据艾瑞2014年报告显示，凤凰网用户的月均收入、家庭经济状况、受教育程度、管理层和专业人员的比例、单个访问者浏览的页面PV/UV比、日均有效浏览时间等指标在中国互联网门户网站中均处于领先水平。凤凰新媒体以其独特的受众精准性、内容洞察力、平台整合力及品牌影响力为媒体营销价值核心，为广告客户提供高效的营销投资回报（4I for ROI）。

2015年凤凰网喊出了“就做不同”的品牌主张，体现了凤凰网近年来更贴近用户生活资讯，更专注用户情感交流的战略方向。在宽带与移动互联网带来颠覆性革新及新旧媒体融合的时代，凤凰新媒体将继续引领互联网、移动互联网、电视的联动组合传播与3G/4G时代的媒体化创新。

凤凰新闻客户端

凤凰新闻客户端自上线以来，用户数据持续稳步增长，截止到2016年4月，月度活跃用户数(UV)近5 000万，同时凤凰新闻始终保持着在新闻类App中用户质量、用户黏性上的绝对优势。根据易观智库的数据，凤凰新闻客户端的用户健康指数在新闻类App中排第一位，高活跃、高黏性的健康用户占比最高。

凤凰新闻客户端是一款高度依赖运营的新闻阅读产品，业界最强的要闻团队、独创的主笔体制、丰富的独创栏目，以及创意开机海报，都在行业内、用户中获得了极大的反响和好评。

鳳凰網 IFENG.COM

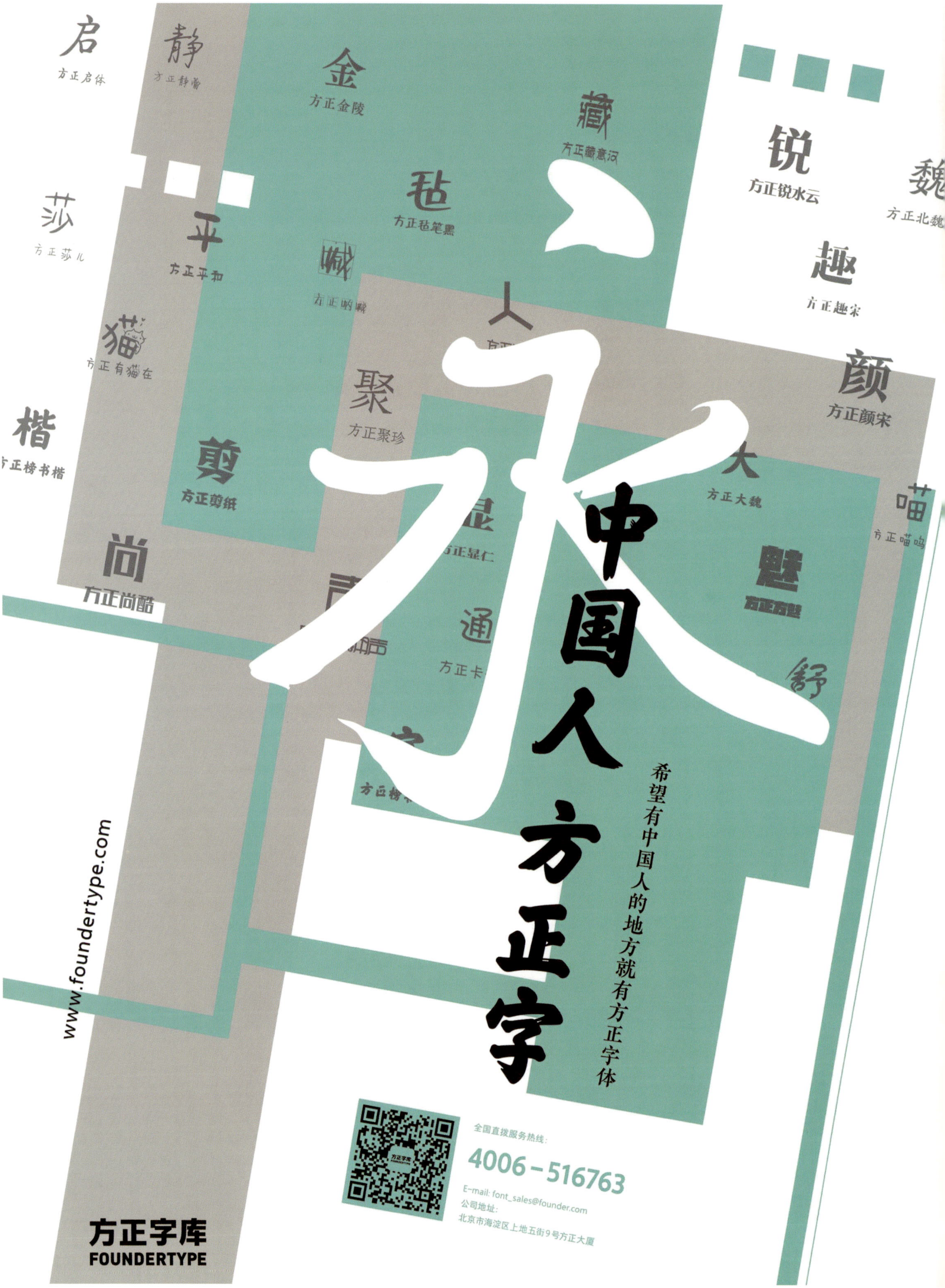

永
中国人方正字
希望有中国人的地方就有方正字体
启
方正启体
静
方正静蕾
金
方正金陵
藏
方正藏意汉
锐
方正锐水云
魏
方正北魏
莎
方正莎儿
平
方正平和
毡
方正毡笔黑
趣
方正趣宋
猫
方正有猫在
聚
方正聚珍
颜
方正颜宋
楷
方正榜书楷
剪
方正剪纸
大
方正大魏
喵
方正喵呜
尚
方正尚酷
魅
方正魅
www.foundertype.com
全国直拨服务热线：
4006-516763
E-mail: font_sales@founder.com
公司地址：
北京市海淀区上地五街9号方正大厦
方正字库
FOUNDERTYPE

中标绿欣

中国基础软件品牌

中标麒麟 NeoKylin　　中标普华 NeoShine

为打破我国信息安全受制于人的困境，壮大民族自主品牌，中标绿欣软件科技有限公司依托（北大信科）高可信基础软件联合创新实验室，构建产学研用一体的创新体系，致力于国产基础软件的研发和推广。

公司总部坐落于首都北京，并在全国各地的北大科技园区内建立展示环境和本地化服务机构。

核心产品：

中标普华office办公软件

◎15年研发历程
◎工业和信息化部推荐产品
◎强大的办公组合：文字处理+演示文稿+电子表格
◎适配四大国产CPU
◎多语言版本：藏文、维哈柯文、蒙古文、援外版等
◎行业定制服务：医疗、教育、税务、电子政务等

中标麒麟桌面操作系统

◎入围国防领域的操作系统
◎连续五年在中国Linux操作系统市场名列前茅
◎面向医疗、地铁、金融等各项领域的系统定制

网址：www.zblxsoft.com
地址：北京市海淀区中关村北街127号北大科技园创新中心205
公司电话：010-62579889

TVZONE
MEDIA
“千台一网”实践“互联网＋”行动的核心主旨：
联供 联播 联营 联产
千台一网
“千台一网”是在中国广播电影电视社会组织联合会节目交易工作委员会的带领下，由中广天择传媒联合全国有制作实力的各级电视台、各制作公司，集结优质的节目和电视剧，并通过搭建的“节目购”平台为全国有内容需求的电视台提供优质视频节目内容的开放平台。目前“千台一网”在“节目购”平台上已汇集来自全国各级电视台和节目制作公司的400余档品牌栏目，类型涵盖焦点纪实、情感故事、脱口秀、真人秀、栏目剧、综艺娱乐、生活服务七大类。这些节目已通过网络传输为500家台进行联供，各台通过优质版权内容的集结播出，提升了舆论引导力、公信力、影响力和传播力，社会效益和经济效益显著提升。
TVZONE
中广天择
视频内容
创意梦工厂
地址：湖南长沙市芙蓉中路二段188号新世纪体育文化中心网球俱乐部101
联系人：何朝晖 联系电话：138-7484-4333 邮箱：738294112@qq.com

优质视频内容
运营商
T V Z O N E
TVZONE
中广天择
视频内容
创意梦工厂
地址：湖南长沙市芙蓉中路二段188号新世纪体育文化中心网球俱乐部101
联系方式：0731-88745070 传真：0731-88745068 网址：www.tvzone.cn

中国版权协会
艺术品版权工作委员会成立

2016年6月29日，中国版权协会艺术品版权工作委员会（下称“艺委会”）成立大会在北京雅昌艺术中心举行。雅昌文化集团董事长万捷担任艺委会主任委员。国家版权主管部门、中国版权协会领导阎晓宏出席成立大会并发表讲话，对旨在保护艺术家版权权益的艺委会寄予厚望。

艺委会是由艺术品版权权利人及从事艺术品行业的法人单位及个人自愿组成的公益性群众团体，受中国版权协会领导，是中国版权协会的二级委员会。秘书处办公地点设在雅昌文化集团。

中国版权协会秘书长孙悦，中国版权协会副理事长、雅昌文化集团董事长万捷以及靳尚谊、张立辰、杜滋龄、何家英等数十位艺术家代表出席了成立大会。

阎晓宏在讲话中指出，中国知识产权保护的进程比较短，但是成绩比较突出。多年来，我们建立了比较完善的版权法律体系、出台了一系列的版权保护措施，版权保护和版权产业发展成绩有目共睹。但就艺术品(视觉文化艺术)来讲，有很大的欠缺，一方面是公众认识不一致，版权保护意识还不够强；另一方面，从知识产权保护的历史进程来看，艺术品的版权保护同样要经历一个发展历程，是社会文明进步中不可阻挡的一个潮流。但真正的艺术品一定是去伪存真的，这已经成为我们的共识。

艺委会参会嘉宾集体合影

中国版权协会艺术品版权工作委员会成立

阎晓宏在讲话中谈到，艺术品一方面给人们提供了文化审美精神的重要内容，另一方面也创造了很大的社会财富和价值，中国艺术品市场发展非常快，仅2015年度的市场总额就达到了798亿元，这都依赖于艺术家的卓越的创作。艺术家的创作需要版权保护，除了公众版权意识水平还不够高之外，我们国家和一些组织在维权方面也还需要进步，在这种情况下，我们还需要第三方的组织机构来进行推动，这样就成立了以雅昌文化集团董事长万捷为主的艺委会，这一方面是得益于雅昌文化集团的服务意识，另一方面，雅昌文化集团在艺术界的平台非常大，这些都有益于以后艺委会的工作，有利于我国艺术品版权保护事业的发展。

著名画家何家英先生讲话

著名画家靳尚谊先生讲话

中国版权协会秘书长孙悦
宣读艺委会成立批复意见

国家版权主管部门领导、中国版权协会理事长阎晓宏在成立大会上讲话

阎晓宏（左一）与雅昌文化集团董事长万捷为中国版权协会艺术品版权工作委员会成立揭牌

雅昌文化集团董事长
万捷在成立大会上讲话

雅昌文化集团仝文
律师主持艺委会发布仪式

Kingbond
金版国际文化传播（北京）有限公司
立足版权 携手产业
网络新媒体 版权代理 书画艺术……
《中国版权》杂志 | 《中国版权年鉴》 | 中国版权年会 | 中国版权产业网 | 书画艺术版权网
联系电话：010-58604520

统计资料

TONG JI ZI LIAO

2015年中国版权统计资料

2015年全国作品自愿登记情况统计

单位：件

	合计	文字	口述	音乐	曲艺	舞蹈	杂技	美术	摄影	建筑	影视	设计图	地图	模型	其他
合计	**1 349 552**	**485 539**	**4**	**2 839**	**90**	**119**	**5**	**279 884**	**540 722**	**163**	**13 820**	**4 003**	**309**	**144**	**21 911**
中国版权保护中心	**236 080**	19 991	0	392	43	75	0	83 779	121 734	1	4 471	762	0	1	4 831
北　京	**601 014**	228 199	0	265	0	5	1	4 605	357 914	0	79	697	6	26	9 217
天　津	**137**	71	0	1	0	0	0	59	2	0	3	0	1	0	0
河　北	**259**	128	0	8	0	0	0	120	0	0	0	0	0	0	3
山　西	**124**	36	0	16	0	0	0	31	1	0	5	1	0	32	2
内蒙古	**199**	31	0	19	0	2	0	103	8	19	0	0	1	0	16
辽　宁	**10 337**	5 983	0	92	0	0	0	1 012	1	0	1	1	20	0	3 227
吉　林	**1 186**	278	0	368	0	0	0	367	4	0	0	0	0	0	169
黑龙江	**1 396**	986	0	99	0	1	1	230	73	0	4	0	0	0	2
上　海	**199 148**	181 001	0	142	0	0	0	9 607	3 193	0	4 581	41	72	13	498
江　苏	**109 377**	15 367	0	203	1	20	2	49 057	39 463	5	2 125	1 178	105	4	1 847
浙　江	**15 354**	391	0	130	2	0	0	14 179	478	0	57	9	0	0	108
安　徽	**1 440**	939	0	12	0	0	0	399	47	0	41	0	0	0	2
福　建	**38 447**	439	0	92	6	0	0	37 482	21	77	100	140	1	2	87
江　西	**3 372**	221	0	282	0	0	0	2 148	54	0	657	0	0	3	7
山　东	**50 200**	23 525	3	32	18	1	0	15 665	10 360	3	51	323	10	42	167
河　南	**643**	222	0	40	5	1	0	344	1	0	16	2	0	0	12
湖　北	**10 129**	1 853	0	30	1	2	1	7 171	868	2	83	107	10	1	0
湖　南	**2 698**	540	0	26	0	0	0	1 544	206	50	293	7	20	1	11
广　东	**20 347**	942	0	138	0	1	0	14 017	2 964	6	128	659	26	18	1 448
广　西	**241**	93	0	66	2	1	0	70	0	0	1	1	0	0	7
海　南	**113**	31	0	15	0	0	0	53	0	0	13	0	0	0	1
重　庆	**40 667**	1 258	0	74	0	0	0	34 986	3 138	0	979	46	10	1	175
四　川	**3 002**	1 575	0	47	0	9	0	1 281	37	0	23	25	1	0	4
贵　州	**220**	7	0	0	0	0	0	204	4	0	4	0	0	0	1
云　南	**299**	65	0	42	0	0	0	89	103	0	0	0	0	0	0
西　藏	**0**	0	0	0	0	0	0	0	0	0	0	0	0	0	0
陕　西	**1 808**	1 158	0	24	8	0	0	508	0	0	103	0	0	0	7
甘　肃	**156**	35	0	3	4	0	0	103	3	0	0	3	0	0	5
青　海	**54**	15	0	0	0	0	0	30	0	0	0	0	4	0	5
宁　夏	**178**	64	1	53	0	0	0	58	0	0	2	0	0	0	0
新　疆	**927**	95	0	128	0	1	0	583	45	0	0	1	22	0	52

2015 年全国版权合同情况统计

单位：份

	合计	图书	期刊	音像制品	电子出版物	软件	电影	电视节目	其他
合　计	**19 030**	**15 964**	**121**	**1 688**	**190**	**762**	**2**	**4**	**299**
中国版权保护中心	**1 718**			1 590	19	109			
北　京	**8 945**	8 686	120	0	111	28	0	0	0
天　津	**300**	278	0	4	18	0	0	0	0
河　北	**130**	130							
山　西	**43**	43							
内蒙古	**0**	0	0	0	0	0	0	0	0
辽　宁	**185**	181	0	0	0	4	0	0	0
吉　林	**182**	182							
黑龙江	**64**	64							
上　海	**1 277**	1 083		92	35				67
江　苏	**1 087**	658			7	422			
浙　江	**551**	368				183			
安　徽	**318**	318							
福　建	**75**	74	1						
江　西	**334**	334							
山　东	**403**	403							
河　南	**529**	529							
湖　北	**389**	389							
湖　南	**209**	205	0	2	0	0	2	0	0
广　东	**442**	205				1		4	232
广　西	**282**	282							
海　南	**110**	110							
重　庆	**360**	360							
四　川	**306**	306							
贵　州	**17**	17							
云　南	**109**	109							
西　藏	**0**	0	0	0	0	0	0	0	0
陕　西	**634**	619				15			
甘　肃									
青　海									
宁　夏	**5**	5	0	0	0	0	0	0	0
新　疆	**26**	26							

2015 年全国版权执法情况统计

案件查处情况				收缴盗版品情况			
项目	上年度数量	本年度数量	同比增减（%）	项目	上年度数量	本年度数量	同比增减（%）
行政处罚数量（件）	4 728	3 477	−26.46	书刊	6 117 975	5 396 752	−11.79
案件移送数量（件）	366	160	−56.28	软件	673 163	368 499	−45.26
检查经营单位数量（个）	1 063 061	846 140	−20.41	音像制品	9 224 736	3 734 808	−59.51
取缔违法经营单位数量（个）	8 686	9 340	7.53	电子出版物	333 876	177 506	−46.83
查获地下窝点数量（个）	482	392	−18.67	其他	316 140	669 196	111.68
其中：地下光盘生产线（条）	4	0	−100.00	未分类项		1 074 168	
违法经营网站服务器（个）	794	475	−40.18	合计	16 665 890	11 420 929	−31.47
罚款金额（人民币元）	13 499 937	9 746 538	−27.80				

2015 年版权输出地汇总表

计量单位：册、盒、张、件、部、集

版权输出项目 / 版权输出的国家或地区	合计	图书	录音制品	录像制品	电子出版物	软件	电影	电视节目	其他
总计（项）	16 467	15 458	133	90	292	34	324	136	0
美国	5 251	4 840	34	68	120	13	157	19	
英国	2 802	2 677	7	17	55	5	1	40	
德国	815	783	9	1	15	6		1	
法国	999	959	2		30	3		5	
俄罗斯	87	86				1			
加拿大	153	151			1			1	
新加坡	242	240						2	
日本	1 771	1 724	13		31	1		2	
韩国	883	826	2	1	6			48	
香港地区	333	159	13		5		154	2	
澳门地区	1	1							
台湾地区	1 117	1 052	43	1	7	1	10	3	
其他	2 013	1 960	10	2	22	4	2	13	

2015年版权引进地汇总表

计量单位：册、盒、张、件、部、集

原版权所在国家或地区 \ 版权引进项目	合计	图书	录音制品	录像制品	电子出版物	软件	电影	电视节目	其他
总计（项）	**16 467**	**15 458**	**133**	**90**	**292**	**34**	**324**	**136**	**0**
美国	5 251	4 840	34	68	120	13	157	19	
英国	2 802	2 677	7	17	55	5	1	40	
德国	815	783	9	1	15	6		1	
法国	999	959	2		30	3		5	
俄罗斯	87	86				1			
加拿大	153	151			1			1	
新加坡	242	240						2	
日本	1 771	1 724	13		31	1		2	
韩国	883	826	2	1	6			48	
香港地区	333	159	13		5		154	2	
澳门地区	1	1							
台湾地区	1 117	1 052	43	1	7	1	10	3	
其他	2 013	1 960	10	2	22	4	2	13	

2015年中国新闻出版产业统计资料

2015 年全国各地区图书出版总量

	图书总计											
	种数（种）		租型种数（种）	总印数（万册、张）			总印张（千印张）			定价总金额（万元）		
	合计	初版		合计	初版	租型	合计	初版	租型	合计	初版	租型
全国总计	**475 768**	**260 426**	**10 847**	**866 233**	**250 308**	**154 408**	**74 318 834**	**25 458 142**	**11 047 792**	**14 760 911**	**6 710 595**	**1 166 005**
中　央	**194 085**	**108 279**	**24**	**222 043**	**81 497**	**188**	**24 982 469**	**10 383 141**	**13 490**	**5 465 205**	**2 845 388**	**1 417**
地　方	**281 683**	**152 147**	**10 823**	**644 190**	**168 811**	**154 220**	**49 336 365**	**15 075 001**	**11 034 302**	**9 295 706**	**3 865 207**	**1 164 588**
北　京	1 1907	7 118		22 446	11 767		2 114 956	1 183 604		510 638	313 447	
天　津	6 421	4 173	106	5 520	2 505	549	513 678	243 971	42 233	150 252	89 649	4 263
河　北	6 817	2 436	329	21 617	3 680	6 744	1 608 699	299 194	494 696	258 538	62 528	48 715
山　西	3 812	2 281	178	12 441	4 022	4 446	1 266 909	604 974	346 399	198 899	92 327	37 285
内蒙古	3 125	1 725	422	6 544	924	3 587	489 788	80 974	281 870	63 080	18 774	29 114
辽　宁	10 964	5 806	9	12 557	4 902	40	983 630	389 207	2 595	205 615	98 135	261
吉　林	23 823	13 560	600	24 792	10 938	3 676	2 042 104	935 707	259 686	477 715	273 237	30 832
黑龙江	6 087	4 712	442	7 170	2 628	3 199	626 257	270 871	237 207	103 248	50 056	25 601
上　海	24 492	12 752	1	32 875	10 707		3 001 864	1 050 946	50	754 424	341 516	7
江　苏	26 503	14 646	179	62 397	18 522	8 844	4 357 526	1 586 718	548 738	782 329	364 082	58 661
浙　江	13 701	6 940	394	36 756	9 441	7 938	2 607 113	794 762	568 220	511 491	225 013	58 180
安　徽	8 902	4 832	741	27 329	6 098	9 429	2 076 500	479 776	710 596	337 327	118 894	72 015
福　建	3 395	2 318	184	8 800	2 715	3 197	700 447	242 988	234 302	116 504	53 592	21 683
江　西	6 729	4 424	230	19 175	4 845	5 947	1 326 086	352 454	474 892	232 804	100 439	44 995
山　东	14 760	6 823	945	53 169	12 123	15 456	2 975 980	774 710	867 147	560 521	197 634	108 060
河　南	7 410	4 118	276	23 224	2 985	9 437	1 714 897	245 687	749 357	249 290	70 550	70 525
湖　北	15 543	8 932	481	26 300	8 264	7 320	2 250 020	809 695	547 949	498 019	262 710	64 992
湖　南	11 815	5 333	451	48 545	12 328	9 889	3 765 544	1 084 677	635 740	674 030	229 944	76 001
广　东	10 088	6 092	173	31 287	6 652	7 308	2 434 970	615 171	577 732	371 523	153 580	52 473
广　西	7 532	3 367	547	29 978	4 486	7 396	2 165 681	391 316	563 918	341 108	101 587	54 633
海　南	3 198	1 088	288	5 551	925	1 425	410 031	85 343	81 657	76 643	21 273	9 553
重　庆	6 156	2 495	235	14 587	3 431	2 584	946 832	281 375	168 741	186 607	70 264	22 141
四　川	10 038	6 074	455	24 806	4 530	7 313	1 933 378	430 010	554 705	305 599	109 655	57 275
贵　州	738	564	638	9 636	559	7 933	652 506	42 308	559 080	78 215	9 982	60 204
云　南	8 465	4 503	298	19 020	3 818	5 471	1 540 820	345 201	432 168	269 673	85 134	40 526
西　藏	648	258	309	1 441	111	777	100 925	11 619	55 075	15 418	2 725	6 255
陕　西	10 459	5 441	550	20 625	4 797	5 106	1 819 268	545 208	375 702	347 009	126 940	40 286
甘　肃	3 412	2 161	241	6 562	1 724	2 999	555 760	165 750	230 288	100 549	47 238	21 576
青　海	779	351	201	1 115	167	651	92 738	17 256	50 736	11 722	4 656	4 830
宁　夏	2 686	1 430	214	4 861	1 009	1 776	449 423	113 396	129 474	89 346	25 468	15 332
新　疆	10 981	5 097	706	22 767	6 911	3 783	1 781 751	569 849	253 349	406 156	132 764	28 314
新疆生产建设兵团	297	297		297	297		30 284	30 284		11 414	11 414	

2015 年全国各级报纸出版数量

	合计					中央及省、自治区、直辖市级					地、市级					县级				
	种数（种）	平均期印数（万份）	总印数（万份）	总印张（千印张）	总金额（万元）	种数（种）	平均期印数（万份）	总印数（万份）	总印张（千印张）	总金额（万元）	种数（种）	平均期印数（万份）	总印数（万份）	总印张（千印张）	总金额（万元）	种数（种）	平均期印数（万份）	总印数（万份）	总印张（千印张）	总金额（万元）
全国总计	**1 906**	**20 968.37**	**4 300 869**	**155 493 017**	**4 342 544**	**1 005**	**15 695.56**	**2 892 537**	**101 239 278**	**3 064 916**	**882**	**5 242.70**	**1 399 981**	**54 079 923**	**1 270 885**	**19**	**30.11**	**8 351**	**173 816**	**6 744**
中央	**218**	**3 098.35**	**794 422**	**22 746 574**	**873 100**	**218**	**3 098.35**	**794 422**	**22 746 574**	**873 100**										
地方	**1 688**	**17 870.02**	**3 506 446**	**132 746 444**	**3 469 444**	**787**	**12 597.22**	**2 098 115**	**78 492 704**	**2 191 816**	**882**	**5 242.70**	**1 399 981**	**54 079 923**	**1 270 885**	**19**	**30.11**	**8 351**	**173 816**	**6 744**
北京	35	291.22	79 060	4 003 522	76 713	35	291.22	79 060	4 003 522	76 713										
天津	24	215.62	61 758	2 305 984	61 778	24	215.62	61 758	2 305 984	61 778										
河北	65	727.36	145 933	3 635 190	125 326	29	539.73	96 148	2 058 957	82 192	35	186.12	49 423	1 572 610	42 713	1	1.51	362	3 624	420
山西	60	2 386.52	203 549	2 207 225	198 233	36	2 250.97	175 728	1 591 644	172 427	23	135.22	27 790	615 273	25 748	1	0.32	31	307	58
内蒙古	58	140.76	32 815	752 915	31 649	23	82.74	16 608	432 771	17 603	32	56.81	16 034	318 511	13 903	3	1.20	173	1 633	143
辽宁	70	645.00	132 935	6 169 999	101 183	19	402.45	68 253	3 182 517	45 613	48	240.85	64 394	2 986 043	55 289	3	1.70	288	1 439	281
吉林	52	860.69	81 153	2 513 952	102 321	24	775.78	60 515	1 891 094	82 499	28	84.92	20 638	622 858	19 822					
黑龙江	68	370.65	66 308	1 731 443	63 894	27	167.02	35 226	881 884	25 193	41	203.63	31 083	849 558	38 702					
上海	70	480.85	107 528	4 818 950	118 674	70	480.85	107 528	4 818 950	118 674										
江苏	81	1 213.40	263 924	10 837 995	249 569	30	738.70	143 580	6 237 125	132 936	51	474.70	120 344	4 600 869	116 633					
浙江	68	1 034.45	311 449	12 264 408	275 141	21	414.12	111 084	3 761 976	105 955	44	604.38	194 700	8 355 495	164 760	3	15.95	5 666	146 937	4 425
安徽	51	429.67	104 553	3 754 237	80 449	19	207.28	44 862	903 653	40 606	32	222.39	59 691	2 850 584	39 843					
福建	42	479.37	106 072	4 701 385	100 292	19	330.63	56 491	2 714 567	56 557	23	148.74	49 581	1 986 818	43 735					
江西	41	1 075.61	114 169	2 683 678	104 001	19	976.12	81 185	1 606 242	74 484	20	96.18	32 459	1 072 185	29 081	2	3.31	525	5 251	436
山东	87	988.92	292 442	13 785 693	258 881	29	541.58	166 946	9 255 757	155 902	58	447.34	125 497	4 529 936	102 979					

续前表

	合计					中央及省、自治区、直辖市级					地、市级					县级				
	种数(种)	平均期印数(万份)	总印数(万份)	总印张(千印张)	总金额(万元)	种数(种)	平均期印数(万份)	总印数(万份)	总印张(千印张)	总金额(万元)	种数(种)	平均期印数(万份)	总印数(万份)	总印张(千印张)	总金额(万元)	种数(种)	平均期印数(万份)	总印数(万份)	总印张(千印张)	总金额(万元)
河南	78	1 526.05	204 286	5 902 974	209 332	32	1 254.23	136 411	3 650 288	141 557	46	271.81	67 875	2 252 686	67 775					
湖北	73	646.07	153 920	5 380 400	164 841	27	268.86	70 471	2 517 470	78 760	43	372.73	82 343	2 851 865	85 266	3	4.47	1 106	11 064	814
湖南	48	679.48	133 554	4 785 859	115 525	22	503.50	86 502	3 452 488	89 403	26	175.98	47 052	1 333 371	26 122					
广东	100	1 265.84	327 660	20 081 573	476 263	33	588.24	150 900	10 154 239	279 926	67	677.60	176 760	9 927 335	196 336					
广西	54	249.09	68 974	2 082 133	58 749	21	128.72	32 956	1 126 119	27 976	33	120.38	36 017	956 014	30 773					
海南	14	80.56	23 513	751 382	25 547	10	60.76	18 331	587 603	19 689	4	19.80	5 183	163 779	5 859					
重庆	27	263.64	58 362	2 932 913	65 101	24	254.82	55 809	2 871 786	63 065	3	8.82	2 553	61 127	2 036					
四川	88	642.23	162 781	6 476 186	168 143	38	378.68	85 250	3 617 752	97 448	50	263.55	77 531	285 8434	70 696					
贵州	30	120.47	33 244	1 053 802	31 536	13	57.95	15 621	491 937	15 799	17	62.52	17 623	561 865	15 737					
云南	42	165.92	46 062	1 452 292	40 247	18	115.52	30 408	1 144 051	29 388	24	50.40	15 654	308 241	10 859					
西藏	25	39.09	7 803	201 548	5 646	11	25.48	5 345	114 143	3 352	14	13.61	2 457	87 405	2 295					
陕西	43	260.35	60 132	2 239 657	58 069	27	166.19	36 723	1 489 832	34 795	16	94.16	23 409	749 825	23 274					
甘肃	50	254.23	50 767	1 044 155	43 437	23	177.31	27 824	481 296	28 438	27	76.92	22 942	562 859	14 999					
青海	26	42.28	10 546	347 183	6 634	15	25.45	5 603	166 680	4 031	9	15.41	4 766	177 053	2 450	2	1.42	178	3 450	153
宁夏	14	44.44	10 806	308 632	11 400	9	32.89	7 156	192 565	7 698	5	11.55	3 650	116 067	3 702					
新疆	85	220.05	43 975	1 438 169	34 061	35	125.66	23 543	707 217	16 545	49	94.17	20 410	730 839	17 502	1	0.23	23	113	14
新疆生产建设兵团	19	30.14	6 414	101 012	6 812	5	18.15	4 292	80 595	4 816	14	11.99	2 122	20 417	1 996					

2015 年全国各地区各类期刊出版的种数、印数、总印张、总金额（1）

	合计					综合					哲学、社会科学				
	种数（种）	平均期印数（万册）	总印数（万册）	总印张（千印张）	总金额（万元）	种数（种）	平均期印数（万册）	总印数（万册）	总印张（千印张）	总金额（万元）	种数（种）	平均期印数（万册）	总印数（万册）	总印张（千印张）	总金额（万元）
全国总计	**10 014**	**14 628.25**	**287 833**	**16 778 491**	**2 429 687**	**366**	**912.32**	**19 694**	**1 048 803**	**131 806**	**2 635**	**7 023.40**	**131 424**	**6 871 711**	**1 076 932**
中　央	**2 996**	**5 352.78**	**89 547**	**6 528 208**	**999 242**	**67**	**105.70**	**2 610**	**173 613**	**28 145**	**902**	**3 509.52**	**59 874**	**3 248 846**	**564 019**
地　方	**7 018**	**9 275.48**	**198 285**	**10 250 283**	**1 430 445**	**299**	**806.62**	**17 084**	**875 190**	**103 661**	**1 733**	**3 513.89**	**71 550**	**3 622 865**	**512 913**
北　京	172	186.42	3 673	273 572	42 101	2	0.35	1	206	77	48	71.23	1 585	104 177	15 303
天　津	254	212.17	3 143	166 314	28 919	3	1.80	21	1 238	206	49	62.90	999	48 673	7 406
河　北	227	215.06	4 715	218 933	32 999	9	2.62	32	1 890	542	59	91.39	1 861	84 917	12 201
山　西	201	139.54	2 573	161 261	28 222	3	1.08	33	2 470	487	52	56.27	920	50 520	8 554
内蒙古	147	104.75	2 081	107 723	13 128	3	0.85	9	605	90	51	60.37	846	38 488	5 376
辽　宁	320	489.24	8 847	372 945	54 430	6	6.23	98	6 706	755	72	278.54	5 745	229 484	31 628
吉　林	242	286.02	8 433	406 213	57 561	3	2.03	47	3 169	676	63	63.09	1 799	84 438	14 918
黑龙江	314	217.76	4 467	253 583	35 200	9	3.13	30	1 935	393	77	105.07	1 967	107 503	14 078
上　海	637	715.31	12 855	713 319	101 946	14	14.86	506	23 937	3 420	143	226.65	4 751	256 726	38 319
江　苏	468	398.01	11 431	501 333	91 675	18	5.15	89	5 457	1 552	103	136.22	3 894	176 987	31 146
浙　江	226	512.97	7 744	360 522	56 563	21	3.44	24	1 625	329	48	113.11	1 980	105 547	16 726
安　徽	186	313.01	5 351	245 739	47 066	23	2.46	13	1 274	220	35	70.97	1 266	62 707	11 175
福　建	176	196.26	3 970	190 973	25 233	8	4.19	47	2 030	470	55	130.00	2 809	123 317	14 949
江　西	165	267.61	7 476	230 605	31 779	6	3.87	117	6 763	854	47	78.16	1 679	57 198	8 138
山　东	270	476.18	11 083	511 933	64 232	19	10.64	342	15 751	3 102	75	255.37	4 261	252 441	29 882

续前表

	合计					综合					哲学、社会科学				
	种数（种）	平均期印数（万册）	总印数（万册）	总印张（千印张）	总金额（万元）	种数（种）	平均期印数（万册）	总印数（万册）	总印张（千印张）	总金额（万元）	种数（种）	平均期印数（万册）	总印数（万册）	总印张（千印张）	总金额（万元）
河　南	248	356.09	8 602	408 239	54 688	22	2.92	18	1 822	255	68	169.90	4 096	208 407	25 848
湖　北	425	949.45	25 125	1 458 924	147 041	20	320.78	6 205	269 655	26 231	102	254.53	6 860	317 819	39 302
湖　南	254	593.76	14 099	686 226	89 706	13	2.02	9	1 286	385	54	141.26	3 177	140 558	18 879
广　东	389	727.24	14 458	844 427	120 227	28	26.81	397	26 193	4 716	99	357.88	7 377	430 567	53 732
广　西	184	190.40	4 754	193 264	32 271	13	7.53	206	9 913	1 564	48	76.19	1 469	70 895	10 369
海　南	44	45.42	754	55 304	10 085	2	8.20	96	9 616	1 792	13	14.40	211	12 840	3 545
重　庆	138	234.78	4 972	305 012	51 116	4	2.70	74	5 988	1 455	32	146.39	2 216	131 257	22 943
四　川	354	331.90	5 662	357 288	53 509	14	23.34	691	20 940	4 814	76	141.17	2 077	110 635	19 010
贵　州	90	80.30	1 756	91 090	17 078	6	2.74	41	2 465	715	29	53.45	1 183	65 705	12 264
云　南	127	207.02	3 792	203 412	26 039	6	1.05	22	1 747	487	38	96.63	1 285	84 248	10 568
西　藏	35	18.29	238	14 261	2 176	1	0.50	2	170	10	12	9.65	101	4 736	667
陕　西	287	199.39	3 693	224 506	33 684	6	4.70	86	5 353	822	57	86.95	1 707	95 456	12 816
甘　肃	134	434.92	9 672	525 365	57 810	7	333.01	7 737	439 071	46 738	34	66.65	1 324	50 581	5 931
青　海	54	21.03	299	20 044	2 961						18	8.88	150	6 338	1 024
宁　夏	37	34.07	840	65 166	8 892	1	0.50	6	818	240	14	25.16	731	55 916	7 475
新　疆	198	113.41	1 609	77 012	11 301	8	7.09	84	5 088	264	56	60.52	1 130	49 391	8 124
新疆生产建设兵团	15	7.71	119	5 776	804	1	0.03	0	9	0	6	4.96	95	4 394	618

注：含高校学报、公报、政报、年鉴 1 517 种，平均期印数 348 万册，总印数 4 725 万册，总印张 767 267 千印张。

2015 年全国各地区各类期刊出版的种数、印数、总印张、总金额（2）

	自然科学、技术					文化、教育					文学、艺术				
	种数（种）	平均期印数（万册）	总印数（万册）	总印张（千印张）	总金额（万元）	种数（种）	平均期印数（万册）	总印数（万册）	总印张（千印张）	总金额（万元）	种数（种）	平均期印数（万册）	总印数（万册）	总印张（千印张）	总金额（万元）
全国总计	**4 983**	**2 647.89**	**39 551**	**3 353 139**	**476 594**	**1 377**	**2 829.81**	**64 777**	**3 526 762**	**498 875**	**653**	**1 214.83**	**32 388**	**1 978 076**	**245 480**
中　　央	**1 538**	**1 002.42**	**13 475**	**1 769 434**	**222 594**	**349**	**574.78**	**10 088**	**1 108 246**	**140 413**	**140**	**160.36**	**3 500**	**228 069**	**44 071**
地　　方	**3 445**	**1 645.47**	**26 075**	**1 583 705**	**254 001**	**1 028**	**2 255.03**	**54 689**	**2 418 516**	**358 462**	**513**	**1 054.47**	**28 888**	**1 750 007**	**201 409**
北　　京	77	37.83	522	43 346	7 761	32	66.97	1 377	111 033	17 097	13	10.04	188	14 810	1 863
天　　津	147	64.96	803	45 449	10 124	35	37.76	678	30 498	5 650	20	44.75	642	40 457	5 534
河　　北	110	54.43	824	56 427	10 968	35	53.73	1 764	58 771	7 235	14	12.90	235	16 927	2 052
山　　西	91	37.84	512	37 906	5 671	34	25.51	802	53 005	8 190	21	18.84	306	17 361	5 319
内 蒙 古	49	12.33	217	14 973	1 797	21	11.50	296	15 250	1 551	23	19.71	713	38 408	4 314
辽　　宁	180	98.01	1 250	71 542	12 510	45	95.78	1 526	50 845	7 428	17	10.68	227	14 369	2 109
吉　　林	105	30.12	516	49 631	7 756	43	45.65	1 269	48 315	8 181	28	145.13	4 802	220 660	26 029
黑 龙 江	159	44.83	877	46 079	6 713	50	40.70	1 183	73 408	11 136	19	24.02	411	24 658	2 881
上　　海	363	185.71	2 273	188 384	26 942	79	104.91	1 541	84 910	16 319	38	183.17	3 784	159 362	16 947
江　　苏	263	125.55	2 640	110 736	21 411	58	105.54	4 149	175 119	31 229	26	25.55	659	33 034	6 337
浙　　江	109	45.62	462	26 895	5 173	32	323.52	4 652	173 881	28 015	16	27.28	626	52 574	6 321
安　　徽	89	56.23	674	45 430	5 844	26	158.75	3 014	99 788	13 556	13	24.61	385	36 540	16 271
福　　建	72	25.27	232	20 340	3 382	29	24.77	718	35 380	4 729	12	12.05	165	9 906	1 703
江　　西	71	22.81	341	17 527	2 804	32	154.38	5 121	140 912	18 649	9	8.40	217	8 205	1 334
山　　东	131	62.76	1 454	73 743	10 287	31	124.02	4 245	146 743	17 031	14	23.39	782	23 256	3 929

续前表

	自然科学、技术					文化、教育					文学、艺术				
	种数（种）	平均期印数（万册）	总印数（万册）	总印张（千印张）	总金额（万元）	种数（种）	平均期印数（万册）	总印数（万册）	总印张（千印张）	总金额（万元）	种数（种）	平均期印数（万册）	总印数（万册）	总印张（千印张）	总金额（万元）
河　南	114	57.82	1 242	62 333	9 360	25	86.93	2 115	86 967	10 271	19	38.53	1 132	48 709	8 954
湖　北	211	79.32	1 116	80 752	13 997	62	72.34	1 868	88 966	12 630	30	222.48	9 077	701 732	54 881
湖　南	131	112.06	1 666	81 872	13 166	40	287.80	7 739	349 429	47 068	16	50.63	1 507	113 081	10 209
广　东	183	210.99	4 263	215 922	29 206	47	99.97	1 756	127 844	25 906	32	31.59	666	43 901	6 668
广　西	78	39.21	756	31 875	5 991	30	62.60	2 284	78 165	13 951	15	4.87	39	2 418	396
海　南	15	7.27	147	8 314	1 154	11	13.43	284	23 188	3 360	3	2.13	16	1 346	234
重　庆	80	30.74	656	52 397	9 529	19	54.10	2 020	114 945	17 136	3	0.85	7	426	54
四　川	202	84.15	1 015	101 021	14 967	44	74.20	1 635	101 823	11 432	18	9.03	244	22 868	3 286
贵　州	33	6.74	66	5 045	836	15	13.50	389	10 154	1 757	7	3.88	77	7 722	1 506
云　南	50	22.47	339	18 504	2 894	21	20.55	591	30 658	4 203	12	66.33	1 554	68 254	7 887
西　藏	4	0.34	1	76	8	13	6.99	130	9 024	1 457	5	0.81	4	255	35
陕　西	173	52.26	860	53 532	9 698	37	43.09	789	53 922	7 224	14	12.39	250	16 242	3 124
甘　肃	66	13.25	129	10 607	1 805	20	21.14	476	24 619	3 291	7	0.86	5	486	45
青　海	18	1.99	11	632	95	10	4.46	66	8 293	1 309	8	5.71	73	4 781	533
宁　夏	11	3.00	28	1 938	377	7	4.52	66	5 625	721	4	0.90	9	868	80
新　疆	55	17.54	164	9 412	1 624	44	15.91	149	7 019	748	35	12.36	82	6 102	541
新疆生产建设兵团	5	2.03	20	1 065	152	1	0.06	0	19	2	2	0.64	4	289	32

注：含高校学报、公报、政报、年鉴 1 517 种，平均期印数 348 万册，总印数 4 725 万册，总印张 767 267 千印张。

2015 年全国电子出版物出版品种、数量汇总表

单位：种、万张

	电子出版物					只读光盘（CD-ROM）				高密度只读光盘（DVD-ROM）				交互式光盘（CD-I）及其他			
	合计		其中：新版		发行数量	合计		其中：新版		合计		其中：新版		合计		其中：新版	
	种数	数量	种数	数量		种数	数量	种数	数量	种数	数量	种数	数量	种数	数量	种数	数量
全国总计	**10 091**	**21 438.38**	**5 329**	**7 918.79**	**24 908.37**	**5 692**	**17 455.99**	**2 826**	**5 753.11**	**3 296**	**2 912.82**	**1 952**	**1 964.93**	**1 103**	**1 069.57**	**551**	**200.76**
中　央	**6 626**	**14 790.07**	**3 165**	**5 521.18**	**18 074.23**	**3 504**	**11 999.46**	**1 495**	**4 202.31**	**2 276**	**1 805.14**	**1 334**	**1 171.80**	**846**	**985.46**	**336**	**147.07**
地　方	**3 465**	**6 648.31**	**2 164**	**2 397.62**	**6 834.14**	**2 188**	**5 456.53**	**1 331**	**1 550.80**	**1 020**	**1 107.68**	**618**	**793.13**	**257**	**84.11**	**215**	**53.69**
北　京	54	29.33	54	29.33	13.04	12	16.51	12	16.51	28	11.82	28	11.82	14	1.00	14	1.00
天　津	42	13.63	41	11.83	12.74	23	5.63	23	5.63	10	4.40	9	2.60	9	3.60	9	3.60
河　北																	
山　西	156	11.50	156	11.50	18.70	28	2.80	28	2.80	128	8.70	128	8.70				
内蒙古	4	0.36	4	0.36	0.34	4	0.36	4	0.36								
辽　宁	222	311.89	134	153.87	234.32	200	303.64	125	152.52	22	8.25	9	1.35				
吉　林	104	43.32	104	43.32	40.15	53	38.01	53	38.01	51	5.31	51	5.31				
黑龙江																	
上　海	754	1 403.99	319	129.02	832.06	463	1 218.71	157	64.95	131	119.04	39	27.01	160	66.24	123	37.06
江　苏	472	2 727.68	175	668.20	3 042.44	315	2 609.44	112	611.77	147	118.10	53	56.30	10	0.14	10	0.14
浙　江	282	141.00	149	99.10	542.74	162	125.86	107	86.93	114	12.60	36	9.62	6	2.55	6	2.55
安　徽	18	3.52	14	3.32	0.45	5	1.63	5	1.63	11	1.85	7	1.65	2	0.04	2	0.04
福　建	41	24.58	32	20.46	19.05	18	8.66	18	8.66	23	15.92	14	11.79				
江　西	10	8.06	10	8.06	5.98	8	7.56	8	7.56	2	0.50	2	0.50				
山　东	246	233.29	224	213.66	274.10	145	207.43	135	196.07	92	23.81	80	15.54	9	2.05	9	2.05
河　南	180	553.00	163	544.90	541.96	103	19.35	86	11.25	77	533.65	77	533.65				
湖　北	224	248.72	167	32.64	247.51	171	232.52	125	18.09	26	10.95	15	9.30	27	5.25	27	5.25
湖　南	91	329.49	41	169.56	326.50	73	322.54	35	168.20	16	6.46	6	1.36	2	0.48		
广　东	82	93.91	47	63.59	209.44	80	93.31	45	62.99	2	0.60	2	0.60				
广　西	26	2.65	16	1.65	2.55	11	1.65	11	1.65	10	1.00			5	0.00	5	0.00
海　南	3	1.36	2	1.31	1.31	1	0.11	1	0.11	2	1.25	1	1.20				
重　庆	154	200.43	78	129.33	155.50	107	103.96	56	51.68	47	96.47	22	77.65				
四　川	185	42.49	171	34.73	111.85	167	35.67	154	28.61	8	4.82	7	4.12	10	2.00	10	2.00

续前表

	电子出版物					只读光盘（CD-ROM）				高密度只读光盘（DVD-ROM）				交互式光盘（CD-I）及其他			
	合计		其中：新版		发行数量	合计		其中：新版		合计		其中：新版		合计		其中：新版	
	种数	数量	种数	数量		种数	数量	种数	数量	种数	数量	种数	数量	种数	数量	种数	数量
贵　州																	
云　南	29	52.36	27	5.86	51.94	16	51.50	14	5.00	13	0.86	13	0.86				
西　藏																	
陕　西	33	44.35	25	3.84	46.68	15	41.48	10	1.73	15	2.11	15	2.11	3	0.76		
甘　肃	11	17.70	10	17.60	17.70	8	8.20	7	8.10	3	9.50	3	9.50				
青　海	1	0.60	1	0.60	0.60					1	0.60	1	0.60				
宁　夏																	
新　疆	41	109.11			84.49					41	109.11						
新疆生产建设兵团																	

2015 年全国各地区录音制品出版品种、数量及发行总量（按载体形式分类）

单位：种、万盒、万张

	录音制品合计					录音带（AT）				激光唱盘（CD）				高密度激光唱盘（DVD-A）				其他载体形式			
	合计		其中：新版		发行数量	合计		其中：新版		合计		其中：新版		合计		其中：新版		合计		其中：新版	
	种数	数量	种数	数量		种数	数量	种数	数量	种数	数量	种数	数量	种数	数量	种数	数量	种数	数量	种数	数量
全国总计	**9 860.00**	**23 383.47**	**3 444.00**	**3 193.54**	**21 444.18**	**1 675.00**	**13 770.19**	**295.00**	**795.88**	**5 964.00**	**7 286.97**	**2 488.00**	**1 776.77**	**246.00**	**92.68**	**220.00**	**82.84**	**1 975.00**	**2 233.63**	**441.00**	**538.06**
中　央	**3 533.00**	**15 284.05**	**1 212.00**	**1 535.07**	**14 671.46**	**882.00**	**10 358.42**	**120.00**	**443.14**	**1 525.00**	**3 504.97**	**780.00**	**695.65**	**70.00**	**20.44**	**68.00**	**20.04**	**1 056.00**	**1 400.21**	**244.00**	**376.25**
地　方	**6 327.00**	**8 099.42**	**2 232.00**	**1 658.47**	**6 772.72**	**793.00**	**3 411.77**	**175.00**	**352.75**	**4 439.00**	**3 782.00**	**1 708.00**	**1 081.12**	**176.00**	**72.24**	**152.00**	**62.79**	**919.00**	**833.42**	**197.00**	**161.81**
北　京	137.00	104.25	136.00	103.75	55.15	25.00	2.25	25.00	2.25	107.00	100.60	106.00	100.10	5.00	1.40	5.00	1.40				
天　津	50.00	51.52	20.00	5.62	37.87	30.00	45.90			13.00	3.82	13.00	3.82	7.00	1.80	7.00	1.80				
河　北	77.00	403.95	19.00	7.80	5.08	54.00	353.26	3.00	2.80	23.00	50.69	16.00	5.00								
山　西	94.00	148.05	94.00	148.05	148.15	1.00	1.00	1.00	1.00	93.00	147.05	93.00	147.05								
内蒙古	45.00	14.49	37.00	12.49	9.57					43.00	14.27	36.00	12.47	1.00	0.20			1.00	0.02	1.00	0.02
辽　宁	192.00	26.06	68.00	14.34	209.54					184.00	26.06	67.00	14.34	8.00	0.00	1.00	0.00				
吉　林	118.00	176.05	74.00	24.53	490.65	28.00	97.45	8.00	11.16	83.00	77.35	59.00	12.12	6.00	1.20	6.00	1.20	1.00	0.05	1.00	0.05
黑龙江	28.00	1.70	28.00	1.70	2.90					28.00	1.70	28.00	1.70								
上　海	3 765.00	3 046.11	717.00	808.14	2 902.31	263.00	1 512.39	23.00	222.17	2 633.00	945.98	515.00	428.85	32.00	20.04	18.00	11.19	837.00	567.71	161.00	145.92
江　苏	216.00	1 016.67	74.00	26.19	1 012.09	60.00	907.33	3.00	1.78	154.00	109.14	69.00	24.21	2.00	0.20	2.00	0.20				
浙　江	117.00	396.18	87.00	124.51	291.21	26.00	120.58	8.00	4.52	39.00	244.00	27.00	88.39	52.00	31.60	52.00	31.60				
安　徽	65.00	32.67	50.00	30.41	45.86	47.00	28.09	34.00	26.49	18.00	4.57	16.00	3.92								
福　建	30.00	6.78	30.00	6.78	27.24	2.00	0.60	2.00	0.60	28.00	6.19	28.00	6.19								
江　西	73.00	40.01	47.00	24.64	70.64	11.00	3.30	11.00	3.30	62.00	36.71	36.00	21.34								
山　东	183.00	320.94	36.00	23.89	29.56	54.00	33.86	3.00	0.45	123.00	286.48	27.00	22.84	6.00	0.60	6.00	0.60				
河　南	3.00	0.55	3.00	0.55	0.20					3.00	0.55	3.00	0.55								
湖　北	50.00	20.53	25.00	7.36	30.24	5.00	7.64	3.00	0.36	41.00	11.67	21.00	6.16	1.00	0.30			3.00	0.92	1.00	0.84
湖　南	174.00	547.01	35.00	28.74	593.74	8.00	43.71	2.00	4.38	144.00	414.66	28.00	20.33					22.00	88.64	5.00	4.03
广　东	508.00	1 564.74	372.00	149.88	597.54	113.00	201.38	21.00	51.03	332.00	1 189.83	298.00	84.75	37.00	6.30	37.00	6.30	26.00	167.23	16.00	7.79
广　西	87.00	32.10	64.00	20.70	42.52					87.00	32.10	64.00	20.70								
海　南	23.00	3.75	23.00	3.75	2.05	15.00	1.50	15.00	1.50	8.00	2.25	8.00	2.25								
重　庆	62.00	27.99	33.00	14.52	39.12	8.00	3.26	5.00	2.80	43.00	19.95	26.00	10.21	1.00	1.22	1.00	1.22	10.00	3.57	1.00	0.30
四　川	15.00	8.65	14.00	8.25	10.20	2.00	4.00	2.00	4.00	13.00	4.65	12.00	4.25								

续前表

	录音制品合计					录音带（AT）				激光唱盘（CD）				高密度激光唱盘（DVD-A）				其他载体形式			
	合计		其中：新版		发行数量	合计		其中：新版		合计		其中：新版		合计		其中：新版		合计		其中：新版	
	种数	数量	种数	数量		种数	数量	种数	数量	种数	数量	种数	数量	种数	数量	种数	数量	种数	数量	种数	数量
贵　州																					
云　南	65.00	6.20	38.00	4.94	3.93	15.00	1.02			36.00	4.50	24.00	4.25	13.00	0.49	13.00	0.49	1.00	0.20	1.00	0.20
西　藏	33.00	26.05	33.00	26.05	25.55	6.00	12.15	6.00	12.15	26.00	13.40	26.00	13.40	1.00	0.50	1.00	0.50				
陕　西	82.00	62.24	40.00	16.71	79.85	20.00	31.10			43.00	25.96	30.00	14.06	1.00	0.10			18.00	5.08	10.00	2.65
甘　肃	8.00	3.50	8.00	3.50	8.92					8.00	3.50	8.00	3.50								
青　海																					
宁　夏	3.00	1.00	3.00	1.00						3.00	1.00	3.00	1.00								
新　疆	24.00	9.68	24.00	9.68	1.05					21.00	3.38	21.00	3.38	3.00	6.30	3.00	6.30				
新疆生产建设兵团																					

2015 年全国各地区录像制品出版品种、数量及发行总量（按载体形式分类）

单位：种、万盒、万张

	录像制品合计					数码激光视盘（VCD）				高密度激光视盘（DVD-V）				录像带（VT）及其他			
	合计		其中：新版		发行数量	合计		其中：新版		合计		其中：新版		合计		其中：新版	
	种数	数量	种数	数量		种数	数量	种数	数量	种数	数量	种数	数量	种数	数量	种数	数量
全国总计	**5 512.00**	**6 034.75**	**3 325.00**	**3 799.01**	**6 075.08**	**1 297.00**	**1 418.54**	**320.00**	**428.95**	**4 110.00**	**4 556.27**	**2 910.00**	**3 314.16**	**105.00**	**59.94**	**95.00**	**55.90**
中　央	**2 501.00**	**3 990.76**	**1 260.00**	**2 155.12**	**4 225.85**	**578.00**	**1 082.13**	**34.00**	**256.02**	**1 859.00**	**2 890.63**	**1 168.00**	**1 884.15**	**64.00**	**18.00**	**58.00**	**14.94**
地　方	**3 011.00**	**2 043.99**	**2 065.00**	**1 643.89**	**1 849.23**	**719.00**	**336.41**	**286.00**	**172.93**	**2 251.00**	**1 665.64**	**1 742.00**	**1 430.01**	**41.00**	**41.94**	**37.00**	**40.96**
北　京	53.00	25.20	52.00	25.00	0.70					53.00	25.20	52.00	25.00				
天　津	5.00	1.90	5.00	1.90	1.90					5.00	1.90	5.00	1.90				
河　北	18.00	11.22	18.00	11.22	13.55	11.00	7.22	11.00	7.22	7.00	4.00	7.00	4.00				
山　西	45.00	7.84	45.00	7.84	42.49					43.00	7.74	43.00	7.74	2.00	0.10	2.00	0.10
内蒙古	20.00	4.62	15.00	4.12	2.46					20.00	4.62	15.00	4.12				
辽　宁	137.00	119.31	137.00	119.31	35.28	8.00	4.50	8.00	4.50	115.00	114.06	115.00	114.06	14.00	0.75	14.00	0.75
吉　林	109.00	21.26	105.00	19.96	17.55	25.00	2.08	24.00	1.98	83.00	18.88	80.00	17.68	1.00	0.30	1.00	0.30
黑龙江	20.00	2.06	20.00	2.06	1.66					20.00	2.06	20.00	2.06				
上　海	874.00	880.72	296.00	692.58	840.72	477.00	127.65	101.00	40.08	393.00	752.08	195.00	652.50	4.00	0.98		
江　苏	114.00	50.73	74.00	33.35	35.64	15.00	3.82			99.00	46.91	74.00	33.35				
浙　江	96.00	36.14	70.00	20.31	42.45	23.00	14.16	8.00	1.95	73.00	21.98	62.00	18.36				
安　徽	55.00	10.39	53.00	9.55	9.75					55.00	10.39	53.00	9.55				
福　建	28.00	16.72	26.00	7.22	18.20					28.00	16.72	26.00	7.22				
江　西	60.00	21.65	57.00	19.55	17.00	46.00	11.20	44.00	9.20	14.00	10.45	13.00	10.35				
山　东	190.00	109.63	159.00	64.56	61.30	12.00	7.20	12.00	7.20	177.00	102.38	146.00	57.31	1.00	0.05	1.00	0.05
河　南	137.00	43.79	101.00	37.43	39.03					137.00	43.79	101.00	37.43				
湖　北	65.00	36.72	64.00	36.62	74.02	20.00	8.80	20.00	8.80	45.00	27.92	44.00	27.82				
湖　南	219.00	180.68	69.00	130.22	187.68	48.00	89.97	38.00	80.43	170.00	89.41	30.00	48.49	1.00	1.30	1.00	1.30
广　东	165.00	109.44	117.00	61.63	70.02	5.00	41.24			157.00	61.11	114.00	54.53	3.00	7.10	3.00	7.10
广　西	41.00	22.83	40.00	21.33	4.01	5.00	7.98	5.00	7.98	36.00	14.85	35.00	13.35				
海　南	3.00	0.40	3.00	0.40	0.25					3.00	0.40	3.00	0.40				
重　庆	47.00	12.86	38.00	9.36	21.70	3.00	2.60			44.00	10.26	38.00	9.36				

续前表

	录像制品合计					数码激光视盘（VCD）				高密度激光视盘（DVD-V）				录像带（VT）及其他			
	合计		其中：新版		发行数量	合计		其中：新版		合计		其中：新版		合计		其中：新版	
	种数	数量	种数	数量		种数	数量	种数	数量	种数	数量	种数	数量	种数	数量	种数	数量
四　川	46.00	67.45	45.00	63.45	73.17	2.00	0.30	2.00	0.30	44.00	67.15	43.00	63.15				
贵　州																	
云　南	143.00	34.36	143.00	34.36	21.41					143.00	34.36	143.00	34.36				
西　藏	41.00	18.25	41.00	18.25	17.75					41.00	18.25	41.00	18.25				
陕　西	62.00	25.82	54.00	20.32	35.30	7.00	5.30	1.00	0.90	55.00	20.52	53.00	19.42				
甘　肃	23.00	4.24	23.00	4.24	8.64	12.00	2.40	12.00	2.40	11.00	1.84	11.00	1.84				
青　海	30.00	13.55	30.00	13.55	12.05					30.00	13.55	30.00	13.55				
宁　夏	6.00	1.60	6.00	1.60						6.00	1.60	6.00	1.60				
新　疆	159.00	152.61	159.00	152.61	143.55					144.00	121.26	144.00	121.26	15.00	31.35	15.00	31.35
新疆生产建设兵团																	

2015 年全国新华书店系统、出版社自办发行单位出版物发行进、销、存情况

单位：万册（张、份、盒）、万元

	购进		销售		库存	
	数量	金额	数量	金额	数量	金额
全国总计	**2 030 884**	**26 693 829**	**1 994 465**	**25 637 427**	**678 329**	**10 824 358**
中　　央	**246 105**	**5 795 403**	**234 921**	**5 387 497**	**150 233**	**4 280 135**
地　　方	**1 784 779**	**20 898 426**	**1 759 544**	**20 249 930**	**528 096**	**6 544 223**
北　　京	13 684	377 704	13 274	350 715	7 923	254 464
天　　津	12 231	174 817	12 231	173 352	4 542	97 800
河　　北	92 373	1 085 232	88 085	1 080 093	59 153	168 454
山　　西	50 655	672 081	46 525	606 278	16 839	220 086
内 蒙 古	15 395	192 011	15 995	190 283	3 825	32 884
辽　　宁	24 511	303 949	23 767	296 244	10 693	234 543
吉　　林	20 760	298 424	21 426	308 944	6 318	112 274
黑 龙 江	23 013	302 813	22 517	294 692	6 051	88 398
上　　海	45 790	919 378	50 392	912 633	19 760	536 201
江　　苏	185 162	1 940 447	181 156	1 819 529	59 607	794 081
浙　　江	116 109	1 651 847	112 101	1 608 716	60 946	887 712
安　　徽	102 592	1 206 060	113 692	1 181 938	19 794	247 675
福　　建	35 555	379 989	35 782	381 172	7 636	82 061
江　　西	76 160	910 192	77 536	895 639	9 110	130 546
山　　东	156 019	1 540 030	153 095	1 492 763	64 830	526 816
河　　南	147 068	1 195 294	143 758	1 173 325	15 145	184 029
湖　　北	70 815	856 061	75 572	850 365	8 434	194 505
湖　　南	145 320	1 839 950	133 260	1 734 327	42 034	444 916
广　　东	68 463	778 006	66 055	725 294	29 173	289 303
广　　西	55 853	450 870	54 992	446 431	5 519	62 026
海　　南	13 900	161 399	13 774	152 991	1 639	22 171
重　　庆	29 915	452 210	30 791	446 617	10 849	182 707
四　　川	67 344	839 150	64 959	806 323	13 828	260 075
贵　　州	36 675	320 979	35 881	315 926	3 263	27 512
云　　南	42 341	520 609	41 653	512 590	6 775	105 882
西　　藏	2 647	31 204	2 814	32 693	2 231	7 478
陕　　西	64 129	641 089	60 303	614 213	18 747	197 355
甘　　肃	34 964	341 619	34 905	344 113	3 402	41 907
青　　海	3 356	36 101	2 755	32 878	1 415	12 700
宁　　夏	4 377	92 946	4 448	93 761	610	12 855
新　　疆	27 605	385 964	26 052	375 092	8 004	84 806

注：1. 本表中购进、销售为总购进、总销售（按国家商品流通企业统计口径，包括新华书店系统内购销）。
2. 销售金额：指向读者实际销售的出版物以及直接向国外出口的出版物的销售额。

2015 年全国图书、期刊、报纸进出口情况

载体	类别	出口		进口	
		数量（万册、份）	金额（万美元）	数量（万册、份）	金额（万美元）
总计		**1 552.63**	**5 726.74**	**2 811.75**	**30 557.53**
图书	合计	1 278.75	5 221.67	1 418.78	14 499.25
	哲学、社会科学	129.06	1 589.45	52.20	1 849.17
	文化、教育	172.72	798.88	229.66	3 017.71
	文学、艺术	162.81	939.98	180.92	2 147.42
	自然、科学技术	48.85	317.32	47.47	2 238.68
	少儿读物	556.11	482.41	487.48	1 614.04
	综合性图书	209.20	1 093.63	421.05	3 632.23
期刊		240.35	461.64	357.66	14 323.10
报纸		33.53	43.43	1 035.31	1 735.18

注：以上数据为全国有出版物进口经营许可证的出版物进出口经营单位数据。

2015 年全国音像、电子出版物、数字出版物进出口情况

载体	类别	出口		进口	
		数量（盒、张）	金额（万美元）	数量（盒、张）	金额（万美元）
总计		**9 409**	**136.76**	**116 213**	**24 207.67**
录音	合计	5 403	7.53	108 666	99.54
	录音带（AT）	77	0.05	0	0.00
	激光唱片（CD）	1 057	0.64	108 666	99.54
	数码激光唱盘（DVD-A）	4 269	6.84	0	0.00
录像	合计	3 722	2.36	7 547	9.19
	录像带（VT）	11	0.02	0	0.00
	数码激光视盘（DVD-V）	3 711	2.34	7 547	9.19
	数码激光视盘（VCD）	0	0.00	0	0.00
电子出版物		284	14.77	0	0.00
数字出版物			112.10		24 098.94

注：以上数据为全国有出版物进口经营许可证的出版物进出口经营单位数据。

2015 年全国广播电视发展主要指标一览表（1）

	节目制播情况								覆盖情况				有线广播电视发展情况				
	广播节目播出时间（万小时）	增长率（%）	电视节目播出时间（万小时）	增长率（%）	广播节目制作时间（万小时）	增长率（%）	电视节目制作时间（万小时）	增长率（%）	广播综合人口覆盖率（%）	电视综合人口覆盖率（%）	无线广播综合人口覆盖率（%）	无线电视综合人口覆盖率（%）	有线广播电视用户（万户）	数字电视用户（万户）	付费数字电视用户（万户）	有线广播电视用户占本地区总户数比重（%）	有线广播电视网络传输干线总长（万公里）
全国合计	1 421.83	1.14	1 779.60	1.83	771.82	0.93	352.02	7.41	98.17	98.77	96.79	96.42	23 566.75	19 775.59	5 559.08	54.63	426.18
总局直属	26.30	−23.19	35.99	23.48	26.52	−24.60	15.51	−4.58	—	—	—	—	—	—	—	—	4.36
北　京	17.17	−0.46	12.81	2.05	17.89	28.41	17.97	78.79	100.00	100.00	100.00	99.75	569.13	506.68	61.34	108.88	18.96
天　津	14.73	−1.90	16.87	1.54	8.17	−0.54	3.32	13.94	100.00	100.00	100.00	100.00	344.44	318.57	66.20	97.99	0.67
河　北	65.28	−3.16	80.18	−1.44	35.57	−1.86	18.08	2.71	99.35	99.27	98.42	97.08	922.47	821.95	115.31	39.19	18.09
山　西	41.32	2.10	48.80	0.68	19.60	8.71	8.45	−3.63	98.47	99.31	98.46	99.30	519.80	382.40	13.16	39.55	10.91
内蒙古	68.38	1.35	64.66	−0.74	24.41	−9.21	7.33	2.39	99.05	99.10	98.82	94.76	347.34	306.46	22.89	41.61	3.56
辽　宁	67.95	1.06	74.27	0.70	38.47	−1.36	17.33	−3.00	99.00	99.07	98.84	97.57	934.63	782.63	38.44	61.69	13.37
吉　林	49.52	1.75	52.60	0.23	26.55	5.82	10.78	9.70	98.64	98.76	98.36	93.84	595.43	543.44	190.46	59.06	9.69
黑龙江	48.86	−0.12	60.50	−3.65	21.99	−24.76	9.74	−11.11	98.64	98.84	98.64	98.74	685.68	619.67	187.58	45.71	17.86
上　海	13.60	−1.18	17.84	−0.37	8.60	1.53	7.35	21.08	100.00	100.00	100.00	100.00	745.45	670.66	155.80	139.98	5.50
江　苏	78.00	−5.38	78.47	−4.25	58.93	−2.36	18.94	−1.92	100.00	100.00	100.00	100.00	2 225.85	1 761.07	552.69	91.40	38.77
浙　江	76.18	1.61	75.38	−0.25	51.39	2.70	16.21	3.71	99.60	99.69	99.00	99.26	1 562.57	1 519.86	397.54	95.83	28.75
安　徽	54.05	3.56	61.39	0.59	16.98	−5.49	7.75	1.56	98.77	98.93	98.76	98.84	829.97	507.41	48.76	39.10	5.95

续前表

	节目制播情况								覆盖情况				有线广播电视发展情况				
	广播节目播出时间（万小时）	增长率（%）	电视节目播出时间（万小时）	增长率（%）	广播节目制作时间（万小时）	增长率（%）	电视节目制作时间（万小时）	增长率（%）	广播综合人口覆盖率（%）	电视综合人口覆盖率（%）	无线广播综合人口覆盖率（%）	无线电视综合人口覆盖率（%）	有线广播电视用户（万户）	数字电视用户（万户）	付费数字电视用户（万户）	有线广播电视用户占本地区总户数比重（%）	有线广播电视网络传输干线总长（万公里）
福　建	52.41	1.48	36.49	4.50	25.37	−1.00	7.40	9.12	98.68	98.94	97.51	96.09	730.68	689.18	306.81	69.07	12.38
江　西	40.80	2.03	67.40	2.52	19.59	−0.47	9.98	−3.31	97.62	98.64	97.11	98.05	669.78	573.14	119.17	52.82	13.20
山　东	93.87	3.87	115.46	7.34	53.35	5.54	22.15	0.99	98.78	98.55	98.30	97.90	1 806.77	1 700.64	646.27	58.53	36.47
河　南	67.51	1.87	90.86	−0.01	31.76	1.54	14.07	−1.23	98.28	98.43	98.23	98.30	1 013.31	586.75	47.81	31.89	18.29
湖　北	47.76	0.88	67.62	−1.15	24.63	1.39	10.77	−1.36	99.08	98.98	98.80	98.28	1 067.80	984.18	325.51	52.05	25.03
湖　南	41.14	3.92	75.97	0.60	19.18	6.78	13.62	−4.01	94.06	97.98	92.37	96.24	1 133.61	1 013.08	286.91	55.47	13.17
广　东	74.71	−2.48	72.81	−3.08	67.84	11.63	33.47	73.64	99.90	99.90	98.09	97.89	1 972.78	1 487.43	170.60	90.38	18.58
广　西	37.70	5.14	57.63	5.02	22.08	−0.46	9.75	−6.37	96.74	98.31	94.72	96.19	669.99	479.91	186.97	42.77	13.34
海　南	12.25	4.12	8.92	6.95	5.74	−3.57	3.14	160.58	96.51	95.48	96.33	95.17	115.31	98.65	26.56	43.45	0.87
重　庆	16.80	0.08	29.56	0.09	8.11	8.61	6.11	−15.11	98.62	99.07	90.04	88.14	478.02	386.48	193.18	38.28	15.16
四　川	65.82	8.45	114.68	3.06	24.98	5.15	16.16	11.96	97.14	98.24	95.18	95.73	1 367.37	1 085.39	605.47	43.02	38.83
贵　州	25.33	11.38	27.25	13.18	13.81	10.46	4.26	−0.19	92.30	95.97	79.63	69.52	421.92	421.92	111.21	33.10	16.87
云　南	30.59	1.34	81.18	2.44	17.18	8.86	9.08	−6.09	96.70	97.68	94.96	94.99	442.40	427.22	229.25	30.95	10.37
西　藏	5.82	19.79	8.11	38.36	3.66	12.89	1.39	19.87	94.83	95.96	93.59	94.28	23.51	16.86	1.51	31.75	0.43
陕　西	47.03	−2.96	59.50	−2.64	24.59	1.72	11.78	6.73	98.06	98.71	97.17	97.31	694.86	543.28	194.73	54.90	3.84
甘　肃	34.20	5.73	48.72	7.57	13.37	7.44	6.74	7.17	98.01	98.47	94.48	94.71	233.58	191.78	111.89	28.19	5.65
青　海	9.49	28.43	11.22	22.27	4.65	16.62	1.20	−41.09	98.01	98.00	97.96	97.85	69.16	68.94	41.01	39.31	0.59
宁　夏	11.58	8.11	17.21	8.33	5.85	12.21	2.84	−5.16	96.62	99.24	96.43	98.66	102.36	72.01	31.47	48.77	1.31
新　疆	85.67	4.26	109.27	3.02	31.02	6.08	9.34	0.27	96.60	97.04	96.13	96.25	217.73	207.95	72.58	34.47	3.98
新疆生产建设兵团	—	—	—	—	—	—	—	—	98.50	99.50	—	—	53.05	—	—	—	1.38

2015 年全国广播电视发展主要指标一览表（2）

	总收入	增长率	实际创收收入	增长率	广告收入	增长率	广播广告收入	增长率	电视广告收入	增长率	网络收入	增长率	收视费收入	增长率	付费数字电视收入	增长率	资产总额	增长率
	(亿元)	(%)	(亿元)	(%)	(亿元)	(%)	(亿元)	(%)	(亿元)	(%)	(亿元)	(%)	(亿元)	(%)	(亿元)	(%)	(亿元)	(%)
全国合计	4 634.56	9.66	3 952.27	8.71	1 529.54	4.44	156.42	−2.20	1 065.16	−4.57	866.06	4.70	475.15	3.88	70.23	5.60	11 740.32	16.48
总局直属	705.39	3.81	609.17	3.46	291.80	−8.54	8.12	−7.67	276.88	−8.91	30.56	12.50	11.02	−4.99	3.81	17.49	1 800.10	12.85
北　京	571.44	16.08	493.61	22.12	215.35	22.78	12.71	22.43	62.00	−20.68	26.17	−31.72	11.51	5.95	0.57	−72.21	1 609.64	47.85
天　津	39.96	−14.07	33.99	−15.09	12.85	−27.90	3.66	−31.16	8.79	−26.42	10.95	6.05	4.79	−6.10	0.67	91.37	136.19	4.08
河　北	73.18	10.14	58.82	6.38	19.93	−20.13	4.86	−21.66	13.21	−24.28	27.77	16.82	18.51	6.97	0.94	10.87	182.01	30.04
山　西	43.68	24.92	29.75	21.81	9.68	−8.13	2.37	−3.68	7.09	−8.50	11.75	2.68	9.03	−4.57	0.97	1 751.00	106.40	22.74
内蒙古	49.34	5.90	21.29	0.49	3.91	−32.04	1.18	−11.37	2.73	−37.65	16.39	10.88	11.28	8.91	0.24	−82.67	69.95	−18.23
辽　宁	77.10	−11.69	65.35	−7.80	25.22	−15.26	6.90	−9.52	18.10	−17.03	30.85	4.19	23.91	4.04	1.50	33.23	202.62	−16.18
吉　林	56.75	14.93	35.18	−8.59	12.37	−11.77	3.05	0.01	9.27	−15.05	21.55	−0.51	12.36	1.46	2.53	−17.74	252.97	4.84
黑龙江	57.76	−3.15	48.10	−8.41	20.73	−6.89	6.10	13.24	13.96	−12.83	22.95	−3.55	14.87	−14.46	1.51	47.89	112.54	−6.02
上　海	461.53	22.12	442.10	22.87	141.71	60.04	9.03	38.43	58.68	−0.28	34.69	5.02	15.71	5.22	4.55	25.00	906.39	21.97
江　苏	295.23	5.36	281.98	5.34	107.66	4.36	12.17	−12.12	86.91	5.76	82.46	6.50	40.03	1.00	5.20	25.53	1 012.89	13.81
浙　江	461.03	14.42	434.68	14.33	147.45	30.00	13.22	−9.73	105.49	43.47	70.55	12.15	32.28	5.23	4.48	−3.84	1 268.73	40.91
安　徽	86.43	5.74	71.62	0.90	34.99	−4.66	3.02	−12.04	30.14	−5.67	15.80	7.21	9.78	127.46	1.42	−78.99	151.35	−4.30
福　建	99.34	8.73	71.96	12.86	19.85	−10.79	4.05	12.40	13.66	−16.34	26.11	11.77	11.24	17.90	4.02	84.54	218.56	21.94
江　西	70.32	6.28	60.79	5.44	18.73	−14.96	3.81	88.45	14.56	−25.34	20.31	20.41	13.02	7.34	1.47	6.60	106.79	7.53
山　东	172.31	8.59	154.98	3.04	59.33	−3.07	9.45	−17.84	46.04	6.61	62.45	4.99	38.79	6.40	6.12	65.91	420.60	−4.87
河　南	69.13	2.23	55.69	0.52	26.67	−14.03	7.58	45.94	18.26	−26.75	19.67	14.14	14.25	14.65	0.58	18.67	190.62	8.02
湖　北	104.83	1.19	89.40	0.42	26.73	−25.43	4.50	−9.81	19.82	−32.37	35.34	5.91	22.07	−2.55	2.24	8.00	309.85	19.88
湖　南	249.35	17.69	232.47	17.14	127.66	28.36	5.46	−7.07	112.03	23.97	35.37	−4.93	20.27	7.28	3.77	61.44	584.52	6.81
广　东	261.28	4.89	237.61	0.97	82.15	−11.97	12.57	2.17	54.33	−23.48	77.76	−2.00	47.95	1.09	5.58	52.26	700.78	12.53
广　西	64.45	24.02	42.06	7.33	10.67	−13.49	1.68	−1.44	8.50	−14.45	24.34	21.39	9.84	7.36	1.29	−8.30	130.36	21.09

续前表

	总收入	增长率	实际创收收入	增长率	广告收入	增长率	广播广告收入	增长率	电视广告收入	增长率	网络收入	增长率	收视费收入	增长率	付费数字电视收入	增长率	资产总额	增长率
	(亿元)	(%)	(亿元)	(%)	(亿元)	(%)	(亿元)	(%)	(亿元)	(%)	(亿元)	(%)	(亿元)	(%)	(亿元)	(%)	(亿元)	(%)
海　南	16.44	2.61	12.10	5.87	7.43	3.76	0.68	21.42	6.75	30.41	3.94	6.40	2.74	2.08	0.25	125.53	35.84	5.99
重　庆	53.16	16.06	44.93	10.11	11.22	−17.92	2.23	10.58	8.66	−14.13	24.97	19.49	12.55	17.72	2.00	0.53	125.60	0.92
四　川	140.90	1.52	92.09	−2.62	25.61	−14.73	4.45	0.41	18.93	−19.42	50.63	1.78	23.09	−0.14	3.85	−19.53	342.84	4.98
贵　州	83.82	18.08	73.25	14.71	21.51	12.04	1.78	−57.77	14.62	22.36	17.96	17.24	8.86	−2.36	3.13	7.26	125.76	14.71
云　南	56.40	−0.20	37.54	−5.82	12.08	−22.01	2.05	−15.99	9.75	−23.99	18.85	5.39	10.47	0.87	2.47	−5.75	200.70	−7.27
西　藏	12.11	32.22	1.60	−43.10	0.74	−64.48	0.02	21.50	0.71	−65.38	0.54	2.24	0.48	3.24	0.01	34.11	19.39	−7.20
陕　西	84.56	0.86	70.99	−2.38	20.48	−4.84	6.10	−8.63	14.35	−0.95	20.64	1.26	9.94	−4.72	1.90	−6.83	174.31	−13.85
甘　肃	37.12	31.35	15.98	3.36	4.68	−13.43	0.95	0.77	3.60	−16.83	8.33	2.04	5.07	−8.06	0.72	−23.91	102.52	33.22
青　海	17.16	4.96	4.89	18.33	0.83	17.80	0.20	22.66	0.61	18.88	2.36	−6.45	1.52	−6.39	0.38	38.21	17.78	−3.17
宁　夏	17.34	24.72	10.35	11.99	2.70	−24.16	0.32	8.01	2.07	−31.10	4.10	25.12	2.13	−22.16	0.77	—	44.75	80.51
新　疆	41.55	6.81	15.96	5.40	5.79	1.70	2.15	8.87	3.60	−1.72	8.97	6.44	4.80	1.00	1.30	1.88	76.97	8.93
新疆生产建设兵团	4.17	112.84	2.00	11.85	1.02	−10.22	0.00	—	1.05	−7.60	0.98	108.90	0.98	108.90	—	—	—	—

2015年中国软件产业统计资料

2015 年全国软件产业统计数据

单位：万元

	企业个数（个）	软件业务收入（年度累计）	软件产品收入（年度累计）	信息技术服务收入（年度累计）	嵌入式系统软件收入（年度累计）
合　计	38 222	428 479 159	136 561 432	222 109 514	69 808 213
北　京	2 655	54 228 650	21 712 261	32 373 907	142 482
天　津	518	10 078 453	2 502 559	6 161 888	1 414 005
河　北	284	1 844 661	337 104	1 487 961	19 596
山　西	115	241 541	116 210	122 468	2 863
内蒙古	81	300 980	134 460	164 822	1 698
辽　宁	3 610	30 342 198	10 852 227	17 012 134	2 477 838
吉　林	983	4 405 089	1 275 661	2 555 652	573 776
黑龙江	494	1 506 691	653 839	729 242	123 609
上　海	3 030	33 813 497	11 852 435	20 158 202	1 802 860
江　苏	5 291	70 623 774	16 334 771	28 386 536	25 902 467
浙　江	1 763	30 374 129	9 632 211	18 275 180	2 466 737
安　徽	418	2 055 824	854 767	1 060 560	140 497
福　建	2 398	18 271 747	6 281 803	10 589 141	1 400 804
江　西	135	863 578	299 471	553 096	11 011
山　东	3 750	37 199 486	13 915 899	16 244 562	7 039 025
河　南	286	2 785 437	771 780	1 709 729	303 929
湖　北	2 497	10 152 365	5 331 530	4 251 274	569 560
湖　南	463	3 492 194	2 036 254	1 001 317	454 623
广　东	4 437	71 051 485	17 236 892	31 290 890	22 523 703
广　西	206	747 207	89 928	652 088	5 191
海　南	122	427 822	112 096	315 727	0
重　庆	941	8 533 469	2 002 534	5 398 205	1 132 730
四　川	1 772	21 259 096	8 297 108	12 821 205	140 784
贵　州	245	1 102 422	424 495	659 197	18 730
云　南	106	442 407	114 548	326 127	1 731
陕　西	1 328	11 397 369	3 165 409	7 116 147	1 115 812
甘　肃	95	356 782	114 629	236 477	5 676
青　海	21	12 142	2 962	8 507	673
宁　夏	67	114 051	45 573	53 002	15 476
新　疆	111	454 613	60 015	394 269	329

版权名录

MING LU

版权行政管理部门

国家版权局

局　长：聂辰席
副局长：阎晓宏
地　址：北京市西城区复兴门外大街 2 号；宣武门外大街 40 号
邮　编：100052
电　话：010-86093114，83138036
传　真：010-83138737
邮　箱：copyright@ncac. gov. cn
网　址：www. ncac. gov. cn

北京市版权局

局　长：杨　烁
副局长：王野霏
版权管理处处长：卢志鹏
地　址：北京市东城区朝内大街 55 号
邮　编：100010
电　话：010-64081208
传　真：010-65159068
邮　箱：webmaster@bjcab. gov. cn
网　址：www. bjcab. gov. cn

天津市版权局

局　长：刘玉红
分管副局长：梁淳久
版权处处长：张露娜
地　址：天津市河西区尖山路 82 号
邮　编：300211
电　话：022-28335745
传　真：022-28331888
邮　箱：tjsbqj@163. com
网　址：www. tjsppb. gov. cn

河北省版权局

局　长：李晓明
分管副局长：王　智
版权管理处处长：尹志军
地　址：石家庄市建华南大街 100 号
邮　编：050031
电　话：0311-87116309
传　真：0311-85081417
邮　箱：hbbq206@163. com
网　址：www. hbcbgd. gov. cn

山西省版权局

局　长：李海渊
分管副局长：田奇越
版权管理处处长：杨志云
地　址：太原市迎泽大街 318 号
邮　编：030001
电　话：0351-8301523
传　真：0351-8301523
邮　箱：sxsbqj@163. com
网　址：www. sxrt. gov. cn

内蒙古自治区版权局

局　长：姜伯彦
专职副局长：乌恩奇
版权管理处处长：沙　力
地　址：呼和浩特市回民区成吉思汗西街 1 号
邮　编：010050
电　话：0471-4590193
传　真：0471-3288042
邮　箱：nmgbqjbqc@163. com
网　址：www. nmgxwcbgdj. gov. cn

辽宁省版权局

局　长：刘向阳
分管副局长：季秉学
版权管理处处长：李安庆
地　址：沈阳市和平区北一马路 108 号
邮　编：110001
电　话：024-23261003
传　真：024-23261003
邮　箱：lnsbqj@163. com
网　址：www. lnxcgd. gov. cn

吉林省版权局

局　长：许云鹏

分管副局长：姚玉和
版权管理处处长：王培舒
地　址：长春市卫星路 2066 号
邮　编：130033
电　话：0431-85810270
传　真：0431-85816273
邮　箱：jlbqj@sina. com
网　址：www. gdj. jl. gov. cn

黑龙江省版权局
局　长：赵洪生
专职副局长：朱德宝
版权管理处处长：周美胜
地　址：哈尔滨市南岗区汉水路 333 号
邮　编：150090
电　话：0451-82898560
传　真：0451-82898560
邮　箱：hljbanquanju@163. com
网　址：www. hljxwcbgd. gov. cn

上海市版权局
局　长：徐　炯
专职副局长：蔡纪万
版权管理执法处处长：薛　彬
版权产业促进处处长：陈琳琳
地　址：上海市绍兴路 5 号
邮　编：200020
电　话：021-64332452
传　真：021-64332452
邮　箱：bqc@sppa. gov. cn
网　址：www. cbj. sh. gov. cn

江苏省版权局
局　长：焦建俊
分管副局长：于国民
版权管理处处长：陈　晔
地　址：南京市中山东路 132 号
邮　编：210009
电　话：025-83221565
传　真：025 83359836
邮　箱：jsbq2013@126. com
网　址：www. jsxwcbj. gov. cn

浙江省版权局
局　长：寿剑刚
分管副局长：单　烈
版权管理处处长：严庆荣
地　址：杭州市体育场路 178 号
邮　编：310039
电　话：0571-87161861
传　真：0571-56806371
网　址：www. zrt. gov. cn

安徽省版权局
局　长：车敦安
分管副局长：董　荣
版权管理处处长：杨　剑
地　址：合肥市桐城南路 355 号
邮　编：230022
电　话：0551-62846150
传　真：0551-62850751
邮　箱：anhuibanquan@126. com
网　址：www. ahgd. gov. cn

福建省版权局
局长：陈立华
分管副局长：蒋达德
版权管理处处长：邱建宏
地　址：福州市东水路 76 号
邮　编：350001
电　话：0591-87532711
传　真：0591-87532711
邮　箱：fjbq001@163. com
网　址：www. fjxwgd. gov. cn

江西省版权局
局　长：杨六华
专职副局长：兰丽华
版权管理处处长：阙米秋
地　址：南昌市红谷滩区翠林路 339 号
邮　编：330038
电　话：0791-86895383
传　真：0791-86895383
邮　箱：349354270@qq. com
网　址：www. jxxgj. gov. cn

山东省版权局
局　长：司安民
分管副局长：钟　华
版权管理处处长：张晓生

地　址：济南市经十路 18567 号
邮　编：250011
电　话：0531-85036507
传　真：0531-85038149
邮　箱：sdbq8606@126. com
网　址：www. sdxg. gov. cn

河南省版权局
局　长：朱夏炎
分管副局长：赵　艳
版权管理处处长：李清彬
地　址：郑州市农业路 3 号
邮　编：450002
电　话：0371-65887227
传　真：0371-65887227
邮　箱：hnsbqj@163. com
网　址：www. hnppb. gov. cn

湖北省版权局
局　长：张良成
专职副局长：胡　伟
版权管理处处长：卢文俊
地　址：武汉市武昌区黄鹂路 39 号
邮　编：430077
电　话：027-68892414
传　真：027-68892414
网　址：www. hbnp. gov. cn

湖南省版权局
局　长：朱建纲
分管副局长：蒋强先
版权管理处处长：王军湘
地　址：长沙市金鹰影视文化城
邮　编：410003
电　话：0731-84801587
传　真：0731-84801587
邮　箱：hncopyright@126. com
网　址：www. hnxwcbgd. gov. cn

广东省版权局
局　长：白　洁
专职副局长：陈春怀
版权管理处处长：张同英
地　址：广州市环市东路 331 号广电中心二期
邮　编：510066
电　话：020-37605967
传　真：020-37604405
邮　箱：gdsbqj@126. com
网　址：www. xwcbgdj. gd. gov. cn

广西壮族自治区版权局
局　长：彭　钢
专职副局长：李承武
版权管理处处长：马永志
地　址：南宁市金湖路 53 号
邮　编：530028
电　话：0771-5516174
传　真：0771-5516087
邮　箱：gxbq123@163. com
网　址：www. gxpprft. gov. cn

海南省版权局
局　长：丁　晖
版权处处长：曾伯林
地　址：海口市海府路 59 号
邮　编：570203
电　话：0898-65399213
传　真：0898-65337894
邮　箱：wtt. tuyin@hainan. gov. cn
网　址：www. wtt. hainan. gov. cn

重庆市版权局
局　长：张洪斌
巡视员：雷　平
版权管理处处长：左图强
地　址：重庆市江北区鸿恩路 25 号
邮　编：400020
电　话：023-67502723
传　真：023-67502722
网　址：www. cqwhw. gov. cn

四川省版权局
局　长：邹吉祥
分管副局长：周　青
版权管理处处长：张万富
地　址：成都市红星路二段 119 号
邮　编：610072
电　话：028-86697076
传　真：028-86696803
邮　箱：sccopyright@163. com

网　址：www. scppa. gov. cn

贵州省版权局
局　长：朱新武
专职副局长：王贤赓
版权管理处处长：傅　琳
地　址：贵阳市延安中路 5～9 号
邮　编：550002
电　话：0851-85813428
传　真：0851-85813428
邮　箱：2534243157@qq. com
网　址：www. gzpp. gov. cn

云南省版权局
局　长：梁宗华
分管副局长：刘水云
版权管理处处长：张　雯
地　址：昆明市人民西路 182 号
邮　编：650031
电　话：0871-66292118
传　真：0871-65310920
网　址：www. ynxgj. gov. cn

西藏自治区版权局
局　长：韩　辉
分管副局长：刘　俐
版权管理处处长：张百忍
地　址：拉萨市江冲路 7 号
邮　编：850000
电　话：0891-6356150
传　真：0891-6356150

陕西省版权局
局　长：钱远刚
专职副局长：沙庆超
地　址：西安市长安南路 336 号
邮　编：710061
电　话：029-85496118
传　真：029-85496158
邮　箱：sxbqc@163. com
网　址：www. srftd. gov. cn

甘肃省版权局
局　长：管钰年
副巡视员：武志元
版权管理处处长：夏　玲
地　址：兰州市东岗西路 226 号
邮　编：730000
电　话：0931-8539060
传　真：0931-8539408
邮　箱：gsbqh@163. com
网　址：www. gsgd. gov. cn

青海省版权局
局　长：高玉峰
分管副局长：周　宁
政策法规（版权）处处长：朱桂英
地　址：西宁市同仁路 10 号
邮　编：810001
电　话：0971-6141050
传　真：0971-6143650
邮　箱：qhsbqc@163. com

宁夏回族自治区版权局
局　长：马宇桢
分管副局长：李宝宁
副巡视员兼版权管理处处长：张世明
地　址：银川市金凤区北京中路 66 号
邮　编：750001
电　话：0951-5014264
传　真：0951-5014264
邮　箱：nxbqj815@163. com
网　址：www. nxgdj. gov. cn

新疆维吾尔自治区版权局
局　长：古力先·吐拉洪
版权管理处处长：施晓娟
地　址：乌鲁木齐市北京南路 591 号
邮　编：830011
电　话：0991-2385490
传　真：0991-3637555
邮　箱：xjbqj@sina. cn
网　址：www. xjgdj. gov. cn

版权公共服务机构

中国版权保护中心

主　任：段桂鉴

副主任：邹建华　索来军　魏　红　范继红

地　址：北京市西城区天桥南大街1号天桥艺术大厦A座

电　话：010-68003887

邮　编：100050

网　址：www. ccopyright. com

北京版权保护中心

主　任：薛　峰

地　址：北京市东城区朝阳门内大街55号新闻出版大厦

邮　编：100010

电　话：010-64081206

传　真：010-64081900

邮　箱：bcpc@bjcab. gov. cn

网　址：www. bjcopyright. org. cn

北京计算机软件登记中心

主　任：崔玉军

地　址：北京市东城区朝阳门内大街55号新闻出版大厦

邮　编：100010

电　话：010-64081391

传　真：010-64081204

邮　箱：bcpc@bjcab. gov. cn

河北省版权保护中心

主　任：刘　浏

地　址：石家庄市和平西路新文里8号

邮　编：050071

电　话：0311-67561197

传　真：0311-67561176

浙江省版权服务中心

主　任：张蓓君

地　址：杭州市庆春路219号601～603室

邮　编：310006

电　话：0571-88137853

传　真：0571-85062879

网　址：zjbanquan. org

江西省版权保护中心

主　任：赖政兵

调研员：聂文星

地　址：南昌市红谷滩区翠林路339号

邮　编：330038

电　话：0791-86894615，86812219

传　真：0791-86894610

湖北省版权保护中心

主　任：郑凌辉

地　址：武汉市武昌区公正路9号

邮　编：430077

电　话：027-87329148

传　真：027-87329148

重庆市版权保护中心

主　任：许家伟

地　址：重庆市江北区洋河一村78号

邮　编：400020

电　话：023-88217100

传　真：023-67708231

邮　箱：cpc1604@yahoo. com. cn

网　址：www. cqca. com. cn

版权协会

中国版权协会

理事长：阎晓宏

驻会副理事长：王自强

秘书长：孙　悦

地　址：北京市朝阳区焦化甲路18号北京出版产业创意园先导区3层335室

邮　编：100023
电　话：010-68003910
传　真：010-68003910

北京市版权保护协会
负责人：刘志伟
地　址：北京市朝阳区呼家楼北里 2 号楼 4 门 303
邮　编：100026
电　话：010-64460903
邮　箱：bjbqbhxh@163. com

天津市版权保护协会
会　长：李树仁
秘书长：陈燕丽
地　址：天津市河西区卫津路 241 号金桥国际宾馆
邮　编：300074
电　话：022-23377538
传　真：022-23377538
邮　箱：tca2011@126. com

河北省版权协会
会　长：陈建英
秘书长：刘　浏
地　址：石家庄市和平西路新文里 8 号
邮　编：050071
电　话：0311-67561177
传　真：0311-67561091
邮　箱：hebeibanquan@126. com
网　址：www. hebeibanquan. gov. cn

山西省版权协会
会　长：张金柱
副会长：杨志云
秘书长：王　琦
地　址：太原市建设南路 21 号
邮　编：030012
电　话：0351-4956162
传　真：0351-4956162
邮　箱：3523482@163. com

内蒙古自治区版权保护协会
会　长：高金祥
秘书长：志　民
地　址：呼和浩特市新城区老缸房街 18 号印刷物资楼 202
邮　编：010010
电　话：0471-4967453
传　真：0471-4967453
邮　箱：1371951119@qq. com

辽宁省版权保护协会
负责人：李安庆
地　址：沈阳市和平区北一马路 108 号
邮　编：110001
电　话：024-23261003
传　真：024-23261003

吉林省版权保护协会
会　长：朱　彤
秘书长：李长江
地　址：长春市卫星路 2066 号
邮　编：130033
电　话：0431-85642537，86037735
传　真：0431-85644760
邮　箱：brli@163. com

黑龙江省版权保护协会
秘书长：周美胜
地　址：哈尔滨市南岗区汉水路 333 号
邮　编：150090
电　话：0451-88622758
传　真：0451-82898560
邮　箱：hljbanquanju@163. com

黑龙江省反盗版联合会
秘书长：周美胜
地　址：哈尔滨市道里区森林街 68 号
邮　编：150010
电　话：0451-88622758
传　真：0451-82898560
邮　箱：hljbanquanju@163. com

上海版权协会
会　长：胡大卫
地　址：上海市张江路 69 号 612
电　话：021-50278103
传　真：021-50278103

江苏省版权协会
会　长：傅杰三
常务副会长：华颂瑞
地　址：南京市鼓楼区高云岭 56 号
邮　编：210009
电　话：025-83207838
传　真：025-83207838
电子邮箱：buyzx01@fhzscq. com

浙江省版权协会
会　长：单　烈
秘书长：吾晓红
地　址：杭州市庆春路 219 号 6 楼
邮　编：310006
电　话：0571-88137853
传　真：0571-88137853

安徽省版权保护协会
理事长：李金华
秘书长：杨　剑
地　址：合肥市桐城南路 355 号 A 座 1705
邮　编：230022
电　话：0551-64399912，62850753
传　真：0551-62850751
邮　箱：anhuibanquan@126. com

福建省版权协会
会　长：白京兆
秘书长：谢振芳
地　址：福州市东水路 76 号
邮　编：350001
电　话：0591-87535956
传　真：0591-87535956
邮　箱：fjsbqxh@163. com

山东省版权协会
地　址：济南市经十路 18567 号旧楼 1414
邮　编：250062
电　话：0531-85038149
传　真：0531-85038149

河南省版权学会
负责人：赵　艳
秘书长：李清彬
地　址：郑州市农业路 3 号
邮　编：450002
电　话：0371-65887627
传　真：0371-65887227
邮　箱：hnsbqj@163. com

湖北省版权保护协会
会　长：陈锋
秘书长：赵文福
地　址：武汉市武昌区黄鹂路 39 号
电　话：027-68892562
传　真：027-68892562

湖南省版权保护协会（湖南省反盗版联盟）
会　长：张树青
秘书长：张树青
地　址：长沙市营盘东路 3 号
邮　编：410005
电　话：0731-82231655

广东省版权保护联合会（广东省版权事务所）
常务副会长：陈冬云
秘书长：梁守坚
地　址：广州市环市东水荫路 44 号 2 楼
邮　编：510075
电　话：020-37667333，37638239
传　真：020-37638192
邮　箱：gdcopyright@gdpg. com. cn

广西壮族自治区版权保护协会
会　长：于开金
秘书长：石　卫
地　址：南宁市金湖路 53 号
邮　编：530028
电　话：0771-5516087
传　真：0771-5516087
邮　箱：gxbqbhxh@163. com

海南省版权协会
会　长：王　琦
秘书长：唐　俐
地　址：海口市海南大学社科联楼 708
邮　编：570228
电　话：0898-66259079
传　真：0898-66259079
邮　箱：18907526181@189. cn

四川省版权保护协会
负责人：李正培
地　址：成都市红星路二段 119 号
邮　编：610075
电　话：028-86697083
传　真：028-86696803

云南省著作权保护协会
会　长：艾罕炳
秘书长：马云虹
地　址：昆明市环城西路 609 号
邮　编：650034
电　话：0871-64110371
传　真：0871-64110371

陕西省版权保护协会
地址：西安市曲江行政商务区陕西文化大厦 B 座 6 楼
电话：029-89131695
传真：029-89131698

新疆维吾尔自治区版权协会
秘书长：施晓娟
地　址：乌鲁木齐市北京南路 591 号
邮　编：830011
电　话：0991-3637542
传　真：0991-3637555

深圳市版权协会
会　长：詹培明
秘书长：陈　彦
地　址：深圳市福田区梅林路 19 号斯达大厦 6 楼
邮　编：518106
电　话：0755-86185519
传　真：0755-86185516
邮　箱：szcopyright@163. com
网　址：www. scs. org. cn

宁波市版权协会
会　长：陆开江
地　址：宁波市兴宁路 53 号
邮　编：315000
电　话：0574-87864970
传　真：0574-83860570
邮　箱：nbbq2011@126. com

苏州市版权协会
会　长：张　梅
秘书长：冯　坚
地　址：苏州市三香路 998 号 5 号楼 3 楼
邮　编：215004
电　话：0512-65156801
传　真：0512-65156801

青岛市版权保护协会
会　长：张　焱
秘书长：封红雨
地　址：青岛市市北区郑州路 43 号 A 栋 125
邮　编：266045
电　话：0532-67773267
邮　箱：gy1@rubbervalley. com

大连市版权保护协会
会　长：李东平
秘书长：李毅男
地　址：大连市沙河口区白山路 29 号城市公园 C 座
邮　编：116021
电　话：0411-84522067
传　真：0411-84522067
邮　箱：wgj _ dcpa@dl. gov. cn
网　址：www. dlcopyright. org. cn

南京市版权保护协会
会　长：江　飞
秘书长：冯　晶
地　址：南京市秦淮区瑞金北村 57 幢 5 楼
邮　编：210016
电　话：025-84592703
传　真：025-84592703
邮　箱：1148694563@qq. com

郑州市版权协会
会　长：董现仓
秘书长：倪天礼
地　址：郑州市西太康路 19 号郑州购书中心 820
邮　编：450018
电　话：0371-66280990

厦门市版权协会
秘书长：詹朝晖
地　址：厦门市软件园二期望海路6号303
邮　编：361008
电　话：0592-5914419
传　真：0592-2070020-807
邮　箱：412324212@qq.com

著作权集体管理组织

中国音乐著作权协会
主　席：赵季平
总干事：屈景明
地　址：北京市东单三条33号京纺大厦5层
邮　编：100005
电　话：010-65232656
传　真：010-65232657

中国音像著作权集体管理协会
理事长：王　涛
总干事：邹建华
地　址：北京市朝阳区呼家楼京广中心商务楼401
邮　编：100020
电　话：010-66086468
传　真：010-66086475
邮　箱：cavca@cavca.org
网　址：www.cavca.org

中国文字著作权协会
会　长：陈建功
总干事：张洪波
地　址：北京市西城区阜外大街甲35号
邮　编：100037
电　话：010-65978905
传　真：010-65978926
邮　箱：wenzhuxie@126.com

中国电影著作权协会
理事长：任仲伦
秘书长：史文霞
地　址：北京市西城区北展北街5号楼5层
邮　编：100044
电　话：010-62364675
传　真：010-62369799
邮　箱：cfcac2009@163.com

中国摄影著作权协会
主　席：李前光
总干事：林　涛
地　址：北京市东城区东四12条48号
邮　编：100007
电　话：010-65978100
传　真：010-65595720
邮　箱：hyb@icschina.net

版权相关行业协会

中国互联网协会网络版权工作委员会
主　任：高卢麟
秘书长：石现升
地　址：北京市海淀区板井路曙光花园智业园B座6E
邮　编：100097
电　话：010-88466861-815
传　真：010-88546086

中国音像与数字出版协会
理事长：孙寿山
常务副理事长兼秘书长：王　炬

地　址：北京市西城区莲花池东路 102 号天莲大厦 10 层
邮　编：100055
电　话：010-65122882，65125853，65125524
传　真：010-65127030
邮　箱：cava2008@163. com

版权代理公司

中华版权代理总公司
总经理：贺传军
地　址：北京市西城区天桥南大街 1 号天桥艺术大厦 A 座四层
邮　编：100050
电　话：010-68003908
传　真：010-68003541

中国图书进出口（集团）总公司版权部
主　任：李迎庆
地　址：北京市朝阳区工体东路 16 号
邮　编：100020
电　话：010-65086949，65866992
邮　箱：copyright@cnpiec. com. cn

中国出版对外贸易总公司
地　址：北京市安定门外安华里 504 号
邮　编：100011
电　话：010-64210403
传　真：010-64214540

中国国际电视总公司
地　址：北京市海淀区羊坊店路 9 号京门大厦
邮　编：100038
电　话：010-63950016
传　真：010-63955916
邮　箱：office@citvc. com

九洲音像出版公司版权贸易部
负责人：吕艺鸥
地　址：北京市朝阳区外馆斜街甲 1 号泰利明苑 A 座 510
邮　编：100011
电　话：010-85285399

北京版权代理有限责任公司
负责人：刘志伟
地　址：北京市海淀区知春路 23 号量子银座 1403
邮　编：100191
电　话：010-82357056/57/58/59，82915383

山西省版权事务所
所　长：杨志云
地　址：太原市建设南路 21 号 C 区 1804
邮　编：030012
电　话：18835105131

上海版权代理公司
负责人：王　艳
地　址：上海市张江路 69 号 6 楼
邮　编：201203
电　话：021-50278098
传　真：021-50278101
邮　箱：myyang@shbanquan. org

湖南省版权代理公司
负责人：张树清
地　址：长沙市营盘东路 3 号
邮　编：410005
电　话：0731-82231655

广西万达版权代理中心
负责人：邓　锟
地　址：南宁市七星路 123 号
邮　编：530022
电　话：0771-5516044
传　真：0771-5516044

重庆市版权代理有限公司
负责人：王　京
地　址：重庆市江北区洋河一村 78 号国际商会大厦 10 楼
邮　编：400020
电　话：023-67708231

传　真：023-67856872

邮　箱：934986845@qq.com

国家级版权交易机构

中国人民大学国家版权贸易基地

执行主任：彭　翊

地　址：北京市海淀区中关村大街59号文化大厦2104

邮　编：100872

电　话：010-62514334

传　真：010-62519147

邮　箱：banmao@cspruc.com

网　址：www.copyrightmall.com

北京国际版权交易中心

董事长：李　蘅

地　址：北京市朝阳区京广中心商务楼二层

邮　编：100020

电　话：010-65974890（总机）

传　真：010-65978017

邮　箱：kf@icfea.com

网　址：www.e-bq.com

东方雍和国际版权交易中心

董事长：殷秩松

地　址：北京市东城区安定门东大街28号雍和大厦E座208

邮　编：100007

电　话：010-64097700

传　真：010-84195406

邮　箱：public@cbice.com

网　址：www.cbice.com

华中国家版权交易中心

主　任：卢文俊

地　址：武汉市武昌区公正路9号

邮　编：430077

电　话：027-68892430，87329438，87329468

传　真：027-68892414

成都国家版权交易中心

执行主任：杨　蛟

地　址：成都市高新区世纪城南路599号2栋1层103、104

邮　编：610213

电　话：18982238506，028-87643582

网　址：www.cdice.com.cn

国家版权贸易基地（上海）

负责人：任义彪

地　址：中国（上海）自由贸易试验区马吉路2号33层

邮　编：200131

电　话：021-58697777

传　真：021-58698366

邮　箱：fenglan@soict.com.cn

网　址：www.soict.com.cn

广州市越秀区国家版权贸易基地

董事长：黎伟成

地　址：广州市越秀区文德北路68号

邮　编：510030

电　话：020-37623593

邮　箱：251495282@qq.com

网　址：www.cnscee.com

台儿庄国家版权贸易基地

管理办公室主任：黄　伟

地　址：枣庄市台儿庄区文化路258号

邮　编：277400

电　话：0632-6611762

传　真：0632-6611762

青岛国际版权交易中心

总经理：封红雨

地　址：青岛市郑州路43号橡胶谷A栋134

邮　编：266045

电　话：0532-67773292

传　真：0532-68662009

邮　箱：sswfan@163.com

网　址：www. nctcqd. com

国家海峡版权交易中心
总经理：王　斌
地　址：厦门市软件园二期望海路 6 号 2 层
邮　编：361008
电　话：0592-5953687，5953686
传　真：0592-5953687
邮　箱：contact@hxnce. net
网　址：www. hxnce. net

西部国家版权交易中心
总经理：党　雷
地　址：西安市雁塔区雁塔南路陕西文化大厦B座 6 楼
邮　编：710061
电　话：029-89131653
传　真：029-89131698

邮　箱：ctvtc _ china@163. com
网　址：www. xtce. cn

横琴国际版权交易中心
负责人：陈钦禄
地　址：珠海市香洲区海洲路 8 号九昌大厦 6C
邮　编：519015
电　话：0756-3211668
传　真：0765-3210567

国家版权交易中心联盟
负责人：李　蘅
地　址：北京市朝阳区京广中心商务楼 2 层
邮　编：100020
电　话：010-65974890
传　真：010-65978017
邮　箱：kf@icfea. com

知识产权教学与研究机构

中国人民大学知识产权学院
地　址：北京市海淀区中关村大街 59 号中国人民大学明德法学楼
邮　编：100872
电　话：010-62511340，62511156
邮　箱：ipr@ruc. edu. cn
网　址：http：//ipr. ruc. edu. cn/

北京大学知识产权学院
地　址：北京大学凯原楼 309
邮　编：100871
电　话：010-62751268
邮　箱：zscq@pku. edu. cn
网　址：www. iplaw. pku. edu. cn

中国社会科学院知识产权中心
地　址：北京市东城区沙滩北街 15 号
电　话：010-64035493，64054144
传　真：010-64014045
网　址：www. iolaw. org. cn

中国政法大学民商法经济法学院知识产权研究所
地　址：北京市海淀区西土城路 25 号
邮　编：100088
电　话：010-58909114
网　址：www. cupl. edu. cn

中南财经政法大学知识产权学院
地　址：武汉市东湖高新技术开发区南湖大道182 号
邮　编：430073
电　话：027-88386157
网　址：www. iprcn. com

上海大学知识产权学院
地　址：上海市上大路 99 号法学院办公室
邮　编：200444
电　话：021-66132597
传　真：021-66133938
网　址：www. ips. shu. edu. cn

华中科技大学知识产权学院
地　址：武汉市武昌珞瑜路 1037 号东 4 楼
邮　编：430074
电　话：027-87542228，875454380
邮　箱：stud201@hust. edu. cn
网　址：www. hust. edu. cn

复旦大学知识产权研究中心
地　址：上海市淞沪路 2005 号法学楼 410
邮　编：200438
电　话：021-51630042
传　真：021-51630112
邮　箱：zhangng@fudan. edu. cn
网　址：www. ipcenter. fudan. edu. cn

华东政法大学知识产权学院
地　址：上海市松江区龙源路 555 号
邮　编：201620
电　话：021-67790083
邮　箱：zsb@ecupl. edu. cn
网　址：www. ipschool. ecupl. edu. cn

暨南大学知识产权学院
地　址：广州市黄埔大道西 601 号
邮　编：510632
电　话：020-85220130，85228929
邮　箱：ozsb@jnu. edu. cn
网　址：www. jnu. edu. cn

同济大学知识产权学院
地　址：上海市四平路 1239 号
邮　编：200092
电　话：021-65988813
传　真：021-65988843
邮　箱：rsc@mail. tongji. edu. cn
网　址：http：//law. tongji. edu. cn

武汉大学知识产权高级研究中心
地　址：武汉市武昌区珞珈山街 16 号
邮　编：430072
电　话：027-68752135
邮　箱：wdzsb@whu. edu. cn
网　址：www. whu. edu. cn

西安交通大学知识产权学院
地　址：西安市咸宁西路 28 号
邮　编：710049
电　话：029-82665824
邮　箱：xjtuzs@mail. xjtu. edu. cn
网　址：http：//fxy. xjtu. edu. cn

中国科学技术大学知识产权研究中心
地　址：合肥市金寨路 96 号
邮　编：230026
电　话：0551-63602924
邮　箱：yangling@ustc. edu. cn
网　址：http：//pas. ustc. edu. cn

西北大学知识产权学院
地　址：西安市长安学府大道 1 号
邮　编：710127
电　话：029-88308080
传　真：029-88308079
邮　箱：lawdep@nwu. edu. cn
网　址：http：//fxy. nwu. edu. cn

华南理工大学知识产权学院
地　址：广州市广州大学城华南理工大学 B9
邮　编：510006
电　话：020-39380308
传　真：020-39380308
邮　箱：scutg06@scut. edu. cn
网　址：www. scut. edu. cn/iplaw

南京理工大学知识产权学院
地　址：南京市孝陵卫 200 号
邮　编：210094
电　话：025-84303386
传　真：025-84432546
网　址：http：//ip. njust. edu. cn

中山大学知识产权学院
地　址：广州市新港西路 135 号
邮　编：510275
电　话：020-84112828
邮　箱：adado@mail. sysu. edu. cn
网　址：www. sysu. edu. cn

重庆知识产权学院（重庆理工大学知识产权学院）

地　址：重庆市巴南区李家沱红光大道 69 号重庆理工大学花溪校区
邮　编：400054
电　话：023-68822995
传　真：023-68654964
邮　箱：cgzs@cqut. edu. cn
网　址：http：//ipschool. cqut. edu. cn

湘潭大学知识产权学院

地　址：湘潭市雨湖区湘潭大学 811 信箱
邮　编：411105
电　话：0731-58292501，58292281
邮　箱：zhaosheng@xtu. edu. cn，zscqxy@xtu. edu. cn
网　址：http：//ipf. xtu. edu. cn

厦门大学知识产权研究院

地　址：厦门市思明南路 422 号
邮　编：361005
电　话：0592-2182729
邮　箱：ip@xmu. edu. cn
网　址：www. iprixmu. com

西南政法大学知识产权研究中心（民商法学院）

地　址：重庆市渝北区宝圣大道 301 号西南政法大学集美楼 3 楼
邮　编：401120
电　话：023-67258430
邮　箱：xsczsb@supsl. cn
网　址：www. swupl. edu. cn/msfxy

深圳大学知识产权学院

地　址：深圳市南山区南海大道 3688 号
邮　编：518060
电　话：0755-26534171
传　真：0755-26534482
邮　箱：zsb@szu. edu. cn
网　址：www. szu. edu. cn

中南大学知识产权研究院

地　址：长沙市麓山南路 932 号
邮　编：410012
电　话：0731-8830555，8830995，8830804
传　真：0731-88660291
邮　箱：admis@mail. csu. edu. cn
网　址：http：//law. csu. edu. cn/zscq/

附录：国际版权动态

FU LU：GUO JI BAN QUAN DONG TAI

综述

利益平衡，著作权制度改革中的永恒主题

——2015年国际著作权法制发展回顾

郭　禾　吕凌锐

2015年，国际著作权法制的发展可谓风起云涌。在联合国世界知识产权组织层面上，各国围绕著作权的保护和限制问题展开了激烈的争论。不同的利益集团在这个问题上分别阐释了各自的立场和理由，类似的情况同样也反映在各国的国内立法改革中。各国立法者以及相关国际组织也都试图在这两个方面找到平衡，应该说这个问题当属著作权制度发展中的永恒主题。

平衡应当是最终的结果，但各方在初始阶段所追求的似乎并不是这个平衡的结果。直到最后妥协，达成的是一个各方都不满意，但都还能忍受的结果。这似乎就是所谓的“平衡”了。可见在制度设计问题上，所谓“理想状态”应当是参与该制度设计的各方都不满意，但又都能接受的状态。由此推知，所谓国际法或者国际条约就是各国妥协后的契约；同样地，国内法在市场经济国家则是各个利益集团相互妥协而达成的协议。

在这一年里，各国围绕广播组织权的保护，图书馆、档案馆、残疾人、教育机构享有的例外等问题进行了激烈的争论，但并未达成一致。同样地，相关国家国内法的修订也面临相同的问题。与之形成对比的是，美国主导的TPP在几经波折之后居然达成一致。虽然目前尚无法准确预测其未来前景，但这的确应当引起各国重视。

一、进一步强化对著作权及相关权利的保护

世界知识产权组织于2015年12月7日至11日召开了关于版权及相关权常设委员会（SCCR）第31届会议。会前，拉丁美洲和加勒比海国家集团（GRULAC）在提案中呼吁大会代表为艺术家们架构起完善的法律体系，以帮助他们从作品的使用及许可中获得利益。提案指出：“个体的创造性自然发挥着其固有的作用，但是文化产业的成功还依赖于为版权人及其相关权利人建立完善的持续性、支持性的立法架构。正是这种立法基础才能给创作者和投资商提供激励机制，使他们愿意承担风险。”[①]“随着科技的进步，《世界知识产权组织版权条约》和《世界知识产权组织表演和录音制品条约》所规定的传统知识产权和公众接触的权利，并不能提供完美的、能够适应新作品的法律框架，也不能很好地保护数字环境下的作品。”[②] 会议强调了版权对作者的重要性。来自英国巴斯泉大学的创意写作教授Maggie Gee表示，在过去十年，英国作者的人均收入已经下降了29%。按照这个速度，将没有职业作家能在英国存活。[③]

巴西代表对版权法中边界不清的合理使用表示担忧。加拿大作家协会常务理事和国际作者论坛的主席约翰·德根（John Degen）介绍了由加拿大的一个集体管理机构Access Copyright委托普华永道国际会计事务所（PwC）进行的一项研究，目的是量化加拿大教育部门制定的“合理利用指南”（Fair Dealing Guidelines）对本国经济产生的影响。该指南适用于学前、小学、中学教育以及部分高中教育机构。随后，加拿大修订了版权法（C-11法案/2012）中有关合理利用的规则。由于版权法原来的规定过于模糊，许多学校复制整个章节、整篇故事、整首诗歌，甚至全文而不再支付许可使用费，对加拿大作者产生了严重的负面影响。研究指出，加拿大作者的收入来自从版权许可和公共借阅中收取的使用费，一个作者的年收入在2014年为12 879美元。考虑到通货膨胀率的上升幅度，实际收入下降了27%。而更为关键的是，由于丧失版权许可费的

① http://www.wipo.int/edocs/mdocs/copyright/en/sccr_31/sccr_31_4.pdf.

② http://www.ip-watch.org/2015/12/02/new-proposal-at-wipo-sccr-to-explore-use-of-copyrighted-works-in-digital-environment/.

③ 参见 http://www.ip-watch.org/2015/12/08/authors-fair-dealing-in-copyright-law-if-ill-defined-is-prejudicial-to-writers/。

收入，许多加拿大出版商会减少投入，更有可能选择退出教育出版市场。因此，虽然该法案的目的是使学生节省书费，但并没有取得预期的效果，加拿大当地的教育成本正在逐年攀升。①

此外，SCCR 第 30 届会议讨论了关于图书馆、档案馆、教育和研究机构以及残疾人（视觉障碍的除外）等的版权合理使用议题，且延续到第 31 届会议。会上，由露西·吉博特（Lucie Guibault）、吉恩-弗朗索瓦·卡纳（Jean-François Canat）、伊丽莎白·洛热（Elisabeth Logeais）合作完成的关于限制博物馆著作权需求的研究报告，旨在加深对于限制博物馆合理使用的理解。博物馆通常聚集了各种版权对象，如美术、文字、绘图、绘画、照片、地图、电影和录音等，这些对象以不同的形式参与到与之相关的文学艺术活动中。报告指出，"原则上博物馆复制其收藏的任何受版权保护的对象，都需要取得权利人的许可；使用藏品从事其他各种活动，如展览、编辑目录、保存和数字化等都有澄清版权的必要性，除非存在版权适用的例外或者限制。……在 188 个世界知识产权组织成员国中，只有 45 个国家的法律中包含允许博物馆在不经权利人事先许可的情况下，基于特定目的使用收藏品的具体条款"。"随着信息技术的进步，博物馆不得不考虑藏品的数字化，并通过互联网传播其收藏。博物馆实际上是否被授权实施数字化行为，目前在绝大多数国家立法中都没有明确的规定。"②

除 WIPO 之外，各国的著作权人或相关版权组织也呼吁本国政府尊重作者权益、加强版权保护。2015 年初，美国版税委员会（The Copyright Royalty Board）决定对如潘多拉、i 心电台（iHeart Radio）、天狼星 XM 广播（Sirius XM）等非交互式的音乐流媒体提供者设定接下来五年的版税，将版税比率从每百次播放的 14%升至 17%；而对于付费订阅服务，版税比率则由 25%调低至 22%。受通货膨胀影响，从现在起直至 2020 年，这两项版税比率都将得到实质性的提高。③ 同年 10 月，史密斯飞船乐队主唱史蒂夫·泰勒（Steven Tyler）拒绝唐纳德·特朗普（Donald Trump，2016 年美国总统大选共和党提名候选人）使用其音乐作品《美梦继续》（Dream On），试图引起美国政府和民众对音乐产业中创作者权利和版权侵权的关注。在为《赫芬顿邮报》（*Huffington Post*）撰写的文章中，泰勒提出："我们需要改变。作曲者、制作人还有艺术家们无法仅仅依靠他们所获得的报酬生活下去。""美国版权法律制度需要进行修改——有为数众多的法律限制我们从自己的音乐作品中获得报酬，75%的作曲者的收入受到政府的规制。过多的政府干预将有碍于艺术和音乐的发展。"④ 2015 年 12 月 9 日，欧盟委员会发布了欧洲版权制度的改革计划方案，对电子数据内容的提供和跨境货物的在线销售提出了新的规则。根据该规则，欧盟成员国居民可以在旅行的时候获取他们在家中购买或者订阅的电子数据内容。伴随着移动漫游费的终结，电子数据的跨境携带将在 2017 年获得实现。欧盟委员会指出，该项计划通过版权人和发行人达成允许跨境获取作品内容的许可协议的方式，降低获取合法作品的难度，促进电视和广播在线节目的跨境销售。该计划作为欧盟建立单一数字市场战略的首要方案，受到了版权人的一致欢迎。⑤ 权利人及其组织以及有关国家或国际组织所做的这一切无疑都是为了营造一个亲著作权的宏观环境。这些努力反映了著作权人在面对数字化浪潮的冲击时本能的反应，它或许能在一定程度上缓和一些正在逐渐衰落的行业或产业，如唱片制造业。但更为重要的是如果作者的权利得不到保障，衰落的将不仅仅是唱片业，而是整个文创产业，如整个音乐产业。

二、合理使用的立法与司法实践

一些国家在立法上采取开放模式的合理使用制度。这种模式虽可以灵活应对社会关系的新变化，但也降低了作品使用人行为的确定性。在这些国家，由于合理使用的具体执法标准存在一定的解释空间，即合理与不合理之间的界限并非绝对稳定，于是，如何判断涉案行为是否属于合理范畴，已然成为立法与司法实践关注的焦点。前述欧盟委员会发布的版权改革方案就包括了一项关于版权例外和限制的一揽子计划。其宏观目标是增加规则的协调统一性，使相关的例外规定对成员国具有强制效力，并且保证它们在欧盟范围内跨国境发挥作用。⑥ 这个计划至少包括以下几个方面：首先，欧盟委员会表示其

① 参见 http://www.ip-watch.org/2015/12/14/artists-call-for-rights-wakes-up-wipo-copyright-committee/。

② http://www.ip-watch.org/2015/12/10/wipo-copyright-committee-hears-case-for-exceptions-for-museums/.

③ 参见 http://www.canadianbusiness.com/business-news/copyright-judges-hike-rates-for-music-streamers-pandora-calls-ruling-balanced/。

④ http://www.huffingtonpost.com/steven-tyler/politicians-respect-and-protect-copyright_b_8293894.html.

⑤ 参见 http://www.ip-watch.org/2015/12/09/european-commission-unveils-first-copyright-reform-proposals-to-mixed-review/。

⑥ 参见 http://www.ip-watch.org/2015/12/09/big-rights-holders-favour-status-quo-in-eu-copyright-over-copyright-reform/。

将会提出实施《关于为盲人、视力障碍者和其他印刷品阅读障碍者获得已出版作品提供便利的马拉喀什条约》的立法案。这将引入一个强制性的欧盟例外规定，使为印刷品阅读障碍者创作的特殊形式的印刷品可以跨境销售。其次，欧盟委员会一揽子计划将允许公共利益研究机构对它们以科研为目的合法取得的内容进行文本和数据的挖掘；澄清欧盟“教学演示”（illustration for teaching）例外的范围及其在数字化使用和远程学习方面的应用；并且为文化遗产组织作品的保护“提供了一个明确的空间”。此外，欧盟委员会称其还将支持在闭路电子网络中对科研和学术图书馆的作品以学术研究和个人学习为目的的远程咨询；同时结合新兴销售渠道，对欧盟现行规则——允许利用永久陈列在公共场所作品的“全景图”例外（“panorama” exception）进行澄清和解释。[①] 从这一方案的整体设计可以感知欧洲传统中浓厚的人道主义色彩，同时也能看到在数字化技术的逼迫下不得不跨出的跬步。

与欧洲相比，一起由上传到 YouTube 上的“跳舞宝宝”视频引发的案件则反映出美国产业界强烈的维权意识。这段以斯蒂芬尼·雷兹（Stephanie Lenz）的宝宝为主角的时长 29 秒的视频，不仅画面模糊，还夹杂着大量静电噪音，以至于其背景音乐——王子乐队（Prince）演唱的歌曲《让我们发疯吧》（Let's Go Crazy）几乎难以为观众所辨认。然而，正是对这首歌曲的使用，导致了一场长达八年的诉讼马拉松。2007 年 2 月，这段视频被上传到 YouTube 网。数周后，环球音乐公司（Universal Music）宣称这段视频侵犯了自己的版权，要求 YouTube 将其下架，此时该视频的浏览量已突破 130 万。由于视频被迫下架，视频中宝宝的母亲兼该视频的权利人雷兹将环球音乐公司诉至法庭。在庭审过程中，雷兹女士指出她的视频是合理使用的实例，而环球音乐公司则坚决反对这一说法。最终，陪审团判定环球音乐公司在发出下架通知前，未充分查证过这首歌曲是否属于合理使用。2015 年 9 月 15 日，美国联邦第九巡回上诉法院对此做出判决，裁定在发出下架通知之前，若版权所有人没有考虑争议作品的合理使用问题，则其应该承担损害赔偿责任。

美联社在针对“跳舞宝宝”视频案的报道中声称：“法院的这项裁定将使得版权所有人更加难以迅速制止侵害版权的行为，因为他们不得不在要求侵权作品下架前，先研究合理使用。更大的潜在打击是，如果环球音乐不能证明其曾考虑过‘跳舞宝宝’视频属于合理使用，雷兹便能向其索要损害赔偿。这可能导致权利人再也不能简单地根据《数字千年版权法》（DMCA），向网络提供商寄送数量庞大的下架通知长单了。”但是，版权人对该裁定的态度却并不乐观。技术丑闻博客网（Techdirt）的一位版权作者麦克·梅斯尼克（Mike Masnick）写道，“法庭言明版权所有人不能‘口惠而实不至’，随便声称他们已查证争议作品不符合合理使用而不去做具体研究，但事实上它也就承认了这种做法基本上是能够实现的。更糟糕的是，它声称在辨别是否有足够理由相信版权所有人已进行查证时，不要求对于细节的切实研究”。由于这个巨大的漏洞，这件案子也许并不会导致法律实践的重大改变。[②]

无独有偶，2016 年 4 月，美国最高法院驳回了美国作家协会（the Authors Guild）对于 2015 年 10 月联邦上诉法院判决的上诉。该判决意味着规模庞大的谷歌图书项目落入版权保护例外情形，也即所谓的合理使用（fair use）的范畴。谷歌公司方认为，“合理使用制度允许出于批评、戏仿、教育和其他目的，对受版权保护的作品进行有限定的再利用，还允许人们将原作品内容转换为新形式。图书计划正是对于已出版书籍的形式转换”。最高法院在判决中根据《版权法》第 107 条认定合理使用范围的四条标准对案件进行分析，并且考虑到谷歌公司 12 年来为扫描图书并允许公众在线搜索所付出的努力，肯定了“检索”“片段浏览”功能的正面、积极意义。法院在判决结论中写道：“谷歌未经授权对受版权保护著作加以数字化，设置搜索功能以及片段浏览功能属于非侵权合理使用行为。复制的目的有高度转换性，文本的公开展示有限制性，并且展示不构成对原作受保护方面的显著市场替代。谷歌的商业特性和逐利动机不能作为否定合理使用的正当理由。”[③] 不过，美国作家协会和美国版权联盟（the Copyright Alliance）则对最高法院的判决表示非常失望，美国作家协会提出，“谷歌对于受版权保护的书籍的‘量贩式’复制行为，是以牺牲作者利益为代价，为其自身牟利的行为。虽然谷歌图书项目可能带来短期的公共利益，但它终将有损美国智力文化发展的

① 参见 http://www.ip-watch.org/2015/12/09/european-commission-unveils-first-copyright-reform-proposals-to-mixed-review/。

② 参见 http://www.csmonitor.com/USA/USA-Update/2015/0915/How-a-dancing-baby-video-could-change-copyright-law。

③ http://www.jdsupra.com/topics/google/author-s-guild-v-google/.

深度、可持续性和活力”。协会主席罗克珊娜·罗宾逊（Roxana Robinson）在一项声明中说：“该判决‘显著地扩大了合理使用的界限’……（最高法院）拒绝复审的决定就是进一步的证据，表明我们正在见证巨额财富从创意产业重新分配到科技产业的过程。该过程不仅涉及图书，还横跨了艺术领域。”①

从这两个案例中可以发现，即使在美国，即使是像环球音乐这样的大公司，在对合理使用这一界限的理解上也会出现不同于法院判决的见解。当法律实施的结果连专业人员都难以准确判断时，就不能不考虑法律规定本身的合理性了。类似地，创意产业与技术型公司在作品使用上出现的利益对立，也直接反映在各自对合理使用范围的解释上。此时，法院的理解则直接关系到不同产业未来的前途。同样的问题在其他国家的案件中也得到了反映。在这里，合理使用概念的界定，尤其是在美国版权法针对合理使用的开放性立法模式下，的确是一个需要详加辨析的问题。

三、明确网络服务提供者（ISP）的监管义务

2015 年网络技术继续对各国著作权制度及其实施产生着深刻影响。由于网站创制、转让门槛低，网站运营商与托管服务商往往难以辨识，以致著作权人难以有效维权。2015 年 1 月 1 日，《加拿大联邦版权现代化法案》中的“双重通知制度”（notice-and-notice）正式启用。所谓双重通知制度是指版权人发现侵权行为时，可以向 ISP 发出主张网络用户侵权的通知；ISP 在收到涉嫌侵权行为发生的通知后，必须向相关网络用户发出通知。如果版权人不提起诉讼，则 ISP 无须透露下载者身份，也无须将投诉信函转交给被投诉的用户，但需将投诉信函和相关资料保存至少 6 个月；如果版权人于 6 个月内提起诉讼，则这些资料的保存期间延长至 1 年。②同年 6 月中旬，澳大利亚议会通过了《版权法修正（网络侵权）案》，以减少网络环境中的侵权行为。其采取的具体措施是在 1968 年《版权法》中增设 115A 条款，该条款赋予版权人及其独占被许可人向澳大利亚联邦法院申请禁令，屏蔽 ISP 涉嫌侵犯版权或帮助侵犯版权的海外网址的权利。一旦法院准予禁令，ISP 即应当采取合理的措施阻止对侵权网络位置的访问，且不以 ISP 实施相关侵权行为或参与侵权行为实施过程为必要条件。③ 类似地，《泰国版权法》关于 ISP 责任的修订条款于 2015 年 8 月 4 日生效。修订的版权法规定，ISP 包括互联网技术接入提供者、社交平台供应商以及计算机数据存储服务提供者。版权人可以要求法院责令 ISP 在法院限定的期限之内删除涉嫌侵犯版权的作品；在法院做出停止侵害的裁定后，版权人应当在该规定期限内对涉嫌侵权者提起诉讼，否则，ISP 就不再承担任何侵权责任。④

2015 年 5 月 8 日，多屏媒体公司（Multi Screen Media）作为印度电影《皮库》（Piku）的投资商之一，向印度高等法院申请的禁止 13 家盗版视频网站及其他 ISP 提供该电影盗版链接的禁令被获批准。⑤同年 11 月 26 日，德国联邦最高法院针对音乐作品演出权与机械复制权协会（GEMA）要求德国电信屏蔽盗版网站“3dl. am”的版权纠纷发布通知（Mitteilung），“若版权持有人已做出合理努力，仍未能向版权侵权网站的运营商或托管提供商（hosting providers）主张权利救济，可请求互联网服务提供商（ISP）屏蔽该侵权网站”⑥。这是德国联邦最高法院首次裁定在特定条件下，确认 IPS 负有屏蔽相关网站的义务，这对于打击网络盗版而言是一个重大的进步——在此之前，德国对 ISP 的监管义务持宽松态度。根据《德国电信媒体法》的规定，ISP 既不能收集信息，也不能发布信息，只提供访问控制，且不对信息内容承担法律责任。⑦

尽管各国针对互联网技术普及带来的问题做出了反应，但在效果上未必如意。许多问题是在技术发展过程中产生的，随着技术进一步发展其表现形态或许会发生变化。其实，这类问题在中国国内的表现比西方更为丰富。在这一领域中国立法和司法者所面临的问题比任何国家都复杂。从这种意义上讲，国外的立法或司法经验只具有有限的参考价值。

在法律救济措施上，域名屏蔽确系版权人阻止

---

① http://www.pcworld.com/article/3057221/internet/supreme-court-rejects-challenge-to-google-book-scanning-project.html.

② 参见 http://torrentfreak.com/canadian-isps-vpns-now-alert-pirating-customers-150102/。

③ 参见 http://www.lexology.com/library/detail.aspx? g=91bfca61-a3d4-47be-8c19-58d4a10559a8。

④ 参见 http://www.ip-watch.org/2015/04/01/thailand-toughens-copyright-law-to-deal-with-internet-providers-unlawful-movie-recording-in-theaters/。

⑤ 参见 http://torrentfreak.com/india-orders-piracy-blackout-of-vimeo-pirate-bay-and-more-150508/。

⑥ http://www.lexology.com/library/detail.aspx? g=ea5408e8-5327-4cbb-96f3-f23f1bcc1077.

⑦ 参见 http://www.out-law.com/en/articles/2015/november/isps-in-germany-can-be-forced-to-block-access-to-infringing-content-as-a-last-resort-rules-court/。

在线侵权行为的有力措施。然而有关确认 ISP 义务的立法和司法实践本身的合理性或正当性也面临着质疑和困境。首先，加拿大版权法案的"双重通知制度"局限于 ISP 的通知义务，这就意味着版权人提交通知后，ISP 只要向网络用户发送通知，无须将所涉及的内容核查并删除。在通知制度启动的第一周，该国 ISP 就收到了成千上万的投诉通知。而多数网络用户表示，仅凭一份通知并不能改变他们的下载习惯。时至今日，通知制度的实施收效甚微。此外，数量巨大的投诉通知亦不乏权利滥用现象，如何避免权利滥用已成为当局的另一个难题。① 其次，根据德国法院的观点，法院向 ISP 发出屏蔽网站禁令的先决条件是，版权持有人已做出"合理努力"，包括自行调查或请求公权力机关调查相关侵权行为，或者要求网站的运营商或托管提供商删除侵权内容；仅当这些"合理努力"失败或缺乏成功的可能性时，要求 ISP 采取行动的正当性才能得到证成。② 可见，屏蔽网站作为保护权利人的最后手段，实际上也为权利人调查涉嫌侵权行为提出了较高的要求。最后，考虑到对言论自由、个人信息及隐私保护等私权保护的影响，是否应当对屏蔽行为予以进一步的限制，仍有待讨论。因此上述法案是否能够真正保护版权人的利益以及这些制度未来的发展走向还有待进一步观察。

四、版权管理制度与机构改革

在版权管理的制度方面，各国着眼点各不相同。首先，部分国家正在考虑完善著作权登记制度或建立公共数据平台。2015 年 7 月，乌克兰议会提议开放使用书籍和文件资源，将存储在国家档案馆和图书馆的所有书籍和文件数字化及网络出版。③ 同年 10 月 1 日，65 位国会议员向罗马尼亚国会成员提交了《建立国家科学作品登记制度》草案。草案说明中指出："目前有很多网站可以进行科学作品的非法交易，只有通过各个高等教育机构建立起一个集中的平台才能确保科学作品的使用权，打击抄袭剽窃行为，发展知识型社会。"草案规定，登记的范围包括所有接受公共基金的高等教育机构的所有科学作品，也包括某些取得国家财政预算支持的私人机构的论文和报告等。新的登记册作为免费开放的公共数据平台，将由罗马尼亚国家图书馆进行管理。④ 虽然乌克兰的计划当即以修正案的形式被列入《版权及相关权利法》的修改日程，罗马尼亚的科学作品登记制度也获得了民主党和自由党两个主要政党领导人的支持，但是如今看来，建立开放性信息平台的提案或计划尚无实施的可能性。这是因为免费数据库的存在势必会损害本国版权人的利益。在乌克兰议会公布上述计划后，立即引发了当地作者的大规模游行抗议。作者们一致认为，未经作者同意的书籍在线出版是被当今法律所禁止的，如果该修正案被批准，即侵犯其版权并将给他们造成巨大的经济损失。除需要对获取数据库资源进行限制外，罗马尼亚计划建立的数据库可能使科学作品的复制粘贴更加容易。在缺乏足够的技术措施的条件下，反而会助长剽窃行为。鉴于批准两项提案遭受的巨大阻力和实施的潜在风险，相关提案至今处于搁置状态，并无实质性进展。这些计划的提出反映了长期处于计划经济的国家在类似知识产权之类的社会管理问题上依旧不自觉地奉行传统的做法，即以公权力为主导的方式去管理私权的行使问题。

其次，美国正尝试重新划定版权局的行政职能，建立现代版权登记制度。2015 年 12 月 11 日，由马里诺先生（Mr. Marino）以及赵美心女士（Ms. Judy Chu）和康斯托克夫人（Mrs. Comstock）向众议院提交了《版权局数字经济法》(Copyright Office for the Digital Economy Act）草案作为美国版权局的改革方案。《版权局数字经济法》草案分为 11 节（section)。与现行制度相比，其主要改动如下：(1) 版权局现作为国会图书馆下的一个部门，版权局局长作为国会图书馆版权室主任，由国会图书馆馆长任命，并在图书馆馆长的统一指挥和监督下行事；草案还提出，将版权局改为立法机关的一个分支机构、国会咨询的机构（congressional advisor)。其长官改称为主任（director)，由参众两院主要官员组成的委员会向总统推荐主任人选，并由总统进行任命。(2) 为进行版权登记，版权人需要向版权局交存的物品现由《美国法典》中的 407 节和 408 节进行具体规定。新法案采取了更为灵活的方式，由版权局主任发布条例来对所需交存的审查所用副本的形式、数量以及内容做出详细规定。(3) 版权局主任将建立版权咨询委员会，并任命其成员（主要是著作权法方面和实务方面的专家)。版权咨询委员会将在主

① 参见 http://torrentfreak.com/canadian-isps-vpns-now-alert-pirating-customers-150102/。

② 参见 https://torrentfreak.com/supreme-court-opens-door-for-pirate-site-blockades-in-germany-151126/。

③ 参见 http://www.ip-watch.org/2015/07/28/ukraine-open-access-initiative-roils-local-authors-seeking-copyright-protection/。

④ 参见 http://www.ip-watch.org/2015/11/20/romanian-parliament-eyes-national-scientific-works-register-to-combat-ip-violations/。

任的发起下召开会议。[①] 由此可见，除试图重构版权局的地位、组织、职能外，草案亦提议建立现代化的版权登记制度、建立版权咨询委员会，维持版权局和版权咨询委员会的相对独立性。虽然目前草案尚未被通过，但是其中建立版权咨询委员会的建议、关于强制性存放问题（mandatory deposit）的研究建议以及组织对相关信息技术的研究和实践的建议，对于美国版权管理体制的未来发展而言，确有借鉴意义。[②]

最后，在涉及使用公共作品的管理制度方面，2016年1月22日，韩国文化体育观光部（以下称文体部）称：为促进政府、地方自治团体、公共机关所有的公共作品（主要指政府、地方自治团体、公共机关制作、所有的报告书、数据、视频、图片等）的自由使用，并为积极推进部分政策的有效实施，修订了《公共作品使用许可标识标准》。[③] 自2014年7月起施行的《韩国著作权法》第24条第2项规定，韩国民众可以自由使用由公共机关、团体享有全部著作财产权的公共作品。这一规定虽然打破了公共作品的保护壁垒，但自从该法条颁布以来，便引发诸多问题，尤其是在适用过程中侵犯公共作品作者著作人格权的现象屡见不鲜。基于上述背景，韩国文体部将上述相关法律、政策施行过程中遇到的问题考虑在内，对原《公共作品使用许可标识标准》进行了修订。本次修订的内容包括如下三个要点：（1）使用公共作品时，必须明示提供该作品的公共机关，必须标明作品的完成时间和作者。即使在改编、变更原作品时，也不得侵犯著作人格权。（2）禁止将公共作品用于黄色广告，损毁原作者的名誉，或严禁修改研究成果、统计数据，致使第三者产生误解。（3）规定具体的标识图样和可使用范围。使用KOGL网站（Korea Open Government License，网址 http://www.kogl.or.kr/index.do，是供韩国民众下载公共作品的网站）提供的免费下载资料时，必须按照《标准》进行标识，对其出处必须标注在（如首页等）明显的地方。据文体部统计，目前为止，向民众开放的公共作品共有500多万件。以本次修订为开端，到2017年，预计开放1 000万件公共作品；同时，实现加强政府、自治体、公共机关的协同作业，挖掘优秀的公共作品，促进其应用到文化产业中，以此形成良好的公共作品应用体系的目标。[④]

总体上看，在市场经济国家，著作权的管理更多的是社会管理问题，这与我国的著作权行政管理的内容形成明显的差异。这里的所谓社会管理完全是为了让公众更方便地使用作品，不存在行政关系上的上下隶属问题，从中反映出不同国家著作权在管理模式和内容上的不同。

五、《跨太平洋伙伴关系协定》（TPP）版权条款的影响

2015年11月5日，由美国主导的《跨太平洋伙伴关系协定》（TPP）公之于众。协定的知识产权条款明显体现了TRIPS-plus特征，构建出更高的知识产权国际保护标准。根据TPP规定，版权的目标是保护权利持有人的利益，协调区域版权保护，并确保互联网服务的合法提供者无须过分承担版权侵权责任。具体的版权条款包括：规定版权保护期限最低标准为70年；规定作者享有将其作品传播给公众并销售的专有权；缔约国必须限制互联网服务提供商（ISP）对使用其系统或网络发生的版权侵权承担的责任；对恶意商业规模盗版行为进行刑事处罚；加强对电影产业的区域保护，要求缔约国对在剧院中录制电影的行为采用或维持刑事处罚和程序等。[⑤]

为配合TPP的生效，各成员国纷纷根据TPP的规定修改本国版权法律制度。例如，2015年11月11日，日本政府文化审议会召开专家小组委员会，讨论修改《著作权法》。会议决定，基于委员一致看法，限制模仿作品将导致多样化的创作活动萎缩，与原作相似角色的模仿作品及刊登此类作品的同人刊物将不被列为加强查处侵权的对象。小组委员会考虑，将严重影响原创作品销售的侵权行为，列为可由警方等公权力立案的“非自诉罪”，并将书籍、音乐的版权保护期从作者去世后50年延长至70年。[⑥] 根据日本现行法律，著作权侵权的赔偿金额须依据著作权人的实际损失进行确定。新引进的“法定损害赔偿制度”将降低著作权人的举证负担，

① 参见 https://www.govtrack.us/congress/bills/114/hr4241/text。

② 参见 http://www.copyright.gov/reports/strategic-plan/sp2016-2020.html。

③ 参见 http://www.etnews.com/20160122000386。

④ 参见 http://news.inews24.com/php/news_view.php? g_serial=939555&g_menu=023110&rrf=nv。

⑤ 参见 Taylor Washburn，Getting Copyright Right in the Trans-Pacific Partnership，Yale Journal of International Affairs，Vol.7，http://heinonline.org。

⑥ 参见 http://www.huffingtonpost.jp/2015/02/03/copyright-tpp-70years_n_6601342.html。

著作权人不用详细调查受损情况，一旦认定侵权，即可获得一定金额的损失赔偿。此外，是否应当参照美国法律，为侵权人设定超过实际损失的惩罚性赔偿金，可能成为法律修订的又一焦点。①

目前来看，各成员国对于TPP知识产权条款给其带来的利益评价并不一致。以延长版权保护期限为例，TPP的支持者们认为，延长版权保护期的做法为实施公共政策带来了重大益处。例如，更长的版权保护期能够促进新作品的创造。反对者则称版权法“不能鼓励创造已经存在的作品。因此，对于已经存在的作品而言，版权保护期的延长只会给现有权利人一笔意外之财，却没给社会公众带来任何相关的好处”，而赞成者们辩称针对现有作品版权保护期的延长将鼓励版权权利人在保护和维护现有作品方面进行投资，从而为社会大众带来好处。②

依据国际规则，版权保护期的适用是由国内法所决定的。按照国际法的互惠原则，在版权保护期规定不同的国家之间，适用作品起源国规定的较短保护期。例如，在1993年欧盟将版权保护期延长到作者终生加死后70年时，美国的版权保护期为作者死后50年，致使美国作品在欧洲国家只能获得作者死后50年的保护期限。为此，当时美国社会各界就是否延长版权保护期进行了激烈的争论。支持延长者认为延长保护期有利于维护美国在著作权上的贸易利益，因为美国有相当大比率的版权产品输出至欧洲，只有将保护期延长至符合欧盟所规定的著作权保护期，才更有利于维护美国作者的利益，进而维持美国在全球知识产权市场的优势地位。在版权产业的强势推动下，1998年，美国通过了《版权保护期延长法案》，将版权保护期延长到作者死后70年，与欧洲国家的规定相同。该法案的直接后果就是一批本将进入公有领域的作品将推迟20年进入公有领域。最典型的是迪士尼公司将本应在2003年进入公有领域的米老鼠作品维系在私权领域，因此该法案被戏称为“米老鼠法案”。可见在TPP协议中最有可能获利的是美国大型娱乐公司。它们将拥有额外的20年版权保护期，并可以在目前版权保护期只有权利人死后50年的TPP成员国内充分利用它们的产权。华盛顿法学院的肖恩·迈克尔·弗林（Sean Michael Flynn）教授认为：“有些极其成功的作品版权人（如迪士尼动画）将获得一笔横财。作为一个创意内容的净出口国，版权保护期的延长还对上述娱乐公司的所在国（美国）有利。”③

相反，日本、加拿大、新西兰以及其他受影响的国家预计额外会有数亿美元的版税流出。④ 电子前沿基金会认为，TPP知识产权条款延长版权保护期限将给成员国带来沉重的经济负担，强迫TPP成员国的每个人交纳沉重的版税。如在澳大利亚，版权扩张已导致澳大利亚海外版税每年额外多支付8 800万美元。俄亥俄州立大学法学院教授玛歌特·卡明斯基说：“将版权保护期统一成作者生前加死后70年的做法只是有利于美国，既不能促进贸易，也不能激发创作。”⑤ 阻止作品进入公共领域需要付出代价：当一部作品进入公共领域之后，它可能会成为有价值流行的新的衍生作品的基础——例如最近的夏洛克·福尔摩斯的续集——只有著名小说中的侦探进入公共领域后这才有可能实现。因此，阻止作品进入公共领域会使创造者、消费者和社会陷入贫穷。另一方面，延长版权的保护期限还会加剧孤儿作品的问题，使更多的作品沦为孤儿作品，并延长无人利用这些作品的期限。美国版权局领导人玛利亚·帕兰特（Maria A. Pallante）在2013年国会听证会上解释说：“在版权保护期为作者生前加死后70年的情况下，最终会导致版权所有者消失不见，版权体制的目标变得更弱，或者失去重点。”

从各方的评论可以推知，TPP在当下的利弊得失似乎仍然见仁见智，但相关国家的政府却已经达成一致，并已经签署。这其中的奥秘目前尚难准确得知，但可以从逻辑上推知的是，TPP在形式和内容上就是一个关于财产利益或者贸易利益的协定，因此各方在这边的利益损失一定是可以在那边得以补偿的，至少有希望得到补偿。美国作为TPP的创始国，无疑又可以在后续参加国的参加过程中捞到不少利益。这也是一种期待利益。至于TPP在全球国际关系、国家整体竞争以及“颜色革命”等问题中的意义，已经超出了本文的范围，恕无力论述。

六、小结

首先，在近一年来的海外著作权立法与司法实践中，权利的保护与权利的限制仍是著作权制度的两大重点：一方面，诸如TPP等国际条约以及各国

---

① 参见 http://headlines.yahoo.co.jp/hl? a=20150401-00000005-wordleaf-soci。

② 参见 http://www.huffingtonpost.jp/2015/02/03/copyright-tpp-70years_n_6601342.html。

③ http://hibi.hatenadiary.jp/entry/20150203/1422969891.

④ 参见 https://torrentfreak.com/leaked-tpp-chapter-proposes-drastic-copyright-changes-151011/。

⑤ http://www.ip-watch.org/2015/04/06/the-shaky-rationale-for-tpps-copyright-term/.

著作权法对作者权利的保护更为严格、权利内容不断丰富、保护期限不断延长，冲击着传统版权法的利益平衡；另一方面，随着现代资讯传播的技术手段日新月异，人们获取知识的手段更先进、更方便、更快捷。原本属于合理使用范畴的利用方式可能变得不合理，原本法律没有规定的利用方式，可能应当纳入合理使用的范畴。所有这一切，都会诱发“合理使用”标准的变化。需要立法和司法对合理使用的内容做相应调整。从近一年来各国的立法草案和司法判例看，合理使用的范围也在逐步扩大，ISP的法律责任在多国版权立法或司法中得以确立，更有少数国家试图建立免费的公共数据平台，推进知识共享。

著作权法必须不断调整其具体规定，以实现利益的平衡。纵观各国的著作权立法与司法实践都在努力寻求各个著作权主体之间的利益平衡，调整作品的创作者、传播者和使用者之间的关系。著作权制度乃至知识产权制度理想的定位就是，保护权利人对其权利的合法行使，同时推动著作权所附载的“知识”为社会充分利用，促进知识的创新和传播。值得注意的问题是：在传统的价值原则中，知识产权主体常常被假想为创造者，因此知识产权权利人被简约为一个统一的利益集团。事实上，参与知识产权利益分配的主体是多元的，创造者、投资者、传播者、使用者，都是参与分配的主体，并且力量最为强大的主体往往不是创造者。当今知识产权主体形态呈现出集团化、企业化的发展趋势。随着网络技术的发展，互联网上主张著作权利益的主体主要是从作者手中受让著作权的一些网络公司、影视唱片公司、出版集团以及著作权集体管理机构，而站在使用者一边的则更多的是网络服务提供者。因此，著作权制度的利益平衡则更多地表现为两大产业集团之间的博弈。由于法律规则的制定权和话语权都掌控在大的利益集团手中，社会公众的利益往往被忽视或者异化为利益集团游说的正当性理由。

其次，著作权登记是著作权制度中的重要内容，在维护著作权人合法权益、保障交易安全、促进作品有效运用等方面发挥着重要作用。随着公众法律意识的不断增强，相关企业强化了著作权的保护和管理，以著作权为核心资产进行融资等方面的需求亦被提出。这对版权管理部门及登记机构的工作提出了更高的要求。尽管部分国家提出的建立现代著作权登记制度的构想暂时难以实现，但其对建立我国版权管理部门及登记机构完善著作权权利取得、转让、许可、质押等权利变动的登记制度仍具有一定的启发性。

最后，在知识产权制度国际协调和经济一体化的进程中，如何修改著作权制度，并建构、完善具体规则，是各国著作权法制建设都无法回避的一个问题。虽然加强著作权保护、加大对侵权行为的处罚力度已经成为各国著作权法的主流趋势，但在法律移植和借鉴的过程中，各个国家必须甄别制度背后的不同利益诉求。我国应当在遵循知识产权国际条约所确立的保护标准的前提之下，结合本国实际情况，做出适应经济、文化发展的合理的制度安排。这是我国当下著作权制度建设中刻不容缓需要解决的问题。

（作者单位：中国人民大学知识产权学院）

2015 年国际版权动态

◆ 立法与行政

【《加拿大联邦版权现代化法案》正式确立“双重通知制度”】

2015 年 1 月 1 日，加拿大版权保护中的“双重通知制度”（notice-and-notice）正式启用，广大网民们想从网络下载音乐、电影或连续剧不会像从前一样轻松了。

加拿大《版权法》于 1921 年颁布，1988 年进行了第一次修订。1997 年，加拿大为遵守其国际条约义务对版权法进行了第二次修订。此后的十余年间，立法改革的尝试接踵而来，加拿大政府先后推出了 C60、C61、C32 三个法案，但均未获得批准。2012 年 6 月 29 日，第四个修改法案 C11 终于获得批准。新修订的《加拿大联邦版权现代化法案》于 2012 年 11 月 7 日生效。然而，C11 法案中存在个别条款需再通过单独的立法议会程序生效，这其中就包括了“双重通知制度”条款。

所谓“双重通知制度”，即当版权人发现侵权行为时，其向互联网服务提供商（ISP）发出主张网络用户侵权的通知，ISP 在收到涉嫌侵权行为发生的通知后，必须向相关网络用户发出通知。如果投诉方不提起诉讼，ISP 无须透露下载者身份，也无须将投诉信函转交给被投诉的用户，但需将投诉信函和相关资料保留至少 6 个月。如果投诉方于 6 个月内提起诉讼，这些资料保留期间拓展至 1 年。新的版权法案依据侵权是否具有商业目的区分损害赔偿金额：若为商业用途，对侵权人处以 500 美元以上、20 000 美元以下罚款；若为非商业用途，处以 100 美元以上、5 000 美元以下的罚款。

《加拿大联邦版权现代化法案》旨在保护图像、录音制品以及其他受法律保护的作品的版权人免受在线用户侵权。然而，该法案也面临一些质疑。首先，法案只是规定了通知制度，并没有像美国版权法一样规定删除体制。这就意味着，版权人提交通知后，ISP 的责任不是将所涉及的内容核查并删除，而仅仅是向网络用户发送通知。只要 ISP 发送了通知，根据版权法案的规定，其不再承担责任，这是一种安全港措施。其次，通知制度启动一周后，ISP 就收到了成千上万的投诉通知，其中不乏权利滥用现象，如何控制权利滥用也成为当局的一个难题。最后，刚刚接到通知的一些网络用户表示，他们惊讶于这么快就收到一份通知，不过仅仅一份通知并不能改变他们的下载习惯。看来，新出台的版权法案想要实现其控制网络侵犯版权的目的，任重而道远。

（信息搜集、编译：温崇学。

资料来源：http://laws. justice. gc. ca/eng/annualstatutes/2012 _ 20/FullText. html；http://torrentfreak. com/canadian-isps-vpns-now-alert-pirating-customers-150102/；http://torrentfreak. com/vpn-services-consider-leaving-canada-to-protect-customer-privacy-150107/；http://www. ic. gc. ca/eic/site/crp-prda. nsf/eng/home；http://www. vancitybuzz. com/2015/01/new-illegal-downloading-regulations-go-effect-canada/；http://torrentfreak. com/canada-remains-safe-haven-online-piracy-150212/；http://torrentfreak. com/canadian-piracy-notices-from-benign-to-ridiculous-150109/；http://www. ipr. gov. cn/article/gjxw/gbhj/bmz/jnd/201501/1846230. html）

【日本将著作权保护期延至作者死后 70 年】

2015 年 2 月 3 日，在 TPP 中，日本决定将著作权保护期从权利人死后 50 年延长至 70 年。虽然著作权保护期间的延长对日本的消费者来说有诸多不利，但是管辖著作权法的文部科学省对著作权期限延长持赞同态度。

依据国际规则，著作权保护期的适用是由国内法所决定的。按照国际法的互惠原则，在著作权保护期规定不同的国家之间，适用作品起源国规定的较短保护期。例如，在 1993 年欧盟将著作权保护期延长到作者终生加死后 70 年时，美国的著作权保护期为作者死后 50 年，致使美国作品在欧洲国家只能获得作者死后 50 年的保护期限。为此，当时美国社会各界就是否延长著作权保护期进行了激烈的争论。支持延长者认为延长著作权保护期，有利于维护美国在著作权上的贸易利益，因为美国有相当大比率的著作权产品输出至欧洲，只有将著作权保护期延长至符合欧盟所规定的著作权保护期，才更有利于维护美国作者的利益，从而维持美国在全球知识产权市场的优势地位。在版权产业的强势推动下，1998年，美国通过了《版权保护期延长法案》，将版权保护期延长到作者死后70年，与欧洲国家的规定相同。该法案的直接后果就是美国一批原本将进入公有领域的作品，将推迟20年进入公有领域，最典型的是迪士尼公司将本应在2003年进入公有领域的米老鼠作品维系在私权领域，因此，该法案被戏称为"米老鼠法案"。著作权保护期的扩张在发达国家利益驱动与知识产权保护国际化的背景下被强化了。

在一般情况下，著作权保护期在全球为"死后70年"。美国和欧盟（EU）都已经延长至70年。而在参加TPP谈判的11国中，保护期为死后50年的国家包括越南、马来西亚等5国。日本以参加TPP谈判为契机，将修改国内制度，同时与美国合作，力争在TPP区域内引入发达国家型的知识产权准则。

（信息搜集、编译：樊思迪。

资料来源：http://www.huffingtonpost.jp/2015/02/03/copyright-tpp-70years_n_6601342.html；http://hibi.hatenadiary.jp/entry/20150203/1422969891）

【泰国《版权法》修订案首次规定网络中介、互联网服务提供者的责任】

2015年2月，泰国对本国《版权法》的修订进行了更加严格的规范，首次纳入了网络中介、互联网服务提供者的网络侵权（版权）行为的责任，并且将对未经许可在影院录制电影的人施行最高4年的监禁。

自《版权法》在1994年生效以来，这是泰国第一次对版权法进行修订，此次修订是通过两项单独的法案形式完成的。其中有关非法录制电影责任的修订于2015年4月6日生效，而有关网络中介方责任的修订在2015年8月4日生效。

美国曾于2011年特别在301报告中把贸易伙伴分成三大类：优先指定国家（PFC）、重点观察名单（PWL）、观察名单（WL）。重点观察名单中就包括泰国，美国的这份报告称："盗版和假冒活动在泰国依旧猖獗，包括从互联网上非法下载盗版作品、盗窃电缆和卫星信号等。"美国对泰国最大的不满是泰国未能通过华盛顿方面要求通过的一些法案，特别是一部禁止在电影院用摄像机录制影片的法案。美国贸易代表办公室（USTR）指出泰国在打击盗版方面的执法力度极其弱且毫无威慑性。

网络中介方责任的修订法案将针对互联网版权侵权提起法律诉讼的责任施加在了版权权利人身上。该修订内容包括：版权权利人在向法院提起的诉讼请求中，可要求法院向互联网服务提供者下令，停止任何在互联网服务提供者的计算机系统中发生的针对版权权利人作品的侵权行为。

在定义"服务提供者"这一概念时，修订案借用了现行的2007年《计算机犯罪法》中的概念，包括互联网技术接入提供者、社交平台供应商以及计算机数据存储服务提供者。然而，在根据《计算机犯罪法》提起起诉的法律案件中，网管、网站所有者、提供互联网内容以及允许读者和用户在其网页上进行评论或发帖的人都被视为服务提供者。

在《版权法》修订案中，版权权利人可以要求法院责令服务提供者在法院给定的时间内从提供者的计算机系统中删除被声称侵犯了其版权的作品，或者停止通过其他方式实施的侵权行为。该修订案还称法院命令应立即生效，并应立即将法院命令送达服务提供者。

法院下达停止侵权的命令后，为终止在服务提供者计算机系统发生的侵权行为设定了一个时间期限，版权权利人应在该期限内针对侵权者起诉。泰国商务部知识产权部门的一位官员说："如果版权权利人未能做到这一点，那么服务提供者可能会将之前侵权的作品重新放回其网页上而不必承担进一步的责任。"他还称，上述修订案意味着使互联网服务提供者从版权侵权的责任中脱离出来。

（信息搜集、编译：李昳婧。

资料来源：http://www.ip-watch.org/2015/04/01/thailand-toughens-copyright-law-to-deal-with-internet-providers-unlawful-movie-recording-in-theaters/；http://www.ccpit.org/Contents/Channel _ 3586/2015/0414/455859/content_455859.htm；http://www.china-liaoning.gov.cn/templet/cyyj/ShowArticle1.jsp? id = 23406；http://www.ustr.gov/sites/default/files/05012013%202013%20Special%20301%20Report.pdf）

【波兰政府起草著作权法改革草案】

在波兰议会1994年通过《作者权及邻接权法》的20多年之后，波兰政府起草了三部草案来完善知识产权立法。

2015年3月，由波兰文化和民族遗产部起草的第一部草案呈至议会，另两部法案的起草处于收尾工作阶段。在10月举行的议会选举之后，波兰议会计划在本届任期之内就这三部草案进行表决。波兰文化和民族遗产部知识产权和媒体部门负责人 Karol Koscinski 在接受当地新闻网站 Money. pl 采访时说：“我希望所有的草案在本届议会任期之前通过。”

波兰政府旨在推出一系列主要变革。其中包括扩大引用书面作品的权利、作者可因图书馆出借其作品而获得报酬、允许文化机构使用无商业化应用的作品。（无商业化应用的作品指的是被版权保护但无法从传统的商业渠道获得的作品。）除此以外，波兰政府还计划将音乐表演者的知识产权保护期限延长至70年，保护期限自作品发表之日起计算。波兰政府称，与目前只有50年的保护期限相比，这将是长足的进步。文化和民族遗产部称，这部草案是对欧盟法律的具体落实。

具体而言，本次拟对波兰知识产权法律彻底大修的立法计划包括 UC123、UC159 和 UC94 三部草案。UC123 已于 2015 年 3 月 26 日被呈至波兰议会作为第 3293 号提案进行讨论，并于 4 月转发给了波兰文化和传媒委员会。该委员会在 4 月 24 日发布了一份立法报告。在报告中，该委员会批准了草案中拟将音乐表演者知识产权的保护期限延长至 70 年的措施。

在征求公众意见期间，一些本国的艺术家和制片人协会递交了草案的修改意见，其中一些被草案的修订版所采纳。这些意见包括由艺术家协会 STO-ART 提交的有关无法免去因分销其作品而支付报酬的规定。

第二部草案 UC159 的主要内容与公共出借报酬权、无商业化应用的作品和扩大引用书面文字作品的权利有关。关于后者，该草案拟在 1994 年的《作者权及邻接权法》中添加一个关于扩大引用在学校、法庭、教堂所做的政治演讲和声明的权利的新的第 26 条。该条款规定，“根据通知的需要，允许使用政治演说、听证会中的声明、演讲和布道中的内容，但不得出版这些作品”。

与其他两部涉及广泛领域的草案相反，UC94 仅与一个问题有关。该法案草案规定虽然可以只凭借与代表电视节目制作人的相关组织签订的协议来转播电视节目，但是在互联网转播此类电视节目不受此类要求的限制。

该修正案的起草遵循了 2013 年春季举办的协商程序，该协商程序以作者权论坛的形式进行，作者权论坛是一个各方利益相关人参与的讨论波兰知识产权法的未来的组织。

（信息搜集、编译：胡剑炜。

资料来源：http://www. ip-watch. org/2015/05/13/polish-government-drafts-reform-of-its-ip-law/；http://www. ipr. gov. cn/article/gjxw/gbhj/om/bol/201505/1851045. html；http://ec. europa. eu/internal _ market/copyright/out-of-commerce/index _ en. htm）

【英国绿党缩减版权保护期的方案饱受批评】

由于受到了来自作家和艺术家们的强烈反对，加上英国大选的临近，绿党或许会被迫撤回其将版权保护期限制为生前加死后 14 年的提案。绿党在 2015 年 4 月 27 日已经确认它会在同年 9 月举行的下次会议上审查该版权政策。

有消息称，如果绿党在即将到来的大选中当选，它会推出一项将英国版权保护期缩短至有生之年加死后 14 年的政策，而英国现在的保护期是有生之年加死后 70 年。

绿党发布的宣言声称该党的目的是“使版权保护变得更短，更灵活以及更公平，因此将要引入新的、总体上更短的版权保护制度，更改后的保护期为生前加死后 14 年”。绿党的发言人随后指出这个长度可以经过讨论、协商后改变。

作家协会的副首席执行官凯特·普尔（Kate Pool）声称该提案体现了难以置信的不公正，这会使得作家和艺术家利益严重受损，同时使出版商和发行商攫取更多的利润。普尔说：“这种提案可能会导致各种各样的不公，我看不出这里面有什么绿色的。作家们也都是人，他们有资格通过创作作品谋生。采取了这种方案后，赚钱的将会是生产作品的复印件的人，而不是那些创作它们的人。”

一位绿党的发言人告诉《卫报》，这个 14 年计划是绿党长远愿景的一部分，而他们暂时还没有在近期实现该方案的具体计划。绿党的领袖娜塔莉·贝内特也在网站上发表的声明中声称“我们认识到必须更新著作权法，以更好地反映数字化时代的需求，并寻找创新的方式来支持挣扎的艺术家”。

虽然绿党一直在试图向公众解释该方案的合理性，但大多数作家和艺术家还是对此表示强烈反对。“艺术可以是一种爱的劳动，但艺术家需要养活自己。”一位艺术家如是说。

（信息搜集、编译：丁继昆。

资料来源：http://www. theguardian. com/politics/2015/apr/23/green-party-plan-to-limit-copyright-attacked-by-writers-and-artists；http://www. walesonline. co. uk/business/business-news/general-election-2015-greens-policies-9175833；http://www. ipr.

gov. cn/article/gjxw/lfdt/oz/bqoz/201505/1850473. html；http://www. telegraph. co. uk/culture/books/booknews/11565548/Green-Party-to-review-controversial-copyright-plans. html）

【澳大利亚 2015 年版权法修正案拟加入新的 115A 条款】

澳大利亚议会考虑通过新的立法来加强网络版权保护，以此来填补当前版权法中的空白。

法案的内容与目标

2015 年版权法修正案意图在 1968 年版权法中加入新的 115A 条款。

该法案的目的是减少网络上的版权侵权行为，其采取的措施是：版权人可以向法院申请禁令，要求传输服务提供者（CSP）阻止对涉嫌侵犯版权或帮助侵犯版权的海外网络位置的访问。

申请禁令所需条件已经制定完成，该项禁令的目的是向版权者们提供一个确实、明确的救济，长久以来，他们的权利在网络上一直被极其恶劣地侵犯与忽视，典型行为之一就是网络上提供着各种侵犯他们版权的内容。

该法案也表明，直接打击从境外向澳大利亚民众提供侵权内容的实体是非常困难的，取而代之的是施加给传输服务提供者们一项无过错责任，要求它们来处理第三方侵权的问题。

如果法案通过，将会怎样影响版权人及独占被许可人的利益？

假设该法案原封不动地通过，它将会以如下方式运行：

法案将会赋予版权人及独占被许可人一种程序来获得阻止访问网络位置的禁令，该禁令不要求证明侵权成立。

禁令需要向澳大利亚联邦法院申请，禁令的形式要求服务提供者采取合理的措施来组织对侵权网络位置的登录，并不以服务提供者涉及相关侵权行为或参与了侵权过程为必要条件。

禁令只针对澳大利亚境外的网络位置。

法院必须确定服务提供者提供的链接是指向澳大利亚境外的网络位置的。

该规定只针对侵犯或帮助侵犯版权的网络位置（即排除了那些主要是合法的，只是包含些微侵权内容的网络位置），例如提供种子文件的网站以及指向侵权文件的链接。

在准予禁令之前，法院必须考察一系列因素，以满足一个较高的标准，包括：

（1）侵权或者帮助侵权行为极其恶劣；

（2）是否网络位置提供了侵权的方式，例如，是否网络位置指引或提供了侵权的指示（意图获取那些编译了用来帮助侵权的链接或程序的网站，而非那些主要包含用户提供内容的网站）；

（3）是否网络位置仅是一般的对版权的不尊重；

（4）是否其他国家法院已经阻止了对该网络位置的访问；

（5）阻止对网络位置的访问措施是否符合比例原则（需要考虑侵权的严重程度以及澳大利亚用户的访问频率）；

（6）发布禁令对他人的影响程度（包括对其他网络服务提供者的影响程度）；

（7）组织访问是否符合公共利益（例如需要考虑公众获取信息的自由）；

（8）115 条下的其他可用救济手段。

该法案将会影响现有的有关侵权的法律、版权排除或限制的规定、授权责任或避风港规则。

禁令救济是一项单独的、无过错救济，并不包括对侵权与否的推测。但是，传输服务提供者可以以通常方式对禁令提出疑问。

法案赋予了法院解除禁令的权利，例如，当侵权的网络位置转变成合法的经营模式时，禁令就可以解除。

目前，澳大利亚参议院和宪法性事务立法委员会正在审查该法案，一旦法案获得通过，再经由御准，即可成为法律。

（信息搜集、编译：李翔。

资料来源：http://www. lexology. com/library/detail. aspx? g = 91bfca61-a3d4-47be-8c19-58d4a10559a8；http://www. lexology. com/library/detail. aspx? g= 3e63b7b7-528a-444c-92f7-406ceacf7240）

【韩国国会议员提议拟定《云朵面包保护法》版权修正案】

2015 年 4 月 30 日，裴在祯国会议员与团体法人“公开网”一起提议拟定防止因创作者的不利地位而导致损失的版权修正案（又叫《云朵面包保护法》）。

“云朵面包”是一个在动画片和童话故事中以多种风格来表现且备受欢迎的卡通形象。2004 年书籍出版后，分别在 8 个国家被翻译进而创造出大概 4 400 亿韩元的附加价值。但是，此作品的作者白嬉娜只获得了 1 850 万韩元的收益。

创作者跟作品流通业者之间不能签订地位对等的合同，因为协商不平等，创作者把版权低价出售。

为了使这样的创作者能在事后得到补偿，相关的法律运动开始了。

版权修正案的内容包括“版权转让时按特定的权利种类签订合同（第42条第2项）；对还未创作的作品或将来不可知的利用形态的事前转让或利用许可原则上应该禁止（第46条第2项）；如果今后获得了签订版权合同当时意想不到的商业利益，创作者可以对流通业者要求给予公正的补偿（第46条第3项）”。

先前并不知名的作者签订了所谓的“买断合同”——作者把“云朵面包”创作之后的一切版权卖给了出版社，所以即使“云朵面包”的收益高达数千亿韩元而作者却不能收到任何追加利益。

其他部分国家对于由创作者要求公正赔偿的权利或修正版权合同的权利给予了保障。典型的例子是德国。德国在版权法中规定公平补偿和额外补偿。所谓的著作权人的合同条件变更要求权都是强行规定。畅销书条款是：如果合同后收益达2倍以上差异，则认定为合同关系不平衡，并给予补偿。比利时、法国、匈牙利、西班牙和波兰等国家规定，对未来创作形式的全面许可合同本身是无效的。

裴在祯国会议员表示：“如果《云朵面包保护法》在国会通过，创作者跟作品流通业者之间不公正的格式合同会被大幅改善，创作者对因作品的成功产生的收益可以要求给予公正的补偿，因此版权法将会对创作者起到真正保护的作用。”

（信息搜集、编译：朴惠晟。

资料来源：http://the300.mt.co.kr/newsView.html?no=2015050713117673161；http://news.kmib.co.kr/article/view.asp?arcid=0009396640&code=61111111&cp=nv）

【欧盟委员会公布单一数字市场计划】

2015年5月6日，欧盟委员会发布了其关于建立一个单一数字市场的详细计划，并将在2016底实施这一系列的行动。该计划包括欧洲电子商务领域的竞争调查，和对2015年开始欧洲版权法改革的承诺。欧盟委员会主席让-克洛德·容克在新闻稿中说：“今天，我们为欧洲数字化的未来奠定基础。我希望看到更多跨境的泛欧洲电信网络和数字服务及一大波创新型的欧洲初创企业。我希望在欧洲的任何地方，每一位消费者都能获得最佳的交易服务，每家企业都能够接触到最广泛的市场。一年前，我承诺过的我的首要任务之一就是要建立一个单一全数字市场。今天，我们正在实现诺言。我们单一数字市场战略的16个步骤将有助于使它适应这个数字时代。”

新闻稿称该战略有三大支柱：(1) 为消费者和企业提供更好的数字商品和服务；(2) 创造有利于数字网络和服务繁荣发展的环境；(3) 最大化数字经济的增长潜力。

对于第一个支柱，委员会表示将“找出影响欧洲电子商务市场的潜在竞争问题”。6日推出了欧盟电子商务部门的反垄断竞争调查。第一支柱还包括一个“现代化欧洲版权法”。到2015年底，立法建议将遵循“减少国家版权制度之间的差异，并允许在整个欧盟范围内更广泛地在线访问作品，包括通过进一步协调措施”。

委员会说，“这样做的目的是让人们获得更多的在线文化内容——从而培育文化多样性——同时为创业者和文化产业创造新的机会”。“特别是，委员会希望确保那些在本国买电影、音乐和文章的人在欧洲旅行时也能欣赏。委员会还将观察网上中介机构在版权保护方面的作用。这将加强执法从而打击知识产权商业化规模的侵权。”

第二个支柱包括规划“全面分析在线平台（搜索引擎、社交媒体、应用程序商店等）在市场中的作用”，委员会说。“这将涉及搜索结果和价格政策的不透明度、如何使用他们获得的信息、平台与提供者的关系和他们不利于竞争对手的自身服务的提升——在某种程度上他们都未包括在竞争法中。它还将考虑如何更好地解决互联网上的非法内容问题。”第二个支柱还包括对隐私保护的目标，指出欧盟的数据保护规则将在2015年获得通过，并且宣布了电子隐私指令的委员会审查。

第三个支柱包括增进数据在欧盟范围内的自由流动和确认标准的优先性、各行业的互通性等目标。数字单一市场领导项目团队将会做出努力，这个问题计划在欧洲理事会会议2015年6月25日至26日的议程中讨论。

（信息搜集、编译：郎振羽。

资料来源：http://www.ip-watch.org/2015/05/06/european-commission-unveils-plans-for-digital-single-market/；http://www.hlmediacomms.com/2015/05/12/europes-digital-single-market-strategy-a-focus-on-pillar-1/；http://news.163.com/15/0513/09/APG3CTU400014AED.html）

【法国的欧洲议会议员谈论版权保护与科学文化权利的平衡】

2015年5月6日，欧盟在文化版权领域的特别书记员 Farida Shaheed 给欧洲议会法律委员会提出了一个报告，这个报告直接评论了欧盟版权的管理情况。Shaheed 概括了一个关于“知识产权专有权在科学与文化权利享有上的影响”的报告的核心内容，强调了狭隘的版权专有权背离接触使用科学和参与文化生活的权利的潜在可能性。

盗版党成员 Julia Reda 在来自“知识产权观察”的问题回答的附录中这样回答：Shaheed 女士的结论表明发明创造者可以通过公平的合同获得最好的保护还可以加强版权限制，对于科学文化的接触与适用是极端重要的，这些是欧盟版权现实中的实质部分挑战。

Shaheed 最初的报告是为 2015 年 3 月份第 28 届欧洲人权会议准备的，遭到了议会中严格版权保护支持者们的一些诘难。

Reda 说，法国的议会议员 Jean-Marie Cavada（自由与民主党同盟）邀请其他专家给 Shaheed 一次提出“反对的申辩”的机会，导致了听证会的延迟。由于这次延迟，Farida Shaheed 不得不在离开欧洲到巴基斯坦后做出表态，并因为糟糕的网络连接状况最终导致特意安排的交流时间缩短。

Reda 目前正在准备版权修正方案，并向关于错过与 Shaheed 的交流机会做出道歉。

盗版党成员目前商议 Reda 的版权修正方案中超过 550 个修订条文的内容，近期在柏林召开的共和党会议认为，有些修订内容会对严格限制版权保护范围产生非常深远的影响。

根据时间表，Reda 的版权修正方案于 6 月 16 日在法律委员会表决，全体大会希望在 7 月表决。

（信息搜集、编译：黄孝昶、丁继昆。

资料来源：http://www.ip-watch.org/2015/05/07/eu-copyright-review-divisive-french-mep-calls-un-expert-too-unbalanced/；http://www.ohchr.org/EN/Issues/CulturalRights/Pages/FaridaShaheed.aspx）

【日本著作权领域或将引入“非亲告罪”】

2015 年 5 月 15 日，日本政府的 TPP 政府对策本部在日本东京召开有关 TPP 谈判的说明会。由于这次说明会首次对一般公众开放，所以除了相关业界团体组织参会外，有 600 多名普通市民参加了此次说明会。

围绕正在进行的 TPP 谈判，日本网民特别关注的是有关著作权和专利权等知识产权领域。TPP 谈判的结果可能将延长著作权的保护期限和侵害著作权的“非亲告罪化”（非亲告罪——只要出现侵权行为，不论版权方态度如何，都将被提起公诉；亲告罪——只有版权方才能对侵权者提起诉讼）。围绕知识产权的谈判是整个谈判中最困难的部分。

在谈判最后阶段，“重大问题还没有确定，也没有达成一致。因为已经谈判许久，日方早已经表明了自己的意见，也都知道对方持有何种立场”。

涉谷和久内阁审议官首先提到有关著作权保护期的问题。他介绍说：“起初，我们认为包括日本在内的任何一个国家都没有必要形成统一的标准。但是目前的发展趋势却是在某种程度上实现统一。”

其中，关于侵害著作权的非亲告罪化问题，涉谷和久内阁审议官阐述了日本现有规则：“日本的法律体系与国外不同。在权利人遭受重大损失的情形下，将给予侵权人严厉的处罚。而另一方面如果未造成损失，侵权人可以不成为处罚的对象。”

另外，涉谷和久内阁审议官提到：“由于非亲告罪化，二次创作也将成为被取缔的对象，这将对动漫文化造成影响。而我们也认识到可能带来的严重后果，正在研究如何应对。我们希望最终能够是以一个大家可以理解的方式达成协议。”

（信息搜集、编译：孙宏达。

资料来源：http://headlines.yahoo.co.jp/hl?a=20150515-00003106-bengocom-soci）

【欧盟理事会采取措施推进《马拉喀什条约》】

2015 年 5 月 21 日，一位欧盟理事会的成员表示昨日欧盟理事会通过了一项决议，要求欧盟委员会就欧洲国家批准《马拉喀什条约》事项起草一份法律草案，以增加为盲人和视力障碍者准备的出版物。

《马拉喀什条约》，全称是《关于为盲人、视力障碍者和其他印刷品阅读障碍者获得已出版作品提供便利的马拉喀什条约》，于 2013 年 6 月 28 日在摩纳哥的马拉喀什签订，因签订地而得名。该条约的目标是通过著作权的例外规则，即未经许可可实施受特定专有权利控制的行为并不构成侵权的规则，给为盲人、视障者和其他印刷品阅读障碍者出版的作品的无障碍格式版提供便利。《马拉喀什条约》的实质条款共有 12 条，同时还有对正文起解释和澄清作用的 13 条“议定声明”。其关键性内容可归纳为以下几点：第一，对“受益人”和“无障碍格式版”的界定；第二，对适用著作权例外规则的作品类型的限定；第三，对跨境提供无障碍格式版的规定；第四，对规避技术措施的规定。《马拉喀什条约》为签署条约的国家设定了一系列规范，要求它们国内法中的著作权例外规则涵盖上述出版物，并且允许此类出版物的进口和出口。该条约的全文可以在WIPO（世界知识产权组织）的网站上下载。截至2014 年 7 月 6 日，已经有 79 个国家签署了该条约。

这次，欧盟理事会通过的决议要求欧盟委员会提交立法草案以及一份意见书，以此来调整欧盟在这个问题上的立法框架，使之契合《马拉喀什条约》的要求，从而为盲人、视力障碍者和其他印刷品阅读障碍者获得已出版作品提供便利。

（信息搜集、编译：丁继昆。

资料来源：http://www. ip-watch. org/2015/05/21/european-council-takes-action-to-advance-marrakesh-treaty-for-blind-persons/；http://www. wipo. int/wipo_magazine/en/2013/04/article_0002. html；http://www. wipo. int/treaties/en/text. jsp? file_id=301016；http://en. wikipedia. org/wiki/Marrakesh_VIP_Treaty）

【美国将在 TPP 中延长著作权保护期】

2015 年 5 月 23 日，来自日本、美国和其他十个国家的主要谈判者参加了 TPP（The Trans-Pacific Partnership）谈判。主要谈判者缩小有待高层做政策决定的问题的范围，希望在 2015 年 6 月或之后举行的下一次部长会议时能达成广泛一致并结束讨论。

该谈判还有数个尚未解决的问题。如澳大利亚和一些发展经济体希望新药的临床数据的保护期应当为 5 年或者更短的时间，因为它们严重依赖便宜的仿制药。而美国、日本则分别希望保护期为 12 年和 8 年。另一争议焦点为版权保护期限，美国和澳大利亚将该期限设定为权利人死后 70 年，加拿大和马来西亚设定为权利人死后 50 年。由此，日本、加拿大和新西兰以及其他 3 个国家都要将版权的保护期在原有基础上延长 20 年。版权保护期的延长将对美国大有益处，却会伤害 TPP 其他 6 个成员国消费者和创造者的利益。

TPP 的支持者们称延长版权保护期的做法带来了重要的公共政策益处。例如，更长的版权保护期能够促进新作品的创造。反对者则称“不能鼓励创造已经存在的作品”。因此，对于已经存在的作品而言，版权保护期的延长只会给现有权利人一笔意外之财，却没给社会大众带来任何相关的好处。而赞成者们辩称针对现有作品版权保护期的延长会鼓励版权权利人在保护和修复现有作品方面进行投资，从而为社会大众带来好处。

在此项协议中最有可能获利的即为美国大型娱乐公司。它们将拥有额外的 20 年版权保护期，在此期间可以在目前版权保护期只有权利人死后 50 年的 6 个其他 TPP 成员国充分利用它们的产权。美国作为一个创意内容的净出口国，版权保护期的延长还对上述娱乐公司的所在国美国有利。美国将获得额外 20 年的版税。日本、加拿大、新西兰以及其他受影响的国家预计会有数亿美元的额外版税流出。

反对者之一，俄亥俄州立大学法学院教授玛歌特·卡明斯基说，将版权保护期统一成作者生前加死后 70 年并不能促进贸易。这种做法只是有利于美国，并不能激发新作品的一小部分利益集团，并且延长政府创造的垄断期，还会为其他人创造出实际的障碍。

延长版权的保护期限还会加剧孤儿作品的问题，使更多的作品沦为孤儿作品，并会增加无人能用这些作品的时期。美国版权局的领导人，玛利亚·帕兰特（Maria A. Pallante）在 2013 年国会听证会上解释说：“在版权保护期为作者生前加死后 70 年的情况下，最终会导致版权所有者消失不见，版权体制的目标变得更弱，或者失去重点。”

（信息搜集、编译：曹佳琦。

资料来源：http://www. ipr. gov. cn/article/tpp/201505/1851350. html；http://www. ip-watch. org/2015/04/06/the-shaky-rationale-for-tpps-copyright-term/）

【澳大利亚版权通知机制存废之争】

2015 年初，澳大利亚版权通知机制被提交给ACMA（澳大利亚通信媒体管理局），该机制以法律准则的形式要求网络服务提供商遵守。最初设想准则会于 2015 年 9 月 1 日生效。在该法律准则在澳大利亚通信媒体管理局备案之后，网络服务提供商要向权利人认为参与网络版权侵权的用户发送通知。然而，澳大利亚电子前沿组织（EFA）与消费者支持组织号召废除版权通知机制。

版权通知机制运作关键细节磋商

关于准则运作的一些关键细节，行业组织“通信联盟”领导的电信公司与权利人之间的协商一直在进行。该专门小组受网络服务提供商和权利人资助，监督版权通知机制的运作以及产业资助金的管理，这有助于减少网络服务提供商的成本。讨论的一个关键点是网络服务提供商和权利人对机制运作各自给予的经济资助。

随着禁止访问盗版在线服务行动的开展，该机制已成为政府打击版权侵权的重要行动。虽然准则是网络服务提供商和权利人谈判的结果，但这个过程是由政府发起的，这意味着如果双方达不成协议，政府会介入并重新立法。

版权通知机制出现之前认定侵权的标准

澳美自由贸易协定中界定了“网络服务提供商的责任”，明确要求网络服务提供商阻止盗版行为的发生。2004 年，澳大利亚通过了《美国自由贸易实施法案》，适用安全港（safe habor）原则，2004 年还通过了《版权法修正案》增加“安全港”条款。只要运营商和网络服务提供商没有发布明知存在侵犯版权的内容，就不构成侵权。适用该条款的网络服务提供商不必采取积极措施主动向版权人询问是否存在侵权行为。这在被视为澳大利亚“向公众传播权侵权案里程碑”的罗德秀电影公司诉 iiNet 案中得以体现。

EFA 号召废弃该机制

EFA 执行官 Lawrence 在声明中说：“表面上致力于解除管制规定的现行政府必须承认，在版权通知机制的费用承担问题上不可能达成一致意见。”

Lawrence 说：“政府必须认识到通过立法实施这个机制只会给澳大利亚的网络服务提供商领域增加另一层不必要的控制，而事实上该行业与政府立法已经保持着对抗状态。”

EFA 提到了 iView 代表消费者支持组织 Choice 所做的调查的结果。“足够的时间和金钱已经浪费在《网络服务提供商版权准则》上了。是时候让政府退出，让市场参与了。”

（信息搜集、编译：谭畅。

资料来源：computerworld. com. au；Australia-United States Free Trade Agreement，1 January 2005.；https://en. wikipedia. org/wiki/Australia%E2%80%93United_States_Free_Trade_Agreement）

【澳大利亚发布《版权法案（修订草案）》】

2015 年 6 月中旬，澳大利亚议会两院通过了盗版网站拦截法案。2015 年新的《版权法案（修订草案）》将允许权利人获得法院令，用以屏蔽被认定为发布版权侵权材料或促使用户获取版权侵权材料的外国网站，例如海盗湾之类的 P2P 种子网站。

《版权法案（修订草案）》的主要内容

澳大利亚政府发布的《版权法案（修订草案）》，计划实施适应数字世界的合理使用条款，还规定了针对教育与文化机构以及残疾人士的例外条款。

根据修订草案，第 113E 节是关于残疾人士获取内容的合理使用；第 113G-K 节涉及公共图书馆、国会图书馆和公共档案馆出于保存、研究和管理目的的使用；第 113L-M 节涉及主要文化机构出于保存目的的使用；第 113N-U 节是教育机构根据达成的报酬条件复制、交流作品和广播。修订草案还采纳了 2015 年 10 月 5 日签署的《跨太平洋伙伴关系协定》（TPP）第 18.81 条，扩张了现有法案中的安全港条款，将其应用于更广泛的实体，包括教育机构和其他在线服务（例如在线搜索引擎、公告栏和云存储服务）。

通信部称，修订草案精简了版权内容复制的许可协议，简化了档案馆、图书馆和文化机构制作版权材料保存本的规章，让公众获取更多的未发表作品，扩充安全港条款以保护搜索引擎、大学和图书馆免受网络版权侵权机制的束缚。

EFA 与 ALRC 对新修订草案的建议

澳大利亚电子前沿组织（EFA）支持安全港条款，但表示修订草案并不充分，应推出广泛的合理使用条款。EFA 在声明中说：“广泛的、灵活的合理使用例外是一项迟迟未开展的改革，它对确保澳大利亚全方面受益于数字创新十分关键，在法律范围内制定急需的灵活性将让澳大利亚的新技术和服务繁荣发展并融入市场。”EFA 主席戴维·凯克（David Cake）说：“澳大利亚的《版权法案》是过时的，不再适合数字时代。广泛的、灵活的合理使用例外是美国、新加坡、以色列和其他主导数字创新的国家的版权法的重要内容。如果政府想认真对待数字创新，就应立刻实施合理使用……”

澳大利亚法律改革委员会（ALRC）建议出于新闻报道、评论、批评、讽刺、模仿、引用、非商业规模的个人使用、专业建议、偶然使用或技术性使用应豁免版权侵权诉讼。但这些内容却未被纳入曝光的草案中。技术领域本应可以从非商业规模的个人使用以及技术性使用例外中获益，因为这些例外涉及数据缓存、云计算、数字录音和内容转换。ALRC 主席吉尔·迈克尤（Jill McKeough）警告称，不纳入此例外规定将阻碍澳大利亚数字经济的进程。

（信息搜集、编译：隋川。

资料来源：http://www. billboard. com/；http://www. zdnet. com. cn/）

【广播条约的磋商代表就一般原则达成新的一致】

2015年6月29日至7月3日，世界知识产权组织（WIPO）召开了WIPO版权及相关权常设委员会（SCCR）会议。会议的第一部分内容为讨论保护广播组织的相关条约。

据称，代表们虽然没有进行任何文本工作，但就一些基本原则达成了广泛的一致意见。所有发言代表的目标都是阻止广播信号的盗播。例如，各国之前分成两个派别，一派支持较窄范围的保护条约，仅保护基于信号的转播并排除了对互联网生成内容的保护，而另一派则希望保护互联网转播，目前这两派的分歧似乎正在缩小。会议正在设想的保护更加接近于2007年全体大会的要求，即保护任何平台的信号，只要该信号没被存储或转播，如互联网信号。

会议还讨论了对“广播”进行定义的问题。一方面，各国代表考虑了对“广播”和“广播组织”进行定义是否是必要的。有人说，鉴于不同的国内立法对广播进行了不同的定义，因此，WIPO对广播以及广播组织进行定义将有利于对条约受益方的阐述。另一方面，会议也讨论了是否应根据现有国际条约（如《世界知识产权组织表演和录音制品条约》《保护表演者、音像制品制作者和广播组织罗马公约》《视听表演北京条约》）中的相同范围来对“广播”进行定义。

此外，代表中欧和波罗的海诸国（CEBS）的罗马尼亚称，目前重要的是进行基于文本的讨论，并且将支持一个针对两年后外交会议（高级别磋商会议）的清晰的路线图。这得到了许多国家的支持，如俄罗斯、塞尔维亚、日本、尼日利亚、肯尼亚、南非和伊朗。

2015年7月8日，世界知识产权组织（WIPO）的代表就保护广播组织可能签署的条约进行了气氛热烈的磋商。本次会议的主题17年来一直是WIPO版权委员会会议的议程之一，代表们就该条约的保护内容达成了一致的看法。

美国称没人承诺过任何事情，不过也对上周取得的进展表示满意，并且赞成进行基于文本的讨论。欧盟也支持CEBS集团制定两年后外交会议清晰路线图的想法，并且对会议进展表示满意，尽管他们称上周的讨论没有达到他们最初的预期。欧盟以及美国称该条约中的许多规定目前都没有被敲定。

（信息搜集、编译：杨芮。

参考资料：http://www.ip-watch.org/2014/04/30/wipo-delegates-dig-into-core-issues-of-draft-broadcasting-treaty/；http://www.ip-watch.org/2015/07/03/broadcasting-treaty-discussions-open-way-to-new-convergence-on-broad-principles/；http://www.ipr.gov.cn/article/gjxw/gjtp/dbtp/gjty/wipo/201507/1852791.html）

【乌克兰议会提倡“开放使用计划”】

2015年7月，乌克兰议会提倡的一个计划引发了本国作者的大规模抗议，该计划涉及将存储在国家档案馆和图书馆的所有书籍和文件数字化及进行网络出版。乌克兰副总理古罗伊斯曼的一位官方发言人称：“这个计划非常实用，它为当地居民提供了一个免费使用乌克兰国家图书馆和书籍的渠道。”

将该项计划以修正案的形式写入《版权及相关权利法》虽然已经列上了日程，但是招致了乌克兰国内作家和公众的反对。

乌克兰版权及相关权利领域的著名律师欧狄耐克说：“将未经作者同意的书籍在线出版是被当今法律所禁止的，并且作者可以起诉到法院。”乌克兰的作家们赞同该观点。

同时，该计划也受到了一些乌克兰文学大师的非难。他们声称如果该修正案被批准，将给他们造成巨大的损失并且该行为侵犯了版权。

乌克兰著名作家达尼连科说：“图书数字化的计划非常重要，但是该计划的实施应该十分谨慎。在最初阶段，该计划应该主要适用于纸质书籍，但是目前来看，免费使用纸质书籍的设想不容乐观。其次才是数字化和网络出版那些不受版权限制的书籍。同时，将当代作者的书数字化出版必须得到作者的书面授权”。

该计划除受到乌克兰作家和公众的反对外，也很有可能受到欧盟的严厉谴责，因为其违反了欧盟关于版权的立法。乌克兰已与欧盟签署了一项协议即《乌欧联系国协定》，这是一项基本协议，但是却强制乌克兰不能直接批准与欧盟的基本原则和规范相抵触的法律。

虽然乌克兰国内对该计划有很多反对的声音，但是世界范围内越来越多的政府和组织呼吁和推动开放使用书籍和文件资源。2011年11月，北美的33个研究机构、联盟和基金会签署了开放使用科学和人文领域学术资源的《柏林宣言》；欧洲核研究组织（CERN）在2014年1月宣布最大的科学知识开放使用计划开始启动。

尽管世界主流的呼声已经不可忽视，但是一些乌克兰作家已经宣布他们计划向欧盟委员会提交一份请愿书，请求欧盟阻挠乌克兰议会和政府的新提议。

乌克兰议会和政府已经意识到了作家协会的抗议，并在考虑多种解决出路。比如，通过版税的形式补偿作者的损失，或者只出版在线付费资源的书籍。最后，乌克兰政府也没有排除只对版权已过期或不适用版权的书数字化出版的可能性。乌克兰政府在 2015 年 9 月中旬对该计划做出最后决定。

（信息搜集、编译：左泳波。

资料来源：http://www. ip-watch. org/2015/07/28/ukraine-open-access-initiative-roils-local-authors-seeking-copyright-protection/；http://www. ip-watch. org/2013/12/05/largest-ever-open-access-publishing-initiative-to-start-at-cern-in-january/；http://www. ip-watch. org/2011/11/13/33-north-american-institutions-sign-declaration-on-open-access/）

【欧洲议会采纳有关版权改革的报告】

2015 年 7 月 9 日，欧洲议会在暑假前最后一次全体会议期间采纳了盗版党成员 Julia Reda 所准备的有关版权改革的非立法性的报告（盗版党是遍布不同国家的政治性团体，该党拥护公民权利、直接民主、著作权法和专利法的改革、知识的免费分享、信息自由等）。该报告呼吁修订《欧盟版权指令 2011》以适应数字市场。

“欧洲议会多数人投票赞成减少地理限制措施，特别是允许文化少数群体用他们的语言在网上获得内容，”Reda 在投票之后如此说。

欧洲议会也赞成强化可携带规则，该规则允许用户把内容从一个设备转移至另一个设备中，欧洲议会还要求欧盟立法机关重新考虑图书馆和科学家的新例外，比如允许电子借阅。

欧洲议会投票否决了一个备受争议的修正案，该修正案拟限制制作和使用公共遗迹的全景照片的权利。Reda 最初曾建议在全欧洲范围内对这样的照片取消限制（在部分国家已经出现了这样的限制），但是法规委员会认为全景照片应以权利人的许可为条件，至少在商业用途中应如此。不过 7 月 9 日的全体会议在 48 万欧洲公民签署反对请愿书后取消了这个修正案，“绝大多数欧洲人得以继续在网上上传他们的自拍照并且在维基百科上浏览著名建筑物的照片，而不受版权的限制”。

同样被投票否决的还有来自德国保守派的欧洲议会议员提出的新闻出版商的附属版权的修正案，该议员想要将被称为德国“谷歌法”的立法内容反映到欧盟层面。根据“谷歌法”，新闻出版商有权对谷歌新闻网等网站发布它们的长片段新闻内容要求补偿。

大会报告起草人 Reda 欢迎欧洲议会采纳她的报告，并强调说：“这是欧洲议会第一次在用户版权权利上设定强制性的最低标准，无论是技术复制保护措施或者是合同条款都不得对用户版权权利进行限制。”《欧盟版权指令 2001》只对权利持有人规定了权利，而用户只能依赖于这些权利的例外，而这些是由欧盟成员国来决定的。

但与此同时，Reda 不得不接受对她的报告的诸多修改，比如，删除了版权保护期从 70 年减少为 50 年的内容。她呼吁欧洲议会在讨论版权改革立法建议时更加大胆一些。

（信息搜集、编译：胡剑炜。

资料来源：http://www. ip-watch. org/2015/07/09/eu-parliament-adopts-reda-report-on-copyright-reform/；https://en. wikipedia. org/wiki/Pirate_Party；https://juliareda. eu/copyright-evaluation-report/；http://www. europarl. europa. eu/news/en/news-room/content/20150703IPR73903/html/Copyright-reform-promote-cultural-diversity-and-ensure-access-to-it-say-MEPs；http://www. ipr. gov. cn/article/gjxw/lfdt/mj/bqmj/201507/1853093. html）

【罗马尼亚国会欲建立科学作品登记制度以打击剽窃行为】

2015 年 10 月 1 日，罗马尼亚 65 位国会成员提交了建立国家科学作品登记制以打击剽窃行为的草案。这些作品包括论文和报告等。该草案由各政党国会议员共同起草。草案中规定，登记的范围包括所有接受公共基金的高等教育机构的所有科学作品，也包括获得某些国家财政预算的私人机构。罗马尼亚一家当地的报社 Unirea 对此进行了报道。

本次会议由国会成员 Mihai-Razvan Sturzu 和 Cornel George Comsa 共同举办，二者分别是罗马尼亚两个主要政党民主党和自由党的领导人。

“我们必须要努力确保科学作品的使用权，发展知识型社会，避免抄袭。”Cornel George Comsa 说，“登记的范围将会包括一个免费开放的公共平台上的所有作品。虽然我们只是前进了一小步，但是我们会自信地向知识型社会迈进，通过现代科技的帮助来保护知识产权和学术道德。”

Comsa 说，目前有很多网站可以进行科学作品的非法交易，学生可以购买已经发表的学术论文或者学位论文，然后署上自己的名字，只有通过各个高等教育机构建立起一个集中的平台才能有效打击侵犯知识产权的行为。

在2015年10月1日的新闻发布会上，伴随着该草案提交进一步的立法工作，Sturzu说该法的制定不是为了引进对抄袭的新处罚。

“我们已经有相关的法律对剽窃行为进行处罚，并且也有科学机构保证法律的实施。”Sturzu说道。

根据该项立法计划，新的登记册会由罗马尼亚国家图书馆作为开放数据进行管理。但是建立一个这样的数据库的本意是为了打击剽窃行为，保障作者的权利，很多人认为该数据库资源的获取应该受到一定的限制。

还有一个备受争议的问题就是这样一个数据库的建立可能会使得科学作品的复制粘贴更为容易，更助长剽窃之风。

同时，学术圈里的一些领军人物认为建立这样的登记制度不是打击剽窃行为的最有效的手段。布加勒斯特大学物理系副教授、国家高等教育机构职工工会名誉会长Razvan Constantin Bobulescu告诉当地媒体，该项目很难成功实施。Bobulescu说：“当然，我们可以更好地控制剽窃的发生。但我怀疑我们是否有足够的技术措施。”Bobulescu认为罗马尼亚决策者应考虑设立一个独立的机构来负责决定一个作品是否构成抄袭。

（信息搜集、编译：于露。

资料来源：http://www.ip-watch.org/2015/11/20/romanian-parliament-eyes-national-scientific-works-register-to-combat-ip-violations/；http://www.chinaipr.gov.cn/article/internationalupdates/201511/1882686.html；http://brokencontrollers.com/hub/Romanian_Parliament_Eyes_National_Scientific_Works_Register_To_Combat_IP_Violations）

【WIPO大会对驻外办事机构的设立做出决定】

2015年10月14日，WIPO大会对开设新的WIPO驻外办事机构这一事项做出了决定，并予以通过。

决定指出，由于非洲目前没有WIPO驻外办事机构，因此在设立时应予以优先考虑。而在此之前的决议草案则规定应分别于非洲设立两个、于拉丁美洲设立一个、于加勒比地区设立一个、于亚洲设立一个WIPO驻外办事机构。与草案相比，大会的最终决议没有给非洲以外的地区以任何的指示。

根据大会决议，在2016—2017年和2018—2019年这两个两年期内，每两年设立的WIPO驻外办事机构总数不得超过3个，并且必须交由WIPO成员国大会表决同意。

除此之外，决定中也通过了一系列设立驻外办事机构的指导规则。对于想要设立驻外办事机构的成员国，“鼓励他们提交符合上述指导规则的设立提案”。

两年前，非洲被列入WIPO的计划和预算草案。草案规定，在中国和俄罗斯已分别设立了一个驻外办事机构，在非洲应紧随其后设立两个驻外办事机构。然而，对于WIPO的决定，部分成员国质疑，认为在设立驻外办事机构的选择上，WIPO应当出台相关指导规则，并在该规则下进行选择，而非自作主张。

（信息搜集、编译：陈早璟。

资料来源：http://www.ip-watch.org/2015/10/15/wipo-assembly-extends-talks-on-traditional-knowledge-design-sets-policy-for-new-offices/；http://www.ip-watch.org/2015/09/23/african-group-proposes-permanent-traditional-knowledge-committee-at-wipo/）

【阿根廷议会法案拟将照片著作权保护期延长至作者终生及其死后70年】

2015年10月，在阿根廷议会，由莉莉安娜·马祖瑞（Liliana Mazure）、格洛丽亚·百德根（Gloria Bidegain）、苏珊娜·卡内拉（Susana Canela）、卡斯托内·哈里斯布（Gastón Harispe）、赫克托·雷卡尔德（Héctor Recalde）和爱德华多·塞米那拉（Eduardo Seminara）等人提出的第2517-D-2015号法案，主张改革阿根廷《著作权法》（法律编号：11.723），将摄影类作品的版权保护期延长至作者终生及其死后70年。而目前阿根廷对于摄影作品的保护期仅为自作品首次发表之日起20年（第34条）。如果该法案在议会获得通过，将产生追溯效力，即当今已经处于公共领域的摄影类作品将恢复为私有财产。

这个问题早已引起业界人士的思考和担忧，恩瑞克·夏皮罗（Enrique Chaparro）、非政府组织Vialibre的总裁，曾经代表支持公有产业的折中集团写信给立法者以表达对于这部分的担忧。如果该法案经过法定程序上升为法律，成千上万的摄影作品将不得不从国家图书馆、国家档案馆、Trapalanda（最近创建的公共资助的数字图书馆和档案）、阿根廷维基百科、维基共享资源以及类似的网站中删除。

这对于保护社会公众对知识和信息的获取将是严重的打击。

这部将摄影作品保护期延长至作者终生及其死后 70 年的版权法案的根据，是阿根廷通过第 25140 号法案批准的《世界知识产权组织版权条约》(WCT)。但是与 WCT 相比，这部修改法案走得太远了，因为 WCT 仅仅要求成员国对于摄影作品的著作权提供不少于 50 年的保护期。

此外，该法案并没有采取 1993 年 10 月 29 日欧盟指令 93/98 /EEC 的相关做法协调保护版权和某些相关权利的期限，对于摄影艺术作品（反映了作者的个性和应受全面保护）与单纯的照片（其他照片，应受较低标准的保护）没有做出区分。这对于法案的合理性产生了不良影响。

知识产权保护的核心在于平衡著作权人与社会公众的利益，但是提出该法案的议员似乎没有注意到这样一个改革对于一些重要的公共机构，即国家图书馆和档案馆的运作效果的影响。WIPO 委托的一项研究表明，在世界上的 186 个国家中，阿根廷是仅有的没有对国家图书馆和档案馆允许任何例外和限制以便其发挥作用的 33 个国家之一。该法案对这方面的工作没有任何保障。这将导致公众获取信息的成本大大增加，法案的推行无疑会对公众生活造成极大的影响。

这项法案可以看作是执政党在立法领域进一步扩张经济权利的趋势，将著作权保护期扩张至作者终生及其死后 80 年的第 1640-D-2006 号法案已经被否决，然而第 26.570 号法律却成功地将邻接权的保护期从 50 年扩展至 70 年。

（信息搜集、编译：王玉璇。

资料来源：http://www. ip-watch. org/2015/10/13/argentina-bill-to-expand-copyright-on-photographs-to-life-plus-70-years-introduced-in-argentine-congress/；http://trapalanda. bn. gov. ar/jspui/handle/123456789/102；http://www. wipo. int/edocs/mdocs/copyright/en/sccr_29/sccr_29_3. pdf；http://www. clacso. org. ar/libreria-latinoamericana/buscar_libro_detalle. php? campo＝autor&texto＝Marzetti&id_libro＝826.）

【欧盟委员会公布第一个版权改革提案】

期待已久的欧盟委员会的欧洲版权制度改革包括在线内容服务的跨境携带提案和升级版权规则的行动方案。欧盟委员会说，这项提案是其单一数字市场战略的首要方案。它的公布引发了互联网服务提供商、消费者团体和一位欧盟立法者的不同评价，但是受到了来自版权所有人的热烈欢迎。

欧盟委员会说，作为各种数据内容的全面跨境流动的第一步，2015 年 12 月 9 日发布的一揽子计划提出了一项规则，根据该规则，欧盟成员国居民可以在旅行的时候获取他们在家中购买或者订阅的电子数据内容。该规则还提到，伴随着移动漫游费的终结，电子数据的跨境携带将在 2017 年得以实现。作为一项规则而不是一项指令，该规则一旦被采纳，就会适用于所有 28 个欧盟成员国。

该一揽子计划设想了版权例外和限制的新面貌。首先，欧盟委员会表示将会提出实施《关于为盲人、视力障碍者和其他印刷品阅读障碍者获得已出版作品提供便利的马拉喀什条约》的立法案。这将引入一个强制、协调的欧盟例外规定，使为印刷品阅读障碍者创作的特殊形式的印刷品可以跨境销售。

欧盟委员会也将目光瞄准了 2016 年春季的立法，该立法允许公共利益研究机构对它们以科研为目的合法取得的内容进行文本和数据的挖掘；阐述了欧盟“教学说明”例外的范围和在其数字化使用和远程学习方面的应用；并且为文化遗产组织作品的保护“提供了一个明确的空间”。

此外，欧盟委员会还称其将支持在闭路电子网络中对科研和学术图书馆的作品以学术研究和个人学习为目的的远程咨询；并且对现有的允许利用永久陈列在公共场所的作品的欧盟例外（“全景图”例外）进行了阐述，将新的销售渠道考虑在内。

“总的目标是提高协调的水平，使相关的例外规定对成员国具有强制实施性，并且保证它们在欧盟范围内跨国境发挥作用，”委员会如是说。关于针对私人复制设备征税这一争议很大的问题，委员会表示它将根据在政府设定这样的费用的情况下，不同的制度在单一市场是否可以良好运行，并且不损害商品和服务的自由流动来判断该行为是否必要。

欧盟委员会认为，人们越来越关注现有的欧盟版权规则是否能够保证在线内容传播的新形式所产生的价值被公平地分享，尤其是在权利人既不能设置许可协议的条款，又不能和潜在的用户在平等的基础上进行协商的情况下，这种关注尤为明显。

（信息搜集、编译：连雨晴。

资料来源：http://www. ip-watch. org/2015/12/09/european-commission-unveils-first-copyright-reform-proposals-to-mixed-review/；http://www. ip-watch. org/2015/05/06/european-commission-unveils-plans-for-digital-single-market/；http://finance.sina.com.cn/world/20151209/231523976492.shtml)

【《马拉喀什条约》在欧盟遭遇搁浅】

在 2015 年 12 月 10 日的新闻发布会上，欧洲盲人协会指出："到目前为止，已经有印度、墨西哥、萨尔瓦多、阿根廷、巴拉圭、马里等相当数量的国家认可并通过了《马拉喀什条约》。但是，欧盟及其成员国仍然不为所动"。其实，2015 年 5 月欧盟理事会已要求欧盟委员会向欧盟提出法律议案，但是，至今仍未对《马拉喀什条约》达成统一意见。

截止到 2015 年 12 月 10 日，已经确定有 21 个欧盟成员国表示同意对《马拉喀什条约》的通过做出适当的妥协和让步。但是，仍然有以德国和意大利为首的 7 个国家对抗妥协与让步，并对欧盟正在进行的是否通过《马拉喀什条约》的谈判形成阻碍。为何他们反对《马拉喀什条约》在欧盟通过呢？知识产权观察的发言人说："问题的实质不在于《马拉喀什条约》内容本身，而在于法律程序的问题引起了《马拉喀什条约》在欧盟拖延而不通过的局面"。德国司法部门的发言人证实："争议的焦点在于《马拉喀什条约》的通过是需要混合同意通过（mixed agreement 是指欧盟作为一个主体与会员国都要同意）还是欧盟单独有权力通过"。谁有权力通过这个协议，是欧盟还是欧盟的成员国这个问题已经在德国和欧盟委员会引起了广泛的争论。而就是这个争论使得《马拉喀什条约》在欧盟搁浅了。实际上，德国政府自己已经在 2015 年第二季度就已经通过了《马拉喀什条约》。所以，来自德国的欧洲盲人联盟主席 Wolfgang Angermann 尖锐地批评德国政府反对《马拉喀什条约》在欧盟的通过，不是因为法律程序不当的问题，而是政治意愿的问题。另外，Angermann 提议说，德国政府可以同意《马拉喀什条约》在欧盟的通过，但允许欧盟成员国单独决定其本国在欧盟是否接受该条约约束。

欧盟对《马拉喀什条约》的无所作为已经遭到欧洲盲人联盟的激烈谴责。同时，Angermann 也强烈指责德国："德国对《马拉喀什条约》在欧盟通过的反对与拖延，恰恰证明了对于欧洲盲人阅读权利的严重忽视。他们无事实根据的争论和回避的策略，就是在全世界盲人读者背后捅了一刀，阻碍盲人平等公正地参与到社会中来"。

（信息搜集、编译：黄孝昶。

资料来源：http://www.ip-watch.org/2015/12/10/germany-italy-leading-resistance-to-eu-ratification-of-marrakesh-treaty-blind-union-says/；http://www.ip-watch.org/2015/05/21/european-council-takes-action-to-advance-marrakesh-treaty-for-blind-persons/；http://www.ip-watch.org/2015/05/08/ratification-of-marrakesh-treaty-for-the-blind-postponed-in-europe/；http://www.ip-watch.org/2013/08/27/library-group-publishes-user-guide-to-wipo-marrakesh-treaty/)

【美国版权局公布《数字经济法》草案摘要】

2015 年 12 月 11 日，版权局《数字经济法》草案作为对美国版权局的改革方案，由 Mr. Marino 以及 Ms. Judy Chu 和 Mrs. Comstock 在众议院提出。

草案分为 11 个部分，主要有以下内容：

（1）美国版权局作为立法机关的一个分支机构而建立。且其作为国会咨询机构（congressional advisor），在版权局主任或者其他官员向国会提交立法建议、针对立法的证言或评论之前，任何美国政府机构或官员都无权要求版权局主任或其他官员向他们提交前述的建议、证言或评论。(Sec. 2)

（2）版权局的长官改称主任（director），由参众两院主要官员组成的委员会向总统推荐主任人选，并由总统任命。主任的任期为 10 年。委员会应在本法通过 60 日内或出现主任空缺 60 日内进行推荐，如果没有的话，总统可以直接进行任命。(Sec. 2)

（3）主任应发布条例，对审查用的副本的形式、数量以及内容做出详细规定，该条例应包括审查用的副本的保存和处置的问题。

根据主任与国会图书馆馆长磋商后发布的条例，主任应当使国会图书馆可以查阅审查用的副本以及相关数据。

对于根据《美国法典》Section 407 所提交的出版物，所有的复印件、录音制品以及鉴别资料可由国会图书馆收藏，或者根据版权局主任发布的条例交流或转让给其他的图书馆。(Sec. 3)

（4）版权局主任应建立版权咨询委员会，并任命其成员（主要是著作权法方面和实务方面的专家）。版权咨询委员会应时常在主任的发起下举行会议，每年不能少于两次。版权咨询委员会成员不能获得报酬，但是可以报销差旅费。(Sec. 5)

（5）本法生效后且首任主任被任命前，国会图书馆馆长应继续履行相关职能，并在主任上任后转让之。美国版权局的办公场所由总务管理局通过租赁位于哥伦比亚特区的不动产来提供。(Sec. 6)

（6）主任应组织对未来的强制性存放问题进行研究，在本法案生效后一年内向国会提交研究报告，并将报告在版权局网站上发布供公众评议。(Sec. 7)

(7) 主任应定时组织对相关信息技术的研究和实践，从而保证版权局具备建立和维持现代化版权体系（modern copyright system）的技术和员工。(Sec. 8)

(8) 在本法案生效后，原版权局局长（register of copyrights）将作为版权局的临时主任，直到新主任被任命；在版权局工作的国会图书馆的雇员将直接成为版权局的雇员；除了本法案有其他规定以外，所有的人员、财物、存档、未使用的结余款项、划拨的款项以及本法案授予版权局的其他款项，将转移给主任管理。(Sec. 10)

（信息搜集、编译：丁继昆。

资料来源：https://www.govtrack.us/congress/bills/114/hr4241/text；http://www.copyright.gov/reports/strategic-plan/sp2016-2020.html)

【巴西、澳大利亚正式签署《马拉喀什条约》】

《马拉喀什条约》是一个由世界知识产权组织主持缔结的条约，旨在为盲人或视力障碍者获取特殊形式的作品提供便利。巴西、澳大利亚两个国家正式签署该条约，此前已有 11 个国家正式签署加入了该条约。当加盟国达到 20 个后，《马拉喀什条约》将于第 20 个加盟国签署加入之日起三个月后开始生效。因此，条约的生效还需要 7 个加盟国。

世界知识产权组织的版权及相关权常设委员会于 2015 年 12 月 11 日召开会议，巴西大使 Marcos Galvão 在会议上正式签署了《关于为盲人、视力障碍者和其他印刷品阅读障碍者获得已出版作品提供便利的马拉喀什条约》，简称《马拉喀什条约》。

“这份条约对我们国家具有重要的意义，”大使说道，“这是巴西、巴拉圭和厄瓜多尔共同对盲人协会 2009 年提出的要求做出的回应，也代表着针对此类事务在初步提议。”“显然，巴西非常重视这项条约，因为我国将该条约整合到了国内立法当中，并且将其提高到宪法修正案的高度，这在我国以往的历史上仅出现过一次。”

澳大利亚在 2015 年 12 月 10 日也签署了该条约。澳大利亚外交部部长、投资贸易部部长和社会服务部部长联合发布的新闻稿报道：“政府致力于帮助残疾人士，签署《马拉喀什条约》就是其中很重要的一项举措。提供特殊形式的阅读材料能够进一步全面保证澳大利亚人的教育和就业，让所有人融入社区生活。”

“《马拉喀什条约》规定了提供作品的盲文版、大字号版和有声读物，不仅为印太地区的视力障碍者带来了便利，还促进了印太地区经济和社会的发展，”世界知识产权组织总干事弗朗西斯·高锐在 12 月 11 日的会议上说道，“《马拉喀什条约》2016 年生效是势在必行，这也是我们目前的首要目标。”

（信息搜集、编译：龙涵琼。

资料来源：http://www.ip-watch.org/2015/12/17/brazil-australia-ratify-marrakesh-treaty-for-visually-impaired-seven-to-go/.)

◆ 司法判例

【比利时互联网服务提供商不必支付 SABAM 版权税】

2015 年 3 月，布鲁塞尔一审法院裁定比利时互联网服务提供商不需要支付音乐权利组织（SABAM）版权税。

SABAM（全名是比利时作词家、作曲家、出版商协会，即音乐权利组织）起诉了比利时国内三家最大的互联网服务提供商，要求它们为在网上提供受版权保护的材料支付版权税。自 2011 年 11 月起，SABAM 一直在寻求从互联网服务提供商处获得有关版权的补偿金。

具体来说，SABAM 请求法院判决比利时电信、Telenet 以及 Voo 等三家互联网服务提供商支付它所损失的版权费的 3.4%，理由是这些互联网服务提供商通过提供高速的网络连接服务，从而使用户可以轻易地获取受版权保护的内容，并从中获利。SABAM 表示，自 2000 年起，从实体音乐媒介上获得的版权费已经减少了 54%，而这笔巨大的损失并未从 iTunes 和 YouTube 这样的网络服务商那里获得补偿。2011 年，SABAM 致信 ISP 表明将向其收取“公众传播”使用费。对此，比利时电信和 Telenet 并未对此回应，同时，Voo 的女发言人拒绝对此事进行评论。

比利时互联网服务提供商协会（ISPA）并没有对 SABAM 的请求进行评论，但它表示：互联网服务提供商并没有选择让什么样的信息通过它们的网络提供，因而它们对由信息的内容所产生的问题也不应该负责。

最终，在 2015 年 3 月，布鲁塞尔一审法院拒绝了 SABAM 的诉求，即要求互联网服务提供商因非法下载在线音乐而给予权利人赔偿。法院指出，互联网服务提供商应单纯地被视为公共传播的渠道，而不应被视为内容的发行者，它们仅仅是给生产者和消费者提供网络的媒介，因此做出了对比利时电信、Telenet及Voo有利的裁决。

在2004年，SABAM曾向比利时法院提起对网络服务商Scarlet的诉讼，称其使用者未经授权或支付使用费即通过网络下载权利人的作品。该项请求得到了比利时法院的支持，后者判决Scarlet禁止其消费者通过网络软件发送或接收包含侵犯版权或音乐作品权利的文件。

（信息搜集、编译：丁继昆。

资料来源：http://www.pcworld.com/article/2036961/belgian-isps-sued-for-providing-internet-access-without-paying-copyright-levies.html；Chttp://www.ipr.gov.cn/article/gjxw/ajzz/bqajzz/201504/1849250.html）

【韩国法院就“中国制造TVpad，侵犯韩国地面电视版权”做出临时处分】

2015年3月18日，韩国大田地方法院做出一项对TV网络智能机顶盒的临时处分决定，认定TV网络智能机顶盒的韩国流通企业侵犯韩国地面电视的版权。TV网络智能机顶盒（TVpad）是指能看韩国连续剧和娱乐节目的地面电视的中国制造机顶盒。

大田地方法院的法官认为“购买者通过TV网络智能机顶盒不论何时何地都能收看实时的地面电视，而侵犯电视台的放映权、直播播放权和传输权”。

而且，法官认为“一方面广播节目寿命很短且短时间内完成了大部分的销售，另一方面通过TV网络智能机顶盒的广播作品仍然在播放，所以认定广播作品的复制权和同时转播权的侵权行为有紧急停止的必要”。由此TV网络智能机顶盒流通企业被禁止销售而且受到临时扣押。

该企业认为，“TV网络智能机顶盒的服务器在中国，他们自己不直接管理”。但是，法院认为，“他们对国内销售负全责，对播送韩国广播作品的管理器也有一定的责任，同时中国制造者在对版权的侵权的协助和放纵行为方面有不可推卸的责任”。

这和美国不同，加利福尼亚州联邦法院于2014年6月驳回了地面电视的TV网络智能机顶盒禁止销售与使用临时处理的申请，理由是因为不是紧急的案件。

现在，对此侵犯版权的赔偿损失的民事诉讼在首尔中央分院民事11部进行。同时地面电视广播公司也在美国对同一案件进行民事诉讼。实际上，他们在被驳回以后把法律代理人换成了大型律师事务所继续进行民事诉讼。

对此地面电视广播公司则表示“因TV网络智能机顶盒的泛滥而损失规模高达3 000万至5 000万美元，诉讼是不可避免的”。

如果确认TV网络智能机顶盒违反了版权，广播公司打算把发生在中国的TV网络智能机顶盒总公司的调查交给中国警方来处理。

广播公司的律师表示“为了确认中国总公司的违法，需要中国警方的积极调查，但是中国警方采取消极的立场：他们认为在韩国如果不能判断违法与否，则不能立案。因此，中国警方的协助调查对于此次事件的处理结果意义重大”。

（信息搜集、编译：朴惠晟。

资料来源：https://www.lawtimes.co.kr/Legal-News/Legal-News-View?serial=92935；http://www.koreatimes.com/article/862022；http://www.hankookilbo.com）

【欧盟法院认定：欧盟成员国可以延伸在线体育节目的版权保护】

2015年3月26日，欧盟法院就C More Entertainment AB诉Linus Sandberg（案例C-279/13）这一涉及超链接的案件做出了裁决。2010年，Sandberg被指控侵犯了C More Entertainment的版权，初审法院判决Sandberg做出赔偿。双方当事人不服判决，都上诉到了位于诺尔兰的上诉法院。上诉法院认为直播的作品并不符合原创性的要求，而且C More Entertainment并不是节目的所有权人，只是其有关权利被侵犯了。C More Entertainment不服法院判决，上诉到了瑞典最高法院。瑞典最高法院在诉讼程序中向欧盟法院做出了请示。2015年3月26日，欧盟法院通过了C More Entertainment AB诉Linus Sandberg关于超链接的最终决定。

根据瑞典最高法院的最初裁定，欧盟法院认定虽然现场直播不受欧盟委员会2001年1月通过的InfoSoc Directive的保护，欧盟成员国仍然可以延伸它的版权保护。

具体而言，案子的焦点在于，Sandberg将节目的链接放在网站上，网络用户可以点击进入另一个网站观看冰球游戏的现场直播，这意味着用户可以绕过运营商的付费墙。作为在网上直播冰球游戏的C More Entertainment付费电视台对此提起了诉讼，认为此种链接侵犯了电视台的权利。

欧盟法院认为，如果任何延长“不破坏版权的保护”，国际立法不应该将广播电视组织“与公众交流的行为”的权利阻隔在外。法院指出，对于直播节目的所有人，会员国应该提供更多深入的保护，而不仅仅是指令 2006/115/EC 出租权和出借权的条文中所规定的。法院又补充道，成员国应该为广播电视组织提供更多的排他性权利，从而去授权或者阻止其他广播电视组织通过无线手段转播节目。

Fieldfisher 的合伙人 Rebecca Swindells 认为这个决定来得有些突然，因为它似乎偏离了欧盟版权的统一性。欧盟法院确认了成员国可以对未经授权的转播行为提供比 EU InfoSoc Directive 更为广泛的保护。Swindells 说："在瑞典，立法并不限于作品'按需'利用的行为。""话虽如此，考虑到初始的直播者在直播节目上安装了收费墙，对于案件的整个事实来说，判决的结果是比较合理的。"

Swindells 强调："欧盟的 Directives 曾明确指出，成员国可以给广播电视组织提供更多的保护，法院的判决与此是一致的。" Swindells 又指出"做出此项决定的原因在判决的推理部分可以明确看出，广播电视组织非常欢迎此项决定，因为这将给那些收费墙的幕后工作者很大的慰藉"。

（信息搜集、来源：于露、卢伟。

资料来源：http://www. ipr. gov. cn/article/gjxw/lfdt/oz/bqoz/201505/1850408. html; http://www. wiggin. co. uk/? option=com_content&view=article&id=2946&catid=27&Itemid=212 # sthash. 3oyQ0F0e. dpuf; http://curia. europa. eu/juris/document/document. jsf? text=&docid=163250&pageIndex=0&doclang=EN&mode=lst&dir=&occ=first&part=1&cid=413275 # sthash. ViDaeq8T. dpuf; http://www. intellectualpropertymagazine. com/copyright/eu-member-states-can-extend-copyright-protection-for-online-sports-broadcasts-107547. html; http://www. thefullwiki. org/InfoSoc_Directive）

【昆士兰州高级法院做出改变侵权建筑物外观的判决】

该案件的对象是道格拉斯港的一座住宅，该住宅的设计图由斯凯瑞创作并推向市场，原告极其喜爱它独特的风格，并以 1 150 000 美元将它买下。然而，原告并不是唯一喜欢这独特风格的人。布莱登夫妇在住宅销售的竞价中输给了原告，于是决定模仿该设计并花费 1 000 000 美元在道格拉斯港建造他们自己的"受加勒比影响的法国乡村"建筑。原告认为，在相隔不远处的一座一模一样的住宅将会减弱其住宅的独一性。因此，原告向高级法院提起了著作权侵权的诉讼。原告宣称，被告模仿或实质性模仿其建筑设计图，并主要依此建造住宅。被告则否认侵犯著作权，认为斯凯瑞对原告的著作权转让是无效的。

2015 年 8 月 28 日，法院做出庭审，主要涉及禁令内容的适当增修，以及原告是选择赔偿损失、清算利润，还是提高对损失和成本的判定。

此外，法院列举了以下几个主要裁判事项：

一、独创性

被告辩称：（1）该设计图不是独创性的艺术作品，没有著作权；（2）该设计图是由斯凯瑞和他最初的客户斯派塞夫妇共同创作的。

经法院查明，斯派塞夫妇作为客户做出了指示，斯凯瑞将该指示融入设计图中，并付出了"实质性劳动""专业技能"或"独立的智力劳动"。因此，法院驳回了原告的观点，得出的结论为，该设计图是独创性的艺术作品，可以产生著作权。至于该作品是否为合作作品，法院的结论是，斯派塞夫妇的贡献就是其发给斯凯瑞的邮件中所包含的指示，而这仅仅是出于客户偶尔提出建议或反馈的自然本性。《著作权法》规定合作作品要包含多名作者的合作，且其贡献不可分离，但斯派塞夫妇的贡献并不满足这些条件。

二、转让

被告辩称，建筑设计图是合作作品，因此斯凯瑞和原告之间的转让无效。而法院已经认为该设计图仅仅属于斯凯瑞，于是驳回了被告的观点，判定转让有效。被告又声称，即使存在侵权行为，那也是在著作权转让之前。这个论据也被法院基于已提供的证据驳回了。

三、侵权行为

根据双方当事人提供的证据，鉴定人认为布莱登住宅的设计图是对斯凯瑞设计图的"实质性模仿"。法院认为"明显的实质模仿肯定是存在的"，它们的相同点也强有力地说明了布莱登住宅的设计图对斯凯瑞的设计图进行了"实质性模仿"，因此存在侵权行为。法院在判定设计图侵权之后，就判定了布莱登依据设计图建造的住宅也是侵犯著作权的。

（信息搜集、编译：龙涵琼。

资料来源：http://www. copyright. org. au/acc_prod/ACC/News_items/2015/Copyright_in_Cairns__Court_Comes_to_Renovation_Rescue_in_Reno_Rumble. aspx; http://www. wolterskluwercentral. com. au/legal/intellectual _ property _ law/court-orders-changes-to-the-appearance-of-a-house/）

【“跳舞宝宝”视频案可能改变美国版权法】

2015 年 9 月，美国法院对一件由 YouTube 上“跳舞宝宝”视频引发的案件进行裁决，裁定在发出下架通知之前，若版权所有人没有考虑争议作品的合理使用问题，则其应该承担损害赔偿责任。

这段以斯蒂芬尼·雷兹（Stephanie Lenz）的宝宝为主角的时长 29 秒的视频，不仅画面模糊，还夹杂着大量静电噪音，以至于其背景音乐——王子乐队（Prince）演唱的歌曲《让我们发疯吧》（Let's Go Crazy）几乎难以为观众所辨认。然而，正是对这首歌曲的使用，导致了一场长达八年的诉讼马拉松，并产生了一项对美国版权法影响深远的裁定。

2007 年 2 月，这段视频被上传到 YouTube 网。数周后，环球音乐公司（Universal Music）宣称这段视频侵犯了自己的版权，要求 YouTube 将其下架，而此时该视频的浏览量已突破 130 万。由于视频被迫下架，视频中宝宝的母亲兼视频的所有权人雷兹将环球音乐公司诉至法庭。据《纽约时报》（*New York Times*）报道，法庭已裁定开庭审理此案。

第九巡回上诉法庭的裁定不仅关系到“跳舞宝宝”案，还具有其他深远影响，将改变版权和合理使用制度的相关法律。“合理使用”指版权人以外的其他人，可将作品的部分用于评论、杂志、教育、研究而不承担法律责任。雷兹女士声称她的视频是合理使用的实例，环球音乐公司则始终坚持反对这一说法。

电子前线基金会（the Electronic Frontier Foundation）是一个旨在“守护网络自由言论，抗争非法监视，提倡用户和创新者，支持提升自由的科技”的非营利性组织，在本案中向雷兹提供了合法抗辩。而陪审团将根据该基金会的陈述，判定环球音乐公司在发出下架通知前，并未充分查证过这首歌曲是否属于合理使用。

法院的这项裁定将使得版权所有人更加难以迅速制止侵权版权的行为，因为他们不得不在要求侵权作品下架前，先研究合理使用抗辩。据美联社报道，对版权所有人来说更大的潜在打击是如果环球音乐不能证明其曾考虑过“跳舞宝宝”视频属于合理使用，雷兹便能向其索要损害赔偿。这可能导致公司们再也不能像根据《数字千年版权法》（DMCA）那样，向网络提供商寄送数量庞大的下架通知长单了。

技术丑闻博客网（Techdirt）的一位版权作者麦克·梅斯尼克（Mike Masnick）写道，“法庭言明版权所有人不能‘口惠而实不至’，随便声称他们已查证争议作品不符合合理使用而不去做具体研究，但事实上它也就承认了这种做法基本上是能够实现的。更糟糕的是，它声称在辨别是否有足够理由相信版权所有人已进行查证时，不要求对于细节的切实研究”。由于这个巨大的漏洞，这件案子也许并不会导致法律实践的重大改变。

（信息搜集、编译：刘衍延。

资料来源：http://www.csmonitor.com/USA/USA-Update/2015/0915/How-a-dancing-baby-video-could-change-copyright-law；https://de.wikipedia.org/wiki/Electronic_Frontier_Foundation）

【真人秀节目欲获版权法保护？得有原创性！】

在 2015 年 9 月审理的 Williams 诉 A&E Television Networks（“AETN”）案中，原告威廉姆斯声称 AETN 电视台于 2014 年 6 月首播的节目《初见定终身》，构成对其几乎同名的真人秀节目《一见定终身》的侵权，并提供了其于 2011 年 12 月在美国版权局的版权登记证明。

原告的《一见定终身》节目展示的是这样的一种真人秀竞赛：两位参赛选手最终牵手成功并赢得种种大奖。在几集连续的真人秀节目中，选手们会经历一次 12 小时的约会，这个过程会被一个称作“媒婆”的评判组全程见证并最后做出决定谁去谁留，而最终留下来的那一对选手将有机会喜结连理并收获大奖。

相比较而言，AETN 电视台的《初见定终身》是一个记录式的系列片。一个由四位专家组成的小组选中并组合“三对夫妻”，他们彼此并不认识，只是在圣坛上初次见面。纪录片负责跟踪记录“三对夫妻”的蜜月之旅、居所选择、日常生活、生活安排以及与他们朋友和家人的互动。在为期一个月的“婚姻生活”之后，由专家们和这“三对夫妻”决定哪一对“夫妻”适合成为真正夫妻，哪些夫妻将面临“离婚”的选择。

基于这些事实，法院认为原告的节目主要包含的是不受著作权保护的场景，这些场景作为法律问题时，其节目整体概念和全体感受并未和《初见定终身》节目相关部分构成实质相似。法院解释道，原告对于“包办婚姻”或是“陌生人间的婚姻”这种真人秀节目的一般思想并不享有具有执行效力的版权。

法院进一步表明，在侵权诉讼中很多所谓的相似，其实其本身就不能得到版权法的保护。比如与专家组的互动、婚礼前的种种事件、精心准备的蜜月以及有关参与者住到一起的日常生活剧情，这些都源自不受版权保护的“包办婚姻”式真人秀这一抽象概念。法院继续比较两者整体的概念构思和感受发现，原告的真人秀比赛节目并不和被告的“包办婚姻”中的社交体验构成相似。

法院的意见暗示了一个在未经事前编排类电视节目中的重要版权原则，为这类节目中哪些元素不受版权法保护提供了实用的指南。重要的是，这个意见在该案的一开始就得到体现，法院明晰地确认了该原则。在决定驳回原告的请求时，法院比较了争议对象并指出实质相似是个法律问题。这一原则对那些经常面临版权侵权控告的创作者和电视台而言，无疑是意义重大的。

（信息搜集、编译：张杨林。

资料来源：http://www.ip-watch.org/2015/09/04/your-reality-must-be-original-to-win-copyright-protection/；http://creativecommons.org/licenses/by-nc-sa/4.0/）

【美国法院裁判：瑜伽动作顺序不受著作权法保护】

2015 年 10 月，美国联邦第九巡回上诉法院对“比克拉姆瑜伽学校诉爱弗雷逊瑜伽学校侵权案”做出判决，认定瑜伽的动作顺序不受著作权法保护。

乔杜里是美国瑜伽界颇具盛名的人，他创办了比克拉姆瑜伽学校，开创了一套需在 105 华氏度条件下练习 90 分钟的具有一定顺序的瑜伽动作，其中包括 26 个瑜伽姿势和两个呼吸训练。1979 年，乔杜里出版了一本关于这套瑜伽动作的教学用书，并进行了版权登记。两个完成了比克拉姆瑜伽学校课程的学生在 2009 年开办了爱弗雷逊瑜伽学校，该学校课程中有一套瑜伽动作与乔杜里的瑜伽动作非常相似，都为在 90 分钟的教学过程中包含了 26 个瑜伽姿势和两个呼吸动作。2011 年，比克拉姆瑜伽学校提起诉讼，诉爱弗雷逊瑜伽学校侵犯其著作权。

上诉法院法官沃德洛认为：乔杜里在其 1979 年出版的《比克拉姆启蒙瑜伽教程》中的这套瑜伽动作顺序是设计用以促进身体健康的规律，而非一种思想的表达。法院认为著作权法保护的是思想的表达——作者用文字和图片对于这套瑜伽动作的描述，而不是这套瑜伽动作顺序这种思想本身。

美国版权法第 102 条对“思想表达二分法”予以规定，明确了版权法不保护“任何思想、程序、步骤、规律、实施方法、概念、原则或发现，无论其在作品中被描述、解释、说明或体现的形式如何”。法院同时引用了著名的“贝克诉塞尔登案”，该案中描述记账方法的书籍具有版权，但记账方法本身不能根据版权法被垄断，其只可能受专利法保护。

对于原告认为这套瑜伽动作顺序属于舞蹈作品、汇编作品的主张，沃德洛法官认为基于“瑜伽动作顺序是一种著作权不保护的思想、步骤或者规律”原因，其不能作为舞蹈作品享有著作权，同样也不能作为汇编作品享有著作权。

由三位法官组成的合议庭认为：从国会对新技术和创造性表达的理解的回应看出，其思想表达二分法的立场依然坚定。二分法可用于判断是否属于边界不确定的著作权客体范围。该案中，连续的肢体动作是基于功能性目的，这样的动作不能认定为舞蹈作品。即使这样的瑜伽动作符合舞蹈或编舞的通俗定义，它仍然只是不受著作权保护的步骤。

对于这样一种方法，如果通过专利途径是有可能对其进行垄断保护的。正如乔杜里在其书中告诉读者的那样，瑜伽动作就像一系列外科医生的手术操作，可以治疗疾病或至少减轻身体的伤痛。当然，为了享有对思想或者功能性原则的成果的合法垄断，产品的发明者必须去满足更严格的专利法标准。

（信息搜集、编译：高雪。

资料来源：http://www.intellectualpropertymagazine.com/copyright/no-sweat-court-rules-yoga-sequence-lacks-copyright-112203.html；http://www.intellectualpropertymagazine.com/copyright/feeling-the-burn-113558.htm? origin=internalSearch）

【众音乐唱片公司诉奥里斯文件分享应用程序大规模侵犯版权】

2015 年 10 月 13 日，美国唱片公司起诉奥里斯公司，请求法院关停其服务并对其每项著作权侵权处以 150 000 美元的罚款。

奥里斯应用程序的开发者声称其播放器播放的音乐有合法的来源，然而美国唱片业协会则认为其音乐源自盗版网站。

美国唱片业协会的发言人称：“这项服务实质上是一种建立在大规模窃取版权基础上的商业模式。正如 Grokster、Limewire 或 Grooveshark 这些网站，它们的内容从未获得授权更称不上合法。我们不会允许这种服务恶意地践踏音乐创作者的权利。”

以上提及的三个网站均在与音乐版权权利人的诉讼中被关停，这使美国唱片业协会更加确信奥里斯会遭受同样的命运。

这款应用程序是由安德烈·桑普森开发设计的，其本人也是本案中的被告。在音乐产业知名杂志《公告牌》的采访中，安德烈为这款应用程序辩护，他声称："从本质而言，这款应用程序跟其他播放器是一样的，它与众不同的地方是它可以利用其他现有平台，并搭载在它们之上。"

事实上，奥里斯与 Spotify 播放列表、苹果音乐播放列表的不同，还体现在奥里斯播放器是完全免费且没有广告的应用程序。

安德烈又称："你们有 YouTube、Spotify 播放列表、苹果音乐播放列表，我们只要把这些播放列表收入我们的应用程序，只要用一个播放列表就可以听到任何来源的音乐了。我更愿意把这个应用程序称为'播放器的播放器'。你可以用它播放你已经合法拥有的音乐，即那些已经获得许可的音乐。"

奥里斯应用程序使用了超过 120 个公开的应用程序接口来搜集整理来自如 SoundCloud、YouTube 和 Spotify 的曲目。这项服务还用了网络与 Napster 或海盗湾不同的点对点的网络连接，它并不通过种子文件下载曲目，而是使用比特流直接搜集流媒体的音乐，而这些音乐都是经过许可而存在于各个播放列表、视频或播放器中的。

美国唱片业协会的诉求则与此大相径庭。它认为"奥里斯网络"是该应用程序的内容默认来源，而该网络则从俄罗斯盗版网站 Pleer 上搜集文件。

这个应用程序的内容来源还包括 MP3WithMe、VK 和 MP3Skull 等网站，而这些都被指控为盗版音乐的聚集地。其中，VK 还是一个社交网络，相当于俄罗斯版的"脸书"。它常在其用户上传和分享音乐的问题上与唱片公司在法律上纷争不断。

奥里斯公司与桑普森一同在推特上对美国唱片业协会的诉讼进行了回应，并称这个诉讼终将落空，而他们早已做好了应对的准备。

（信息搜集、编译：关韬睿。

资料来源：http://www.slate.com/blogs/business_insider/2015/10/14/riaa_is_suing_aurous_the_spotify_for_pirated_music_for_copyright_infringement.html; http://www.theverge.com/2015/10/13/9528239/aurous-free-music-streaming-legal-or-illegal; http://www.theguardian.com/technology/2015/oct/14/music-labels-sue-aurous-filesharing-copyright-theft）

【欧盟法院：地形图、地理信息与"独立材料"的解释】

2015 年 10 月 29 日，欧盟法院做出了一个有关"数据库"，特别是组成一个数据库的"独立材料"的定义的先行裁决。"独立材料"的定义源自 1996 年 3 月 1 日欧洲议会和理事会关于数据库法律保护的《指令 96/9/EC》的第 1（2）条。

此案中，奥地利出版商，VerlagEsterbauer，扫描了德国巴伐利亚州制作的地形图，提取了上面的地理信息并将该信息用于制作其他地图。巴伐利亚州认为该出版商的行为构成对其地图的不合理使用和违法使用。

对此，巴伐利亚州提起诉讼，要求该出版商停止使用其地形图。巴伐利亚州在一审胜诉但是二审法院基于数据库的法律保护驳回了诉讼请求。

德国联邦最高法院提出疑问，这些地图是否符合"数据库"的定义，特别是奥地利出版商所扫描、提取以及利用的地理数据是否属于《指令 96/9》第 1 条规定的组成数据库的"独立材料"。因此，德国联邦最高法院提请欧盟法院做出先行裁决，就这一点做出解释。

欧盟法院称，数据库的存在取决于独立材料集合的存在，也就是说这些材料能彼此分开而它们的价值不受影响。本案中的地形图是被出版商扫描从而提取地理信息的基础产品，出版商的目的是制作其他地图。

法院称，信息的组合，例如包含于地形图里的地理信息，可以构成"独立材料"，只要地形图中信息的提取不影响信息内容的价值。

信息的独立性价值必须根据该信息对每个关注数据集合的第三方的价值来判断，而不只是对该数据集合的典型用户。

法院随后指明，从集合中提取的信息，用于经济获益并被自主使用，为消费者提供相关信息的，是"独立材料"。因此，地形图中提取的并由奥地利出版商用于制作其他地图为消费者提供相关信息的地理信息，受欧盟数据库法律保护指令的保护。

（信息搜集、编译：胡剑炜。

资料来源：http://www.ip-watch.org/2015/11/20/ecj-topographic-maps-geographical-information-and-the-interpretation-of-independent-material/; http://curia.europa.eu/juris/document/document.jsf?text=&docid=170741&pageIndex=0&doclang=EN&mode=lst&dir=&occ=first&part=1&cid=1021084; http://eur-lex.europa.eu/LexUriServ/LexUriServ.do?

uri=CELEX:31996L0009:EN:HTML;http://www.ipr.gov.cn/article/gjxw/ajzz/bqajzz/201511/1882685.html)

【德国联邦最高法院：互联网服务提供商可被指令屏蔽版权侵权网站】

2015年11月，德国联邦最高法院发布通知(mitteilung)，若版权持有人已做出合理努力，仍未能向版权侵权网站的运营商或托管提供商（hosting providers）主张权利救济，可请求互联网服务提供商（ISP）屏蔽该侵权网站。该通知主要针对音乐版权集体管理组织GEMA要求德国电信屏蔽盗版网站“3dl.am”的版权侵权诉讼。

GEMA（society for musical performing and mechanical reproduction rights，音乐作品演出权与机械复制权协会）发现网站“3dl.am”允许用户下载侵权音乐文件，该网站主机位于亚美尼亚。GEMA尝试与“3dl.am”运营商进行侵权协商未果，后GEMA向联邦最高法院提起诉讼，要求德国电信作为互联网服务提供商禁止用户访问该侵权网站，亦即屏蔽该网站域名。

对于文化产业而言，域名屏蔽是版权持有人阻止在线版权侵权行为的有力措施。在此之前，尽管欧洲不少国家已接纳音乐和影视作品版权持有人的侵权屏蔽请求，但德国却是一个例外。品诚梅森律师事务所的Igor Barabash表示，德国过去对互联网服务提供商监管内容的义务持宽松态度，这体现在《德国电信媒体法》的基本立场上——服务提供商既不发布也不搜集信息，只提供访问控制，并且不对信息内容负责。然而，德国联邦最高法院在该通知中表明，互联网服务提供商在特定情形下，应当按照版权持有人的要求屏蔽相关网站，这具有标志性意义。

德国联邦最高法院在该通知中明确指出，法院向互联网服务提供商发出屏蔽网站禁令的先决条件是，版权持有人已做出“合理努力”，去驱使网站的运营商或托管提供商删除侵权内容；仅当这些“合理努力”失败或缺乏成功可能性时，强迫互联网服务提供商采取行动的正当性才能得到证成。同时，关于GEMA与德国电信、网站“3dl.am”一案，联邦最高法院暗示，自行调查或请求公诉机关调查相关侵权行为，可构成“合理努力”的一部分。

GEMA对联邦最高法院发布的该通知表示认同，其首席执行官Harald Heker博士称：“最终，我们在法律上明确了可以对大范围版权侵权的网站实施屏蔽。这是打击互联网盗版的一大进步。”来自慕尼黑的技术法领域专家Marc L. Holtorf则称：“这个突破性决定将互联网服务提供商的责任作为最后救济措施。然而，版权持有人仍需要进行一连串的程序，才能使得服务提供商的法律责任成立，屏蔽网站的禁令得以生效。”

网站注册、转让门槛较低，导致经常难以确定版权侵权的网站运营商、托管提供商。版权持有人维权无门，只能诉诸互联网服务供应商屏蔽网站，在当前形势下，这具有合理性；但考虑到对言论自由、个人信息保护等的潜在影响，应当明确其界限。

（信息搜集、编译：韩惟灏。

资料来源：http://www.out-law.com/en/articles/2015/november/isps-in-germany-can-be-forced-to-block-access-to-infringing-content-as-a-last-resort-rules-court/；http://ipr.gov.cn/article/gjxw/gbhj/om/dg/201512/1883884.html；http://juris.bundesgerichtshof.de/cgibin/rechtsprechung/document.py?Gericht=bgh&Art=en&Datum=Aktuell&Sort=12288&nr=72928&linked=pm&Blank=1；https://torrentfreak.com/supreme-court-opens-door-for-pirate-site-blockades-in-germany-151126/)

【音乐流媒体提供者被判提高版税，潘多拉公司认为判决可平衡各方利益】

2015年12月16日，对于加利福尼亚州洛杉矶市的一起版权案件，法庭裁决包括潘多拉公司(Pandora)在内的互联网音乐流媒体提供者须在下年及以后向唱片公司提供更高比率的版税。

作为互联网音乐电台巨头，尽管因此判决而导致股价下跌，潘多拉公司仍对此判决结果表示欢迎，因为其“可以平衡各方利益”。与此相反，向艺术家和唱片公司分发报酬的集体管理组织“声易”(Sound Exchange)却公开反对这一判决，声称它“将侵蚀音乐的价值”。“声易”表示，它将仔细审阅这一判决，继而思考下一步的选择。

美国版税委员会（the copyright royalty board）此前已决定对如潘多拉、我心电台（iHeart Radio）、天狼星XM广播（Sirius XM）等非交互式的音乐流媒体提供者设定接下来五年的版税，将版税比率从每百次播放14%提升至17%；而对于付费订阅服务，版税比率则由25%调低至22%。受通货膨胀影响，从现在起直至2020年，这两项版税比率都将得到实质性的提高。但和与唱片公司直接进行交易相比，美国版税委员会的这一版税设置是音乐流媒体提供者实现成本最小化的最佳选择。

潘多拉公司首席执行官布莱恩·麦克安德鲁斯（Brian McAndrews）在一项声明中表示此番税率增长对他的公司而言，是“能够应付，并且能从中受益”的。位于加利福尼亚州奥克兰市的潘多拉公司，下一步将使其混合版税比率上升 15 个百分点。

法庭裁决结果产生之后，潘多拉媒体公司（Pandora Media Inc.）的股价在几个小时内缩水了 20%，跌至 16.1 美元。天狼星 XM 广播支持公司（Sirius XM Holdings Inc.）的股价下跌 1 美分，跌至 4.08 美元。我心媒体公司（iHeartMedia Inc.）的股价则保持在 1.1 美元不变。

在这一版税判决之外，拥有 8 000 万听众的潘多拉公司正在寻求其播放平台的全球化发展，力图在现有的互联网音乐电台服务的基础上，加入更多的交互元素，改善无法由听众选择特定碟片或专辑的状况。尽管上个月，潘多拉宣布将从具有按需快速切换的流媒体提供公司 Rdio 收购一些核心技术，但为了启动交互式服务并将其业务从美国、澳大利亚和新西兰向外拓展，它仍需与唱片公司进行直接的谈判。

（信息搜集、编译：刘衍延。

资料来源：http://www.canadianbusiness.com/business-news/copyright-judges-hike-rates-for-music-streamers-pandora-calls-ruling-balanced/）

◆ 业界动态

【新西兰毛利人对陈列于联合国总部的艺术品保留版权】

2015 年 2 月 16 日，毛利人发展部部长特·尤鲁罗·弗拉维尔（Te Ururoa Flavell）表示，一群毛利人手工艺者从联合国获得了一份独一无二的协议，以保留一项位于纽约联合国总部的艺术品的版权。

该艺术品是由 43 块编织面板组成的群体——或者称之为 tukutuku——上周被安置于临近联合国总部大厅入口处永久陈列展览，弗拉维尔说道。

弗拉维尔说：“这些 tukutuku 是展示我们国家和文化的极好的载体，每年将有超过 100 万人看到这些珍品。”

他说：“联合国和新西兰之间达成的协议是联合国政策的一个重要的开端而且符合《联合国土著人民权利宣言》的精神。”

“这是具有里程碑意义的协议，既允许赠送编织面板给联合国，也认识到编织者以及他们的家庭和团体的知识产权。”

“一般来说，礼物一旦被接受，联合国通常保留所有的知识产权。”他说。

这个项目由前毛利事务部部长皮塔·夏普利斯（Pita Sharples）在 2010 年代表新西兰政府签署了《联合国土著人民权利宣言》后策划实施。

在宣言中，新西兰政府希望维持和保护毛利人的权利以运用和管理传统的知识和文化表达，以及与之相关的知识产权。

在毛利文化中，编织面板是一种受到人们尊敬的艺术形式。赠予联合国的这套作品讲述了这些原住民的故事，同时展现了新西兰兼具传统和现代的艺术设计。

这套编织面板由来自新西兰全国各地的 70 位艺术家花费数千小时共同编织完成。

弗拉维尔说：“在新西兰，我们习惯于在我们的会议室里看到 tukutuku。现在这些珍宝装饰了一个世界上最伟大的会议大厅的墙壁。”

（信息搜集、编译：王瑜。

资料来源：http://www.nzpress.net/news/new-zealand-maoris-offered-copyright-for-art-work； http://news.xinhuanet.com/english/2015-02/16/c_134000435.html；http://www.globaltimes.cn/content/907942.shtml；http://www.radionz.co.nz/news/te-manu-korihi/249253/maori-art-to-grace-united-nations）

【世界知识产权组织鼓励更多的女性参与知识产权领域】

2015 年 3 月 8 日，在联合国庆祝国际妇女节之时，世界知识产权组织（WIPO）进行了一项名为“知识产权女性”的活动，旨在促进更多的女性参与到知识产权体系中来，尤其是在科技与创新领域。

“知识产权女性”活动是 WIPO 科技与创新支持中心（TISC）项目的一部分。该项目以向发展中国家的创新者们提供高品质科技信息与相关服务为内容，帮助他们开发创新潜力，维护他们的知识产权。2015 年 2 月 18 日，TISC 项目下的社交媒体平台 eTISC 正式开展了这一“知识产权女性”活动。

当今知识产权体系内存在的一大重要问题是利用知识产权的女性数量远低于男性。导致这一性别比例失衡的原因有很多，其中包括教育因素等。然而我们应当注意到，女性在知识产权体系内正发挥着越来越重要的作用，她们能够并已经创造出了非常多复杂且具开拓性的发明，如用于救生的凯夫拉尔材料和用于治疗癌症的辐射疗法。目前，已有很多经济体依赖于它们的女性发明家，据调查表明，立陶宛每年有 23%的专利申请来源于女性。

作为专注于知识产权领域的联合国实体，WIPO 的任务之一就是在授权范围内促进性别平等及女性赋权。此次开展“知识产权女性”活动正是为了实现这一使命。活动主要包括三个方面：搜集描述典型知识产权女性形象的博客文章；组织建立知识产权女性团体；对女性发明者进行网络测试。eTISC 平台最终收到了 25 位来自不同国家的典型女性创新者的形象，她们分别来自俄罗斯、智利、马达加斯加、斯里兰卡等国家。对于这些女性形象，WIPO 在其公共网页上对其中涉足专门技术领域的 9 位女性及其发明创造进行了展示。此外，活动自开展到现在已取得了一定的成果，加入到 eTISC 平台的女性成员数量增加了 9%。

“知识产权女性”活动具有积极重要的意义，它将持续地吸引越来越多的女性加入到知识产权体系中。当性别平等与女性赋权被多次强调时，人们将会愈发意识到这些问题的重要性。

（信息搜集、编译：罗文君。

资料来源：http://www. ip-watch. org/2015/03/11/wipo-encourages-participation-of-women-in-intellectual-property-system/；http://www. wipo. int/tisc/en/news/2015/news_0002. html；http://www. wipo. int/pressroom/en/stories/international_womens_day. html）

【WIPO 研讨会重新讨论遗传资源和传统知识】

2015 年 3 月 30 日到 4 月 1 日，世界知识产权组织（WIPO）研讨会召开，主题为“知识产权和遗传资源，传统知识和传统文化表现形式：区域的、国家的和地方的经验”。

鉴于上届 WIPO 研讨会对其委员会在遗传资源和传统知识上所做的工作未予以认可，加之日后有关这个主题的会议数量稀少，WIPO 正在组织旨在分享区域的、国家的和地方的关于此主题之经验的研讨会。

据 WIPO 官方网站介绍，传统知识是指在一个社区内经过一代代人发现、发展和传承下来，并构成其文化或者精神认同的一部分的知识、技术诀窍、技能和惯例。传统知识范围广泛，包括农业知识、科学知识、技术知识、生态知识、医学知识和与生物多样性相关的知识。

该研讨会计划包含四个圆桌会议，议题分别是：对于保护传统知识和传统文化表现形式的国家制度经验；对传统知识和传统文化表现形式的商业和非商业使用——事例和经验；在传统知识和传统文化表现形式背景下对于“公有领域”含义和关联的区域的、国家的和地方的经验；对于遗传资源和相关传统知识的披露要求的国家经验。

据 WIPO 介绍，澳大利亚政府已经为来自发展中国家政府的代表们参会的开销提供了财政支持。在会议议事日程中，“Australian Aid”（澳大利亚资助）和“WIPO”标志排列在了一起。

在一系列知识产权与遗传资源、传统知识和族群文学艺术（folklore）政府间委员会（IGC）召开的会议，特别是在遗传资源、传统知识和传统文化表现形式可能的保护方法的性质的会议未取得成效之后应该如何行动，WIPO 成员国在上届大会上未能就 2015 年的工作计划达成一致意见。

据透露，成员国间正在就政府间委员会（IGC）的相关问题进行讨论，尤其是对该委员会的授权进行续期的问题讨论，这是因为在 2015 年 9 月举行的下一届 WIPO 大会上它将换届。

（信息搜集、编译：汪声剑。

资料来源：http://www. wipo. int/tk/en/tk/；http://www. ip-watch. org/2015/02/20/wipo-seminar-could-rekindle-discussions-on-genetic-resources-tk/；http://www. wipo. int/meetings/en/details. jsp? meeting_id = 35602；http://www. ip-watch. org/2014/10/01/inauspicious-start-to-gurrys-second-term-as-ip-policymaking-hits-wall-at-wipo/；http://www. ip-watch. org/2014/10/01/inauspicious-start-to-gurrys-second-term-as-ip-policymaking-hits-wall-at-wipo/）

【2015 年知识产权日以“因乐而动，为乐维权”为主题】

2015 年 4 月 26 日是世界第十五个知识产权日，本次的主题与音乐有关——因乐而动，为乐维权。音乐形成于最早的节奏，此后它就不断演变，直至成为这种最普遍的创造性表达，始终令我们为之动容。从京剧到维也纳爱乐乐团、从巴马科蓝调到芝加哥电音、从印度拉格调到阿尔及利亚拉埃乐，音乐超越国界，触动着我们内心某种原始的节拍。即使在没听音乐的时候，它也往往在脑海里萦绕——那是我们的思想之乐。

得益于数字技术和互联网，我们现在接触的音乐比以往任何时候都多。互联网为音乐创造了全球市场和全球舞台，这对世界各地的乐迷来讲都是好事。然而我们必须确保，在新的数字经济中，创作者和表演者未被遗忘，这个问题至关重要。要使文化充满生机，就必须确保创作者、词曲作者和表演者都能从他们的音乐中获取经济价值，从而过上体面无忧的生活。没有这些人，我们就没有音乐听。

对此，WIPO总干事弗朗西斯·高锐致辞："音乐的创作和表演需要艺术、个人、社会和经济等方面的巨大投入，我们必须找到一种使这些投入在经济中得以持续的方式。我向世界知识产权日传递的信息是：别认为音乐理所当然，音乐有价，当珍惜之。今天是'因乐而动，为乐维权'的日子——不仅仅是为了确保我们的音乐人能够获得公平的交易，更是对他们创造价值的认可，感谢他们对我们的生活所做的独特贡献。"

（信息搜集、编译：罗文君。

资料来源：http://www.wipo.int/ip-outreach/en/ipday/；http://www.wipo.int/ip-outreach/en/ipday/2015/dg_message.html；http://www.ip-watch.org/2015/04/17/music-is-focus-for-this-years-international-ip-day-at-wipo/）

【百慕大借知识产权日宣传音乐创作与维权】

2015年4月26日，知识产权总务室迎来世界各地的知识产权人士，一起庆祝"世界知识产权日"，以此为契机提高人们的知识产权意识以及认识到知识产权在推动创新和创造力方面的作用。

2015年世界知识产权日的主题是：因乐而动，为乐维权（Get up. Stand Up. For Music.）。

这个主题鼓励人们反思百慕大过去和现在的音乐家做出的贡献，他们多种多样的富有创新性的作品定义了已经受到人们欢迎的传统的百慕大音乐——卡里普索（calypso）和爵士乐。

百慕大有许多有先见之明的音乐家，包括作曲家、制片人、歌唱家、钢琴家、打击乐手、键盘手、音乐团体和音乐老师。

百慕大的传奇音乐家包括，已故的悉尼·豆豆（Sydney Bean），他既是一名吉他手也是一名贝斯手，同时他既能演唱又能创作词曲。他创作了许多的作品，包括最受欢迎的一首歌曲——《百慕大安静的天堂》。还有一位是已故的休伯特·史密斯（Hubert Smith），集歌手、音乐总监和词曲创作人于一身，他创作了超过50首歌曲，并曾为女王殿下和约翰·肯尼迪（John F. Kennedy）总统表演。他最受欢迎的一首歌——《百慕大是另一个世界》被称为百慕大的非官方国歌。已故的兰斯·海沃德（Lance Hayward）曾是著名的盲人爵士音乐家，他的音乐在美国、加拿大和牙买加都非常受欢迎。最近的，约翰·伍尔里奇（John Woolridge）是一位词曲创作者、键盘手和制片人，他的歌已成为百慕大人的骄傲，无论是年轻人还是年长者都很喜欢他的音乐。

多年来，由于技术、经济和法律的改变，音乐产业已经发生了变化。音乐创作、传播、被听到、被享受的方式已经随着诸如YouTube、Facebook和Instagram等社交媒体平台的降临发生了不可思议的变化。

负责知识产权总务室的国内事务部部长迈克尔·法伊参议员（Michael Fahy）说："我们想鼓励音乐家们将他们创意的激情倾泻出来，给世界展示他们写词、作曲创造可以想到的最原汁原味的音乐的能力。"

（信息搜集、编译：王瑜。

资料来源：http://www.royalgazette.com/article/20150424/NEWS/150429821；http://www.todayinbermuda.com/news/item/1322-registry-general-recognises-world-intellectual-property-day；http://article.wn.com/view/2015/04/25/Bermuda_recognises_Intellectual_Property_Day/）

【世界知识产权组织举办音乐版权研讨会】

2015年4月27日，世界知识产权组织在纽约举办了一场关于音乐的会议，一些音乐家、作曲家和制作人出席会议并表达了对当前不规范的音乐版权市场体系的失望，同时指出这将给未来音乐创作环境带来巨大的风险。

本次会议围绕着知识产权日的主题"因乐而动，为乐维权"展开。会议主持人是世界知识产权组织纽约办公室主任露辛达·朗克罗夫特，她在开场致辞中强调了音乐对社会和经济的重要性。

著名的创作歌手泰夫特·麦瑞特在会上说，过去的几年里她目睹了音乐创作行业的变化，而这种变化是令人沮丧的。她把音乐家比作自然资源——"一旦失去，不复存在"。她指出，当今时代的音乐创作者们根本无法得到应有的回报，但科技的发展绝不应该成为音乐家获取知识产权保护的障碍。

会议期间，更有一名来自美国罗格斯大学的版权许可图书管理员贾尼斯·费尔奇直言，现在的知识产权体系根本"不起作用"，她还把当前的知识产权制度戏称为"新式奴隶制"。

的确，我们现在欣赏到的音乐得益于世界各地成千上万人的灵感和付出，这些极富创造性的人包括歌手、词曲作者、音乐家、出版商、制片人、工程师以及其他很多人。全球的音乐消费群体如此庞大，原有的音乐产业链在互联网的冲击下面临完全颠覆，由此带来的在线音乐付费问题、互联网音乐平台版权侵权现象正困扰着无数音乐创作者。

世界知识产权组织版权法律部主管米歇尔·伍兹发言称，关于音乐创作者面临的窘境，目前有很多国际水平的讨论。世界知识产权组织的成员国在互联网协议下也有很大灵活性。伍兹称，考虑到整个知识产权体系的复杂性，世界知识产权组织计划于 2016 年召集所有的成员国开会共同商讨解决之法。

（信息搜集、编译：晁雯婷。

资料来源：http://www. ip-watch. org/2015/05/08/at-wipo-event-music-creators-tell-of-desperate-economic-times/；http://www. ip-watch. org/2015/04/17/music-is-focus-for-this-years-international-ip-day-at-wipo/；http://www. ip-watch. org/2015/04/17/music-is-focus-for-this-years-international-ip-day-at-wipo/）

【牙买加广播委员会着手解决有线电视公司侵犯版权问题】

2015 年 4 月，牙买加广播委员会（The Broadcasting Commission of Jamaica）透露，49 家当地的有线电视公司被发现涉嫌侵犯海外内容所有者的版权。

该委员会表示，这些有线电视公司被发现播出的 98 个频道没有经过授权。

为此，监管机构已经发出指令，要求运营商要么删除相关频道，要么使其合法化。

在 2015 年 4 月 24 日上午的记者招待会上，委员会主席霍普顿·邓恩（Hopeton Dunn）教授强调，未经许可任何人不得侵犯他人的版权。

邓恩教授还强调，牙买加开始采取具体措施保护其国际形象，避免被国际社会认为牙买加在版权保护上是一个无赖的国家。

他说，广播委员会将会制裁违法的有线电视公司和其他的违法广播运营商，但这不是长久之计。

邓恩教授呼吁政府为更好地监管这一领域提供立法上的支持。

广播委员会执行主任柯迪尔·格林（Cordel Green）透露，监管机构会进驻所有媒体平台的版权审核过程。格林说，这一职能的履行将用来确定哪一家运营商违反了版权法。他说将对违法行为采取进一步行动。

与此同时，美国的一些版权持有人不愿意和牙买加的有线电视运营商谈判。有人提议召开一个专门的会议解决牙买加以及其他地区和美国版权人之间的知识产权侵权问题。

牙买加广播委员会给当地有线电视运营商下达了一项禁令，2015 年 5 月 31 日之前必须停止播放没有获得授权许可的 19 个频道。

2015 年 5 月 6 日，牙买加总理办公室发言称，多年来，牙买加一直在努力协商以期获得原产自美国的频道的授权许可，但是最近一段时间内只有两家版权持有人授权许可他们的节目在牙买加播出。大部分版权持有人不愿意与牙买加一方协商谈判授权。

政府正努力通过一项决议，继续与美国贸易代表和美国其他利益相关者保持对话。同时也希望通过加勒比共同体下的区域努力使得该问题得到一些解决。

这些努力正孕育一个尽快召开会议的提议，该会议旨在解决美国版权持有人和当地有线电视运营商之间的问题。

对于版权人共同关心的知识产权问题，牙买加目前对其的保护仍然持一种积极和开放的态度。

（信息搜集、编译：王瑜。

资料来源：http://jamaica-gleaner. com/article/news/20150424/49-cable-companies-breaching-copyright-laws；http://jamaica-gleaner. com/article/news/20150507/us-copyright-holders-reluctant-enter-agreements-local-cable-operators）

【知识共享组织认为爱思唯尔的新共享策略阻碍了知识的传播】

2015 年 5 月 20 日，知识共享组织（Creative Commons）和其他 22 个组织共同发表公开信，以敦促出版巨头爱思唯尔（Elsevier）改变其新修订的对学术文章共享和托管策略，使其能更好地支持学术研究。

爱思唯尔是世界上最大的医学与其他科学文献出版社之一，属于里德·爱思唯尔集团旗下，总部位于阿姆斯特丹。出版品包括学术期刊《柳叶刀》《四面体》《细胞》，以及教科书《格雷氏解剖学》等。每年共有 250 000 篇论文发表在爱思唯尔公司出版的期刊中。

爱思唯尔在2015年4月30日发布了新政策，该政策有损于文献作者以及有寻求学术论文需求的学者。该政策施加了一个长达12个月的禁令期，禁令解除后作者才能自己在机构库中储存其终稿，同时这些禁令也可以选择为48个月。而在此前，爱思唯尔允许文献立即储存在机构库中。另外，如果寻求的文献是受到最严格的CC协议（CC BY-NC-ND）的限制时，一旦禁令期满，这项策略将限制查询途径。

公开信里说："这项政策严重阻碍了研究知识的利用与传播，并妨碍了在爱思唯尔的期刊上发表作品的作者去顺应赞助者的开放政策。另外，没有任何关于立即共享会对出版商的立即订阅产生负面影响的证据支持该新政的通过。"

杜克大学版权与学术交流中心的主任Kevin Smith称这项新政"既严厉又复杂"，并对要求作者在禁令期满在其作品上进行限制性许可的规定进行了批判："毫无疑问，这种要求更多地限制了对文献的利用，这本可以促进知识共享和学术进步。这项政策的效果与其名称背道而驰，其对知识的共享产生威胁，并阻碍了学术文献更进一步的开放。""基于对学术作品作者的权利和需求的支持，以及发表作品查询途径的拓宽，爱思唯尔应当慎重考虑其对政策的修改。"

（信息搜集、编译：韦北辰。

资料来源：http://creativecommons. org/weblog/entry/45557（原文作者：Timothy Vollmer）；http://www. elsevier. com/）

【印度电影制片方试图打击一部分提供盗版视频的网站】

打击盗版的战火已经烧到了Vimeo的门前。

印度电影《皮库》（Piku）的制作方已经取得了针对Vimeo、Pirate Bay以及Kickass Torrents等知名网站的封锁令。该禁令由印度高等法院签署，禁止这些网站以及其他网络供应商（ISP）提供该电影的盗版链接，但是其效果恐怕不佳。

这部备受期待的宝莱坞大片《皮库》已于2015年5月8日首映。

同每一部宝莱坞电影一样，《皮库》的盗版拷贝在网上早已备受期待，对于以往的影片，通常未经授权的拷贝最终都可以从各种网站上进行下载。然而，制作方希望通过已获的高等法院禁令改变这种现状。

多屏媒体公司（Multi Screen Media）作为电影的投资商之一，已经取得了一项规制13家网站的禁令以及一项针对印度最大的几家网络供应商的封锁令。

类似的禁令在之前也曾被授予过，但这一次的禁令备受瞩目是因为它所针对的目标。

该禁令列举出了以下域名：Vimeo. com，Thepiratebay. org，Torrentz. eu，Thiruttuvcd. biz，Merotv. net，Novamov. com，Videotanker. co，Cloudy. ec，Vidto. me，Zuzvideo. com，Video. tt，Kickasstoreents. com以及Torrentfunk. com。

这些域名的所有者被禁止在没有正当授权的情况下通过"上架"或者其他形式传播《皮库》的行为。此外，印度最大的几家网络供应商被要求封锁网站的链接。

最令人震惊的一点是知名的视频分享平台Vimeo也被列为禁令对象，该平台通常被独立电影人用来分享他们的作品。尽管《皮库》的制作方将其描述为盗版影视作品的集散地，这家网站却很少提供侵权作品。

然而，还有更多因素制约禁令的功效。例如，尽管Pirate Bay当时使用thepiratebay. se作为其域名，禁令中列出的却是Pirate Bay's. org。与此类似，列表中Kickass Torrents的域名不仅过时，还被错误地拼成了Kickasstoreents. com。

得益于诸如此类的低级错误，这些网站将可以在制作方的眼皮底下传播《皮库》的盗版拷贝。因此，这项禁令可能不会达到影片制作方所期待的效果。

根据禁令，网络服务供应商们必须在接到禁令后24小时内封锁上述域名。一个新的听证会计划于2015年7月31日举行，用于讨论这些措施究竟是要撤销还是保持原状。

影片上映初期，《皮库》的盗版没有在网上流出，但只要盗版一出现，这项禁令恐怕很难阻止它的传播。

（信息搜集、编译：李世铭。

资料来源：http://torrentfreak. com/india-orders-piracy-blackout-of-vimeo-pirate-bay-and-more-150508/；http://techfrag. com/2015/05/08/indian-high-court-issues-blocking-order-pirate-bay-vimeo/）

【WIPO总干事强调土著民族知识的价值】

2015年8月27日，联合国世界知识产权组织的负责人表示："土著民族的知识和创意是灵感的重要来源，但由于它是非常容易获取的，对其更好地保护可能会带来更多收益。”

WIPO 目前正在谈判一项或多项国际文书，以更好地保护遗传资源、传统知识和传统文化表现形式（民间文学艺术）。WIPO 总干事弗朗西斯·高锐在 2015 年 8 月 10 日世界土著人民国际日发表了一则消息，指出协商的问题将载于 2015 年 10 月 WIPO 大会成员国的议程中，并强调了土著知识对世界的重要价值。

“土著人民的文化遗产体现了显著创新和创造，并构成社会大众以及创造者和发明者灵感和知识的重要来源，从时装设计师到医药行业，从音乐家到农民。”他说，“传统知识也可以在应对全球挑战方面发挥重要的作用，从激励人民生活在和谐的环境中，到减缓气候变化的影响或提高公众健康和粮食安全。”

高锐说道：“尽管它是有价值的，但它的辅助功能意味着它可能容易被盗用和滥用，并不利于它的发起人。非物质文化遗产很容易被很多人盗用和滥用，但它是有价值的，同时非常容易被获取，在目前的国际知识产权制度下它只是部分受保护的。”“解决这些问题在国际层面上将有助于土著人民更好地控制传统知识，并从他们的传统知识和传统文化表现形式的利用中得到更多的好处，如果他们愿意这样做的话。”

他还指出，该组织成员国 2009 年开始的谈判是以达成国际法律文书，或达成确保有效保护遗传资源、传统知识和传统文化表现形式的文书为目标。有时候所涉谈判会因为各成员国之间的差异而遇到各种困难，正如《知识产权观察》一直以来所跟踪报道的那样。高锐还提到了联合国为达到“千年发展目标”所做的广泛努力，并提出了 2015 年后新的目标，拟于 2015 年 9 月在纽约召开的联合国大会上加以解决。

“WIPO 致力于建立一个以发展为本且平衡和有效的国际知识产权制度，让创新和创造能从中获益，包括诸如原住民群体，”他说，“在这样做的过程当中，WIPO 将继续致力于完成‘千年发展目标’，以及在 2015 年 9 月即将提交给联合国全体大会峰会的 2015 后发展议程和可持续发展目标。”WIPO 帮助土著人的重点已转向解释知识产权制度方面。WIPO 的扩展项目包括解释现有知识产权工具，如使用版权、商标和地理标志等的讲座、实践研讨会、介绍和指南，面向的是希望能够使用上述工具为自身谋利的土著民族。土著民族的传统知识和传统文化表达方式构成了他们核心特征的一部分内容，并且对他们更好地生活以及增强社会凝聚力而言都是非常重要的。

多年来，土著人参加 WIPO 的闭门谈判是一个显著问题，部分由于经常性资金短缺，有时也因为会员国的土著代表委员的投票规则。高锐说：“根据《联合国土著人民权利宣言》第 18 条和 31 条，作为政府间谈判利益相关者，土著人民的角色和利益已反映在发展至今的草案文本中，和对土著人民全面和直接参与 WIPO 谈判做出了巨大贡献的各种方式中。”

（信息搜集、编译：潘梦琦。

资料来源：http://www.ip-watch.org/2015/08/21/wipo-director-gurry-highlights-value-of-indigenous-knowledge/；http://www.iptechnologyinsider.com/2015/08/21/wipo-director-gurry-highlights-value-of-indigenous-knowledge/；http://www.ipr.gov.cn/article/gjxw/guojizuzhi/201508/1880386.html）

【WTO 发布新书：《TRIPS 协定的诞生：乌拉圭回合谈判下的个人视角》】

2015 年 10 月 1 日，WTO 举办了《TRIPS 协定的诞生：乌拉圭回合谈判下的个人视角》的新书发布会。该书由前 TRIPS 协定的谈判者和专家们将当时协定签署时的特殊历史环境以及为此所做出的妥协一一予以记录，汇总而成，以纪念 1994 年《TRIPS 协定》的签署，这个特殊的时刻。1994 年，《TRIPS 协定》的签署成为世界知识产权领域内具有划时代意义的里程碑。书中的见解不仅仅具有历史意义，更将为未来的谈判提供源源不断的灵感。

新书发布会举办当日正值世界贸易组织（WTO）成立 20 周年所举办的年度公共论坛的第二天。发布会上，WTO 总干事罗伯特·阿泽维多为新书发表了致辞：“今日，我们会聚一堂，迎来了一批知识产权及世界贸易领域内的顶级专家。知识产权是当下的热点话题，但是人们仍然未能很好地理解《TRIPS 协定》以及当今的一些知识产权争议，而这些问题正是本书所要讨论的。”“《TRIPS 协定》的谈判工作早自 1986 年就开始了，现如今，国际贸易与知识产权所处的大环境已然发生了巨大变化，《TRIPS 协定》却依旧坚挺，经受住了时间的考验，这都归功于当时谈判者们的远见卓识，让协定在不断变化的时代环境下保持着生机与活力。”

除了肯定，我们还应当看到其中的不足。对此，本书的作者及供稿人之一，来自伯尔尼大学欧洲与国际经济法的托马斯·科蒂耶教授，在发布会上发表了讲话。科蒂耶教授认为，《TRIPS协定》设置的只是一个最低限度的标准，所以签署国在实践中大可自由地超越这一标准。在今天看来，我们不免要质疑这是否是一个明智的决定。问题在于，我们对知识产权的保护并未规定一个上限，而这一上限在双边协议的签署下被不断提高。面对日益增加的权利和相应规制措施的缺失，《TRIPS协定》很难提供一个平衡的对策。

另一名作者及供稿人，来自惠灵顿维多利亚大学的阿德里安·马塞尔谈到，《TRIPS协定》谈判最初之时，谈判者中的大部分人都并非专家，这对于关贸总协定（GATT）来说也是一个全新的领域。至于争端解决，当时参与谈判的发展中国家非常关心贸易制裁以及执行更高知识产权标准的问题，故而交叉报复一度成为谈判中的一大阻碍。然而，现如今交叉报复已经成为国际贸易中弱者对抗强者的有力武器。

（信息搜集、编译：罗文君。

资料来源：http://www.ip-watch.org/2015/10/07/new-book-launched-at-wto-the-making-of-the-trips-agreement/；https://www.wto.org/english/news_e/spra_e/spra86_e.html）

【韩国背景音乐版权费用分配现状】

《韩国中央报纸》（*The Hankyoreh*）曝出背景音乐版权报酬计算、分配方式的不合理之处后，引起了背景音乐制作者、制作公司的巨大反响。在过去8年间，电视剧、综艺节目等栏目中使用的背景音乐的版权费用计算、分配方式，被指出以极其草率的“竞合会议”方式进行。换言之，在没有作品使用情况数据的情况下，仅是通过监控公司、背景音乐制作公司开会讨论，进行计算和分配。

2015年10月7日，国会教育文化体育观光委员会刘恩惠议员公开表示：“根据文化体育观光部与韩国音乐版权协会公布的资料来看，与具有精确计算系统的普通音乐不同，背景音乐的版权分配一直在以‘竞合会议’的方式进行。近5年来，依这种方式分配的版权费共计达70亿元韩币。”

普通音乐与背景音乐计算、分配方式介绍

普通音乐在其播放场所，如流媒体、练歌房等场所均设有电子计算系统，在播放时就可以实时计算使用情况明细。但背景音乐却与之不同，因尚未设有电子计算系统，所以只能通过确认监控数据而进行相关的计算、分配。

韩国音乐版权协会每个季度都会和与广播公司签约的监控企业以及提供背景音乐的背景音乐制作公司一起召开所谓的“竞合会议”，分配版权报酬。在会上，则会根据监控公司提供的电视节目中使用的音乐次数和背景音乐制作公司调查的数据对比得出相关结果。该结果经过韩国音乐版权协会的验证，就算完成了计算—分配的过程。

现有方式漏洞

现有方式漏洞表现在多方面。负有“竞合会议”结果验收及版权管理职责的韩国音乐版权协会不参与此会的情况不在少数。在对“竞合会议”上得出的结论进行验证时，韩国音乐版权协会也体现了其管理不足的一面。由广播公司或背景音乐制作公司提供的电视节目播放次数表达数百个之多，而在验证时只会确认其中的3～4个。

原因分析及建议

根本原因还在于文体部和韩国音乐版权协会对于背景音乐版权的认识不足，想当然地认为版权报酬计算、分配是一件较为简单的事情。对版权委托管理机关有监督职责的文体部，在这件事情上一定要发挥带头作用。目前，文体部已经以“仲裁者”的身份介入此事。另外，应尽快与广播公司、版权委托管理机构、背景音乐制作公司共同制定有关办法，以建立与普通音乐相同的计算、分配系统。为了使作者的应有的权利受到保护，同时也要尽快发布标准协议书。

（信息搜集、编译：李雪梅。

资料来源：http://news1.kr/articles/? 2451320；http://www.hani.co.kr/arti/culture/culture_general/711680.html；http://blog.naver.com/chungo_law/220462725689；http://www.hani.co.kr/arti/opinion/column/712286.html）

【美国歌手因版权侵权致信总统提名候选人】

2015年10月14日，在拒绝唐纳德·特朗普（Donald Trump，2016美国大选共和党提名候选人）使用其乐队的音乐后，史密斯飞船主唱史蒂夫·泰勒（Steven Tyler）发表了一篇文章，向政客们提出音乐家们正在面临的版权问题。

在为《赫芬顿邮报》（*Huffington Post*）所写的文章中，泰勒提出：“我们需要改变。作曲者、制作人还有艺术家们无法仅仅依靠他们所获得的报酬生活下去。”

泰勒说，法律需要进行修改。在美国，有太多的法律在限制我们从自己的音乐作品中获得报酬。美国75%的作曲者的收入受到政府的规制。太多的政府干预对艺术和音乐而言是一件坏事。

提到他之前写给特朗普的信，泰勒补充道："这周，我给特朗普的竞选办公室写信，要求他们不要在政治集会中使用我的音乐。我的目的不是表达政治立场，而是声明我作为音乐创作者的权利。我唱这首歌已经有一段时间了。"泰勒希望未来可以认真对待音乐家的版权问题。特朗普仅仅是未经作者许可使用流行音乐的众多候选人中的一例，泰勒写信是为了引起人们对音乐产业中创作者权利和版权侵权问题的关注。

史密斯飞船指出特朗普使用的音乐是《美梦继续》(Dream On)。他在一些不同的政治集会场合使用其作为背景音乐。

一位乐队的代理人告诉《好莱坞报道》："总统提名候选人特朗普在与竞选有关的活动中使用音乐作品，没有获得我们的委托人允许。这会给人一种错误的印象：我们的委托人与特朗普先生的竞选活动有关或者支持其当选。我们并不知道有任何公开演出许可支持特朗普在竞选中使用《美梦继续》一曲。如果特朗普候选人获得了任何许可，可以立即告知我们。"

（信息搜集、编译：李铭轩。

资料来源：http://www.huffingtonpost.com/steven-tyler/politicians-respect-and-protect-copyright_b_8293894.html；http://www.nme.com/news/aerosmith/89085；http://www.waaf.com/blogs/waaf-news/steven-tyler-writes-letter-defend-music-copyrights-49696）

【日本东京奥运会场馆被指抄袭　设计者否认】

2015 年 12 月，日本的新国立竞技场改建计划被指责抄袭。该计划最初是为了申办 2020 年夏季奥运会而制定的、针对既有的国立霞丘田径竞技场的改造计划，预定将改造后的竞技场作为奥运会的主场馆。2012 年，负责该工程的日本体育振兴中心（以下简称 JSC）向社会公开募集设计方案，并从 46 个应征方案中选定了英国设计师扎哈·哈迪德（Zaha Hadid）的方案。2013 年日本成功申办 2020 年夏季奥运会。2015 年 7 月，日本首相安倍晋三为了缩短工时、减少开支，决定推翻现有的计划，重新征募设计方案。这次只有两个方案应募，12 月，其中被称为 A 方案的设计被选中，并计划于 2016 年底开工。

A 方案的内容一经公布，立刻被原定方案的设计者哈迪德指责为抄袭，她说，A 方案的"体育场的布局和观众席配置与我的方案很像"，"与我的设计惊人地相似。我方拥有设计方案的知识产权"。

针对哈迪德的指责，A 方案的设计者隈研吾回应称，"两方案的理念完全不同，建造的是不同的建筑"，"为了容纳 8 万名观众，再考虑到预防火灾的需要，观众座位的排列会有一定程度的相似性，但设计并不相似"。

这一事件在社会上公开后，引起了公众的强烈反响，许多人对如此重大的项目曝出抄袭丑闻感到震惊。金泽工业大学客座教授、律师栗原洁在其个人推特上发表评论，整理了相关的知识产权问题：日本的著作权法中，把建筑物作为著作物的例子明文列举了出来，但实际上仅限于具有较高美术价值的创造性质的建筑物。另外，还列举了"具有学术性质的图形"，也就是说，建筑物设计图中，技术要素以外的，具有创造性表达的部分也可以成为著作权法的保护对象。因此，哈迪德的设计方案及其设计图应当可以成为著作权的客体。而在第一次征募设计方案的过程中，哈迪德及其工作室并没有把著作权转让给 JSC，因此著作权仍应归属于哈迪德或其工作室。

日本的著作权法还规定，依照建筑设计图完成建筑物的行为，相当于对建筑物著作物的复制，其性质等同于对文学作品的改编，也就是说，建筑行为本身，也有可能构成对设计图的著作权的侵害。

还有一个很重要的问题就是哈迪德方案与 A 方案的相似性问题，但是这还需要对两方案进行进一步的分析才能得出结论。

哈迪德的工作室表示，正在与负责工程的 JSC 进行交涉，如果其正当要求不能得到满足，他们将考虑采取法律手段。

（信息搜集、编译：陈哲立。

资料来源：http://www.nikkei.com/news/print-article/?R_FLG=0&bf=0&ng=DGXNASFK1402U_U2A111C1000000；http://www.ntv.co.jp/pda/news/304629.html；http://www.nikkei.com/article/DGXLASDG21HD5_S5A221C1MM0000/；http://headlines.yahoo.co.jp/hl?a=20151223-00000029-tospoweb-spo；http://headlines.yahoo.co.jp/videonews/jnn?a=20160116-00000006-jnn-soci；http://bylines.news.yahoo.co.jp/kuriharakiyoshi/20160118-00053539/）

【著作权的合理使用问题仍然是 WIPO 版权会议的议题】

关于图书馆、档案馆、教育研究机构以及阅读障碍人群的版权例外问题，是 WIPO 版权会议下一阶段的议题。发展中国家和发达国家的不同态度使得这一议题略显敏感。发展中国家认为，著作权的合理使用制度对于发展至关重要。发达国家则认为，目前全球版权体系为国内著作权的合理使用留出了足够的空间。

著作权的合理使用和限制，特别是图书馆和档案馆方面，相较于其他主题而言取得了更大的进展。在 2015 年 12 月 7 日至 11 日，版权及相关权常设委员会（SCCR）的第 31 届会议上，代表们考虑了来自秘鲁的主席马丁·莫斯科索的图表。

根据莫斯科索的前言部分所讲，这个图表为每个主题的现实物质基础提供了一种讨论框架，是一个非常有利的工具。图表中的主题如下所示：收藏权、复制权、副本、法定存款、图书馆贷款、平行进口、跨境使用、孤儿作品、撤销和撤回作品、商务工作、图书馆和档案馆的责任限制、技术保护措施、合同、翻译权。

根据主席的总结，这个图表允许 SCCR 进行一场基于证据的讨论："尊重不同的观点以及理解目标，并不是为了引导讨论至任何特定的或不想见到的结果上，而是为了更好地理解主题以及他们与讨论的实际相关点，以达到预期结果。"

SCCR 的成员根据总结交换了关于复制和副本、法定存款、图书馆贷款的观点，还讨论了在考虑有关限制和例外的主题时可能出现的问题，以及可能的措施来解除有关顾虑。

关于博物馆的研究表明，更多结果尚待达成。

在本次会议上，一项关于著作权的合理使用和限制在博物馆上的应用的相关研究也被提上了台面（详见《知识产权观察》2015 年 12 月 10 日的《WIPO 版权委员会听取博物馆版权保护例外的案例》）。

在上述报道中，并未讨论教育研究机构和阅读障碍人群的版权的合理使用和限制问题。

根据主席的总结，秘书处"向委员会汇报了 SCCR，2015 年 5 月第 30 届会议上提出的，有关教育、教学和研究机构的版权限制和研究问题的要求的进展情况。该议题的第一次提出是在 2009 年第 19 届 SCCR 会议上，目标是覆盖 WIPO 的全体成员国，同时也为阅读障碍人群版权的合理使用和限制的研究做准备"。

WIPO 称这项研究正在进行，并且有望在 2016 年 5 月 9 日到 13 日的 SCCR 会议上展示研究成果。总结提出，研究范围在 2016 年初进行，在第 33 届 SCCR 会议上汇报。

在本届 SCCR 会议中，关于版权例外和限制的讨论没有达成共识。本次讨论主要是基于 2014 年临时文件进行的。值得注意的是，部分发达国家尤其不同意就一系列具有法律效力的协议达成共识。

（信息搜集、编译：陈早璟。

资料来源：http://www.ip-watch.org/2015/12/17/exceptions-to-copyright-to-remain-on-agenda-of-wipo-copyright-committee/；http://www.ip-watch.org/2015/12/10/wipo-copyright-committee-hears-case-for-exceptions-for-museums/）

【艺术家呼吁 WIPO 给予更多的权利保障】

2015 年 12 月 7 日至 11 日，世界知识产权组织（WIPO）版权及相关权常设委员会（SCCR）第 31 届会议在瑞士日内瓦举行。会议期间，提出了两份关于保障艺术家权利的提案，为大会内容注入了新的活力。提案鼓励大会代表为艺术家们架构起法律体系，以帮助他们从作品的使用及许可中获得利益。

第一份提案由拉丁美洲和加勒比海国家集团（GRULAC）提交。据该集团的巴西代表所述，此份文件旨在为《世界知识产权组织版权条约》及《世界知识产权组织表演和录音制品条约》得以通过后兴起的数字服务与科技确定共同的解决方案。随着越来越多的公司依靠在数字平台上利用版权作品发展出新的商业模式，不论从国家层面抑或国际层面，都应当增加作者及表演者获利的透明度。提案建议 SCCR 应当为网络环境下对知识产权的利用所引发的如上挑战承担应对职责，具体包括如下三方面的工作：第一，分析及讨论 WIPO 成员国对网络服务提供中利用版权作品的行为予以规定的法律框架；第二，分析及讨论在网络环境中利用了版权作品的企业与公司的角色；第三，进行应对网络环境中相关问题的版权管理。

第二份提案由塞内加尔及刚果提交。议案所关注的追续权指的是由第三方支付给视觉艺术家的版税，如拍卖行转售艺术家的视觉艺术品时所应当支付的费用。塞内加尔指出，追续权得到了《保护文学和艺术作品伯尔尼公约》的认可，更有 80 余个国家将此权利载入立法之中。然而此刻，诸如美国、中国及瑞士等拥有巨大艺术市场的国家尚未规定追续权，除非对此规定互惠原则，否则艺术家们难以通过转售行为而获得报酬。此类艺术家往往因生活窘困而死去，死后却因作品价值的不断攀升使得他人获得巨大利益，如此不公平的情形在非洲地区反复发生。

如上关于为许可费的支付增加透明度以及呼吁规定追续权的两份提案分别得到了欧洲银行业监管委员会（CEBS）、欧盟（EU）及国际艺创家联会（CISAC）的支持。“对此，SCCR 但凡采取小小的措施便能换来巨大的影响，并可增强 WIPO 及 SCCR 的公信力，”塞内加尔代表如是说。

（信息搜集、编译：罗文君。

资料来源：http://www.ip-watch.org/2015/12/14/artists-call-for-rights-wakes-up-wipo-copyright-committee/；http://www.wipo.int/edocs/mdocs/copyright/en/sccr_31/sccr_31_4.pdf；http://www.wipo.int/edocs/mdocs/copyright/en/sccr_31/sccr_31_5.pdf）

【作者：著作权法中对公平交易不明确定义将对作者不利】

2015 年 12 月 7 日，国际作者论坛在世界知识产权组织版权及相关权常设委员会（SCCR）之外，举行了会外活动。发言者强调了版权对以写作为生的作者的重要性，并对版权法中边界不清的合理使用发出警告。12 月 7 日至 11 日召开了 SCCR 第 31 届会议，其中讨论了版权对教育和研究机构的例外和限制，题为“作者的业务”，以几个作者为例，特别是身为作家和诗人的约翰·德根——加拿大作家协会常务理事和国际作者论坛的主席。

德根和比尔哈努——加拿大版权协会的财务主管，介绍了由许可证管理局委托普华永道研究的结果，该项研究是关于加拿大教育部门制定的公平交易原则对经济产生的影响。根据执行摘要，所有公立学校、一些独立的学校和众多的中学后教育机构都采用该原则。根据这项研究，“这些被称作公平交易的原则授权部分作品复制行为，如由许可证管理局颁发许可证一样程度的保护”，这样一来，“很多实施复制发表作品行为的学校和机构采用该准则而停止支付许可费”。德根称该准则建立后，加拿大改革了版权法（C-11 法案 2012 年）中公平交易的例外。这项研究还指出，“公平交易是一个法定的侵犯版权例外，在某些特定、列举的目的下，允许对受版权保护作品复制可未经著作权人许可”，该原则适用于学前、小学、中学教育以及中学后的教育机构。德根表示加拿大作者的收入来自销售、阅读和公共借阅和版权许可，一个作者年均纯收入是 11 712 美元，而在 2014 年降为 12 879 美元，由于通货膨胀率上升，收入实际上下降了 27%。德根还指出，公平交易在法案中规定如此模糊，对加拿大作家产生了负面影响。许多学校立即采用了该原则，复制整个章节，整个故事、诗歌，乃至整篇文章。“其中研究发现，”比尔哈努说，“没有版权许可的收入，许多加拿大出版商不仅会降低其内容输出，而且许多人可能选择退出教育出版市场。”德根说：“虽然该法案的目的是节省学生书费，但并没有取得预期的效果，如加拿大的教育费用近年来都增加了，无论是费用还是课程包。”

玛吉——作家、英国巴斯泉大学创意写作教授，表示在过去十年中英国作者收入已经下降了 29%，按照这个速度，将几乎没有专业作家能在英国存活。她说，她成为一名全职作家已经有几十年了，因为担心收入，她在 2012 年开始教授创意写作，许多专业小说家也在相同的情况下纷纷加入巴斯泉大学。

“教学不利于写作，”她说，“作家需要精神空间来工作。”

（信息搜集、编译：潘梦绮。

资料来源：http://www.ip-watch.org/2015/12/08/authors-fair-dealing-in-copyright-law-if-ill-defined-is-prejudicial-to-writers/；http://scholar.aci.info/view/14bffca67bd000e000a/1518304f07400010003；http://ipbiz.com/authors-fair-dealing-in-copyright-law-if-ill-defined-is-prejudicial-to-writers/）

索　引

A

D

F

G

K

L

M

N

O